# 모던 리액트 Deep Dive

리액트의 핵심 개념과 동작 원리부터 Next.js까지,
리액트의 모든 것

# 모던 리액트 Deep Dive

리액트의 핵심 개념과 동작 원리부터 Next.js까지,
리액트의 모든 것

지은이 김용찬

펴낸이 박찬규  교정 이대엽  디자인 북누리  표지디자인 Arowa & Arowana

펴낸곳 위키북스  전화 031-955-3658, 3659  팩스 031-955-3660

주소 경기도 파주시 문발로 115 세종출판벤처타운 311호

가격 48,000  페이지 952  책규격 188 x 240mm

1쇄 발행 2023년 11월 07일
2쇄 발행 2024년 01월 30일
ISBN 979-11-5839-464-6 (93000)

등록번호 제406-2006-000036호  등록일자 2006년 05월 19일

홈페이지 wikibook.co.kr  전자우편 wikibook@wikibook.co.kr

# 모던
# 리액트
# Deep Dive

리액트의 핵심 개념과 동작 원리부터 Next.js까지,
리액트의 모든 것

김용찬 지음

위키북스

# 저자 소개

김용찬

동국대학교 무역학과와 한국과학기술원 기술경영전문대학원 석사과정을 졸업하고 삼성 SDS, 카카오, 트리플(현 인터파크트리플)에서 각각 풀스택 및 프런트엔드 개발자로 근무했다. 현재 네이버 파이낸셜 유저플랫폼에서 프런트엔드 개발자로 근무하고 있다. 그리고 프런트엔드 기술 블로그(https://yceffort.kr)도 함께 운영하고 있다.

프런트엔드 분야는 다른 기술 분야에 비해 진입장벽이 상대적으로 낮고 웹서비스를 손쉽고 빠르게 만들 수 있다는 장점 덕분에 많은 사람들, 특히 비전공자들이 진입하는 경우가 많다. 또한 리액트, Vue, Svelte 등 최근에 출시된 주요 웹 라이브러리나 프레임워크는 고도로 발달돼 있기 때문에 개발자 개인이 크게 노력을 쏟지 않더라도 완성도 있는 웹사이트를 만드는 것이 과거에 비해 매우 쉬워졌다. 이 책의 주제인 리액트만 하더라도 함수 컴포넌트를 선언하는 방법과 useState와 useEffect를 비롯한 혹 몇 가지만 익혀두면 웬만한 웹사이트를 만드는 데 전혀 문제가 없다. 특히 프런트엔드와 Node.js 생태계에는 갖가지 유용한 npm 라이브러리들이 엄청나게 많고, 또 스택 오버플로(Stack Overflow)나 velog를 비롯한 다양한 커뮤니티를 통해 각종 문제 해결과 관련된 자료를 손쉽게 구할 수 있어 어지간한 문제는 빠르게 해결할 수 있다.

이러한 많은 도움 덕분에 리액트를 통해 웹사이트를 만드는 데 자신감이 생길 수는 있지만 그렇다고 그것이 프런트엔드 개발자가 가져야 하는 지식의 전부를 가졌다고 볼 수는 없다. 예를 들어, 리액트에서 useState를 사용해야만 컴포넌트에 변경된 상태 값이 반영되는 이유는 무엇일까? 반대로 컴포넌트 밖에 있는 값을 변경했을 때 그것이 컴포넌트에 반영되지 않는 이유는 무엇일까? 이와 다르게 Redux나 MobX 같은 리액트 생태계 밖에 있는 상태값은 어떻게 렌더링과 함께 동작할 수 있는 것일까? 다른 질문을 던져보자. useMemo와 useCallback은 값과 함수를 재사용하고, memo를 사용하면 컴포넌트를 재사용할 수 있는데, 이 셋을 사용하는 기준은 무엇일까? 그리고 이 함수 덕분에 실제로 재생성되고 있지 않음은 어떻게 알 수 있을까? 이처럼 리액트와 자바스크립트 사이에 겉으로 드러나지 않는 사실을 완벽하게 이해하는 과정에 도전하게 된다면 다른 기술 분야와 마찬가지로 프런트엔드 역시 절대 쉽지 않다는 것을 깨닫게 될 것이다. 그리고 프런트엔드 분야가 가진 매력에 다시 한 번 빠질 수 있을 것이다.

이 책을 집필했던 2022년과 2023년은 리액트 생태계에 있어 큰 의미가 있는 시기다. 트랜지션(transition)이라는 개념을 통해 리액트의 렌더링 우선순위를 개발자가 조정할 수 있게 됐고, 서버 컴포넌트라는 새로운 개념을 도입해 이전과는 완전히 다른 리액트 기반 개발 경험을 선보이게 되었다. 또한 사실상 create-react-app의 종말을 알리면서 리액트를 Next.js, Remix 같은 웹 프레임워크와 사용하도록 권장하고 있다. 혹자는 이러한 리액트의 진화를 급진적이고 따라가기 어렵다고 호소하는 경우도 있지만 리액트의 이런 변화는 '사용자에게 더 나은 사용자 경험을 선사하는 것'을 목표로 하고 있기 때문에 지속적으로 더 나은 서비스를 만들고 싶은 프런트엔드 개발자라면 반드시 익혀둘 필요가 있다.

이미 시중에, 그리고 인터넷과 각종 매체에 리액트를 사용해 웹사이트를 만드는 가이드가 널리 퍼져 있기 때문에 이 책에서는 단순히 리액트로 웹사이트를 만드는 것 이상을 다루고자 노력했다. 리액트의 역사부터 리액트를 다루는 데 필요한 자바스크립트 핵심 기술, 상태 관리 라이브러리의 원리와 리액트 18과 Next.js 13.4의 최신 기술까지, 최신 리액트를 기반으로 웹서비스를 만드는 데 필요한 많은 내용을 담았다. 이 책을 마무리하는 지금까지도 리액트와 Next.js의 새로운 기술은 계속해서 등장하고 있어 집필에 많은 어려움이 있었지만 시간과 여유가 되는 한에서 가능한 한 최신 기술 분야를 세세하게 다루고자 노력했다. 이 책에서 다룬 예제 코드는 모두 https://github.com/wikibook/react-deep-dive-example에서 확인할 수 있다. 이 책이 출간된 이후에도 계속해서 주목해야 할 새로운 기능들이 선보인다면 깃허브나 개인 블로그 등 책 외의 다른 채널을 통해서라도 다뤄볼 계획이다.

또한 이 책에서는 웹사이트 개발과는 달리, 비교적 많은 사람들이 관심을 두기 어려운 웹사이트의 성능을 분석하는 내용도 다뤘다. 현업의 수많은 개발자들 모두 웹사이트의 성능이 서비스에 얼마만큼 중요한지 알고 있지만 바쁜 프로젝트 일정 탓에 뒷전으로 밀려나는 경우가 많다. 웹사이트 성능 분석과 개선은 개발자 개인이 쏟아야 하는 시간과 노력 대비 크게 눈에 띄는 성과를 거두기 어렵지만, 그럼에도 불구하고 서비스의 성공과 직결되기 때문에 반드시 알아두는 것이 좋다. 이 책에서는 리액트 애플리케이션을 중심으로 예제를 들었지만 웹사이트의 성능은 리액트에 국한된 내용은 아니기에 앞으로 웹사이트 개발에 많은 도움이 될 수 있을 것이다.

끝으로 이 책을 집필하는 데 있어 많은 도움을 준 분들께 감사의 말씀을 드린다. 업무 외의 시간을 계속해서 할애하느라 제대로 챙기지 못한 가족, 조악하고 미숙하게 작성된 수많은 글을 다듬어 주시고 계속해서 좋은 의견을 주신 위키북스 편집자분들, 서점에서 개발자의 시선을 사로잡을 멋진 표지를 디자인해주신 디자이너분들, 그리고 추천사와 베타리딩을 통해 아낌없이 의견을 주신 동료 선후배 개발자분들께 진심으로 감사의 말씀을 드린다. 이 책에 아쉬운 점이 있다면 전적으로 나의 능력 부족 탓이다. 마지막으로, 귀중한 시간과 자원을 활용해 이 책을 구매하신 독자 여러분께도 감사의 말씀을 드린다. 부디 여러분의 프런트엔드 개발에 미약하게라도 도움이 되기를 진심으로 바란다.

– 2023년 11월, 김용찬

# 베타리더 후기

리액트의 기본부터 다양한 응용법까지 정성스레 풀어낸 리액트 안내서입니다. 단순히 방법만을 알려주는 것이 아니라, '왜 리액트 코드를 이렇게 작성해야 하는지'부터 설명해주기 때문에 리액트의 근본부터 차근차근 이해하고 싶은 분들에게 특히 이 책을 추천합니다.

이론적인 공부를 한다는 느낌보다는, 경험 많은 개발자 선배가 지금까지 쌓아온 내공을 하나하나 전수해주는 같은 느낌을 주는 책입니다. 일할 때 쉽게 볼 수 있는 여러 실제 상황과 네이버, 넷플릭스 같이 일상 속에서 접하게 되는 서비스들을 예시로 보여주며 리액트의 핵심 개념과 원리를 활용할 수 있는 현실적인 방법들을 공유합니다. 깃허브 사용법, 테스트 코드 작성, 디버깅 기법, 보안 이슈 등 실제 개발 상황에서 바로 활용할 수 있는 지식을 다루기 때문에 초보 개발자라면 누구나 가지는 개발 고민들에 대한 해답을 얻을 수 있었습니다.

저자가 그간 일해오면서 쌓은 수많은 경험과 노하우, 그리고 저자의 일에 대한 애정이 책 전반에 잘 녹아 있다고 생각합니다. 프런트엔드 주니어 개발자가 실무에서 경험하게 되는 무수히 많고, 어쩌면 사소할 수 있는 개발 고민들을 하나부터 열까지 허투루 대하지 않는 저자의 친절함과 꼼꼼함을 보며 좋은 동기부여가 되었습니다.

– 강주희, 롯데 e커머스

이 책은 개념을 설명하기에 앞서 기존의 문제점을 짚어주고, 이를 해결하는 과정을 논리적으로 설명합니다. 리액트를 사용하는 데 그치지 않고 그 철학과 고민에 공감하고 싶은 분들에게 추천합니다. 무엇보다 풍부한 예시와 함께 다양한 해결 방법을 비교하며 소개함으로써 어렵지 않게 이해할 수 있고, 프런트엔드라는 복잡한 생태계에서 스스로 기술을 선택할 수 있는 안목을 길러줍니다. 리액트 개발 외에도 실제 서비스를 운영하는 데 필요한 모든 파이프라인의 노하우를 배울 수 있습니다.

– 오주영, 에브리타임 개발자

리액트는 현재 프런트엔드 개발 분야에서 가장 지배적인 위치에 있다. 웹상에 많은 자료들이 있고 쉽게 사용할 수 있었기에 많은 개발자들이 리액트를 통해 개발하고 있다. 하지만 이런 리액트가 내부적으로 어떻게 구현되어 있고 동작하는지 정리된 자료를 찾는 건 생각보다 쉽지 않고 불친절하다.

이 책은 리액트 개발에 필요한 개념과 동작 원리를 자세하게 설명하고 디버깅, 환경 구축, 배포 등 실무적인 영역까지 소개한다. 리액트 개발을 하며 당연하게 여기던 것들이 왜 필요하고, 어떻게 구현되어 있는지 예시를 통해 쉽게 이해할 수 있도록 구성되어 있다. 또한 전문가의 시선으로 어떤 기술들과 함께 현업에서 어떻게 사용되는지 자세하게 설명한다. 리액트를 사용한 구현에 그치지 않고 개발에 깊이를 더하고 싶다면 이 책을 강력하게 추천한다.

– 김현석, 네이버파이낸셜 개발자

# 추천사

## 추천사 1

"리액트 생태계에서 살아나가야 하는 분들께"

내가 처음 웹 개발을 접한 것은 대학교 1학년 여름방학 즈음이었다. 어린 시절 『페르시아의 왕자』를 플레이한 것을 계기로 개발자의 꿈을 키웠으며, 컴퓨터 학원에서 GW-BASIC 같은 기초 프로그래밍을 시작으로 C나 자바 같은 인기 고급 언어를 배워왔기에 당연히 게임 개발자가 되기를 꿈꿨다. 지금은 어떤지 모르겠지만, 당시 컴퓨터공학부 1학년 커리큘럼은 다소 고리타분했기에 이론을 제외한 개발 관련 과목이라고 해봤자 유닉스 프로그래밍 정도가 유일했고 당연히 흥미를 느끼기는 어려웠다.

그러나 때는 1999년. 세기말의 독특한 분위기와 함께 멀티미디어와 인터넷이 태동하던 시기였다. 당시에는 블로그나 미니홈피 같은 서비스가 없었고, 개인이 홈페이지를 만들어서 인터넷에 올리는 사람들이 하나둘 생겨나고 있었다.

나도 홈페이지를 만들어보고 싶어서 자연스럽게 HTML과 자바스크립트를 혼자서 공부하기 시작했다. 간단한 웹 페이지를 만들어 넷츠고(NETSGO) 같은 서비스에 업로드해서 지인에게 보여주거나 PC통신 커뮤니티에 공유했고, 다른 사람이 만든 것을 참고하면서 롤오버나 흐르는 텍스트 같은 잔기술을 따라하며 내 것을 개선해나가는 과정을 반복했다.

그런데, 이게 나는 너무 재미있었다.

코드를 한 줄만 수정해도 컴파일 과정 없이 웹 브라우저에서 바로 변경된 화면을 확인할 수 있었던 것이 너무나 매력적으로 다가왔던 것이다. 그러다가 정적인 웹 페이지의 한계를 느꼈고, 당시 유명했던 ASP(ASP.NET이 아닌) 강의를 따라해보면서 게시판을 만들어 보고 배운 것들을 응용해서 동아리 홈페이지까지 만들면서 나의 웹 개발자 커리어가 시작되었던 것 같다. 당시에는 크로스 브라우징은 물론 웹 표준이라는 개념조차 미미할 때여서 페이지 푸터에 "Internet Explorer 5.0 or higher"라는 메시지를 쓰는 게 관례일 정도였다.

하지만 네트워크 속도가 점점 빨라지고, 여러 가지 새로운 개념이 탄생하면서 웹 개발은 눈부신 발전을 거듭해왔다. 웹 기술이 성숙해가는 과정에서 지금까지 나에게 가장 큰 영향을 주었던 사건은 "웹 2.0" 패러다임의 등장이다.

웹 2.0은 이전 세대인 단방향으로 정보를 제공하던 방식의 웹을 뛰어넘어 사용자 생산 콘텐츠를 다루고 쌍방향 소통을 강조하는 개념이다. 그런데 이런 웹 2.0의 목표를 구현하기 위해서는 웹 페이지를 시맨틱하게 작성하고 여러 플랫폼에서의 동일한 작동을 보장하기 위한 "웹 표준" 준수가 중요했다. 필연적으로 프런트엔드 개발의 중요성이 부각되기 시작한 것이다.

당시의 프런트엔드 개발은 지금과는 많이 달랐다. 이 책의 본문에도 나오는 소위 JAM 스택(JavaScript API Markup)이라는 것이 나오기 전까지는 PHP나 자바 백엔드 리포지터리에서 JSTL이나 Velocity, FreeMarker 같은 자바 템플릿 코드에 마크업을 작성하고, js 디렉터리에 자바스크립트 파일을 추가하는 등 마치 프런트엔드 개발이 백엔드 개발을 뒷받침하는 듯한 모습이었다.

그러나 오늘날에는 Angular나 Vue, Svelte, React 같은 자바스크립트 프레임워크 또는 라이브러리를 활용하고, 서버 사이드 렌더링이나 별도 BFF(Backend for Frontend) 구축을 위해 프런트엔드 전용 리포지터리를 별도로 사용하는 것을 매우 자연스럽게 생각한다.

물론, Node.js의 등장과 CommonJS, ES Modules 같은 모듈 시스템 등 전반적인 자바스크립트 생태계의 성숙이 프런트엔드 개발의 발전에 가장 크게 기여했을지도 모르지만 우리가 즐겨 사용하는 자바스크립트 프레임워크와 라이브러리의 발전도 무시할 수 없는 요소다(환경도 중요하지만 역시 개발이 재미있어야 한다고 생각한다).

특히, 이 책에서 깊이 있게 다루는 리액트는 현재 가장 인기 있는 자바스크립트 라이브러리다. 리액트 공식 문서(https://react.dev/)에서는 리액트를 라이브러리라고 소개하고 있으며, 컴포넌트의 props와 state의 변경에 따라 가상 DOM과 JSX를 활용해 실제 뷰를 렌더링하는 비교적 심플한 기능을 제공한다.

하지만, 실제 개발 시에는 클라이언트 라우팅 라이브러리, Redux나 MobX, Recoil 같은 상태 관리 라이브러리 외에도 다양한 라이브러리를 추가적으로 사용하게 되므로 리액트 자체의 심플함과는 별개로 전체 애플리케이션의 구조는 훨씬 복잡해지게 된다.

여기에 서버 사이드 렌더링(이하 SSR)까지 생각하면 복잡도는 더욱 높아진다. 우선 서버에서 렌더링을 소화해야 하므로 렌더링 서버가 필요하다. 그리고 API 호출을 위한 프락시나 인증 처리, SSR 시점에 발생하는 오류 로깅을 위해서는 커스텀 서버 운영도 고려해야 한다.

최신 버전인 리액트 18에서는 종전의 SSR보다 더욱 복잡한 개념이 도입되었다. 리액트 서버 컴포넌트(React Sever Components; RSC)와 스트리밍 SSR(Streaming SSR)은 기존 SSR의 단점을 상당수 극복하기 위한 것으로, SSR의 여러 가지 장점을 누리면서도 빠른 응답 속도를 기대할 수 있게 되었다.

이렇게 전반적인 앱 구성에 대해 준비하다 보면 생각보다 리액트를 사용하기 위해 알아야 할 것들이 매우 많다는 사실을 깨닫게 된다. 그래서 보통 리액트만 사용해서 개발하기보다는 react-scripts 또는 Next.js, Remix 같은 리액트 프레임워크를 선택하곤 한다.

이처럼 리액트 개발자로서 우리는 종종 새로운 개념에 직면하게 되고, 여러 도구도 함께 변경되므로 이 모든 변화를 온몸으로 겪어야 한다. 우리가 빠르게 변화하는 생태계에서 살고 있는 이상 한편으로는 피할 수 없는 어려움인 것이다.

그러나 다행히도 이러한 분야에서 생존할 수 있도록, 리액트 자체는 물론 생태계 전반적인 요소를 깊이 있게 탐험할 수 있는 최고의 안내서를 만나게 되었다. 바로 《모던 리액트 Deep Dive》다.

이 책에서는 우리가 단순하게 익히고 넘어가기 쉬운 리액트의 렌더링 사이클과 리렌더링을 유발하는 요소, 렌더링 파이프라인에서의 재조정(Reconciliation)에 대한 정확한 원리를 설명한다. 또한 성능 최적화를 위한 여러 기술을 소개하며, 성능이 개선되는 원리를 리액트는 물론 브라우저와 자바스크립트의 동작 방식에 비추어 설명한다. 이 밖에도 SSR의 렌더링과 하이드레이션(hydration) 같은 어려운 핵심 개념을 친절하게 소개하며, 그 과정에서 리액트의 소스코드 일부분과 실전 예제를 통해 실용적인 통찰력을 제공한다.

기본 개념만을 다뤘다면 "최고의 안내서"라고 수식할 수 없다. 오늘날에는 상태 관리 라이브러리를 전혀 쓰지 않는 리액트 애플리케이션이 드물듯이, 상태 관리의 필요성과 실제 구현 원리를 꼼꼼히 설명하며, Recoil, Jotai, Zustand 같은 비교적 최신 상태 관리 라이브러리에 대해서도 소개한다.

개발자로서 인생을 살아가는 과정에서 코드를 작성하는 것보다 더 많은 시간을 할애하는 영역이 바로 디버깅이다. 문제 해결을 위해서는 기본 원리를 파악하고 올바른 코드를 작성하는 것도 중요하지만 오류가 발생했을 때 효과적으로 디버깅하고, 관련 도구를 자유롭게 다루며, 앱 자체에 대한 분석에 능해야 한다. 물론 이 책으로부터 저자가 몸으로 익힌 디버깅 노하우를 전수받을 수 있고, ESLint를 활용한 정적 분석을 통해 사전에 좋은 품질의 코드를 작성하는 팁도 확인할 수 있다.

그 밖에도 전 세계적으로 많이 사랑받고 있는 프레임워크인 Next.js, 개발자의 영원한 놀이터인 깃허브 활용은 물론, 리액트 앱을 효과적으로 배포하는 데 유용한 여러 가지 서비스와 노하우를 소개한다.

끝으로, 이 책은 리액트의 최신 버전인 18과 17을 비교 분석하고, 리액트 18과 가장 잘 어울린다는 Next.js 13 버전에 대해 언급한다.

여기서 그치지 않고 저자는 오랜 노하우와 통찰력을 바탕으로 웹 애플리케이션의 성능과 보안의 중요성을 강조하고, 리액트 개발 시 고려해볼 만한 사항과 오픈소스 활용에 따른 책임감 등을 이야기한다.

《모던 리액트 Deep Dive》는 단순히 리액트에 대한 표면적인 지식을 넘어서고자 하는 개발자들은 물론, 새로운 패러다임에 혼란스러워하는 개발자까지, 앞으로의 프런트엔드 개발 생태계를 살아가야 하는 모든 분들에게 훌륭한 길잡이가 되어줄 것이다.

— 구경택, 네이버 파이낸셜 유저플랫폼 리더

## 추천사 2

단단한 이론적 바탕 위에 수준 높은 실행이 함께했기에 리액트는 흔들림 없이 최고의 자리를 차지할 수 있었다. 그리고 우리는 이 편리함 위에서 품질 좋은 소프트웨어를 생산하고 이론적 지식을 확장하며 리액트 커뮤니티에 기여했다. 우리에게 리액트는 공기처럼 당연한 게 된 지 오래다. 이젠 프런트엔드 엔지니어링보다 리액트 엔지니어링이라고 부를 만한 일들을 더 많이 하지 않는가.

나에게 이 책은 리액트의 당연함을 낯설게 보는 계기가 되었다. 그래서 이제 막 리액트를 배워가는 이들은 물론이고, 오랜 실무 이후 매너리즘에 빠진 이들에게도 이 책을 추천하고 싶다. 언제나 새로운 발견을 통해 성장하는 엔지니어들에게 리액트가 주는 익숙함은 독이 될지도 모른다. 리액트 인터페이스의 커튼 뒤에는 아직 모르지만 흥미진진한 게 많고, 작은 것 하나까지 많은 사람들의 고민과 노력이 모여 만들어진 훌륭한 소프트웨어라는 것을 다시 한 번 배울 수 있을 것이다. 그리고 이 배움을 밑거름으로 한 걸음 더 성장할 수 있을 것이다.

– 황인범, 인터파크트리플 트리플프런트엔드챕터 리드

# 02장

## 리액트 핵심 요소 깊게 살펴보기

## 05장

## 리액트와
## 상태 관리 라이브러리

# 10장

## 리액트 17과 18의 변경 사항 살펴보기

**11**장

/

Next.js 13과
리액트 18

**12장**

/

**모든 웹 개발자가 관심을
가져야 할 핵심 웹 지표**

—

# 13장

## 웹페이지의 성능을
## 측정하는 다양한 방법

## 14장

## 웹사이트 보안을 위한 리액트와 웹페이지 보안 이슈

**15**장

／

**마치며**

## 왜 리액트인가?

2011년 페이스북의 뉴스피드 페이지에서 처음 선보인 리액트(React)[1]는 출시된 지 10년이 넘은, 제법 프런트엔드 생태계에서 오랜 명맥을 이어가는 라이브러리로 자리 잡았다. 굳이 통계나 연구결과를 살펴보지 않더라도, 채용시장에서 '프런트엔드 개발자' 포지션을 살펴보면 대부분 리액트에 대한 개발 경험을 요구하고 있어 리액트가 프런트엔드 개발자에게 필수적인 기술로 자리 잡은 것을 어림짐작할 수 있다. 이와 관련해서 들려온 놀라운 사실 중 하나는 얼마 전 리액트가 전자정부 표준 프레임워크의 프런트엔드 개발 도구로 채택됐다는 것이다.[2] 정부에서 담당하는 프로젝트는 항상 안정성과 유지보수성을 최우선으로 살피는데, 리액트가 프런트엔드 프레임워크로 채택됐다는 것은 그만큼 리액트의 안정성이 확보됐으며 많은 개발자 사이에서 널리 쓰이고 있다는 것을 의미한다.

외국의 상황도 이와 비슷해 보인다. 다음 그래프는 스택 오버플로에 올라온 각 자바스크립트 라이브러리에 대한 질문의 비율을 비교한 것이다.

---

1  https://www.youtube.com/watch?v=GW0rj4sNH2w
2  https://github.com/eGovFramework/egovframe-template-simple-react

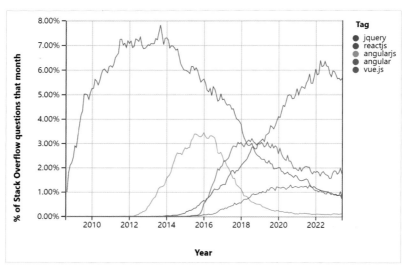

그림 1 자바스크립트 프레임워크 트렌드 비교[3]

보다시피 개발자들의 관심사가 이제 리액트로 많이 넘어왔음을 확인할 수 있다.

그렇다면 조금 더 구체적으로 실제 자바스크립트 개발자가 사용하고 있는 웹프레임워크와 기술은 어떨까? 다음은 스택 오버플로에서 제공하는 자바스크립트 프레임워크 간 순위를 비교한 그래프다.

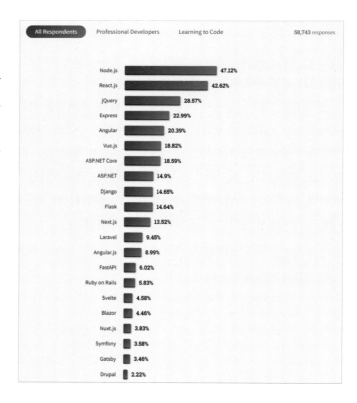

그림 2 개발자들이 사용하고 있는 웹 프레임워크와 기술 비교(2022년 기준, 스택 오버플로 제공)[4]

---

3  https://insights.stackoverflow.com/trends?tags=jquery%2Cangularjs%2Cangular%2Creactjs%2Cvue.js
4  https://survey.stackoverflow.co/2022/#most-popular-technologies-webframe

끝나지 않을 것 같은 제이쿼리(jQuery)의 아성을 2018년을 기점으로 리액트가 무너뜨렸으며, 2023년 현재도 그러한 기세는 당분간 식지 않을 것으로 보인다. 일부 기사에서는 이러한 리액트의 시장 점유율에 대해 프런트엔드 시장을 완전히 점령했다고까지 표현했다.[5] 기술이나 언어의 트렌드와 선호도가 영원하지는 않지만 이러한 리액트의 독주 체제는 당분간 끝나지 않을 것으로 보인다.

그렇다면 왜 리액트가 지난 몇 년간 많은 개발자들이 선호하는 라이브러리가 됐을까? 리액트를 선호하는 데는 여러 이유가 있겠지만, 그중 몇 개만 꼽으라면 다음과 같을 것이다.

- 명시적인 상태 변경: 리액트는 단방향 바인딩만 지원한다. 단방향 바인딩이란 말 그대로 데이터의 흐름이 한쪽으로만 간다는 것이다. 이와 반대되는 용어는 Angular의 양방향 바인딩이다. 양방향으로 바인딩되면 뷰의 변화가 컴포넌트에 영향을 미칠 수도, 반대로 컴포넌트의 상태가 변경되면 뷰의 상태도 변할 수 있다. 양방향 바인딩은 단방향이 제공할 수 없는 편리함을 제공한다. 그러나 코드의 규모가 커질수록 이 같은 상태의 변화가 무엇으로 인해 일어났는지 파악하기 어려워진다. 리액트의 상태 변화는 '단방향'으로, 그리고 '명시적'으로 이뤄진다. 상태가 변화했다면 그 상태 변화를 명시적으로 일으키는 함수만 찾으면 된다. 이러한 리액트의 명시적인 상태 업데이트는 많은 개발자들에게 간단함과 유연함을 제공한다.

```
// Angular의 경우 input의 입력으로 name이 변경되거나,
// AppComponent 클래스 내부에서 직접 name을 변경할 수 있다.
// name이 변경된 이유를 알고 싶다면 template이나 클래스 내부에서
// name을 변경하는 곳을 다 찾아봐야 한다.
import { Component } from '@angular/core'

@Component({
  selector: 'app-root',
  template: ` <input type="text" [(ngModel)]="name" /> `,
})
export class AppComponent {
  name = ''
}
// 리액트의 경우 name이 변경되는 경우는 setName이 호출될 때뿐이다.
// name이 변경된 이유를 찾고 싶다면 setName을 호출하는 곳을 찾으면 된다.
function App {
  const [name, setName] = useState('')

  function onChange(e) {
    setName(e.target.value)
  }
```

---

5 https://hackernoon.com/4-reasons-why-react-js-has-taken-over-the-front-end-web-development

```
    return <input type="text" value={name} />
}
```

물론 그렇다고 양방향 바인딩이 항상 나쁘다는 것은 아니다. 단방향 바인딩은 항상 변화를 감지하고 업데이트하는 코드를 매번 작성해야 하며, 이에 따라 코드의 규모가 증가하는 등의 단점이 있다. 여기서 말하고자 하는 바는 단방향 바인딩의 특징은 양방향 바인딩에 비해 데이터 흐름의 변화가 단순하기 때문에 코드를 읽기가 쉽고 버그를 야기할 가능성이 비교적 적다는 점이다.

▪ JSX(JavaScript XML): Angular는 뷰를 표현하기 위해 문자열 템플릿(string template)을 사용한다. 그리고 Angular 디렉티브라고 해서 ngIf처럼 Angular에서만 사용되는 전용 문법을 익혀야 했다. 하지만 리액트는 HTML에 자바스크립트 문법을 더한 JSX를 사용하는데, 이는 기존에 알고 있는 자바스크립트 문법에 HTML을 약간 가미한 수준이며, 고유의 몇 가지 특징만 이해한다면 손쉽게 JSX 코드를 구현할 수 있다. 다음은 조건부 렌더링을 구현하는 Angular 코드와 리액트 코드를 비교한 것이다.

```
// Angular
// 추가적인 *ngIf의 존재를 알고 있어야 한다.
<div *ngIf="condition">Content to render when condition is true.</div>

// 리액트
// 자바스크립트 문법 친화적이며, null이 아무것도 렌더링하지 않는다는 점,
// 자바스크립트 문법을 {}로 감싸야 한다는 사실만 알면 된다.
// 무엇보다 JSX는 리액트 외에서도 사용할 수 있다.
{condition ? <div>Content to render when condition is true.</div> : null}
```

▪ 비교적 배우기 쉽고 간결함: 앞서 두 가지 특징이 결합되어 리액트를 처음 접하는 사람들도 HTML과 자바스크립트에 대해서 어느 정도만 알고 있다면 빠르고 쉽게 컴포넌트와 웹페이지를 만들 수 있다. 처음 접하는 사람들도 비교적 손쉽게 리액트 기반 프로젝트를 할 수 있어, 프런트엔드 개발을 처음 시작할 때 대체로 선호되는 편이다. 그러나 개발 초기에는 쉽지만 이를 완벽히 이해하고 성능을 최적화하는 것은 상대적으로 어려운 축에 속한다. Vue나 최근에 나온 Svelte 같은 프레임워크와 비교했을 때 프레임워크를 자유자재로 다루기까지 드는 시간과 노력을 고려한다면 리액트는 비교적 난이도가 있는 편이다.

▪ 강력한 커뮤니티, 그리고 메타(이전의 페이스북): 리액트는 Angular와는 다르게 단순히 UI를 위한 라이브러리로만 작동함으로써 그 역할에 제한을 두고 그 외의 모든 것에 자유도를 두었다. 개발자들은 리액트를 기반으로 다양한 것을 시도해 볼 수 있었고 그만큼 리액트는 커다란 커뮤니티를 얻을 수 있게 됐다. 그리고 이 커뮤니티는 내부에서 직접 겪은 많은 이슈와 문제를 공유하면서 리액트를 사용하는 사람들이 같은 어려움을 겪지 않도록 빠르게 도와주는 역할도 할 수 있었다.

또한 리액트 핵심 개발을 메타가 적극 지원함으로써 다소간의 우여곡절을 겪었음에도 10여 년 동안 꾸준히 발전할 수 있었다. 바벨(Babel)과 같은 초대형 오픈소스 프로젝트도 재정난을 겪는 것을 보면 역설적이지만 오픈소스가 빠르고 안정적으로 성장할 수 있기 위해서는 중심이 되는 메인 스폰서의 역할이 중요하다. 덕분에 리액트는 이러한 메타를 등에 업고 꾸준히 성장해 올 수 있었다.

물론 리액트는 단순히 현재 가장 많은 사람들이 웹 개발을 할 때 사용하는 라이브러리일 뿐, 가장 완벽하다거나 가장 빠르다거나 가장 합리적이라고 말하는 것은 절대 아니다. 프런트엔드 커뮤니티에는 리액트에 대해 부정적인 의견을 가진 개발자도 많고, Svelte나 Vue, 혹은 또 다른 무언가를 대안으로 주장하는 개발자들도 많다.

그럼에도 불구하고 만약 프런트엔드 개발을 고민하고 있고, 가장 대중적으로 웹사이트를 개발하고 싶다면 리액트는 적절한 선택이 될 것이다. 수많은 커뮤니티에서 이미 다양한 기능을 개발해 참고할 만한 자료도 많고, 커뮤니티도 활발하며, 무엇보다 채용시장과 기업에서도 매우 호의적이다. 2023년을 기준으로 앞으로도 당분간은 리액트를 공부하는 것이 탁월한 선택일 것이다.

## 리액트의 역사

누군가 리액트의 탄생부터 지금까지 역사에 대해 물어본다면 이에 대해 제대로 답할 수 있는 개발자는 별로 없을 것이다. 대부분의 개발자가 리액트를 본격적으로 접하기 시작한 것은 리액트 16.8.0 버전에서 훅(hook)이 처음 선보이면서 많은 인기를 끌던 시점으로, 클래스 컴포넌트조차 생소한 사람이 대부분이기 때문이다. 대다수의 프런트엔드 개발자에게 리액트에 대해 물어본다면 현재는 메타로 사명을 바꾼 페이스북이 만들었고, 16.x 버전부터 현재는 18 버전까지 나온, 프런트엔드에서 가장 널리 사용되는 프레임워크라는 점 정도만 이야기할 수 있을 것이다. 이번 절에서는 리액트가 등장하게 된 배경을 시작으로, 리액트가 지금처럼 널리 사용되기 이전 암울했던 시절부터 현재 프런트엔드 시장의 대세인 리액트가 되기까지의 역사를 되짚어본다.

> **알아두기**
> 이 내용은 전현직 리액트 개발자를 대상으로 인터뷰한 『React.js: The Documentary』[6]를 기반으로 작성했으며, 이 외에 추가한 내용에 대해서는 참고한 자료를 각주로 남겨두었다.

### 2010년대 프런트엔드 개발 환경을 향한 페이스북의 도전

리액트가 개발된 이야기를 본격적으로 언급하기에 앞서, 먼저 리액트 개발을 논의하던 2010년경의 자바스크립트를 포함한 웹 생태계를 되돌아보자. 2000년대까지만 하더라도 웹 생태계는 이른바 LAMP 스택이라고 하는, 리눅스(Linux), 아파치(Apache) 웹 서버, MySQL, PHP를 활용한 웹 개발이 주를 이루던 시기였다. 이러한 웹 개발 패턴은 사용하는 프레임워크(PHP, Ruby on Rails, Django 등)에 따라 조금씩 다르지만 대

---

6  https://youtube.com/watch?v=8pDqJVdNa44

부분 데이터베이스에서 필요한 데이터를 불러온 다음, 웹 서버에서 HTML 페이지를 만들어서 클라이언트에 제공하는 방식으로 작동한다. 콘텐츠는 사용자나 기타 다른 환경에 따라 서버에서 동적으로 생성하고, 웹 브라우저는 이를 단순히 다운로드받아 렌더링하며, 자바스크립트는 폼 처리와 같은 부수적인 역할만 하는 방식이었다.

이렇게 서버에서 만든 HTML 페이지를 수동적으로 보여주던 프런트엔드의 역할은 2010년대에 들어서면서 조금씩 변하기 시작했다. 자바스크립트를 좀 더 편리하게 사용하기 위한 제이쿼리는 수많은 제이쿼리 플러그인과 함께 인기를 얻기 시작해 점차 자바스크립트의 비공식 표준으로 자리 잡기 시작했다. 이와 더불어 인터넷 익스플로러 8에서 등장한 로컬 스토리지, 2011년 공식적으로 표준으로 등록된 웹소켓(WebSocket), 자바스크립트로 그래픽을 표현할 수 있도록 도와준 캔버스(Canvas)나 벡터 그래픽을 표현할 수 있는 SVG, 사용자의 위치를 알 수 있는 지오로케이션(Geolocation) 등 점차 다양한 기능을 브라우저에서 지원하기 시작했고, ES5(ECMAScript 5)가 처음으로 표준 스펙으로 자리 잡았다. 이러한 브라우저와 생태계의 변화에 맞춰 서버에서 생성한 HTML 페이지를 보여주고 간단한 폼 처리 정도만 하던 브라우저 환경은 급변하기 시작했다. 자바스크립트는 적극적으로 DOM(Document Object Model)을 수정해 사용자에게 다양한 인터랙션을 보여주었고, Ajax(Asynchronous JavaScript and XML)를 활용해 서버뿐만 아니라 클라이언트에서도 서버와 통신해서 데이터를 불러오기 시작했다. 이에 따라 자바스크립트 코드가 점차 복잡해지기 시작했다.

이러한 필요성 때문에 등장한 것이 구글에서 만든 AngularJS와 CoffeeScript와 Underscore.js의 제작자 제레미 아쉬케나스(Jeremy Ashkenas)가 선보인 Backbone.js였다. 두 프레임워크는 비슷한 시기인 2010년 10월 20일과 2010년 10월 13일에 각각 릴리스됐다. 각각 MVVM(Model-View-ViewModel)과 MVC(Model-View-Controller) 패턴을 기반으로 나날이 복잡해지는 자바스크립트 코드를 체계화하고자 노력했다.

그럼 이때 당시 페이스북은 어떤 상황이었는지 살펴보자. 이 당시 페이스북은 전 세계적으로 약 7억 명 정도의 사용자가 이용하는, 전 세계적인 인기를 구가하는 소셜 네트워크 서비스로 자리 잡았다. 전례 없는 많은 사용자가 이용하는 서비스이니만큼 성능은 그 무엇보다 중요했다. 페이스북은 이를 위해 최대한 서버에서 렌더링하는 기술을 사용했고, 자바스크립트 번들의 크기를 줄이는 데 오랜 기간 심혈을 기울였다. 자바스크립트 코드의 크기가 늘어날수록 이를 다운로드하고, 파싱하고, 실행해야 하는 브라우저의 부담이 커지는 것은 당연했기 때문이다. 따라서 자바스크립트는 반드시 필요한 곳에서만 제한적으로 사용하고자 노력했다. 그런 노력에도 불구하고 자바스크립트 코드는 커질 수밖에 없고, 서버 렌더링이 처리할 수 있는 규모에는 한계가 있을 수밖에 없었다. 예를 들어, 페이스북의 타임라인 페이지를 살펴보자.

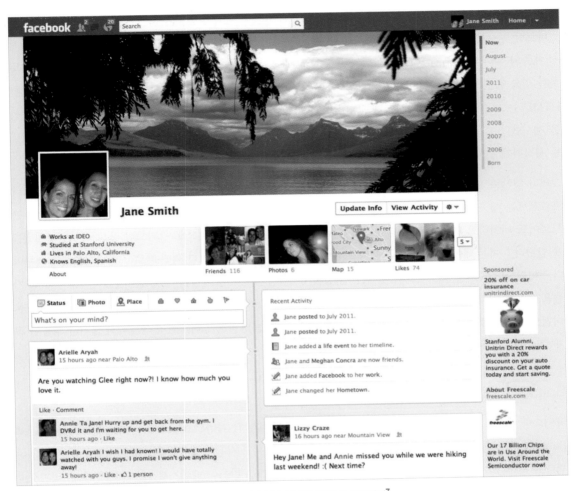

그림 3 2011년에 처음 선보인 페이스북 타임라인[7]

타임라인에서는 자신의 상태를 업로드할 수 있고, 여기에 다른 사람들의 댓글이 추가되는 것을 실시간으로 확인할 수 있다. 그런데 이러한 작업이 모두 서버 렌더링으로만 작동한다고 가정해 보자. 사용자가 글을 하나 올릴 때마다 매번 새로운 페이지를 보여주기 위해 서버에서 렌더링하고, 당연히 이러한 작동은 브라우저 전체가 다시 로딩되어 전체 화면이 깜빡이거나 느리게 작동하는 것처럼 보일 것이다. 타임라인뿐만 아니라 페이스북의 여러 페이지는 실시간성을 강조하는 기능이 곳곳에 추가돼 있었다. 페이스북 개발 팀이 자바스크립트 번들 사이즈를 최대한 줄이고 싶었지만 이러한 다양한 요구사항과 기능으로 인해 자바스크립트에 의존하는 것은 피할 수 없는 일이었다.

---

7  https://edition.cnn.com/2011/12/15/tech/social-media/facebook-timeline-launch/index.html

이와 맞물려 페이스북에게 있어 웹의 중요성을 더욱 부각시킨 사건이 있었으니 바로 스파르탄 프로젝트다. 스파르탄 프로젝트는 이 당시 애플의 강력한 앱 규제에 반발해 만들어진 프로젝트로, 페이스북 iOS 앱 대신 애플의 사파리(WebKit)에서 작동할 수 있는 페이스북을 만들기 위해 추진됐다. 이를 통해 앱스토어에 등록할 필요가 없으며, 결국에는 애플의 앱스토어 규제에서 벗어날 수 있게 되는 것이다. 또한 이 무렵 등장한 HTML5는 표준만 잘 지킨다면 PC나 모바일 환경에 상관없이 모두 동일한 서비스를 제공할 수 있는 가능성을 제시했다. 그래서 페이스북 팀은 HTML5를 기반으로 페이스북을 완전히 재작성하는 스파르탄 프로젝트를 시작하게 된다.

그러나 앞으로 모든 애플리케이션을 HTML5로 만들어 하이브리드 앱으로 페이스북을 만들겠다는 스파르탄 프로젝트는 성공하지 못했다. 이후 18개월 동안 iOS용 페이스북 앱을 네이티브로 다시 개발하고, 뒤이어 안드로이드 네이티브 페이스북 앱도 출시하면서, 마크 주커버그는 공식적으로 스파르탄 프로젝트가 실패했음을 알렸다.[8] 이는 네이티브로 만든 애플리케이션이 HTML5로 만든 것보다 훨씬 빠르고 안정적이었기 때문이다.[9] 이러한 스파르탄 프로젝트의 실패가 웹 생태계에까지 부정적인 영향을 미치지는 않았다. 이 당시 웹 기술을 이용해 앱과 모바일, PC에서 동일한 사용자 경험을 주고자 하는 도전은 여러 서비스에 긍정적인 영향을 미쳤으며, 이처럼 HTML5 기반 하이브리드 앱으로 개발하는 방식은 인터랙션이 복잡하지 않거나 성능이 크게 중요하지 않은 서비스에서 여전히 선호되고 있다.

## BoltJS의 등장과 한계

페이스북 팀은 그 당시 존재하던 다양한 옵션, 예를 들어 바닐라 자바스크립트 또는 제이쿼리, Angular와 Backbone.js로는 페이스북의 복잡한 요구사항을 처리하면서도 사용자에게 만족스러운 경험을 안겨주기 어렵다고 판단했다. 그래서 BoltJS라고 하는 새로운 프레임워크를 만들어 페이스북 그 자체를 BoltJS 버전으로 다시 만들기 시작했다.

---

8  https://techcrunch.com/2012/09/11/mark-zuckerberg-our-biggest-mistake-with-mobile-was-betting-too-much-on-html5/
9  https://venturebeat.com/mobile/facebook-5-for-ios/

**BoltJS Documentation**

## Introduction to BoltJS

BoltJS is a UI framework designed by Facebook to be compact, fast and powerful. It is written entirely in JavaScript and runs in the browser, needing no server backend. While BoltJS can be used in a progressive enhancement approach, it is primarily designed for UIs that are built mostly, if not completely, in the browser.

While it is the aim of the BoltJS project to support as many modern browsers as sensible, it is currently focused on supporting mobile WebKit browsers, with the intention of being the best possible development platform for mobile sites and HTML5 apps.

**Built on Javelin**

Bolt is built on top of Javelin (http://javelinjs.com), from which it uses the event delegation and class declaration features, as well as various utility methods. This ensures that Bolt does not duplicate code already present in the Facebook codebase, helping it stay lightweight and reuse patterns familiar to Facebook developers.

**Modules and CommonJS**

Bolt modules are defined using a popular standard called CommonJS, first popularized by the NodeJS community. This ensures that each module is completely self contained, with no global variables being created. CommonJS has been integrated with Haste on the server side, and so is also very easy to deploy in a non-mobile app context. Common JS Module Specification

**Complex Widgets Made Simple(r)**

Bolt makes it very simple to composite many different widgets together, lay them out in a reliable fashion, listen to their events and synchronize their data models. This is achieved using

- A Builder which creates an infinitely deep hierarchy of child widgets using a JSON schema.
- Layout classes that position their child elements in either horizontal or vertical positions, complete with support for relative sizing of child elements
- Combining the Javelin event delegation framework with the concept of view "owners". Any view that creates child views automatically becomes the "owner" of this views, and can add event listeners to it's children during the build process.
- A flexible data-binding framework with support for individual models and collections of models.

그림 4 위 화면은 BoltJS를 소개하는 홈페이지의 첫 화면이다. 현재는 BoltJS 관련 코드가 모두 삭제되어 정상적인 방법으로는 흔적을 찾아볼 수 없다.[10]

다음 코드는 BoltJS를 사용한 Hello World 예제다. `createClass`로 내부에 객체를 선언해서 컴포넌트를 만드는 방식은 이후에 리액트 초기 버전의 `React.createClass`가 이어받게 된다. 한 가지 특이한 점은 BoltJS 외에도 Javelin이나 View 같은 다른 라이브러리가 보인다는 것이다. BoltJS 그 자체만으로 하나의 프레임워크를 구성하는 것이 아니라 Javelin 등 여러 라이브러리를 함께 써서 구축된 프레임워크임을 알 수 있는 대목이다.

**[코드 1]** BoltJS를 사용한 Hello World 예제

```
// helloworld.js


// 후에 두 코드는 각각 "bolt/core"와 "bolt_touch/view"로 대체된다.
var core = require('javelin/core')
var View = require('view').View


var HelloView = core.createClass({
```

---

10 원 주소는 http://shaneosullivan.github.com/boltjs/intro.html이나 현재는 404 에러를 반환하며, 인터넷 아카이브의 웨이백 머신(Wayback Machine)을 이용해 캡처했다. https://web.archive.org/web/20110925003621/http://shaneosullivan.github.com/boltjs/intro.html

```
  extend: View,

  declare: function (options) {
    return {
      content: 'Hello World!',
    }
  },
})

exports.init = function () {
  require('builder')
    .build({
      view: HelloView,
    })
    .placeIn(document.body)
}
<html>
  <head>
    <title>Hello World Application</title>
    <!-- CSS -->
    <link
      rel="stylesheet"
      href="lib/bolt.css"
      type="text/css"
      media="screen"
      charset="utf-8"
    />
    <link
      rel="stylesheet"
      href="pkg/helloworld.css"
      type="text/css"
      media="screen"
      charset="utf-8"
    />

    <!-- BOLT -->
    <script src="lib/bolt.js"></script>

    <!-- HelloWorld JS -->
    <script
```

```
      type="text/javascript"
      charset="utf-8"
      src="pkg/helloworld.js"
  ></script>
  </head>
  <body>
    <script type="text/javascript" charset="utf-8">
      var helloworld = require('helloworld')
      helloworld.init()
    </script>
  </body>
</html>
```

그러나 이 BoltJS의 소스코드가 실제 프로덕션 서비스에서 사용되는 일은 없었다. 잠깐 깃허브를 통해 공개됐지만 제대로 된 이유를 알려주지 않은 채 돌연 소스코드가 삭제됐다. 아마도 내부에서 아직 공개하기엔 무리가 있는 코드로 판단했던 것으로 보인다. 이러한 사실을 뒷받침하듯, 페이스북의 개발자가 BoltJS로 페이스북을 클론 코딩하기 위해 다양한 기능을 구현하면서 제법 많은 수의 개발자가 투입됐지만 프로젝트의 아키텍처는 점점 복잡해지기 시작했으며 점차 변화를 가져가기 어려웠다고 밝혔다.

이에 따라 BoltJS를 개선할 필요성을 느낀 개발자들이 내놓은 아이디어 중 하나가 바로 Functional Bolt, 즉 Fbolt였다. 훗날 이것이 리액트의 시초가 된다. 이름에서도 알 수 있듯, 함수형을 지향하는 새로운 버전의 BoltJS였다. 이 당시 제안됐던 아이디어 중 하나는 애플리케이션에서 API의 변화에 따라 무언가 변경되면 단순히 UI를 초기화하고 새로 렌더링하자는 것이었는데, 이 당시 이러한 접근법은 프런트엔드 개발자 사이에서 매우 파격적인 접근법이었다.

이 당시 대부분의 프레임워크는 양방향 바인딩 구조를 채택해 모델과 뷰가 밀접한 관계를 맺고 서로가 서로를 변경할 수 있는 구조였다. 이러한 방식은 대부분의 애플리케이션과 프레임워크에서 사용하던 방법으로, 코드를 작성하는 것은 간단하지만 변경된 DOM을 추적하는 것이 어렵고, 왜 이렇게 변경됐는지 역시 추적하기 어려워 수많은 버그가 발생하던 지점이기도 했다. 그런데 이러한 방식 대신, 모델이 뷰를 변경하는 단방향 방식으로, 모델의 데이터가 변경되어 뷰가 변경되어야 하면 이전 DOM을 버리고 새롭게 렌더링하는 방식을 제안했다. 그러나 DOM의 변경을 최소한으로 하는 것이 성능을 위한 최선의 방법으로 여겨졌던 시기라 이러한 방식이 성능을 보장할 수 있을지 의구심을 품는 개발자들이 많았다.

그럼에도 한편으로는 유용한 방식이기도 했다. 페이스북 프런트엔드 개발자들이 느끼는 가장 큰 어려움은 DOM을 업데이트하는 것이었다. '좋아요' 버튼의 클릭 이벤트 리스너를 등록하고, 이를 제거하고 다시 찾고, 다시 또 속성을 변경하는 작업은 매우 복잡했고 버그의 주요 원인이었으며 때로는 개발자 스스로도 그 흐름을 제대로 파악하기 어려운 일이었다. 이러한 상황에서, 성능은 둘째 치고, 그냥 다시 새롭게 렌더링해 버리는 것은 어찌 보면 좋은 생각이 될 수도 있었다. 데모로 구현한 리액트는 많은 사람들에게 영감을 주었고, 성능 또한 크게 나쁘지 않다는 것을 확인받을 수 있었다. 그렇게 리액트 프로젝트가 시작됐다.

## 페이스북 팀의 대안으로 떠오른 리액트

리액트의 첫 번째 프로젝트는 게시물 하단에 있는 댓글, 공유 버튼이 있는 화면인 UFI(Universal Feedback Interface)를 구현하는 것이었다.

그림 5 페이스북의 UFI[11]

얼핏 간단해 보이는 이 화면은 그 당시 굉장히 복잡한 일들이 벌어지던 곳이다. 사람들은 '좋아요'를 누르거나 댓글을 다는 행위 등이 모두 즉각적으로 이루어지길 바랬고, 이는 거의 채팅과 같은 반응 속도로 이뤄져야 했다. 그리고 이 UFI는 모든 포스트에 존재했으므로 포스트가 많아질수록 더욱 버그가 발생할 여지가 컸다. 이를 해결하기 위해 많은 의견이 모였고, 여기에서 JSX 구문과 Flux 패턴에 대한 아이디어가 등장했다.

이렇게 리액트와 리액트를 기반으로 하는 프로젝트가 개발되고 있을 즈음 페이스북은 인스타그램을 인수했다.[12] 인스타그램은 그 당시 iOS와 안드로이드 버전밖에 없었지만, 페이스북의 웹 기반 개발의 기조에 맞춰, 인스타그램을 웹으로 만드는 작업에 착수했다. 이때 인스타그램에는 BoltJS, 바닐라 자바스크립트와 HTML, 그리고 리액트의 세 가지 선택지가 있었다. 인스타그램 팀은 리액트의 아이디어에 감명을 받고 리액트를 선택해 개발하기 시작했다. 당연히 이것은 엄청나게 큰 도전이었다.

---

11  https://qr.ae/prZR77
12  https://about.fb.com/news/2012/04/facebook-to-acquire-instagram/

처음부터 리액트로 만들어진 인스타그램, 그리고 기존 페이스북의 거대한 PHP 애플리케이션 중 일부를 리액트로 조금씩 대체하기 시작하면서, 페이스북 개발자들은 리액트에 대한 자신감을 조금씩 얻기 시작했다. 이와 동시에, 리액트를 오픈소스로 공개하고자 하는 노력도 함께 이루어지고 있었다. 과거 BoltJS 사례와 비슷하게 페이스북은 많은 것을 오픈소스로 공개했지만 제대로 관리하지 않아 방치된 프로젝트들이 많았다. 이를 개선하고자 리액트의 경우에는 인스타그램 팀에 제공했던 것처럼 문서화에 심혈을 기울이기 시작했다. 그리고 이러한 리액트를 공개할 무대로 JSConf US를 선택했고, 여기에서 리액트와 함께 embedded XML인 JSX도 함께 공개했다.

## 리액트에 대한 회의적인 의견과 비판

JSConf US 2013에서 공개된 리액트에 대한 반응은 그다지 좋지 못했다. 좋지 못한 것을 넘어서 대부분이 싫어했다. 대다수의 개발자들은 JSX 구문의 특징, 자바스크립트 코드 내에 HTML을 추가한다는 것에 그다지 호의적이지 않았다. 그도 그럴 것이, HTML과 JS는 항상 다른 파일에 존재했고 이를 컴퓨터 공학에서 말하는 관심사 분리의 원칙을 지키기 위한 기초적인 사실로 받아들였기 때문에 그 당시 관점에서 이 두 가지가 함께 존재하는 JSX는 말도 안 되는 것으로 비쳤다.

> "자바스크립트와 XML 문법을 혼용하는 것, HTML 코드 내에서 변수를 선언하는 것, 리액트 DOM 컴포넌트가 사실은 실제 브라우저 DOM 컴포넌트와 다른 것, 아직 문서화되지 않은 React.createClass? 고맙지만, 사양하겠습니다."
>
> "정말 끔찍합니다. PHP로부터 배운 것이 하나도 없어 보입니다. 정말로 마크업과 자바스크립트 로직을 섞을 셈인가요?"
>
> "템플릿이 반드시 애플리케이션 로직과 함께 있어야 하나요? 그렇다면 이는 정말 끔찍한 결정입니다."
>
> "일단 제 첫인상은 render()를 매번 호출하고 HTML의 일부를 계속해서 새로 빌드하는 것은 모바일 기기 등의 성능에 끔찍한 영향을 미칠 것 같습니다."

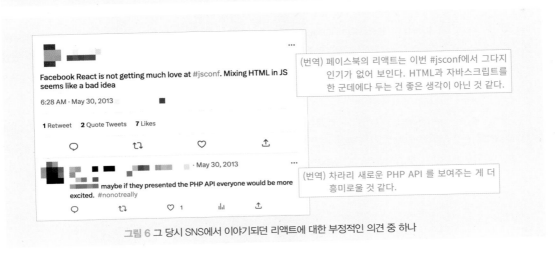

그림 6 그 당시 SNS에서 이야기되던 리액트에 대한 부정적인 의견 중 하나

사실 리액트의 구조도 관심사 분리의 원칙을 따른다고 볼 수 있다. 당시의 관심사 분리는 HTML, 자바스크립트, CSS가 각기 다른 폴더와 파일로 분리되고, 파일의 역할별로 관심사가 분리되는 것에 초점이 맞춰져 있었다. 그러나 리액트의 관심사 분리는 컴포넌트 기반으로, 뉴스피드 컴포넌트의 JSX와 CSS, 사진의 JSX와 CSS, UFI의 JSX와 CSS로 나눠지는 등 컴포넌트의 역할에 따라 관심사가 분리돼 있었다. 즉, 관심사 분리의 원칙이라는 개념하에 리액트와 기존 프런트엔드 프로젝트가 서로 다른 방식을 채택한 차이만 있을 뿐이었다.

하지만 당시 페이스북 팀이 간과하고 있었던 사실 중 하나는, 페이스북 팀과 일반적인 웹 개발자의 관점의 차이다. 페이스북 팀은 앞서 설명한 것처럼 점점 복잡해져가는 웹 애플리케이션을 좀 더 효율적으로 관리하기 위한 새로운 프레임워크에 초점을 맞춰 개발했지만 이러한 사실이 JSConf를 통해 잘 전달되지 않았던 것으로 보인다. JSX라고 하는 새로운 문법, 그리고 이 문법 내에서 혼재되는 자바스크립트 코드에 대한 거부감이 컸던 것으로 보인다. 이러한 일련의 사건으로 인해 페이스북 팀은 일반적인 웹 개발자에게 리액트를 소개하는 방법에 대해 다시금 고민하기 시작했다.

## 드디어 빛을 보는 리액트

그러나 모두가 리액트에 거부감을 느낀 것은 아니었다. 일부는 리액트의 접근 방식에 흥미를 느꼈고 프로덕션 애플리케이션에 리액트를 도입하는 사람들이 생겨났고, 리액트의 개발자가 아닌 외부의 개발들이 리액트에 새로운 아이디어와 활기를 불어넣기 시작하면서 리액트는 새로운 원동력을 얻기 시작했다. 이렇게 페이스북 밖의 오픈소스 컨트리뷰터에게서 많은 아이디어와 도움을 얻기 시작하면서 오픈소스로 전환하기로 결정한 데 대한 빛을 보기 시작했다. 이러한 장점을 깨닫고 페이스북 팀은 리액트 커뮤니티를 형성하는 데 많은 노력을 기울이기 시작했다. 커뮤니티 소식지를 올리면서 페이스북 팀 밖에서 일어나는 리액트와 관련된 글을 공유했고, 리액트 개발자들 또한 마찬가지로 번갈아가며 글을 작성하거나 인터뷰에 참여했다.

- 『Using React to speed up the Khan Academy question editor』[13]: 페이스북과 인스타그램 외에 최초로 리액트로 작성된 외부 프로젝트에 대한 글이다. 리액트의 선언적인 인터페이스 덕분에 컴포넌트 트리로 간단하게 작성할 수 있었고, 어떤 컴포넌트의 렌더링이 필요한지 결정할 수 있었으며, 필요하지 않은 영역에 대한 DOM 변경을 하지 않아서 효율적으로 프로젝트를 마칠 수 있었다고 밝혔다.

- 『Why did we build React?』[14]: 리액트 개발자가 작성한 글로, 이미 다양한 자바스크립트 MVC 프레임워크가 존재함에도 리액트를 만든 이유를 설명했다. 리액트는 시간의 흐름에 따라 변경되는 데이터를 효율적으로 나타내기 위한 재사용 가능한 컴포넌트를 만드는 데 중점을 둔다고 소개했다.

---

13 https://sophiebits.com/2013/06/09/using-react-to-speed-up-khan-academy.html
14 https://ko.reactjs.org/blog/2013/06/05/why-react.html

다음은 『Why did we build React?』에서 재조정(reconciliation)을 소개할 목적으로 작성한 코드다. ul 내부의 input 은 state의 숫자에 따라 증가하지만 ul 전체를 지우는 방식이 아니라 단순히 li를 추가하는 방식으로 작동하기 때문에 <input>은 리렌더링되지 않는다는 것을 보여준다.

【코드 2】최초 버전의 리액트에서 컴포넌트를 렌더링하는 방식

```
var TextBoxList = React.createClass({
  getInitialState: function () {
    return { count: 1 }
  },
  add: function () {
    this.setState({ count: this.state.count + 1 })
  },
  render: function () {
    var items = []
    for (var i = 0; i < this.state.count; i++) {
      items.push(
        <li key={i}>
          <input type="text" placeholder="change me!" />
        </li>,
      )
    }
    return (
      <ul>
        {items}
        <input type="button" value="Add an item" onClick={this.add} />
      </ul>
    )
  },
})


ReactDOM.render(
  <div>
    <p>
      만약 이 배열에 새로운 텍스트를 추가하게 되면 리액트는 전체 배열을 새로
      렌더링하지만 기존의 Input 내용에 있던 것은 그대로 유지합니다. 리액트는
      기존의 모든 DOM 요소를 초기화하지 않고, 새로운 text를 추가하는 방식으로
      똑똑하게 작동합니다.
    </p>
    <TextBoxList />
  </div>,
```

```
    document.getElementById('container'),
  )
```

- 「The Future of JavaScript MVC Frameworks」[15]: Backbone.js와 리액트 + om[16](클로저스크립트 기반 UI 프레임워크)의 성능을 비교하면서 리액트의 shouldComponentUpdate를 활용한 불필요한 렌더링 생략이 얼마나 성능적으로 이점을 가져다 줄 수 있는지 보여주었다. 그리고 미래에는 MVC 패턴보다는 단순함, 성능, 표현성 사이에서 최적의 균형을 가진 리액트와 비슷한 것이 대세를 이룰 것이라고 예견하기도 했다.

이후 리액트는 커뮤니티의 지지를 받으며 점차 성장해 나가기 시작했다. 리액트 커뮤니티는 리액트가 제공하지 못한 것을 채워주기 위해 상태 관리 라이브러리, 라우터 라이브러리, 서버 사이드 렌더링 프레임워크 등이 등장하기 시작하면서 점차 리액트는 프론트엔드 생태계에서 자리 잡기 시작했다. 이 같은 리액트의 성장을 다른 IT 기업들도 눈여겨보기 시작했고, 점차 리액트를 채택하는 곳이 등장하기 시작했다.

리액트를 앞서 채택한 웹사이트 중 하나는 바로 야후! 메일이다.[17] 최초의 야후! 메일은 C++와 HTML로 제작됐지만 시간이 지나면서 다른 웹사이트와 마찬가지로 PHP와 JS를 기반으로 하고 있었다. 그러나 기능이 점차 추가되고 요구사항이 복잡해지면서 전통적인 MVC 패턴을 유지해 개발하는 것에 어려움을 느꼈으며, 예측 가능한 데이터 흐름, 독립적인 컴포넌트 개발 등을 목표로 리액트와 Flux 패턴을 도입했다.

또 하나 리액트를 채택한 유명한 웹사이트는 바로 넷플릭스다.[18] 넷플릭스는 원래 자바를 기반으로 만들어졌지만 여러 가지 문제점이 있었다. 최초 상호작용에 걸리는 시간이 평균적으로 5초 정도 소요됐고, 웹사이트 빌드는 20분 가까이 걸리고 있었다. 무엇보다, 기능을 추가하는 데도 매우 오랜 시간이 걸려 개발자들이 어려움을 겪고 있었다. 넷플릭스 팀은 새로운 UI에 맞춰 새로운 웹사이트를 만들고자 모던 프레임워크 도입을 고민하기 시작한다. 먼저 이들은 리액트를 염두에 뒀지만 당시 리액트가 페이스북 이외에 성공한 사례가 부족해서 확신을 가질 수 없었다. 이에 개발자를 두 팀으로 나눠 30일 동안 각각 리액트와 백본으로 프로토타입을 만들어보기 시작했다. 그 결과, 리액트가 몇 가지 더 확실한 장점을 가지고 있음을 깨닫게 된다.

- 자바스크립트 코드의 크기가 줄었다: 상태를 관리하기 위한 컨트롤러 대신, 리액트는 단지 상태에 따른 UI를 선언적으로 구현할 수 있었으므로 코드를 좀 더 간결하게 작성할 수 있었다. 이러한 복잡성을 줄인 것만으로도 전체 코드의 크기를 확연하게 줄일 수 있었고, 그 결과 최초 상호작용에 걸리는 시간이 5초에서 1.5초로 감소했다.

- 상대적으로 완만한 학습 곡선: 자바스크립트 코드와 HTML만 알면 손쉽게 리액트 코드를 작성할 수 있었다.

---

15 http://swannodette.github.io/2013/12/17/the-future-of-javascript-mvcs/
16 https://github.com/omcljs/om
17 https://www.slideshare.net/rmsguhan/react-meetup-mailonreact
18 https://www.youtube.com/watch?v=g01dGsKbXOk, https://netflixtechblog.com/netflix-likes-react-509675426db

- 빠른 기능 추가: 과거에는 새로운 기능을 보여주기 위해서는 사이트를 빌드하고 배포해야 했지만 리액트는 자바 애플리케이션에 비해 기능을 추가하고 빌드하는 시간이 훨씬 빨랐다. 이렇게 빠른 빌드는 기획자들에게 새로운 기능을 보여주고 확인받는 데 걸리는 시간을 대폭 줄여주었다.

이러한 장점을 바탕으로 넷플릭스는 새로운 UI를 가진 웹사이트를 리액트로 작성했다.

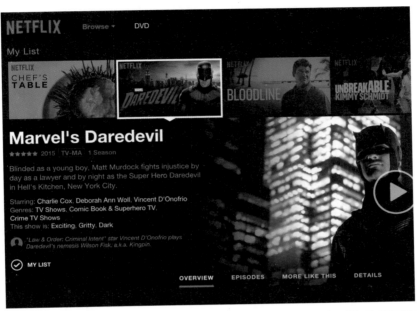

그림 7 2015년 6월에 공개된 리액트로 제작된 넷플릭스의 새로운 홈페이지. 현재까지도 넷플릭스는 리액트로 개발되어 운영되고 있다.

전 세계에서 두 번째로 큰 IT 회사인 넷플릭스가 리액트 생태계에 뛰어들자 반신반의하던 프런트엔드 커뮤니티도 환호하기 시작했다. 이와 비슷한 시기에 열린 React.js Conf도 순식간에 매진되면서 성황리에 치러졌다. 이 당시 React.js Conf에서 소개된 라이브러리가 react-hot-loader, redux 등이었고 이는 리액트의 성장을 더욱 가속화했다. 대형 IT 회사의 리액트 도입, 리액트 커뮤니티 성장에 따른 다양한 리액트향 라이브러리 등장 덕분에 리액트는 프런트엔드 시장에서 전성기를 맞는다.

## 리액트의 현재와 미래

2013년 5월에 최초 공개된 리액트의 버전은 0.3.0이고, 현재 2023년 기준 최신 버전은 18.2.0이다. 한 가지 재밌는 사실은 0.14.7 이후로 바로 버전이 15.0.0으로 넘어갔다는 것이다.[19] 즉 1.0.0 이상부터 15.0.0 미만의 버전은 존재하지 않는다. 0.14.x 이후의 정식 출시 버전인 안정적인 버전을 14에서 한 단

---

**19** https://reactjs.org/blog/2016/02/19/new-versioning-scheme.html

계 올라간 15로 설정한 것으로 보인다. 다음 버전이 1.0.0이 아닌 이유에 대해서는 딱히 밝혀진 게 없지만 여전히 유의적 버전(semantic versioning)을 지키고자 노력하고 있기 때문에 크게 걱정하지 않아도 될 것으로 보인다.

앞서 언급한 것처럼 리액트는 현재 가장 인기 있는 프레임워크로 자리 잡았다. Angular나 Vue 같은 다른 라이브러리와는 다르게, 웹 개발을 위한 프레임워크를 지향하지 않으므로 리액트와 함께 사용할 수 있는 다양한 라이브러리가 있다.

- 상태 관리: Redux, Zustand, Recoil, Jotai

- 서버 사이드 렌더링: Next.js, Remix, Hydrogen

- 애니메이션: Framer Motion, react-spring, React Move

- 차트: Recharts, visx, nivo

- 폼: React Hook Form, Formik, React Final Form

이 밖에도 많은 라이브러리가 있으며, 'react'라는 이름이나 태그를 가지고 있는 npm 패키지 또한 현재 23만여 개에 달한다.[20] 2017년부터 리액트가 프런트엔드 시장을 점령하고 있다는 기사가 나오고 있으며, 이는 2023년 현재까지 계속되고 있다. 2021년에 실시된 조사에 따르면, 웹 개발자가 선호하는 프레임워크 순위에서 리액트와 리액트를 기반으로 한 서버 사이드 렌더링 프레임워크인 Next.js가 나란히 1, 2위를 차지해 그 인기를 실감할 수 있다.

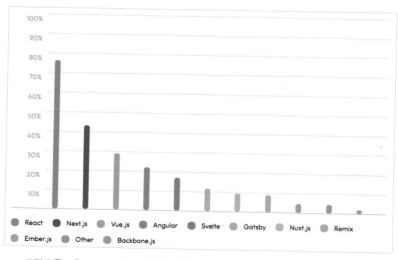

그림 8 The Software House에서 선정한 2022년 웹 프레임워크 사용 및 선호도 순위[21]

20 https://www.npmjs.com/search?q=react
21 https://tsh.io/state-of-frontend/

국내 IT 업계도 리액트가 프런트엔드의 대세인 것으로 보인다. 토스(toss)의 경우 리액트를 주력으로 사용하고 있으며[22] slash라는 라이브러리에서 일부 리액트향 라이브러리도 제공하고 있다.[23] 카카오도 마찬가지로 리액트를 사용하고 있으며[24], 네이버도 조직별로 차이가 있겠지만 최근 네이버 PC 메인과 지도 메인을 리액트로 바꾼 것을 미루어 보아 내부적으로 리액트를 주력으로 사용하고 있는 것으로 보인다.[25]

프런트엔드 채용시장에서도 마찬가지로, 리액트가 Vue나 Angular에 비해 채용하는 포지션이 더 많은 것으로 보인다.

그림 9 2023년 프로그래머스 기준 기술 스택별 채용 현황. 리액트가 다른 기술 스택에 비해 더 많은 채용 공고가 있는 것을 볼 수 있다.

『React.js: The Documentary』의 Q&A 영상[26]에서 개발자들이 밝힌 바에 따르면 이들이 현재 가장 집중적으로 역량을 쏟고 있는 것은 서버에서의 리액트 활용이다. 어떻게 하면 서버에서 리액트를 효율적으로 사용할 수 있을지, 그리고 이러한 전에 없던 작동 방식을 사용자에게 어떻게 소개할지 등을 고민하고 있는 것으로 보인다.

과거 리액트는 클라이언트에 초점을 맞추고 있었고, 앞으로도 브라우저와 클라이언트에서의 작동을 개선할 예정이라고 밝혔다. 그러나 리액트 팀은 클라이언트에서는 할 수 없는 서버에서의 작업, 그리고 서버 환경이 가지고 있는 가능성에 무게를 두고 앞으로도 서버에서 작동할 수 있는 다양한 기능이나 유스케이스를 추가할 것으로 보인다. 따라서 앞으로도 리액트를 계속해서 공부할 것이라면 프런트엔드 개발자들도 Node.js 같은 서버 환경을 공부하는 것이 기본 소양으로 자리 잡게 될 것이다.

22 https://toss.tech/article/toss-frontend-chapter
23 https://slash.page/ko/libraries/react/react/src/components/clickarea/clickarea.i18n/
24 https://tech.kakao.com/2020/09/21/kakao-fe-platform-team/
25 https://d2.naver.com/helloworld/4966453, https://career.programmers.co.kr/competitions/1868/2021-naver_fc-challenge
26 https://www.youtube.com/watch?v=WzRSysq7F4k

# 01 장

# 리액트 개발을 위해
# 꼭 알아야 할 자바스크립트

본격적으로 리액트를 다루기에 앞서, 리액트 코드의 기반이 되는 자바스크립트에 대해 먼저 알아보고자 한다. 리액트를 기반으로 웹 애플리케이션을 작성한 경험이 있다면 이미 어느 정도는 자바스크립트가 익숙한 개발자라고 볼 수 있다. 그러나 단순히 리액트 코드를 작성하는 데 그치지 않고, 웹 애플리케이션이 작동하는 이면에서 리액트가 수행하는 작업을 이해하려면 자바스크립트의 개념을 다시금 짚어볼 필요가 있다. 이번 장에서 자바스크립트의 모든 내용을 다루기는 어렵지만 리액트 코드를 작성하고 작동 방식을 이해하기 위한 최소한의 자바스크립트에 대해 다뤄보고자 한다.

## 1.1 자바스크립트의 동등 비교

리액트 함수 컴포넌트와 훅을 반복적으로 작성하다 보면 의존성 배열(dependencies)에 대해 고민해 본 적이 있을 것이다. 보통은 리액트에서 제공하는 `eslint-react-config`에 선언돼 있는 `react-hooks/exhaustive-deps`의 도움을 받아 해당 배열을 채우곤 하는데, 실제로 이것이 어떤 식으로 작동하는지, 또한 왜 이러한 변수들을 넣어야 하는지 이해하지 못하는 경우가 많다. 또 렌더링 관점에서도 살펴볼 만한 이유가 있다. 리액트 컴포넌트의 렌더링이 일어나는 이유 중 하나가 바로 props의 동등 비교에 따른 결과다. 그리고 이 props의 동등 비교는 객체의 얕은 비교를 기반으로 이뤄지는데, 이 얕은 비교가 리액트에서 어떻게 작동하는지 이해하지 못하면 렌더링 최적화에 어려움을 겪을 가능성이 크다.

리액트의 가상 DOM과 실제 DOM의 비교, 리액트 컴포넌트가 렌더링할지를 판단하는 방법, 변수나 함수의 메모이제이션 등 모든 작업은 자바스크립트의 동등 비교를 기반으로 한다. 자바스크립트의 이러한 동등 비교는 어떻게 수행되는지, 또 이를 리액트에서 어떻게 활용하고 있는지 살펴보자.

## 1.1.1 자바스크립트의 데이터 타입

자바스크립트의 모든 값은 데이터 타입을 갖고 있으며, 이 데이터 타입은 크게 원시 타입과 객체 타입으로 나눌 수 있다.

원시 타입(primitive type)

- boolean
- null
- undefined
- number
- string
- symbol
- bigint

객체 타입(object/reference type)

- object

여기서는 각 타입이 무엇이고 어떤 특징을 가지고 있는지만 간략하게 살펴보자. 여기에서 다룬 내용 이외에 자세한 내용을 알고 싶다면 다음 책과 웹사이트를 참고하길 바란다.

- 《모던 자바스크립트 Deep Dive》(위키북스, 2020)
- MDN: https://developer.mozilla.org

### 원시 타입

자바스크립트에서 원시 타입이란 간단히 정의하자면 객체가 아닌 다른 모든 타입을 의미한다. 객체가 아니므로 이러한 타입들은 메서드를 갖지 않는다. ES2022와 같은 최신 자바스크립트에서는 총 7개의 원시 타입이 있다.

### undefined

undefined는 선언한 후 값을 할당하지 않은 변수 또는 값이 주어지지 않은 인수에 자동으로 할당되는 값이다.

```
let foo

typeof foo === 'undefined' // true

function bar(hello) {
  return hello
}

typeof bar() === 'undefined' // true
```

후술할 원시값 중 null과 undefined는 오직 각각 null과 undefined라는 값만 가질 수 있으며, 그 밖의 타입은 가질 수 있는 값이 두 개 이상(boolean의 true, false와 같이) 존재한다.

## null
아직 값이 없거나 비어 있는 값을 표현할 때 사용한다.

```
typeof null === 'object' // true?
```

null이 가지고 있는 특별한 점 하나는 다른 원시값과 다르게 typeof로 null을 확인했을 때 해당 타입이 아닌 'object'라는 결과가 반환된다는 것이다. 이는 초창기 자바스크립트가 값을 표현하는 방식 때문에 발생한 문제[1]로, 이후에 typeof null을 진짜 'null'로 표현하고자 하는 시도가 있었으나 이전 코드에서 작동할 수 없는 호환성이 깨지는 변경 사항(breaking change)이어서 받아들여지지 않았다.[2]

undefined는 '선언됐지만 할당되지 않은 값'이고, null은 '명시적으로 비어 있음을 나타내는 값'으로 사용하는 것이 일반적이다.

## Boolean
참(true)과 거짓(false)만을 가질 수 있는 데이터 타입이다. 주로 조건문에서 많이 쓰이는 데이터 타입이다.

한 가지 주목할 만한 점은 true, false와 같은 boolean 형의 값 외에도 조건문에서 마치 true와 false처럼 취급되는 truthy, falsy 값이 존재한다는 것이다.

- falsy: 조건문 내부에서 false로 취급되는 값을 말한다.

---

1  https://2ality.com/2013/10/typeof-null.html
2  https://web.archive.org/web/20160331031419/http://wiki.ecmascript.org:80/doku.php?id=harmony:typeof_null

표 1.1 falsy가 가능한 값의 실제 타입

| 값 | 타입 | 설명 |
|---|---|---|
| false | Boolean | false는 대표적인 falsy한 값이다. |
| 0, -0, 0n, 0x0n | Number, BigInt | 0은 부호나 소수점 유무에 상관없이 falsy한 값이다. |
| NaN | Number | Number가 아니라는 것을 뜻하는 NaN(Not a Number)은 falsy한 값이다. |
| '', "", `` | String | 문자열이 falsy하기 위해서는 반드시 공백이 없는 빈 문자열이어야 한다. |
| null | null | null은 falsy한 값이다. |
| undefined | undefined | undefined는 falsy한 값이다. |

- truthy: 조건문 내부에서 true로 취급되는 값. 앞에서 언급한 falsy로 취급되는 값 이외에는 모두 true로 취급된다. 한 가지 유념할 점은 객체와 배열은 내부에 값이 존재하는지 여부와 상관없이 truthy로 취급된다는 것이다. 즉, {}, [] 모두 truthy한 값이다.

```
if (1) {
  // true
}

if (0) {
  // false
}

if (NaN) {
  // false
}

// 조건문 외에도 truthy와 falsy를 Boolean()을 통해 확인할 수도 있다.
Boolean(1) // true
Boolean(0) // false
Boolean(true) // true
```

## Number

정수와 실수를 구분해 저장하는 다른 언어와 다르게, 자바스크립트는 모든 숫자를 하나의 타입에 저장했었다. ECMAScript 표준에 따르면 $-(2^{53}-1)$과 $2^{53}-1$ 사이의 값을 저장할 수 있다. 이후에 bigint가 등장하기 전까지는 이 범위 외의 값들을 다루기가 어려웠다. 다음 코드는 BigInt가 있기 이전까지 Number가 안전하게 처리할 수 있는 숫자 범위를 나타낸다.

```
const a = 1

const maxInteger = Math.pow(2, 53)
maxInteger - 1 === Number.MAX_SAFE_INTEGER // true

const minInteger = -(Math.pow(2, 53) - 1)
minInteger === Number.MIN_SAFE_INTEGER // true
```

또한 2진수, 8진수, 16진수 등의 별도 데이터 타입을 제공하지 않으므로 각 진수별로 값을 표현해도 모두 10진수로 해석되어 동일한 값으로 표시된다. 다음 예제를 보자.

```
const 이진수_2 = 0b10 // 2진수(binary) 2
이진수_2 == 2 // true

const 팔진수_8 = 0o10 // 8진수(octal) 8
팔진수_8 == 8 // true

const 십육진수_16 = 0x10 // 16진수(hexadecimal) 16
십육진수_16 == 16 // true
```

## BigInt

앞서 number가 다룰 수 있는 숫자 크기의 제한을 극복하기 위해 ES2020에서 새롭게 나온 것으로, 최대 $2^{53}-1$을 저장할 수 있는 number의 한계를 넘어서 더 큰 숫자를 저장할 수 있게 해준다.

```
// 기존 number의 한계
9007199254740992 === 9007199254740993 // 마지막 숫자는 다른데 true가 나온다. 이는 더 이상 다룰 수 없는 크기이기 때문이다.

const maxInteger = Number.MAX_SAFE_INTEGER
console.log(maxInteger + 5 === maxInteger + 6) // true???????
const bigInt1 = 9007199254740995n // 끝에 n을 붙이거나
const bigInt2 = BigInt('9007199254740995') // BigInt 함수를 사용하면 된다.

const number = 9007199254740992
const bigint = 9007199254740992n
```

```
typeof number // number
typeof bigint // bigint

number == bigint // true
number === bigint // false(타입이 달라서 false가 반환된다)
```

## String

`string`은 텍스트 타입의 데이터를 저장하기 위해 사용된다. 한 쌍의 작은따옴표(')나 큰따옴표("), 또는 내장 표현식을 허용하는 문자열 리터럴 표현 방식인 백틱(`)으로도 표현할 수 있다.

백틱으로 표현하는 문자열은 앞선 작은따옴표나 큰따옴표와는 조금 차이점이 있다. 백틱을 사용해서 표현한 문자열을 템플릿 리터럴(template literal)이라고 하는데, 같은 문자열을 반환하지만 줄바꿈이 가능하고, 문자열 내부에 표현식을 쓸 수 있다는 차이가 있다.

```
// '\n안녕하세요.\n'
const longText= `
안녕하세요.
`
// Uncaught SyntaxError: Invalid or unexpected token
const longText = "
안녕하세요.
"
```

자바스크립트 문자열의 특징 중 하나는 문자열이 원시 타입이며 변경 불가능하다는 것이다. 이것은 한번 문자열이 생성되면 그 문자열을 변경할 수 없음을 의미한다.

```
const foo = 'bar'

console.log(foo[0]) // 'b'

// 앞 글자를 다른 글자로 변경해 보았다.
foo[0] = 'a'

// 이는 반영되지 않는다.
console.log(foo) // bar
```

## Symbol

Symbol은 ES6에서 새롭게 추가된 7번째 타입으로, 중복되지 않는 어떠한 고유한 값을 나타내기 위해 만들어 졌다. 심벌은 심벌 함수를 이용해서만 만들 수 있다. 즉, 심벌을 생성하려면 반드시 Symbol()을 사용해야만 한다.

```javascript
// Symbol 함수에 같은 인수를 넘겨주더라도 이는 동일한 값으로 인정되지 않는다.
// 심벌 함수 내부에 넘겨주는 값은 Symbol 생성에 영향을 미치지 않는다(Symbol.for 제외).
const key = Symbol('key')
const key2 = Symbol('key')

key === key2 // false

// 동일한 값을 사용하기 위해서는 Symbol.for를 활용한다.
Symbol.for('hello') === Symbol.for('hello') // true
```

## 객체 타입

객체 타입을 간단하게 정의하면 앞서 7가지 원시 타입 이외의 모든 것, 즉 자바스크립트를 이루고 있는 대부분의 타입이 바로 객체 타입이다. 여기에는 배열, 함수, 정규식, 클래스 등이 포함된다.

여기서 한 가지 주목할 것이 객체 타입(object type)은 참조를 전달한다고 해서 참조 타입(reference type)으로도 불린다는 사실이다. 여기서 우리가 알아둬야 할 자바스크립트 동등 비교의 특징이 나타난다.

```javascript
typeof [] === 'object' // true
typeof {} === 'object' // true

function hello() {}
typeof hello === 'function' // true

const hello1 = function () {
}

const hello2 = function () {
}

// 객체인 함수의 내용이 육안으로는 같아 보여도 참조가 다르기 때문에 false가 반환된다.
hello1 === hello2 // false
```

이어서 어떤 특징인지 살펴보자.

## 1.1.2 값을 저장하는 방식의 차이

원시 타입과 객체 타입의 가장 큰 차이점이라고 한다면, 바로 값을 저장하는 방식의 차이다. 이 값을 저장하는 방식의 차이가 동등 비교를 할 때 차이를 만드는 원인이 된다.

먼저 원시 타입은 불변 형태의 값으로 저장된다. 그리고 이 값은 변수 할당 시점에 메모리 영역을 차지하고 저장된다. 다음 예제 코드를 살펴보자.

```
let hello = 'hello world'
let hi = hello

console.log(hello === hi) // true
```

당연히 이 두 값을 비교하면 true가 나온다. 이는 hello의 hello world라는 값이 hi에 복사해 전달됐기 때문이다. 값을 비교하기 때문에, 값을 전달하는 방식이 아닌 각각 선언하는 방식으로도 동일한 결과를 볼 수 있다.

```
let hello = 'hello world'
let hi = 'hello world'

console.log(hello === hi) // true
```

반면 객체는 프로퍼티를 삭제, 추가, 수정할 수 있으므로 원시 값과 다르게 변경 가능한 형태로 저장되며, 값을 복사할 때도 값이 아닌 참조를 전달하게 된다. 다음 예제 코드를 살펴보자.

```
// 다음 객체는 완벽하게 동일한 내용을 가지고 있다.
var hello = {
  greet: 'hello, world',
}

var hi = {
  greet: 'hello, world',
}

// 그러나 동등 비교를 하면 false가 나온다.
console.log(hello === hi) // false

// 원시값인 내부 속성값을 비교하면 동일하다.
console.log(hello.greet === hi.greet) // true
```

객체는 값을 저장하는 게 아니라 참조를 저장하기 때문에 앞서 동일하게 선언했던 객체라 하더라도 저장하는 순간 다른 참조를 바라보기 때문에 false를 반환하게 된다. 즉, 값은 같았을지언정 참조하는 곳이 다른 셈이다. 반면 참조를 전달하는 경우에는 이전에 원시값에서 했던 것과 같은 결과를 기대할 수 있다.

크롬 개발자 도구를 열어보면 hello와 hi 객체의 참조가 다름을 확인할 수 있다.

| ▼ Object ×2 | 2 | 32 | 0 % | 32 | 0 % |
|---|---|---|---|---|---|
| ▼ Object @199389 ⬜ | 2 | 16 | 0 % | 16 | 0 % |
| ▶ __proto__ :: Object @110125 ⬜ | 3 | 28 | 0 % | 268 | 0 % |
| ▶ map :: system / Map @199433 | 3 | 40 | 0 % | 68 | 0 % |
| ▶ greet :: "hello, world" @95831 ⬜ | 3 | 24 | 0 % | 24 | 0 % |
| ▼ Object @199391 ⬜ | 2 | 16 | 0 % | 16 | 0 % |
| ▶ __proto__ :: Object @110125 ⬜ | 3 | 28 | 0 % | 268 | 0 % |
| ▶ map :: system / Map @199433 | 3 | 40 | 0 % | 68 | 0 % |
| ▶ greet :: "hello, world" @95831 ⬜ | 3 | 24 | 0 % | 24 | 0 % |

그림 1.1 두 객체의 동등 비교 결과가 false인 경우를 크롬 개발자 도구에서 확인

한편, 다음 예제에서 hello와 hi 변수는 변수명 및 각 변수명의 주소가 서로 다르지만 value가 가리키는 주소가 동일하다. 즉, value의 값(여기서는 {greet: 'hello, world'})이 hello.greet = "something"과 같이 변경된다 하더라도 hi와 hello 비교는 언제나 true를 반환한다.

```
var hello = {
  greet: 'hello, world',
}

var hi = hello

console.log(hi === hello) // true
```

| ▼ Object | 2 | 16 | 0 % | 108 | 0 % |
|---|---|---|---|---|---|
| ▼ Object @231139 ⬜ | 2 | 16 | 0 % | 108 | 0 % |
| ▶ __proto__ :: Object @200239 ⬜ | 3 | 28 | 0 % | 268 | 0 % |
| ▶ map :: system / Map @231115 | 3 | 40 | 0 % | 68 | 0 % |
| ▶ greet :: "hello, world" @95831 ⬜ | 3 | 24 | 0 % | 24 | 0 % |
| ▶ (array) | 3 | 72 | 0 % | 72 | 0 % |

그림 1.2 두 객체의 동등 비교 결과가 true인 경우를 크롬 개발자 도구로 확인. 새로 생성된 객체는 단 하나밖에 없는 것으로 미루어 보아 두 변수가 모두 하나의 동일한 객체를 바라보는 것을 알 수 있다.

따라서 자바스크립트 개발자는 항상 객체 간에 비교가 발생하면, 이 객체 간의 비교는 우리가 이해하는 내부의 값이 같다 하더라도 결과는 대부분 true가 아닐 수 있다는 것을 인지해야 한다.

## 1.1.3 자바스크립트의 또 다른 비교 공식, Object.is

자바스크립트에서는 비교를 위한 또 한 가지 방법을 제공하는데, 바로 `Object.is`다. `Object.is`는 두 개의 인수를 받으며, 이 인수 두 개가 동일한지 확인하고 반환하는 메서드다. `Object.is`가 `==`나 `===`와 다른 점은 다음과 같다.

- **`==` vs. `Object.is`**: `==` 비교는 같음을 비교하기 전에 양쪽이 같은 타입이 아니라면 비교할 수 있도록 강제로 형변환(type casting)을 한 후에 비교한다. 따라서 `5 == '5'`와 같이 형변환 후에 값이 동일하다면 `==`는 `true`를 반환한다. 하지만 `Object.is`는 이러한 작업을 하지 않는다. 즉, `===`와 동일하게 타입이 다르면 그냥 `false`다.

- **`===` vs. `Object.is`**: 이 방법에도 차이가 있다. 다음 코드를 보면 알 수 있듯, `Object.is`가 좀 더 개발자가 기대하는 방식으로 정확히 비교한다.

```
-0 === +0 // true
Object.is(-0, +0) // false

Number.NaN === NaN // false
Object.is(Number.NaN, NaN) //true

NaN === 0 / 0 // false
Object.is(NaN, 0 / 0) //true
```

이렇듯 `==`과 `===`가 만족하지 못하는 몇 가지 특이한 케이스를 추가하기 위해, `Object.is`가 나름의 알고리즘으로 작동하는 것을 알 수 있다. 한 가지 주의해야 할 점은, `Object.is`를 사용한다 하더라도 객체 비교에는 별 차이가 없다는 것이다. 객체 비교는 앞서 이야기한 객체 비교 원리와 동등하다.

```
Object.is({}, {}) // false

const a = {
  hello: 'hi',
}
const b = a

Object.is(a, b) // true
a === b // true
```

`Object.is`는 ES6(ECMAScript 2015)에서 새롭게 도입된 비교 문법으로, 위와 같이 몇 가지 특별한 사항에서 동등 비교 `===`가 가지는 한계를 극복하기 위해 만들어졌다. 그러나 여전히 객체 간 비교에 있어서는 자바스크립트의 특징으로 인해 `===`와 동일하게 동작하는 것을 알 수 있다.

## 1.1.4 리액트에서의 동등 비교

그렇다면 리액트에서는 동등 비교가 어떻게 이루어질까? 리액트에서 사용하는 동등 비교는 ==나 ===가 아닌 이 `Object.is`다. `Object.is`는 ES6에서 제공하는 기능이기 때문에 리액트에서는 이를 구현한 폴리필(Polyfill)을 함께 사용한다.

다음은 리액트에서 실제로 값을 비교할 때 사용하는 코드다.

【코드 1.1】 리액트에서 값을 비교하는 함수인 objectIs를 발췌[3]

```
// flow로 구현돼 있어 any가 추가돼 있다. flow에서 any는 타입스크립트와 동일하게
// 어떠한 값도 받을 수 있는 타입을 의미한다.
function is(x: any, y: any) {
  return (
    (x === y && (x !== 0 || 1 / x === 1 / y)) || (x !== x && y !== y) // eslint-disable-line no-self-compare
  )
}

// 런타임에 Object.is가 있다면 그것을 사용하고, 아니라면 위 함수를 사용한다.
// Object.is는 인터넷 익스플로러 등에 존재하지 않기 때문에 폴리필을 넣어준 것으로 보인다.
const objectIs: (x: any, y: any) => boolean =
  typeof Object.is === 'function' ? Object.is : is

export default objectIs
```

리액트에서는 이 `objectIs`를 기반으로 동등 비교를 하는 `shallowEqual`이라는 함수를 만들어 사용한다. 이 `shallowEqual`은 의존성 비교 등 리액트의 동등 비교가 필요한 다양한 곳에서 사용된다.

【코드 1.2】 리액트에서 값을 비교 – shallowEqual[4]

```
import is from './objectIs'
// 다음 코드는 Object.prototype.hasOwnProperty다.
// 이는 객체에 특정 프로퍼티가 있는지 확인하는 메서드다.
import hasOwnProperty from './hasOwnProperty'

/**
 * 주어진 객체의 키를 순회하면서 두 값이 엄격한 동등성을 가지는지를 확인하고,
```

---

3  https://github.com/facebook/react/blob/main/packages/shared/objectIs.js
4  https://github.com/facebook/react/blob/main/packages/shared/shallowEqual.js

```
 * 다른 값이 있다면 false를 반환한다. 만약 두 객체 간에 모든 키의 값이 동일하다면
 * true를 반환한다.
 */
// 단순히 Object.is를 수행하는 것뿐만 아니라 객체 간의 비교도 추가돼 있다.
function shallowEqual(objA: mixed, objB: mixed): boolean {
  if (is(objA, objB)) {
    return true
  }

  if (
    typeof objA !== 'object' ||
    objA === null ||
    typeof objB !== 'object' ||
    objB === null
  ) {
    return false
  }

  // 각 키 배열을 꺼낸다.
  const keysA = Object.keys(objA)
  const keysB = Object.keys(objB)

  // 배열의 길이가 다르다면 false
  if (keysA.length !== keysB.length) {
    return false
  }

  // A의 키를 기준으로, B에 같은 키가 있는지, 그리고 그 값이 같은지 확인한다.
  for (let i = 0; i < keysA.length; i++) {
    const currentKey = keysA[i]
    if (
      !hasOwnProperty.call(objB, currentKey) ||
      !is(objA[currentKey], objB[currentKey])
    ) {
      return false
    }
  }

  return true
}
```

```
export default shallowEqual
```

리액트에서의 비교를 요약하자면 `Object.is`로 먼저 비교를 수행한 다음에 `Object.is`에서 수행하지 못하는 비교, 즉 객체 간 얕은 비교를 한 번 더 수행하는 것을 알 수 있다. 객체 간 얕은 비교란 객체의 첫 번째 깊이에 존재하는 값만 비교한다는 것을 의미한다. 다음 코드를 살펴보자.

```
// Object.is는 참조가 다른 객체에 대해 비교가 불가능하다.
Object.is({ hello: 'world' }, { hello: 'world' }) // false

// 반면 리액트 팀에서 구현한 shallowEqual은 객체의 1 depth까지는 비교가 가능하다.
shallowEqual({ hello: 'world' }, { hello: 'world' }) // true

// 그러나 2 depth까지 가면 이를 비교할 방법이 없으므로 false를 반환한다.
shallowEqual({ hello: { hi: 'world' } }, { hello: { hi: 'world' } }) // false
```

이렇게 객체의 얕은 비교까지만 구현한 이유는 무엇일까? 먼저 리액트에서 사용하는 JSX props는 객체이고, 그리고 여기에 있는 props만 일차적으로 비교하면 되기 때문이다. 다음 코드를 살펴보자.

```
type Props = {
  hello: string
}
function HelloComponent(props: Props) {
  return <h1>{props.hello}</h1>
}
// ...

function App() {
  return <HelloComponent hello="hi!" />
}
```

위 코드에서 props는 객체다. 그리고 기본적으로 리액트는 props에서 꺼내온 값을 기준으로 렌더링을 수행하기 때문에 일반적인 케이스에서는 얕은 비교로 충분할 것이다. 이러한 특성을 안다면 props에 또 다른 객체를 넘겨준다면 리액트 렌더링이 예상치 못하게 작동한다는 것을 알 수 있다.

**【코드 1.3】** React.memo의 깊은 비교 문제 예시

```tsx
import { memo, useEffect, useState } from 'react'

type Props = {
  counter: number
}

const Component = memo((props: Props) => {
  useEffect(() => {
    console.log('Component has been rendered!')
  })

  return <h1>{props.counter}</h1>
})

type DeeperProps = {
  counter: {
    counter: number
  }
}

const DeeperComponent = memo((props: DeeperProps) => {
  useEffect(() => {
    console.log('DeeperComponent has been rendered!')
  })

  return <h1>{props.counter.counter}</h1>
})

export default function App() {
  const [, setCounter] = useState(0)

  function handleClick() {
    setCounter((prev) => prev + 1)
  }
  return (
    <div className="App">
      <Component counter={100} />
      <DeeperComponent counter={{ counter: 100 }} />
      <button onClick={handleClick}>+</button>
```

```
    </div>
  )
}
```

이와 같이 props가 깊어지는 경우, 즉 한 객체 안에 또다른 객체가 있을 경우 React.memo는 컴포넌트에 실제로 변경된 값이 없음에도 불구하고 메모이제이션된 컴포넌트를 반환하지 못한다. 즉, Component는 props.counter가 존재하지만, DeeperComponent는 props.counter.counter에 props가 존재한다. 상위 컴포넌트인 App에서 버튼을 클릭해서 강제로 렌더링을 일으킬 경우, shallowEqual을 사용하는 Component 함수는 위 로직에 따라 정확히 객체 간 비교를 수행해서 렌더링을 방지해 주었지만 DeeperComponent 함수는 제대로 비교하지 못해 memo가 작동하지 않는 모습을 볼 수 있다.

만약 내부에 있는 객체까지 완벽하게 비교하기 위한 재귀문까지 넣었으면 어떻게 됐을까? 객체 안에 객체가 몇 개까지 있을지 알 수 없으므로 이를 재귀적으로 비교하려 할 경우 성능에 악영향을 미칠 것이다.

### 1.1.5 정리

지금까지 자바스크립트에 존재하는 데이터 타입은 무엇인지, 그리고 이 데이터 타입은 어떻게 저장되며 이 값의 비교는 어떻게 수행되는지 살펴봤다.

특히 자바스크립트에서 객체 비교의 불완전성은 스칼라나 하스켈 등의 다른 함수형 언어에서는 볼 수 없는 특징으로, 자바스크립트 개발자라면 반드시 기억해 두어야 한다. 이러한 자바스크립트를 기반으로 한 리액트의 함수형 프로그래밍 모델에서도 이러한 언어적인 한계를 뛰어넘을 수 없으므로 얕은 비교만을 사용해 비교를 수행해 필요한 기능을 구현하고 있다.

이러한 자바스크립트의 특징을 잘 숙지한다면 향후 함수 컴포넌트에서 사용되는 훅의 의존성 배열의 비교, 렌더링 방지를 넘어선 useMemo와 useCallback의 필요성, 렌더링 최적화를 위해서 꼭 필요한 React.memo를 올바르게 작동시키기 위해 고려해야 할 것들을 쉽게 이해할 수 있을 것이다.

## 1.2 함수

군이 자바스크립트에서 함수의 중요성을 언급하지 않아도, 자바스크립트와 리액트에서 반드시 알아야 할 내용이 바로 함수다. 이 책을 읽는 독자들 중에 자바스크립트에서 함수가 무엇인지 또 어떻게 쓰이는지 모르는 사람은 없겠지만, 함수에 대해 한 번 더 살펴보면서 점검해 보고자 한다. 그리고 리액트에서 함수 컴포넌트를 작성하다 보면 화살표 함수와 일반 함수를 혼재해서 쓰는 경우가 많은데 정작 두 함수의 차이에 대해서는 정확히 모르는 경우가 많다. 함수의 다양한 형태와 이러한 함수의 차이점이 무엇인지 살펴보자.

## 1.2.1 함수란 무엇인가?

자바스크립트에서 함수란 작업을 수행하거나 값을 계산하는 등의 과정을 표현하고, 이를 하나의 블록으로 감싸서 실행 단위로 만들어 놓은 것을 의미한다.

**【코드 1.4】함수의 기본적인 형태**

```
function sum(a, b) {
  return a + b
}


sum(10, 24) // 34
```

먼저 function으로 시작해 }로 끝나는 부분까지가 함수를 정의한 부분이다. function 뒤에 오는 것이 함수명, 그리고 함수의 입력값으로 받는 a, b를 각각 매개변수라 하며, return으로 작성된 것이 반환값이다. 그리고 이 함수의 이름을 사용해 함수를 호출하는데, sum 뒤에 넘겨준 두 개의 값 10과 24를 인수라고 한다. 예제 코드를 살펴보면 sum이라는 함수를 선언하고, a와 b라는 두 개의 매개변수를 활용해 return a + b를 반환하는 형태인 것을 알 수 있다.

리액트에서 컴포넌트를 만드는 함수도 이러한 기초적인 형태를 따르는 것을 알 수 있다.

```
function Component(props) {
  return <div>{props.hello}</div>
}
```

Component라고 하는 함수를 선언하고 매개변수로는 일반적으로 props라고 부르는 단일 객체를 받으며 return 문으로 JSX를 반환한다. 일반적인 함수와의 차이점이라고 한다면, 자바스크립트에서는 Component(props) 형태로 호출하지만, 리액트에서의 함수 컴포넌트는 <Component hello={props.hello} ... />와 같이 JSX 문법으로 단일 props별로 받거나, <Component {...props} /> 같은 형태로 모든 props를 전개 연산자로 받는다는 차이가 있다는 것이다. 그리고 이러한 JSX 형태 외에도 일반적인 자바스크립트 문법으로 함수 컴포넌트를 호출하는 것도 가능하다. 이에 대해서는 2.1절에서 다룬다.

## 1.2.2 함수를 정의하는 4가지 방법

자바스크립트에서 함수를 정의하는 방법은 크게 4가지로 나눌 수 있다. 리액트를 이미 다뤄본 사람이라면 리액트 애플리케이션 내부에서 다양한 방식으로 함수를 정의한다는 것을 알 수 있다. 그리고 이러한 호출 방식에는 조금씩 기술적인 차이가 있다. 여기서는 함수를 선언하는 방법과 각 방법 간에 어떠한 차이가 있는지 살펴보자.

## 함수 선언문

자바스크립트에서 함수를 선언할 때 가장 일반적으로 사용하는 방식이다.

```
function add(a, b) {
  return a + b
}
```

함수 선언문은 표현식이 아닌 일반 문(statement)으로 분류된다. 표현식이란 무언가 값을 산출하는 구문을 의미한다. 즉, 앞선 함수 선언으로는 어떠한 값도 표현되지 않았으므로 표현식이 아닌 문으로 분류된다. 그러나 다음 예제를 살펴보자.

```
const sum = function sum(a, b) {
  return a + b
}

sum(10, 24) // 34
```

앞서 함수 선언문의 정의에 따르면, 함수 선언문은 말 그대로 '선언'이고 어떠한 값도 표현하지 않으므로 표현식과는 다르게 변수에 할당할 수 없는 것이 자연스러워 보인다. 그러나 위 예제는 마치 sum이라는 변수에 함수 sum을 할당하는, 표현식과 같은 작동을 보였다. 그 이유는 무엇일까? 이는 자바스크립트 엔진이 코드의 문맥에 따라 동일한 함수를 문이 아닌 표현식으로 해석하는 경우가 있기 때문이다. 따라서 위와 같이 이름을 가진 형태의 함수 리터럴은 코드 문맥에 따라 전자와 같은 선언문으로도, 후자와 같은 표현식으로도 사용될 수 있음을 알고 있어야 한다.

## 함수 표현식

함수 표현식에 대해 알아보기 전에 '일급 객체'라는 개념을 알고 있어야 한다. 프로그래밍 세계에서 일급 객체란 다른 객체들에 일반적으로 적용 가능한 연산을 모두 지원하는 객체를 의미한다.[5] 자바스크립트에서 함수는 일급 객체다. 함수는 다른 함수의 매개변수가 될 수도 있고, 반환값이 될 수도 있으며, 앞에서 본 것처럼 할당도 가능하므로 일급 객체가 되기 위한 조건을 모두 갖추고 있다.

---

5  https://ko.wikipedia.org/wiki/일급_객체

앞서 함수가 일급 객체라고 했으니, 함수를 변수에 할당하는 것은 당연히 가능하다.

```
const sum = function (a, b) {
  return a + b
}

sum(10, 24) // 34
```

함수 표현식에서는 할당하려는 함수의 이름을 생략하는 것이 일반적이다. 그 이유는 코드를 봤을 때 혼란을 방지하기 위함이다.

```
const sum = function add(a, b) {
  // 함수 몸통에서 현재 실행 중인 함수를 참조하는 데 사용할 수 있다.
  // 이는 단순히 코드에 대한 이해를 돕기 위한 예제 코드고,
  // 실제 프로덕션 코드에서는 절대로 사용해서는 안 된다.
  // https://developer.mozilla.org/ko/docs/Web/JavaScript/Reference/Functions/arguments/callee
  console.log(arguments.callee.name)
  return a + b
}

sum(10, 24)
// add
add(10, 24) // Uncaught ReferenceError: add is not defined
```

위 함수 표현식 예제를 살펴보면 실제로 함수를 호출하기 위해서 사용된 것은 sum임을 알 수 있다. 그리고 add는 실제 함수 내부에서만 유효한 식별자일 뿐, 함수를 외부에서 호출하는 데에는 사용할 수 없는 식별자다. 따라서 함수 표현식에서 함수에 이름을 주는 것은 함수 호출에 도움이 전혀 안 되는, 코드를 읽는 데 방해가 될 수 있는 요소임을 알 수 있다.

### 함수 표현식과 선언 식의 차이

함수 표현식과 함수 선언 식 외에 다른 2가지 함수 선언 방식에 대해 다루기 전에, 먼저 이 두 가지 방식의 차이점을 살펴보자. 이 두 가지 방식의 가장 큰 차이는 호이스팅(hoisting) 여부다.

먼저 호이스팅에 대해 알아보자. 함수의 호이스팅이라 함은, 함수 선언문이 마치 코드 맨 앞단에 작성된 것처럼 작동하는 자바스크립트의 특징을 의미한다. 다음 예제를 살펴보자.

```
hello() // hello

function hello() {
  console.log('hello')
}

hello() // hello
```

함수를 선언한 hello는 코드 중간에 있음에도 불구하고, 맨 앞에서 호출한 hello()는 어떠한 에러도 없이, 그리고 마치 함수가 미리 만들어지기라도 한 것처럼 정상적인 hello 함수의 작동을 수행하는 것을 알 수 있다. 함수의 호이스팅은 함수에 대한 선언을 실행 전에 미리 메모리에 등록하는 작업을 의미한다. 이러한 함수의 호이스팅이라는 특징 덕분에 함수 선언문이 미리 메모리에 등록됐고, 코드의 순서에 상관없이 정상적으로 함수를 호출할 수 있게 된 것이다.

반면 함수 표현식은 함수를 변수에 할당했다. 변수도 마찬가지로 호이스팅이 발생한다. 그러나 함수의 호이스팅과는 다르게, 호이스팅되는 시점에서 var의 경우에는 undefined로 초기화한다는 차이가 있다.

```
console.log(typeof hello === 'undefined') // true

hello() // Uncaught TypeError: hello is not a function

var hello = function () {
  console.log('hello')
}

hello()
```

위 예제 코드는 앞선 함수 선언문과 다르게 정상적으로 호출되지 않고, undefined로 남아있는 것을 알 수 있다. 함수와 다르게 변수는, 런타임 이전에 undefined로 초기화되고, 할당문이 실행되는 시점, 즉 런타임 시점에 함수가 할당되어 작동한다는 것을 알 수 있다.

그렇다면 둘 중에 어떤 것이 좋을까? 함수를 자유롭게 선언하고 어디서든 자유롭게 호출하고 싶거나, 변수 선언과 다르게 명시적으로 함수를 구별하고 싶을 때는 함수 선언문이 더 좋을 수 있다. 함수 선언문은 함수가 선언된 위치에 상관없이 함수 호이스팅의 특징을 살리면 어디서든 호출할 수 있고, 또 변수 선언과 뚜렷하게 구별되는 차이점이 있다. 그러나 함수가 선언되기 전에 함수가 호출되는 것이 이상하게 느껴지는 사람도 있을 것이다. 함수 호출은 제일 먼저 보이고, 그다음에 실제 함수를 어디서 어떻게 선언했는지는 해당 스코프를 끝까지 확인하지 않으면 개발자가 찾기 어렵다. 이는 관리해야 하는 스코프가 길어질 경우 특히 더 나쁘게 작용할 수 있다. 그리고 다른 언어를 주로 사용하던 개발자라면 이러한 모습이 어색하게 보일 수도 있다.

둘 중에 어떠한 것이 더 낫다거나 기능적으로 우위에 있다고 구별지을 만한 점은 없다. 현재 자바스크립트 코드를 작성하는 환경을 살펴보고, 본인이나 프로젝트의 상황에 맞는 작성법을 일관되게 사용하면 충분하다.

## Function 생성자

이 방법은 자바스크립트를 오래 사용했다 하더라도 거의 사용해 본 적이 없을 만한 함수 선언 방식이다. 바로 Function 생성자를 활용하는 방법이다. 앞서 만든 add 함수를 생성자 함수로 만들면 다음과 같다.

```
const add = new Function('a', 'b', 'return a + b')

add(10, 24) // 34
```

Function 생성자 함수를 사용해서 만든 모습은 썩 좋아보이지 않는다. 코드 작성 관점에서만 보더라도 매개변수, 그리고 함수의 몸통을 모두 문자열로 작성해야 한다. 이는 메모장에서 코드를 작성하는 것만큼이나 어려운 방법이며, 코드의 양이 길어진다면 더욱 혼란스러워질 것이다. 그리고 이렇게 생성자 방식으로 함수를 만들게 되면 함수의 클로저 또한 생성되지 않는다. 여러 가지로 미루어 보았을 때, 생성자 함수 방식으로 함수를 만드는 것은 권장되지 않는다. 자바스크립트의 eval만큼이나 실제 코딩에서 사용되지 않는 방법이라고 볼 수 있다.

## 화살표 함수

ES6에서 새롭게 추가된 함수 생성 방식으로, 최근 자바스크립트 개발자들 사이에서 각광받는 함수 정의 방식이다. function이라는 키워드 대신 =>라는 화살표를 활용해서 함수를 만드는데, 아무래도 타이핑할 글자 수가 줄어든다는 측면에서 많이 사용되는 것이 아닌가 싶다.

```
const add = (a, b) => {
  return a + b
}

const add = (a, b) => a + b
```

그러나 화살표 함수는 겉보기와 다르게 앞서 언급한 함수 생성 방식과 몇 가지 큰 차이점이 있다. 이에 대해서 하나씩 살펴보자.

먼저 화살표 함수에서는 constructor를 사용할 수 없다. 즉, 생성자 함수로 화살표 함수를 사용하는 것은 불가능하다.

```
const Car = (name) => {
  this.name = name
}



// Uncaught TypeError: Car is not a constructor
const myCar = new Car('하이')
```

그리고 화살표 함수에서는 arguments가 존재하지 않는다.

```
function hello() {
  console.log(arguments)
}



// Arguments(3) [1, 2, 3, callee: ƒ, Symbol(Symbol.iterator): ƒ]
hello(1, 2, 3)

const hi = () => {
  console.log(arguments)
}



// Uncaught ReferenceError: arguments is not defined
hi(1, 2, 3)
```

그리고 화살표 함수와 일반 함수의 가장 큰 차이점은 바로 this 바인딩이다. 이 차이로 인해 뒤에 설명할 클래스 컴포넌트에서 이벤트에 바인딩할 메서드 선언 시 화살표 함수로 했을 때와 일반 함수로 했을 때 서로 다르게 작동한다.

먼저 this에 대해 간단하게 소개하자면, 자신이 속한 객체나 자신이 생성할 인스턴스를 가리키는 값이다. 이 this는 화살표 함수 이전까지는 함수를 정의할 때 결정되는 것이 아니라, 함수가 어떻게 호출되느냐에 따라 동적으로 결정된다. 만약 함수가 일반 함수로서 호출된다면, 그 내부의 this는 전역 객체를 가리키게 된다.

그러나 이와 달리 화살표 함수는 함수 자체의 바인딩을 갖지 않는다. 화살표 함수 내부에서 this를 참조하면 상위 스코프의 this를 그대로 따르게 된다. 이에 대한 예제를 리액트의 클래스 컴포넌트 기반으로 살펴보자.

**【코드 1.5】 클래스 컴포넌트에서 일반 함수와 화살표 함수로 state를 갱신하는 예제**

```
class Component extends React.Component {
  constructor(props) {
    super(props)
    this.state = {
      counter: 1,
    }
  }

  functionCountUp() {
    console.log(this) // undefined
    this.setState((prev) => ({ counter: prev.counter + 1 }))
  }

  ArrowFunctionCountUp = () => {
    console.log(this) // class Component
    this.setState((prev) => ({ counter: prev.counter + 1 }))
  }

  render() {
    return (
      <div>
        {/* Cannot read properties of undefined (reading 'setState') */}
        <button onClick={this.functionCountUp}>일반 함수</button>
        {/* 정상적으로 작동한다. */}
        <button onClick={this.ArrowFunctionCountUp}>화살표 함수</button>
      </div>
    )
  }
}
```

위 두 메서드 functionCountUp과 ArrowFunctionCountUp는 모두 state를 하나씩 올리는 작업을 동일하게 하고 있다. 그러나 일반 함수에서의 this는 undefined를, 화살표 함수에서의 this는 우리가 원하는 대로 클래스의 인스턴스인 this를 가리키는 것을 볼 수 있다. 즉, 별도의 작업을 추가로 하지 않고 this에 접근할 수 있는 방법이 바로 화살표 함수인 것이다. 이러한 차이점은 바벨에서도 확인할 수 있다.

【코드 1.6】 바벨 트랜스파일링으로 확인해 볼 수 있는 화살표 함수와 일반 함수의 차이

```
// 트랜스파일하기 전
const hello = () => {
  console.log(this)
}

function hi() {
  console.log(this)
}

// 트랜스파일된 결과: 바벨에서는 이렇게 변환한다.
var _this = void 0

var hello = function hello() {
  // 바벨에서 화살표 함수 내부의 _this 자체를 undefined로 바꿔버린다.
  console.log(_this)
}

function hi() {
  console.log(this)
}
```

화살표 함수는 this가 선언되는 시점에 이미 상위 스코프로 결정돼 있어 미리 _this를 받아서 사용하는 모습과 다르게, 일반 함수는 호출하는 런타임 시점에 결정되는 this를 그대로 따르는 모습이다.[6]

이처럼 화살표 함수의 this는 선언 시점에 결정된다는 일반 함수와 대비되는 큰 차이점이 있기 때문에 단순히 일반 함수의 축약형이라고 보기엔 무리가 있다. 따라서 화살표 함수와 일반 함수를 사용할 때, 특히 this를 사용할 수밖에 없는 클래스 컴포넌트 내부에서 각별한 주의가 필요하다.

## 1.2.3 다양한 함수 살펴보기

함수를 선언하는 방식이 다양한 것처럼 함수를 사용하는 방식에도 여러 가지가 있다. 그중에서도 리액트에서 자주 쓰이는 형태에 대해서만 알아본다.

---

6 https://bit.ly/jsarrow

## 즉시 실행 함수

즉시 실행 함수(Immediately Invoked Function Expression, 일반적으로 IIFE라고 부른다)는 말 그대로 함수를 정의하고 그 순간 즉시 실행되는 함수를 의미한다. 단 한 번만 호출되고, 다시금 호출할 수 없는 함수다.

**【코드 1.7】즉시 실행 함수**

```
(function (a, b) {
  return a + b
})(10, 24);// 34

((a, b) => {
    return a + b
  },
)(10, 24) // 34
```

즉시 실행 함수는 한 번 선언하고 호출된 이후부터는 더 이상 재호출이 불가능하다. 그래서 일반적으로는 즉시 실행 함수에 이름을 붙이지 않는다.

이러한 즉시 실행 함수의 특성을 활용하면 글로벌 스코프를 오염시키지 않는 독립적인 함수 스코프를 운용할 수 있다는 장점을 얻을 수 있다. 함수의 선언과 실행이 바로 그 자리에서 끝나기 때문에 즉시 실행 함수 내부에 있는 값은 그 함수 내부가 아니고서는 접근이 불가능하기 때문이다.

또한 코드를 읽는 이로 하여금 이 함수는 어디서든 다시금 호출되지 않는다는 점을 각인시킬 수 있어 리팩터링에도 매우 도움이 된다. 일단 선언돼 있으면 어디서 쓸지 모르는 일반 함수와는 다르게, 즉시 실행 함수는 그 선언만으로도 실행이 거기서 끝난다는 것을 각인시킬 수 있기 때문이다. 재사용되지 않는 함수이고, 단 한 번만 실행되고 끝난다면 즉시 실행 함수의 사용을 검토해 보자.

## 고차 함수

앞서 언급했듯이 자바스크립트의 함수가 일급 객체라는 특징을 활용하면 함수를 인수로 받거나 결과로 새로운 함수를 반환시킬 수 있다. 이런 역할을 하는 함수를 고차 함수(Higher Order Function)라고 한다. 다음 예제 코드를 살펴보자.

```
// 함수를 매개변수로 받는 대표적인 고차 함수, Array.prototype.map
const doubledArray = [1, 2, 3].map((item) => item * 2)

doubledArray // [2, 4, 6]
```

```
// 함수를 반환하는 고차 함수의 예
const add = function (a) {
  // a가 존재하는 클로저를 생성
  return function (b) {
    // b를 인수로 받아 두 합을 반환하는 또 다른 함수를 생성
    return a + b
  }
}

add(1)(3) // 4
```

이러한 특징을 활용해 추후에 다룰 함수 컴포넌트를 인수로 받아 새로운 함수 컴포넌트를 반환하는 고차 함
수를 만들 수도 있다. 이런 컴포넌트를 고차 함수와 유사하게 고차 컴포넌트(Higher Order Component)라
고 부르는데, 고차 함수 컴포넌트를 만들면 컴포넌트 내부에서 공통으로 관리되는 로직을 분리해 관리할 수
있어 효율적으로 리팩터링할 수 있다. 이에 대한 자세한 활용 예제는 3.2절 '사용자 정의 훅과 고차 컴포넌트
중 무엇을 써야 할까?'에서 소개한다.

### 1.2.4  함수를 만들 때 주의해야 할 사항

자바스크립트로 코드를 작성하다 보면 변수를 선언하는 것만큼이나 자주 함수를 만든다. 이렇게 습관적으로
함수를 만들다 보면 함수 생성과 사용에 있어 중요한 부분을 놓칠 수 있다. 함수를 만들기 전에 좋은 함수는
무엇이고 또 함수를 만들 때 무엇을 조심해야 하는지 살펴보자.

#### 함수의 부수 효과를 최대한 억제하라

함수의 부수 효과(side-effect)란 함수 내의 작동으로 인해 함수가 아닌 함수 외부에 영향을 끼치는 것을 의
미한다. 이러한 부수 효과가 없는 함수를 순수 함수라 하고, 부수 효과가 존재하는 함수를 비순수 함수라고
한다. 즉, 순수 함수는 부수 효과가 없고, 언제 어디서나 어떠한 상황에서든 동일한 인수를 받으면 동일한 결
과를 반환해야 한다. 그리고 이러한 작동 와중에 외부에 어떠한 영향도 미쳐서는 안 된다. 다음 리액트 예제
를 살펴보자.

```
function PureComponent(props) {
  const { a, b } = props
  return <div>{a + b}</div>
}
```

이 컴포넌트는 앞선 기준에 따라 순수한 함수 컴포넌트로 분류할 수 있다. props의 값을 기준으로 a, b를 더하고, 그 결과를 HTMLDivElement로 렌더링하고 있다. 외부에 어떤 영향을 미치지도 않았고, 언제 어디서든 동일한 인수를 받아서 동일한 결과를 반환하기 때문에 순수한 함수 컴포넌트라 볼 수 있다. 순수한 함수는 언제 실행되든 항상 결과가 동일하기 때문에 예측 가능하며 안정적이라는 장점이 있다.

그렇다면 어떻게서든 항상 순수 함수로만 작성해야 할까? 그렇지 않다. 웹 애플리케이션을 만드는 과정에서 부수 효과는 어떻게 보면 피할 수 없는 요소다. 컴포넌트 내부에서 API를 호출한다면 어떨까? 외부에 어떠한 영향(HTTP request)을 끼쳤으므로 부수 효과다. console.log 또한 브라우저의 콘솔 창이라는 외부에 영향을 미쳤으므로 부수 효과다. HTML 문서의 title을 바꿨다면 이 또한 외부에 영향을 미쳤으므로 부수 효과다. 이러한 부수 효과는 웹 애플리케이션 개발에 있어 피할 수 없는 요소 중 하나다. 부수 효과를 만드는 것은 애플리케이션을 만들면서 피할 수 없는 요소지만 이러한 부수 효과를 최대한 억제할 수 있는 방향으로 함수를 설계해야 한다. 리액트의 관점에서 본다면 부수 효과를 처리하는 혹인 useEffect의 작동을 최소화하는 것이 그 일환이라 할 수 있다. useEffect의 사용은 피할 수 없지만 최소한으로 줄임으로써 함수의 역할을 좁히고, 버그를 줄이며, 컴포넌트의 안정성을 높일 수 있다.

따라서 자바스크립트 함수에서는 가능한 한 부수 효과를 최소화하고, 함수의 실행과 결과를 최대한 예측 가능하도록 설계해야 한다. 예측 가능한 단위의 부수 효과가 작은 함수를 설계하면 개발자와 이를 유지보수하는 또 다른 개발자에게 많은 도움을 준다.

## 가능한 한 함수를 작게 만들어라

자바스크립트 개발자들이 프로젝트를 만들 때 사용하는 ESLint에는 max-lines-per-function이라는 규칙이 있다.[7] 여기에 있는 표현을 빌리자면, 함수당 코드의 길이가 길어질수록 코드 냄새(문제를 일으킬 여지가 있는 코드)가 날 확률이 커지고, 내부에서 무슨 일이 일어나는지 추적하기 어려워진다. 이 규칙에서는 기본값으로 50줄 이상이 넘어가면 과도하게 커진 함수로 분류하고 경고 메시지를 출력한다. 그 외에도 중첩이 얼마나 많이 있고 콜백은 얼마나 많은지도 이 규칙에서 확인이 가능하다. 이 규칙의 요점은 간단하다. 하나의 함수에서 너무나 많은 일을 하지 않게 하는 것이다. 유닉스의 선구자인 더글러스 매킬로이(Malcolm Douglas McIlroy)가 말한 것처럼, 함수는 하나의 일을, 그 하나만 잘하면 된다(Do One Thing and Do It Well). 그것이 함수의 원래 목적인 재사용성을 높일 수 있는 방법이다.

그렇다면 함수의 가독성을 높일 수 있는 최적의 함수 길이는 얼마일까? ESLint의 max-lines-per-function 기본값처럼 50줄인지, 혹은 20줄인지, 몇 줄이 코드 냄새를 줄일 수 있는 최적의 함수 크기를 단언할 수 없으

---

7 https://eslint.org/docs/latest/rules/max-lines-per-function

며, 이는 코드나 프로젝트가 처한 상황에 따라 다를 것이다. 다만, 그러한 구체적인 '큰 함수의 크기'를 정의하는 것은 불필요하다 할지라도, 가능한 한 함수의 크기를 작게 하는 것이 좋다.

## 누구나 이해할 수 있는 이름을 붙여라

함수나 변수에 이름을 붙이는 건 시간이 갈수록 어려워지는 문제다. 나만 보고 이해하는 프로젝트를 만들 때, 혹은 프로젝트 첫 삽을 뜨고 얼마 되지 않았을 때에는 크게 문제가 되지 않지만, 점차 코드가 커지고 비즈니스 로직이 들어가는 코드가 많아질수록 더욱 어려움에 빠지게 된다. 클린 코드나 리팩터링 등에서도 많이 언급되는 문제지만, 가능한 한 함수 이름은 간결하고 이해하기 쉽게 붙이는 것이 좋다.

본인이 사용하는 프로젝트의 프레임워크에 Terser가 설치돼 있다면 한글로 네이밍하는 것도 좋은 방법이 될 수 있다. Terser는 자바스크립트 코드를 맹글링(mangling, 코드를 컴파일러가 이해할 수 있는 수준에서 단순화) 및 압축하는 도구다. https://try.terser.org/를 방문해서 한번 테스트해 보면 한글로 변수명이나 함수명을 작성해도 최종 결과물에는 크게 문제가 없다는 사실을 알게 될 것이다.

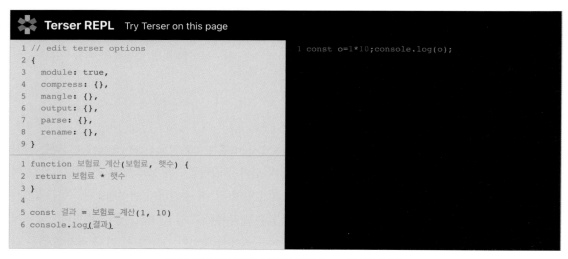

그림 1.3 한글 변수명을 사용한 코드를 Terser를 사용해 압축

실제 개발 단의 코드 크기나 번들링 속도에 있어서는 약간의 부담이 될 수 있지만, 실제 서비스되는 코드에는 영향을 미치지 않고, 또 무엇보다 한글이 편한 한국 개발자들에게 함수나 변수 네이밍에 있어 자유를 준다는 점에서 고려해 볼 만하다. 물론 Terser가 작동하지 않는 경우도 있으므로 실제 번들링된 결과를 주의 깊게 살펴볼 필요가 있다.

또한 리액트에서 사용하는 useEffect나 useCallback 등의 훅에 넘겨주는 콜백 함수에 네이밍을 붙여준다면 가독성에 도움이 된다.

```
useEffect(function apiRequest() {
  // ... do something
}, [])
```

물론 위와 같이 useEffect의 콜백 함수에 이름을 붙여준다고 한들 apiRequest()와 같은 형태로 호출하거나 접근할 수 있는 것은 아니다. 그러나 useEffect 같은 부수 효과를 일으키는 함수가 많아질수록 굳이 useEffect 코드를 유심히 살펴보지 않더라도 어떤 일을 하는지, 또 어떻게 작동하는지를 단번에 알아채는 데 도움이 될 것이다. 또한 이후에 살펴볼 크롬 디버깅에서도 네이밍이 돼 있는 편이 추후에 디버깅하는 데 많은 도움이 된다.

## 1.2.5 정리

지금까지 자바스크립트의 함수에 대해 간단하게 살펴봤다. 자바스크립트를 다루는 개발자라면 이미 함수를 충분히 자주 사용해 봤을 것이고 또 능숙하게 다룬다고 생각할 것이다. 그러나 앞서 이야기한 것처럼 생각보다 함수를 완벽하게 이해하기 위해서는 알아둬야 할 것이 많고, 또 다양한 예외들이 있으므로 이에 대해 잘 알아둬야 한다. 그리고 그간 함수를 많이 만들어 봤더라도 개발자 자신이 만든 함수가 함수답게 작동하기 위해 잘 설계돼 있는지 한번 뒤돌아보는 것도 좋다. 만약 함수에 대한 이해가 부족하다고 느껴진다면 이번 절뿐만 아니라 다른 여러 자바스크립트 도서나 온라인 글을 참고하길 바란다. 함수라는 기초를 잘 다져둔다면 리액트 애플리케이션 제작뿐만 아니라 자바스크립트 생태계를 이해하는 데 많은 도움이 될 것이다.

# 1.3 클래스

16.8 버전이 나오기 전까지 리액트에서는 모든 컴포넌트가 클래스로 작성돼 있었다. 함수로 컴포넌트를 작성하기 시작한 것은 리액트의 역사에 비춰 보았을 때 얼마 되지 않은 일이며, 따라서 최근에 작성된 리액트 애플리케이션이 아닌 개발된 지 조금 오래된 애플리케이션이나 라이브러리를 마주한다면 클래스 컴포넌트를 보게 될 일도 종종 있을 것이다. 개발자 스스로가 클래스 컴포넌트를 작성할 일이 없다고 판단하고, 생명주기 함수도 앞으로 사용할 일이 없으며, 앞으로는 함수 컴포넌트로만 작성할 예정이라 하더라도 과거에 작성된 리액트 코드를 읽기 위해서, 또 이 코드를 함수 컴포넌트로 개선하기 위해서는 자바스크립트의 클래스가 어떤 식으로 작동하는지 이해해야 한다. 클래스에 대해 이해한다면, 왜 리액트가 패러다임을 바꾼지도 알 수 있고 나아가 오래된 리액트 코드를 리팩터링하는 데도 도움이 될 것이다. 또한 자바스크립트의 프로토타입 기반으로 작동하는 클래스의 원리를 이해한다면 자연스럽게 프로토타입에 대해서도 알 수 있게 될 것이다.

### 1.3.1 클래스란 무엇인가?

자바스크립트의 클래스란 특정한 객체를 만들기 위한 일종의 템플릿과 같은 개념으로 볼 수 있다. 즉, 특정한 형태의 객체를 반복적으로 만들기 위해 사용되는 것이 바로 클래스다. 자바스크립트에서 클래스를 활용하면 객체를 만드는 데 필요한 데이터나 이를 조작하는 코드를 추상화해 객체 생성을 더욱 편리하게 할 수 있다. 추후에 살펴보겠지만 클래스가 나오기 이전(ES6)에는 클래스라는 개념이 없어 객체를 만드는 템플릿 같은 역할을 함수가 도맡아 했었다. 반대로 말하면, 우리가 자바스크립트에서 클래스로 하는 모든 것들을 함수로도 동일하게 표현할 수 있다.

그럼 클래스란 무엇이고 어떻게 사용하는지 살펴보자.

**【코드 1.8】클래스 예제**

```
// Car 클래스 선언
class Car {
  // constructor는 생성자다. 최초에 생성할 때 어떤 인수를 받을지 결정할 수 있으며,
  // 객체를 초기화하는 용도로도 사용된다.
  constructor(name) {
    this.name = name
  }

  // 메서드
  honk() {
    console.log(`${this.name}이 경적을 울립니다!`)
  }

  // 정적 메서드
  static hello() {
    console.log('저는 자동차입니다')
  }

  // setter
  set age(value) {
    this.carAge = value
  }

  // getter
  get age() {
    return this.carAge
  }
```

```
}

// Car 클래스를 활용해 car 객체를 만들었다.
const myCar = new Car('자동차')

// 메서드 호출
myCar.honk()

// 정적 메서드는 클래스에서 직접 호출한다.
Car.hello()

// 정적 메서드는 클래스로 만든 객체에서는 호출할 수 없다.
// Uncaught TypeError: myCar.hello is not a function
myCar.hello()

// setter를 만들면 값을 할당할 수 있다.
myCar.age = 32

// getter로 값을 가져올 수 있다.
console.log(myCar.age, myCar.name) // 32 자동차
```

이제 클래스 내부에 있는 특징들에 대해 하나씩 살펴보자.

## constructor

constructor는 생성자로, 이름에서 알 수 있는 것처럼 객체를 생성하는 데 사용하는 특수한 메서드다. 단 하나만 존재할 수 있으며, 여러 개를 사용한다면 에러가 발생한다. 그러나 생성자에서 별다르게 수행할 작업이 없다면 생략하는 것도 가능하다.

```
// ✗
class Car {
  constructor (name) {
    this.name = name
  }

  // SyntaxError: A class may only have one constructor
  constructor (name) {
    this.name = name
  }
```

```
  }

  // ◯
  class Car {
    // constructor는 없어도 가능하다.
  }
```

## 프로퍼티

프로퍼티란 클래스로 인스턴스를 생성할 때 내부에 정의할 수 있는 속성값을 의미한다.

```
class Car {
  constructor(name) {
    // 값을 받으면 내부에 프로퍼티로 할당된다.
    this.name = name
  }
}

const myCar = new Car('자동차') // 프로퍼티 값을 넘겨주었다.
```

기본적으로 인스턴스 생성 시 constructor 내부에는 빈 객체가 할당돼 있는데 바로 이 빈 객체에 프로퍼티의 키와 값을 넣어서 활용할 수 있게 도와준다. 다른 언어처럼 접근 제한자가 완벽하게 지원되는 것은 아니지만, #을 붙여서 private을 선언하는 방법이 ES2019에 추가됐고, 또 타입스크립트를 활용하면 다른 언어와 마찬가지로 private, protected, public을 사용할 수 있다. 물론 이는 타입스크립트에서 가능한 것일 뿐, 자바스크립트에서는 기본적으로 모든 프로퍼티가 public이다. 과거 private이 없던 시절에는 _를 붙여 접근해서는 안 된다는 코딩 컨벤션이 있긴 했지만 어디까지나 컨벤션일 뿐 기능적으로 private과 동일한 것은 아니다.

## getter와 setter

getter란 클래스에서 무언가 값을 가져올 때 사용된다. getter를 사용하기 위해서는 get을 앞에 붙여야 하고, 뒤이어서 getter의 이름을 선언해야 한다.

```
class Car {
  constructor(name) {
    this.name = name
  }

  get firstCharacter() {
```

```
    return this.name[0]
  }
}

const myCar = new Car('자동차')

myCar.firstCharacter // 자
```

반대로 setter란 클래스 필드에 값을 할당할 때 사용한다. 마찬가지로 set이라는 키워드를 먼저 선언하고, 그 뒤를 이어서 이름을 붙이면 된다.

```
class Car {
  constructor(name) {
    this.name = name
  }

  get firstCharacter() {
    return this.name[0]
  }

  set firstCharacter(char) {
    this.name = [char, ...this.name.slice(1)].join('')
  }
}

const myCar = new Car('자동차')

myCar.firstCharacter // 자

// '차'를 할당한다.
myCar.firstCharacter = '차'

console.log(myCar.firstCharacter, myCar.name) // 차, 차동차
```

## 인스턴스 메서드

클래스 내부에서 선언한 메서드를 인스턴스 메서드라고 한다. 이 인스턴스 메서드는 실제로 자바스크립트의 prototype에 선언되므로 프로토타입 메서드로 불리기도 한다. prototype에 선언된다는 의미가 무엇인지 다음 코드를 통해 살펴보자.

```
class Car {
  constructor(name) {
    this.name = name
  }

  // 인스턴스 메서드 정의
  hello() {
    console.log(`안녕하세요, ${this.name}입니다.`)
  }
}
```

위 예제에서 Car라는 클래스를 선언하고, 그 내부에 hello라고 하는 인스턴스 메서드를 정의했다. 이 인스턴스 메서드는 다음과 같이 선언할 수 있다.

```
const myCar = new Car('자동차')
myCar.hello() // 안녕하세요, 자동차입니다.
```

위와 같이 새롭게 생성한 객체에서 클래스에서 선언한 hello 인스턴스 메서드에 접근할 수 있는 것을 확인할 수 있다. 이렇게 접근할 수 있는 이유는 앞서 프로토타입 메서드라고도 불리는 이유, 즉 메서드가 prototype에 선언됐기 때문이다.

```
const myCar = new Car('자동차')

Object.getPrototypeOf(myCar) // {constructor: f, hello: f}
```

Object.getPrototypeOf를 사용하면, 인수로 넘겨준 변수의 prototype을 확인할 수 있다. 이에 대한 결과로 {constructor: f, hello: f}를 반환받아 Car의 prototype을 받은 것으로 짐작할 수 있다. 이를 좀 더 확실하게 알아보기 위해 다음 코드를 살펴보자.

```
Object.getPrototypeOf(myCar) === Car.prototype // true
```

Object.getPrototypeOf(myCar)를 Car.prototype과 비교한 결과 true가 반환되는 것을 볼 수 있다. Object.getPrototypeOf 외에도 해당 변수의 prototype을 확인할 수 있는 방법은 한 가지 더 있다.

```
myCar.__proto__ === Car.prototype // true
```

__proto__ 또한 Object.getPrototypeOf와 동일하게 작동하는 것을 알 수 있다.

__proto__는 가급적 사용해서는 안 되는 코드다. 왜냐하면 이 __proto__는 1장에서 설명했던 typeof null === 'object'와 유사하게 원래 의도한 표준은 아니지만 과거 브라우저가 이를 사용했기 때문에 유지되는, 호환성을 지키기 위해서만 존재하는 기능이기 때문이다.[8] 따라서 가급적이면 __proto__보다는 Object.getPrototypeOf를 사용하는 것이 좋다.

직접 객체에서 선언하지 않았음에도 프로토타입에 있는 메서드를 찾아서 실행을 도와주는 것을 바로 프로토타입 체이닝이라고 한다. 모든 객체는 프로토타입을 가지고 있는데, 특정 속성을 찾을 때 자기 자신부터 시작해서 이 프로토타입을 타고 최상위 객체인 Object까지 훑는다. 이 경우 myCar에서 시작해서 부모인 Car에서 hello를 찾는 프로토타입 체이닝을 거쳐서 비로소 hello를 호출할 수 있게 됐다. 이와 비슷한 원리로 toString을 예로 들 수 있다. toString은 객체 어디에서도 선언하는 경우가 없지만 대부분의 객체에서 모두 사용할 수 있다. 이는 toString도 마찬가지로 프로토타입 체이닝을 거쳐 Object에 있는 toString을 만나기 때문이다.

결론적으로 이 프로토타입과 프로토타입 체이닝이라는 특성 덕분에 생성한 객체에서도 직접 선언하지 않은, 클래스에 선언한 hello() 메서드를 호출할 수 있고, 이 메서드 내부에서 this도 접근해 사용할 수 있게 된다.

## 정적 메서드

정적 메서드는 특이하게 클래스의 인스턴스가 아닌 이름으로 호출할 수 있는 메서드다. 다음 예제를 살펴보자.

```
class Car {
  static hello() {
    console.log('안녕하세요!')
  }
}

const myCar = new Car()

myCar.hello() // Uncaught TypeError: myCar.hello is not a function
Car.hello() // 안녕하세요!
```

---

8 https://developer.mozilla.org/ko/docs/Web/JavaScript/Reference/Global_Objects/Object/proto

정적 메서드 내부의 this는 클래스로 생성된 인스턴스가 아닌, 클래스 자신을 가리키기 때문에 다른 메서드에서 일반적으로 사용하는 this를 사용할 수 없다. 이러한 이유로 리액트 클래스 컴포넌트 생명주기 메서드인 static getDerivedStateFromProps(props, state)에서는 this.state에 접근할 수 없다.

정적 메서드는 비록 this에 접근할 수 없지만 인스턴스를 생성하지 않아도 사용할 수 있다는 점, 그리고 생성하지 않아도 접근할 수 있기 때문에 객체를 생성하지 않더라도 여러 곳에서 재사용이 가능하다는 장점이 있다. 이 때문에 애플리케이션 전역에서 사용하는 유틸 함수를 정적 메서드로 많이 활용하는 편이다.

## 상속

리액트에서 클래스 컴포넌트를 만들기 위해서 extends React.Component 또는 extends React.Pure Component를 선언한 것을 본 적이 있을 것이다. 이 extends는 기존 클래스를 상속받아서 자식 클래스에서 이 상속받은 클래스를 기반으로 확장하는 개념이라 볼 수 있다.

```
class Car {
  constructor(name) {
    this.name = name
  }

  honk() {
    console.log(`${this.name} 경적을 울립니다!`)
  }
}

class Truck extends Car {
  constructor(name) {
    // 부모 클래스의 constructor, 즉 Car의 constructor를 호출한다.
    super(name)
  }

  load() {
    console.log('짐을 싣습니다.')
  }
}

const myCar = new Car('자동차')
myCar.honk() // 자동차 경적을 울립니다!

const truck = new Truck('트럭')
```

```
truck.honk() // 트럭 경적을 울립니다!
truck.load() // 짐을 싣습니다!
```

Car를 extends한 Truck이 생성한 객체에서도, Truck이 따로 정의하지 않은 honk 메서드를 사용할 수 있는 것을 볼 수 있다. 이 extends를 활용하면 기본 클래스를 기반으로 다양하게 파생된 클래스를 만들 수 있다.

## 1.3.2 클래스와 함수의 관계

클래스는 ES6에서 나온 개념으로, ES6 이전에는 프로토타입을 활용해 클래스의 작동 방식을 동일하게 구현할 수 있었다. 반대로 말하면, 클래스가 작동하는 방식은 자바스크립트의 프로토타입을 활용하는 것이라고 볼 수 있다. 다음 Car 클래스의 코드를 바벨에서 트랜스파일하면 다음과 같이 변환된다.[9]

【코드 1.9】클래스 코드를 바벨로 변환한 결과

```
// 클래스 코드
class Car {
  constructor(name) {
    this.name = name
  }

  honk() {
    console.log(`${this.name}이 경적을 울립니다!`)
  }

  static hello() {
    console.log('저는 자동차입니다')
  }

  set age(value) {
    this.carAge = value
  }

  get age() {
    return this.carAge
  }
}
```

---

9  https://bit.ly/42pQp9H

```javascript
// 바벨로 변환한 결과
'use strict'

// 클래스가 함수처럼 호출되는 것을 방지
function _classCallCheck(instance, Constructor) {
  if (!(instance instanceof Constructor)) {
    throw new TypeError('Cannot call a class as a function')
  }
}


// 프로퍼티를 할당하는 코드
function _defineProperties(target, props) {
  for (var i = 0; i < props.length; i++) {
    var descriptor = props[i]
    descriptor.enumerable = descriptor.enumerable || false
    descriptor.configurable = true
    if ('value' in descriptor) descriptor.writable = true
    Object.defineProperty(target, descriptor.key, descriptor)
  }
}


// 프로토타입 메서드와 정적 메서드를 선언하는 코드
function _createClass(Constructor, protoProps, staticProps) {
  if (protoProps) _defineProperties(Constructor.prototype, protoProps)
  if (staticProps) _defineProperties(Constructor, staticProps)
  Object.defineProperty(Constructor, 'prototype', { writable: false })
  return Constructor
}

var Car = /*#__PURE__*/ (function () {
  function Car(name) {
    _classCallCheck(this, Car)

    this.name = name
  }

  _createClass(
    Car,
    [
      {
```

```
            key: 'honk',
            value: function honk() {
              console.log(
                ''.concat(
                  this.name,
                  '\uC774 \uACBD\uC801\uC744 \uC6B8\uB9BD\uB2C8\uB2E4!',
                ),
              )
            },
          },
          {
            key: 'age',
            get: function get() {
              return this.carAge
            },
            set: function set(value) {
              this.carAge = value
            },
          },
        ],
        [
          {
            key: 'hello',
            value: function hello() {
              console.log('저는 자동차입니다')
            },
          },
        ],
      )

  return Car
})()
```

ES6 미만 환경에서는 동작하지 않는 클래스를 구현하기 위해 _createClass라는 헬퍼 함수를 만들어 클래스와 동일한 방식으로 동작할 수 있도록 변경한 것을 확인할 수 있다.

위 코드를 조금 더 보기 쉽게 변경해 보자.

```
var Car = (function () {
  function Car(name) {
```

```
    this.name = name
  }

  // 프로토타입 메서드. 실제로 프로토타입에 할당해야 프로토타입 메서드로 작동한다.
  Car.prototype.honk = function () {
    console.log(`${this.name}이 경적을 울립니다!`)
  }

  // 정적 메서드. 인스턴스 생성 없이 바로 호출 가능하므로 직접 할당했다.
  Car.hello = function () {
    console.log('저는 자동차입니다')
  }

  // Car 객체에 속성을 직접 정의했다.
  Object.defineProperty(Car, 'age', {
    // get과 set은 각각 접근자, 설정자로 사용할 수 있는 예약어다.
    // getter
    get: function () {
      return this.carAge
    },
    // setter
    set: function (value) {
      this.carAge = value
    },
  })

  return Car
})()
```

클래스 작동을 생성자 함수로 매우 유사하게 재현할 수 있음을 알 수 있다. 즉, 클래스는 객체지향 언어를 사용하던 다른 프로그래머가 좀 더 자바스크립트에 접근하기 쉽게 만들어주는, 일종의 문법적 설탕(syntactic sugar)의 역할을 한다고 볼 수 있다. 또한 자바스크립트 클래스가 프로토타입을 기반으로 작동한다는 사실도 확인할 수 있다.

### 1.3.3 정리

지금까지 클래스에 대해 살펴봤다. 자바스크립트 개발자라면 아무래도 클래스보다는 함수가 더 익숙하겠지만, 앞서 살펴본 것처럼 다른 객체지향 언어 수준으로 자바스크립트의 클래스도 객체를 생성하기 위해 도움이 되는 여러 기능을 제공하고 있으며 또 계속해서 기능이 추가되고 제안되고 있다. 또한 과거 리액트의 많은 코드들이 클래스 컴포넌트로 생성됐으므로 클래스를 이해하고 나면 클래스 컴포넌트에 어떻게 생명주기를 구현할 수 있는지, 왜 클래스 컴포넌트 생성을 위해 React.Component나 React.PureComponent를 상속하는지, 메서드가 화살표 함수와 일반 함수일 때 어떤 차이가 있는지 등을 이해할 수 있을 것이다.

# 1.4 클로저

리액트의 클래스 컴포넌트에 대한 이해가 자바스크립트의 클래스, 프로토타입, this에 달려있다면, 함수 컴포넌트에 대한 이해는 클로저에 달려 있다. 함수 컴포넌트의 구조와 작동 방식, 훅의 원리, 의존성 배열 등 함수 컴포넌트의 대부분의 기술이 모두 클로저에 의존하고 있기 때문에 함수 컴포넌트 작성을 위해서는 클로저에 대해 이해하는 것이 필수다. 클로저의 난해한 정의 때문에 클로저가 어려운 개념이라는 인식이 있지만 몇 가지 정의에 대해서 이해한다면 쉽게 이해할 수 있는 개념이다. 좋은 함수 컴포넌트를 만들고, 나아가 함수형 프로그래밍의 패러다임을 이해하려면 클로저에 대해 반드시 알고 있어야 한다.

## 1.4.1 클로저의 정의

먼저 클로저에 대한 정의를 MDN에서 찾아보면 "클로저는 함수와 함수가 선언된 어휘적 환경(Lexical Scope)의 조합"[10]이라고 돼 있다. 다른 개념보다 정의가 더 난해한 탓에, 클로저가 무엇이고 또 어떤 식으로 활용될 수 있는지 명확히 이해하지 못하는 경우가 많다. 그러나 리액트에서 함수 컴포넌트와 훅이 등장한 16.8 버전을 기점으로 이 클로저라는 개념이 리액트에서 적극적으로 사용되기 시작하면서 클로저를 빼놓고서는 리액트가 어떤 식으로 작동하는지 이해하기 어려워졌다. 클로저는 무엇이고, 어떻게 활용되는지 살펴보자.

먼저 "함수와 함수가 선언된 어휘적 환경의 조합"이라는 문장에서 가장 이해하기 어려운 부분은 바로 '어휘적 환경'일 것이다. 어휘적 환경을 이해하기 위해 다음 예제 코드를 살펴보자.

```
function add() {
  const a = 10
  function innerAdd() {
    const b = 20
    console.log(a + b)
  }
```

---

10 https://developer.mozilla.org/ko/docs/Web/JavaScript/Closures

```
  innerAdd() // 30
}


add()
```

위 예제 코드를 보면, add 함수 내부에 innerAdd가 있고, innerAdd 함수는 내부에서 b 변수를 선언한 뒤, 자신의 함수 외부에 있는 a와 b를 더해서 정상적으로 30을 출력한 것을 볼 수 있다. 이 예시를 살펴보면 함수가 이처럼 중첩돼 있는 상황에서 변수의 범위가 어떻게 정의되는지 알 수 있을 것이다. a 변수의 유효 범위는 add 전체이고, b의 유효 범위는 innerAdd의 전체다. innerAdd는 add 내부에서 선언돼 있어 a를 사용할 수 있게 된 것이다. 즉, 앞에서 말하는 "선언된 어휘적 환경"이라는 것은, 변수가 코드 내부에서 어디서 선언됐는지를 말하는 것이다. 이는 앞서 이야기한, 호출되는 방식에 따라 동적으로 결정되는 this와는 다르게 코드가 작성된 순간에 정적으로 결정된다. 클로저는 이러한 어휘적 환경을 조합해 코딩하는 기법이다.

### 1.4.2   변수의 유효 범위, 스코프

앞서 클로저를 이해하기 위해서는 변수의 유효 범위에 따라서 어휘적 환경이 결정된다고 언급했다. 이러한 변수의 유효 범위를 스코프(scope)라고 하는데, 자바스크립트에는 다양한 스코프가 있다.

**전역 스코프**

전역 레벨에 선언하는 것을 전역 스코프(global scope)라고 한다. 전역(global)이라는 이름에서 알 수 있듯, 이 스코프에서 변수를 선언하면 어디서든 호출할 수 있게 된다. 브라우저 환경에서 전역 객체는 window, Node.js 환경에서는 global이 있는데, 바로 이 객체에 전역 레벨에서 선언한 스코프가 바인딩된다.

```
var global = 'global scope'

function hello() {
  console.log(global)
}

console.log(global) // global scope
hello() // global scope
console.log(global === window.global) // true
```

위 코드에서 global이라는 변수를 var와 함께 선언했더니 전역 스코프와 hello 스코프 모두에서 global 변수에 접근할 수 있는 것을 확인할 수 있다.

## 함수 스코프

다른 언어와 달리 자바스크립트는 기본적으로 함수 레벨 스코프를 따른다. 즉, {} 블록이 스코프 범위를 결정하지 않는다. 다음 예제를 살펴보자.

```
if (true) {
  var global = 'global scope'
}

console.log(global) // 'global scope'
console.log(global === window.global) // true
```

var global은 분명 {} 내부에서 선언돼 있는데, {} 밖에서도 접근이 가능한 것을 확인할 수 있다. 이는 앞서 이야기한 것처럼 기본적으로 자바스크립트는 함수 레벨 스코프를 가지고 있기 때문이다.

```
function hello() {
  var local = 'local variable'
  console.log(local) // local variable
}

hello()
console.log(local) // Uncaught ReferenceError: local is not defined
```

단순한 if 블록과는 다르게 함수 블록 내부에서는 일반적으로 예측하는 것과 같이 스코프가 결정되는 것을 볼 수 있다.

만약 이러한 스코프가 중첩돼 있다면 어떻게 될까?

```
var x = 10

function foo() {
  var x = 100
  console.log(x) // 100

  function bar() {
    var x = 1000
    console.log(x) // 1000
  }
```

```
    bar()
}

console.log(x) // 10
foo()
```

자바스크립트에서 스코프는, 일단 가장 가까운 스코프에서 변수가 존재하는지를 먼저 확인해 보는데, 이러한 사실을 알고 있다면 위 예제에서 x가 어디에 선언돼 있는지에 따라 값이 달라질 수 있음을 쉽게 확인할 수 있을 것이다.

## 1.4.3 클로저의 활용

클로저의 정의인 "함수와 함수가 선언된 어휘적 환경의 조합"이 무엇인지 살펴보았다. 자바스크립트는 함수 레벨 스코프를 가지고 있으므로, 이렇게 선언된 함수 레벨 스코프를 활용해 어떤 작업을 할 수 있다는 개념이 바로 클로저라는 것을 어렴풋이 알게 됐다. 클로저에 대한 개념을 조금 더 정확히 이해하기 위해 다음 코드를 다시 한번 살펴보자.

```
function outerFunction() {
  var x = 'hello'
  function innerFunction() {
    console.log(x)
  }

  return innerFunction
}

const innerFunction = outerFunction()
innerFunction() // "hello"
```

앞서 자바스크립트가 함수 레벨 스코프를 가지고 있다는 사실, 그리고 이러한 스코프는 동적으로 결정된다는 사실을 알기 때문에 위 예제에서 "hello"가 출력되는 것이 그다지 놀랍지 않을 것이다. 위 예제에서 outerFunction은 innerFunction을 반환하며 실행이 종료됐다. 여기에서 반환한 함수에는 x라는 변수가 존재하지 않지만, 해당 함수가 선언된 어휘적 환경, 즉 outerFunction에는 x라는 변수가 존재하며 접근할 수도 있다. 따라서 같은 환경에서 선언되고 반환된 innerFunction에서는 x라는 변수가 존재하던 환경을 기억하기 때문에 정상적으로 "hello"를 출력할 수 있는 것이다.

## 클로저의 활용

전역 스코프는 어디서든 원하는 값을 꺼내올 수 있다는 장점이 있지만, 반대로 이야기하면 누구든 접근할 수 있고 수정할 수 있다는 뜻도 된다. 다음 예제를 살펴보자.

```
var counter = 0

function handleClick() {
  counter++
}
```

위 counter 변수는 큰 문제를 가지고 있다. 첫째, 전역 레벨에 선언돼 있어서 누구나 수정할 수 있다. 앞서 예제로 확인했던 것처럼 window.counter를 활용하면 쉽게 해당 변수에 접근할 수 있을 것이다. 만약 리액트의 useState의 변수가 전역 레벨에 저장돼 있으면 어떻게 될까? 자바스크립트를 조금만 아는 사람이라면 누구나 리액트 애플리케이션을 쉽게 망가뜨릴 것이다. 따라서 리액트가 관리하는 내부 상태 값은 리액트가 별도로 관리하는 클로저 내부에서만 접근할 수 있다. 이를 이제 클로저를 활용한 코드로 변경해 보자.

```
function Counter() {
  var counter = 0

  return {
    increase: function () {
      return ++counter
    },
    decrease: function () {
      return --counter
    },
    counter: function () {
      console.log('counter에 접근!')
      return counter
    },
  }
}

var c = Counter()

console.log(c.increase()) // 1
console.log(c.increase()) // 2
```

```
console.log(c.increase()) // 3
console.log(c.decrease()) // 2
console.log(c.counter()) // 2
```

https://ui.dev/javascript-visualizer에서 ES5 자바스크립트 코드를 입력해 실행하면 자바스크립트 코드가 어떤 식으로 실행되고 있는지, 어떤 클로저가 현재 존재하는지 등도 확인할 수 있다.

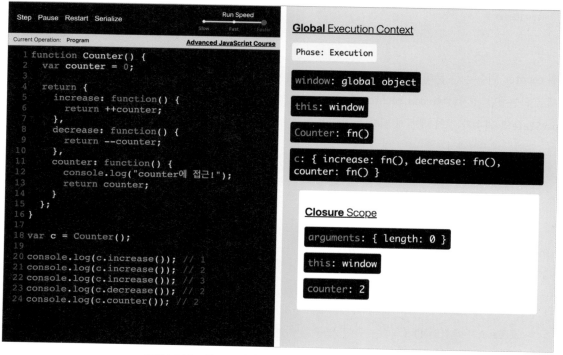

그림 1.4 https://ui.dev에서 ES5 자바스크립트 코드를 입력해 실행

위와 같이 코드를 변경했을 때 얻을 수 있는 이점에는 여러 가지가 있다. 먼저 counter 변수를 직접적으로 노출하지 않음으로써 사용자가 직접 수정하는 것을 막았음은 물론, 접근하는 경우를 제한해 로그를 남기는 등의 부차적인 작업도 수행할 수 있게 됐다. 또한 counter 변수의 업데이트를 increase와 decrease로 제한해 무분별하게 변경되는 것을 막았다. 이처럼 클로저를 활용하면 전역 스코프의 사용을 막고, 개발자가 원하는 정보만 개발자가 원하는 방향으로 노출시킬 수 있다는 장점이 있다.

위 예제 코드를 살펴보면, 리액트에서는 클로저를 어떻게 사용하고 있을지 어렴풋하게 짐작할 수 있을 것이다. useState의 변수를 저장해 두고, useState의 변수 접근 및 수정 또한 클로저 내부에서 확인이 가능해 값이 변하면 렌더링 함수를 호출하는 등의 작업이 이루어질 것이다.

## 리액트에서의 클로저

그렇다면 리액트 함수 컴포넌트의 훅에서 클로저는 어떻게 사용될까? 클로저의 원리를 사용하고 있는 대표적인 것 중 하나가 바로 useState다.

```
function Component() {
  const [state, setState] = useState()

  function handleClick() {
    // useState 호출은 위에서 끝났지만,
    // setState는 계속 내부의 최신값(prev)을 알고 있다.
    // 이는 클로저를 활용했기 때문에 가능하다.
    setState((prev) => prev + 1)
  }

  // ....
}
```

useState 함수의 호출은 Component 내부 첫 줄에서 종료됐는데, setState는 useState 내부의 최신 값을 어떻게 계속해서 확인할 수 있을까? 그것은 바로 클로저가 useState 내부에서 활용됐기 때문이다. 외부 함수 (useState)가 반환한 내부 함수(setState)는 외부 함수(useState)의 호출이 끝났음에도 자신이 선언된 외부함수가 선언된 환경(state가 저장돼 있는 어딘가)을 기억하기 때문에 계속해서 state 값을 사용할 수 있는 것이다. 구체적으로 어떤 식으로 활용되고 있는지는 3.1절 '리액트의 모든 훅 파헤치기'에서 다룬다.

## 1.4.4 주의할 점

클로저는 굉장히 어렵고, 다루기 쉽지 않은 개념이다. 따라서 클로저를 사용할 때는 주의를 요한다. 먼저 다음 코드를 살펴보자.

```
for (var i = 0; i < 5; i++) {
  setTimeout(function () {
    console.log(i)
  }, i * 1000)
}
```

위 코드의 의도는 0부터 시작해 1초 간격으로 console.log로 0, 1, 2, 3, 4를 차례대로 출력하는 것이다. 그러나 실제로 위 코드를 실행하면 0, 1, 2, 3, 4초 뒤에 5만 출력된다. setTimeout의 익명 함수가 클로저로 i

를 잘 따라갈 것 같은데, 모두 5가 되는 이유는 무엇일까? 그 이유는 i가 전역 변수로 작동하기 때문이다. 앞서 언급한 것처럼, 자바스크립트는 기본적으로 함수 레벨 스코프를 따르고 있기 때문에 var는 for 문의 존재와 상관없이 해당 구문이 선언된 함수 레벨 스코프를 바라보고 있으므로 함수 내부 실행이 아니라면 전역 스코프에 var i가 등록돼 있을 것이다. for 문을 다 순회한 이후, 태스크 큐에 있는 setTimeout을 실행하려고 했을 때, 이미 전역 레벨에 있는 i는 5로 업데이트가 완료돼 있다.

이를 올바르게 수정하는 방법은 첫째, 함수 레벨 스코프가 아닌 블록 레벨 스코프를 갖는 let으로 수정하는 것이다.

```
for (let i = 0; i < 5; i++) {
  setTimeout(function () {
    console.log(i)
  }, i * 1000)
}
```

위 코드는 최초에 의도한 대로 잘 실행된다. let은 기본적으로 블록 레벨 스코프를 가지게 되므로 let i가 for 문을 순회하면서 각각의 스코프를 갖게 된다. 이는 setTimeout이 실행되는 시점에도 유효해서 각 콜백이 의도한 i 값을 바라보게 할 수 있다.

두 번째로는 클로저를 제대로 활용하는 것이다.

```
for (var i = 0; i < 5; i++) {
  setTimeout(
    (function (sec) {
      return function () {
        console.log(sec)
      }
    })(i),
    i * 1000,
  )
}
```

위 함수는 for 문 내부에 즉시 실행 익명 함수를 선언했다. 이 즉시 실행 함수는 i를 인수로 받는데, 이 함수 내부에서는 이를 sec이라고 하는 인수에 저장해 두었다가 setTimeout의 콜백 함수에 넘기게 된다. 이렇게 되면 setTimeout의 콜백 함수가 바라보는 클로저는 즉시 실행 익명 함수가 되는데, 이 즉시 실행 익명 함수는 각 for 문마다 생성되고 실행되기를 반복한다. 그리고 각각의 함수는 고유한 스코프, 즉 고유한 sec을 가지게 되므로 올바르게 실행할 수 있게 된다.

이처럼 클로저의 기본 개념, '함수와 함수가 선언된 어휘적 환경의 조합'을 주의 깊게 살펴봐야 클로저를 제대로 활용할 수 있다.

클로저를 사용할 때 한 가지 주의할 점은, 클로저를 사용하는 데는 비용이 든다는 것이다. 클로저는 생성될 때마다 그 선언적 환경을 기억해야 하므로 추가로 비용이 발생한다. 클로저와 그것에 따르는 비용을 확인하기 위해 다음 예제를 살펴보자. 두 함수는 엄청나게 긴 작업(길이가 천만인 배열)을 동일하게 처리한다. 클로저 유무에 따라 자바스크립트 코드에 어떤 차이가 있는지 살펴보자.

**[코드 1.10] 긴 작업을 일반적인 함수로 처리**

```
// 일반적인 함수
const aButton = document.getElementById('a')


function heavyJob() {
  const longArr = Array.from({ length: 10000000 }, (_, i) => i + 1)
  console.log(longArr.length)
}


aButton.addEventListener('click', heavyJob)
```

**[코드 1.11] 긴 작업을 클로저로 처리**

```
// 클로저라면?
function heavyJobWithClosure() {
  const longArr = Array.from({ length: 10000000 }, (_, i) => i + 1)
  return function () {
    console.log(longArr.length)
  }
}


const innerFunc = heavyJobWithClosure()
bButton.addEventListener('click', function () {
  innerFunc()
})
```

일반적인 함수와 클로저를 사용한 함수가 실제로 어떤 차이가 있는지 크롬 개발자 도구에서 직접 확인해 볼 수 있다(크롬 개발자 도구의 활용법은 6장과 12장에서 다룬다).

먼저 일반 함수를 사용한 코드를 확인해 보면 그림 1.5와 같이 나타난다.

| 프로필 | 생성자 | 거리 | 얕은 크기 | | 유지된 크기 | |
|--------|--------|------|-----------|---|-------------|---|
| 힙 스냅샷 | ▶ (system) ×20455 | 2 | 435 828 | 34 % | 616 792 | 48 % |
| 스냅샷 1 1.3 MB | ▶ (compiled code) ×6049 | 3 | 338 168 | 26 % | 361 644 | 28 % |
| 스냅샷 2 1.3 MB 저장 | ▶ (array) ×186 | 2 | 163 504 | 13 % | 304 280 | 24 % |
| | ▶ (closure) ×2743 | 2 | 78 420 | 6 % | 223 536 | 17 % |
| | ▶ (object shape) ×2141 | 2 | 137 956 | 11 % | 140 244 | 11 % |
| | ▶ (string) ×3728 | 3 | 100 404 | 8 % | 100 484 | 8 % |
| | ▶ Window / file:// | 1 | 36 | 0 % | 95 956 | 7 % |
| | ▶ Window / | 1 | 36 | 0 % | 84 168 | 7 % |
| | ▶ Window ×10 | 2 | 2 496 | 0 % | 76 832 | 6 % |
| | ▶ Object / | 1 | 20 | 0 % | 74 036 | 6 % |
| | ▶ Object ×97 | 2 | 2 400 | 0 % | 50 428 | 4 % |
| | 보관자 | | | | | |
| | 객체 | 거리 | 얕은 크기 | | 유지된 크기 | |

그림 1.5 무거운 작업을 일반적인 함수로 처리했을 때 메모리에 미치는 영향. 메모리의 전체 크기도 작고, 실행 전후로도 큰 차이가 없음을 알 수 있다.

다음으로 클로저를 활용하는 함수를 크롬 개발자 도구에서 확인해 보면 클로저를 활용하는 쪽이 압도적으로 부정적인 영향을 미치는 것을 알 수 있다(그림 1.6). 클로저 heavyJobWithClosure()로 분리해 실행하고, 이를 onClick에서 실행하는 방식인데 이미 스크립트를 실행하는 시점부터 아주 큰 배열을 메모리에 올려두고 시작하는 것을 알 수 있다(약 40MB). 클로저의 기본 원리에 따라, 클로저가 선언된 순간 내부 함수는 외부 함수의 선언적인 환경을 기억하고 있어야 하므로 이를 어디에서 사용하는지 여부에 관계없이 저장해 둔다. 실제로는 onClick 내부에서만 사용하고 있지만 이를 알 수 있는 방법이 없기 때문에 긴 배열을 저장해 두고 있는 모습이다. 반면 일반 함수의 경우에는 클릭 시 스크립트 실행이 조금 길지만 클릭과 동시에 선언, 그리고 길이를 구하는 작업이 모두 스코프 내부에서 끝났기 때문에 메모리 용량에 영향을 미치지 않았다.

| 프로필 | 생성자 | 거리 | 얕은 크기 ▼ | | 유지된 크기 | |
|--------|--------|------|------------|---|-------------|---|
| 힙 스냅샷 | ▼ (array) ×127 | 2 | 40 114 700 | 98 % | 40 257 024 | 98 % |
| 스냅샷 1 41.1 MB 저장 | (object elements)[] @107223 | 7 | 40 000 008 | 97 % | 40 000 008 | 97 % |
| 스냅샷 2 41.1 MB | ▶ (object properties)[] @114375 | 6 | 24 604 | 0 % | 24 604 | 0 % |
| | ▶ (object properties)[] @110607 | 2 | 8 220 | 0 % | 49 904 | 0 % |
| | ▶ (object properties)[] @110153 | 5 | 6 172 | 0 % | 6 204 | 0 % |
| 클릭 전후로 힙 스냅샷 차이에 변함이 없다. 즉 이미 긴 배열은 메모리를 차지하고 있다. | ▶ (내부 배열)[] @22557 | – | 5 176 | 0 % | 40 076 | 0 % |
| | ▶ (내부 배열)[] @49289 | 9 | 5 176 | 0 % | 5 876 | 0 % |
| | ▶ (내부 배열)[] @61075 | 3 | 4 116 | 0 % | 4 116 | 0 % |
| | ▶ (내부 배열)[] @107393 | 3 | 4 116 | 0 % | 4 116 | 0 % |
| | ▶ (내부 배열)[] @60877 | 3 | 4 104 | 0 % | 4 104 | 0 % |
| | ▶ (내부 배열)[] @109329 | 3 | 4 104 | 0 % | 40 040 | 0 % |
| | ▶ (내부 배열)[] @43730 | 3 | 4 588 | 0 % | 4 588 | 0 % |
| | 보관자 | | | | | |
| | 객체 | 거리 | 얕은 크기 | | 유지된 크기 | |
| | ▼ elements 위치 Array @107217 | 6 | 16 | 0 % | 40 000 024 | 97 % |
| | ▼ longArr 위치 system / Context @107215 | 5 | 20 | 0 % | 40 000 044 | 97 % |
| | ▼ context 위치 () @107227　　　　test.html:18 | 4 | 32 | 0 % | 40 000 076 | 97 % |
| | ▼ innerFunc 위치 system / Context @107221 | 3 | 28 | 0 % | 40 000 104 | 97 % |
| | ▼ context 위치 *heavyJobWithClosure()* @109157 | 2 | 32 | 0 % | 716 | 0 % |
| | 　　　　test.html:16 | | | | | |
| | ▶ heavyJobWithClosure 위치 Window / @104091 | 1 | 36 | 0 % | 40 454 476 | 99 % |
| | ▶ value 위치 system / PropertyCell @109159 | 3 | 20 | 0 % | 20 | 0 % |
| | ▶ 3 위치 (내부 배열)[] @107345 | 3 | 24 | 0 % | 320 | 0 % |
| | previous 위치 system / Context @107215 | 5 | 20 | 0 % | 40 000 044 | 97 % |
| | ▶ context 위치 () @104129　　　　test.html:26 | 9 | 32 | 0 % | 96 | 0 % |

그림 1.6 클로저로 실행했을 때의 메모리 상태. 긴 배열을 어디에 사용하는지 상관없이 일단 해당 내용을 기억해 둬야 하기 때문에 메모리에 큰 배열이 올라가 있는 것을 볼 수 있다.

클로저의 개념, 즉 외부 함수를 기억하고 이를 내부 함수에서 가져다 쓰는 메커니즘은 성능에 영향을 미친다. 클로저에 꼭 필요한 작업만 남겨두지 않는다면 메모리를 불필요하게 잡아먹는 결과를 야기할 수 있고, 마찬가지로 클로저 사용을 적절한 스코프로 가둬두지 않는다면 성능에 악영향을 미친다. 클로저는 공짜가 아니므로 클로저를 사용할 때는 주의가 필요하다.

## 1.4.5 정리

지금까지 클로저란 무엇이고, 또 어떻게 활용할 수 있으며 리액트에서는 어떻게 사용되고 있을지 간단하게 살펴봤다. 클로저는 함수형 프로그래밍의 중요한 개념, 부수 효과가 없고 순수해야 한다는 목적을 달성하기 위해 적극적으로 사용되는 개념이다. 생각보다 개념이 어렵게 정의돼 있어 지레 겁먹는 경우가 많지만 막상 살펴보면 크게 어렵지 않다. 그러나 앞서 살펴본 것처럼 클로저는 공짜로 쓸 수 있는 것이 아니다. 앞선 예제가 실제 애플리케이션에서는 보기 힘든 극단적인 예제임을 감안하더라도 클로저를 사용하기에 앞서 항상 주의를 기울여야 한다는 사실에는 변함이 없다.

# 1.5 이벤트 루프와 비동기 통신의 이해

많은 자바스크립트 개발자가 알고 있는 것처럼 자바스크립트는 싱글 스레드에서 작동한다. 즉, 기본적으로 자바스크립트는 한 번에 하나의 작업만 동기 방식으로만 처리할 수 있다. 동기(synchronous)에 대해 간단하게 설명하자면 직렬 방식으로 작업을 처리하는 것을 의미하며, 이 요청이 시작된 이후에는 무조건 응답을 받은 이후에야 비로소 다른 작업을 처리할 수 있다. 그동안 다른 모든 작업은 대기한다. 이러한 방식은 개발자에게 매우 직관적으로 다가오지만 한 번에 다양한 많은 작업을 처리할 수 없다. 반대의 의미인 비동기(asynchronous)란 직렬 방식이 아니라 병렬 방식으로 작업을 처리하는 것을 의미한다. 요청을 시작한 후 이응답이 오건 말건 상관없이 다음 작업이 이루어지며, 따라서 한 번에 여러 작업이 실행될 수 있다.

자바스크립트는 분명히 싱글 스레드에서 동기 방식으로 작동한다. 그러나 이러한 싱글 스레드 기반의 자바스크립트에서도 많은 양의 비동기 작업이 이루어지고 있다. 모던 웹 애플리케이션에서는 사용자에게 많은 양의 정보를 다양한 방식으로 제공하기 위해서 많은 것이 비동기로 작동한다. 구체적으로 예를 들어보자. 사용자가 검색어를 입력해 검색을 위한 네트워크 요청이 발생하는 순간에도 사용자는 다른 작업을 처리할 수 있다. 이는 언뜻 보면 동기식의 자바스크립트 방식에서는 불가능한 시나리오다. 분명 자바스크립트는 싱글 스레드의 동기식으로 작동하므로 검색의 결과를 받기 전까지 아무런 작업도 하지 못하는 것이 자연스러워 보인다. 그러나 우리는 웹페이지에서 다양한 비동기 작업을 수행하고 있다.

리액트는 또 어떤가? 과거 렌더링 스택을 비우는 방식으로 구현됐던 동기식의 렌더링이 16 버전에 접어들면서 비동기식으로 작동하는 방법도 소개됐다. 이처럼 리액트에도 비동기식으로 작동하는 작업이 존재한다.

자바스크립트 환경에서 이러한 것이 어떻게 가능한지 알기 위해서는 이러한 비동기 작업이 어떻게 처리되는지 이해하고 비동기 처리를 도와주는 이벤트 루프를 비롯한 다양한 개념에 대해 알고 있어야 한다. 비동기 코드의 작동 방식에 대해 이해한다면 자바스크립트에서 어떻게 여러 가지 요청을 동시에 처리하고 있는지, 이러한 요청받은 태스크에 대한 우선순위는 무엇인지, 또 주의할 점은 무엇인지 파악해 사용자에게 더욱 매끄러운 웹 애플리케이션 서비스를 제공할 수 있을 것이다.

## 1.5.1  싱글 스레드 자바스크립트

자바스크립트는 싱글 스레드 언어라는 말을 많이 들어봤을 것이다. 이것이 사실인지 확인하기 위해서는 먼저 스레드에 대해 알아야 한다. 과거에는 프로그램을 실행하는 단위가 오직 프로세스뿐이었다. **프로세스(process)**란 프로그램을 구동해 프로그램의 상태가 메모리상에서 실행되는 작업 단위를 의미한다. 즉, 하나의 프로그램 실행은 하나의 프로세스를 가지고 그 프로세스 내부에서 모든 작업이 처리되는 것을 의미했다. 그러나 소프트웨어가 점차 복잡해지면서 하나의 프로그램에서 동시에 여러 개의 복잡한 작업을 수행할 필요성이 대두됐다. 하지만 하나의 프로그램에는 하나의 프로세스만이 할당되므로 이러한 작업을 수행하기 어려웠는데, 그래서 탄생한 더 작은 실행 단위가 바로 **스레드(thread)**다. 하나의 프로세스에서는 여러 개의 스레드를 만들 수 있고, 스레드끼리는 메모리를 공유할 수 있어 여러 가지 작업을 동시에 수행할 수 있다. 이에 따라 프로세스 내부에서 여러 개의 스레드를 활용하면서 동시 다발적인 작업을 처리할 수 있게 된 것이다.

그렇다면 자바스크립트는 왜 싱글 스레드로 설계됐을까? 먼저 멀티 스레드는 앞서 언급한 여러 가지 이점이 있지만 내부적으로 처리가 복잡하다는 단점이 있다. 스레드는 하나의 프로세스에서 동시에 서로 같은 자원에 접근할 수 있는데, 동시에 여러 작업을 수행하다 보면 같은 자원에 대해 여러 번 수정하는 등 동시성 문제가 발생할 수 있어 이에 대한 처리가 필요하다. 또한 각각 격리돼 있는 프로세스와는 다르게, 하나의 스레드가 문제가 생기면 같은 자원을 공유하는 다른 스레드에도 동시에 문제가 일어날 수 있다. 이러한 특징을 토대로 과거 자바스크립트의 역할을 다시금 상기해 볼 필요가 있다. 최초의 자바스크립트는 브라우저에서 HTML을 그리는 데 한정적인 도움을 주는 보조적인 역할로 만들어졌었다. 잠시 이와 관련된 역사에 대해 알아보자.

자바스크립트는 1995년경에 첫선을 보였다. 그리고 그 당시에는 아직 멀티 스레드에 대한 개념이 대중화되던 시기가 아니었다. (2002년에 출시된 인텔 펜티엄4가 최초로 동시 멀티스레딩을 구현한 데스크톱이었다.) 그리고 1995년에는 넷스케이프 개발자 브렌던 아이크(Brendan Eich)[11]가 브라우저에서 아주 간단한 스크

---

11 https://en.m.wikipedia.org/wiki/Brendan_Eich

립트를 지원할 목적으로 LiveScript(자바스크립트의 전신)를 만들었던 것이 자바스크립트의 시작이다. 최초의 자바스크립트는 이름에서 유추할 수 있는 것처럼 다른 여러 가지 언어를 참고해 단 10일 만에 첫 버전이 완성됐다. 설계가 빨리 되고 다른 언어를 참고하던 것을 차치하고서라도 최초의 자바스크립트는 단순히 버튼 위에 이미지를 띄우거나, 간단한 경고창을 띄우거나, 폼을 처리하는 등 아주 기초적인 수준에서만 제한적으로 사용됐다. 즉, 설계 당시에는 약 30년 뒤 현재처럼 자바스크립트로 웹페이지에서 벌어지는 온갖 다양한 일을 처리해야 할 것이라고 생각하지 못했을 것이다. 문제는 이뿐만이 아니다. 자바스크립트로 DOM을 조작하는 것을 생각해 보자. 만약 자바스크립트가 멀티 스레딩을 지원해서 동시에 여러 스레드가 DOM을 조작할 수 있다면 어떻게 될까? 앞서 이야기한 것처럼 멀티 스레딩은 메모리 공유로 인해 동시에 같은 자원에 접근하면 타이밍 이슈가 발생할 수 있고, 이는 브라우저의 DOM 표시에 큰 문제를 야기할 수 있다.

이러한 1995년의 상황을 빗대어 보았을 때 자바스크립트를 싱글 스레드 언어로 구현한 것은 그 당시의 상황으로 봤을 때는 나름 합리적인 결정으로 볼 수 있다. 그 당시의 시선으로 본다면 오히려 현재의 자바스크립트 환경이 더 이상하게 보여질 수도 있다. 단순한 작업을 처리하기 위한 자바스크립트가 정말 다양한 영역에 걸쳐 활용되고 있기 때문이다. 자바스크립트가 다양한 역할을 하게 되면서 개발자에 따라서는 자바스크립트 설계 자체가 바뀔 때가 됐다고 보기도 한다.

다시 싱글 스레드 자바스크립트로 돌아와서 자바스크립트가 싱글 스레드라는 것은 무엇을 의미할까? 자바스크립트 코드의 실행이 하나의 스레드에서 순차적으로 이루어진다는 것을 의미한다. 하나의 스레드에서 순차적으로 이루어진다는 것은 코드를 한 줄 한 줄 실행한다는 것을 의미하며 궁극적으로 하나의 작업이 끝나기 전까지는 뒤이은 작업이 실행되지 않는다는 것을 의미한다. C 언어나 다른 메이저 프로그래밍 언어에서는 스레드에서 실행 중인 함수를 시스템이 임의로 멈추고 다른 스레드의 코드를 먼저 실행할 수 있지만 자바스크립트에는 그런 기능이 존재하지 않는다. (Node.js에서 새롭게 추가된 `Worker`나 브라우저에서 제공하는 `WebWorker`를 활용하면 동시에 여러 작업을 처리할 수 있지만 이 두 기능은 매우 최근에 나온 것으로 본 절에서는 논외로 한다.)

자바스크립트에서 하나의 코드가 실행하는 데 오래 걸리면 뒤이은 코드가 실행되지 않는다는 것을 자바스크립트 개발자라면 누구나 알고 있을 것이다. 이러한 자바스크립트의 특징을 "Run-to-completion"이라고 한다. 이러한 특징은 자바스크립트 개발자에게 동시성을 고민할 필요가 없다는 아주 큰 장점이 되지만, 반대로 때에 따라서 웹페이지에서는 단점이 될 수 있다. 하나의 작업이 끝나기 전까지는 다른 작업이 실행되지 않으므로 어떠한 작업이 오래 걸린다면 사용자에게 마치 웹페이지가 멈춘 것 같은 느낌을 줄 수 있다. 결론적으로 Run-to-completion, 즉 자바스크립트의 모든 코드는 '동기식'으로 한 번에 하나씩 순차적으로 처리된다.

그렇다면 비동기는 무엇일까? 자바스크립트에서 비동기 함수를 선언할 때 쓰는 async는 영어로 'asynchronous', 즉 동시에 일어나지 않는 것을 의미한다. 동기식과 다르게 요청한 즉시 결과가 주어지지 않을 수도 있고, 따라서 응답이 언제 올지도 알 수 없다. 그러나 동기식과 다르게 여러 작업을 동시에 수행할 수 있다는 장점이 있다. 다음 코드를 살펴보자.

```
console.log(1)

setTimeout(() => {
  console.log(2)
}, 0)

setTimeout(() => {
  console.log(3)
}, 100)

console.log(4)
```

자바스크립트 코드를 작성해본 개발자라면 누구나 자신 있게 해당 콘솔 출력의 순서가 1, 4, 2, 3으로 나타난다는 것을 알 수 있을 것이다. 그런데 사실 자바스크립트의 특징, 즉 싱글 스레드로 작동하기 때문에 모든 코드는 "Run-to-completion"으로 작동해야 하므로 결론적으로 1, 2, (0.1초 후에) 3, 4로 출력되어야 정상이다. 그러나 그렇지 않다. 동기식으로 작동하는 자바스크립트 세상에서 어떻게 이런 비동기 코드를 처리할 수 있는 것일까? 이러한 사실을 이해하려면 '이벤트 루프'라는 개념을 이해해야 한다.

## 1.5.2 이벤트 루프란?

먼저 지금부터 설명하는 내용은 자바스크립트 런타임 중에서 가장 유명한 V8을 기준으로 작성됐다. 다른 자바스크립트 런타임에서는 작동에 약간의 차이가 있을 수 있다.

먼저 이벤트 루프는 ECMAScript, 즉 자바스크립트 표준에 나와 있는 내용은 아니다. 즉, 이벤트 루프란 자바스크립트 런타임 외부에서 자바스크립트의 비동기 실행을 돕기 위해 만들어진 장치라 볼 수 있다. V8, Spider Monkey 같은 현대의 자바스크립트 런타임 엔진에는 자바스크립트 코드를 효과적으로 실행하기 위한 여러 가지 장치들이 마련돼 있다.

### 호출 스택과 이벤트 루프

호출 스택(call stack)은 자바스크립트에서 수행해야 할 코드나 함수를 순차적으로 담아두는 스택이다. 다음 코드를 살펴보자.

```
function bar() {
  console.log('bar')
}

function baz() {
  console.log('baz')
}

function foo() {
  console.log('foo')
  bar()
  baz()
}

foo()
```

이 코드는 foo를 호출하고, 내부에서 bar, baz를 순차적으로 호출하는 구조로 돼 있다. 이 코드들은 대략 다음과 같은 순서로 호출 스택에 쌓이고 비워지게 된다.

1. foo()가 호출 스택에 먼저 들어간다.

2. foo() 내부에 console.log가 존재하므로 호출 스택에 들어간다.

3. 2의 실행이 완료된 이후에 다음 코드로 넘어간다. (아직 foo()는 존재)

4. bar()가 호출 스택에 들어간다.

5. bar() 내부에 console.log가 존재하므로 호출 스택에 들어간다.

6. 5의 실행이 완료된 이후에 다음 코드로 넘어간다. (아직 foo(), bar()는 존재)

7. 더 이상 bar()에 남은 것이 없으므로 호출 스택에서 제거된다. (아직 foo()는 존재)

8. baz()가 호출 스택에 들어간다.

9. baz() 내부에 console.log가 존재하므로 호출 스택에 들어간다.

10. 9의 실행이 완료된 이후에 다음 코드로 넘어간다. (아직 foo(), baz()는 존재)

11. 더 이상 baz()에 남은 것이 없으므로 호출 스택에서 제거된다. (아직 foo()는 존재)

12. 더 이상 foo()에 남은 것이 없으므로 호출 스택에서 제거된다.

13. 이제 호출 스택이 완전히 비워졌다.

이 호출 스택이 비어 있는지 여부를 확인하는 것이 바로 이벤트 루프다. 이벤트 루프는 단순히 이벤트 루프만의 단일 스레드 내부에서 이 호출 스택 내부에 수행해야 할 작업이 있는지 확인하고, 수행해야 할 코드가 있다면 자바스크립트 엔진을 이용해 실행한다. 한 가지 알아둘 점은 '코드를 실행하는 것'과 '호출 스택이 비어 있는지 확인하는 것' 모두가 단일 스레드에서 일어난다는 점이다. 즉, 두 작업은 동시에 일어날 수 없으며 한 스레드에서 순차적으로 일어난다.

그렇다면 비동기 작업은 어떻게 실행될까?

```
function bar() {
  console.log('bar')
}

function baz() {
  console.log('baz')
}

function foo() {
  console.log('foo')
  setTimeout(bar(), 0) // setTimeout만 추가했다.
  baz()
}

foo()
```

자바스크립트 코드를 작성해 본 개발자라면 앞선 예제와 다르게 foo, baz, bar 순으로 출력되는 것을 알고 있을 것이다. 실제로 호출 스택 내부에서는 다음과 같은 일이 발생한다.

1. foo()가 호출 스택에 먼저 들어간다.
2. foo() 내부에 console.log가 존재하므로 호출 스택에 들어간다.
3. 2의 실행이 완료된 이후에 다음 코드로 넘어간다. (아직 foo()는 존재)
4. setTimeout(bar(), 0)이 호출 스택에 들어간다.
5. 4번에 대해 타이머 이벤트가 실행되며 태스크 큐로 들어가고, 그 대신 바로 스택에서 제거된다.
6. baz()가 호출 스택에 들어간다.
7. baz() 내부에 console.log가 존재하므로 호출 스택에 들어간다.
8. 7의 실행이 완료된 이후에 다음 코드로 넘어간다. (아직 foo(), baz()는 존재)

9. 더 이상 baz()에 남은 것이 없으므로 호출 스택에서 제거된다. (아직 foo()는 존재)

10. 더 이상 foo()에 남은 것이 없으므로 호출 스택에서 제거된다.

11. 이제 호출 스택이 완전히 비워졌다.

12. 이벤트 루프가 호출 스택이 비워져 있다는 것을 확인했다. 그리고 태스크 큐를 확인하니 4번에 들어갔던 내용이 있어 bar()를 호출 스택에 들여보낸다.

13. bar() 내부에 console.log가 존재하므로 호출 스택에 들어간다.

14. 13의 실행이 끝나고, 다음 코드로 넘어간다. (아직 bar() 존재)

15. 더 이상 bar()에 남은 것이 없으므로 호출 스택에서 제거된다.

위 코드를 보면, setTimeout(() => {}), 0)이 정확하게 0초 뒤에 실행된다는 것을 보장하지 못한다는 것을 이해하게 될 것이다.

여기서부터는 태스크 큐라는 새로운 개념이 등장한다. 태스크 큐란 실행해야 할 태스크의 집합을 의미한다. 이벤트 루프는 이러한 태스크 큐를 한 개 이상 가지고 있다. 그리고 이름과는 다르게 태스크 큐는 자료 구조의 큐(queue)가 아니고 set 형태를 띠고 있다. 그 이유는 선택된 큐 중에서 실행 가능한 가장 오래된 태스크를 가져와야 하기 때문이다. 자료구조인 큐는 무조건 앞에 있는 것을 FIFO(First In First Out) 형식으로 꺼내와야 하지만 태스크 큐는 그렇지 않다. 태스크 큐에서 의미하는 '실행해야 할 태스크'라는 것은 비동기 함수의 콜백 함수나 이벤트 핸들러 등을 의미한다.

즉, 이벤트 루프의 역할은 호출 스택에 실행 중인 코드가 있는지, 그리고 태스크 큐에 대기 중인 함수가 있는지 반복해서 확인하는 역할을 한다. 호출 스택이 비었다면 태스크 큐에 대기 중인 작업이 있는지 확인하고, 이 작업을 실행 가능한 오래된 것부터 순차적으로 꺼내와서 실행하게 된다. 이 작업 또한 마찬가지로 태스크 큐가 빌 때까지 이루어진다.

그렇다면 마지막으로 궁금해지는 것은 저 비동기 함수는 누가 수행하느냐다. n초 뒤에 setTimeout을 요청하는 작업은 누가 처리할까? fetch를 기반으로 실행되는 네트워크 요청은 누가 보내고 응답을 받을 것인가? 이러한 작업들은 모두 자바스크립트 코드가 동기식으로 실행되는 메인 스레드가 아닌 태스크 큐가 할당되는 별도의 스레드에서 수행된다. 이 별도의 스레드에서 태스크 큐에 작업을 할당해 처리하는 것은 브라우저나 Node.js의 역할이다. 즉, 자바스크립트 코드 실행은 싱글 스레드에서 이루어지지만 이러한 외부 Web API 등은 모두 자바스크립트 코드 외부에서 실행되고 콜백이 태스크 큐로 들어가는 것이다. 이벤트 루프는 호출 스택이 비고, 콜백이 실행 가능한 때가 오면 이것을 꺼내서 수행하는 역할을 하는 것이다. 만약 이러한 작업들도 모두 자바스크립트 코드가 실행되는 메인 스레드에서만 이루어진다면 절대로 비동기 작업을 수행할 수 없을 것이다.

그렇다면 이 비동기 작업을 수행하는 태스크 큐는 과연 어떤 구조로 어떻게 작동할까?

## 1.5.3 태스크 큐와 마이크로 태스크 큐

태스크 큐와 다르게, 마이크로 태스크 큐라는 것도 있다. 이벤트 루프는 하나의 마이크로 태스크 큐를 갖고 있는데, 기존의 태스크 큐와는 다른 태스크를 처리한다. 여기에 들어가는 마이크로 태스크에는 대표적으로 Promise가 있다. 이 마이크로 태스크 큐는 기존 태스크 큐보다 우선권을 갖는다. 즉, setTimeout과 setInterval은 Promise보다 늦게 실행된다. 명세[12]에 따르면, 마이크로 태스크 큐가 빌 때까지는 기존 태스크 큐의 실행은 뒤로 미루어진다.

```
function foo() {
  console.log('foo')
}

function bar() {
  console.log('bar')
}

function baz() {
  console.log('baz')
}

setTimeout(foo, 0)

Promise.resolve().then(bar).then(baz)
```

예제 코드를 실행하면 bar, baz, foo 순으로 실행된다. 확실히 Promise가 우선권이 있음을 알 수 있다.

각 태스크에 들어가는 대표적인 작업은 다음과 같다.

- 태스크 큐: setTimeout, setInterval, setImmediate
- 마이크로 태스크 큐: process.nextTick, Promises, queueMicroTask, MutationObserver

그렇다면 렌더링은 언제 실행될까? 태스크일까 마이크로 태스크 큐일까? 태스크 큐를 실행하기에 앞서 먼저 마이크로 태스크 큐를 실행하고, 이 마이크로 태스크 큐를 실행한 뒤에 렌더링이 일어난다. 각 마이크로 태스크 큐 작업이 끝날 때마다 한 번씩 렌더링할 기회를 얻게 된다.

---

12 https://html.spec.whatwg.org/multipage/webappapis.html#event-loop-processing-model

**【코드 1.12】** 동기 코드, 태스크 큐, 마이크로 태스크 큐와 렌더링과의 관계를 확인할 수 있는 코드

```html
<html>
  <body>
    <ul>
      <li>동기 코드: <button id="sync">0</button></li>
      <li>태스크 : <button id="macrotask">0</button></li>
      <li>마이크로 태스크: <button id="microtask">0</button></li>
    </ul>

    <button id="macro_micro">모두 동시 실행</button>
  </body>
  <script>
    const button = document.getElementById('run')
    const sync = document.getElementById('sync')
    const macrotask = document.getElementById('macrotask')
    const microtask = document.getElementById('microtask')

    const macro_micro = document.getElementById('macro_micro')

    // 동기 코드로 버튼에 1부터 렌더링
    sync.addEventListener('click', function () {
      for (let i = 0; i <= 100000; i++) {
        sync.innerHTML = i
      }
    })

    // setTimeout으로 태스크 큐에 작업을 넣어서 1부터 렌더링
    macrotask.addEventListener('click', function () {
      for (let i = 0; i <= 100000; i++) {
        setTimeout(() => {
          macrotask.innerHTML = i
        }, 0)
      }
    })

    // queueMicrotask로 마이크로 태스크 큐에 넣어서 1부터 렌더링
    microtask.addEventListener('click', function () {
      for (let i = 0; i <= 100000; i++) {
        queueMicrotask(() => {
          microtask.innerHTML = i
```

```
      })
    }
  })

  macro_micro.addEventListener('click', function () {
    for (let i = 0; i <= 100000; i++) {
      sync.innerHTML = i

      setTimeout(() => {
        macrotask.innerHTML = i
      }, 0)

      queueMicrotask(() => {
        microtask.innerHTML = i
      })
    }
  })
</script>
</html>
```

위 예제 코드의 결과를 정리하면 다음과 같다.

- 동기 코드는 우리가 예상했던 것처럼 해당 연산. 즉 100,000까지 숫자가 올라가기 전까지는 렌더링이 일어나지 않다가 for 문이 끝나야 비로소 렌더링 기회를 얻으며 100,000이라는 숫자가 한 번에 나타난다.

- 태스크 큐(setTimeout)는 모든 setTimeout 콜백이 큐에 들어가기 전까지 잠깐의 대기 시간을 갖다가 1부터 100,000까지 순차적으로 렌더링되는 것을 볼 수 있다.

- 마이크로 태스크 큐(queueMicrotask)는 동기 코드와 마찬가지로 렌더링이 전혀 일어나지 않다가 100,000까지 다 끝난 이후에야 한 번에 렌더링이 일어난다.

- 모든 것을 동시에 실행했을 경우 동기 코드와 마이크로 태스크 큐만 한 번에 100,000까지 올라가고, 태스크 큐만 앞선 예제처럼 순차적으로 렌더링되는 것을 볼 수 있다.

이러한 작업 순서는 브라우저에 다음 리페인트 전에 콜백 함수 호출을 가능하게 하는 requestAnimation Frame으로도 확인할 수 있다.

```
console.log('a')

setTimeout(() => {
```

```
    console.log('b')
}, 0)

Promise.resolve().then(() => {
  console.log('c')
})

window.requestAnimationFrame(() => {
  console.log('d')
})
```

위 코드를 실행하면 a, c, d, b 순서로 출력된다. 즉, 브라우저에 렌더링하는 작업은 마이크로 태스크 큐와 태스크 큐 사이에서 일어난다는 것을 알 수 있다.

결론적으로 동기 코드는 물론이고 마이크로 태스크 또한 마찬가지로 렌더링에 영향을 미칠 수 있다. 따라서 만약 특정 렌더링이 자바스크립트 내 무거운 작업과 연관이 있다면 이를 어떤 식으로 분리해서 사용자에게 좋은 애플리케이션 경험을 제공해 줄지 고민해 보아야 한다.

### 1.5.4 정리

지금까지 자바스크립트 환경에서 비동기 처리가 어떻게 이루어지는지 살펴봤다. 자바스크립트 코드를 실행하는 것 자체는 싱글 스레드로 이루어져서 비동기를 처리하기 어렵지만 자바스크립트 코드를 실행하는 것 이외에 태스크 큐, 이벤트 루프, 마이크로 태스크 큐, 브라우저/Node.js API 등이 적절한 생태계를 이루고 있기 때문에 싱글 스레드로는 불가능한 비동기 이벤트 처리가 가능해진 것이다. 이번 장에서는 이벤트 루프와 Node.js나 브라우저상에서의 작동 등 자세한 내용은 생략하고 중요한 부분만 훑어보았지만 관심 있는 개발자라면 실제로 어떤 일이 일어나는지 자세히 살펴본다면 많은 도움이 될 것이다.

# 1.6 리액트에서 자주 사용하는 자바스크립트 문법

일반적인 자바스크립트나 Node.js를 기반으로 한 코드와 리액트 코드를 비교하면 리액트 코드가 상대적으로 독특한 모습을 띤다는 것을 알 수 있다. 이러한 독특함은 JSX 구문 내부에서 객체를 조작하거나 객체의 얕은 동등 비교 문제를 피하기 위해 객체 분해 할당을 하는 등 리액트의 몇 가지 독특한 특징에서 비롯된다. 이 리액트의 독특한 특징을 이해하려면 리액트에서 자주 사용되는 자바스크립트 문법을 이해해야 한다. 그리고 자바스크립트 문법을 이해한다면 반대로 리액트가 어떻게 작동하는지도 이해할 수 있다.

또한 다른 언어와 마찬가지로 자바스크립트도 매년 새로운 버전과 함께 새로운 기능이 나온다. 이러한 자바스크립트 표준을 ECMAScript라고 하는데, 작성하고자 하는 자바스크립트 문법이 어느 ECMAScript 버전에서 만들어졌는지도 파악해야 한다. 왜냐하면 모든 브라우저와 자바스크립트 런타임이 항상 새로운 자바스크립트 문법을 지원하는 것이 아니기 때문이다. 자바스크립트 개발자를 오랜 시간 괴롭혀 온 인터넷 익스플로러를 예로 들어보자. 인터넷 익스플로러 11은 ECMAScript 5(ES5)까지만 지원하기 때문에 최신 자바스크립트 문법을 사용할 수 없다. 만약 서비스하는 웹페이지가 인터넷 익스플로러 11도 지원해야 한다면 코드에서 최신 문법을 제공할 수 없다는 점을 고려해야 한다. 그리고 웹페이지에 접근하는 사용자의 브라우저와 버전은 개발자와 다르게 항상 최신 버전이 아니고, 크롬, 사파리, 파이어폭스 등 다양하기 때문에 이러한 다양한 브라우저에서의 문법 지원 또한 염두에 두어야 한다.

이러한 사용자의 다양한 브라우저 환경, 그리고 최신 문법을 작성하고 싶은 개발자의 요구를 해결하기 위해 탄생한 것이 바로 바벨이다. 바벨은 자바스크립트의 최신 문법을 다양한 브라우저에서도 일관적으로 지원할 수 있도록 코드를 트랜스파일한다. 바벨이 어떻게 최신 코드를 트랜스파일하는지, 그리고 그 결과 어떤 코드가 생성되는지 이해하면 향후 애플리케이션을 디버깅하는 데 도움이 된다.

앞으로 설명할 바벨 트랜스파일 코드는 모두 인터넷 익스플로러를 지원하는 ES5를 기준으로 작성됐다. 앞서 이야기한 것처럼, 인터넷 익스플로러 11의 지원은 종료됐지만 여전히 어느 정도 사용 중이기도 하고,[13] 호환 모드를 활성화하면 옛날 환경에서도 인터넷 익스플로러 환경으로 페이지에 접근할 수 있기 때문이다. 이뿐만 아니라 셋톱박스와 같이 업데이트를 쉽게 할 수 없는 구형 기기에서도 ES5만 작동하는 경우가 있으므로 ES5 기준으로 트랜스파일된 코드를 파악하는 것이 중요하다.

## 1.6.1 구조 분해 할당

구조 분해 할당(Destructuring assignment)이란 배열 또는 객체의 값을 말 그대로 분해해 개별 변수에 즉시 할당하는 것을 의미한다. 언급한 대로 배열과 객체에서 사용하며, 주로 어떠한 객체나 배열에서 선언문 없이 즉시 분해해 변수를 선언하고 할당하고 싶을 때 사용한다. 배열의 구조 분해 할당은 ES6(ES2015)에 처음 선보였으나, 객체 구조 분해 할당은 ECMA 2018에 와서야 처음 등장했다.

### 배열 구조 분해 할당

리액트 개발자라면 다음과 같은 형식의 코드를 useState에서 많이 봤을 것이다.

---

13 2021년 기준 자료: https://gs.statcounter.com/browser-market-share/all/south-korea/2021

```
const array = [1, 2, 3, 4, 5]

const [first, second, third, ...arrayRest] = array
// first 1
// second 2
// third 3
// arrayRest [4, 5]
```

useState 함수는 2개 짜리 배열을 반환하는 함수이며, 첫 번째 값을 value로, 두 번째 값을 setter로 사용 가능하다. useState가 객체가 아닌 배열을 반환하는 이유는 무엇일까? 잠시 후 설명할 객체 구조 분해 할당에서 자세히 보겠지만 객체 구조 분해 할당은 사용하는 쪽에서 원하는 이름으로 변경하는 것이 번거롭다. 다만 배열 구조 분해 할당은 자유롭게 이름을 선언할 수 있기 때문에 useState는 배열을 반환하는 것으로 추측할 수 있다.

배열의 구조 분해 할당은 ,의 위치에 따라 값이 결정된다. 따라서 앞의 예제에서 중간 인덱스에 대한 할당을 생략하고 싶다면 다음과 같이 선언할 수 있다.

```
const array = [1, 2, 3, 4, 5]
const [first, , , , fifth] = array // 2, 3, 4는 아무런 표현식이 없으므로 변수 할당이 생략돼 있다.

first // 1
fifth // 5
```

이러한 방법은 실수를 유발할 가능성이 커서 일반적으로 배열의 길이가 작을 때 주로 쓰인다. 배열 분해 할당에는 기본값을 선언할 수도 있다. 만약 사용하고자 하는 배열의 길이가 짧거나 값이 없는 경우에는 (undefined) 기본값을 사용할 것이다.

```
const array = [1, 2]
const [a = 10, b = 10, c = 10] = array
// a 1
// b 2
// c 10
```

한 가지 주의할 것은 반드시 undefined일 때만 기본값을 사용한다는 것이다.

```
const [a = 1, b = 1, c = 1, d = 1, e = 1] = [undefined, null, 0, '']
a // 1
```

```
b // null
c // 0
d // ''
e // 1
```

위 배열 구조 분해 할당에서 기본값을 사용하는 것은, a와 e뿐이다. 자바스크립트에서 기본값을 사용할 수 있는 경우는 undefined일 때뿐이다. 여기서 a는 명시적으로 undefined가 지정돼 있고, e의 경우에는 배열의 길이를 넘어서서 구조 분해 할당됐으므로 undefined로 평가되어 기본값이 할당된다.

특정값 이후의 값을 다시금 배열로 선언하고 싶다면 뒤이어 소개할 전개 연산자(spread operator)인 ...을 사용할 수도 있다.

```
const array = [1, 2, 3, 4, 5]
const [first, ...rest] = array

// first 1
// rest [2, 3, 4, 5]
```

뒤에 ...을 사용하면 나머지 모든 값을 해당 변수에 배열로 넣게 된다. 이는 어디서부터 어디까지 할당할지 예측할 수 있는 뒤쪽에서만 가능하다. 만약 앞쪽이라면 이를 파악할 수 없기 때문에 앞에서 전개 연산자를 사용하는 것은 불가능하다.

이러한 배열 구조 분해 할당 코드가 바벨에서 어떻게 트랜스파일되는지 살펴보자.[14]

【코드 1.13】 배열 구조 분해 할당 예제

```
// 트랜스파일하기 전
const array = [1, 2, 3, 4, 5]
const [first, second, third, ...arrayRest] = array

// 트랜스파일된 결과
var array = [1, 2, 3, 4, 5]
var first = array[0],
  second = array[1],
  third = array[2],
  arrayRest = array.slice(3)
```

---

[14] https://bit.ly/jsdesa

특별하게 눈여겨볼 만한 문법은 없어 보인다. 구조분해 할당을 단순히 배열에서 꺼내 오거나 slice해서 값을 할당하는 것을 볼 수 있다. 배열 구조 분해 할당 이전에는 선언을 4줄에 걸쳐서 했지만 구조 분해 할당 덕분에 이러한 작업을 단 한 줄로 처리할 수 있게 됐다.

## 객체 구조 분해 할당

객체 구조 분해 할당은 말 그대로 객체에서 값을 꺼내온 뒤 할당하는 것을 의미한다. 배열 구조 분해 할당과는 달리, 객체는 객체 내부 이름으로 꺼내온다는 차이가 있다.

```
const object = {
  a: 1,
  b: 2,
  c: 3,
  d: 4,
  e: 5,
}

const { a, b, c, ...objectRest } = object
// a 1
// b 2
// c 3
// objectRest = {d: 4, e: 5}
```

이를 새로운 이름으로 다시 할당하는 것 또한 가능하다.

```
const object = {
  a: 1,
  b: 2,
}

const { a: first, b: second } = object
// first 1
// second 2
```

배열과 마찬가지로 기본값을 주는 것도 가능하다.

```
const object = {
  a: 1,
```

```
  b: 1,
}

const { a = 10, b = 10, c = 10 } = object

// a 1
// b 1
// c 10
```

이러한 방식은 리액트 컴포넌트인 props에서 값을 바로 꺼내올 때 매우 자주 쓰는 방식이기 때문에 반드시
이해하고 있어야 한다.

```
function SampleComponent({ a, b }) {
  return a + b
}

SampleComponent({ a: 3, b: 5 }) // 8
```

단순히 값으로 꺼내오는 것뿐만 아니라 변수에 있는 값으로 꺼내오는 이른바 계산된 속성 이름 방식도 가능
하다.

```
const key = 'a'
const object = {
  a: 1,
  b: 1,
}

const { [key]: a } = object

// a = 1
```

위 예제에서 key는 a라는 값을 가지고 있는데, object에서 이 a라는 값을 꺼내오기 위해 [key] 문법을 사용
했다. 이러한 계산된 속성 이름을 사용하려면 반드시 이름을 선언하는 :a와 같은 변수 네이밍이 필요하다. 그
렇지 않으면 에러가 발생한다.

```
const {[key]} = object // Uncaught SyntaxError: Unexpected token '['
```

사실 이러한 에러는 매우 당연한 것으로 볼 수 있다. 계산된 이름인 [key]로 값을 꺼내기만 했을 뿐, 어느 변수명으로 할당해야 할지 알 수 없기 때문이다.

배열 구조 분해 할당과 마찬가지로 전개 연산자 ...를 사용하면 나머지 값을 모두 가져올 수 있다.

```
const object = {
  a: 1,
  b: 1,
  c: 1,
  d: 1,
  e: 1,
}

const { a, b, ...rest } = object
// rest {c: 1, d: 1, e: 1}
```

배열과 마찬가지로 이러한 전개 연산자는 순서가 중요하다.

```
const object = {
  a: 1,
  b: 1,
  c: 1,
  d: 1,
  e: 1,
}

const {a, b, ...rest} = object
// rest {c: 1, d: 1, e: 1}
const {...rest, a, b} = object
// Uncaught SyntaxError: Rest element must be last element
```

객체 분해 할당 코드가 바벨에서 어떻게 트랜스파일되는지 살펴보자.[15]

**[코드 1.14] 객체 구조 분해 할당 코드를 트랜스파일한 결과**

```
// 트랜스파일하기 전
const object = {
  a: 1,
```

---

**15** https://bit.ly/44O5q6H

```
    b: 1,
    c: 1,
    d: 1,
    e: 1,
}

const { a, b, ...rest } = object

// 트랜스파일된 결과
function _objectWithoutProperties(source, excluded) {
  if (source == null) return {}
  var target = _objectWithoutPropertiesLoose(source, excluded)
  var key, i
  if (Object.getOwnPropertySymbols) {
    var sourceSymbolKeys = Object.getOwnPropertySymbols(source)
    for (i = 0; i < sourceSymbolKeys.length; i++) {
      key = sourceSymbolKeys[i]
      if (excluded.indexOf(key) >= 0) continue
      if (!Object.prototype.propertyIsEnumerable.call(source, key)) continue
      target[key] = source[key]
    }
  }
  return target
}

function _objectWithoutPropertiesLoose(source, excluded) {
  if (source == null) return {}
  var target = {}
  var sourceKeys = Object.keys(source)
  var key, i
  for (i = 0; i < sourceKeys.length; i++) {
    key = sourceKeys[i]
    if (excluded.indexOf(key) >= 0) continue
    target[key] = source[key]
  }
  return target
}

var object = {
  a: 1,
```

```
  b: 1,
  c: 1,
  d: 1,
  e: 1,
}

var a = object.a,
  b = object.b,
  rest = _objectWithoutProperties(object, ['a', 'b'])
```

앞서 배열의 경우와는 다르게 객체의 경우 구조 분해 할당을 트랜스파일할 경우 조금 더 복잡한 것을 볼 수 있다. 먼저 _objectWithoutPropertiesLoose는 객체와 해당 객체에서 제외할 키가 포함된 배열 두 가지를 인수로 받는데, 이 두 가지 값을 활용해서 해당 객체에서 특정 키를 제외하는 것을 확인할 수 있다. 그리고 _objectWithoutProperties 함수는 Object.getOwnPropertySymbols가 존재하는 환경인 경우(즉 객체 내부에서 심벌의 존재를 확인할 수 있는 경우)를 대비해 이에 대한 예외 처리 또한 추가로 더해주고 있다.

이처럼 객체 구조 분해 할당의 경우 이렇게 트랜스파일을 거치면 번들링 크기가 상대적으로 크기 때문에 만약 자신의 웹 애플리케이션 개발 환경이 ES5를 고려해야 하고, 또 객체 구조 분해 할당을 자주 쓰지 않는다면 꼭 써야 하는지 검토할 필요가 있다. 만약 이러한 트랜스파일은 부담스럽지만 객체 구조 분해 할당을 통한 ...rest와 같은 함수가 필요하다면 외부 라이브러리를 사용해 보는 것도 고려해 봄 직하다. 가장 유명한 라이브러리로는 lodash.omit[16]이나 rambda.omit[17]가 있다. 이 두 라이브러리를 설치해 사용하는 것과 별개로 두 라이브러리에서는 어떻게 이를 구현했는지 살펴보는 것도 흥미로울 것이다.

## 1.6.2 전개 구문

전개 구문(Spread Syntax)은 앞서 소개한 구조 분해 할당과는 다르게 배열이나 객체, 문자열과 같이 순회할 수 있는 값에 대해 말 그대로 전개해 간결하게 사용할 수 있는 구문이다. 이어서 설명할 배열 전개 구문의 경우 ES6(ES2015)에서 선보였고, 객체 전개 구문은 ECMA2018에서 선보였다.

### 배열의 전개 구문

과거에는 배열 간에 합성을 하려면 push(), concat(), splice() 등의 메서드를 사용해야 했다. 그러나 전개 구문을 활용하면 다음과 같이 매우 쉽게 배열을 합성할 수 있다.

---

**16** https://lodash.com/docs/4.17.15#omit
**17** https://github.com/ramda/ramda/blob/v0.28.0/source/omit.js

```
const arr1 = ['a', 'b']
const arr2 = [...arr1, 'c', 'd', 'e'] // ['a', 'b', 'c', 'd', 'e']
```

배열 내부에서 **...배열**을 사용하면 해당 배열을 마치 전개하는 것처럼 선언하고, 이를 내부 배열에서 활용할 수 있다. 이러한 특징을 활용하면 기존 배열에 영향을 미치지 않고 배열을 복사하는 것도 가능하다.

```
const arr1 = ['a', 'b']
const arr2 = arr1

arr1 === arr2 // true. 내용이 아닌 참조를 복사하기 때문에 true가 반환된다.

const arr1 = ['a', 'b']
const arr2 = [...arr1]

arr1 === arr2 // false. 실제로 값만 복사됐을 뿐, 참조는 다르므로 false가 반환된다.
```

### 객체의 전개 구문

객체에서도 배열과 비슷하게 사용이 가능하다. 객체를 새로 만들 때 이 전개 구문을 사용할 수 있으며, 마찬가지로 객체를 합성하는 데 있어 편리함을 가져다 준다.

```
const obj1 = {
  a: 1,
  b: 2,
}

const obj2 = {
  c: 3,
  d: 4,
}

const newObj = { ...obj1, ...obj2 }
// { "a": 1, "b": 2, "c": 3, "d": 4 }
```

한 가지 중요한 것은 객체 전개 구문에 있어서 순서가 중요하다는 것이다. 위에 있을 때와 아래에 있을 때의 작동의 순서 차이로 인해 전혀 다른 객체가 생성될 수 있다.

```
const obj = {
  a: 1,
  b: 1,
  c: 1,
  d: 1,
  e: 1,
}

// {a: 1, b: 1, c: 10, d: 1, e: 1}
const aObj = {
  ...obj,
  c: 10,
}

// {c: 1, a: 1, b: 1, d: 1, e: 1}
const bObj = {
  c: 10,
  ...obj,
}
```

aObj와 bObj의 결괏값은 다른데, 전개 구문 이후에 값 할당이 있다면 할당한 값이 이전에 전개했던 구문 값을 덮어쓰겠지만 반대의 경우에는 오히려 전개 구문이 해당 값을 덮어쓰는 일이 벌어질 것이다. 전개 구문에 있는 값을 덮어쓸 것인지, 혹은 그 값을 받아들일지에 따라 순서에 차이가 발생하므로 주의하자.

위 코드가 바벨에서 어떻게 변환되는지 살펴보자.[18]

**[코드 1.15] 배열 전개 구문 예제**

```
// 트랜스파일하기 전
const arr1 = ['a', 'b']
const arr2 = [...arr1, 'c', 'd', 'e']

// 트랜스파일된 결과
var arr1 = ['a', 'b']
var arr2 = [].concat(arr1, ['c', 'd', 'e'])
```

배열에서는 크게 특이한 점이 없다. 기존의 concat() 메서드로 트랜스파일한 모습이다. 다음으로 객체 전개 구문을 살펴보자.[19]

---

18 https://bit.ly/jsasp
19 https://bit.ly/jsosp

**[코드 1.16] 객체 전개 구문 예제를 트랜스파일한 결과**

```javascript
// 트랜스파일하기 전
const obj1 = {
  a: 1,
  b: 2,
}

const obj2 = {
  c: 3,
  d: 4,
}

const newObj = { ...obj1, ...obj2 }

// 트랜스파일된 결과
function ownKeys(object, enumerableOnly) {
  var keys = Object.keys(object)
  if (Object.getOwnPropertySymbols) {
    var symbols = Object.getOwnPropertySymbols(object)
    enumerableOnly &&
      (symbols = symbols.filter(function (sym) {
        return Object.getOwnPropertyDescriptor(object, sym).enumerable
      })),
      keys.push.apply(keys, symbols)
  }
  return keys
}

function _objectSpread(target) {
  for (var i = 1; i < arguments.length; i++) {
    var source = null != arguments[i] ? arguments[i] : {}
    i % 2
      ? ownKeys(Object(source), !0).forEach(function (key) {
          _defineProperty(target, key, source[key])
        })
      : Object.getOwnPropertyDescriptors
      ? Object.defineProperties(
          target,
          Object.getOwnPropertyDescriptors(source),
        )
      : ownKeys(Object(source)).forEach(function (key) {
```

```
        Object.defineProperty(
          target,
          key,
          Object.getOwnPropertyDescriptor(source, key),
        )
      })
  }
  return target
}

function _defineProperty(obj, key, value) {
  if (key in obj) {
    Object.defineProperty(obj, key, {
      value: value,
      enumerable: true,
      configurable: true,
      writable: true,
    })
  } else {
    obj[key] = value
  }
  return obj
}

var obj1 = {
  a: 1,
  b: 2,
}
var obj2 = {
  c: 3,
  d: 4,
}

var newObj = _objectSpread(_objectSpread({}, obj1), obj2)
```

앞서 객체 분해 할당을 트랜스파일한 결과와 비슷한 차이를 보여준다. 단순히 값을 복사하는 배열과는 다르게, 객체의 경우 객체의 속성값 및 설명자 확인, 심벌 체크 등 때문에 트랜스파일된 코드가 커지는 것을 볼 수 있다. 객체 구조 분해 할당과 마찬가지로, 객체 전개 연산자 또한 트랜스파일되면 상대적으로 번들링이 커지기 때문에 사용할 때 주의할 필요가 있다.

### 1.6.3 객체 초기자

객체 초기자(object shorthand assignment)는 ECMAScript 2015에 도입된 기능으로서, 객체를 선언할 때 객체에 넣고자 하는 키와 값을 가지고 있는 변수가 이미 존재한다면 해당 값을 간결하게 넣어줄 수 있는 방식이다. 말로 풀면 복잡하게 느껴질 수 있는데, 코드를 보면 매우 간단하다.

```javascript
const a = 1
const b = 2

const obj = {
  a,
  b,
}

// {a: 1, b: 2}
```

원래대로라면 a: a와 같은 형식으로 작성해야 했었는데, 넣어야 할 키와 값이 각각 a와 1이고, 이미 해당 내용으로 선언된 변수가 있다면 위와 같은 형식으로 축약해서 선언하는 것이 가능해진 것이다.

바벨로 트랜스파일을 거쳤을 때도 간단하다.[20]

【코드 1.17】 객체 초기자 예제

```javascript
// 트랜스파일하기 전
const a = 1
const b = 2

const obj = {
  a,
  b,
}

// 트랜스파일된 결과
var a = 1
var b = 2
var obj = {
  a: a,
  b: b,
}
```

---

20 https://bit.ly/jsosas

별도의 작업을 거치지 않고, 단순히 키와 값 할당 형식으로 변경됐음을 알 수 있다. 객체 초기자를 사용할 경우 객체를 좀 더 간편하게 선언할 수 있기 때문에 매우 유용하며, 트랜스파일 이후에도 큰 부담이 없는 것을 확인할 수 있다.

## 1.6.4 Array 프로토타입의 메서드: map, filter, reduce, forEach

Array.prototype.map, Array.prototype.filter, Array.prototype.reduce는 모두 배열과 관련된 메서드다. JSX 내부에서 배열을 조작해 바로 원하는 JSX를 반환하는 특성상 이 3개의 메서드가 굉장히 자주 쓰이는 편이다. 그리고 이 메서드는 기존 배열의 값을 건드리지 않고 새로운 값을 만들어 내기 때문에 기존 값이 변경될 염려 없이 안전하게 사용할 수 있다. 마지막으로, forEach까지 포함해서 이제부터 소개할 4개의 메서드는 ES5에서부터 사용한 문법이기 때문에 별도의 트랜스파일이나 폴리필이 없어도 부담 없이 사용할 수 있다.

### Array.prototype.map

Array.prototype.map은 인수로 전달받은 배열과 똑같은 길이의 새로운 배열을 반환하는 메서드다. 배열의 각 아이템을 순회하면서 각 아이템을 콜백으로 연산한 결과로 구성된 새로운 배열을 만들 수 있다.

```
const arr = [1, 2, 3, 4, 5]
const doubledArr = arr.map((item) => item * 2)
// [2, 4, 6, 8, 10]
```

리액트에서는 주로 특정 배열을 기반으로 어떠한 리액트 요소를 반환하고자 할 때 많이 사용한다.

```
const arr = [1, 2, 3, 4, 5]
const Elements = arr.map((item) => {
  return <Fragment key={item}>{item}</Fragment>
})
```

### Array.prototype.filter

Array.prototype.filter 메서드는 콜백 함수를 인수로 받는데, 이 콜백 함수에서 truthy 조건을 만족하는 경우에만 해당 원소를 반환하는 메서드다. 말 그대로 필터링하는 역할의 메서드이며, filter의 결과에 따라 원본 배열의 길이 이하의 새로운 배열이 반환된다. 즉, 앞선 map과 다르게 같은 크기의 배열이 나오지 않을 수도 있다. 주로 기존 배열에 대해 어떠한 조건을 만족하는 새로운 배열을 반환할 때 쓰인다.

```
const arr = [1, 2, 3, 4, 5]
const evenArr = arr.filter((item) => item % 2 === 0)
// [2, 4]
```

## Array.prototype.reduce

Array.prototype.reduce는 앞선 두 메서드와 다르게 조금 복잡한 메서드다. 처음 자바스크립트를 접하는 초보 개발자들이 흔히 헷갈리는 메서드이기도 하다. 이 메서드는 콜백 함수와 함께 초깃값을 추가로 인수를 받는데, 이 초깃값에 따라 배열이나 객체, 또는 그 외의 다른 무언가를 반환할 수 있는 메서드다. 요약하자면 Array.prototype.reduce는 reducer 콜백 함수를 실행하고, 이를 초깃값에 누적해 결과를 반환한다. 아래 예제를 살펴보자.

```
const arr = [1, 2, 3, 4, 5]
const sum = arr.reduce((result, item) => {
  return result + item
}, 0)
// 15
```

먼저 0은 reduce의 결과를 누적할 초깃값이다. 그리고 reducer 콜백 함수의 첫 번째 인수는 앞서 선언한 초깃값의 현재값을 의미하고, 두 번째 인수는 현재 배열의 아이템을 의미한다. 즉, 이 콜백의 반환값을 계속해서 초깃값에 누적하면서 새로운 값을 만든다고 볼 수 있다.

reduce는 단순히 합계를 구하는 것뿐만 아니라 배열을 원하는 하나의 객체로 변환하는 등 다양한 예제에서 사용된다. 그리고 filter와 map의 작동을 reduce 하나로도 구현할 수 있는데, reduce는 앞선 두 메서드에 비해 사용법이 복잡해 코드가 직관적이지 않다. 따라서 짧은 코드라면 filter와 map을 각각 활용해 구현하는 것도 때에 따라서 나쁘지 않다.

【코드 1.18】 filter와 map의 조합과 reduce를 사용한 배열 처리 비교

```
// 짝수만 100을 곱해 반환하는 함수의 예제
const arr = [1, 2, 3, 4, 5]

// [200, 400]
const result1 = arr.filter((item) => item % 2 === 0).map((item) => item * 100)

// [200, 400]
const result2 = arr.reduce((result, item) => {
```

```
  if (item % 2 === 0) {
    result.push(item * 100)
  }
  return result
}, [])
```

같은 작업을 하는 코드를 각각 filter와 map을 이용한 방식과 reduce를 이용한 방식으로 구현했다. filter와 map의 조합이 훨씬 가독성이 좋지만 같은 배열에 대해 두 번 순환하는 문제가 있으므로 상황에 맞게 선택하면 좋다.

## Array.prototype.forEach

Array.prototype.forEach는 콜백 함수를 받아 배열을 순회하면서 단순히 그 콜백 함수를 실행하기만 하는 메서드다.

```
const arr = [1, 2, 3]

arr.forEach((item) => console.log(item))
// 1, 2, 3
```

리액트 코드 내부에서 map, filter, reduce가 널리 사용되면서 forEach도 자주 사용되는 것을 볼 수 있다. 그러나 forEach는 사용할 때 주의가 필요한 메서드다.

먼저 forEach는 아무런 반환값이 없다. 단순히 콜백 함수를 실행할 뿐, map과 같이 결과를 반환하는 작업은 수행하지 않는다. 즉, 콜백 함수 내부에서 아무리 반환해도 모두 의미 없는 값이 된다. forEach의 반환값은 undefined로 의미 없다는 것을 알아두어야 한다.

또 한 가지 주의할 점은 forEach는 실행되는 순간 에러를 던지거나 프로세스를 종료하지 않는 이상 이를 멈출 수 없다는 것이다. break, return, 그 무엇을 이용해도 배열 순회를 멈출 수 없다. 다음 예제를 살펴보자.

```
function run() {
  const arr = [1, 2, 3]
  arr.forEach((item) => {
    console.log(item)
    if (item === 1) {
      console.log('finished!')
      return
    }
```

```
  })
}

// 이 함수를 실행하면 다음과 같은 결과를 볼 수 있다.
run()

// 1
// finished!
// 2
// 3
```

중간에 `return`이 존재해 함수 실행이 끝났음에도 불구하고 계속해서 `forEach` 콜백이 실행되는 것을 볼 수 있다. 이는 `return`이 함수의 `return`이 아닌 콜백 함수의 `return`으로 간주되기 때문이다. 따라서 `forEach`를 사용할 때는 절대로 중간에 순회를 멈출 수 없다는 사실을 인지하고 있어야 한다. `forEach` 내부의 콜백 함수는 무조건 O(n)만큼 실행되므로 코드 작성과 실행 시에 반드시 최적화할 가능성이 있는지 검토해 보자.

## 1.6.5 삼항 조건 연산자

삼항 조건 연산자는 자바스크립트에서 유일하게 3개의 피연산자를 취할 수 있는 문법이다. 삼항 조건 연산자는 다음과 같은 형태로 구성돼 있다.

```
const value = 10
const result = value % 2 === 0 ? '짝수' : '홀수'
// 짝수
```

먼저 맨 앞에 `true`/`false`를 판별할 수 있는 조건문이 들어가고 그 이후에 물음표가 들어간다. 물음표 뒤에는 참일 경우 반환할 값, `:` 뒤에는 거짓일 때 반환할 값을 지정한다.

```
조건문 ? 참일_때_값 : 거짓일_때_값
```

삼항 조건 연산자는 기존의 `if` 조건문을 간단하게 쓸 수 있다는 점에서 리액트에서 자주 쓰이는데, 특히 JSX 내부에서 조건부로 렌더링하기 위해서 가장 널리 쓰이는 방법이다.

```
function Component({ condition }) {
  return <>{condition ? '참' : '거짓'}</>
}
```

그러나 이러한 편리함이 주는 이점 때문에 자주 쓰이는 탓인지 삼항 조건 연산자 내부에 또다시 삼항 연산자를 중첩해서 쓰는 경우가 종종 발생한다.

```
const value = useMemo(
  () => (condition1 ? '1' : condition2 ? '2' : condition3 ? '3' : 'else'),
  [condition1, condition2, condition3],
)
```

위 코드를 살펴보면 useMemo에 조건에 따라 총 4개의 값을 반환하는 것을 알 수 있는데, 아무리 삼항 조건 연산자를 자주 써왔다 하더라도 이 연산의 결과를 쉽게 예측하기란 어렵다. 따라서 삼항 연산자는 가급적이면 중첩해서 쓰지 않는 편이 좋다.

📄 JSX 내부에서 삼항 연산자 말고도 조건부 렌더링을 구현할 수 있나요?

JSX 내부에서 조건부 렌더링을 위해 삼항 연산자가 가장 많이 쓰이는 이유는 이 방법이 제일 간결하기 때문이다. 그러나 이 방법 외에도 조건부 렌더링을 수행할 수 있는 방법이 있다. 다음 코드를 살펴보자.

```
import { useState } from 'react'

export default function App() {
  const [color, setColor] = useState('')
  return (
    <div>
      {(() => {
        if (color === 'red') {
          return '빨간색이다.'
        } else {
          return '빨간색이 아니다.'
        }
      })()}
    </div>
  )
}
```

이러한 구문이 가능한 이유는 JSX 내부에서 자바스크립트 할당식을 사용할 수 있기 때문이다. 이에 대해서는 2.1절 'JSX란?'에서 JSX에 대해 다룰 때 자세히 살펴본다.

이와 별개로 이러한 구문은 JSX 내부의 가독성을 해치고 불필요하게 즉시 실행 함수를 선언해서 사용해야 한다는 점 때문에 선호되지 않는다.

### 1.6.6 정리

자바스크립트와 리액트 코드 내부에서 쓰이는 자바스크립트 문법이나 메서드가 워낙 다양해서 이번 절에서 모두 다루기는 어렵다. 여기서는 여러 문법 중에서 리액트 애플리케이션을 작성할 때 만나게 되는 주요 문법과 메서드에 대해서만 알아봤다. 평소에 최신 자바스크립트 코드에 관심이 많다면 ECMAScript의 신규 문법을 제안하는 저장소인 https://github.com/tc39/proposals를 방문해 보자. 매년 ECMAScript에서 새로운 자바스크립트 문법이 나오는데 어느 문법을 새로 추가할 것인지 검토하는 곳이다. 다양한 문법들이 제안에 올라오고 있으며, 이 제안 중에 합의를 거쳐 통과되는 것들만 자바스크립트 표준으로 등록된다. 어떤 문법이 추가될지 살펴보는 것도 좋지만 이 새로운 문법을 기존 ES5 이하의 문법으로 어떻게 구현할 수 있을지 생각해 보는 것도 재밌다.

그리고 이러한 최신 문법을 리액트에 반영하기로 마음먹었다면 이러한 코드를 사용할 준비는 돼 있는지, 즉 바벨과 같은 도구를 이용한 트랜스파일을 지원하는지, 혹은 사용자의 디바이스에서 별도 조치 없이 사용 가능한지를 꾸준히 점검한다면 안정적인 리액트 애플리케이션을 만드는 데 큰 도움이 될 것이다.

## 1.7 선택이 아닌 필수, 타입스크립트

최근에 자바스크립트 프로젝트를 수행했거나 관심 있게 지켜봤다면 대다수가 타입스크립트 기반으로 작성됐음을 알고 있을 것이다. 또한 Deno, Bun 등 Node.js의 대항마로 출시되는 런타임들도 타입스크립트를 기본으로 지원한다. 이제 현업에서도 대다수의 프로젝트가 타입스크립트로 개발되고 있어 타입스크립트로 작성되지 않은 코드를 찾기가 오히려 힘들 정도다. 그만큼 타입스크립트로 작성하는 것이 자바스크립트로 작성하는 것보다 유리한 점이 많아 현업의 많은 자바스크립트 개발자들이 앞다퉈 타입스크립트를 도입하고 있다. 동적 언어인 자바스크립트에서 런타임에만 타입을 체크할 수 있는 한계를 극복해 코드를 더욱 안전하게 작성하면서도 잠재적인 버그도 크게 줄일 수 있는 기회를 얻을 수 있다. 여러 개발자와 협업해 코드를 작성하고, 나아가 현업에서 웹 애플리케이션을 작성하고 싶다면 이제 타입스크립트는 선택이 아닌 필수다.

### 1.7.1 타입스크립트란?

타입스크립트 홈페이지에는 타입스크립트를 명확히 설명하는 한 문장이 있는데 바로 "TypeScript is JavaScript with syntax for types."다. 즉 기존 자바스크립트 문법에 타입을 가미한 것이 바로 타입스크립트라 할 수 있다. 자바스크립트는 기본적으로 동적 타입의 언어이기 때문에 대부분의 에러를 코드를 실행했을 때만 확인할 수 있다는 문제점이 있다. 동적 타입 언어라는 점은 개발자에게 자유를 주기도 하지만 코드의 규모가 커질수록 오히려 발목을 잡는 경우도 많다. 과거 JSDoc과 IDE를 조합해 이러한 문제를 해결하고자 노력했지만 어느 정도 한계가 있는 방법이었다. 예를 들어, 다음 함수를 보자.

```
function test(a, b) {
  return a / b
}


test(5, 2) // 2.5
test('안녕하세요', '하이') // NaN
```

test 함수는 두 인수를 받아 나눗셈한 결과를 반환하는데, 이는 어디까지나 a, b가 숫자일 때만 가능하고, 그 외의 경우에는 함수를 사용하는 개발자가 원하지 않은 결과(또는 함수를 제공하는 측에서 원치 않는 결과)를 만들어 낼 것이다. 물론 자바스크립트에서 타입을 체크해서 이러한 문제를 방지할 수 있다.

```
function test(a, b) {
  if (typeof a !== 'number' || typeof b !== 'number') {
    throw new Error('a와 b 모두 숫자여야 합니다.')
  }
  return a / b
}


test('안녕하세요', '하이') // Uncaught Error: a와 b 모두 숫자여야 합니다.
```

그러나 모든 함수와 변수에 이러한 타입 확인 연산자인 typeof를 적용해서 체크하는 것은 너무 번거롭고 코드의 크기를 과도하게 키우게 된다. 모든 인수에 대해, 그리고 인수가 객체라면 내부 프로퍼티에 대해 모두 체크할 것인가? 자바스크립트 안에서 사용할 수 있는 가장 완벽한 방법이지만 개발자에게는 너무 번거로운 작업이다.

타입스크립트는 이러한 자바스크립트의 한계를 벗어나 타입 체크를 정적으로 런타임이 아닌 빌드(트랜스파일) 타임에 수행할 수 있게 해준다. 앞의 코드는 타입스크립트에서 다음과 같이 간결하게 표현할 수 있다.

```
function test(a: number, b: number) {
  return a / b
}


// tsc로 이 코드를 자바스크립트로 트랜스파일하면 다음과 같은 에러가 난다.
// Argument of type 'string' is not assignable to parameter of type 'number'.
```

```
// 이 코드는 타입 문제가 해결되기 전까지 쓸 수 없다.
test('안녕하세요', '하이')
```

타입스크립트는 변수에 타입을 설정할 수 있으므로 예제의 a와 b 변수에 number라는 타입을 지정하면 코드를 작성할 때 오직 number만 할당할 수 있게 된다. 이러한 특징 덕분에 굳이 런타임까지 가지 않더라도 코드를 빌드하는 시점에 이미 에러가 발생할 가능성이 있는 코드를 확인할 수 있다. 즉, 타입스크립트는 자바스크립트의 슈퍼셋으로서 함수의 반환 타입, 배열, enum 등 기존에는 사용하기 어려웠던 타입 관련 작업들을 손쉽게 처리할 수 있다.

단, 어디까지나 타입스크립트는 자바스크립트의 슈퍼셋일 뿐이지, 자바스크립트에서 불가능한 일은 타입스크립트에서도 마찬가지로 불가능하다. 타입스크립트로 작성된 파일(.ts, .tsx)은 결국 자바스크립트로 변환돼서 Node.js나 브라우저 같은 자바스크립트 런타임 환경에서 실행되는 것이 최종 목표이기 때문이다. 타입스크립트 플레이그라운드[21]에서 타입스크립트 코드를 작성해 보면 타입스크립트 코드가 결국에 어떤 자바스크립트 코드로 변환되는지 확인할 수 있다.

오래전부터 리액트 코드를 작성해 본 개발자라면 타입스크립트 이전에는 Flow라고 하는 정적 타입 체크 라이브러리가 있다는 사실을 알 것이다. 그리고 리액트 코드 또한 이 Flow를 기반으로 내부 정적 타이핑에 도움을 얻고 있다. Flow는 타입스크립트와는 다르게 슈퍼셋 언어라기보다는 타이핑을 도와주는 라이브러리에 가깝고, 타입스크립트처럼 빌드(트랜스파일)하는 형식이 아닌 기존 자바스크립트 코드에 애너테이션을 추가하는 형태로 구성돼 있다. 그러나 점차 웹 개발 분야의 대세 에디터인 비주얼 스튜디오 코드(VS Code)의 강력한 타입스크립트 지원(둘 다 마이크로소프트에서 개발됐다), Definitely Typed[22]를 바탕으로 한 기존 라이브러리의 타입 지원, 상대적으로 뛰어난 성능 등으로 인해 Flow에 비해 훨씬 많은 인기를 얻게 됐다. Flow도 리액트와 마찬가지로 페이스북(현 메타)에서 만들었으나 페이스북에서 만든 다른 라이브러리인 Yarn이나 Jest도 모두 Flow가 아닌 타입스크립트로 재작성되면서 사실상 타입스크립트가 Flow 대신 대세로 자리 잡고 있다고 볼 수 있다. 최근에는 Flow로 작성된 신규 프로젝트를 순수 자바스크립트로 만들어진 프로젝트 만큼이나 보기 어려워졌다.

프런트엔드 개발자를 희망하거나 혹은 아직 자바스크립트로 작성된 프로젝트를 유지보수 중이라면 타입스크립트로 전환할 것을 강력히 추천한다. 이러한 자바스크립트 생태계의 흐름에 맞춰 이 책에서도 불가피한 경우를 제외하고 대부분의 경우에는 예제 코드를 타입스크립트로 작성했다. 비록 리액트는 Flow로 작성돼 있

---

21 https://www.typescriptlang.org/play
22 Definitely Typed는 자바스크립트로만 작성된 라이브러리를 위해 별도의 타입스크립트의 타입을 제공하는 라이브러리다(https://github.com/DefinitelyTyped/DefinitelyTyped). 타입스크립트를 사용해본 경험이 있다면 @types/react 같은 npm 라이브러리를 설치해본 적이 있을 텐데 이 @types가 바로 Definitely Typed다. @types/react도 다음 URL에서 찾을 수 있다. https://github.com/DefinitelyTyped/DefinitelyTyped/tree/master/types/react

지만 @types/react 라이브러리의 등장으로 과거와는 비교도 안 될 만큼 타입스크립트에서도 Flow에서 제공하는 수준으로 매끄럽게 리액트 코드를 작성할 수 있다. 또한 리액트 코드를 안정적으로 작성하기 위해서 타입스크립트의 도움을 받아야 하는데, 이를 위해 단순히 타입을 선언하고 작성하는 것 이상으로 enum, 제네릭(generic) 등 다양한 개념이 등장하기 때문에 조금 어렵게 느껴질 수 있다. 본격적으로 리액트 프로젝트를 타입스크립트로 작성하기에 앞서 이번 장에서 몇 가지 도움을 제공하고자 한다.

이번 절에서 타입스크립트의 모든 것을 다루면 좋겠지만 이 책의 목적과는 거리가 있기 때문에 여기서는 타입스크립트 기반 리액트 코드를 작성할 때 알아두면 좋은 몇 가지 포인트만 다루고자 한다. 타입스크립트에 대해 생소하거나, 혹은 좀 더 심도 있게 공부하고 싶다면 다양한 온라인 자료나 책을 참고하기 바란다. 이번 장은 독자가 기본적인 타입스크립트 문법을 안다는 가정하에 작성됐다.

## 1.7.2 리액트 코드를 효과적으로 작성하기 위한 타입스크립트 활용법

다음으로 타입스크립트 코드를 작성할 때 참고하면 좋은 몇 가지 팁을 소개한다. 타입스크립트는 얼마나 타입을 엄격하게, 그리고 적극적으로 활용하느냐에 따라 효용성에 큰 차이를 보인다. 이번 절에서 소개하는 팁을 바탕으로 타입스크립트의 타입 시스템을 적극적으로 활용한다면 자바스크립트 환경에서는 발견하기 어려웠던 버그를 쉽게 찾을 수도 있고, 코드의 품질도 한층 올릴 수 있을 것이다.

### any 대신 unknown을 사용하자

타입스크립트를 처음 작성할 때 저지르는 실수 중 하나는 any를 자주 사용한다는 것이다. 그러나 any는 정말로 불가피할 때만 사용해야 하는 타입이다. any를 사용한다는 것은 사실상 타입스크립트가 제공하는 정적 타이핑의 이점을 모두 버리는 것이나 다름없다. 다음 예제를 보자.

```
function doSomething(callback: any) {
  callback()
}

// 타입스크립트에서 에러가 발생하지 않는다. 그러나 이 코드는 실행 시 에러가 발생한다.
doSomething(1)
```

doSomething은 callback을 인수로 받는데 이 타입이 any로 돼 있어서 실제로 함수가 아닌 값이 들어가도 타입스크립트가 에러를 발생시키지 않는다. 실제로 이 코드가 문제가 되는 것은 런타임이 될 것이고, 이는 타입스크립트를 사용하는 이점을 모두 없애 버린다.

any는 자바스크립트에서 타입스크립트로 넘어가는 과도기와 같은 정말로 예외적인 경우에만 사용하는 것이 좋다. 대신 불가피하게 아직 타입을 단정할 수 없는 경우에는 unknown을 사용하는 것이 좋다. unknown은 모든 값을 할당할 수 있는 이른바 top type으로, 어떠한 값도 할당할 수 있다. 그러나 any와는 다르게, 이 값을 바로 사용하는 것은 불가능하다. 다음 예제를 보자.

```
function doSomething(callback: unknown) {
  callback() // 'callback' is of type 'unknown'
}
```

에러 내용을 보면 callback은 unknown, 즉 아직 알 수 없는 값이기 때문에 사용할 수 없다는 내용이다. unknown으로 선언된 변수를 사용하기 위해서는 type narrowing, 즉 타입을 원래 의도했던 대로 적절히 좁혀야 한다.

```
function doSomething(callback: unknown) {
  if (typeof callback === 'function') {
    callback()
    return
  }

  throw new Error('callback은 함수여야 합니다.')
}
```

typeof를 사용해서 unknown에 직접 접근하는 대신, 해당 unknown 값이 우리가 원하는 타입일 때만 의도대로 작동하도록 수정했다. 이렇게 unknown을 사용하는 것은 예상치 못한 타입을 받아들일 수 있음은 물론, 사용하는 쪽에서도 더욱 안전하게 쓸 수 있다. any보다는 unknown을 사용하는 습관을 들이자.

top type인 unknown과 반대되는 bottom type으로 never가 있다. 이 never 타입은 unknown과 반대로, 어떠한 타입도 들어올 수 없음을 의미한다. 예를 들어, 다음과 같은 타입이 있다고 가정해 보자.

```
type what1 = string & number
type what2 = ('hello' | 'hi') & 'react'
```

첫 번째 타입 what1에는 string과 number를 교차하는 타입을 선언했다. 그러나 당연하게도 string과 number를 둘 다 만족시키는 타입은 존재하지 않는다. 따라서 이 경우 never가 선언된다.

두 번째 타입 what2의 경우도 마찬가지다. 양쪽 두 타입에는 교차점이 없기 때문에 이 경우에도 never가 선언된다.

이처럼 코드상으로 존재가 불가능한 타입을 나타낼 때 never가 사용된다.

그렇다면 이것이 실제로 어떤 식으로 사용될 수 있을까? 타입스크립트로 클래스 컴포넌트를 선언할 때 props는 없지만 state가 존재하는 상황에서 이 빈 props, 정확히는 어떠한 props도 받아들이지 않는다는 뜻으로 사용이 가능하다.

```
// string이 키지만 값은 never다. 즉 어떠한 값도 올 수 없다.
type Props = Record<string, never>
type State = {
  counter: 0
}

class SampleComponent extends React.Component<Props, State> {
  constructor(props: Props) {
    super(props)
    this.state = {
      counter: 0,
    }
  }

  render() {
    return <>...</>
  }
}

export default function App() {
  return (
    <>
      {/* OK */}
      <SampleComponent />
      {/* Type 'string' is not assignable to type 'never' */}
      <SampleComponent hello="world" />
    </>
  )
}
```

위 SampleComponent는 어떠한 props도 받을 수 없는 대신, state가 존재한다. React.Component의 제네릭은 Props와 State를 순서대로 작성해야 하는데, Props의 경우 Record<string, never>로 작성해 어떠한 props도 받을 수 없도록 타입스크립트로 처리할 수 있다.

## 타입 가드를 적극 활용하자

unknown 타입의 예제에서 살펴봤듯이, 타입을 사용하는 쪽에서는 최대한 타입을 좁히는 것이 좋다. 이러한 타입을 좁히는 데 도움을 주는 것이 바로 타입 가드다. 조건문과 함께 타입 가드를 사용하면 타입을 효과적으로 좁힐 수 있어 조금 더 명확하게 변수나 함수를 사용할 수 있다.

### instanceof와 typeof

instanceof는 지정한 인스턴스가 특정 클래스의 인스턴스인지 확인할 수 있는 연산자다.

【코드 1.19】 instanceof를 활용한 타입가드 예제

```
class UnAuthorizedError extends Error {
  constructor() {
    super()
  }

  get message() {
    return '인증에 실패했습니다.'
  }
}

class UnExpectedError extends Error {
  constructor() {
    super()
  }

  get message() {
    return '예상치 못한 에러가 발생했습니다.'
  }
}

async function fetchSomething() {
  try {
    const response = await fetch('/api/something')
    return await response.json()
  } catch (e) {
    // e는 unknown이다.

    // UnAuthorizedError를 위한 타입 가드 조건문
    if (e instanceof UnAuthorizedError) {
```

```
    // do something...
  }

  // UnAuthorizedError를 위한 타입 가드 조건문
  if (e instanceof UnExpectedError) {
    // do something ...
  }

  throw e
  }
}
```

unknown으로 내려오는 에러에 대해 타입 가드를 통해 타입을 좁힘으로써 각 에러에 따라 원하는 처리 내용을
추가할 수 있다.

typeof 연산자는 앞서 예제에서 볼 수 있었던 것처럼 특정 요소에 대해 자료형을 확인하는 데 사용된다.

```
function logging(value: string | undefined) {
  if (typeof value === 'string') {
    console.log(value)
  }

  if (typeof value === 'undefined') {
    // nothing to do
    return
  }
}
```

### in

in은 property in object로 사용되는데, 주로 어떤 객체에 키가 존재하는지 확인하는 용도로 사용된다. 다
음 예제를 보자.

```
interface Student {
  age: number
  score: number
}

interface Teacher {
  name: string
```

```
  }

  function doSchool(person: Student | Teacher) {
    if ('age' in person) {
      person.age // person은 Student
      person.score
    }

    if ('name' in person) {
      person.name // person은 Teacher
    }
  }
```

person은 Student 또는 Teacher가 될 수 있는데, in을 활용해 특정 객체에만 있는 프로퍼티 값을 확인하고 이를 조건문으로 좁혔다. 조건문으로 두 객체에 겹치지 않는 프로퍼티를 확인하는 것만으로 해당 변수가 어떤 타입으로부터 내려오는지 확인해 준다. in은 타입에 여러 가지 객체가 존재할 수 있는 경우 유용하다.

## 제네릭

제네릭(generic)은 함수나 클래스 내부에서 단일 타입이 아닌 다양한 타입에 대응할 수 있도록 도와주는 도구다. 제네릭을 사용하면 타입만 다른 비슷한 작업을 하는 컴포넌트를 단일 제네릭 컴포넌트로 선언해 간결하게 작성할 수 있다.

예를 들어, 하나의 타입으로 이루어진 배열의 첫 번째와 마지막 요소를 반환하는 함수를 만든다고 가정해 보자. 다양한 타입에 대해 대응해야 하기 때문에 unknown이나 any를 사용하는 것을 고민해 볼 것이다.

```
function getFirstAndLast(list: unknown[]) {
  return [list[0], list[list.length - 1]]
}

const [first, last] = getFirstAndLast([1, 2, 3, 4, 5])

first // unknown
last // unknown
```

다양한 타입을 받아들이기 위해 top type인 unknown을 썼지만 정작 결과물도 unknown이 나와서 타입을 좁혀야만 했다. 사실 특정 타입의 배열이기 때문에 그 타입 또한 배열에 선언돼 있으므로 반환 값도 같은 타입으로 선언해도 무리는 없을 것이다. 이럴 때 사용할 수 있는 것이 제네릭이다.

```typescript
function getFirstAndLast<T>(list: T[]): [T, T] {
  return [list[0], list[list.length - 1]]
}

const [first, last] = getFirstAndLast([1, 2, 3, 4, 5])

first // number
last // number

const [first, last] = getFirstAndLast(['a', 'b', 'c', 'd', 'e'])

first // string
last //string
```

T라는 제네릭을 선언해, 이를 각각 배열의 요소와 반환 값의 요소로 사용했다. 제네릭 덕분에 getFirstAndLast 함수는 다양한 타입을 처리할 수 있는 함수로 변모했다.

리액트에서 제네릭을 사용할 수 있는 코드를 손꼽는다면 가장 먼저 useState를 떠올릴 수 있다.

```typescript
function Component() {
  // state: string
  const [state, setState] = useState<string>('')
  // ...
}
```

useState에 제네릭으로 타입을 선언한다면 state 사용과 기본값 선언을 좀 더 명확하게 할 수 있다. 흔히 useState()와 같은 형식으로 기본값을 넘기지 않고 사용하는 경우가 많은데, 이 경우 값을 undefined로 추론해 버리는 문제가 발생한다. 제네릭으로 기본값을 선언해 준다면 이러한 문제를 타입스크립트가 방지해 줄 수 있다.

제네릭을 하나 이상 사용할 수도 있다. 단, 일반적으로 제네릭을 알파벳 T, U 등으로 표현하는 경우가 많은데, 이 경우 제네릭이 의미하는 바를 명확히 할 수 없으니 적절히 네이밍하는 것이 좋다.

```typescript
function multipleGeneric<First, Last>(a1: First, a2: Last): [First, Last] {
  return [a1, a2]
}

const [a, b] = multipleGeneric<string, boolean>('true', true)
```

```
a // string
b // boolean
```

## 인덱스 시그니처

타입스크립트를 처음 접했을 때 가장 처음 부딪히는 난관이 바로 인덱스 시그니처(index signature)다. 인덱스 시그니처란 객체의 키를 정의하는 방식을 의미한다. 먼저 다음 코드를 보자.

```
type Hello = {
  [key: string]: string
}

const hello: Hello = {
  hello: 'hello',
  hi: 'hi',
}

hello['hi'] // hi
hello['안녕'] // undefined
```

[key: string]을 사용한 부분이 바로 인덱스 시그니처다. 인덱스 시그니처를 사용하면 이처럼 키에 원하는 타입을 부여할 수 있다. 동적인 객체를 정의할 때 유용하지만, 단 키의 범위가 앞선 예제의 경우 string으로 너무 커지기 때문에 존재하지 않는 키로 접근하면 위와 같이 undefined를 반환할 수도 있다. 따라서 객체의 키는 동적으로 선언되는 경우를 최대한 지양해야 하고, 객체의 타입도 필요에 따라 좁혀야 한다. 객체의 키를 좁히는 방법은 다음 두 가지다.

```
// record를 사용
type Hello = Record<'hello' | 'hi', string>

const hello: Hello = {
  hello: 'hello',
  hi: 'hi',
}

// 타입을 사용한 인덱스 시그니처
type Hello = { [key in 'hello' | 'hi']: string }
```

```
const hello: Hello = {
  hello: 'hello',
  hi: 'hi',
}
```

Record<Key, Value>를 사용하면 객체의 타입에 각각 원하는 키와 값을 넣을 수 있다. 그리고 인덱스 시그니처에 타입을 사용함으로써 객체를 원하는 형태로 최대한 좁힐 수 있다.

객체에 인덱스 시그니처를 사용했을 때 타입스크립트가 아직 익숙하지 않다면 다음과 같은 이슈를 마주할 수 있다.

```
Object.keys(hello).map((key) => {
  // Element implicitly has an 'any' type because expression of type 'string'
  // can't be used to index type 'Hello'.
  // No index signature with a parameter of type 'string' was found on type 'Hello'
  const value = hello[key]
  return value
})
```

분명 hello 객체의 key를 Object.keys로 잘 뽑아냈고, 그 키로 객체에 접근했는데 에러가 발생했다. 이러한 문제는 왜 발생할까?

먼저 Object.keys(hello)가 반환하는 타입을 잘 살펴봐야 한다.

```
// string[]
const result = Object.keys(hello)
```

이 Object.keys가 string[]을 반환하는데, 이 string은 hello의 인덱스 키로 접근할 수 없기 때문이다. 이 문제를 해결하기 위한 방법은 다양하다.

```
// Object.keys(hello)를 as로 타입을 단언하는 방법
(Object.keys(hello) as Array<keyof Hello>).map((key) => {
  const value = hello[key]
  return value
})
```

타입스크립트의 Object.keys에 대한 반환 타입을 string[] 대신 개발자가 단언한 타입으로 강제하는 방법이다.

```
// 타입 가드 함수를 만드는 방법
function keysOf<T extends Object>(obj: T): Array<keyof T> {
  return Array.from(Object.keys(obj)) as Array<keyof T>
}

keysOf(hello).map((key) => {
  const value = hello[key]
  return value
})
```

keysOf라고 하는 Object.keys를 대신할 함수를 만드는 것이다. 이 함수는 객체의 키를 가지고 오면서 동시에 이 가져온 배열에 대해서도 마찬가지로 타입 단언으로 처리하는 과정을 거친다.

```
// 가져온 key를 단언하는 방법
Object.keys(hello).map((key) => {
  const value = hello[key as keyof Hello]
  return value
})
```

마지막으로는 가져온 키를 단언하는 방법이 있다. 원리는 앞에서 본 것과 동일하다.

그런데 왜 Object.keys는 string[]으로 강제돼 있을까? useState와 같이 제네릭을 사용하지도 않고, 혹은 적절히 함수 내부에서 추론할 수 있음에도 왜 string[]을 강제해 두었을까? 실제로 이와 관련된 이슈가 굉장히 많다.[23] 그리고 해당 이슈들은 모두 타입스크립트 관리자들에 의해 모두 닫혔다.

결론부터 이야기하면 바로 자바스크립트의 특징과, 이를 구현하기 위한 타입스크립트의 구조적 타이핑의 특징 때문이다. 자바스크립트는 다른 언어에 비해 객체가 열려 있는 구조로 만들어져 있으므로 덕 타이핑(duck typing)으로 객체를 비교해야 하는 특징이 있다. 여기서 덕 타이핑이란 객체의 타입이 클래스 상속, 인터페이스 구현 등으로 결정되는 것이 아니고 어떤 객체가 필요한 변수와 메서드만 지니고 있다면 그냥 해당 타입에 속하도록 인정해 주는 것을 의미한다. 덕 타이핑을 비유하는 유명한 말처럼, 어떤 것이 오리처럼 걷고, 헤엄치고, 소리를 내면 그것이 무엇이든 오리라고 부를 수 있는 것이다.

---

23 https://github.com/microsoft/TypeScript/issues/45390#issuecomment-895661910

이러한 특징 때문에 타입스크립트 인터페이스 소개란에는 다음과 같은 문장이 등장한다.

> One of TypeScript's core principles is that type checking focuses on the shape that values have. This is sometimes called "duck typing" or "structural subtyping".
>
> (번역) 타입스크립트의 핵심 원칙 중 하나는 타입 검사가 값의 형태에 초점을 맞춘다는 것입니다. 이를 "덕 타이핑" 또는 "구조적 서브타이핑"이라고 부르기도 합니다.

타입스크립트의 핵심 원칙은 타입 체크를 할 때 그 값이 가진 형태에 집중한다는 것이다. 이러한 것을 덕타이핑 또는 구조적 타이핑이라고 한다. 그렇다면 이 덕 타이핑이 `Object.keys`와 무슨 관계가 있을까? 다음 예제를 보자.

```typescript
type Car = { name: string }
type Truck = Car & { power: number }

function horn(car: Car) {
  console.log(`${car.name}이 경적을 울립니다! 빵빵`)
}

const truck: Truck = {
  name: '비싼차',
  power: 100,
}

// 정상적으로 작동한다.
// Car에 필요한 속성은 다 가지고 있기 때문에 Car처럼 name을 가지고 있으므로 유효하다.
horn(truck)
```

이처럼 자바스크립트는 객체의 타입에 구애받지 않고 객체의 타입에 열려 있으므로 타입스크립트도 이러한 자바스크립트의 특징을 맞춰줘야 한다. 즉, 타입스크립트는 이렇게 모든 키가 들어올 수 있는 가능성이 열려 있는 객체의 키에 포괄적으로 대응하기 위해 `string[]`으로 타입을 제공하는 것이다.

그럼에도 불구하고 일부 개발자들은 정확한 타입을 반환하는 `Exact`라는 새로운 타입을 요청하고 있다.[24] 타입스크립트 개발자들은 이에 대해 회의적인 의견이지만 6년이나 지난 지금까지도 이슈가 닫혀 있지 않은 걸로 봐서 아직까지도 가능성은 열려 있는 것으로 보인다.

---

24 https://github.com/Microsoft/TypeScript/issues/12936

### 1.7.3 타입스크립트 전환 가이드

타입스크립트의 중요성과 필요성에 대해서는 공감하고 있지만 너무 거대한 자바스크립트 프로젝트를 운영하고 있어 타입스크립트로 넘어가기가 망설여지는 경우도 있을 것이다. 단 한 번에 타입스크립트로 전환하면 좋겠지만 코드의 규모가 크거나 여건이 허락하지 않는다면 점진적으로 타입스크립트로 전환하는 것도 고민해 볼 수 있다.

#### tsconfig.json 먼저 작성하기

타입스크립트로 전환하기 위해 가장 먼저 해야 할 것은 타입스크립트를 작성할 수 있는 환경을 만드는 것이다. 먼저 최상위 디렉터리에 tsconfig.json을 생성해 다음과 같이 작성해 보자.

```
{
  "compilerOptions": {
    "outDir": "./dist",
    "allowJs": true,
    "target": "es5"
  },
  "include": ["./src/**/*"]
}
```

- outDir은 .ts나 .js가 만들어진 결과를 넣어두는 폴더다. tsc는 타입스크립트를 자바스크립트로 변환하는 명령어인데, 이 tsc를 사용하면 결과물이 outDir로 넘어간다.

- allowJs는 .js 파일을 허용할 것인지 여부다. 자바스크립트가 존재하는 과도기적인 프로젝트이므로 true로 설정해둔다.

- target에는 결과물이 될 자바스크립트 버전을 지정한다.

- include에는 트랜스파일할 자바스크립트와 타입스크립트 파일을 지정한다.

그 밖에도 tsconfig.json에서 사용할 수 있는 옵션이 있다. 자세하게 알고 싶다면 공식 문서[25]를 참고하자.

#### JSDoc과 @ts-check를 활용해 점진적으로 전환하기

자바스크립트 파일을 굳이 타입스크립트로 전환하지 않더라도 타입을 체크하는 방법이 있다. 먼저 파일 최상단에 //@ts-check를 선언하고, JSDoc을 활용해 변수나 함수에 타입을 제공하면 타입스크립트 컴파일러가 자바스크립트 파일의 타입을 확인한다.

---

25 https://www.typescriptlang.org/ko/docs/handbook/tsconfig-json.html

```
// @ts-check

/**
 * @type {string}
 */
const str = true

/**
 * @param {number} a
 * @param {number} b
 * @return {number}
 */
function sum(a, b) {
  return a + b
}

/**
 * Function lacks ending return statement and return type does not include 'undefined'
 * @return {JSX.Element}
 */
export function SampleComponent() {
  // Argument of type 'string' is not assignable to parameter of type 'number'.ts
  const result1 = sum('a', 'b')
  // Argument of type 'string' is not assignable to parameter of type 'number'.ts
  const result2 = sum(10, str)

  if (result1 && result2) {
    return (
      <>
        {result1} {result2}
      </>
    )
  }
}
```

JSDoc을 추가하는 것도 꽤나 손이 가는 작업이기 때문에 만약 기존 프로젝트에서 JSDoc을 이미 사용했거나, 혹은 타입스크립트로 전환하기 어려울 때만 위와 같이 타입을 확인하는 것을 추천하며, 그 외에는 바로 .ts로 파일 확장자를 변경하고 바로 작업하는 편이 더 빠르게 전환할 수 있다.

## 타입 기반 라이브러리 사용을 위해 @types 모듈 설치하기

과거에 자바스크립트 기반으로 작성된 라이브러리를 설치해서 사용하고 있다면 타입스크립트에서 이러한 라이브러리를 정상적으로 사용하기 위해서는 @types라 불리는 DefinitelyTyped를 설치해야 한다. 이는 타입스크립트로 작성되지 않은 코드에 대한 타입을 제공하는 라이브러리다. 당장 리액트를 타입스크립트에서 사용하기 위해서도 이 모듈을 설치해야 한다. 리액트에 대한 타입은 @types/react와 @types/react-dom 등에 정의돼 있다. 타입스크립트 기반 프로젝트로 코드를 작성하려면 필요에 따라 @types 라이브러리를 설치해야 한다. 모든 라이브러리가 @types를 필요로 하는 것은 아니다. Next.js와 같이 비교적 최근에 만들어진 라이브러리들은 이미 자체적으로 타입스크립트 지원 기능이 라이브러리에 내장돼 있다. 만약 파일을 .ts로 전환했는데 import에 "Cannot find module 'lodash' or its corresponding type declarations"라는 오류 메시지가 출력된다면 @types 라이브러리를 설치해야 한다. 이 에러는 Lodash라는 라이브러리 내부에서 별도의 d.ts와 같은 타입 파일을 제공하지 않기 때문에 발생하는 에러다. @types를 검색해 별도 타입을 제공하는 라이브러리가 있는지 확인하고 설치하자.

## 파일 단위로 조금씩 전환하기

tsconfig.json에서 allowJs와 include로 .js를 사용할 준비를 마쳤다면 파일을 하나씩 .ts로 고칠 때다. 가장 먼저 전환해 볼 만한 파일은 상수나 유틸과 같이 별도의 의존성을 가지고 있지 않은 파일이다. 파일을 하나씩 타입스크립트로 전환하고, 상수의 경우에는 string, number와 같이 원시값 대신 가능한 한 타입을 좁혀보자. 이렇게 타입을 좁히다 보면 이를 가져다 사용하는 쪽에서도 조금씩 수정이 필요할 것이다. npm을 탐색하다 보면 js-to-ts-converter와 같이 자바스크립트를 타입스크립트로 전환해 주는 도구가 있지만 이러한 라이브러리의 사용은 정말 급한 게 아니라면 추천하지 않는다. 코드는 쉽게 전환할 수 있을지 몰라도 타입스크립트로 전환된 코드에 대한 이해도가 매우 부족해질 것이다.

프로젝트 규모에 따라 다르겠지만 자바스크립트 기반 코드를 타입스크립트로 전환하는 것은 매우 인내심이 필요한 일이다. 예기치 못한 타입 이슈를 접할 수 있고, 또 사용하고 있는 라이브러리에서 타입을 제공하지 않을 수도 있는 등 다양한 이슈가 생길 수 있다. 그러나 점진적으로 타입스크립트로 전환하다 보면 그동안 발견하지 못했던 잠재적인 에러를 일으킬 수 있는 코드를 발견하게 될 것이다. 이러한 코드를 하나씩 차분히 수정해 나가다 보면 어느새 코드가 더욱 단단해짐을 느낄 수 있다.

## 1.7.4 정리

웹 애플리케이션 개발에서 타입스크립트의 중요성은 갈수록 커지고 있다. 단순히 자바스크립트에 정적 타입이 제공됨으로써 얻을 수 있는 기술적인 이점 외에도 깃허브에서 자바스크립트의 뒤를 이은 대세 프로그래밍 언어로 정착되고 있다는 사실만 봐도 타입스크립트가 점차 자바스크립트 생태계에서 차지하는 비중이 커진 다는 것을 느낄 수 있다. 2021년 깃허브의 조사에 따르면, 타입스크립트의 랭킹은 자바스크립트, 파이썬, 자바에 이어 4위에 올라 있다.[26] 이 순위는 한때 웹 애플리케이션을 만드는 데 널리 사용되던 PHP보다 앞선 순위이며, 이는 타입스크립트 1.0이 2014년에 릴리스된 것을 감안하면 매우 가파른 성장세다. 혼자 하는 프로젝트라 협업이나 타입의 중요성을 느끼지 못하거나 급하게 개발해야 하는 프로젝트라 하더라도 번거로움과 수고로움을 무릅쓰고 타입스크립트를 도입해 보자. '역체감'이라는 단어가 실감날 만큼 자바스크립트로 프로젝트를 만들던 시절로 돌아가기 어려울 것이다.

그렇다고 해서 자바스크립트에 대한 이해를 뒤로 미뤄도 된다거나, 혹은 바로 타입스크립트에 뛰어들어야 한다는 이야기는 아니다. 타입스크립트는 어디까지나 슈퍼셋 언어로, 타입스크립트의 모든 것이 자바스크립트를 기반으로 작동한다. 자바스크립트를 이해하지 못하고 타입스크립트를 사용한다는 것은 어불성설이다. 반드시 자바스크립트를 충분히 이해한 뒤에 타입스크립트를 학습해 적용해 보자.

---

26 https://octoverse.github.com/#top-languages-over-the-years

# 02장

리액트 핵심 요소
깊게 살펴보기

이번 장에서는 리액트에서 자주 언급되는 핵심 개념을 깊게 알아본다. 이번 장에서 설명하는 내용은 리액트를 한번이라도 사용해본 적이 있다면 자주 쓰이는 개념이기 때문에 개발자에게는 익숙하게 느껴질 것이다. 그러나 이러한 내용이 어떤 스펙으로, 어떻게 동작하는지 파악해본 경험은 많지 않을 것이다. 그럼 리액트를 이루는 핵심적인 개념을 깊게 살펴보고, 이러한 기능이 자바스크립트를 토대로 어떻게 동작하는지 알아보자.

## 2.1 JSX란?

프런트엔드 개발자가 JSX를 가장 먼저 접하게 되는 계기는 대부분 리액트를 배우는 과정일 것이다. 보통 리액트를 통해 JSX를 접하기 때문에 JSX가 리액트의 전유물이라고 오해하는 경우가 종종 있다. 이는 반은 맞고 반은 틀리다. JSX는 리액트가 등장하면서 페이스북(현 메타)에서 소개한 새로운 구문이지만 반드시 리액트에서만 사용하라는 법은 없다. JSX는 흔히 개발자들이 알고 있는 XML과 유사한 내장형 구문이며, 리액트에 종속적이지 않은 독자적인 문법으로 보는 것이 옳다. 그리고 페이스북에서 독자적으로 개발했다는 사실에서 미루어 알 수 있듯이 JSX는 이른바 ECMAScript라고 불리는 자바스크립트 표준의 일부는 아니다. 즉, V8이나 Deno와 같은 자바스크립트 엔진이나 크롬, 웨일, 파이어폭스 같은 브라우저에 의해서 실행되거나 표현되도록 만들어진 구문이 아니다. 따라서 다음과 같은 코드를 바로 실행하면 실행되지 않고 에러가 발생한다.

【코드 2.1】 JSX를 포함한 코드를 실행했을 때 발생하는 에러

```
// SyntaxError: Unexpected token '<'
const Component = (
```

```
  <div className="hello">
    <input type="text" value="hello" />
  </div>
)
```

JSX가 포함된 코드를 아무런 처리 없이 그대로 실행하면 에러가 발생한다. 앞서 언급했던 것처럼 JSX는 자바스크립트 표준 코드가 아닌 페이스북이 임의로 만든 새로운 문법이기 때문에 JSX는 반드시 트랜스파일러를 거쳐야 비로소 자바스크립트 런타임이 이해할 수 있는 의미 있는 자바스크립트 코드로 변환된다. JSX가 트랜스파일을 거쳐 자바스크립트 코드로 변환되는 과정은 이후에 추가적으로 설명한다.

JSX는 HTML이나 XML을 자바스크립트 내부에 표현하는 것이 유일한 목적은 아니다. JSX의 설계 목적은 다양한 트랜스파일러에서 다양한 속성을 가진 트리 구조를 토큰화해 ECMAScript로 변환하는 데 초점을 두고 있다.[1] 조금 더 쉽게 이야기하자면 JSX 내부에 트리 구조로 표현하고 싶은 다양한 것들을 작성해 두고, 이 JSX를 트랜스파일이라는 과정을 거쳐 자바스크립트(ECMAScript)가 이해할 수 있는 코드로 변경하는 것이 목표라고 볼 수 있다. 즉, JSX가 주로 사용되는 곳은 리액트 내부에서 반환하는 HTML과 자바스크립트 코드이지만 꼭 그것에 한정돼 있는 것은 아니다. 즉, JSX는 HTML, XML 외에도 다른 구문으로도 확장될 수 있게끔 고려돼 있으며 최대한 구문을 간결하고 친숙하게 작성할 수 있도록 설계돼 있다. XML과 비슷하게 보이는 것은 단순히 자바스크립트 개발자로 하여금 친숙함을 느낄 수 있도록 하는 것이다.

요약하자면 JSX는 자바스크립트 내부에서 표현하기 까다로웠던 XML 스타일의 트리 구문을 작성하는 데 많은 도움을 주는 새로운 문법이라고 볼 수 있다. 이제 본격적으로 JSX가 어떻게 구성돼 있고 자바스크립트가 이를 이해하기 위해 어떤 과정을 거쳐야 하는지 살펴보자.

## 2.1.1 JSX의 정의

JSX는 기본적으로 JSXElement, JSXAttributes, JSXChildren, JSXStrings라는 4가지 컴포넌트를 기반으로 구성돼 있다. 각 컴포넌트에 대해 살펴보자.

### JSXElement

JSX를 구성하는 가장 기본 요소로, HTML의 요소(element)와 비슷한 역할을 한다. JSXElement가 되기 위해서는 다음과 같은 형태 중 하나여야 한다.

---

1  It's NOT a proposal to incorporate JSX into the ECMAScript spec itself. https://facebook.github.io/jsx/#sec-intro

- JSXOpeningElement: 일반적으로 볼 수 있는 요소다. JSXOpeningElement로 시작했다면 후술할 JSXClosingElement 가 동일한 요소로 같은 단계에서 선언돼 있어야 올바른 JSX 문법으로 간주된다.

  — 예: <JSXElement JSXAttributes(optional)>

- JSXClosingElement: JSXOpeningElement가 종료됐음을 알리는 요소로, 반드시 JSXOpeningElement와 쌍으로 사용 돼야 한다.

  — 예: </JSXElement>

- JSXSelfClosingElement: 요소가 시작되고, 스스로 종료되는 형태를 의미한다. <script/>와 동일한 모습을 띠고 있다. 이는 내부적으로 자식을 포함할 수 없는 형태를 의미한다.

  — 예: <JSXElement JSXAttributes(optional) />

- JSXFragment: 아무런 요소가 없는 형태로, JSXSelfClosingElement 형태를 띨 수는 없다. </>는 불가능하다. 단 <></> 는 가능하다.

  — 예: <>JSXChildren(optional)</>

**📄 요소명은 대문자로 시작해야만 되는 거 아니었나요?**

리액트에서 HTML 구문 이외에 사용자가 컴포넌트를 만들어 사용할 때에는 반드시 대문자로 시작하는 컴포넌트를 만들어야만 사 용 가능하다. 이는 JSXElement에 명시돼 있는 표준에는 없는 내용인데, 그 이유는 리액트에서 HTML 태그명과 사용자가 만든 컴 포넌트 태그명을 구분 짓기 위해서다.

```
function hello(text) {
  return <div>hello {text}</div>
}

export function App() {
  // 아래 코드는 HTML 태그로 인식되어 정상적으로 실행되지 않는다.
  // Property 'hello' does not exist on type 'JSX.IntrinsicElements'
  return <hello text="안녕하세요" />
}
```

textarea, a, span과 같이 현존하는 HTML 태그만 필터링해 처리하지 않고 위와 같은 규칙을 둔 이유는 미래에 추가되는 HTML 에 대한 가능성을 열어두고 사람이 확실하게 구별할 수 있는 차이점을 두기 위한 것으로 보인다.

### JSXElementName

JSXElementName은 JSXElement의 요소 이름으로 쓸 수 있는 것을 의미한다. 이름으로 가능한 것은 다음과 같다.

- JSXIdentifier: JSX 내부에서 사용할 수 있는 식별자를 의미한다. 이는 자바스크립트 식별자 규칙과 동일하다. 즉, `<$></$>` `<_></_>`도 가능하지만 자바스크립트와 마찬가지로 숫자로 시작하거나 $와 _ 외의 다른 특수문자로는 시작할 수 없다.

```
function Valid1() {
  return <$></$>
}

function Valid2() {
  return <_></_>
}

// 불가능
function Invalid1() {
  return <1></1>
}
```

- JSXNamespacedName: JSXIdentifier:JSXIdentifier의 조합, 즉 :을 통해 서로 다른 식별자를 이어주는 것도 하나의 식별자로 취급된다. :로 묶을 수 있는 것은 한 개뿐이다. 두 개 이상은 올바른 식별자로 취급되지 않는다.

```
function valid() {
  return <foo:bar></foo:bar>
}

// 불가능하다
function invalid() {
  return <foo:bar:baz></foo:bar:baz>
}
```

- JSXMemberExpression: JSXIdentifier.JSXIdentifier의 조합, 즉 .을 통해 서로 다른 식별자를 이어주는 것도 하나의 식별자로 취급된다. :로 묶는 JSXNamespacedName과는 다르게 .을 여러 개 이어서 하는 것도 가능하다. 단 JSXNamespacedName과 이어서 사용하는 것은 불가능하다.

```
function valid1() {
  return <foo.bar></foo.bar>
}

function valid2() {
  return <foo.bar.baz></foo.bar.baz>
}
```

```
// 불가능하다
function invalid() {
  return <foo:bar.baz></foo:bar.baz>
}
```

## JSXAttributes

JSXElement에 부여할 수 있는 속성을 의미한다. 단순히 속성을 의미하기 때문에 모든 경우에서 필수값이 아니고, 존재하지 않아도 에러가 나지 않는다.

- **JSXSpreadAttributes**: 자바스크립트의 전개 연산자와 동일한 역할을 한다고 볼 수 있다.
  - **{...AssignmentExpression}**: 이 AssignmentExpression에는 단순히 객체뿐만 아니라 자바스크립트에서 AssignmentExpression으로 취급되는 모든 표현식이 존재할 수 있다. 여기에는 조건문 표현식, 화살표 함수, 할당식 등 다양한 것이 포함돼 있다.

- **JSXAttribute**: 속성을 나타내는 키와 값으로 짝을 이루어서 표현한다. 키는 JSXAttributeName, 값은 JSXAttribute Value로 불린다.
  - **JSXAttributeName**: 속성의 키 값. 키로는 앞서 JSXElementName에서 언급했던 JSXIdentifier와 JSXNamespaced Name이 가능하다. 여기서도 마찬가지로 :을 이용해 키를 나타낼 수 있다.

    ```
    function valid1() {
      return <foo.bar foo:bar="baz"></foo.bar>
    }
    ```

  - **JSXAttributeValue**: 속성의 키에 할당할 수 있는 값으로, 다음 중 하나를 만족해야 한다.
    - "큰따옴표로 구성된 문자열": 자바스크립트의 문자열과 동일하다. 안에 아무런 내용이 없어도 상관없다.
    - '작은따옴표로 구성된 문자열': 자바스크립트의 문자열과 동일하다. 안에 아무런 내용이 없어도 상관없다.
    - { AssignmentExpression }: 자바스크립트의 AssignmentExpression을 의미한다. AssignmentExpression은 자바스크립트에서 값을 할당할 때 쓰는 표현식을 말한다. 즉, 자바스크립트에서 변수에 값을 넣을 수 있는 표현식은 JSX 속성의 값으로도 가능하다.
    - JSXElement: 값으로 다른 JSX 요소가 들어갈 수 있다. 리액트에서 자주 볼 수 없는 코드지만 다음과 같은 형태도 가능하다.

      ```
      function Child({ attribute }) {
        return <div>{attribute}</div>
      }


      export default function App() {
      ```

```
    return (
      <div>
        <Child attribute=<div>hello</div> />
      </div>
    )
}
```

- 대부분의 리액트 개발자들은 `<Child attribute={<div>hello</div>} />`와 같이 값으로 들어가는 리액트 컴 포넌트를 {}로 감싸는 걸 보는 것이 더 익숙할 텐데, 사실 이것은 문법적인 오류가 아닌 prettier의 규칙이다. 이 prettier 규칙은 태그가 포함된 JSX 구문을 좀 더 읽기 쉽게 만들기 위해 제공된다.

- JSXFragment: 값으로 별도 속성을 갖지 않는 형태의 JSX 요소가 들어갈 수 있다. 즉, 비어 있는 형태의 `<></>`가 허용된다.

## JSXChildren

`JSXElement`의 자식 값을 나타낸다. JSX는 앞서 언급했듯 속성을 가진 트리 구조를 나타내기 위해 만들어졌기 때문에 JSX로 부모와 자식 관계를 나타낼 수 있으며, 그 자식을 `JSXChildren`이라고 한다.

- JSXChild: JSXChildren을 이루는 기본 단위다. 단어의 차이에서 알 수 있듯이 JSXChildren은 JSXChild를 0개 이상 가질 수 있다. 0개 이상이라는 의미에서 알 수 있는 것처럼 JSXChildren은 JSXChild가 없어도 상관없다.

  - JSXText: {, <, >, }을 제외한 문자열. 이는 다른 JSX 문법과 혼동을 줄 수 있기 때문이다. 만약 이 문자를 표현하고 싶 다면 문자열로 표시하는 방법이 있다.

    ```
    function valid() {
      return <>{'{} <>'}</>
    }
    ```

  - JSXElement: 값으로 다른 JSX 요소가 들어갈 수 있다.

  - JSXFragment: 값으로 빈 JSX 요소인 `<></>`가 들어갈 수 있다.

  - { JSXChildExpression (optional) }: 이 JSXChildExpression은 자바스크립트의 AssignmentExpression을 의미한다. 익숙하지 않겠지만 다음과 같은 코드도 올바른 JSX 표현식으로 볼 수 있다.

    ```
    // 이 함수를 리액트에서 렌더링하면 "foo"라는 문자열이 출력된다.
    export default function App() {
      return <>{(() => 'foo')()}</>
    }
    ```

### JSXStrings

앞서 소개한 **JSXAttributeValue**와 **JSXText**는 HTML과 JSX 사이에 복사와 붙여넣기를 쉽게 할 수 있도록 설계돼 있다. HTML에서 사용 가능한 문자열은 모두 **JSXStrings**에서도 가능하다. 이는 개발자가 HTML의 내용을 손쉽게 JSX로 가져올 수 있도록 의도적으로 설계된 부분이다. 여기서 정의된 문자열이라 함은, "**큰따옴표로 구성된 문자열**", '**작은따옴표로 구성된 문자열**' 혹은 JSXText를 의미한다.

따라서 자바스크립트와는 한 가지 중요한 차이점이 발생하는데 바로 \로 시작하는 이스케이프 문자 형태소다. \는 자바스크립트에서 특수문자를 처리할 때 사용되므로 몇 가지 제약 사항(\를 표현하기 위해서는 \\로 이스케이프해야 함)이 있지만 HTML에서는 아무런 제약 없이 사용할 수 있다.

```
<!-- \을 사용하는 데 문제가 없다. -->
<button>\</button>

// Uncaught SyntaxError: Invalid or unexpected token
let escape1 = "\"


// ok
let escape2 = "\\"
```

앞서 언급했던 것처럼 HTML과 JSX 사이에 복사/붙여넣기를 쉽게 하기 위해 현재의 JSX는 HTML처럼 \을 이스케이프 문자열로 처리하고 있지 않다. 다만 페이스북(메타)에서는 이 정책을 미래에 수정할 수 있다는 가능성을 언급[2]했지만, 이미 널리 사용되고 있으므로 JSX 2.0이 나오지 않는 이상 수정되기 쉽지 않아 보인다.

## 2.1.2 JSX 예제

앞서 소개한 4가지 요소를 조합해 JSX를 만들어 보자. 다음 예제는 모두 유효한 JSX 구조를 띠고 있다.

**【코드 2.2】유효한 형태의 JSX**

```
// 하나의 요소로 구성된 가장 단순한 형태
const ComponentA = <A>안녕하세요.</A>

// 자식이 없이 SelfClosingTag로 닫혀 있는 형태도 가능하다.
const ComponentB = <A />

// 옵션을 { }와 전개 연산자로 넣을 수 있다.
```

---

2  https://facebook.github.io/jsx/#sec-jsx-string-characters

```
const ComponentC = <A {...{ required: true }} />


// 속성만 넣어도 가능하다.
const ComponentD = <A required />

// 속성과 속성값을 넣을 수 있다.
const ComponentE = <A required={false} />

const ComponentF = (
  <A>
    {/* 문자열은 큰따옴표 및 작은따옴표 모두 가능하다. */}
    <B text="리액트" />
  </A>
)

const ComponentG = (
  <A>
    {/* 옵션의 값으로 JSXElement를 넣는 것 또한 올바른 문법이다. */}
    <B optionalChildren={<>안녕하세요.</>} />
  </A>
)

const ComponentH = (
  <A>
    {/* 여러 개의 자식도 포함할 수 있다. */}
    안녕하세요
    <B text="리액트" />
  </A>
)
```

이 외에도 리액트 내에서는 유효하지 않거나 사용되는 경우가 거의 없는 문법도 JSX 문법 자체로는 유효하다.

```
function ComponentA() {
  return <A.B></A.B>
}

function ComponentB() {
  return <A.B.C></A.B.C>
```

```
}

function ComponentC() {
  return <A:B.C></A:B.C>
}

function ComponentD() {
  return <$></$>
}

function ComponentE() {
  return <_></_>
}
```

### 2.1.3  JSX는 어떻게 자바스크립트에서 변환될까?

우선 자바스크립트에서 JSX가 변환되는 방식을 알려면 리액트에서 JSX를 변환하는 @babel/plugin-transform-react-jsx 플러그인을 알아야 한다. 이 플러그인은 JSX 구문을 자바스크립트가 이해할 수 있는 형태로 변환한다.

다음과 같은 JSX 코드가 있다고 가정해 보자.

【코드 2.3】JSX 코드

```
const ComponentA = <A required={true}>Hello World</A>

const ComponentB = <>Hello World</>

const ComponentC = (
  <div>
    <span>hello world</span>
  </div>
)
```

이를 변환한 결과는 다음과 같다.

【코드 2.4】JSX 코드를 @babel/plugin-transform-react-jsx로 변환한 결과

```
'use strict'
```

```
var ComponentA = React.createElement(
  A,
  {
    required: true,
  },
  'Hello World',
)
var ComponentB = React.createElement(React.Fragment, null, 'Hello World')
var ComponentC = React.createElement(
  'div',
  null,
  React.createElement('span', null, 'hello world'),
)
```

리액트 17, 바벨 7.9.0 이후 버전에서 추가된 자동 런타임(automatic runtime)으로 트랜스파일한 결과는 다음과 같다(두 결과의 자세한 차이점은 8장에서 설명한다).

**[코드 2.5]** JSX 코드를 @babel/plugin-transform-react-jsx로 변환한 결과

```
'use strict'

var _jsxRuntime = require('custom-jsx-library/jsx-runtime')

var ComponentA = (0, _jsxRuntime.jsx)(A, {
  required: true,
  children: 'Hello World',
})
var ComponentB = (0, _jsxRuntime.jsx)(_jsxRuntime.Fragment, {
  children: 'Hello World',
})
var ComponentC = (0, _jsxRuntime.jsx)('div', {
  children: (0, _jsxRuntime.jsx)('span', {
    children: 'hello world',
  }),
})
```

@babel/plugin-transform-react-jsx를 직접 써보고 싶다면 필요한 패키지를 설치하고 다음과 같이 코드를 작성하면 된다.

## 직접 해보기

```
import * as Babel from '@babel/standalone'

Babel.registerPlugin(
  '@babel/plugin-transform-react-jsx',
  require('@babel/plugin-transform-react-jsx'),
)

const BABEL_CONFIG = {
  presets: [],
  plugins: [
    [
      '@babel/plugin-transform-react-jsx',
      {
        throwIfNamespace: false,
        runtime: 'automatic',
        importSource: 'custom-jsx-library',
      },
    ],
  ],
}

const SOURCE_CODE = `const ComponentA = <A>안녕하세요.</A>`
// code 변수에 트랜스파일된 결과가 담긴다.
const { code } = Babel.transform(SOURCE_CODE, BABEL_CONFIG)
```

두 결과물에 약간의 차이가 있지만 다음과 같은 공통점이 있다.

- JSXElement를 첫 번째 인수로 선언해 요소를 정의한다.

- 옵셔널인 JSXChildren, JSXAttributes, JSXStrings는 이후 인수로 넘겨주어 처리한다.

이 점을 활용한다면 경우에 따라 다른 JSXElement를 렌더링해야 할 때 굳이 요소 전체를 감싸지 않더라도 처리할 수 있다. 이는 JSXElement만 다르고, JSXAttributes, JSXChildren이 완전히 동일한 상황에서 중복 코드를 최소화할 수 있어 유용하다. 다음 예제를 보자.

【코드 2.6】 JSX가 변환되는 특성을 활용

```
import { createElement, PropsWithChildren } from 'react'
```

```
// X props 여부에 따라 children 요소만 달라지는 경우
// 굳이 번거롭게 전체 내용을 삼항 연산자로 처리할 필요가 없다.
// 이 경우 불필요한 코드 중복이 일어난다.
function TextOrHeading({
  isHeading,
  children,
}: PropsWithChildren<{ isHeading: boolean }>) {
  return isHeading ? (
    <h1 className="text">{children}</h1>
  ) : (
    <span className="text">{children}</span>
  )
}

// O JSX가 변환되는 특성을 활용한다면 다음과 같이 간결하게 처리할 수 있다.
import { createElement } from 'react'

function TextOrHeading({
  isHeading,
  children,
}: PropsWithChildren<{ isHeading: boolean }>) {
  return createElement(
    isHeading ? 'h1' : 'span',
    { className: 'text' },
    children,
  )
}
```

JSX 반환값이 결국 React.createElement로 귀결된다는 사실을 파악한다면 이런 식으로 쉽게 리팩터링할 수 있다.

## 2.1.4 정리

지금까지 실제 JSX 공식 문서를 기준으로 JSX의 상세한 스펙을 살펴봤다. JSX를 리액트 외에 사용해 본 적이 없다면 몇 가지 특이한 문법도 봤을 것이다. 이는 리액트에서 JSX의 모든 구문을 다 활용할 필요가 없다고 판단했기 때문일 것이다.[3] JSX 문법에는 있지만 실제로 리액트에서 사용하지 않는 것은 다음과 같다.

---

3 https://github.com/facebook/jsx/issues/13#issuecomment-54373080

- JSXNamespacedName

- JSXMemberExpression

Preact, SolidJS, Nano JSX 등 다양한 라이브러리도 JSX를 채용하고 있으며, 이 라이브러리들은 리액트와는 다르게 JSXNamespacedName, JSXMemberExpression을 목적에 따라 사용할 수도 있으므로 반드시 이러한 스펙도 JSX 문법임을 알아둬야 한다.

이처럼 JSX는 자바스크립트 코드 내부에 HTML과 같은 트리 구조를 가진 컴포넌트를 표현할 수 있다는 점에서 각광받고 있다. 물론 인기만 있는 것은 아니다. JSX가 HTML 문법과 자바스크립트 문법이 뒤섞여서 코드 가독성을 해친다는 의견도 있다. JSX 내부에 자바스크립트 문법이 많아질수록 복잡성이 증대하면서 코드의 가독성도 해칠 것이므로 주의해서 사용해야 한다.

그리고 적어도 리액트 내부에서 JSX가 어떻게 변환되는지, 그리고 어떤 결과물을 만들어내는지 알아두면 향후에 리액트 애플리케이션을 만드는 데 도움이 될 수 있다. JSX는 물론 대부분의 경우 편리하고 간결하게 컴포넌트를 작성하는 데 많은 도움을 주지만 앞선 예제처럼 때에 따라서는 직접 createElement를 사용해 컴포넌트를 구성하는 편이 더 효율적일 수 있다. 이러한 JSX에 대한 깊은 이해도는 나아가 리액트와 비슷한 JSX 기반의 또 다른 애플리케이션을 만드는 데 도움이 될 것이다.

## 2.2 가상 DOM과 리액트 파이버

리액트의 특징으로 가장 많이 언급되는 것 중 하나는 바로 실제 DOM이 아닌 가상 DOM을 운영한다는 것이다. 그러나 가상 DOM이 왜 만들어졌는지, 실제 DOM과는 어떤 차이가 있는지, 그리고 정말로 실제 DOM을 조작하는 것보다 빠른지에 대해서는 잘 모르는 경우가 많다. 이번 장에서는 리액트의 가상 DOM이 무엇인지, 그리고 실제 DOM에 비해 어떤 이점이 있는지 살펴보고 가상 DOM을 다룰 때 주의할 점에 대해서도 알아보겠다.

### 2.2.1 DOM과 브라우저 렌더링 과정

가상 DOM에 대해 다루기에 앞서 DOM(Document Object Model)이란 무엇인지부터 살펴봐야 한다. DOM은 웹페이지에 대한 인터페이스로 브라우저가 웹페이지의 콘텐츠와 구조를 어떻게 보여줄지에 대한 정보를 담고 있다. 본격적인 DOM의 정의를 다루기에 앞서 먼저 브라우저가 웹사이트 접근 요청을 받고 화면을 그리는 과정에서 정확히 어떠한 일이 일어나는지 살펴보자.

1. 브라우저가 사용자가 요청한 주소를 방문해 HTML 파일을 다운로드한다.

2. 브라우저의 렌더링 엔진은 HTML을 파싱해 DOM 노드로 구성된 트리(DOM)를 만든다.

3. 2번 과정에서 CSS 파일을 만나면 해당 CSS 파일도 다운로드한다.

4. 브라우저의 렌더링 엔진은 이 CSS도 파싱해 CSS 노드로 구성된 트리(CSSOM)를 만든다.

5. 브라우저는 2번에서 만든 DOM 노드를 순회하는데, 여기서 모든 노드를 방문하는 것이 아니고 사용자 눈에 보이는 노드만 방문한다. 즉, `display: none`과 같이 사용자 화면에 보이지 않는 요소는 방문해 작업하지 않는다. 이는 트리를 분석하는 과정을 조금이라도 빠르게 하기 위해서다.

6. 5번에서 제외된, 눈에 보이는 노드를 대상으로 해당 노드에 대한 CSSOM 정보를 찾고 여기서 발견한 CSS 스타일 정보를 이 노드에 적용한다. 이 DOM 노드에 CSS를 적용하는 과정은 크게 두 가지로 나눌 수 있다.

   - 레이아웃(layout, reflow): 각 노드가 브라우저 화면의 어느 좌표에 정확히 나타나야 하는지 계산하는 과정. 이 레이아웃 과정을 거치면 반드시 페인팅 과정도 거치게 된다.

   - 페인팅(painting): 레이아웃 단계를 거친 노드에 색과 같은 실제 유효한 모습을 그리는 과정.

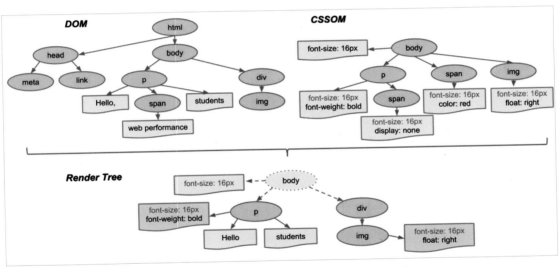

그림 2.1 DOM과 CSSOM으로 렌더링 트리가 만들어지는 과정[4]

이렇게 모든 단계를 거친 최종 출력물은 웹 애플리케이션의 모든 콘텐츠와 스타일 정보를 갖게 된다. 다음 예제 코드로 위 과정이 어떻게 일어나는지 직접 살펴보자.

---

4  https://web.dev/critical-rendering-path-render-tree-construction/

```
#text {
  background-color: red;
  color: white;
}
<!DOCTYPE html>
<html>
  <head>
    <link rel="stylesheet" type="text/css" href="./style.css" />
    <title>Hello React!</title>
  </head>
  <body>
    <div style="width: 100%;">
      <div id="text" style="width: 50%;">Hello world!</div>
    </div>
  </body>
</html>
```

1. HTML을 다운로드한다. 다운로드와 함께 HTML을 분석하기 시작한다.

2. 스타일시트가 포함된 link 태그를 발견해 style.css를 다운로드한다.

3. body 태그 하단의 div는 width: 100%이므로 뷰포트(브라우저가 사용자에게 노출하는 영역)로 좌우 100% 너비로 잡는다.

4. 3번 하단의 div는 width: 50%, 즉 부모의 50%를 너비로 잡아야 하므로 전체 영역의 50%를 너비로 잡는다.

5. 2번에서 다운로드한 CSS에 id="text"에 대한 스타일 정보를 결합한다.

6. 화면에 HTML 정보를 그리기 위한 모든 정보가 준비됐으므로 위 정보를 바탕으로 렌더링을 수행한다.

그리고 이 과정을 크롬 개발자 도구에서 보면 다음과 같다.

| 98밀리초 | 198밀리초 | 298밀리초 | 398밀리초 | 498밀리초 | 598밀리초 | 698밀리초 | 798밀리초 | 898밀리초 |

▶ 네트워크

Web Vitals

▼ 프레임

| 요약 | 상향식 | 호출 트리 | 이벤트 로그 |

| 필터 | | 그룹화 없음 | ▼ |

| 자체 시간 | | 총 시간 | | 활동 |
| --- | --- | --- | --- | --- |
| 0.7밀리초 | 26.5% | 0.7밀리초 | 26.5% | 주요 GC |
| 0.0밀리초 | 0.0% | 0.5밀리초 | 17.7% | ▶ (익명) |
| 0.4밀리초 | 16.3% | 0.4밀리초 | 16.3% | 스타일시트 파싱 |
| 0.4밀리초 | 13.6% | 0.4밀리초 | 13.6% | HTML 파싱 |
| 0.2밀리초 | 7.0% | 0.2밀리초 | 7.0% | 스타일 다시 계산 |
| 0.1밀리초 | 5.6% | 0.1밀리초 | 5.6% | 레이아웃 |
| 0.1밀리초 | 5.0% | 0.1밀리초 | 5.0% | 복합 레이어 |
| 0.1밀리초 | 3.8% | 0.1밀리초 | 3.8% | 이벤트: pagehide |
| 0.1밀리초 | 2.3% | 0.1밀리초 | 2.3% | 페인트 |
| 0.1밀리초 | 2.2% | 0.1밀리초 | 2.2% | 사전 페인트 |

그림 2.2 예제 HTML, CSS 코드가 렌더링되는 과정. HTML을 파싱하고, 스타일을 계산하고, 레이아웃, 페인팅 등이 차례로 일어나는 것을 볼 수 있다.

브라우저는 이러한 과정을 거쳐 웹페이지를 렌더링한다. 이 렌더링과 관련된 내용과 크롬에서 이를 확인하는 방법은 9장에서 더 자세히 다룬다.

## 2.2.2 가상 DOM의 탄생 배경

앞선 예제를 통해 브라우저가 HTML과 CSS를 어떻게 분석해 사용자에게 보여주는지 살펴봤다. 예제에서 살펴본 것처럼 브라우저가 웹페이지를 렌더링하는 과정은 매우 복잡하고 많은 비용이 든다. 또한 요즘 대다수의 앱은 렌더링된 이후 정보를 보여주는 데 그치지 않고 사용자의 인터랙션을 통해 다양한 정보를 노출한다. 따라서 렌더링이 완료된 이후에도 사용자의 인터랙션으로 웹페이지가 변경되는 상황 또한 고려해야 한다.

먼저 특정한 요소의 색상이 변경되는 경우를 살펴보자. 이때는 페인팅만 일어나므로 비교적 빠르게 처리할 수 있다. 또 한 가지 가정해 볼 수 있는 경우는 어떤 특정한 요소의 노출 여부가 변경되거나 사이즈가 변경되는 등 요소의 위치와 크기를 재계산하는 시나리오다. 이 경우에는 **레이아웃**이 일어나고, 이 **레이아웃**은 필연적으로 **리페인팅**이 발생하기 때문에 더 많은 비용이 든다. 또한 DOM 변경이 일어나는 요소가 많은 자식 요소를 가지고 있는 경우에는 하위 자식 요소도 덩달아 변경돼야 하기 때문에 더 많은 비용을 브라우저와 사용자가 지불하게 된다.

이러한 렌더링 이후 추가 렌더링 작업은 하나의 페이지에서 모든 작업이 일어나는 싱글 페이지 애플리케이션(Single Page Application)에서 더욱 많아진다. 페이지가 변경되는 경우 다른 페이지로 가서 처음부터 HTML을 새로 받아서 다시금 렌더링 과정을 시작하는 일반적인 웹페이지와는 다르게 하나의 페이지에서 계속해서 요소의 위치를 재계산하게 된다. 라우팅이 변경되는 경우 사이드바나 헤더 같은 특정 요소를 제외하고 대부분의 요소를 삭제하고, 다시 삽입하고, 위치를 계산하는 등의 작업을 수행해야 하므로 특히 이러한 과정이 두드러진다. 물론 이러한 싱글 페이지 애플리케이션의 특징 덕분에 사용자는 페이지의 깜빡임 없이 자연스러운 웹페이지 탐색을 할 수 있지만 그만큼 DOM을 관리하는 과정에서 부담해야 할 비용이 커진다.

이 작업에 대한 관점을 바꿔 DOM 변경을 일으키고 관리하는 개발자의 입장에서 이 상황을 다시 한번 생각해 보자. 하나의 인터랙션으로 인해 페이지 내부의 DOM의 여러 가지가 변경되는 시나리오는 요즘의 웹페이지에서 흔히 볼 수 있다. 이러한 사용자의 인터랙션에 따라 DOM의 모든 변경 사항을 추적하는 것은 개발자 입장에서 너무나 수고스러운 일이다. 그리고 대부분의 경우에 개발자는 인터랙션에 모든 DOM의 변경보다는 결과적으로 만들어지는 DOM 결과물 하나만 알고 싶을 것이다. 이렇게 인터랙션에 따른 DOM의 최종 결과물을 간편하게 제공하는 것은 브라우저뿐만 아니라 개발자에게도 매우 유용하다.

이러한 문제점을 해결하기 위해 탄생한 것이 바로 가상 DOM이다. 가상 DOM은 말 그대로 실제 브라우저의 DOM이 아닌 리액트가 관리하는 가상의 DOM을 의미한다. 가상 DOM은 웹페이지가 표시해야 할 DOM을 일단 메모리에 저장하고 리액트가 실제 변경에 대한 준비가 완료됐을 때 실제 브라우저의 DOM에 반영한다. (여기서 말하는 리액트는 정확히 이야기하면 `package.json`에 있는 `react`가 아닌 `react-dom`을 의미한다.) 이렇게 DOM 계산을 브라우저가 아닌 메모리에서 계산하는 과정을 한 번 거치게 된다면 실제로는 여러 번 발생했을 렌더링 과정을 최소화할 수 있고 브라우저와 개발자의 부담을 덜 수 있다.

가상 DOM에 대해 가지고 있는 한 가지 일반적인 오해는 리액트의 이러한 방식이 일반적인 DOM을 관리하는 브라우저보다 빠르다는 사실이다. 이는 리액트 개발자인 댄 아브라모프(dan_abramov)가 사실이 아니라고 부정한 바 있다.[5] 무조건 빠른 것이 아니라 리액트의 이 가상 DOM 방식은 대부분의 상황에서 웬만한 애플리케이션을 만들 수 있을 정도로 충분히 빠르다는 것이다. 리액트는 렌더링 방식에 있어서 브라우저와 개

---

5  https://twitter.com/dan_abramov/status/842329893044146176, https://twitter.com/dan_abramov/status/790333373864669185

발자에게 도움을 줄 수 있는 가상 DOM 개념을 만들었고, 이는 애플리케이션을 개발할 수 있을 만큼 합리적으로 빠르기 때문에 채용했다고 보는 것이 옳다.

그렇다면 리액트가 이 가상 DOM을 어떻게 관리하는지 살펴보자.

## 2.2.3 가상 DOM을 위한 아키텍처, 리액트 파이버

그렇다면 이러한 가상 DOM을 만드는 과정을 리액트는 어떻게 처리하고 있을까? 리액트는 여러 번의 렌더링 과정을 압축해 어떻게 최소한의 렌더링 단위를 만들어 내는 것일까? 이러한 가상 DOM과 렌더링 과정 최적화를 가능하게 해주는 것이 바로 리액트 파이버(React Fiber)다.

### 리액트 파이버란?

리액트 파이버는 리액트에서 관리하는 평범한 자바스크립트 객체다. 파이버는 파이버 재조정자(fiber reconciler)가 관리하는데, 이는 앞서 이야기한 가상 DOM과 실제 DOM을 비교해 변경 사항을 수집하며, 만약 이 둘 사이에 차이가 있으면 변경에 관련된 정보를 가지고 있는 파이버를 기준으로 화면에 렌더링을 요청하는 역할을 한다. 재조정(reconciliation)이라는 용어가 낯설겠지만 리액트에서 어떤 부분을 새롭게 렌더링해야 하는지 가상 DOM과 실제 DOM을 비교하는 작업(알고리즘)이라고 이해하면 된다.

리액트 파이버의 목표는 리액트 웹 애플리케이션에서 발생하는 애니메이션, 레이아웃, 그리고 사용자 인터랙션에 올바른 결과물을 만드는 반응성 문제를 해결하는 것이다. 이를 위해 파이버는 다음과 같은 일을 할 수 있다.

- 작업을 작은 단위로 분할하고 쪼갠 다음, 우선순위를 매긴다.
- 이러한 작업을 일시 중지하고 나중에 다시 시작할 수 있다.
- 이전에 했던 작업을 다시 재사용하거나 필요하지 않은 경우에는 폐기할 수 있다.

그리고 한 가지 중요한 것은 이러한 모든 과정이 비동기로 일어난다는 것이다. 과거 리액트의 조정 알고리즘은 스택 알고리즘으로 이뤄져 있었다. 스택이라는 이름에서 유추할 수 있듯이 과거에는 이 하나의 스택에 렌더링에 필요한 작업들이 쌓이면 이 스택이 빌 때까지 동기적으로 작업이 이루어졌다. 자바스크립트의 특징인 싱글 스레드라는 점으로 인해 이 동기 작업은 중단될 수 없고, 다른 작업이 수행되고 싶어도 중단할 수 없었으며, 결국 이는 리액트의 비효율성으로 이어졌다.

예를 들어, `<input type="text />`의 내용으로 자동 검색을 하는 UI를 상상해 보자. 사용자는 빠르게 검색어를 타이핑할 것이고, 그 결과물이 input뿐만 아니라 자동 검색을 위한 다른 UI나 내부 fetch에도 영향을 미칠 것이다. fetch 작업이 수행되면 네트워크 요청이 발생할 것이고, 이에 따라 로딩 스피너도 나타날 것이다. 그리고 이러한 작업이 모두 스택에 쌓인다고 가정해 보자. 사용자가 입력할 때마다 스택에 쌓이는 작업이 많아질수록 리액트는 동기식으로 이를 처리하려고 노력하면서 작업에 많은 시간이 소요될 것이고, 최악의 경우 글자 입력에 지연이 생길 수 있다. 사용자 인터랙션에 따른 동시 다발적인 이벤트와 애니메이션은 다양한 작업을 처리하는 요즘의 웹 애플리케이션에서는 피할 수 없는 문제다. 이러한 기존 렌더링 스택의 비효율성을 타파하기 위해 리액트 팀은 이 스택 조정자 대신 파이버라는 개념을 탄생시킨다.

자, 그렇다면 파이버는 어떻게 구현돼 있을까? 파이버는 일단 하나의 작업 단위로 구성돼 있다. 리액트는 이러한 작업 단위를 하나씩 처리하고 finishedWork()라는 작업으로 마무리한다. 그리고 이 작업을 커밋해 실제 브라우저 DOM에 가시적인 변경 사항을 만들어 낸다. 그리고 이러한 단계는 아래 두 단계로 나눌 수 있다.

1. 렌더 단계에서 리액트는 사용자에게 노출되지 않는 모든 비동기 작업을 수행한다. 그리고 이 단계에서 앞서 언급한 파이버의 작업, 우선순위를 지정하거나 중지시키거나 버리는 등의 작업이 일어난다.

2. 커밋 단계에서는 앞서 언급한 것처럼 DOM에 실제 변경 사항을 반영하기 위한 작업, commitWork()가 실행되는데, 이 과정은 앞서와 다르게 동기식으로 일어나고 중단될 수도 없다.

이 두 단계는 커밋 단계와 렌더링 단계에 대해서는 2.4절 '렌더링은 어떻게 일어나는가?'에서 더 자세히 다룬다.

파이버가 실제 리액트 코드에서 어떻게 구현돼 있는지 살펴보자.[6]

**【코드 2.7】 리액트 내부 코드에 작성돼 있는 파이버 객체**

```
function FiberNode(tag, pendingProps, key, mode) {
  // Instance
  this.tag = tag
  this.key = key
  this.elementType = null
  this.type = null
  this.stateNode = null

  // Fiber
  this.return = null
  this.child = null
  this.sibling = null
  this.index = 0
```

---

6  지금부터 소개되는 리액트 관련 소스코드는 리액트 18.2.0을 기준으로 구성돼 있다. 향후 리액트 버전이 업데이트됨에 따라서 변경될 여지가 있으므로 코드를 읽는 시점에 따라 반드시 변경 내용을 확인하길 바란다.

```
  this.ref = null
  this.refCleanup = null


  this.pendingProps = pendingProps
  this.memoizedProps = null
  this.updateQueue = null
  this.memoizedState = null
  this.dependencies = null


  this.mode = mode


  // Effects
  this.flags = NoFlags
  this.subtreeFlags = NoFlags
  this.deletions = null


  this.lanes = NoLanes
  this.childLanes = NoLanes


  this.alternate = null


  // 이하 프로파일러, __DEV__ 코드는 생략
}
```

보다시피 파이버가 단순한 자바스크립트 객체로 구성돼 있는 것을 볼 수 있다.

파이버는 리액트 요소와 유사하다고 느낄 수 있지만 한 가지 중요한 차이점은 리액트 요소는 렌더링이 발생할 때마다 새롭게 생성되지만 파이버는 가급적이면 재사용된다는 사실이다. 파이버는 컴포넌트가 최초로 마운트되는 시점에 생성되어 이후에는 가급적이면 재사용된다.

**[코드 2.8] 리액트에 작성돼 있는 파이버를 생성하는 다양한 함수**

```
var createFiber = function (tag, pendingProps, key, mode) {
  return new FiberNode(tag, pendingProps, key, mode)
}


// 생략...
function createFiberFromElement(element, mode, lanes) {
  var owner = null
```

```
  {
    owner = element._owner
  }

  var type = element.type
  var key = element.key
  var pendingProps = element.props
  var fiber = createFiberFromTypeAndProps(
    type,
    key,
    pendingProps,
    owner,
    mode,
    lanes,
  )

  {
    fiber._debugSource = element._source
    fiber._debugOwner = element._owner
  }

  return fiber
}

function createFiberFromFragment(elements, mode, lanes, key) {
  var fiber = createFiber(Fragment, elements, key, mode)
  fiber.lanes = lanes
  return fiber
}
```

함수명에서 알 수 있는 것처럼 앞서 언급한 1:1 관계를 확인해 볼 수 있다.

리액트 파이버의 구현체를 봤으니 이제 여기서 선언된 주요 속성을 살펴보면서 어떠한 내용을 담고 있는지 살펴보자.

- tag: 파이버를 만드는 함수 이름인 createFiberFromElement를 보면 유추할 수 있겠지만 파이버는 하나의 element에 하나가 생성되는 1:1 관계를 가지고 있다. 여기서 1:1로 매칭된 정보를 가지고 있는 것이 바로 tag다. 1:1로 연결되는 것은 리액트의 컴포넌트일 수도, HTML의 DOM 노드일 수도, 혹은 다른 어떤 것일 수도 있다. 어떤 값들이 가능한지는 리액트 코드에서 다음과 같이 확인할 수 있다.

**[코드 2.9] 리액트에 작성돼 있는 파이버의 태그가 가질 수 있는 값들**

```
var FunctionComponent = 0
var ClassComponent = 1
var IndeterminateComponent = 2
var HostRoot = 3
var HostPortal = 4
var HostComponent = 5
var HostText = 6
var Fragment = 7
var Mode = 8
var ContextConsumer = 9
var ContextProvider = 10
var ForwardRef = 11
var Profiler = 12
var SuspenseComponent = 13
var MemoComponent = 14
var SimpleMemoComponent = 15
var LazyComponent = 16
var IncompleteClassComponent = 17
var DehydratedFragment = 18
var SuspenseListComponent = 19
var ScopeComponent = 21
var OffscreenComponent = 22
var LegacyHiddenComponent = 23
var CacheComponent = 24
var TracingMarkerComponent = 25
```

여기서 `HostComponent`가 바로 웹의 `div`와 같은 요소를 의미한다. 그리고 이 외에도 `FunctionComponent`, `ClassComponent`와 같이 몇 가지 친숙해 보이는 타입이 존재한다.

- `stateNode`: 이 속성에서는 파이버 자체에 대한 참조(reference) 정보를 가지고 있으며, 이 참조를 바탕으로 리액트는 파이버와 관련된 상태에 접근한다.

- `child, sibling, return`: 파이버 간의 관계 개념을 나타내는 속성이다. 리액트 컴포넌트 트리가 형성되는 것과 동일하게 파이버도 트리 형식을 갖게 되는데, 이 트리 형식을 구성하는 데 필요한 정보가 이 속성 내부에 정의된다. 한 가지 리액트 컴포넌트 트리와 다른 점은 `children`이 없다는 것, 즉 하나의 `child`만 존재한다는 점이다. 그렇다면 다음과 같이 여러 개의 자식이 있는 구조는 파이버로 어떻게 표현될까?

```
<ul>
  <li>하나</li>
  <li>둘</li>
```

```
    <li>셋</li>
  </ul>
```

파이버의 자식은 항상 첫 번째 자식의 참조로 구성되므로 <ul/> 파이버의 자식은 첫 번째 <li/> 파이버가 된다. 그리고 나머지 두 개의 <li/> 파이버는 형제, 즉 sibling으로 구성된다. 마지막으로 return은 부모 파이버를 의미하며, 여기에서 모든 <li/> 파이버는 <ul/> 파이버를 return으로 갖게 될 것이다. 이 관계도를 대략 자바스크립트 코드로 정리하면 다음과 같다.

```
const l3 = {
  return: ul,
  index: 2,
}

const l2 = {
  sibling: l3,
  return: ul,
  index: 1,
}

const l1 = {
  sibling: l2,
  return: ul,
  index: 0,
}

const ul = {
  // ...
  child: l1,
}
```

- index: 여러 형제들(sibling) 사이에서 자신의 위치가 몇 번째인지 숫자로 표현한다.

- pendingProps: 아직 작업을 미처 처리하지 못한 props

- memoizedProps: pendingProps를 기준으로 렌더링이 완료된 이후에 pendingProps를 memoizedProps로 저장해 관리한다.

- updateQueue: 상태 업데이트, 콜백 함수, DOM 업데이트 등 필요한 작업을 담아두는 큐. 이 큐는 대략 다음과 같은 구조를 가지고 있다.

```
type UpdateQueue = {
  first: Update | null
```

```
    last: Update | null
    hasForceUpdate: boolean
    callbackList: null | Array<Callback> // setState로 넘긴 콜백 목록
  }
```

- memoizedState: 함수 컴포넌트의 훅 목록이 저장된다. 여기에는 단순히 useState뿐만 아니라 모든 훅 리스트가 저장된다.

- alternate: 뒤이어 설명할 리액트 파이버 트리와 이어질 개념. 리액트의 트리는 두 개인데, 이 alternate는 반대편 트리파이버를 가리킨다.

이렇게 생성된 파이버는 state가 변경되거나 생명주기 메서드가 실행되거나 DOM의 변경이 필요한 시점 등에 실행된다. 그리고 중요한 것은 리액트가 파이버를 처리할 때마다 이러한 작업을 직접 바로 처리하기도 하고 스케줄링하기도 한다는 것이다. 즉, 이러한 작업들은 작은 단위로 나눠서 처리할 수도, 애니메이션과 같이 우선순위가 높은 작업은 가능한 한 빠르게 처리하거나, 낮은 작업을 연기시키는 등 좀 더 유연하게 처리된다.

리액트 파이버의 가상 DOM이 생각보다 단순한 자바스크립트 객체로 관리되고 있다는 사실에 놀랄 수도 있다. 리액트 개발 팀은 사실 리액트는 가상 DOM이 아닌 Value UI, 즉 값을 가지고 있는 UI를 관리하는 라이브러리라는 내용을 피력한 바 있다.[7] 파이버의 객체 값에서도 알 수 있듯이 리액트의 핵심 원칙은 UI를 문자열, 숫자, 배열과 같은 값으로 관리한다는 것이다. 변수에 이러한 UI 관련 값을 보관하고, 리액트의 자바스크립트 코드 흐름에 따라 이를 관리하고, 표현하는 것이 바로 리액트다.

## 리액트 파이버 트리

파이버의 개념에 대해 알아봤으니 그다음으로는 파이버 트리에 대해 알아보자. 파이버 트리는 사실 리액트 내부에서 두 개가 존재한다. 하나는 현재 모습을 담은 파이버 트리이고, 다른 하나는 작업 중인 상태를 나타내는 workInProgress 트리다. 리액트 파이버의 작업이 끝나면 리액트는 단순히 포인터만 변경해 workInProgress 트리를 현재 트리로 바꿔버린다. 이러한 기술을 더블 버퍼링이라고 한다.

더블 버퍼링은 리액트에서 새롭게 나온 개념이 아니고 컴퓨터 그래픽 분야에서 사용하는 용어다. 그래픽을 통해 화면에 표시되는 것을 그리기 위해서는 내부적으로 처리를 거쳐야 하는데, 이러한 처리를 거치게 되면 사용자에게 미처 다 그리지 못한 모습을 보는 경우가 발생하게 된다. (한 번에 모든 작업을 마무리해 다 그릴 수 없기 때문이다.) 그래서 이러한 상황을 방지하기 위해 보이지 않는 곳에서 그다음으로 그려야 할 그림을 미리 그린 다음, 이것이 완성되면 현재 상태를 새로운 그림으로 바꾸는 기법을 의미한다.

---

[7] https://twitter.com/dan_abramov/status/1066328666341294080

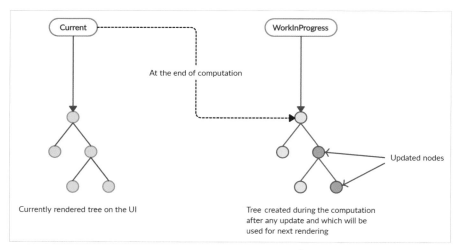

그림 2.3 리액트 파이버 트리의 모습[8]

리액트에서도 미처 다 그리지 못한 모습을 노출시키지 않기 위해(불완전한 트리를 보여주지 않기 위해) 더블 버퍼링 기법을 쓰는데, 이러한 더블 버퍼링을 위해 트리가 두 개 존재하며, 이 더블 버퍼링은 커밋 단계에서 수행된다.

즉, 먼저 현재 UI 렌더링을 위해 존재하는 트리인 current를 기준으로 모든 작업이 시작된다. 여기에서 만약 업데이트가 발생하면 파이버는 리액트에서 새로 받은 데이터로 새로운 workInProgress 트리를 빌드하기 시작한다. 이 workInProgress 트리를 빌드하는 작업이 끝나면 다음 렌더링에 이 트리를 사용한다. 그리고 이 workInProgress 트리가 UI에 최종적으로 렌더링되어 반영이 완료되면 current가 이 workInProgress로 변경된다.

## 파이버의 작업 순서

파이버와 파이버 트리에 대해 알아봤으니 이제 파이버 트리와 파이버가 어떤 식으로 작동하는지 흐름을 살펴보자. 먼저 일반적인 파이버 노드의 생성 흐름은 다음과 같다.

1. 리액트는 beginWork() 함수를 실행해 파이버 작업을 수행하는데, 더 이상 자식이 없는 파이버를 만날 때까지 트리 형식으로 시작된다.

2. 1번에서 작업이 끝난다면 그다음 completeWork() 함수를 실행해 파이버 작업을 완료한다.

3. 형제가 있다면 형제로 넘어간다.

4. 2번, 3번이 모두 끝났다면 return으로 돌아가 자신의 작업이 완료됐음을 알린다.

---

8  https://www.velotio.com/engineering-blog/react-fiber-algorithm

다음 예제 코드를 통해 확인해 보자.

```
<A1>
  <B1>안녕하세요</B1>
  <B2>
    <C1>
      <D1 />
      <D2 />
    </C1>
  </B2>
  <B3 />
</A1>
```

위 작업은 해당 JSX 코드에서 다음과 같이 수행된다.

1. A1의 beginWork()가 수행된다.

2. A1은 자식이 있으므로 B1로 이동해 beginWork()를 수행한다.

3. B1은 자식이 없으므로 completeWork()가 수행됐다. 자식은 없으므로 형제인 B2로 넘어간다.

4. B2의 beginWork()가 수행된다. 자식이 있으므로 C1로 이동한다.

5. C1의 beginWork()가 수행된다. 자식이 있으므로 D1로 이동한다.

6. D1의 beginWork()가 수행된다.

7. D1은 자식이 없으므로 completeWork()가 수행됐다. 자식은 없으므로 형제인 D2로 넘어간다.

8. D2는 자식이 없으므로 completeWork()가 수행됐다.

9. D2는 자식도 더 이상의 형제도 없으므로 위로 이동해 D1, C1, B2 순으로 completeWork()를 호출한다.

10. B2는 형제인 B3으로 이동해 beginWork()를 수행한다.

11. B3의 completeWork()가 수행되면 반환해 상위로 타고 올라간다.

12. A1의 completeWork()가 수행된다.

13. 루트 노드가 완성되는 순간, 최종적으로 commitWork()가 수행되고 이 중에 변경 사항을 비교해 업데이트가 필요한 변경 사항이 DOM에 반영된다.

이렇게 생성한 트리를 도식화하면 다음과 같다.

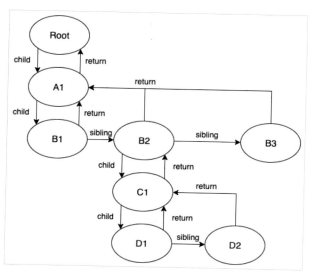

그림 2.4 리액트 코드를 파이버 트리로 표현

이렇게 트리가 생성됐다. 이제 여기서 setState 등으로 업데이트가 발생하면 어떻게 될까? 이미 리액트는 앞서 만든 current 트리가 존재하고, setState로 인한 업데이트 요청을 받아 workInProgress 트리를 다시 빌드하기 시작한다. 이 빌드 과정은 앞서 트리를 만드는 과정과 동일하다. 최초 렌더링 시에는 모든 파이버를 새롭게 만들어야 했지만 이제는 파이버가 이미 존재하므로 되도록 새로 생성하지 않고 기존 파이버에서 업데이트된 props를 받아 파이버 내부에서 처리한다.

앞서 언급한 "가급적 새로운 파이버를 생성하지 않는다"가 바로 이것이다. 일반적인 리액트 애플리케이션을 상상해 보면 이렇게 트리를 비교해서 업데이트하는 작업은 시도 때도 없이 일어난다. 이러한 반복적인 재조정 작업 때마다 새롭게 파이버 자바스크립트 객체를 만드는 것은 리소스 낭비라고 볼 수 있다. 따라서 가급적 객체를 새롭게 만들기보다는 기존에 있는 객체를 재활용하기 위해 내부 속성값만 초기화하거나 바꾸는 형태로 트리를 업데이트한다.

그리고 과거 동기식으로 처리했다는 작업이 바로 이 작업이다. 이 트리 업데이트 과정, 재귀적으로 하나의 트리를 순회해 새로운 트리를 만드는 작업은 동기식이고 중단될 수 없었다. 그러나 현재는 우선순위가 높은 다른 업데이트가 오면 현재 업데이트 작업을 일시 중단하거나 새롭게 만들거나, 폐기할 수도 있다. 또한 작업 단위를 나누어 우선순위를 할당하는 것 또한 가능하다. 리액트는 이러한 작업을 파이버 단위로 나눠서 수행한다. 애니메이션이나 사용자가 입력하는 작업은 우선순위가 높은 작업으로 분리하거나, 목록을 렌더링하는 등의 작업은 우선순위가 낮은 작업으로 분리해 최적의 순위로 작업을 완료할 수 있게끔 만든다.

### 2.2.4  파이버와 가상 DOM

파이버의 작동 방식과 알고리즘을 이해했다면 가상 DOM에 대해서도 이해하기 쉬워질 것이다. 앞서 언급했듯이 리액트 컴포넌트에 대한 정보를 1:1로 가지고 있는 것이 파이버이며, 이 파이버는 리액트 아키텍처 내부에서 비동기로 이뤄진다. 이러한 비동기 작업과 달리, 실제 브라우저 구조인 DOM에 반영하는 것은 동기적으로 일어나야 하고, 또 처리하는 작업이 많아 화면에 불완전하게 표시될 수 있는 가능성이 높으므로 이러한 작업을 가상에서, 즉 메모리상에서 먼저 수행해서 최종적인 결과물만 실제 브라우저 DOM에 적용하는 것이다.

본문에서는 계속해서 가상 DOM이라는 표현을 썼지만 엄밀히 말하자면 이는 오직 웹 애플리케이션에서만 통용되는 개념이다. 리액트 파이버는 리액트 네이티브와 같은 브라우저가 아닌 환경에서도 사용할 수 있기 때문에 파이버와 가상 DOM은 동일한 개념이 아니다. 리액트와 리액트 네이티브의 렌더러가 서로 다르다 하더라도 내부적으로 파이버를 통해서 조정되는 과정은 동일하기 때문에 동일한 재조정자를 사용할 수 있게 된다.

### 2.2.5  정리

지금까지 리액트에서 가상 DOM이라는 개념이 무엇인지, 또 가상 DOM을 구현하기 위해 만들어진 리액트 파이버의 개념과 이를 조정하는 재조정자에 대해서 알아봤다. 가상 DOM과 파이버는 단순히 브라우저에 DOM을 변경하는 작업보다 빠르다는 이유로만 만들어진 것은 아니다. 만약 이러한 도움 없이 개발자가 직접 DOM을 수동으로 하나하나 변경해야 한다면 어떤 값이 바뀌었는지, 또 그 값에 따라 어떠한 값이 변경됐고 이와 관련된 것들이 무엇이었는지 파악하기가 매우 어려울 것이다. 이러한 어려움을 리액트 내부의 파이버와 재조정자가 내부적인 알고리즘을 통해 관리해 줌으로써 대규모 웹 애플리케이션을 효율적으로 유지보수하고 관리할 수 있게 된 것이다.

가상 DOM과 리액트의 핵심은 브라우저의 DOM을 더욱 빠르게 그리고 반영하는 것이 아니라 바로 값으로 UI를 표현하는 것이다. 화면에 표시되는 UI를 자바스크립트의 문자열, 배열 등과 마찬가지로 값으로 관리하고 이러한 흐름을 효율적으로 관리하기 위한 메커니즘이 바로 리액트의 핵심이다.

## 2.3  클래스 컴포넌트와 함수 컴포넌트

많은 사람들이 함수 컴포넌트는 꽤 최근에 생겼다고 오해하지만 사실 함수 컴포넌트는 리액트 0.14 버전부터 만들어진 꽤 역사가 깊은 컴포넌트 선언 방식이다.[9] 0.14 버전에서 함수 컴포넌트가 소개됐을 때는

---

9  https://reactjs.org/blog/2015/10/07/react-v0.14.html#stateless-function-components

stateless functional component, 이른바 무상태 함수 컴포넌트라고 해서 별도의 상태 없이 단순히 어떠한 요소를 정적으로 렌더링하는 것이 목적이었다. 다음 예제는 실제 0.14 버전에서 함수 컴포넌트를 소개한 코드다.

```
var Aquarium = (props) => {
  var fish = getFish(props.species)
  return <Tank>{fish}</Tank>
}

var Aquarium = ({ species }) => <Tank>{getFish(species)}</Tank>
```

즉, 이때 당시 함수 컴포넌트는 클래스 컴포넌트에서 별다른 생명주기 메서드나 상태(this.states)가 필요 없이 render만 하는 경우에만 제한적으로 사용됐다. 함수 컴포넌트가 각광받기 시작한 것은 16.8 버전에서 훅이 소개된 이후였다.

함수 컴포넌트에 훅이 등장한 이후 함수 컴포넌트에서 상태나 생명주기 메서드 비슷한 작업을 흉내 낼 수 있게 되자 상대적으로 보일러플레이트가 복잡한 클래스 컴포넌트보다 함수 컴포넌트를 더 많이 쓰기 시작했다. 그러한 과도기에 많은 혼란이 발생했다. 함수 컴포넌트에서는 생명주기 메서드를 어떻게 써야 할까? 기존에 클래스 컴포넌트로 작성돼 있던 코드는 모두 함수 컴포넌트로 변경해야 할까? 클래스 컴포넌트는 언젠가 지원 중단(deprecated)되는 것일까? 클래스 컴포넌트는 이제 몰라도 되는 걸까? 이번 장에서는 클래스 컴포넌트와 함수 컴포넌트의 차이는 무엇인지, 그리고 각각의 컴포넌트를 작성할 때 고려해야 할 것이 무엇인지 등에 대해서 다뤄보려고 한다. 이번 장에서 다룬 내용은 본격적으로 리액트 코드를 작성하기에 앞서 과거 클래스 컴포넌트에 대한 이해를 넓히거나 혹은 기존 리액트 코드를 리팩터링하고 유지보수하는 데 많은 도움이 될 것이다.

## 2.3.1 클래스 컴포넌트

이미 대부분의 리액트 개발자들이 클래스 컴포넌트를 기억에서 지웠겠지만 기존 리액트 16.8 미만으로 작성된 코드에는 클래스 컴포넌트가 대다수일 것이다. 이런 오래된 코드의 유지보수 내지는 오래전에 개발된 라이브러리 등을 사용할 때 도움을 얻기 위해서는 기본적인 클래스 컴포넌트의 구조를 이해할 필요가 있다.

```
import React from 'react'

class SampleComponent extends React.Component {
  render() {
```

```
    return <h2>Sample Component</h2>
  }
}
```

기본적으로 클래스 컴포넌트를 만들려면 클래스를 선언하고 extends로 만들고 싶은 컴포넌트를 extends해야한다. extends 구문에 넣을 수 있는 클래스는 다음과 같다.

- React.Component

- React.PureComponent

이 둘의 차이점은 잠시 후 소개할 클래스 컴포넌트인 shouldComponentUpdate를 다루는 데 있다. 이는 잠시후에 소개하도록 한다.

컴포넌트를 만들 때 주로 쓰이는 props, state, 그리고 메서드는 다음과 같이 정의한다.

**【코드 2.10】 클래스 컴포넌트 예제**

```
import React from 'react'

// props 타입을 선언한다.
interface SampleProps {
  required?: boolean
  text: string
}

// state 타입을 선언한다.
interface SampleState {
  count: number
  isLimited?: boolean
}

// Component에 제네릭으로 props, state를 순서대로 넣어준다.
class SampleComponent extends React.Component<SampleProps, SampleState> {
  // constructor에서 props를 넘겨주고, state의 기본값을 설정한다.
  private constructor(props: SampleProps) {
    super(props)
    this.state = {
      count: 0,
      isLimited: false,
```

```
      }
    }

    // render 내부에서 쓰일 함수를 선언한다.
    private handleClick = () => {
      const newValue = this.state.count + 1
      this.setState({ count: newValue, isLimited: newValue >= 10 })
    }

    // render에서 이 컴포넌트가 렌더링할 내용을 정의한다.
    public render() {
      // props와 state 값을 this, 즉 해당 클래스에서 꺼낸다.
      const {
        props: { required, text },
        state: { count, isLimited },
      } = this

      return (
        <h2>
          Sample Component
          <div>{required ? '필수' : '필수아님'}</div>
          <div>문자: {text}</div>
          <div>count: {count}</div>
          <button onClick={this.handleClick} disabled={isLimited}>
            증가
          </button>
        </h2>
      )
    }
}
```

위 예제의 코드를 부분별로 조금씩 자세히 살펴보자.

- constructor(): 컴포넌트 내부에 이 생성자 함수가 있다면 컴포넌트가 초기화되는 시점에 호출된다. 여기서는 컴포넌트
  의 state를 초기화할 수 있다. 그리고 여기에 선언돼 있는 super()는 컴포넌트를 만들면서 상속받은 상위 컴포넌트, 즉
  React.Component의 생성자 함수를 먼저 호출해 필요한 상위 컴포넌트에 접근할 수 있게 도와준다.

📄 constructor가 없어도 state를 초기화할 수 있지 않나요?

간혹 constructor를 쓰지 않고 state를 초기화한 다음과 같은 코드를 본 적이 있을 것이다.

```
import { Component } from 'react'

class SampleComponent2 extends Component {
  state = {
    count: 1,
  }

  render() {
    const {
      state: { count },
    } = this
    return <div>{count}</div>
  }
}
```

이는 ES2022에 추가된 클래스 필드(class fields)[10] 덕분에 가능한 문법이다. 이 문법은 별도의 초기화 과정을 거치지 않고도 클래스 내부에 필드를 선언할 수 있게 도와준다. 이 문법은 비교적 최신인 ES2022에서 등장했으므로 ES2022 환경을 지원하는 브라우저에서만 코드를 제공하거나 바벨의 @babel/plugin-proposal-class-properties를 사용해 트랜스파일을 거쳐야 한다.

- props: 함수에 인수를 넣는 것과 비슷하게, 컴포넌트에 특정 속성을 전달하는 용도로 쓰인다. 위 예제에서는 props가 { required?: boolean; text: string; } 형태로 선언돼 있으므로 해당 컴포넌트를 호출하기 위해서는 <SampleComponent text="안녕하세요" />와 같은 형태로 선언해야 한다.

- state: 클래스 컴포넌트 내부에서 관리하는 값을 의미한다. 이 값은 항상 객체여야만 한다. 이 값에 변화가 있을 때마다 리렌더링이 발생한다.

- 메서드: 렌더링 함수 내부에서 사용되는 함수이며, 보통 DOM에서 발생하는 이벤트와 함께 사용된다. 이를 만드는 방식은 크게 3가지로 나뉜다.

  · constructor에서 this 바인드를 하는 방법: 일반적인 함수로 메서드를 만든다면 this가 undefined로 나오는 현상을 겪게 될 것이다. 이러한 현상이 발생하는 이유는 생성자가 아닌 일반 함수로 호출하게 되면 this에 전역 객체(strict 모드에서는 undefined)가 바인딩되기 때문이다. 따라서 생성된 함수에 bind를 활용해 강제로 this를 바인딩해야 한다.

  다음 예제에서는 일반 함수로 선언한 대신 this 바인딩을 사용했다.

---

10 https://github.com/tc39/proposal-class-fields#field-declarations

**【코드 2.11】** 일반 함수로 선언된 메서드에서 this 바인딩을 사용

```typescript
import { Component } from 'react'

// 빈 Props를 선언
type Props = Record<string, never>

interface State {
  count: number
}

class SampleComponent extends Component<Props, State> {
  private constructor(props: Props) {
    super(props)
    this.state = {
      count: 1,
    }
    // handleClick의 this를 현재 클래스로 바인딩한다.
    this.handleClick = this.handleClick.bind(this)
  }

  private handleClick() {
    this.setState((prev) => ({ count: prev.count + 1 }))
  }

  public render() {
    const {
      state: { count },
    } = this
    return (
      <div>
        <button onClick={this.handleClick}>증가</button>
        {count}
      </div>
    )
  }
}
```

- 화살표 함수를 쓰는 방법: 앞선 예제처럼 실행 시점이 아닌 작성 시점에 this가 상위 스코프로 결정되는 화살표 함수를 사용한다면 굳이 바인딩하지 않더라도 사용할 수 있다.

- 렌더링 함수 내부에서 함수를 새롭게 만들어 전달하는 방법: 다음과 같이 메서드 내부에서 새롭게 함수를 만들어서 전달하는 방법이다.

```
<button onClick={() => this.handleClick()}>증가</button>
```

그러나 이 방법을 사용하게 되면 매번 렌더링이 일어날 때마다 새로운 함수를 생성해서 할당하게 되므로 최적화를 수행하기가 매우 어려워진다. 따라서 이 방법은 지양하는 것이 좋다.

## 클래스 컴포넌트의 생명주기 메서드

클래스 컴포넌트를 사용하면서 가장 자주 언급되는 것이 바로 생명주기(life cycle)다. 함수 컴포넌트가 대세가 되면서 많이 잊혀졌지만 여전히 클래스 컴포넌트의 많은 코드가 생명주기 메서드에 의존하고 있다. 그리고 이 생명주기 메서드가 뇌리에 너무나 깊게 박힌 나머지 함수 컴포넌트에서도 생명주기를 구현하고자 시도하는 모습을 볼 수 있다. 클래스 컴포넌트의 생명주기에는 무엇이 있고, 또 어떤 용도로 쓰였는지 살펴보자. 참고로 리액트 17로 넘어오면서 unsafe, 즉 안전하지 않다고 선언된 메서드(리액트 팀에서 지원 중단시킨 메서드)에 대해서는 다루지 않는다.

먼저 생명주기 메서드가 실행되는 시점은 크게 3가지로 나눌 수 있다.

- 마운트(mount): 컴포넌트가 마운팅(생성)되는 시점
- 업데이트(update): 이미 생성된 컴포넌트의 내용이 변경(업데이트)되는 시점
- 언마운트(unmount): 컴포넌트가 더 이상 존재하지 않는 시점

이 세 가지 시점을 염두에 두고 각 생명주기 메서드를 살펴보자.

### render()

render() 또한 생명주기 메서드 중 하나로, 리액트 클래스 컴포넌트의 유일한 필수 값으로 항상 쓰인다. 이미 이름에서도 알 수 있듯이 이 함수는 컴포넌트가 UI를 렌더링하기 위해서 쓰인다. 그리고 이 렌더링은 앞서 언급한 시점 중 두 가지인 마운트와 업데이트 과정에서 일어난다.

한 가지 주의할 것은 이 render() 함수는 항상 순수해야 하며 부수 효과가 없어야 한다는 것이다(no side-effects). 이 말인즉슨, 같은 입력값(props 또는 state)이 들어가면 항상 같은 결과물을 반환해야 한다는 뜻이다. 따라서 render() 내부에서 state를 직접 업데이트하는 this.setState를 호출해서는 안 된다. state를 변경하는 일은 클래스 컴포넌트의 메서드나 다른 생명주기 메서드 내부에서 발생해야 한다.

그러므로 이 함수는 항상 최대한 간결하고 깔끔하게 작성하는 것이 좋다. 그것이 이 함수 내의 부수 효과를 만들지 않고, 또 컴포넌트, 나아가 애플리케이션을 유지보수 가능하게끔 도와준다.

## componentDidMount()

클래스 컴포넌트가 마운트되고 준비가 됐다면 그다음으로 호출되는 생명주기 메서드가 바로 `component DidMount()`다. 이 함수는 컴포넌트가 마운트되고 준비되는 즉시 실행된다. `render()`와는 다르게, 이 함수 내부에서는 `this.setState()`로 state 값을 변경하는 것이 가능하다. `this.setState`를 호출했다면 state가 변경되고, 그리고 그 즉시 다시 한번 렌더링을 시도하는데, 이 작업은 브라우저가 실제로 UI를 업데이트하기 전에 실행되어 사용자가 변경되는 것을 눈치챌 수 없게 만든다.

`componentDidMount`는 만능이 아니며 성능 문제를 일으킬 수 있음에 주의하자. 일반적으로 `state`를 다루는 것은 생성자에서 하는 것이 좋다. `componentDidMount`에서 `this.setState`를 허용하는 것은 생성자 함수에서는 할 수 없는 것, API 호출 후 업데이트, DOM에 의존적인 작업(이벤트 리스너 추가 등) 등을 하기 위해서다. 꼭 `componentDidMount`에서 할 수밖에 없는 작업인지 철저히 확인해 보고 사용하는 것이 좋다.

## componentDidUpdate()

`componentDidUpdate()`는 컴포넌트 업데이트가 일어난 이후 바로 실행된다. 일반적으로 state나 props의 변화에 따라 DOM을 업데이트하는 등에 쓰인다. 여기서도 `this.setState`를 사용할 수 있다. 그러나 적절한 조건문으로 감싸지 않는다면 `this.setState`가 계속해서 호출되는 일이 발생할 수 있다. 이는 성능적으로 매우 좋지 못하다.

```
componentDidUpdate(prevProps: Props, prevState: State) {
  // 만약 이러한 조건문이 없다면 props가 변경되는 매 순간마다 fetchData가
  // 실행되는 불상사가 발생할 것이다.
  // 이 조건문 덕분에 props의 userName이 이전과 다른 경우에만 호출될 것이다.
  if (this.props.userName !== prevProps.userName) {
    this.fetchData(this.props.userName);
  }
}
```

## componentWillUnmount()

이름에서 유추할 수 있듯이 이 생명주기 메서드는 컴포넌트가 언마운트되거나 더 이상 사용되지 않기 직전에 호출된다. 메모리 누수나 불필요한 작동을 막기 위한 클린업 함수를 호출하기 위한 최적의 위치다. 이 메서드 내에서는 `this.setState`를 호출할 수 없다.

```
componentWillUnmount() {
  window.removeEventListener('resize', this.resizeListener)
  clearInterval(this.intervalId)
}
```

위 예제와 같이 이벤트를 지우거나, API 호출을 취소하거나, setInterval, setTimeout으로 생성된 타이머를 지우는 등의 작업을 하는 데 유용하다.

## shouldComponentUpdate()

state나 props의 변경으로 리액트 컴포넌트가 다시 리렌더링되는 것을 막고 싶다면 이 생명주기 메서드를 사용하면 된다. 기본적으로 this.setState가 호출되면 컴포넌트는 리렌더링을 일으킨다. 그러나 이 생명주기 메서드를 활용하면 컴포넌트에 영향을 받지 않는 변화에 대해 정의할 수 있다.

일반적으로 state의 변화에 따라 컴포넌트가 리렌더링되는 것은 굉장히 자연스러운 일이므로 이 메서드를 사용하는 것은 특정한 성능 최적화 상황에서만 고려해야 한다.

```
shouldComponentUpdate(nextProps: Props, nextState: State) {
  // true인 경우, 즉 props의 title이 같지 않거나 state의 input이 같지 않은 경우에는
  // 컴포넌트를 업데이트한다. 이외의 경우에는 업데이트하지 않는다.
  return this.props.title !== nextProps.title || this.state.input !== nextState.input
}
```

앞서 클래스 컴포넌트에는 두 가지 유형, 즉 Component와 PureComponent가 있다고 이야기했는데, 이 둘의 차이점이 바로 이 생명주기를 다루는 데 있다. 다음의 두 컴포넌트를 비교해 보자. 두 컴포넌트 모두 버튼을 클릭하면 count를 1씩 올려주지만 정작 해당 값은 사용하지 않는다. 각각 다르게 컴포넌트를 만들었을 경우 렌더링이 어떻게 일어나는지 확인할 수 있다.

【코드 2.12】 React.Component와 React.PureComponent로 컴포넌트를 만드는 예제

```
import React from 'react'

interface State {
  count: number
}

type Props = Record<string, never>

export class ReactComponent extends React.Component<Props, State> {
```

```
  private renderCounter = 0

  private constructor(props: Props) {
    super(props)
    this.state = {
      count: 1,
    }
  }

  private handleClick = () => {
    this.setState({ count: 1 })
  }

  public render() {
    console.log('ReactComponent', ++this.renderCounter) // eslint-disable-line no-console
    return (
      <h1>
        ReactComponent: {this.state.count}{' '}
        <button onClick={this.handleClick}>+</button>
      </h1>
    )
  }
}

export class ReactPureComponent extends React.PureComponent<Props, State> {
  private renderCounter = 0

  private constructor(props: Props) {
    super(props)
    this.state = {
      count: 1,
    }
  }

  private handleClick = () => {
    this.setState({ count: 1 })
  }

  public render() {
    console.log('ReactPureComponent', ++this.renderCounter) // eslint-disable-line no-console
```

```
      return (
        <h1>
          ReactPureComponent: {this.state.count}{' '}
          <button onClick={this.handleClick}>+</button>
        </h1>
      )
    }
  }

export default function CompareComponent() {
  return (
    <>
      <h2>React.Component</h2>
      <ReactComponent />
      <h2>React.PureComponent</h2>
      <ReactPureComponent />
    </>
  )
}
```

위 예시는 모두 동일한 작업을 수행한다. state로 count를 가지고 있으며, 버튼을 클릭하면 해당 count 값을 초깃값과 같은 count인 1로 다시 세팅한다. 그리고 이 과정에서 render()가 몇 번이나 호출됐는지 확인하기 위해 별도의 필드를 추가했다. 그 결과는 그림 2.5와 같다.

Component의 경우 버튼을 누르는 대로, 즉 state가 업데이트되는 대로 렌더링이 일어나지만 PureComponent는 state의 값이 업데이트되지 않아서 렌더링이 일어나지 않았다. PureComponent는 state 값에 대해 얕은 비교를 수행해 결과가 다를 때만 렌더링을 수행한다.

그렇다면 모든 컴포넌트를 PureComponent로 선언하는 것이 좋을까? 꼭 모든 경우에 좋은 것은 아니다. PureComponent는 먼저 얕은 비교만 수행하기 때문에 state가 객체와 같이 복잡한 구조의 데이터 변경은 감지하지 못하기 때문에 제대로 작동하지 않는다. 또한 애플리케이션에서 대다수의 컴포넌트가 PureComponent로 구성돼 있다면 오히려 성능에 역효과를 미칠 수도 있다. 만약 컴포넌트가 얕은 비교를 했을 때 일치하지 않는 일이 더 잦다면 당연히 이러한 비교는 무의미하기 때문이다. 따라서 PureComponent는 필요한 곳에 적재적소에 활용하는 것이 애플리케이션 성능에 도움이 된다. 이에 대한 자세한 내용은 2.5절 '컴포넌트와 함수의 무거운 연산을 기억해 두는 메모이제이션'에서 다룬다.

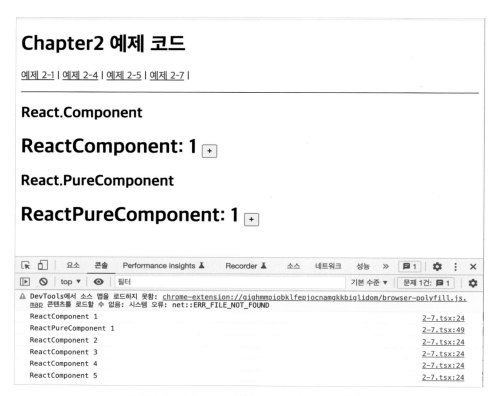

그림 2.5 React.Component와 React.PureComponent의 결과

### static getDerivedStateFromProps()

가장 최근에 도입된 생명주기 메서드 중 하나로, 이전에 존재했으나 이제는 사라진 `componentWill ReceiveProps`를 대체할 수 있는 메서드다. 이 메서드는 `render()`를 호출하기 직전에 호출된다. 한 가지 눈에 띄는 점은 `static`으로 선언돼 있어 `this`에 접근할 수 없다는 것이다. 여기서 반환하는 객체는 해당 객체의 내용이 모두 `state`로 들어가게 된다. 이에 반해 `null`을 반환하면 아무런 일도 일어나지 않는다.

한 가지 명심해야 할 점은 이 메서드도 마찬가지로 모든 `render()` 실행 시에 호출된다는 점이다.

```
static getDerivedStateFromProps(nextProps: Props, prevState: State) {
  // 이 메서드는 다음에 올 props를 바탕으로 현재의 state를
  // 변경하고 싶을 때 사용할 수 있다.

  if (props.name !== state.name) {
    // state가 이렇게 변경된다.
    return {
      name: props.name
```

```
    }
  }

  // state에 영향을 미치지 않는다.
  return null
}
```

## getSnapShotBeforeUpdate()

역시 최근에 도입된 생명주기 메서드 중 하나로, `componentWillUpdate()`를 대체할 수 있는 메서드다. 이는 DOM이 업데이트되기 직전에 호출된다. 여기서 반환되는 값은 `componentDidUpdate`로 전달된다. DOM에 렌더링되기 전에 윈도우 크기를 조절하거나 스크롤 위치를 조정하는 등의 작업을 처리하는 데 유용하다.

```
getSnapshotBeforeUpdate(prevProps: Props, prevState: State) {
  // props로 넘겨받은 배열의 길이가 이전보다 길어질 경우
  // 현재 스크롤 높이 값을 반환한다.
  if (prevProps.list.length < this.props.list.length) {
    const list = this.listRef.current;
    return list.scrollHeight - list.scrollTop;
  }
  return null;
}

// 3번째 인수인 snapshot은 클래스 제네릭의 3번째 인수로 넣어줄 수 있다.
componentDidUpdate(prevProps: Props, prevState: State, snapshot: Snapshot) {
  // getSnapshotBeforeUpdate로 넘겨받은 값은 snapshot에서 접근이 가능하다.
  // 이 snapshot 값이 있다면 스크롤 위치를 재조정해 기존 아이템이 스크롤에서
  // 밀리지 않도록 도와준다.
  if (snapshot !== null) {
    const list = this.listRef.current;
    list.scrollTop = list.scrollHeight - snapshot;
  }
}
```

## 지금까지 언급한 생명주기 메서드 정리

앞서 소개한 리액트 생명주기 메서드를 다이어그램으로 정리하면 다음과 같다.

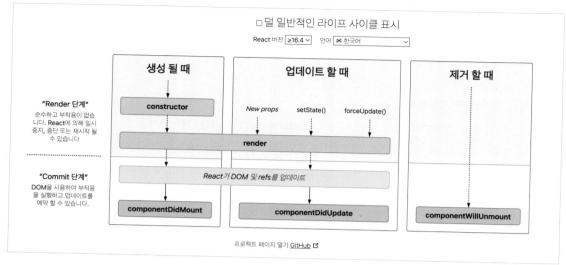

그림 2.6 리액트 생명주기 다이어그램[11]

### getDerivedStateFromError()

이 메서드와 뒤이어 소개할 메서드인 componentDidCatch 메서드는 정상적인 생명 주기에서 실행되는 메서드가 아니라 에러 상황에서 실행되는 메서드다. 또한 이 두 메서드와 앞서 소개한 getSnapshotBeforeUpdate는 아직 리액트 훅으로 구현돼 있지 않기 때문에 이 세 가지 메서드가 필요한 경우가 있다면 반드시 클래스 컴포넌트를 사용해야 한다. 리액트 팀은 곧 이 세 가지 메서드와 동일한 작업을 할 수 있는 훅을 추가할 것이라 언급하기는 했지만 구체적인 스펙과 일정에 대해서는 아직 밝힌 바 없다.[12]

getDerivedStateFromError는 자식 컴포넌트에서 에러가 발생했을 때 호출되는 에러 메서드다. 이 에러 메서드를 사용하면 적절한 에러 처리 로직을 구현할 수 있다. 다음 코드를 살펴보자.

```tsx
// ErrorBoundary.tsx
import React, { PropsWithChildren } from 'react'

type Props = PropsWithChildren<{}>
type State = { hasError: boolean; errorMessage: string }
```

---

11 https://projects.wojtekmaj.pl/react-lifecycle-methods-diagram/
12 https://legacy.reactjs.org/docs/hooks-faq.html#do-hooks-cover-all-use-cases-for-classes

```tsx
export default class ErrorBoundary extends React.Component<Props, State> {
  constructor(props: Props) {
    super(props)
    this.state = {
      hasError: false,
      errorMessage: '',
    }
  }

  static getDerivedStateFromError(error: Error) {
    return {
      hasError: true,
      errorMessage: error.toString(),
    }
  }

  render() {
    // 에러가 발생했을 경우에 렌더링할 JSX
    if (this.state.hasError) {
      return (
        <div>
          <h1>에러가 발생했습니다.</h1>
          <p>{this.state.errorMessage}</p>
        </div>
      )
    }

    // 일반적인 상황의 JSX
    return this.props.children
  }
}

// ...

// App.tsx
function App() {
  return (
    <ErrorBoundary>
      <Child />
    </ErrorBoundary>
```

```
  )
}

function Child() {
  const [error, setError] = useState(false)

  const handleClick = () => {
    setError((prev) => !prev)
  }

  if (error) {
    throw new Error('Error has been occurred.')
  }

  return <button onClick={handleClick}>에러 발생</button>
}
```

getDerivedStateFromError는 static 메서드로, error를 인수로 받는다. 여기서 error는 짐작할 수 있듯이 하위 컴포넌트에서 발생한 에러를 말한다. 그리고 getDerivedStateFromError는 반드시 state 값을 반환해야 한다. 그 이유는 getDerivedStateFromError의 실행 시점 때문이다. getDerivedStateFromError는 하위 컴포넌트에서 에러가 발생했을 경우에 어떻게 자식 리액트 컴포넌트를 렌더링할지 결정하는 용도로 제공되는 메서드이기 때문에 반드시 미리 정의해 둔 state 값을 반환해야 한다. 또한 렌더링 과정에서 호출되는 메서드이기 때문에 부수 효과를 발생시켜서는 안 된다. 여기서 말하는 부수 효과란 에러에 따른 상태 state를 반환하는 것 외의 모든 작업을 의미한다. 여기에는 console.error를 이용한 에러 로깅과 같은 작업이 포함된다. 이러한 작업을 하고 싶다면 뒤이어 소개할 componentDidCatch를 사용하면 된다.

> **알아두기**
>
> getDerivedStateFromError에 부수 효과를 추가한다고 해서 에러가 발생하지는 않는다. 다만 앞에서도 이야기했듯이 render 단계에서 호출되는 메서드이기 때문에 렌더링 과정을 불필요하게 방해하게 되므로 굳이 getDerivedStateFromError에 부수 효과를 추가할 필요는 전혀 없다.

### componentDidCatch

componentDidCatch는 자식 컴포넌트에서 에러가 발생했을 때 실행되며, getDerivedStateFromError에서 에러를 잡고 state를 결정한 이후에 실행된다. componentDidCatch는 두 개의 인수를 받는데, 첫 번째는 getDerivedStateFromError와 동일한 error, 그리고 정확히 어떤 컴포넌트가 에러를 발생시켰는지 정보를 가지고 있는 info다. 위 예제에서 componentDidCatch를 추가해보자.

```tsx
import React, { ErrorInfo, PropsWithChildren } from "react";

type Props = PropsWithChildren<{}>;
type State = { hasError: boolean; errorMessage: string };

export default class ErrorBoundary extends React.Component<Props, State> {
  constructor(props: Props) {
    super(props);
    this.state = {
      hasError: false,
      errorMessage: "",
    };
  }

  static getDerivedStateFromError(error: Error) {
    return {
      hasError: true,
      errorMessage: error.toString(),
    };
  }

  // componentDidCatch를 추가했다.
  componentDidCatch(error: Error, info: ErrorInfo) {
    console.log(error);
    console.log(info);
  }

  render() {
    // 에러가 발생했을 경우에 렌더링할 JSX
    if (this.state.hasError) {
      return (
        <div>
          <h1>에러가 발생했습니다.</h1>
          <p>{this.state.errorMessage}</p>
        </div>
      );
    }
    // 일반적인 상황의 JSX
    return this.props.children;
  }
}
```

```
// error
Error: Error has been occurred.
    at Child (App.tsx:21:11)
    at renderWithHooks (react-dom.development.js:16305:18)
    at updateFunctionComponent (react-dom.development.js:19588:20)
    at beginWork (react-dom.development.js:21601:16)
    at beginWork$1 (react-dom.development.js:27426:14)
    at performUnitOfWork (react-dom.development.js:26557:12)
    at workLoopSync (react-dom.development.js:26466:5)
    at renderRootSync (react-dom.development.js:26434:7)
    at recoverFromConcurrentError (react-dom.development.js:25850:20)
    at performSyncWorkOnRoot (react-dom.development.js:26096:20)
// errorInfo
{
    "componentStack": "\n    at Child (https://y4tcui-5173.csb.app/src/App.tsx?t=1681132781785:36:2
9)\n    at ErrorBoundary (https://y4tcui-5173.csb.app/src/ErrorBoundary.tsx?t=1681132781785:6:5)\n
at App"
}
```

componentDidCatch에서는 앞서 getDerivedStateFromError()에서 하지 못했던 부수 효과를 수행할 수 있다. 이는 render 단계에서 실행되는 getDerivedStateFromError와는 다르게 componentDidCatch는 커밋 단계에 실행되기 때문이다. 즉 componentDidCatch는 리액트에서 에러 발생 시 이 메서드에서 제공되는 에러 정보를 바탕으로 로깅하는 등의 용도로 사용할 수 있다.

일반적으로는 앞의 두 메서드는 ErrorBoundary, 즉 에러 경계 컴포넌트를 만들기 위한 목적으로 많이 사용된다. 이렇게 두 메서드를 사용한 클래스 컴포넌트는 리액트 애플리케이션 전역에서 처리되지 않은 에러를 처리하기 위한 용도로 사용된다. 그러나 ErrorBoundary의 사용법에서도 알 수 있듯이 모든 에러를 잡아낼 수 있는 것은 아니다. 일반적으로 ErrorBoundary는 애플리케이션 루트에서 사용되지만 ErrorBoundary의 경계 외부에 있는 에러는 잡을 수 없다. 이 외부에서 발생한 에러는 또 다른 ErrorBoundary를 찾아갈 것이며, 만약 이를 찾지 못하면 일반적인 자바스크립트 코드처럼 에러는 throw된다.

이를 반대로 이야기하면 ErrorBoundary를 여러 개 선언해서 컴포넌트별로 에러 처리를 다르게 적용할 수 있다. 이렇게 하면 에러가 발생한 컴포넌트 트리 영역만 별도로 처리해서 애플리케이션 전체에 에러가 전파되어 표시되는 것을 방지할 수 있다.

```
function App() {
  return (
    <ErrorBoundary name="parent">
      {/* Child에서 발생한 에러는 여기에서 잡힌다. */}
      <ErrorBoundary name="child">
        <Child />
      </ErrorBoundary>
    </ErrorBoundary>
  )
}
```

📄 **ErrorBoundary에서 주의할 점**

componentDidCatch는 개발 모드와 프로덕션 모드에서 다르게 작동한다. 개발 모드에서는 에러가 발생하면 window까지 전파된다. 즉, window.eonerror나 window.addEventListener('error', callback)과 같은 메서드가 componentDidCatch에서 잡은 오류를 마찬가지로 잡을 수 있다. 그러나 프로덕션 모드에서는 componentDidCatch로 잡히지 않은 에러만 window까지 전파된다. 이는 개발 모드에서 발생한 에러를 개발자들에게 확실히 확인시켜 주기 위한 역할로 보인다.

```
useEffect(() => {
  // 개발 모드에서는 모든 에러에 대해 실행되지만
  // 프로덕션에서는 잡히지 않은 에러에 대해서만 실행된다.
  function handleError() {
    console.log('window on error')
  }
  window.addEventListener('error', handleError)
  return () => {
    window.removeEventListener('error', handleError)
  }
}, [])
```

componentDidCatch의 두 번째 인수인 errorInfo의 componentStack은 어느 컴포넌트에서 에러가 발생했는지 알 수 있는 단서를 제공하기 위한 목적으로 만들어졌다. 여기서 표시되는 이름은 Function.name 또는 컴포넌트의 displayName을 따른다. 만약 const Component = memo(() => {...})와 같이 컴포넌트명을 추론할 수 없는 경우에는 아래처럼 컴포넌트를 파악할 수 있는 단서가 부족하게 나온다.

```
at https://y4tcui-5173.csb.app/src/App.tsx?t=1681137304734:44:29
at ErrorBoundary (https://y4tcui-5173.csb.app/src/ErrorBoundary.tsx?t=1681137147795:6:5)
at ErrorBoundary (https://y4tcui-5173.csb.app/src/ErrorBoundary.tsx?t=1681137147795:6:5)
at App
```

componentStack의 추적을 용이하게 하려면 기명 함수 또는 displayName을 쓰는 습관을 들이는 것이 좋다.

```
at 적절한함수명 (https://y4tcui-5173.csb.app/src/App.tsx?t=1681137612518:44:29)
at ErrorBoundary (https://y4tcui-5173.csb.app/src/ErrorBoundary.tsx?t=1681137147795:6:5)
at ErrorBoundary (https://y4tcui-5173.csb.app/src/ErrorBoundary.tsx?t=1681137147795:6:5)
at App
```

## 클래스 컴포넌트의 한계

지금까지 클래스 컴포넌트를 살펴봤다. 클래스 컴포넌트에서 제공하는 메서드만으로도 완성도 있는 리액트 애플리케이션을 만드는 데는 충분해 보인다. 그런데 어떠한 문제점 때문에 리액트는 함수 컴포넌트에 훅을 도입한 새로운 패러다임을 만든 것일까? 그 이유를 추측해보자면 다음과 같다.

- 데이터의 흐름을 추적하기 어렵다: 앞서 생명주기 메서드를 잘 살펴봤다면 state의 흐름을 추적하기가 매우 어렵다는 사실을 알 수 있을 것이다. 서로 다른 여러 메서드에서 state의 업데이트가 일어날 수 있으며, 또 코드 작성 시 메서드의 순서가 강제돼 있는 것이 아니기 때문에 사람이 읽기가 매우 어렵다. 물론 생명주기 메서드는 실행되는 순서가 있지만 클래스에 작성할 때는 메서드의 순서를 맞춰줘야 하는 것은 아니기 때문에 주의를 기울이지 않는다면 생명주기 메서드의 순서와 상관없이 코드가 작성돼 있을 수 있다. 즉, 코드를 읽는 과정에서는 제아무리 숙련된 개발자라도 state가 어떤 식의 흐름으로 변경돼서 렌더링이 일어나는지 혹은 일어나지 않는지를 판단하기 어렵다.

- 애플리케이션 내부 로직의 재사용이 어렵다: 컴포넌트 간에 중복되는 로직이 있고, 이를 재사용하고 싶다고 가정해 보자. 여기서 우리가 사용할 수 있는 것은 컴포넌트를 또 다른 고차 컴포넌트(Higher Order Component)로 감싸거나, props 를 넘겨주는 방식이 있을 것이다. 그러나 모두 심각한 단점이 있는데, 공통 로직이 많아질수록 이를 감싸는 고차 컴포넌트 내지는 props가 많아지는 래퍼 지옥(wrapper hell)에 빠져들 위험성이 커진다는 점이다. 애플리케이션의 규모가 커질수록 재사용할 로직도 많아지는데, 이를 클래스 컴포넌트 환경에서 매끄럽게 처리하기란 쉽지 않다. 물론 extends PureComponent와 같이 컴포넌트를 상속해서 중복 코드를 관리할 수도 있지만, 이 역시 상속되고 있는 클래스의 흐름을 쫓아야 하기 때문에 복잡도가 증가하고 코드의 흐름을 좇기가 쉽지 않다.

- 기능이 많아질수록 컴포넌트의 크기가 커진다: 컴포넌트 내부에 로직이 많아질수록, 또 내부에서 처리하는 데이터 흐름이 복잡해져 생명주기 메서드 사용이 잦아지는 경우 컴포넌트의 크기가 기하급수적으로 커지는 문제가 발생한다.

- 클래스는 함수에 비해 상대적으로 어렵다: 프로토타입 기반의 언어인 자바스크립트의 특징으로 인해 클래스는 비교적 뒤늦게 나온 개념이라, 많은 자바스크립트 개발자는 클래스보다는 함수에 더 익숙하다. 그리고 자바스크립트 환경에서는 함수에 비해 클래스의 사용이 비교적 어렵고 일반적이지 않다. 대부분의 언어와 다르게 작동하는 this를 비롯한 자바스크립트의 작동 방식은 클래스 컴포넌트를 처음 접하는 사람, 자바스크립트를 조금 해본 사람도 모두 혼란에 빠지게 할 수 있다.

- 코드 크기를 최적화하기 어렵다: 클래스 컴포넌트는 최종 결과물인 번들 크기를 줄이는 데도 어려움을 겪는다. 다음 예제 코드를 보자.

```tsx
import React from 'react'

interface State {
  count: number
}

type Props = Record<string, never>

export class ReactPureComponent extends React.PureComponent<Props, State> {
  private constructor(props: Props) {
    super(props)
    this.state = {
      count: 1,
    }
  }

  private handleClick = () => {
    console.log('handleClick!') // eslint-disable-line no-console

    this.setState({ count: 1 })
  }

  private handleChange = () => {
    console.log('handleChanged!') // eslint-disable-line no-console
  }

  public render() {
    return (
      <h1>
        ReactPureComponent: {this.state.count}{' '}
        <button onClick={this.handleClick}>+</button>
      </h1>
    )
  }
}
```

이 예제는 PureComponent로, handleClick과 handleChange가 존재하는데, handleChange는 어디에서도 사용되고 있지 않다. 그리고 이를 빌드한 결과물을 살펴보자.

**[코드 2.13]** 클래스 컴포넌트와 그 빌드 결과

```
// ...
function u(e) {
  var n
  return (
    (function (e, n) {
      if (!(e instanceof n))
        throw new TypeError('Cannot call a class as a function')
    })(this, u),
    ((n = o.call(this, e)).handleClick = function () {
      console.log('handleClick!'),
        n.setState({
          count: 1,
        })
    }),
    (n.handleChange = function () {
      console.log('handleChanged!')
    }),
    (n.state = {
      count: 1,
    }),
    n
  )
}
// ...
```

handleChange와 handleClick의 이름이 최소화(minified)되지 않았고, 사용하지 않는 메서드인 handleChange도 트리 쉐이킹이 되지 않고, 번들에 그대로 포함되는 것을 볼 수 있다. 즉, 클래스 컴포넌트는 번들링을 최적화하기에 불리한 조건임을 알 수 있다.

- 핫 리로딩을 하는 데 상대적으로 불리하다: 핫 리로딩(hot reloading)이란 코드에 변경 사항이 발생했을 때 앱을 다시 시작하지 않고서도 해당 변경된 코드만 업데이트해 변경 사항을 빠르게 적용하는 기법을 말한다. 흔히 이 기능은 빌드해서 실행하는 게 아닌 개발 단계에서 많이 사용된다. 애플리케이션을 실행한 채로 코드의 수정 내용이 바로 바로 반영되는 것이 핫 리로딩 덕분이다. 이 핫 리로딩의 관점에서도 클래스 컴포넌트가 불리한 점이 있다. 다음 코드를 보자.

```
import { PureComponent, useState } from 'react'

function FunctionalComponent() {
  const [count, setCount] = useState(0)
```

```
function handleClick() {
  setCount((prev) => prev + 1)
}

return (
  <>
    <button onClick={handleClick}>{count} + </button>
  </>
)
}

class ClassComponent extends PureComponent<{}, { count: number }> {
  constructor(props: {}) {
    super(props)
    this.state = {
      count: 0,
    }
  }

  handleClick = () => {
    this.setState((prev) => ({ count: prev.count + 1 }))
  }

  render() {
    return <button onClick={this.handleClick}>{this.state.count} + </button>
  }
}

export default function App() {
  return (
    <>
      <FunctionalComponent />
      <ClassComponent />
    </>
  )
}
```

예제에서는 count라는 state와 이 state를 1만큼 올려주는 핸들러로 구성된 완전히 동일한 기능을 하는 컴포넌트를 각각 함수 컴포넌트와 클래스 컴포넌트로 만들었다. 이 코드를 개발자 모드에서 실행한 뒤에 각각 return과 render 함수 내부를 수정하면 함수 컴포넌트는 핫 리로딩이 일어난 뒤에도 변경된 상태값이 유지되지만, 클래스 컴포넌트는 핫 리로딩이 일어나면 바로 다시 기본값인 0으로 돌아가는 것을 볼 수 있다. 클래스 컴포넌트는 최초 렌더링 시에 instance를 생성하고, 그 내부에서 state 값을 관리하는데, 이 instance 내부에 있는 render를 수정하게 되면 이를 반영할 수 있는 방법은 오직 instance를 새로 만드는 것뿐이다. 그리고 새롭게 만들어진 instance에서 값은 당연히 초기화될 수밖에 없다. 이에 반해 함수 컴포넌트는 state를 함수가 아닌 클로저에서 저장해 두므로 함수가 다시 실행돼도 해당 state를 잃지 않고 다시 보여 줄 수 있게 된다. 이에 대해서는 3.1절 '리액트의 모든 훅 파헤치기'에서 자세히 설명한다. 즉, 클래스 컴포넌트는 설계의 특성상 핫 리로딩에서 불리할 수밖에 없다.

앞서 언급한 이러한 다양한 클래스 컴포넌트의 한계를 극복하기 위해 리액트는 클래스 컴포넌트를 완전히 대신할 수 있도록 기존의 무상태 함수 컴포넌트에 상태를 더할 수 있는 훅을 출시해 함수 컴포넌트를 많은 사람들이 사용하게끔 유도한다.

## 2.3.2 함수 컴포넌트

함수 컴포넌트는 리액트 16.8 버전 이전에는 단순히 무상태 컴포넌트를 구현하기 위한 하나의 수단에 불과했지만 16.8에서 함수 컴포넌트에서 사용 가능한 훅이 등장하면서 리액트 개발자들에게 각광받고 있다. 함수 컴포넌트를 간단하게 살펴보자.

【코드 2.14】아주 간단한 함수 컴포넌트 예제

```
import { useState } from 'react'

type SampleProps = {
  required?: boolean
  text: string
}

export function SampleComponent({ required, text }: SampleProps) {
  const [count, setCount] = useState<number>(0)
  const [isLimited, setIsLimited] = useState<boolean>(false)

  function handleClick() {
    const newValue = count + 1
    setCount(newValue)
    setIsLimited(newValue >= 10)
  }

  return (
    <h2>
```

```
   Sample Component
   <div>{required ? '필수' : '필수 아님'}</div>
   <div>문자: {text}</div>
   <div>count: {count}</div>
   <button onClick={handleClick} disabled={isLimited}>
     증가
   </button>
  </h2>
 )
}
```

앞선 예제의 클래스 컴포넌트와 완전히 동일한 결과물을 함수 컴포넌트 방식으로 구현해 봤다. 클래스 컴포넌트와 비교했을 때 확실히 여러모로 간결해진 것을 알 수 있다. render 내부에서 필요한 함수를 선언할 때 this 바인딩을 조심할 필요도 없으며, state는 객체가 아닌 각각의 원시값으로 관리되어 훨씬 사용하기가 편해졌다. 물론 state는 객체도 관리할 수 있다. 렌더링하는 코드인 return에서도 굳이 this를 사용하지 않더라도 props와 state에 접근할 수 있게 됐다.

이제부터 본격적으로 함수 컴포넌트와 클래스 컴포넌트의 차이를 알아보자.

### 2.3.3 함수 컴포넌트 vs. 클래스 컴포넌트

비교적 과거부터 리액트 코드를 작성해 본 개발자라면 리액트 컴포넌트를 클래스 컴포넌트로 작성해본 경험이 있을 것이다. 리액트 16.8에서 훅이 등장하면서 함수 컴포넌트가 득세하게 됐고, 오래된 코드 내지는 특정한 경우가 아니라면 클래스 컴포넌트를 작성하는 경우는 점차 사라지고 있다. 그렇다면 클래스 컴포넌트와 함수 컴포넌트는 정확히 어떤 차이가 있을까? 또 클래스 컴포넌트는 꼭 함수 컴포넌트로 변경해야 할까? 둘 사이에 어떠한 차이점이 있는지 자세히 살펴보면서 이 질문의 답을 구해보자.

#### 생명주기 메서드의 부재

가장 눈에 띄는 차이점이자 많은 개발자들이 적응하지 못하는 부분은 클래스 컴포넌트의 생명주기 메서드가 함수 컴포넌트에서는 존재하지 않는다는 것이다. 그 이유는 함수 컴포넌트는 props를 받아 단순히 리액트 요소만 반환하는 함수인 반면, 클래스 컴포넌트는 render 메서드가 있는 React.Component를 상속받아 구현하는 자바스크립트 클래스이기 때문이다. 즉, 생명주기 메서드는 React.Component에서 오는 것이기 때문에 클래스 컴포넌트가 아닌 이상 생명주기 메서드를 더는 사용할 수 없다는 뜻이다.

반면 함수 컴포넌트는 useEffect 훅을 사용해 앞서 언급했던 생명주기 메서드인 componentDidMount, componentDidUpdate, componentWillUnmount를 비슷하게 구현할 수 있다. 이 문장에서 주목해야 할 사실은

'비슷'할 뿐이지 '똑같다'는 것이 아니라는 점이다. 즉, useEffect는 생명주기를 위한 훅이 아니다. useEffect는 컴포넌트의 state를 활용해 동기적으로 부수 효과를 만드는 메커니즘이다. 이에 대한 자세한 내용은 2.4절 '렌더링은 어떻게 일어나는가?'에서 본격적으로 다룬다.

## 함수 컴포넌트와 렌더링된 값

리액트 개발자 댄 아브라모프가 블로그에서 이야기한 유명한 내용 중 하나로, 함수 컴포넌트는 렌더링된 값을 고정하고, 클래스 컴포넌트는 그렇지 못하다는 사실이다. 과연 어떤 내용인지 살펴보자. 이후 내용은 블로그 글[13]을 요약한 것이다.

다음 예제를 살펴보자.

```
import React from 'react'

interface Props {
  user: string
}

// 함수 컴포넌트로 구현한 setTimeout 예제
export function FunctionalComponent(props: Props) {
  const showMessage = () => {
    alert('Hello ' + props.user)
  }

  const handleClick = () => {
    setTimeout(showMessage, 3000)
  }

  return <button onClick={handleClick}>Follow</button>
}

// 클래스 컴포넌트로 구현한 setTimeout 예제
export class ClassComponent extends React.Component<Props, {}> {
  private showMessage = () => {
    alert('Hello ' + this.props.user)
  }
```

---

13 https://overreacted.io/ko/how-are-function-components-different-from-classes/

```
  private handleClick = () => {
    setTimeout(this.showMessage, 3000)
  }

  public render() {
    return <button onClick={this.handleClick}>Follow</button>
  }
}
```

여기서 FunctionalComponent와 ClassComponent는 같은 작업을 하고 있다. handleClick을 클릭하면 3초 뒤에 props에 있는 user를 alert로 띄워준다. 만약 3초 사이에 props를 변경하면 어떻게 될까? 두 코드가 모두 동일하게 작동할 것 같지만 차이가 있다.

ClassComponent의 경우에는 3초 뒤에 변경된 props를 기준으로 메시지가 뜨고, FunctionalComponent는 클릭했던 시점의 props 값을 기준으로 메시지가 뜬다. 아무래도 FunctionalComponent 쪽이 일반적인 개발자가 의도한 방향일 것이다. 이러한 차이는 왜 발생하는 것일까?

클래스 컴포넌트는 props의 값을 항상 this로부터 가져온다. 클래스 컴포넌트의 props는 외부에서 변경되지 않는 이상 불변 값이지만 this가 가리키는 객체, 즉 컴포넌트의 인스턴스의 멤버는 변경 가능한(mutable) 값이다. 따라서 render 메서드를 비롯한 리액트의 생명주기 메서드가 변경된 값을 읽을 수 있게 된다. 따라서 이 경우 부모 컴포넌트가 props를 변경해 컴포넌트가 다시 렌더링됐다는 것은 this.props의 값이 변경된 것이다. 따라서 showMessage는 새로운 props의 값을 읽을 수 있게 된다.

이를 해결할 수 있는 방법은 크게 두 가지가 있다.

- this.props를 조금 더 일찍 부르고, 이를 함수의 인수로 넘기는 방법

```
class ClassComponent extends React.Component<Props, State> {
  private showMessage = (name: string) => {
    alert('Hello ' + name)
  }

  private handleClick = () => {
    const {
      props: { user },
    } = this
    setTimeout(() => this.showMessage(user), 3000)
  }
```

```
  public render() {
    return <button onClick={this.handleClick}>Follow</button>
  }
}
```

문제는 해결했지만 접근해야 하는 props와 state가 많아질수록 코드도 같이 복잡해진다. 또한 showMessage가 다른 메서드에 의존하게 된다면 더욱 복잡해질 것이다.

- render()에 필요한 값을 넣는 방법

render() 함수가 실행되는 순간에 모든 값을 미리 넣어둔다면 필요한 값을 원하는 때에 부르게 될 것이다.

```
class ClassComponent extends React.Component<Props, State> {
  render() {
    const props = this.props

    const showMessage = () => {
      alert('Hello ' + props.user)
    }

    const handleClick = () => {
      setTimeout(showMessage, 3000)
    }

    return <button onClick={handleClick}>Follow</button>
  }
}
```

그러나 이 방법은 어딘가 조금 이상하다. 이건 우리가 아는 클래스 컴포넌트 방식과 거리가 멀다. 무엇보다, 렌더링될 때마다 함수가 다시 생성되고 할당되기를 반복하기 때문에 성능에도 도움이 되지 않는다.

다시 함수 컴포넌트로 돌아와 보자.

```
function FunctionalComponent(props: Props) {
  const showMessage = () => {
    alert('Hello ' + props.user)
  }

  const handleClick = () => {
    setTimeout(showMessage, 3000)
  }
```

```
  return <button onClick={handleClick}>Follow</button>
}
```

this에 바인딩된 props를 사용하는 클래스 컴포넌트와 다르게, 함수 컴포넌트는 props를 인수로 받는다. 그리고 this와 다르게, props는 인수로 받기 때문에 컴포넌트는 그 값을 변경할 수 없고, 해당 값을 그대로 사용하게 된다. 그리고 이러한 특성은 state도 마찬가지다.

함수 컴포넌트는 렌더링이 일어날 때마다 그 순간의 값인 props와 state를 기준으로 렌더링된다. props와 state가 변경된다면, 다시 한 번 그 값을 기준으로 함수가 호출된다고 볼 수 있다. 반면 클래스 컴포넌트는 시간의 흐름에 따라 변화하는 this를 기준으로 렌더링이 일어난다.

### 클래스 컴포넌트를 공부해야 할까?

결론부터 이야기하자면 클래스 컴포넌트는 일단 사라질 계획(deprecated)은 없어 보인다.[14] 이미 16 버전까지 거쳐오면서 리액트 커뮤니티에는 엄청난 수의 클래스 컴포넌트가 만들어졌을 것이고, 이를 모두 함수 컴포넌트의 훅 기반으로 모두 이관하기란 쉽지 않을 것이다. 그리고 이는 리액트팀도 잘 알고 있기 때문에 클래스 컴포넌트를 종료시키는 결정을 내리긴 쉽지 않을 것이다.

만약 기존 클래스 컴포넌트 기반의 코드가 있는 상태고, 훅에 대한 경험도 충분히 쌓았으며, 이를 변경했을 때 발생할 수 있는 실수도 감지할 수 있는 시스템이 구축돼 있고, 여유도 충분하다면 클래스 컴포넌트를 함수 컴포넌트로 변경해 보는 것을 고려해 볼 만하다. 앞서 소개한 것처럼 클래스 컴포넌트 대비 함수 컴포넌트는 그만한 장점을 충분히 가지고 있다.

그렇지 않다면 굳이 클래스 컴포넌트를 함수 컴포넌트로 변경할 필요는 없어 보인다. 리액트 팀에서도 제거할 계획이 없고, 예제에서도 봤듯이 클래스 컴포넌트를 함수 컴포넌트로 변경하는 것은 단순히 코드를 옮기는 것 이상의 세심한 주의를 필요로 한다.

만약 이제 리액트를 배우기 시작했거나 새로운 리액트 프로젝트를 시작할 계획이라면 함수 컴포넌트로 작성하는 것이 당연히 좋다. 어느 정도 리액트에 익숙해졌다면 클래스 컴포넌트도 한 번쯤 공부해 볼 만하다. 리액트의 오랜 역사 동안 많은 코드들이 클래스 컴포넌트로 작성됐으며 이러한 흐름을 알기 위해서는 어느 정도의 클래스 컴포넌트에 대한 지식도 필요하다. 또한 앞서 봤듯이 일부 클래스 컴포넌트의 메서드, 특히 자식 컴포넌트에서 발생한 에러에 대한 처리는 현재 클래스 컴포넌트로만 가능하므로 에러 처리를 위해서라도 클래스 컴포넌트에 대한 지식은 어느 정도 필요하다고 볼 수 있다.

---

14 https://ko.reactjs.org/docs/hooks-intro.html#gradual-adoption-strategy

### 2.3.4 정리

지금까지 클래스 컴포넌트와 함수 컴포넌트의 정의와 특징, 그리고 역사를 살펴봤다. 2013년에 릴리스된 리액트는 그 역사 만큼이나 그동안 다양한 컴포넌트가 탄생했고, 숙련된 리액트 개발자가 되려면 그동안 리액트가 어떠한 고민을 통해 발전했는지 이해할 필요가 있다. 함수 컴포넌트를 기반으로 먼저 코드를 작성해 보면서 리액트를 익히고, 이후에 클래스 컴포넌트까지 익혀본다면 리액트를 매끄럽게 다루는 데에는 큰 문제가 없을 것이다.

## 2.4 렌더링은 어떻게 일어나는가?

프런트엔드에서 렌더링이라는 용어를 들었을 때 가장 먼저 떠오르는 것은 아마도 브라우저일 것이다. 브라우저에서의 렌더링이란 쉽게 말해 HTML과 CSS 리소스를 기반으로 웹페이지에 필요한 UI를 그리는 과정을 의미한다. 브라우저에서 사용자에게 보여줄 정보를 그리는 과정인 만큼 무엇보다도 중요하며 렌더링이 어떻게 이뤄지느냐에 따라 성능에도 큰 영향을 미친다. 그리고 리액트에도 렌더링이라는 과정이 존재한다. 리액트의 렌더링은 브라우저가 렌더링에 필요한 DOM 트리를 만드는 과정을 의미한다. 리액트도 브라우저와 마찬가지로 이 렌더링 작업을 위한 자체적인 렌더링 프로세스가 있으며, 이를 이해하는 것은 곧 리액트를 이해하는 첫걸음으로 볼 수 있다. 왜냐하면 리액트의 렌더링은 시간과 리소스를 소비해 수행되는 과정으로, 이 비용은 모두 웹 애플리케이션을 방문하는 사용자에게 청구되며, 시간이 길어지고 복잡해질수록 유저의 사용자 경험을 저해하기 때문이다. 따라서 리액트 개발자라면 렌더링이 어떻게, 왜, 어떤 순서로 일어나는지 알고 있어야 하며 이러한 렌더링 과정을 최소한으로 줄여야 한다.

이번 절에서는 리액트에서 렌더링이 어떻게 일어나는지 살펴보고, 리액트 프로그래밍을 할 때 주의해야 할 점도 알아본다.

### 2.4.1 리액트의 렌더링이란?

먼저 리액트에서 렌더링이 무엇을 의미하는지 명확히 정의할 필요가 있다. 렌더링은 브라우저에서도 사용되는 용어이므로 두 가지를 혼동해서 사용해서는 안 된다. 리액트에서의 렌더링이란 리액트 애플리케이션 트리 안에 있는 모든 컴포넌트들이 현재 자신들이 가지고 있는 props와 state의 값을 기반으로 어떻게 UI를 구성하고 이를 바탕으로 어떤 DOM 결과를 브라우저에 제공할 것인지 계산하는 일련의 과정을 의미한다. 만약 컴포넌트가 props와 state와 같은 상태값을 가지고 있지 않다면 오직 해당 컴포넌트가 반환하는 JSX 값에 기반해 렌더링이 일어나게 된다. 그럼 리액트에서는 언제 어떻게 렌더링이 일어나는지 본격적으로 살펴보자.

## 2.4.2 리액트의 렌더링이 일어나는 이유

리액트 렌더링의 정의에 대해 알아봤으니, 이제 본격적으로 렌더링에 대해 살펴보자. 렌더링 과정을 이해하는 것도 중요하지만 이보다 더 중요한 것은 렌더링이 언제 발생하느냐다. 리액트에서 렌더링이 발생하는 시나리오는 다음과 같다.

1. 최초 렌더링: 사용자가 처음 애플리케이션에 진입하면 당연히 렌더링해야 할 결과물이 필요하다. 리액트는 브라우저에 이 정보를 제공하기 위해 최초 렌더링을 수행한다.

2. 리렌더링: 리렌더링은 처음 애플리케이션에 진입했을 때 최초 렌더링이 발생한 이후로 발생하는 모든 렌더링을 의미한다. 리렌더링이 발생하는 경우는 다음과 같다.

   - 클래스 컴포넌트의 setState가 실행되는 경우: state의 변화는 컴포넌트 상태의 변화를 의미한다. 클래스 컴포넌트에서는 state의 변화를 setState 호출을 통해 수행하므로 리렌더링이 발생한다.

   - 클래스 컴포넌트의 forceUpdate가 실행되는 경우: 클래스 컴포넌트에서 렌더링을 수행하는 것은 인스턴스 메서드인 render다. 만약 이 render가 state나 props가 아닌 다른 값에 의존하고 있어 리렌더링을 자동으로 실행할 수 없을 경우 forceUpdate를 실행해 리렌더링을 일으킬 수 있다. 한 가지 주목할 점은 forceUpdate를 실행하면 개발자가 강제로 렌더링이 필요하다고 선언한 것으로 간주해 shouldComponentUpdate는 무시하고 건너뛴다는 것이다. 이는 자기 자신뿐만 아니라 하위 모든 컴포넌트에 적용된다. 한 가지 주의할 점은 render 내에서 forceUpdate()가 사용되면 무한 루프에 빠지므로 render 내부에서 사용하지 말아야 한다는 것이다.

   - 함수 컴포넌트의 useState()의 두 번째 배열 요소인 setter가 실행되는 경우: useState가 반환하는 배열의 두 번째 인수는 클래스 컴포넌트의 setState와 마찬가지로 state를 업데이트하는 함수다. 이 함수가 실행되면 렌더링이 일어난다.

   - 함수 컴포넌트의 useReducer()의 두 번째 배열 요소인 dispatch가 실행되는 경우: useReducer도 useState와 마찬가지로 상태와 이 상태를 업데이트하는 함수를 배열로 제공한다. 이 두 번째 배열 요소를 실행하면 컴포넌트의 렌더링이 일어난다.

   - 컴포넌트의 key props가 변경되는 경우: 리액트에서 key는 명시적으로 선언돼 있지 않더라도 모든 컴포넌트에서 사용할 수 있는 특수한 props다. 일반적으로 key는 다음과 같이 배열에서 하위 컴포넌트를 선언할 때 사용된다.

```
const arr = [1, 2, 3]

export default function App() {
  return (
    <ul>
      {/* 키가 없다면 'Warning: Each child in a list should have a unique "key" prop'가 출력
된다.*/}
      {arr.map((index) => (
```

```
        <li key={index}>{index}</li>
      ))}
    </ul>
  )
}
```

리액트에서 배열에 key를 쓰지 않으면 콘솔에 경고가 출력되기 때문에 key를 유일한 값으로 추가하는 것이 일반적이지만 정작 왜 추가해야 하는지는 모르는 경우가 많다. 왜 key가 필요할까?

리액트에서 key는 리렌더링이 발생하는 동안 형제 요소들 사이에서 동일한 요소를 식별하는 값이다. 앞서 리액트 파이버 트리 구조를 떠올려보면 해당 트리 구조에서 형제 컴포넌트를 구별하기 위해 각자 sibling이라는 속성값을 사용했다. 동일한 자식 컴포넌트가 여러 개 있는 구조를 상상해 보자. 리렌더링이 발생하면 current 트리와 workInProgress 트리 사이에서 어떠한 컴포넌트가 변경이 있었는지 구별해야 하는데, 이 두 트리 사이에서 같은 컴포넌트인지를 구별하는 값이 바로 key다. 이 변경 사항을 구별하는 작업은 리렌더링이 필요한 컴포넌트를 최소화해야 하므로 반드시 필요한 작업이다. key가 존재한다면 두 트리 사이에서 동일한 key를 가지고 있는 컴포넌트는 이를 기준으로 구별할 수 있지만, 이 key가 없다면 단순히 파이버 내부의 sibling 인덱스만을 기준으로 판단하게 된다. 다음 코드를 살펴보자.

```
const Child = memo(() => {
  return <li>hello</li>
})

function List({ arr }: { arr: number[] }) {
  const [state, setState] = useState(0)

  function handleButtonClick() {
    setState((prev) => prev + 1)
  }

  return (
    <>
      <button onClick={handleButtonClick}>{state}+</button>

      <ul>
        {arr.map((_, index) => (
          <Child />
        ))}
      </ul>
    </>
  )
}
```

Child에 key가 없어서 경고문이 발생했지만 setState의 호출로 부모 컴포넌트인 List의 리렌더링이 발생해도 Child는 memo로 선언돼 있으므로 리렌더링이 발생하지 않는다. 결국 <Child />는 <Child key={index} />와 동일하게 작동한다.

만약 반대로 <Child key={Math.random()} />과 같이 렌더링할 때마다 변하는 임의의 값을 key에 넣는다고 가정해 보자. 이때는 리렌더링이 일어날 때마다 sibling 컴포넌트를 명확히 구분할 수 없으므로 Child는 memo로 선언됐더라도 매번 리렌더링이 일어나게 된다. 즉, key의 변화는 리렌더링을 야기한다. 이러한 특징을 이용하면 key를 활용해 강제로 리렌더링을 일으키는 것이 가능해진다.

- props가 변경되는 경우: 부모로부터 전달받는 값인 props가 달라지면 이를 사용하는 자식 컴포넌트에서도 변경이 필요하므로 리렌더링이 일어난다.

- 부모 컴포넌트가 렌더링될 경우: 한 가지 주의할 점은, **부모 컴포넌트가 리렌더링된다면 자식 컴포넌트도 무조건 리렌더링이 일어난다**는 것이다. 이에 대해서는 이후에 더 자세하게 다룬다.

리액트에서 렌더링이 일어나는 경우는 앞에서 나열한 시나리오뿐이다. 이 시나리오에 해당되지 않는 경우, 예를 들어 다음과 같이 useState 등으로 관리되지 않는 단순한 변수는 제아무리 변경된다 하더라도 리렌더링을 발생시키지 않아 변경된 값을 렌더링된 DOM에서 확인할 수 없다.

```
let index = 0

export default function App() {
  function handleButtonClick() {
    index += 1
  }
  return (
    <>
      <button onClick={handleButtonClick}>+</button>
      {/* 아무리 버튼을 눌러도 이 값은 계속 0에 머물러 있다.*/}
      {index}
    </>
  )
}
```

이러한 사실을 이해했다면 왜 mobx-react나 react-redux와 같은 리액트 패키지를 설치해야 하는지도 알 수 있게 된다. MobX와 Redux는 라이브러리 어디에선가 각자의 방법으로 상태를 관리해 주지만 이 상태 관리가 리액트의 리렌더링으로 이어지지는 않는다. 각각 mobx-react, react-redux가 앞선 라이브러리로부터 변경된 상태를 바탕으로 위에서 언급한 방법 중 하나를 사용해 리렌더링을 발생시키는 것이다. Recoil처럼 이러한 별도의 리액트 패키지가 없이도 상태 관리가 되는 라이브러리의 경우에는 내부에서 useState 등을 통해 리렌더링을 발생시킨다. 이 내용은 5.2절 '리액트 훅으로 시작하는 상태 관리'에서 다룬다.

## 2.4.3 리액트의 렌더링 프로세스

지금까지 리액트에서 언제 렌더링이 발생하는지 살펴봤다. 이제 본격적으로 렌더링이 어떤 과정을 거쳐 수행되는지 살펴보자. 렌더링 프로세스가 시작되면 리액트는 컴포넌트의 루트에서부터 차근차근 아래쪽으로 내려가면서 업데이트가 필요하다고 지정돼 있는 모든 컴포넌트를 찾는다. 만약 여기서 업데이트가 필요하다고 지정돼 있는 컴포넌트를 발견하면 클래스 컴포넌트의 경우에는 클래스 내부의 render() 함수를 실행하게 되고, 함수 컴포넌트의 경우에는 FunctionComponent() 그 자체를 호출한 뒤에, 그 결과물을 저장한다.

앞서 언급한 바와 같이 일반적으로 렌더링 결과물은 JSX 문법으로 구성돼 있고, 이것이 자바스크립트로 컴파일되면서 React.createElement()를 호출하는 구문으로 변환된다. 여기서 createElement는 브라우저의 UI 구조를 설명할 수 있는 일반적인 자바스크립트 객체를 반환한다. 다음 예제를 살펴보자.

```
function Hello() {
  return (
    <TestComponent a={35} b="yceffort">
      안녕하세요
    </TestComponent>
  )
}
```

위 JSX 문법은 다음과 같은 React.createElement를 호출해서 변환된다.

```
function Hello() {
  return React.createElement(
    TestComponent,
    { a: 35, b: 'yceffort' },
    '안녕하세요',
  )
}
```

결과물은 다음과 같다.

```
{type: TestComponent, props: {a: 35, b: "yceffort", children: "안녕하세요"}}
```

렌더링 프로세스가 실행되면서 이런 과정을 거쳐 각 컴포넌트의 렌더링 결과물을 수집한 다음, 리액트의 새로운 트리인 가상 DOM과 비교해 실제 DOM에 반영하기 위한 모든 변경 사항을 차례차례 수집한다.

이렇게 계산하는 과정을 바로 2.2절 '가상 DOM과 리액트 파이버'에서 다뤘던 리액트의 재조정 (Reconciliation)이라고 한다. 이러한 재조정 과정이 모두 끝나면 모든 변경 사항을 하나의 동기 시퀀스로 DOM에 적용해 변경된 결과물이 보이게 된다.

여기서 한 가지 주목해야 할 것은 리액트의 렌더링은 렌더 단계와 커밋 단계라는 총 두 단계로 분리되어 실행된다는 것이다. 이번에는 렌더 단계와 커밋 단계에서 어떠한 일이 벌어지는지 살펴보자.

## 2.4.4 렌더와 커밋

먼저 렌더 단계에 대해 알아보자. 렌더 단계(Render Phase)는 컴포넌트를 렌더링하고 변경 사항을 계산하는 모든 작업을 말한다. 즉, 렌더링 프로세스에서 컴포넌트를 실행해(render() 또는 return) 이 결과와 이전 가상 DOM을 비교하는 과정을 거쳐 변경이 필요한 컴포넌트를 체크하는 단계다. 여기서 비교하는 것은 크게 세 가지로, type, props, key다. 이 세 가지 중 하나라도 변경된 것이 있으면 변경이 필요한 컴포넌트로 체크해 둔다.

그다음으로 커밋 단계(Commit Phase)는 렌더 단계의 변경 사항을 실제 DOM에 적용해 사용자에게 보여주는 과정을 말한다. 이 단계가 끝나야 비로소 브라우저의 렌더링이 발생한다.

리액트가 먼저 DOM을 커밋 단계에서 업데이트한다면 이렇게 만들어진 모든 DOM 노드 및 인스턴스를 가리키도록 리액트 내부의 참조를 업데이트한다. 그다음, 생명주기 개념이 있는 클래스 컴포넌트에서는 componentDidMount, componentDidUpdate 메서드를 호출하고, 함수 컴포넌트에서는 useLayoutEffect 훅을 호출한다.

여기서 알 수 있는 중요한 사실은 **리액트의 렌더링이 일어난다고 해서 무조건 DOM 업데이트가 일어나는 것은 아니라는 것이다.** 렌더링을 수행했으나 커밋 단계까지 갈 필요가 없다면, 즉 변경 사항을 계산했는데 아무런 변경 사항이 감지되지 않는다면 이 커밋 단계는 생략될 수 있다. 즉 리액트의 렌더링은 꼭 가시적인 변경이 일어나지 않아도 발생할 수 있다. 렌더링 과정 중 첫 번째 단계인 렌더 단계에서 변경 사항을 감지할 수 없다면 커밋 단계가 생략되어 브라우저의 DOM 업데이트가 일어나지 않을 수 있다.

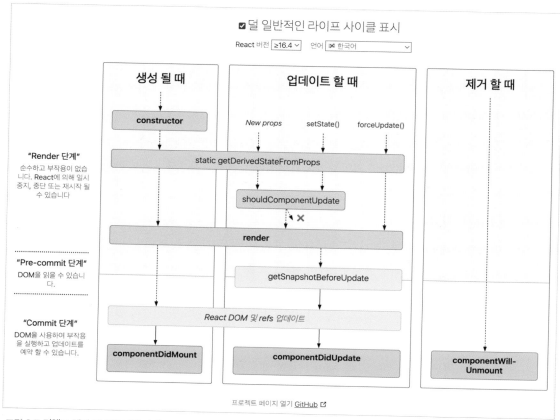

그림 2.7 리액트 렌더 단계와 커밋 단계에서 어떤 일이 일어나는지 보여주는 다이어그램. 비록 클래스 컴포넌트만을 기준으로 작성돼 있지만 전체적인 렌더링 단계를 이해하는 데 도움이 될 것이다.[15]

이 두 가지 과정으로 이뤄진 리액트의 렌더링은 항상 동기식으로 작동했다. 따라서 렌더링 과정이 길어질수록 애플리케이션의 성능 저하로 이어지고, 결과적으로 그 시간만큼 브라우저의 다른 작업을 지연시킬 가능성이 있다. 이는 사실 렌더링 프로세스의 특징을 생각해 보면 당연한 것이다. 렌더링이 순차적인 동기 방식이 아니라 순서가 보장되지 않는 비동기 방식으로 이뤄질 경우 사용자는 하나의 상태에 대해 여러 가지 다른 UI를 보게 될 것이다. A라는 상태가 변경되면 B와 C가 각각 B1, C1이 되어야 하는데, A가 변경됐음에도 하나의 컴포넌트가 뒤늦게 변경되어 B, C1 상태로 남아있다고 가정해 보자. 이는 사용자에게 혼란을 줄 수 있다.

그럼에도 이러한 비동기 렌더링 시나리오는 몇 가지 상황에서 유효할 수도 있다. B의 컴포넌트 렌더링 작업이 무거워 상대적으로 빠르게 렌더링할 수 있는 C라도 변경해서 보여줄 수 있다면? 의도된 우선순위로 컴포넌트를 렌더링해 최적화할 수 있는 비동기 렌더링, 이른바 동시성 렌더링이 리액트 18에서 도입됐다. 이 동

---

15  https://projects.wojtekmaj.pl/react-lifecycle-methods-diagram

시성 렌더링은 렌더링 중 렌더 단계가 비동기로 작동해 특정 렌더링의 우선순위를 낮추거나, 필요하다면 중단하거나 재시작하거나, 경우에 따라서는 포기할 수도 있다. 이를 통해 브라우저의 동기 작업을 차단하지 않고 백그라운드에서 새로운 리액트 트리를 준비할 수도 있으므로 사용자는 더욱 매끄러운 사용자 경험을 누릴 수 있다. 이에 대한 자세한 내용은 10.2절 '리액트 18 버전 살펴보기'에서 다룬다.

## 2.4.5 일반적인 렌더링 시나리오 살펴보기

지금까지 리액트의 렌더링이 어떠한 과정을 거쳐 실행되는지 살펴봤다. 지금까지 언급한 내용을 바탕으로 예제 리액트 코드를 살펴보면서 리액트의 렌더링이 어떻게 일어나는지 살펴보자.

【코드 2.15】 리액트 컴포넌트 트리의 렌더링 과정을 살펴보기 위한 예제

```
import { useState } from 'react'

export default function A() {
  return (
    <div className="App">
      <h1>Hello React!</h1>
      <B />
    </div>
  )
}

function B() {
  const [counter, setCounter] = useState(0)

  function handleButtonClick() {
    setCounter((previous) => previous + 1)
  }

  return (
    <>
      <label>
        <C number={counter} />
      </label>
      <button onClick={handleButtonClick}>+</button>
    </>
  )
}
```

```
function C({ number }) {
  return (
    <div>
      {number} <D />
    </div>
  )
}

function D() {
  return <>리액트 재밌다!</>
}
```

예제 코드에는 A, B, C, D라는 이름을 가진 총 4개의 컴포넌트가 있으며, 순서에 따라 부모와 자식 관계를 가지고 있는 일반적인 리액트 웹 애플리케이션의 모습을 띠고 있다. 그리고 사용자가 B 컴포넌트의 버튼을 눌러 counter 변수를 업데이트한다고 가정해 보자. 그 순간 리액트에서는 다음과 같은 순서로 렌더링이 일어난다.

그림 2.8 리액트 개발 도구(React Dev Tools)로 예제 애플리케이션의 숫자 증가 버튼을 눌렀을 때 발생하는 렌더링 과정을 캡처한 모습

1. B 컴포넌트의 setState가 호출된다.

2. B 컴포넌트의 리렌더링 작업이 렌더링 큐에 들어간다.

3. 리액트는 트리 최상단에서부터 렌더링 경로를 검사한다.

4. A 컴포넌트는 리렌더링이 필요한 컴포넌트로 표시돼 있지 않으므로 별다른 작업을 하지 않는다.

5. 그다음 하위 컴포넌트인 B 컴포넌트는 업데이트가 필요하다고 체크돼 있으므로 B를 리렌더링한다.

6. 5번 과정에서 B는 C를 반환했다.

7. C는 props인 number가 업데이트됐다. 그러므로 업데이트가 필요한 컴포넌트로 체크돼 있고 업데이트한다.

8. 7번 과정에서 C는 D를 반환했다.

9. D도 마찬가지로 업데이트가 필요한 컴포넌트로 체크되지 않았다. 그러나 C가 렌더링됐으므로 그 자식인 D도 렌더링됐다.

즉, 컴포넌트를 렌더링하는 작업은 별도로 렌더링을 피하기 위한 조치가 돼 있지 않는 한 하위 모든 컴포넌트에 영향을 미친다. 그리고 부모가 변경됐다면 props가 변경됐는지와 상관없이 무조건 자식 컴포넌트도 리렌더링된다.

상위 컴포넌트, 특히 루트에서 무언가 렌더링을 발생시키는 작업이 일어난다는 것은 하위 모든 컴포넌트의 리렌더링을 트리거한다는 뜻이다. 설계에 따라 다르겠지만 설령 이 작업이 하위 컴포넌트에 변경 사항을 야기하지 않더라도 리액트는 이와 상관없이 어쨌든 리렌더링 작업을 요청하고 비교 작업을 수행하므로 그만큼의 시간과 노력이 소요된다.

만약 D 컴포넌트에 memo를 추가하면 어떻게 될까?

```
// ...

const D = memo(() => {
  return <>리액트 재밌다!</>
```

```
})

//...
```

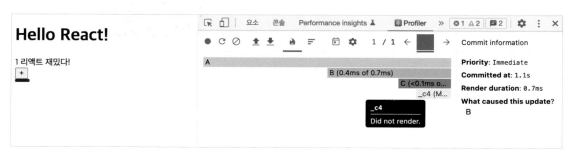

그림 2.9 memo를 추가하면 부모 컴포넌트가 변경돼도 렌더링되지 않는 것을 볼 수 있다.

동일하게 B 컴포넌트에서 상태값이 변경됐음에도 memo로 래핑돼 있어 렌더링이 일어나지 않았음을 알 수 있다. 리액트의 렌더링 단계에 기초해 정확하게 이야기한다면 렌더 단계에서 컴포넌트 비교를 거쳤지만 memo로 선언한 덕분에 props가 변경되지 않으면 렌더링이 생략되므로 커밋 단계도 생략된 것이다.

### 2.4.6 정리

지금까지 리액트에서 렌더링이 언제 어떻게 일어나는지, 또 렌더링이 어떤 과정을 거쳐서 브라우저의 결과물에 영향을 미치는지 살펴봤다. 리액트 애플리케이션을 만들어 본 경험이 있다 하더라도 리액트의 리렌더링 과정을 개발자 스스로가 주의 깊게 살펴보지 않았다면 꽤나 자주 렌더링이 일어난다는 사실을 눈치채지 못했을 것이다. 이번 기회를 토대로 state나 props 등의 변화가 리액트 애플리케이션 전반에 어떠한 영향을 미치는지 주의 깊게 살펴보길 바란다. 리액트에서 일어나는 렌더링 시나리오를 정확히 이해한다면 컴포넌트의 트리 구조를 개선하거나 불필요한 렌더링 횟수를 줄임으로써 성능 좋은 리액트 웹 애플리케이션을 만드는 데 많은 도움이 될 것이다.

## 2.5  컴포넌트와 함수의 무거운 연산을 기억해 두는 메모이제이션

리액트에서 제공하는 API 중 useMemo, useCallback 혹과 고차 컴포넌트인 memo는 리액트에서 발생하는 렌더링을 최소한으로 줄이기 위해서 제공된다. 많은 사람들이 이 세 가지가 모두 최적화 기법에 사용된다는 것은 알지만 정확히 언제 사용하는지에 대해서는 명확하게 답변하기 어려워한다. 이러한 메모이제이션 기법은 언제 사용하는 것이 좋을까? 렌더링이 자주 일어나는 컴포넌트? 렌더링이 자주 일어나는 컴포넌트를 어떻게 알 수 있을까? 코드를 꼼꼼히 읽어서 렌더링이 일어날 것 같은 영역에 모조리 추가할까? 아니면 의존성 배열이 생략된 useEffect를 모든 컴포넌트에 추가해서 실제로 렌더링이 돌아가는지 확인해 봐야 할까? 무거운 연산의 기준은 무엇일까? 실제로 코드를 작성할 때 함수의 실행 속도나 컴포넌트 렌더링 속도를 매번 계산하는 것이 좋은 걸까? 계산한다면 그 기준은 무엇일까? 이렇게 최적화에 대해 매번 고민할 바엔 그냥 모든 컴포넌트를 메모이제이션해 버리는 게 낫지 않을까? 함수 결과도 다 메모이제이션할까? 렌더링 비용과 메모이제이션 비용 중 어떤 게 더 비싼 걸까?

이러한 메모이제이션 최적화는 리액트 커뮤니티에서 오랜 논쟁 주제 중 하나로, 메모이제이션에 대한 이야기가 나올 때마다 갑론을박이 이어지고 있다. 이번 절에서는 각 진영의 주장('무조건 메모이제이션은 필요하다'와 '메모이제이션을 섣불리 해서는 안 된다')을 살펴보고, 현명하고 효율적으로 리액트에서 메모이제이션하는 법에 대해 알아보자.

## 2.5.1 주장 1: 섣부른 최적화는 독이다, 꼭 필요한 곳에만 메모이제이션을 추가하자

먼저 꼭 필요한 곳을 신중히 골라서 메모이제이션해야 한다는 입장이다. 메모이제이션도 어디까지나 비용이 드는 작업이므로 최적화에 대한 비용을 지불 할 때는 항상 신중해야 한다고 주장한다. 다음 코드를 보자.

```
function sum(a, b) {
  return a + b
}
```

위와 같이 매우 간단한 연산을 수행하는 함수가 있다고 가정해 보자. 이 결과를 메모이제이션해 두는 게 좋을까? 아니면 매번 새로운 계산을 하는 게 좋을까? sum(1, 1)의 결과를 저장해 두고 sum(1, 1)이 다시 실행될 때 메모리에서 그 값을 꺼내오는 게 나을까? 아니면 단순히 자바스크립트에 1+1을 실행시키는 게 나을까? 위 예제는 극단적이긴 하지만 대부분의 가벼운 작업 자체는 메모이제이션해서 자바스크립트 메모리 어딘가에 두었다가 그것을 다시 꺼내오는 것보다는 매번 이 작업을 수행해 결과를 반환하는 것이 더 빠를 수도 있다.

리액트와 자바스크립트의 입장에서 생각해 보자. 메모이제이션은 모든 것을 해결할 수 있는 마법과 같은 것일까? 그렇지 않다. 메모이제이션에도 비용이 든다. 값을 비교하고 렌더링 또는 재계산이 필요한지 확인하는 작업, 그리고 이전에 결과물을 저장해 두었다가 다시 꺼내와야 한다는 두 가지 비용이 있다. 과연 이 비용이 리렌더링 비용보다 저렴하다고 할 수 있을까? 그것은 상황에 따라 다를 것이다. 항상 메모이제이션은 신중하게 접근해야 하며 섣부른 최적화는 항상 경계해야 한다. (참고로 섣부른 최적화를 가리켜 영어권 커뮤니티에서는 'premature optimization' 또는 'premature memoization'이라고 한다.)

만약 이러한 비교와 렌더링이 문제가 됐다면 리액트에서는 진작에 모든 컴포넌트를 PureComponent로 만들었거나 memo로 감싸두는 작업을 했을 것이다. 그렇지 않고 이를 개발자에게 선택권으로 쥐어주었다는 것은 메모이제이션이 모든 문제를 해결할 수 있는 은탄환(silver bullet)이 아니라는 사실을 방증한다.

PureComponent와 관련해 리액트 개발자인 댄 아브라모프는 다음과 같이 트윗을 남긴 적이 있다.

> 아무 데서나 PureComponent를 쓰지 마세요.[16]
>
> 왜 모든 컴포넌트에 memo()를 기본값으로 사용하지 않나요? 그게 더 빠르지 않나요?
>
> 스스로에게 물어보세요.
>
> 왜 lodash의 모든 함수에 memoize()를 사용하지 않나요? 그게 더 빠르지 않나요? 혹시 벤치마크로 성능을 확인해 봐야 하지 않을까요?[17]

따라서 메모이제이션은 항상 어느 정도의 트레이드 오프가 있는 기법이라고 보는 것이 옳다. 이전 결과를 캐시로 저장해 미래에 더 나은 성능을 위해 메모리를 차례대로 점유하게 된다. 렌더링도 비용이지만 메모리에 저장하는 것도 마찬가지로 비용이다. 메모이제이션으로 인한 성능 개선이 렌더링보다 낫지 않다면 결국 안 하느니만 못하는 상황을 마주하게 되는 것이다.

그리고 한 가지 더, 리액트 공식 문서에 다음과 같은 내용도 나와 있다.

> useMemo는 성능 최적화를 위해 사용할 수는 있지만 의미상으로 그것이 보장된다고 생각하지는 마세요. 가까운 미래에 리액트에서는 이전에 메모이제이션된 값들의 일부를 "잊어버리고" 다음 렌더링 시에 그것들을 재계산하는 방향을 택할지도 모르겠습니다. 예를 들면, 오프스크린 컴포넌트의 메모리를 해제하는 등이 있을 수 있습니다. useMemo를 사용하지 않고도 작동할 수 있도록 코드를 작성하고 그것을 추가해 성능을 최적화하세요.[18]

리액트는 가능한 한 오랫동안 이 캐시 결과를 저장하려고는 하겠지만 미래의 어떤 경우에 따라서는 캐시가 무효화되는 경우도 있을 것이다. 이 문서에서 이야기하고 있는 것처럼 리액트가 useMemo를 언제까지고 성능 최적화를 위해 제공해 줄 것이라는 보장은 없다. 따라서 섣불리 최적화하는 것은 옳지 못하다.

그러므로 리액트에서 메모이제이션을 활용한 최적화는 신중을 기해야 한다. 미리 개발자가 렌더링이 많이 될 것 같은 부분을 예측해 메모이제이션하는, 이른바 섣부른 최적화는 옳지 못한 행동이다. 일단 애플리케이션을 어느 정도 만든 이후에 개발자 도구나 useEffect를 사용해 실제로 어떻게 렌더링이 일어나고 있는지 확인하고 필요한 곳에서만 최적화하는 것이 옳다.

---

16 https://twitter.com/dan_abramov/status/759383530120110080
17 https://twitter.com/dan_abramov/status/1083897065263034368
18 https://ko.reactjs.org/docs/hooks-reference.html#usememo

## 2.5.2 주장 2: 렌더링 과정의 비용은 비싸다, 모조리 메모이제이션해 버리자

섣부른 최적화의 옳고 그름을 이야기하기 전에, 먼저 두 가지 주장에서 모두 공통으로 깔고 가는 전제는 다음과 같다. 일부 컴포넌트에서는 메모이제이션을 하는 것이 성능에 도움이 된다. 섣부른 최적화인지 여부와는 관계없이, 만약 해당 컴포넌트가 렌더링이 자주 일어나며 그 렌더링 사이에 비싼 연산이 포함돼 있고, 심지어 그 컴포넌트가 자식 컴포넌트 또한 많이 가지고 있다면 memo나 다른 메모이제이션 방법을 사용하는 것이 이점이 있을 때가 분명히 있다.

그렇다면 우리에게는 두 가지 선택권이 있다.

- memo를 컴포넌트의 사용에 따라 잘 살펴보고 일부에만 적용하는 방법

- memo를 일단 그냥 다 적용하는 방법

첫 번째 경우는 앞선 주장에서 살펴봤던 것처럼 가장 이상적인 상황이다. 그러나 리액트 애플리케이션의 규모가 커지고, 개발자는 많아지고, 컴포넌트의 복잡성이 증가하는 상황에서도 전자의 기조를 유지할 수 있을까? 실무에 임하는 모든 개발자들은 생각보다 최적화나 성능 향상에 쏟을 시간이 많지 않다는 사실에 모두 공감할 것이다. 따라서 일단 memo로 감싼 뒤에 생각해 보는 건 어떨까? 이렇게 감싸는 것이 괜찮은지 생각해 보려면 잘못된 컴포넌트에 이뤄진 최적화, 즉 렌더링 비용이 저렴하거나 사실 별로 렌더링이 안 되는 컴포넌트에 memo를 썼을 때 역으로 지불해야 하는 비용을 생각해 보자.

잘못된 memo로 지불해야 하는 비용은 바로 props에 대한 얕은 비교가 발생하면서 지불해야 하는 비용이다. 메모이제이션을 위해서는 CPU와 메모리를 사용해 이전 렌더링 결과물을 저장해 둬야 하고, 리렌더링할 필요가 없다면 이전 결과물을 사용해야 한다. 그런데 이 작업을 어디서 들어본 적 있지 않은가? 리액트는 이전 렌더링 결과를 다음 렌더링과 구별하기 위해 저장해 둬야 한다. 그것이 기본적인 리액트의 재조정 알고리즘이기 때문이다. 즉, 어차피 리액트의 기본적인 알고리즘 때문에 이전 결과물은 어떻게든 저장해두고 있다. 따라서 우리가 memo로 지불해야 하는 비용은 props에 대한 얕은 비교뿐인 것이다. 물론 이 비용 또한 무시할 수 없다. props가 크고 복잡해진다면 이 비용 또한 커질 수 있다.

반면 memo를 하지 않았을 때 발생할 수 있는 문제는 다음과 같다.

- 렌더링을 함으로써 발생하는 비용

- 컴포넌트 내부의 복잡한 로직의 재실행

- 그리고 위 두 가지 모두가 모든 자식 컴포넌트에서 반복해서 일어남

- 리액트가 구 트리와 신규 트리를 비교

얼핏 살펴보더라도 memo를 하지 않았을 때 치러야 할 잠재적인 위험 비용이 더 크다는 사실을 알 수 있다.

memo를 알아봤으니, 이제 useMemo와 useCallback에 관해 이야기해 보자. useMemo와 useCallback을 사용해 의존성 배열을 비교하고, 필요에 따라 값을 재계산하는 과정과 이러한 처리 없이 값과 함수를 매번 재생성하는 비용 중에서 무엇이 더 저렴한지 매번 계산해야 한다. 그렇다면 이 또한 마찬가지로 무조건 메모이제이션하는 방법을 먼저 고민해 볼 필요가 있다. 리렌더링이 발생할 때 메모이제이션과 같은 별도 조치가 없다면 모든 객체는 재생성되고, 결과적으로 참조는 달라지게 된다. 이 달라진 참조에 대한 값을 어디서든 쓰지 않는다면 큰 문제가 되지 않을 수 있지만 이 값이 useEffect와 같은 의존성 배열에 쓰이면 어떻게 될까? 변경된 참조로 인해 다른 쪽에도 영향을 미칠 것이다. 다음 예제를 보자.

```
function useMath(number: number) {
  const [double, setDouble] = useState(0)
  const [triple, setTriple] = useState(0)

  useEffect(() => {
    setDouble(number * 2)
    setTriple(number * 3)
  }, [number])

  return { double, triple }
}

export default function App() {
  const [counter, setCounter] = useState(0)
  const value = useMath(10)

  useEffect(() => {
    console.log(value.double, value.triple)
  }, [value]) // 값이 실제로 변한 건 없는데 계속해서 console.log가 출력된다.

  function handleClick() {
    setCounter((prev) => prev + 1)
  }

  return (
    <>
      <h1>{counter}</h1>
      <button onClick={handleClick}>+</button>
    </>
```

```
  )
}
```

위 useMath 훅을 살펴보자. 이 훅은 인수로 넘겨주는 값이 변하지 않는 이상 같은 값을 가지고 있어야 하는데, 실제로 handleClick으로 렌더링을 강제로 일으켜 보면 console.log가 출력되는 것을 볼 수 있다. 왜 그럴까? 함수 컴포넌트인 App이 호출되면서 useMath가 계속해서 호출되고, 객체 내부의 값 같지만 참조가 변경되기 때문이다.

```
function useMath(number: number) {
  const [double, setDouble] = useState(0)
  const [triple, setTriple] = useState(0)

  useEffect(() => {
    setDouble(number * 2)
    setTriple(number * 3)
  }, [number])

  return useMemo(() => ({ double, triple }), [double, triple])
}
```

useMath의 반환값을 useMemo로 감싼다면 값이 변경되지 않는 한 같은 결과물을 가질 수 있고, 그 덕분에 사용하는 쪽에서도 참조의 투명성을 유지할 수 있게 된다. 즉, 메모이제이션은 컴포넌트 자신의 리렌더링뿐만 아니라 이를 사용하는 쪽에서도 변하지 않는 고정된 값을 사용할 수 있다는 믿음을 줄 수 있다.

정리하자면, 메모이제이션은 하지 않는 것보다 메모이제이션했을 때 더 많은 이점을 누릴 수 있다. 이것이 비록 섣부른 초기화라 할지라도 했을 때 누릴 수 있는 이점, 그리고 이를 실수로 빠트렸을 때 치러야 할 위험 비용이 더 크기 때문에 최적화에 대한 확신이 없다면 가능한 한 모든 곳에 메모이제이션을 활용한 최적화를 하는 것이 좋다.

### 2.5.3 결론 및 정리

리액트에서 메모이제이션에 대한 두 가지 의견을 살펴봤다. 두 의견 모두 메모이제이션이 리액트 애플리케이션에서 할 수 있는 성능 최적화라는 사실에 대해서는 이견이 없다. 다만 이를 어떤 식으로 얼마나 적용할 것인지에 대한 의견의 차이는 있다. 그럼 과연 무엇이 정답일까? 섣불리 명확한 정답을 말하기는 어렵겠지만 약간의 사견을 첨언해서 마무리 짓고자 한다.

먼저 아직 리액트를 배우고 있거나 혹은 리액트를 깊이 이해하고 싶고, 이를 위해 시간을 투자할 여유가 있다면 1번의 의견대로 섣부른 메모이제이션을 지양하는 자세를 견지하면서 실제 어느 지점에서 성능상 이점을 누릴 수 있는지 살펴보는 식으로 메모이제이션을 적용하는 것을 권장한다. 이 책의 후반부에는 단순히 렌더링이 되는지 여부를 확인하는 방법뿐만 아니라 실제로 크롬 메모리 프로파일러로 분석하면서 state나 props의 변화에 따라 크롬 내부에서 어떤 일이 일어나는지 확인할 수 있는 방법도 제공한다. 이러한 방법으로 실제 웹 애플리케이션 성능에 어떠한 영향을 미치는지 꼼꼼하게 살펴보자. 이는 리액트에 대한 이해도와 웹 애플리케이션에 대해 접근하는 관점을 넓히는 좋은 기회가 될 것이다.

만약 현업에서 리액트를 사용하고 있거나 실제로 다룰 예정이지만 성능에 대해 깊게 연구해 볼 시간적 여유가 없는 상황이라면 일단 의심스러운 곳에는 먼저 다 적용해 볼 것을 권장한다. 앞서 리액트 파이버에서의 작동과 흐름을 살펴봐서 알겠지만 lodash나 간단한 함수의 경우와는 다르게 일반적으로는 props에 대한 얕은 비교를 수행하는 것보다 리액트 컴포넌트의 결과물을 다시 계산하고 실제 DOM까지 비교하는 작업이 더 무겁고 비싸다. 조금이라도 로직이 들어간 컴포넌트는 메모이제이션이 성능 향상에 도움을 줄 가능성이 크다. useMemo와 useCallback 또한 마찬가지다. useCallback의 경우는 대부분 다른 컴포넌트의 props로 넘어가는 경우가 많을 것이다. 이 props로 넘어갔을 때 참조 투명성을 유지하기 위해서는 useCallback을 사용하는 것이 좋다. useMemo 또한 마찬가지다. props로 넘어가거나 이를 활용할 여지가 있다면 사용하는 것이 좋다. 성능에 대해서 지속적으로 모니터링하고 관찰하는 것보다 섣부른 메모이제이션 최적화가 주는 이점이 더 클 수 있다.

# 03 장

# 리액트 훅
# 깊게 살펴보기

함수 컴포넌트가 상태를 사용하거나 클래스 컴포넌트의 생명주기 메서드를 대체하는 등의 다양한 작업을 하기 위해 훅(hook)이라는 것이 추가됐다. 훅을 활용하면 클래스 컴포넌트가 아니더라도 리액트의 다양한 기능을 활용할 수 있다. 리액트에서 현재 사용 가능한 훅이 무엇이고, 어떻게 쓰이는지, 그리고 훅을 사용할 때 주의할 점은 무엇인지 확인해 보자.

## 3.1 리액트의 모든 훅 파헤치기

리액트 함수 컴포넌트에서 가장 중요한 개념은 바로 훅이다. 훅은 클래스 컴포넌트에서만 가능했던 state, ref 등 리액트의 핵심적인 기능을 함수에서도 가능하게 만들었고, 무엇보다 클래스 컴포넌트보다 간결하게 작성할 수 있어 훅이 등장한 이래로 대부분의 리액트 컴포넌트는 함수 컴포넌트로 작성되고 있을 정도로 많은 사랑을 받고 있다. 그러나 앞서 2.3절 '**클래스 컴포넌트와 함수 컴포넌트**'에서 본 것처럼 함수 컴포넌트와 클래스 컴포넌트에는 많은 차이가 있기 때문에 리액트로 웹서비스를 만드는 개발자라면 훅이 어떻게 동작하는지 이해할 필요가 있다. 본격적으로 리액트의 훅에 대해 알아보자.

### 3.1.1 useState

리액트에서 훅을 언급할 때 가장 먼저 떠올리는 것이 바로 useState다. useState는 함수 컴포넌트 내부에서 상태를 정의하고, 이 상태를 관리할 수 있게 해주는 훅이다.

## useState 구현 살펴보기

먼저 useState 훅의 기본적인 사용법을 살펴보자.

```
import { useState } from 'react'

const [state, setState] = useState(initialState)
```

useState의 인수로는 사용할 state의 초깃값을 넘겨준다. 아무런 값을 넘겨주지 않으면 초깃값은 undefined 다. useState 훅의 반환 값은 배열이며, 배열의 첫 번째 원소로 state 값 자체를 사용할 수 있고, 두 번째 원 소인 setState 함수를 사용해 해당 state의 값을 변경할 수 있다. 이제 이 훅이 어떻게 작동하는지를 본격적 으로 알아보자.

만약 useState를 사용하지 않고 함수 내부에서 자체적으로 변수를 사용해 상태값을 관리한다고 가정해 보자.

```
function Component() {
  let state = 'hello'

  function handleButtonClick() {
    state = 'hi'
  }

  return (
    <>
      <h1>{state}</h1>
      <button onClick={handleButtonClick}>hi</button>
    </>
  )
}
```

위 코드가 동작하지 않는 이유는 무엇일까? 앞서 리액트에서 렌더링이 어떻게 일어나는지 살펴본 내용을 다 시 한번 떠올려보면 리액트에서 렌더링은 함수 컴포넌트의 return과 클래스 컴포넌트의 render 함수를 실행 한 다음, 이 실행 결과를 이전의 리액트 트리와 비교해 리렌더링이 필요한 부분만 업데이트해 이뤄진다고 정 리했다. 그리고 리렌더링을 일으키는 방법에 대해서도 살펴봤는데, 위 코드에서는 리렌더링을 발생시키기 위 한 조건을 전혀 충족하지 못하고 있다. 그렇다면 다음과 같이 하면 어떨까?

```
function Component() {
  const [, triggerRender] = useState()
```

```
let state = 'hello'

function handleButtonClick() {
  state = 'hi'
  triggerRender()
}

return (
  <>
    <h1>{state}</h1>
    <button onClick={handleButtonClick}>hi</button>
  </>
)
}
```

useState 반환값의 두 번째 원소를 실행해 리액트에서 렌더링이 일어나게끔 변경했다. 그럼에도 여전히 버튼 클릭 시 state의 변경된 값이 렌더링되고 있지 않다. state가 업데이트되고 있는데 왜 렌더링이 되지 않을까? 그 이유는 리액트의 렌더링은 함수 컴포넌트에서 반환한 결과물인 return의 값을 비교해 실행되기 때문이다. 즉, 매번 렌더링이 발생될 때마다 함수는 다시 새롭게 실행되고, 새롭게 실행되는 함수에서 state는 매번 hello로 초기화되므로 아무리 state를 변경해도 다시 hello로 초기화되는 것이다.

지금까지는 이해할 수 있는 과정으로 보인다. 함수 컴포넌트는 매번 함수를 실행해 렌더링이 일어나고, 함수 내부의 값은 함수가 실행될 때마다 다시 초기화된다. 그렇다면 useState 훅의 결괏값은 어떻게 함수가 실행돼도 그 값을 유지하고 있을까?

리액트의 내부 구현을 하나도 모른다고 가정하고 useState가 어떤 구조를 가지고 있을지 상상해 보자.

```
function useState(initialValue) {
  let internalState = initialValue

  function setState(newValue) {
    internalState = newValue
  }

  return [internalState, setState]
}
```

그러나 이는 우리가 원하는 대로 작동하지 않는다.

```
const [value, setValue] = useState(0)
setValue(1)
console.log(value) // 0
```

이러한 결과가 발생하는 이유는 setValue로 값을 변경했음에도 이미 구조 분해 할당으로 state의 값, 즉 value를 이미 할당해 놓은 상태이기 때문에 혹 내부의 setState를 호출하더라도 변경된 새로운 값을 반환하지는 못한 것이다. 이를 해결하려면 먼저 state를 함수로 바꿔서 state의 값을 호출할 때마다 현재 state를 반환하게 하면 된다.

```
function useState(initialValue) {
  let internalState = initialValue

  function state() {
    return internalState
  }

  function setState(newValue) {
    internalState = newValue
  }

  return [state, setState]
}

const [value, setValue] = useState(0)
setValue(1)
console.log(value()) // 1
```

물론 이것은 우리가 사용하는 useState 훅의 모습과는 많이 동떨어져 있다. 우리는 state를 함수가 아닌 상수처럼 사용하고 있기 때문이다.

이를 해결하기 위해 리액트는 클로저를 이용했다. 여기서 클로저는 어떤 함수(useState) 내부에 선언된 함수(setState)가 함수의 실행이 종료된 이후에도(useState가 호출된 이후에도) 지역변수인 state를 계속 참조할 수 있다는 것을 의미한다.

그렇다면 실제로 useState는 어떤 형태로 구현돼 있을까? 다음 코드는 실제 리액트의 useState 코드가 아니라 작동 방식을 대략적으로 흉내 낸 코드다.

**[코드 3.16]** useState 내부의 모습을 구현한 모습

```
const MyReact = (function () {
  const global = {}
  let index = 0

  function useState(initialState) {
    if (!global.states) {
      // 애플리케이션 전체의 states 배열을 초기화한다.
      // 최초 접근이라면 빈 배열로 초기화한다.
      global.states = []
    }

    // states 정보를 조회해서 현재 상태값이 있는지 확인하고,
    // 없다면 초깃값으로 설정한다.
    const currentState = global.states[index] || initialState
    // states의 값을 위에서 조회한 현재 값으로 업데이트한다.
    global.states[index] = currentState

    // 즉시 실행 함수로 setter를 만든다.
    const setState = (function () {
      // 현재 index를 클로저로 가둬놔서 이후에도 계속해서 동일한 index에
      // 접근할 수 있도록 한다.
      let currentIndex = index
      return function (value) {
        global.states[currentIndex] = value
        // 컴포넌트를 렌더링한다. 실제로 컴포넌트를 렌더링하는 코드는 생략했다.
      }
    })()
    // useState를 쓸 때마다 index를 하나씩 추가한다. 이 index는 setState에서 사용된다.
    // 즉, 하나의 state마다 index가 할당돼 있어 그 index가 배열의 값(global.states)을
    // 가리키고 필요할 때마다 그 값을 가져오게 한다.
    index = index + 1

    return [currentState, setState]
  }

  // 실제 useState를 사용하는 컴포넌트
  function Component() {
    const [value, setValue] = useState(0)
    // ...
```

```
  }
})();
```

작동 자체만 구현했을 뿐, 실제 구현체와는 차이가 있다. 실제 리액트 코드에서는 useReducer를 이용해 구현돼 있다. useReducer와 useState는 크게 다르지 않은데, 이는 이후에 설명한다.

여기서 함수의 실행이 끝났음에도 함수가 선언된 환경을 기억할 수 있는 방법은 바로 1장에서 소개한 클로저다. 매번 실행되는 함수 컴포넌트 환경에서 state의 값을 유지하고 사용하기 위해서 리액트는 클로저를 활용하고 있다. 예제의 경우 MyReact라고 불리는 클로저 내부에 useState와 관련된 정보를 저장해 두고, 이를 필요할 때마다 꺼내놓는 형식으로 구성돼 있다.

> 📄 **실제 리액트 내부에서 훅은 어떻게 구성돼 있을까요?**
>
> 이에 대한 정보를 알려면 리액트 깃허브 저장소를 참고해야 하는데, 훅에 대한 구현체를 타고 올라가다 보면 __SECRET_ INTERNALS_DO_NOT_USE_OR_YOU_WILL_BE_FIRED라는 문구를 마주하게 된다.
>
> 이렇게 변수명을 무섭게 지은 이유는 일반 사용자의 접근을 차단하고, 나아가 실제 프로덕션 코드에서 사용하지 못하게 하기 위함으로 보인다. 실제로 여기에 접근하는 것을 리액트 팀에서도 권장하지 않는다. 이 변수에는 ReactSharedInternals라 불리는 내부 객체가 저장돼 있는 것으로 추정된다.[1]
>
> __SECRET_INTERNALS_DO_NOT_USE_OR_YOU_WILL_BE_FIRED는 리액트의 버전 관리 대상에서도 제외돼 있고, 앞서 언급한 것처럼 외부 사용자가 사용하거나 참고하는 것을 권장하지 않아 정확한 구현은 알기 어렵다. 대신 이번 장에서 훅에 대한 예제는 Preact의 구현을 기준으로 한다. Preact는 리액트의 경량화 버전으로, 대부분의 리액트 API를 지원하고 있으며 리액트보다 가볍다는 장점이 있으며 무엇보다 모든 코드를 명확하게 볼 수 있다.

이렇듯 useState는 자바스크립트의 특징 중 하나인 클로저에 의존해 구현돼 있을 것이라는 사실을 짐작해 볼 수 있다. 클로저를 사용함으로써 외부에 해당 값을 노출시키지 않고 오직 리액트에서만 쓸 수 있었고, 함수 컴포넌트가 매번 실행되더라도 useState에서 이전의 값을 정확하게 꺼내 쓸 수 있게 됐다.

## 게으른 초기화

일반적으로 useState에서 기본값을 선언하기 위해 useState() 인수로 원시값을 넣는 경우가 대부분일 것이다. 그러나 이 useState의 인수로 특정한 값을 넘기는 함수를 인수로 넣어줄 수도 있다. useState에 변수 대신 함수를 넘기는 것을 게으른 초기화(lazy initialization)라고 한다. 이 게으른 초기화가 무엇인지 살펴보자.

---

1 https://github.com/reactjs/reactjs.org/issues/3896#issuecomment-914036200

```
// 일반적인 useState 사용
// 바로 값을 집어넣는다.
const [count, setCount] = useState(
  Number.parseInt(window.localStorage.getItem(cacheKey)),
)

// 게으른 초기화
// 위 코드와의 차이점은 함수를 실행해 값을 반환한다는 것이다.
const [count, setCount] = useState(() =>
  Number.parseInt(window.localStorage.getItem(cacheKey)),
)
```

리액트 공식 문서[2]에서 이러한 게으른 초기화는 useState의 초깃값이 복잡하거나 무거운 연산을 포함하고 있을 때 사용하라고 돼 있다. 이 게으른 초기화 함수는 오로지 state가 처음 만들어질 때만 사용된다. 만약 이후에 리렌더링이 발생된다면 이 함수의 실행은 무시된다. 다음 예제를 보자.

```
import { useState } from 'react'

export default function App() {
  const [state, setState] = useState(() => {
    console.log('복잡한 연산...') // App 컴포넌트가 처음 구동될 때만 실행되고, 이후 리렌더링 시에는
실행되지 않는다.
    return 0
  })

  function handleClick() {
    setState((prev) => prev + 1)
  }

  return (
    <div>
      <h1>{state}</h1>
      <button onClick={handleClick}>+</button>
    </div>
  )
}
```

---

2  https://reactjs.org/docs/hooks-reference.html#lazy-initial-state

리액트에서는 렌더링이 실행될 때마다 함수 컴포넌트의 함수가 다시 실행된다는 점을 명심하자. 함수 컴포넌트의 useState의 값도 재실행된다. 물론 우리는 앞서 구현 예제를 통해 내부에는 클로저가 존재하며, 클로저를 통해 값을 가져오며 초깃값은 최초에만 사용된다는 것을 알고 있다. 만약 useState 인수로 자바스크립트에 많은 비용을 요구하는 작업이 들어가 있다면 이는 계속해서 실행될 위험이 존재할 것이다. 그러나 우려와는 다르게 useState 내부에 함수를 넣으면 이는 최초 렌더링 이후에는 실행되지 않고 최초의 state 값을 넣을 때만 실행된다.

만약 Number.parseInt(window.localStorage.getItem(cacheKey))와 같이 한 번 실행되는 데 어느 정도 비용이 드는 값이 있다고 가정해 보자. useState의 인수로 이 값 자체를 사용한다면 초깃값이 필요한 최초 렌더링과, 초깃값이 있어 더 이상 필요 없는 리렌더링 시에도 동일하게 계속 해당 값에 접근해서 낭비가 발생한다. 따라서 이런 경우에는 함수 형태로 인수에 넘겨주는 편이 훨씬 경제적일 것이다. 초깃값이 없다면 함수를 실행해 무거운 연산을 시도할 것이고, 이미 초깃값이 존재한다면 함수 실행을 하지 않고 기존 값을 사용할 것이다.

그렇다면 게으른 최적화는 언제 쓰는 것이 좋을까? 리액트에서는 무거운 연산이 요구될 때 사용하라고 한다. 즉, localStorage나 sessionStorage에 대한 접근, map, filter, find 같은 배열에 대한 접근, 혹은 초깃값 계산을 위해 함수 호출이 필요할 때와 같이 무거운 연산을 포함해 실행 비용이 많이 드는 경우에 게으른 초기화를 사용하는 것이 좋다.

## 3.1.2 useEffect

리액트 코드를 작성할 때 useState만큼이나 자주 쓰는 훅이 바로 useEffect다. 대부분의 개발자에게 useEffect의 정의에 대해 물어본다면 다음과 같은 답변을 들을 수 있을 것이다.

- useEffect는 두 개의 인수를 받는데, 첫 번째는 콜백, 두 번째는 의존성 배열이다. 이 두 번째 의존성 배열의 값이 변경되면 첫 번째 인수인 콜백을 실행한다.
- 클래스 컴포넌트의 생명주기 메서드와 비슷한 작동을 구현할 수 있다. 두 번째 의존성 배열에 빈 배열을 넣으면 컴포넌트가 마운트될 때만 실행된다.
- useEffect는 클린업 함수를 반환할 수 있는데, 이 클린업 함수는 컴포넌트가 언마운트될 때 실행된다.

이러한 useEffect에 대한 정의는 어느 정도 옳지만 완전히 정확하지는 않다. 그리고 useEffect는 자주 쓰지만 생각보다 사용하기 쉬운 훅이 아니다. 그리고 알려진 것처럼 생명주기 메서드를 대체하기 위해 만들어진 훅도 아니다. useEffect의 정의를 정확하게 내리자면 useEffect는 애플리케이션 내 컴포넌트의 여러 값들을 활용해 동기적으로 부수 효과를 만드는 메커니즘이다. 그리고 이 부수 효과가 '언제' 일어나는지보다 어떤 상태값과 함께 실행되는지 살펴보는 것이 중요하다.

지금부터 그것이 무엇을 의미하는지, 또 어떤 식으로 작성하고 주의해야 하는지 살펴보자.

## useEffect란?

먼저 useEffect의 일반적인 형태를 살펴보자.

```
function Component() {
  // ...
  useEffect(() => {
    // do something
  }, [props, state])
  // ...
}
```

첫 번째 인수로는 실행할 부수 효과가 포함된 함수를, 두 번째 인수로는 의존성 배열을 전달한다. 이 의존성 배열은 어느 정도 길이를 가진 배열일 수도, 아무런 값이 없는 빈 배열일 수도 있고, 배열 자체를 넣지 않고 생략할 수도 있다. 각각의 차이점은 잠시 후에 소개한다.

의존성 배열이 변경될 때마다 useEffect의 첫 번째 인수인 콜백을 실행한다는 것은 널리 알려진 사실이다. 하지만 useEffect는 어떻게 의존성 배열이 변경된 것을 알고 실행될까? 여기서 한 가지 기억해야 사실은 바로 함수 컴포넌트는 매번 함수를 실행해 렌더링을 수행한다는 것이다. 다음 예제 코드를 살펴보자.

```
function Component() {
  const [counter, setCounter] = useState(0)

  function handleClick() {
    setCounter((prev) => prev + 1)
  }

  return (
    <>
      <h1>{counter}</h1>
      <button onClick={handleClick}>+</button>
    </>
  )
}
```

버튼을 클릭하면 counter에 값을 1씩 올리는 평범한 컴포넌트다. 버튼을 클릭하면 이 함수 컴포넌트는 useState의 원리에 따라 다음과 같이 작동한다고 볼 수 있다.

```
function Component() {
  const counter = 1
  //...
  return (
    <>
      <h1>{counter}</h1>
      <button onClick={handleClick}>+</button>
    </>
  )
}
```

즉, 함수 컴포넌트는 렌더링 시마다 고유의 state와 props 값을 갖고 있다. 여기에 useEffect가 추가된다면 다음과 같은 형태가 된다.

```
function Component() {
  const counter = 1

  useEffect(() => {
    console.log(counter) // 1, 2, 3, 4....
  })
  //...
  return (
    <>
      <h1>{counter}</h1>
      <button onClick={handleClick}>+</button>
    </>
  )
}
```

useEffect는 자바스크립트의 proxy나 데이터 바인딩, 옵저버 같은 특별한 기능을 통해 값의 변화를 관찰하는 것이 아니고 렌더링할 때마다 의존성에 있는 값을 보면서 이 의존성의 값이 이전과 다른 게 하나라도 있으면 부수 효과를 실행하는 평범한 함수라 볼 수 있다. 따라서 useEffect는 state와 props의 변화 속에서 일어나는 렌더링 과정에서 실행되는 부수 효과 함수라고 볼 수 있다.

## 클린업 함수의 목적

그렇다면 이른바 클린업 함수라 불리는 useEffect 내에서 반환되는 함수는 정확히 무엇이고 어떤 일을 할까? 일반적으로 이 클린업 함수는 이벤트를 등록하고 지울 때 사용해야 한다고 알려져 있다. 다음 예제를 살펴보자.

```
import { useState, useEffect } from 'react'

export default function App() {
  const [counter, setCounter] = useState(0)

  function handleClick() {
    setCounter((prev) => prev + 1)
  }

  useEffect(() => {
    function addMouseEvent() {
      console.log(counter)
    }

    window.addEventListener('click', addMouseEvent)

    // 클린업 함수
    return () => {
      console.log('클린업 함수 실행!', counter)
      window.removeEventListener('click', addMouseEvent)
    }
  }, [counter])

  return (
    <>
      <h1>{counter}</h1>
      <button onClick={handleClick}>+</button>
    </>
  )
}
```

위 useEffect가 포함된 컴포넌트를 실행해 보면 다음과 같은 결과를 얻을 수 있다.

```
클린업 함수 실행! 0
1

클린업 함수 실행! 1
2

클린업 함수 실행! 2
3

클린업 함수 실행! 2
4

// ....
```

위 로그를 살펴보면 클린업 함수는 이전 counter 값, 즉 이전 state를 참조해 실행된다는 것을 알 수 있다. 클린업 함수는 새로운 값과 함께 렌더링된 뒤에 실행되기 때문에 위와 같은 메시지가 나타난다. 여기서 중요한 것은, 클린업 함수는 비록 새로운 값을 기반으로 렌더링 뒤에 실행되지만 이 변경된 값을 읽는 것이 아니라 함수가 정의됐을 당시에 선언됐던 이전 값을 보고 실행된다는 것이다. 이러한 사실을 코드로 직관적으로 표현하면 다음과 같다. 다음 코드는 렌더링이 수행될 때마다 counter가 어떤 값으로 선언돼 있는지 분명하게 보여준다.

```
// 최초 실행
useEffect(() => {
  function addMouseEvent() {
    console.log(1)
  }

  window.addEventListener('click', addMouseEvent)

  // 클린업 함수
  // 그리고 이 클린업 함수는 다음 렌더링이 끝난 뒤에 실행된다.
  return () => {
    console.log('클린업 함수 실행!', 1)
    window.removeEventListener('click', addMouseEvent)
  }
}, [counter])
//
// ...
```

```
// 이후 실행
useEffect(() => {
  function addMouseEvent() {
    console.log(2)
  }

  window.addEventListener('click', addMouseEvent)

  // 클린업 함수
  return () => {
    console.log('클린업 함수 실행!', 2)
    window.removeEventListener('click', addMouseEvent)
  }
}, [counter])
```

이 사실을 종합해 보면 왜 useEffect에 이벤트를 추가했을 때 클린업 함수에서 지워야 하는지 알 수 있다. 함수 컴포넌트의 useEffect는 그 콜백이 실행될 때마다 이전의 클린업 함수가 존재한다면 그 클린업 함수를 실행한 뒤에 콜백을 실행한다. 따라서 이벤트를 추가하기 전에 이전에 등록했던 이벤트 핸들러를 삭제하는 코드를 클린업 함수에 추가하는 것이다. 이렇게 함으로써 특정 이벤트의 핸들러가 무한히 추가되는 것을 방지할 수 있다.

이처럼 클린업 함수는 생명주기 메서드의 언마운트 개념과는 조금 차이가 있는 것을 볼 수 있다. 언마운트는 특정 컴포넌트가 DOM에서 사라진다는 것을 의미하는 클래스 컴포넌트의 용어다. 클린업 함수는 언마운트라기보다는 함수 컴포넌트가 리렌더링됐을 때 의존성 변화가 있었을 당시 이전의 값을 기준으로 실행되는, 말 그대로 이전 상태를 청소해 주는 개념으로 보는 것이 옳다.

## 의존성 배열

의존성 배열은 보통 빈 배열을 두거나, 아예 아무런 값도 넘기지 않거나, 혹은 사용자가 직접 원하는 값을 넣어줄 수 있다. 만약 빈 배열을 둔다면 리액트가 이 useEffect는 비교할 의존성이 없다고 판단해 최초 렌더링 직후에 실행된 다음부터는 더 이상 실행되지 않는다. 아무런 값도 넘겨주지 않는다면 이때는 의존성을 비교할 필요 없이 렌더링할 때마다 실행이 필요하다고 판단해 렌더링이 발생할 때마다 실행된다. 이는 보통 컴포넌트가 렌더링됐는지 확인하기 위한 방법으로 사용된다.

```
useEffect(() => {
  console.log('컴포넌트 렌더링됨')
})
```

위 코드처럼 구현해 둔다면 컴포넌트가 렌더링될 때마다 useEffect가 실행될 것이다. 만약 컴포넌트가 렌더링되는지 확인하고 싶다면 위와 같이 useEffect를 선언해 두면 된다.

그렇다면 한 가지 의문점이 든다. 의존성 배열이 없는 useEffect가 매 렌더링마다 실행된다면 그냥 useEffect 없이 써도 되는 게 아닐까?

```
// 1
function Component() {
  console.log('렌더링됨')
}

// 2
function Component() {
  useEffect(() => {
    console.log('렌더링됨')
  })
}
```

두 코드는 명백히 리액트에서 차이점을 지니고 있다. 차이점은 다음과 같다.

1. 이후에 소개할 서버 사이드 렌더링 관점에서 useEffect는 클라이언트 사이드에서 실행되는 것을 보장해 준다. useEffect 내부에서는 window 객체의 접근에 의존하는 코드를 사용해도 된다.

2. useEffect는 컴포넌트 렌더링의 부수 효과, 즉 컴포넌트의 렌더링이 완료된 이후에 실행된다. 반면 1번과 같이 함수 내부에서의 직접 실행은 컴포넌트가 렌더링되는 도중에 실행된다. 따라서 2번과는 달리 서버 사이드 렌더링의 경우에 서버에서도 실행된다. 그리고 이 작업은 함수 컴포넌트의 반환을 지연시키는 행위다. 즉, 무거운 작업일 경우 렌더링을 방해하므로 성능에 악영향을 미칠 수 있다.

useEffect의 effect는 컴포넌트의 사이드 이펙트, 즉 부수 효과를 의미한다는 것을 명심하자. useEffect는 컴포넌트가 렌더링된 후에 어떠한 부수 효과를 일으키고 싶을 때 사용하는 훅이다.

## useEffect의 구현

그렇다면 useEffect는 어떻게 구현돼 있을까? useState와 마찬가지로 리액트 코드를 직접 구현할 수는 없지만 대략적인 모습은 다음과 같이 상상해 볼 수 있다.

```
const MyReact = (function () {
  const global = {}
  let index = 0
```

```
function useEffect(callback, dependencies) {
  const hooks = global.hooks

  // 이전 훅 정보가 있는지 확인한다.
  let previousDependencies = hooks[index]

  // 변경됐는지 확인
  // 이전 값이 있다면 이전 값을 얕은 비교로 비교해 변경이 일어났는지 확인한다.
  // 이전 값이 없다면 최초 실행이므로 변경이 일어난 것으로 간주해 실행을 유도한다.
  let isDependenciesChanged = previousDependencies
    ? dependencies.some(
        (value, idx) => !Object.is(value, previousDependencies[idx]),
      )
    : true

  // 변경이 일어났다면 첫 번째 인수인 콜백 함수를 실행한다.
  if (isDependenciesChanged) {
    callback()

    // 다음 훅이 일어날 때를 대비하기 위해 index를 추가한다.
    index++

    // 현재 의존성을 훅에 다시 저장한다.
    hooks[index] = dependencies
  }

  return { useEffect }
})()
```

핵심은 의존성 배열의 이전 값과 현재 값의 얕은 비교다. 1.1.4절에서 언급한 것처럼 리액트는 값을 비교할 때 Object.is를 기반으로 하는 얕은 비교를 수행한다. 이전 의존성 배열과 현재 의존성 배열의 값에 하나라도 변경 사항이 있다면 callback으로 선언한 부수 효과를 실행한다. 이것이 useEffect의 본질이다.

## useEffect를 사용할 때 주의할 점

useEffect는 리액트 코드를 작성할 때 가장 많이 사용하는 훅이면서 가장 주의해야 할 훅이기도 하다. useEffect를 잘못 사용하면 예기치 못한 버그가 발생할 수 있으며, 심한 경우 무한 루프에 빠지기도 한다. useEffect를 사용할 때 주의할 점은 무엇이 있는지 살펴보자.

## eslint-disable-line react-hooks/exhaustive-deps 주석은 최대한 자제하라

리액트 코드를 읽다 보면 제법 심심치 않게 eslint-disable-line, react-hooks/exhaustive-deps 주석을 사용해 ESLint의 react-hooks/exhaustive-deps 룰에서 발생하는 경고를 무시하는 것을 볼 수 있다. 이 ESLint 룰은 useEffect 인수 내부에서 사용하는 값 중 의존성 배열에 포함돼 있지 않은 값이 있을 때 경고를 발생시킨다.

```
useEffect(() => {
  console.log(props)
}, []) // eslint-disable-line react-hooks/exhaustive-deps
```

정말로 필요한 때에는 사용할 수도 있지만 대부분의 경우에는 의도치 못한 버그를 만들 가능성이 큰 코드다. 이 코드를 사용하는 대부분의 예제가 빈 배열 []을 의존성으로 할 때, 즉 컴포넌트를 마운트하는 시점에만 무언가를 하고 싶다라는 의도로 작성하곤 한다. 그러나 이는 클래스 컴포넌트의 생명주기 메서드인 componentDidMount에 기반한 접근법으로, 가급적이면 사용해선 안 된다.

useEffect는 반드시 의존성 배열로 전달한 값의 변경에 의해 실행돼야 하는 훅이다. 그러나 의존성 배열을 넘기지 않은 채 콜백 함수 내부에서 특정 값을 사용한다는 것은, 이 부수 효과가 실제로 관찰해서 실행돼야 하는 값과는 별개로 작동한다는 것을 의미한다. 즉, 컴포넌트의 state, props와 같은 어떤 값의 변경과 useEffect의 부수 효과가 별개로 작동하게 된다는 것이다. useEffect에서 사용한 콜백 함수의 실행과 내부에서 사용한 값의 실제 변경 사이에 연결 고리가 끊어져 있는 것이다.

따라서 정말로 의존성으로 []가 필요하다면 최초에 함수 컴포넌트가 마운트됐을 시점에만 콜백 함수 실행이 필요한지를 다시 한번 되물어봐야 한다. 만약 정말 '그렇다'라고 하면 useEffect 내 부수 효과가 실행될 위치가 잘못됐을 가능성이 크다. 다음 예제를 보자.

```
function Component({ log }: { log: string }) {
  useEffect(() => {
    logging(log)
  }, []) // eslint-disable-line react-hooks/exhaustive-deps
}
```

위 코드는 log가 최초로 props로 넘어와서 컴포넌트가 최초로 렌더링된 시점에만 실행된다. 코드를 작성한 의도는 아마도 해당 컴포넌트가 최초로 렌더링됐을 때만 logging을 실행하고 싶어서일 것이다.

그러나 위 코드는 당장은 문제가 없을지라도 버그의 위험성을 안고 있다. log가 아무리 변하더라도 useEffect의 부수 효과는 실행되지 않고, useEffect의 흐름과 컴포넌트의 props.log의 흐름이 맞지 않게 된다.

따라서 앞에서 logging이라는 작업은 log를 props로 전달하는 부모 컴포넌트에서 실행되는 것이 옳을지도 모른다. 부모 컴포넌트에서 Component가 렌더링되는 시점을 결정하고 이에 맞게 log 값을 넘겨준다면 useEffect의 해당 주석을 제거해도 위 예제 코드와 동일한 결과를 만들 수 있고 Component의 부수 효과 흐름을 거스르지 않을 수 있다.

useEffect에 빈 배열을 넘기기 전에는 정말로 useEffect의 부수 효과가 컴포넌트의 상태와 별개로 작동해야만 하는지, 혹은 여기서 호출하는 게 최선인지 한 번 더 검토해 봐야 한다.

빈 배열이 아닐 때도 마찬가지다. 만약 특정 값을 사용하지만 해당 값의 변경 시점을 피할 목적이라면 메모이제이션을 적절히 활용해 해당 값의 변화를 막거나 적당한 실행 위치를 다시 한번 고민해 보는 것이 좋다.

### useEffect의 첫 번째 인수에 함수명을 부여하라

useEffect를 사용하는 많은 코드에서 useEffect의 첫 번째 인수로 익명 함수를 넘겨준다. 이는 리액트 공식 문서도 마찬가지다.

```
useEffect(() => {
  logging(user.id)
}, [user.id])
```

useEffect의 수가 적거나 복잡성이 낮다면 이러한 익명 함수를 사용해도 큰 문제는 없다. 그러나 useEffect의 코드가 복잡하고 많아질수록 무슨 일을 하는 useEffect 코드인지 파악하기 어려워진다. 이때 이 useEffect의 인수를 익명 함수가 아닌 적절한 이름을 사용한 기명 함수로 바꾸는 것이 좋다. 우리가 변수에 적절한 이름을 붙이는 이유는 해당 변수가 왜 만들어졌는지 파악하기 위함이다. useEffect도 마찬가지로 적절한 이름을 붙이면 해당 useEffect의 목적을 파악하기 쉬워진다.

```
useEffect(
  function logActiveUser() {
    logging(user.id)
  },
  [user.id],
)
```

함수명을 부여하는 것이 어색해 보일 수 있지만 useEffect의 목적을 명확히 하고 그 책임을 최소한으로 좁힌다는 점에서 굉장히 유용하다.

## 거대한 useEffect를 만들지 마라

useEffect는 의존성 배열을 바탕으로 렌더링 시 의존성이 변경될 때마다 부수 효과를 실행한다. 이 부수 효과의 크기가 커질수록 애플리케이션 성능에 악영향을 미친다. 비록 useEffect가 컴포넌트의 렌더링 이후에 실행되기 때문에 렌더링 작업에는 영향을 적게 미칠 수 있지만 여전히 자바스크립트 실행 성능에 영향을 미친다는 것은 변함없다. 가능한 한 useEffect는 간결하고 가볍게 유지하는 것이 좋다. 만약 부득이하게 큰 useEffect를 만들어야 한다면 적은 의존성 배열을 사용하는 여러 개의 useEffect로 분리하는 것이 좋다. 만약 의존성 배열이 너무 거대하고 관리하기 어려운 수준까지 이른다면 정확히 이 useEffect가 언제 발생하는지 알 수 없게 된다. 만약 의존성 배열에 불가피하게 여러 변수가 들어가야 하는 상황이라면 최대한 useCallback과 useMemo 등으로 사전에 정제한 내용들만 useEffect에 담아두는 것이 좋다. 이렇게 하면 언제 useEffect가 실행되는지 좀 더 명확하게 알 수 있다.

## 불필요한 외부 함수를 만들지 마라

useEffect의 크기가 작은 것과 같은 맥락에서 useEffect가 실행하는 콜백 또한 불필요하게 존재해서는 안 된다. 다음 코드를 보자.

```
function Component({ id }: { id: string }) {
  const [info, setInfo] = useState<number | null>(null)
  const controllerRef = useRef<AbortController | null>(null)
  const fetchInformation = useCallback(async (fetchId: string) => {
    controllerRef.current?.abort()
    controllerRef.current = new AbortController()

    const result = await fetchInfo(fetchId, { signal: controllerRef.signal })
    setInfo(await result.json())
  }, [])

  useEffect(() => {
    fetchInformation(id)
    return () => controllerRef.current?.abort()
  }, [id, fetchInformation])
  return <div>{/* 렌더링 */}</div>
}
```

이 컴포넌트는 props를 받아서 그 정보를 바탕으로 API 호출을 하는 useEffect를 가지고 있다. 그러나 useEffect 밖에서 함수를 선언하다 보니 불필요한 코드가 많아지고 가독성이 떨어졌다.

```
function Component({ id }: { id: string }) {
  const [info, setInfo] = useState<number | null>(null)

  useEffect(() => {
    const controller = new AbortController()

    ;(async () => {
      const result = await fetchInfo(id, { signal: controller.signal })
      setInfo(await result.json())
    })()

    return () => controller.abort()
  }, [id])
  return <div>{/* 렌더링 */}</div>
}
```

useEffect 외부에 있던 관련 함수를 내부로 가져왔더니 훨씬 간결한 모습이다. 불필요한 의존성 배열도 줄일 수 있었고, 또 무한루프에 빠지기 위해 넣었던 코드인 useCallback도 삭제할 수 있었다. useEffect 내에서 사용할 부수 효과라면 내부에서 만들어서 정의해서 사용하는 편이 훨씬 도움이 된다.

📄 **왜 useEffect의 콜백 인수로 비동기 함수를 바로 넣을 수 없을까?**

useEffect 내부에서 state를 결과에 따라 업데이트하는 로직이 있다고 가정해 보자. 만약 useEffect의 인수로 비동기 함수가 사용 가능하다면 비동기 함수의 응답 속도에 따라 결과가 이상하게 나타날 수 있다. 극단적인 예제로 이전 state 기반의 응답이 10초가 걸렸고, 이후 바뀐 state 기반의 응답이 1초 뒤에 왔다면 이전 state 기반으로 결과가 나와버리는 불상사가 생길 수 있다. 이러한 문제를 useEffect의 경쟁 상태(race condition)라고 한다.

```
useEffect(async () => {
  // useEffect에 async 함수를 넘겨주면 다음과 같은 에러가 발생한다.
  // Effect callbacks are synchronous to prevent race conditions.
  // Put the async function inside:
  const response = await fetch('http://some.data.com')
  const result = await response.json()
  setData(result)
}, [])
```

이러한 제약은 기술적인 문제가 있어서가 아니다. 그 이유는 useEffect에서 비동기로 함수를 호출할 경우 경쟁 상태가 발생할 수 있기 때문이다.

그렇다면 비동기 함수는 어떻게 실행할 수 있을까? 한 가지 유념해야 할 사실은 useEffect의 인수로 비동기 함수를 지정할 수 없는 것이지, 비동기 함수 실행 자체가 문제가 되는 것은 아니라는 사실이다. useEffect 내부에서 비동기 함수를 선언해 실행하거나, 즉시 실행 비동기 함수를 만들어서 사용하는 것은 가능하다.

```
useEffect(() => {
  let shouldIgnore = false

  async function fetchData() {
    const response = await fetch('http://some.data.com')
    const result = await response.json()
    if (!shouldIgnore) {
      setData(result)
    }
  }

  fetchData()

  return () => {
    // shouldIgnore를 이용해 useState의 두 번째 인수를 실행을 막는 것뿐만 아니라
    // AbortController를 활용해 직전 요청 자체를 취소하는 것도 좋은 방법이 될 수 있다.
    shouldIgnore = true
  }
}, [])
```

다만 비동기 함수가 내부에 존재하게 되면 useEffect 내부에서 비동기 함수가 생성되고 실행되는 것을 반복하므로 클린업 함수에서 이전 비동기 함수에 대한 처리를 추가하는 것이 좋다. fetch의 경우 abortController 등으로 이전 요청을 취소하는 것이 좋다.

즉, 비동기 useEffect는 state의 경쟁 상태를 야기할 수 있고 cleanup 함수의 실행 순서도 보장할 수 없기 때문에 개발자의 편의를 위해 useEffect에서 비동기 함수를 인수로 받지 않는다고 볼 수 있다.

## 3.1.3 useMemo

useMemo는 비용이 큰 연산에 대한 결과를 저장(메모이제이션)해 두고, 이 저장된 값을 반환하는 훅이다. 흔히 리액트에서 최적화를 떠올릴 때 가장 먼저 언급되는 훅이 바로 useMemo다.

```
import { useMemo } from 'react'

const memoizedValue = useMemo(() => expensiveComputation(a, b), [a, b])
```

첫 번째 인수로는 어떠한 값을 반환하는 생성 함수를, 두 번째 인수로는 해당 함수가 의존하는 값의 배열을 전달한다. useMemo는 렌더링 발생 시 의존성 배열의 값이 변경되지 않았으면 함수를 재실행하지 않고 이전에 기억해 둔 해당 값을 반환하고, 의존성 배열의 값이 변경됐다면 첫 번째 인수의 함수를 실행한 후에 그 값을 반환하고 그 값을 다시 기억해 둘 것이다. 이러한 메모이제이션은 단순히 값뿐만 아니라 컴포넌트도 가능하다.

**[코드 3.17] useMemo를 사용한 컴포넌트 메모이제이션**

```
function ExpensiveComponent({ value }) {
  useEffect(() => {
    console.log('rendering!')
  })
  return <span>{value + 1000}</span>
}

function App() {
  const [value, setValue] = useState(10)
  const [, triggerRendering] = useState(false)

  // 컴포넌트의 props를 기준으로 컴포넌트 자체를 메모이제이션했다.
  const MemoizedComponent = useMemo(
    () => <ExpensiveComponent value={value} />,
    [value],
  )

  function handleChange(e) {
    setValue(Number(e.target.value))
  }

  function handleClick() {
    triggerRendering((prev) => !prev)
  }

  return (
    <>
      <input value={value} onChange={handleChange} />
      <button onClick={handleClick}>렌더링 발생!</button>
      {MemoizedComponent}
    </>
  )
}
```

useMemo로 컴포넌트도 감쌀 수 있다. 물론 React.memo를 쓰는 것이 더 현명하다.

triggerRendering으로 컴포넌트 렌더링을 강제로 발생시켰지만 MemoizedComponent는 리렌더링되지 않는 것을 확인할 수 있다. MemoizedComponent는 의존성으로 선언된 value가 변경되지 않는 한 다시 계산되는 일은 없을 것이다. useMemo 등 메모이제이션을 활용하면 무거운 연산을 다시 수행하는 것을 막을 수 있다는 장점이 있다.

useMemo는 어떠한 값을 계산할 때 해당 값을 연산하는 데 비용이 많이 든다면 사용해 봄 직하다. 그러나 여기서 말하는 '비용이 많이 드는 연산'이란 정확히 무엇일까? 이 비용은 어떻게 측정할 수 있을까? 차라리 모든 값에 useMemo를 사용하면 어떨까? 이와 관련된 내용은 2.5절 '컴포넌트와 함수의 무거운 연산을 기억해 두는 메모이제이션'에서 다룬 바 있다.

## 3.1.4 useCallback

useMemo가 값을 기억했다면, useCallback은 인수로 넘겨받은 콜백 자체를 기억한다. 쉽게 말해 useCallback은 특정 함수를 새로 만들지 않고 다시 재사용한다는 의미다. 언뜻 보기엔 특정 함수를 재생성하지 않는다는 말이 이해하기 쉽지 않다. 이에 대한 이해를 돕기 위해 다음 예제를 살펴보자.

【코드 3.18】memo를 사용함에도 전체 자식 컴포넌트가 리렌더링되는 예제

```
const ChildComponent = memo(({ name, value, onChange }) => {
  // 렌더링이 수행되는지 확인하기 위해 넣었다.
  useEffect(() => {
    console.log('rendering!', name)
  })

  return (
    <>
      <h1>
        {name} {value ? '켜짐' : '꺼짐'}
      </h1>
      <button onClick={onChange}>toggle</button>
    </>
  )
})

function App() {
  const [status1, setStatus1] = useState(false)
  const [status2, setStatus2] = useState(false)
```

```
const toggle1 = () => {
  setStatus1(!status1)
}

const toggle2 = () => {
  setStatus2(!status2)
}

return (
  <>
    <ChildComponent name="1" value={status1} onChange={toggle1} />
    <ChildComponent name="2" value={status2} onChange={toggle2} />
  </>
)
}
```

memo를 사용해서 컴포넌트를 메모이제이션했지만 App의 자식 컴포넌트 전체가 렌더링되고 있다.

위 코드는 ChildComponent에 memo를 사용해 name, value, onChange의 값을 모두 기억하고, 이 값이 변경되지 않았을 때는 렌더링되지 않도록 작성된 코드다. 정상적인 흐름이라면 하나의 value 변경이 다른 컴포넌트에 영향을 미쳐서는 안 되고, 클릭할 때마다 하나의 컴포넌트만 렌더링되어야 한다. 그러나 어느 한 버튼을 클릭하면 클릭한 컴포넌트 외에도 클릭하지 않은 컴포넌트도 렌더링되는 것을 알 수 있다. 그 이유는 state 값이 바뀌면서 App 컴포넌트가 리렌더링되고, 그때마다 매번 onChange로 넘기는 함수가 재생성되고 있기 때문이다. 이는 크롬 메모리 프로필에서도 확인할 수 있다.

| 프로필 | 생성자 | | 거리 | 얕은 크기 | | 유지된 크기 | |
|---|---|---|---|---|---|---|---|
| | ▶ (compiled code) ×118 | | 9 | 22 232 | 0 % | 29 476 | 0 % |
| 힙 스냅샷 | ▶ (object shape) ×13 | | 3 | 3 228 | 0 % | 3 260 | 0 % |
| 스냅샷 1<br>33.6 MB | ▶ Object ×15 | | 4 | 432 | 0 % | 904 | 0 % |
| | ▶ (array) ×9 | | 8 | 492 | 0 % | 492 | 0 % |
| 스냅샷 2<br>33.7 MB  저장 | ▶ MessageEvent | | – | 284 | 0 % | 284 | 0 % |
| | ▶ Array ×9 | | 8 | 144 | 0 % | 184 | 0 % |
| 스냅샷 3<br>33.7 MB | ▼ (closure) ×5 | | 5 | 140 | 0 % | 180 | 0 % |
| | ▶ () @835549 □ | App.js? [sm]:14 | 9 | 28 | 0 % | 48 | 0 % |
| | ▶ () @835557 □ | App.js? [sm]:14 | 10 | 28 | 0 % | 48 | 0 % |
| | ▶ () @835517 □ | App.js? [sm]:33 | 9 | 28 | 0 % | 28 | 0 % |
| | ▶ toggle1() @835521 □ | App.js? [sm]:32 | 5 | 28 | 0 % | 28 | 0 % |
| | ▶ toggle2() @835525 □ | App.js? [sm]:36 | 6 | 28 | 0 % | 28 | 0 % |
| | ▶ Map | | 8 | 16 | 0 % | 92 | 0 % |
| | ▶ (number) ×7 | | 8 | 84 | 0 % | 84 | 0 % |
| | ▶ system / Context ×3 | | 6 | 64 | 0 % | 64 | 0 % |
| | ▶ (system) ×2 | | 2 | 32 | 0 % | 32 | 0 % |

그림 3.1 예제 코드를 실행한 뒤 확인한 자바스크립트 메모리 스냅샷

| 프로필 | 생성자 | 거리 | 얕은 크기 | | 유지된 크기 | |
|---|---|---|---|---|---|---|
| 힙 스냅샷 | ▶ (compiled code) ×65 | 9 | 8 512 | 0 % | 10 728 | 0 % |
| 스냅샷 1 33.6 MB | ▶ (object shape) ×13 | 3 | 3 228 | 0 % | 3 260 | 0 % |
| | ▶ Object ×16 | 4 | 464 | 0 % | 936 | 0 % |
| 스냅샷 2 33.7 MB | ▶ (array) ×9 | 8 | 492 | 0 % | 492 | 0 % |
| | ▶ MessageEvent | – | 284 | 0 % | 284 | 0 % |
| 스냅샷 3 33.7 MB  저장 | ▶ Array ×9 | 7 | 144 | 0 % | 184 | 0 % |
| | ▼ (closure) ×5 | 5 | 140 | 0 % | 180 | 0 % |
| |   ▶ () @835795   App.js? [sm]:14 | 9 | 28 | 0 % | 48 | 0 % |
| |   ▶ () @835823   App.js? [sm]:14 | 8 | 28 | 0 % | 48 | 0 % |
| |   ▶ () @835775   App.js? [sm]:33 | 9 | 28 | 0 % | 28 | 0 % |
| |   ▶ toggle1() @835777   App.js? [sm]:32 | 5 | 28 | 0 % | 28 | 0 % |
| |   ▶ toggle2() @835779   App.js? [sm]:36 | 6 | 28 | 0 % | 28 | 0 % |
| | ▶ Map | 8 | 16 | 0 % | 92 | 0 % |
| | ▶ system / Context ×3 | 6 | 64 | 0 % | 64 | 0 % |
| | ▶ (number) ×5 | 8 | 60 | 0 % | 60 | 0 % |
| | ▶ (system) ×2 | 2 | 32 | 0 % | 32 | 0 % |

그림 3.2 toggle1을 클릭한 후 확인한 자바스크립트 메모리 스냅샷. toggle1만 클릭했을 뿐인데 toggle1과 toggle2 모두 다른 포인터를 가리키는 것을 미루어 보아 함수가 매번 재생성되고 있음을 알 수 있다.

값의 메모이제이션을 위해 useMemo를 사용했다면, 함수의 메모이제이션을 위해 사용하는 것이 useCallback 이다. useCallback의 첫 번째 인수로 함수를, 두 번째 인수로 의존성 배열을 집어 넣으면 useMemo와 마찬가지로 의존성 배열이 변경되지 않는 한 함수를 재생성하지 않는다.

【코드 3.19】 이전 예제의 컴포넌트에 useCallback만 추가한 코드

```
const ChildComponent = memo(({ name, value, onChange }) => {
  useEffect(() => {
    console.log('rendering!', name)
  })

  return (
    <>
      <h1>
        {name} {value ? '켜짐' : '꺼짐'}
      </h1>
      <button onClick={onChange}>toggle</button>
    </>
  )
})

function App() {
  const [status1, setStatus1] = useState(false)
  const [status2, setStatus2] = useState(false)

  const toggle1 = useCallback(
```

```
  function toggle1() {
    setStatus1(!status1)
  },
  [status1],
)


const toggle2 = useCallback(
  function toggle2() {
    setStatus2(!status2)
  },
  [status2],
)


return (
  <>
    <ChildComponent name="1" value={status1} onChange={toggle1} />
    <ChildComponent name="2" value={status2} onChange={toggle2} />
  </>
  )
}
```

다시 한번 크롬 메모리 프로필에서 이를 확인해보자.

| | 생성자 | 거리 | 얕은 크기 | | 유지된 크기 | |
|---|---|---|---|---|---|---|
| 힙 스냅샷 찍기 | ▶ (compiled code) ×473 | 7 | 41 688 | 0 % | 48 580 | 0 % |
| 힙 스냅샷 | ▶ (object shape) ×41 | 3 | 4 600 | 0 % | 4 716 | 0 % |
| 스냅샷 1 16.4 MB | ▶ (string) ×58 | 11 | 3 008 | 0 % | 3 008 | 0 % |
| | ▶ FiberNode ×8 | 5 | 1 056 | 0 % | 1 880 | 0 % |
| 스냅샷 2 15.3 MB 저장 | ▶ Object ×16 | 4 | 476 | 0 % | 896 | 0 % |
| | ▶ (number) ×36 | 6 | 432 | 0 % | 432 | 0 % |
| 스냅샷 3 15.3 MB | ▼ (closure) ×5 | 2 | 148 | 0 % | 316 | 0 % |
| | ▶ FocusEvent() @1591409 ⬚ | 4 | 32 | 0 % | 148 | 0 % |
| | ▶ toggle1() @1591725 ⬚      App.js? [sm]:33 | 5 | 32 | 0 % | 64 | 0 % |
| | ▶ () @1592071 ⬚               App.js? [sm]:14 | 9 | 28 | 0 % | 48 | 0 % |
| | ▶ get event() @1591959 ⬚ | 2 | 28 | 0 % | 28 | 0 % |
| | ▶ set event() @1591961 ⬚ | 2 | 28 | 0 % | 28 | 0 % |
| | ▶ MessageEvent | – | 284 | 0 % | 284 | 0 % |
| | ▶ (array) ×6 | 8 | 244 | 0 % | 244 | 0 % |
| | ▶ FocusEvent ×3 | 4 | 84 | 0 % | 216 | 0 % |
| | ▶ Array ×10 | 8 | 160 | 0 % | 208 | 0 % |
| | ▶ (system) ×5 | 2 | 96 | 0 % | 96 | 0 % |
| | ▶ Map | 8 | 16 | 0 % | 92 | 0 % |
| | ▶ system / Context ×2 | 6 | 52 | 0 % | 52 | 0 % |

그림 3.3 예제 코드를 실행한 뒤 확인한 자바스크립트 메모리 스냅샷

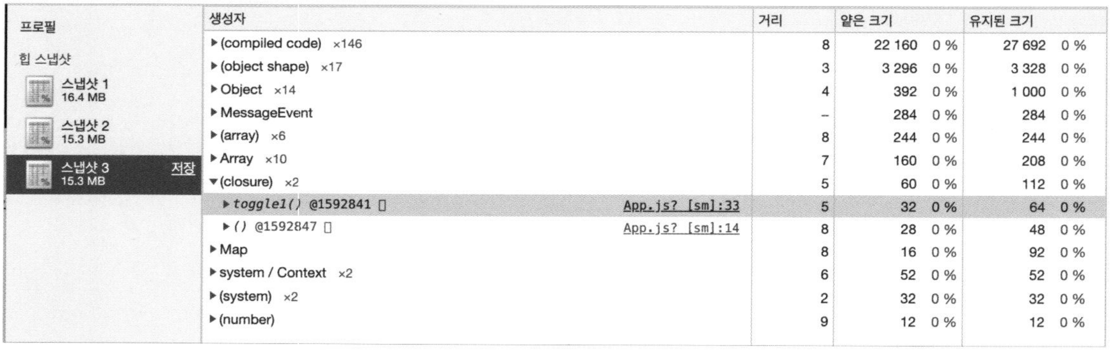

| 생성자 | | 거리 | 얕은 크기 | | 유지된 크기 | |
|---|---|---|---|---|---|---|
| ▶ (compiled code) ×146 | | 8 | 22 160 | 0 % | 27 692 | 0 % |
| ▶ (object shape) ×17 | | 3 | 3 296 | 0 % | 3 328 | 0 % |
| ▶ Object ×14 | | 4 | 392 | 0 % | 1 000 | 0 % |
| ▶ MessageEvent | | – | 284 | 0 % | 284 | 0 % |
| ▶ (array) ×6 | | 8 | 244 | 0 % | 244 | 0 % |
| ▶ Array ×10 | | 7 | 160 | 0 % | 208 | 0 % |
| ▼ (closure) ×2 | | 5 | 60 | 0 % | 112 | 0 % |
| ▶ *toggle1()* @1592841 ⧉ | App.js? [sm]:33 | 5 | 32 | 0 % | 64 | 0 % |
| ▶ () @1592847 ⧉ | App.js? [sm]:14 | 8 | 28 | 0 % | 48 | 0 % |
| ▶ Map | | 8 | 16 | 0 % | 92 | 0 % |
| ▶ system / Context ×2 | | 6 | 52 | 0 % | 52 | 0 % |
| ▶ (system) ×2 | | 2 | 32 | 0 % | 32 | 0 % |
| ▶ (number) | | 9 | 12 | 0 % | 12 | 0 % |

프로필
힙 스냅샷
스냅샷 1 16.4 MB
스냅샷 2 15.3 MB
스냅샷 3 15.3 MB  저장

그림 3.4 예제 코드에서 toggle1을 실행한 뒤 확인한 자바스크립트 메모리 스냅샷. 직접적인 의존성 배열에 변경이 있었던 toggle1만 재생성된 것을 볼 수 있다.

useCallback을 추가하면 해당 의존성이 변경됐을 때만 함수가 재생성되는 것을 볼 수 있다. 이처럼 함수의 재생성을 막아 불필요한 리소스 또는 리렌더링을 방지하고 싶을 때 useCallback을 사용해 볼 수 있다.

📑 왜 useCallback에 기명 함수를 넘겨주었나요?

일반적으로 useCallback이나 useMemo를 사용할 때 useEffect와 마찬가지로 많은 코드가 익명 함수로 첫 번째 인수를 넘겨준다.

```
const toggle1 = useCallback(() => {
  setStatus1(!status1)
}, [status1])
```

그러나 위 예제에서는 기명 함수를 넘겨줬는데, 이는 크롬 메모리 탭에서 디버깅을 용이하게 하기 위함이다. 익명 함수는 말 그대로 이름이 없어 해당 함수를 추적하기 어렵기 때문이다. 기명 함수로 선언한 함수를 크롬 개발자 도구에서 디버깅하는 방법은 7장 '크롬 개발자 도구를 활용한 애플리케이션 분석'에서 다룬다.

기본적으로 useCallback은 useMemo를 사용해서 구현할 수 있다. 이는 Preact에서도 리액트 공식 문서에서도 확인해 볼 수 있는 사실이다.[3]

【코드 3.20】 Preact에서의 useCallback 구현

```
export function useCallback(callback, args) {
  currentHook = 8
  return useMemo(() => callback, args)
}
```

---

3  useCallback 구현: https://github.com/preactjs/preact/blob/c483d9606b1ae62468ca07b4e27d478108249b81/hooks/src/index.js#L306–L313. 단축 URL: https://bit.ly/475LmOv

useMemo와 useCallback의 유일한 차이는 메모이제이션을 하는 대상이 변수냐 함수냐일 뿐이다. 자바스크립트에서는 함수 또한 값으로 표현될 수 있으므로 이러한 코드는 매우 자연스럽다고 볼 수 있다. 다만 useMemo로 useCallback을 구현하는 경우 다음과 같이 불필요하게 코드가 길어지고 혼동을 야기할 수 있으므로 리액트에서 별도로 제공하는 것으로 추측해 볼 수 있다.

```
import { useState, useCallback, useMemo } from 'react'

export default function App() {
  const [counter, setCounter] = useState(0)

  /**
   * 아래 두 함수의 작동은 동일하다.
   */
  const handleClick1 = useCallback(() => {
    setCounter((prev) => prev + 1)
  }, [])

  const handleClick2 = useMemo(() => {
    return () => setCounter((prev) => prev + 1)
  }, [])

  return (
    <>
      <h1>{counter}</h1>
      <button onClick={handleClick1}>+</button>
      <button onClick={handleClick2}>+</button>
    </>
  )
}
```

예제에서 useCallback을 사용한 handleClick1이나 useMemo를 사용한 handleClick2 모두 동일한 기능을 가진다. 다만 useMemo는 값 자체를 메모이제이션하는 용도이기 때문에 반환문으로 함수 선언문을 반환해야 한다. 이는 코드를 작성하거나 리뷰하는 입장에서 혼란을 불러올 수 있으므로 함수를 메모이제이션하는 용도라면 좀 더 간단한 useCallback을 사용하자. 다만 기억해야 할 사실은 useCallback이나 useMemo는 모두 동일한 역할을 한다는 것이다.

## 3.1.5 useRef

useRef는 useState와 동일하게 컴포넌트 내부에서 렌더링이 일어나도 변경 가능한 상태값을 저장한다는 공통점이 있다. 그러나 useState와 구별되는 큰 차이점 두 가지를 가지고 있다.

- useRef는 반환값인 객체 내부에 있는 current로 값에 접근 또는 변경할 수 있다.
- useRef는 그 값이 변하더라도 렌더링을 발생시키지 않는다.

useRef로 useState를 흉내 내도 렌더링되지 않는다는 것을 알 수 있다. 다음 코드를 통해 렌더링이 되지 않는지 살펴보자.

【코드 3.21】useRef를 사용한 간단한 코드

```
function RefComponent() {
  const count = useRef(0)

  function handleClick() {
    count.current += 1
  }

  // 버튼을 아무리 눌러도 변경된 count 값이 렌더링되지 않는다.
  return <button onClick={handleClick}>{count.current}</button>
}
```

useRef에 대해 본격적으로 알아보기 전에 useRef가 왜 필요한지 먼저 고민해보자. 렌더링에 영향을 미치지 않는 고정된 값을 관리하기 위해서 useRef를 사용한다면 useRef를 사용하지 않고 그냥 함수 외부에서 값을 선언해서 관리하는 것도 동일한 기능을 수행할 수도 있지 않을까? 다음 예제를 보자.

```
let value = 0

function Component() {
  function handleClick() {
    value += 1
  }

  // ...
}
```

결론부터 이야기하자면 이 방식은 몇 가지 단점이 있다.

먼저 컴포넌트가 실행되어 렌더링되지 않았음에도 value라는 값이 기본적으로 존재하게 된다. 이는 메모리에 불필요한 값을 갖게 하는 악영향을 미친다.

그리고 만약 Component, 즉 컴포넌트가 여러 번 생성된다면 각 컴포넌트에서 가리키는 값이 모두 value로 동일하다. 컴포넌트가 초기화되는 지점이 다르더라도 하나의 값을 봐야 하는 경우라면 유효할 수도 있지만 대부분의 경우에는 컴포넌트 인스턴스 하나당 하나의 값을 필요로 하는 것이 일반적이다.

useRef는 앞서 언급한 두 가지 문제를 모두 극복할 수 있는 리액트식 접근법이다. 컴포넌트가 렌더링될 때만 생성되며, 컴포넌트 인스턴스가 여러 개라도 각각 별개의 값을 바라본다.

useRef의 가장 일반적인 사용 예는 바로 DOM에 접근하고 싶을 때일 것이다. 다음 코드를 보자.

【코드 3.22】 useRef를 사용한 DOM 접근 예제

```
function RefComponent() {
  const inputRef = useRef()

  // 이때는 미처 렌더링이 실행되기 전(반환되기 전)이므로 undefined를 반환한다.
  console.log(inputRef.current) // undefined

  useEffect(() => {
    console.log(inputRef.current) // <input type="text"></input>
  }, [inputRef])

  return <input ref={inputRef} type="text" />
}
```

useRef는 최초에 넘겨받은 기본값을 가지고 있다.

한 가지 명심할 것은 useRef의 최초 기본값은 return 문에 정의해 둔 DOM이 아니고 useRef()로 넘겨받은 인수라는 것이다. useRef가 선언된 당시에는 아직 컴포넌트가 렌더링되기 전이라 return으로 컴포넌트의 DOM이 반환되기 전이므로 undefined다.

useRef를 사용할 수 있는 유용한 경우는 렌더링을 발생시키지 않고 원하는 상태값을 저장할 수 있다는 특징을 활용해 useState의 이전 값을 저장하는 usePrevious() 같은 훅을 구현할 때다. 다음 코드를 보자.

【코드 3.23】 useRef를 활용한 usePrevious 훅 구현

```
function usePrevious(value) {
  const ref = useRef()
  useEffect(() => {
    ref.current = value
  }, [value]) // value가 변경되면 그 값을 ref에 넣어둔다.
  return ref.current
}

function SomeComponent() {
  const [counter, setCounter] = useState(0)
  const previousCounter = usePrevious(counter)

  function handleClick() {
    setCounter((prev) => prev + 1)
  }

  // 0 (undefined)
  // 1, 0
  // 2, 1
  // 3, 2
  return (
    <button onClick={handleClick}>
      {counter} {previousCounter}
    </button>
  )
}
```

이렇게 개발자가 원하는 시점의 값을 렌더링에 영향을 미치지 않고 보관해 두고 싶다면 useRef를 사용하는 것이 좋다.

그렇다면 useRef는 어떻게 구현돼 있을까? 리액트에서의 구현은 다르지만 Preact에서 구현에 대한 힌트를 얻을 수 있다. 의외로 구현은 매우 간단하다.[4]

---

4  useRef 구현: https://github.com/preactjs/preact/blob/c483d9606b1ae62468ca07b4e27d478108249b81/hooks/src/index.js#L263–L266. 단축 URL: https://bit.ly/3Q6PbfG

**[코드 3.24]** Preact에서의 useRef 구현

```
export function useRef(initialValue) {
  currentHook = 5
  return useMemo(() => ({ current: initialValue }), [])
}
```

값이 변경돼도 렌더링되면 안 된다는 점, 실제 값은 {current: value}와 같은 객체 형태로 있다는 점을 떠올려보자. 렌더링에 영향을 미치면 안 되기 때문에 useMemo에 의도적으로 빈 배열을 선언해 뒀고, 이는 각 렌더링마다 동일한 객체를 가리키는 결과를 낳을 것이다. 자바스크립트의 특징, 객체의 값을 변경해도 객체를 가리키는 주소가 변경되지 않는다는 것을 떠올리면 useMemo로 useRef를 구현할 수 있다.

## 3.1.6 useContext

useContext에 대해 이해하려면 먼저 리액트의 Context에 대해 알아야 한다.

### Context란?

리액트 애플리케이션은 기본적으로 부모 컴포넌트와 자식 컴포넌트로 이뤄진 트리 구조를 갖고 있기 때문에 부모가 가지고 있는 데이터를 자식에서도 사용하고 싶다면 props로 데이터를 넘겨주는 것이 일반적이다. 그러나 전달해야 하는 데이터가 있는 컴포넌트와 전달받아야 하는 컴포넌트의 거리가 멀어질수록 코드는 복잡해진다. 다음 코드를 보자.

```
<A props={something}>
  <B props={something}>
    <C props={something}>
      <D props={something}/>
    </C>
  </B>
</A>
```

A 컴포넌트에서 제공하는 데이터를 D 컴포넌트에서 사용하려면 props를 하위 컴포넌트로 필요한 위치까지 계속해서 넘겨야 한다. 이러한 기법을 prop 내려주기(props drilling)라고 한다.

prop 내려주기는 해당 데이터를 제공하는 쪽이나 사용하는 쪽 모두에게 불편하다. 해당 값을 사용하지 않는 컴포넌트에서도 단순히 값을 전달하기 위해 props가 열려 있어야 하고, 사용하는 쪽도 이렇게 prop 내려주기가 적용돼 있는지 확인해야 하는 등 매우 번거로운 작업이다.

이러한 prop 내려주기를 극복하기 위해 등장한 개념이 바로 콘텍스트(Context)다. 콘텍스트를 사용하면, 이러한 명시적인 props 전달 없이도 선언한 하위 컴포넌트 모두에서 자유롭게 원하는 값을 사용할 수 있다. 콘텍스트의 용도를 살펴봤으니 콘텍스트를 실제로 선언하는 방법과 useContext에 대해 살펴보자.

## Context를 함수 컴포넌트에서 사용할 수 있게 해주는 useContext 훅

콘텍스트와 해당 콘텍스트를 함수 컴포넌트에서 사용할 수 있게 해주는 useContext는 다음과 같이 작성할 수 있다.

```
const Context = createContext<{ hello: string } | undefined>(undefined)

function ParentComponent() {
  return (
    <>
      <Context.Provider value={{ hello: 'react' }}>
        <Context.Provider value={{ hello: 'javascript' }}>
          <ChildComponent />
        </Context.Provider>
      </Context.Provider>
    </>
  )
}

function ChildComponent() {
  const value = useContext(Context)

  // react가 아닌 javascript가 반환된다.
  return <>{value ? value.hello : ''}</>
}
```

useContext는 상위 컴포넌트에서 만들어진 Context를 함수 컴포넌트에서 사용할 수 있도록 만들어진 훅이다. useContext를 사용하면 상위 컴포넌트 어딘가에서 선언된 <Context.Provider />에서 제공한 값을 사용할 수 있게 된다. 만약 여러 개의 Provider가 있다면 가장 가까운 Provider의 값을 가져오게 된다. 예제에서는 가까운 콘텍스트의 값인 javascript가 반환된다.

컴포넌트 트리가 복잡해질수록 콘텍스트를 사용하는 것도 만만치 않을 것이다. useContext로 원하는 값을 얻으려고 했지만 정작 컴포넌트가 실행될 때 이 콘텍스트가 존재하지 않아 예상치 못하게 에러가 발생한 경험이 종종 있을 것이다. 이러한 에러를 방지하려면 useContext 내부에서 해당 콘텍스트가 존재하는 환경인지, 즉 콘텍스트가 한 번이라도 초기화되어 값을 내려주고 있는지 확인해 보면 된다. 다음 코드를 보자.

```
const MyContext = createContext<{ hello: string } | undefined>(undefined)

function ContextProvider({
  children,
  text,
}: PropsWithChildren<{ text: string }>) {
  return (
    <MyContext.Provider value={{ hello: text }}>{children}</MyContext.Provider>
  )
}

function useMyContext() {
  const context = useContext(MyContext)
  if (context === undefined) {
    throw new Error(
      'useMyContext는 ContextProvider 내부에서만 사용할 수 있습니다.',
    )
  }
  return context
}

function ChildComponent() {
  // 타입이 명확히 설정돼 있어서 굳이 undefined 체크를 하지 않아도 된다.
  // 이 컴포넌트가 Provider 하위에 없다면 에러가 발생할 것이다.
  const { hello } = useMyContext()

  return <>{hello}</>
}

function ParentComponent() {
  return (
    <>
      <ContextProvider text="react">
        <ChildComponent />
      </ContextProvider>
    </>
  )
}
```

다수의 Provider와 useContext를 사용할 때, 특히 타입스크립트를 사용하고 있다면 위와 같이 별도 함수로 감싸서 사용하는 것이 좋다. 타입 추론에도 유용하고, 상위에 Provider가 없는 경우에도 사전에 쉽게 에러를 찾을 수 있다.

## useContext를 사용할 때 주의할 점

useContext를 함수 컴포넌트 내부에서 사용할 때는 항상 컴포넌트 재활용이 어려워진다는 점을 염두에 둬야 한다. useContext가 선언돼 있으면 Provider에 의존성을 가지고 있는 셈이 되므로 아무데서나 재활용하기에는 어려운 컴포넌트가 된다. 해당 함수 컴포넌트가 Provider 하위에 있지 않은 상태로 useContext를 사용한다면 예기치 못한 작동 방식이 만들어진다. 즉, useContext가 있는 컴포넌트는 그 순간부터 눈으로는 직접 보이지도 않을 수 있는 Provider와의 의존성을 갖게 되는 셈이다.

이러한 상황을 방지하려면 useContext를 사용하는 컴포넌트를 최대한 작게 하거나 혹은 재사용되지 않을 만한 컴포넌트에서 사용해야 한다. 이러한 문제를 방지하기 위해 모든 콘텍스트를 최상위 루트 컴포넌트에 넣는 것은 어떨까? 앞서 언급한 에러는 줄어들 수 있지만 리액트 애플리케이션 관점에서는 그다지 현명한 접근법이 아니다. 콘텍스트가 많아질수록 루트 컴포넌트는 더 많은 콘텍스트로 둘러싸일 것이고 해당 props를 다수의 컴포넌트에서 사용할 수 있게끔 해야 하므로 불필요하게 리소스가 낭비된다. 따라서 컨텍스트가 미치는 범위는 필요한 환경에서 최대한 좁게 만들어야 한다.

마지막으로 일부 리액트 개발자들이 콘텍스트와 useContext를 상태 관리를 위한 리액트의 API로 오해하고 있다는 것이다. 엄밀히 따지면 콘텍스트는 상태를 주입해 주는 API다. 상태 관리 라이브러리가 되기 위해서는 최소한 다음 두 가지 조건을 만족해야 한다.

1. 어떠한 상태를 기반으로 다른 상태를 만들어 낼 수 있어야 한다.
2. 필요에 따라 이러한 상태 변화를 최적화할 수 있어야 한다.

그러나 콘텍스트는 둘 중 어느 것도 하지 못한다. 단순히 props 값을 하위로 전달해 줄 뿐, useContext를 사용한다고 해서 렌더링이 최적화되지는 않는다. 다음 예제를 보자.

```
const MyContext = createContext<{ hello: string } | undefined>(undefined)

function ContextProvider({
  children,
  text,
}: PropsWithChildren<{ text: string }>) {
  return (
```

```
      <MyContext.Provider value={{ hello: text }}>{children}</MyContext.Provider>
  )
}

function useMyContext() {
  const context = useContext(MyContext)
  if (context === undefined) {
    throw new Error(
      'useMyContext는 ContextProvider 내부에서만 사용할 수 있습니다.',
    )
  }
  return context
}

function GrandChildComponent() {
  const { hello } = useMyContext()

  useEffect(() => {
    console.log('렌더링 GrandChildComponent')
  })

  return <h3>{hello}</h3>
}

function ChildComponent() {
  useEffect(() => {
    console.log('렌더링 ChildComponent')
  })

  return <GrandChildComponent />
}

function ParentComponent() {
  const [text, setText] = useState('')

  function handleChange(e: ChangeEvent<HTMLInputElement>) {
    setText(e.target.value)
  }

  useEffect(() => {
```

```
      console.log('렌더링 ParentComponent')
  })

  return (
    <>
      <ContextProvider text="react">
        <input value={text} onChange={handleChange} />
        <ChildComponent />
      </ContextProvider>
    </>
  )
}
```

코드를 살펴보자. ParentComponent에서 Provider의 값을 내려주고, 이를 useContext로 GrandChild Component에서 사용 중이다. 언뜻 보기에는 text가 변경되는 ParentComponent와 이를 사용하는 GrandChild Component만 렌더링될 것 같지만 그렇지 않다. 사실은 컴포넌트 트리 전체가 리렌더링되고 있다.

```
렌더링 GrandChildComponent
렌더링 ChildComponent
렌더링 ParentComponent
```

그 이유는 단순하다. 2.4절 '렌더링은 어떻게 일어나는가?'에서 이야기한 부모 컴포넌트가 렌더링되면 하위 컴포넌트는 모두 리렌더링되는 상황이 바로 이 콘텍스트 사용 예제에 해당하기 때문이다. useContext는 상태를 관리하는 마법이 아니라는 사실을 반드시 기억해야 한다. 거듭 이야기하지만 콘텍스트는 단순히 상태를 주입할 뿐 그 이상의 기능도, 그 이하의 기능도 하지 않는다.

그렇다면 아래의 예제를 최적화하려면 어떻게 해야 할까? 예제에서 ChildComponent가 렌더링되지 않게 막으려면 React.memo를 써야 한다. memo는 props 변화가 없으면 리렌더링되지 않고 계속해서 같은 결과물을 반환할 것이다.

```
const ChildComponent = memo(() => {
  useEffect(() => {
    console.log('렌더링 ChildComponent')
  })

  return <GrandChildComponent />
})
```

useContext로 상태 주입을 최적화했다면 반드시 Provider의 값이 변경될 때 어떤 식으로 렌더링되는지 눈여겨봐야 한다. useContext로는 주입된 상태를 사용할 수 있을 뿐, 그 자체로는 렌더링 최적화에 아무런 도움이 되지 않는다.

## 3.1.7 useReducer

useReducer는 useState의 심화 버전으로 볼 수 있다. useState와 비슷한 형태를 띠지만 좀 더 복잡한 상태값을 미리 정의해 놓은 시나리오에 따라 관리할 수 있다. useReducer에서 사용되는 용어를 먼저 살펴보자.

- 반환값은 useState와 동일하게 길이가 2인 배열이다.
  - state: 현재 useReducer가 가지고 있는 값을 의미한다. useState와 마찬가지로 배열을 반환하는데, 동일하게 첫 번째 요소가 이 값이다.
  - dispatcher: state를 업데이트하는 함수. useReducer가 반환하는 배열의 두 번째 요소다. setState는 단순히 값을 넘겨주지만 여기서는 action을 넘겨준다는 점이 다르다. 이 action은 state를 변경할 수 있는 액션을 의미한다.
- useState의 인수와 달리 2개에서 3개의 인수를 필요로 한다.
  - reducer: useReducer의 기본 action을 정의하는 함수다. 이 reducer는 useReducer의 첫 번째 인수로 넘겨주어야 한다.
  - initialState: 두 번째 인수로, useReducer의 초깃값을 의미한다.
  - init: useState의 인수로 함수를 넘겨줄 때처럼 초깃값을 지연해서 생성시키고 싶을 때 사용하는 함수다. 이 함수는 필수값이 아니며, 만약 여기에 인수로 넘겨주는 함수가 존재한다면 useState와 동일하게 게으른 초기화가 일어나며 initialState를 인수로 init 함수가 실행된다.

useReducer에 대해 간단히 살펴봤으니 본격적으로 사용법에 대해 알아보자.

```
// useReducer가 사용할 state를 정의
type State = {
  count: number
}

// state의 변화를 발생시킬 action의 타입과 넘겨줄 값(payload)을 정의
// 꼭 type과 payload라는 네이밍을 지킬 필요도 없으며, 굳이 객체일 필요도 없다.
// 다만 이러한 네이밍이 가장 널리 쓰인다.
type Action = { type: 'up' | 'down' | 'reset'; payload?: State }

// 무거운 연산이 포함된 게으른 초기화 함수
function init(count: State): State {
```

```
  // count: State를 받아서 초깃값을 어떻게 정의할지 연산하면 된다.
  return count
}

// 초깃값
const initialState: State = { count: 0 }

// 앞서 선언한 state와 action을 기반으로 state가 어떻게 변경될지 정의
function reducer(state: State, action: Action): State {
  switch (action.type) {
    case 'up':
      return { count: state.count + 1 }
    case 'down':
      return { count: state.count - 1 > 0 ? state.count - 1 : 0 }
    case 'reset':
      return init(action.payload || { count: 0 })
    default:
      throw new Error(`Unexpected action type ${action.type}`)
  }
}

export default function App() {
  const [state, dispatcher] = useReducer(reducer, initialState, init)

  function handleUpButtonClick() {
    dispatcher({ type: 'up' })
  }

  function handleDownButtonClick() {
    dispatcher({ type: 'down' })
  }

  function handleResetButtonClick() {
    dispatcher({ type: 'reset', payload: { count: 1 } })
  }

  return (
    <div className="App">
      <h1>{state.count}</h1>
      <button onClick={handleUpButtonClick}>+</button>
```

```
      <button onClick={handleDownButtonClick}>-</button>
      <button onClick={handleResetButtonClick}>reset</button>
    </div>
  )
}
```

useReducer를 사용하는 모습이 언뜻 보면 복잡해 보일 수 있지만 useReducer의 목적은 간단하다. 복잡한 형태의 state를 사전에 정의된 dispatcher로만 수정할 수 있게 만들어 줌으로써 state 값에 대한 접근은 컴포넌트에서만 가능하게 하고, 이를 업데이트하는 방법에 대한 상세 정의는 컴포넌트 밖에다 둔 다음, state의 업데이트를 미리 정의해 둔 dispatcher로만 제한하는 것이다. state 값을 변경하는 시나리오를 제한적으로 두고 이에 대한 변경을 빠르게 확인할 수 있게끔 하는 것이 useReducer의 목적이다.

일반적으로 단순히 number나 boolean과 같이 간단한 값을 관리하는 것은 useState로 충분하지만 state 하나가 가져야 할 값이 복잡하고 이를 수정하는 경우의 수가 많아진다면 state를 관리하는 것이 어려워진다. 또 여러 개의 state를 관리하는 것보다 때로는 성격이 비슷한 여러 개의 state를 묶어 useReducer로 관리하는 편이 더 효율적일 수도 있다. 이렇게 useReducer를 사용해 state를 관리하면 state를 사용하는 로직과 이를 관리하는 비즈니스 로직을 분리할 수 있어 state를 관리하기가 한결 쉬워진다.

세 번째 인수인 게으른 초기화 함수는 굳이 사용하지 않아도 된다. 이 함수가 없다면 두 번째 인수로 넘겨받은 기본값을 사용하게 될 것이다. 다만 게으른 초기화 함수를 넣어줌으로써 useState에 함수를 넣은 것과 같은 동일한 이점을 누릴 수 있고, 추가로 state에 대한 초기화가 필요할 때 reducer에서 이를 재사용할 수 있다는 장점도 있다.

그렇다면 useState와 useReducer는 실제로 어떤 차이가 있을까? Preact의 useState 코드[5]를 살펴보면 useReducer로 구현돼 있는 것을 알 수 있다. 다음 코드를 보자.

【코드 3.25】 Preact가 구현한 useState

```
/**
 * @param {import('./index').StateUpdater<any>} [initialState]
 */
export function useState(initialState) {
  currentHook = 1
  return useReducer(invokeOrReturn, initialState)
}
```

---

5  https://github.com/preactjs/preact/blob/e201caf396f015a453542b7b9d1be6199582e119/hooks/src/index.js#L147–L153, 단축 URL: https://bit.ly/3Q5DBS7

그렇다면 useState는 useReducer로 어떻게 구현할 수 있을까? 먼저 첫 번째 인수는 값을 업데이트하는 함수이거나 값 그 자체여야 한다.

```
function reducer(prevState, newState) {
  return typeof newState === 'function' ? newState(prevState) : newState
}
```

두 번째 인수는 초깃값이기 때문에 별다른 처리를 할 필요가 없다. 세 번째 값은 이 두 번째 값을 기반으로 한 게으른 초기화를 하는 함수다. 이것 역시 함수라면 실행해 값을 반환해야 한다.

```
function init(initialArg: Initializer) {
  return typeof initialArg === 'function' ? initialArg() : initialArg
}
```

위 두 함수를 모두 useReducer에서 사용하면 다음과 같이 useState의 작동을 흉내 낼 수 있다.

```
function useState(initialArg) {
  return useReducer(reducer, initialArg, init)
}
```

이와 반대로 useReducer를 useState로 구현할 수도 있다. 다음 코드를 보자.

```
const useReducer = (reducer, initialArg, init) => {
  const [state, setState] = useState(
    // 초기화 함수가 있으면 초깃값과 초기화 함수를 실행하고,
    // 그렇지 않으면 초깃값을 넣는다.
    init ? () => init(initialArg) : initialArg,
  )

  // 값을 업데이트하는 dispatch를 넣어준다.
  const dispatch = useCallback(
    (action) => setState((prev) => reducer(prev, action)),
    [reducer],
  )

  // 이 값을 메모이제이션한다.
  return useMemo(() => [state, dispatch], [state, dispatch])
}
```

즉, useReducer나 useState 둘 다 세부 작동과 쓰임에만 차이가 있을 뿐, 결국 클로저를 활용해 값을 가둬서 state를 관리한다는 사실에는 변함이 없다. 따라서 리액트 개발자는 필요에 맞게 useReducer나 useState를 취사선택해 사용하면 될 것이다.

## 3.1.8  useImperativeHandle

useImperativeHandle은 실제 개발 과정에서는 자주 볼 수 없는 훅으로 널리 사용되지 않는다. 그럼에도 useImperativeHandle은 일부 사용 사례에서 유용하게 활용될 수 있다. useImperativeHandle을 이해하기 위해서는 먼저 React.forwardRef에 대해 알아야 한다.

### forwardRef 살펴보기

ref는 useRef에서 반환한 객체로, 리액트 컴포넌트의 props인 ref에 넣어 HTMLElement에 접근하는 용도로 흔히 사용된다. key와 마찬가지로 ref도 리액트에서 컴포넌트의 props로 사용할 수 있는 예약어로서 별도로 선언돼 있지 않아도 사용할 수 있음을 useRef 예제에서 확인했다. 만약 이러한 ref를 상위 컴포넌트에서 하위 컴포넌트로 전달하고 싶다면 어떻게 해야 할까? 즉, 상위 컴포넌트에서는 접근하고 싶은 ref가 있지만 이를 직접 props로 넣어 사용할 수 없을 때는 어떻게 해야 할까? 우리가 알고 있는 단순한 ref와 props에 대한 상식으로 이 문제를 해결한다면 다음 코드와 같은 결과물이 나올 것이다.

```
function ChildComponent({ ref }) {
  useEffect(() => {
    // undefined
    console.log(ref)
  }, [ref])

  return <div>안녕!</div>
}

function ParentComponent() {
  const inputRef = useRef()

  return (
    <>
      <input ref={inputRef} />
      {/* `ref` is not a prop. Trying to access it will result in `undefined` being returned. If you
need to access the same value within the child component, you should pass it as a different prop */}
      <ChildComponent ref={inputRef} />
```

```
    </>
  )
}
```

리액트에서 ref는 props로 쓸 수 없다는 경고문과 함께 접근을 시도할 경우 undefined를 반환한다고 돼 있다. 그렇다면 예약어로 지정된 ref 대신 다른 props로 받으면 어떨까?

```
function ChildComponent({ parentRef }) {
  useEffect(() => {
    // {current: undefined}
    // {current: HTMLInputElement}
    console.log(parentRef)
  }, [parentRef])

  return <div>안녕!</div>
}

function ParentComponent() {
  const inputRef = useRef()

  return (
    <>
      <input ref={inputRef} />
      <ChildComponent parentRef={inputRef} />
    </>
  )
}
```

이러한 방식은 앞선 예제와 다르게 잘 작동하는 것으로 보인다. 그리고 이는 클래스 컴포넌트나 함수 컴포넌트에서도 동일하게 작동한다. forwardRef는 방금 작성한 코드와 동일한 작업을 하는 리액트 API다. 그런데 단순히 이렇게 props로 구현할 수 있는 것을 왜 만든 것일까?

그럼에도 forwardRef가 탄생한 배경은 ref를 전달하는 데 있어서 일관성을 제공하기 위해서다. 어떤 props 명으로 전달할지 모르고, 이에 대한 완전한 네이밍의 자유가 주어진 props보다는 forwardRef를 사용하면 좀 더 확실하게 ref를 전달할 것임을 예측할 수 있고, 또 사용하는 쪽에서도 확실히 안정적으로 받아서 사용할 수 있다. forwardRef를 사용하는 다음 예제를 보자.

```
const ChildComponent = forwardRef((props, ref) => {
```

```
  useEffect(() => {
    // {current: undefined}
    // {current: HTMLInputElement}
    console.log(ref)
  }, [ref])

  return <div>안녕!</div>
})

function ParentComponent() {
  const inputRef = useRef()

  return (
    <>
      <input ref={inputRef} />
      <ChildComponent ref={inputRef} />
    </>
  )
}
```

먼저 ref를 받고자 하는 컴포넌트를 forwardRef로 감싸고, 두 번째 인수로 ref를 전달받는다. 그리고 부모 컴포넌트에서는 동일하게 props.ref를 통해 ref를 넘겨주면 된다. 이렇게 forwardRef를 사용하는 코드로 수정하면 ref를 props로 전달할 수 있고, 전달받은 컴포넌트에서도 ref라는 이름을 그대로 사용할 수 있다.

## useImperativeHandle이란?

forwardRef에 대해 알아봤으니 useImperativeHandle에 대해 살펴보자. useImperativeHandle은 부모에게서 넘겨받은 ref를 원하는 대로 수정할 수 있는 훅이다. 다음 코드를 보자.

[코드 3.26] useImperativeHandle의 활용법

```
const Input = forwardRef((props, ref) => {
  // useImperativeHandle을 사용하면 ref의 동작을 추가로 정의할 수 있다.
  useImperativeHandle(
    ref,
    () => ({
      alert: () => alert(props.value),
    }),
    // useEffect의 deps와 같다.
    [props.value],
```

```
  )

  return <input ref={ref} {...props} />
})

function App() {
  // input에 사용할 ref
  const inputRef = useRef()
  // input의 value
  const [text, setText] = useState('')

  function handleClick() {
    // inputRef에 추가한 alert라는 동작을 사용할 수 있다.
    inputRef.current.alert()
  }

  function handleChange(e) {
    setText(e.target.value)
  }

  return (
    <>
      <Input ref={inputRef} value={text} onChange={handleChange} />
      <button onClick={handleClick}>Focus</button>
    </>
  )
}
```

'useImperativeHandle을 사용하면 부모 컴포넌트에서 노출되는 값을 원하는 대로 바꿀 수 있다'라는 말의 뜻이 명확해졌다. 원래 ref는 {current: <HTMLElement>}와 같은 형태로 HTMLElement만 주입할 수 있는 객체였다. 그러나 여기서는 전달받은 ref에다 useImperativeHandle 훅을 사용해 추가적인 동작을 정의했다. 이로써 부모는 단순히 HTMLElement뿐만 아니라 자식 컴포넌트에서 새롭게 설정한 객체의 키와 값에 대해서도 접근할 수 있게 됐다. useImperativeHandle을 사용하면 이 ref의 값에 원하는 값이나 액션을 정의할 수 있다.

### 3.1.9 useLayoutEffect

공식 문서에 따르면 useLayoutEffect를 다음과 같이 정의하고 있다.

> 이 함수의 시그니처는 useEffect와 동일하나, 모든 DOM의 변경 후에 동기적으로 발생한다.

먼저 '함수의 시그니처가 useEffect와 동일'하다는 것은 두 훅의 형태나 사용 예제가 동일하다는 것을 의미한다.

**【코드 3.27】 useEffect와 useLayoutEffect의 사용법 비교**

```
function App() {
  const [count, setCount] = useState(0)

  useEffect(() => {
    console.log('useEffect', count)
  }, [count])

  useLayoutEffect(() => {
    console.log('useLayoutEffect', count)
  }, [count])

  function handleClick() {
    setCount((prev) => prev + 1)
  }

  return (
    <>
      <h1>{count}</h1>
      <button onClick={handleClick}>+</button>
    </>
  )
}
```

useEffect와 useLayoutEffect를 사용한 예제 코드 모두 동일한 모습으로 작동하는 것처럼 보인다.

여기서 useLayoutEffect를 이해하기 위한 중요한 사실은 '모든 DOM의 변경 후에 useLayoutEffect의 콜백 함수 실행이 동기적으로 발생'한다는 점이다. 여기서 말하는 DOM 변경이란 렌더링이지, 브라우저에 실제로 해당 변경 사항이 반영되는 시점을 의미하는 것은 아니다. 즉, 실행 순서는 다음과 같다.

1. 리액트가 DOM을 업데이트
2. useLayoutEffect를 실행
3. 브라우저에 변경 사항을 반영
4. useEffect를 실행

이는 위 예제의 실행 결과에서도 알 수 있다. 순서상으로는 useEffect가 먼저 선언돼 있지만 항상 useLayoutEffect가 useEffect보다는 먼저 실행된다. 이는 useLayoutEffect가 브라우저에 변경 사항이 반영되기 전에 실행되는 반면 useEffect는 브라우저에 변경 사항이 반영된 이후에 실행되기 때문이다.

그리고 동기적으로 발생한다는 것은 리액트는 useLayoutEffect의 실행이 종료될 때까지 기다린 다음에 화면을 그린다는 것을 의미한다. 즉, 리액트 컴포넌트는 useLayoutEffect가 완료될 때까지 기다리기 때문에 컴포넌트가 잠시 동안 일시 중지되는 것과 같은 일이 발생하게 된다. 따라서 이러한 작동 방식으로 인해 웹 애플리케이션 성능에 문제가 발생할 수 있다.

그럼 언제 useLayoutEffect를 사용하는 것이 좋을까? useLayoutEffect의 특징상 **DOM은 계산됐지만 이것이 화면에 반영되기 전에 하고 싶은 작업이 있을 때**와 같이 반드시 필요할 때만 사용하는 것이 좋다. 특정 요소에 따라 DOM 요소를 기반으로 한 애니메이션, 스크롤 위치를 제어하는 등 화면에 반영되기 전에 하고 싶은 작업에 useLayoutEffect를 사용한다면 useEffect를 사용했을 때보다 훨씬 더 자연스러운 사용자 경험을 제공할 수 있다.

## 3.1.10 useDebugValue

useDebugValue는 일반적으로 프로덕션 웹서비스에서 사용하는 훅이 아니다. 이 훅은 리액트 애플리케이션을 개발하는 과정에서 사용되는데, 디버깅하고 싶은 정보를 이 훅에다 사용하면 리액트 개발자 도구에서 볼 수 있다. 다음 코드를 보자.

【코드 3.28】 useDebugValue를 사용하는 코드

```
// 현재 시간을 반환하는 사용자 정의 훅
function useDate() {
  const date = new Date()
  // useDebugValue로 디버깅 정보를 기록
  useDebugValue(date, (date) => `현재 시간: ${date.toISOString()}`)
  return date
}

export default function App() {
  const date = useDate()
  const [counter, setCounter] = useState(0) // 렌더링을 발생시키기 위한 변수

  function handleClick() {
    setCounter((prev) => prev + 1)
```

```
  }

  return (
    <div className="App">
      <h1>
        {counter} {date.toISOString()}
      </h1>
      <button onClick={handleClick}>+</button>
    </div>
  )
}
```

위 코드를 실행한 다음, 리액트 개발자 도구로 확인하면 다음과 같은 결과를 볼 수 있다.

그림 3.5 useDebugValue를 사용하면 리액트 개발자 도구의 Components 영역에 값이 출력된다.

useDebugValue는 사용자 정의 훅 내부의 내용에 대한 정보를 남길 수 있는 훅이다. 두 번째 인수로 포매팅 함수를 전달하면 이에 대한 값이 변경됐을 때만 호출되어 포매팅된 값을 노출한다. (즉, 첫 번째 인수의 값이 같으면 포매팅 함수는 호출되지 않는다.)

useDebugValue를 사용할 때는 오직 다른 훅 내부에서만 실행할 수 있음에 주의하자. 만약 컴포넌트 레벨에서 실행한다면 작동하지 않을 것이다. 따라서 공통 훅을 제공하는 라이브러리나 대규모 웹 애플리케이션에서 디버깅 관련 정보를 제공하고 싶을 때 유용하게 사용할 수 있다.

## 3.1.11 훅의 규칙

리액트에서 제공하는 훅은 사용하는 데 몇 가지 규칙이 존재한다. 이러한 규칙을 rules-of-hooks라고 하며 이와 관련된 ESLint 규칙인 react-hooks/rules-of-hooks도 존재한다. 이 훅을 사용하는 규칙에는 무엇이 있는지 살펴보자. 리액트 공식 문서에는 훅을 사용할 때의 규칙에 대해 정리해 뒀다.[6]

1. 최상위에서만 훅을 호출해야 한다. 반복문이나 조건문, 중첩된 함수 내에서 훅을 실행할 수 없다.[7] 이 규칙을 따라야만 컴포넌트가 렌더링될 때마다 항상 동일한 순서로 훅이 호출되는 것을 보장할 수 있다.

2. 훅을 호출할 수 있는 것은 리액트 함수 컴포넌트, 혹은 사용자 정의 훅의 두 가지 경우뿐이다. 일반 자바스크립트 함수에서는 훅을 사용할 수 없다.

이 규칙이 어떤 의미를 가지고 있는지 자세히 살펴보자.

앞서 useState의 구현에서 보여줬던 것처럼 훅에 대한 정보 저장은 리액트 어딘가에 있는 index와 같은 키를 기반으로 구현돼 있다(실제로는 객체 기반 링크드 리스트에 더 가깝다). 즉, useState나 useEffect는 모두 순서에 아주 큰 영향을 받는다. 다음 예제 코드를 보자.

```
function Component() {
  const [count, setCount] = useState(0)
  const [required, setRequired] = useState(false)

  useEffect(() => {
    // do something...
  }, [count, required])
}
```

이 컴포넌트는 파이버에서 다음과 같이 저장된다.

```
{
  memoizedState: 0, // setCount 훅
  baseState: 0,
  queue: { /* ... */},
  baseUpdate: null,
  next: { // setRequired 훅
    memoizedState: false,
```

---

6   https://ko.reactjs.org/docs/hooks-rules.html
7   그러나 최근 리액트 실험 버전에서 use라고 하는 반복문, 조건문 등에서도 실행 가능한 훅이 나왔다. 아직 정식으로 소개된 훅이 아니기 때문에 여기서는 다루지 않는다. 자세한 내용은 https://github.com/reactjs/rfcs/pull/229와 https://yceffort.kr/2023/06/react-use-hook을 참고하자.

```
  baseState: false,
  queue: { /* ... */},
  baseUpdate: null,
  next: { // useEffect 훅
    memoizedState: {
      tag: 192,
      create: () => {},
      destroy: undefined,
      deps: [0, false],
      next: { /* ... */}
    },
    baseState: null,
    queue: null,
    baseUpdate: null,
  }
 }
}
```

이 코드에서 볼 수 있듯이 리액트 훅은 파이버 객체의 링크드 리스트의 호출 순서에 따라 저장된다. 그 이유는 각 훅이 파이버 객체 내에서 순서에 의존해 state나 effect의 결과에 대한 값을 저장하고 있기 때문이다. 이렇게 고정된 순서에 의존해 훅과 관련된 정보를 저장함으로써 이전 값에 대한 비교와 실행이 가능해진다.

만약 이러한 순서를 보장받을 수 없는 상황이라면 어떻게 될까? 리액트 공식 문서에 있는 훅에 대한 잘못된 예제를 살펴보자.

```
function Form() {
  const [name, setName] = useState('Mary')

  if (name !== '') {
    useEffect(function persistForm() {
      localStorage.setItem('formData', name)
    })
  }

  const [surname, setSurname] = useState('Poppins')

  useEffect(function updateTitle() {
    document.title = name + ' ' + surname
  })
```

```
  // ...
}
```

만약 setName을 빈 값으로 업데이트하면 어떻게 될까? name이 업데이트되면서 2번째로 있던 훅 useEffect를 호출해서 변경하려고 했지만 조건부 구문이 추가되면서 2번째 훅이 useState가 되어버렸다. 즉, 링크드 리스트가 깨져버린 것이다. 이렇게 조건이나 다른 이슈로 인해 훅의 순서가 깨지거나 보장되지 않을 경우 리액트 코드는 에러를 발생시킨다. 이 상황을 코드로 나타내면 다음과 같다.

```
// 최초 렌더링
useState('Mary') // 1. 'Mary' 할당
useEffect(persistForm) // 2. 1에 있던 state를 기반으로 effect 실행
useState('Poppins') // 3. 'Poppins' 할당
useEffect(updateTitle) // 4. 3에 있는 35를 기반으로 effect 실행

// 두 번째 렌더링
useState('Mary') // 1. state를 읽음(useState의 인수는 첫 번째 렌더링에서 초깃값으로 사용됐으므로 여기에서 인수값은 무시되고, 이전에 저장해 두었던 Mary 값이 사용된다.)
// useEffect(persistForm) // 조건문으로 인해 실행이 안 됨
useState('Poppins') // 2. 원래는 3이었음. 이제 2가 되면서 useState의 값을 읽어오지 못하고 비교도 할 수 없음
useEffect(updateTitle) // 3. 원래는 4였음. updateTitle을 하기 위한 함수를 대체하는 데 실패
```

그러므로 훅은 절대 조건문, 반복문 등에 의해 리액트에서 예측 불가능한 순서로 실행되게 해서는 안 된다. 항상 훅은 실행 순서를 보장받을 수 있는 컴포넌트 최상단에 선언돼 있어야 한다. 조건문이 필요하다면 반드시 훅 내부에서 수행해야 한다.

## 3.1.12 정리

지금까지 함수 컴포넌트의 훅에 대해 살펴봤다. 리액트를 많이 다뤄본 개발자라면 당연히 많이 써볼 훅이지만 이 훅이 작동하는 이면에 리액트에서 어떠한 동작을 수행하는지에 대해서는 깊게 고민해 본 적이 많지 않을 것이다. 그리고 클래스 컴포넌트보다는 함수 컴포넌트가 쉽다는 생각을 하고 있었던 사람들에게도 생각보다 만만치 않은 내용(클로저 등)을 이해해야 한다는 사실에 적잖이 당황했을 것이다.

모든 기술이 그렇지만 훅도 마찬가지로 작동 방식을 제대로 이해하고 사용하는 것이 더욱 짜임새 있는 리액트 애플리케이션 개발에 도움이 된다. 특히 훅은 함수 컴포넌트의 렌더링에도 많은 영향을 미치기 때문에 성능적으로 뛰어난 리액트 애플리케이션을 작성하려면 훅에 대해 정확히 이해해야 할 것이다.

## 3.2 사용자 정의 훅과 고차 컴포넌트 중 무엇을 써야 할까?

개발자라면 누구나 중복 코드를 피해야 한다는 말에 대해 십분 공감할 것이다. 같은 작업을 하는 같은 내용의 코드가 있다는 사실은 코드의 존재만으로도 비효율이며 유지보수도 어렵게 만든다. 일반적인 자바스크립트에서 재사용 로직을 작성하는 방식 외에도 리액트에서는 재사용할 수 있는 로직을 관리할 수 있는 두 가지 방법이 있다. 바로 사용자 정의 훅(custom hook)과 고차 컴포넌트(higher order component)다. 사용자 정의 훅과 고차 컴포넌트가 무엇이며 어떻게 쓰는지, 공통된 코드를 하나로 만들고자 할 때 어떤 것을 선택해야 하는지를 살펴보자.

### 3.2.1 사용자 정의 훅

서로 다른 컴포넌트 내부에서 같은 로직을 공유하고자 할 때 주로 사용되는 것이 바로 사용자 정의 훅이다. 뒤이어 사용할 고차 컴포넌트는 굳이 리액트가 아니더라도 사용할 수 있는 기법이지만 사용자 정의 훅은 리액트에서만 사용할 수 있는 방식이다. 이 사용자 정의 훅은 3.1절 '리액트의 모든 훅 파헤치기'에서 소개한 훅을 기반으로 개발자가 필요한 훅을 만드는 기법이다. 이 사용자 정의 훅의 규칙 중 하나는 이름이 반드시 use로 시작하는 함수를 만들어야 한다는 것이다. 리액트 훅의 이름은 use로 시작한다는 규칙이 있으며, 사용자 정의 훅도 이러한 규칙을 준수함으로써 개발 시 해당 함수가 리액트 훅이라는 것을 바로 인식할 수 있다는 장점도 있다.

다음은 HTTP 요청을 하는 fetch를 기반으로 한 사용자 정의 훅을 만든 예제다. 이 예제를 기초로 사용자 정의 훅이란 무엇인지 살펴보자.

【코드 3.29】 fetch를 수행하는 useFetch 예제와 실제 사용 예제

```
import { useEffect, useState } from 'react'

// HTTP 요청을 하는 사용자 정의 훅
function useFetch<T>(
  url: string,
  { method, body }: { method: string; body?: XMLHttpRequestBodyInit },
) {
  // 응답 결과
  const [result, setResult] = useState<T | undefined>()
  // 요청 중 여부
  const [isLoading, setIsLoading] = useState<boolean>(false)
  // 2xx 3xx로 정상 응답인지 여부
  const [ok, setOk] = useState<boolean | undefined>()
```

```
  // HTTP status
  const [status, setStatus] = useState<number | undefined>()

  useEffect(() => {
    const abortController = new AbortController()

    ;(async () => {
      setIsLoading(true)

      const response = await fetch(url, {
        method,
        body,
        signal: abortController.signal,
      })

      setOk(response.ok)
      setStatus(response.status)

      if (response.ok) {
        const apiResult = await response.json()
        setResult(apiResult)
      }

      setIsLoading(false)
    })()

    return () => {
      abortController.abort()
    }
  }, [url, method, body])

  return { ok, result, isLoading, status }
}

interface Todo {
  userId: number
  id: number
  title: string
  completed: boolean
}
```

```
export default function App() {
  // 사용자 지정 훅 사용
  const { isLoading, result, status, ok } = useFetch<Array<Todo>>(
    'https://jsonplaceholder.typicode.com/todos',
    {
      method: 'GET',
    },
  )

  useEffect(() => {
    if (!isLoading) {
      console.log('fetchResult >>', status)
    }
  }, [status, isLoading])

  return (
    <div>
      {ok
        ? (result || []).map(({ userId, title }, index) => (
          <div key={index}>
            <p>{userId}</p>
            <p>{title}</p>
          </div>
        ))
        : null}
    </div>
  )
}
```

이 코드는 fetch를 이용해 API를 호출하는 로직을 사용자 정의 훅으로 분리한 예제다. 만약 훅으로 분리하지 않았다면 fetch로 API 호출을 해야 하는 모든 컴포넌트 내에서 공통적으로 관리되지 않는 최소 4개의 state를 선언해서 각각 구현했어야 할 것이다. 이는 useReducer로 최적화해도 마찬가지일 것이다. useReducer를 사용한다 하더라도 useEffect도 필요하기 때문에 이 두 가지 훅을 fetch가 필요한 곳마다 중복해서 사용해야 할 것이다.

이렇게 복잡하고 반복되는 로직은 사용자 정의 훅으로 간단하게 만들 수 있다. 훅에서 필요한 useState와 useEffect 로직을 사용자 정의 훅인 useFetch 내부에 두면 사용하는 쪽에서는 useFetch 훅만 사용해도 손쉽게 중복되는 로직을 관리할 수 있다.

이 코드를 통해 왜 use라는 이름을 지켜야 하는지 알 수 있게 됐다. 사용자 정의 혹은 내부에 useState와 useEffect 등을 가지고 자신만의 원하는 혹을 만드는 기법으로, 내부에서 useState와 같은 리액트 혹을 사용하고 있기 때문에 당연히 앞서 언급한 리액트 혹의 규칙을 따라야 한다. 그리고 이 리액트 혹의 규칙을 따르고 react-hooks/rules-of-hooks의 도움을 받기 위해서는 use로 시작하는 이름을 가져야 한다. 만약 그렇지 않으면 다음과 같이 에러가 발생한다.

```
// 이름을 useFetch에서 fetch로 바꿨다.
function fetch<T>(
  url: string,
  { method, body }: { method: string; body?: XMLHttpRequestBodyInit },
) {
  // React Hook "useState" is called in function "fetch" that is neither
  // a React function component nor a custom React Hook function. React component
  // names must start with an uppercase letter. (react-hooks/rules-of-hooks)
  const [result, setResult] = useState<T | undefined>()
  // ...
}
```

fetch로 작성한 함수 내부에서 useState를 사용했더니 에러가 발생하는 것을 확인할 수 있다. react-hooks/rules-of-hooks가 지적하는 바는 혹은 함수 컴포넌트 내부 또는 사용자 정의 혹 내부에서만 사용할 수 있다는 것이다. 이 경고를 제거하는 방법은 함수 이름 fetch의 앞부분을 대문자로 바꿔 함수 컴포넌트라고 알리는 방법, 혹은 use를 앞에 붙여 사용자 정의 혹이라고 알리는 방법이 있다. 이 두 가지 방법 모두 정적 분석을 수행하는 ESLint와 react-hooks/rules-of-hooks가 경고할 수 있는 최선의 방법이다. 실제로 함수 컴포넌트로, 혹은 사용자 정의 혹으로 사용하는 것은 개발자의 몫이다.

이러한 사용자 정의 혹은 리액트 커뮤니티에서 다양하게 찾아볼 수 있었는데, 유명한 저장소로는 use-Hooks[8], react-use[9], ahooks[10] 등이 있다. 필요한 기능이 있다면 이 혹에서 도움을 구할 수도 있고, 각 혹을 살펴보면서 어떤 식으로 구현돼 있는지 살펴보는 것도 리액트를 공부하는 데 많은 도움이 될 것이다.

### 3.2.2 고차 컴포넌트

고차 컴포넌트(HOC, Higher Order Component)는 컴포넌트 자체의 로직을 재사용하기 위한 방법이다. 사용자 정의 혹은 리액트 혹을 기반으로 하므로 리액트에서만 사용할 수 있는 기술이지만 고차 컴포넌트는

---

8  https://github.com/uidotdev/usehooks
9  https://github.com/streamich/react-use
10 https://github.com/alibaba/hooks

고차 함수(Higher Order Function)의 일종으로, 자바스크립트의 일급 객체, 함수의 특징을 이용하므로 굳이 리액트가 아니더라도 자바스크립트 환경에서 널리 쓰일 수 있다.

리액트에서는 이러한 고차 컴포넌트 기법으로 다양한 최적화나 중복 로직 관리를 할 수 있다. 리액트에서 가장 유명한 고차 컴포넌트는 리액트에서 제공하는 API 중 하나인 React.memo다.

### React.memo란?

React.memo를 이해하려면 먼저 앞서 살펴본 렌더링에 대해 다시금 떠올릴 필요가 있다. 리액트 컴포넌트가 렌더링하는 조건에는 여러 가지가 있지만 그중 하나는 바로 부모 컴포넌트가 새롭게 렌더링될 때다. 이는 자식 컴포넌트의 props 변경 여부와 관계없이 발생한다. 다음 코드를 보자.

```
const ChildComponent = ({ value }: { value: string }) => {
  useEffect(() => {
    console.log('렌더링!')
  })

  return <>안녕하세요! {value}</>
}

function ParentComponent() {
  const [state, setState] = useState(1)

  function handleChange(e: ChangeEvent<HTMLInputElement>) {
    setState(Number(e.target.value))
  }

  return (
    <>
      <input type="number" value={state} onChange={handleChange} />
      <ChildComponent value="hello" />
    </>
  )
}
```

예제에서 ChildComponent는 props인 value="hello"가 변경되지 않았음에도 handleChange로 인해 setState를 실행해 state를 변경하므로 리렌더링이 발생한다.

이처럼 props의 변화가 없음에도 컴포넌트의 렌더링을 방지하기 위해 만들어진 리액트의 고차 컴포넌트가 바로 React.memo다. React.memo는 렌더링하기에 앞서 props를 비교해 이전과 props가 같다면 렌더링 자체를 생략하고 이전에 기억해 둔(memoization) 컴포넌트를 반환한다. 앞선 예제를 memo로 감싸서 다시 실행해 보자.

```
const ChildComponent = memo(({ value }: { value: string }) => {
  useEffect(() => {
    console.log('렌더링!')
  })

  return <>안녕하세요! {value}</>
})

function ParentComponent() {
  const [state, setState] = useState(1)

  function handleChange(e: ChangeEvent<HTMLInputElement>) {
    setState(Number(e.target.value))
  }

  return (
    <>
      <input type="number" value={state} onChange={handleChange} />
      <ChildComponent value="hello" />
    </>
  )
}
```

이제 ParentComponent에서 아무리 state가 변경돼도 ChildComponent는 다시 렌더링되지 않는다. 그 이유는 props가 변경되지 않았고, 변경되지 않았다는 것을 memo가 확인하고 이전에 기억한 컴포넌트를 그대로 반환한 것이다. 결국 앞서서 발생했던 불필요한 렌더링 작업을 생략할 수 있게 됐다. 이 방식은 앞서 클래스 컴포넌트에서 소개했던 PureComponent와 매우 유사하다고 볼 수 있다.

React.memo는 컴포넌트도 값이라는 관점에서 본 것이므로 useMemo를 사용해서도 동일하게 메모이제이션할 수 있지 않을까? 다음 예제를 보자.

```
function ParentComponent() {
  const [state, setState] = useState(1)
```

```
function handleChange(e: ChangeEvent<HTMLInputElement>) {
  setState(Number(e.target.value))
}

const MemoizedChildComponent = useMemo(() => {
  return <ChildComponent value="hello" />
}, [])

return (
  <>
    <input type="number" value={state} onChange={handleChange} />
    {MemoizedChildComponent}
  </>
)
}
```

다만 useMemo를 사용할 경우 값을 반환받기 때문에 JSX 함수 방식이 아닌 {}을 사용한 할당식을 사용한다는 차이점이 있다. 필요에 따라 이러한 방식으로 구현할 수도 있지만 코드를 작성하고 리뷰하는 입장에서 혼선을 빚을 수 있으므로 목적과 용도가 뚜렷한 memo를 사용하는 편이 좋다.

## 고차 함수 만들어보기

리액트의 고차 컴포넌트를 만들기에 앞서 먼저 자바스크립트에서 고차 함수를 만드는 것에 대해 살펴보고자 한다. 리액트의 함수 컴포넌트도 결국 함수이기 때문에 함수를 기반으로 고차 함수를 만드는 것을 먼저 이해해야 한다.

고차 함수의 사전적인 정의를 살펴보면 '함수를 인수로 받거나 결과로 반환하는 함수'라고 정의돼 있다. 가장 대표적인 고차 함수로는 리액트에서 배열을 렌더링할 때 자주 사용하는 Array.prototype.map을 들 수 있다. 다음 예제를 통해 고차 함수가 무엇인지 알아보자.

```
const list = [1, 2, 3]
const doubledList = list.map((item) => item * 2)
```

Array.prototype.map을 사용하는 예제를 살펴보면 앞서 고차 함수의 사전적 정의와 마찬가지로 (item) => item * 2, 즉 함수를 인수로 받는다는 것을 알 수 있다. map을 비롯해 forEach나 reduce 등도 고차 함수임을 알 수 있다. 이번에는 리액트 코드에서 살펴보자.

```
// 즉시 실행 함수로 setter를 만든다.
const setState = (function () {
  // 현재 index를 클로저로 가둬놔서 이후에도 계속해서 동일한 index에
  // 접근할 수 있도록 한다.
  let currentIndex = index
  return function (value) {
    global.states[currentIndex] = value
    // 컴포넌트를 렌더링한다. 실제로 컴포넌트를 렌더링하는 코드는 생략했다.
  }
})()
```

위 예제는 앞서 3.1절 '리액트의 모든 훅 파헤치기'에서 설명한 setState 함수를 구현한 예제다. 이 setState 는 useState에서 반환된 두 번째 배열의 값으로 실행할 수 있는 함수를 반환한다. 이 역시 마찬가지로 '함수 를 결과로 반환하는'이라는 조건을 만족하므로 고차 함수라고 할 수 있다.

이번에는 직접 고차 함수를 만들어 보자. 다음은 두 값을 더하는 함수를 고차 함수로 구현해 보았다.

```
function add(a) {
  return function (b) {
    return a + b
  }
}

const result = add(1) // 여기서 result는 앞서 반환한 함수를 가리킨다.
const result2 = result(2) // 비로소 a와 b를 더한 3이 반환된다.
```

add(1)라는 함수를 호출하는 시점에 1이라는 정보가 a에 포함되고, 이러한 정보가 담긴 함수를 result로 반 환된다. 잠깐, 이것은 마치 useState의 원리와 비슷하다. useState의 실행은 함수 호출과 동시에 끝났지만 state의 값은 별도로 선언한 환경, 즉 클로저에 기억된다. 여기에서도 마찬가지로 a=1이라는 정보가 담긴 클 로저가 result에 포함됐고, result(2)를 호출하면서 이 클로저에 담긴 a=1인 정보를 활용해 1 + 2의 결과를 반환할 수 있게 됐다.

이처럼 고차 함수를 활용하면 함수를 인수로 받거나 새로운 함수를 반환해 완전히 새로운 결과를 만들어 낼 수 있다. 자연스럽게, 리액트의 함수 컴포넌트도 함수이므로 고차 함수를 사용하면 다양한 작업을 할 수 있다.

## 고차 함수를 활용한 리액트 고차 컴포넌트 만들어보기

사용자 인증 정보에 따라서 인증된 사용자에게는 개인화된 컴포넌트를, 그렇지 않은 사용자에게는 별도로 정의된 공통 컴포넌트를 보여주는 시나리오를 떠올려보자. 고차 함수의 특징에 따라 개발자가 만든 또 다른 함수를 반환할 수 있다는 점에서 고차 컴포넌트를 사용하면 매우 유용하다. 다음 예제를 보자.

```
interface LoginProps {
  loginRequired?: boolean
}

function withLoginComponent<T>(Component: ComponentType<T>) {
  return function (props: T & LoginProps) {
    const { loginRequired, ...restProps } = props

    if (loginRequired) {
      return <>로그인이 필요합니다.</>
    }

    return <Component {...(restProps as T)} />
  }
}

// 원래 구현하고자 하는 컴포넌트를 만들고, withLoginComponent로 감싸기만 하면 끝이다.
// 로그인 여부, 로그인이 안 되면 다른 컴포넌트를 렌더링하는 책임은 모두
// 고차 컴포넌트인 withLoginComponent에 맡길 수 있어 매우 편리하다.
const Component = withLoginComponent((props: { value: string }) => {
  return <h3>{props.value}</h3>
})

export default function App() {
  // 로그인 관련 정보를 가져온다.
  const isLogin = true
  return <Component value="text" loginRequired={isLogin} />
  // return <Component value="text" />;
}
```

Component는 우리가 아는 일반적인 함수 컴포넌트와 같은 평범한 컴포넌트지만, 이 함수 자체를 withLoginComponent라 불리는 고차 컴포넌트로 감싸뒀다. withLoginComponent는 함수(함수 컴포넌트)를 인수로 받으며, 컴포넌트를 반환하는 고차 컴포넌트다. 이 컴포넌트는 props에 loginRequired가 있다

면 넘겨받은 함수를 반환하는 것이 아니라 "로그인이 필요합니다"라는 전혀 다른 결과를 반환하게 돼 있다. `loginRequired`가 없거나 `false`라면 원래의 함수 컴포넌트가 반환해야 할 결과를 그대로 반환한다.

물론 이러한 인증 처리는 서버나 NGINX와 같이 자바스크립트 이전 단계에서 처리하는 편이 훨씬 효율적이다. 참고로 이 예제는 단순히 고차 함수에 대한 이해를 위해 만들어졌음을 염두에 두길 바란다.

이처럼 고차 컴포넌트는 컴포넌트 전체를 감쌀 수 있다는 점에서 사용자 정의 훅보다 더욱 큰 영향력을 컴포넌트에 미칠 수 있다. 단순히 값을 반환하거나 부수 효과를 실행하는 사용자 정의 훅과는 다르게, 고차 컴포넌트는 컴포넌트의 결과물에 영향을 미칠 수 있는 다른 공통된 작업을 처리할 수 있다.

이번에는 고차 컴포넌트를 구현하기에 앞서 구현 시 주의할 점을 살펴보자. 사용자 정의 훅이 `use`로 시작하는 이름을 사용했다면 리액트의 고차 컴포넌트도 마찬가지로 `with`로 시작하는 이름을 사용해야 한다는 것이다. 이는 앞선 `use`의 경우와 같이 ESLint 규칙 등으로 강제되는 사항은 아니지만 리액트 라우터의 `withRouter`와 같이 리액트 커뮤니티에 널리 퍼진 일종의 관습이라 볼 수 있다. `with`가 접두사로 붙어 있으면 고차 컴포넌트임을 손쉽게 알아채어 개발자 스스로가 컴포넌트 사용에 주의를 기울일 수 있으므로 반드시 `with`로 시작하는 접두사로 고차 컴포넌트를 만들자.

고차 컴포넌트를 사용할 때 주의할 점 중 하나는 부수 효과를 최소화해야 한다는 것이다. 고차 컴포넌트는 반드시 컴포넌트를 인수로 받게 되는데, 반드시 컴포넌트의 props를 임의로 수정, 추가, 삭제하는 일은 없어야 한다. 앞의 예제의 경우에는 `loginRequired`라는 props를 추가했을 뿐, 기존에 인수로 받는 컴포넌트의 props는 건드리지 않았다. 만약 기존 컴포넌트에서 사용하는 `props`를 수정하거나 삭제한다면 고차 컴포넌트를 사용하는 쪽에서는 언제 props가 수정될지 모른다는 우려를 가지고 개발해야 하는 불편함이 생긴다. 이는 컴포넌트를 이용하는 입장에서 예측하지 못한 상황에서 props가 변경될지도 모른다는 사실을 계속 염두에 둬야 하는 부담감을 주게 된다. 만약 컴포넌트에 무언가 추가적인 정보를 제공해 줄 목적이라면 별도 props로 내려주는 것이 좋다.

마지막으로 주의할 점은, 여러 개의 고차 컴포넌트로 컴포넌트를 감쌀 경우 복잡성이 커진다는 것이다. 다음 예제 코드를 보자.

```
const Component = withHigherOrderComponent1(
  withHigherOrderComponent2(
    withHigherOrderComponent3(
      withHigherOrderComponent4(
        withHigherOrderComponent5(() => {
          return <>안녕하세요.</>
        }),
      ),
```

```
      ),
    ),
  )
```

고차 컴포넌트가 컴포넌트를 또 다른 컴포넌트로 감싸는 구조로 돼 있다 보니, 여러 개의 고차 컴포넌트가 반복적으로 컴포넌트를 감쌀 경우 복잡성이 매우 커진다. 고차 컴포넌트가 증가할수록 개발자는 이것이 어떤 결과를 만들어 낼지 예측하기 어려워진다. 따라서 고차 컴포넌트는 최소한으로 사용하는 것이 좋다.

## 3.2.3 사용자 정의 훅과 고차 컴포넌트 중 무엇을 써야 할까?

사용자 정의 훅과 고차 컴포넌트 모두 리액트 코드에서 어떠한 로직을 공통화해 별도로 관리할 수 있다는 특징이 있다. 애플리케이션 전반에 필요한 중복된 로직을 별도로 분리해 컴포넌트의 크기를 줄이고 가독성을 향상시키는 데 도움을 줄 수 있다. 그렇다면 어떠한 경우에 각각 사용자 정의 훅 또는 고차 컴포넌트를 써야 할까?

### 사용자 정의 훅이 필요한 경우

단순히 useEffect, useState와 같이 리액트에서 제공하는 훅으로만 공통 로직을 격리할 수 있다면 사용자 정의 훅을 사용하는 것이 좋다. 사용자 정의 훅은 그 자체로는 렌더링에 영향을 미치지 못하기 때문에 사용이 제한적이므로 반환하는 값을 바탕으로 무엇을 할지는 개발자에게 달려 있다. 따라서 컴포넌트 내부에 미치는 영향을 최소화해 개발자가 훅을 원하는 방향으로만 사용할 수 있다는 장점이 있다. 다음 예제를 보자.

```
// 사용자 정의 훅을 사용하는 경우
function HookComponent() {
  const { loggedIn } = useLogin()

  useEffect(() => {
    if (!loggedIn) {
      // do something..
    }
  }, [loggedIn])
}

// 고차 컴포넌트를 사용하는 경우
const HOCComponent = withLoginComponent(() => {
  // do something...
})
```

로그인 정보를 가지고 있는 훅인 `useLogin`은 단순히 `loggedIn`에 대한 값만 제공할 뿐, 이에 대한 처리는 컴포넌트를 사용하는 쪽에서 원하는 대로 사용 가능하다. 따라서 부수 효과가 비교적 제한적이라고 볼 수 있다. 반면 `withLoginComponent`는 고차 컴포넌트가 어떤 일을 하는지, 어떤 결과물을 반환할지는 고차 컴포넌트를 직접 보거나 실행하기 전까지는 알 수 없다. 대부분의 고차 컴포넌트는 렌더링에 영향을 미치는 로직이 존재하므로 사용자 정의 훅에 비해 예측하기가 어렵다. 따라서 단순히 컴포넌트 전반에 걸쳐 동일한 로직으로 값을 제공하거나 특정한 훅의 작동을 취하게 하고 싶다면 사용자 정의 훅을 사용하는 것이 좋다.

### 고차 컴포넌트를 사용해야 하는 경우

앞선 예제와 같이 만약 로그인되지 않은 어떤 사용자가 컴포넌트에 접근하려 할 때 애플리케이션 관점에서 컴포넌트를 감추고 로그인을 요구하는 공통 컴포넌트를 노출하는 것이 좋을 수 있다. 혹은 에러 바운더리와 비슷하게 어떠한 특정 에러가 발생했을 때 현재 컴포넌트 대신 에러가 발생했음을 알릴 수 있는 컴포넌트를 노출하는 경우도 있을 것이다. 앞선 예제를 조금 변경해 보자.

```
function HookComponent() {
  const { loggedIn } = useLogin()

  if (!loggedIn) {
    return <LoginComponent />
  }

  return <>안녕하세요.</>
}

const HOCComponent = withLoginComponent(() => {
  // loggedIn state의 값을 신경 쓰지 않고 그냥 컴포넌트에 필요한 로직만
  // 추가해서 간단해졌다. loggedIn state에 따른 제어는 고차 컴포넌트에서 해줄 것이다.
  return <>안녕하세요.</>
})
```

만약 이러한 작업을 사용자 정의 훅으로 표현해야 한다고 가정해 보자. 어차피 `loggedIn`이 `false`인 경우에 렌더링해야 하는 컴포넌트는 동일하지만 사용자 정의 훅만으로는 이를 표현하기 어렵다. 사용자 정의 훅은 해당 컴포넌트가 반환하는 랜더링 결과물에까지 영향을 미치기는 어렵기 때문이다. 그리고 이러한 중복 처리가 해당 사용자 정의 훅을 사용하는 애플리케이션 전반에 걸쳐 나타나게 될 것이므로 사용자 정의 훅보다는 고차 컴포넌트를 사용해 처리하는 것이 좋다.

함수 컴포넌트의 반환값, 즉 렌더링의 결과물에도 영향을 미치는 공통 로직이라면 고차 컴포넌트를 사용하자. 고차 컴포넌트는 이처럼 공통화된 렌더링 로직을 처리하기에 매우 훌륭한 방법이다. 물론 앞서 이야기한 것처럼 고차 컴포넌트가 많아질수록 복잡성이 기하급수적으로 증가하므로 신중하게 사용해야 한다.

## 3.2.4 정리

지금까지 사용자 정의 훅과 고차 컴포넌트가 무엇인지, 또 언제 사용하면 좋을지 살펴봤다. 개발하는 애플리케이션의 규모가 커지고, 처리해야 하는 로직이 많아질수록 중복 작업에 대한 고민 또한 필연적으로 많아질 수밖에 없다. 공통화하고 싶은 작업이 무엇인지, 또 현재 이를 처리해야 하는 상황을 잘 살펴보고 적절한 방법을 고른다면 애플리케이션 개발이 더 효율적으로 개선될 것이다.

# 04장

# 서버 사이드
# 렌더링

이번 장에서는 리액트를 활용한 서버 사이드 렌더링(Server-Side Rendering; SSR)에 대해 알아보고자 한다. 과거 리액트 애플리케이션을 만들 때 Create React App(`create-react-app`)이 각광받았지만 요즘은 서버 사이드 렌더링을 지원하는 Next.js 같은 프레임워크를 사용해 프로젝트를 만드는 것이 큰 인기를 끌고 있다. 이에 따라 리액트 개발자라면 리액트뿐만 아니라 서버 사이드 렌더링에 대해서도 이해하는 것이 중요해지고 있다. 서버 사이드 렌더링의 정의와 함께 이를 리액트로 구현하는 방법까지 알아보자.

## 4.1 서버 사이드 렌더링이란?

본격적으로 리액트 서버 사이드 렌더링 코드를 작성하기에 앞서 서버 사이드 렌더링이란 무엇인지, 왜 서버 사이드 렌더링이 최근에 각광받게 됐는지 먼저 이론적인 측면을 살펴보고자 한다. 이후에 코드를 작성하다 보면 느끼겠지만 서버 사이드 렌더링 코드를 작성하는 데는 싱글 페이지 애플리케이션을 만드는 것보다 신경 쓸 점이 훨씬 많다. 왜 서버 사이드 렌더링이 필요한지 배우지 못한다면 이러한 일련의 작업이 자칫 귀찮게만 느껴질 수 있다. 현재 웹의 상황은 어떠한지, 왜 서버 사이드 렌더링을 알아둬야 하는지 먼저 살펴보자.

### 4.1.1 싱글 페이지 애플리케이션의 세상

서버 사이드 렌더링이 무엇인지 설명하기에 앞서 먼저 서버 사이드 렌더링 애플리케이션과 반대되는 개념인 싱글 페이지 애플리케이션에 대해 먼저 살펴보자.

## 싱글 페이지 애플리케이션이란?

싱글 페이지 애플리케이션(Single Page Application; SPA)이란 렌더링과 라우팅에 필요한 대부분의 기능을 서버가 아닌 브라우저의 자바스크립트에 의존하는 방식을 의미한다. 최초에 첫 페이지에서 데이터를 모두 불러온 이후에는 페이지 전환을 위한 모든 작업이 자바스크립트와 브라우저의 `history.pushState`와 `history.replaceState`로 이뤄지기 때문에 페이지를 불러온 이후에는 서버에서 HTML을 내려받지 않고 하나의 페이지에서 모든 작업을 처리하므로 싱글 페이지 애플리케이션이라고 한다. 다음 화면을 보자.

```html
<!DOCTYPE html>
<html lang="ko">
  <head>
    <base href="/"/>
    <meta charset="utf-8"/>
    <meta http-equiv="Content-Type" content="text/html; charset=utf-8"/>
    <meta name="viewport" content="width=device-width">
    <meta name="format-detection" content="telephone=no"/>
    <link href="/icon/64x64.ico" rel="shortcut icon"/>
    <link rel="shortcut icon" href="/favicon.ico"/>
    <link rel="shortcut icon" sizes="192x192" href="/icon/android_192.png"/>
    <link rel="icon" sizes="192x192" href="/icon/android_192.png"/>
    <link rel="apple-touch-icon" href="/icon/ios_120.png"/>
    <link rel="apple-touch-icon" sizes="60x60" href="/icon/ios_60.png"/>
    <link rel="apple-touch-icon" sizes="120x120" href="/icon/ios_120.png"/>
    <script type="text/javascript">
      // google analytics
      (function (i, s, o, g, r, a, m) {
        i["GoogleAnalyticsObject"] = r;
        (i[r] =
          i[r] ||
          function () {
            (i[r].q = i[r].q || []).push(arguments);
          }),
          (i[r].l = 1 * new Date());
        (a = s.createElement(o)), (m = s.getElementsByTagName(o)[0]);
        a.async = 1;
        a.src = g;
        m.parentNode.insertBefore(a, m);
      })(
        window,
        document,
        "script",
        "//www.google-analytics.com/analytics.js",
        "ga"
      );
      ga("create",                , "auto");
    </script>
  <link rel="stylesheet" href="styles.bba072218ffaf667a164.css"><script type="text/javascript"
</head>

  <body>
    <script src="runtime.fcf0559a8086856d7754.js" defer></script><script src="polyfills.917b87c1c939
</html>
```

그림 4.1 싱글 페이지 애플리케이션의 HTML 코드

그림 4.1은 일반적으로 웹에서 볼 수 있는 싱글 페이지 애플리케이션의 HTML 코드를 크롬의 소스 보기로 캡처한 모습이다. 분명히 이 사이트에 접속하면 전체 사이트를 모두 볼 수 있지만 실제로 소스 보기로 HTML 코드를 봤을 때는 `<body/>` 내부에 아무런 내용이 없다. 이는 사이트 렌더링에 필요한 `<body/>` 내부의 내용을 모두 자바스크립트 코드로 삽입한 이후에 렌더링하기 때문이다. 또 페이지 전환 시에도 새로운 HTML 페이지를 요청하는 게 아니라 자바스크립트에서 다음 페이지의 렌더링에 필요한 정보만 HTTP 요청 등으로 가

져온 다음, 그 결과를 바탕으로 `<body/>` 내부에 DOM을 추가, 수정, 삭제하는 방법으로 페이지가 전환된다. 즉, 최초에 서버에서 최소한의 데이터를 불러온 이후부터는 이미 가지고 있는 자바스크립트 리소스와 브라우저 API를 기반으로 모든 작동이 이뤄진다. 이러한 작동 방식은 최초에 로딩해야 할 자바스크립트 리소스가 커지는 단점이 있지만 한번 로딩된 이후에는 서버를 거쳐 필요한 리소스를 받아올 일이 적어지기 때문에 사용자에게 훌륭한 UI/UX를 제공한다는 장점이 있다.

## 전통적인 방식의 애플리케이션과 싱글 페이지 애플리케이션의 작동 비교

이와 반대로 과거 서버 사이드에서 작동하던 전통적인 방식의 애플리케이션을 상상해 보자. 페이지 전환이 발생할 때마다 새롭게 페이지를 요청하고, HTML 페이지를 다운로드해 파싱하는 작업을 거친다. 이 과정은 페이지를 처음부터 새로 그려야 해서 일부 사용자는 페이지가 전환될 때 부자연스러운 모습을 보게 된다.

이를 확인할 수 있는 예시가 바로 네이버와 같은 대형 포털 사이트다. 네이버 스포츠 화면은 네이버 홈과 다른 환경에서 HTML을 만들어서 제공하므로 어쩔 수 없이 처음부터 HTML을 다시 완성해야 하기 때문이다. 이 경우 페이지를 처음부터 다시 다운로드받고 렌더링하는 작업을 거쳐야 하며, 사용자 입장에서는 페이지가 처음부터 다시 만들어지는 것처럼 보인다.

그림 4.2 네이버 홈에서 네이버 스포츠로의 페이지 전환 과정. 두 서비스 사이의 이동이 서버에서 이뤄지기 때문에 브라우저 환경이 충분히 빠르지 못하다면 흰 화면이 잠시 노출될 수 있다.

그러나 이러한 페이지 전환을 모두 자바스크립트로 한다면 최초에 한번 모든 리소스를 다운로드하고 나면 이후 페이지를 전환할 때 추가로 리소스를 다운로드하는 시간이 필요 없어진다. 그리고 경우에 따라 페이지 전체를 새로 렌더링하는 것이 아니라 페이지 전환에 필요한 일부 영역만 다시 그리게 되므로 훨씬 더 매끄러운 UI를 보여줄 수 있게 된다.

현재 서비스되는 싱글 페이지 애플리케이션 중 가장 완성도가 높다고 손꼽히는 Gmail에서는 최초에 한 번 다소간의 로딩이 끝난 이후에는 페이지 전환이 모두 자바스크립트로 일어난다. 예를 들어, 이메일 목록에서 이메일 메시지를 클릭하면 주소는 변경되지만 목록만 특정 메일로 매끄럽게 전환된다.

그림 4.3 지메일 사이트에 최초로 접속할 때 로딩 화면이 표시된다.

그림 4.4 로딩이 완료된 후에는 이메일 목록이 보인다.

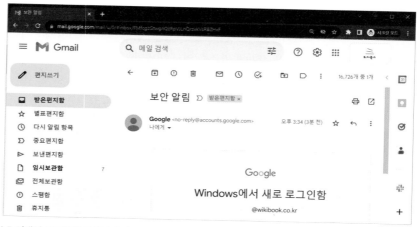

그림 4.5 이메일 목록에서 이메일 메시지를 클릭하면 페이지 전환이 느껴지지 않을 정도로 매끄럽게 화면이 전환된다.

## 싱글 페이지 렌더링 방식의 유행과 JAM 스택의 등장

이러한 장점을 발판으로 근래에 개발된 많은 웹페이지들이 싱글 페이지 렌더링 방식을 채택했다. 그렇다면 이러한 자바스크립트 위주의 싱글 페이지 렌더링 방식은 어떻게 등장하게 된 것일까?

과거 PHP나 JSP(JavaServer Pages)를 기반으로 대부분의 웹 애플리케이션이 만들어졌을 때는 거의 대부분의 렌더링이 서버 사이드에서 이뤄졌다. 페이지를 요청하면 서버에서 완성된 HTML을 내려받고, 또 페이지 이동이 있으면 새로운 페이지를 서버에서 내려받는 방식이었다. 여기서 자바스크립트는 어디까지나 사용자에게 추가적인 경험을 주기 위한 보조적인 수단으로 사용됐다.

그러나 자바스크립트가 서서히 다양한 작업을 수행하게 되면서 자바스크립트를 모듈화하는 방안이 점차 논의되기 시작됐고 그에 따라 등장한 것이 CommonJS와 AMD(Asynchronous Module Definition)다. 이러한 자바스크립트 모듈화의 결실, 그리고 사용자 기기의 성능 향상과 인터넷 속도의 발전 등으로 자바스크립트에서 할 수 있는 일이 점차 다양해지기 시작했다.

이러한 변화에 힘입어 2010년경 Backbone.js와 AngularJS, Knockout.js 등이 등장하면서 자바스크립트 수준에서 MVx 프레임워크를 구현하기 시작했다. 이는 자바스크립트에서도 어느 정도 서버에서만 할 수 있는 복잡한 작업을 할 수 있다는 것을 의미했고, 이때부터 자바스크립트의 역할과 규모가 점점 커져갔다.

이러한 프레임워크의 인기는 자바스크립트의 역할을 더욱 가중시켰고, 이후로 우리가 잘 알고 있는 React, Vue, Angular의 시대가 오게 된다. 오늘날 많은 웹 애플리케이션이 자바스크립트를 제외하고는 제대로 페이지를 보여줄 수 없을 정도로 자바스크립트의 역할에 크게 의존하고 있으며, 자바스크립트 개발자들은 그러한 변화에 힘입어 웹페이지의 모든 영역—페이지의 렌더링에서부터 사용자의 인터랙션에 이르기까지—을 담당하면서 이를 모두 아우를 수 있는 방식인 싱글 페이지 렌더링이 인기를 얻게 됐다.

싱글 페이지 애플리케이션, 즉 클라이언트 사이드 라우팅이 널리 퍼지게 된 것은 단순히 사용자에게 좀 더 멋진 UX를 제공하는 것이 가능해져서만은 아니다. PHP 시절, 웹 애플리케이션을 만들기 위해서는 자바스크립트 외에도 신경 쓸 것이 많았지만 싱글 페이지 애플리케이션에서는 단지 브라우저 내부에서 작동하는 자바스크립트만 잘 작성하면 문제없다. 즉, 프런트엔드 개발자들에게 좀 더 간편한 개발 경험을 제공했고, 더욱 간편하게 웹 애플리케이션을 만들 수 있다는 장점이 있다. 이러한 장점과 시대적인 요구로 많은 싱글 페이지 애플리케이션이 개발되기 시작했다.

이러한 싱글 페이지 애플리케이션의 유행으로 인해 새롭게 생겨난 용어가 있으니 바로 JAM 스택이다. 기존의 웹 개발은 이 책의 서문에서도 언급했듯이 LAMP 스택, 즉 Linux(운영체제), Apache(서버), MySQL(데이터베이스), PHP/Python 등(웹 프레임워크)으로 구성돼 있었다. 이 LAMP 스택은 과거 매우 인기 있는 웹 개발 구조이기도 했지만 동시에 어쩔 수 없는 선택이기도 했다. 과거에는 자바스크립트에서 할 수 있는 일이 제한적이었기 때문에 대부분의 처리를 서버에서 해야만 했다. 그러나 이러한 서버 의존적인 문제는 웹 애플리케이션의 확장성에도 걸림돌로 작용했는데, 웹 애플리케이션의 기능이 다양해지거나 사용자가 늘어나면 이와 동시에 서버도 확장해야 했지만 클라우드의 개념이 부족했던 이 당시에는 서버를 확장하는 것이 매우 번거로웠다.

그러나 앞서 언급한 프레임워크의 등장으로 등장한 것이 바로 JAM(JavaScript, API, Markup) 스택이다. 대부분의 작업을 자바스크립트에서 수행할 수 있었기 때문에 프런트엔드는 자바스크립트와 마크업(HTML, CSS)을 미리 빌드해 두고 정적으로 사용자에게 제공하면 이후 작동은 모두 사용자의 클라이언트에서 실행되므로 서버 확장성 문제에서 좀 더 자유로워질 수 있게 됐다. 이러한 JAM 스택의 인기와 Node.js의 고도화에 힘입어 MEAN(MongoDB, Express.js, AngularJS, Node.js)이나 MERN(MongoDB, Express.js, React, Node.js) 스택처럼 아예 API 서버 자체도 자바스크립트로 구현하는 구조가 인기를 끌기 시작했다.

📄 **구글 트렌드로 살펴본 웹 기술 스택에 관한 관심도**

구글 트렌드에서 지난 5년간의 PHP/리액트의 차이(그림 4.6) 및 LAMP/MEAN/MERN 스택의 차이(그림 4.7)를 보면, 2021년 이후로 리액트가 PHP의 관심도를 앞섰고, MEAN과 MERN 스택도 비슷한 시기에 PHP의 관심도를 앞질렀음을 볼 수 있다.[1] 물론 PHP와 LAMP 스택은 지난 수년간 웹페이지를 만드는 방식으로 선호됐으므로 현재 인터넷에 LAMP와 PHP로 구현된 웹사이트가 훨씬 더 많을 것이다. 그러나 개발자의 관심도가 완전히 넘어갔다는 점에서 주목해 볼 만하다.

---

1  https://trends.google.com/trends/explore?cat=13&date=today%205-y&q=php,react, https://trends.google.com/trends/explore?date=2010-02-27%202023-03-27&q=lamp%20stack,MEAN%20Stack,MERN%20stack&hl=ko

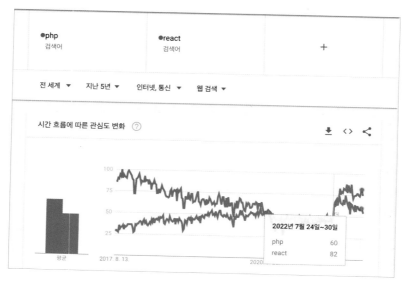

그림 4.6 PHP와 리액트의 구글 트렌드 비교

이어서 다음 구글 트렌드 결과를 보면 과거에 큰 인기를 끌었던 MEAN, LAMP 스택이 사라지고 점차 MERN 스택이 대세가 되고 있음을 알 수 있다.

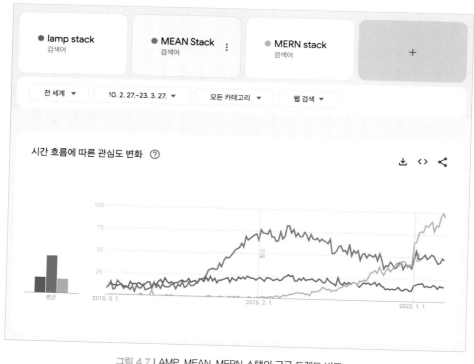

그림 4.7 LAMP, MEAN, MERN 스택의 구글 트렌드 비교

## 새로운 패러다임의 웹서비스를 향한 요구

많은 양의 리소스가 자바스크립트로 넘어오기 시작하던 때, 자바스크립트 코드의 규모도 점차 커지면서 이에 대해 우려의 목소리도 조금씩 나오기 시작했다. 다만 이 시기에 있었던 폭발적인 기술의 발전으로 이러한 문제가 자연스럽게 해결될 것이라 기대하기도 했었다. 왜냐하면 인터넷 속도는 날이 갈수록 빨라졌고, 프로세서나 메모리 등 하드웨어 성능 또한 눈부시게 발전을 거듭했기 때문이다. 즉, 웹페이지를 불러오는 데 필요한 부담을 일정 부분 사용자에게 전가하더라도 사용자의 기기나 인터넷 환경이 더 빠르게 발전할 것이기 때문에 괜찮을 것이라는 기대감이 팽배했다. 그러한 기대에 부응하기라도 하듯 웹 애플리케이션에서 제공하는 자바스크립트 리소스의 크기와 수가 모두 증가하기 시작했다.

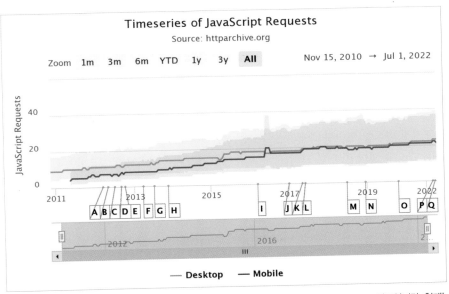

그림 4.8 2011년부터 2022년까지 웹사이트에 포함된 평균 자바스크립트 코드의 크기. 모바일의 경우 50kB 정도였지만, 현재는 거의 470kB로, 약 9배 정도 증가했다.[2]

평균 자바스크립트 리소스 크기를 살펴보면 다음과 같이 지속적으로 우상향하고 있음을 알 수 있다.

---

2  https://httparchive.org/reports/state-of-javascript?start=earliest&end=latest&view=list#bytesJs

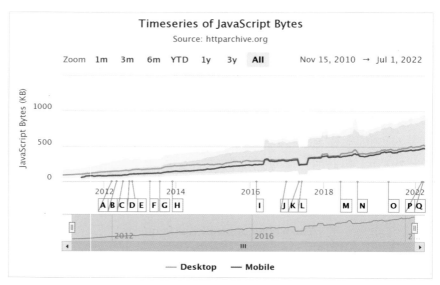

그림 4.9 평균 자바스크립트 리소스 크기. 모바일과 데스크톱에서 모두 꾸준히 증가하고 있으며, 2012년 대비 100배 이상 증가한 것을 알 수 있다.

그렇다면 웹페이지 속도는 얼마나 개선됐을까? 정말 이러한 기대에 부응할 만큼 사용자의 디바이스가 크기도 커지고 개수도 더욱 많아진 자바스크립트 리소스를 효과적으로 처리하고 있을까?

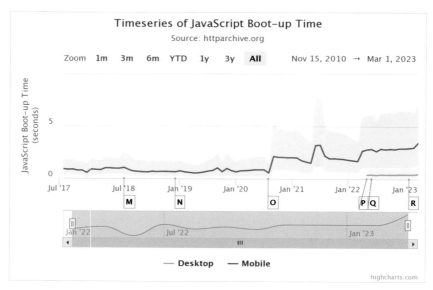

그림 4.10 스크립트가 페이지당 소비하는 CPU 시간. 모바일의 경우 2017년경 중위 값이 0.8초였지만 현재는 3.4초까지 증가해 300%에 달하는 증가율을 보였다.[3]

---

3  https://httparchive.org/reports/loading-speed?start=earliest&end=latest&view=list

다음으로 화면에 웹페이지가 완전히 로딩되는 데 걸리는 시간을 살펴보자. 모바일 기기의 성능은 날이 갈수록 좋아지고 있지만 모바일에서의 웹페이지 로딩은 여전히 20초 가까이 걸릴 정도로 오래 걸린다는 것을 알 수 있다.

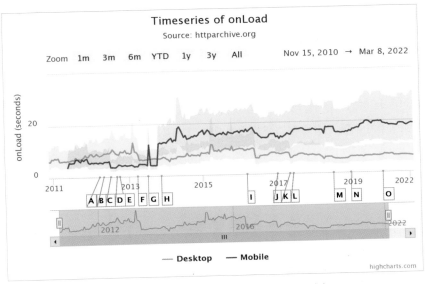

그림 4.11 화면에 웹페이지가 표시되기까지 걸리는 시간

이어서 사용자가 페이지에서 최초로 인터랙션이 가능해지기까지 걸리는 시간을 살펴보자. 모바일에서 사용자가 웹페이지에서 어떠한 액션을 취하고 싶다면 약 15초 이상을 대기해야 한다는 것을 알 수 있다.

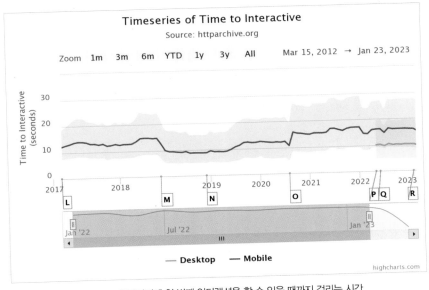

그림 4.12 웹페이지에 첫 번째 인터랙션을 할 수 있을 때까지 걸리는 시간

참고로 앞선 자바스크립트 크기와 요청 횟수와는 다르게 로딩과 관련된 위 3개의 데이터는 2011년부터 수집된 자료가 존재하지 않아 2017년부터 도표를 표시하고 있다.

먼저 눈에 띄는 점은 자바스크립트 파싱을 위해 CPU를 소비하는 시간이 눈에 띄게 증가했다는 점이다. 그만큼 자바스크립트에서 처리해야 하는 코드의 절대적인 양이 증가했음을 알 수 있다. 코드의 양이 증가해도 처리 시간이 줄어들었다면 괜찮겠지만 사실 그것도 좋지 못하다. 모바일에서 사용자가 상호작용할 수 있을 때까지 대기해야 하는 평균 시간은 12초이며, 모든 콘텐츠 로딩에 소요되는 시간은 약 18초로, 웹사이트 방문자들은 생각보다 많은 시간을 웹사이트 로딩에 소비해야 한다.

물론 이 모든 것이 싱글 페이지 애플리케이션의 탓이라는 것은 절대 아니다. 과거 웹 애플리케이션은 단순히 무언가 정보를 보여주기 위한 수단에 불과했지만 현재의 웹 애플리케이션은 정말 다양한 작업을 처리하고 있고, 심지어 하이브리드 애플리케이션의 형태로 앱 내부에서도 마치 웹처럼 구동되는 경우도 많다. 과거의 웹과 현재의 웹의 기능을 비교하면 정말 천지차이다. 그럼에도 중요한 사실 중 하나는 사용자의 기기와 인터넷 속도 등 웹 전반을 이루는 환경이 크게 개선됐음에도 실제 사용자들이 느끼는 웹 애플리케이션의 로딩 속도는 5년 전이나 지금이나 크게 차이가 없거나 오히려 더 느리다는 것이다.

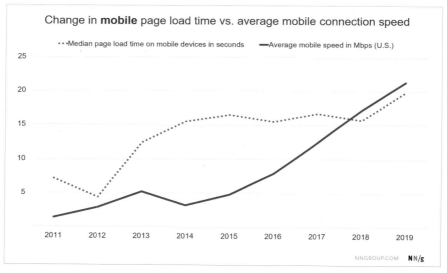

**그림 4.13** 미국 기준 모바일 기기의 인터넷 속도와 모바일 페이지 로딩 속도 비교. 인터넷 속도도 증가하고, 모바일 기기의 페이지 로딩 속도도 비례해서 증가하는 추세를 보여준다. 즉, 속도가 빨라졌지만 사용자는 오히려 더 사이트가 느려졌다고 느끼기에 충분하다.[4]

웹 애플리케이션 개발자라면 이러한 웹 서비스의 성능을 역행하는 추세에 책임감을 가질 필요가 있다. '웹 개발 환경이 바뀌었다'라거나 '이전보다 웹에서 더 많은 작업을 처리한다'라는 사실만으로는 고객을 설득하

---

4  https://www.nngroup.com/articles/the-need-for-speed/

기 어렵다. 웹사이트 방문자들은 참을성이 없기에 개발자들은 제품의 웹 서비스 환경에 대해 한 번 더 고민할 때다.

## 4.1.2 서버 사이드 렌더링이란?

싱글 페이지 애플리케이션이 자바스크립트를 활용해 하나의 페이지에서만 렌더링을 수행한다면, 서버 사이드 렌더링은 최초에 사용자에게 보여줄 페이지를 서버에서 렌더링해 빠르게 사용자에게 화면을 제공하는 방식을 의미한다. 앞서 언급했던, 웹페이지가 점점 느려지는 상황에 대한 문제의식을 싱글 페이지 애플리케이션의 태생적인 한계에서 찾고, 이를 개선하고자 서버에서 페이지를 렌더링해 제공하는 기존 방식의 웹 개발이 다시금 떠오르고 있다.

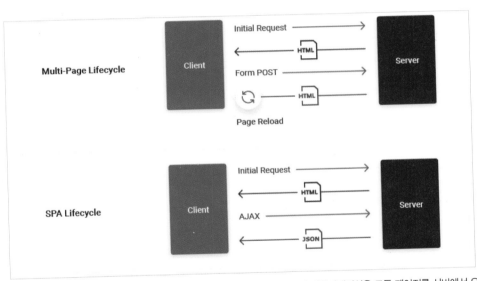

그림 4.14 싱글 페이지 애플리케이션과 멀티 페이지 애플리케이션의 차이. 멀티 페이지 애플리케이션은 모든 페이지를 서버에서 요청받은 후에 완성된 HTML을 렌더링한다.[5]

즉, 싱글 페이지 애플리케이션과 서버에서 페이지를 빌드하는 서버 사이드 렌더링의 차이는 웹페이지 렌더링의 책임을 어디에 두느냐다. 싱글 페이지 애플리케이션은 사용자에게 제공되는 자바스크립트 번들에서 렌더링을 담당하지만 서버 사이드 방식을 채택하면 렌더링에 필요한 작업을 모두 서버에서 수행한다. 클라이언트의 렌더링은 사용자 기기의 성능에 영향을 받지만 서버 사이드 렌더링은 서버에서 제공하기 때문에 비교적 안정적인 렌더링이 가능하다.

이어서 좀 더 구체적으로 서버 사이드 렌더링의 장단점을 살펴보자.

---

5 https://lvivity.com/single-page-app-vs-multi-page-app

## 서버 사이드 렌더링의 장점

최초 페이지 렌더링을 서버에서 수행하는 것은 싱글 페이지 애플리케이션 대비 몇 가지 장점이 있다. 서버 사이드 렌더링의 장점은 다음과 같다.

### 최초 페이지 진입이 비교적 빠르다

사용자가 최초 페이지에 진입했을 때 페이지에 유의미한 정보가 그려지는 시간(First Contentful Paint)이 더 빨라질 수 있다. 최초에 사용자에게 보여줘야 할 화면에 표시할 정보가 외부 API 호출에 많이 의지해야 한다고 가정해 보자. 싱글 페이지 애플리케이션이라면 사용자가 해당 페이지에 진입하고, 자바스크립트 리소스를 다운로드하고, HTTP 요청을 수행한 이후에 이 응답의 결과를 가지고 화면을 렌더링해야 할 것이다. 그러나 이러한 작업이 서버에서 이뤄진다면 한결 빠르게 렌더링될 수 있다. 일반적으로 서버에서 HTTP 요청을 수행하는 것이 더 빠르고, 또 HTML을 그리는 작업도 서버에서 해당 HTML을 문자열로 미리 그려서 내려주는 것이 클라이언트에서 기존 HTML에 삽입하는 것보다 더 빠르기 때문이다. 모든 경우에 서버 사이드 렌더링이 초기 페이지 렌더링에 비해 이점을 가진다고 볼 수 없지만 화면 렌더링이 HTTP 요청에 의존적이거나 렌더링해야 할 HTML의 크기가 커진다면 상대적으로 서버 사이드 렌더링이 더 빠를 수 있다.

물론 이것은 서버가 사용자에게 렌더링을 제공할 수 있을 정도의 충분한 리소스가 확보돼 있다는 일반적인 가정하에 비교한 것이다. 서버가 사용자를 감당하지 못하고, 리소스를 확보하기 어렵다면 오히려 싱글 페이지 애플리케이션보다 느려질 수도 있다.

### 검색 엔진과 SNS 공유 등 메타데이터 제공이 쉽다

서버 사이드 렌더링은 검색 엔진 최적화에 유용하다. 왜 서버 사이드 렌더링이 검색 엔진 최적화에 유용한지 이해하려면 먼저 검색 엔진이 사이트에서 필요한 정보를 가져가는 과정을 알아야 한다.

1. 검색 엔진 로봇(머신)이 페이지에 진입한다.

2. 페이지가 HTML 정보를 제공해 로봇이 이 HTML을 다운로드한다. 단, 다운로드만 하고 자바스크립트 코드는 실행하지 않는다.

3. 다운로드한 HTML 페이지 내부의 오픈 그래프(Open Graph)나 메타(meta) 태그 정보를 기반으로 페이지의 검색(공유) 정보를 가져오고 이를 바탕으로 검색 엔진에 저장한다.

이 검색 엔진의 페이지 방문과 사용자의 브라우저를 이용한 페이지 방문의 큰 차이점은 페이지 내부에 있는 자바스크립트 코드의 실행 여부다. 브라우저는 해당 페이지를 사용자에게 HTML이나 각종 정보로 제공하기 위해 자바스크립트를 실행해야 하지만 로봇은 페이지를 보는 것이 아닌 페이지의 정적인 정보를 가져오는 것이 목적이므로 자바스크립트를 다운로드하거나 실행할 필요가 없다. 싱글 페이지 애플리케이션은 대부분의 작동이 자바스크립트에 의존하는데, 이러한 메타 정보 또한 마찬가지다. 검색 엔진이 최초에 방문했을 때, 즉 페이지에 최초로 진입했을 때 이러한 메타 정보를 제공할 수 있도록 조치를 취하지 않는다면 검색 엔진이나 SNS 공유 시에 불이익이 있을 수 있다. 반면 서버 사이드 렌더링은 최초의 렌더링 작업이 서버에서 일어난다. 즉, 검색 엔진에 제공할 정보를 서버에서 가공해서 HTML 응답으로 제공할 수 있으므로 검색 엔진 최적화에 대응하기가 매우 용이하다.

## 누적 레이아웃 이동이 적다

서버 사이드 렌더링은 누적 레이아웃 이동(Cumulative Layout Shift)을 줄일 수 있다. 누적 레이아웃 이동이란 사용자에게 페이지를 보여준 이후에 뒤늦게 어떤 HTML 정보가 추가되거나 삭제되어 마치 화면이 덜컥거리는 것과 같은 부정적인 사용자 경험을 말한다. 즉, 사용자가 예상치 못한 시점에서 페이지가 변경되어 불편을 초래하는 것을 말한다. 신문 기사를 제공하는 사이트를 예로 들어보자. 화면 전체에 기사 내용이 있고, 중간에 가로로 긴 배너를 삽입하고자 한다. 그런데 기사(글)의 로딩은 빨리 이뤄져서 화면에 먼저 노출되고 있는데, 갑작스럽게 뒤늦게 배너가 로딩된다면 어떻게 될까? 배너의 크기만큼 글 영역이 밀리면서 사용자에게 불편을 초래할 것이다. 싱글 페이지 애플리케이션에서는 페이지 콘텐츠가 API 요청에 의존하고, API 요청의 응답 속도가 제각각이며, 이를 적절히 처리해두지 않는다면 이러한 누적 레이아웃 이동 문제가 발생할 수 있다. 반면 서버 사이드 렌더링의 경우에는 이러한 요청이 완전히 완료된 이후에 완성된 페이지를 제공하므로 이러한 문제에서 비교적 자유롭다.

누적 레이아웃 이동을 해결하기 위해 서버 사이드 렌더링을 사용한다 해도 이러한 문제에서 완전히 자유롭지는 못하다. 리액트를 예로 들어보자. useEffect는 클라이언트에서 컴포넌트가 마운트된 이후에 실행되므로 서버 사이드 애플리케이션이나 싱글 페이지 애플리케이션에서 모두 문제의 소지가 있다. 또한 API 속도가 모두 달랐을 때, 서버 사이드 렌더링에서는 모든 요청이 완료되기 전까지 페이지가 렌더링되지 않을 것이므로 최초 페이지 다운로드가 굉장히 느려질 수도 있다. 그러나 이는 리액트 18에서 등장한 스트림으로 인해 해결될 수도 있는데, 이에 대해서는 이후에 다룬다.

## 사용자의 디바이스 성능에 비교적 자유롭다

마지막으로 서버 사이드 렌더링은 비교적 사용자 디바이스의 성능으로부터 자유롭다. 자바스크립트 리소스 실행은 사용자의 디바이스에서만 실행되므로 절대적으로 사용자 디바이스 성능에 의존적이다. 그러나 서버 사이드 렌더링을 수행하면 이러한 부담을 서버에 나눌 수 있으므로 사용자의 디바이스 성능으로부터 조금 더 자유로워질 수 있다. 물론 이 또한 절대적인 것은 아니다. 인터넷 속도가 느리다면 어떠한 방법론을 쓰든 느릴 것이고, 사용자 방문이 폭증해 서버에 부담이 가중된다면, 그리고 이를 위한 적절한 처리가 수반돼 있지 않다면 서버 사이드 렌더링도 충분히 느려질 수 있다.

### 보안에 좀 더 안전하다

JAM 스택을 채택한 프로젝트의 공통된 문제점은 애플리케이션의 모든 활동이 브라우저에 노출된다는 것이다. 프런트엔드 개발자라면 모두가 알겠지만 브라우저의 개발자 도구를 사용하면 웹사이트에서 일어나는 거의 대부분의 작업을 파악할 수 있다. 이 작업에는 API 호출과 인증 같이 사용자에게 노출되면 안 되는 민감한 작업도 포함되므로 정상적인 비즈니스 로직을 거치지 않은 상황에서 인증이나 API가 호출되는 것을 항상 방지할 준비가 돼 있어야 한다. 반면 서버 사이드 렌더링의 경우 인증 혹은 민감한 작업을 서버에서 수행하고 그 결과만 브라우저에 제공해 이러한 보안 위협을 피할 수 있다는 장점이 있다.

## 단점

서버 사이드 렌더링은 몇 가지 포인트에서 특히 좋은 사용자 경험을 방문자에게 전해줄 수 있다는 장점이 있다. 그러나 서버 사이드 렌더링이 마냥 좋은 것만은 아니다. 서버 사이드 렌더링을 적용하기에 앞서 몇 가지를 고려해야 한다.

### 소스코드를 작성할 때 항상 서버를 고려해야 한다

서버 사이드 렌더링을 적용하기로 결정했다면 소스코드 전반에 걸쳐 서버 환경에 대한 고려가 필요하다. 그 중 가장 큰 문제가 바로 브라우저 전역 객체인 window 또는 sessionStorage와 같이 브라우저에만 있는 전역 객체 등이다. 소스코드나 사용 중인 라이브러리에서 window를 사용하고 있고, 이 코드가 만약 서버에서 실행된다면 'window is not defined'라는 에러를 마주하게 된다. 그러므로 서버에서도 실행될 가능성이 있는 코드라면 window에 대한 접근을 최소화해야 하고, window 사용이 불가피하다면 해당 코드가 서버 사이드에서 실행되지 않도록 처리해야 한다. 이러한 서버에 대한 고려는 작성한 코드뿐만 아니라 외부에서 의존하고 있는 라이브러리도 마찬가지다. 해당 라이브러리가 마찬가지로 서버에 대한 고려가 돼 있지 않다면 다른 대안을 찾거나 클라이언트에서만 실행될 수 있도록 처리해야 한다. 잠재적인 위험을 가진 코드를 모두 클라이언트에서 실행하는 것 또한 궁극적인 해결책이 되지 못한다. 클라이언트에서만 실행되는 코드가 많아질수록 서버 사이드 렌더링의 장점을 잃는 셈이다.

### 적절한 서버가 구축돼 있어야 한다

싱글 페이지 애플리케이션이나 정적인 HTML 페이지만으로 서비스할 수 있는 웹페이지 경우에는 단순히 HTML과 자바스크립트, CSS 리소스를 다운로드할 수 있는 준비만 하면 된다. 서버는 정적인 데이터인 자바스크립트와 HTML을 제공하면 모든 역할이 끝난다. 그러나 서버 사이드 렌더링은 말 그대로 사용자의 요청을 받아 렌더링을 수행할 서버가 필요하다. 그러나 서버를 구축하는 것은 절대 쉬운 일이 아니다. 사용자의 요청에 따라 적절하게 대응할 수 있는 물리적인 가용량을 확보해야 하고, 때로는 예기치 않은 장애 상황에 대응할 수 있도록 복구 전략도 필요하다. 또한 요청을 분산시키고, 프로세스가 예기치 못하게 다운될 때를 대비해 PM2[6]와 같은 프로세스 매니저의 도움도 필요하다. 실제로 프로덕션 서버 사이드 렌더링 애플리케이션을 운영해 본 경험이 있다면 쿠버네티스 같은 여러 가지 라이브러리와 도구의 도움을 얻더라도 절대 쉽지 않은 일이라는 것을 알 것이다.

**서비스 지연에 따른 문제**

예를 들어, 싱글 페이지 애플리케이션에서 무언가 느린 작업이 있다고 해보자. 싱글 페이지 애플리케이션은 그래도 최초에 어떤 화면이라도 보여준 상태에서 무언가 느린 작업이 수행되기 때문에 '로딩 중'과 같이 작업이 진행 중임을 적절히 안내한다면 충분히 사용자가 기다릴 여지가 있다.

반면 서버 사이드 렌더링에서 지연이 일어나면 어떻게 될까? 특히 이 지연 작업이 최초 렌더링에 발생한다면 큰 문제가 된다. 서버 사이드 렌더링은 서버에서 사용자에게 보여줄 페이지에 대한 렌더링 작업이 끝나기까지는 사용자에게 그 어떤 정보도 제공할 수 없다. 애플리케이션의 규모가 커지고 작업이 복잡해지고, 이에 따라 다양한 요청에 얽혀있어 병목 현상이 심해진다면 때로는 서버 사이드 렌더링이 더 안 좋은 사용자 경험을 제공할 수도 있다.

## 4.1.3 SPA와 SSR을 모두 알아야 하는 이유

지금까지 과거에 주를 이뤘던 서버 사이드 렌더링, 특히 모든 페이지를 서버에서 빌드해 각각의 페이지가 별개로 존재하던 LAMP 스택 기반의 서버 사이드 렌더링부터 최근 각광받고 있는 싱글 페이지 애플리케이션에 대해 알아봤다. 세상의 모든 진리와 마찬가지로, 서버 사이드 렌더링 또한 모든 문제의 해결책이 될 수는 없다. 따라서 우리는 이러한 모든 방법론을 이해할 필요가 있다. 그 이유에 대해 살펴보자.

**서버 사이드 렌더링 역시 만능이 아니다**

클라이언트에서 발생하는 모든 무거운 작업을 서버에 미루고, 작업이 모두 서버에서 이뤄진다고 해서 모든 성능 문제가 해결되는 것은 아니다. 잘못된 웹페이지 설계는 오히려 성능을 해칠 뿐만 아니라 눈에 띄는 성능 개선도 얻지 못하고 서버와 클라이언트 두 군데로 관리 포인트만 늘어나기만 하는 역효과를 낳을 수도 있다. 웹페이지에서 사용자에게 제공하고 싶은 내용이 무엇인지, 또 어떤 우선순위에 따라 페이지의 내용을 보여줄지를 잘 설계하는 것이 중요하다. 웹페이지의 설계와 목적, 그리고 우선순위에 따라 싱글 페이지 애플리케이션이 더 효율적일 수도 있다. 서버 사이드 렌더링은 성능에 있어 만병통치약이 아님을 알아야 한다.

---

6  https://pm2.keymetrics.io/

## 싱글 페이지 애플리케이션과 서버 사이드 렌더링 애플리케이션

두 방법론 중 어느 것이 옳다고 단언할 수는 없지만 적어도 싱글 페이지 애플리케이션과 LAMP 스택과 같이 서버에서 모든 페이지를 각각 빌드하는 서버 사이드 렌더링 방식인 멀티 페이지 애플리케이션에 대해서는 다음과 같이 이야기할 수 있다.

1. 가장 뛰어난 싱글 페이지 애플리케이션은 가장 뛰어난 멀티 페이지 애플리케이션보다 낫다. 일례로 앞서 예제로 보여준 Gmail과 같이 완성도가 매우 뛰어난 싱글 페이지 애플리케이션이 있다고 가정해 보자. 최초 페이지 진입 시에 보여줘야 할 정보만 최적화해 요청해서 렌더링하고, 이미지와 같은 중요성이 떨어지는 리소스는 게으른 로딩으로 렌더링에 방해되지 않도록 처리했으며, 코드 분할(code splitting, 사용자에게 필요한 코드만 나눠서 번들링하는 기법) 또한 칼같이 지켜서 불필요한 자바스크립트 리소스의 다운로드 및 실행을 방지했다. 라우팅이 발생하면 변경이 필요한 HTML 영역만 교체해 사용자의 피로감을 최소화했다. 모든 것이 완벽하다. 멀티 페이지 애플리케이션 또한 마찬가지로 엄청난 최적화를 가미했다 하더라도 싱글 페이지 애플리케이션이 가진 브라우저 API와 자바스크립트를 활용한 라우팅을 기반으로 한 매끄러운 라우팅보다 뛰어난 성능을 보여줄 수는 없을 것이다.[7]

2. 평균적인 싱글 페이지 애플리케이션은 평균적인 멀티 페이지 애플리케이션보다 느리다. 멀티 페이지 애플리케이션은 매번 서버에 렌더링 요청을 하고, 서버는 안정적인 리소스를 기반으로 매 요청마다 비슷한 성능의 렌더링을 수행할 것이다. 그러나 일반적인 싱글 페이지 애플리케이션은 렌더링과 라우팅에 최적화가 돼 있지 않다면 사용자 기기에 따라 성능이 들쑥날쑥하고, 적절한 성능 최적화도 돼 있지 않을 가능성이 높으므로 멀티 페이지 애플리케이션 대비 성능이 아쉬울 가능성이 크다. 그리고 이러한 최적화는 매우 어렵다. 페이지 전환 시에 필요한 리소스와 공통으로 사용하는 리소스로 분류하고 이에 따른 다운로드나 렌더링 우선순위 전략을 잘 수립해 서비스하기란 매우 어렵다. 따라서 평균적인 노력을 기울여서 동일한 서비스를 만든다면 서버에서 렌더링되는 멀티 페이지 애플리케이션이 더 우위에 있을 수 있다. 심지어 최근에는 멀티 페이지 애플리케이션에서 발생하는 라우팅으로 인한 문제를 해결하기 위한 다양한 API가 브라우저에 추가되고 있다.

   - 페인트 홀딩(Paint Holding)[8]: 같은 출처(origin)에서 라우팅이 일어날 경우 화면을 잠깐 하얗게 띄우는 대신 이전 페이지의 모습을 잠깐 보여주는 기법

   - back forward cache(bfcache)[9]: 브라우저 앞으로 가기, 뒤로가기 실행 시 캐시된 페이지를 보여주는 기법

   - Shared Element Transitions[10]: 페이지 라우팅이 일어났을 때 두 페이지에 동일 요소가 있다면 해당 콘텍스트를 유지해 부드럽게 전환되게 하는 기법

   이러한 기법은 모두 싱글 페이지 애플리케이션에서 구현 가능한 것이지만 완벽하게 구현하려면 자바스크립트뿐만 아니라 CSS 등의 도움을 받아야 하고 상당한 노력을 기울여야 한다. 그러나 평균적인 노력으로, 평균적인 사용자 경험을 제공한다고 가정한다면 별도의 최적화를 거쳐야 하는 싱글 페이지 애플리케이션보다 서버에서 렌더링되는 멀티 페이지 애플리케이션이 더 나은 경험을 제공한다고 볼 수 있다.

---

7   SPA와 그렇지 않은 환경에서의 라우팅을 비교한 트윗: https://twitter.com/Rich_Harris/status/1539084063558062080
8   https://developer.chrome.com/blog/paint-holding/
9   https://web.dev/bfcache/
10  https://github.com/WICG/shared-element-transitions/

결국 우리는 앞의 두 방법론이 모두 상황에 따라 유효한 방법이라는 것을 먼저 이해해야 한다. 두 가지 모두 장단점이 있으며 어느 하나가 완벽하다고 볼 수 없다. 싱글 페이지 애플리케이션이 제공하는 보일러플레이트나 라이브러리가 점차 완벽해지면서 잠재적인 모든 위험을 제거할 수도 있고, 멀티 페이지 애플리케이션이 브라우저 API의 도움을 받아 싱글 페이지 애플리케이션과 같은 끊김 없는 사용자 경험을 제공할 수도 있다.

### 현대의 서버 사이드 렌더링

현대의 서버 사이드 렌더링은 지금까지 LAMP 스택에서 표현했던 서버 사이드 렌더링 방식과는 조금 다르다. 먼저 기존 LAMP 스택은 모든 페이지 빌드를 서버에서 렌더링해 초기 페이지 진입이 빠르다는 장점이 있지만 이후에 라우팅이 발생할 때도 마찬가지로 서버에 의존해야 하기 때문에 싱글 페이지 렌더링 방식에 비해 라우팅이 느리다는 단점이 있다. 그래서 요즘의 서버 사이드 렌더링은 이 두 가지 장점을 모두 취한 방식으로 작동한다. 먼저, 최초 웹사이트 진입 시에는 서버 사이드 렌더링 방식으로 서버에서 완성된 HTML을 제공받고, 이후 라우팅에서는 서버에서 내려받은 자바스크립트를 바탕으로 마치 싱글 페이지 애플리케이션처럼 작동한다. 앞으로 살펴볼 Next.js, 그리고 Remix[11] 등 요즘 각광받는 서버 사이드 렌더링 프레임워크는 모두 이러한 방식으로 작동해 사용자에게 더 나은 웹사이트 경험을 안겨준다. 이러한 라우팅과 렌더링 방식을 이해하지 못하면 모든 페이지에서 서버 사이드 렌더링으로 작동하는 LAMP 스택과 다름없는 멀티 페이지 애플리케이션을 만들어버릴 수도, 혹은 서버에서 아무런 작동도 하지 않는 싱글 페이지 애플리케이션 방식의 잘못된 웹서비스를 만들어 버릴 수도 있다. 따라서 프런트엔드 개발자는 서버에서의 렌더링, 그리고 클라이언트에서의 렌더링을 모두 이해해야 두 가지 장점을 완벽하게 취하는 제대로 된 웹서비스를 구축할 수 있다.

## 4.1.4 정리

지금까지 서버 사이드 렌더링은 무엇이고, 또 어떠한 장단점이 있는지 살펴봤다. 리액트 개발자라면, 특히 다수의 사용자에게 좋은 사용자 경험을 제공할 수 있는 웹 애플리케이션을 만들고 싶은 개발자라면 두 가지 방법을 모두 숙지할 필요가 있다. 둘 중 어느 것이 완벽하게 옳다고 말할 수 없으므로 두 가지 모두를 이해하고 필요에 따라 맞는 방법을 사용할 수 있다.

이를 위해 먼저 서버에서 리액트 코드가 어떻게 HTML로 변경되어 제공되는지, 그리고 이렇게 만들어진 HTML에 자바스크립트 코드를 어떻게 추가하는지 살펴보고자 한다. 그리고 뒤이어서 다룰 리액트 서버 사이드 렌더링 프레임워크인 Next.js가 서버 사이드 렌더링과 클라이언트 사이드 렌더링이라는 두 가지 다른 방식의 렌더링을 어떻게 구현했는지도 알아보자.

---

11 https://remix.run/

## 4.2 서버 사이드 렌더링을 위한 리액트 API 살펴보기

기본적으로 리액트는 프런트엔드 라이브러리로 브라우저 자바스크립트 환경에서 렌더링할 수 있는 방법을 제공하지만 이와 동시에 리액트 애플리케이션을 서버에서 렌더링할 수 있는 API도 제공한다. 이 API는 당연히 브라우저의 window 환경이 아닌 Node.js와 같은 서버 환경에서만 실행할 수 있으며 window 환경에서 실행 시 에러가 발생할 수 있다. 리액트에서 서버 사이드 렌더링을 실행할 때 사용되는 API를 확인해 보려면 리액트 저장소의 react-dom/server.js를 확인하면 된다.[12] 여기에는 react-dom이 서버에서 렌더링하기 위한 다양한 메서드를 제공하고 있으며, 2022년 8월 기준으로 server.node.js에 있는 함수를 export하고 있음을 알 수 있다. 여기에 있는 함수들이 무엇인지, 또 어떤 역할을 하는지 하나씩 살펴보자.

리액트 18이 릴리스되면서 react-dom/server에 renderToPipeableStream이 추가됐고, 나머지는 대부분 지원 중단되는 등 큰 변화를 거쳤다. 이에 대해 자세한 내용은 추후에 다루기로 하고, 우선 이번 장에서는 기존에도 있던 기본적인 4개의 함수에 대해 설명한다.

### 4.2.1 renderToString

renderToString은 함수 이름에서도 알 수 있듯이 인수로 넘겨받은 리액트 컴포넌트를 렌더링해 HTML 문자열로 반환하는 함수다. 서버 사이드 렌더링을 구현하는 데 가장 기초적인 API로, 최초의 페이지를 HTML로 먼저 렌더링한다고 언급했는데 바로 그 역할을 하는 함수가 renderToString이다. 다음 코드를 보자.

【코드 4.1】 renderToString을 활용해 리액트 컴포넌트를 HTML 문자열로 만들어낸 모습

```
import ReactDOMServer from 'react-dom/server'

function ChildrenComponent({ fruits }: { fruits: Array<string> }) {
  useEffect(() => {
    console.log(fruits)
  }, [fruits])

  function handleClick() {
    console.log('hello')
  }

  return (
    <ul>
      {fruits.map((fruit) => (
```

---

**12** https://github.com/facebook/react/blob/main/packages/react-dom/server.js

```
          <li key={fruit} onClick={handleClick}>
            {fruit}
          </li>
        ))}
      </ul>
    )
}

function SampleComponent() {
  return (
    <>
      <div>hello</div>
      <ChildrenComponent fruits={['apple', 'banana', 'peach']} />
    </>
  )
}

const result = ReactDOMServer.renderToString(
  React.createElement('div', { id: 'root' }, <SampleComponent />),
)
```

위 result는 다음과 같은 문자열을 반환한다.

```
<div id="root" data-reactroot="">
  <div>hello</div>
  <ul>
    <li>apple</li>
    <li>banana</li>
    <li>peach</li>
  </ul>
</div>
```

위 예제는 renderToString을 사용해 실제 브라우저가 그려야 할 HTML 결과로 만들어 낸 모습이다. SampleComponent와 ChildrenComponent는 일반적인 리액트 컴포넌트이고, ReactDOMServer.renderToString 으로 부모 컴포넌트인 SampleComponent를 렌더링했다. 이 렌더링은 루트 컴포넌트인 <div id="root"/>에서 수행됐다. 그 결과로 완성된 HTML이 반환된 것을 확인할 수 있다.

여기서 한 가지 눈여겨볼 것은 ChildrenComponent에 있는 useEffect와 같은 혹과 handleClick과 같은 이벤트 핸들러는 결과물에 포함되지 않았다는 것이다. 이것은 의도된 것으로, renderToString은 인수로 주어진 리액트 컴포넌트를 기준으로 빠르게 브라우저가 렌더링할 수 있는 HTML을 제공하는 데 목적이 있는 함수일 뿐이다. 즉, 클라이언트에서 실행되는 자바스크립트 코드를 포함시키거나 렌더링하는 역할까지 해주지는 않는다. 필요한 자바스크립트 코드는 여기에서 생성된 HTML과는 별도로 제공해 브라우저에 제공돼야 한다.

renderToString을 사용하면 앞서 언급했던 서버 사이드의 이점, 클라이언트에서 실행되지 않고 일단 먼저 완성된 HTML을 서버에서 제공할 수 있으므로 초기 렌더링에서 뛰어난 성능을 보일 것이다. 또한 검색 엔진이나 SNS 공유를 위한 메타 정보도 renderToString에서 미리 준비한 채로 제공할 수 있으므로 싱글 페이지 애플리케이션 구조보다 손쉽게 완성할 수 있을 것이다.

여기서 한 가지 중요한 사실은 리액트의 서버 사이드 렌더링은 단순히 '최초 HTML 페이지를 빠르게 그려주는 데'에 목적이 있다는 것이다. 사용자는 완성된 HTML을 빠르게 볼 수는 있지만 useEffect나 이벤트 핸들러가 없는 것을 확인할 수 있듯이 실제로 웹페이지가 사용자와 인터랙션할 준비가 되기 위해서는 이와 관련된 별도의 자바스크립트 코드를 모두 다운로드, 파싱, 실행하는 과정을 거쳐야 한다.

마지막으로 주목할 것은 div#root에 존재하는 속성인 data-reactroot다. 이 속성은 리액트 컴포넌트의 루트 엘리먼트가 무엇인지 식별하는 역할을 한다. 이 속성은 이후에 자바스크립트를 실행하기 위한 hydrate 함수에서 루트를 식별하는 기준점이 된다. 리액트로 만들어진 애플리케이션을 보면 리액트의 루트 엘리먼트에 data-reactroot 속성이 있는 것을 확인할 수 있다.

## 4.2.2 renderToStaticMarkup

renderToStaticMarkup은 renderToString과 매우 유사한 함수다. 두 함수 모두 리액트 컴포넌트를 기준으로 HTML 문자열을 만든다는 점에서 동일하다. 한 가지 유의미한 차이점은 앞서 루트 요소에 추가한 data-reactroot와 같은 리액트에서만 사용하는 추가적인 DOM 속성을 만들지 않는다는 점이다. 이처럼 리액트에서만 사용하는 속성을 제거하면 결과물인 HTML의 크기를 아주 약간이라도 줄일 수 있다는 장점이 있다.

```
// ... 이하 생략
const result = ReactDOMServer.renderToStaticMarkup(
  React.createElement('div', { id: 'root' }, <SampleComponent />),
)
<div id="root">
  <div>hello</div>
  <ul>
    <li>apple</li>
```

```
      <li>banana</li>
      <li>peach</li>
    </ul>
</div>
```

앞선 예제에서 `renderToString`을 `renderToStaticMarkup`만 바꿔서 실행한 결과, 리액트와 관련된 코드인 `data-reactroot`가 사라진 완전히 순수한 HTML 문자열이 반환된다는 것을 확인할 수 있다.

이 함수를 실행한 결과로 렌더링을 수행하면 클라이언트에서는 리액트에서 제공하는 `useEffect`와 같은 브라우저 API를 절대로 실행할 수 없다. 만약 `renderToStaticMarkup`의 결과물을 기반으로 리액트의 자바스크립트 이벤트 리스너를 등록하는 hydrate를 수행하면 서버와 클라이언트의 내용이 맞지 않다는 에러가 발생한다. 그 이유는 보다시피 `renderToStaticMarkup`의 결과물은 hydrate를 수행하지 않는다는 가정하에 순수한 HTML만 반환하기 때문이다. 결과적으로 hydrate를 수행해도 브라우저에서 클라이언트에서 완전히 새롭게 렌더링하게 된다. 즉, `renderToStaticMarkup`은 리액트의 이벤트 리스너가 필요 없는 완전히 순수한 HTML을 만들 때만 사용된다. 블로그 글이나 상품의 약관 정보와 같이 아무런 브라우저 액션이 없는 정적인 내용만 필요한 경우에 유용하다.

## 4.2.3 renderToNodeStream

`renderToNodeStream`은 `renderToString`과 결과물이 완전히 동일하지만 두 가지 차이점이 있다.

먼저 첫 번째 차이점으로 앞에서 살펴본 두 API인 `renderToString`과 `renderToStaticMarkup`은 브라우저에서도 실행할 수는 있지만 `renderToNodeStream`은 브라우저에서 사용하는 것이 완전히 불가능하다는 점이다. `renderToNodeStream`을 브라우저에서 사용하면 다음과 같은 에러가 발생하는데, 그 이유는 아래에서 다룰 두 번째 차이점에서 비롯된다.

```
ReactDOMServer.renderToNodeStream(): The streaming API is not available in the browser. Use
ReactDOMServer.renderToString() instead.
```

물론 `renderToString`을 브라우저에서 실행할 이유도 없지만 `renderToNodeStream`이 완전히 Node.js 환경에 의존하고 있다는 사실을 알 수 있다.

두 번째 차이점은 결과물의 타입이다. `renderToString`은 이름에서도 알 수 있듯 결과물이 `string`인 문자열이지만, `renderToNodeStream`의 결과물은 Node.js의 `ReadableStream`이다. `ReadableStream`은 utf-8로 인코딩된 바이트 스트림으로, Node.js나 Deno, Bun 같은 서버 환경에서만 사용할 수 있다. 궁극적으로 브라우저가 원하는 결과물, 즉 `string`을 얻기 위해서는 추가적인 처리가 필요하다.

ReadableStream 자체는 브라우저에서도 사용할 수 있는 객체다.[13] 그러나 ReadableStream을 만드는 과정이 브라우저에서 불가능하게 구현돼 있다.

그렇다면 renderToNodeStream은 왜 필요할까? 이를 이해하려면 먼저 스트림의 개념을 이해해야 한다. 유튜브와 같이 웹에서 동영상을 보는 상황을 상상해 보자. 우리는 유튜브 영상을 보기 위해 전체 영상을 모두 다운로드할 때까지 기다리지 않는다. 사용자가 볼 수 있는 몇 초라도 먼저 다운로드되면 그 부분을 먼저 보여주고, 이후에 계속해서 영상을 다운로드한다. 스트림은 큰 데이터를 다룰 때 데이터를 청크(chunk, 작은 단위)로 분할해 조금씩 가져오는 방식을 의미한다.

renderToString이 생성하는 HTML 결과물의 크기가 작다면 한 번에 생성하든 스트림으로 하든 문제가 되지 않는다. 반환되는 결과물이 작다면 굳이 여러 번에 걸쳐 나눠서 만들 필요가 없기 때문이다. 그러나 renderToString으로 생성해야 하는 HTML의 크기가 매우 크면 어떻게 될까? 이렇게 크기가 큰 문자열을 한 번에 메모리에 올려두고 응답을 수행해야 해서 Node.js가 실행되는 서버에 큰 부담이 될 수 있다. 대신 스트림을 활용하면 이러한 큰 크기의 데이터를 청크 단위로 분리해 순차적으로 처리할 수 있다는 장점이 있다. 다음 예제를 보자.

```
export default function App({ todos }: { todos: Array<TodoResponse> }) {
  return (
    <>
      <h1>나의 할 일!</h1>
      <ul>
        {todos.map((todo, index) => (
          <Todo key={index} todo={todo} />
        ))}
      </ul>
    </>
  )
}
```

위 App은 todos를 순회하며 렌더링하는데, 이 todos가 엄청나게 많다고 가정해 보자. renderToString은 이를 모두 한 번에 렌더링하려고 하기 때문에 시간이 많이 소요될 것이다. 그러나 이를 renderToNodeStream으로 렌더링하면 다음과 같은 차이를 볼 수 있다.

```
// Node.js 코드
;(async () => {
```

---

13 https://caniuse.com/mdn-api_readablestream

```
  const response = await fetch('http://localhost:3000')

  try {
    for await (const chunk of response.body) {
      console.log('------chunk-----')
      console.log(Buffer.from(chunk).toString())
    }
  } catch (err) {
    console.error(err.stack)
  }
})()
```

```
>> node watch-stream.js

~/private ... react-deep-dive-example/chapter3/ssr-example  main ✗
+ 130 ⚠
» node watch-stream.js
------chunk-----
<!DOCTYPE html>
<html>
  <head>
    <meta charset="utf-8" />
    <meta name="viewport" content="width=device-width, initial-scale=1.0" />
    <title>SSR Example</title>
  </head>
  <body>
<!-- 생략 -->
------chunk-----
<!-- 생략 -->
------chunk-----
<!-- 생략 -->
------chunk-----
<!-- 생략 -->
------chunk-----
<!-- 생략 -->
    <script src="https://unpkg.com/react@17.0.2/umd/react.development.js"></script>
    <script src="https://unpkg.com/react-dom@17.0.2/umd/react-dom.development.js"></script>
    <script src="/browser.js"></script>
  </body>
</html>
```

응답으로 오는 HTML이 여러 청크로 분리돼 내려오는 것을 볼 수 있다. 만약 스트림 대신 renderToString을 사용했다면 HTTP 응답은 거대한 HTML 파일이 완성될 때까지 기다려야 할 것이다. 그러나 스트림을 활용한다면 브라우저에 제공해야 할 큰 HTML을 작은 단위로 쪼개 연속적으로 작성함으로써 리액트 애플리케이션을 렌더링하는 Node.js 서버의 부담을 덜 수 있다. 대부분의 널리 알려진 리액트 서버 사이드 렌더링 프레임워크는 모두 renderToString 대신 renderToNodeStream을 채택하고 있다.

### 4.2.4 renderToStaticNodeStream

renderToString에 renderToStaticMarkup이 있다면 renderToNodeStream에는 renderToStaticNodeStream이 있다. renderToNodeStream과 제공하는 결과물은 동일하나, renderToStaticMarkup과 마찬가지로 리액트 자바스크립트에 필요한 리액트 속성이 제공되지 않는다. 마찬가지로 hydrate를 할 필요가 없는 순수 HTML 결과물이 필요할 때 사용하는 메서드다.

### 4.2.5 hydrate

hydrate 함수는 앞서 살펴본 두 개의 함수 renderToString과 renderToNodeStream으로 생성된 HTML 콘텐츠에 자바스크립트 핸들러나 이벤트를 붙이는 역할을 한다. 앞서 언급한 것처럼 renderToString의 결과물은 단순히 서버에서 렌더링한 HTML 결과물로 사용자에게 무언가 보여줄 수 있지만, 사용자가 페이지와 인터랙션하는 것은 불가능하다. hydrate는 이처럼 정적으로 생성된 HTML에 이벤트와 핸들러를 붙여 완전한 웹페이지 결과물을 만든다.

hydrate에 대해 설명하기에 앞서 hydrate와 비슷한 브라우저에서만 사용되는 메서드인 render를 먼저 살펴보자. 이 함수는 주로 create-react-app으로 생성된 프로젝트의 index.jsx에서 찾아 볼 수 있다. 다음 코드를 보자.

```
import * as ReactDOM from 'react-dom'
import App from './App'

const rootElement = document.getElementById('root')

ReactDOM.render(<App />, rootElement)
```

render 함수는 컴포넌트와 HTML의 요소를 인수로 받는다. 이렇게 인수로 받은 두 정보를 바탕으로 HTML의 요소에 해당 컴포넌트를 렌더링하며, 여기에 이벤트 핸들러를 붙이는 작업까지 모두 한 번에 수행한다. render는 클라이언트에서만 실행되는, 렌더링과 이벤트 핸들러 추가 등 리액트를 기반으로 한 온전한 웹페이지를 만드는 데 필요한 모든 작업을 수행한다.

render에 대해 알아봤으니, 이제 본격적으로 hydrate를 살펴보자. hydrate는 render와 인수를 넘기는 것이 거의 유사하다.

```
import * as ReactDOM from 'react-dom'
import App from './App'

// containerId를 가리키는 element는 서버에서 렌더링된 HTML의 특정 위치를 의미한다.
const element = document.getElementById(containerId)
// 해당 element를 기준으로 리액트 이벤트 핸들러를 붙인다.
ReactDOM.hydrate(<App />, element)
```

render와의 차이점은 hydrate는 기본적으로 이미 렌더링된 HTML이 있다는 가정하에 작업이 수행되고, 이 렌더링된 HTML을 기준으로 이벤트를 붙이는 작업만 실행한다는 것이다. 따라서 만약 **hydrate**의 두 번째 인수로 `renderToStaticMarkup` 등으로 생성된, 리액트 관련 정보가 없는 순수한 HTML 정보를 넘겨주면 어떻게 될까?

```
<!DOCTYPE html>
<head>
  <title>React App</title>
</head>
<body>
  <!-- root에 아무런 HTML도 없다. -->
  <div id="root"></div>
</body>
</html>
function App() {
  return <span>안녕하세요.</span>
}

import * as ReactDOM from 'react-dom'

import App from './App'

const rootElement = document.getElementById('root')

// Warning: Expected server HTML to contain a matching <span> in <div>.
//    at span
//    at App
ReactDOM.hydrate(<App />, rootElement)
```

서버에서 제공받은 HTML에 App 컴포넌트에 있는 것과 마찬가지로 `<span/>`이 있기를 기대했지만 이 요소가 없다는 경고 문구가 출력된다. 이는 hydrate가 서버에서 제공해 준 HTML이 클라이언트의 결과물과 같을 것이라는 가정하에 실행된다는 것을 의미한다. 이 예제를 기준으로 설명하면, rootElement 내부에는 `<App/>`을 렌더링한 정보가 이미 포함돼 있어야만 hydrate를 실행할 수 있는 것이다. 따라서 hydrate로 넘겨준 두 번째 인수에는 이미 renderToString 등으로 렌더링된 정적인 HTML 정보가 반드시 담겨 있어야 한다. 아무것도 없는 빈 HTML에 이 정보를 렌더링하는 render와의 차이점이 바로 이것이다.

비록 서버에서 렌더링한 정보가 없어서 경고가 노출됐음에도 불구하고, 리액트는 이 함수를 통해 정상적으로 웹페이지를 만드는 것을 볼 수 있다. 이는 hydrate 작업이 단순히 이벤트나 핸들러를 추가하는 것 이외에도 렌더링을 한 번 수행하면서 hydrate가 수행한 렌더링 결과물 HTML과 인수로 넘겨받은 HTML을 비교하는 작업을 수행하기 때문이다. 여기서 발생한 불일치가 바로 에러의 원인이며, 불일치가 발생하면 hydrate가 렌더링한 기준으로 웹페이지를 그리게 된다. 물론 이렇게 해서 렌더링이 된다고 하더라도 이것이 올바른 사용법인 것은 아니다. 이렇게 렌더링을 하는 것은 사실상 서버와 클라이언트에서 두 번 렌더링을 하게 되고, 결국 서버 사이드 렌더링의 장점을 포기하는 것이기 때문에 반드시 고쳐야 하는 문제다.

하지만 불가피하게 이러한 결과물이 다를 수밖에 없는 경우도 있을 것이다. 예를 들어, HTML 내부에 현재 시간을 초 단위까지 기록해야 한다고 가정해 보자. 서버 사이드 렌더링과 hydrate가 제아무리 빨리 끝난다 하더라도 1초 단위로 끝나지 않는 이상 불일치가 발생할 수밖에 없으며, 결국 hydrate는 에러를 발생시킨다.

```
<!-- Warning: Text content did not match. Server: "1676461135828" Client: "1676461137621" -->
<div>{new Date().getTime()}</div>
```

불가피하게 불일치가 발생할 수 있는 경우에는 해당 요소에 suppressHydrationWarning을 추가해 경고를 끌수 있다. 단 이것은 어디까지나 필요한 곳에서만 제한적으로 사용해야 한다. HTML에 정확한 시간을 기록하기 위한 목적이라면 서버에서 실행되는 것보다 차라리 useEffect를 통해 노출하는 편이 더 정확하므로 서버에서는 굳이 해당 함수를 실행조차 하지 않는 것이 나을 수 있다.

```
<!-- 아무런 에러가 발생하지 않는다. -->
<div suppressHydrationWarning>{new Date().getTime()}</div>
```

## 4.2.6 서버 사이드 렌더링 예제 프로젝트

실제로 앞에서 살펴본 함수들이 어떻게 실행되는지 알아보기 위해 간단한 리액트 서버 사이드 렌더링 예제 애플리케이션을 만들고자 한다. 이것은 어디까지나 학습을 위한 용도로, 실제 프로덕션에서 사용하기에는 무리가 있는 코드이며, 프로덕션 프로젝트에서는 사용을 권하지 않는다. 리액트 팀 또한 리액트 서버 사이드 렌더링을 직접 구현해 사용하는 것보다는 리액트 팀과 긴밀하게 협조하고 있는 Next.js 같은 프레임워크를 사용하는 것을 권장하고 있다. 본 예제는 앞에서 언급한 API를 학습하기 위한 용도로 이해하길 바라며, 이를 감안해 각종 라이브러리 사용을 최소화하고 학습에 필요한 것들만 남겨뒀다.

먼저 우리가 사용하는 대부분의 애플리케이션에는 자바스크립트 이벤트 핸들러가 필요하므로 정적인 HTML 결과물만 반환하는 renderToStaticMarkup과 renderToStaticNodeStream에 대해서는 다루지 않는다. renderToString과 renderToNodeStream을 기준으로 어떻게 리액트에서 서버 사이드 렌더링이 제공되는지 살펴보자.

먼저 예제의 구조를 간단하게 정의해 보자. 이 예제는 특정 /api에서 할 일 목록을 가져오고, 각 할 일을 클릭해 useState로 완료 여부를 변경할 수 있는 간단한 구조로 설계할 것이다. 서버 사이드 렌더링이 필요하므로 서버 사이드에서 먼저 할 일 목록을 불러온 뒤 이를 완성한 HTML을 클라이언트에 제공한 뒤, 클릭 이벤트 핸들러를 추가하는 구조로 만들어 보자.

### index.tsx

index.tsx 파일은 create-react-app의 index.jsx와 유사한 역할을 하는 애플리케이션의 시작점으로, hydrate가 포함돼 있다.

```tsx
import { hydrate } from 'react-dom'

import App from './components/App'
import { fetchTodo } from './fetch'

async function main() {
  const result = await fetchTodo()

  const app = <App todos={result} />
  const el = document.getElementById('root')

  hydrate(app, el)
}

main()
```

이 파일의 목적은 서버로부터 받은 HTML을 hydrate를 통해 완성된 웹 애플리케이션으로 만드는 것이다. 한 가지 눈에 띄는 점은 fetchTodo를 호출해 필요한 데이터를 주입한다는 점이다. 앞서 이야기한 것처럼

hydrate는 서버에서 완성한 HTML과 하이드레이션 대상이 되는 HTML의 결과물이 동일한지 비교하는 작업을 거치므로, 이 비교 작업을 무사히 수행하기 위해 한 번 더 데이터를 조회한다.

## App.tsx

App.tsx는 일반적으로 사용자가 만드는 리액트 애플리케이션의 시작점이다. 한 가지 다른 점은 todos를 props로 받는데, 이 props는 서버에서 요청하는 todos를 받는다. 이 props.todo를 기반으로 렌더링하는 평범한 컴포넌트다.

```
import { useEffect } from 'react'

import { TodoResponse } from '../fetch'

import { Todo } from './Todo'

export default function App({ todos }: { todos: Array<TodoResponse> }) {
  useEffect(() => {
    console.log('하이!') // eslint-disable-line no-console
  }, [])

  return (
    <>
      <h1>나의 할 일!</h1>
      <ul>
        {todos.map((todo, index) => (
          <Todo key={index} todo={todo} />
        ))}
      </ul>
    </>
  )
}
```

## Todo.tsx

마지막으로 Todo.tsx는 App.tsx의 자식 컴포넌트로, props.todo를 받아 렌더링하는 역할을 한다. 그 외에는 일반적으로 볼 수 있는 리액트 컴포넌트와 동일한 모습을 갖추고 있다.

```
import { useState } from 'react'
```

```
import { TodoResponse } from '../fetch'

export function Todo({ todo }: { todo: TodoResponse }) {
  const { title, completed, userId, id } = todo
  const [finished, setFinished] = useState(completed)

  function handleClick() {
    setFinished((prev) => !prev)
  }

  return (
    <li>
      <span>
        {userId}-{id}) {title} {finished ? '완료' : '미완료'}
        <button onClick={handleClick}>토글</button>
      </span>
    </li>
  )
}
```

index.html

이 HTML 파일은 서버 사이드 렌더링을 수행할 때 기본이 되는 HTML 템플릿이다. 이 HTML을 기반으로 리액트 애플리케이션이 완성된다.

```
<!DOCTYPE html>
<html>
  <head>
    <meta charset="utf-8" />
    <meta name="viewport" content="width=device-width, initial-scale=1.0" />
    <title>SSR Example</title>
  </head>
  <body>
    __placeholder__
    <script src="https://unpkg.com/react@17.0.2/umd/react.development.js"></script>
    <script src="https://unpkg.com/react-dom@17.0.2/umd/react-dom.development.js"></script>
    <script src="/browser.js"></script>
  </body>
</html>
```

다만 여기에는 일반적인 HTML과 다른 몇 가지 주목할 포인트가 눈에 띈다.

- __placeholder__는 서버에서 리액트 컴포넌트를 기반으로 만든 HTML 코드를 삽입하는 자리다. 단순히 이 부분을 결과 물로 대체해서 리액트에서 만든 HTML을 삽입할 것이다. 물론 리액트 서버 사이드 프레임워크에서는 이렇게 단순한 방식으로 처리하지 않는다. 다만 이번 예제에서는 직관적으로 이해하기 위해 추가해 두었다.

- unpkg는 npm 라이브러리를 CDN으로 제공하는 웹 서비스다. 여기에 react와 react-dom을 추가해 뒀다. 원래 일반적인 프레임워크라면 클라이언트에서 필요한 react와 react-dom을 웹팩(webpack)과 같은 도구로 번들링해 제공하는 것이 일반적이다. create-react-app을 빌드했을 때 나오는 결과물인 main.js가 바로 이러한 역할을 하는 파일이다. 그러나 이번 예제에서 번들링까지 다루게 되면 서버 사이드 렌더링을 이해하려는 목적보다 더 복잡해지므로 단순히 unpkg에서 제공하는 react, react-dom을 사용해 간단하게 처리했다.

- browser.js는 클라이언트 리액트 애플리케이션 코드를 번들링했을 때 제공되는 리액트 자바스크립트 코드다. 내부에 는 App.tsx, Todo.tsx, fetch 등의 자바스크립트 코드가 포함돼 있다. 즉, __placeholder__에 먼저 리액트에서 만든 HTML이 삽입되면 이후에 이 코드가 실행되면서 필요한 자바스크립트 이벤트 핸들러가 붙을 것이다.

이어서 본격적으로 서버 코드를 살펴보자.

## server.ts

다음으로 서버에서 동작하는 파일을 살펴보자. 서버에서는 사용자의 요청 주소에 따라 어떠한 리소스를 내려 줄지 결정하는 역할을 한다. 특히 서버 사이드 렌더링을 위해 이 파일에서 리액트 트리를 만드는 역할도 담당 하게 된다.

```typescript
import { createServer, IncomingMessage, ServerResponse } from 'http'
import { createReadStream } from 'fs'

import { renderToNodeStream, renderToString } from 'react-dom/server'
import { createElement } from 'react'

import html from '../public/index.html'
import indexFront from '../public/index-front.html'
import indexEnd from '../public/index-end.html'

import App from './components/App'
import { fetchTodo } from './fetch'

const PORT = process.env.PORT || 3000
```

```
async function serverHandler(req: IncomingMessage, res: ServerResponse) {
  const { url } = req

  switch (url) {
    // renderToString을 사용한 서버 사이드 렌더링
    case '/': {
      const result = await fetchTodo()

      const rootElement = createElement(
        'div',
        { id: 'root' },
        createElement(App, { todos: result }),
      )
      const renderResult = renderToString(rootElement)

      const htmlResult = html.replace('__placeholder__', renderResult)

      res.setHeader('Content-Type', 'text/html')
      res.write(htmlResult)
      res.end()
      return
    }

    // renderToNodeStream을 사용한 서버 사이드 렌더링
    case '/stream': {
      res.setHeader('Content-Type', 'text/html')
      res.write(indexFront)

      const result = await fetchTodo()
      const rootElement = createElement(
        'div',
        { id: 'root' },
        createElement(App, { todos: result }),
      )

      const stream = renderToNodeStream(rootElement)
      stream.pipe(res, { end: false })
      stream.on('end', () => {
        res.write(indexEnd)
        res.end()
```

```
      })
      return
    }

    // 브라우저에 제공되는 리액트 코드
    case '/browser.js': {
      res.setHeader('Content-Type', 'application/javascript')
      createReadStream(`./dist/browser.js`).pipe(res)
      return
    }

    // 위 파일의 소스맵
    case '/browser.js.map': {
      res.setHeader('Content-Type', 'application/javascript')
      createReadStream(`./dist/browser.js.map`).pipe(res)
      return
    }

    default: {
      res.statusCode = 404
      res.end('404 Not Found')
    }
  }
}

function main() {
  createServer(serverHandler).listen(PORT, () => {
    console.log(`Server has been started ${PORT}...`) // eslint-disable-line no-console
  })
}
```

언뜻 보기에도 익숙하지 않은 서버 코드가 많다. 파일을 코드 조각별로 나눠서 살펴보자.

## createServer

createServer는 http 모듈을 이용해 간단한 서버를 만들 수 있는 Node.js 기본 라이브러리다.[14] 언뜻 보기엔 코드가 복잡해 보이지만 3000번 포트를 이용하는 HTTP 서버를 만들었다고 보면 이해하기 쉽다.

---

**14** https://nodejs.org/api/http.html

```
// 생략...
// 이후에 다룬다.

function main() {
  createServer(serverHandler).listen(PORT, () => {
    console.log(`Server has been started ${PORT}...`) // eslint-disable-line no-console
  })
}
```

### serverHandler

serverHandler는 createServer로 넘겨주는 인수로, HTTP 서버가 라우트(주소)별로 어떻게 작동할지를 정의하는 함수다.

```
async function serverHandler(req: IncomingMessage, res: ServerResponse) {
  const { url } = req

  switch (url) {
    // ...

    default: {
      res.statusCode = 404
      res.end('404 Not Found')
    }
  }
}
```

req.url을 통해 사용자가 접근한 주소를 알 수 있는데, 각 주소별로 어떻게 작동할지 정의할 수 있다. 자세한 라우터는 뒤이어서 설명한다.

### server.ts의 루트 라우터 /

다음 코드는 사용자가 /로 접근했을 때 실행되는 코드다.

```
const result = await fetchTodo()
const rootElement = createElement(
  'div',
  { id: 'root' },
  createElement(App, { todos: result }),
```

```
)

const renderResult = renderToString(rootElement)

const htmlResult = html.replace('__placeholder__', renderResult)

res.setHeader('Content-Type', 'text/html')
res.write(htmlResult)
res.end()
return
```

이 라우팅에서는 renderToString을 활용해 리액트 컴포넌트를 HTML로 만들었고, 이를 앞서 언급한 \_\_placeholder\_\_를 대상으로 replace를 실행해 서버 응답으로 제공했다. 그 결과, 브라우저에서 다음과 같이 확인할 수 있게 됐다.

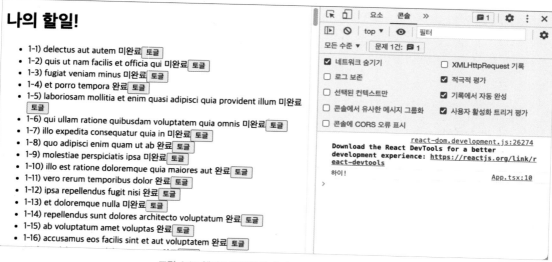

그림 4.15 웹에서 확인한 서버 사이드 렌더링 결과 페이지

이 페이지가 온전히 서버에서 만들어졌는지 확인하려면 소스 보기를 통해 확인하면 된다. 소스 보기는 자바스크립트를 실행하지 않고 온전히 HTML만 보여주기 때문에 서버에서 HTML을 만들었는지 확인할 수 있다.

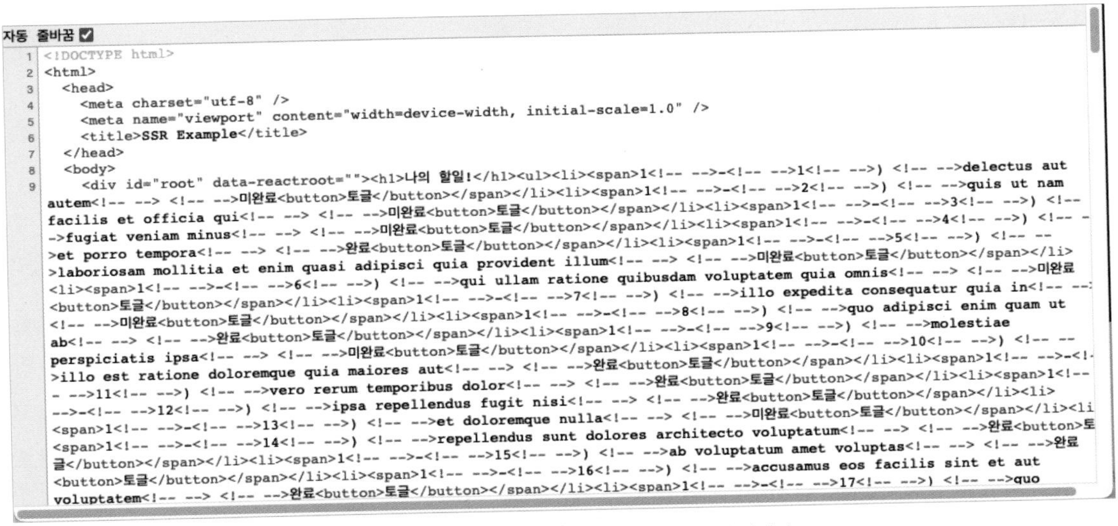

```
자동 줄바꿈
<!DOCTYPE html>
<html>
  <head>
    <meta charset="utf-8" />
    <meta name="viewport" content="width=device-width, initial-scale=1.0" />
    <title>SSR Example</title>
  </head>
  <body>
    <div id="root" data-reactroot=""><h1>나의 할일!</h1><ul><li><span>1<!-- -->-<!-- -->1<!-- -->) <!-- -->delectus aut
autem<!-- --> <!-- -->미완료<button>토글</button></span></li><li><span>1<!-- -->-<!-- -->2<!-- -->) <!-- -->quis ut nam
facilis et officia qui<!-- --> <!-- -->미완료<button>토글</button></span></li><li><span>1<!-- -->-<!-- -->3<!-- -->) <!--
->fugiat veniam minus<!-- --> <!-- -->미완료<button>토글</button></span></li><li><span>1<!-- -->-<!-- -->4<!-- -->) <!-- -
>et porro tempora<!-- --> <!-- -->완료<button>토글</button></span></li><li><span>1<!-- -->-<!-- -->5<!-- -->) <!-- --
>laboriosam mollitia et enim quasi adipisci quia provident illum<!-- --> <!-- -->미완료<button>토글</button></span></li>
<li><span>1<!-- -->-<!-- -->6<!-- -->) <!-- -->qui ullam ratione quibusdam voluptatem quia omnis<!-- --> <!-- -->미완료
<button>토글</button></span></li><li><span>1<!-- -->-<!-- -->7<!-- -->) <!-- -->illo expedita consequatur quia in<!-- --
<!-- -->미완료<button>토글</button></span></li><li><span>1<!-- -->-<!-- -->8<!-- -->) <!-- -->quo adipisci enim quam ut
ab<!-- --> <!-- -->완료<button>토글</button></span></li><li><span>1<!-- -->-<!-- -->9<!-- -->) <!-- -->molestiae
perspiciatis ipsa<!-- --> <!-- -->미완료<button>토글</button></span></li><li><span>1<!-- -->-<!-- -->10<!-- -->) <!-- --
>illo est ratione doloremque quia maiores aut<!-- --> <!-- -->완료<button>토글</button></span></li><li><span>1<!-- -->-<!
- -->11<!-- -->) <!-- -->vero rerum temporibus dolor<!-- --> <!-- -->완료<button>토글</button></span></li><li><span>1<!--
-->-<!-- -->12<!-- -->) <!-- -->ipsa repellendus fugit nisi<!-- --> <!-- -->완료<button>토글</button></span></li><li>
<span>1<!-- -->-<!-- -->13<!-- -->) <!-- -->et doloremque nulla<!-- --> <!-- -->미완료<button>토글</button></span></li><li
<span>1<!-- -->-<!-- -->14<!-- -->) <!-- -->repellendus sunt dolores architecto voluptatum<!-- --> <!-- -->완료<button>토
글</button></span></li><li><span>1<!-- -->-<!-- -->15<!-- -->) <!-- -->ab voluptatum amet voluptas<!-- --> <!-- -->완료
<button>토글</button></span></li><li><span>1<!-- -->-<!-- -->16<!-- -->) <!-- -->accusamus eos facilis sint et aut
voluptatem<!-- --> <!-- -->완료<button>토글</button></span></li><li><span>1<!-- -->-<!-- -->17<!-- -->) <!-- -->quo
```

그림 4.16 소스 보기로 확인한 서버 사이드 렌더링 페이지

useEffect로 넣은 코드도 잘 실행됐고, 소스코드 보기로 확인했을 때도 hydrate가 되기 이전부터 이미 서버 사이드에서 완벽하게 렌더링돼서 하나의 HTML을 만들어 제공되고 있음을 확인할 수 있다. 서버 사이드에서 HTML을 만들어서 제공하는 서버 사이드 렌더링의 목적을 이 라우트로 달성했다.

### server.ts의 /stream 라우터

다음 라우터는 /stream이다. 이 코드도 rootElement를 만드는 과정까지는 동일하다.

```
switch (url) {
  case '/stream': {
    res.setHeader('Content-Type', 'text/html')
    res.write(indexFront)

    const result = await fetchTodo()
    const rootElement = createElement(
      'div',
      { id: 'root' },
      createElement(App, { todos: result }),
    )

    const stream = renderToNodeStream(rootElement)
    stream.pipe(res, { end: false })
    stream.on('end', () => {
      res.write(indexEnd)
```

```
      res.end()
    })
    return
  }
}
```

그러나 한 가지 주목할 것은 res.write(indexFront)와 res.write(indexEnd), 그리고 그 사이에 존재하는 renderNodeStream이다. 먼저 indexFront와 indexEnd는 앞서 소개한 index.html의 __placeholder__ 부분을 반으로 나눈 코드다. index.html의 앞선 절반을 우선 응답으로 기록하고, 이후에 renderToNodeStream을 활용해 나머지 부분을 스트림 형태로 생성했다. 스트림은 renderToString처럼 한 번에 결과물을 만들지 않고 청크 단위로 생성하기 때문에 이를 pipe와 res에 걸어두고 청크가 생성될 때마다 res에 기록했다. 마지막으로, 이 스트림이 종료되면 index.html의 나머지 반쪽을 붙이고 최종 결과물을 브라우저에 제공한다.

이제 결과물을 확인해 보자. /stream으로 접속해도 renderToString을 활용한 /와 완벽하게 동일한 결과물을 브라우저가 내려받는 것을 확인할 수 있다. renderNodeStream과 renderToString의 차이는 어디까지나 서버에서만 존재한다는 것을 다시 한번 염두에 두자.

그렇다면 이 코드가 실제로 stream 형태로 제공됐는지 확인할 수는 없을까? 서버를 실행한 다음, 브라우저에서 페이지에 접속하고 콘솔 창에 다음과 같이 실행해 보자.

```
const main = async () => {
  // 크롬에서 발생한 네트워크 요청을 복사해서 가져왔다.
  const response = await fetch('http://localhost:3000/stream')
  const reader = response.body.getReader()

  while (true) {
    const { value, done } = await reader.read()
    const str = new TextDecoder().decode(value)
    if (done) {
      break
    }
    console.log(`=================================`)
    console.log(str)
  }

  console.log('Response fully received')
}
```

```
main()
=================================
<!DOCTYPE html>
<html>
  <head>
    <meta charset="utf-8" />
    <meta name="viewport" content="width=device-width, initial-scale=1.0" />
    <title>SSR Example</title>
  </head>
  <body></body>
</html>
=================================
<div id="root" data-reactroot=""><h1>나의 할 일!</h1><ul><li><span>1<!-- -->-<!-- -->1<!-- -->) <!--
-->delectus aut autem<!-- --> <!-- -->미완료<button>토글</button></span></li><li><span>1<!-- -->-
<!-- -->2<!-- -->) <!-- -->quis ut nam facilis et officia qui<!-- --> <!-- -->미완료<button>토글</
button></span></li><li><span>1<!-- -->-<!-- -->3<!-- -->) <!-- -->fugiat veniam minus<!-- --> <!--
-->미완료<button>토글</button></span></li><li><span>1<!-- -->-<!-- -->4<!-- -->) <!-- -->et porro
tempora<!-- --> <!-- -->완료<button>토글</button></span></li><li><span>1<!-- -->-<!-- -->5<!-- -->)
<!-- 이하 생략 -->
<script src="https://unpkg.com/react@17.0.2/umd/react.development.js"></script>
<script src="https://unpkg.com/react-dom@17.0.2/umd/react-dom.development.js"></script>
<script src="/browser.js"></script>
</body>
</html>
```

스트림 방식을 채택해 우리가 원하는 대로 페이지가 완성되는 만큼 청크 단위로 분리돼 내려오는 것을 확인할 수 있다. / 방식과 동일하지만 페이지를 만드는 순서대로 제공하기 때문에 더욱 효율적일 것이다.

### 그 밖의 라우터

마지막으로 제공되는 라우터가 두 개 더 있다.

```
switch (url) {
  // 브라우저에 제공되는 리액트 코드
  case '/browser.js': {
    res.setHeader('Content-Type', 'application/javascript')
    createReadStream(`./dist/browser.js`).pipe(res)
    return
  }
```

```
  // 위 파일의 소스맵
  case '/browser.js.map': {
    res.setHeader('Content-Type', 'application/javascript')
    createReadStream(`./dist/browser.js.map`).pipe(res)
    return
  }

  default: {
    res.statusCode = 404
    res.end('404 Not Found')
  }
}
```

하나는 browser.js인데, 애플리케이션에서 작성한 리액트 및 관련 코드를 제공하는 파일로, 웹팩이 생성한
다. browser.js.map은 browser.js와 관련된 소스맵 파일로, 디버깅 용도로 쓰인다. 하지만 본 예제에서는 사
용하지 않는다.

## webpack.config.js

마지막으로 웹팩 설정 파일이다. configs 배열은 각각 브라우저 코드와 서버 코드를 번들링하는 방식을 선언
해 뒀다.

```
// @ts-check
/** @typedef {import('webpack').Configuration} WebpackConfig **/
const path = require('path')

const nodeExternals = require('webpack-node-externals')

/** @type WebpackConfig[] */
const configs = [
  {
    entry: {
      browser: './src/index.tsx',
    },
    output: {
      path: path.join(__dirname, '/dist'),
      filename: '[name].js',
    },
    resolve: {
```

```
      extensions: ['.ts', '.tsx'],
    },
    devtool: 'source-map',
    module: {
      rules: [
        {
          test: /\.tsx?$/,
          loader: 'ts-loader',
        },
      ],
    },
    externals: {
      react: 'React',
      'react-dom': 'ReactDOM',
    },
  },
  {
    entry: {
      server: './src/server.ts',
    },
    output: {
      path: path.join(__dirname, '/dist'),
      filename: '[name].js',
    },
    resolve: {
      extensions: ['.ts', '.tsx'],
    },
    devtool: 'source-map',
    module: {
      rules: [
        {
          test: /\.tsx?$/,
          loader: 'ts-loader',
        },
        {
          test: /\.html$/,
          use: 'raw-loader',
        },
      ],
    },
```

```
    target: 'node',
    externals: [nodeExternals()],
  },
]

module.exports = configs
```

각 배열의 요소를 간단하게 살펴보자.

먼저 브라우저의 경우 entry가 ./src/index.tsx이며, 그중 resolve.extensions로 번들링에 포함해야 하는 파일을 선언해 뒀고, 이 결과물을 __dirname, './dist'에 만들도록 선언했다. 그리고 react와 react-dom은 외부 CDN 서비스를 사용하기 위해 번들링에서 제외했으며, 타입스크립트 파일을 읽어 들이기 위한 ts-loader를 추가했다.

서버의 경우 entry가 ./src/server.ts이며, 그 외의 설정은 비슷하다. 몇 가지 차이점은 HTML을 불러오기 위한 raw-loader, 그리고 target을 node로 하고 node의 API는 모두 Node.js에서 제공하므로 nodeExternal()로 번들러에서 제외했다.

요약하자면 entry를 선언해 시작점을 선언하고, 필요한 파일과 그에 맞는 loader를 제공하고, 마지막으로 번들링에서 제외할 내용을 선언한 뒤 output으로 내보낸다. 이것이 webpack.config.js 설정의 전부다.

create-react-app으로 프로젝트를 만드는 경우 webpack.config.js를 본 경험이 없을 것이다. 그 이유는 create-react-app 내부에서 이러한 웹팩 설정을 모두 대신해 주기 때문이다. 그러나 설정 파일을 추출하는 명령어인 eject를 실행하면 어떠한 설정이 있는지 확인해 볼 수 있다.

📄 fetchTodo가 클라이언트와 서버 두 군데에서 일어나는데, 그렇다면 이 API 결과에 따라 두 결과물에 차이가 발생할 수 있지 않나요?

예제 애플리케이션을 유심히 봤다면 fetchTodo를 두 군데에서 수행하고 있다는 사실을 눈치챘을 것이다. 이 예제에서는 fetch 결과물이 변경되지 않기 때문에 크게 문제는 없지만 대부분의 API는 호출할 때마다 결과가 변경될 수 있으므로 잘못된 코드라고 생각할 것이다. 당연히도 이것은 타당한 지적이며, 어디까지나 서버 사이드 렌더링 구현에만 초점을 맞췄기 때문에 해당 처리가 생략됐다. 프레임워크마다 이 문제를 해결하는 방식에 약간씩 차이가 있지만 대표적으로 Next.js의 경우 fetchTodo를 getServerSideProps라는 예약 함수에서 딱 한 번만 호출한다. 그리고 이 호출 결과를 HTML에 포함시켜 HTML 파싱이 끝나면 자연스럽게 window 객체에서 접근할 수 있도록 해둔다.

```
<script id="__NEXT_DATA__" type="application/json">
  {"props": {"pageProps": {}}
</script>
window.__NEXT_DATA__ // {"props": {"pageProps": {}}
```

그리고 Next.js는 이 정보를 바탕으로 hydrate를 수행해서 본 예제처럼 중복으로 API를 호출하는 것을 방지했다. 이에 대한 자세한 내용은 4.3절 'Next.js 톺아보기'에서 다룬다.

## 4.2.7 정리

이번 절에서는 리액트에서 어떻게 서버 사이드 렌더링을 할 수 있는지 살펴봤다. create-react-app을 기반으로 싱글 페이지 애플리케이션만 만들어 봤다면 이러한 작업이 꽤나 신기하면서도 서버에서 다뤄야 할 것들이 많아서 복잡하다고 느낄 수도 있다. 이러한 복잡함을 살펴봤다면 왜 리액트 팀이 적절한 프레임워크 사용을 추천했는지 쉽게 이해할 것이다. 어느 정도 성능이 보장된 서버 사이드 렌더링을 수행하려면 매우 복잡한 코드가 필요하며, 이를 매번 개발자 개인이 작성하는 것은 매우 비효율적이다.

서버 사이드 렌더링의 장점, 즉 사용자에게 더 빠른 웹페이지 결과물을 제공할 수 있다는 장점 이면에는 서버가 있으며, 이 서버라는 존재 자체가 개발자에게 더욱 부담이 된다. 또한 서버에서 HTML을 제공하는 것뿐만 아니라 번들링된 자바스크립트 소스도 제공해야 하며, 적절하게 캐시도 사용해야 하는 등 많은 것들을 고려해야 한다. 더욱이 리액트 18에서는 suspense나 concurrent, 그리고 서버 사이드 렌더링과는 약간 다른 ServerComponent 등의 새로운 개념이 추가되면서 서버에서 렌더링하는 것이 더욱 복잡해졌다. 서버 사이드 렌더링 자체만으로 개발자에게는 큰 도전이다.

본격적으로 프레임워크를 다루기에 앞서, 이번 절에서 배운 내용을 기억해 둔다면 뒤이어 소개할 Next.js 등의 프레임워크가 어떤 식으로 작동하는지, 또 고려해야 할 것은 무엇인지 더 쉽게 이해할 수 있을 것이다. 단순히 Next.js나 Remix를 배우는 것보다 리액트 API의 작동 방식을 알아 둔다면 프레임워크의 구조 또한 손쉽게 파악할 수 있다.

# 4.3 Next.js 톺아보기

앞에서 서버 사이드 렌더링의 필요성과 서버 사이드 렌더링을 직접 구현하는 방법을 살펴봤으니 이번에는 리액트 서버 사이드 렌더링을 기반으로 작성된 프레임워크를 살펴보자. 리액트만으로 웹사이트를 구축하는 데 많은 노력이 필요한 것과 마찬가지로, 아무것도 없는 상태에서 서버 사이드 렌더링까지 지원하는 리액트 애플리케이션까지 만드는 데는 많은 노력을 필요로 하며, 실제로 리액트 팀에서도 권하지 않는 작업이다. 이번 절에서는 리액트 서버 사이드 렌더링 프레임워크로 가장 많은 인기를 얻고 있는 Next.js를 살펴보고, 어떠한 API가 있고, 어떻게 리액트를 기반으로 작동하는지 살펴보자.

### 4.3.1 Next.js란?

Next.js는 Vercel이라는 미국 스타트업에서 만든 풀스택 웹 애플리케이션을 구축하기 위한 리액트 기반 프레임워크다. PHP에 영감을 받아 만들어졌으며, 실제로도 PHP의 대용품으로 사용되기 위해 만들었다고 언급한 것으로 봐서 최초에 설계 당시부터 서버 사이드 렌더링을 염두에 뒀던 것으로 보인다.[15]

Next.js가 대세가 되기에 앞서 과거 페이스북(현 메타) 팀에서 리액트 기반 서버 사이드 렌더링을 위해 고려했던 프로젝트가 있는데 바로 react-page[16]다. react-page는 페이지를 서버 또는 클라이언트에서 리액트를 손쉽게 사용할 수 있는 것을 목표로 만들어진 프로젝트이며, react-page 내부에서 개발해 사용되고 있는 react-page-middlewares를 보면 실제로 서버에서 렌더링이 가능하도록 코드를 작성해 둔 것을 볼 수 있다.[17] 현재 해당 프로젝트는 개발이 중지됐지만 여기에서 구현해 둔 방향성에 Next.js가 영감을 받아 개발된 것을 확인해 볼 수 있는 내용이 하나 있다. 이후에 설명할 Next.js의 페이지 구조, 즉 실제 디렉터리 구조가 곧 URL로 변환되는 것은 react-page에서 이미 라우팅을 위해 구현해 놓은 기능으로, Next.js도 동일하게 디렉터리 기반 라우팅을 서비스하고 있다.

Next.js는 2023년 2월 기준으로 현재 v13까지 릴리스됐으며, 다른 리액트 기반 사이드 렌더링 프레임워크인 Remix나 Hydrogen[18]에 비해 훨씬 역사도 오래되고 사용자도 압도적으로 많이 보유하고 있다. 리액트에서 서버 사이드 렌더링을 언급하면 가장 먼저 떠올리는 프레임워크가 Next.js가 됐으며, 리액트 서버 사이드 렌더링의 대명사라고 해도 과언이 아니다.

리액트 기반 프로젝트에서 서버 사이드 렌더링을 고려하고 있다면 Next.js를 선택하는 것이 현재로써는 가장 합리적인 선택으로 보인다. 다른 프레임워크에 비해 사용자도 많고, 모기업인 Vercel의 전폭적인 지원을 받고 있기도 하며, Next.js뿐만 아니라 SWR, SWC, Turbopack, Svelte 등 웹 생태계 전반에 영향력 있는 프로젝트를 계속해서 개발하거나 인수했으며, 또 꾸준히 새로운 기능을 추가해서 릴리스하고 있기 때문에 리액트 기반 프로젝트에서 Next.js를 선택하는 것은 합리적인 선택이라 할 수 있다.

---

15 https://www.npmjs.com/package/next/v/1.0.0
16 https://github.com/facebookarchive/react-page
17 https://github.com/facebookarchive/react-page-middleware/blob/4f4db543db07cb40490e7f003c7de2190e5ab7d0/src/
renderReactPage.js#L55-L73, 단축 URL: https://bit.ly/3Rl2Ye4
18 https://github.com/shopify/hydrogen

그림 4.17 Remix, Hydrogen, Next.js를 비교한 그래프. 주요 버전이나 다운로드 횟수 등 대부분의 수치에서 Next.js가 크게 앞서고 있는 것을 볼 수 있다.

## 4.3.2 Next.js 시작하기

이제 본격적으로 Next.js 기반 프로젝트를 만들어 보자. 리액트 애플리케이션을 빠르게 만들 수 있는 `create-react-app`과 유사하게 Next.js는 `create-next-app`을 제공해 개발자가 빠르게 Next.js 기반 프로젝트를 생성할 수 있게 돕는다. 본 예제에서는 `create-next-app`을 기반으로 Next.js 애플리케이션을 만들어보고자 한다.

먼저 create-next-app으로 Next.js 프로젝트를 만들어보자. 예제 프로젝트는 타입스크립트를 기반으로 작성할 것이다.

```
npx create-next-app@latest --ts
```

Next.js 프로젝트가 만들어졌다면 파일을 하나씩 열어서 어떤 구조로 작성됐는지 살펴보자.

### package.json

npm 프로젝트를 살펴볼 때는 package.json을 먼저 봐야 한다. package.json에는 프로젝트 구동에 필요한 모든 명령어 및 의존성이 포함돼 있으므로 프로젝트의 대략적인 모습을 확인하는 데 매우 유용하다.

```json
{
  "name": "my-app",
  "version": "0.1.0",
  "private": true,
  "scripts": {
    "dev": "next dev",
    "build": "next build",
    "start": "next start",
    "lint": "next lint"
  },
  "dependencies": {
    "next": "12.2.5",
    "react": "18.2.0",
    "react-dom": "18.2.0"
  },
  "devDependencies": {
    "@types/node": "18.7.9",
    "@types/react": "18.0.17",
    "@types/react-dom": "18.0.6",
    "eslint": "8.22.0",
    "eslint-config-next": "12.2.5",
    "typescript": "4.7.4"
  }
}
```

여기에서 눈에 띄는 몇 가지 주요 의존성을 살펴보자.

- next: Next.js의 기반이 되는 패키지

- eslint-config-next: Next.js 기반 프로젝트에서 사용하도록 만들어진 ESLint 설정으로, 구글과 협업해 만든 핵심 웹 지표(core web vital)에 도움이 되는 규칙들이 내장돼 있다. Next.js 기반 프로젝트라면 꼭 사용하는 것을 추천하며, eslint-config-airbnb와 같은 기존에 사용하던 규칙이 있다면 이에 추가로 함께 사용하는 것을 추천한다.

그 밖에 리액트 프로젝트 구동에 필요한 react, react-dom, 타입스크립트 환경에 필요한 @types 패키지와 typescript가 있는 것을 볼 수 있다.

## next.config.js

그다음으로 눈여겨볼 파일은 next.config.js다. 이 파일은 Next.js 프로젝트의 환경 설정을 담당하며, Next.js를 자유자재로 다루려면 반드시 알아야 하는 파일이다.

```
/** @type {import('next').NextConfig} */
const nextConfig = {
  reactStrictMode: true,
  swcMinify: true,
}

module.exports = nextConfig
```

먼저 첫 줄에 있는 @type으로 시작하는 주석은 자바스크립트 파일에 타입스크립트의 타입 도움을 받기 위해 추가된 코드다. VS Code를 기준으로 해당 주석이 있었을 때와 지웠을 때의 차이를 확연하게 알 수 있다. 해당 주석이 있다면 next의 NextConfig를 기준으로 타입의 도움을 받을 수 있는 반면, 없다면 일일이 타이핑해야 한다. 그러니 특별한 이유가 없다면 사용하자. 그리고 여기에 추가된 몇 가지 옵션을 살펴보자.

- reactStrictMode: 리액트의 엄격 모드와 관련된 옵션으로, 리액트 애플리케이션 내부에서 잠재적인 문제를 개발자에게 알리기 위한 도구다. 특별한 이유가 없다면 켜두는 것이 도움이 된다.

- swcMinify: Vercel에서는 SWC라 불리는 또 다른 오픈소스를 만들었는데, 이 도구는 번들링과 컴파일을 더욱 빠르게 수행하기 위해 만들어졌다. 바벨의 대안이라고 볼 수 있으며, 국내 개발자 강동윤 님이 만든 프로젝트로, 개발자 분이 Vercel에 합류하면서 SWC 또한 Next.js과 함께하게 됐다. 바벨보다 빠를 수 있는 이유는 첫째, 자바스크립트 기반의 바벨과는 다르게 러스트(Rust)라는 완전히 다른 언어로 작성했다는 점(러스트는 C/C++와 동등한 수준의 속도를 보여준다고 알려져 있다), 그리고 병렬로 작업을 처리한다는 점 등이 있다.[19] swcMinify는 이러한 SWC를 기반으로 코드 최소화 작업을 할 것인지 여부를 설정하는 속성이다.

---

**19** https://kdy1.github.io/post/2022/08/swc-perf/

SWC가 바벨에 비해 더 빠른 속도를 보여주기 때문에 특별한 이유가 없다면 SWC를 쓰는 것을 권장한다.

이 밖에도 next.config.js에는 다양한 설정을 추가할 수 있다. 자세한 내용은 공식 홈페이지[20] 또는 next.config.js를 읽는 파일 자체를 깃허브에서 확인해 보자.[21] 자세한 설정을 알고 싶다면 후자를 추천한다.

### pages/_app.tsx

pages 폴더가 경우에 따라서는 src 하단에 존재할 수도 있다. src에 있거나 혹은 프로젝트 루트에 있어도 동일하게 작동한다.

_app.tsx, 그리고 내부에 있는 default export로 내보낸 함수는 애플리케이션의 전체 페이지의 시작점이다. 페이지의 시작점이라는 특징 때문에 웹 애플리케이션에서 공통으로 설정해야 하는 것들을 여기에서 실행할 수 있다. _app.tsx에서 할 수 있는 내용은 다음과 같다.

- 에러 바운더리를 사용해 애플리케이션 전역에서 발생하는 에러 처리

- reset.css 같은 전역 CSS 선언

- 모든 페이지에 공통으로 사용 또는 제공해야 하는 데이터 제공 등

여기서 서버 사이드 프레임워크의 특징을 확인할 수 있는 재밌는 사실이 있는데, _app.tsx의 render() 내부에 console.log()를 추가해서 아무 메시지나 기록해 보자. 그리고 페이지를 새로고침하면 해당 로그가 브라우저 콘솔창이 아닌 Next.js를 실행한 터미널에 기록되는 것을 볼 수 있다. 또 여기에서 페이지를 전환하면 더 이상 서버에서 로깅되지 않고 브라우저에 로깅되는 것을 확인할 수 있다. 이러한 사실로 미뤄 봤을 때 최초에는 서버 사이드 렌더링을, 이후에는 클라이언트에서 _app.tsx의 렌더링이 실행된다는 것을 짐작할 수 있다. 이에 대한 내용은 실제 애플리케이션을 만들면서 더 자세히 설명한다.

### pages/_document.tsx

create-next-app으로 생성했다면 해당 페이지가 존재하지 않을 것이다. 이는 _document.tsx가 없어도 실행에 지장이 없는 파일임을 의미한다. 그럼에도 _document.tsx는 몇 가지 시나리오에서 유용한 도움을 준다. 먼저 create-next-app으로 생성된 프로젝트에 pages/_document.tsx를 생성하고 다음과 같이 선언해 보자.

```
import { Html, Head, Main, NextScript } from 'next/document'

export default function Document() {
```

---

20 https://nextjs.org/docs/api-reference/next.config.js/introduction
21 https://github.com/vercel/next.js/blob/canary/packages/next/src/server/config-shared.ts

```
  return (
    <Html lang="ko">
      <Head />
      <body className="body">
        <Main />
        <NextScript />
      </body>
    </Html>
  )
}
```

_app.tsx가 애플리케이션 페이지 전체를 초기화하는 곳이라면, _document.tsx는 애플리케이션의 HTML을 초기화하는 곳이다. 그렇기에 _app.tsx와 다음과 같은 몇 가지 차이점이 있다.

- <html>이나 <body>에 DOM 속성을 추가하고 싶다면 _document.tsx를 사용한다.

- _app.tsx는 렌더링이나 라우팅에 따라 서버나 클라이언트에서 실행될 수 있지만 _document는 무조건 서버에서 실행된다. 따라서 이 파일에서 onClick과 같은 이벤트 핸들러를 추가하는 것은 불가능하다. 이벤트를 추가하는 것은 클라이언트에서 실행되는 hydrate의 몫이기 때문이다.

- Next.js에는 두 가지 <head>가 존재하는데 하나는 next/document에서 제공하는 head이고, 다른 하나는 next/head에서 기본적으로 제공하는 head가 있다. 이름에서 알 수 있듯이 브라우저의 <head/>와 동일한 역할을 하지만 next/document는 오직 _document.tsx에서만 사용할 수 있다. next/head는 페이지에서 사용할 수 있으며, SEO에 필요한 정보나 title 등을 담을 수 있다. 또한 next/document의 <Head/> 내부에서는 <title/>을 사용할 수 없다. 만약 이 태그를 사용하면 @next/next/no-title-in-document-head라는 경고가 발생한다. 웹 애플리케이션에 공통적인 제목이 필요하면 _app.tsx에, 페이지별 제목이 필요하다면 페이지 파일 내부에서 후자를 사용하면 된다.

- 이후에 설명할 getServerSideProps, getStaticProps 등 서버에서 사용 가능한 데이터 불러오기 함수는 여기에서 사용할 수 없다.

참고로 _document.tsx에서만 할 수 있는 또 한 가지 작업은 바로 CSS-in-JS의 스타일을 서버에서 모아 HTML로 제공하는 작업이다. 이 내용은 이후에 설명한다.

_app.tsx와 _document.tsx의 차이점을 요약하자면 다음과 같다. _app.tsx는 Next.js를 초기화하는 파일로, Next.js 설정과 관련된 코드를 모아두는 곳이며, 경우에 따라 서버와 클라이언트 모두에서 렌더링될 수 있다. _document.tsx는 Next.js로 만드는 웹사이트의 뼈대가 되는 HTML 설정과 관련된 코드를 추가하는 곳이며, 반드시 서버에서만 렌더링된다.

## pages/_error.tsx

이 페이지 역시 create-next-app이 기본으로 생성해 주는 파일은 아니며, 없더라도 실행하는 데 지장이 없다. 이 파일의 용도를 확인하기 위해 _error.tsx라는 이름으로 파일을 생성하고 다음과 같이 작성해 보자.

```tsx
import { NextPageContext } from 'next'

function Error({ statusCode }: { statusCode: number }) {
  return (
    <p>
      {statusCode ? `서버에서 ${statusCode}` : '클라이언트에서'} 에러가
      발생했습니다.
    </p>
  )
}

Error.getInitialProps = ({ res, err }: NextPageContext) => {
  const statusCode = res ? res.statusCode : err ? err.statusCode : ''
  return { statusCode }
}

export default Error
```

이 에러 페이지는 위와 같이 클라이언트에서 발생하는 에러 또는 서버에서 발생하는 500 에러를 처리할 목적으로 만들어졌다. Next.js 프로젝트 전역에서 발생하는 에러를 적절하게 처리하고 싶다면 이 페이지를 활용하면 된다. 단, 개발 모드에서는 이 페이지에 방문할 수 없고 에러가 발생하면 Next.js가 제공하는 개발자 에러 팝업이 나타나게 된다. 이 페이지가 잘 작동하는지 확인하려면 프로덕션으로 빌드해서 확인해 봐야 한다.

## pages/404.tsx

pages/404.tsx는 이름에서도 알 수 있듯이 404 페이지를 정의할 수 있는 파일이다. 만들지 않으면 Next.js에서 제공하는 기본 404 페이지를 볼 수 있고, 원하는 스타일의 404 페이지를 이곳에서 만들 수 있다.

```tsx
export default function My404Page() {
  return <h1>페이지를 찾을 수 없습니다.</h1>
}
```

## pages/500.tsx

서버에서 발생하는 에러를 핸들링하는 페이지다. _error.tsx와 500.tsx가 모두 있다면 500.tsx가 우선적으로 실행된다. 마찬가지로 500이나 error 페이지가 없다면 기본적으로 Next.js에서 제공하는 페이지를 볼 수 있으며, 별도로 생성해 에러 페이지를 정의할 수 있다.

```
export default function My500Page() {
  return <h1>서버에서 에러가 발생했습니다.</h1>
}
```

## pages/index.tsx

앞서 소개한 _app.tsx, _error.tsx, _document.tsx, 404.tsx, 500.tsx가 Next.js에서 제공하는 예약어로 관리되는 페이지라면 지금부터는 개발자가 자유롭게 명칭을 지정해 만들 수 있는 페이지다. 서두에서 react-pages에 영감을 받아 만들어졌다고 했는데, 바로 이 라우팅이 파일명으로 이어지는 구조가 바로 react-pages에서 처음 만들어졌으며, Next.js에서 현재까지 이어지고 있다. Next.js는 react-pages처럼 라우팅 구조는 다음과 같이 /pages 디렉터리를 기초로 구성되며, 각 페이지에 있는 default export로 내보낸 함수가 해당 페이지의 루트 컴포넌트가 된다. 다음은 예제 프로젝트의 구성을 정리한 것이다.

- /pages/index.tsx: 웹사이트의 루트이며, localhost:3000과 같은 루트 주소를 의미한다.

- /pages/hello.tsx: /pages가 생략되고, 파일명이 주소가 된다. 즉, 여기서는 /hello이며, localhost:3000/hello로 접근할 수 있다.

- /pages/hello/world.tsx: localhost:3000/hello/world로 접근 가능하다. 디렉터리의 깊이만큼 주소를 설정할 수 있다.

  - 한 가지 주의해야 할 점은 hello/index.tsx와 hello.tsx 모두 같은 주소를 바라본다는 것이다. 필요에 따라 적절하게 선택하면 된다.

- /pages/hello/[greeting].tsx: []의 의미는 여기에 어떠한 문자도 올 수 있다는 뜻이다. 이 [greeting]의 경우 이후에 설명할 서버 사이드에서 greeting이라는 변수에 사용자가 접속한 주소명이 오게 된다. 예를 들어, localhost:3000/hello/1, localhost:3000/hello/greeting 모두 유효하며, /pages/hello/[greeting].tsx로 오게 된다. 그리고 greeting 변수에는 각각 1, greeting이라는 값이 들어온다. 만약 /pages/hello/world.tsx와 같이 이미 정의된 주소가 있다면 미리 정의해 둔 주소인 /pages/hello/world.tsx가 우선한다.

- /pages/hi/[...props].tsx: 자바스크립트의 전개 연산자가 떠오르는 이 형식은 실제로도 작동이 전개 연산자와 동일하다. /hi를 제외한 /hi 하위의 모든 주소가 여기로 온다. 즉, localhost:3000/hi/hello, localhost:3000/hi/hello/world, localhost:3000/hi/hello/world/foo 등이 여기로 오게 된다. 그리고 이 [...props] 값은 props라는 변수에 배열로 오게 된다.

파일 이름이 곧 라우팅이 되는 것은 매우 직관적이지만 Next.js를 처음 접하는 사용자라면 []를 사용해 라우팅을 정의하는 것이 어색하게 느껴질 수 있다. [] 안의 내용은 변수로 처리된다는 점만 기억하면 좀 더 쉽게 이해할 수 있다. 그렇다면 []의 변수로 지정된 값은 어떻게 사용할 수 있는 것일까? 다음 예제를 보자.

```tsx
// pages/hi/[...props].tsx

import { useRouter } from 'next/router'
import { useEffect } from 'react'
import { NextPageContext } from 'next'

export default function HiAll({ props: serverProps }: { props: string[] }) {
  // 클라이언트에서 값을 가져오는 법
  const {
    query: { props },
  } = useRouter()

  useEffect(() => {
    console.log(props)
    console.log(JSON.stringify(props) === JSON.stringify(serverProps)) // true
  }, [props, serverProps])

  return (
    <>
      hi{' '}
      <ul>
        {serverProps.map((item) => (
          <li key={item}>{item}</li>
        ))}
      </ul>
    </>
  )
}

export const getServerSideProps = (context: NextPageContext) => {
  // 서버에서 값을 가져오는 법
  const {
    query: { props }, //  string | string[] | undefined
  } = context

  // 서버에서 클라이언트로 값을 내려주는 것은 이후에 설명한다.
```

```
  return {
    props: {
      props,
    },
  }
}
```

위 페이지를 다음과 같은 주소로 접근하면 props에 다음과 같은 값이 담기게 된다.

- /hi/1: ['1']

- /hi/1/2: ['1', '2']

- /hi/1/2/3: ['1', '2', '3']

- /hi/my/name/is: ['my', 'name', 'is']

결과에서도 알 수 있듯이 주소에 숫자를 입력했다고 해서 숫자로 형변환되지 않음을 주의해야 한다. 또한 주소에 하나만 들어갔다 하더라도, string 1이 아닌 string[] [1]이 들어간다는 것을 염두에 두자. 즉, [...props]와 같이 전개 연산자로 선언한 모든 주소는 배열로 들어간다.

### 서버 라우팅과 클라이언트 라우팅의 차이

Next.js는 서버 사이드 렌더링을 수행하지만 동시에 싱글 페이지 애플리케이션과 같이 클라이언트 라우팅 또한 수행한다. 이러한 방식의 라우팅이 다소 생소하게 느껴질 수 있으며, Next.js를 처음 접했을 때 가장 혼란을 느끼는 부분이다. 서버 사이드 렌더링과 클라이언트 라우팅이 혼재돼 있는 것이 복잡하게 느껴질 수도 있다. 다음 예제를 살펴보면서 하나씩 살펴보자.

먼저 Next.js는 서버 사이드 렌더링을 비롯한 사전 렌더링을 지원하기 때문에 최초 페이지 렌더링이 서버에서 수행된다는 것을 알고 있을 것이다. 이러한 내용이 의심스럽다면 페이지에 있는 루트 컴포넌트에 console.log를 사용해 기록해 보면 알 수 있다.

```
// pages/hello.tsx
export default function Hello() {
  console.log(typeof window === 'undefined' ? '서버' : '클라이언트')

  return <>hello</>
}
```

```
export const getServerSideProps = () => {
  return {
    props: {},
  }
}
```

이렇게 페이지를 수정하고 localhost:3000/hello를 방문해 보자. 콘솔 문구가 실행한 서버에서 기록되며, window가 undefined이기 때문에 '서버'라는 문자열이 기록될 것이다.

이번에는 _pages/index.tsx의 내용을 모두 지우고, 다음과 같이 수정해 보자.

```
import type { NextPage } from 'next'
import Link from 'next/link'

const Home: NextPage = () => {
  return (
    <ul>
      <li>
        {/* next의 eslint 룰을 잠시 끄기 위해 추가했다. */}
        {/* eslint-disable-next-line */}
        <a href="/hello">A 태그로 이동</a>
      </li>
      <li>
        {/* 차이를 극적으로 보여주기 위해 해당 페이지의 리소스를 미리 가져오는 prefetch를 잠시 꺼두었다. */}
        <Link prefetch={false} href="/hello">
          next/link로 이동
        </Link>
      </li>
    </ul>
  )
}

export default Home
```

next/link는 Next.js에서 제공하는 라우팅 컴포넌트이며, <a/> 태그와 비슷한 동작을 한다. 언뜻 보기에 두 링크는 완벽히 동일하게 작동하는 것처럼 보인다. 그러나 자세히 살펴보면 한 가지 큰 차이점이 보인다. localhost:3000에서 크롬의 개발자 도구를 연 다음, [네트워크] 탭에서 모든 활동을 지우고 각 링크를 클릭해서 이동해 보자.

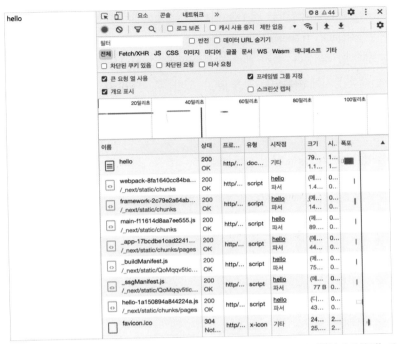

그림 4.18 <a> 태그로 페이지를 이동했을 때의 네트워크 탭에 표시되는 결과. 모든 리소스를 처음부터 다시 받는 것을 볼 수 있다.

이번에는 <Link> 태그로 이동한 결과를 살펴보자.

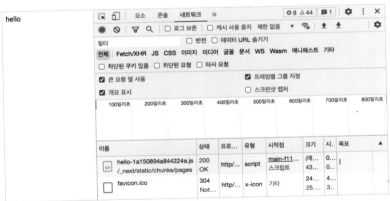

그림 4.19 <Link>로 페이지를 이동했을 때의 네트워크 탭에 표시되는 결과. 모든 리소스를 받는 것이 아니라 hello 페이지 이동에 필요한 내용만 받는 것을 알 수 있다.

전자와 후자를 반복해서 클릭하다 보면 전자는 잠시 깜빡인 이후에 페이지 라우팅을 하지만 후자는 매우 매끄럽게 마치 싱글 페이지 애플리케이션처럼 페이지 전환이 일어나고 있음을 알 수 있다. 둘 다 페이지를 이동하는 것은 동일한데, 어떠한 차이가 있을까?

먼저 전자의 예제, 즉 `<a/>`로 이동하는 경우를 살펴보자. 네트워크에는 hello라는 이름의 문서를 요청하고 있으며, 이후에는 webpack, framework, main, hello 등 페이지를 만드는 데 필요한 모든 리소스를 처음부터 다 가져오는 것을 알 수 있다. 또한 렌더링이 어디에서 일어났는지 판단하기 위한 console.log도 서버와 클라이언트에 각각 동시에 기록되는 것을 알 수 있다. 즉, 서버에서 렌더링을 수행하고, 클라이언트에서 hydrate하는 과정에서 한 번 더 실행됐다는 것을 알 수 있다.

이번에는 후자의 경우를 살펴보자. 후자의 경우에는 네트워크에 hello.js만 존재하며, 나머지 어떠한 요청도 없는 것을 볼 수 있다. hello.js를 한번 살펴보자.

```javascript
;(self.webpackChunk_N_E = self.webpackChunk_N_E || []).push([
  [628],
  {
    3737: function (n, u, t) {
      ;(window.__NEXT_P = window.__NEXT_P || []).push([
        '/hello',
        function () {
          return t(2488)
        },
      ])
    },
    2488: function (n, u, t) {
      'use strict'
      t.r(u),
        t.d(u, {
          __N_SSP: function () {
            return o
          },
          default: function () {
            return r
          },
        })
      var e = t(5893),
        o = !0
      function r() {
        return (
          console.log('클라이언트'),
          (0, e.jsx)(e.Fragment, {
            children: 'hello',
          })
```

```
      )
    }
  },
},
function (n) {
  n.0(0, [774, 888, 179], function () {
    return n((n.s = 3737))
  }),
    (_N_E = n.0())
  },
])
```

난독화된 코드라 정확히 무슨 일을 하는지 알 수는 없지만 클라이언트에 로깅을 하기 위해 남긴 `console.log`가 존재하는 것을 확인할 수 있다. 즉, `hello.js`는 hello 페이지를 위한 자바스크립트이고, `next/link`로 이동하는 경우 서버 사이드 렌더링이 아닌, 클라이언트에서 필요한 자바스크립트만 불러온 뒤 라우팅하는 클라이언트 라우팅/렌더링 방식으로 작동하는 것을 확인할 수 있다. Next.js는 서버 사이드 렌더링의 장점, 즉 사용자가 빠르게 볼 수 있는 최초 페이지를 제공한다는 점과 싱글 페이지 애플리케이션의 장점인 자연스러운 라우팅이라는 두 가지 장점을 모두 살리기 위해 이러한 방식으로 작동한다는 것을 기억해 두자.

따라서 이러한 Next.js의 장점을 적극 살리기 위해서는 내부 페이지 이동 시 다음과 같은 규칙을 지켜야 한다.

- `<a>` 대신 `<Link>`를 사용한다.
- `window.location.push` 대신 `router.push`를 사용한다.

애플리케이션을 처음부터 서버에서 다시 불러와야 하는 정말 드문 케이스 외에는 Next.js가 제공하는 라우터를 사용해 페이지를 이동하는 것이 좋다.

### 페이지에서 getServerSideProps를 제거하면 어떻게 될까?

앞의 `/pages/hello` 예제에서 `getServerSideProps`가 아무것도 하지 않고 있음에도 추가돼 있다는 것이 의아하게 느껴질 수 있다. 만약 이 예제 파일에서 해당 부분을 제거하면 어떻게 작동할까?

```
// pages/hello.tsx
export default function Hello() {
  console.log(typeof window === 'undefined' ? '서버' : '클라이언트')
```

```
  return <>hello</>
}
```

빌드한 뒤 실행해 보면 어떠한 방식으로 접근해도, <a/>, <Link/>에 상관없이 서버에 로그가 남지 않는 것을 확인할 수 있다. 그 이유는 빌드 결과물에서 확인할 수 있다.

## getServerSideProps가 있는 빌드

/hello에 getServerSideProps가 있는 채로 빌드한 결과, 서버 사이드 런타임 체크가 되어 있는 것을 볼 수 있다.

```
Route (pages)                        Size      First Load JS
┌ ○ /                                2.28 kB        75.4 kB
├   /_app                            0 B            73.1 kB
├ ○ /404                             332 B          73.4 kB
├ ○ /500                             349 B          73.4 kB
├ λ /api/hello                       0 B            73.1 kB
├ λ /hello                           317 B          73.4 kB // 주목!
├ λ /hello/[greeting]                297 B          73.4 kB
├ ○ /hello/world                     271 B          73.4 kB
└ λ /hi/[...props]                   426 B          73.5 kB
+ First Load JS shared by all        73.1 kB
├ chunks/framework-2c79e2a64abdb08b.js  45.2 kB
├ chunks/main-f11614d8aa7ee555.js    26.8 kB
├ chunks/pages/_app-17bcdbe1cad2241d.js  287 B
└ chunks/webpack-8fa1640cc84ba8fe.js  750 B

λ  (Server)  server-side renders at runtime (uses getInitialProps or getServerSideProps)
○  (Static)  automatically rendered as static HTML (uses no initial props)
```

## getServerSideProps가 없는 빌드

/hello에 getServerSideProps가 없는 채로 빌드한 결과, 빌드 크기도 약간 줄었으며 서버 사이드 렌더링이 필요없는 정적인 페이지로 분류된 것을 알 수 있다.

```
Route (pages)                        Size      First Load JS
┌ ○ /                                2.28 kB        75.4 kB
├   /_app                            0 B            73.1 kB
├ ○ /404                             332 B          73.4 kB
```

```
├ ○ /500                                          349 B      73.4 kB
├ λ /api/hello                                    0 B        73.1 kB
├ ○ /hello                                        303 B      73.4 kB  // 주목!
├ λ /hello/[greeting]                             297 B      73.4 kB
├ ○ /hello/world                                  271 B      73.4 kB
└ λ /hi/[...props]                                426 B      73.5 kB
+ First Load JS shared by all                     73.1 kB
├ chunks/framework-2c79e2a64abdb08b.js    45.2 kB
├ chunks/main-f11614d8aa7ee555.js         26.8 kB
├ chunks/pages/_app-17bcdbe1cad2241d.js   287 B
└ chunks/webpack-8fa1640cc84ba8fe.js      750 B

λ  (Server)   server-side renders at runtime (uses getInitialProps or getServerSideProps)
○  (Static)   automatically rendered as static HTML (uses no initial props)
```

/hello의 빌드 결과물을 보면 전자는 λ 표시가 돼 있어 서버 사이드에서 렌더링되는 페이지로 구분했으며,
후자는 ○로 서버 사이드 렌더링이 필요 없는, 빌드 시점에 미리 만들어도 되는 페이지로 간주해 버린다. 그
리고 이 빌드 결과물을 살펴보면 애초에 typeof window === 'undefined' : '서버': '클라이언트'도 단순
히 '클라이언트'로 축약돼 있음을 볼 수 있다. 이는 getServerSideProps가 없으면 서버에서 실행하지 않아
도 되는 페이지로 처리하고 typeof window의 처리를 모두 object로 바꾼 다음, 빌드 시점에 미리 트리쉐이킹
을 해버리기 때문이다. 이처럼 Next.js는 서버 사이드 렌더링 프레임워크이지만 모든 작업이 서버에서 일어
나는 것은 아니라는 점은 명심해야 한다.

### /pages/api/hello.ts

/pages 하단에 api라고 작성된 디렉터리가 보이는데 이는 이름에서 예상할 수 있는 것처럼 서버의 API를 정
의하는 폴더다. 기본적인 디렉터리에 따른 라우팅 구조는 페이지와 동일하되, /pages/api가 /api라는 접두
사가 붙는다는 점만 다르다. 즉, /pages/api/hello.ts는 /api/hello로 호출할 수 있으며, 이 주소는 다른
pages 파일과 다르게 HTML 요청을 하는 게 아니라 단순히 서버 요청을 주고받게 된다. pages/api/hello.ts
를 살펴보자.

```
// Next.js API route support: https://nextjs.org/docs/api-routes/introduction
import type { NextApiRequest, NextApiResponse } from 'next'


type Data = {
  name: string
}
```

```
export default function handler(
  req: NextApiRequest,
  res: NextApiResponse<Data>,
) {
  res.status(200).json({ name: 'John Doe' })
}
```

페이지와 마찬가지로 default export로 내보낸 함수가 실행된다. Express나 Koa와 같은 Node.js 기반 서버 프레임워크를 사용해 본 경험이 있다면 쉽게 사용할 수 있을 것이다. 여기에 있는 코드는 당연히 오직 서버에서만 실행된다. window나 document 등 브라우저에서만 접근할 수 있는 코드를 작성하면 당연히 문제가 발생한다.

일반적인 프런트엔드 프로젝트를 만든다면 /api를 작성할 일이 거의 없겠지만, 서버에서 내려주는 데이터를 조합해 BFF(backend-for-frontend) 형태로 활용하거나, 완전한 풀스택 애플리케이션을 구축하고 싶을 때, 혹은 CORS(Cross-Origin Resource Sharing) 문제를 우회하기 위해 사용될 수 있다.

### 4.3.3 Data Fetching

Next.js에서는 서버 사이드 렌더링 지원을 위한 몇 가지 데이터 불러오기 전략이 있는데, 이를 Next.js에서는 Data Fetching이라고 한다. 이 함수는 pages/의 폴더에 있는 라우팅이 되는 파일에서만 사용할 수 있으며, 예약어로 지정되어 반드시 정해진 함수명으로 export를 사용해 함수를 파일 외부로 내보내야 한다. 이를 활용하면 서버에서 미리 필요한 페이지를 만들어서 제공하거나 해당 페이지에 요청이 있을 때마다 서버에서 데이터를 조회해서 미리 페이지를 만들어서 제공할 수 있다. 앞서 4.2절 '서버 사이드 렌더링을 위한 리액트 API 살펴보기'에서 서버 사이드 렌더링을 실습했을 때, HTML을 그릴 때 필요한 데이터를 미리 가져와서 그 결과물을 HTML에 포함시키는 예제와 비슷한 역할을 한다고 볼 수 있다. 여기에서 활용할 수 있는 함수에는 어떤 것들이 있는지 살펴보자.

#### getStaticPaths와 getStaticProps

이 두 함수는 어떠한 페이지를 CMS(Contents Management System)나 블로그, 게시판과 같이 사용자와 관계없이 정적으로 결정된 페이지를 보여주고자 할 때 사용되는 함수다. getStaticProps와 getStaticPaths는 반드시 함께 있어야 사용할 수 있다. 예를 들어, /pages/post/[id]와 같은 페이지가 있고, 해당 페이지에 다음과 같이 두 함수를 사용했다고 가정해 보자.

```
import { GetStaticPaths, GetStaticProps } from 'next'

export const getStaticPaths: GetStaticPaths = async () => {
  return {
    paths: [{ params: { id: '1' } }, { params: { id: '2' } }],
    fallback: false,
  }
}

export const getStaticProps: GetStaticProps = async ({ params }) => {
  const { id } = params

  const post = await fetchPost(id)

  return {
    props: { post },
  }
}

export default function Post({ post }: { post: Post }) {
  // post로 페이지를 렌더링한다.
}
```

getStaticPaths는 /pages/post/[id]가 접근 가능한 주소를 정의하는 함수다. 예제에서는 paths를 배열로 반환하는 것을 볼 수 있는데, 여기에 params를 키로 하는 함수에 적절한 값을 배열로 넘겨주면 해당 페이지에서 접근 가능한 페이지를 정의할 수 있다. 즉, 이 페이지는 /post/1과 /post/2만 접근 가능함을 의미하며, 이외의 페이지, 예를 들어 /post/3이나 /post/foo 등은 404를 반환한다.

getStaticProps는 앞에서 정의한 페이지를 기준으로 해당 페이지로 요청이 왔을 때 제공할 props를 반환하는 함수다. 예제에서는 id가 각각 1과 2로 제한돼 있기 때문에 fetchPost(1), fetchPost(2)를 기준으로 각각 함수의 응답 결과를 변수로 가져와 props의 { post }로 반환하게 된다.

마지막으로 Post는 앞서 getStaticProps가 반환한 post를 렌더링하는 역할을 한다. 종합해 보자면 getStaticPaths에서 해당 페이지는 id를 각각 1, 2만 허용하며, getStaticProps는 1과 2에 대한 데이터 요청을 수행해 props로 반환한 다음, 마지막으로 Post는 이 결과를 바탕으로 페이지를 렌더링한다. 즉, 이 두 함수를 사용하면 빌드 시점에 미리 데이터를 불러온 다음에 정적인 HTML 페이지를 만들 수 있다.

앞의 두 함수를 이용해 블로그를 만드는 예제를 살펴보자. getStaticPaths와 getStaticProps를 적절히 설정하고, next build를 사용해 Next.js 프로젝트를 빌드했다.

```
> yceffort-blog@1.0.0 build-next /Users/yceffort/private/yceffort-blog-v2
> next build

info  - SWC minify release candidate enabled. https://nextjs.link/swcmin
info  - Linting and checking validity of types
> [PWA] PWA support is disabled
> [PWA] PWA support is disabled
[    ] info  - Generating static pages (183/806)
...
[ ===] info  - Generating static pages (770/806)
...


Page                                                     Size      First Load JS
┌ ● / (504 ms)                                           1.12 kB          102 kB
├   /_app                                                0 B             94.8 kB
├ ○ /_offline                                            717 B           95.5 kB
├ ● /[year]/[...slugs] (112815 ms)                       5.28 kB          106 kB
├   ├ /2022/06/how-to-write-my-own-eslint-rules (1393 ms)
├   ├ /2022/05/how-typescript-compiler-works (1316 ms)
├   ├ /2022/04/chrome-memory-profiler (1294 ms)
├   ├ /2022/05/useEvent (1240 ms)
├   ├ /2022/06/JSON-stringify (1200 ms)
├   ├ /2022/06/preload-scanner (1140 ms)
├   ├ /2022/06/optimize-LCP (1132 ms)
├   └ [+513 more paths]
├ ○ /404                                                 720 B           95.5 kB
├ ○ /about                                               1.14 kB         95.9 kB
├ ● /pages/[id] (19073 ms)                               1.24 kB          102 kB
├   ├ /pages/11 (429 ms)
├   ├ /pages/6 (427 ms)
├   ├ /pages/7 (424 ms)
├   ├ /pages/5 (393 ms)
├   ├ /pages/1 (388 ms)
├   ├ /pages/13 (335 ms)
├   ├ /pages/14 (320 ms)
├   └ [+97 more paths]
├ ● /tags (363 ms)                                       892 B           95.7 kB
```

```
└ ● /tags/[tag]/pages/[id] (24260 ms)              1.32 kB           102 kB
   ├ /tags/javascript/pages/1
   ├ /tags/javascript/pages/2
   ├ /tags/javascript/pages/3
   └ [+173 more paths]


λ  (Server)   server-side renders at runtime (uses getInitialProps or getServerSideProps)
o  (Static)   automatically rendered as static HTML (uses no initial props)
●  (SSG)      automatically generated as static HTML + JSON (uses getStaticProps)
```

/[year]/[...slugs], /pages/[id], /tags/[tag]/pages/[id]에 앞의 두 함수를 선언하고 각 페이지별로 원하는 path와 데이터를 제공했더니 가능한 모든 조합을 빌드 시점에 불러와 페이지로 렌더링했다.

그림 4.20 getStaticPaths와 getStaticProps를 사용해 next build를 수행한 결과. ./next/server에 해당 페이지에 필요한 HTML과 JSON 데이터가 모두 준비돼 있음을 알 수 있다.

이렇게 사용자가 접근할 수 있는 페이지를 모조리 빌드해 두고 배포하면 사용자는 굳이 페이지가 렌더링되는 것을 기다릴 필요 없이 이미 완성돼 있는 페이지를 받기만 하면 되므로 굉장히 빠르게 해당 페이지를 확인할 수 있다.

getStaticPaths 함수의 반환값 중 하나인 fallback 옵션은 이렇게 미리 빌드해야 할 페이지가 너무 많은 경우에 사용 가능하다. paths에 미리 빌드해 둘 몇 개의 페이지만 리스트로 반환하고, true나 "blocking"으로 값을 선언할 수 있다. 이렇게 하면 next build를 실행할 때 미리 반환해 둔 paths에 기재돼 있는 페이지만 앞서와 마찬가지로 미리 빌드하고, 나머지 페이지의 경우에는 다음과 같이 작동한다.

- true: 사용자가 미리 빌드하지 않은 페이지에 접근할 경우, 빌드되기 전까지는 fallback 컴포넌트를 보여주고, 빌드가 완료된 이후에 해당 페이지를 보여주는 옵션이다.

```
function Post({ post }: { post: Post }) {
  const router = useRouter()
  // 아직 빌드되지 않은 페이지에 왔을 경우 사용자에게 노출할
  // 로딩 컴포넌트를 정의할 수 있다.
  if (router.isFallback) {
    return <div>Loading...</div>
  }

  // post 렌더링
}
```

- "blocking": 별도의 로딩과 같은 처리를 하지 않고, 단순히 빌드가 완료될 때까지 사용자를 기다리게 하는 옵션이다. 서버 사이드에서 렌더링할 때까지 대기한 다음, 렌더링이 완료되면 해당 페이지를 제공한다.

이처럼 getStaticPaths와 getStaticProps는 정적인 데이터만 제공하면 되는 사이트, 예를 들어 블로그 글이나 약관 같이 단순한 콘텐츠를 빠르게 제공하기만 하는 경우에 매우 유용하게 사용할 수 있다. 그리고 여기에서 제공해야 할 페이지의 수에 따라 페이지 수가 적다면 페이지를 빌드 시점에 미리 준비해 두거나 혹은 fallback을 사용해 사용자의 요청이 있을 때만 빌드하는 등의 최적화를 추가할 수도 있다.

## getServerSideProps

앞선 두 함수가 정적인 페이지 제공을 위해 사용된다면, getServerSideProps는 서버에서 실행되는 함수이며 해당 함수가 있다면 무조건 페이지 진입 전에 이 함수를 실행한다. 이 함수는 응답값에 따라 페이지의 루트 컴포넌트에 props를 반환할 수도, 혹은 다른 페이지로 리다이렉트시킬 수도 있다. 이 함수가 있다면 Next.js는 꼭 서버에서 실행해야 하는 페이지로 분류해 빌드 시에도 서버용 자바스크립트 파일을 별도로 만든다. 무슨 말인지 쉽게 이해하기 위해 예제를 통해 확인해 보자. /pages/post/[id].tsx 파일에 다음과 같은 getServerSideProps가 있다고 가정해 보자.

```
import type { GetServerSideProps } from 'next'

export default function Post({ post }: { post: Post }) {
  // 렌더링
}

export const getServerSideProps: GetServerSideProps = async (context) => {
  const {
    query: { id = '' },
  } = context
  const post = await fetchPost(id.toString())
  return {
    props: { post },
  }
}
```

context.query.id를 사용하면 /post/[id]와 같은 경로에 있는 id 값에 접근할 수 있다. 이 값을 이용해 props를 제공하면 페이지의 Post 컴포넌트에 해당 값을 제공해 이 값을 기준으로 렌더링을 수행할 수 있다. 해당 페이지에 접근해 보면 다음과 같은 결과물을 확인할 수 있다.

```
<!DOCTYPE html>
<html>
  <!-- 생략... -->
  <body>
    <div id="__next" data-reactroot="">
      <h1>안녕하세요</h1>
      <p>반갑습니다.</p>
    </div>
    <!-- 생략... -->
    <script id="__NEXT_DATA__" type="application/json">
      {
        "props": {
          "pageProps": {
            "post": { "title": "안녕하세요", "contents": "반갑습니다." }
          },
          "__N_SSP": true
        },
```

```
        "page": "/post/[id]",
        "query": { "id": "1" },
        "buildId": "development",
        "isFallback": false,
        "gssp": true,
        "scriptLoader": []
      }
    </script>
  </body>
</html>
```

HTML이 getServerSideProps의 반환 값을 기반으로 페이지가 렌더링돼 있음을 알 수 있다. 즉, Next.js의 서버 사이드 렌더링은 getServerSideProps의 실행과 함께 이뤄지며, 이 정보를 기반으로 페이지를 렌더링하는 과정이 바로 서버 사이드 렌더링을 나타내는 것임을 알 수 있다. 여기서 한 가지 더 눈여겨봐야 할 것은 __NEXT_DATA__라는 id가 지정된 script다. 이 스크립트는 getServerSideProps의 정보인 props뿐만 아니라 현재 페이지 정보, query 등 Next.js 구동에 필요한 다양한 정보가 담겨 있다. 그렇다면 이 정보는 왜 script 형태로 삽입돼 있을까?

앞서 리액트의 서버 사이드 렌더링을 하는 작동을 잠시 떠올려보자.

1. 서버에서 fetch 등으로 렌더링에 필요한 정보를 가져온다.

2. 1번에서 가져온 정보를 기반으로 HTML을 완성한다.

3. 2번의 정보를 클라이언트(브라우저)에 제공한다.

4. 3번의 정보를 바탕으로 클라이언트에서 hydrate 작업을 한다. 이 작업은 DOM에 리액트 라이프사이클과 이벤트 핸들러를 추가하는 작업이다.

5. 4번 작업인 hydrate로 만든 리액트 컴포넌트 트리와 서버에서 만든 HTML이 다르다면 불일치 에러를 뱉는다 (suppressHydrationWarning).

6. 5번 작업도 1번과 마찬가지로 fetch 등을 이용해 정보를 가져와야 한다.

즉, 1번과 6번 작업 사이에 fetch 시점에 따라 결과물의 불일치가 발생할 수 있으므로 1번에서 가져온 정보를 결과물인 HTML에 script 형태로 내려주는 것이다. 이 작업을 거치면 1번의 작업을 6번에서 반복하지 않아도 되어 불필요한 요청을 막을 수 있을뿐더러 시점 차이로 인한 결과물의 차이도 막을 수 있다. 6번에서 재요청하는 대신, <script/>를 읽어도 1번의 데이터를 동일하게 가져올 수 있다. Next.js에서는 이 정보를 window 객체에도 저장해 둔다.

```
// {
//    "props": {
//        "pageProps": {
//            "post": { "title": "안녕하세요", "contents": "반갑습니다." }
//        },
//        "__N_SSP": true
//    },
//    "page": "/post/[id]",
//    "query": { "id": "1" },
//    "buildId": "development",
//    "isFallback": false,
//    "gssp": true,
//    "scriptLoader": []
// }
window.__NEXT_DATA__
```

이를 통해 알 수 있는 사실 중 하나는, 일반적인 리액트의 JSX와는 다르게 getServerSideProps의 props로 내려줄 수 있는 값은 JSON으로 제공할 수 있는 값으로 제한된다는 것이다. props의 결과를 HTML에 정적으로 작성해서 내려주기 때문에 JSON으로 직렬화할 수 없는 값, 즉 class나 Date 등은 props로 제공할 수 없다. getServerSideProps에서는 반드시 JSON.stringify로 직렬화할 수 있는 값만 제공해야 하고, 값에 대해 가공이 필요하다면 실제 페이지나 컴포넌트에서 하는 것이 옳다. 만약 JSON으로 변환할 수 없는 값이 props로 제공된다면 "Reason: object ("[object Date]") cannot be serialized as JSON. Please only return JSON serializable data types."라는 에러가 발생한다.

그리고 getServerSideProps는 무조건 클라이언트가 아닌 서버에서만 실행된다는 사실 또한 염두에 두어야 한다. 서버에서 실행되기 때문에 다음과 같은 제약이 있다.

- window, document와 같이 브라우저에서만 접근할 수 있는 객체에는 접근할 수 없다.

- API 호출 시 /api/some/path와 같이 protocol과 domain 없이 fetch 요청을 할 수 없다. 브라우저와 다르게 서버는 자신의 호스트를 유추할 수 없기 때문이다. 반드시 완전한 주소를 제공해야 fetch가 가능하다.

- 여기에서 에러가 발생한다면 500.tsx와 같이 미리 정의해 둔 에러 페이지로 리다이렉트된다.

항상 getServerSideProps는 서버에서 실행되는 함수라는 사실을 기억해 두고 코드를 작성해야 한다. 또한 컴포넌트 내 DOM에 추가하는 이벤트 핸들러 함수와 useEffect와 같이 몇 가지 경우를 제외하고는 서버에서 실행될 수 있다는 사실 또한 기억해야 한다. 서버 사이드 렌더링은 루트 컴포넌트부터 시작해 모든 컴포넌트를 실행해 완성하므로 클라이언트에서만 실행 가능한 변수, 함수, 라이브러리 등은 서버에서 실행되지 않도록 별도로 처리해야 한다.

또한 이 함수는 사용자가 매 페이지를 호출할 때마다 실행되고, 이 실행이 끝나기 전까지는 사용자에게 어떠한 HTML도 보여줄 수 없다. 따라서 getServerSideProps 내부에서 실행하는 내용은 최대한 간결하게 작성하기 위해 꼭 최초에 보여줘야 하는 데이터가 아니라면 getServerSideProps보다는 클라이언트에서 호출하는 것이 더 유리하다. getServerSideProps에는 반드시 해당 페이지를 렌더링하는 데 있어 중요한 역할을 하는 데이터만 가져오는 것이 좋다.

마지막으로, getServerSideProps에서 어떤 조건에 따라 다른 페이지로 보내고 싶다면 redirect를 사용할 수 있다.

```
export const getServerSideProps: GetServerSideProps = async (context) => {
  const {
    query: { id = '' },
  } = context
  const post = await fetchPost(id.toString())

  if (!post) {
    redirect: {
      destination: '/404'
    }
  }
  return {
    props: { post },
  }
}
```

예제에서 post를 조회하는 데 실패했다면 /404 페이지로 바로 보내도록 설정할 수 있다. 이 경우 클라이언트에서 리다이렉트하는 것에 비해서 훨씬 더 자연스럽다. 클라이언트에서는 아무리 리다이렉트를 초기화해도 자바스크립트가 어느 정도 로딩된 이후에 실행할 수밖에 없다. 하지만 getServerSideProps를 사용하면 조건에 따라 사용자에게 미처 해당 페이지를 보여주기도 이전에 원하는 페이지로 보내버릴 수 있어 사용자에게 훨씬 더 자연스럽게 보여줄 수 있다.

getServerSideProps는 Next.js에서 서버 사이드 렌더링을 잘 표현하기 위한 핵심 함수이므로 반드시 잘 숙지해 두자.

## getInitialProps

getInitialProps는 getStaticProps나 getServerSideProps가 나오기 전에 사용할 수 있었던 유일한 페이지 데이터 불러오기 수단이었다. 대부분의 경우에는 getStaticProps나 getServerSideProps를 사용하는 것을 권장하며, getInitialProps는 굉장히 제한적인 예시에서만 사용된다. 그러나 과거에 작성된 Next.js 코드에는 getInitialProps만 존재하고 _app.tsx와 같이 일부 페이지에서는 getInitialProps밖에 사용할 수 없으므로 반드시 알고 있어야 한다.

이 함수가 어떻게 작동하는지 이해하기 위해 먼저 /pages/todo/[id].tsx에 다음과 같이 getInitialProps를 작성해 보자.

```
import Link from 'next/link'

export default function Todo({ todo }) {
  return (
    <>
      <h1>{todo.title}</h1>
      <ul>
        <li>
          <Link href="/todo/1">1번</Link>
        </li>

        <li>
          <Link href="/todo/2">2번</Link>
        </li>

        <li>
          <Link href="/todo/3">3번</Link>
        </li>
      </ul>
    </>
  )
}

Todo.getInitialProps = async (ctx) => {
  const {
    query: { id = '' },
  } = ctx
  const response = await fetch(
```

```
      `https://jsonplaceholder.typicode.com/todos/${id}`,
    )
  const result = await response.json()
  console.log('fetch Complete!')
  return { todo: result }
}
```

먼저 눈에 띄는 가장 큰 차이점은 페이지의 루트 함수에 정적 메서드로 추가한다는 점과 props 객체를 반환하는 것이 아니라 바로 객체를 반환한다는 점이다. 클래스 컴포넌트로 작성하면 다음과 같이 쓸 수 있다.

```
export default class Todo extends React.Component {
  static async getInitialProps() {
    const {
      query: { id = '' },
    } = ctx
    const response = await fetch(
      `https://jsonplaceholder.typicode.com/todos/${id}`,
    )
    const result = await response.json()
    console.log('fetch Complete!')
    return { todo: result }
  }

  render() {
    // ...
  }
}
```

예제를 작성한 후 페이지를 최초 진입했을 때와 `<Link />` 컴포넌트를 이용해 클라이언트 라우팅을 수행했을 때 console.log가 어디에서 실행되는지 확인해 보자. 최초 페이지 진입 시에는 서버에, 그 이후 클라이언트에서 라우팅을 수행했다면 클라이언트에서 실행되는 것을 확인할 수 있다. 즉, getInitialProps는 라우팅에 따라서 서버와 클라이언트 모두에서 실행 가능한 메서드인 것이다. 따라서 getInitialProps에 코드를 작성할 때는 반드시 주의를 기울여야 한다. 여기에 있는 코드는 때에 따라 서버와 클라이언트 모두에서 실행될 수 있으므로 이러한 특징을 감안해서 코드를 작성해야 한다. 해당 메서드가 서버 혹은 클라이언트 중 어디서 실행되는지 알고 싶다면 다음과 같이 작성하면 된다.

```
Todo.getInitialProps = async (context) => {
  const isServer = context.req
  console.log(`${isServer ? '서버' : '클라이언트'}에서 실행됐습니다.`)
  // do something...
}
```

이 밖에도 context 객체에는 다양한 값이 존재한다. 여기에 말하는 context는 getServerSideProps도 포함된다.

- pathname: 현재 경로명. 단 실제 경로가 아닌 페이지상 경로다. 예제의 경우 pathname은 "/todo/[id]"다.
- asPath: 브라우저에 표시되는 실제 경로를 의미한다. pathname과 다르게 "/todo/1"과 같이 사용자에게 표시되는 주소가 보인다.
- query: URL에 존재하는 쿼리. 여기에는 pathname에 있는 [id] 값도 포함된다. 즉, 예제에서는 쿼리 파라미터가 없어도 기본적으로 {id: '1'}과 같은 값이 제공된다. 만약 /todo/2?foo=bar&id=3처럼 쿼리 문자열이 추가돼 있다면 { foo: 'bar', id: '2' } 객체가 반환된다. 단, [id]는 페이지의 query를 우선시하므로 반드시 다른 값으로 변경해야 한다.
- req: Node.js에서 제공하는 HTTP request 객체(http.IncomingMessage)
- res: Node.js에서 제공하는 HTTP response 객체(http.ServerResponse)

앞서 언급한 것처럼 getInitialProps는 다른 데이터 가져오기에 비해 사용하기도 까다롭고 여러 가지 주의할 점이 있으므로 가급적이면 getStaticProps나 getServerSideProps를 사용하는 편이 좋다. getInitialProps는 _app.tsx나 _error.tsx와 같이 Next.js의 특성상 사용이 제한돼 있는 페이지에서만 사용하는 것이 좋다.

## 4.3.4 스타일 적용하기

웹 애플리케이션을 만들 때 빼놓을 수 없는 것 중 하나가 스타일, 즉 CSS(Cascading Style Sheets)다. 모던 웹 개발 환경에서는 다양한 방법으로 애플리케이션에 스타일을 입힐 수 있는데, Next.js에서는 다양한 방식의 스타일을 대부분 지원한다. Next.js에서는 어떻게 스타일을 입힐 수 있는지 살펴보자.

### 전역 스타일

CSS Reset이라 불리는, 이른바 브라우저에 기본으로 제공되고 있는 스타일을 초기화하는 등 애플리케이션 전체에 공통으로 적용하고 싶은 스타일이 있다면 _app.tsx를 활용하면 된다. _app.tsx에 필요한 스타일을 직접 import로 불러오면 애플리케이션 전체에 영향을 미칠 수 있다.

```
import type { AppProps } from 'next/app'

// 적용하고 싶은 글로벌 스타일
import '../styles.css'

// 혹은 node_modules에서 바로 꺼내올 수도 있다.
import 'normalize.css/normalize.css'

export default function MyApp({ Component, pageProps }: AppProps) {
  return <Component {...pageProps} />
}
```

이러한 글로벌 스타일은 다른 페이지나 컴포넌트와 충돌할 수 있으므로 반드시 _app.tsx에서만 제한적으로 작성해야 한다.

### 컴포넌트 레벨 CSS

Next.js에서는 컴포넌트 레벨의 CSS를 추가할 수 있다. [name].module.css와 같은 명명 규칙만 준수하면 되며, 이 컴포넌트 레벨 CSS는 다른 컴포넌트의 클래스명과 겹쳐서 스타일에 충돌이 일어나지 않도록 고유한 클래스명을 제공한다. 페이지와 다르게 컴포넌트 레벨 CSS는 어느 파일에서건 추가할 수 있다. 다음 예제를 보자.

【코드 4.2】 button.module.css

```
.alert {
  color: red;
  font-size: 16px;
}
```

그리고 이 button.module.css를 컴포넌트에서 다음과 같이 사용할 수 있다.

【코드 4.3】 Button.tsx

```
import styles from './Button.module.css'

export function Button() {
  return (
    <button type="button" className={styles.alert}>
      경고!
    </button>
```

```
  )
}
```

위와 같이 스타일을 입히면 HTML에서 다음과 같이 결과를 확인할 수 있다.

```
<head>
  <!-- 생략 -->
  <!-- 실제 프로덕션 빌드 시에는 스타일 태그가 아닌 별도 CSS 파일로 생성된다. -->
  <style>
    .Button_alert__62TGU {
      color: red;
      font-size: 16px;
    }
  </style>
</head>
<button type="button" class="Button_alert__62TGU">경고!</button>
```

button에 alert 클래스를 선언해 스타일을 입혔지만 실제 클래스는 Button_alert__62TGU와 같이 조금 다른 것을 볼 수 있는데, 이는 앞서 언급한 컴포넌트별 스타일 충돌을 방지하기 위한 Next.js의 최적화가 잘 작동하고 있는 것임을 확인할 수 있다.

## SCSS와 SASS

sass와 scss도 css를 사용했을 때와 마찬가지로 동일한 방식으로 사용할 수 있다. sass 패키지를 npm install --save-dev sass와 같은 명령어로 설치하면 별도의 설정 없이 바로 동일하게 스타일을 사용할 수 있다. scss에서 제공하는 variable을 컴포넌트에서 사용하고 싶다면 export 문법을 사용하면 된다.

```
// primary 변수에 blue라는 값을 넣었다.
$primary: blue;

:export {
  primary: $primary;
}
import styles from "./Button.module.scss";

export function Button() {
  return (
    {/* styles.primary 형태로 꺼내올 수 있다. */}
```

```
      <span style={{color: styles.primary}}>
        안녕하세요
      </span>
  );
}
```

이 외에는 컴포넌트 레벨 CSS와 코드 작성 방식이 동일하다.

## CSS-in-JS

최근에는 자바스크립트 내부에 스타일시트를 삽입하는 CSS-in-JS 방식의 스타일링이 각광받고 있다. 비록 CSS와 비교했을 때 CSS-in-JS가 코드 작성의 편의성 이외에 실제로 성능 이점을 가지고 있는지는 논쟁거리로 남아있지만 CSS 구문이 자바스크립트 내부에 있다는 것은 확실히 프런트엔드 개발자에게 직관적이고 편리하게 느껴질 것이다. 현재 대표적으로 사용되고 있는 CSS-in-JS 라이브러리로는 styled-jsx[22], styled-components[23], Emotion[24], Linaria[25] 등 여러 가지가 있는데, 여기서는 가장 오래됐으며, 가장 많은 사용자를 보유하고 있는 styled-components에 대해서만 다룬다. 이 외의 CSS-in-JS 라이브러리를 Next.js에서 사용하는 방법을 알고 싶다면 공식 문서[26]를 참고하자.

styled-components의 스타일을 Next.js에 추가하려면 다음과 같은 코드가 필요하다. _document.tsx가 없다면 해당 파일을 만든 후 다음과 같이 추가해 보자.

【코드 4.4】_document.tsx

```
import Document, {
  Html,
  Head,
  Main,
  NextScript,
  DocumentContext,
  DocumentInitialProps,
} from 'next/document'
import { ServerStyleSheet } from 'styled-components'

export default function MyDocument() {
```

---

22 https://github.com/vercel/styled-jsx
23 https://styled-components.com/
24 https://emotion.sh/
25 https://linaria.dev/
26 https://nextjs.org/docs/basic-features/built-in-css-support#css-in-js

```
  return (
    <Html lang="ko">
      <Head />
      <body>
        <Main />
        <NextScript />
      </body>
    </Html>
  )
}


MyDocument.getInitialProps = async (
  ctx: DocumentContext,
): Promise<DocumentInitialProps> => {
  const sheet = new ServerStyleSheet()
  const originalRenderPage = ctx.renderPage

  console.log(sheet)

  try {
    ctx.renderPage = () =>
      originalRenderPage({
        enhanceApp: (App) => (props) => sheet.collectStyles(<App {...props} />),
      })

    const initialProps = await Document.getInitialProps(ctx)
    return {
      ...initialProps,
      styles: (
        <>
          {initialProps.styles}
          {sheet.getStyleElement()}
        </>
      ),
    }
  } finally {
    sheet.seal()
  }
}
```

언뜻 봐서는 이해되지 않는 코드들이 많다. _document.tsx가 앞서 문서를 초기화하기 위한 Next.js의 특별한 페이지라고 했는데, 여기에 서버와 클라이언트 모두에서 작동하는 getInitialProps를 사용해 무언가 처리하는 것 같다. 하나씩 살펴보자.

- ServerStyleSheet는 styled-components의 스타일을 서버에서 초기화해 사용되는 클래스다. 이 클래스를 인스턴스로 초기화하면 서버에서 styled-components가 작동하기 위한 다양한 기능을 가지고 있다.

- originalRenderPage는 ctx.renderPage를 담아두고 있다. 즉, 기존의 ctx.renderPage가 하는 작업에 추가적으로 styled-components 관련 작업을 하기 위해 별도 변수로 분리했다.

- ctx.renderPage에는 기존에 해야 하는 작업과 함께 enhanceApp, 즉 App을 렌더링할 때 추가로 수행하고 싶은 작업을 정의했다.

  - 여기서 추가로 하는 작업이 바로 sheet.collectStyles(<App {...props} />)이다. sheet.collectStyles는 StyleSheetManager라고 불리는 Context.API로 감싸는 역할을 한다. 즉, 우리가 가지고 있는 기존의 <App/> 위에 styled-components의 Context.API로 한 번 더 감싼 형태로 볼 수 있다.

- const initialProps = await Document.getInitialProps(ctx)는 기존의 _document.tsx가 렌더링을 수행할 때 필요한 getInitialProps를 생성하는 작업을 한다.

- 마지막 반환 문구에서는 기존에 기본적으로 내려주는 props에 추가적으로 styled-components가 모아둔 자바스크립트 파일 내 스타일을 반환한다. 이렇게 되면 서버 사이드 렌더링 시에 최초로 _document 렌더링될 때, styled-components에서 수집한 스타일도 함께 내려줄 수 있다.

내용이 복잡하지만 요약한다면 리액트 트리 내부에서 사용하고 있는 styled-components의 스타일을 모두 모은 다음, 이 각각의 스타일에 유니크한 클래스명을 부여해 스타일이 충돌하지 않게 클래스명과 스타일을 정리해 이를 _document.tsx가 서버에서 렌더링할 때 React.Context 형태로 제공하는 것이다. 이렇게 CSS-in-JS의 스타일을 서버에서 미리 모은 다음 서버 사이드 렌더링에서 한꺼번에 제공해야 올바른 스타일을 적용할 수 있다. 만약 이런 과정을 거치지 않는다면 스타일이 브라우저에서 뒤늦게 추가되어 FOUC(flash of unstyled content)라는, 스타일이 입혀지지 않은 날것의 HTML을 잠시간 사용자에게 노출하게 된다. 이는 다른 CSS-in-JS도 마찬가지로, 코드는 약간씩 다르지만 모두 서버에서 스타일을 모아 서버 사이드 렌더링 시에 일괄 적용하는 과정은 동일하게 거치게 된다. 따라서 CSS-in-JS를 Next.js와 같은 서버 사이드 렌더링 프레임워크에서 사용할 때는 반드시 이런 초기화 과정을 서버에서 거쳐야 한다.

만약 바벨 대신 swc를 사용한다면 next.config.js에 다음과 같이 compiler.styledComponents를 추가하면 된다.

```
/** @type {import('next').NextConfig} */
const nextConfig = {
  reactStrictMode: true,
  swcMinify: true,
  compiler: {
    styledComponents: true,
  },
}

module.exports = nextConfig
```

앞의 두 가지 설정을 모두 추가했다면 이제 결과물을 살펴보자.

```
import styled from 'styled-components'

const ErrorButton = styled.button`
  color: red;
  font-size: 16px;
`

export function Button() {
  return (
    <>
      <ErrorButton type="button">경고!</ErrorButton>
    </>
  )
}
<!-- 생략 -->
<style data-styled="" data-styled-version="5.3.5">
  .bXqOdA {
    color: red;
    font-size: 16px;
  } /*!sc*/
  data-styled.g1[id='Button__ErrorButton-sc-8cb2349-0'] {
    content: 'bXqOdA,';
```

```
  } /*!sc*/
</style>
<!-- 생략 -->
<button type="button" class="Button__ErrorButton-sc-8cb2349-0 bXqOdA">
    경고!
</button>
```

정상적으로 모든 CSS를 사용할 수 있는 것을 확인할 수 있다.

📄 프로덕션 모드로 빌드했더니 `<style />` 태그 내부가 비어 있는데, 스타일은 정상적으로 적용돼 있어요. 어떻게 된 일인가요?

styled-components가 포함된 프로젝트를 빌드하고 소스코드를 살펴보면 개발 모드와는 다르게 스타일 태그가 완전히 비어있는 반면 스타일은 제대로 적용돼 있는 것을 볼 수 있다.

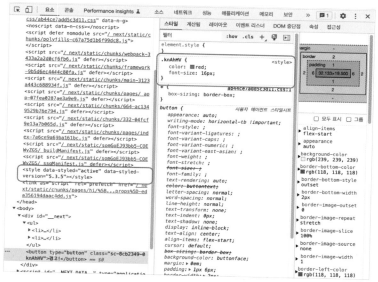

그림 4.21 스타일이 `<style />`을 기반으로 설정돼 있다고 나와 있지만 정작 하나뿐인 styled-components의 `<style />` 내부는 비어있다.

그 이유는 styled-components가 개발 모드와 다르게 프로덕션 모드에서는 이른바 SPEEDY_MODE라고 하는 설정을 사용하기 때문이다. 이 설정이 켜져 있으면 HTML에 스타일을 적용하는 대신 자바스크립트를 활용해 CSSOM 트리에 직접 스타일을 넣는다.[27] 이 때문에 HTML의 `<style />`은 비어있지만 필요한 스타일은 모두 자바스크립트로 삽입했기 때문에 HTML은 문제없이 렌더링할 수 있게 된다. 그리고 이름에서 알 수 있듯 기존 스타일링 방식보다 훨씬 빠른 것으로 나타났다.

---

27 https://github.com/styled-components/styled-components/blob/da8151762dcf72735ffba358173d4c097f6d5888/packages/styled-components/src/sheet/Tag.ts#L32~L40, 단축 URL: https://bit.ly/3PLLtXt

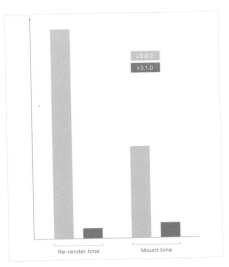

그림 4.22 insertRule 방식이 처음 등장한 3.1.0과 이전 버전인 3.0.2 간 속도 비교. 리렌더링과
마운트 모두 insertRule이 훨씬 빠르다는 것을 확인할 수 있다.

실제 스타일이 어떻게 삽입돼 있는지 확인하고 싶다면 document.styleSheets를 활용하면 된다.

```
> document.styleSheets[1].rules
< ▼CSSRuleList {0: CSSStyleRule, length: 1} ℹ
    ▼0: CSSStyleRule
        cssText: ".knAhHV { color: red; font-size: 16px; }"
        parentRule: null
      ▶parentStyleSheet: CSSStyleSheet {ownerRule: null, cssRules: CSSRuleList, rules: CSSRuleList, type: 'text/css', h
        selectorText: ".knAhHV"
      ▶style: CSSStyleDeclaration {0: 'color', 1: 'font-size', accentColor: '', additiveSymbols: '', alignContent: '', a
      ▶styleMap: StylePropertyMap {size: 2}
        type: 1
      ▶[[Prototype]]: CSSStyleRule
        length: 1
      ▶[[Prototype]]: CSSRuleList
```

그림 4.23 스타일이 제대로 들어가 있는 것을 확인할 수 있다.

앞서 다양한 CSS-in-JS가 있다고 소개했지만 Next.js와 SWC를 고려하고 있다면 styled-jsx, styled-components, emotion 중 하나를 사용하는 것이 좋다. 나머지 라이브러리를 사용해도 상관없지만, 상대적으로 사용하고 있는 개발자가 적고, 별도의 바벨 설정도 필요하며, SWC를 이용한 빠른 빌드의 이점을 누릴수 없기 때문이다.

## 4.3.5 _app.tsx 응용하기

앞서 _app.tsx가 Next.js로 만든 모든 서비스가 진입하는 최초 진입점이라고 언급했다. 이러한 특성을 활용하면 사용자가 처음 서비스에 접근했을 때 하고 싶은 무언가를 여기에서 처리할 수 있다. 다음 예제를 보자.

```
import App, { AppContext } from 'next/app'
import type { AppProps } from 'next/app'

function MyApp({ Component, pageProps }: AppProps) {
  return (
    <>
      <Component {...pageProps} />
    </>
  )
}

MyApp.getInitialProps = async (context: AppContext) => {
  const appProps = await App.getInitialProps(context)
  return appProps
}

export default MyApp
```

이 예제는 앞서 클래스 컴포넌트로 만든 _app.tsx를 함수 컴포넌트로 변환한 예제다. 먼저 _app.tsx에 getInitialProps를 추가하려면 반드시 const appProps = await App.getInitialProps(context)를 실행한 뒤에 해당 값을 반환해야 한다. 이 코드는 다른 페이지에 있는 getInitialProps를 실행해서 반환하는 역할을 하는데, 이게 없다면 다른 페이지의 getInitialProps가 정상적으로 실행되지 않는다.

app.getInitialProps에는 한 가지 흥미로운 작동 방식이 숨겨져 있는데, 다음 내용을 _app의 getInitialProps를 추가해 두고 Next.js에서 라우팅을 반복해 보자.

```
MyApp.getInitialProps = async (context: AppContext) => {
  const appProps = await App.getInitialProps(context)
  const isServer = Boolean(context.ctx.req)
  console.log(
    `[${isServer ? '서버' : '클라이언트'}] ${context.router.pathname}에서 ${
      context.ctx?.req?.url
    }를 요청함.`,
  )
  return appProps
}
```

그리고 이 코드가 포함된 애플리케이션의 실행 절차를 살펴보면 다음과 같다.

1. 가장 먼저 자체 페이지에 getInitialProps가 있는 곳을 방문
   - 로그: [서버] /test/GIP에서 /test/GIP를 요청

2. getServerSideProps가 있는 페이지를 <Link>를 이용해서 방문
   - 로그: [서버] /test/GSSP에서 /_next/data/XBY50vq6_LSP5vdU2XD5n/test/GSSP.json를 요청

3. 다시 1번의 페이지를 <Link>를 이용해서 방문
   - 로그: [클라이언트] /test/GSSP에서 undefined를 요청

4. 다시 2번의 페이지를 <Link>를 이용해서 방문
   - 로그: [서버] /test/GSSP에서 /_next/data/XBY50vq6_LSP5vdU2XD5n/test/GSSP.json을 요청

앞서 <Link/>나 router를 이용하면 이후 라우팅은 클라이언트 렌더링처럼 작동한다고 언급했다. 그러한 특성을 바로 여기에서 확인해 볼 수 있다. 페이지 방문 최초 시점인 1번은 서버 사이드 렌더링이 전체적으로 작동해야 해서 페이지 전체를 요청했다. 그러나 이후에는 클라이언트 라우팅을 수행하기 위해 해당 페이지가 비록 getServerSideProps와 같은 서버 관련 로직이 있다 하더라도 전체 페이지를 가져오는 것이 아닌, 해당 페이지의 getServerSideProps 결과를 json 파일만을 요청해서 가져오는 것을 확인할 수 있다.

이러한 특성을 잘 활용하면 다음과 같이 웹서비스를 최초에 접근했을 때만 실행하고 싶은 내용을 app.getInitialProps 내부에 담아 둘 수 있다.

```
MyApp.getInitialProps = async (context: AppContext) => {
  const appProps = await App.getInitialProps(context)
  const {
    ctx: { req },
    router: { pathname },
  } = context

  if (
    req &&
    !req.url?.startsWith('/_next') &&
    ['/500', '/404', '/_error'].includes(pathname)
  ) {
    doSomethingOnlyOnce()
  }

  return appProps
}
```

다음 if 문 조건을 하나씩 살펴보자.

1. `req`가 있다면 서버로 오는 요청이다.

2. `req.url`이 `/_next`로 시작하지 않는다면 이는 클라이언트 렌더링으로 인해 발생한 `getServerSideProps` 요청이 아님을 알 수 있다.

3. `pathname`, 즉 접근 요청하는 경로가 에러 페이지가 아니라면 정상적인 페이지 접근일 것이다.

1, 2, 3번 조건을 모두 만족한다면 사용자가 웹페이지에 최초로 접근해서 최초 서버 사이드 렌더링을 수행했다는 사실을 어느 정도 보장할 수 있을 것이다. 여기에는 `userAgent` 확인이나 사용자 정보와 같은 애플리케이션 전역에서 걸쳐 사용해야 하는 정보 등을 호출하는 작업을 수행할 수 있을 것이다. 이러한 조건을 응용한 실제 활용은 이후에 본격적으로 다룬다.

## 4.3.6 next.config.js 살펴보기

`next.config.js`는 Next.js 실행에 필요한 설정을 추가할 수 있는 파일이다. Next.js 실행과 사용자화에 필요한 다양한 설정을 추가할 수 있으므로 어떠한 설정이 가능한지 직접 소스코드를 통해 확인해 보는 것이 좋다. 여기서는 주로 사용되는 설정을 위주로 살펴본다.

먼저 Next.js 설정 파일은 자바스크립트이지만 `@type` 구문을 활용해 미리 선언돼 있는 설정 타입(`NextConfig`)의 도움을 받을 수 있다. Next.js를 사용하는 데 익숙하지 않다면 다음과 같이 파일을 작성해 도움을 얻을 수 있다.

```
/**
 * @type {import('next').NextConfig}
 */
const nextConfig = {
  // 설정
}

module.exports = nextConfig
```

먼저 실무에서 자주 사용되는 설정만 간단하게 살펴보자.

- `basePath`: 기본적으로 애플리케이션을 실행하면 호스트 아래 `/`에 애플리케이션이 제공될 것이다. 개발 환경으로 치면 `localhost:3000/`이 접근 가능한 주소가 되는데, 여기에 `basePath: "docs"`와 같이 문자열을 추가하면 `localhost:3000/docs`에 서비스가 시작된다. 환경변수명에서도 알 수 있듯, 일종의 URL을 위한 접두사(prefix)라 볼

수 있다. 만약 여기에 값을 추가했다 하더라도 <Link>나 router.push() 등에 이 basePath를 추가할 필요는 없다. basePath가 있다면 클라이언트 렌더링을 트리거하는 모든 주소에 알아서 basePath가 붙은 채로 렌더링 및 작동할 것이다. 다음과 같은 컴포넌트는

```
<Link href="/about">
  <a>about</a>
</Link>
```

렌더링 시에 다음과 같이 렌더링된다.

```
<a href="/docs/about"></a>
```

단, 이것 또한 어디까지나 Next.js에서 제공하는 기능이므로 <a> 태그를 직접 사용하거나 window.location.push 등으로 라우팅을 수행할 경우에는 반드시 basePath가 붙어 있어야 한다.

- swcMinify: swc를 이용해 코드를 압축할지를 나타낸다. 기본값은 true이지만 실험적인 기능이라 걱정이 된다면 false를 설정해서 꺼도 된다.

  - Next.js 13 버전부터 기본값이 true로 변경됐다. 즉, 별도 설정이 없다면 swc를 활용해 코드를 압축한다.

- poweredByHeader: Next.js는 응답 헤더에 X-Power-by: Next.js 정보를 제공하는데, false를 선언하면 이 정보가 사라진다. 기본적으로 보안 관련 솔루션에서는 powered-by 헤더를 취약점으로 분류[28]하므로 false로 설정하는 것이 좋다.

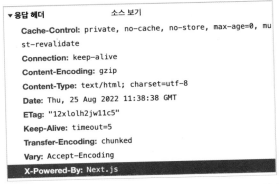

그림 4.24 Next.js의 **powered-by** 헤더가 설정돼 있는 것을 볼 수 있다.

- redirects: 특정 주소를 다른 주소로 보내고 싶을 때 사용된다. 정규식도 사용 가능하므로 다양한 방식으로 응용할 수 있다.

**[코드 4.5]** redirects 예제

```
module.exports = {
  redirects() {
```

---

28 https://github.com/reactwg/react-18/discussions/112

```
    return [
      {
        // /tag/foo => /tag/foo/pages/1
        source: '/tag/:tag',
        destination: '/tags/:tag/pages/1',
        permanent: true,
      },
      {
        // /tag/foo => /tags/foo/pages/1
        source: '/tag/:tag/page/:no',
        destination: '/tags/:tag/pages/:no',
        permanent: true,
      },
      {
        // /tag/foo/pages/something => /tags/foo/pages/1
        source: '/tags/:tag/pages/((?!\\d).*)',
        destination: '/tags/:tag/pages/1',
        permanent: true,
      },
    ]
  },
}
```

- reactStrictMode: 리액트에서 제공하는 엄격 모드를 설정할지 여부를 나타낸다. 기본값은 false이지만 true로 설정해 다가올 리액트 업데이트에 미리 대비하는 것을 추천한다.

- assetPrefix: 만약 next에서 빌드된 결과물을 동일한 호스트가 아닌 다른 CDN 등에 업로드하고자 한다면 이 옵션에 해당 CDN 주소를 명시하면 된다.

```
const isProduction = process.env.NODE_ENV === 'production'

module.exports = {
  assetPrefix: isProduction ? 'https://cdn.somewhere.com' : undefined,
}
```

assetPrefix 설정이 활성화되면 static 리소스들은 해당 주소에 있다고 가정하고 해당 주소로 요청하게 된다. 예를 들어, CDN 리소스의 주소가 https://cdn.somewhere.com/_next/static/chunks/webpack-3433a2a2d0cf6fb6.js와 같이 변경될 것이다. 정적인 리소스를 별도 CDN에 업로드하고 싶다면 이 기능을 활용하면 된다.

## 4.3.7 정리

지금까지 간략하게 Next.js를 살펴보고, 또 어떤 식으로 작동하는지도 알아봤다. Next.js가 제공하는 기능은 이뿐만 아니라 이미지를 최적화할 수 있는 next/image, 서드파티 스크립트를 최적화해서 불러올 수 있는 next/script 등 다양한 기능들이 있지만 여기에서는 데이터 가져오기나 _app을 비롯한 핵심적인 것들만 다뤘다. 이 외에 다양한 기능들은 실제 애플리케이션을 만들어보는 예제에서 추가로 다룬다.

Next.js는 리액트 기반 서버 사이드 렌더링 프레임워크의 대명사가 됐을 만큼 널리 쓰이고 있다. 실제 프런트엔드 포지션에도 리액트뿐만 아니라 Next.js를 요구하는 기업도 점차 증가하고 있는 추세이며, 그 인기를 증명이라도 하듯 리액트 개발 팀이나 구글 Core Web Vitals 팀에서도 Next.js 개발진과 긴밀하게 협업 중에 있다.[29]

리액트에 대해 어느 정도 익숙하고, 실제 서버 사이드 렌더링 기반 애플리케이션을 제작해 보고 싶다면 Next.js를 꼭 한번 사용해 보자.

---

**29** https://web.dev/conformance/

# 05장

리액트와
상태 관리 라이브러리

이번 장에서는 리액트 애플리케이션을 개발할 때 빠지지 않고 언급되는 상태 관리 라이브러리에 대해 알아본다. 흔히 리액트의 상태 관리라고 한다면 오래전부터 쓰인 리덕스 또는 최근에 페이스북에서 만들어진 Recoil을 떠올리곤 한다. 그리고 많은 개발자들이 리액트 애플리케이션에 자신이 익숙한 상태 관리 라이브러리를 설치하는 것을 익숙해하지만 정작 왜 상태 관리가 필요한지, 또 이 상태 관리가 어떻게 리액트와 함께 작동하는지는 간과하는 경우가 많다. 이번 장에서는 상태 관리 라이브러리의 필요성부터 최근 많이 주목받고 있는 상태 관리 라이브러리가 어떻게 작동하는지 살펴본다.

## 5.1 상태 관리는 왜 필요한가?

상태 관리에 대해 이야기하기에 앞서 이제 앞으로 계속해서 이야기할 '상태'가 무엇인지 정의할 필요가 있다. 흔히 웹 애플리케이션을 개발할 때 이야기하는 상태는 어떠한 의미를 지닌 값이며 애플리케이션의 시나리오에 따라 지속적으로 변경될 수 있는 값을 의미한다. 웹 애플리케이션에서 상태로 분류될 수 있는 것들은 대표적으로 다음과 같은 것이 있다.

- UI: 기본적으로 웹 애플리케이션에서 상태라 함은 상호 작용이 가능한 모든 요소의 현재 값을 의미한다. 다크/라이트 모드, 라디오를 비롯한 각종 input, 알림창의 노출 여부 등 많은 종류의 상태가 존재한다.

- URL: 브라우저에서 관리되고 있는 상태값으로, 여기에도 우리가 참고할 만한 상태가 존재할 수 있다. https://www.airbnb.co.kr/rooms/34113796?adults=2와 같은 주소가 있다고 가정해 보자. 이 주소에는 roomId=34113796과 adults=2라고 하는 상태가 존재하며 이 상태는 사용자의 라우팅에 따라 변경된다.

- 폼(form): 폼에도 상태가 존재한다. 로딩 중인지(loading), 현재 제출됐는지(submit), 접근이 불가능한지(disabled), 값이 유효한지(validation) 등 모두가 상태로 관리된다.

- 서버에서 가져온 값: 클라이언트에서 서버로 요청을 통해 가져온 값도 상태로 볼 수 있다. 대표적으로 API 요청이 있다.

웹 서비스에서 점차 다양한 기능이 제공됨에 따라 웹 내부에서 관리해야 할 상태도 점차 비례해서 증가하고 있다. 단순히 서버에서 요청받은 내용을 보여주기만 하던 시대에는 상태라고 구분 지을 만한 요소들이 별로 없었지만 이제는 점차 증가하는 상태를 효과적으로 관리하는 방법을 계속해서 고민해야 하는 시대가 도래한 것이다.

하지만 단순히 '상태를 관리한다'라는 명제를 놓고 살펴본다면 상태 관리 자체는 크게 어려운 일이 아니며 단순히 손이 많이 가는 문제일 수도 있다. 폼에서의 상태 관리를 생각해 보자. 폼이 유효한지, 제출이 완료됐는지, 로딩 중인지는 폼을 둘러싼 요소들만 알고 그에 따른 대처가 돼 있다면 그것이 바로 폼 상태 관리다. 어떠한 알림 창(modal)이 있고, 이것이 뜰지 말지를 API 응답에 따라 관리한다면 그 또한 상태 관리일 것이다.

하지만 애플리케이션 전체적으로 관리해야 할 상태가 있다고 가정해 보자. 그리고 그 상태에 따라 다양한 요소들이 각 상태에 맞는 UI를 보여줘야 한다. 상태를 어디에 둘 것인가? 전역 변수에 둘 것인가? 별도의 클로저를 만들 것인가? 그렇다면 그 상태가 유효한 범위는 어떻게 제한할 수 있을까? 상태의 변화에 따라 변경돼야 하는 자식 요소들은 어떻게 이 상태의 변화를 감지할 것인가? 이러한 상태 변화가 일어남에 따라 즉각적으로 모든 요소들이 변경되어 애플리케이션이 찢어지는 현상(이를 tearing이라고 하며, 하나의 상태에 따라 서로 다른 결과물을 사용자에게 보여주는 현상을 말한다)을 어떻게 방지할 것인가?

이처럼 현대 웹 애플리케이션에서 상태 관리란 어렵다고 해서 외면할 수 없는 주제가 됐다. 이러한 상태를 효율적으로 관리하고, 상태가 필요한 쪽에서는 빠르게 반응할 수 있는 모델에 대한 고민이 본격적으로 시작된 것이다.

## 5.1.1 리액트 상태 관리의 역사

이제 리액트 이야기를 해 보자. 다른 웹 개발 환경과 마찬가지로 리액트도 상태 관리에 대한 필요성이 존재했다. 애플리케이션 개발에 모든 것을 제공하는, 이른바 프레임워크를 지향하는 Angular와는 다르게 리액트는 단순히 사용자 인터페이스를 만들기 위한 라이브러리일 뿐이고, 그 이상의 기능을 제공하지 않고 있다. 따라서 상태를 관리하는 방법도 개발자에 따라, 시간에 따라 많은 차이가 있다. 리액트 생태계에서 개발자들이 상태 관리를 하기 위해 어떠한 방법을 활용했는지 그 역사를 살펴보자.

## Flux 패턴의 등장

리액트에서는 상태 관리, 특히 전역 상태 관리를 어떻게 했을까? 우리가 순수 리액트에서 할 수 있는 전역 상태 관리 수단이라고 한다면 Context API를 떠올릴 것이다(엄밀히 이야기하면 리액트 Context API는 상태 관리가 아니라 상태 주입을 도와주는 역할이다. 이에 대해서는 이후에 다룬다). 그러나 리액트에서 Context API가 선보인 것은 16.3 버전이었고, `useContext`를 선보인 것은 16.8 버전이었다. 그 전까지는, 리덕스가 나타나기 전까지 리액트 애플리케이션에서 딱히 이름을 널리 알린 상태 관리 라이브러리는 없었다.

그러던 중 2014년경, 리액트의 등장과 비슷한 시기에 Flux 패턴과 함께 이를 기반으로 한 라이브러인 Flux를 소개하게 된다[1]. Flux에 대해 소개하기에 앞서 먼저 이 당시 웹 개발 상황을 짚고 넘어가자. 웹 애플리케이션이 비대해지고 상태(데이터)도 많아짐에 따라 어디서 어떤 일이 일어나서 이 상태가 변했는지 등을 추적하고 이해하기가 매우 어려운 상황이었다.

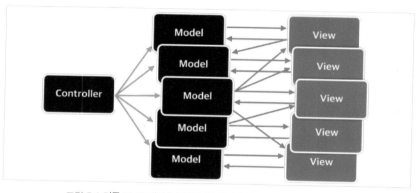

그림 5.1 기존 MVC 패턴은 모델과 뷰가 많아질수록 복잡도가 증가한다.

페이스북 팀은 이러한 문제의 원인을 양방향 데이터 바인딩으로 봤다. 뷰(HTML)가 모델(자바스크립트)을 변경할 수 있으며, 반대의 경우 모델도 뷰를 변경할 수 있다. 이는 코드를 작성하는 입장에서는 간단할 수 있지만 코드의 양이 많아지고 변경 시나리오가 복잡해질수록 관리가 어려워진다. 페이스북 팀은 양방향이 아닌 단방향으로 데이터 흐름을 변경하는 것을 제안하는데 이것이 바로 Flux 패턴의 시작이다.

그림 5.2 Flux의 기본적인 단방향 데이터 흐름

---

1 https://github.com/facebookarchive/flux

먼저 각 용어의 정의를 살펴보자.

- 액션(action): 어떠한 작업을 처리할 액션과 그 액션 발생 시 함께 포함시킬 데이터를 의미한다. 액션 타입과 데이터를 각각 정의해 이를 디스패처로 보낸다.

- 디스패처(dispatcher): 액션을 스토어에 보내는 역할을 한다. 콜백 함수 형태로 앞서 액션이 정의한 타입과 데이터를 모두 스토어에 보낸다.

- 스토어(store): 여기에서 실제 상태에 따른 값과 상태를 변경할 수 있는 메서드를 가지고 있다. 액션의 타입에 따라 어떻게 이를 변경할지가 정의돼 있다.

- 뷰(view): 리액트의 컴포넌트에 해당하는 부분으로, 스토어에서 만들어진 데이터를 가져와 화면을 렌더링하는 역할을 한다. 또한 뷰에서도 사용자의 입력이나 행위에 따라 상태를 업데이트하고자 할 수 있을 것이다. 이 경우에는 다음 그림처럼 뷰에서 액션을 호출하는 구조로 구성된다.

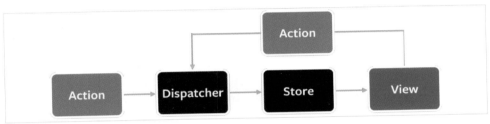

그림 5.3 Flux 패턴에서 뷰 또한 액션을 호출할 수 있으며, 이후 프로세스는 동일하다.

이 모습을 간단하게 리액트 코드로 살펴보자.

```
type StoreState = {
  count: number
}


type Action = { type: 'add'; payload: number }


function reducer(prevState: StoreState, action: Action) {
  const { type: ActionType } = action
  if (ActionType === 'add') {
    return {
      count: prevState.count + action.payload,
    }
  }


  throw new Error(`Unexpected Action [${ActionType}]`)
```

```
  }

export default function App() {
  const [state, dispatcher] = useReducer(reducer, { count: 0 })

  function handleClick() {
    dispatcher({ type: 'add', payload: 1 })
  }

  return (
    <div>
      <h1>{state.count}</h1>
      <button onClick={handleClick}>+</button>
    </div>
  )
}
```

먼저 type Action으로 액션이 어떤 종류가 있고 어떤 데이터를 필요로 하는지 정의해 뒀다. 그리고 스토어의 역할을 하는 것이 useReducer와 reducer인데, 각각 현재 상태와 상태에 따른 값이 어떻게 변경되는지를 정의했다. 그리고 dispatcher로 이 액션을 실행했고, 이를 뷰인 App에서 보여준다.

이러한 단방향 데이터 흐름 방식은 당연히 불편함도 존재한다. 사용자의 입력에 따라(여기에서는 사용자의 클릭에 따라) 데이터를 갱신하고 화면을 어떻게 업데이트해야 하는지도 코드로 작성해야 하므로 코드의 양이 많아지고 개발자도 수고로워진다. 그러나 데이터의 흐름은 모두 액션이라는 한 방향(단방향)으로 줄어들므로 데이터의 흐름을 추적하기 쉽고 코드를 이해하기가 한결 수월해진다.

리액트는 대표적인 단방향 데이터 바인딩을 기반으로 한 라이브러리였으므로 이러한 단방향 흐름을 정의하는 Flux 패턴과 매우 궁합이 잘 맞았다. 그리고 이와 동시에 이러한 Flux 패턴을 따르는 다양한 라이브러리들이 우후죽순처럼 등장하기 시작했다. 대표적인 라이브러리로는 다음과 같은 것이 있다.

- Flux: https://github.com/facebookarchive/flux

- alt: https://github.com/goatslacker/alt

- RefluxJS: https://github.com/reflux/refluxjs

- NuclearJS: https://github.com/optimizely/nuclear-js

- Fluxible : https://github.com/yahoo/fluxible

- Fluxxor: https://github.com/BinaryMuse/fluxxor

상태와 그 상태의 변경에 대한 흐름과 방식을 단방향으로 채택한 것이 바로 리액트 기반 Flux의 특징이라고 볼 수 있다.

## 시장 지배자 리덕스의 등장

리액트와 단방향 데이터 흐름이 점점 두각을 드러내던 와중에 등장한 것이 바로 리덕스(Redux)다. 리덕스 또한 최초에는 이 Flux 구조를 구현하기 위해 만들어진 라이브러리 중 하나였다. 이에 한 가지 더 특별한 것은 여기에 Elm 아키텍처를 도입했다는 것이다. Elm 아키텍처를 이해하려면 먼저 Elm이 무엇인지 알아야 한다. Elm은 웹페이지를 선언적으로 작성하기 위한 언어다. 다음 예제는 Elm으로 HTML을 작성한 예제다.

```
module Main exposing (..)

import Browser
import Html exposing (Html, button, div, text)
import Html.Events exposing (onClick)


-- MAIN
main =
  Browser.sandbox { init = init, update = update, view = view }


-- MODEL
type alias Model = Int

init : Model
init =
  0


-- UPDATE
type Msg
  = Increment
  | Decrement

update : Msg -> Model -> Model
update msg model =
  case msg of
    Increment ->
      model + 1

    Decrement ->
```

```
      model - 1

  -- VIEW

  view : Model -> Html Msg
  view model =
    div []
      [ button [ onClick Decrement ] [ text "-" ]
      , div [] [ text (String.fromInt model) ]
      , button [ onClick Increment ] [ text "+" ]
      ]
  <div>
    <button>-</button>
    <div>2</div>
    <button>+</button>
  </div>
```

Elm 코드가 낯설게 보일 수 있지만 여기서 주목할 것은 model, update, view이며, 이 세 가지가 바로 Elm 아키텍처의 핵심이다.

- 모델(model): 애플리케이션의 상태를 의미한다. 여기서는 Model을 의미하며, 초깃값으로는 0이 주어졌다.
- 뷰(view): 모델을 표현하는 HTML을 말한다. 여기서는 Model을 인수로 받아서 HTML을 표현한다.
- 업데이트(update): 모델을 수정하는 방식을 말한다. Increment, Decrement를 선언해 각각의 방식이 어떻게 모델을 수정하는지 나타냈다.

즉, Elm은 Flux와 마찬가지로 데이터 흐름을 세 가지로 분류하고, 이를 단방향으로 강제해 웹 애플리케이션의 상태를 안정적으로 관리하고자 노력했다. 그리고 리덕스는 이 Elm 아키텍처의 영향을 받아 작성됐다.

리덕스는 하나의 상태 객체를 스토어에 저장해 두고, 이 객체를 업데이트하는 작업을 디스패치해 업데이트를 수행한다. 이러한 작업은 reducer 함수로 발생시킬 수 있는데, 이 함수의 실행은 웹 애플리케이션 상태에 대한 완전히 새로운 복사본을 반환한 다음, 애플리케이션에 이 새롭게 만들어진 상태를 전파하게 된다.

이러한 리덕스의 등장은 리액트 생태계에 많은 영향을 미치게 됐다. 하나의 글로벌 상태 객체를 통해 이 상태를 하위 컴포넌트에 전파할 수 있기 때문에 props를 깊이 전파해야 하는 이른바 prop 내려주기 문제를 해결할 수 있었고, 스토어가 필요한 컴포넌트라면 단지 connect만 쓰면 스토어에 바로 접근할 수 있었다. Context API가 등장하기 전까지, 아니 지금까지도 리덕스는 리액트 상태 관리에서 빼놓고 이야기할 수 없는 중요한 축으로 자리 잡았다.

그렇다고 리덕스가 마냥 편하기만 한 것은 아니었다. 단순히 하나의 상태를 바꾸고 싶어도 해야 할 일이 너무 많았다. 먼저 어떠한 액션인지 타입을 선언해야 하고, 이 액션을 수행할 creator, 함수를 만들어야 한다. 그리고 dispatcher와 selector도 필요하고, 새로운 상태가 어떻게 기존의 리듀서 내부에서 어떤 식으로 변경돼야 할지, 혹은 새로 만들어야 할지도 새로 정의해야 했다. 한마디로, 하고자 하는 일에 비해 보일러플레이트가 너무 많다는 비판의 목소리가 있었다. 이는 리덕스가 처음 등장했을 때 받던 비판으로, 지금은 이러한 작업이 많이 간소화됐다.

그럼에도 리액트와 리덕스는 일종의 표준처럼 굳어졌다. 리덕스가 전역 상태 관리에 많은 편리함을 제공하기도 했고, 또 뚜렷한 대안이 존재하는 것 또한 아니었다. 지금까지도 리액트와 리덕스를 하나의 세트로 생각하는 개발자들이 있을 정도로 거의 표준으로 자리 잡히다시피 했다.

## Context API와 useContext

리액트가 처음 세상에 나온 뒤에도 상태를 어떻게 적절하게 주입해야 하는지에 대한 고민은 계속 이어져왔다. 부모에 있는 상태를 자식 컴포넌트에서 쓰기 위해서는 이른바 prop 내려주기라 불리는 방식, 즉 props를 가지고 있는 부모에서 필요한 자식 컴포넌트까지 끊임없이 컴포넌트의 인수로 넘겨야 하는 불편함이 있었다. 단순한 레벨의 컴포넌트라면 한두 단계쯤 넘기는 것은 괜찮았지만 자식 컴포넌트의 깊이가 깊어질수록 말 그대로 props가 컴포넌트를 관통해 버리는 현상이 발생했다. 물론 이 당시에도 리덕스가 있었지만 단순히 상태를 참조하고 싶을 뿐인데 준비해야 하는 보일러플레이트도 부담스러웠다. 이는 번거로울 뿐만 아니라 컴포넌트를 설계할 때 커다란 제약으로 작용했다.

리액트 팀은 리액트 16.3에서 전역 상태를 하위 컴포넌트에 주입할 수 있는 새로운 Context API를 출시했다. props로 상태를 넘겨주지 않더라도 Context API를 사용하면 원하는 곳에서 Context Provider가 주입하는 상태를 사용할 수 있게 된 것이다.

리액트 16.3 버전 이전에도 context가 존재했으며, 이를 다루기 위한 getChildContext()를 제공했었다. 다음 예제를 보자.

```
class MyComponent extends React.Component {
  static childContextTypes = {
    name: PropTypes.string,
    age: PropTypes.number,
  }

  getChildContext() {
    return {
      name: 'foo',
```

```
      age: 30,
    }
  }

  render() {
    return <ChildComponent />
  }
}

function ChildComponent(props, context) {
  return (
    <div>
      <p>Name: {context.name}</p>
      <p>Age: {context.age}</p>
    </div>
  )
}

ChildComponent.contextTypes = {
  name: PropTypes.string,
  age: PropTypes.number,
}
```

그러나 이 방식에는 몇 가지 문제점이 있었는데, 첫 번째로 상위 컴포넌트가 렌더링되면 getChildContext도 호출됨과 동시에 shouldComponentUpdate가 항상 true를 반환해 불필요하게 렌더링이 일어난다는 점, getChildContext를 사용하기 위해서는 context를 인수로 받아야 하는데 이 때문에 컴포넌트와 결합도가 높아지는 등의 단점이 있었다.[2] 이러한 단점을 해결하기 위해 16.3 버전에서 새로운 context가 출시됐다.

다음은 Context API를 사용해 하위 컴포넌트에 상태를 전달하는 예다.

```
type Counter = {
  count: number
}

const CounterContext = createContext<Counter | undefined>(undefined)

class CounterComponent extends Component {
```

2  https://github.com/acdlite/rfcs/blob/1e25818e47037a7de80e95793c4129e9887d6f2b/text/0000-new-version-of-context.md, 단축 URL: https://bit.ly/45jdzzo

```
  render() {
    return (
      <CounterContext.Consumer>
        {(state) => <p>{state?.count}</p>}
      </CounterContext.Consumer>
    )
  }
}


class DummyParent extends Component {
  render() {
    return (
      <>
        <CounterComponent />
      </>
    )
  }
}


export default class MyApp extends Component<{}, Counter> {
  state = { count: 0 }

  componentDidMount() {
    this.setState({ count: 1 })
  }

  handleClick = () => {
    this.setState((state) => ({ count: state.count + 1 }))
  }

  render() {
    return (
      <CounterContext.Provider value={this.state}>
        <button onClick={this.handleClick}>+</button>
        <DummyParent />
      </CounterContext.Provider>
    )
  }
}
```

이 코드를 보면 부모 컴포넌트인 MyApp에 상태가 선언돼 있고, 이를 Context로 주입하고 있는 것을 볼 수 있다. 그리고 Provider로 주입된 상태는 자식의 자식인(MyApp 밑 DummyParent 밑 CounterComponent) CounterComponent에서 사용하고 있음을 알 수 있다. 앞서 언급한 prop 내려주기, 즉 원하는 값을 props로 번거롭게 넘겨주지 않아도 사용 가능해진 것이다.

그러나 3.1절 '리액트의 모든 훅 파헤치기'에서 이야기한 것처럼 Context API는 상태 관리가 아닌 주입을 도와주는 기능이며, 렌더링을 막아주는 기능 또한 존재하지 않으니 사용할 때 주의가 필요하다.

## 훅의 탄생, 그리고 React Query와 SWR

Context API가 선보인 지 1년이 채 되지 않아 리액트는 16.8 버전에서 함수 컴포넌트에 사용할 수 있는 다양한 훅 API를 추가했다. 이 훅 API는 기존에 무상태 컴포넌트를 선언하기 위해서만 제한적으로 사용됐던 함수 컴포넌트가 클래스 컴포넌트 이상의 인기를 구가할 수 있도록 많은 기능을 제공했다. 이 가운데 가장 큰 변경점 중 하나로 꼽을 수 있는 것은 state를 매우 손쉽게 재사용 가능하도록 만들 수 있다는 것이다. 다음 코드를 보자.

```
function useCounter() {
  const [count, setCount] = useState(0)

  function increase() {
    setCount((prev) => prev + 1)
  }

  return { count, increase }
}
```

useCounter는 단순히 count state와 이를 1씩 올려주는 increase로만 구성돼 있지만 내부적으로 관리하고 있는 state도 있으며, 또 이를 필요한 곳에서 재사용할 수도 있게 됐다. 이는 클래스 컴포넌트보다 훨씬 간결하고 직관적인 방법이었으며, 리액트 개발자들은 앞다투어 자신만의 훅을 만들어내기 시작했다.

이러한 훅과 state의 등장으로 이전에는 볼 수 없던 방식의 상태 관리가 등장하는데 바로 React Query와 SWR이다.

두 라이브러리는 모두 외부에서 데이터를 불러오는 fetch를 관리하는 데 특화된 라이브러리지만, API 호출에 대한 상태를 관리하고 있기 때문에 HTTP 요청에 특화된 상태 관리 라이브러리라 볼 수 있다. SWR을 사용한 코드를 살펴보자.

```
import React from 'react'
import useSWR from 'swr'

const fetcher = (url) => fetch(url).then((res) => res.json())

export default function App() {
  const { data, error } = useSWR(
    'https://api.github.com/repos/vercel/swr',
    fetcher,
  )

  if (error) return 'An error has occurred.'
  if (!data) return 'Loading...'

  return (
    <div>
      <p>{JSON.stringify(data)}</p>
    </div>
  )
}
```

useSWR의 첫 번째 인수로 조회할 API 주소를, 두 번째 인수로 조회에 사용되는 fetch를 넘겨준다. 첫 번째 인수인 API 주소는 키로도 사용되며, 이후에 다른 곳에서 동일한 키로 호출하면 재조회하는 것이 아니라 useSWR이 관리하고 있는 캐시의 값을 활용한다. 기존에 우리가 알고 있는 상태 관리 라이브러리보다는 제한적인 목적으로, 일반적인 형태와는 다르다는 점만 제외하면 분명히 SWR이나 React Query도 상태 관리 라이브러리의 일종이라 볼 수 있다. 실제로 애플리케이션에서 이 두 라이브러리를 사용해 보면 생각보다 애플리케이션의 많은 부분에서 상태를 관리하는 코드가 사라진다는 것을 알 수 있다.

## Recoil, Zustand, Jotai, Valtio에 이르기까지

SWR과 React Query가 HTTP 요청에 대해서만 쓸 수 있다면 좀 더 범용적으로 쓸 수 있는 상태 관리 라이브러리엔 어떤 변화가 있었을까?

훅이라는 새로운 패러다임의 등장에 따라, 훅을 활용해 상태를 가져오거나 관리할 수 있는 다양한 라이브러리가 등장하게 된다. 페이스북 팀에서 만든 Recoil을 필두로, Jotai, Zustand, Valtio 등 다양한 라이브러리가 선보이게 된다.

```
// Recoil
const counter = atom({ key: 'count', default: 0 })
const todoList = useRecoilValue(counter)

// Jotai
const countAtom = atom(0)
const [count, setCount] = useAtom(countAtom)

// Zustand
const useCounterStore = create((set) => ({
  count: 0,
  increase: () => set((state) => ({ count: state.count + 1 })),
}))
const count = useCounterStore((state) => state.count)

// Valtio
const state = proxy({ count: 0 })
const snap = useSnapshot(state)
state.count++
```

요즘 새롭게 떠오르고 있는 많은 상태 관리 라이브러리는 기존의 리덕스 같은 라이브러리와는 차이점이 있는데, 바로 훅을 활용해 작은 크기의 상태를 효율적으로 관리한다는 것이다. Recoil Jotai, Zustand, Valtio의 저장소를 방문해 보면 모두 peerDependencies로 리액트 16.8 버전 이상을 요구하고 있음을 확인할 수 있다. 물론 리덕스나 MobX도 react-redux나 mobx-react-lite 등을 설치하면 동일하게 훅으로 상태를 가져올 수 있지만 위 라이브러리는 애초에 리액트와의 연동을 전제로 작동해 별도로 다른 라이브러리를 설치하지 않아도 된다는 차이점이 있다.

이는 기존 상태 관리 라이브러리의 아쉬운 점으로 지적받던 전역 상태 관리 패러다임에서 벗어나 개발자가 원하는 만큼의 상태를 지역적으로 관리하는 것을 가능하게 만들었고, 훅을 지원함으로써 함수 컴포넌트에서 손쉽게 사용할 수 있다는 장점 또한 가지고 있다.

## 5.1.2 정리

지금까지 상태 관리 라이브러리가 무엇이고, 리액트가 태동한 이래로 어떠한 상태 관리 라이브러리가 있는지 살펴봤다. 리액트를 쓴다면 당연히 리덕스를 쓰던 시절부터 다양한 상태 관리 라이브러리들이 등장한 지금까지, 리액트 생태계에서는 상태 관리에 대한 고민과 솔루션이 끊임없이 나오고 있다. 너무 많은 선택지로 인해 실제로 애플리케이션을 작성할 때 무엇을 선택해야 할지 고민스러울 수도 있지만 하나의 이슈에 대해 여러 가지 해결책이 나온다는 것은 그만큼 이 분야가 건강하게 성장하고 있다는 증거이기도 하다. 일정이나 여러 가지 제반 환경이 여의치 않다면 익숙한 것을 선택하는 것도 나쁘지 않지만 다양한 옵션을 살펴보고 비교하면서 어떤 식으로 구현하고 있는지 살펴보는 것도 많은 도움이 될 것이다. 다음 절에서는 상태 관리 라이브러리가 어떻게 만들어지는지 살펴보고, 과연 어떤 라이브러리를 선택하는 게 좋을지, 올바른 선택의 기준은 무엇인지 등을 살펴보자.

# 5.2 리액트 훅으로 시작하는 상태 관리

비교적 오랜 기간 리액트 생태계에서는 리액트 애플리케이션의 상태 관리를 위해 리덕스에 의존했다. 과거 리액트 코드를 보면 리액트와 리덕스가 함께 설치돼 있는 것을 흔히 볼 수 있었고, 일부 개발자들은 리액트와 리덕스를 마치 하나의 프레임워크 내지는 업계 표준(de facto)으로 여기기도 했다. 그러나 현재는 새로운 Context API, useReducer, useState의 등장으로 컴포넌트에 걸쳐서 재사용하거나 혹은 컴포넌트 내부에 걸쳐서 상태를 관리할 수 있는 방법들이 점차 등장하기 시작했고, 덕분에 리덕스 외의 다른 상태 관리 라이브러리를 선택하는 경우도 많아지고 있다. 리액트 16.8에서 등장한 훅과 함수 컴포넌트의 패러다임에서 애플리케이션 내부 상태 관리는 어떻게 할 수 있고, 이러한 새로운 방법을 채택한 라이브러리는 무엇이 있고 어떻게 작동하는지 알아보자.

## 5.2.1 가장 기본적인 방법: useState와 useReducer

useState의 등장으로 리액트에서는 여러 컴포넌트에 걸쳐 손쉽게 동일한 인터페이스의 상태를 생성하고 관리할 수 있게 됐다. 다음 예제 훅을 살펴보자.

```
function useCounter(initCount: number = 0) {
  const [counter, setCounter] = useState(initCount)

  function inc() {
    setCounter((prev) => prev + 1)
  }

  return { counter, inc }
}
```

이 예제는 useCounter라는 훅을 만들어서 함수 컴포넌트 어디에서든 사용할 수 있게 구현한 사례다. 이 훅은 외부에서 받은 숫자 혹은 0을 초깃값으로 상태를 관리하며, inc라는 함수를 선언해 이 숫자를 1씩 증가시킬 수 있게 구현했다. 그리고 상태값인 counter와 inc 함수를 객체로 반환한다.

다음 코드와 같이 useCounter를 사용하는 함수 컴포넌트는 이 훅을 사용해 각자의 counter 변수를 관리하며, 중복되는 로직 없이 숫자를 1씩 증가시키는 기능을 손쉽게 이용할 수 있다.

```
function useCounter(initCount: number = 0) {
  const [counter, setCounter] = useState(initCount)

  function inc() {
    setCounter((prev) => prev + 1)
  }

  return { counter, inc }
}

function Counter1() {
  const { counter, inc } = useCounter()

  return (
    <>
      <h3>Counter1: {counter}</h3>
      <button onClick={inc}>+</button>
    </>
  )
}

function Counter2() {
  const { counter, inc } = useCounter()

  return (
    <>
      <h3>Counter2: {counter}</h3>
      <button onClick={inc}>+</button>
    </>
  )
}
```

useCounter라는 훅이 없었다면 이러한 기능이 필요한 각각의 컴포넌트에서 모두 위와 같은 내용을 구현해야 만 했을 것이다. 더 나아가 훅 내부에서 관리해야 하는 상태가 복잡하거나 상태를 변경할 수 있는 시나리오가 다양해진다면 훅으로 코드를 격리해 제공할 수 있다는 장점이 더욱 크게 드러날 것이다. 이처럼 리액트의 훅 을 기반으로 만든 사용자 정의 훅은 함수 컴포넌트라면 어디서든 손쉽게 재사용 가능하다는 장점이 있다.

useState와 비슷한 훅인 useReducer 또한 마찬가지로 지역 상태를 관리할 수 있는 훅이다. 앞서 2장에서 useReducer를 다루면서 잠깐 다뤘던 내용 중 하나는, 실제로 useState는 useReducer로 구현됐다는 사실이다. 이러한 사실을 증명하기 위해 react와 preact의 소스코드를 발췌했었는데, 이를 실제 코드로 작성하면 다음과 비슷한 코드로 예상해볼 수 있다.

```
type Initializer<T> = T extends any ? T | ((prev: T) => T) : never

function useStateWithUseReducer<T>(initialState: T) {
  const [state, dispatch] = useReducer(
    (prev: T, action: Initializer<T>) =>
      typeof action === 'function' ? action(prev) : action,
    initialState,
  )

  return [state, dispatch]
}
```

먼저 useState를 useReducer로 구현하는 예제다. useReducer의 첫 번째 인수로는 reducer, 즉 state와 action을 어떻게 정의할지를 넘겨줘야 하는데 useState와 동일한 작동, 즉 T를 받거나 (prev: T) => T를 받아 새로운 값을 설정할 수 있게끔 코드를 작성했다.

이와 반대로, useReducer 또한 useState로 작성할 수 있다.

```
function useReducerWithUseState(reducer, initialState, initializer) {
  const [state, setState] = useState(
    initializer ? () => initializer(initialState) : initialState,
  )

  const dispatch = useCallback(
    (action) => setState((prev) => reducer(prev, action)),
    [reducer],
  )

  return [state, dispatch]
}
```

useReducer를 타입스크립트로 작성하려면 다양한 형태의 오버로딩이 필요한데[3] 코드의 대략적인 구성만 간단하게 설명하기 위해 자바스크립트로 작성했다.

useState나 useReducer 모두 약간의 구현상의 차이만 있을 뿐, 두 훅 모두 지역 상태 관리를 위해 만들어졌다는 것을 알 수 있다.

지금까지 일반적으로 사용되는 useState와 useReducer로 컴포넌트 내부의 상태를 관리하는 방법에 대해 알아봤다. 그러나 실제 애플리케이션을 작성해 보면 알겠지만 useState와 useReducer가 상태 관리의 모든 필요성과 문제를 해결해 주지는 않는다. useState와 useReducer를 기반으로 하는 사용자 지정 훅의 한계는 명확하다. 훅을 사용할 때마다 컴포넌트별로 초기화되므로 컴포넌트에 따라 서로 다른 상태를 가질 수밖에 없다. 위 예제의 경우 counter는 useCounter가 선언될 때마다 새롭게 초기화되어, 결론적으로 컴포넌트별로 상태의 파편화를 만들어 버린다. 이렇게 기본적인 useState를 기반으로 한 상태를 지역 상태(local state)라고 하며, 이 지역 상태는 해당 컴포넌트 내에서만 유효하다는 한계가 있다.

만약 useCounter에서 제공하는 counter를 올리는 함수는 지금처럼 동일하게 사용하되, 두 컴포넌트가 동일한 counter 상태를 바라보게 하기 위해서는 어떻게 해야 할까? 즉, 현재 지역 상태인 counter를 여러 컴포넌트가 동시에 사용할 수 있는 전역 상태(global state)로 만들어 컴포넌트가 사용하는 모든 훅이 동일한 값을 참조할 수 있게 하려면 어떻게 해야 할까? 가장 먼저 떠오르는 방법은 상태를 컴포넌트 밖으로 한 단계 끌어올리는 것이다. 다음 예제를 보자.

```
function Counter1({ counter, inc }: { counter: number; inc: () => void }) {
  return (
    <>
      <h3>Counter1: {counter}</h3>
      <button onClick={inc}>+</button>
    </>
  )
}

function Counter2({ counter, inc }: { counter: number; inc: () => void }) {
  return (
    <>
      <h3>Counter2: {counter}</h3>
      <button onClick={inc}>+</button>
    </>
```

---

3  https://github.com/DefinitelyTyped/DefinitelyTyped/blob/0c7345cb4238b8f4a460645705aef94f2f76de0f/types/react/v16/index.d.ts#L942–L1021, 단축 URL: https://bit.ly/45mDkyu

```
  )
}

function Parent() {
  const { counter, inc } = useCounter()

  return (
    <>
      <Counter1 counter={counter} inc={inc} />
      <Counter2 counter={counter} inc={inc} />
    </>
  )
}
```

예제에서는 useCounter를 각 컴포넌트에서 사용하는 대신, Parent라고 불리는 상위 컴포넌트에서만 useCounter를 사용하고, 이 훅의 반환값을 하위 컴포넌트의 props로 제공했다. 즉, 지역 상태인 useCounter를 부모 컴포넌트로 한 단계 끌어올린 다음, 이 값을 하위 컴포넌트에서 참조해 재사용하게끔 만들었다. 이제 적어도 Parent 내부에서는 위의 props 규칙만 잘 지킨다면 하나의 counter 값과 하나의 inc 함수로 상태를 관리할 수 있게 된다. 즉, 컴포넌트 내부의 지역 상태를 전역으로 사용하기 위해 이 상태가 필요한 모든 컴포넌트인 Counter1과 Counter2를 Parent 내부로 이동시켜서 두 컴포넌트가 동일하게 사용할 수 있도록 만들었다. 여러 컴포넌트가 동일한 상태를 사용할 수 있게 됐다는 점은 주목할 만하지만 props 형태로 필요한 컴포넌트에 제공해야 한다는 점은 여전히 조금은 불편해 보인다. 이후에 이러한 점을 어떻게 개선할 수 있을지 살펴보자.

지금까지 useState와 useReducer, 그리고 사용자 지정 훅을 활용한 지역 상태 관리를 살펴봤다. 이 두 훅은 만들기에 따라 재사용할 수 있는 지역 상태를 만들어 주지만 이는 지역 상태라는 한계 때문에 여러 컴포넌트에 걸쳐 공유하기 위해서는 컴포넌트 트리를 재설계하는 등의 수고로움이 필요하다.

## 5.2.2  지역 상태의 한계를 벗어나보자: useState의 상태를 바깥으로 분리하기

리액트 코드의 작동 여부를 떠나서 조금 더 과감하게 상상해 보자. useState의 한계는 명확하다. 현재 리액트의 useState는 리액트가 만든 클로저 내부에서 관리되어 지역 상태로 생성되기 때문에 해당 컴포넌트에서만 사용할 수 있다는 단점이 있다. 만약 useState가 이 리액트 클로저가 아닌 다른 자바스크립트 실행 문맥 어디에선가, 즉 완전히 다른 곳에서 초기화돼서 관리되면 어떨까? 그리고 그 상태를 참조하는 유효한 스코프 내부에서는 해당 객체의 값을 공유해서 사용할 수도 있지 않을까? 즉, 어딘가에서 해당 값을 업데이트하면 그 값을 참조하고 있는 컴포넌트나 훅에서도 그 업데이트된 값을 사용할 수도 있지 않을까? 이를테면 다음과 같이 관리하는 상상을 해보자. 먼저 counter.ts라는 별개의 파일을 생성해서 다음과 같이 코드를 작성해 보자.

```ts
// counter.ts
export type State = { counter: number }

// 상태를 아예 컴포넌트 밖에 선언했다. 각 컴포넌트가 이 상태를 바라보게 할 것이다.
let state: State = {
  counter: 0,
}

// getter
export function get(): State {
  return state
}

// useState와 동일하게 구현하기 위해 게으른 초기화 함수나 값을 받을 수 있게 했다.
type Initializer<T> = T extends any ? T | ((prev: T) => T) : never

// setter
export function set<T>(nextState: Initializer<T>) {
  state = typeof nextState === 'function' ? nextState(state) : nextState
}

// Counter
function Counter() {
  const state = get()

  function handleClick() {
    set((prev: State) => ({ counter: prev.counter + 1 }))
  }

  return (
    <>
      <h3>{state.counter}</h3>
      <button onClick={handleClick}>+</button>
    </>
  )
}
```

언뜻 보면 이러한 방식은 작동할 것 같지만 아쉽게도 위 방식은 리액트 환경에서 작동하지 않는다. setter나 getter 등의 코드가 잘못돼서가 아니다. 브라우저 개발자 모드나 디버거, console.log 등으로 살펴보면 set을 통해 컴포넌트 외부에 있는 state도 잘 업데이트되고 있고, get()으로 변수의 최신값을 가져오는 것도 정상적으로 작동하고 있다. 그러나 가장 큰 문제는 컴포넌트가 리렌더링되지 않는다는 것이다. 원인은 바로 리액트의 렌더링 방식 때문이다. 새로운 상태를 사용자의 UI에 보여주기 위해서는 반드시 리렌더링이 필요하다. 이 리렌더링은 함수 컴포넌트의 재실행(호출), useState의 두 번째 인수 호출 등 다양한 방식으로 일어나지만 위 코드에서는 리렌더링을 일으키는 장치가 어디에도 존재하지 않는다.

즉, 업데이트되는 값을 가져오려면 상태를 업데이트하는 것뿐만 아니라 상태가 업데이트됐을 때 이를 컴포넌트에 반영시키기 위한 리렌더링이 필요하며, 2.4절 '렌더링은 어떻게 일어나는가?'에서 살펴본 것처럼 함수 컴포넌트에서 리렌더링을 하려면 다음과 같은 작업 중 하나가 일어나야 한다.

- useState, useReducer의 반환값 중 두 번째 인수가 어떻게든 호출된다. 설령 그것이 컴포넌트 렌더링과 관계없는 직접적인 상태를 관리하지 않아도 상관없다. 어떠한 방식으로든 두 번째 인수가 호출되면 리액트는 다시 컴포넌트를 렌더링한다.

- 부모 함수(부모 컴포넌트)가 리렌더링되거나 해당 함수(함수 컴포넌트)가 다시 실행돼야 한다. 그러나 위 경우 부모 컴포넌트가 없으며, props도 없기 때문에 일일이 Counter()를 재실행시켜야 하지만 그것은 매우 비효율적이다.

여기서 우리가 시도해 볼 수 있는 것은 useState와 useReducer뿐으로 보인다. 그렇다면 useState의 인수로 컴포넌트 밖에서 선언한 state를 넘겨주는 방식으로 코드를 변경해 보자.

```
function Counter1() {
  const [count, setCount] = useState(state)

  function handleClick() {
    // 외부에서 선언한 set 함수 내부에서 다음 상태값을 연산한 다음,
    // 그 값을 로컬 상태값에도 넣었다.
    set((prev: State) => {
      const newState = { counter: prev.counter + 1 }
      // setCount가 호출되면서 컴포넌트 리렌더링을 야기한다.
      setCount(newState)
      return newState
    })
  }

  return (
```

```
      <>
        <h3>{count.counter}</h3>
        <button onClick={handleClick}>+</button>
      </>
    )
  }

function Counter2() {
  const [count, setCount] = useState(state)

  // 위 컴포넌트와 동일한 작동을 추가했다.
  function handleClick() {
    set((prev: State) => {
      const newState = { counter: prev.counter + 1 }
      setCount(newState)
      return newState
    })
  }

  return (
    <>
      <h3>{count.counter}</h3>
      <button onClick={handleClick}>+</button>
    </>
  )
}
```

예제 코드에서는 억지로 전역에 있는 상태를 참조하게 만들었다. useState의 초깃값으로 컴포넌트 외부에 있는 값을 사용하는 위와 같은 방식은 일반적인 리액트 코드 작성 방식과 동일하다. 여기서 독특한 것은 바로 handleClick으로 state를 업데이트하는 방식이다. 기본적으로 useState의 두 번째 인수로 업데이트하는 것은 해당 지역 상태에만 영향을 미치기 때문에 여기서는 외부에 선언한 set을 실행해 외부의 상태값 또한 업데이트하도록 수정했다. 이렇게 외부의 상태를 수정하고 useState의 두 번째 인수도 실행한다면 리액트 컴포넌트는 렌더링될 것이고 우리는 계속해서 외부의 값을 안정적으로 참조할 수 있게 된다.

그러나 이 방법은 굉장히 비효율적이고 문제점도 가지고 있다. 외부에 상태가 있음에도 불구하고, 함수 컴포넌트의 렌더링을 위해 함수의 내부에 동일한 상태를 관리하는 useState가 존재하는 구조다. 이는 상태를 중복해서 관리하므로 비효율적인 방식이라고 볼 수 있다. 여기에는 또 한 가지 문제점이 있는데, 실제로 각 컴포넌트의 버튼을 누르면 이상하게 작동하는 것을 확인할 수 있다. 버튼을 누르면 해당 컴포넌트가 렌더링되면서 원하는 값을 안정적으로 렌더링하지만 같은 상태를 바라봐야 하는 반대쪽 컴포넌트에서는 렌더링되지 않는다. 반대쪽 컴포넌트는 버튼을 눌러야 그제서야 렌더링되어 최신값을 불러온다. 그러나 여전히 반대쪽은 렌더링되지 않는 것을 볼 수 있다. 왜 같은 상태를 공유하지만 동시에 렌더링되지 않는 것일까?

useState로 컴포넌트의 리렌더링을 실행해 최신값을 가져오는 방법은 어디까지나 해당 컴포넌트 자체에서만 유효한 전략이다. 즉, 반대쪽의 다른 컴포넌트에서는 여전히 상태의 변화에 따른 리렌더링을 일으킬 무언가가 없기 때문에 클릭 이벤트가 발생하지 않는 다른 쪽은 여전히 렌더링이 되지 않는다.

이러한 한계를 종합해 본 내용을 살펴보면 함수 외부에서 상태를 참조하고 이를 통해 렌더링까지 자연스럽게 일어나려면 다음과 같은 조건을 만족해야 한다는 결론에 도달한다.

1. 꼭 window나 global에 있어야 할 필요는 없지만 컴포넌트 외부 어딘가에 상태를 두고 여러 컴포넌트가 같이 쓸 수 있어야 한다.

2. 이 외부에 있는 상태를 사용하는 컴포넌트는 상태의 변화를 알아챌 수 있어야 하고 상태가 변화될 때마다 리렌더링이 일어나서 컴포넌트를 최신 상태값 기준으로 렌더링해야 한다. 이 상태 감지는 상태를 변경시키는 컴포넌트뿐만 아니라 이 상태를 참조하는 모든 컴포넌트에서 동일하게 작동해야 한다.

3. 상태가 원시값이 아닌 객체인 경우에 그 객체에 내가 감지하지 않는 값이 변한다 하더라도 리렌더링이 발생해서는 안 된다. 예를 들어, {a: 1, b: 2}라는 상태가 있으며 어느 컴포넌트에서 a를 2로 업데이트했다고 가정해 보자. 이러한 객체 값의 변화가 단순히 b의 값을 참조하는 컴포넌트에서는 리렌더링을 일으켜서는 안 된다는 뜻이다.

위와 같은 조건을 만족할 수 있는, 컴포넌트 레벨의 지역 상태를 벗어나는 새로운 상태 관리 코드를 만들어보자. 먼저 이 상태는 객체일 수도, 원시값일 수도 있으므로 좀 더 범용적인 이름인 store로 정의한다. 그리고 2번의 조건을 만족하기 위해서는 store의 값이 변경될 때마다 변경됐음을 알리는 callback 함수를 실행해야 하고, 이 callback을 등록할 수 있는 subscribe 함수가 필요하다.

먼저 위 조건을 만족하는 store의 뼈대를 만들어보자. 타입스크립트의 타입을 선언해 두면 직접 코드를 작성하기에 앞서 만들어야 할 함수의 기본적인 타입을 정의해 두고 이야기할 수 있으므로 유용하다.

```
type Initializer<T> = T extends any ? T | ((prev: T) => T) : never

type Store<State> = {
  get: () => State
  set: (action: Initializer<State>) => State
  subscribe: (callback: () => void) => () => void
}
```

get은 항상 최신값을 가져와야 하므로 함수로 구현했다. 이 get을 변수 대신 함수로 만들어두면 항상 새롭게 값을 가져오기 위해 시도할 것이므로 최신값을 가져올 수 있다. 그리고 set의 형태는 기존에 리액트 개발자가 널리 사용하고 있는 useState와 동일하게 값 또는 함수를 받을 수 있도록 만들었다. 마지막으로 subscribe는 이 store의 변경을 감지하고 싶은 컴포넌트들이 자신의 callback 함수를 등록해 두는 곳이다. callback을 인수로 받으며, store는 값이 변경될 때마다 자신에게 등록된 모든 callback을 실행하게 할 것이다. 그리고 이 스토어를 참조하는 컴포넌트는 subscribe에 컴포넌트 자기 자신을 렌더링하는 코드를 추가해서 컴포넌트가 리렌더링을 실행할 수 있게 만들 것이다.

뼈대를 만들었으니 이 Store<State> 함수를 실제로 작성해 보자.

```
export const createStore = <State extends unknown>(
  initialState: Initializer<State>,
): Store<State> => {
  // useState와 마찬가지로 초깃값을 게으른 초기화를 위한 함수 또한
  // 그냥 값을 받을 수 있도록 한다.
  // state의 값은 스토어 내부에서 보관해야 하므로 변수로 선언한다.
  let state = typeof initialState !== 'function' ? initialState : initialState()

  // callbacks는 자료형에 관계없이 유일한 값을 저장할 수 있는 Set을 사용한다.
  const callbacks = new Set<() => void>()
  // 언제든 get이 호출되면 최신값을 가져올 수 있도록 함수로 만든다.
  const get = () => state
  const set = (nextState: State | ((prev: State) => State)) => {
    // 인수가 함수라면 함수를 실행해 새로운 값을 받고,
    // 아니라면 새로운 값을 그대로 사용한다.
    state =
      typeof nextState === 'function'
        ? (nextState as (prev: State) => State)(state)
        : nextState

    // 값의 설정이 발생하면 콜백 목록을 순회하면서 모든 콜백을 실행한다.
    callbacks.forEach((callback) => callback())

    return state
  }

  // subscribe는 콜백을 인수로 받는다.
  const subscribe = (callback: () => void) => {
    // 받은 함수를 콜백 목록에 추가한다.
```

```
    callbacks.add(callback)
    // 클린업 실행 시 이를 삭제해서 반복적으로 추가되는 것을 막는다.
    return () => {
      callbacks.delete(callback)
    }
  }
  return { get, set, subscribe }
}
```

위 코드는 store를 만드는 createStore를 구현한 코드다. 하나씩 단계별로 살펴보자.

1. 먼저 store의 초깃값을 state 또는 게으른 초기화 함수를 받아 store의 기본값을 초기화할 수 있게 해뒀다.

2. 1번에서 받은 인수를 바탕으로 함수를 실행하거나 초깃값 그 자체를 할당해 state 초깃값을 할당한다.

3. 컴포넌트로 넘겨받는 콜백 함수를 저장하기 위해 callbacks를 Set으로 선언한다. Set은 원시값이나 객체에 관계없이 유일한 값을 저장할 수 있어 중복 없이 콜백 함수를 저장하는 용도로 유용하다.

4. get을 함수로 만들어 매번 최신값을 가져올 수 있게 만든다.

5. set을 만들어 새로운 값을 넣을 수 있도록 만든다. useState의 두 번째 인수와 마찬가지로 함수일 수도, 단순히 값을 받을 수도 있다. 그리고 값을 설정한 이후에 callbacks를 순회해 등록된 모든 콜백을 실행한다. set으로 값을 설정하는 순간 콜백을 모두 실행해 컴포넌트의 렌더링을 유도할 것이다.

6. subscribe는 callbacks Set에 callback을 등록할 수 있는 함수다. callbacks.add와 더불어, 반환값으로는 등록된 callback을 삭제하는 함수를 반환한다. 이는 callbacks에 callback이 무한히 추가되는 것을 방지하게 만들어져 있으며, useEffect의 클린업 함수와 동일한 역할을 한다.

7. 마지막으로 get, set, subscribe를 하나의 객체로 반환해 외부에서 사용할 수 있도록 한다.

요약하자면 createStore는 자신이 관리해야 하는 상태를 내부 변수로 가진 다음, get 함수로 해당 변수의 최신값을 제공하며, set 함수로 내부 변수를 최신화하며, 이 과정에서 등록된 콜백을 모조리 실행하는 구조를 띠고 있다.

마지막으로 createStore로 만들어진 store의 값을 참조하고, 그리고 이 값의 변화에 따라 컴포넌트 렌더링을 유도할 사용자 정의 혹이 필요하다. useStore라는 혹을 만들어 이 store의 변화를 감지할 수 있게 코드를 작성해 보자.

```
export const useStore = <State extends unknown>(store: Store<State>) => {
  const [state, setState] = useState<State>(() => store.get())
```

```
  useEffect(() => {
    const unsubscribe = store.subscribe(() => {
      setState(store.get())
    })
    return unsubscribe
  }, [store])

  return [state, store.set] as const
}
```

이 훅이 어떻게 구성돼 있는지 살펴보자.

1. 먼저 훅의 인수로 사용할 store를 받는다.

2. 이 스토어의 값을 초깃값으로 하는 useState를 만든다. 이제 이 useState가 컴포넌트의 렌더링을 유도한다.

3. useEffect는 store의 현재 값을 가져와 setState를 수행하는 함수를 store의 subscribe로 등록해 두었다. createStore 내부에서 값이 변경될 때마다 subscribe에 등록된 함수를 실행하므로 useStore 내부에서는 store의 값이 변경될 때마다 state의 값이 변경되는 것을 보장받을 수 있다.

4. 마지막으로 useEffect의 클린업 함수로 unsubscribe를 등록해 둔다. useEffect의 작동이 끝난 이후에는 callback에서 해당 함수를 제거해 callback이 계속해서 쌓이는 현상을 방지했다.

이제 우리가 원하는 상태 관리에 필요한 모든 코드를 작성했다. 이 상태 관리 방식이 잘 작동하는지 확인해 보자.

```
const store = createStore({ count: 0 })

function Counter1() {
  const [state, setState] = useStore(store)

  function handleClick() {
    setState((prev) => ({ count: prev.count + 1 }))
  }

  return (
    <>
      <h3>Counter1: {state.count}</h3>
      <button onClick={handleClick}>+</button>
    </>
```

```
  )
}

function Counter2() {
  const [state, setState] = useStore(store)

  function handleClick() {
    setState((prev) => ({ count: prev.count + 1 }))
  }

  return (
    <>
      <h3>Counter2: {state.count}</h3>
      <button onClick={handleClick}>+</button>
    </>
  )
}

export default function App() {
  return (
    <div className="App">
      <Counter1 />
      <Counter2 />
    </div>
  )
}
```

Counter1과 Counter2의 버튼을 각각 클릭하면 store의 상태가 변경됨과 동시에 두 컴포넌트가 모두 정상적으로 리렌더링되는 것을 확인할 수 있다. 마침내 우리가 일반적으로 사용하는 상태 관리 라이브러리를 손수 구현했다.

그러나 이 useStore도 완벽한 것은 아니다. 만드는 스토어의 구조가 원시값이라면 상관없지만 객체인 경우를 가정해 보자. 만약 해당 객체에서 일부값만 변경한다면 어떻게 될까? 현재는 store의 값이 바뀌면 무조건 useState를 실행하므로 스토어에 어떤 값이 바뀌든지 간에 리렌더링이 일어날 것이다. useStore에서 한 발짝 더 나아가서 원하는 값이 변했을 때만 리렌더링되도록 훅을 다시 구성해 보자.

여기서 수정이 필요한 것은 useStore 훅이다. subscribe는 위 예제와 동일하게 수행하되, 변경 감지가 필요한 값만 setState를 호출해 객체 상태에 대한 불필요한 리렌더링을 막을 수 있을 것이다. 다음 예제를 보자.

```
export const useStoreSelector = <State extends unknown, Value extends unknown>(
  store: Store<State>,
  selector: (state: State) => Value,
) => {
  const [state, setState] = useState(() => selector(store.get()))

  useEffect(() => {
    const unsubscribe = store.subscribe(() => {
      const value = selector(store.get())
      setState(value)
    })

    return unsubscribe
  }, [store, selector])

  return state
}
```

useStoreSelector는 useStore를 기반으로 만들어졌지만 한 가지 차이점이 있다. 두 번째 인수로 selector라고 하는 함수를 받는다는 것이다. 이 함수는 store의 상태에서 어떤 값을 가져올지 정의하는 함수로, 이 함수를 활용해 store.get()을 수행한다. useState는 값이 변경되지 않으면 리렌더링을 수행하지 않으므로 store의 값이 변경됐다 하더라도 selector(store.get())이 변경되지 않는다면 리렌더링이 일어나지 않는다. 이 useStoreSelector 훅을 사용하는 예제를 살펴보자.

```
const store = createStore({ count: 0, text: 'hi' })

function Counter() {
  const counter = useStoreSelector(
    store,
    useCallback((state) => state.count, []),
  )

  function handleClick() {
    store.set((prev) => ({ ...prev, count: prev.count + 1 }))
  }

  useEffect(() => {
```

```
    console.log('Counter Rendered')
  })

  return (
    <>
      <h3>{counter}</h3>
      <button onClick={handleClick}>+</button>
    </>
  )
}

const textSelector = (state: ReturnType<typeof store.get>) => state.text

function TextEditor() {
  const text = useStoreSelector(store, textSelector)

  useEffect(() => {
    console.log('TextEditor Rendered')
  })

  function handleChange(e: ChangeEvent<HTMLInputElement>) {
    store.set((prev) => ({ ...prev, text: e.target.value }))
  }

  return (
    <>
      <h3>{text}</h3>
      <input value={text} onChange={handleChange} />
    </>
  )
}
```

이제 useStoreSelector를 사용하면 store가 객체로 구성돼 있다 하더라도 컴포넌트에서 필요한 값만 말 그대로 select해서 사용할 수 있고, 이 select 또한 실제로 객체에서 변경된 값에 대해서만 수행할 것이다.

한 가지 주의할 점은 useStoreSelector에 제공하는 두 번째 인수인 selector를 컴포넌트 밖에 선언하거나, 이것이 불가능하다면 useCallback을 사용해 참조를 고정시켜야 한다는 것이다. 만약 컴포넌트 내에 이 selector 함수를 생성하고 useCallback으로 감싸두지 않는다면 컴포넌트가 리렌더링될 때마다 함수가 계속 재생성되어 store의 subscribe를 반복적으로 수행할 것이다.

지금까지 리액트 외부에서 관리되는 값에 대한 변경을 추적하고, 이를 리렌더링까지 할 수 있는 useStoreSelector 훅을 만들어서 설치해 봤다. 사실 이러한 방식으로 구현된 훅은 이미 존재한다. 바로 페이스북 팀에서 만든 useSubscription이다.[4] useSubscription을 사용하면 방금 했던 내용을 동일하게 구현할 수 있다.

```
function NewCounter() {
  const subscription = useMemo(
    () => ({
      // 스토어의 모든 값으로 설정해 뒀지만 selector 예제와 마찬가지로
      // 특정한 값에서만 가져오는 것도 가능하다.
      getCurrentValue: () => store.get(),
      subscribe: (callback: () => void) => {
        const unsubscribe = store.subscribe(callback)
        return () => unsubscribe()
      },
    }),
    [],
  )

  const value = useSubscription(subscription)

  return <>{JSON.stringify(value)}</>
}
```

useStoreSelector나 useStore를 사용했던 것과 마찬가지로 useSubscription을 사용하면 외부에 있는 데이터를 가져와서 사용하고 리렌더링까지 정상적으로 수행되는 것을 확인할 수 있다.

그렇다면 이 useSubscription은 앞서 만든 useStore와 어떤 차이가 있을까? 앞서 구현한 코드와 비슷한 점도 있지만 몇 가지 차이점을 확인해 볼 수 있다. 다음 코드는 useSubscription을 타입스크립트로 흉내 낸 코드다.

【코드 5.1】 useSubscription을 타입스크립트로 구현한 코드

```
import { useDebugValue, useEffect, useState } from 'react'

export function useSubscription<Value>({
  getCurrentValue,
```

---

4   https://github.com/facebook/react/blob/v17.0.2/packages/use-subscription/src/useSubscription.js

```
    subscribe,
  }: {
    getCurrentValue: () => Value
    subscribe: (callback: Function) => () => void
  }): Value {
    // 현재값을 가져오는 함수, subscribe, 그리고 현재값을 모두 한꺼번에
    // 객체로 저장해 둔다.
    const [state, setState] = useState(() => ({
      getCurrentValue,
      subscribe,
      value: getCurrentValue(),
    }))

    // 현재 가져올 값을 따로 변수에 저장해 둔다.
    let valueToReturn = state.value

    // useState에 저장돼 있는 최신값을 가져오는 함수 getCurrentValue와
    // 함수의 인수로 받은 getCurrentValue가 다르거나
    // useState에 저장돼 있는 subscribe와 함수의 인수로 받은 subscribe가 다르다면
    if (
      state.getCurrentValue !== getCurrentValue ||
      state.subscribe !== subscribe
    ) {
      // 어디선가 두 함수의 참조가 바뀐 것이므로 이 바뀐 참조를 존중해
      // 반환 예정인 현재값을 함수의 인수의 getter로 다시 실행한다.
      valueToReturn = getCurrentValue()

      // 참조가 변경됐으므로 이 값을 일괄 업데이트한다.
      setState({
        getCurrentValue,
        subscribe,
        value: valueToReturn,
      })
    }

    // 디버깅을 위해 현재 반환할 값을 리액트 개발자 모드로 기록한다.
    useDebugValue(valueToReturn)

    // useEffect 실행 시 위에서 실행된 if 문 덕분에 getCurrentValue와
    // subscribe의 참조를 최신 상태로 유지할 수 있다.
```

```
// 이 두 함수를 의존성으로 두고 다음 useEffect를 실행한다.
useEffect(() => {
  // subscribe가 취소됐는지 여부
  let didUnsubscribe = false

  // 값의 업데이트가 일어났는지 확인하는 함수
  const checkForUpdates = () => {
    // 이미 subscribe가 취소됐다면 아무것도 하지 않는다.
    if (didUnsubscribe) {
      return
    }

    // 현재 값을 가져온다.
    const value = getCurrentValue()

    // useSubscription을 사용하는 컴포넌트의 렌더링을 일으키는 코드
    setState((prevState) => {
      // 이전과 비교해 단순히 함수의 차이만 존재한다면 이전 값을 반환한다.
      if (
        prevState.getCurrentValue !== getCurrentValue ||
        prevState.subscribe !== subscribe
      ) {
        return prevState
      }

      // 이전 값과 현재 값이 같다면 이전 값을 반환한다.
      if (prevState.value === value) {
        return prevState
      }

      // 이전 prevState와 현재 값을 합성해 새로운 객체를 만들고 렌더링을 일으킨다.
      return { ...prevState, value }
    })
  }

  // 콜백 목록에 변경 여부를 체크하는 함수를 등록한다.
  const unsubscribe = subscribe(checkForUpdates)

  checkForUpdates()
```

```
    return () => {
      didUnsubscribe = true
      unsubscribe()
    }
  }, [getCurrentValue, subscribe])

  return valueToReturn
}
```

리액트에서 구현한 useSubscription에서 코드만 남기고 불필요한 주석은 모두 삭제했다. Flow로 작성된 코드지만 이해를 돕기 위해 임의로 타입스크립트로 변환했으며 약간의 차이가 있다.

크게 눈에 띄는 차이점은 selector(여기서는 getCurrentValue)와 subscribe에 대한 비교도 추가했다는 것이다. 방금 만든 useStore나 useStoreSelector 모두 useEffect의 의존성 배열에 store나 selector가 들어가 있어 이 객체가 임의로 변경될 경우 불필요하게 리렌더링이 발생한다는 문제가 있다. 이를 방지하기 위해 useSubscription 내부에는 예외 처리를 추가해 이러한 변경이 알려지는 동안에는 store나 selector의 변경을 무시하고 한정적으로 원하는 값을 반환하게끔 훅이 작성돼 있다. 이는 우리가 앞서 작성한 예제 코드보다 훨씬 더 안정적으로 상태를 제공할 수 있게 하는 안전장치로 볼 수 있다.

리액트 18 버전의 useSubscription을 살펴보면[5] useSubscription 훅 자체가 useSyncExternalStore로 재작성돼 있는 것을 볼 수 있다. 이에 대해서는 10.2절 '리액트 18 버전 살펴보기'에서 다룬다.

## 5.2.3 useState와 Context를 동시에 사용해 보기

앞서 useStore 내지는 useStoreSelector 훅을 활용해 useState로 관리하지 않는 외부 상태값을 읽어오고 리렌더링까지 일으켜서 마치 상태 관리 라이브러리처럼 사용하는 예제를 만들었다. 그러나 이 두 가지 훅에도 한 가지 단점이 있다. 이 훅과 스토어를 사용하는 구조는 반드시 하나의 스토어만 가지게 된다는 것이다. 하나의 스토어를 가지면 이 스토어는 마치 전역 변수처럼 작동하게 되어 동일한 형태의 여러 개의 스토어를 가질 수 없게 된다. 만약 훅을 사용하는 서로 다른 스코프에서 스토어의 구조는 동일하되, 여러 개의 서로 다른 데이터를 공유해 사용하고 싶다면 어떻게 해야 할까?

가장 먼저 떠오르는 방법은 createStore를 이용해 동일한 타입으로 스토어를 여러 개 만드는 것이다. 다음 예제를 보자.

---

5  https://github.com/facebook/react/blob/v18.2.0/packages/use-subscription/src/useSubscription.js

```
const store1 = createStore({ count: 0 })
const store2 = createStore({ count: 0 })
const store3 = createStore({ count: 0 })

// ....
```

그러나 이 방법은 완벽하지도 않고 매우 번거롭다. 먼저 해당 스토어가 필요할 때마다 반복적으로 스토어를 생성해야 한다. 또한 훅은 스토어에 의존적인 1:1 관계를 맺고 있으므로 스토어를 만들 때마다 해당 스토어에 의존적인 useStore와 같은 훅을 동일한 개수로 생성해야 한다. 마지막으로 이러한 수고로움을 견디고 훅을 하나씩 만들었다고 하더라도 이 훅이 어느 스토어에서 사용 가능한지를 가늠하려면 오직 훅의 이름이나 스토어의 이름에 의지해야 한다는 어려움이 있다. 이 문제를 해결하는 좋은 방법은 바로 리액트의 Context다. Context를 활용해 해당 스토어를 하위 컴포넌트에 주입한다면 컴포넌트에서는 자신이 주입된 스토어에 대해서만 접근할 수 있게 될 것이다. 스토어와 Context를 함께 사용하는 다음 예제를 보자.

```
// Context를 생성하면 자동으로 스토어도 함께 생성한다.
export const CounterStoreContext = createContext<Store<CounterStore>>(
  createStore<CounterStore>({ count: 0, text: 'hello' }),
)

export const CounterStoreProvider = ({
  initialState,
  children,
}: PropsWithChildren<{
  initialState: CounterStore
}>) => {
  const storeRef = useRef<Store<CounterStore>>()

  // 스토어를 생성한 적이 없다면 최초에 한 번 생성한다.
  if (!storeRef.current) {
    storeRef.current = createStore(initialState)
  }

  return (
    <CounterStoreContext.Provider value={storeRef.current}>
      {children}
    </CounterStoreContext.Provider>
  )
}
```

CounterStoreContext를 통해 먼저 어떠한 Context를 만들지 타입과 함께 정의해 뒀다. 이렇게 타입과 함께 정의된 Context를 사용하기 위해 CounterStoreProvider를 정의했다. 이 Provider에서는 storeRef를 사용해서 스토어를 제공하는데, 그 이유는 Provider로 넘기는 props가 불필요하게 변경돼서 리렌더링되는 것을 막기 위해서다. 이렇게 useRef를 사용했기 때문에 CounterStoreProvider는 오직 최초 렌더링에서만 스토어를 만들어서 값을 내려주게 될 것이다.

이제 이 Context에서 내려주는 값을 사용하기 위해서는 useStore나 useStoreSelector 대신에 다른 접근이 필요하다. 기존의 두 혹은 스토어에 직접 접근하는 방식이지만 이제 Context에서 제공하는 스토어에 접근해야 하기 때문이다. useContext를 사용해 스토어에 접근할 수 있는 새로운 혹이 필요하다.

```
export const useCounterContextSelector = <State extends unknown>(
  selector: (state: CounterStore) => State,
) => {
  const store = useContext(CounterStoreContext)
  // useStoreSelector를 사용해도 동일하다.
  const subscription = useSubscription(
    useMemo(
      () => ({
        getCurrentValue: () => selector(store.get()),
        subscribe: store.subscribe,
      }),
      [store, selector],
    ),
  )

  return [subscription, store.set] as const
}
```

앞서 작성한 useStoreSelector와 비슷하지만 몇 가지 눈에 띄는 차이점이 보인다. 먼저 앞서 만들었던 useStoreSelector 대신에 리액트에서 제공하는 useSubscription을 사용했다. useStoreSelector를 사용해도 본 예제 수준에서는 크게 상관이 없지만 예제의 불필요한 반복을 제거하기 위해 기존에 리액트에서 제공하는 useSubscription을 사용했다. 그리고 스토어에 접근하기 위해 useContext를 사용했다. 즉, 스토어에서 값을 찾는 것이 아니라 Context.Provider에서 제공된 스토어를 찾게 만드는 것이다. 이제 이 새로운 혹과 Context를 사용하는 예제를 살펴보자.

```
const ContextCounter = () => {
  const id = useId()
```

```
  const [counter, setStore] = useCounterContextSelector(
    useCallback((state: CounterStore) => state.count, []),
  )

  function handleClick() {
    setStore((prev) => ({ ...prev, count: prev.count + 1 }))
  }

  useEffect(() => {
    console.log(`${id} Counter Rendered`)
  })

  return (
    <div>
      {counter} <button onClick={handleClick}>+</button>
    </div>
  )
}

const ContextInput = () => {
  const id = useId()
  const [text, setStore] = useCounterContextSelector(
    useCallback((state: CounterStore) => state.text, []),
  )

  function handleChange(e: ChangeEvent<HTMLInputElement>) {
    setStore((prev) => ({ ...prev, text: e.target.value }))
  }

  useEffect(() => {
    console.log(`${id} Counter Rendered`)
  })

  return (
    <div>
      <input value={text} onChange={handleChange} />
    </div>
  )
}
```

```
export default function App() {
  return (
    <>
      {/* 0 */}
      <ContextCounter />
      {/* hi */}
      <ContextInput />
      <CounterStoreProvider initialState={{ count: 10, text: 'hello' }}>
        {/* 10 */}
        <ContextCounter />
        {/* hello */}
        <ContextInput />
        <CounterStoreProvider initialState={{ count: 20, text: 'welcome' }}>
          {/* 20 */}
          <ContextCounter />
          {/* welcome */}
          <ContextInput />
        </CounterStoreProvider>
      </CounterStoreProvider>
    </>
  )
}
```

먼저 컴포넌트 트리 최상단에 있는 `<ContextCounter />`와 `<ContextInput />`부터 살펴보자. 두 컴포넌트는 부모에 `<CounterStoreProvider />`가 존재하지 않아도 각각 초깃값을 가져오는 것을 볼 수 있다. 그 이유는 CounterStoreContext의 작동 방식 때문이다. 앞서 CounterStoreContext를 만들 때 초깃값을 인수로 넘겨줬는데, 이 인수는 Provider가 없을 경우 사용하게 된다. 즉, Provider가 없는 상황에서는 앞선 스토어 예제와 마찬가지로 전역으로 생성된 스토어를 바라보게 될 것이다.

두 번째 `<ContextCounter />`와 `<ContextInput />`은 {count: 10, text: 'hello'}로 초기화된 CounterStoreProvider 내부에 있다. 따라서 각 컴포넌트는 10, hello를 값으로 가져오게 된다.

마지막 `<ContextCounter />`와 `<ContextInput />`은 앞선 Provider 외에도 또 가까운 Provider를 하나 더 가지고 있는데, 이 Provider는 { count: 20, text: 'welcome' }으로 초기화돼 있다. Context는 가장 가까운 Provider를 참조하므로 여기서 각 컴포넌트는 20, welcome을 값으로 가지게 된다.

이렇게 Context와 Provider를 기반으로 각 store 값을 격리해서 관리했다. 이렇게 작성한 코드는 어떤 장점이 있을까? 먼저 스토어를 사용하는 컴포넌트는 해당 상태가 어느 스토어에서 온 상태인지 신경 쓰지 않아도 된다. 단지 해당 스토어를 기반으로 어떤 값을 보여줄지만 고민하면 되므로 좀 더 편리하게 코드를 작성할 수 있다. 또한 Context와 Provider를 관리하는 부모 컴포넌트의 입장에서는 자신이 자식 컴포넌트에 따라 보여주고 싶은 데이터를 Context로 잘 격리하기만 하면 된다. 이처럼 부모와 자식 컴포넌트의 책임과 역할을 이름이 아닌 명시적인 코드로 나눌 수 있어 코드 작성이 한결 용이해진다.

지금까지 useState와 useReducer가 관리하는 지역 상태가 아닌, 조금 더 넓은 스코프에서 사용할 수 있는 상태 관리를 예제 코드와 함께 만들어 봤다. 다양한 상태 관리 라이브러리가 많이 등장하고 있는 요즘, 실제 상태 관리 라이브러리가 어떤 식으로 작동하고 있는지를 알아보거나, 혹은 직접 상태 관리와 렌더링을 일으킬 수 있는 코드를 고민해 본 적은 많지 않을 것이다. 현재 리액트 생태계에는 많은 상태 관리 라이브러리가 있지만 이것들이 작동하는 방식은 결국 다음과 같이 요약할 수 있다.

- useState, useReducer가 가지고 있는 한계, 컴포넌트 내부에서만 사용할 수 있는 지역 상태라는 점을 극복하기 위해 외부 어딘가에 상태를 둔다. 이는 컴포넌트의 최상단 내지는 상태가 필요한 부모가 될 수도 있고, 혹은 격리된 자바스크립트 스코프 어딘가일 수도 있다.
- 이 외부의 상태 변경을 각자의 방식으로 감지해 컴포넌트의 렌더링을 일으킨다.

위 두 가지를 염두에 두고 코드를 작성하거나 라이브러리를 설치해 본다면 리액트에서의 상태 관리와 렌더링에 대해 좀 더 넓은 시야를 가질 수 있게 될 것이다. 그리고 앞의 예제 상태 관리는 실제 운영 중인 프로젝트에서 사용해 본 경험도 있어 상태 관리 라이브러리를 설치하는 대신에 직접 사용해 보고 싶은 개발자들에게도 추천한다.

## 5.2.4  상태 관리 라이브러리 Recoil, Jotai, Zustand 살펴보기

지금까지 직접 만든 상태 관리 라이브러리에 대해 알아봤으니 이번에는 리액트 생태계에서 많은 개발자들이 사용하고 있는 상태 관리 라이브러리에 대해 알아보고자 한다. 여기서는 비교적 나온 지 오래됐고, 널리 사용되고 있으며, 관련 문서와 유스케이스도 다양한 리덕스와 MobX에 대해서는 다루지 않는다. 그 대신 비교적 최근에 나왔고 앞선 두 라이브러리의 대안으로 각광받고 있는 Recoil, Jotai, Zustand에 대해 살펴보고자 한다.

Recoil과 Jotai는 Context와 Provider, 그리고 훅을 기반으로 가능한 작은 상태를 효율적으로 관리하는 데 초점을 맞추고 있다. 그리고 Zustand는 리덕스와 비슷하게 하나의 큰 스토어를 기반으로 상태를 관리하는 라이브러리다. Recoil, Jotai와는 다르게 이 하나의 큰 스토어는 Context가 아니라 스토어가 가지는 클로저를 기반으로 생성되며, 이 스토어의 상태가 변경되면 이 상태를 구독하고 있는 컴포넌트에 전파해 리렌더링을 알리는 방식이다.

여기서는 실제 세 라이브러리를 어떻게 사용해야 하는지, 또 제공하고 있는 API는 무엇인지 등을 자세히 소개하지 않는다. 그 대신 세 상태 관리 라이브러리가 지향하는 목적은 무엇이고, 라이브러리 내부에서는 어떻게 상태를 관리하며, 나아가 이 상태를 각 컴포넌트로 어떻게 전파해 렌더링을 일으키는지와 같은 핵심적인 요소만 살펴보고자 한다. 세 라이브러리에 대한 자세한 API 및 사용 예제는 각 라이브러리의 홈페이지와 깃허브 저장소를 참고하기 바란다.

## 페이스북이 만든 상태 관리 라이브러리 Recoil

Recoil은 리액트를 만든 페이스북에서 만든 리액트를 위한 상태 관리 라이브러리다. 리액트에서 훅의 개념으로 상태 관리를 시작한 최초의 라이브러리 중 하나이며, 최소 상태 개념인 Atom을 처음 리액트 생태계에서 선보이기도 했다. 2020년 처음 만들어졌지만 깃허브 주소[6]에서도 알 수 있는 것처럼 아직 정식으로 출시한 라이브러리가 아니라 실험적으로 개발되고 운영되는 라이브러리다. 비교적 오랜 시간이 흘렀음에도 여전히 실험 단계인 점, 즉 1.0.0이 배포되지 않아 많은 개발자로 하여금 실제 운영되고 있는 서비스에 Recoil 설치를 머뭇거리게 하고 있다.[7] Recoil 팀에서는 리액트 18에서 제공되는 동시성 렌더링, 서버 컴포넌트, Streaming SSR 등이 지원되기 전까지는 1.0.0을 릴리스하지 않을 것이라고 밝힌 바 있다. 따라서 Recoil은 실제 프로덕션에 사용하기에는 안정성이나 성능, 사용성 등을 보장할 수 없으며, 유의적 버전에 따라 부(minor) 버전이 변경돼도 호환성이 깨지는 변경 사항이 발생할 수도 있는 위험을 안고 있다. 그럼에도 간혹 실제 프로젝트에서 Recoil을 채택해 안정적으로 서비스하고 있다는 이야기도 들려오기 때문에[8] Recoil을 실제 프로덕션에 채택할 것인지는 개발자의 선택에 달려 있다. 비록 정식 출시된 라이브러리는 아니지만 Recoil에서 제공하는 개념과 구현 방식은 여타 라이브러리에도 많은 영향을 끼쳤기 때문에 이번 절에서는 가장 먼저 Recoil을 먼저 살펴보고자 한다.

가장 먼저 Recoil이 어떻게 작동하는지 직접 소스코드를 통해 살펴보자. Recoil의 핵심 API인 `RecoilRoot`, `atom`, `useRecoilValue`, `useRecoilState`를 살펴보고 Recoil에서는 상태값을 어디에 어떻게 저장하고, 또 컴포넌트의 렌더링은 어떻게 발생시키는지 그 원리를 알아보자. (이번 절의 내용은 2022년 9월 기준으로 Recoil 최신 버전인 0.7.5를 기준으로 작성됐다.)

### RecoilRoot

가장 먼저 확인할 것은 `RecoilRoot`다. Recoil을 사용하기 위해서는 `RecoilRoot`를 애플리케이션의 최상단에 선언해 둬야 한다.

---

6　https://github.com/facebookexperimental/Recoil
7　https://github.com/facebookexperimental/Recoil/issues/1495
8　https://www.youtube.com/watch?v=0-UaleJZOw8&ab_channel=FEConfKorea

```
export default function App() {
  return <RecoilRoot>{/* some components */}</RecoilRoot>
}
```

RecoilRoot의 용도는 무엇이길래 최상위 컴포넌트에서 선언해야 하는 것일까? Recoil의 소스코드를 살펴보면 RecoilRoot에서 Recoil에서 생성되는 상태값을 저장하기 위한 스토어를 생성하는 것을 확인할 수 있다. [9]

【코드 5.2】 RecoilRoot 코드

```
function RecoilRoot(props: Props): React.Node {
  const { override, ...propsExceptOverride } = props

  const ancestorStoreRef = useStoreRef()
  if (override === false && ancestorStoreRef.current !== defaultStore) {
    // If ancestorStoreRef.current !== defaultStore, it means that this
    // RecoilRoot is not nested within another.
    return props.children
  }

  return <RecoilRoot_INTERNAL {...propsExceptOverride} />
}
```

여기서 주목할 것은 useStoreRef다. useStoreRef로 ancestorStoreRef의 존재를 확인하는데, 이는 Recoil에서 생성되는 atom과 같은 상태값을 저장하는 스토어를 의미한다. 그리고 이 useStoreRef가 가리키는 것은 다름 아닌 AppContext가 가지고 있는 스토어다. [10]

【코드 5.3】 useStoreRef 코드

```
const AppContext = React.createContext<StoreRef>({ current: defaultStore })
const useStoreRef = (): StoreRef => useContext(AppContext)
```

그리고 스토어의 기본값을 의미하는 defaultStore는 다음과 같다. [11]

---

9  https://github.com/facebookexperimental/Recoil/blob/a0aea0c6075444221bf69b899dd4bb1978af40f6/packages/recoil/core/
   Recoil_RecoilRoot.js#L561–L572, 단축 URL: https://bit.ly/46guoMz
10 https://github.com/facebookexperimental/Recoil/blob/a0aea0c6075444221bf69b899dd4bb1978af40f6/packages/recoil/core/
   Recoil_RecoilRoot.js#L121–L122, 단축 URL: https://bit.ly/48lh0lP
11 https://github.com/facebookexperimental/Recoil/blob/a0aea0c6075444221bf69b899dd4bb1978af40f6/packages/recoil/core/
   Recoil_RecoilRoot.js#L70–L81, 단축 URL: https://bit.ly/46hjRAR

**[코드 5.4]** defaultStore 코드

```
function notInAContext() {
  throw err('This component must be used inside a <RecoilRoot> component.')
}

const defaultStore: Store = Object.freeze({
  storeID: getNextStoreID(),
  getState: notInAContext,
  replaceState: notInAContext,
  getGraph: notInAContext,
  subscribeToTransactions: notInAContext,
  addTransactionMetadata: notInAContext,
})
```

스토어를 살펴보면 크게 다음과 같이 나눠볼 수 있다. 스토어의 아이디 값을 가져올 수 있는 함수인 getNextStoreID()와 스토어의 값을 가져오는 함수인 getState, 값을 수정하는 함수인 replaceState 등으로 이뤄져 있다. 그리고 해당 스토어 아이디를 제외하고는 모두 에러로 처리돼 있는데, 이를 미루어 보아 RecoilRoot로 감싸지 않은 컴포넌트에서는 스토어에 접근할 수 없다는 것을 알 수 있다.

그리고 또 한 가지 흥미로운 것은 replaceState에 대한 구현이다. [12]

**[코드 5.5]** Recoil의 replaceState 코드

```
const replaceState = (replacer: (TreeState) => TreeState) => {
  startNextTreeIfNeeded(storeRef.current)
  // Use replacer to get the next state:
  const nextTree = nullthrows(storeStateRef.current.nextTree)
  let replaced
  try {
    stateReplacerIsBeingExecuted = true
    replaced = replacer(nextTree)
  } finally {
    stateReplacerIsBeingExecuted = false
  }
  if (replaced === nextTree) {
    return
  }
```

---

12 https://github.com/facebookexperimental/Recoil/blob/a0aea0c6075444221bf69b899dd4bb1978af40f6/packages/recoil/core/
Recoil_RecoilRoot.js#L437–L464, 단축 URL: https://bit.ly/3ZLnjkv

```
// ...생략

// Save changes to nextTree and schedule a React update:
storeStateRef.current.nextTree = replaced
if (reactMode().early) {
  notifyComponents(storeRef.current, storeStateRef.current, replaced)
}
// ...
}
```

앞서 직접 구현한 예제와 마찬가지로 상태가 변할 때 이 변경된 상태를 하위 컴포넌트로 전파해 컴포넌트
에 리렌더링을 일으키는 notifyComponents가 있는 것을 확인할 수 있다. 이 notifyComponents의 구조도 살
펴보자.

```
function notifyComponents(
  store: Store,
  storeState: StoreState,
  treeState: TreeState,
): void {
  const dependentNodes = getDownstreamNodes(
    store,
    treeState,
    treeState.dirtyAtoms,
  )
  for (const key of dependentNodes) {
    const comps = storeState.nodeToComponentSubscriptions.get(key)
    if (comps) {
      for (const [_subID, [_debugName, callback]] of comps) {
        callback(treeState)
      }
    }
  }
}
```

notifyComponents는 store, 그리고 상태를 전파할 storeState를 인수로 받아 이 스토어를 사용하고 있는 하
위 의존성을 모두 검색한 다음, 여기에 있는 컴포넌트들을 모두 확인해 콜백을 실행하는 것을 볼 수 있다. 값

이 변경됐을 때 콜백을 실행해 상태 변화를 알린다는 사실은, 앞서 구현해 본 바닐라 스토어와 크게 다르지 않다는 것을 알 수 있다.

지금까지 RecoilRoot의 구조를 대략 파악한 바로 알아볼 수 있는 사실은 다음과 같다.

- Recoil의 상태값은 RecoilRoot로 생성된 Context의 스토어에 저장된다.

- 스토어의 상태값에 접근할 수 있는 함수들이 있으며, 이 함수를 활용해 상태값에 접근하거나 상태값을 변경할 수 있다.

- 값의 변경이 발생하면 이를 참조하고 있는 하위 컴포넌트에 모두 알린다.

## atom

그다음으로 Recoil의 핵심 개념인 atom을 살펴보자. atom은 상태를 나타내는 Recoil의 최소 상태 단위다. atom은 다음과 같은 구조로 선언할 수 있다.

```
type Statement = {
  name: string
  amount: number
}

const InitialStatements: Array<Statement> = [
  { name: '과자', amount: -500 },
  { name: '용돈', amount: 10000 },
  { name: '네이버페이충전', amount: -5000 },
]

// Atom 선언
const statementsAtom = atom<Array<Statement>>({
  key: 'statements',
  default: InitialStatements,
})
```

atom은 key 값을 필수로 가지며, 이 키는 다른 atom과 구별하는 식별자가 되는 필수 값이다. 이 키는 애플리케이션 내부에서 유일한 값이어야 하기 때문에 atom과 selector를 만들 때 반드시 주의를 기울여야 한다. 그리고 default는 atom의 초깃값을 의미한다. 이 atom의 값을 컴포넌트에서 읽어오고 이 값의 변화에 따라 컴포넌트를 리렌더링하려면 다음 두 가지 훅을 사용하면 된다.

## useRecoilValue

useRecoilValue는 atom의 값을 읽어오는 훅이다. 이 훅을 사용하면 다음과 같이 atom의 값을 가져올 수 있다.

```
function Statements() {
  const statements = useRecoilValue(statementsAtom)
  return (
    <>{/* something.. */}</>
    // ...
  )
}
```

이 useRecoilValue 훅은 어떻게 구현돼 있는지 살펴보자.

**【코드 5.6】 useRecoilValue 훅의 구현**

```
// useRecoilValue
function useRecoilValue<T>(recoilValue: RecoilValue<T>): T {
  if (__DEV__) {
    validateRecoilValue(recoilValue, 'useRecoilValue')
  }
  const storeRef = useStoreRef()
  const loadable = useRecoilValueLoadable(recoilValue)
  return handleLoadable(loadable, recoilValue, storeRef)
}

// ...


// useRecoilValueLoadable
function useRecoilValueLoadable_LEGACY<T>(
  recoilValue: RecoilValue<T>,
): Loadable<T> {
  const storeRef = useStoreRef()
  const [, forceUpdate] = useState([])
  const componentName = useComponentName()

  const getLoadable = useCallback(() => {
    if (__DEV__) {
      recoilComponentGetRecoilValueCount_FOR_TESTING.current++
    }
    const store = storeRef.current
```

```
  const storeState = store.getState()
  const treeState = reactMode().early
    ? storeState.nextTree ?? storeState.currentTree
    : storeState.currentTree
  return getRecoilValueAsLoadable(store, recoilValue, treeState)
}, [storeRef, recoilValue])

const loadable = getLoadable()
const prevLoadableRef = useRef(loadable)
useEffect(() => {
  prevLoadableRef.current = loadable
})


useEffect(() => {
  const store = storeRef.current
  const storeState = store.getState()
  // 현재 recoil의 값을 구독하는 함수다.
  const subscription = subscribeToRecoilValue(
    store,
    recoilValue,
    (_state) => {
      if (!gkx('recoil_suppress_rerender_in_callback')) {
        return forceUpdate([])
      }
      const newLoadable = getLoadable()
      // is는 두 객체가 같은지 비교하고, 다르다면 렌더링을 유도한다.
      if (!prevLoadableRef.current?.is(newLoadable)) {
        forceUpdate(newLoadable)
      }
      prevLoadableRef.current = newLoadable
    },
    componentName,
  )

  if (storeState.nextTree) {
    store.getState().queuedComponentCallbacks_DEPRECATED.push(() => {
      prevLoadableRef.current = null
      forceUpdate([])
    })
  } else {
    if (!gkx('recoil_suppress_rerender_in_callback')) {
```

```
      return forceUpdate([])
    }
    const newLoadable = getLoadable()
    // 값을 비교해서 값이 다르다면 forceUpdate를 실행한다.
    if (!prevLoadableRef.current?.is(newLoadable)) {
      forceUpdate(newLoadable)
    }
    prevLoadableRef.current = newLoadable
  }

    // 클린업 함수에 subscribe를 해제하는 함수를 반환한다.
    return subscription.release
  }, [componentName, getLoadable, recoilValue, storeRef])

  return loadable
}
```

useRecoilValue[13]와 useRecoilValueLoadable 코드[14]다. 코드를 직관적으로 이해할 수 있게 useRecoilValue Loadable_LEGACY를 가져왔다.

먼저 getLoadable은 현재 Recoil이 가지고 있는 상태값을 가지고 있는 클래스인 loadable을 반환하는 함수다. 그리고 이 값을 이전값과 비교해 렌더링이 필요한지 확인하기 위해 렌더링을 일으키지 않으면서 값을 저장할 수 있는 ref에 매번 저장하는 것을 볼 수 있다.

그리고 useEffect를 통해 recoilValue가 변경됐을 때 forceUpdate를 호출해 렌더링을 강제로 일으킨다. forceUpdate는 말 그대로 렌더링을 강제로 실행시키기 위한 함수다. 단순히 useState의 두 번째 인수로, useState 값을 사용하기 위함이 아닌 말 그대로 렌더링만 발생시키기 위해 실행하는 것을 확인할 수 있다. 이 외에도 코드 중간중간 Recoil에서 넣은 최적화 코드들이 보이지만 '외부의 값을 구독해 렌더링을 강제로 일으킨다'라는 원리는 이전 예제와 동일한 것을 알 수 있다.

### useRecoilState

useRecoilValue는 단순히 atom의 값을 가져오기 위한 훅이었다면 useRecoilState는 좀 더 useState와 유사하게 값을 가져오고, 또 이 값을 변경할 수도 있는 훅이다. useRecoilState를 살펴보자.[15]

---

13 https://github.com/facebookexperimental/Recoil/blob/a0aea0c6075444221bf69b899dd4bb1978af40f6/packages/recoil/hooks/
Recoil_Hooks.js#L602-L615, 단축 URL: https://bit.ly/3Lt1Res
14 https://github.com/facebookexperimental/Recoil/blob/a0aea0c6075444221bf69b899dd4bb1978af40f6/packages/recoil/hooks/
Recoil_Hooks.js#L500-L580, 단축 URL: https://bit.ly/44XRLZH
15 https://github.com/facebookexperimental/Recoil/blob/a0aea0c6075444221bf69b899dd4bb1978af40f6/packages/recoil/hooks/
Recoil_Hooks.js#L647-L661, 단축 URL: https://bit.ly/45Weg2y

**[코드 5.7]** useRecoilState

```
// useRecoilState
function useRecoilState<T>(
  recoilState: RecoilState<T>,
): [T, SetterOrUpdater<T>] {
  if (__DEV__) {
    validateRecoilValue(recoilState, 'useRecoilState')
  }
  return [useRecoilValue(recoilState), useSetRecoilState(recoilState)]
}

// ...
```

먼저 useRecoilState는 useState와 매우 유사한 구조로 작성돼 있음을 알 수 있다. 먼저 현재 값을 가져오기 위해 이전에 작성한 훅인 useRecoilValue를 그대로 사용하고 있으며, 상태를 설정하는 훅으로 useSetRecoilState 훅을 사용하고 있다. 이 훅은 내부에서 먼저 스토어를 가져온 다음에 setRecoilValue를 호출해 값을 업데이트하고 있다.[16]

**[코드 5.8]** useSetRecoilState

```
// useSetRecoilState
/**
  Returns a function that allows the value of a RecoilState to be updated, but does
  not subscribe the component to changes to that RecoilState.
*/
function useSetRecoilState<T>(recoilState: RecoilState<T>): SetterOrUpdater<T> {
  if (__DEV__) {
    validateRecoilValue(recoilState, 'useSetRecoilState')
  }
  const storeRef = useStoreRef()
  return useCallback(
    (newValueOrUpdater: ((T) => T | DefaultValue) | T | DefaultValue) => {
      setRecoilValue(storeRef.current, recoilState, newValueOrUpdater)
    },
    [storeRef, recoilState],
  )
}
```

---

16 https://github.com/facebookexperimental/Recoil/blob/a0aea0c6075444221bf69b899dd4bb1978af40f6/packages/recoil/hooks/
Recoil_Hooks.js#L617–L632, 단축 URL: https://bit.ly/3t3zGfB

```
// ...
```

setRecoilValue 내부에서는 queueOrPerformStateUpdate 함수를 호출해 상태를 업데이트하거나 업데이트가 필요한 내용을 등록하는 것을 확인할 수 있다.

【코드 5.9】 setRecoilValue

```
// setRecoilValue
function setRecoilValue<T>(
  store: Store,
  recoilValue: AbstractRecoilValue<T>,
  valueOrUpdater: T | DefaultValue | ((T) => T | DefaultValue),
): void {
  queueOrPerformStateUpdate(store, {
    type: 'set',
    recoilValue,
    valueOrUpdater,
  })
}
```

지금까지 간단하게 Recoil을 살펴본 바를 종합하면 다음과 같이 요약할 수 있다. 먼저 애플리케이션의 최상단에 <RecoilRoot/>를 선언해 하나의 스토어를 만들고, atom이라는 상태 단위를 <RecoilRoot/>에서 만든 스토어에 등록한다. atom은 Recoil에서 관리하는 작은 상태 단위이며, 각 값은 고유한 값인 key를 바탕으로 구별된다. 그리고 컴포넌트는 Recoil에서 제공하는 훅을 통해 atom의 상태 변화를 구독(subscribe)하고, 값이 변경되면 forceUpdate 같은 기법을 통해 리렌더링을 실행해 최신 atom 값을 가져오게 된다.

### 간단한 사용법

지금까지 API를 살펴본 내용을 바탕으로, 간단하게 Recoil을 사용하는 코드를 작성해 보자.

```
const counterState = atom({
  key: 'counterState',
  default: 0,
})

function Counter() {
  const [, setCount] = useRecoilState(counterState)
```

```
function handleButtonClick() {
  setCount((count) => count + 1)
}

return (
  <>
    <button onClick={handleButtonClick}>+</button>
  </>
)
}

// atom을 기반으로 또 다른 상태를 만들 수 있다.
const isBiggerThan10 = selector({
  key: 'above10State',
  get: ({ get }) => {
    return get(counterState) >= 10
  },
})

function Count() {
  const count = useRecoilValue(counterState)
  const biggerThan10 = useRecoilValue(isBiggerThan10)

  return (
    <>
      <h3>{count}</h3>
      <p>count is bigger than 10: {JSON.stringify(biggerThan10)}</p>
    </>
  )
}

export default function App() {
  return (
    <RecoilRoot>
      <Counter />
      <Count />
    </RecoilRoot>
  )
}
```

앞서 설명한 API 외에 `selector`라는 함수를 사용한 것을 볼 수 있다. `selector`는 한 개 이상의 `atom` 값을 바탕으로 새로운 값을 조립할 수 있는 API로, `useStoreSelector`와 유사한 역할을 수행하는 것을 확인할 수 있다.

이 외에도 `atom`에 비동기 작업도 추가할 수 있으며, `useRecoilStateLoadable`, `waitForAll`, `waitForAny`, `waitForAllSettled`와 같이 강력한 비동기 작업을 지원하기 위한 API도 지원한다.

### 특징

지금까지 간략하게 Recoil을 어떻게 사용하는지 살펴봤다. Recoil은 메타(페이스북) 팀에서 주도적으로 개발하고 있기 때문에 앞으로도 리액트에서 새롭게 만들어지는 기능을 그 어떤 다른 라이브러리보다 잘 지원할 것으로 기대된다. 실제로도 리액트 18에서 새롭게 추가된 기능들을 Recoil에서도 확실하게 지원하고 있으며, 이를 토대로 서버 컴포넌트와 같이 추가적인 API나 기능도 잘 대응해 주리라고 기대해도 좋을 것이다. 또한 `selector`를 필두로 다양한 비동기 작업을 지원하는 API를 제공하고 있기 때문에 리덕스와 달리 redux-saga나 redux-thunk 등 추가적인 미들웨어를 사용하지 않더라도 비동기 작업을 수월하게 처리할 수 있다. 그리고 리액트와 비슷하게 Recoil에서도 자체적인 개발 도구를 지원해[17] Recoil을 기반으로 개발하는 데 많은 도움을 얻을 수 있다.

Recoil에서 한 가지 불확실한 점은 앞서도 언급했던 것처럼 정식 버전인 1.0.0의 출시 시점이다. 0.x.x 버전은 다른 주 버전과 다르게 부 버전이 변경돼도 호환성이 깨지는 변경 사항이 발생할 수 있는 초기 버전으로 간주되어 라이브러리를 사용할 때에 추가적인 주의가 필요하다.[18] 이는 안정적인 서비스를 만들고자 하는 개발자들에게 Recoil을 선뜻 채택하기 어렵게 만드는 큰 걸림돌이 되고 있다. 특히 상태 관리 라이브러리는 애플리케이션의 비즈니스 로직에 아주 깊숙하게 관여됐을 가능성이 크기 때문에 호환성이 깨지는 사소한 변경 사항이라도 개발자 입장에서 큰 부담이 될 수 있다. 얼마 전에 오랜 0.x 버전을 깨고 정식 릴리스한 Axios처럼 Recoil도 조만간 라이브러리 설계를 마무리 짓고 1.0.0을 릴리스할 날이 오기를 바란다.

### Recoil에서 영감을 받은, 그러나 조금 더 유연한 Jotai

Jotai는 공식 홈페이지에도 나와있는 것처럼, Recoil의 `atom` 모델에 영감을 받아 만들어진 상태 관리 라이브러리다. Jotai는 상향식(bottom-up) 접근법을 취하고 있다고 나와 있는데 이는 리덕스와 같이 하나의 큰 상태를 애플리케이션에 내려주는 방식이 아니라, 작은 단위의 상태를 위로 전파할 수 있는 구조를 취하고 있음을 의미한다. 또한 앞서 언급했던 리액트 Context의 문제점인 불필요한 리렌더링이 일어난다는 문제를 해결하고자 설계돼 있으며, 추가적으로 개발자들이 메모이제이션이나 최적화를 거치지 않아도 리렌더링이 발생

---

[17] https://recoiljs.org/ko/docs/guides/dev-tools/
[18] https://semver.org/#spec-item-4

되지 않도록 설계돼 있다. Recoil과 동일하게, Jotai를 구성하는 주요 API를 살펴보고 어떤 방식으로 상태 관리를 하고 있는지 알아보자. (이번 절에서 다루는 내용은 2022년 9월 기준으로 Jotai의 최신 버전인 1.8.3을 기준으로 한다.)

## atom

Recoil에서 영감을 받았다고 언급한 것처럼 Jotai에도 atom 개념이 존재한다. atom은 Recoil과 마찬가지로 최소 단위의 상태를 의미한다. Recoil과는 다르게, atom 하나만으로도 상태를 만들 수도, 또 이에 파생된 상태를 만들 수도 있다. atom이 최소한의 상태 단위라는 것까지는 동일하지만 atom 하나로 파생된 상태까지 만들 수 있다는 점에서 차이가 있다.

먼저 atom을 만들어보자.

```
const counterAtom = atom(0)
```

이렇게 만든 textAtom에는 다음과 같은 정보가 담긴다.

```
console.log(counterAtom)
// ...
// {
//   init: 0,
//   read: (get) => get(config),
//   write: (get, set, update) =>
//       set(config, typeof update === 'function' ? update(get(config)) : update)
// }
```

이 atom은 어떤 구조를 가지고 있을까? Jotai의 내부 atom 구현을 살펴보자.[19]

**[코드 5.10]** Jotai의 atom 코드

```
export function atom<Value, Update, Result extends void | Promise<void>>(
  read: Value | Read<Value>,
  write?: Write<Update, Result>,
) {
  const key = `atom${++keyCount}`
  const config = {
    toString: () => key,
```

---

**19** https://github.com/pmndrs/jotai/blob/476a3f24cb417257d47c319c155b76198a4f9593/src/core/atom.ts#L104–L124, 단축 URL: https://bit.ly/46kYo9H

```
    } as WritableAtom<Value, Update, Result> & { init?: Value }
  if (typeof read === 'function') {
    config.read = read as Read<Value>
  } else {
    config.init = read
    config.read = (get) => get(config)
    config.write = (get, set, update) =>
      set(config, typeof update === 'function' ? update(get(config)) : update)
  }
  if (write) {
    config.write = write
  }
  return config
}
```

atom이라는 이름과 개념적인 원리는 Recoil에서 받았지만 구현 자체에는 약간의 차이가 있음을 확인할 수 있다. 먼저 각 atom을 생성할 때마다 고유한 key를 필요로 했던 Recoil과는 다르게, Jotai는 atom을 생성할 때 별도의 key를 넘겨주지 않아도 된다. atom 내부에는 key라는 변수가 존재하긴 하지만 외부에서 받는 값은 아니며 단순히 toString()을 위한 용도로 한정돼 있다. 그리고 config라는 객체를 반환하는데, 이 config에는 초깃값을 의미하는 init, 값을 가져오는 read, 값을 설정하는 write만 존재한다. 즉, Jotai에서의 atom에 따로 상태를 저장하고 있지 않다. 그렇다면 이 상태는 어디에 저장해 두는 것일까? 그 해답은 useAtomValue에 있다.

## useAtomValue

다음은 Jotai의 useAtomValue 구현이다.[20]

【코드 5.11】 Jotai의 useAtomValue 구현

```
export function useAtomValue<Value>(
  atom: Atom<Value>,
  scope?: Scope,
): Awaited<Value> {
  const ScopeContext = getScopeContext(scope)
  const scopeContainer = useContext(ScopeContext)
  const { s: store, v: versionFromProvider } = scopeContainer

  const getAtomValue = (version?: VersionObject) => {
```

---

20 https://github.com/pmndrs/jotai/blob/476a3f24cb417257d47c319c155b76198a4f9593/src/core/useAtomValue.ts#L8–L86, 단축 URL: https://bit.ly/3LR7hjn

```
  const atomState = store[READ_ATOM](atom, version)
  // ...
}


// Pull the atoms's state from the store into React state.
const [[version, valueFromReducer, atomFromReducer], rerenderIfChanged] =
  useReducer<
    Reducer<
      readonly [VersionObject | undefined, Awaited<Value>, Atom<Value>],
      VersionObject | undefined
    >,
    VersionObject | undefined
  >(
    (prev, nextVersion) => {
      const nextValue = getAtomValue(nextVersion)
      if (Object.is(prev[1], nextValue) && prev[2] === atom) {
        return prev // bail out
      }
      return [nextVersion, nextValue, atom]
    },
    versionFromProvider,
    (initialVersion) => {
      const initialValue = getAtomValue(initialVersion)
      return [initialVersion, initialValue, atom]
    }
  )

let value = valueFromReducer
if (atomFromReducer !== atom) {
  rerenderIfChanged(version)
  value = getAtomValue(version)
}

useEffect(() => {
  const { v: versionFromProvider } = scopeContainer
  if (versionFromProvider) {
    store[COMMIT_ATOM](atom, versionFromProvider)
  }

  const unsubscribe = store[SUBSCRIBE_ATOM](
    atom,
    rerenderIfChanged,
    versionFromProvider,
```

```
    )
    rerenderIfChanged(versionFromProvider)
    return unsubscribe
  }, [store, atom, scopeContainer])

  // ...
  return value
}
```

여기서 눈여겨봐야 할 것은 useReducer다. useReducer에서 반환하는 상태값은 3가지로 [version, valueFromReducer, atomFromReducer]인데, 첫 번째는 store의 버전, 두 번째는 atom에서 get을 수행했을 때 반환되는 값, 세 번째는 atom 그 자체를 의미한다. Recoil과는 다르게, 컴포넌트 루트 레벨에서 Context가 존재하지 않아도 되는데, Context가 없다면 앞선 예제에서처럼 Provider가 없는 형태로 기본 스토어를 루트에 생성하고 이를 활용해 값을 저장하기 때문이다. 물론 Jotai에서 export하는 Provider를 사용한다면 앞선 예제에서 여러 개의 Provider를 관리했던 것처럼 각 Provider별로 다른 atom 값을 관리할 수도 있다.

그리고 이 atom의 값은 store에 존재한다는 것을 알 수 있다. store에 atom 객체 그 자체를 키로 활용해 값을 저장한다. 이러한 방식을 위해 WeakMap이라고 하는, 자바스크립트에서 객체만을 키로 가질 수 있는 독특한 방식의 Map을 활용해 recoil과는 다르게 별도의 key를 받지 않아도 스토어에 값을 저장할 수 있다.

마지막으로 눈여겨봐야 할 것은 리렌더링을 일으키기 위해 사용하는 rerenderIfChanged다. rerenderIfChanged가 일어나는 경우는 첫째, 넘겨받은 atom이 Reducer를 통해 스토어에 있는 atom과 달라지는 경우, 둘째 앞선 예제에서 구현해 본 것처럼 subscribe를 수행하고 있다가 어디선가 이 값이 달라지는 경우다. 이러한 로직 덕분에 atom의 값이 어디서 변경되더라도 useAtomValue로 값을 사용하는 쪽에서는 언제든 최신 값의 atom을 사용해 렌더링할 수 있게 된다.

### useAtom

useAtom은 useState와 동일한 형태의 배열을 반환한다. 첫 번째로는 atom의 현재 값을 나타내는 useAtomValue 혹의 결과를 반환하며, 두 번째로는 useSetAtom 혹을 반환하는데, 이 혹은 atom을 수정할 수 있는 기능을 제공한다.[21]

【코드 5.12】 Jotai의 useAtom 구현

```
export function useSetAtom<Value, Update, Result extends void | Promise<void>>(
  atom: WritableAtom<Value, Update, Result>,
  scope?: Scope,
```

---

21 https://github.com/pmndrs/jotai/blob/476a3f24cb417257d47c319c155b76198a4f9593/src/core/useAtom.ts#L15-L30, 단축 URL: https://bit.ly/3PlKmYD

```
): SetAtom<Update, Result> {
  const ScopeContext = getScopeContext(scope)
  const { s: store, w: versionedWrite } = useContext(ScopeContext)
  const setAtom = useCallback(
    (update: Update) => {
      // ...
      const write = (version?: VersionObject) =>
        store[WRITE_ATOM](atom, update, version)
      return versionedWrite ? versionedWrite(write) : write()
    },
    [store, versionedWrite, atom],
  )
  return setAtom as SetAtom<Update, Result>
}
```

setAtom으로 명명돼 있는 콜백 함수 내부에서 사용하고 있는 write 함수를 살펴보면, write 함수는 스토어에서 해당 atom을 찾아 직접 값을 업데이트하는 것을 볼 수 있다. 그리고 스토어에서 새로운 값을 작성한 이후에는 해당 값의 변화에 대해 알고 있어야 하는 listener 함수를 실행해 값의 변화가 있음을 전파하고, 사용하는 쪽에서 리렌더링이 수행되게 한다.

## 간단한 사용법

다음 코드는 Jotai에서 간단한 상태를 선언하고, 만들어진 상태로부터 파생된 상태를 사용하는 예제다.

```
import { atom, useAtom, useAtomValue } from 'jotai'

const counterState = atom(0)

function Counter() {
  const [, setCount] = useAtom(counterState)

  function handleButtonClick() {
    setCount((count) => count + 1)
  }

  return (
    <>
      <button onClick={handleButtonClick}>+</button>
    </>
  )
```

```
}

const isBiggerThan10 = atom((get) => get(counterState) > 10)

function Count() {
  const count = useAtomValue(counterState)
  const biggerThan10 = useAtomValue(isBiggerThan10)

  return (
    <>
      <h3>{count}</h3>
      <p>count is bigger than 10: {JSON.stringify(biggerThan10)}</p>
    </>
  )
}

export default function App() {
  return (
    <>
      <Counter />
      <Count />
    </>
  )
}
```

먼저 Jotai에서 상태를 선언하기 위해서는 atom이라는 API를 사용하는데, 이 API는 리액트의 useState와는 다르게 컴포넌트 외부에서도 선언할 수 있다는 장점이 있다. 또한 atom은 값뿐만 아니라 함수를 인수로 받을 수 있는데, 이러한 특징을 활용해 다른 atom의 값으로부터 파생된 atom을 만들 수도 있다. 그리고 이 atom은 컴포넌트 내부에서 useAtom을 활용해 useState와 비슷하게 사용하거나 useAtomValue를 통해 getter만 가져올 수 있다. 이렇게 기본적인 API 외에도 localStorage와 연동해 영구적으로 데이터를 저장하거나, Next.js, 리액트 네이티브와 연동하는 등 상태와 관련된 다양한 작업을 Jotai에서 지원한다.

### 특징

아무래도 라이브러리의 태생 자체가 Recoil에서 많은 영감을 받은 만큼, Recoil과 유사한 면이 많이 보임과 동시에 Recoil이 가지고 있는 몇 가지 한계점을 극복하기 위한 노력이 엿보인다.

가장 먼저 Recoil의 atom 개념을 도입하면서도 API가 간결하다는 점을 꼽을 수 있다. Recoil의 atom에서는 각 상태값이 모두 별도의 키를 필요로 하기 때문에 이 키를 별도로 관리해야 하는데, Jotai는 이러한 부분을 추상화해 사용자가 키를 관리할 필요가 없다. Jotai가 별도의 문자열 키가 없이도 각 값들을 관리할 수 있는 것은 객체의 참조를 통해 값을 관리하기 때문이다. 객체의 참조를 WeakMap에 보관해 해당 객체 자체가 변경되지 않는 한 별도의 키가 없이도 객체의 참조를 통해 값을 관리할 수 있다.

그리고 Recoil에서는 atom에서 파생된 값을 만들기 위해서는 selector가 필요했지만, Jotai에서는 selector가 없이도 atom만으로 atom 값에서 또 다른 파생된 상태를 만들 수 있다. 이는 Recoil에 비해 간결하다고 볼 수 있다.

Jotai 자체도 여타 다른 라이브러리와 마찬가지로 타입스크립트로 작성돼 있어 타입을 잘 지원하고 있으며, 이는 Flow로 작성되어 별도로 d.ts를 제공하는 Recoil 대비 장점으로 볼 수 있다.

마지막으로, Jotai 또한 리액트 18의 변경된 API를 원활하게 지원하며, 현재 v2.x 버전까지 정식으로 출시돼 있어 실제 서비스하는 애플리케이션에서도 무리 없이 사용할 수 있을 것으로 보인다.

이러한 Recoil 대비 여러 가지 장점으로 인해 Recoil의 atom 형태의 상태 관리를 선호하지만, 아직 정식 버전이 출시되지 않아 사용이 망설여지는 많은 개발자들이 Jotai를 채택해 개발하고 있다.

## 작고 빠르며 확장에도 유연한 Zustand

Jotai가 Recoil의 영감을 받아 만들어졌다면, Zustand는 리덕스에 영감을 받아 만들어졌다. 즉, atom이라는 개념으로 최소 단위의 상태를 관리하는 것이 아니라 Zustand에서는 하나의 스토어를 중앙 집중형으로 활용해 이 스토어 내부에서 상태를 관리하고 있다. 따라서 Zustand를 이해하려면 하나의 큰 스토어가 어떻게 만들어지는지를 먼저 살펴봐야 한다. 스토어를 시작으로, 각 상태값을 어떻게 참조하는지, 또 리렌더링은 어떻게 유도하는지 알아보자. (이번 절의 내용은 2022년 9월 기준으로 Zustand의 최신 버전인 4.1.1을 기준으로 한다).

### Zustand의 바닐라 코드

먼저 Zustand에서 스토어를 만드는 코드를 살펴보자.[22]

【코드 5.13】 Zustand의 스토어 코드

```
const createStoreImpl: CreateStoreImpl = (createState) => {
  type TState = ReturnType<typeof createState>
  type Listener = (state: TState, prevState: TState) => void
  let state: TState
  const listeners: Set<Listener> = new Set()
```

---

22 https://github.com/pmndrs/zustand/blob/eea3944499883eae1cf168770ed85c05afc2aae9/src/vanilla.ts#L62-L101, 단축 URL: https://bit.ly/3PryRVA

```
const setState: SetStateInternal<TState> = (partial, replace) => {
  // ...
  const nextState =
    typeof partial === 'function'
      ? (partial as (state: TState) => TState)(state)
      : partial
  if (nextState !== state) {
    const previousState = state
    state =
      replace ?? typeof nextState !== 'object'
        ? (nextState as TState)
        : Object.assign({}, state, nextState)
    listeners.forEach((listener) => listener(state, previousState))
  }
}


const getState: () => TState = () => state

const subscribe: (listener: Listener) => () => void = (listener) => {
  listeners.add(listener)
  // Unsubscribe
  return () => listeners.delete(listener)
}

const destroy: () => void = () => listeners.clear()
const api = { setState, getState, subscribe, destroy }
state = (createState as PopArgument<typeof createState>)(
  setState,
  getState,
  api,
)
  return api as any
}
```

스토어의 구조가 앞서 5.2.2절에서 만들어본 스토어와 유사하게 state의 값을 useState 외부에서 관리하는 것을 볼 수 있다. state라고 하는 변수가 바로 스토어의 상태값을 담아두는 곳이며, setState는 이 state 값을 변경하는 용도로 만들어졌다. 한 가지 특이한 것은 partial과 replace로 나눠져 있다는 것인데, partial은 state의 일부분만 변경하고 싶을 때 사용하고, replace는 state를 완전히 새로운 값으로 변경하고 싶을 때 사용한다. 이로써 state의 값이 객체일 때 필요에 따라 나눠서 사용할 수 있을 것으로 보인다.

getState는 클로저의 최신 값을 가져오기 위해 함수로 만들어져 있다. subscribe는 listener를 등록하는데, listener는 마찬가지로 Set 형태로 선언되어 추가와 삭제, 그리고 중복 관리가 용이하게끔 설계돼 있다.즉, 상태값이 변경될 때 리렌더링이 필요한 컴포넌트에 전파될 목적으로 만들어졌음을 알 수 있다. destroy는 listeners를 초기화하는 역할을 한다. createStore는 이렇게 만들어진 getState, setState, subscribe, destroy를 반환하고 있다. 매우 간단하다.

이 스토어 코드가 있는 파일을 들어가서 유심히 살펴보면 재밌는 사실 몇 가지를 발견할 수 있다. 이 파일은 ./src/vanilla.ts인데, 이 파일에서 export하는 유일한 함수 및 변수는 바로 이 createStore이며, 그 외에는 모두 이 createStore를 이용하는 데 필요한 타입뿐이다. 그리고 또 하나 특이한 점은 그 어떤 것도 import하고 있지 않다는 사실인데, 즉 이 store는 리액트를 비롯한 그 어떤 프레임워크와는 별개로 완전히 독립적으로 구성돼 있다는 것을 의미한다. 따라서 이 store 파일의 이름처럼, 순수하게 자바스크립트 환경에서도 사용할 수 있다.

```ts
type CounterStore = {
  count: number
  increase: (num: number) => void
}

const store = createStore<CounterStore>((set) => ({
  count: 0,
  increase: (num: number) => set((state) => ({ count: state.count + num })),
}))

store.subscribe((state, prev) => {
  if (state.count !== prev.count) {
    console.log('count has been changed', state.count)
  }
})

store.setState((state) => ({ count: state.count + 1 }))

store.getState().increase(10)
```

한 가지 눈여겨볼 것은 createStore로 스토어를 만들 때 set이라는 인수를 활용해 생성할 수 있다는 것이다. 이는 앞선 Zustand의 createStore 예제 코드에서 살펴볼 수 있는 것처럼 state를 생성할 때 setState, getState, api를 인수로 넘겨줬기 때문에 가능하다. set을 통해 현재 스토어의 값을 재정의할 수도 있고, 두 번째 인수로 get을 추가해 현재 스토어의 값을 받아올 수도 있다.

이렇게 생성된 스토어는 getState와 setState를 통해 현재 스토어의 값을 받아오거나 재정의할 수 있다. 또한 subscribe를 통해 스토어의 값이 변경될 때마다 특정 함수를 실행할 수도 있다. 이 subscribe는 현재 값과 이전 값 둘 다 확인할 수 있으므로 특정 값이 변경될 때만 실행되게끔 최적화할 수도 있다.

## Zustand의 리액트 코드

바닐라 자바스크립트에서 Zustand를 사용하는 것도 좋지만 Zustand를 리액트에서 사용하기 위해서는 어디선가 store를 읽고 리렌더링을 해야 한다. Zustand 스토어를 리액트에서 사용할 수 있도록 도와주는 함수들은 ./src/react.ts에서 관리되고 있다. 타입을 제외하고 여기에서 export하는 함수는 바로 useStore와 create다. 먼저 useStore를 살펴보자.[23]

【코드 5.14】 Zustand의 useStore 구현

```
export function useStore<TState, StateSlice>(
  api: WithReact<StoreApi<TState>>,
  selector: (state: TState) => StateSlice = api.getState as any,
  equalityFn?: (a: StateSlice, b: StateSlice) => boolean,
) {
  const slice = useSyncExternalStoreWithSelector(
    api.subscribe,
    api.getState,
    api.getServerState || api.getState,
    selector,
    equalityFn,
  )
  useDebugValue(slice)
  return slice
}
```

useStore 코드 또한 매우 간결하다. useSyncExternalStoreWithSelector를 사용해서 앞선 useStore의 subscribe, getState를 넘겨주고, 스토어에서 선택을 원하는 state를 고르는 함수인 selector를 넘겨주고 끝난다. useSyncExternalStoreWithSelector는 useSyncExternalStore와 완전히 동일하지만 원하는 값을 가져올 수 있는 selector와 동등 비교를 할 수 있는 equalityFn 함수를 받는다는 차이가 있다. 즉, 객체가 예상되는 외부 상태값에서 일부 값을 꺼내올 수 있도록 useSyncExternalStoreWithSelector를 사용했다.

---

23 https://github.com/pmndrs/zustand/blob/eea3944499883eae1cf168770ed85c05afc2aae9/src/react.ts#L33-L47. 단축 URL: https://bit.ly/45ehmxK

useSyncExternalStore는 리액트 18에서 새롭게 만들어진 훅으로, 리액트 외부에서 관리되는 상태값을 리액트에서 사용할 수 있도록 도와준다. 이 훅에 대한 자세한 설명은 10.2절 '리액트 18 버전 살펴보기'에서 다룬다.

또 한 가지, ./src/react.ts에서 export하는 변수는 바로 create인데, 이는 리액트에서 사용할 수 있는 스토어를 만들어주는 변수다.

```ts
const createImpl = <T>(createState: StateCreator<T, [], []>) => {
  const api =
    typeof createState === 'function' ? createStore(createState) : createState

  const useBoundStore: any = (selector?: any, equalityFn?: any) =>
    useStore(api, selector, equalityFn)

  Object.assign(useBoundStore, api)

  return useBoundStore
}

const create = (<T>(createState: StateCreator<T, [], []> | undefined) =>
  createState ? createImpl(createState) : createImpl) as Create

export default create
```

리액트의 create는 바닐라의 createStore를 기반으로 만들어졌기 때문에 거의 유사하다고 볼 수 있다. 다만 차이점은 useStore를 사용해 해당 스토어가 즉시 리액트 컴포넌트에서 사용할 수 있도록 만들어졌다는 것이다. 또한 useBoundStore에 api를 Object.assign으로 복사했는데, 이는 useBoundStore에 api의 모든 함수를 복사해서 api도 동일하게 사용할 수 있게 제공했다.

이러한 간결한 구조 덕분에 리액트 환경에서도 스토어를 생성하고 사용하기가 매우 쉽다.

```ts
interface Store {
  count: number
  text: string
  increase: (count: number) => void
  setText: (text: string) => void
}

const store = createStore<Store>((set) => ({
```

```
    count: 0,
    text: '',
    increase: (num) => set((state) => ({ count: state.count + num })),
    setText: (text) => set({ text }),
  }))

  const counterSelector = ({ count, increase }: Store) => ({
    count,
    increase,
  })

  function Counter() {
    const { count, increase } = useStore(store, counterSelector)

    function handleClick() {
      increase(1)
    }

    return (
      <>
        <h3>{count}</h3>
        <button onClick={handleClick}>+</button>
      </>
    )
  }

  const inputSelector = ({ text, setText }: Store) => ({
    text,
    setText,
  })

  function Input() {
    const { text, setText } = useStore(store, inputSelector)

    useEffect(() => {
      console.log('Input Changed')
    })

    function handleChange(e: ChangeEvent<HTMLInputElement>) {
      setText(e.target.value)
```

```
  }

  return (
    <div>
      <input value={text} onChange={handleChange} />
    </div>
  )
}
```

스토어 생성 자체는 앞선 예제와 동일하다. 그리고 useStore를 사용하면 이 스토어를 리액트에서 사용할 수 있게 된다. 물론 create를 사용해 스토어를 만들면 useStore를 굳이 사용하지 않더라도 바로 사용할 수 있다.

### 간단한 사용법

Zustand로 간단하게 스토어를 만들어보고, 이를 사용하는 방법을 알아보자. 리액트에서 Zustand를 사용한다고 가정하고, 다음과 같이 코드를 작성한다.

```
import { create } from 'zustand'

const useCounterStore = create((set) => ({
  count: 1,
  inc: () => set((state) => ({ count: state.count + 1 })),
  dec: () => set((state) => ({ count: state.count - 1 })),
}))

function Counter() {
  const { count, inc, dec } = useCounterStore()
  return (
    <div class="counter">
      <span>{count}</span>
      <button onClick={inc}>up</button>
      <button onClick={dec}>down</button>
    </div>
  )
}
```

예제에서는 Zustand의 create를 사용해 스토어를 만들고, 반환 값으로 이 스토어를 컴포넌트 내부에서 사용할 수 있는 훅을 받았다. 그리고 이 훅을 사용하면 스토어 내부에 있는 getter와 setter 모두에 접근해 사용할 수 있게 된다.

또, 리액트 컴포넌트 외부에 store를 만드는 것도 가능하다. 다음 예제를 보자.

```
import { createStore, useStore } from 'zustand'

const counterStore = createStore((set) => ({
  count: 1,
  inc: () => set((state) => ({ count: state.count + 1 })),
  dec: () => set((state) => ({ count: state.count - 1 })),
}))

function Counter() {
  const { count, inc, dec } = useStore(counterStore)

  return (
    <div>
      <span>{count}</span>
      <button onClick={inc}>up</button>
      <button onClick={dec}>down</button>
    </div>
  )
}
```

createStore를 사용하면 리액트와 상관없는 바닐라 스토어를 만들 수 있으며, 이 바닐라 스토어는 useStore 훅을 통해 접근해 리액트 컴포넌트 내부에서 사용할 수 있게 된다.

## 특징

앞서 살펴본 예제와 더불어 Zustand의 특징을 정리해 보자. 먼저 Zustand는 특별히 많은 코드를 작성하지 않아도 빠르게 스토어를 만들고 사용할 수 있다는 큰 장점이 있다. 스토어를 만들고 이 스토어에 파생된 값을 만드는 데 단 몇 줄의 코드면 충분하다. 이는 리덕스 대비 확실히 구별되는 특징으로 볼 수 있으며, 간단하고 빠르게 상태를 정의할 수 있어 상태를 관리하는 입장에서 한결 가볍고 편리하다. 이 가볍게 쓸 수 있다는 장점을 만들어 주는 것은 Zustand 자체의 라이브러리 크기도 한몫한다. Bundlephobia 기준으로 79.1kB인 Recoil, 13.1kB인 Jotai와 다르게 Zustand는 고작 2.9kB밖에 되지 않는다.[24] 작은 크기 답게, 내부 코드 역시 초보자들이 보기에도 간단하게 작성돼 있다. 즉, API가 복잡하지 않고 사용이 간단해 쉽게 접근할 수 있는 상태 관리 라이브러리로 Zustand를 손꼽을 수 있다.

---

24 recoil: https://bundlephobia.com/package/recoil@0.7.6, jotai: https://bundlephobia.com/package/jotai@1.13.1, zustand: https://bundlephobia.com/package/zustand@4.3.2

그리고 Jotai와 마찬가지로 타입스크립트 기반으로 작성돼 있기 때문에 별도로 @types를 설치하거나 임의로 작성된 d.ts에 대한 우려 없이 타입스크립트를 자연스럽게 쓸 수 있다.

또한 Zustand는 리덕스와 마찬가지로 미들웨어를 지원한다. create의 두 번째 인수로 원하는 미들웨어를 추가하면 되는데, 스토어 데이터를 영구히 보존할 수 있는 persist, 복잡한 객체를 관리하기 쉽게 도와주는 immer, 리덕스와 함께 사용할 수 있는 리덕스 미들웨어 등 여러 가지 미들웨어를 제공해 필요한 미들웨어를 사용할 수 있게 도와준다. 이 미들웨어를 사용하면 상태를 sessionStorage에 추가로 저장하는 등의 기본적인 상태 관리 작동 외에 추가적인 작업을 정의할 수도 있다.

## 5.2.5 정리

리덕스가 리액트 상태 관리의 시장 지배자로 한동안 군림했다면 최근에는 앞서 소개한 3가지 라이브러리 이외에도 React Tracked, Constate, Valtio, 그리고 유한 상태 머신을 지향해 조금은 형태가 다른 XState 등 다양한 라이브러리들이 있다.

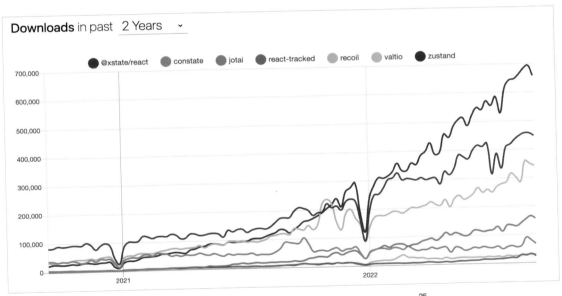

그림 5.4 리덕스를 제외한 주요 상태 관리 라이브러리의 다운로드 횟수[25]

각 상태 관리 라이브러리가 상태를 관리하는 방식에는 조금씩 차이가 있지만 리액트에서 리렌더링을 일으키기 위한 방식은 제한적이기 때문에 어떠한 방식으로 상태를 관리하든지 간에 리렌더링을 만드는 방법은 모두

---

25 https://npmtrends.com/@xstate/react-vs-constate-vs-jotai-vs-react-tracked-vs-recoil-vs-valtio-vs-zustand

거의 동일하다. 따라서 각 라이브러리별로 특징을 잘 파악하고, 현재 애플리케이션의 상황과 철학에 맞는 상태 관리 라이브러리를 적절하게 선택해 사용한다면 효율적인 애플리케이션을 만드는 데 도움이 될 것이다.

한 가지 더 중요한 점은 npm에서 제공하는 모든 라이브러리와 마찬가지로 메인테이너가 많고 다운로드가 활발하며 이슈가 관리가 잘되고 있는 라이브러리를 선택하는 것이 좋다는 사실이다. 이후 10.2절 '리액트 18 버전 살펴보기'에서 살펴볼 리액트에서의 변화로 인해 일부 상태 관리 라이브러리에도 변경이 필요해졌다. 비단 18 버전 때문만이 아니더라도, 향후 리액트의 방향성에 따라 상태 관리 라이브러리도 리액트 변화에 발맞춰 꾸준히 대응해 줄 필요가 있다. 만약 이러한 대응이 원활하지 않은 라이브러리를 선택한다면 애플리케이션의 장기적인 유지보수 및 개선에 어려움이 있을 수 있다. 여기에서 언급한 세 라이브러리는 모두 다운로드 순위에서도 봤듯이 제법 상위권에 포진해 있고, 훌륭한 메인테이너를 위시로 유지보수되고 있으니 사용하는 데 크게 어려움이 없을 것으로 보인다.

# 06<sub>장</sub>

# 리액트 개발 도구로
# 디버깅하기

웹서비스 개발뿐만 아니라 모든 프로그래밍에서 중요한 것이 바로 디버깅이다. 코드를 작성했지만 예기치 못한 방식으로 작동한다면 먼저 무엇이 잘못됐는지를 파악해야 하고 이를 토대로 어떻게 수정할지를 고민해 봐야 한다. 잘못된 작동을 파악하는 것은 간단할 수도 있지만 때로는 각종 라이브러리와 작성한 코드가 혼재돼 있어 쉽게 파악이 어려울 때도 있다. 이번 장에서는 리액트로 개발된 애플리케이션의 디버깅을 돕기 위한 리액트 개발 도구인 react-dev-tools에 대해 살펴본다. 리액트 개발 도구를 활용해 무엇을 디버깅할 수 있고, 또 작성한 리액트 애플리케이션에서 어떠한 정보를 파악할 수 있는지 살펴보자.

## 6.1 리액트 개발 도구란?

리액트 팀은 리액트 애플리케이션의 원활한 개발을 위한 개발 도구인 react-dev-tools를 만들어 제공하고 있다. 이 개발 도구는 리액트로 만들어진 다양한 애플리케이션을 디버깅하기 위해 만들어졌으며, 리액트 웹뿐만 아니라 리액트 네이티브 등 다양한 플랫폼에서 사용할 수 있다. 이 개발 도구를 사용하는 방법은 여러 가지가 있지만 웹 개발 환경에서 가장 편리하게 사용할 수 있는 방법은 브라우저 확장 프로그램을 사용하는 것이다. 이번 장에서는 리액트 개발 도구를 브라우저 확장 도구로 설치해 리액트 애플리케이션을 디버깅하는 방법을 살펴본다.

## 6.2 리액트 개발 도구 설치

먼저 브라우저에 리액트 개발 도구를 브라우저 확장 도구로 설치해야 한다. 크롬, 파이어폭스, 엣지 브라우저를 지원하며 개발자 본인이 주로 개발하는 브라우저에 설치하면 된다.

- 크롬: https://chrome.google.com/webstore/detail/react-developer-tools/fmkadmapgofadopljbjfkapdkoienihi?hl=en, 단축 URL: https://bit.ly/45YgChB

- 파이어폭스: https://addons.mozilla.org/en-US/firefox/addon/react-devtools/, 단축 URL: https://bit.ly/4622m7h

- 마이크로소프트 엣지: https://microsoftedge.microsoft.com/addons/detail/react-developer-tools/gpphkfbcpidddadnkolkpfckpihlkkil, 단축 URL: https://bit.ly/454TNXY

여기서는 크롬 확장 프로그램을 기준으로 설명하며, 기준이 되는 버전은 2022년 기준 최신 버전인 4.25.0-33ac8ceb다. 브라우저나 이후 릴리스되는 버전별로 조금씩 기능이나 뷰의 차이가 있을 수 있다.

성공적으로 설치됐다면 크롬의 우측 상단에 있는 확장 도구 모음에 리액트 로고가 표시되는 것을 확인할 수 있다.

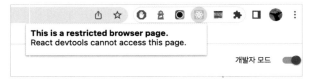

그림 6.1 리액트 개발자 도구의 아이콘이 회색으로 표시된다면 리액트 개발자 도구를 활용할 수 없는 페이지라는 뜻이다.

이렇게 리액트 로고가 회색으로 표시된다면 리액트 개발 도구가 정상적으로 접근할 수 없는 페이지이거나 리액트로 개발되지 않은 페이지라는 뜻이다. 리액트 개발 도구가 정상적으로 실행되는지 확인하고 싶다면 리액트 애플리케이션을 개발 모드로 실행한 다음에 리액트 로고를 확인해 보면 된다. 리액트 로고가 빨간색으로 표시된다면 개발 모드인 리액트 웹 애플리케이션에 정상적으로 리액트 개발 도구가 접근할 수 있다는 의미다.

그림 6.2 리액트 개발자 도구 아이콘에 빨간색으로 표시된다면 현재 웹페이지가 리액트 개발자 모드로 실행되고 있다는 뜻이다.

개발 모드의 애플리케이션이 아니더라도 실제 프로덕션에 배포돼 있는 웹 애플리케이션을 방문해도 여전히 개발 도구를 사용할 수 있다. 이 경우에는 리액트 로고가 원래 고유의 색깔인 파란색으로 표시된다.

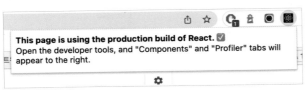

그림 6.3 리액트 개발자 도구 아이콘이 원래의 리액트 색상으로 표시된다면 현재 웹페이지가 리액트 프로덕션 모드로 빌드되어 실행되고 있다는 뜻이다.

정상적으로 설치된 것을 확인하면 이제 본격적으로 개발 도구를 활용해 보자.

## 6.3 리액트 개발 도구 활용하기

리액트 개발 도구가 정상적으로 설치됐고, 디버깅할 수 있는 페이지에 접근했다면 크롬 개발자 도구에 두 가지 메뉴가 추가된 것을 확인할 수 있을 것이다.

그림 6.4 크롬 개발자 도구에서 확인할 수 있는 리액트 개발자 도구인 Components와 Profiler

크롬 개발자 도구에 리액트 개발 도구를 설치하기 전에는 없었던 메뉴인 **Components**와 **Profiler**가 추가된 것을 확인할 수 있다. 이 두 탭이 바로 리액트 개발자 도구에서 제공하는 디버그 도구다. 이 두 메뉴를 활용하면 리액트 애플리케이션에서 일어나는 대부분의 작동을 확인해 볼 수 있다. 본격적으로 두 메뉴를 사용하는 방법을 알아보자.

참고로 이번 장에서 디버깅에 사용할 사이트는 넷플릭스 홈페이지인 https://www.netflix.com/kr/이다. 이 외에도 리액트로 개발된 웹사이트면 어디든 가능하다.

### 6.3.1 컴포넌트

**Components** 탭에서는 현재 리액트 애플리케이션의 컴포넌트 트리를 확인할 수 있다. 단순히 컴포넌트의 구조뿐만 아니라 props와 내부 hooks 등 다양한 정보를 확인할 수 있다.

그림 6.5 https://www.netflix.com/kr/을 리액트 개발 도구를 통해 확인한 화면. 확인 시점에 따라 컴포넌트 트리의 모습에 차이가 있을 수 있다.

**Components** 메뉴에서 확인할 수 있는 정보를 알아보자.

### 컴포넌트 트리

**Components**의 왼쪽 영역은 해당 리액트 페이지의 컴포넌트 트리를 나타낸다. 이름 그대로 트리 구조로 구성돼 있으며, 리액트 애플리케이션 전체의 트리 구조를 한눈에 보여준다.

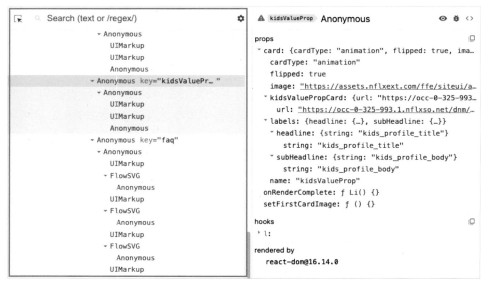

그림 6.6 리액트 개발 도구로 확인한 리액트 컴포넌트 트리. 왼쪽 빨간색 영역이 컴포넌트 트리이며, 상단 입력란에서는 정규식 등을 활용해 검색할 수 있다.

기명 함수로 선언되어 컴포넌트명을 알 수 있다면 해당 컴포넌트명을 보여주고, 만약 익명 함수로 선언돼 있다면 Anonymous라는 이름으로 컴포넌트를 보여준다. 다음 예제 코드를 보자.

```tsx
// App.tsx
// ...
import AnonymousDefaultComponent from './Component3'

function Component1() {
  return <>Component1</>
}

const Component2 = () => {
  return <>Component2</>
}

const MemoizedComponent = memo(() => <>MemoizedComponent</>)

const withSampleHOC = (Component: ComponentType) => {
  return function () {
    return <Component />
  }
}

const HOCComponent = withSampleHOC(() => <>HOCComponent</>)

export default function App() {
  return (
    <div className="App">
      <Component1 />
      <Component2 />
      <AnonymousDefaultComponent />
      <MemoizedComponent />
      <HOCComponent />
    </div>
  )
}

// Component3.tsx
export default () => {
  return <>Component3</>
}
```

이 컴포넌트를 렌더링해서 리액트 개발 도구에서 확인하면 다음과 같다.

그림 6.7 예제 코드를 리액트 16.8에서 렌더링한 후에 컴포넌트 트리로 확인한 모습

함수 선언식과 함수 표현식으로 생성한 컴포넌트는 모두 정상적으로 함수명을 표시하고 있는 것을 확인할 수 있다. 그러나 함수 선언식 또는 표현식으로 선언되지 않은 컴포넌트는 다음과 같은 문제를 확인할 수 있다.

- 익명 함수를 default로 export한 AnonymousDefaultComponent의 경우 AnonymousDefaultComponent는 코드 내부에서 사용되는 이름일 뿐, 실제로 default export로 내보낸 함수의 명칭은 추론할 수 없다. 따라서 _default로 표시된다.

- memo를 사용해 익명 함수로 만든 컴포넌트를 감싼 경우, 함수명을 명확히 추론하지 못해서 Anonymous로 표시됐다. 추가로 memo 라벨을 통해 memo로 감싸진 컴포넌트임을 알 수 있다.

- 고차 컴포넌트인 withSampleHOC로 감싼 HOCComponent의 경우 두 가지 모두 Anonymous로 선언돼 있다. 이 또한 고차 컴포넌트의 명칭을 제대로 추론하지 못했기 때문이다.

위 예제는 리액트 16.8 버전에서 확인한 내용으로, 만약 개발하고 있는 웹 애플리케이션의 리액트 버전이 16.8 버전 이하라면 이처럼 일부 익명 함수에 대해 컴포넌트 명칭을 제대로 추론하지 못한다. 그러나 16.9 버전 이후부터는 이러한 문제가 일부 해결됐다. 동일한 코드를 16.9 버전에서 디버깅해 보면 다음과 같이 나타난다.

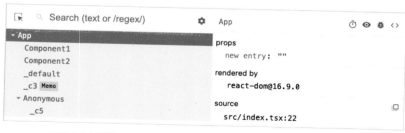

그림 6.8 동일한 코드를 16.9에서 렌더링한 후에 컴포넌트 트리로 확인한 모습

일부 명칭을 추론할 수 없는 Anonymous가 _c3, _c5 등으로 개선된 것을 확인할 수 있다. 이전보다는 확실히 가독성이 좋아져서 어떤 컴포넌트인지 추정할 수 있는 힌트를 얻었지만 그럼에도 이러한 임의로 선언된 명칭으로는 개발 도구에서 컴포넌트를 특정하기란 어렵다. 이러한 문제를 해결하기 위해 컴포넌트를 기명 함수로 변경해 보자.

```
// ...
const MemoizedComponent = memo(function MemoizedComponent() {
  return <>MemoizedComponent</>
})


const withSampleHOC = (Component: ComponentType) => {
  return function withSampleHOC() {
    return <Component />
  }
}


const HOCComponent = withSampleHOC(function HOCComponent() {
  return <>HOCComponent</>
})


//...
```

기명 함수를 실행한 코드를 리액트 개발자 도구로 살펴보면 다음과 같이 컴포넌트명을 확인할 수 있다.

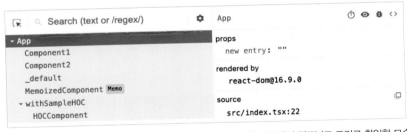

그림 6.9 기존 코드를 모두 기명 함수로 변경해 다시 리액트 개발 도구에서 컴포넌트 트리로 확인한 모습

이전보다 훨씬 더 명확하게 컴포넌트 명칭을 확인할 수 있다. 이처럼 컴포넌트를 기명 함수로 선언하는 것은 개발 도구에서 확인하는 데 많은 도움을 준다. 비단 컴포넌트뿐만 아니라 이후 소개할 훅 등 다양한 곳에서 동일하게 적용되므로 함수를 기명으로 두는 것은 디버깅하는 데 많은 도움이 된다.

만약 함수를 기명 함수로 바꾸기 어렵다면 함수에 displayName 속성을 추가하는 방법도 있다.

```
const MemoizedComponent = memo(function () {
  return <>MemoizedComponent</>
})


MemoizedComponent.displayName = '메모 컴포넌트입니다.'
```

displayName을 설정하면 다음과 같이 리액트 개발자 도구에서 컴포넌트명을 확인할 수 있다.

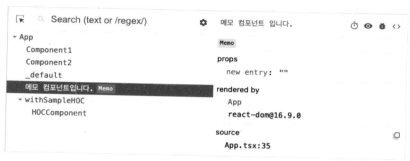

그림 6.10 함수에 displayName을 부여해 확인할 수 있는 컴포넌트 명칭

익명 함수로 선언하기 곤란한 경우, 혹은 함수명과는 별도로 특별한 명칭을 부여해 명시적으로 확인이 필요한 경우에 displayName을 사용하면 좋다. 고차 컴포넌트의 경우 이러한 기법을 유용하게 사용할 수 있다. 고차 컴포넌트는 일반적으로 고차컴포넌트와 일반 컴포넌트의 조합으로 구성되므로 displayName을 잘 설정하면 디버깅하는 데 많은 도움이 된다.

```
function withHigherOrderComponent(WrappedComponent) {
  class WithHigherOrderComponent extends React.Component {
    /* ... */
  }


  WithHigherOrderComponent.displayName = `WithHigherOrderComponent(${getDisplayName(
    WrappedComponent,
  )})`


  return WithHigherOrderComponent
}


function getDisplayName(WrappedComponent) {
  return WrappedComponent.displayName || WrappedComponent.name || 'Component'
}
```

물론 앞서 넷플릭스 홈페이지의 컴포넌트 트리의 경우처럼 개발 모드에서 확인하는 리액트 컴포넌트 트리가 아닌 리액트를 빌드한 트리를 확인하는 경우 기명 함수로 선언한다 하더라도 terser 등의 압축 도구 등이 컴포넌트명을 단순하게 난수화하기 때문에 확인하기가 어려워진다. 이와 마찬가지로 Component.displayName의 경우에도 빌드 도구가 사용하지 않는 코드로 인식해 삭제할 가능성도 있다. 그러므로 displayName과 함수명은 개발 모드에서만 제한적으로 참고하는 것이 좋다.

## 컴포넌트명과 props

왼쪽 컴포넌트 트리에서 컴포넌트를 선택했을 때 해당 컴포넌트에 대한 자세한 정보를 보여주는 영역이다.

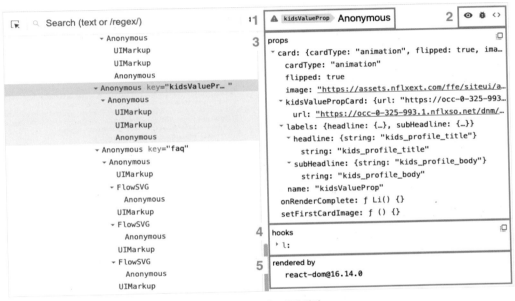

그림 6.11 컴포넌트 상세 화면

이 영역에서 제공하는 정보를 자세히 확인해 보자.

## 컴포넌트명과 Key

컴포넌트의 명칭과 해당 컴포넌트를 나타낸다. 이 컴포넌트의 경우 컴포넌트 명칭은 Anonymous, 즉 익명 함수이며 key는 kidsValueProp이라고 하는 객체다. 한 가지 눈에 띄는 것은 빨간색 경고 이모티콘인데, 이는 해당 애플리케이션이 strict mode로 렌더링되지 않았다는 것을 의미한다.

## 컴포넌트 도구

컴포넌트 도구에는 3개의 아이콘이 있다. 각 아이콘의 용도는 다음과 같다.

- 첫 번째 눈 아이콘을 누르면 해당 컴포넌트가 HTML의 어디에서 렌더링됐는지 확인할 수 있다. 누르는 즉시 크롬 개발 도구의 메뉴 중 하나인 요소(Element) 탭으로 즉시 이동하며, 해당 컴포넌트가 렌더링한 HTML 요소가 선택되는 것을 볼 수 있다.

그림 6.12 크롬 개발자 도구의 요소 탭에서 HTML 요소를 선택한 모습. 선택하면 해당 요소가 어디서 렌더링되고 있는지 웹페이지에 강조 표시된다.

- 두 번째 벌레 아이콘을 클릭하면 아무것도 일어나지 않는 것처럼 보인다. 클릭하는 순간 콘솔(console) 탭에 해당 컴포넌트의 정보가 console.log를 실행해 기록된 것을 확인할 수 있다. 개발 도구 화면에서 보기에는 복잡한 정보를 확인하거나 또는 해당 정보를 복사하는 등의 용도로 확인하고 싶다면 클릭 후 콘솔 탭을 확인하자. 여기에는 해당 컴포넌트가 받는 props, 컴포넌트 내부에서 사용하는 hooks, 마지막으로 해당 컴포넌트의 HTML 요소인 nodes가 기록된다.

```
▼ [Click to expand] <Anonymous />                                              react devtools backend.js:9330
  Props:                                                                        react devtools backend.js:9335
  ▼ {card: {…}, onRenderComplete: f, setFirstCardImage: f} ⓘ
    ▼ card:
        cardType: "animation"
        flipped: true
        image: "https://assets.nflxext.com/ffe/siteui/acquisition/ourStory/fuji/cards/kidsValueProp.png"
      ▶ kidsValuePropCard: {url: 'https://occ-0-325-993.1.nflxso.net/dnm/api/v6/190h_TH_s094NU-9IjLpE_96AvWpTZTAQOR_icyEYcsB.png?r=acf'}
      ▼ labels:
        ▶ headline: {string: 'kids_profile_title'}
        ▶ subHeadline: {string: 'kids_profile_body'}
        ▶ [[Prototype]]: Object
        name: "kidsValueProp"
      ▶ [[Prototype]]: Object
    ▼ onRenderComplete: f Li()
        arguments: null
        caller: null
        length: 0
        name: "Li"
      ▶ prototype: {constructor: f}
        [[FunctionLocation]]: nmhpFrameworkClient._70fc49dfc3193b.js:2
      ▶ [[Prototype]]: f ()
      ▶ [[Scopes]]: Scopes[5]
    ▼ setFirstCardImage: f (t)
        length: 1
        name: ""
      ▶ prototype: {constructor: f}
        arguments: (...)
        caller: (...)
        [[FunctionLocation]]: nmhpFrameworkClient._70fc49dfc3193b.js:2
      ▶ [[Prototype]]: f ()
      ▶ [[Scopes]]: Scopes[5]
    ▶ [[Prototype]]: Object
  Hooks:                                                                        react devtools backend.js:9343
  ▼ [{…}] ⓘ
    ▼ 0:
      ▶ hookSource: {lineNumber: 2, columnNumber: 132747, functionName: 't.default', fileName: 'https://assets.nflxext.com/web/ffe/wp/signup/n|
        id: null
        isStateEditable: false
        name: "l"
      ▶ subHooks: [{…}]
        value: undefined
      ▶ [[Prototype]]: Object
      length: 1
    ▶ [[Prototype]]: Array(0)
  Nodes: ▶ [div.our-story-card.animation-card.kidsValueProp.flipped] ⓘ          react devtools backend.js:9349
      ▶ 0: div.our-story-card.animation-card.kidsValueProp.flipped
        length: 1
      ▶ [[Prototype]]: Array(0)
  Right-click any value to save it as a global variable for further inspection.  react devtools backend.js:9357
```

그림 6.13 벌레 아이콘을 클릭했을 때 확인할 수 있는 리액트 관련 정보

- 세 번째 소스코드 아이콘을 클릭하면 해당 컴포넌트의 소스코드를 확인할 수 있다. 그러나 해당 아이콘을 누른다면 조금은 당황스러운 화면이 펼쳐질 수 있다.

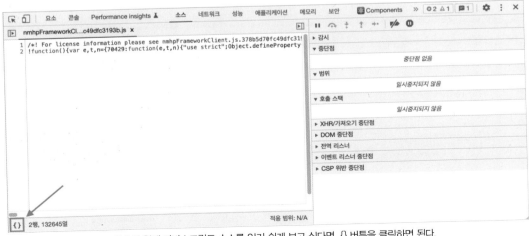

그림 6.14 압축된 현재 자바스크립트 소스를 읽기 쉽게 보고 싶다면 {} 버튼을 클릭하면 된다.

이는 소스코드가 프로덕션 모드에서 빌드되어 최대로 압축돼 있기 때문이다. 위 화면에서는 2번째 줄 어딘가에 해당 소스코드가 존재하는 것은 사실이지만 2번째 행은 13만 열이라 사람이 확인하는 것이 불가능하다. 이를 해결하기 위해 왼쪽 하단의 {}를 클릭해 보자.

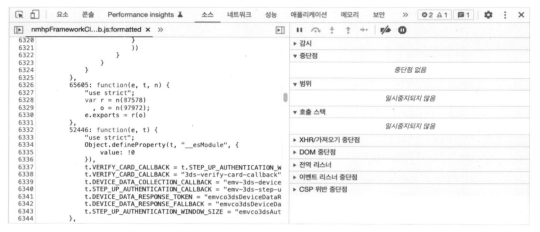

그림 6.15 앞의 그림 5.14에서 {}를 클릭하면 이처럼 한결 보기 쉬운 코드로 정리돼 출력된다.

그러면 난독화돼 있던 코드가 적절한 여백과 줄바꿈을 거쳐 읽기 쉬운 형태로 변경되고, 원래 찾으려고 했던 소스코드에 노란색으로 잠시 강조 표시가 되는 것을 확인할 수 있다. {} 버튼은 난독화된 코드를 읽고, 디버깅을 할 때 매우 유용하게 사용할 수 있다.

## 컴포넌트 props

해당 컴포넌트가 받은 props를 확인할 수 있다. 단순한 원시값뿐만 아니라 함수도 포함돼 있다. 여기서 마우스 오른쪽 버튼을 클릭하면 해당 props 정보를 복사하는 'Copy value to clipboard'와 'Store as global variable' 버튼이 나온다. 전자의 경우 클립보드로 복사되며, 후자의 경우 window.$r에 해당 정보가 담긴다.

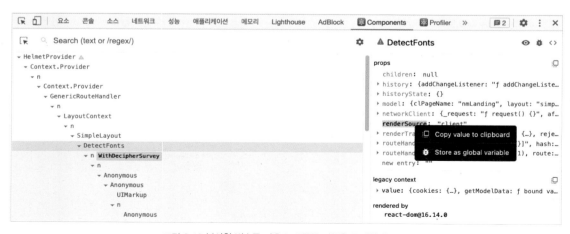

그림 6.16 복사할 변수를 마우스 오른쪽 버튼을 클릭한 후 선택

이렇게 마우스 오른쪽 버튼을 클릭해 선택한 후 **Store as global variable**을 선택하고 콘솔로 이동해보면 해당 변수에 대한 정보가 담겨 있는 것을 볼 수 있다.

그림 6.17 리액트 개발자 도구에서 전역 변수로 저장한 이후에 콘솔에서 확인한 모습

또한 값이 함수인 props를 누르면 **Go to definition**이 나타나는데, 이를 클릭하면 해당 함수가 선언된 코드로 이동한다. 또한 값을 더블클릭해 해당 값을 원하는 내용으로 수정할 수도 있다.

그림 6.18 리액트 개발자 도구에서 변수를 마우스 오른쪽 버튼으로 클릭한 모습

그리고 여기서 **Go to definition**을 선택하면 해당 변수가 정의된 곳으로 이동할 수 있다.

```
                    });                               │  ▶ 감시
              var t = O(I(e));                         │  ▼ 중단점
              window.location.href = t                │        중단점 없음
            })                                         │  ▼ 범위
          }                                            │       일시중지되지 않음
        },                                             │
        focusHandler: function() {                     │  ▼ 호출 스택
          var t = E().map(function(e) {                │       일시중지되지 않음
            return e.locale                            │  ▶ XHR/가져오기 중단점
          });                                          │  ▶ DOM 중단점
          n = b.startSession("Focus", {                │  ▶ 전역 리스너
            view: "localeSetting",                     │  ▶ 이벤트 리스너 중단점
            trackingInfo: {                            │  ▶ CSP 위반 중단점
              supportedLocales: t                      │
            }
          }),
          e.onFocus && e.onFocus.apply(e, arguments)
        },
        blurHandler: function() {
          var t, o, a;
          null !== (t = r.models) && void 0 !== t && null !== (o = t.browserInfo
          n && b.endSession(n),
          e.onBlur && e.onBlur()
        },
        automationTags: "lang-switcher",
        labelText: r.formatString(y),
        children: N
      }, "langSelection")
    })
  }
},
73045: function(e, t, r) {
  "use strict";
  var n = r(64836);
  Object.defineProperty(t, "__esModule", {
    value: !0
  }),
  t.default = void 0,
```

{} 2행, 50자 선택됨                                       적용 범위: N/A

그림 6.19 'Go to definition'으로 해당 변수가 선언된 위치로 이동한 모습

## 컴포넌트 hooks

컴포넌트에서 사용 중인 훅 정보를 확인할 수 있다. 여기서 useState는 State와 같이 use가 생략된 이름으로 나타난다.

그림 6.20 리액트 개발자 도구로 본 컴포넌트 내 훅과 관련된 정보

다음은 리액트 개발자 도구에서 볼 수 있는 훅 목록이다.

- State: useState

- Reducer: useReducer

- Context: useContext

- Memo: useMemo

- Callback: useCallback

- Ref: useRef

- id: useId

- LayoutEffect: useLayoutEffect

- Effect: useEffect

- Counter와 같이 리액트에서 제공하는 훅이 아닌 경우: 만약 리액트에서 정의되지 않은 명칭이 보인다면 이는 useXXX로 선언돼 있는 사용자 정의 훅이다. Counter라면 useCounter라는 훅이 있다는 뜻이다.

훅도 마찬가지로 훅에 넘겨주는 함수를 익명 함수 대신 기명 함수로 넘겨주면 해당 훅을 실행할 때 실행되는 함수의 이름을 확인할 수 있다. 예제에서는 익명 함수로 넘겼기 때문에 f () {} 정도로만 확인할 수 있다. 만약 여기에 기명 함수를 넘기면 더욱 정확하게 확인할 수 있다.

```
// before
useEffect(() => {
  console.log('useEffect')
})
// after
useEffect(function effectOnlyMount() {
  console.log('useEffect')
})
```

위 코드를 실행한 뒤 리액트 개발자 도구로 살펴보면 그 차이를 명확하게 확인할 수 있다.

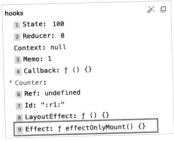

그림 6.21 훅에 명칭을 지정했더니 개발 도구에서 명확하게 이름을 확인할 수 있다.

대부분 useEffect에는 익명 함수를 인수로 넘겨주기 때문에 useEffect가 여러 개 선언돼 있다면 어떤 훅인지 구별하기 어렵다. 이 경우 기명 함수로 선언한다면 개발 도구를 더욱 유용하게 이용할 수 있다.

참고로 hooks도 props와 마찬가지로 값을 더블클릭해 원하는 값으로 수정할 수 있다.

### 컴포넌트를 렌더링한 주체, rendered by

rendered by는 해당 컴포넌트를 렌더링한 주체가 누구인지 확인할 수 있다. 프로덕션 모드에서는 react-dom의 버전만 확인할 수 있지만 개발 모드에서는 해당 컴포넌트를 렌더링한 부모 컴포넌트까지 확인할 수 있다.

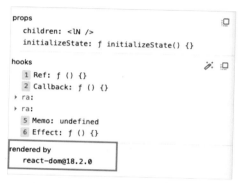

그림 6.22 프로덕션 모드에서 확인한 rendered by

반면 개발 모드에서 확인하면 좀 더 자세하게 확인할 수 있다.

그림 6.23 개발 모드에서 확인한 rendered by

이처럼 컴포넌트 메뉴를 활용하면 컴포넌트 트리에 대한 정보뿐만 아니라 해당 컴포넌트에 대한 자세한 정보를 확인할 수 있다. 작성한 리액트 코드가 어떤 컴포넌트 트리로 렌더링돼 있는지, 또 이 결과가 어떻게 HTML로 반영됐는지, 렌더링된 컴포넌트가 어떤 props와 훅 등으로 구성돼 있는지 자세히 알고 싶다면 이 컴포넌트 메뉴를 적극 활용하자.

## 6.3.2 프로파일러

컴포넌트 메뉴가 정적인 현재 리액트 컴포넌트 트리의 내용을 디버깅하기 위한 도구라면 프로파일러는 리액트가 렌더링하는 과정에서 발생하는 상황을 확인하기 위한 도구다. 즉 리액트 애플리케이션이 렌더링되는 과정에서 어떤 컴포넌트가 렌더링됐는지, 또 몇 차례나 렌더링이 일어났으며 어떤 작업에서 오래 걸렸는지 등 컴포넌트 렌더링 과정에서 발생하는 일을 확인할 수 있다.

그림 6.24 리액트 개발 도구의 프로파일러 탭. 프로파일링을 지원하지 않는 환경일 경우 사용할 수 없다는 내용이 표시된다.

이 메뉴는 렌더링 과정에 개입해 디버깅에 필요한 내용을 기록해야 하기 때문에 프로덕션 빌드로 실행되는 리액트 애플리케이션에서는 사용할 수 없다. 프로파일러 메뉴가 어떻게 작동하는지 확인하고 싶다면 개발 모드로 실행되는 리액트 애플리케이션을 준비해야 한다. 이번 장에서는 다음 예제 코드를 기준으로 프로파일러 메뉴를 확인해 본다.

【코드 6.1】 프로파일러 사용을 위해 준비한 예제 코드

```
import { ChangeEvent, useEffect, useState } from 'react'

export default function App() {
  const [text, setText] = useState('')
  const [number, setNumber] = useState(0)
  const [list, setList] = useState([
    { name: 'apple', amount: 5000 },
    { name: 'orange', amount: 1000 },
    { name: 'watermelon', amount: 1500 },
    { name: 'pineapple', amount: 500 },
  ])

  useEffect(() => {
```

```
    setTimeout(() => {
      console.log('surprise!')
      setText('1000')
    }, 3000)
  })

  function handleTextChange(e: ChangeEvent<HTMLInputElement>) {
    setText(e.target.value)
  }

  function handleSubmit() {
    setList((prev) => [...prev, { name: text, amount: number }])
  }

  function handleNumberChange(e: ChangeEvent<HTMLInputElement>) {
    setNumber(e.target.valueAsNumber)
  }

  return (
    <div>
      <input type="text" value={text} onChange={handleTextChange} />
      <button onClick={handleSubmit}>추가</button>

      <input type="number" value={number} onChange={handleNumberChange} />

      <ul>
        {list.map((value, key) => (
          <li key={key}>
            {value.name} {value.amount}원
          </li>
        ))}
      </ul>
    </div>
  )
}
```

디버깅을 위해 일부러 문제가 있는 코드로 작성했다.

## 설정 변경하기

먼저 가운데에 있는 톱니 모양의 설정 버튼을 누르자.

그림 6.25 리액트 개발자 도구에 위치한 설정 버튼

그럼 다음과 같이 설정 창이 나타난다.

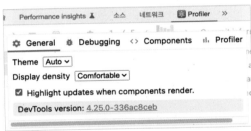

그림 6.26 컴포넌트가 렌더링될 때마다 강조 표시를 하고 싶다면 리액트 개발자 도구의 설정에서 해당 옵션을 켜면 된다.

여기에는 몇 가지 중요한 설정이 있는데, 간단하게 알아보자.

- General 탭의 Highlight updates when components render: 컴포넌트가 렌더링될 때마다 해당 컴포넌트에 하이라이트를 표시한다. 이 기능은 매우 유용한 기능이므로 꼭 켜두는 것이 좋다.

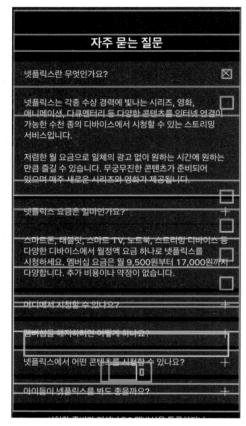

그림 6.27 해당 기능을 켜두면 렌더링이 일어날 때마다 위와 같이 해당 컴포넌트에 하이라이트가 표시된다.

- Debugging 탭의 Hide logs during second render in Strict Mode: 리액트 애플리케이션이 엄격 모드에서 실행되는 경우. 원활한 디버깅을 위해 useEffect 등이 두 번씩 작동하는 의도적인 작동이 숨겨져 있다.[1] 이로 인해 useEffect 안에 넣은 console.log가 두 번씩 찍히기도 하는데, 이를 막고 싶다면 해당 버튼을 활성화하면 된다. 프로덕션 모드에서는 해당 옵션과 관계없이 정상적으로 한 번씩 출력된다.

- Profiler 탭의 Record why each component rendered while profiling: 프로파일링 도중 무엇 때문에 컴포넌트가 렌더링됐는지 기록한다. 애플리케이션 속도가 조금 느려질 수는 있지만 디버깅에 도움이 되는 옵션이므로 켜두는 것이 좋다.

---

1 https://reactjs.org/docs/strict-mode.html#detecting-unexpected-side-effects

## 프로파일링

### 프로파일링 메뉴

프로파일링 메뉴는 리액트가 렌더링할 때 어떠한 일이 벌어지는지 확인할 수 있는 도구다.

그림 6.28 프로파일링을 위한 버튼

첫 번째 버튼은 'Start Profiling'(프로파일링 시작) 버튼으로, 이 버튼을 누르면 프로파일링이 시작된다. 프로파일링이 시작되면 곧바로 적색 동그라미로 바뀌며, 프로파일링 중이라는 메시지가 나타난다. 그리고 다시 누르면 프로파일링이 중단되고 프로파일링 결과가 나타난다.

두 번째 버튼인 'Reload and Start profiling'(새로고침 후 프로파일링 시작)은 첫 번째 버튼과 유사하지만 해당 버튼을 누르면 웹페이지가 새로고침되면서 이와 동시에 프로파일링이 시작된다. 이 버튼으로 프로파일링을 시작해도 첫 번째 'Start Profiling' 버튼이 적색으로 바뀌는 것을 확인할 수 있으며, 마찬가지로 다시 누르면 프로파일링이 중단되고 프로파일링 결과가 나타난다. 새로고침이 끝난다고 해서 프로파일링이 중단되지는 않는다. 중단을 원하면 적색 'Start Profiling' 버튼을 누른다.

세 번째 버튼은 'Stop Profiling'(프로파일링 종료) 버튼으로, 프로파일링된 현재 내용을 모두 지우는 버튼이다. 프로파일링된 기록을 모두 삭제할 수 있다.

마지막으로 네 번째, 다섯 번째 버튼은 각각 'Load Profile'(프로파일 불러오기), 'Save Profile'(프로파일 저장하기) 버튼으로, 프로파일링 결과를 저장하고 불러오는 버튼이다. 프로파일링 결과를 저장하면 사용자의 브라우저에 해당 프로파일링 정보가 담긴 JSON 파일이 다운로드되며, 이 파일을 다시 로딩해 프로파일링 정보를 불러올 수도 있다. 이 JSON 파일은 단순히 리액트 개발 도구에서 저장하고 불러오는 용도로 사용되기 때문에 JSON 파일을 직접 열어서 확인해서 필요한 정보를 확인하기에는 매우 복잡한 구조를 가지고 있다.

이제 본격적으로 프로파일링을 해보자. 가장 먼저 해볼 것은 두 번째 새로고침을 눌러서 페이지 로딩부터 프로파일링을 해보는 것이다. 새로고침 버튼을 누르고, 디버깅을 원하는 시점까지 기다린 다음 디버깅을 종료한다.

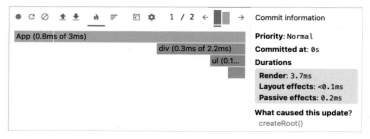

그림 6.29 프로파일링을 마치면 프로파일링을 수행하는 동안 벌어진 일을 확인할 수 있다.

### Flamegraph

불꽃 모양의 아이콘을 가진 **Flamegraph** 탭에서는 렌더 커밋별로 어떠한 작업이 일어났는지 나타낸다. 너비가 넓을수록 해당 컴포넌트를 렌더링하는 데 오래 걸렸다는 것을 의미한다. 당연하게도 렌더링이 가장 오래 걸리는 컴포넌트는 모든 컴포넌트를 렌더링해야 하는 루트 컴포넌트다. 컴포넌트의 구조상 이 그래프 영역도 컴포넌트 메뉴와 비슷하게, 그러나 다른 형태로 트리 구조의 리액트 컴포넌트 트리 구조를 확인할 수 있다.

각 컴포넌트에 마우스 커서를 가져다 대면 해당 컴포넌트의 렌더링과 관련된 정보를 확인할 수 있다.

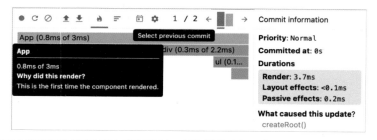

그림 6.30 렌더링이 일어난 컴포넌트의 렌더링 정보. 해당 컴포넌트가 렌더링된 이유, 그리고 전체 렌더링에서 소요된 시간을 확인할 수 있다.

마우스 커서를 가져다 대면 확인할 수 있는 렌더링 정보 이외에도 오른쪽에는 해당 커밋과 관련된 추가적인 정보를 확인할 수 있다.

이 메뉴는 비단 컴포넌트가 렌더링이 얼마나 걸렸는지 확인할 수 있을뿐더러 렌더링되지 않은 컴포넌트에 대한 정보도 확인할 수 있다.

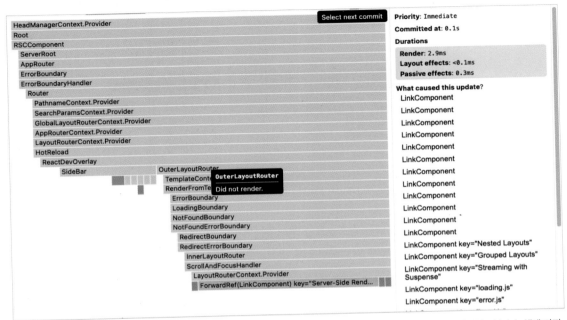

그림 6.31 컴포넌트 렌더링 정보를 리액트 개발자 도구로 확인한 모습. 노란색에 가까울수록 렌더링에 오래 걸린 컴포넌트이며, 녹색에 가까 울수록 빠르게 렌더링된 컴포넌트다. 회색으로 표시된 컴포넌트는 아예 렌더링되지 않은 컴포넌트다.

위 화면처럼 렌더링되지 않은 컴포넌트는 회색으로 표시되며 'Did not render'라는 메시지가 표시되는 것을 확인할 수 있다. 이를 활용하면 개발자가 의도한 대로 메모이제이션이 작동하고 있는지, 혹은 특정 상태 변화 에 따라서 렌더링이 의도한 대로 제한적으로 발생하고 있는지 확인하는 데 많은 도움을 얻을 수 있다. 컴포넌 트 트리가 복잡하고 거대해 렌더링에 신경을 써야 하는 상황이라면 반드시 이 메뉴를 활용해 렌더링 상황을 확인하자.

**Flamegraph**의 오른쪽에 있는 화살표를 누르거나 세로 막대 그래프를 클릭하면 각 렌더 커밋별로 리액트 트리에서 발생한 렌더링 정보를 확인할 수 있다. 여기서는 렌더링이 발생한 횟수도 확인할 수 있어 개발자가 의도한 횟수만큼 렌더링이 발생했는지도 알 수 있다.

## Ranked

**Ranked**는 해당 커밋에서 렌더링하는 데 오랜 시간이 걸린 컴포넌트를 순서대로 나열한 그래프다.

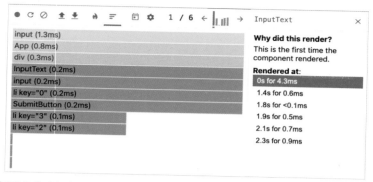

그림 6.32 렌더링이 오래 걸린 컴포넌트부터 위에서 보여주는 Ranked 차트. 렌더링되지 않은 컴포넌트는 여기서 볼 수 없다.

앞선 **Flamegraph**와의 차이점은 모든 컴포넌트를 보여주는 것이 아니라 단순히 렌더링이 발생한 컴포넌트만 보여준다는 데 있다. 렌더링이 발생한 컴포넌트에 대한 정보만 파악하고 싶다면 **Ranked** 메뉴를 활용하자. 렌더링되지 않은 정보는 필터링해서 보여주기 때문에 좀 더 간결하게 원하는 정보를 파악할 수 있다.

## 타임라인

마지막으로 알아볼 것은 Timeline이다. Timeline에서는 시간이 지남에 따라 컴포넌트에서 어떤 일이 일어났는지를 확인할 수 있다.

그림 6.33 리액트 개발 도구에서 확인하는 Timeline

Timeline은 리액트 18 이상의 환경에서만 확인할 수 있다. input에 글자를 입력하면서 state의 값이 업데이트되고, 이 값이 동기로 업데이트됐는지, 또 언제 업데이트가 이뤄졌는지 등을 확인할 수 있다.

Timeline은 시간의 흐름에 따라 리액트가 작동하는 내용을 추적하는 데 유용하다. 시간 단위로 프로파일링 기간 동안 무슨 일이 있었는지, 무엇이 렌더링됐고, 또 어느 시점에 렌더링됐는지, 리액트의 유휴 시간은 어느 정도였는지 등을 자세히 확인할 수 있다.

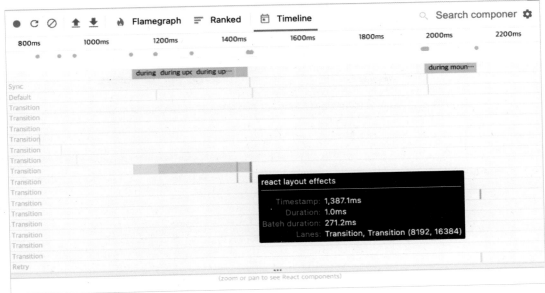

그림 6.34 타임라인으로 리액트의 레이아웃 이펙트가 일어난 시점을 확인한 모습

## 프로파일러로 렌더링 원인 파악해서 수정해 보기

**Flamegraph**와 **Ranked**, **Timeline**을 활용해 프로파일러 도구에서 렌더링에 대한 정보를 확인하는 방법을 알아봤으니, 이제 본격적으로 예제 코드에 대한 렌더링 정보를 파헤쳐 보자.

먼저 이 코드는 최초의 렌더링 이외에도 사용자가 아무런 작동을 하지 않았음에도 두 번째 렌더링이 발생한다. 이 두 번째 렌더링이 발생하는 원인을 파악해 보자. 렌더링 정보에 대해 확인하려면 우측 상단 그래프에서 오른쪽 화살표를 누르거나 보고 싶은 커밋을 클릭하면 된다. 여기서 우리가 알고 싶은 렌더링은 두 번째이므로 두 번째 렌더링 커밋을 누른다. 그리고 "What caused this update?"의 App을 눌러 해당 컴포넌트가 렌더링된 이유를 살펴보자.

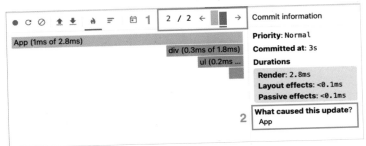

그림 6.35 리액트 개발자 도구의 프로파일러에서 확인한 렌더링이 발생한 이유. 여기서는 App, 즉 루트 컴포넌트로 인해 렌더링이 발생한 것을 알 수 있다.

그림 6.36 App이 왜 렌더링됐는지 확인한 모습. App 내부에 훅이 변경됐음을 알 수 있다.

그림 6.37 렌더링이 발생한 컴포넌트의 'hooks'에서 state를 확인할 수 있다.

그림 6.38 타임라인 도구를 활용하면 정확히 어느 시점에 렌더링됐는지 알 수 있다.

그림 6.36의 오른쪽 메뉴를 보면 `Hook 1 changed`라는 내용이 보인다. 이 말은 첫 번째 훅으로 인해 렌더링이 실행된다는 것을 의미한다. App의 첫 번째 훅을 확인하기 위해 컴포넌트 메뉴로 이동해서 App의 'hooks'를 보면 값이 1000인 1번 훅을 볼 수 있다(그림 6.37). 이 정보를 토대로 프로파일링 기간에 useState에 "1000"을 넣는 코드를 찾아보자. 1번째 훅이라는 뜻은 컴포넌트 코드에 가장 먼저 선언된 훅이라는 뜻이기도 하다. 그리고 타임라인을 살펴보면 약 3000ms 경에 App의 state 변화가 발생했음을 알 수 있다(그림 6.38).

이렇게 디버깅한 경과를 종합해 본다면 사용자가 아무런 작동을 하지 않아도 3초 경에 App의 state를 변경시키는 코드가 있다는 사실을 유추해 볼 수 있다. 이러한 정보를 토대로 코드를 살펴보자. 이 렌더링을 발생시킨 범인은 useEffect 함수 내부에서 3초 뒤에 실행되는 setTimeout이다. 이 useEffect를 제거하고 다시 한번 프로파일링해 보면 렌더링이 한 번만 일어나는 것을 확인할 수 있다.

이 코드의 문제점은 비단 useEffect만이 아니다. 이번에는 새로고침 프로파일링이 아니라 사용자가 인터랙션을 하는 과정에서 프로파일링해 보자. 첫 번째 파란 버튼을 누르고 아무 input에나 몇 글자를 입력한 후에 프로파일링을 중단해 보자.

그림 6.39 사용자의 인터랙션을 가정하고 프로파일링한 결과

프로파일링 결과를 보면 input에 입력할 때마다 렌더링이 일어남을 확인할 수 있다. 물론 대부분의 input은 state와 연결돼 있고, 이는 곧 렌더링으로 이어지기 때문에 큰 문제가 되는 것은 아니다. 그러나 무엇이 렌더링되고 있는지 확인해 봐야 하는데, 바로 App 전체가 렌더링되고 있었다. 이는 App 내부에 해당 input과 관련된 state가 있기 때문에 입력할 때마다 App 전체가 리렌더링되는 것이다. 이는 분명 성능에 좋지 않으므로 해당 input을 별도의 컴포넌트로 분리해 보자.

```
function InputText({ onSubmit }: { onSubmit: (text: string) => void }) {
  const [text, setText] = useState('')

  function handleSubmit() {
    onSubmit(text)
  }

  function handleTextChange(e: ChangeEvent<HTMLInputElement>) {
    setText(e.target.value)
  }

  return (
    <>
      <input type="text" value={text} onChange={handleTextChange} />
      <button onClick={handleSubmit}>추가</button>
    </>
  )
}

export default function App() {
```

```
const [number, setNumber] = useState(0)
const [list, setList] = useState([
  { name: 'apple', amount: 5000 },
  { name: 'orange', amount: 1000 },
  { name: 'watermelon', amount: 1500 },
  { name: 'pineapple', amount: 500 },
])

function onSubmit(text: string) {
  setList((prev) => [...prev, { name: text, amount: number }])
}

function handleNumberChange(e: ChangeEvent<HTMLInputElement>) {
  setNumber(e.target.valueAsNumber)
}

function handleNumberChange(e: ChangeEvent<HTMLInputElement>) {
  setNumber(e.target.valueAsNumber)
}

return (
  <div>
    <InputText onSubmit={onSubmit} />
    <input type="number" value={number} onChange={handleNumberChange} />
    <ul>
      {list.map((value, key) => (
        <li key={key}>
          {value.name} {value.amount}원
        </li>
      ))}
    </ul>
  </div>
)
}
```

위 코드를 실행한 결과를 리액트 개발자 도구로 확인해보자. 렌더링이 필요한 컴포넌트만 렌더링된 것을 알
수 있다.

그림 6.40 Input 영역을 별개로 분리한 이후의 컴포넌트 렌더링

지금까지는 state 변경을 최소 컴포넌트 단위로 분리하는 게 좋다는 사실을 이론적으로만 숙지하고 이해했지만 프로파일로 도구를 활용해 명확히 확인할 수 있게 됐다. App은 렌더링이 발생하지 않아서 회색으로 처리됐고, 별개의 컴포넌트로 분리한 InputText만 글자를 입력할 때마다 리렌더링되는 것을 눈으로 확인할 수 있다.

이번에는 InputText 컴포넌트 내부에 컴포넌트 하나를 추가해 보자. 해당 컴포넌트는 문자열을 props로 받는다.

```
function CopyrightComponent({ text }: { text: string }) {
  return <p>{text}</p>
}

function InputText({ onSubmit }: { onSubmit: (text: string) => void }) {
  // ...
  return (
    <>
      <input type="text" value={text} onChange={handleTextChange} />
      <button onClick={handleSubmit}>추가</button>
      <CopyrightComponent text="all rights reserved" />
    </>
  )
}
```

그리고 텍스트를 다시 입력해서 프로파일링해 보자.

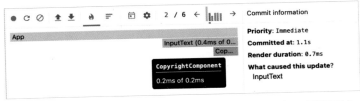

그림 6.41 CopyrightComponent를 추가하고 리렌더링을 프로파일링으로 관찰한 모습

CopyrightComponent는 고정된 props인 text="all rights reserved"를 가지고 있지만 계속해서 리렌더링이 감지됐다. 이는 앞서 언급한 리렌더링의 규칙, 즉 props가 변경되지 않아도 부모 컴포넌트가 리렌더링되면 리렌더링이 같이 일어난다는 사실을 확인하는 것이다. CopyrightComponent를 memo로 감싸고 다시 한번 확인해 보자.

```
const CopyrightComponent = memo(function CopyrightComponent({
  text,
}: {
  text: string
}) {
  return <p>{text}</p>
})
```

메모로 감싼 CopyrightComponent가 이제 "Did not rendered"라는 메시지와 함께 렌더링되지 않는 것을 확인할 수 있다.

그림 6.42 memo로 컴포넌트를 감쌌더니 기대했던 대로 렌더링이 일어나지 않는 것을 확인할 수 있다.

## 6.4 정리

지금까지 리액트 개발 도구를 활용해 리액트 애플리케이션을 디버깅하는 방법을 살펴봤다. 리액트 개발 도구를 활용하면 정적으로 생성된 컴포넌트 트리를 보는 것에서부터 프로파일링을 통해 리액트 애플리케이션이 시간이 지남에 따라 어떤 식으로 작동하는지, 불필요한 리렌더링이 일어나고 있는지 등을 확인할 수 있다.

물론 이번 장에서는 리액트 개발 도구에 대한 이해를 돕기 위해 매우 간단한 구조의 코드로만 실습했다. 그러나 실제 리액트 애플리케이션은 대부분 매우 크고 복잡한 구조를 가지고 있기 때문에 디버깅하기가 만만치 않을 수 있다.

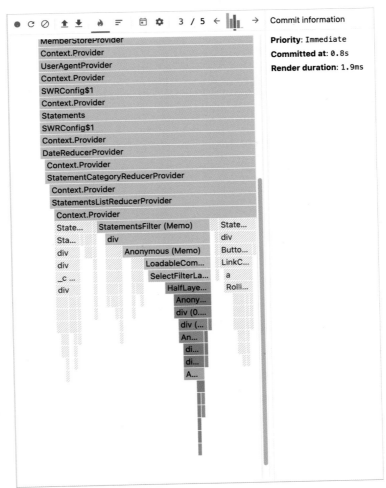

그림 6.43 실제 서비스되고 있는 리액트 애플리케이션의 프로파일링 예제. 실제 애플리케이션은 이처럼 예제와는 비교하기 어려울 정도로 트리 구조도 복잡하고, 렌더링 또한 복잡하게 얽혀 있다.

리액트 컴포넌트 구조가 복잡해지기 전에 틈틈이 리액트 개발 도구를 활용해 디버깅을 수행해 보자. 일단 개발이 완성된 애플리케이션에 무작정 개발 도구를 열어본다면 생각보다 많은 시간이 소요되고 한눈에 내용을 파악하기도 어려워 거부감을 느낄 수도 있다. 따라서 애플리케이션을 개발하면서 시간이 날 때마다 틈틈이 리액트 개발 도구로 컴포넌트 트리와 프로파일링을 실행해 원하는 대로 렌더링되고 있는지, 메모이제이션을 활용한 최적화는 잘 되고 있는지 확인해 보자. 이론적으로 이해하고 있는 사실만 믿고, 실제로 의도대로 작동하고 있는지 확인하지 않고 개발을 이어가다 보면 자칫 실수가 나올 수 있다. 그리고 이 실수는 실수의 크기와 관계없이 전체 애플리케이션에 커다란 악영향을 미칠 수도 있다. 꾸준히 리액트 개발 도구를 가까이에 두고 디버깅을 손에 익히고 사전에 버그를 방지하고 꾸준히 성능을 개선하려고 노력한다면 훌륭한 리액트 애플리케이션을 개발하는 데 많은 도움을 얻을 수 있다.

# 07장

## 크롬 개발자 도구를 활용한
## 애플리케이션 분석

리액트에서 발생하는 문제를 디버깅하기 위해서는 리액트 개발 도구로 충분할 수 있지만 애플리케이션에서 발생하는 버그와 디버깅 이슈는 리액트 밖에서 일어날 때도 있다. 예를 들어, 자바스크립트를 잘못 작성해 발생하는 오류를 디버깅한다고 가정해 보자. 이러한 자바스크립트 이슈는 리액트 개발 도구에서 확인할 수 없다. 좀 더 범위를 넓혀 자바스크립트 메모리, 네트워크, 소스, 실제 HTML 및 CSS 등 리액트가 아닌 일반적인 웹 애플리케이션 환경의 디버깅을 수행하려면 리액트 개발 도구가 아닌 좀 더 범용적인 도구를 활용해야 한다.

일반적인 브라우저 환경에서 발생할 수 있는 문제를 디버깅할 수 있는 도구를 브라우저 개발자 도구라고 한다. 브라우저 개발자 도구에서는 웹사이트를 불러올 때 발생하는 거의 대부분의 작업을 기록하고, 또 이와 관련된 많은 기능을 제공하기 때문에 프런트엔드 개발자라면 반드시 익혀야 하는 도구다. 또한 이 브라우저 개발자 도구는 군이 리액트가 아니더라도 모든 웹사이트에서 동일하게 사용할 수 있으므로 한번 익혀두면 장기적으로 많은 도움을 얻을 수 있다.

요즘 널리 사용되고 있는 모던 브라우저인 크롬, 사파리, 파이어폭스 등은 자체 브라우저 엔진을 기반으로 한 개발자 도구가 있으며, 기본적으로 이들이 제공하는 기능은 모두 대동소이하다. 그러나 여기서는 가장 널리 사용되는 브라우저인 크롬을 기준으로 개발자 도구를 활용하는 법을 소개하고자 한다. 크롬에서 제공하는 개발자 도구로 웹 애플리케이션의 어떤 내용을 디버깅할 수 있는지 확인해 보자. 크롬 개발자 도구가 제공하는 기능은 매우 많기 때문에 이번 장에서는 그것을 모두 다루지 않고 핵심적인 도구에 대해서만 짚고 넘어간다. 관심이 있다면 크롬 공식 문서를 확인해 더 많은 기능을 확인하기 바란다.

여기서 설명하는 크롬 개발자 도구는 macOS용 v105 버전을 기준으로 한다. 향후 크롬 업데이트에 따라 조금씩 차이가 있을 수 있다.

# 7.1 크롬 개발자 도구란?

크롬 개발자 도구란 크롬에서 제공하는 개발자용 도구로, 웹페이지에서 일어나는 거의 모든 일을 확인할 수 있는 강력한 개발 도구다. 이 개발 도구를 확인하려면 먼저 디버깅하고 싶은 페이지에 접속한 뒤 메뉴에서 **보기 → 개발자 도구** 순으로 선택하면 된다. 또는 웹페이지에서 마우스 오른쪽 버튼을 클릭한 뒤 **검사**를 누르면 마찬가지로 개발자 도구를 볼 수 있다. 개발자 도구를 열면 하단이나 오른쪽에 새로운 창이 나타난다.

그림 7.1 크롬 개발자 도구

본격적인 개발자 도구 활용에 앞서 크롬 개발자 도구에서 웹사이트를 제대로 디버깅하고 싶다면 시크릿 모드 또는 프라이빗 모드라 불리는 개인정보 보호 모드에서 페이지와 개발자 도구를 여는 것을 권장한다. 그 이유는 바로 브라우저에 설치돼 있는 각종 확장 프로그램 때문이다. 브라우저 확장 프로그램은 웹페이지 방문 시 확장 프로그램의 실행을 위해 전역 변수나 HTML 요소에 실제 웹 애플리케이션이 제공하지 않은 다른 정보를 추가할 수 있다. 그리고 이러한 정보는 개발자가 추가한 정보가 아닐뿐더러 다른 사용자에게서는 볼 수 없는 정보로서 디버깅하는 데 방해가 될 수 있다.

이에 반해 개인정보 보호 모드에서는 브라우저에 설치돼 있는 각종 확장 프로그램이 실행되지 않기 때문에 순수하게 웹페이지와 관련된 정보만 확인할 수 있다. 일부 설정에 따라 개인정보 보호모드에서도 실행될 수 있는 확장 프로그램이 있다면 꼭 꺼두거나 삭제하길 바란다. 만약 꺼두지 않고 그냥 디버깅한다면 다음과 같이 불필요한 정보를 마주할 수 있다.

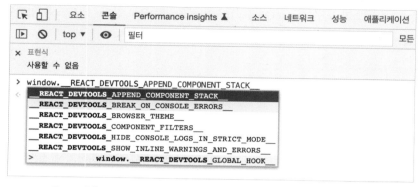

그림 7.2 리액트 개발자 도구를 켰다면 전역 객체에 정보가 담겨 있는 것을 알 수 있다.

그림 7.3 반대로 리액트 개발자 도구가 꺼져 있다면 앞에서 본 전역 객체 정보를 찾을 수 없게 된다.

## 7.2 요소 탭

크롬 개발자 도구에서 첫 번째로 노출되는 탭은 요소(Element) 탭이다. 이곳에서는 현재 웹페이지를 구성하고 있는 HTML, CSS 등의 정보를 확인할 수 있다.

그림 7.4 크롬 개발자 도구의 요소 탭

왼쪽에는 현재 웹페이지의 HTML 트리가 표시되고, 오른쪽에는 왼쪽에서 선택한 요소와 관련된 각종 정보가 나타난다. 요소 탭에서 어떠한 정보를 볼 수 있는지 살펴보자.

## 7.2.1 요소 화면

먼저 왼쪽 화면은 현재 웹페이지를 구성하는 HTML을 나타낸다. 이 중에서 원하는 태그를 클릭하면 브라우저 페이지의 해당 요소가 강조되고, 해당 태그와 관련된 정보를 확인할 수 있다.

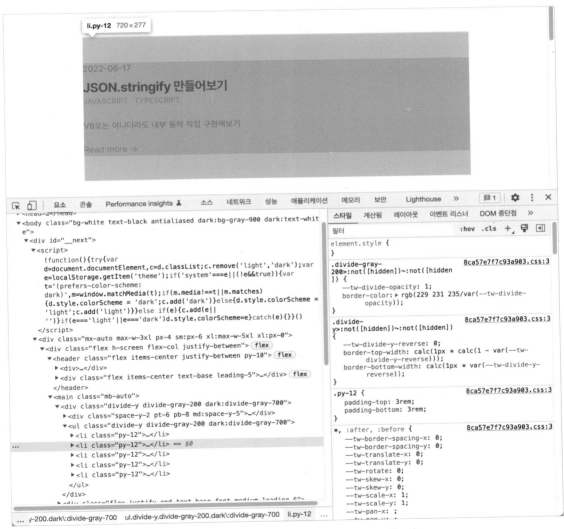

그림 7.5 크롬 개발자 도구의 요소 탭에서 특정 요소를 클릭한 모습

요소 화면에서는 단순히 현재 HTML을 보는 것뿐만 아니라 직접 코드를 수정해서 웹페이지에서 어떻게 보이는지 빠르게 확인할 수 있다. 수정하고 싶은 요소를 더블클릭해 태그명이나 클래스 등 요소와 관련된 정보를 수정하거나, 오른쪽 화면에서 스타일을 수정할 수도 있다. 이렇게 웹페이지의 DOM을 직접적으로 수정하면 프로덕션으로 개발된 페이지에서 수정된 내용이 어떻게 보이는지 미리 확인할 수 있어 편리하고, 개발 모드에서도 리액트 코드를 수정해 핫 리로딩(hot reloading)을 거치지 않아도 확인할 수 있으므로 빠른 작업이 가능하다. 만약 배너와 같이 코드에 의해 클래스나 속성값이 동적으로 제어되는 DOM이 있다면 요소의 중단점을 사용해 디버깅할 수 있다. 먼저 디버깅하고 싶은 요소를 선택하고 마우스 오른쪽 버튼을 클릭한 후 **중단 위치**를 선택하고 중단을 원하는 옵션을 클릭해 보자.

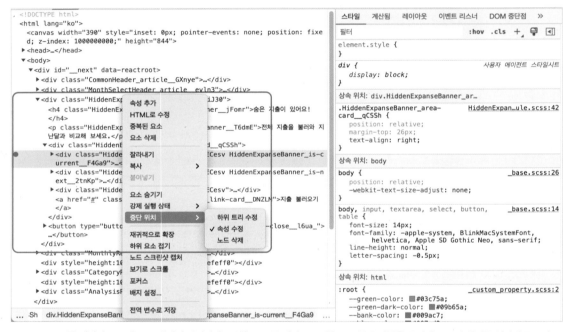

그림 7.6 크롬 개발자 도구의 요소 탭에서 디버깅하고 싶은 요소를 대상으로 마우스 오른쪽 버튼을 클릭하고 중단 위치를 설정해 둔 모습

이렇게 중단 위치를 설정해 두면 중단과 관련된 작업이 일어날 때마다 브라우저가 렌더링을 중단하고 해당 요소 변경을 일으킨 소스코드를 보여준다.

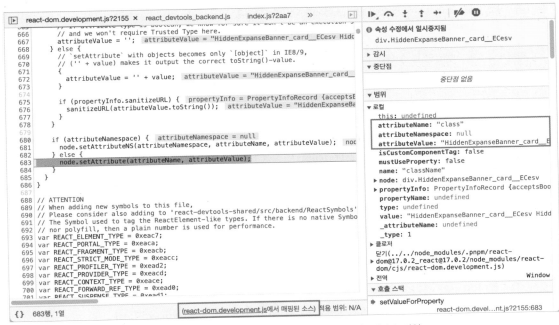

그림 7.7 요소의 중단점이 확인해 준 요소의 변경을 일으킨 소스 파일

중단점으로 살펴본 결과, 이 요소의 경우 해당 노드의 class명을 수정하려는 작업이 리액트에서 일어났다는 사실을 확인할 수 있다. 따라서 리액트에서 해당 요소의 클래스를 수정하는 코드를 찾아보면 된다는 실마리를 얻을 수 있다.

이 밖에도 요소에 속성을 추가, 수정, 삭제하거나 해당 요소를 스크린숏으로 캡처하거나 숨기는 등 HTML DOM과 관련된 다양한 작업을 수행할 수 있다.

## 7.2.2 요소 정보

다음으로 요소 탭 오른쪽에서는 해당 요소와 관련된 정보를 얻을 수 있다. 요소 정보에서 확인할 수 있는 주요 내용은 다음과 같다.

- 스타일: 요소와 관련된 스타일 정보를 나타낸다. 어떤 클래스, 태그명, 아이디 등으로 매핑되어 설정된 스타일인지 확인할 수 있고, 또한 스타일이 선언돼 있는 파일도 확인할 수 있다. 요소와 마찬가지로 이 스타일 정보의 내용도 수정해 페이지에 어떻게 반영되는지 미리 확인해 볼 수 있다.

- 계산됨: 해당 요소의 크기, 패딩(padding), 보더(border), 마진(margin)과 각종 CSS 적용 결괏값을 알 수 있는 탭이다. 스타일 탭은 어떤 스타일이 어디서 왔는지를 나타낸다면, 계산됨에서는 그렇게 적용된 스타일이 결과적으로 어떤 결과물로 나타나는지 확인할 수 있다.

- 레이아웃: CSS 그리드나 레이아웃과 관련된 정보를 확인할 수 있다.

- 이벤트 리스너: 현재 요소에 부착된 각종 이벤트 리스너를 확인할 수 있다. 상위 버튼을 체크 해제하면 딱 해당 요소에 명확하게 부착된 이벤트만 볼 수 있다. 그러나 이벤트 버블링 등으로 이벤트를 발생시키는 경우에는 확인할 수 없다. 이 기능은 이후에 리액트 17의 변경 사항 중 하나인 이벤트 위임의 변경에서 확인해 본다.

- DOM 중단점: 앞서 설명한 중단점이 있는지 알려주는 탭이다.

- 속성: 해당 요소가 가지고 있는 모든 속성값을 나타낸다. 기본적으로 자바스크립트에서 해당 DOM으로 `.attributes`를 실행했을 때 나오는 결과와 비슷하지만 `.attributes`는 직접 할당된 값만 나오는 반면 속성 탭에는 모든 값이 나온다는 차이가 있다. 해당 요소가 가지고 있는 모든 값을 확인하고 싶다면 속성 탭을 확인해 보자.

- 접근성: 접근성이란 웹 이용에 어려움을 겪는 장애인, 노약자를 위한 스크린리더기 등이 활용하는 값을 말한다. 접근성 탭에서는 이러한 접근성 정보를 확인할 수 있다.

왼쪽 요소 화면이 웹페이지 요소의 구조를 확인하고, 추가, 수정, 삭제를 할 수 있는 공간이라면 오른쪽 요소 정보에서는 해당 요소와 관련된 모든 정보를 확인할 수 있다. 이 메뉴를 사용하면 브라우저에서 해당 DOM이 왜 이런 모습으로 페인팅됐는지에 대한 모든 단서를 확인할 수 있다. 이뿐만 아니라 DOM에 추가돼 있는 이벤트 리스너, 접근성 등 DOM과 관련된 모든 정보를 확인할 수 있으므로 DOM과 관련된 정보가 필요하다면 이 요소 탭을 적극 활용하자.

## 7.3 소스 탭

소스 탭에서는 웹 애플리케이션을 불러오기 위해 실행하거나 참조된 모든 파일을 확인할 수 있다. 자바스크립트 파일부터, CSS, HTML, 폰트까지 다양한 파일 정보를 확인할 수 있다.

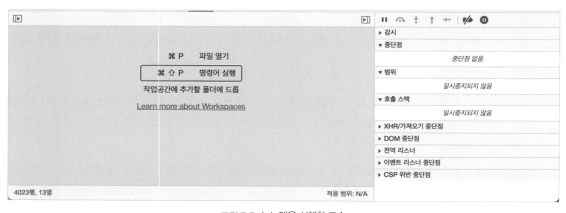

그림 7.8 소스 탭을 실행한 모습

소스 탭은 파일을 선택하기 전까지 특별히 살펴볼 것이 존재하지 않는다. 소스 탭에서 유용한 것을 살펴보려면 디버깅하고 싶은 파일을 직접 열어야 한다. 프로덕션 모드의 경우 파일이 모두 압축돼 있기 때문에 디버깅하기가 매우 불편하지만 개발 모드에서는 유용하게 사용할 수 있다.

예를 들어, create-react-app으로 생성된 프로젝트를 개발 모드에서 실행한 후, 브라우저에서 해당 페이지에 접근해 보자. 그리고 소스 탭에서 파일 열기 명령어를 실행하면 create-react-app을 기반으로 생성된 다양한 파일을 찾아볼 수 있다.

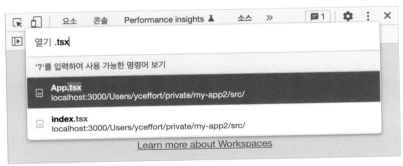

그림 7.9 개발 모드로 실행한 웹사이트에서 크롬 개발자 도구를 연 뒤 '열기'로 파일을 찾는 모습

이렇게 찾은 파일은 실제로 코드 내용까지 확인할 수도 있다.

```
App.tsx ×
1  import React from 'react';
2  import logo from './logo.svg';
3  import './App.css';
4
5  function App() {
6    return (
7      <div className="App">
8        <header className="App-header">
9          <img src={logo} className="App-logo" alt="logo" />
10         <p>
11           Edit <code>src/App.tsx</code> and save to reload.
12         </p>
13         <a
14           className="App-link"
15           href="https://reactjs.org"
16           target="_blank"
17           rel="noopener noreferrer"
18         >
19           Learn React
20         </a>
21       </header>
22     </div>
23   );
24 }
25
26 export default App;
27
```

그림 7.10 소스 탭으로 확인한 실제 create-react-app 코드

소스 탭의 장점은 단순히 파일을 볼 수 있다는 데서 그치지 않는다. 앞서 요소 탭에서 DOM 중단점을 만들어 DOM이 변경되는 과정을 디버깅해 볼 수 있었던 것과 마찬가지로 여기서도 소스 중단점을 생성해 자바스크립트 실행을 중단시키고 디버깅을 수행할 수 있다. 이는 코드에 debugger를 선언하는 것과 동일한 역할을 한다. 그러나 이 방법은 소스코드를 오염시키지 않으므로 더 유용하다.

그림 7.11 소스 탭에서 useEffect에 중단점을 생성해 중단시킨 모습

그림 7.11에서는 useEffect 내부 코드에 중단점을 만들어 useEffect 내부에서 어떠한 일이 일어나는지 살펴보고 있다. 단순히 중단점을 만들어 다음 코드 시작을 중지할 수 있을뿐더러 이전에 할당한 변수에는 어떠한 값이 들어있는지 육안으로 확인해 볼 수 있다. 그리고 오른쪽 패널에서도 요소 탭과 마찬가지로 해당 소스 파일 내지는 코드 실행과 관련한 다양한 정보를 확인할 수 있다.

만약 본인이 작성한 파일 이외에 다른 곳, 예를 들어 리액트 파일 내에서 중단점을 생성해 보고 싶다면 해당 소스 파일을 찾아 중단점을 걸어볼 수도 있다.

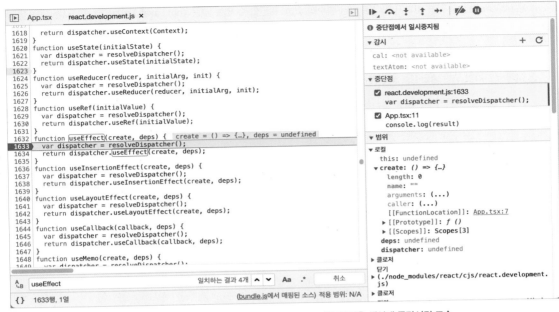

그림 7.12 react.development.js의 useEffect에 중단점을 생성해 중단시킨 모습

그림 7.12에서는 리액트에서 내보내는 useEffect에 중단점을 걸어 디버깅해봤다. 중단점을 생성해 확인한 결과, create라 선언된 useEffect를 만드는 함수, 그리고 deps라고 선언된 의존성 배열(여기서는 의존성 배열을 별도로 명시하지 않아 undefined가 할당됐다) 등을 확인할 수 있다. 이처럼 사용 중인 라이브러리에서 버그가 의심되는 지점을 디버깅하거나 실제로 소스코드상에서 어떤 식으로 작동하는지 확인하고 싶을 때 매우 유용하다.

소스 탭에서 중단점을 걸어 디버깅하는 방법을 알아봤으니 소스 탭 오른쪽에 제공하는 정보와 기능은 무엇인지 자세히 알아보자.

- 감시: 감시는 말 그대로 감시하고 싶은 변수를 선언하고, 해당 변수의 정보를 확인할 수 있는 메뉴다. 왼쪽에서 제공하는 변수 외에 디버깅 시점에서 특정 변수의 값을 알고 싶다면 이 감시를 활용하면 된다.

그림 7.13 감시 메뉴에서는 이처럼 개발자가 추적하고 싶은 변수를 적어두고 현재 값이 무엇인지 실시간으로 확인할 수 있다.

감시로 확인할 수 있는 정보가 있다면 해당 변수의 값을, 확인할 수 없는 값은 <not available>로 표시되는 것을 볼 수 있다.

▪ 중단점: 현재 웹사이트에서 추가한 중단점을 확인할 수 있다. 현재 열려 있는 파일뿐만 아니라 웹페이지 전체에 걸쳐 소스 탭에서 추가한 모든 중단점을 확인할 수 있다.

▪ 범위: 범위는 이름 그대로 현재 중단점에서의 스코프를 의미한다. 로컬은 현재 로컬 스코프를 의미하며, 이 스코프에서 접근할 수 있는 값을 확인할 수 있다. 이 밖에도 클로저, 전역 스코프 등을 확인할 수 있다.

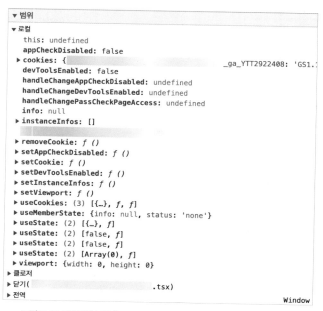

그림 7.14 범위에서 현재 스코프와 이 스코프 내부의 값을 확인한 모습

▪ 호출 스택: 호출 스택에서는 현재 중단점의 콜스택을 확인할 수 있다. 이 메뉴를 활용하면 자바스크립트 코드가 실행되며 생성되는 실행 콘텍스트가 어떻게 저장되어 현재 어떤 모습을 하고 있는지 직접 볼 수 있다.

▪ 전역 리스너: 현재 전역 스코프에 추가된 리스너 목록을 확인할 수 있다.

▪ XHR/가져오기, DOM, 이벤트 리스너, CSP 위반 중단점: 소스의 중단점 이외에 다양한 중단점을 확인할 수 있다.

소스 탭에서는 실제 애플리케이션을 실행하는 데 사용된 파일을 직접 볼 수 있을뿐만 아니라 중단점을 설정해 두면 빌드된 자바스크립트 또는 실제 개발 중인 스크립트 파일이 어떻게 실행되는지 눈으로 확인할 수 있다. 변수의 값을 미리 보여주는 기능, 감시에 변수를 추가해 실제 변숫값을 확인하는 기능을 사용한다면 굳이 번거롭게 변수마다 console.log로 디버깅하지 않아도 훨씬 빠르게 필요한 정보를 확인할 수 있다. 또한 자바스크립트 파일에서는 확인할 수 없는 스코프, 호출 스택 등 현재 자바스크립트가 실행되고 있는 구조도 확인할 수 있어 유용하다. 소스 탭은 웹사이트 디버깅 시 요소 탭과 더불어 가장 자주 사용되는 도구이므로 적극 활용해 보자.

## 7.4 네트워크 탭

네트워크 탭에는 해당 웹페이지를 접속하는 순간부터 발생하는 모든 네트워크 관련 작동이 기록된다. 웹사이트에서 자주 사용하는 HTTP 요청부터 웹 소켓에 이르기까지, 웹페이지가 외부 데이터와 통신하는 정보를 확인하고 싶다면 네트워크 탭을 참조하면 된다.

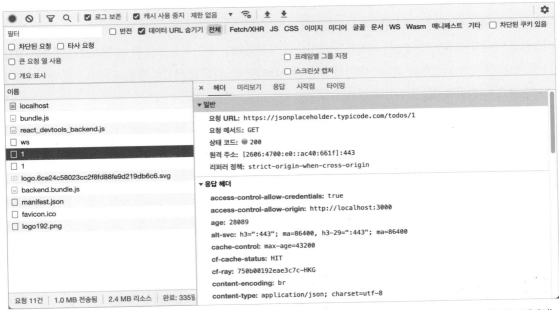

그림 7.15 create-react-app으로 생성한 애플리케이션에 useEffect를 추가해 내부에서 API를 호출하도록 만든 코드. 네트워크 탭에서는 해당 코드의 네트워크 통신 기록을 보여준다.

먼저 create-react-app으로 생성된 기본 웹페이지에 useEffect를 추가해 API를 요청하는 코드까지만 추가했다. 그리고 이 웹페이지가 로딩되는 동안 발생한 네트워크 요청을 네트워크 탭에서 확인해 보자.

상단에는 네트워크 탭과 관련된 다양한 메뉴를 확인할 수 있다. 전체와 Fecth/XHR, JS 등의 탭으로 보고 싶은 네트워크 요청 종류를 필터링할 수 있으며, 기타 다른 체크박스를 선택해 보고 싶은 네트워크 종류를 제한할 수 있다.

그리고 왼쪽에는 실제 해당 페이지를 불러오는 과정에서 발생한 네트워크 요청을 볼 수 있다. 이 네트워크 요청을 통해 페이지가 로딩되는 과정을 대략적으로 확인해 볼 수도 있다. 웹페이지는 최초에 HTML을 다운로드하고, HTML을 파싱하는 과정에서 만난 자바스크립트를 다운로드한다. 그리고 이 페이지는 개발자 모드로 실행됐기 때문에 웹 소켓을 통해 핫 리로딩되는 것을 확인할 수 있다. 마지막으로 웹페이지 어디선가 https://jsonplaceholder.typicode.com/todos/1을 불러오는 것까지 알 수 있다.

네트워크 탭으로 한 가지 알 수 있는 점은 https://jsonplaceholder.typicode.com/todos/1의 요청이 두 번 실행됐다는 점이다. 이것이 의도된 코드라면 상관없지만 리액트에서 동일한 주소의 요청이 두 번 실행되는 경우는 대부분 잘못된 useEffect의 사용으로 발생하는 문제이므로 네트워크 탭을 자세히 들여다보면 이처럼 리액트 코드에 문제가 있는지도 확인할 수 있다.

하단에는 페이지를 불러오는 기간 동안 발생한 총 요청 건수와 총 다운로드한 업로드 리소스의 크기를 확인할 수도 있다. 만약 모바일 웹페이지를 개발하는 것이라면 총 리소스의 크기만큼 사용자가 모바일 네트워크 비용을 지불해야 할 것이다. 과거만큼 사용자들이 모바일에서 발생하는 트래픽의 크기에 민감하지는 않지만 비용뿐만 아니라 속도에도 영향을 미치는 문제이므로 가급적 네트워크 리소스 요청 횟수와 크기를 줄일 필요가 있다. 만약 생각 이상으로 리소스 크기가 크다면 gzip이나 brotli[1]를 적절히 활용해 리소스를 압축하거나 이미지가 있다면 이미지를 최적화할 필요도 있다.

마지막으로 스크린숏 캡처 기능을 활용하면 네트워크 요청 흐름에 따라 웹페이지가 어떻게 로딩되고 있는지 확인할 수 있다. 그림 7.16을 보자.

그림 7.16 넷플릭스 홈페이지를 네트워크 탭의 스크린숏 캡처로 확인한 모습

---

1  https://github.com/google/brotli

그림 7.16은 넷플릭스 홈페이지를 불러오면서 발생한 네트워크 요청 과정을 촬영한 모습이다. 네트워크 탭에서 시간이 지남에 따라 배경이 없었던 화면에 이미지 다운로드가 완료되면서 배경이 완성되는 것을 볼 수 있다. 코드 내부에서 발생하는 fetch 요청 이외에도 외부 CDN에서 가져오는 이미지 리소스 요청 등도 확인할 수 있기 때문에 사용자에게 먼저 노출되거나, 노출되는 영역이 큰 중요한 콘텐츠가 우선적으로 다운로드되는지, 혹은 넷플릭스의 배경 이미지처럼 조금 우선순위가 낮은 이미지가 나중에 다운로드되는지 등을 확인할 수 있다. 페이지가 자연스럽게 완성되는 모습을 보여주는 것이 중요하기 때문에 이 스크린숏 캡처를 통해 의도한 대로 페이지가 자연스럽게 완성되어가는지 확인해 보자.

지금까지 네트워크 탭을 통해 웹페이지 로딩 과정 중에 발생하는 네트워크 요청을 확인해봤다. 네트워크 탭을 통해 집중적으로 확인해 봐야 하는 점은 다음과 같다.

- 불필요한 요청 또는 중복되는 요청이 없는지

- 웹페이지 구성에 필요한 리소스 크기가 너무 크지 않은지

- 리소스를 불러오는 속도는 적절한지 또는 너무 속도가 오래 걸리는 리소스는 없는지

- 리소스가 올바른 우선순위로 다운로드되어 페이지를 자연스럽게 만들어가는지

단순히 정적인 페이지를 다운로드해 렌더링하는 데 그치는 과거 웹사이트와는 다르게, 현재의 웹사이트는 렌더링에서 끝나지 않고 수많은 요청을 주고받으면서 페이지가 완성된다. 이 과정에서 네트워크 탭을 활용해 불필요한 네트워크 요청은 없는지 꼼꼼하게 확인한다면 더욱 빠르고 쾌적한 웹페이지를 만드는 데 큰 도움을 얻을 수 있을 것이다.

## 7.5 메모리 탭

메모리 탭에서는 현재 웹페이지가 차지하고 있는 메모리 관련 정보를 확인할 수 있다. 이 탭은 크롬 개발자 도구에서 제공하는 도구 중 가장 난이도가 높고 까다롭다. 그러나 애플리케이션에서 발생하는 메모리 누수, 속도 저하, 혹은 웹페이지 프리징 현상을 확인할 수 있는 유용한 도구다. 메모리 탭을 통해 현재 웹페이지의 메모리 현황을 살펴보는 방법을 알아보자.

그림 7.17 메모리 메뉴의 모습

메모리 탭을 열면 리액트 개발 도구의 프로파일과 비슷하게 프로파일링 작업을 거쳐야 원하는 정보를 볼 수 있음을 확인할 수 있다. 다른 크롬 개발자 도구인 요소나 다른 탭과는 다르게 메모리 탭 그 자체만으로 는 아무것도 할 수 없다. 프로파일 유형이 크게 세 가지가 있는데 각 프로파일링의 유형은 다음과 같은 특 징이 있다.

- 힙 스냅샷: 스냅샷이라는 이름에 걸맞게 현재 메모리 상황을 사진 찍듯이 촬영할 수 있다. 현재 시점의 메모리 상황을 알고 싶다면 힙 스냅샷을 활용하면 된다.

- 타임라인의 할당 계측: 현재 시점의 메모리 상황이 아닌, 시간의 흐름에 따라 메모리의 변화를 살펴보고 싶다면 타임라인 의 할당 계측을 사용하면 된다. 주로 로딩이 되는 과정의 메모리 변화 또는 페이지에서 어떠한 상호작용을 했을 때 메모리 의 변화 과정을 알고 싶을 때 사용한다.

- 할당 샘플링: 메모리 공간을 차지하고 있는 자바스크립트 함수를 볼 수 있다.

이러한 세 가지 방법으로 메모리 현황을 디버깅하는 방법을 알아보자.

### 7.5.1 자바스크립트 인스턴스 VM 선택

본격적인 프로파일링에 앞서 하단에 위치한 **자바스크립트 VM 인스턴스 선택** 항목을 살펴보면 현재 실행 중 인 자바스크립트 VM 인스턴스를 확인할 수 있다.

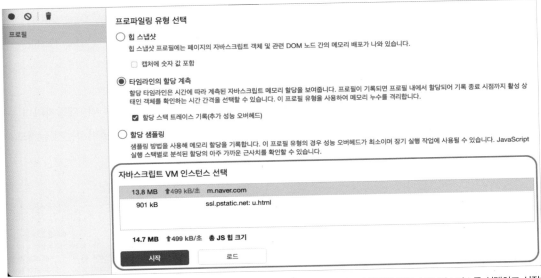

그림 7.18 메모리에서 자바스크립트 가상머신 인스턴스를 선택할 수 있는데, 이곳에서 메모리 현황을 알고 싶은 인스턴스를 선택하고 시작하면 된다.

여기서 먼저 개발자가 디버깅하고 싶은 자바스크립트 VM 환경을 선택하면 된다. 그리고 환경별 힙 크기를 볼 수 있는데, 실제 해당 페이지가 자바스크립트 힙을 얼마나 점유하고 있는지 나타낸다. 이 크기는 자바스크립트 실행에 따라 실시간으로 바뀐다. 이 크기만큼 사용자의 브라우저에 부담을 주기 때문에 불필요하게 크기가 늘어나지 않는지 눈여겨볼 필요가 있다.

## 7.5.2 힙 스냅샷

힙 스냅샷은 현재 페이지의 메모리 상태를 확인해 볼 수 있는 메모리 프로파일 도구다. 이후 설명할 두 가지 도구와는 다르게, 힙 스냅샷을 촬영하는 시점을 기준으로 마치 사진으로 촬영하듯 메모리 현황을 보여준다. 이 힙 스냅샷 도구를 유용하게 활용하는 방법을 알기 위해 극단적으로 잘못된 코드 예시와 함께 디버깅을 시작해 보자.

```
const DUMMY_LIST = []

export default function App() {
  function handleClick() {
    Array.from({ length: 10_000_000 }).forEach((_, idx) =>
      DUMMY_LIST.push(Math.random() * idx),
    )
    alert('complete!')
```

```
  }

  return <button onClick={handleClick}>BUG</button>
}
```

이 코드는 버튼을 클릭하면 컴포넌트 외부에 있는 배열에 천만 개의 랜덤한 값을 push한다. 개발자라면 누구나 이 코드가 잘못됐다는 것을 직감적으로 알 수 있지만 실제 메모리에서는 어떤 일이 벌어지는지 살펴보자.

먼저 페이지에 진입하고, 페이지 로딩이 완료되면 힙 스냅샷 촬영을 한 번 수행한다.

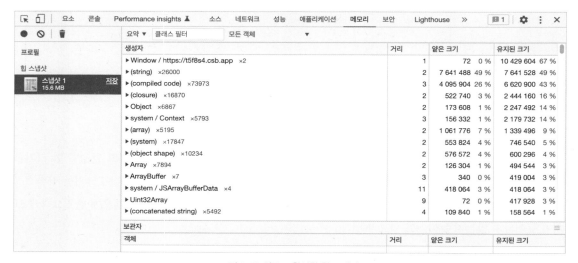

그림 7.19 최초로 촬영한 힙 스냅샷

컴포넌트 하나밖에 없는 아주 간단한 예제임에도 불구하고, 메모리에 많은 정보들이 존재하는 것을 확인할 수 있다. 이는 리액트 기반 애플리케이션이 기본적으로 차지하는 내용, 그리고 window 객체 등 브라우저가 차지하는 내용이 존재하기 때문이다. 아직까지는 특이한 점을 확인할 수 없다. 여기서 BUG 버튼을 한 번 더 클릭해 DUMMY_LIST에 다량의 데이터가 push되게 한 다음, 다시 힙 스냅샷을 촬영해 보자.

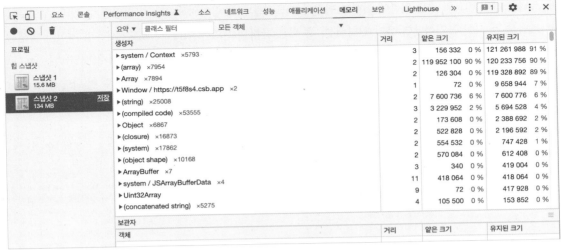

그림 7.20 BUG 버튼을 클릭한 후 힙 스냅샷을 촬영한 모습

아직 자세히 살펴보지는 않았지만 이미 왼쪽 힙 스냅샷 화면에서 기존의 15.6MB에서 134MB로 엄청나게
크기가 증가한 것을 확인할 수 있다. 이 메모리 크기 차이의 원인을 정확하게 파악하기 위해 **모든 객체** 메뉴
를 클릭하고 **스냅샷 1에서 스냅샷 2 사이에 할당된 객체**를 클릭해 **얕은 크기** 항목을 기준으로 내림차순으로
정렬해 보자.

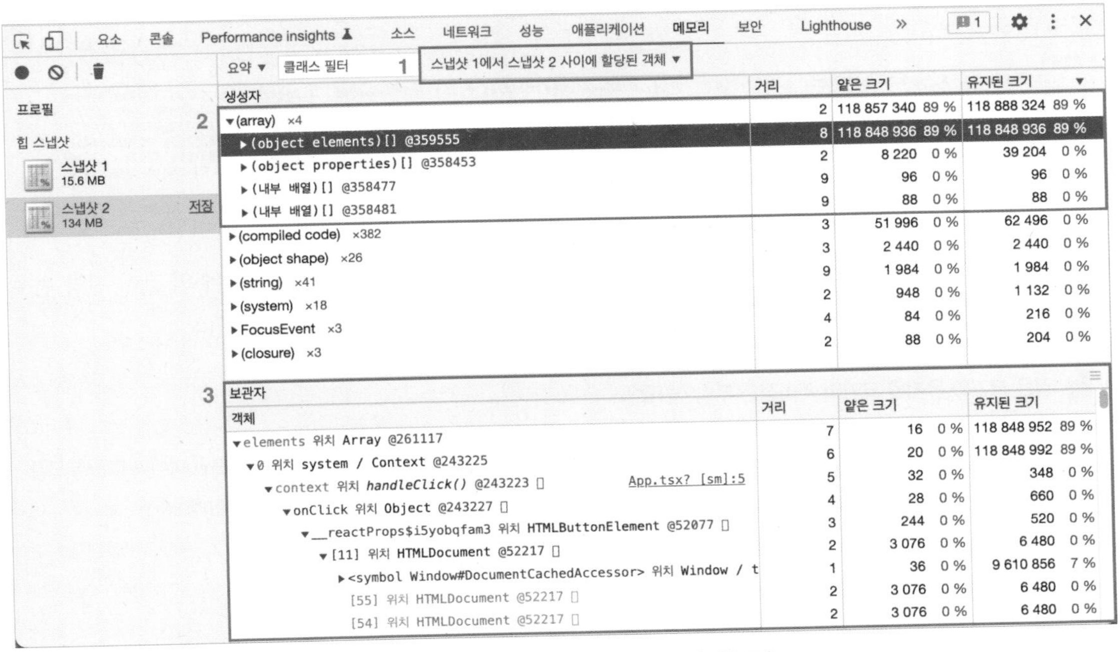

그림 7.21 앞서 촬영한 힙 스냅샷 두 개를 비교한 모습

두 스냅샷 간의 비교와 정렬 덕분에 어떠한 변수가 메모리를 크게 잡아먹고 있는지 확인할 수 있다. 무엇보다 두 스냅샷 간 사이에 일어났던 유저 인터랙션, 즉 버튼 클릭으로 인해 이러한 메모리 사용량 차이가 발생했다는 것을 명확히 확인할 수 있다. 그뿐만 아니라 메모리를 크게 차지하고 있는 것이 객체(배열)라는 점, 그리고 이 액션이 `handleClick`이라는 함수를 통해 빚어졌다는 점도 파악할 수 있다. 한 발짝 더 나아가서, 해당 배열이 어떠한 값을 가지고 있는지도 직접 확인할 수 있다.

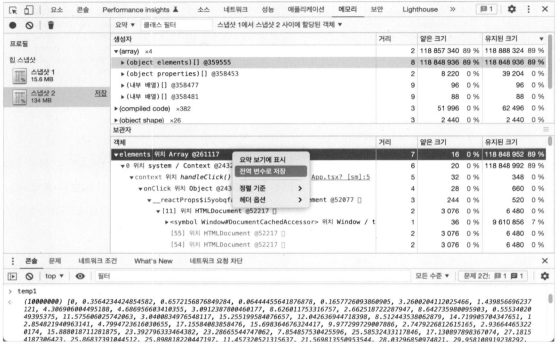

그림 7.22 해당 객체를 대상으로 마우스 오른쪽 버튼을 클릭하면 전역 변수로 저장할 수 있는 메뉴가 나온다.

해당 객체를 대상으로 마우스 오른쪽 버튼을 클릭해 **전역 변수로 저장**을 누르면 해당 변수의 값이 전역 변수에 저장된다. 여기서는 `window.temp1`에 기록됐으며, 실제 값 또한 콘솔에서 확인할 수 있다.

📄 얕은 크기와 유지된 크기의 차이점은 무엇인가요?

얕은 크기란 객체 자체가 보유하는 메모리 바이트의 크기를 나타낸다. 반면 유지된 크기란 해당 객체 자체뿐만 아니라 다른 부모가 존재하지 않는 모든 자식 객체들의 크기까지 더한 값이다. 무슨 말인지 정확히 이해하기 위해 다음 코드를 살펴보자.

```
var counter = 0

var instances = []

function Y() {
```

```
    this.j = 5
}


function X() {
  this.i = counter++
  this.y = new Y()
}


export default function App() {
  function handleClick() {
    instances.push(new X())
  }


  return <button onClick={handleClick}>+</button>
}
```

이 코드는 버튼을 클릭하면 X라는 이름의 새로운 객체를 생성하는데, 이 생성자 내부에서는 또 Y라고 하는 새로운 생성자를 생성해 할당한다. 이 코드 실행 전후로 스냅샷을 찍어 확인해 보자.

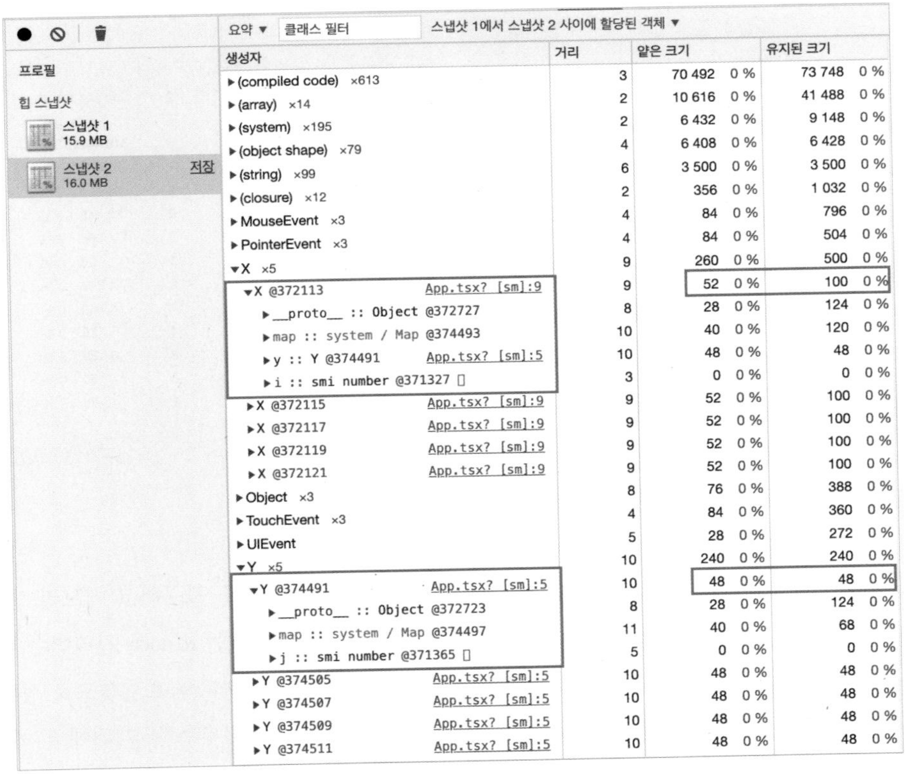

그림 7.23 변수 X와 Y의 값과 크기를 확인한 모습

여기서 주목해야 할 것은 새롭게 할당된 X의 크기다. X는 유지된 크기가 100, 얕은 크기가 52로 선언돼 있다. 그리고 X 내부에는 앞서 선언한 Y 객체가 있는데, 왼쪽에 있는 메모리 아이디 @374491을 따라가면 Y 객체가 있으며, 이 객체의 얕은 크기와 유지된 크기가 각각 48임을 알 수 있다. 즉, X의 유지된 크기는 100이지만, Y를 제외하고 X라는 객체 자체가 가지고 있는 크기 자체는 52다. 그리고 여기서 비롯된 차이 48은 객체 자체가 참조를 보유하고 있는 Y 객체의 크기를 의미한다.

메모리 누수를 찾을 때는 얕은 크기(객체 자체의 크기)는 작으나 유지된 크기(객체가 참조하고 있는 모든 객체들의 크기)가 큰 객체를 찾아야 한다. 두 크기의 차이가 큰 객체는 다수의 다른 객체를 참조하고 있다는 뜻이며, 이는 해당 객체가 복잡한 참조 관계를 가지고 있다는 뜻이다. 그리고 이런 객체가 오랜 시간 동안 메모리에 남아있다면 그로 인해 많은 메모리를 점유하고 있을 수 있다. 따라서 메모리 누수가 의심스럽다면 이러한 두 크기의 차이가 큰 객체를 최우선으로 찾아야 한다.

스냅샷 촬영을 제대로 활용하려면 하나의 스냅샷을 가지고 파악하는 것보다 스냅샷을 두 개 이상을 촬영한 다음, 그 차이만 비교하는 것이 훨씬 수월하다. 앞서 거의 아무것도 없는 빈 리액트 애플리케이션도 14MB 정도를 차지하고 있는 것을 봤던 것처럼 아무것도 없는 페이지라도 리액트와 브라우저가 웹페이지 실행을 위해 많은 것을 준비해 두기 때문이다. 이는 리액트가 없어도 마찬가지다. 페이지에서 모든 것을 제거하고 <html/>만 있는 페이지의 스냅샷을 촬영해 보자.

그림 7.24 <html/>만 있는 페이지를 스냅샷으로 촬영한 모습

<html/>만 있고 아무런 자바스크립트 코드가 존재하지 않는 웹페이지임에도 불구하고 메모리 탭에 정말 다양한 내용이 담겨 있는 것을 볼 수 있다. 이 웹페이지에는 기본적으로 제공되는 window 전역변수 내의 정보나 시스템이 가져야 할 기본 정보 등 다양한 기초 정보가 포함돼 있기 때문에 하나의 스냅샷으로 정확하게 디버깅하는 것은 어렵다. 따라서 스냅샷을 활용할 때는 의심이 되는 지점을 먼저 추측해 본 뒤에 두 개 이상의 스냅샷을 보는 것이 훨씬 쉽다.

또한 이 스냅샷을 활용하면 useMemo나 useCallback과 같은 의존성이 있는 값들이 정말로 렌더링 사이에 그대로 유지되는지 육안으로 직접 확인할 수 있다. 다음 코드를 보자.

```tsx
function MemoComponent({ num }: { num: number }) {
  const callbackHandleClick = useCallback(
    function callbackHandleClick() {
      console.log(num)
    },
    [num],
  )

  const handleClick = () => {
    console.log(num)
  }

  return (
    <>
      <button onClick={callbackHandleClick}>1번</button>
      <button onClick={handleClick}>2번</button>
    </>
  )
}

export default function App() {
  // 리렌더링을 발생시키는 용도
  const [toggle, setToggle] = useState(false)

  function handleToggle() {
    setToggle((prev) => !prev)
  }

  return (
    <>
      <button onClick={handleToggle}>{toggle ? 'ON' : 'OFF'}</button>
      <MemoComponent num={5} />
    </>
  )
}
```

이 코드는 callbackHandleClick과 handleClick의 차이, 즉 정말로 의존성 배열이 변경되지 않는다면 useCallback 함수가 재생성되는지 확인하기 위해 만든 코드다. 부모 컴포넌트인 App은 useState를 수행해 MemoComponent가 고정된 props를 갖고 있다 하더라도 부모 컴포넌트가 리렌더링되기 때문에 리렌더링될 것이다. 그리고 MemoComponent의 callbackHandleClick은 절대 변경되지 않는 num을 의존성 배열로 가지고 있으므로 재생성되지 않는 것이 맞을 것이다. 실제로 그런지 스냅샷으로 살펴보기 위해 토글 버튼을 클릭하기 전과 후의 스냅샷을 촬영해 비교했다.

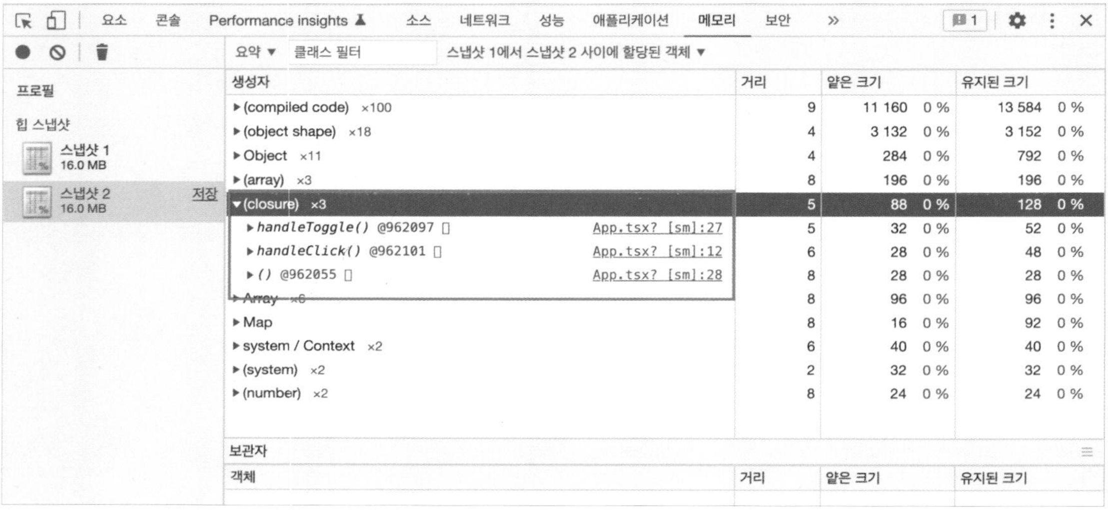

그림 7.25 예제 코드를 useState 변경 전후로 스냅샷을 촬영해 비교한 모습

여기서 확인할 수 있는 것으로 두 가지가 있다. 먼저 스냅샷 사이에 재생성되지 않은 callbackHandleClick이다. 스냅샷 촬영 사이에 useCallback으로 감싼 callbackHandleClick은 재생성되지 않았기 때문에 스냅샷 사이에 할당된 객체에서 확인할 수 없었다. 반면 useCallback으로 감싸지 않은 handleToggle은 이 스냅샷 사이에 재생성된 것을 확인할 수 있다. 즉, useCallback은 리액트 개발자가 예측한 대로 올바르게 작동했다.

두 번째로 알 수 있는 것은 바로 세 번째로 보이는 익명 함수 ()이다. 이것은 사실 코드 참조에서도 알 수 있듯이 setToggle((prev) => !prev);, 즉 setToggle 내부의 익명 함수다. 익명 화살표 함수는 사용할 때는 간단하지만 디버깅할 때는 그다지 도움이 되지 않는다. 만약 setToggle 내부의 함수를 기명 함수로 바꾼다면 힙 스냅샷에서 바로 확인할 수 있다.

```
function handleToggle() {
  setToggle(function 토글함수(prev) {
    return !prev
```

```
    })
  }
}
```

위 코드를 실행해서 개발자 도구에서 확인하면 다음과 같이 기명 함수를 명확하게 확인할 수 있다.

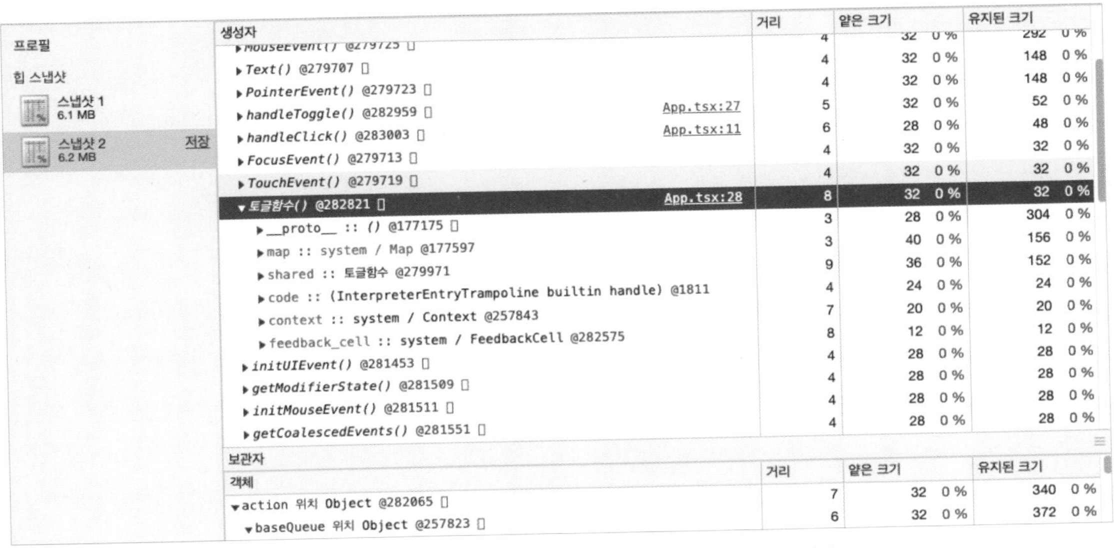

그림 7.26 useState의 setter를 익명 함수 대신 기명 함수로 바꿨다.

setter를 기명 함수로 바꾸고 난 후에 스냅샷에서 함수를 더욱 명확히 확인할 수 있게 됐다. 소스 탭이든, 현재 메모리 탭이든, 디버깅을 빠르고 원활하게 하려면 기명 함수를 사용하는 편이 좋다는 것을 다시 한번 확인할 수 있다.

지금까지 스냅샷 촬영을 통해 현재 웹페이지의 메모리 스냅샷을 촬영하고, 이를 통해 유용한 정보를 얻는 방법을 살펴봤다. 생각보다 이 스냅샷 정보에 많은 내용이 담겨 있기 때문에 개발자가 원하는 메모리 누수 정보를 찾는 것이 쉽지 않다. 힙 스냅샷을 통해 메모리 누수 정보를 확인하기 위해서는 메모리 누수가 발생하는 것으로 예상되거나 혹은 위험이 존재할 것 같은 스크립트 전후로 내용을 촬영해 비교하는 것이 좋다. 그리고 원인을 더욱 정확하게 파악하려면 변수와 함수에 적절한 이름을 주어 수많은 메모리 내용 사이에서 눈에 띄게 하는 것이 큰 도움이 된다.

### 7.5.3 타임라인 할당 계측

앞서 스냅샷 촬영은 해당 시점의 메모리 내용만 촬영하는 프로파일링 기법이지만 타임라인 할당 계측은 시간의 흐름에 따라 메모리 변화를 확인할 수 있는 기능이다. 시간의 흐름에 따라 메모리의 변화를 모두 기록하기 때문에 상대적으로 많은 부담이 발생한다.

이번에도 마찬가지로 메모리 누수를 프로파일링하기 위해 다음과 같은 예제 코드를 작성했다.

```tsx
import { useState } from 'react'

export default function App() {
  const [number, setNumber] = useState(0)
  const [list, setList] = useState<Array<string>>([])
  const handleClick = () => {
    const newNumber = number + 1
    setNumber(newNumber)

    setList((prev) => [
      ...prev,
      ...Array.from({ length: newNumber * 3000 }).map(
        (_, index) => `${index + number * 3000}`,
      ),
    ])
  }

  return (
    <>
      <button onClick={handleClick}>+</button>
      <ul>
        {list.map((item, index) => (
          <li key={`${item}_${index}`}>{item}</li>
        ))}
      </ul>
    </>
  )
}
```

이 코드를 기준으로 리액트 애플리케이션을 구동해 브라우저에서 접속하자. 페이지 로딩이 끝나면 타임라인의 할당 계측을 선택하고 시작을 누른다. 그리고 버튼을 여러 번 누르면서 어떤 변화가 일어나는지 살펴보자.

**요약 ▼** | **클래스 필터** | **선택된 크기: 32.8 MB**

프로필
할당 타임라인
스냅샷 1 · 39.8 MB

| 생성자 | 거리 | 얕은 크기 | | 유지된 크기 | |
|---|---|---|---|---|---|
| ▶ FiberNode ×48008 | 4 | 6 337 056 | 16 % | 13 579 760 | 34 % |
| ▶ (array) ×57839 | 2 | 5 216 900 | 13 % | 5 400 392 | 14 % |
| ▶ Object ×201820 | 2 | 4 937 728 | 12 % | 18 672 588 | 47 % |
| ▶ (system) ×205450 | 2 | 3 777 040 | 9 % | 3 976 912 | 10 % |
| ▶ HTMLLIElement ×30003 | 4 | 3 240 084 | 8 % | 5 748 336 | 14 % |
| ▶ Element ×30002 | 5 | 2 640 056 | 7 % | 2 646 520 | 7 % |
| ▶ (object shape) ×60406 | 2 | 2 499 496 | 6 % | 2 520 136 | 6 % |
| ▶ (number) ×192067 | 2 | 2 304 804 | 6 % | 2 304 804 | 6 % |

그림 7.27 타임라인 할당 계측으로 메모리 변화를 관측한 모습

버튼을 누를 때마다 3000, 6000, 9000개씩 배열에 새로운 아이템이 생기며, 리액트는 이 배열을 모두 DOM에 그려야 한다. 그 결과, DOM을 그리기 위해 리액트가 1:1 구조로 생성하는 FiberNode와 해당 배열을 담아야 하는 array가 엄청난 크기로 커진 것을 알 수 있다. 여기서 해당 객체가 어떤 값을 가지고 있는지 살펴보고 싶다면 ▶를 눌러 펼쳐보면 된다.

**요약 ▼** | **클래스 필터** | **선택된 크기: 33.4 MB**

힙 프로필 녹화 시작
프로필
할당 타임라인
스냅샷 1 · 40.4 MB

| 생성자 | 거리 | 얕은 크기 | | 유지된 크기 | |
|---|---|---|---|---|---|
| ▶ FiberNode ×48008 | 4 | 6 337 056 | 16 % | 13 592 196 | 34 % |
| ▼ (array) ×57838 | 2 | 5 216 724 | 13 % | 5 397 516 | 13 % |
| ▼ (object elements)[] @2210185 | 9 | 162 180 | 0 % | 162 180 | 0 % |
| ▶ 13000 :: "10000" @935455 | 8 | 20 | 0 % | 20 | 0 % |
| ▶ 13001 :: "10001" @935457 | 8 | 20 | 0 % | 20 | 0 % |
| ▶ 13002 :: "10002" @935459 | 8 | 20 | 0 % | 20 | 0 % |
| ▶ 13003 :: "10003" @935461 | 8 | 20 | 0 % | 20 | 0 % |
| ▶ 13004 :: "10004" @935463 | 8 | 20 | 0 % | 20 | 0 % |
| ▶ 13005 :: "10005" @935465 | 8 | 20 | 0 % | 20 | 0 % |

그림 7.28 메모리 메뉴를 통해 배열의 세부 내용을 들여다 본 모습. 배열의 구체적인 크기를 비롯해 어떤 요소로 구성돼 있는지 명확하게 알 수 있다.

타임라인 할당 계측의 또 다른 장점은 기간을 좁혀서 확인해 볼 수 있다는 것이다. 상단 그래프에서 검색을 원하는 범위를 좁히면 해당 기간에 메모리에 할당된 내용만 골라서 볼 수 있다.

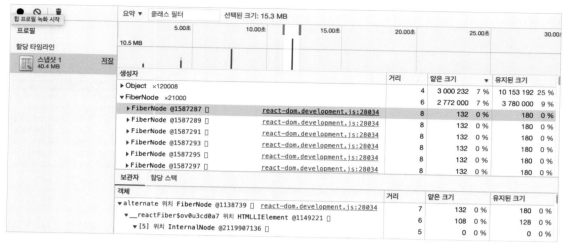

그림 7.29 해당 기간 동안 배열 변수에 어떤 값이 들어가 있는지 확인할 수 있다.

그리고 특정 변수를 클릭해서 **전역 변수로 저장**을 누르면 해당 변수가 무슨 값을 가지고 있는 객체인지 확인할 수도 있다.

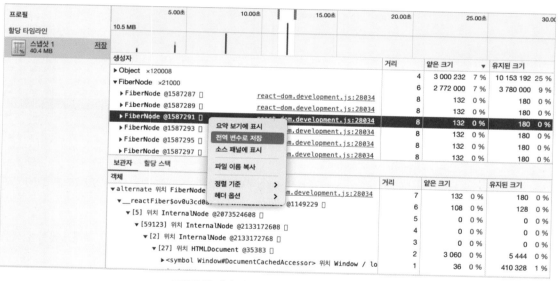

그림 7.30 해당 변수를 전역 변수로 저장할 수 있다.

전역 변수로 저장하면 다음과 같이 콘솔에서 해당 변수를 확인할 수 있다.

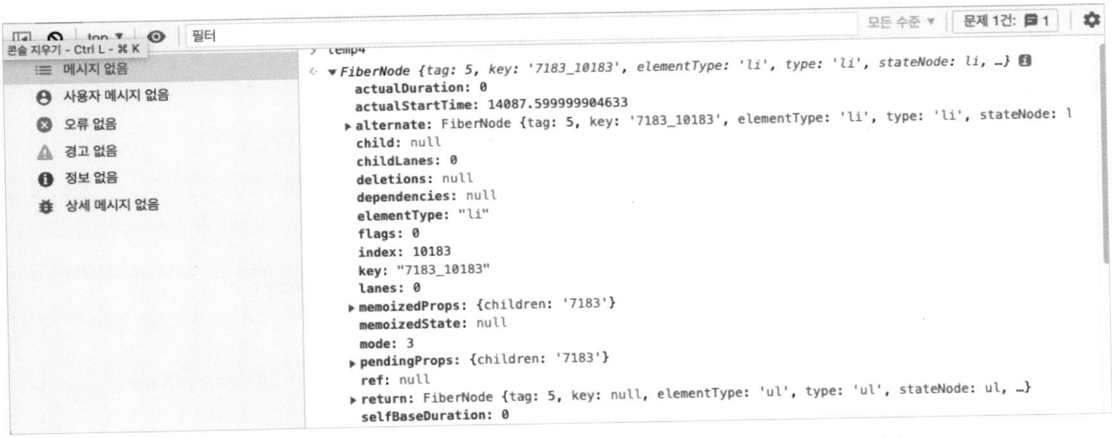

그림 7.31 앞서 전역 변수로 저장한 변수는 크롬 개발자 도구의 콘솔에서 확인할 수 있다.

타임라인 할당 계측을 활용하면 이처럼 시간의 흐름에 따른 메모리 변화를 비롯해 메모리 변화를 일으킨 변수가 무엇인지, 그리고 해당 변수가 어느 정도 크기를 차지하고 있는지 등을 확인할 수 있다. 시간의 흐름에 따른 메모리 점유율을 자세히 알고 싶다면 타임라인 할당 계측을 활용하자. 처음에는 생소한 정보로 어렵게 느껴지겠지만 프로파일링을 반복하다 보면 애플리케이션의 메모리 사용 현황을 더욱 자세히 파악할 수 있을 것이다.

## 7.5.4 할당 샘플링

할당 샘플링은 시간의 흐름에 따라 발생하는 메모리 점유를 확인할 수 있다는 점에서 타임라인 할당 계측과 비슷하지만 자바스크립트 실행 스택별로 분석할 수 있고, 이 분석을 함수 단위로 한다는 차이점이 있다. 이 차이점을 이해하기 위해 7.5.2절에서 사용했던 아래 예제 코드를 사용해 보자.

```
const DUMMY_LIST = []

export default function App() {
  function handleClick() {
    Array.from({ length: 10_000_000 }).forEach(function addDummy(_, idx) {
      DUMMY_LIST.push(Math.random() * idx)
    })
    alert('complete!')
  }

  return <button onClick={handleClick}>BUG</button>
}
```

페이지가 로딩된 이후에 할당 샘플링을 시작하고 버튼을 눌러 어떤 변화가 일어나는지 살펴보자.

그림 7.32 크롬 개발자 도구에서 메모리 탭을 방문하면 할당 샘플링 도구를 확인할 수 있다.

이제 할당 샘플링을 하고 싶은 VM을 선택하고 시작을 누르면 할당 샘플링을 시작한다.

그림 7.33 크롬 개발자 도구에서 할당 샘플링을 수행하는 모습

최초에는 6.5MB 정도만 차지하던 힙이, 버튼을 클릭한 이후에는 395MB까지 치솟은 것을 확인할 수 있다. 즉, 버튼을 클릭하는 사이에 엄청나게 많은 메모리 할당 작업이 이뤄진 것을 볼 수 있다. 그리고 중지를 눌러 할당 샘플링을 살펴보자.

| 자가 크기(바이트) | | 총 크기(바이트) | | 함수 | |
|---|---|---|---|---|---|
| 78 273 536 | 99.98% | 78 273 536 | 99.98% | ▼ addDummy | App.tsx:5 |
| 78 273 536 | 99.98% | 78 273 536 | 99.98% | ▼ forEach | |
| 78 273 536 | 99.98% | 78 273 536 | 99.98% | ▼ handleClick | App.tsx:4 |
| 78 273 536 | 99.98% | 78 273 536 | 99.98% | ▶ callCallback | react-dom.development.js:4161 |
| 16 400 | 0.01% | 16 400 | 0.01% | (V8 API) | |
| 16 400 | 0.01% | 16 400 | 0.01% | ▶ extractEvents$1 | react-dom.development.js:7963 |
| 0 | 0.00% | 78 273 536 | 99.98% | dispatchDiscreteEvent | react-dom.development.js:6423 |
| 0 | 0.00% | 16 400 | 0.01% | dispatchContinuousEvent | react-dom.development.js:6437 |
| 0 | 0.00% | 78 289 936 | 99.99% | ▶ dispatchEvent | react-dom.development.js:6451 |
| 0 | 0.00% | 78 289 936 | 99.99% | ▶ dispatchEventWithEnableCapturePhaseSelectiveHydrationWithoutDiscreteEventReplay | react-dom.development.js:6461 |
| 0 | 0.00% | 78 289 936 | 99.99% | ▶ dispatchEventForPluginEventSystem | react-dom.development.js:9200 |
| 0 | 0.00% | 78 289 936 | 99.99% | ▶ batchedUpdates | react-dom.development.js:3981 |

그림 7.34 할당 프로파일링이 끝나고 이를 무거움(상향식)으로 정렬하면 가장 무거운 변수와 이 변수가 무엇 때문에 할당됐는지 구체적으로 알 수 있다.

할당 샘플링을 무거운 순으로 정렬하면 가장 많은 바이트를 차지한 함수의 작업이 맨 위로 올라오는데, 여기서는 addDummy 함수가 문제임을 확인할 수 있다. 여기서는 문제가 되는 함수뿐만 아니라 오른쪽의 파일명을 누르거나 마우스 오른쪽 버튼을 클릭한 후 **소스 패널에 표시**를 선택해 해당 함수가 어느 파일에서 어떻게 정의됐는지도 확인할 수 있다.

할당 샘플링은 타임라인 할당 계측과 유사하지만 프로파일링할 때 브라우저에 주는 부담을 최소화할 수 있어 장시간에 걸쳐 디버깅을 수행해야 할 때 유리하다. 만약 메모리 누수가 짐작되지만 정확히 어디에서 발생하는지 확인하기 어려워 힙 스냅샷을 촬영해 비교하기 어려운 경우, 오랜 기간 메모리 누수가 의심되어 프로파일링을 장기간 수행해야 하는 경우에는 할당 샘플링을 활용하는 것이 좋다.

## 7.6 Next.js 환경 디버깅하기

지금까지 크롬 메모리 탭을 활용해 디버깅하는 방법을 살펴봤다. 이전까지 한 실습 내용은 모두 클라이언트 자바스크립트 환경을 디버깅한 예제로, 사용자 기기의 성능과 스펙에 따라 같은 메모리 누수라도 다른 결과를 낳게 될 것이다. 비교적 최신 기기를 사용하는 경우라면 메모리 누수로 인한 영향을 비교적 적게 받겠지만 만약 오래된 기기를 사용하는 사용자라면 이러한 메모리 누수로 인해 치명적인 영향을 받을 것이다. 조금 무책임하게 말한다면 메모리 누수에 대한 영향도를 사용자의 노후화된 기기 탓으로 돌릴 수도 있다.

그러나 만약 서버 사이드 렌더링을 수행하는 자바스크립트 환경에서 메모리 누수가 발생한다면 어떻게 될까? 이러한 메모리 누수가 발생한다면 서버 자체에 부담이 발생할 것이고, 서버의 부담은 곧 모든 사용자가 서비스를 사용할 수 없는 심각한 상황을 초래하게 될 것이다. 이번 절에서는 Node.js 환경, 특히 리액트 개발자가 자주 사용하는 프레임워크인 Next.js의 서버 환경을 디버깅하는 방법을 알아보고자 한다. 놀랍게도 서버 환경도 동일하게 크롬 개발자 도구로 디버깅이 가능하다. 서버 환경을 디버깅하는 방법을 자세히 살펴보자.

## 7.6.1 Next.js 프로젝트를 디버그 모드로 실행하기

가장 먼저 할 일은 Next.js 프로젝트를 디버그 모드로 실행하는 것이다. 디버그 모드로 실행하려면 다음과 같은 방법으로 Next.js 프로젝트를 실행한다.

```
"dev": NODE_OPTIONS='--inspect' next dev
```

NODE_OPTIONS='--inspect'라는 인수와 함께 next dev를 실행하면 다음과 같이 디버거가 활성화되면서 디버그 모드가 켜진 것을 확인할 수 있다.

```
» npm run dev

> my-app@0.1.0 dev
> NODE_OPTIONS='--inspect' next dev

Debugger listening on ws://127.0.0.1:9229/b9d825b1-3046-4237-8c76-80e2a958ceea
For help, see: https://nodejs.org/en/docs/inspector
ready - started server on 0.0.0.0:3000, url: http://localhost:3000
```

이렇게 웹소켓 주소가 나타나면 디버거에 연결된 준비가 된 것이다. 그다음 크롬 브라우저에서 chrome://inspect로 이동하자.

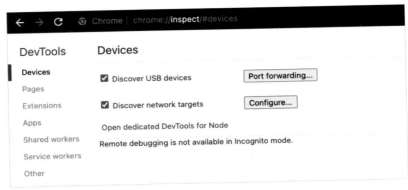

그림 7.35 크롬의 장치 개발자 도구

여기서 **Open dedicated DevTools for Node**를 클릭하면 다음과 같이 새로운 창에서 개발자 도구가 나타나는 것을 확인할 수 있다.

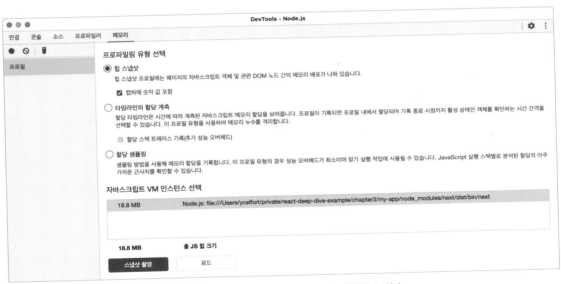

그림 7.36 Node로 실행한 next를 이곳에서 확인할 수 있다.

이제 앞서와 마찬가지로 크롬 개발자 도구에서 디버깅할 준비가 끝났다.

## 7.6.2 Next.js 서버에 트래픽 유입시키기

브라우저에서 발생하는 메모리 누수의 경우 사용자가 웹페이지에서 이용할 수 있는 몇 가지 시나리오를 흉내내면서 메모리 누수 여부를 확인할 수 있었다. 그러나 서버 사이드 렌더링과 같이 서버에서 제공되는 서비스의 경우 서버를 실행한 뒤 사용자가 서서히 유입되면서 메모리 누수가 발생하는 경우가 많다. 따라서 서버에 직접 트래픽을 발생시켜서 확인하는 편이 제일 확실한 방법이다.

7.6.1절에서 설명한 단계를 거쳐 디버그 모드로 Next.js를 실행했다면 이제 사용자의 트래픽이 서버로 몰리는 상황을 시뮬레이션해 보자. 새로고침이나 다른 컴퓨터를 이용해서 접속하는 것보다 더 편리한 방법은 바로 오픈소스 도구인 ab[2]를 사용하는 것이다. ab는 아파치 재단에서 제공하는 웹서버 성능 검사 도구로, HTTP 서버의 성능을 벤치마킹할 수 있는 도구다. 터미널에서 다음과 같이 실행해 보자.

```
» ab -k -c 50 -n 10000 "http://127.0.0.1:3000/"
```

이 명령어는 http://127.0.0.1:3000/을 향해 한 번에 50개의 요청을 총 10,000회 시도한다. 로컬에서 테스트할 경우 주소를 localhost로 하면 정상적으로 실행되지 않으니 반드시 IP나 올바른 주소를 기재해야 한다. 이 명령어를 실행하면 다음과 같이 요청이 실행되는 것을 확인할 수 있다.

```
This is ApacheBench, Version 2.3 <$Revision: 1901567 $>
Copyright 1996 Adam Twiss, Zeus Technology Ltd, http://www.zeustech.net/
Licensed to The Apache Software Foundation, http://www.apache.org/

Benchmarking 127.0.0.1 (be patient)
Completed 1000 requests
Completed 2000 requests
Completed 3000 requests
Completed 4000 requests
Completed 5000 requests
Completed 6000 requests
Completed 7000 requests
Completed 8000 requests
Completed 9000 requests
Completed 10000 requests
Finished 10000 requests


Server Software:
Server Hostname:        127.0.0.1
Server Port:            3000
```

---

2  https://httpd.apache.org/docs/current/ko/programs/ab.html

```
Document Path:          /
Document Length:        1304 bytes


Concurrency Level:      50
Time taken for tests:   7.378 seconds
Complete requests:      10000
Failed requests:        0
Keep-Alive requests:    0
Total transferred:      15370000 bytes
HTML transferred:       13040000 bytes
Requests per second:    1355.34 [#/sec] (mean)
Time per request:       36.891 [ms] (mean)
Time per request:       0.738 [ms] (mean, across all concurrent requests)
Transfer rate:          2034.33 [Kbytes/sec] received

Connection Times (ms)
              min  mean[+/-sd] median   max
Connect:        0    3   1.9      2      17
Processing:     8   34   8.6     33      98
Waiting:        3   17   6.7     16      92
Total:         11   36   9.0     35      99

Percentage of the requests served within a certain time (ms)
  50%     35
  66%     37
  75%     39
  80%     40
  90%     45
  95%     51
  98%     63
  99%     71
 100%     99 (longest request)
```

ab를 사용하면 단순히 요청을 수행하는 것뿐만 아니라 요청으로부터 응답받는 데 걸린 시간, 바이트 크기 등
다양한 정보를 확인할 수 있다. 그러나 이번 장에서는 ab에 대한 사용법을 다루는 게 주목적이 아니라, 서버
환경의 메모리 누수를 확인하는 것이 목적이므로 ab에 대한 자세한 내용은 다루지 않는다. 자세한 내용은 공
식 문서를 참고하기 바란다.

## 7.6.3 Next.js의 메모리 누수 지점 확인하기

다음 예제는 getServerSideProps가 있는 Next.js 페이지로서 getServerSideProps가 실행될 때마다 전역 변수로 선언된 access_users에 끊임없이 push를 수행한다. 해당 페이지에 사용자가 방문할 때마다 메모리 사용이 점차 늘어날 것으로 예상된다.

```
import type { GetServerSidePropsContext, NextPage } from 'next'

const access_users = []

function Home({ currentDateTime }: { currentDateTime: number }) {
  return <>{currentDateTime}</>
}

export const getServerSideProps = (ctx: GetServerSidePropsContext) => {
  const currentDateTime = new Date().getTime()

  access_users.push({
    user: `user-${Math.round(Math.random() * 100000)}`,
    currentDateTime,
  })

  return {
    props: {
      currentDateTime,
    },
  }
}

export default Home
```

이를 디버그 모드로 실행한 후 실제로 누수가 발생하고 있는지 확인해 보자.

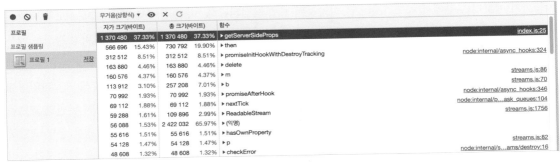

그림 7.37 메모리 누수가 있는 next 애플리케이션을 메모리 탭에서 확인한 모습

그리고 브라우저에서 next 애플리케이션을 방문한 뒤 다시 메모리 탭에서 메모리 변화를 살펴보자.

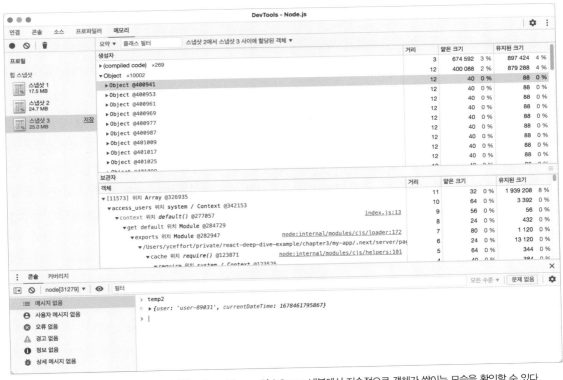

그림 7.38 Next.js를 크롬으로 디버깅한 모습. getServerSideProps 내부에서 지속적으로 객체가 쌓이는 모습을 확인할 수 있다.

메모리 도구로 프로파일링한 결과, getServerSideProps의 다수 실행과 메모리 누수를 확인할 수 있다. getServerSideProps는 페이지 접근 요청이 있을 때마다 실행되는 함수이므로 최대한 부수 효과가 없는 순수 함수로 만들어야 한다. 만약 이 함수 내부에서 외부 스코프의 변수에 의존하는 작업을 한다면 지금과 같은 메모리 누수 상황을 마주할 수도 있을 것이다.

지금까지 메모리 도구에서 메모리 현황을 파악하는 방법을 살펴봤다. 이번 장에서 만든 예제는 모두 극단적인 상황을 가정했기 때문에 메모리 탭에서 이상 현상을 찾기가 매우 쉬웠다. 그러나 실제 디버깅 과정은 매우 어렵고 귀찮은 작업이다. 대부분의 경우에는 메모리 누수의 원인이 불명확하고, 코드를 아무리 봐도 잘 이해되지 않는 경우가 많기 때문에 메모리 누수가 의심되는 지점을 찾고, 코드를 수정하고, 다시 또 프로파일링해서 문제가 해결되는지 확인해야 하는 지루하고 긴 과정을 반복해야 한다. 이렇게 찾은 원인이 본인의 코드일수도, 혹은 npm 라이브러리일 수도 있기 때문에 많은 가능성을 열어두고 봐야 한다. 이 과정은 분명 숙달하기도 어려운 문제이지만 반복해서 문제를 파고들다 보면 결국 원인을 파악하고 수정해서 더욱 안정적인 서비스를 제공할 수 있을 것이다.

## 7.7 정리

지금까지 크롬 개발자 도구에서 활용할 수 있는 각종 디버깅 도구에 대해 살펴봤다. 크롬 개발자 도구에서는 앞서 소개한 5가지 탭 외에도 다양한 기능이 있는데, 나머지 기능에 대해서는 이후 9장에서 성능에 대해 이야기할 때 더 자세히 알아본다.

크롬 개발자 도구는 여기서 다룬 내용 이상으로 다양한 기능을 제공하며, 더 다양한 기능을 살펴보고 싶다면 크롬 개발자 도구의 공식 홈페이지[3]를 방문해서 살펴보는 것이 좋다. 그러나 꼭 모든 기능을 파악하고 있지 않더라도 지금까지 언급한 내용 위주로도 웹사이트를 디버깅하는 데 큰 문제가 없을 것이다. 만약 알 수 없는 문제에 부딪혔을 때, 사용 중인 라이브러리의 작동 방식을 알고 싶을 때, 마지막으로 꼭 리액트로 만들어진 웹페이지가 아니더라도 웹페이지의 작동 방식을 자세히 이해하고 싶다면 개발자 도구를 적극 활용하자. 크롬 개발자 도구에는 웹페이지에서 일어나는 모든 정보가 담겨져 있다.

---

3  https://developer.chrome.com/docs/devtools/

# 08 장

# 좋은 리액트 코드 작성을 위한
# 환경 구축하기

코드를 작성하는 것도 중요하지만 코드 작성 만큼 중요한 것이 좋은 코드를 작성할 수 있는 환경을 구축하는 것이다. 이번 장에서는 좋은 코드를 작성하기 위한 사전 작업인 ESLint와 리액트를 테스트할 수 있는 리액트 테스트 라이브러리에 대해 살펴보고자 한다. ESLint를 활용한 정적 분석과 리액트 테스트 라이브러리를 충분히 활용한다면 웹 서비스가 서비스되기 전에 미리 여러 가지 문제를 점검하고 확인할 수 있다.

## 8.1 ESLint를 활용한 정적 코드 분석

개발자에게 버그란 항상 따라다니는 그림자와 같다. 모든 개발자들이 버그가 없는 제품을 만들기 위해 최선을 다하지만 늘 그렇듯 버그는 예기치 못한 곳에서 매번 발생한다. 이러한 버그와 예기치 못한 작동을 방지하기 위한 여러 가지 방법이 있으며, 그중 가장 빠르게 시도해 볼 수 있는 방법은 바로 정적 코드 분석이다. 정적 코드 분석이란 코드의 실행과는 별개로 코드 그 자체만으로 코드 스멜(잠재적으로 버그를 야기할 수 있는 코드)을 찾아내어 문제의 소지가 있는 코드를 사전에 수정하는 것을 의미한다. 그리고 자바스크립트 생태계에서 가장 많이 사용되는 정적 코드 분석 도구는 바로 ESLint[1]다. 이번 장에서는 ESLint가 무엇인지, 또 리액트 기반 애플리케이션에서는 어떻게 사용하면 좋을지 살펴보자.

---

1  https://eslint.org/

## 8.1.1 ESLint 살펴보기

자바스크립트 프로젝트를 시작할 때 가장 먼저 하는 일 중 하나는 바로 ESLint를 설치하는 것이다. ESLint를 안 써본 사람은 있어도 한 번만 써본 사람은 없다는 말이 있을 정도로 ESLint는 자바스크립트 코드 생산성 향상에 지대한 공헌을 한다. 그러나 단순히 ESLint를 사용하는 것 이상으로 ESLint가 어떻게 동작하는지 아는 사람은 많지 않다. ESLint는 도대체 어떤 방식으로 자바스크립트 코드를 정적 분석할 수 있을까?

### ESLint는 어떻게 코드를 분석할까?

ESLint는 자바스크립트 코드를 정적 분석해 잠재적인 문제를 발견하고 나아가 수정까지 도와주는 도구다. 그렇다면 ESLint는 어떻게 자바스크립트 코드를 읽어서 분석하는 것일까? 간단하게 요약하면 다음과 같다.

1. 자바스크립트 코드를 문자열로 읽는다.
2. 자바스크립트 코드를 분석할 수 있는 파서(parser)로 코드를 구조화한다.
3. 2번에서 구조화한 트리를 AST(Abstract Syntax Tree)라 하며, 이 구조화된 트리를 기준으로 각종 규칙과 대조한다.
4. 규칙과 대조했을 때 이를 위반한 코드를 알리거나(report) 수정한다(fix).

여기서 주목해야 할 것은 1번 과정에서 읽은 코드를 구조화하는 과정인 2번이다. 자바스크립트를 분석하는 파서에는 여러 가지가 있는데, ESLint는 기본값으로 espree[2]를 사용한다. 그럼 espree는 자바스크립트 파일을 어떻게 구조화하는 것일까? 다음 예제 코드를 espree로 분석해 보자.

```
function hello(str) {}
```

이 코드를 espree로 분석하면 다음과 같이 JSON 형태로 구조화된 결과를 얻을 수 있다.

```
{
  "type": "Program",
  "start": 0,
  "end": 22,
  "range": [0, 22],
  "body": [
    {
      "type": "FunctionDeclaration",
      "start": 0,
```

---

2  https://github.com/eslint/espree

```json
  "end": 22,
  "range": [0, 22],
  "id": {
    "type": "Identifier",
    "start": 9,
    "end": 14,
    "range": [9, 14],
    "name": "hello"
  },
  "expression": false,
  "generator": false,
  "async": false,
  "params": [
    {
      "type": "Identifier",
      "start": 15,
      "end": 18,
      "range": [15, 18],
      "name": "str"
    }
  ],
  "body": {
    "type": "BlockStatement",
    "start": 20,
    "end": 22,
    "range": [20, 22],
    "body": []
  }
  }
  ],
  "sourceType": "module"
}
```

espree나 다른 파서로 자바스크립트/타입스크립트 코드를 분석해 보고 싶다면 AST explorer[3]를 방문해 보자. 사실 앞의 코드는 AST explorer에서 파서를 espree로 설정하고 분석한 결과다.

단순히 한 줄밖에 안 되는 함수 내부 코드가 아무것도 없는 단순한 자바스크립트 코드임에도 불구하고 JSON 으로 생성된 트리에 다양한 정보가 담겨 있음을 확인할 수 있다. espree 같은 코드 분석 도구는 단순히 변

---

3  https://astexplorer.net/

수인지, 함수인지, 함수명은 무엇인지 등만 파악하는 것이 아니라 코드의 정확한 위치와 같은 아주 세세한 정보도 분석해 알려준다. 이러한 자세한 정보가 있어야만 ESLint나 Prettier 같은 도구가 코드의 줄바꿈, 들여쓰기 등을 파악할 수 있게 된다. 이번 장에서는 espree로 정적 코드를 분석하는 방법이 아닌 espree를 사용한 ESLint를 활용하는 방법을 위주로 다루기 때문에 espree에 대해서는 자세히 다루지 않는다. espree가 코드를 어떻게 분석하는지, 또 어떻게 결과를 만드는지, 또 나올 수 있는 값들이 무엇인지 등이 궁금하다면 espree의 문서[4]를 살펴보면 된다.

타입스크립트의 경우도 마찬가지로 @typescript-eslint/typescript-estree[5]라고 하는 espree 기반 파서가 있으며, 이를 통해 타입스크립트 코드를 분석해 구조화한다. 이 파서도 마찬가지로 AST explorer에서 사용해 볼 수 있다.

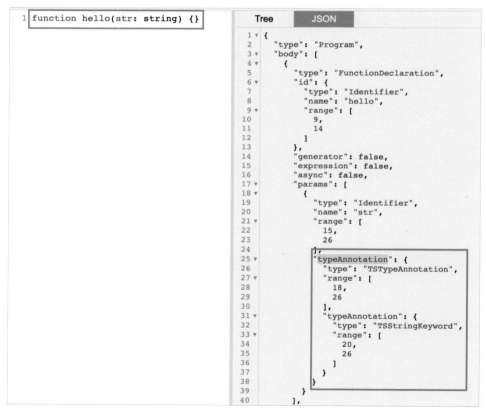

그림 8.1 @typescript-eslint/typescript-estree를 사용해 타입스크립트 코드를 분석한 모습. espree로 분석한 자바스크립트 코드와 매우 비슷하며, 여기에 추가로 타입스크립트의 타입 정보가 추가돼 있음을 알 수 있다.

---

4  https://github.com/eslint/espree#espree
5  https://github.com/typescript-eslint/typescript-eslint/tree/main/packages/typescript-estree

ESLint가 espree로 코드를 분석한 결과를 바탕으로, 어떤 코드가 잘못된 코드이며 어떻게 수정해야 할지도 정해야 한다. 이를 ESLint 규칙(rules)이라고 하며, 특정한 규칙의 모음을 plugins라고 한다. plugins에 대해 다루기 앞서 먼저 규칙을 살펴보자. 예를 들어, 코드에서 debugger의 사용을 금지하고 싶다고 가정해 보자. debugger는 코드 개발 과정에서만 사용해야 하는 구문으로, 프로덕션 애플리케이션에서는 절대 존재해서는 안 되는 구문이다. 이 구문을 ESLint를 이용해 사용을 금지하는 규칙을 만든다고 가정해 보자. 먼저 debugger가 espree로 분석하면 어떻게 변환되는지 알아야 한다. debugger를 espree로 분석하면 다음과 같은 결과를 확인할 수 있다.

**[코드 8.1] debugger만 있는 코드를 espree로 분석한 모습**

```json
{
  "type": "Program",
  "body": [
    {
      "type": "DebuggerStatement",
      "range": [0, 8]
    }
  ],
  "sourceType": "module",
  "range": [0, 8]
}
```

body의 type이 DebuggerStatement를 반환하는 것을 확인할 수 있다. 그리고 이 debugger 사용을 제한하는 규칙인 no-debugger를 확인해 보자.

**[코드 8.2] no-debugger 규칙**

```js
module.exports = {
  meta: {
    type: 'problem',
    docs: {
      description: 'Disallow the use of `debugger`',
      recommended: true,
      url: 'https://eslint.org/docs/rules/no-debugger',
    },
    fixable: null,
    schema: [],
    messages: {
      unexpected: "Unexpected 'debugger' statement.",
```

```
      },
    },
  create(context) {
    return {
      DebuggerStatement(node) {
        context.report({
          node,
          messageId: 'unexpected',
        })
      },
    }
  },
}
```

코드를 하나씩 살펴보자. 먼저 `meta`는 이름에서 알 수 있듯 해당 규칙과 관련된 메타 정보를 나타낸다. 규칙을 어겼을 때 반환하는 경고 문구인 `messages`, 문서화에 필요한 정보인 `docs`, `eslint --fix`로 수정했을 때 수정 가능한지 여부를 나타내는 `fixable` 등을 확인할 수 있다.

그리고 `create`가 실제로 코드에서 문제점을 확인하는 곳이다. `create`에 있는 함수는 `espree`로 만들어진 AST 트리를 실제로 순회해, 여기서 선언한 특정 조건을 만족하는 코드를 찾고, 이러한 작업을 코드 전체에서 반복한다. 즉, 여기서는 `DebuggerStatement`를 만나면 해당 노드를 리포트해 `debugger`를 사용했다는 것을 알려준다.

```
/Users/yceffort/private/sample/pages/index.tsx
  16:1   error   Unexpected 'debugger' statement                    no-debugger
```

ESLint가 `espree`를 기반으로 분석한 코드를 바탕으로 rule에서 지정한 문제가 있는지 리포트하는 과정을 살펴봤다. ESLint는 기본적으로 몇 가지 규칙을 제공하는데, 이와 관련된 규칙은 공식 홈페이지[6]에서 찾아볼 수 있다. 여기에는 단순히 자바스크립트 관련 기본적인 규칙만 있지만 앞으로 살펴볼 타입스크립트, 리액트 등 자바스크립트 생태계를 둘러싼 다양한 규칙이 있다.

지금까지 ESLint가 어떻게 자바스크립트 코드를 분석해 코드 스멜을 찾는지 알아봤다. 이어서 본격적으로 ESLint를 설치하고 사용하려면 어떠한 것들을 준비해야 하는지 살펴보자.

---

6  https://eslint.org/docs/latest/rules

## 8.1.2  eslint-plugin과 eslint-config

ESLint를 설치해 본 적이 있다면 eslint-plugin-이나 eslint-config-로 시작하는 각종 ESLint 관련 npm 패키지를 본 적이 있을 것이다. eslint-plugin과 eslint-config는 모두 ESLint와 관련된 패키지지만 각각의 역할이 다르다.

### eslint-plugin

eslint-plugin이라는 접두사로 시작하는 플러그인은 앞서 언급했던 규칙을 모아놓은 패키지다. 예를 들어, eslint-plugin-import[7]라는 패키지를 살펴보자. 해당 패키지는 자바스크립트에서 다른 모듈을 불러오는 import와 관련된 다양한 규칙을 제공한다. 또 한 가지 눈여겨봐야 할 패키지는 바로 리액트 관련 규칙을 제공하는 eslint-plugin-react[8]다. 만약 코드를 작성하다가 JSX 배열에 키를 선언하지 않았다는 경고 메시지를 본 적이 있다면 바로 이 eslint-plugin-react가 제공하는 규칙 중 하나인 react/jsx-key가 경고를 보여준 것이다. 만약 이러한 규칙이 없다면 뒤늦게 브라우저의 콘솔에서 경고해 주는 내용을 확인해야만 수정이 가능하다. 비록 ESLint는 말 그대로 코드 정적 분석 도구라서 key가 유니크한 값인지까지는 확인해 줄 수 없지만 존재 여부만 확인해도 큰 도움을 받을 수 있다. JSX 배열에서 key가 누락된 경우에 경고를 보여주기 위해 이 규칙에서 export하는 create 함수[9]를 살펴보면 개발자 입장에서는 별거 아닌 것 같아 보이는 규칙을 위해 엄청나게 복잡한 코드가 숨겨져 있다는 것을 알 수 있다.

### eslint-config

eslint-plugin이 리액트, import와 같이 특정 프레임워크나 도메인과 관련된 규칙을 묶어서 제공하는 패키지라면 eslint-config는 이러한 eslint-plugin을 한데 묶어서 완벽하게 한 세트로 제공하는 패키지라 할 수 있다.

예를 들어, 어떤 조직에 여러 자바스크립트 저장소가 있고, 이 저장소는 모두 리액트 기반의 비슷한 개발 환경으로 구성돼 있으며, 이 개발 환경에 맞는 ESLint 규칙과 정의를 일괄적으로 적용하고 싶다고 가정해 보자. 물론 eslint-plugin도 규칙을 묶어서 제공하지만 여기에 필요한 eslint-plugin 또한 여러 가지가 있을 수 있다. 이처럼 여러 프로젝트에 걸쳐 동일하게 사용할 수 있는 ESLint 관련 설정을 제공하는 패키지가 바로 eslint-config다.

내 입맛에 맞는, 내가 원하는 규칙들을 한데 모아서 설치하고 적용하는 것도 좋지만 ESLint를 설정하는 것

---

7  https://www.npmjs.com/package/eslint-plugin-import
8  https://github.com/jsx-eslint/eslint-plugin-react
9  https://github.com/jsx-eslint/eslint-plugin-react/blob/b52e0caf98cff122da9e3a92dacac355d3fe2e48/lib/rules/jsx-key.js#L66-L251. 단축 URL: https://bit.ly/46pbYcl

또한 만만치 않기 때문에 대부분의 경우 이미 존재하는 eslint-config를 설치해서 빠르게 적용하는 경우가 일반적이다. 자바스크립트 내지는 타입스크립트 기반 리액트 개발자가 지금 당장 설치해서 사용할 수 있는 유명한 eslint-config를 알아보자.

참고로 eslint-plugin과 eslint-config의 네이밍과 관련된 규칙이 한 가지 있는데, eslint-plugin, eslint-config라는 접두사를 준수해야 하며, 반드시 한 단어로 구성해야 한다. 예를 들어, eslint-plugin-naver는 가능하지만 eslint-plugin-naver-financials는 불가능하다. 특정 스코프가 앞에 붙는 것까지는 가능하다. 예를 들어, @titicaca/eslint-config-triple은 가능하지만 마찬가지로 @titicaca/eslint-config-triple-rules는 불가능하다.

이러한 eslint-config를 만드는 것은 굉장히 번거로운 일이기 때문에 개인 개발자가 만드는 일은 드물고, 일부 IT 기업들에서 공개한 잘 만들어진 eslint-config를 설치해서 사용하는 것이 일반적이다. 지금 바로 사용할 수 있는 라이브러리에는 대표적으로 무엇이 있는지 살펴보자.

### eslint-config-airbnb

eslint-config-airbnb[10]는 지금까지도 리액트 기반 프로젝트에서 eslint-config를 선택한다고 가정했을 때 가장 먼저 손에 꼽는 eslint-config다. 프로젝트 소개의 맨 첫 줄에서 자랑하는 것처럼 자바스크립트 프로젝트에 적용할 ESLint 중에서는 가장 합리적인 선택이 될 수 있다. 이름에서 알 수 있듯 에어비앤비(Airbnb)에서 만들었으며, 에어비앤비 개발자뿐만 아니라 500여 명의 수많은 개발자가 유지보수하고 있는 단연 가장 유명한 eslint-config이며, 다른 유명한 config인 eslint-config-google이나 eslint-config-naver 대비 압도적인 다운로드 수를 자랑한다.

- 제공하는 규칙
  - **자바스크립트**: https://github.com/airbnb/javascript#types
  - **리액트**: https://github.com/airbnb/javascript/tree/master/react
- **설치 가이드**: https://github.com/airbnb/javascript/tree/master/packages/eslint-config-airbnb#eslint-config-airbnb-1

### @titicaca/triple-config-kit

@titicaca/triple-config-kit[11]는 한국 커뮤니티에서 운영되는 eslint-config 중 유지보수가 활발한 편에 속하며, 많이 쓰이는 eslint-config 중 하나다. 스타트업 개발사인 트리플(현 인터파크트리플)에서 개발하고 있으며, 현재도 꾸준히 업데이트되고 있다. 이 eslint-config는 다른 패키지와 다른 몇 가지 특징이 있다.

---

10 https://github.com/airbnb/javascript
11 https://github.com/titicacadev/triple-config-kit

대부분의 eslint-config가 앞서 언급한 eslint-config-airbnb를 기반으로 약간의 룰을 수정해 배포되고 있는 것과 다르게 해당 패키지는 자체적으로 정의한 규칙을 기반으로 운영되고 있다. eslint-config-airbnb를 기반으로 하지 않았음에도 대부분의 유용하고 자바스크립트 개발자 사이에서 널리 알려진 규칙은 모두 제공하기 때문에 사용하는 데 큰 지장이 없다.

또 한 가지 눈여겨볼 만한 것은 외부로 제공하는 규칙에 대한 테스트 코드가 존재한다는 것이다. 이는 eslint-config를 사용하는 개발자가 규칙을 수정하거나 추가할 때, 기대하는 바대로 eslint-config-triple에서 규칙이 추가됐는지 확인할 수 있다. 그리고 CI/CD 환경, 카나리 배포 등 일반적인 npm 라이브러리 구축 및 관리를 위한 시스템이 잘 구축돼 있다. 그리고 별도의 frontend 규칙도 제공하고 있어 Node.js 환경 또는 리액트 환경에 맞는 규칙을 적용할 수 있다는 장점도 있다.

@titicaca/triple-config-kit는 ESLint뿐만 아니라 Prettier와 Stylelint를 각각 별도의 룰인 @titicaca/prettier-config-triple, @titicaca/stylelint-config-triple로 모노레포를 만들어 관리하고 있어 Prettier나 Stylelint도 필요에 따라 설치해서 사용할 수 있다.

한국어권 커뮤니티에서 유지보수되고 있는 eslint-config를 사용하고 싶거나 혹은 자체적인 eslint-config 구축에 관심이 있다면 많은 도움이 될 것이다. 이번 react-deep-dive-example 예제도 대부분 이 triple-config-kit를 활용해 코드 스타일을 맞추고 있다.

### eslint-config-next

eslint-config-next[12]는 리액트 기반 Next.js 프레임워크를 사용하고 있는 프로젝트에서 사용할 수 있는 eslint-config다. Next.js 11 버전부터 만들어져 제공되고 있으며, Next.js 기반으로 코딩하는 데 유용한 각종 기능을 제공한다. 이 eslint-config-next에서 눈여겨볼 점은 단순히 자바스크립트 코드를 정적으로 분석할 뿐만 아니라 페이지나 컴포넌트에서 반환하는 JSX 구문 및 _app, _document에서 작성돼 있는 HTML 코드 또한 정적 분석 대상으로 분류해 제공한다는 점이다. 이는 단순히 자바스크립트 코드에 대한 향상뿐만 아니라 전체적인 Next.js 기반 웹 서비스의 성능 향상에 도움이 될 수 있다는 점에서 매우 유용하다. 여기에는 또한 이후에 설명할 핵심 웹 지표(core web vitals)라고 하는 웹 서비스 성능에 영향을 미칠 수 있는 요소들을 분석해 제공하는 기능도 포함돼 있다. 따라서 Next.js로 작성된 코드라면 반드시 설치하는 것이 좋을 것이다.

- 제공하는 규칙: https://nextjs.org/docs/basic-features/eslint#eslint-plugin

- 설치 가이드: https://nextjs.org/docs/basic-features/eslint

---

12 https://github.com/vercel/next.js/blob/canary/packages/eslint-config-next

## 8.1.3 나만의 ESLint 규칙 만들기

자바스크립트 코드를 작성하다 보면 `eslint-config`나 `eslint-plugin`에서 제공하고 있지 않지만 같은 코드를 수정하는 조직 내부에서 필요로 하는 규칙 또는 코드의 변화로 인해 일관적으로 고쳐야 하는 코드가 있을 수도 있다. 이런 코드를 파일 내부에서 찾아 바꾸기로 수정하거나, 혹은 풀 리퀘스트(pull request)의 코드 리뷰에서 확인해서 수정하는 것도 좋지만 사람이 일일이 확인해서 고치는 것은 비효율적이며 실수할 가능성도 있다. 이런 경우에 사용할 수 있는 방법이 바로 나만의 ESLint 규칙을 생성하는 것이다. ESLint 규칙을 생성해 관리하면 개발자가 일일이 수정하는 것보다 훨씬 더 빠르고 쉽게 수정할 수 있고, 이후에 반복되는 실수 또한 방지할 수 있어 매우 유용하다. 따라서 이번 절에서는 내게 필요한 ESLint 규칙을 만들고 적용하는 방법을 알아보겠다.

**이미 존재하는 규칙을 커스터마이징해서 적용하기: import React를 제거하기 위한 ESLint 규칙 만들기**

이후 8장에서 소개할 예정이지만 리액트 17 버전부터는 새로운 JSX 런타임 덕분에 `import React` 구문이 필요 없어졌다. 이에 따라 `import React`를 삭제하게 되면 아주 약간이나마 번들러의 크기를 줄일 수 있게 된다. 다음 두 코드를 살펴보자.

**【코드 8.3】** import React가 있는 코드

```
// Component
// 다음과 같은 컴포넌트가 100개 있다고 가정
import React from 'react'

export function Component1() {
  return <div>hello world!</div>
}

// App
import React from 'react'
import Component1 from './Components/1'
import Component2 from './Components/2'
// ...
import Component100 from './Components/100'

function App() {
  return (
    <div className="App">
      <Component1 />
      <Component2 />
```

```
      {/* ... */}
      <Component100 />
    </div>
  )
}

export default App
```

**【코드 8.4】** import React가 없는 코드

```
// Component
// 다음과 같은 컴포넌트가 100개 있다고 가정
export function Component1() {
  return <div>hello world!</div>
}

// App
import Component1 from './Components/1'
import Component2 from './Components/2'
// ...
import Component100 from './Components/100'

function App() {
  return (
    <div className="App">
      <Component1 />
      <Component2 />
      {/* ... */}
      <Component100 />
    </div>
  )
}

export default App
```

그리고 두 앱을 모두 동일하게 실행하면 아주 약간의 차이가 있는 것을 확인할 수 있다.

```
"use strict";
__webpack_require__.r(__webpack_exports__);
/* harmony export */ __webpack_require__.d(__webpack_exports__, {
/* harmony export */   "default": () => (/* binding */ Component1)
/* harmony export */ });
/* harmony import */ var react__WEBPACK_IMPORTED_MODULE_0__ = __webpack_require__(/*! react */ "./node_modules/react/index.js");
/* harmony import */ var react_jsx_dev_runtime__WEBPACK_IMPORTED_MODULE_1__ = __webpack_require__(/*! react/jsx-dev-runtime */ "./node
/* provided dependency */ var __react_refresh_utils__ = __webpack_require__(/*! ./node_modules/@pmmmwh/react-refresh-webpack-plugin/l:
__webpack_require__.$Refresh$.runtime = __webpack_require__(/*! ./node_modules/react-refresh/runtime.js */ "./node_modules/react-refre
```

```
"use strict";
__webpack_require__.r(__webpack_exports__);
/* harmony export */ __webpack_require__.d(__webpack_exports__, {
/* harmony export */   "default": () => (/* binding */ Component1)
/* harmony export */ });
/* harmony import */ var react_jsx_dev_runtime__WEBPACK_IMPORTED_MODULE_0__ = __webpack_require__(/*! react/jsx-dev-runtime
/* provided dependency */ var __react_refresh_utils__ = __webpack_require__(/*! ./node_modules/@pmmmwh/react-refresh-webpac
__webpack_require__.$Refresh$.runtime = __webpack_require__(/*! ./node_modules/react-refresh/runtime.js */ "./node_modules/
```

```
 ls -al
total 7064
drwxr-xr-x@   4 yceffort  staff      128 10  1 14:54 .
drwx------@ 149 yceffort  staff     4768 10  1 14:54 ..
-rw-r--r--@   1 yceffort  staff  1798296 10  1 14:54 after.js
-rw-r--r--@   1 yceffort  staff  1810818 10  1 14:54 before.js
```

그림 8.2 첫 번째 그림은 import React가 포함돼 있는 코드이고, 두 번째는 없는 코드를 나타낸다. 그리고 세 번째 그림은 두 코드의 파일 크기를 보여준다.

먼저 첫 번째 코드를 살펴보면 모든 파일에 `/* harmony import */ var react__WEBPACK_IMPORTED_MODULE_0__ = __webpack_require__(/*! react */ "./node_modules/react/index.js");`가 존재하는 것을 볼 수 있다. 그리고 이렇게 웹팩에서 선언한 `react__WEBPACK_IMPORTED_MODULE_0__` 변수는 선언만 됐을 뿐 어디에서도 쓰이지 않는다. 이렇게 쓰이지도 않는 변수가 import React를 사용한 횟수만큼 추가돼 있을 것이다. 그리고 import React가 없는 코드에서는 해당 변수가 존재하지 않고, 그 덕분에 파일의 크기도 조금이나마 차이가 있음을 알 수 있다. 이처럼 리액트 17 버전을 사용하고 있다면 import React 구문을 모두 확인한 후에 제거하는 것이 좋다.

해당 코드는 시각적인 확인을 위해 create-react-app에서 `npm run start`로 실행한 뒤 제공되는 bundle.js로 확인한 코드다. 그러나 두 코드가 import React 외에 모두 동일한 코드라는 가정하에 `npm run build`로 빌드된 자바스크립트 파일을 비교하면 정확히 똑같은 크기가 되는 것을 확인할 수 있다. 이는 웹팩에서 제공하는 트리쉐이킹[13] 기능이 사용하지 않는 코드를 모두 삭제하기 때문이다. 결과적으로 두 코드의 크기가 완전히 동일하다 하더라도 import React를 제거하는 것은 여전히 유용하다. 왜냐하면 웹팩이 트리쉐이킹을 하는 데 걸리는 시간을 그만큼 줄일 수 있기 때문이다. 트리쉐이킹에 소요되는 시간이 없어진다면 자연스럽게 빌드 속도 또한 빨라질 것이다.

---

13 트리쉐이킹이란 번들러가 코드 어디에서도 사용하지 않는 코드(dead code, 이른바 죽은 코드)를 삭제해서 최종 번들 크기를 줄이는 과정을 의미한다. 나무의 나뭇잎을 털어낸다는 의미에서 유래했다.

이제 이렇게 사용되는 import React에 대해 리포트할 수 있는 ESLint 규칙을 만들어보자. 이번에는 완전히 새로운 규칙을 만드는 대신 기존 규칙을 커스터마이징해서 해당 이슈를 감지하고자 한다. 여기서 사용할 규칙은 no-restricted-imports[14]다.

이 규칙은 어떠한 모듈을 import하는 것을 금지하기 위해 만들어진 규칙이다. 이 규칙은 추가적으로 인수를 제공하면 import할 수 있는 모듈을 제한할 수 있는데, 이를 활용하면 import React를 금지할 수 있다. 다음 코드를 보자.

**【코드 8.5】.eslintrc.js 파일**

```javascript
module.exports = {
  rules: {
    'no-restricted-imports': [
      'error',
      {
        // paths에 금지시킬 모듈을 추가한다.
        paths: [
          {
            // 모듈명
            name: 'react',
            // 모듈의 이름
            importNames: ['default'],
            // 경고 메시지
            message:
              "import React from 'react'는 react 17부터 더 이상 필요하지 않습니다. 필요한 것만 react로부터 import해서 사용해 주세요.",
          },
        ],
      },
    ],
  },
}
```

우리가 금지시킬 모듈은 react인데, 그중에서도 default export만 금지시킬 것이다. 그래야 import React 만 올바르게 필터링할 수 있다. 이 exports를 제대로 하지 않는다면 모든 "import {} from 'react'"에 에러 가 있다는 잘못된 ESLint 리포트가 만들어질 것이다. 이를 위해 paths의 name과 importNames에 각각 react 와 default를 넣고, 이 룰이 왜 생겼는지 경고할 메시지까지 적절하게 추가했다. 이제 코드를 실행한 뒤 살 펴보자.

---

**14** https://eslint.org/docs/latest/rules/no-restricted-imports

» npm run lint
> [redacted]@0.0.1 lint
> eslint '**/*.{ts,tsx,js,jsx}'
/Users/yceffort[redacted]pages/test.tsx
1:8 error 'default' import from 'react' is restricted. import React from 'react'는 react 17부터 더 이상 필요하지 않습니다. 필요한 것만 react로 부터 import해서 사용해주세요 no-restricted-imports
✖ 1 problem (1 error, 0 warnings)
import React from 'react' 7.3k (gzipped: 3k)
(alias) namespace React
import React
export
ret
}
3개 정의를 표시하려면 클릭하세요.
'default' import from 'react' is restricted. import React from 'react'는 react 17부터 더이상 필요하지 않습니다. 필요한 것만 react로 부터 import해서 사용해주세요. eslint(no-restricted-imports)
문제 보기 빠른 수정... (⌘.)

그림 8.3 앞에서 생성한 커스텀 규칙을 적용해 import React를 금지시킨 모습

이제 ESLint를 실행하면 코드에서 에러가 발생하고, ESLint 설정이 추가돼 있는 코드 에디터에서도 해당 규칙이 적용되어 에러가 발생하는 것을 확인할 수 있다. (위 코드는 VS Code 내부에 설치한 ESLint 플러그인으로 확인한 것이다.) 이러한 원리를 활용하면 트리쉐이킹이 되지 않는 lodash[15] 같은 라이브러리를 import 하는 것도 방지할 수 있다.

```
module.exports = {
  rules: {
    'no-restricted-imports': [
      'error',
      {
        name: 'lodash',
        message:
          'lodash는 CommonJS로 작성돼 있어 트리쉐이킹이 되지 않아 번들 사이즈를 크게 합니다. lo-
dash/* 형식으로 import 해주세요.',
      },
    ],
  },
}
```

다음은 위 코드를 적용했을 때 볼 수 있는 ESLint 경고 문고다(VS Code 기준).

15 https://yceffort.kr/2020/07/how-commonjs-is-making-your-bundles-larger

```
import omit from 'lodash/omit'   22k (gzipped: 6.8k)
import {pick} from 'lodash'   71.5k (gzipped: 25.2k)
'lodash' import is restricted from being used. lodash는 CommonJS로 작
성되어 있어 트리쉐이킹이 되지 않아 번들 사이즈를 크게 합니다. lodash/* 형식으로
import 해주세요. eslint(no-restricted-imports)

문제 보기   빠른 수정... (⌘.)

    return <div>안녕하세요</div>
}
```

그림 8.4 앞에서 생성한 커스텀 규칙을 적용해 import something from 'lodash'를 금지시킨 모습. lodash/something은 문제없이 작동하는 것 또한 볼 수 있다.

이런 식으로 no-restricted-imports를 커스터마이징하면 import하는 모듈을 제한할 수 있다. 이 밖에도 다양하게 커스터마이징할 수 있는 룰이 있으니 필요에 따라 사용해 보자.

## 완전히 새로운 규칙 만들기: new Date를 금지시키는 규칙

앞선 예제에서는 기존 규칙에 옵션 인수를 추가해 입맛대로 수정해 봤다면, 이번에는 완전히 새로운 규칙을 만들어보자. 이번에는 한 가지 상황을 가정해 규칙을 만들어 보고자 한다. 자바스크립트 환경에서는 현재 시간을 알기 위해 new Date()를 사용하곤 한다. 그러나 이 현재 시간은 기기에 종속된 현재 시간으로, 기기의 현재 시간을 바꿔버리면 new Date()가 반환하는 현재 시간 또한 변경된다.

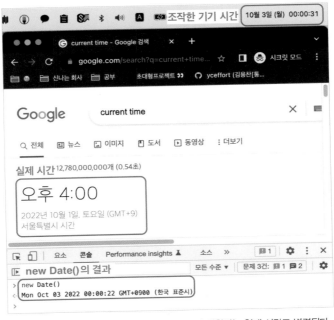

그림 8.5 기기의 시간을 변경하면 new Date()가 반환하는 현재 시간도 변경된다.

만약 개발하고자 하는 서비스가 모종의 이유로 사용 중인 기기에 상관없이 한국의 시간을 반환해야 한다고 가정해 보자. 이 경우 `new Date()`는 기기에 의존적이어서 사용이 불가능하므로 항상 한국 시간을 반환하는 서버에 의존해 작업해야 하는 규칙을 팀에서 정의했다고 해보자. 따라서 `new Date()`는 사용하지 못하고, 서버의 시간을 반환하는 함수인 `ServerDate()`를 만들어 이 함수만 사용해야 하고, 이러한 규칙을 쉽게 준수할 수 있도록 ESLint 규칙을 만들어보자. 여기서 한 가지 조건은 `new Date(1664608053676)`나 `new Date('2022-01-01')`은 허용해야 한다는 것이다. 이는 현재 시간을 가져오는 것이 아니라 자바스크립트의 `Date` 객체를 활용해 특정 시간을 가져오는 것이 목적이기 때문이다. 이 규칙을 직접 구현해 보자.

이 규칙을 만들기 전에 해야 할 일은 자바스크립트 코드 내부에서 `new Date()`의 존재를 파악하는 것이다. `new Date()`라는 코드를 작성한 다음, espree에서 AST를 어떻게 만드는지 살펴보자. 다음은 `new Date()`만 작성된 코드를 분석한 결과다.

【코드 8.6】 new Date()를 espree로 분석해 만든 AST

```
{
  "type": "Program",
  "start": 0,
  "end": 10,
  "range": [0, 10],
  "body": [
    {
      "type": "ExpressionStatement",
      "start": 0,
      "end": 10,
      "range": [0, 10],
      "expression": {
        "type": "NewExpression",
        "start": 0,
        "end": 10,
        "range": [0, 10],
        "callee": {
          "type": "Identifier",
          "start": 4,
          "end": 8,
          "range": [4, 8],
          "name": "Date"
        },
        "arguments": []
      }
    }
```

```
    }
  ],
  "sourceType": "module"
}
```

코드를 하나씩 읽어보자.

- ExpressionStatement는 해당 코드의 표현식 전체를 나타낸다.

- ExpressionStatement.expression은 ExpressionStatement에 어떤 표현이 들어가 있는지 확인한다. 이것이 ESLint 에서 확인하는 하나의 노드 단위다.

- ExpressionStatement.expression.type은 해당 표현이 어떤 타입인지 나타내는데, 여기에서는 생성자(new)를 사용 한 NewExpression임을 알 수 있다.

- ExpressionStatement.expression.callee는 생성자를 사용한 표현식에서 생성자의 이름을 나타낸다. 여기서는 Date 임을 알 수 있다.

- ExpressionStatement.expression.arguments는 생성자를 표현한 표현식에서 생성자에 전달하는 인수를 나타낸다. 여기서는 인수가 없다.

AST로 확인한 결과, 금지해야 할 new Date()의 노드가 명백해졌다. type은 NewExpression이며, callee. name이 Date이고, ExpressionStatement.expression.arguments가 빈 배열인 경우다. 이를 ESLint의 create 함수를 통해 규칙을 만들어보자.

【코드 8.7】 AST를 기반으로 만든 ESLint 규칙

```
/**
 * @type {import('eslint').Rule.RuleModule}
 */
module.exports = {
  meta: {
    type: 'suggestion',
    docs: {
      description: 'disallow use of the new Date()',
      recommended: false,
    },
    fixable: 'code',
    schema: [],
    messages: {
      message:
```

```
      'new Date()는 클라이언트에서 실행 시 해당 기기의 시간에 의존적이라 정확하지 않습니다. 현재
  시간이 필요하다면 ServerDate()를 사용해 주세요.',
    },
  },
  create: function (context) {
    return {
      NewExpression: function (node) {
        if (node.callee.name === 'Date' && node.arguments.length === 0) {
          context.report({
            node: node,
            messageId: 'message',
            fix: function (fixer) {
              return fixer.replaceText(node, 'ServerDate()')
            },
          })
        }
      },
    }
  },
}
```

먼저 meta 필드는 해당 규칙과 관련된 정보를 나타내는 필드다. 규칙과 관련된 정보를 제공하는 필드로, 실제 규칙이 작동하는 코드와는 크게 관련이 없다. 여기서 사용 가능한 옵션은 공식 홈페이지[16]의 meta 필드를 참고하면 된다.

중요한 부분은 바로 create 필드에 만들 함수다. 이 함수는 객체를 반환해야 하는데, 이 객체에서는 코드 스멜을 감지할 선택자나 이벤트명 등을 선언할 수 있다. 여기서는 NewExpression이라고 하는 타입의 선택자를 키로 선언해서 new 생성자를 사용할 때 ESLint가 실행되게 한다. 그리고 해당 NewExpression을 찾았을 때, 해당 node를 기준으로 찾고자 하는 생성자인지 검증하는 코드를 넣는다. 여기서는 callee.name이 Date이고, 인수는 없는 경우를 찾는다. 이를 찾았다면 context.report를 통해 해당 코드 스멜을 리포트하고, 문제가 되는 node와 찾았을 때 노출하고 싶은 message를 가리킨다. 이 메시지 정보는 meta.messages에서 가져올 수 있는데, meta.messages의 객체에 키 값을 선언해두면 해당 키 값을 가진 meta.messages의 값을 가져오게 된다. 마지막으로, fix를 키로 하는 함수를 활용해 자동으로 수정하는 코드를 넣어줄 수 있다. 여기서는 앞서 이야기한 것처럼 SeverDate()라고 하는 함수로 대체할 것이므로 해당 코드로 대체하는 코드까지 넣어준다.

---

16 https://eslint.org/docs/latest/developer-guide/working-with-rules#rule-basics

이제 규칙을 만들었으니 해당 규칙을 만들어서 배포해 보자. 규칙은 하나씩 만들어 배포하는 것은 불가능하며, 반드시 eslint-plugin 형태로 규칙을 묶음으로 배포하는 것만 가능하다.

먼저 빈 패키지를 만든 다음, yo[17]와 generate-eslint[18]를 활용해 eslint-plugin을 구성할 환경을 빠르게 구성해 보자.

```
» yo eslint:plugin
? ====================================================================
We're constantly looking for ways to make yo better!
May we anonymously report usage statistics to improve the tool over time?
More info: https://github.com/yeoman/insight & http://yeoman.io
==================================================================== Yes
? What is your name? yceffort
? What is the plugin ID? yceffort
? Type a short description of this plugin: yceffort
? Does this plugin contain custom ESLint rules? Yes
? Does this plugin contain one or more processors? No
   create package.json
   create .eslintrc.js
   create lib/index.js
   create README.md

» yo eslint:rule
? What is your name? yceffort
? Where will this rule be published? ESLint Plugin
? What is the rule ID? no-new-date
? Type a short description of this rule: yceffort
? Type a short example of the code that will fail: yceffort
   create docs/rules/no-new-date.md
   create lib/rules/no-new-date.js
   create tests/lib/rules/no-new-date.js
```

이렇게 환경을 설정하면 다음과 같은 구조로 디렉터리와 파일이 생성될 것이다.

```
📦 eslint-plugin-yceffort
├ 📁 docs
│ └ 📁 rules
```

---

17 https://yeoman.io/
18 https://github.com/eslint/generator-eslint

```
|  |  └ 🗎 no-new-date.md
├ 🗁 lib
|  ├ 🗁 rules
|  |  └ 🗎 no-new-date.js
|  └ 🗎 index.js
├ 🗁 tests
|  └ 🗁 lib
|  |  └ 🗁 rules
|  |  |  └ 🗎 no-new-date.js
├ 🗎 .eslintrc.js
├ 🗎 .npmrc
├ 🗎 README.md
├ 🗎 package-lock.json
└ 🗎 package.json
```

먼저 rules/no-new-date.js 파일을 열고 앞에서 작성한 규칙을 붙여넣자. 그리고 docs에는 해당 규칙을 위한 설명을, tests에는 테스트 코드를 작성한다.

```
/**
 * @fileoverview yceffort
 * @author yceffort
 */
'use strict'


//------------------------------------------------------------------------------
// Requirements
//------------------------------------------------------------------------------

const rule = require('../../../lib/rules/no-new-date'),
  RuleTester = require('eslint').RuleTester


//------------------------------------------------------------------------------
// Tests
//------------------------------------------------------------------------------

const ruleTester = new RuleTester()
ruleTester.run('no-new-date', rule, {
  valid: [
    {
```

```
      code: 'new Date(2021, 1, 1)',
    },
    {
      code: 'new Date("2022-01-01")',
    },
  ],

  invalid: [
    {
      code: 'new Date()',
      errors: [{ message: rule.meta.messages.message }],
      output: 'ServerDate()',
    },
  ],
})
```

그리고 마지막으로 npm publish로 배포한 다음, 원하는 프로젝트에서 설치해서 사용하면 된다.

## 8.1.4 주의할 점

ESLint는 한번 잘 설정해두면 코딩하는 내내 유용하게 활용할 수 있지만 반대로 ESLint를 잘못 설정해두면 원치 않는 결과가 계속해서 발생하게 된다. 이번에는 ESLint를 사용할 때 주의해야 할 점 몇 가지를 알아보자.

### Prettier와의 충돌

Prettier[19]는 코드의 포매팅을 도와주는 도구다. ESLint와 마찬가지로 코드를 정적 분석해서 문제를 해결한다는 점은 동일하지만, 두 패키지가 지향하는 목표는 다르다. ESLint는 코드의 잠재적인 문제가 될 수 있는 부분을 분석해 준다면, Prettier는 포매팅과 관련된 작업, 즉 줄바꿈, 들여쓰기, 작은따옴표와 큰따옴표 등을 담당한다. 자바스크립트에서만 작동하는 ESLint와는 다르게, Prettier는 자바스크립트뿐만 아니라 HTML, CSS, 마크다운, JSON 등 다양한 언어에도 적용 가능하다. 여기서 문제는 Prettier와 ESLint가 서로 충돌을 일으킬 수 있다는 것이다. 즉, ESLint에서도 Prettier에서 처리하는 작업(들여쓰기, 줄바꿈, 따옴표, 최대 글자 수 등)을 처리할 수 있기 때문에 두 가지 모두를 자바스크립트 코드에서 실행한다면 서로 충돌하는 규칙으로 인해 에러가 발생하고, 최악의 경우 ESLint, Prettier 모두 만족하지 못하는 코드가 만들어질 수도 있다.

---

19 https://prettier.io/

이 문제를 해결하는 방법은 두 가지가 있는데, 먼저 첫 번째 방법은 서로 규칙이 충돌되지 않게끔 규칙을 잘 선언하는 것이다. Prettier에서 제공하는 규칙을 어기지 않도록, ESLint에서는 해당 규칙을 끄는 방법이다. 이 경우 코드에 ESLint를 적용하는 작업과 코드의 포매팅을 하는 작업이 서로 다른 패키지에서 발생하게 된다.

두 번째 방법은 자바스크립트나 타입스크립트는 ESLint에, 그 외의 파일(마크다운, YAML, JSON 등)은 모두 Prettier에 맡기는 것이다. 그 대신 자바스크립트에 추가적으로 필요한 Prettier 관련 규칙은 모두 eslint-plugin-prettier[20]를 사용한다. eslint-plugin-prettier는 Prettier에서 제공하는 모든 규칙을 ESLint에서 사용할 수 있는 규칙으로 만들어둔 플러그인이다. 이렇게 Prettier와 ESLint가 서로 관여하는 파일을 물리적으로 분리한다면 코드 충돌의 위험은 없애고 Prettier가 제공하는 모든 규칙을 사용할 수 있다.

### 규칙에 대한 예외 처리, 그리고 react-hooks/no-exhaustive-deps

만약 일부 코드에서 특정 규칙을 임시로 제외시키고 싶다면 eslint-disable- 주석을 사용하면 된다. 특정 줄만 제외하거나, 파일 전체를 제외하거나, 특정 범위에 걸쳐 제외하는 것이 가능하다.

```
// 특정 줄만 제외
console.log('hello world') // eslint-disable-line no-console

// 다음 줄 제외
// eslint-disable-next-line no-console
console.log('hello world')
// 특정 여러 줄 제외

/* eslint-disable no-console */
console.log('JavaScript debug log')
console.log('eslint is disabled now')
/* eslint-enable no-console */

// 파일 전체에서 제외
/* eslint-disable no-console */
console.log('hello world')
```

---

20 https://github.com/prettier/eslint-plugin-prettier

리액트 개발자라면 이러한 규칙을 가장 많이 사용하는 곳 중 하나가 바로 `// eslint-disable-line no-exhaustive-deps`일 것이다. 이 규칙은 useEffect나 useMemo와 같이 의존 배열이 필요한 훅에 의존성 배열을 제대로 선언했는지 확인하는 역할을 한다. 겉보기에는 꽹장히 별거 아닌 규칙처럼 보이지만 이 규칙을 위해 작성된 코드는 자그마치 1,800여 줄에 걸쳐 있다.[21] 그만큼 리액트 팀에서는 의존성 배열을 검사하기 위해 많은 공을 들인다고 볼 수 있다.

그러나 일반적으로 리액트 개발자들은 개발 시 이 의존성 배열이 너무 길어지거나, 혹은 빈 배열을 넣어서 컴포넌트가 마운트되는 시점에 한 번만 강제로 실행되게 하고 싶을 때, 혹은 임의로 판단해 없어도 괜찮다고 생각될 때 등에 사용한다. 그러나 이것은 대부분의 경우에 위험한 발상이며, 잠재적인 버그를 야기할 수 있다. 각각의 경우에 무엇이 잘못됐는지 살펴보자.

- 괜찮다고 임의로 판단한 경우: 가장 위험한 경우다. 실제로 면밀히 검토해서 괜찮은 경우라면 해당 변수는 컴포넌트의 상태와 별개로 동작한다는 것을 의미한다. 이 경우에는 해당 변수를 어디서 어떻게 선언할지 다시 고민해 봐야 한다. 정말로 괜찮다 하더라도 이러한 작업이 반복되면 정말로 괜찮지 않은 코드에서도 동일하게 사용해 버그를 야기할 위험성이 있다.

- 의존성 배열이 너무 긴 경우: 의존성 배열이 너무 길다는 것은 useEffect 내부 함수가 너무 길다는 말과 동일하다. useEffect가 너무 길다면 useEffect를 쪼개서 의존성 배열의 가독성과 안정성을 확보해야 한다.

- 마운트 시점에 한 번만 실행하고 싶은 경우: 가장 흔히 볼 수 있는 경우로, 의도적으로 []로 모든 의존성을 제거해 컴포넌트가 마운트되는 시점에만 실행하고 싶은 경우다. 먼저 이러한 접근 방법은 과거 클래스 컴포넌트에서 사용되던 생명주기 형태의 접근 방법으로, 함수 컴포넌트의 패러다임과는 맞지 많을 가능성이 있다. 또한 [] 배열이 있다는 것은 컴포넌트의 상태값과 별개의 부수 효과가 되어 컴포넌트의 상태와 불일치가 일어날 수 있게 된다. 마지막으로, 상태와 관계없이 한 번만 실행돼야 하는 것이 있다면 해당 컴포넌트에 존재할 이유가 없다. 이 경우 적절한 위치로 옮기는 것이 옳다.

물론 정말 넣을 것이 없어서 []를 넣는 경우는 당연히 제외된다. 여기서 말하는 경우는 상태에 의존하고 있음에도 고의로 빈 배열을 넣는 경우를 말한다.

이 외에도 타입스크립트의 any를 강제로 사용하기 위한 `typescript-eslint/no-explicit-any` 등 개발자가 의도적으로 무시하는 다양한 경우가 있다. 그러나 모든 규칙은 존재하는 이유가 있으며, 이 규칙을 따르지 않았을 때 반드시 크건 작건 문제가 생길 수 있다. 그리고 정말로 필요 없는 규칙이라면 "off"를 사용해 끄는 것이 옳다. eslint-disable을 많이 사용하고 있다면 그렇게 무시하는 것이 옳은지, 아니면 해당 규칙을 제거하는 것이 옳은지 꼭 점검해 봐야 한다.

---

21 https://github.com/facebook/react/blob/main/packages/eslint-plugin-react-hooks/src/RulesOfHooks.js

## ESLint 버전 충돌

create-react-app으로 생성된 앱에 원하는 eslint-config-triple을 설치하는 상황을 가정해 보자. 최신 버전의 react-scripts인 5.0.1에서 eslint-config-triple 최신 버전을 함께 설치하고 ESLint를 수행하면 다음과 같은 에러가 발생한다(2022년 10월 1일 기준).

```
» npm run lint:es

> my-app2@0.1.0 lint:es
> eslint '**/*.{js,ts,tsx}'


Oops! Something went wrong! :(

ESLint: 8.24.0

ESLint couldn't find the plugin "eslint-plugin-promise".

(The package "eslint-plugin-promise" was not found when loaded as a Node module from the directory
"/Users/yceffort/private/my-app2".)

It's likely that the plugin isn't installed correctly. Try reinstalling by running the following:

    npm install eslint-plugin-promise@latest --save-dev

The plugin "eslint-plugin-promise" was referenced from the config file in ".eslintrc.js".

If you still can't figure out the problem, please stop by https://eslint.org/chat/help to chat with
the team.
```

분명 eslint-plugin-promise는 eslint-config-triple에서 제공하고 있기 때문에 정상적으로 설치돼 있다.

```
» npm ls eslint-plugin-promise
my-app2@0.1.0 /Users/yceffort/private/my-app2
└─┬ @titicaca/eslint-config-triple@3.1.0
  ├─┬ eslint-config-standard@16.0.3
  │ └── eslint-plugin-promise@5.1.0 deduped
  └── eslint-plugin-promise@5.1.0
```

그러나 이를 못찾는 이유는 바로 두 개의 다른 ESLint 버전이 설치돼 있기 때문이다.

```
» npm ls eslint
my-app2@0.1.0 /Users/yceffort/private/my-app2
├─ @titicaca/eslint-config-triple@3.1.0
| | ...
| ├─ eslint-config-standard@16.0.3
|   |  └─ eslint-plugin-promise@5.1.0 deduped
| ....
| └─ eslint@7.32.0
└─ react-scripts@5.0.1
  | ...
  ├─ eslint@8.24.0
  ...
```

create-react-app을 실행하면 설치되는 react-scripts의 5.0.1 버전에는 ESLint 8에 의존성을, eslint-config-triple은 ESLint 7에 의존성을 가지고 있다. ESLint가 실행되는 순간, 높은 버전인 8이 실행됐고, 8 에는 eslint-plugin-promise가 없기 때문에 에러가 발생한다. 이 때문에 ESLint 공식 문서에서는 ESLint를 peerDependencies로 설정해 두라고 권장하고 있다.[22]

이러한 문제를 미연에 방지하려면 설치하고자 하는 eslint-config, eslint-plugin이 지원하는 ESLint 버전을 확인하고, 또 설치하고자 하는 프로젝트에서 ESLint 버전을 어떻게 지원하고 있는지 살펴봐야 한다. 두 ESLint 버전을 모두 충족시킬 수 있는 환경을 만들어두고 설치하는 것이 좋다. 만약 이러한 사전 준비를 제대로 하지 않는다면 ESLint를 사용할 때마다 버전이 맞지 않는다는 오류 메시지를 마주하게 될 것이다.

최근 eslint-config-triple의 4.x 버전이 릴리스되면서 이러한 문제가 어느 정도 해결된 것으로 보인다. ESLint 공식 문서에서도 ESLint의 의존성은 peerDependencies로 명시하도록 권장하고 있지만[23] 몇몇 이를 준수하지 못한 패키지를 설치할 때는 주의해야 한다.

## 8.1.5 정리

ESLint를 한 번도 안 써본 개발자는 있을 수 있지만 ESLint를 한 번만 써본 개발자는 절대 없을 것이다. ESLint가 제공하는 기능은 그만큼 강력하고 편리하며 개발자가 만든 지저분한 코드를 깔끔하게 정리하는 등 강력한 기능을 제공한다. 나아가 앞서 no-new-date 예제처럼 사용자 지정 룰을 생성해 프로젝트 전반에 걸쳐

---

22 https://eslint.org/docs/latest/developer-guide/shareable-configs#publishing-a-shareable-config
23 https://eslint.org/docs/latest/extend/shareable-configs#publishing-a-shareable-config

준수하고자 하는 규칙도 ESLint의 도움을 얻어 손쉽게 일관성을 유지할 수 있다. 이제는 npm으로 프로젝트를 시작한다면 무조건 ESLint를 설치하고 설정하는 것이 기본 중의 기본이 됐다. 이러한 분위기를 증명하듯 create-react-app이나 create-next-app을 설치하면 기본적으로 ESLint도 함께 제공되어 일관된 코딩 스타일을 유지할 수 있도록 도와준다.

혹시 아직도 프로젝트에 ESLint가 적용돼 있지 않다면 지금 당장 적용해 보는 것을 강력하게 권장한다. 완벽하다고 생각한 코드에도 ESLint가 도와줄 수 있는 일이 굉장히 많다.

그리고 ESLint를 잘 쓰고 있는 개발자라고 하더라도 꼭 프로젝트에 설치돼 있는 eslint-config는 무엇인지, 왜 이것을 문제가 있는 코드로 간주하는지 반드시 한 번씩 살펴보길 바란다. 앞서 언급한 react-hooks/no-exhaustive-deps의 사례처럼 모든 규칙에는 그것이 존재하는 이유가 있고, 그러한 이유로 많은 개발자에게 인정받고 설치되어 npm으로 업로드돼 있는 것이다. 그리고 ESLint에 포함된 대부분의 규칙을 숙지하고 공감한다면 본인만의 혹은 조직에서 사용할 eslint-config를 만들어보자. 리액트 애플리케이션에서 발생할 수 있는 코드 스멜을 제거할 수도 있고, 조직의 자바스크립트 코딩 철학을 eslint-config 하나로 소개할 수도 있다. 어쩌면 이러한 eslint-config 제작이 프런트엔드 조직을 탄탄하게 다지고 널리 알리는 초석이 될 수도 있다.

## 8.2 리액트 팀이 권장하는 리액트 테스트 라이브러리

테스트란 개발자가 만든 프로그램이 코딩을 한 의도대로 작동하는지 확인하는 일련의 작업을 의미한다. 테스트를 통해 개발자들은 처음에 설계한 대로 프로그램이 작동하는지 확인할 수 있고, 버그를 사전에 방지할 수도 있으며, 이후에 잘못된 작동으로 인해 발생하는 비용을 줄일 수도 있다. 또 코드를 수정하게 되더라도 테스트 과정이 있다면 이후에 수정한 내용에 대해서도 예외 케이스가 없고 의도한 대로 작동할 수 있는지 확인할 수 있다. 그리고 이러한 일련의 테스트를 거친 프로그램은 사용자에게 버그가 최소화된 안정적인 서비스를 제공할 수 있는 원동력이 된다.

프런트엔드와 백엔드 모두 테스팅이 중요하지만 테스트하는 방법과 방법론은 사뭇 다르다. 백엔드의 테스트는 일반적으로 서버나 데이터베이스에서 원하는 데이터를 올바르게 가져올 수 있는지, 데이터 수정 간 교착 상태나 경쟁 상태가 발생하지는 않는지, 데이터 손실은 없는지, 특정 상황에서 장애가 발생하지 않는지 등을 확인하는 과정이 주를 이룬다. 이러한 백엔드 테스트는 일반적으로 화이트박스 테스트로, 작성한 코드가 의도대로 작동하는지 확인해야 하며, 이는 GUI가 아닌 AUI(Application User Interface; 응용 프로그램 사용자 인터페이스)에서 주로 수행해야 하기 때문에 어느 정도 백엔드에 대한 이해가 있는 사람만 가능하다.

반면 프런트엔드는 일반적인 사용자와 동일하거나 유사한 환경에서 수행된다. 사용자가 프로그램에서 수행할 주요 비즈니스 로직이나 모든 경우의 수를 고려해야 하며, 이 과정에서 사용자는 굳이 프런트엔드 코드를 알 필요는 없다. 즉, 블랙박스 형태로 테스트가 이뤄지며, 코드가 어떻게 됐든 상관없이 의도한 대로 작동하는지를 확인하는 데 좀 더 초점이 맞춰져 있다. 그리고 시나리오가 어느 정도 정해져 있는 백엔드와는 다르게, 프런트엔드는 사용자에게 완전히 노출된 영역이므로 어떻게 작동할지 최대한 예측해서 확인해야 한다. 사용자는 개발자의 의도대로만 사용하지 않기 때문이다.

프런트엔드 개발은 HTML, CSS와 같이 디자인 요소뿐만 아니라 사용자의 인터랙션, 의도치 않은 작동 등 브라우저에서 발생할 수 있는 다양한 시나리오를 고려해야 하기 때문에 일반적으로 테스팅하기가 매우 번거롭고 손이 많이 가는 작업이다. 그리고 이러한 특징 때문에 제공되는 테스팅 라이브러리도 상당히 다양한 편이다. 단순히 함수나 컴포넌트 수준에서 유닛 테스트를 할 수도 있고, 사용자가 하는 작동을 모두 흉내 내서 테스트할 수도 있다.

이번 절에서는 리액트로 개발된 애플리케이션을 테스팅하는 방법, 특히 가장 널리 사용되는 React Testing Library 위주로 살펴본다. 리액트 개발 환경에서 테스트를 수행하는 방법을 살펴보고, 어떤 도움을 얻을 수 있는지 알아보자.

## 8.2.1 React Testing Library란?

React Testing Library(이하 리액트 테스팅 라이브러리)란 DOM Testing Library[24]를 기반으로 만들어진 테스팅 라이브러리로, 리액트를 기반으로 한 테스트를 수행하기 위해 만들어졌다. 리액트 테스팅 라이브러리를 이해하려면 먼저 리액트 테스팅 라이브러리가 기반으로 하는 DOM Testing Library에 대해 먼저 알아둬야 한다. DOM Testing Library는 jsdom[25]을 기반으로 하고 있다. jsdom이란 순수하게 자바스크립트로 작성된 라이브러리로, HTML이 없는 자바스크립트만 존재하는 환경, 예를 들어 Node.js 같은 환경에서 HTML과 DOM을 사용할 수 있도록 해주는 라이브러리다. jsdom을 사용하면 자바스크립트 환경에서도 HTML을 사용할 수 있으므로 이를 기반으로 DOM Testing Library에서 제공하는 API를 사용해 테스트를 수행할 수 있다. 다음 예제 코드를 보자.

【코드 8.8】 jsdom을 사용해 DOM 조작

```
const jsdom = require('jsdom')

const { JSDOM } = jsdom
```

---

24 https://github.com/testing-library/dom-testing-library
25 https://github.com/jsdom/jsdom

```
const dom = new JSDOM(`<!DOCTYPE html><p>Hello world</p>`)

console.log(dom.window.document.querySelector('p').textContent) // "Hello world"
```

이처럼 jsdom을 사용하면 마치 HTML이 있는 것처럼 DOM을 불러오고 조작할 수 있다.

jsdom을 사용해 자바스크립트 환경에서 HTML을 사용할 수 있는 DOM Testing Library를 기반으로, 동일한 원리로 리액트 기반 환경에서 리액트 컴포넌트를 테스팅할 수 있는 라이브러리가 바로 리액트 테스팅 라이브러리다. 리액트 테스팅 라이브러리를 활용하면 실제로 리액트 컴포넌트를 렌더링하지 않고도, 즉 브라우저를 직접 실행해 눈으로 확인하지 않아도 리액트 컴포넌트가 원하는 대로 렌더링되고 있는지 확인할 수 있다. 이러한 테스트 방식은 굳이 테스트 환경을 구축하는 데 복잡한 과정을 거치지 않아 간편하고, 테스트에 소요되는 시간 역시 효과적으로 단축시킬 수 있다. 그리고 컴포넌트뿐만 아니라 Provider, 혹 등 리액트를 구성하는 다양한 요소들을 테스트할 수 있다. 이번 절에서는 리액트 테스팅 라이브러리를 활용해 리액트를 구성하는 다양한 요소를 테스트하는 방법을 알아본다.

## 8.2.2 자바스크립트 테스트의 기초

본격적으로 리액트 테스트 코드를 작성하기에 앞서, 먼저 자바스크립트에서 테스트 코드는 어떻게 작성하는지에 대해 먼저 알아보자. 만약 인수 두 개의 합을 더하는 함수를 만들었다고 가정해 보자.

```
function sum(a, b) {
  return a + b
}
```

이 함수에 대한 테스트 코드를 작성한다면 어떻게 작성해야 할까? 테스트 코드를 작성하기에 앞서 테스트 코드가 무엇인지 상기하자. 테스트 코드란 내가 작성한 코드가 내가 코드를 작성했던 당시의 의도와 목적에 맞는지 확인하는 코드를 의미한다. 그런 의미에서 sum 함수에 대해서는 다음과 같은 테스트 코드를 작성해 볼 수 있을 것이다.

```
// 테스트 1
// 함수를 실행했을 때의 실제 결과
let actual = sum(1, 2)
// 함수를 실행했을 때 기대하는 결과
let expected = 3

if (expected !== actual) {
```

```
    throw new Error(`${expected} is not equal to ${actual}`)
}

// 테스트 2
actual = sum(2, 2)
expected = 4

if (expected !== actual) {
  throw new Error(`${expected} is not equal to ${actual}`)
}
```

테스트 코드를 작성하는 방식, 테스트 코드에 사용되는 인수 등 코드의 세세한 부분에는 조금씩 차이가 있겠지만 기본적인 테스트 코드를 작성하는 방식은 다음과 같은 과정을 거친다는 점에서 비슷할 것이다.

1. 테스트할 함수나 모듈을 선정한다.

2. 함수나 모듈이 반환하길 기대하는 값을 적는다.

3. 함수나 모듈의 실제 반환 값을 적는다.

4. 3번의 기대에 따라 2번의 결과가 일치하는지 확인한다.

5. 기대하는 결과를 반환한다면 테스트는 성공이며, 만약 기대와 다른 결과를 반환하면 에러를 던진다.

이를 위해 가장 먼저 필요한 것이 "작성한 코드가 예상대로 작동한다면 성공했다는 메시지가 출력되고, 실패하면 에러를 던진다"라는 작동을 대신해 주는 라이브러리다. 다행히도 Node.js는 assert[26]라는 모듈을 기본적으로 제공하며, 이 모듈을 사용하면 위와 같이 작동하도록 만들 수 있다. assert라는 이름에서도 알 수 있듯이 테스트 코드가 예상대로 작동한다고 '주장'하는 코드를 작성하면 이 코드의 성공 여부에 따라 테스트 통과 또는 실패를 반환한다. Node.js의 assert는 다음과 같이 사용할 수 있다.

【코드 8.9】 Node.js에서 기본적으로 제공하는 assert를 사용한 코드

```
const assert = require('assert')

function sum(a, b) {
  return a + b
}

assert.equal(sum(1, 2), 3)
```

26 https://nodejs.org/api/assert.html

```
assert.equal(sum(2, 2), 4)
assert.equal(sum(1, 2), 4) // AssertionError [ERR_ASSERTION] [ERR_ASSERTION]: 3 == 4
```

일반적으로 테스트 코드와 실제 코드는 분리해 작성한다. 따라서 sum 함수는 다른 파일에 명시적으로 분리하는 것이 일반적이지만 여기서는 간단한 예제를 보여주기 위해 함께 작성했다.

이전 코드에서는 반환한 값에 대한 비교와 비교 실패에 따른 에러를 던지는 작업 모두를 일일이 작성했지만 assert를 사용한 예제에서는 이러한 작업을 모두 간결하게 표현한 것을 확인할 수 있다. 또한 마지막 줄과 같이 테스트 코드가 실패하는 경우 assert.equal 내부에서 AssertionError라는 에러도 던져 테스트 코드가 실패했음을 명시적으로 알린다.

이처럼 테스트 결과를 확인할 수 있도록 도와주는 라이브러리를 어설션(assertion) 라이브러리라고 한다. 이러한 어설션 라이브러리에는 Node.js가 제공하는 assert 외에도 should.js, expect.js, chai 등 다양하다. 그리고 이러한 어설션 라이브러리는 단순히 동등을 비교하는 equal 외에도, 객체 자체가 동일한지 확인하는 deepEqual, 같지 않은지 비교하는 notEqual, 에러를 던지는지 여부를 확인하는 throws 등 다양한 메서드를 제공한다. 테스트 코드를 작성하는 개발자들은 이러한 어설션을 활용해 다양한 시나리오를 작성하고, 이 시나리오상에서 코드가 올바르게 작동하는지 확인할 수 있다.

그렇다면 이 어설션 라이브러리만 존재한다면 테스트 코드를 작성할 준비가 다 끝난 것일까? 그렇지 않다. 테스트 코드는 가능한 한 사람이 읽기 쉽게, 그리고 테스트의 목적이 분명하게 작성되는 것이 중요하다. 앞에서 작성한 sum을 테스트하는 assert 모듈과 assert.equal 함수만으로도 어느 정도 테스트 코드의 목적을 달성했다고 볼 수도 있다. 그러나 테스트 코드가 실행되는 것을 지켜보는 입장에서는 다르다. 예를 들어, 앞의 테스트 코드가 CI 환경에서 자동으로 실행되게 만들었다고 가정해 보자. 테스트 코드가 정상적으로 작동하고, 테스트도 모두 통과하겠지만 무엇을 테스트했는지, 무슨 테스트를 어떻게 수행했는지 등 테스트에 관한 실제 정보를 알 수는 없다. 즉, 좋은 테스트 코드는 다양한 테스트 코드가 작성되고 통과하는 것뿐만 아니라 어떤 테스트가 무엇을 테스트하는지 일목요연하게 보여주는 것도 중요하다.

이러한 테스트의 기승전결을 완성해 주는 것이 바로 테스팅 프레임워크다. 테스팅 프레임워크들은 어설션을 기반으로 테스트를 수행하며, 여기에 추가로 테스트 코드 작성자에게 도움이 될 만한 정보를 알려주는 역할도 함께 수행한다. 자바스크립트에서 유명한 테스팅 프레임워크로는 Jest, Mocha, Karma, Jasmine 등이 있다. 그리고 리액트 진영에서는 리액트와 마찬가지로 메타에서 작성한 오픈소스 라이브러리인 Jest[27]가 널리 쓰이고 있다. Jest의 경우 자체적으로 제작한 expect 패키지를 사용해 어설션을 수행한다.

---

**27** https://github.com/facebook/jest

원래 Jest는 깃허브 주소에서도 알 수 있듯 메타에서 개발해서 운영하고 있으나, 최근에 들어서는 메타의 어떠한 직원도 Jest를 유지보수하고 있지 않았던 것으로 보인다.[28] 이에 따라 유지보수에 많은 어려움이 있었는데, 최근에는 메타에서 오픈소스 재단으로 관리 주체가 바뀌어서 이전보다는 활발하게 유지보수될 것으로 기대해 본다.[29]

이제 앞의 테스트 코드를 Jest로 완전히 새롭게 작성해 보자. 이번에는 테스트 코드와 실제 코드를 별도로 분리했다.

【코드 8.10】 math.js

```
function sum(a, b) {
  return a + b
}

module.exports = {
  sum,
}
```

그리고 이 코드에 대한 테스트 코드를 다음과 같이 작성할 수 있다. 아래 함수는 의도적으로 틀리도록 만든 것이다.

【코드 8.11】 math.test.js

```
const { sum } = require('./math')

test('두 인수가 덧셈이 되어야 한다.', () => {
  expect(sum(1, 2)).toBe(3)
})

test('두 인수가 덧셈이 되어야 한다.', () => {
  expect(sum(2, 2)).toBe(3) // 에러
})
```

그리고 테스트 코드를 실행하면 다음과 같은 결과를 얻을 수 있다.

```
$ npm run test
```

---

28 https://github.com/facebook/jest/pull/11529#issuecomment-1027152470
29 https://openjsf.org/blog/2022/05/11/openjs-foundation-welcomes-jest/

```
> jest

  FAIL  lessons/jest.test.js
   ✓ 두 인수가 덧셈이 되어야 한다.
   ✗ 두 인수가 덧셈이 되어야 한다. (3 ms)

   ● 두 인수가 덧셈이 되어야 한다.

     expect(received).toBe(expected) // Object.is equality

     Expected: 3
     Received: 4

       6 |
       7 | test('두 인수가 덧셈이 되어야 한다.', () => {
     > 8 |   expect(sum(2, 2)).toBe(3)
         |                     ^
       9 | })

       at Object.<anonymous> (lessons/jest.test.js:8:21)

Test Suites: 1 failed, 1 total
Tests:       1 failed, 1 passed, 2 total
Snapshots:   0 total
Time:        0.241 s, estimated 1 s
Ran all test suites related to changed files.
```

앞서 단순히 Node.js의 assert를 사용했던 것과 다르게 테스트를 실행하는 콘솔에서 볼 수 있는 테스트 관련 정보가 한층 다양해졌다. Node.js의 assert만 사용했을 때는 단순히 실패에 대해서만 단편적인 정보로 알 수 있었지만 Jest를 비롯한 테스트 프레임워크를 사용하면 무엇을 테스트했는지, 소요된 시간은 어느 정도인지, 무엇이 성공하고 실패했는지, 전체 결과는 어떤지에 대한 자세한 정보를 확인할 수 있다. 이렇게 어설션 라이브러리를 내장한 테스트 프레임워크를 사용하면 테스트 코드를 작성하는 것뿐만 아니라 테스트에 대한 결과와 관련 정보를 일목요연하게 확인할 수 있다.

앞의 테스트 코드에서 볼 수 있는 특별한 점은 test, expect 등의 메서드를 import나 require 같은 모듈을 불러오기 위해 사용하는 구문 없이 바로 사용했다는 것, 그리고 node가 아닌 jest(npm run test)로 실행했다는 것이다. 만약 해당 코드를 jest가 아닌 node로 바로 실행했다면 에러가 발생했을 것이다. 그 이유는 test와 expect 모두 Node.js 환경의 global, 즉 전역 스코프에 존재하지 않는 메서드이기 때문이다. 이러한 메서드가 실행될 수 있는 비밀은 Jest CLI에 있다. Jest를 비롯한 테스팅 프레임워크에는 이른바 글로벌(global)이라 해서 실행 시에 전역 스코프에 기본적으로 넣어주는 값들이 있다. 그리고 Jest는 이 값을 실제 테스트 직전에 미리 전역 스코프에 넣어준다. 이렇게 하면 일일이 테스트에 관련한 정보를 임포트하지 않고도 사용할 수 있게 되는 것이다. 이는 간결하고 빠른 테스트 코드 작성에 도움을 준다. 이 전역 스코프에 삽입되는 값은 Jest 공식 문서[30]에서 확인할 수 있다. 만약 이러한 글로벌을 활용한 Jest의 작동 방식이 조금 어색하다면 일반적인 다른 자바스크립트 파일을 작성했을 때와 마찬가지로 명시적으로 import 구문을 작성할 수 있다.

```
import { expect, jest, test } from '@jest/globals'
```

이렇게 하면 node로 실행해 테스트하는 것도 가능하다. 그러나 이러한 방식은 테스트 코드 작성을 번거롭게 하므로 선호되지는 않는다.

## 8.2.3 리액트 컴포넌트 테스트 코드 작성하기

자바스크립트에서 이뤄지는 테스트 코드에 대해 어느 정도 살펴봤으니 이제 본격적으로 리액트 컴포넌트를 테스트하는 방법을 알아보자. 기본적으로 리액트에서 컴포넌트 테스트는 다음과 같은 순서로 진행된다.

1. 컴포넌트를 렌더링한다.
2. 필요하다면 컴포넌트에서 특정 액션을 수행한다.
3. 컴포넌트 렌더링과 2번의 액션을 통해 기대하는 결과와 실제 결과를 비교한다.

이제 테스트 코드를 작성해 보자.

### 프로젝트 생성

테스트 코드를 작성하기에 앞서, 먼저 create-react-app으로 예제 프로젝트를 생성한다. create-react-app에는 이미 react-testing-library가 포함돼 있으므로 별도로 설치할 필요가 없다.

```
npx create-react-app react-test --template typescript
```

이렇게 생성된 프로젝트를 살펴보면 App.test.tsx 파일이 생성돼 있는 것을 확인할 수 있다.

---

**30** https://jestjs.io/docs/api

```
import React from 'react'
import { render, screen } from '@testing-library/react'
import App from './App'

test('renders learn react link', () => {
  render(<App />)
  const linkElement = screen.getByText(/learn react/i)
  expect(linkElement).toBeInTheDocument()
})
```

이 App.test.tsx가 테스트하는 App 컴포넌트는 다음과 같이 구성돼 있다.

```
import React from 'react'
import logo from './logo.svg'
import './App.css'

function App() {
  return (
    <div className="App">
      <header className="App-header">
        <img src={logo} className="App-logo" alt="logo" />
        <p>
          Edit <code>src/App.tsx</code> and save to reload.
        </p>
        <a
          className="App-link"
          href="https://reactjs.org"
          target="_blank"
          rel="noopener noreferrer"
        >
          Learn React
        </a>
      </header>
    </div>
  )
}

export default App
```

코드 내용을 종합하면 App.test.tsx가 App.tsx에서 테스트하는 내용은 다음과 같이 요약할 수 있다.

1. <App/>을 렌더링한다.

2. 렌더링하는 컴포넌트 내부에서 "learn react"라는 문자열을 가진 DOM 요소를 찾는다.

3. expect(linkElement).toBeInTheDocument()라는 어설션을 활용해 2번에서 찾은 요소가 document 내부에 있는지 확인한다.

위와 같이 리액트 컴포넌트에서 테스트하는 일반적인 시나리오는 특정한 무언가를 지닌 HTML 요소가 있는지 여부다. 이를 확인하는 방법은 크게 3가지가 있다.

- getBy...: 인수의 조건에 맞는 요소를 반환하며, 해당 요소가 없거나 두 개 이상이면 에러를 발생시킨다. 복수 개를 찾고 싶다면 getAllBy...를 사용하면 된다.

- findBy...: getBy...와 거의 유사하나 한 가지 큰 차이점은 Promise를 반환한다는 것이다. 즉, 비동기로 찾는다는 것을 의미하며, 기본값으로 1000ms의 타임아웃을 가지고 있다. 마찬가지로 두 개 이상이면 에러를 발생시키지만 복수 개를 찾고 싶다면 findAllBy...를 사용하면 된다. 이러한 특징 때문에 findBy는 비동기 액션 이후에 요소를 찾을 때 사용한다.

- queryBy...: 인수의 조건에 맞는 요소를 반환하는 대신, 찾지 못한다면 null을 반환한다. getBy...와 findBy...는 찾지 못하면 에러를 발생시키기 때문에 찾지 못해도 에러를 발생시키지 않고 싶다면 queryBy...를 사용하면 된다. 마찬가지로 복수 개를 찾았을 때는 에러를 발생시키며, 복수 개를 찾고 싶다면 queryAllBy...를 사용하면 된다.

그리고 컴포넌트를 테스트하는 파일은 App.tsx, App.test.tsx의 경우와 마찬가지로 같은 디렉터리상에 위치하는 것이 일반적이다. 이름 규칙인 *.test.{t¦s}jsx만 준수한다면 디렉터리 내부에서 명확하게 구별되고, 대부분의 프레임워크가 이러한 이름으로 된 파일은 번들링에서 제외하므로 유용하게 사용할 수 있다.

테스트를 위해 사용할 수 있는 기본적인 메서드에 대해 알아봤으니 이제 본격적으로 컴포넌트를 테스트하는 방법을 살펴보자.

## 정적 컴포넌트

정적 컴포넌트, 즉 별도의 상태가 존재하지 않아 항상 같은 결과를 반환하는 컴포넌트를 테스트하는 방법은 크게 어렵지 않다. 테스트를 원하는 컴포넌트를 렌더링한 다음, 테스트를 원하는 요소를 찾아 원하는 테스트를 수행하면 된다. 먼저 다음과 같은 컴포넌트가 있다고 가정해 보자.

```
import { memo } from 'react'

const AnchorTagComponent = memo(function AnchorTagComponent({
```

```
    name,
    href,
    targetBlank,
  }: {
    name: string
    href: string
    targetBlank?: boolean
  }) {
    return (
      <a
        href={href}
        target={targetBlank ? '_blank' : undefined}
        rel="noopener noreferrer"
      >
        {name}
      </a>
    )
})

export default function StaticComponent() {
  return (
    <>
      <h1>Static Component</h1>
      <div>유용한 링크</div>

      <ul data-testid="ul" style={{ listStyleType: 'square' }}>
        <li>
          <AnchorTagComponent
            targetBlank
            name="리액트"
            href="https://reactjs.org"
          />
        </li>
        <li>
          <AnchorTagComponent
            targetBlank
            name="네이버"
            href="https://www.naver.com"
          />
        </li>
```

```
        <li>
          <AnchorTagComponent name="블로그" href="https://yceffort.kr" />
        </li>
      </ul>
    </>
  )
}
```

이 컴포넌트에 링크가 제대로 있는지 확인한다면 다음과 같이 테스트 코드를 작성해 볼 수 있다.

```
import { render, screen } from '@testing-library/react'

import StaticComponent from './index'

beforeEach(() => {
  render(<StaticComponent />)
})

describe('링크 확인', () => {
  it('링크가 3개 존재한다.', () => {
    const ul = screen.getByTestId('ul')
    expect(ul.children.length).toBe(3)
  })

  it('링크 목록의 스타일이 square다.', () => {
    const ul = screen.getByTestId('ul')
    expect(ul).toHaveStyle('list-style-type: square;')
  })
})

describe('리액트 링크 테스트', () => {
  it('리액트 링크가 존재한다.', () => {
    const reactLink = screen.getByText('리액트')
    expect(reactLink).toBeVisible()
  })

  it('리액트 링크가 올바른 주소로 존재한다.', () => {
    const reactLink = screen.getByText('리액트')

    expect(reactLink.tagName).toEqual('A')
```

```
      expect(reactLink).toHaveAttribute('href', 'https://reactjs.org')
    })
  })

  describe('네이버 링크 테스트', () => {
    it('네이버 링크가 존재한다.', () => {
      const naverLink = screen.getByText('네이버')
      expect(naverLink).toBeVisible()
    })

    it('네이버 링크가 올바른 주소로 존재한다.', () => {
      const naverLink = screen.getByText('네이버')

      expect(naverLink.tagName).toEqual('A')
      expect(naverLink).toHaveAttribute('href', 'https://www.naver.com')
    })
  })

  describe('블로그 링크 테스트', () => {
    it('블로그 링크가 존재한다.', () => {
      const blogLink = screen.getByText('블로그')
      expect(blogLink).toBeVisible()
    })

    it('블로그 링크가 올바른 주소로 존재한다.', () => {
      const blogLink = screen.getByText('블로그')

      expect(blogLink.tagName).toEqual('A')
      expect(blogLink).toHaveAttribute('href', 'https://yceffort.kr')
    })

    it('블로그는 같은 창에서 열려야 한다.', () => {
      const blogLink = screen.getByText('블로그')
      expect(blogLink).not.toHaveAttribute('target')
    })
  })
```

몇 가지 새로운 jest의 메서드가 보인다. 하나씩 살펴보자.

- **beforeEach**: 각 테스트(it)를 수행하기 전에 실행하는 함수다. 여기서는 각 테스트를 실행하기에 앞서 Static Component를 렌더링한다.

- **describe**: 비슷한 속성을 가진 테스트를 하나의 그룹으로 묶는 역할을 한다. 정의에서도 알 수 있듯, 이 describe는 꼭 필요한 메서드는 아니다. 그러나 테스트 코드가 많아지고 관리가 어려워진다면 describe로 묶어서 관리하는 것이 편리하다. describe 내부에 describe를 또 사용할 수 있다.

- **it**: test와 완전히 동일하며, test의 축약어(alias)다. it이라는 축약어를 제공하는 이유는 테스트 코드를 좀 더 사람이 읽기 쉽게 하기 위해서다. describe ... it (something)과 같은 형태로 작성해 두면 테스트 코드가 한결 더 문어체 같이 표현되어 읽기 쉬워진다.

- **testId**: testId는 리액트 테스팅 라이브러리의 예약어로, get 등의 선택자로 선택하기 어렵거나 곤란한 요소를 선택하기 위해 사용할 수 있다. HTML의 DOM 요소에 testId 데이터셋을 선언해 두면 이후 테스트 시에 getByTestId, findByTestId 등으로 선택할 수 있다. 웹에서 사용하는 querySelector([data-testid="${yourId}"])와 동일한 역할을 한다.

📄 **데이터셋이 무엇인가요?**

데이터셋이란 HTML의 특정 요소와 관련된 임의 정보를 추가할 수 있는 HTML 속성이다. HTML의 특정 요소에 data-로 시작하는 속성은 무엇이든 사용할 수 있다. 앞의 예제에서는 HTML에 data-testid를 추가해 getByTestId를 사용했다. 이는 특정 시나리오에서 매우 유용하게 사용할 수 있다. 다음 리액트 코드를 살펴보자.

```
export default function App() {
  return (
    <ul>
      {Array.from({ length: 10 }).map((_, index) => (
        <li>
          <button>{index + 1}</button>
        </li>
      ))}
    </ul>
  )
}
```

이 코드에서 만약 버튼을 눌렀을 때 해당 index를 확인할 수 있는 코드를 작성한다고 가정해 보자. 가장 먼저 떠오르는 방법은 button의 onClick에 이벤트를 추가하되, 해당 index를 함께 넘기는 것이다.

```
export default function App() {
  function handleClickButton(index: number) {
    return function (_: MouseEvent<HTMLButtonElement>) {
      console.log(index)
```

```
      }
    }
    return (
      <ul>
        {Array.from({ length: 10 }).map((_, index) => (
          <li>
            <button onClick={handleClickButton(index)}>{index + 1}</button>
          </li>
        ))}
      </ul>
    )
  }
```

그러나 이 방법은 한 가지 문제가 있다. 바로 button의 개수만큼 새로운 함수를 계속해서 생성한다는 것이다. 이는 버튼이 많아질수록 비효율적으로 작동한다. 물론 이벤트 버블링 원리를 활용해 ul에 이벤트를 추가하는 방법도 있겠지만 이 경우 해당 이벤트가 어떤 버튼의 어떤 index를 타고 가져오는지 확인하기 어렵다.

이때 활용할 수 있는 방법이 바로 데이터셋이다. HTML에 필요한 정보를 담아두면 ul에서도 우리가 원하는 정보를 가져올 수 있다.

```
export default function App() {
  function handleButtonClick(e: MouseEvent<HTMLULListElement>) {
    if (e.target instanceof HTMLButtonElement) {
      // dataset.id는 해당 요소의 data-id 값이다.
      console.log(e.target.dataset.id)
    }
  }

  return (
    <ul onClick={handleButtonClick}>
      {Array.from({ length: 10 }).map((_, index) => (
        <li>
          <button data-id={index + 1}>{index + 1}</button>
        </li>
      ))}
    </ul>
  )
}
```

이렇게 하면 버튼마다 onClick 함수를 생성할 필요도 없고, 이벤트 버블링을 활용해 ul에서도 원하는 정보를 가져올 수 있다.

요약하자면 각 테스트를 수행하기 전에 `StaticComponent`를 렌더링하고, `describe`로 연관된 테스트를 묶어서 `it`으로 `it` 함수 내부에 정의된 테스트를 수행하는 테스트 파일이라고 정의할 수 있다.

여기서는 `toHaveAttribute`, `toBeVisible` 등 다양한 메서드를 사용해 테스트를 수행했다. 메서드 이름만 봐도 한눈에 무슨 역할을 하는지 확인할 수 있는 것이 Jest를 비롯한 테스팅 프레임워크의 특징이다. Jest에서 사용 가능한 각종 어설션 메서드는 문서[31]에서 확인할 수 있다.

### 동적 컴포넌트

아무런 상태값이 없는 완전히 순수한 무상태(stateless) 컴포넌트는 테스트하기가 매우 간편하다. 하지만 상태값이 있는 컴포넌트, 예를 들어 useState를 사용해 상태값을 관리하는 컴포넌트는 어떨까? 사용자의 액션에 따라 state 값이 변경된다면? 이러한 변경에 따라 컴포넌트가 다르게 렌더링돼야 한다면? 일반적으로 테스트해야 하는 컴포넌트는 정적인 경우보다 이렇게 동적인 경우가 훨씬 더 많을 것이다. 이번에는 동적인 컴포넌트를 테스트하는 방법을 알아보자.

### 사용자가 useState를 통해 입력을 변경하는 컴포넌트

리액트로 작성하는 컴포넌트 중 가장 흔히 볼 수 있는 것은 사용자의 입력을 useState로 받아서 처리하는 컴포넌트일 것이다. 리액트 테스팅 라이브러리에서 사용자의 입력을 흉내 내고, 또 state의 변화에 따른 컴포넌트의 변화를 테스트하는 방법을 알아보자.

먼저 예제 컴포넌트를 작성한다.

```
export function InputComponent() {
  const [text, setText] = useState('')

  function handleInputChange(event: React.ChangeEvent<HTMLInputElement>) {
    const rawValue = event.target.value
    const value = rawValue.replace(/[^A-Za-z0-9]/gi, '')
    setText(value)
  }

  function handleButtonClick() {
    alert(text)
  }

  return (
```

---

31 https://jestjs.io/docs/expect

```
      <>
        <label htmlFor="input">아이디를 입력하세요.</label>
        <input
          aria-label="input"
          id="input"
          value={text}
          onChange={handleInputChange}
          maxLength={20}
        />
        <button onClick={handleButtonClick} disabled={text.length === 0}>
          제출하기
        </button>
      </>
    )
}
```

InputComponent는 사용자의 키보드 타이핑 입력을 받는 input과 이를 alert로 띄우는 button으로 구성된 간단한 컴포넌트다. input은 최대 20자까지, 한글 입력만 가능하도록 제한돼 있다. 한글 입력을 막는 기능은 onChange에서 정규식을 활용해 강제로 value를 replace하는 방식으로 작성돼 있다. 그리고 버튼은 글자가 없으면 disabled되도록 처리돼 있고, 클릭 시 alert 창을 띄운다.

이 컴포넌트를 테스트하기 위해 다음과 같이 테스트 코드를 작성했다.

```
import { fireEvent, render } from '@testing-library/react'
import userEvent from '@testing-library/user-event'

import { InputComponent } from '.'

describe('InputComponent 테스트', () => {
  const setup = () => {
    const screen = render(<InputComponent />)
    const input = screen.getByLabelText('input') as HTMLInputElement
    const button = screen.getByText(/제출하기/i) as HTMLButtonElement
    return {
      input,
      button,
      ...screen,
    }
  }
}
```

```
it('input의 초깃값은 빈 문자열이다.', () => {
  const { input } = setup()
  expect(input.value).toEqual('')
})


it('input의 최대 길이가 20자로 설정돼 있다.', () => {
  const { input } = setup()
  expect(input).toHaveAttribute('maxlength', '20')
})


it('영문과 숫자만 입력된다.', () => {
  const { input } = setup()
  const inputValue = '안녕하세요123'
  userEvent.type(input, inputValue)
  expect(input.value).toEqual('123')
})


it('아이디를 입력하지 않으면 버튼이 활성화되지 않는다.', () => {
  const { button } = setup()
  expect(button).toBeDisabled()
})


it('아이디를 입력하면 버튼이 활성화된다.', () => {
  const { button, input } = setup()

  const inputValue = 'helloworld'
  userEvent.type(input, inputValue)

  expect(input.value).toEqual(inputValue)
  expect(button).toBeEnabled()
})

it('버튼을 클릭하면 alert가 해당 아이디로 표시된다.', () => {
  const alertMock = jest
    .spyOn(window, 'alert')
    .mockImplementation((_: string) => undefined)

  const { button, input } = setup()
  const inputValue = 'helloworld'
```

```
    userEvent.type(input, inputValue)
    fireEvent.click(button)

    expect(alertMock).toHaveBeenCalledTimes(1)
    expect(alertMock).toHaveBeenCalledWith(inputValue)
  })
})
```

이 테스트 코드는 앞서 작성한 코드와 다른 점이 몇 가지 있다. 하나씩 살펴보자.

- setup 함수: setup 함수는 내부에서 컴포넌트를 렌더링하고, 또 테스트에 필요한 button과 input을 반환한다. 이 파일에서 수행하는 모든 테스트는 렌더링과 button, input을 필요로 하므로 이를 하나의 함수로 묶어 두었다.

- userEvent.type: userEvent.type은 사용자가 타이핑하는 것을 흉내 내는 메서드다. userEvent.type을 사용하면 사용자가 키보드로 타이핑하는 것과 동일한 작동을 만들 수 있다. userEvent는 @testing-library/react에서 제공하는 fireEvent와 차이가 있다. 기본적으로 userEvent는 fireEvent의 여러 이벤트를 순차적으로 실행해 좀 더 자세하게 사용자의 작동을 흉내 낸다. 예를 들어, userEvent.click을 수행하면 내부적으로 다음과 같은 fireEvent가 실행된다.

  - fireEvent.mouseOver

  - fireEvent.mouseMove

  - fireEvent.mouseDown

  - fireEvent.mouseUp

  - fireEvent.click

  userEvent.click은 사용자가 마우스를 움직이고, 요소에 올리고, 마우스를 클릭하는 등의 모든 작동을 수행한다. 따라서 userEvent는 사용자의 작동을 여러 fireEvent를 통해 좀 더 자세하게 흉내 내는 모듈이라고 볼 수 있다. 이러한 작동 관련 내용은 코드[32]에서 확인할 수 있다.

  maxLength는 사용자가 하나씩 입력하는 경우에만 막히고, 코드로 한 번에 입력하는 경우에는 작동하지 않는다.[33] fireEvent.type으로는 이 maxLength 작동을 확인할 수 없으므로 userEvent.type을 사용해야 한다.

  요약하자면, 대부분의 이벤트를 테스트할 때는 fireEvent로 충분하고 훨씬 더 빠르다. 단, 특별히 사용자의 이벤트를 흉내 내야 할 때만 userEvent를 사용하면 된다.

- jest.spyOn(window, 'alert').mockImplementation(): 이 구문을 이해하려면 jest.spyOn과 mockImplementation에 대해 알아야 한다.

---

32 https://github.com/testing-library/user-event/blob/5d946d51d643f0ef7e7730fa527b7ca96e330907/src/click.ts#L117–L145. 단축 URL: https://bit.ly/3PHebJf

33 https://github.com/testing-library/user-event/issues/591#issuecomment-517816296

- jest.spyOn: Jest가 제공하는 spyOn은 어떠한 특정 메서드를 오염시키지 않고 실행이 됐는지, 또 어떤 인수로 실행됐는지 등 실행과 관련된 정보만 얻고 싶을 때 사용한다. 여기서는 (window, 'alert')라는 인수와 함께 사용됐는데, 이는 window 객체의 메서드 alert를 구현하지 않고 해당 메서드가 실행됐는지만 관찰하겠다는 뜻이다. 다음 예제를 보자.

```
const calc = {
  add: (a, b) => a + b,
}

const spyFn = jest.spyOn(calc, 'add')

const result = calc.add(1, 2)

expect(spyFn).toBeCalledTimes(1)
expect(spyFn).toBeCalledWith(1, 2)
expect(result).toBe(3)
```

위 코드에서는 jest.spyOn으로 calc 객체의 add 메서드를 관찰하는 것을 볼 수 있다. spyOn으로 관찰한 덕분에 한 번 호출됐는지(toBeCalledTimes(1)), 원하는 인수와 함께 호출됐는지(toBeCalledWith(1, 2))를 확인할 수 있다. 그리고 spyOn으로 관찰은 했지만 calc.add의 작동 자체에는 영향을 미치지 않은 것을 확인할 수 있다.

이처럼 jest.spyOn은 특정 객체의 메서드를 오염시키지 않고 단순히 관찰하는 용도로 사용할 수 있다.

- mockImplementation: 해당 메서드에 대한 모킹(mocking) 구현을 도와준다. 현재 Jest를 실행하는 Node.js 환경에서는 window.alert가 존재하지 않으므로 해당 메서드를 모의 함수(mock)로 구현해야 하는데, 이것이 바로 mockImplementation의 역할이다. 비록 모의 함수로 구현된 함수이지만 함수가 실행됐는지 등의 정보는 확인할 수 있도록 도와준다.

즉, 여기서는 Node.js가 존재하지 않는 window.alert를 테스트하기 위해 jest.spyOn을 사용해 window.alert를 관찰하게끔 하고, mockImplementation을 통해 window.alert가 실행됐는지 등의 정보를 확인할 수 있도록 처리한 것이다. 이렇게 먼저 Node.js 환경에서 실행될 수 없는 window.alert를 처리해 주면 실제 alert가 발생할 때 해당 모의 함수가 실행되어 함수가 몇 번 실행됐는지, 어떤 인수와 함께 실행됐는지 관찰할 수 있다.

지금까지 사용자 액션이 있는 동적인 컴포넌트를 테스트하는 방법을 살펴봤다. Jest에서 사용자 작동을 흉내 내는 메서드는 type 외에도 클릭(click), 더블클릭(dblclick), 클리어(clear) 등 다양하며, 이러한 메서드를 활용하면 웬만한 사용자 작동을 재현할 수 있다. 정적인 컴포넌트에 비해 테스트 코드가 복잡하지만 액션이 수행된 이후에 DOM에 기댓값이 반영됐는지 확인하는 방법은 동일하다.

## 비동기 이벤트가 발생하는 컴포넌트

한 발짝 더 나아가서 비동기 이벤트 특히 자주 사용되는 fetch가 실행되는 컴포넌트를 예로 들어보자.

```tsx
import { MouseEvent, useState } from 'react'

interface TodoResponse {
  userId: number
  id: number
  title: string
  completed: false
}

export function FetchComponent() {
  const [data, setData] = useState<TodoResponse | null>(null)
  const [error, setError] = useState<number | null>(null)

  async function handleButtonClick(e: MouseEvent<HTMLButtonElement>) {
    const id = e.currentTarget.dataset.id

    const response = await fetch(`/todos/${id}`)

    if (response.ok) {
      const result: TodoResponse = await response.json()
      setData(result)
    } else {
      setError(response.status)
    }
  }

  return (
    <div>
      <p>{data === null ? '불러온 데이터가 없습니다.' : data.title}</p>

      {error && <p style={{ backgroundColor: 'red' }}>에러가 발생했습니다</p>}

      <ul>
        {Array.from({ length: 10 }).map((_, index) => {
          const id = index + 1
          return (
            <button key={id} data-id={id} onClick={handleButtonClick}>
```

```
            {`${id}번`}
          </button>
        )
      })}
    </ul>
  </div>
  )
}
```

이 코드는 버튼을 클릭하면 /todos/:id로 fetch 요청을 보내 데이터를 불러오는 컴포넌트다. 데이터를 불러오는 데 성공하면 응답값 중 하나를 노출하지만, 실패하면 에러 문구를 노출하는 컴포넌트로, 일반적인 애플리케이션에서 자주 볼 수 있는 패턴 중 하나다.

테스트 코드를 본격적으로 작성하기에 앞서, 먼저 눈여겨봐야 할 것은 바로 fetch다. 이 fetch는 어떻게 테스트할 수 있을까? 가장 먼저 떠오르는 방법은 앞서 언급한 jest.spyOn 등을 활용해서 fetch를 모킹하는 것이다. 다음과 같이 fetch를 모킹했다고 가정해 보자.

```
jest.spyOn(window, 'fetch').mockImplementation(
  jest.fn(() =>
    Promise.resolve({
      ok: true,
      status: 200,
      json: () => Promise.resolve(MOCK_TODO_RESPONSE),
    }),
  ) as jest.Mock, // 실제로 정확하게 fetch를 모킹하려면 많은 메서드를 구현해야 하지만 여기서는 간단
하게 json만 구현하고 어설션으로 간단하게 처리했다.
)
```

코드를 살펴보면 window에 있는 fetch를 테스트에 필요한 부분만 아주 간단하게 모킹한 것을 볼 수 있다. 그러나 위 케이스는 모든 시나리오를 해결할 수 없다. 서버 응답에서 오류가 발생한 경우는 어떻게 테스트할 수 있을까? ok, status, json의 모든 값을 바꿔서 다시 모킹해야 한다. 이러한 방식은 테스트를 수행할 때마다 모든 경우를 새롭게 모킹해야 하므로 테스트 코드가 길고 복잡해진다. 또한 fetch가 할 수 있는 다양한 일(headers를 설정하거나, text()로 파싱하거나, status의 값을 다르게 보는 등)을 일일이 모킹해야 하므로 테스트 코드가 길어지고 유지보수도 어렵다.

이러한 문제를 해결하기 위해 등장한 것이 MSW(Mock Service Worker)[34]다. MSW는 Node.js나 브라우저에서 모두 사용할 수 있는 모킹 라이브러리로, 브라우저에서는 서비스 워커를 활용해 실제 네트워크 요청을 가로채는 방식으로 모킹을 구현한다. 그리고 Node.js 환경에서는 https나 XMLHttpRequest의 요청을 가로채는 방식으로 작동한다. 즉, Node.js나 브라우저에서는 fetch 요청을 하는 것과 동일하게 네트워크 요청을 수행하고, 이 요청을 중간에 MSW가 감지하고 미리 준비한 모킹 데이터를 제공하는 방식이다. 이러한 방식은 fetch의 모든 기능을 그대로 사용하면서도 응답에 대해서만 모킹할 수 있으므로 fetch를 모킹하는 것이 훨씬 수월해진다. 비단 테스트 코드뿐만 아니라 create-react-app, Next.js 등 다양한 환경에서도 사용 가능하므로 모킹에 대해 고민하고 있다면 사용해 보는 것을 추천한다.

MSW를 활용해 fetch 응답을 모킹한 테스트 코드를 다음과 같이 작성했다.

```
import { fireEvent, render, screen } from '@testing-library/react'
import { rest } from 'msw'
import { setupServer } from 'msw/node'

import { FetchComponent } from '.'

const MOCK_TODO_RESPONSE = {
  userId: 1,
  id: 1,
  title: 'delectus aut autem',
  completed: false,
}

const server = setupServer(
  rest.get('/todos/:id', (req, res, ctx) => {
    const todoId = req.params.id

    if (Number(todoId)) {
      return res(ctx.json({ ...MOCK_TODO_RESPONSE, id: Number(todoId) }))
    } else {
      return res(ctx.status(404))
    }
  }),
)

beforeAll(() => server.listen())
```

**34** https://mswjs.io/

```
afterEach(() => server.resetHandlers())
afterAll(() => server.close())

beforeEach(() => {
  render(<FetchComponent />)
})

describe('FetchComponent 테스트', () => {
  it('데이터를 불러오기 전에는 기본 문구가 뜬다.', async () => {
    const nowLoading = screen.getByText(/불러온 데이터가 없습니다./)
    expect(nowLoading).toBeInTheDocument()
  })

  it('버튼을 클릭하면 데이터를 불러온다.', async () => {
    const button = screen.getByRole('button', { name: /1번/ })
    fireEvent.click(button)

    const data = await screen.findByText(MOCK_TODO_RESPONSE.title)
    expect(data).toBeInTheDocument()
  })

  it('버튼을 클릭하고 서버 요청에서 에러가 발생하면 에러 문구를 노출한다.', async () => {
    server.use(
      rest.get('/todos/:id', (req, res, ctx) => {
        return res(ctx.status(503))
      }),
    )

    const button = screen.getByRole('button', { name: /1번/ })
    fireEvent.click(button)

    const error = await screen.findByText(/에러가 발생했습니다/)
    expect(error).toBeInTheDocument()
  })
})
```

모킹 코드가 추가되어 이전보다 코드가 훨씬 복잡해졌다. 전체 코드를 조금씩 나눠서 살펴보자.

```
const server = setupServer(
  rest.get('/todos/:id', (req, res, ctx) => {
```

```
    const todoId = req.params.id

    if (Number(todoId)) {
      return res(ctx.json({ ...MOCK_TODO_RESPONSE, id: Number(todoId) }))
    } else {
      return res(ctx.status(404))
    }
  }),
)
```

이 코드에서는 MSW를 활용해 fetch 응답을 모킹했다. setupServer는 MSW에서 제공하는 메서드로, 이름 그대로 서버를 만드는 역할을 한다. 그리고 이 함수 내부에서 Express나 Koa와 비슷하게 라우트를 선언할 수 있다. 그리고 이 라우트 내부에서 서버 코드를 작성하는 것과 동일하게 코드를 작성하고, 대신 응답하는 데이터만 미리 준비해 둔 모킹 데이터를 반환하면 된다. 테스트 코드에서는 라우트 /todos/:id의 요청만 가로채서 todoId가 숫자인지 확인한 다음, 숫자일 때만 MOCK_TODO_RESPONSE와 id를 반환하고, 숫자가 아니라면 404를 반환하도록 코드를 구성했다.

```
beforeAll(() => server.listen())
afterEach(() => server.resetHandlers())
afterAll(() => server.close())
```

테스트 코드를 시작하기 전에는 서버를 기동하고, 테스트 코드 실행이 종료되면 서버를 종료시킨다. 한 가지 눈에 띄는 것은 afterEach에 있는 server.resetHandlers()다. 이 코드는 앞에서 선언한 setupServer의 기본 설정으로 되돌리는 역할을 한다. 일반적인 경우라면 필요 없지만, 뒤이어서 작성할 '서버에서 실패가 발생하는 경우'를 테스트할 때는 res를 임의로 ctx.status(503)과 같은 형태로 변경할 것이다. 그러나 이를 리셋하지 않으면 계속해서 실패하는 코드로 남아있을 것이므로 테스트 실행마다 resetHandlers를 통해 setupServer로 초기화했던 초깃값을 유지하는 것이다.

그다음부터는 describe를 시작으로 테스트하고 싶은 내용을 테스트 코드로 작성했다.

```
it('버튼을 클릭하면 데이터를 불러온다.', async () => {
  const button = screen.getByRole('button', { name: /1번/ })
  fireEvent.click(button)

  const data = await screen.findByText(MOCK_TODO_RESPONSE.title)
  expect(data).toBeInTheDocument()
})
```

여기서부터 본격적으로 비동기 이벤트, 버튼을 클릭해 fetch가 발생하는 시나리오를 테스트한다. 버튼을 클릭하는 것까지는 동일하지만 이후 fetch 응답이 온 뒤에서야 비로소 찾고자 하는 값을 렌더링할 것이다. 원하는 값을 동기 방식으로 즉시 찾는 get 메서드 대신, 요소가 렌더링될 때까지 일정 시간 동안 기다리는 find 메서드를 사용해 요소를 검색한다.

```
it('버튼을 클릭하고 서버 요청에서 에러가 발생하면 에러 문구를 노출한다.', async () => {
  server.use(
    rest.get('/todos/:id', (req, res, ctx) => {
      return res(ctx.status(503))
    }),
  )

  const button = screen.getByRole('button', { name: /1번/ })
  fireEvent.click(button)

  const error = await screen.findByText(/에러가 발생했습니다/)
  expect(error).toBeInTheDocument()
})
```

앞서 setupServer에서는 정상적인 응답만 모킹했기 때문에 에러가 발생하는 경우를 테스트하기 어렵다. 서버 응답이 실패하는 경우를 테스트하기 위해 server.use를 사용해 기존 setupServer의 내용을 새롭게 덮어쓴다. 여기서는 /todos/:id 라우팅을 모든 경우에 503이 오도록 작성했다. 서버 설정이 끝난 이후에는 앞선 테스트와 동일하게 findBy를 활용해 에러 문구가 정상적으로 노출됐는지 확인한다.

server.use를 활용한 서버 기본 작동을 덮어쓰는 작업은 'it('버튼을 클릭하고 서버 요청에서 에러가 발생하면 에러 문구를 노출한다.', async () => {...에서만 유효해야 한다. 다른 테스트 시에는 원래대로 서버 작동이 다시 변경되어야 하므로 afterEach에서 resetHandlers를 실행한다. 이렇게 하면 it 내부의 server.use 구문이 종료된 이후에는 503 에러 라우팅은 사라지고 다시 정상적인 응답만 받을 수 있게 된다.

물론 앞서 살펴본 테스트가 가장 마지막에 수행하는 테스트이므로 resetHandlers를 제거해도 테스트 결과가 달라지지 않을 것이다. 그러나 테스트 케이스가 가장 마지막에 수행되지 않고, resetHandlers를 수행하지 않는다면 다른 테스트 케이스에서도 503 에러를 받게 되므로 주의해야 한다.

지금까지 fetch를 이용한 비동기 컴포넌트를 테스트하는 방법을 알아봤다. 여기서 중요한 것은 MSW를 사용한 fetch 응답 모킹과 findBy를 활용해 비동기 요청이 끝난 뒤에 제대로 된 렌더링이 일어났는지 기다린 후에 확인하는 것이다. 이 두 가지만 염두에 둔다면 비동기 컴포넌트 테스트 또한 크게 다를 것이 없다.

## 8.2.4 사용자 정의 훅 테스트하기

지금까지 일반적인 컴포넌트에 대해 테스트해봤다면 임의로 만든 사용자 훅을 테스트한다고 가정해 보자. 훅을 테스트하는 과정도 동일하게 진행할 수 있다. 훅이 들어가 있는 컴포넌트를 만들거나, 혹은 훅이 들어 있는 컴포넌트에 대해 별도로 훅에 대한 테스트를 만들 수도 있을 것이다. 그러나 전자의 경우 테스트 코드 작성 외에 작업이 더 추가된다는 점, 후자의 경우 해당 훅이 모든 테스트 케이스를 커버하지 못할 경우 또 다른 테스트 가능한 컴포넌트를 찾아야 한다는 단점이 있다. 이러한 불편함을 해결하기 위한 라이브러리가 바로 react-hooks-testing-library[35]다. 이를 활용하면 훅을 더욱 편리하게 테스트할 수 있다. react-hooks-testing-library를 활용해 훅을 테스트하는 방법을 알아보자.

먼저 테스트로 작성할 훅은 useEffectDebugger라는 훅이다. 이 훅은 컴포넌트명과 props를 인수로 받아 해당 컴포넌트가 어떤 props의 변경으로 인해 리렌더링됐는지 확인해 주는 일종의 디버거 역할을 한다. 이 훅이 구현할 기능은 다음과 같다.

- 최초 컴포넌트 렌더링 시에는 호출하지 않는다.

- 이전 props를 useRef에 저장해 두고, 새로운 props를 넘겨받을 때마다 이전 props와 비교해 무엇이 렌더링을 발생시켰는지 확인한다.

- 이전 props와 신규 props의 비교는 리액트의 원리와 동일하게 Object.is를 활용해 얕은 비교를 수행한다.

- process.env.NODE_ENV === 'production'인 경우에는 로깅을 하지 않는다. 이는 웹팩을 빌드 도구로 사용할 경우 일반적으로 트리쉐이킹이 이뤄지는 일종의 최적화 기법이다. 웹팩을 비롯한 많은 번들러에서는 process.env.NODE_ENV === 'production'인 경우에는 해당 코드가 빌드 결과물에 포함되지 않는다. 이는 운영 환경에서는 해당 코드가 실행되지 않는다는 의미다.[36]

이러한 요구사항을 준수한 useEffectDebugger 훅을 살펴보자.

```
import { useEffect, useRef, DependencyList } from 'react'

export type Props = Record<string, unknown>

export const CONSOLE_PREFIX = '[useEffectDebugger]'

export default function useEffectDebugger(
  componentName: string,
```

---

35 https://react-hooks-testing-library.com/usage/basic-hooks
36 https://webpack.js.org/guides/production/#specify-the-mode

```
  props?: Props,
) {
  const prevProps = useRef<Props | undefined>()

  useEffect(() => {
    if (process.env.NODE_ENV === 'production') {
      return
    }

    const prevPropsCurrent = prevProps.current

    if (prevPropsCurrent !== undefined) {
      const allKeys = Object.keys({ ...prevProps.current, ...props })

      const changedProps: Props = allKeys.reduce<Props>((result, key) => {
        const prevValue = prevPropsCurrent[key]
        const currentValue = props ? props[key] : undefined

        if (!Object.is(prevValue, currentValue)) {
          result[key] = {
            before: prevValue,
            after: currentValue,
          }
        }

        return result
      }, {})

      if (Object.keys(changedProps).length) {
        // eslint-disable-next-line no-console
        console.log(CONSOLE_PREFIX, componentName, changedProps)
      }
    }

    prevProps.current = props
  })
}
```

그리고 이 훅은 다음과 같이 사용할 수 있다.

```
import { useState } from 'react'

import useEffectDebugger from './useEffectDebugger'

function Test(props: { a: string; b: number }) {
  const { a, b } = props
  useEffectDebugger('TestComponent', props)

  return (
    <>
      <div>{a}</div>
      <div>{b}</div>
    </>
  )
}

function App() {
  const [count, setCount] = useState(0)

  return (
    <>
      <button onClick={() => setCount((count) => count + 1)}>up</button>
      <Test a={count % 2 === 0 ? '짝수' : '홀수'} b={count} />
    </>
  )
}

export default App
```

출력 결과는 다음과 같다.

```
[useEffectDebugger] TestComponent {"a":{"before":"짝수","after":"홀수"},"b":{"before":0,"after":1}}
[useEffectDebugger] TestComponent {"a":{"before":"홀수","after":"짝수"},"b":{"before":1,"after":2}}
[useEffectDebugger] TestComponent {"a":{"before":"짝수","after":"홀수"},"b":{"before":2,"after":3}}
//
```

useEffectDebugger는 어디까지나 props가 변경되는 것만 확인할 수 있다는 것을 염두에 둬야 한다. 다른 렌더링 시나리오, 예를 들어 props가 변경되지 않았지만 부모 컴포넌트가 리렌더링되는 경우에는 useEffectDebugger로 확인할 수 없다.

props를 useRef에 저장해 두고, 이후에 새롭게 들어오는 props를 비교해 변경된 값만 console.log로 로깅을 남기고 있다. 여러 가지 컴포넌트에 적용해 보면서 얼추 의도한 대로 작동한다는 것을 확인할 수 있다. 하지만 테스트 코드를 통해 확인하는 편이 훨씬 더 확실하고 실수도 줄이는 안전한 방식일 것이다. useEffectDebugger를 테스트하는 코드를 작성해 보자.

```
import { renderHook } from '@testing-library/react'

import useEffectDebugger, { CONSOLE_PREFIX } from './useEffectDebugger'

const consoleSpy = jest.spyOn(console, 'log')
const componentName = 'TestComponent'
```

먼저 해당 훅은 console.log를 사용하므로 jest.spyOn을 사용해 console.log 호출 여부를 확인한다. 그리고 테스트 대상 컴포넌트의 이름을 componentName에 저장한다.

```
describe('useEffectDebugger', () => {
  afterAll(() => {
    // eslint-disable-next-line @typescript-eslint/ban-ts-comment
    // @ts-ignore
    process.env.NODE_ENV = 'development'
  })
  // ...
})
```

만약 프로젝트가 리액트 18 버전 미만을 사용한다면 @testing-library/react 대신 @testing-library/react-hooks를 사용해야 한다. 리액트 18부터는 @testing-library/react에 통합됐다.[37]

매번 테스트가 끝난 후에는 process.env.NODE_ENV를 다시 development로 변경한다. process.env.NODE_ENV 할당문을 강제로 작성한 이유는 타입스크립트에서는 NODE_ENV를 읽기 전용 속성으로 간주하기 때문이다.

```
it('props가 없으면 호출되지 않는다.', () => {
  renderHook(() => useEffectDebugger(componentName))

  expect(consoleSpy).not.toHaveBeenCalled()
})
```

---

37 https://github.com/testing-library/react-hooks-testing-library#a-note-about-react-18-support

```
it('최초에는 호출되지 않는다.', () => {
  const props = { hello: 'world' }

  renderHook(() => useEffectDebugger(componentName, props))

  expect(consoleSpy).not.toHaveBeenCalled()
})
```

훅을 렌더링하기 위해서는 renderHook을 래핑해서 사용해야 한다. 리액트 개발자라면 한 가지 이상한 점을 확인할 수 있는데, use로 시작하는 사용자 정의 훅임에도 불구하고 훅의 규칙을 위반한다는 경고 메시지를 출력하지 않는다는 것이다. 이 코드가 실행될 수 있는 비결은 renderHook 내부에 있다. renderHook 함수를 살펴보면 내부에서 TestComponent라고 하는 컴포넌트를 생성하고, 이 컴포넌트 내부에서 전달받은 훅을 실행하는 것을 알 수 있다. 훅의 규칙을 위반하지 않기 위해 renderHook 내부에서 컴포넌트를 만들어 훅의 규칙을 위반하지 않는 것을 확인할 수 있다.[38]

계속해서 테스트 코드를 작성해 보자.

```
it('props가 변경되지 않으면 호출되지 않는다.', () => {
  const props = { hello: 'world' }

  const { rerender } = renderHook(() => useEffectDebugger(componentName, props))

  expect(consoleSpy).not.toHaveBeenCalled()

  rerender()

  expect(consoleSpy).not.toHaveBeenCalled()
})
```

이번 테스트에서는 컴포넌트를 다시 렌더링해 훅 내부의 console.log가 실행되지 않는지를 확인한다. 앞서 설명했듯이 renderHook 내부에서는 컴포넌트를 하나 새로 만들어서 훅을 사용하는데, 만약 renderHook을 한 번 더 실행하면 훅을 두 번 실행하는 것을 테스트할 수 없다. 그 이유는 앞서 이야기했던 훅의 규칙을 우회하기 위한 트릭, 즉 TestComponent의 생성 작업을 두 번 하게 되기 때문이다. 다시 말해, renderHook 하나당 하나의 독립된 컴포넌트가 생성되므로 같은 컴포넌트에서 훅을 두 번 호출하려면 renderHook이 반환하는 객체

---

38 https://github.com/testing-library/react-hooks-testing-library/blob/main/src/helpers/createTestHarness.tsx

의 값 중 하나인 rerender 함수를 사용해야 한다. rerender 외에도 unmount라는 함수를 반환하는데, 이름 그대로 이 함수를 실행하면 컴포넌트를 언마운트한다.

```
it('props가 변경되면 다시 호출한다.', () => {
  const props = { hello: 'world' }

  const { rerender } = renderHook(
    ({ componentName, props }) => useEffectDebugger(componentName, props),
    {
      initialProps: {
        componentName,
        props,
      },
    },
  )

  const newProps = { hello: 'world2' }

  rerender({ componentName, props: newProps })

  expect(consoleSpy).toHaveBeenCalled()
})
```

이후 테스트 코드에서는 props 비교를 정확히 하고 있는지 확인하기 위해 훅에 서로 다른 props를 인수로 넘겨야 한다. 이를 위해 renderHook에서는 함수의 초깃값인 initialProps를 지정할 수 있는데, 이를 사용하면 훅의 초깃값을 지정할 수 있다. 그리고 이후에 rerender 함수를 호출할 때, 여기서 지정한 초깃값을 변경해 다시 렌더링할 수 있다.

```
it('process.env.NODE_ENV가 production이면 호출되지 않는다', () => {
  // eslint-disable-next-line @typescript-eslint/ban-ts-comment
  // @ts-ignore
  process.env.NODE_ENV = 'production'

  const props = { hello: 'world' }

  const { rerender } = renderHook(
    ({ componentName, props }) => useEffectDebugger(componentName, props),
    {
```

```
      initialProps: {
        componentName,
        props,
      },
    },
  )

  const newProps = { hello: 'world2' }

  rerender({ componentName, props: newProps })

  expect(consoleSpy).not.toHaveBeenCalled()
})
```

마지막으로 process.env.NODE_ENV = "production"을 설정하면 어떠한 경우에도 consoleSpy가 호출되지 않는지 확인한다. process.env.NODE_ENV에 production 값을 강제로 주입했고, 그 결과 훅 내부에서 props가 변경되더라도 아무런 작동도 하지 않는 것을 확인할 수 있었다.

react-hooks-testing-library를 사용하면 굳이 테스트를 위한 컴포넌트를 만들지 않아도 훅을 간편하게 테스트할 수 있다. 또한 renderHook 함수에서 훅을 편리하게 테스트하기 위한 rerender, unmount 등의 함수도 제공하고 있으므로 사용자 정의 훅을 테스트하고 싶다면 꼭 한번 사용해 보자.

## 8.2.5 테스트를 작성하기에 앞서 고려해야 할 점

소프트웨어의 테스트에 대해 논할 때 테스트 커버리지라고 해서 해당 소프트웨어가 얼마나 테스트됐는지를 나타내는 지표에 대해 들어본 적이 있을 것이다. 흔히들 알고 있는 사실 중 하나는 테스트 커버리지가 높을수록 좋고 꾸준히 테스트 코드를 작성하라는 것이다. 그러나 테스트 커버리지가 만능은 아니다. 먼저 테스트 커버리지는 단순히 얼마나 많은 코드가 테스트되고 있는지를 나타내는 지표일 뿐, 테스트가 잘되고 있는지를 나타내는 것은 아니다. 그러므로 절대 테스트 커버리지를 맹신해서는 안 된다.

또 한 가지 알아둬야 할 점은 테스트 커버리지를 100%까지 끌어올릴 수 있는 상황은 생각보다 드물다는 것이다. 이른바 TDD(Test Driven Development; 테스트 주도 개발)라고 하는 개발 방법론을 차용해서 테스트를 우선시하더라도 서버 코드와는 다르게 프런트엔드 코드는 사용자의 입력이 매우 자유롭기 때문에 이러한 모든 상황을 커버해 테스트를 작성하기란 불가능하다. 그리고 실무에서는 테스트 코드를 작성하고 운영할 만큼 여유로운 상황이 별로 없다. 때로는 테스트를 QA(Quality Assurance)에 의존해 개발을 빠르게 진행해야 할 수도 있고, 이후에 또 개발해야 할 기능이 산적해 있을 수도 있다.

따라서 테스트 코드를 작성하기 전에 생각해 봐야 할 최우선 과제는 **애플리케이션에서 가장 취약하거나 중요한 부분을 파악하는 것**이다. 예를 들어, 전자상거래 애플리케이션을 만든다고 가정해 보자. 애플리케이션의 모든 부분이 우선순위를 가릴 수 없이 중요하겠지만 가장 신경 써야 할 것은 바로 결제일 것이다. 결제에 대해 테스트하기로 마음먹었다면 해당 결제와 연관되어 테스트가 필요한 코드를 파악해야 할 것이다. 그리고 해당 코드들이 어떻게 순차적으로 실행되는지 확인한 다음, 그 순차적인 프로세스에 맞춰 테스트 코드를 작성하면 된다. 이 테스트가 통과해야 할 테스트 코드는 반드시 사용자의 작업과 최대한 유사하게 작성돼야 한다. 예를 들어, 결제를 위해 사용자가 입력하는 절차, 장바구니, 주소 입력, 결제까지의 과정을 모두 사용자와 최대한 비슷한 입장에서 테스트를 작성하는 것이 필요하다.

이처럼 애플리케이션에서 가장 핵심이 되는 부분부터 먼저 테스트 코드를 하나씩 작성해 나가는 것이 중요하다. 테스트 코드는 소프트웨어의 코드를 100% 커버하기 위해, 혹은 테스트 코드가 모두 그린 사인(테스트가 모두 통과했다)을 보기 위해 작성하는 것이 아니다. 테스트 코드는 개발자가 단순 코드 작성만으로는 쉽게 이룰 수 없는 목표인 소프트웨어 품질에 대한 확신을 얻기 위해 작성하는 것이다. 무작정 테스트 코드를 작성하기보다는 반드시 이 점을 명심하고 테스트 코드를 작성해야 한다.

## 8.2.6 그 밖에 해볼 만한 여러 가지 테스트

이번 절의 내용은 **create-react-app**과 함께 제공되는 리액트 테스팅 라이브러리를 위주로 작성됐지만 프런트엔드 개발에 있어 테스트를 수행할 수 있는 방법은 굉장히 다양하다. 사용자도 한정적이고, 사용할 수 있는 케이스도 어느 정도 제한적인 백엔드에 비해 프런트엔드는 무작위 사용자가 애플리케이션에서 갖가지 작업을 할 수 있으므로 이를 테스트하기 위한 여러 가지 방법이 있다.

- 유닛 테스트(Unit Test): 각각의 코드나 컴포넌트가 독립적으로 분리된 환경에서 의도된 대로 정확히 작동하는지 검증하는 테스트
- 통합 테스트(Integration Test): 유닛 테스트를 통과한 여러 컴포넌트가 묶여서 하나의 기능으로 정상적으로 작동하는지 확인하는 테스트
- 엔드 투 엔드(End to End Test): 흔히 E2E 테스트라 하며, 실제 사용자처럼 작동하는 로봇을 활용해 애플리케이션의 전체적인 기능을 확인하는 테스트

리액트 테스팅 라이브러리는 유닛 테스트 내지는 통합 테스트를 도와주는 도구이며, E2E 테스트를 수행하려면 Cypress[39] 같은 다른 라이브러리의 힘을 빌려야 한다. 각 테스트 설명에서도 알 수 있지만 유닛 테스트에서 통합 테스트, 엔드 투 엔드 테스트로 갈수록 테스트가 실패할 지점이 많아지고, 테스트 코드도

---

39 https://www.cypress.io/

복잡해지며, 테스트해야 할 경우의 수도 많아지고, 테스트 자체를 구축하는 것도 어려워진다. 그러나 유닛 테스트에서 통합 테스트, 엔드 투 엔드 테스트로 갈수록 개발자에게 있어 코드에 대한 자신감을 심어 줄 수 있는 가능성 또한 커진다.

## 8.2.7 정리

지금까지 create-react-app에서 함께 제공되는 리액트 애플리케이션에서 가장 쉽게 접할 수 있는 테스팅 라이브러리인 리액트 테스트 라이브러리에 대해 알아봤다. 테스트는 구현 결과물이 어느 정도 정해져 있는 애플리케이션과는 다르게 다양한 방법으로 시도해 볼 수 있다. 테스트할 수 있는 방법은 여러 가지가 있지만 테스트가 이뤄야 할 목표는 **애플리케이션이 비즈니스 요구사항을 충족하는지 확인**하는 것 한 가지뿐이다. 의존해야 할 QA 여건이 부족하거나, 애플리케이션의 취약한 부분이 걱정된다면 조금씩 테스트 코드를 추가해 보자. 한 번에 E2E 테스팅 라이브러리를 설치해 사용자의 작동을 흉내 내서 완벽한 자신감을 얻는 것도 좋은 방법이 될 수 있지만, 처음부터 너무 많은 준비가 필요한 E2E 테스트를 시작하려다 보면 테스트 코드를 작성하기도 전에 지치거나 혹은 다른 급한 일에 테스트 코드 작성의 우선순위가 밀려날지도 모른다. 조금씩, 그러나 핵심적인 부분부터 테스트 코드를 작성하다 보면 소프트웨어의 품질에 확신을 갖게 될 것이다.

# 09 장

# 모던 리액트 개발 도구로 개발 및 배포 환경 구축하기

이번 장에서는 요즘에 가장 널리 사용되는 프레임워크인 Next.js를 기반으로 리액트 프로젝트를 만들어 본다. 실무에서 일하다 보면 생각보다 처음부터 서비스를 만들어보는 일이 그다지 많지 않다는 것을 깨닫게 될 것이다. 그러나 아무것도 없는 상태에서 프로젝트의 기반을 다지는 일은 생각보다 중요하므로 꼭 알아둬야 한다. 빈 폴더만 준비돼 있는 환경에서 가장 각광받는 라이브러리인 리액트와 Next.js로 실무에서도 쓸 수 있는 웹서비스를 하나씩 구축해보자.

## 9.1 Next.js로 리액트 개발 환경 구축하기

create-react-app과 create-next-app은 각각 리액트 애플리케이션과 Next.js 애플리케이션을 손쉽게 만들기 위한 CLI 도구다. 이 두 가지는 모두 애플리케이션을 빠르게 만들기 위해 선택할 수 있는 탁월한 도구지만 애플리케이션 구축에 필요한 대부분의 작업을 대신해 주기 때문에 프로젝트 구조를 공부하고 이해하는 데는 크게 도움이 되지 못한다. 프런트엔드 개발자가 직접 만든 애플리케이션을 온전히 이해하려면 package.json 부터 시작해서 하나씩 필요한 파일을 직접 설정해 봐야 한다. 그래서 이번 절에서는 package.json부터 한땀 한땀 파일을 만들고, 왜 이런 파일이 필요한지, 그리고 이 파일 내부에 어떠한 설정이 필요한지 하나씩 살펴보자.

많은 개발자가 사용해온 create-react-app은 이제 더 이상 유지보수되지 않을 가능성이 크다. 2023년 1월, 리액트 팀은 깃허브에서 create-react-app의 미래에 대해 밝힌 바 있다.[1] create-react-app은 미래에 더 이

---

[1] https://github.com/reactjs/reactjs.org/pull/5487#issuecomment-1409720741

상 리액트 애플리케이션을 만드는 보일러플레이트 CLI가 아니라 여러 리액트 기반 프레임워크를 제안하는 런처 형태로 변경될 예정이라고 밝혔다. 따라서 create-react-app의 대안(create-next-app과 같은) 또는 아무것도 없는 상태에서 리액트 프레임워크를 구축하는 방법을 공부해 둘 필요가 있다.

## 9.1.1 create-next-app 없이 하나씩 구축하기

모든 Node.js 프로젝트와 마찬가지로 가장 먼저 할 일은 package.json을 만드는 것이다. package.json 파일을 직접 만들 수도 있지만, npm init을 실행하면 package.json을 만드는 CLI를 실행할 수 있다.

```
» npm init
This utility will walk you through creating a package.json file.
It only covers the most common items, and tries to guess sensible defaults.

See `npm help init` for definitive documentation on these fields
and exactly what they do.

Use `npm install <pkg>` afterwards to install a package and
save it as a dependency in the package.json file.

Press ^C at any time to quit.
package name: (my-app)
version: (1.0.0)
description:
entry point: (index.js)
test command:
git repository:
keywords:
license: (ISC)
About to write to /Users/yceffort/private/react-deep-dive-example/chapter7/my-app/package.json:

{
  "name": "my-app",
  "version": "1.0.0",
  "description": "",
  "main": "index.js",
  "scripts": {
    "test": "echo \"Error: no test specified\" && exit 1"
  },
  "author": "yceffort",
```

```
  "license": "ISC"
}


Is this OK? (yes)
```

이 과정을 거치고 나면 package.json이 생성돼 있을 것이다. Next.js 프로젝트를 실행하는 데 필요한 핵심 라이브러리인 react, react-dom, next를 설치하자.

```
» npm i react react-dom next

added 17 packages, and audited 18 packages in 5s

2 packages are looking for funding
  run `npm fund` for details

found 0 vulnerabilities
```

그리고 devDependencies에 필요한 패키지를 설치하자. 여기서는 typescript, 타입스크립트 내부에서 리액트 타입 지원에 필요한 @types/react, @types/react-dom, 마찬가지로 Node.js의 타입을 사용하기 위한 @types/node, 그리고 ESLint 사용에 필요한 eslint, eslint-config-next를 설치한다.

```
» npm i @types/node @types/react @types/react-dom eslint eslint-config-next typescript --save-dev

added 217 packages, and audited 235 packages in 17s

78 packages are looking for funding
  run `npm fund` for details

found 0 vulnerabilities
```

이제 기본적인 패키지 설치는 모두 완료됐다. 참고로 dependencies, devDependencies, peerDependencies의 차이는 9.2절 '깃허브 100% 활용하기'에서 소개한다.

## 9.1.2 tsconfig.json 작성하기

필요한 라이브러리를 모두 설치했다면 이제 타입스크립트 코드를 작성하기 위한 준비를 해야 한다. npm 설정을 package.json에서 하는 것처럼 타입스크립트 설정은 tsconfig.json에 기록한다. tsconfig.json을 작성하는 방법을 살펴보자.

```
{
  "$schema": "https://json.schemastore.org/tsconfig.json"
}
```

본격적으로 tsconfig.json을 작성하기 전에, 위와 같이 JSON 최상단에 $schema 키와 위와 같은 값을 넣자. $schema는 schemaStore에서 제공해 주는 정보로, 해당 JSON 파일이 무엇을 의미하는지, 또 어떤 키와 어떤 값이 들어갈 수 있는지 알려주는 도구다. $schema와 올바른 값이 선언돼 있다면 VS Code나 웹스톰 (WebStorm) 같은 IDE에서 자동 완성이 가능해진다.

```
 1  {
 2    "$schema": "https://json.schemastore.org/tsconfig.json",
 3    "compilerOptions": {
 4      "outDir": "dist",
 5      "                You, 1초 전 · Uncommitted changes
 6    },      allowJs
 7    "incl  allowSyntheticDefaultImports
 8    "excl  allowUmdGlobalAccess
 9  }        allowUnreachableCode
10           allowUnusedLabels
             alwaysStrict
             assumeChangesOnlyAffectDirectDependencies
             baseUrl
             charset
             checkJs
             composite
             declaration
```

```
 1  {
 2    "$schema": "https://json.schemastore.org/tsconfig.json",
 3    "compilerOptions": {
 4      "outDir": "dist",
 5      "allowJs":         You, 1초 전 · Uncommitted changes
 6    },          false                          Default value
 7    "include": [".  true
 8    "exclude": ["node_modules", "dist", "build"]
 9  }
10
```

그림 9.1 $schema를 선언해두면 비주얼 스튜디오 코드 같은 모던 에디터에서 자동 완성의 도움을 받을 수 있다.

이 밖에도 .eslintrc, .prettierrc와 같이 JSON 방식으로 설정을 작성하는 라이브러리가 schemastore에 해당 내용을 제공하고 있다면 더욱 편리하게 JSON 설정을 작성할 수 있다.

이제 tsconfig.json을 완성해 보자.

```json
{
  "$schema": "https://json.schemastore.org/tsconfig.json",
  "compilerOptions": {
    "target": "es5",
    "lib": ["dom", "dom.iterable", "esnext"],
    "allowJs": true,
    "skipLibCheck": true,
    "strict": true,
    "forceConsistentCasingInFileNames": true,
    "noEmit": true,
    "esModuleInterop": true,
    "module": "esnext",
    "moduleResolution": "node",
    "resolveJsonModule": true,
    "isolatedModules": true,
    "jsx": "preserve",
    "incremental": true,
    "baseUrl": "src",
    "paths": {
      "#pages/*": ["pages/*"],
      "#hooks/*": ["hooks/*"],
      "#types/*": ["types/*"],
      "#components/*": ["components/*"],
      "#utils/*": ["utils/*"]
    }
  },
  "include": ["next-env.d.ts", "**/*.ts", "**/*.tsx"],
  "exclude": ["node_modules"]
}
```

여기서 사용된 옵션에 대해 하나씩 살펴보자.

- compilerOptions: 타입스크립트를 자바스크립트로 컴파일할 때 사용하는 옵션이다.
  - target: 타입스크립트가 변환을 목표로 하는 언어의 버전을 의미한다. 여기서는 es5로 설정돼 있기 때문에 es6의 화살표 함수는 일반 함수로 변환될 것이다. 단, 폴리필까지는 지원하지 않기 때문에 Promise와 같이 별도의 폴리필이 필요한 경우까지 모두 도와주지는 않는다.
  - lib: lib는 target과 조금 성격이 다르다. 예를 들어, 프로젝트에서 es5 지원을 목표로 하고 있고, Promise나 Map 같은 객체들도 폴리필을 붙여서 지원할 환경을 준비했다고 가정하자. 그러나 여전히 타입스크립트는 Promise나 Map의 존재에 대해서는 모를 것이다. 이 경우에 가장 최신 버전을 의미하는 esnext를 추가하면 target은 es5라 할지라도 신규 기능에 대한 API 정보를 확인할 수 있게 되어 에러가 발생하지 않는다. 여기서는 dom도 추가됐는데, 이는 타입스크립트 환경에서 window, document 등 브라우저 위주의 API에 대한 명세를 사용할 수 있게 하기 위해서다.
  - allowJs: 타입스크립트가 자바스크립트 파일 또한 컴파일할지를 결정한다. 주로 자바스크립트 프로젝트를 타입스크립트로 전환하는 과정에서 .js와 .ts 파일이 혼재됐을 때 사용하는 옵션이다.
  - skipLibCheck: 라이브러리에서 제공하는 d.ts에 대한 검사 여부를 결정한다. d.ts는 타입스크립트에서 제공하는 타입에 대한 정보를 담고 있는 파일이다. 예를 들어, react의 경우를 생각해 보자. 기본적으로 먼저 자바스크립트 프로젝트에서 사용하기 위해서 자바스크립트 라이브러리 react가 존재할 것이다. 그리고 타입스크립트에서 react를 사용하기 위해서, 즉 타입의 도움을 받기 위해서는 자바스크립트 파일만으로는 부족한데, 이 라이브러리의 타입 정보를 가지고 있는 것이 바로 d.ts다. 이 옵션은 라이브러리의 d.ts를 검사하지 않는다는 것이다. 만약 이 옵션이 켜져 있다면 d.ts에 에러가 있다면 에러를 발생시킨다. 그렇지만 이 경우 라이브러리의 d.ts까지 검사해서 전체적인 프로젝트의 컴파일 시간이 길어지므로 일반적으로는 꺼놓는 경우가 많다.
  - strict: 타입스크립트 컴파일러의 엄격 모드를 제어한다. 이 모드가 켜지면 다음 옵션도 true로 설정되는 것과 같다.
    - alwaysStrict: 모든 자바스크립트 파일에 use strict를 추가한다.
    - strictNullChecks: 엄격한 널 검사(null check)를 활성화한다. 이 옵션을 켜면 null과 undefined를 명확하게 구분해 사용할 수 있게 된다. 예를 들어, 다음 코드를 살펴보자.

```
const ids = [1, 2, 3]


const found = ids.find((id) => id === 1)
// strictNullChecks가 true라면 found는 number | undefined 타입이 되고,
// Object가 undefined일 수 있다.
found + 1
```

      이 코드는 개발자가 보기에는 무조건 found가 1이기 때문에 오류가 날 수 없는 코드다. 그러나 strictNullChecks를 켜게 되면 Array.prototype.find와 같이 undefined나 null의 가능성이 있는 모든 코드에 대해 undefined, null을 반환한다. 언뜻 보면 굉장히 번거로워 보이지만 이는 이후에 있을 수 있는 런타임 에러를 미연에 방지하는 좋은 옵션이므로 꼭 켜두기를 권장한다.

– strictBindCallApply: 함수에 대해 사용할 수 있는 call, bind, apply에 대해 정확한 인수를 요구하는 옵션이다. 예를 들어, 다음 코드를 보자.

```
function add(a: number, b: number) {
  return a + b
}

// strictBindCallApply가 true라면
// 2개의 인수를 예상했지만 3개의 인수를 넘겨줬다.
add.call(null, 1, 2, 3)
```

add 함수는 2개의 인수를 받는데, call을 통해 3개의 인수를 넘겨주었기 때문에 에러가 발생한다. 이 옵션을 켜두면 call, bind, apply를 사용할 때 정확한 인수를 넘겨주지 않으면 에러가 발생한다. 물론 위 코드는 마찬가지로 자바스크립트에서는 인수의 수가 많아질 경우 이후 인수를 무시해 크게 문제되지 않지만 향후에 발생할 수 있는 런타임 에러를 방지해 주므로 꼭 켜두기를 권장한다.

– strictFunctionTypes: 함수의 타입에 대해 엄격함을 유지한다. 다음 코드를 보자.

```
function add(a: number, b: number) {
  return a + b
}

type Add = (a: number | string, b: number | string) => number | string

// strictFunctionTypes가 true라면,
// 타입 오류: (a: number, b: number) => number 타입은 Add에 할당할 수 없습니다.
// ...
let newAdd: Add = add
```

strictFunctionTypes 옵션이 켜져 있으면 add 함수의 인수가 다르다는 에러가 발생한다. 이 옵션도 마찬가지로 특별한 이유가 없다면 켜두는 것을 권장한다.

– strictPropertyInitialization: 클래스 내부의 프로퍼티에 값을 할당할 때 타입이 올바르지 않다면 에러가 발생한다.

– noImplicitAny: 타입을 명시하지 않은 변수가 있다면 any를 자동으로 할당하는 기능이 있다. 그러나 이 옵션을 켜두면 타입을 명시하지 않은 변수에 any를 넣지 않고 에러가 발생한다.

– noImplicitThis: this를 추론할 수 없는 상황에서 any를 자동으로 할당하는 기능이 있다. 그러나 이 옵션을 켜두면 any를 할당하지 않고 에러가 발생한다.

– useUnknownInCatchVariables: catch 구문에서 잡은 변수에 대해서는 기본적으로 any를 할당한다. 그러나 4.0부터는 이 옵션을 해당 변수에 unknown을 할당한다. 이는 적절한 옵션으로 보인다. 왜냐하면 try...catch 구문에서 잡히는 것이 꼭 에러라는 법은 없기 때문이다. 다음 자바스크립트 코드를 살펴보자.

```
try {
  throw 5
} catch (e) {
  // number
  console.log(typeof e)
}
```

이 옵션을 켜두는 것은 타당한 선택이라고 볼 수 있다. 대신 진짜 error를 잡고 싶다면 가드 문을 사용하면 된다.

```
try {
  throw new Error()
} catch (e) {
  if (e instanceof Error) {
    // Error
    console.log(e)
  }
}
```

strict 모드는 타입을 엄격히 지키는 것을 도와주고, 나아가 타입스크립트의 타입 시스템을 이해하는 데 많은 도움을 얻을 수 있으므로 자바스크립트를 타입스크립트로 전환하는 과도기 과정과 같이 타입을 엄격하게 강제할 수 없는 상황이 아니라면 켜두는 것을 권장한다.

- forceConsistentCasingInFileNames: 이 옵션을 켜면 파일 이름의 대소문자를 구분하도록 강제한다. 예를 들어, 이 옵션이 켜져 있으면 SignUp과 Signup은 서로 다른 파일로 간주된다.

- noEmit: 컴파일을 하지 않고, 타입 체크만 한다. 타입스크립트를 사용함에도 이 옵션을 켜두는 것이 의아할 수 있는데, Next.js는 swc가 타입스크립트 파일을 컴파일하므로 굳이 타입스크립트가 자바스크립트로 컴파일할 필요가 없다. 이 옵션이 켜져 있으면 타입스크립트는 단순히 타입 검사만 하는 역할을 한다. 참고로 swc는 러스트 기반 컴파일러로, 타입스크립트 대비 월등히 빠른 컴파일 속도를 자랑한다. swc에 대한 설명은 4.3절 'Next.js 톺아보기'에서 다뤘다.

- esModuleInterop: CommonJS 방식으로 보낸 모듈을 ES 모듈 방식의 import로 가져올 수 있게 해준다. 과거 자바스크립트에는 여러 가지 방식의 모듈 옵션이 존재했는데 대표적인 것이 CommonJS와 AMD 방식이다. 현재는 export function ... 스타일의 ES 모듈 방식이 대세로 자리 잡았지만 Node.js만 하더라도 module.exports의 CommonJS 방식으로 export돼 있는 것을 볼 수 있다. 이 옵션을 켜면 CommonJS 방식으로 내보낸 모듈도 ES 방식으로 import할 수 있게끔 도와준다.

- module: 모듈 시스템을 설정한다. 대표적으로 commonjs와 esnext가 있다. commonjs는 require를 사용하고, esnext는 import를 사용한다. esnext는 import를 사용하므로 import를 사용할 수 있는 환경에서는 esnext를 사용하는 것이 좋다.

- moduleResolution: 모듈을 해석하는 방식을 설정한다. node는 node_modules를 기준으로 모듈을 해석하고, classic은 tsconfig.json이 있는 디렉터리를 기준으로 모듈을 해석한다. node는 module이 CommonJS일 때만 사용할 수 있다.

- resolveJsonModule: JSON 파일을 import할 수 있게 해준다. 이 옵션을 켜두면 allowJs 옵션도 자동으로 켜진다.

- isolatedModules: 타입스크립트 컴파일러는 파일에 import나 export가 없다면 단순 스크립트 파일로 인식해 이러한 파일이 생성되지 않도록 막는다. 즉, 단순히 다른 모듈 시스템과 연계되지 않고 단독으로 있는 파일의 생성을 막기 위한 옵션이라 볼 수 있다.

- jsx: .tsx 파일 내부에 있는 JSX를 어떻게 컴파일할지 설정한다. 옵션별로 다음과 같이 파일이 변환된다.

```
export const Hello = () => <div>Hello</div>
```

— react: 기본값이며 React.createElement로 변환된다. 리액트 16까지 기본적인 변환 방식이다.

```
export const Hello = () => React.createElement('h1', null, 'Hello')
```

— react-jsx: 리액트 17에서 새롭게 등장한 방식으로, react/jsx-runtime을 사용해 변환한다. 이 방식을 사용하면 React.createElement를 사용하지 않아 import React from 'react'를 컴포넌트 상단에 적지 않아도 된다.

```
import { jsx as _jsx } from 'react/jsx-runtime'
export const Hello = () => _jsx('div', { children: 'Hello' })
```

— react-jsxdev: react-jsx와 동일하지만 디버깅 정보가 추가된다.

```
import { jsxDEV as _jsxDEV } from 'react/jsx-dev-runtime'
const _jsxFileName = 'file:///input.tsx'
export const Hello = () =>
  _jsxDEV(
    'div',
    { children: 'Hello' },
    void 0,
    false,
    { fileName: _jsxFileName, lineNumber: 1, columnNumber: 27 },
    this,
  )
```

— preserve: 변환하지 않고 그대로 유지한다.

```
export const Hello = () => <div>Hello</div>
```

— react-native: 리액트 네이티브에서 사용하는 방식으로, 마찬가지로 변환하지 않는다.

```
export const Hello = () => <div>Hello</div>
```

프로젝트의 리액트 버전에 따라 react-jsx 또는 react를 적절하게 사용하면 된다. 여기서는 preserve가 사용됐는데, swc가 JSX 또한 변환해 주기 때문이다.[2]

---

2 https://github.com/swc-project/swc/issues/1103

- incremental: 이 옵션이 활성화되면 타입스크립트는 마지막 컴파일 정보를 .tsbuildinfo 파일 형태로 만들어 디스크에 저장한다. 이렇게 컴파일 정보를 별도 파일로 저장해 두면 이후에 다시 컴파일러가 호출됐을 때 해당 정보를 활용해 가장 비용이 적게 드는 방식으로 컴파일을 수행해 컴파일이 더 빨라지는 효과를 누릴 수 있다.

- baseUrl: 모듈을 찾을 때 기준이 되는 디렉터리를 지정한다. 이 설정은 바로 밑에서 소개할 paths와 함께 사용된다.

- paths: 일반적으로 모듈을 불러오게 되면 ./나 ../를 활용한 상대 경로를 활용하게 된다. 그러나 이 상대 경로는 파일이 많아지고 구조가 복잡해질수록 ../../ 등이 중첩되면서 읽기 어려워지는데, paths를 활용하면 이러한 경로에 별칭(alias)을 지정할 수 있다. 예를 들어, #hooks의 경우 #hooks/useToggle이라는 경로가 존재하면 이는 baseUrl과 함께 src/hooks/useToggle이라는 경로로 해석된다. 이렇게 별칭을 지정하면 경로가 길어지는 것을 방지하고 경로를 읽기가 더욱 쉬워진다. 이 별칭은 보통 #나 $ 같은 특수문자 접두사와 함께 자주 사용된다. 단 @의 사용은 자제하는 것이 좋다. 왜냐하면 @는 보통 @angular, @types와 같이 스코프 패키지에 널리 사용되기 때문이다.[3] @는 네이밍에 따라 충돌할 여지가 있으므로 가급적 사용을 피한다.

- include: 타입스크립트 컴파일 대상에서 포함시킬 파일 목록을 의미한다. 여기서는 타입스크립트 파일과 Next.js에서 자동으로 생성하는 next-env.d.ts 파일을 포함시켰다.

- exclude: 타입스크립트 컴파일 대상에서 제외시킬 파일 목록을 의미한다. node_modules를 대상에서 제외시켰다.

이 밖에도 다양한 옵션이 있는데, https://www.typescriptlang.org/tsconfig에서 사용 가능한 옵션을 모두 확인할 수 있다.

## 9.1.3 next.config.js 작성하기

앞에서 타입스크립트 설정을 위한 tsconfig.json을 만들었다면 이번에는 Next.js 설정을 위한 next.config.js를 만들 차례다.

```
/** @type {import('next').NextConfig} */
const nextConfig = {
  reactStrictMode: true,
  poweredByHeader: false,
  eslint: {
    ignoreDuringBuilds: true,
  },
}

module.exports = nextConfig
```

---

3  https://docs.npmjs.com/about-scopes

`next.config.js`가 제공하는 설정 파일은 버전별로 조금씩 다르다. 본인이 사용하고 있는 `next.config.js`에서 사용 가능한 옵션을 확인하고 싶다면 깃허브 저장소[4]를 방문해 확인할 수 있다. 깃허브 저장소에서 본인이 사용 중인 버전의 태그를 찾아 들어가면 해당 버전에서 사용 가능한 옵션을 확인할 수 있다.

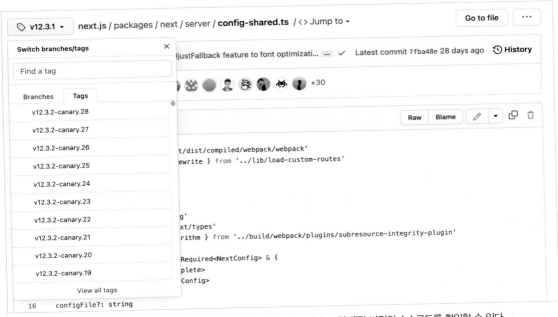

그림 9.2 Next.js 저장소에서 버전 태그를 확인한 모습. 각 태그를 누르면 해당 버전의 소스코드를 확인할 수 있다.

여기서는 앞에서 활성화한 옵션만 간단히 살펴보자.

- `reactStrictMode`: 리액트의 엄격 모드를 활성화한다.

- `poweredByHeader`: 일반적으로 보안 취약점으로 취급되는 X-Powered-By 헤더를 제거한다.

- `eslint.ignoreDuringBuilds`: 빌드 시에 ESLint를 무시한다. 일반적으로 Next.js 빌드 시에 ESLint도 같이 수행하는데, 여기서는 `true`로 설정해 빌드 시에 ESLint를 수행하지 않게 했다. 이후에 ESLint는 CI 과정에서 별도로 작동하게 만들어 빌드를 더욱 빠르게 만들 것이다.

## 9.1.4 ESLint와 Prettier 설정하기

이제 ESLint 없이는 코딩하기가 어렵다고 봐도 무방할 정도로 자바스크립트 코딩은 정적 분석에 크게 의존하고 있다. ESLint 관련 설정에 대해 알아보자.

---

4 https://github.com/vercel/next.js/blob/v12.3.1/packages/next/server/config-shared.ts

앞서 프로젝트를 설정하는 단계에서 eslint와 eslint-config-next를 설치했지만 이것만으로는 부족하다. eslint-config-next는 단순히 코드에 있을 잠재적인 문제를 확인할 뿐, 띄어쓰기나 줄바꿈과 같이 코드의 스타일링을 정의해 주지는 않는다. 코드 스타일링 등 eslint-config-next가 해주지 않는 일반적인 ESLint 작업을 수행하기 위해 가장 설치 및 설정이 쉬운 @titicaca/eslint-config-triple을 설치해 사용한다.

```
» npm i @titicaca/eslint-config-triple --save-dev

added 172 packages, removed 5 packages, changed 13 packages, and audited 450 packages in 9s

100 packages are looking for funding
  run `npm fund` for details

found 0 vulnerabilities
```

@titicaca/eslint-config-triple에 대한 설정은 깃허브 저장소에 일목요연하게 정리돼 있다.[5] 한 가지 유념해야 할 것은 eslint-config-next와 eslint-config-triple이 함께 작동하게 하려면 다음과 같은 별도의 설정이 필요하다는 것이다.

```
const path = require('path')

const createConfig = require('@titicaca/eslint-config-triple/create-config')

const { extends: extendConfigs, overrides } = createConfig({
  type: 'frontend',
  project: path.resolve(__dirname, './tsconfig.json'),
})

module.exports = {
  extends: [...extendConfigs, 'next/core-web-vitals'],
  overrides,
}
```

즉, extends에 next/core-web-vitals를 추가하면 두 가지 설정이 모두 적용된다. 이 외에도 .eslintignore나 .prettierignore에 .next나 node_modules를 추가해 정적 분석 대상에서 제외시킨다. 두 폴더는 개발자가 직접 작성하는 코드가 아니기 때문에 정적 분석할 필요가 없다.

---

5  https://github.com/titicacadev/eslint-config-triple#eslint-config-triple

## 9.1.5  스타일 설정하기

다음으로는 애플리케이션에 스타일을 적용해 보자. SCSS를 사용하는 등 여러 가지 방법이 있지만 여기서는 Next.js에 스타일을 적용하기 위해 styled-components를 사용하고자 한다.

```
» npm i styled-components

added 46 packages, and audited 281 packages in 1s

80 packages are looking for funding
  run `npm fund` for details

found 0 vulnerabilities

» npm i @types/styled-components --save-dev

added 2 packages, and audited 283 packages in 1s

80 packages are looking for funding
  run `npm fund` for details

found 0 vulnerabilities
```

그리고 swc에 styled-components를 사용한다는 것을 알리기 위해 styledComponents: true를 next.config. js에 추가한다. 이렇게 하면 swc가 styled-components를 사용하는 코드를 더 빠르게 변환한다. 추가적으로 pages/_document.tsx의 Head에 styled-components를 사용하기 위한 ServerStyleSheet를 추가한다. (이에 대해서는 4.3절 'Next.js 톺아보기'에서 다뤘다.)

```
import Document, {
  Html,
  Head,
  Main,
  NextScript,
  DocumentContext,
  DocumentInitialProps,
} from 'next/document'
import { ServerStyleSheet } from 'styled-components'

export default function MyDocument() {
```

```
    return (
      <Html lang="ko">
        <Head />
        <body>
          <Main />
          <NextScript />
        </body>
      </Html>
    )
  }


MyDocument.getInitialProps = async (
  ctx: DocumentContext,
): Promise<DocumentInitialProps> => {
  const sheet = new ServerStyleSheet()
  const originalRenderPage = ctx.renderPage

  try {
    ctx.renderPage = () =>
      originalRenderPage({
        enhanceApp: (App) => (props) => sheet.collectStyles(<App {...props} />),
      })

    const initialProps = await Document.getInitialProps(ctx)
    return {
      ...initialProps,
      styles: (
        <>
          {initialProps.styles}
          {sheet.getStyleElement()}
        </>
      ),
    }
  } finally {
    sheet.seal()
  }
}
```

## 9.1.6 애플리케이션 코드 작성

Next.js 프로젝트 구축을 위한 준비를 모두 마쳤으니 이제 본격적으로 웹사이트에 필요한 코드를 작성해 보자. 여기서는 JSONPlaceholder[6]에서 제공하는 todo API를 getServerSideProps에서 불러와 렌더링하는 간단한 예시 프로젝트를 만들었다. 기본적인 폴더 구조는 다음과 같다.

```
my-app
├ src
│ ├ components
│ │ ├ common
│ │ │ └ title.tsx
│ │ └ todo
│ │   └ todo.tsx
│ ├ hooks
│ │ └ useToggle.ts
│ ├ pages
│ │ ├ todos
│ │ │ └ [id].tsx
│ │ ├ _document.tsx
│ │ └ index.tsx
│ ├ types
│ │ └ todo.ts
│ └ utils
│   └ errors
│     └ index.ts
├ .eslintrc.js
├ .gitignore
├ .prettierignore
├ .prettierrc
├ next-env.d.ts
├ next.config.js
├ package-lock.json
├ package.json
└ tsconfig.json
```

애플리케이션 구동에 필요한 파일은 src 폴더 내부에 있으며, 하위 폴더 목록은 다음과 같다.

---

6  https://jsonplaceholder.typicode.com/

- pages: Next.js에서 예약어로 지정해 두고 사용하는 폴더로, 이 폴더 하위의 내용은 모두 실제 라우터가 된다.
  - /: 메인 페이지
  - /todos/:id: 상세 페이지
- components: 페이지 내부에서 사용하는 컴포넌트를 모아둔 폴더
- hooks: 직접 만든 훅을 모아둔 폴더
- types: 서버 응답 타입 등 공통으로 사용하는 타입을 모아둔 폴더
- utils: 애플리케이션 전역에서 공용으로 사용하는 유틸성 파일을 모아둔 폴더

Next.js 애플리케이션의 폴더 구조는 src/pages 하단에 실제 페이지 라우팅과 관련된 파일을 기재해야 한다는 컨벤션만 지키면 된다. 프로그래밍 세계에서 정답은 없는 것처럼 폴더 구조 또한 정답이 없다. 개발자 본인이나 팀에서 충분히 논의를 거친 뒤, 누구나 쉽게 이해할 수 있으며, 관심사 분리가 명확히 돼 있다면 어떠한 구조라도 크게 문제되지 않는다. 최초에 폴더 구조를 잘 정립해 두고 사용한다면 이후에 코드를 추가하거나 필요한 파일을 찾을 때 한결 편리할 것이다. 그리고 모든 폴더에 tsconfig.json을 활용해 적절한 경로 별칭(path alias)을 적용한다면 코드 내에서의 가독성 또한 확보할 수 있을 것이다.

이제 마지막으로 Next.js 프로젝트 실행, 빌드, 린트와 관련된 명령어를 package.json에 기재하면 모든 준비를 마치게 된다.

```
{
  "//": "생략",
  "scripts": {
    "dev": "next dev",
    "start": "next start",
    "build": "next build",
    "lint:es": "eslint '**/*.{js,ts,tsx}'",
    "lint:es:fix": "npm run lint:es -- --fix",
    "prettier": "prettier '**/*' --check",
    "prettier:fix": "prettier '**/*' --write"
  },
  "//": "생략"
}
```

실제 여기에서 작성한 예제 코드는 저자의 깃허브 저장소[7]에서 확인할 수 있다.

---

7 https://github.com/wikibook/react-deep-dive-example/tree/main/chapter7/my-app

## 9.1.7 정리

지금까지 `create-next-app` 없이 아무것도 없는 상태에서 Next.js 애플리케이션을 개발하는 방법을 살펴봤다. `create-next-app`은 편리하지만 내부에서 많은 작업을 대신 해주는 탓에 전체적인 프로젝트 구성에 필요한 내용을 놓치기 쉽다. 이번 예제뿐만 아니라 직접 `next.config.js`, `tsconfig.json`, `package.json`, `.eslintrc` 등을 작성해 본다면 Next.js나 타입스크립트 라이브러리에 대한 많은 내용을 배울 수 있을 것이다.

본격적으로 실무에서 사용할 프로젝트나 개인 프로젝트에서 사용할 프로젝트를 만들다 보면 팀의 컨벤션이나 다양한 공통 라이브러리 설치 등의 이슈로 생각보다 프로젝트를 구축하는 것이 손이 많이 가는 일이라는 것을 깨닫게 될 것이다. 그리고 요즘은 대다수의 서비스가 마이크로 프런트엔드를 지향하기 때문에 프로젝트를 구축하는 일도 잦다. 프로젝트를 새로 만들 때마다 똑같은 설정을 매번 반복하는 것은 비효율적이기 때문에 다음과 같은 방법을 고려해 볼 수 있다.

첫 번째는 먼저 보일러플레이트 프로젝트를 만든 다음, 깃허브에서 'Template repository' 옵션을 체크해두는 것이다.

그림 9.3 깃허브에서 저장소를 생성

이렇게 저장소를 템플릿 저장소로 만들어두면 다른 저장소를 생성할 때 이 내용을 모두 복사해서 생성할 수 있다.

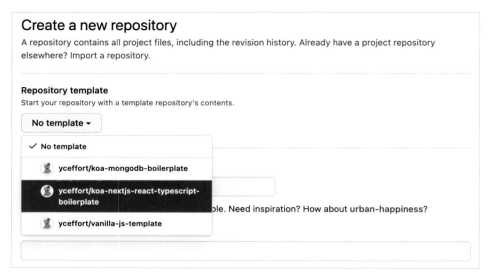

그림 9.4 앞에서 템플릿으로 만든 저장소를 선택

그리고 템플릿으로 저장소를 생성하면 다음과 같이 저장소명과 함께 'generated from'이라는 메시지로 어떤 템플릿에서 만들어진 저장소인지 확인할 수 있게 된다.

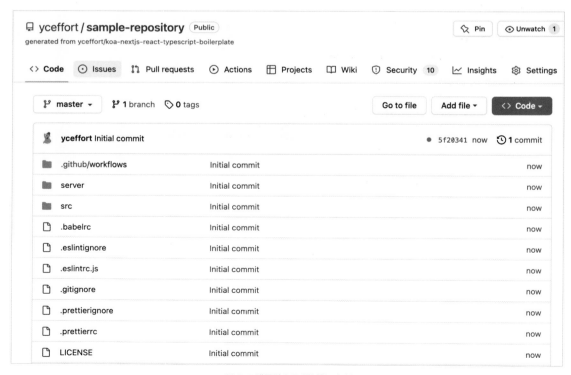

그림 9.5 템플릿으로 생성한 저장소

또 한 가지 방법은 create-next-app에서 한 발 더 나아가 나만의 create-***-app을 만드는 것이다. 앞선 방법은 내용을 그대로 가져오는 수준이지만 cli 패키지로 만든다면 create-next-app과 마찬가지로 사용자의 입력을 받아 서로 다른 패키지를 만들 수 있다. 이 방법은 앞선 방법보다 훨씬 더 손이 많이 가지만 조직 내에서 마이크로서비스를 지향하고 있고, 앞으로 생성해야 할 프로젝트 또한 많다면 충분히 검토해 볼 만하다. 다음 두 사이트를 참고해 create-***-app을 한번 직접 구현해 보자.

- create-next-app 내부의 코드: create-next-app의 소스코드[8]를 살펴보면 알겠지만 일단 하나의 템플릿을 미리 만들어 둔 다음, 여기에서 CLI로 사용자의 입력을 받아 커스터마이징한 것을 알 수 있다.

- Creating a CLI tool with Node.js[9]: npm을 기반으로 CLI 패키지를 만드는 방법을 상세하게 설명하고 있다.

# 9.2 깃허브 100% 활용하기

가장 많은 개발자가 이용하는 웹서비스를 꼽으라면 단연 깃허브(GitHub)를 손에 꼽을 것이다. 깃허브는 무료 Git 저장소 서비스를 시작으로 패키지를 저장할 수 있는 이미지 레지스트리 서비스인 GitHub Packages, 지라(Jira)와 같이 프로젝트를 관리할 수 있게 도와주는 GitHub Projects, 간단한 웹사이트를 운영할 수 있는 GitHub Pages, 그리고 최근 공개해 개발자들에게 많은 화제가 된 인공지능 코딩 어시스턴스 서비스인 GitHub Codespaces까지 다양한 서비스를 제공한다. 현재 깃허브에는 1억 개가 넘는 공개 저장소가 있으며, 어느 회사나 조직을 가더라도 깃허브를 쓰는 것이 사실상의 표준이 됐을 정도로 개발자들 사이에서 널리 사랑받고 있다.

깃허브에서 제공하는 다양한 서비스를 활용하면 애플리케이션을 개발하는 데 많은 도움을 얻을 수 있다. 코드 저장소의 역할을 기반으로 CI/CD와 같은 자동화, 보안 이슈 점검, 프로젝트 관리 등 일반적인 웹서비스 관리 및 운영에 필요한 많은 일을 할 수 있으며, 이 다양한 기능을 개인 사용자의 경우 거의 무료로 사용할 수도 있다. 이번 장에서는 깃허브에서 제공하는 서비스를 십분 활용해 프런트엔드 개발에 어떤 도움을 얻을 수 있는지 살펴보자.

## 9.2.1 깃허브 액션으로 CI 환경 구축하기

깃허브 액션(GitHub Actions)에 대해 본격적으로 알아보기에 앞서 먼저 CI(Continuous Integration)에 대해 알아보자. 소프트웨어를 구성하는 핵심 요소인 코드는 여러 개발자들이 계속해서 코드에 기여함으로써

---

8  https://github.com/vercel/next.js/blob/canary/packages/create-next-app/index.ts
9  https://blog.logrocket.com/creating-a-cli-tool-with-node-js/

계속해서 진화하고 발전한다. 이러한 코드의 변화를 모으고 관리하는 코드 중앙 저장소에서, 여러 기여자가 기여한 코드를 지속적으로 빌드하고 테스트해 코드의 정합성을 확인하는 과정을 바로 CI라고 한다. 이러한 CI의 핵심은 저장소에서 코드의 변화가 있을 때마다 전체 소프트웨어의 정합성을 확인하기 위한 작업을 자동으로 실행해야 한다는 것이다. 여기서 자동으로 실행해야 하는 작업이란 테스트, 빌드, 정적 분석, 보안 취약점 분석 등이 있다.

과거 이 CI 환경을 구축하기 위해 가장 자주 쓰인 솔루션은 바로 젠킨스(Jenkins)다. 젠킨스는 CI에 필요한 다양한 기능을 제공하는 무료 솔루션이었지만 사용하는 데 번거로운 측면이 많았다. 기본적으로 설치형 솔루션이기 때문에 별도 서버를 구축해야 하고, 서버 내에서 젠킨스를 설치해야 하고, 또 젠킨스를 사용 중인 저장소와 연결하는 작업을 해야만 했다. 젠킨스 자체는 편리하고 많은 플러그인을 통해 다양한 기능을 통합할 수 있었지만 설치 및 유지보수가 번거롭다는 단점이 있다.

이러한 젠킨스의 대안으로 떠오르고 있는 것이 바로 깃허브 액션이다. 깃허브 액션은 깃허브에서 출시한 SaaS로, 깃허브 저장소와 함께 사용할 수 있는 강력한 도구다. 엄밀히 말하면 깃허브 액션은 젠킨스 같은 CI 솔루션을 대체하기 위해 만들어진 도구는 아니다. 깃허브 액션의 본래 목적은 깃허브 저장소를 기반으로 깃허브에서 발생하는 다양한 이벤트를 트리거 삼아 다양한 작업을 할 수 있게 도와주는 것이다. 이러한 작업에는 다음과 같은 것이 포함된다.

- 깃허브의 어떤 브랜치에 푸시가 발생하면 빌드를 수행한다.
- 깃허브의 특정 브랜치가 메인 브랜치를 대상으로 풀 리퀘스트가 열리면 빌드, 테스트, 정적 분석을 수행한다.

즉, 깃허브를 둘러싼 다양한 이벤트를 기반으로 깃허브에서 제공하는 가상 환경에서 사용자가 원하는 작업을 수행할 수 있도록 도와주는 서비스다. 그리고 이러한 특징을 활용하면 다른 CI/CD(Continuous Integration/Continuous Delivery) 솔루션을 대체할 수 있다는 것이 널리 알려지게 되면서 깃허브 액션이 CI/CD 서비스로서 각광받게 됐다.

물론 깃허브 액션이 젠킨스와 같이 유서 깊고 오래된 CI 도구를 즉시 대체할 수 있는 수단이라고까지 보기는 어렵다. 젠킨스는 구축에 어려움이 있지만 한번 잘 구축한 젠킨스 CI 파이프라인으로는 단순히 한 저장소의 코드에 그치지 않고 많은 것들을 수행할 수 있으며, 자체 서버를 구축할 수 있다는 장점 덕분에 제한적인 환경에서도 구축할 수 있다.

그럼에도 깃허브 액션은 깃허브 저장소를 기반으로 CI를 구축하고자 할 때 매우 유용하게 사용할 수 있다. 프런트엔드 애플리케이션을 예로 들어보자. 프런트엔드 애플리케이션은 일부 서버 응답과의 연동을 하는 시나리오를 제외한다면 저장소에 있는 코드만으로 테스트, 빌드, 정적 분석 등 CI에 필요한 대부분의 기능을 손쉽게 구현할 수 있다. 하나의 저장소에서 빠르고 다양한 CI 환경을 구축하고자 하는 상황에서는 깃허브 액션이 훨씬 경제적이다.

이번 장에서는 리액트 애플리케이션을 깃허브 저장소에서 관리하는 상황을 가정하고 깃허브 액션을 사용해 CI를 구축하는 방법을 알아보자. 참고로 깃허브 액션은 깃허브 저장소에서만 사용할 수 있으며, 일부 제한적인 환경에서만 무료로 사용할 수 있다. 깃허브 액션의 가격 정책은 공식 문서[10]에서 참고할 수 있다.

## 깃허브 액션의 기본 개념

본격적으로 깃허브 액션에 대해 알아보기 전에 깃허브 액션에서 자주 언급되는 개념을 알아보자.

- 러너(runner): 러너란 파일로 작성된 깃허브 액션이 실행되는 서버를 의미한다. 특별히 지정하지 않으면 공용 깃허브 액션 서버를 이용하며, 별도의 러너를 구축해 자체적으로 운영할 수도 있다.

- 액션(action): 러너에서 실행되는 하나의 작업 단위를 의미한다. yaml 파일로 작성된 내용을 하나의 액션으로 볼 수 있다.

- 이벤트(event): 깃허브 액션의 실행을 일으키는 이벤트를 의미한다. 개발자의 필요에 따라 한 개 이상의 이벤트를 지정할 수 있다. 또한 특정 브랜치를 지정하는 이벤트도 가능하다. 주로 사용되는 이벤트는 다음과 같다.

  - pull_request: PR(pull request)과 관련된 이벤트로서, PR이 열리거나, 닫히거나, 수정되거나, 할당되거나, 리뷰 요청되는 등의 PR과 관련된 이벤트를 의미한다.

  - issues: 이슈와 관련된 이벤트로서 이슈가 열리거나, 닫히거나, 삭제되거나, 할당되는 등 이슈와 관련된 이벤트를 의미한다.

  - push: 커밋이나 태그가 푸시될 때 발생하는 이벤트를 의미한다.

  - schedule: 저장소에서 발생하는 이벤트와 별개로 특정 시간에 실행되는 이벤트를 의미한다. 여기서 말하는 시간은 cron에서 사용되는 시간을 의미한다.
    cron이란 유닉스 계열 운영체제에서 실행되는 시간 기반 잡 스케줄러로, 여기서는 특정 시간을 표현할 때 다음과 같은 형식을 취한다.
    - 5 4 * * *: 매일 4시 5분에 실행. 분, 시간, 일, 월, 요일 순으로 표현하며, *는 모든 값을 의미한다. 본인이 원하는 시간대를 표현해 보고 싶다면 crontab guru[11]를 방문해 보자.

- 잡(jobs): 잡이란 하나의 러너에서 실행되는 여러 스텝의 모음을 의미한다. 하나의 액션에서 여러 잡을 생성할 수 있으며, 특별히 선언한 게 없다면 내부 가상머신에서 각 잡은 병렬로 실행된다.

- 스텝(steps): 잡 내부에서 일어나는 하나하나의 작업을 의미한다. 셸 명령어나 다른 액션을 실행할 수도 있다. 이 작업은 병렬로 일어나지 않는다.

---

10 https://github.com/pricing
11 https://crontab.guru/

요약하자면 스텝들을 엮어서 잡을 만들고, 이러한 여러 개의 잡은 병렬로 실행되며, 이러한 잡을 하나 이상 모아둔 것을 액션이라고 한다. 그리고 이 액션을 실행하는 것이 러너다.

## 깃허브 액션 작성하기

이제 본격적으로 깃허브 액션을 작성해 보자. 액션을 작성하려면 저장소의 루트에 `.github/workflows` 폴더를 생성하고 내부에 파일을 작성하면 된다. 파일명은 마음대로 지정할 수 있으며, yaml 파일 작성을 위해 확장자는 `.yml` 또는 `.yaml`로 지정해야 한다. 먼저 예시 파일을 살펴보자.

```yaml
name: chapter7 build
run-name: ${{ github. actor }} has been added new commit.

on:
  push:
    branches-ignore:
      - 'main'

jobs:
  build:
    runs-on: ubuntu-latest
    steps:
      - uses: actions/checkout@v3
      - uses: actions/setup-node@v3
        with:
          node-version: 16
      - name: 'install dependencies'
        working-directory: ./chapter7/my-app
        run: npm ci
      - name: 'build'
        working-directory: ./chapter7/my-app
        run: npm run build
```

저장소에 Prettier가 설치돼 있다면 yaml 파일도 함께 포함시켜 코드 스타일을 유지하는 것이 좋다.

예시로 작성한 액션은 앞서 작성한 Next.js 애플리케이션의 빌드를 확인하는 CI 액션이다. 해당 파일을 `./github/workflows/build.yaml`이라는 이름으로 저장한 다음, 별도 브랜치에서 푸시하고 풀 리퀘스트를 만들어 확인해 보자.

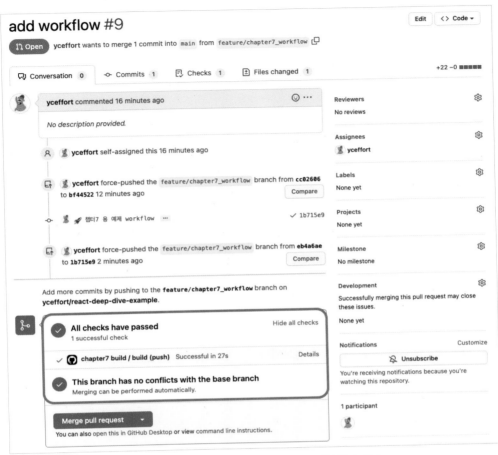

그림 9.6 깃허브 액션의 결과를 풀 리퀘스트에서 확인할 수 있다.

그리고 **Details**를 누르면 해당 CI가 어떤 절차를 거쳐서 완료됐는지 확인할 수 있다.

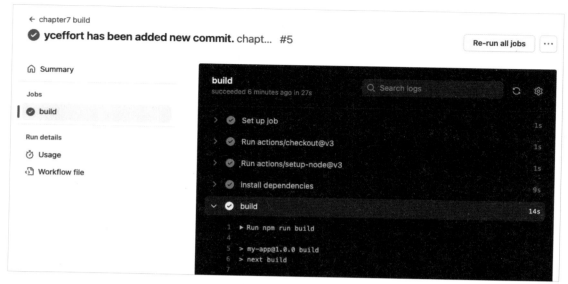

그림 9.7 액션의 결과를 확인

Details에서는 해당 액션의 실행 결과를 자세히 확인할 수 있다. 해당 로그는 시간이 지나면 사라지므로[12] 일정 시간 이후에도 보려면 별도의 조치가 필요하다.

그림 9.8 액션을 실행한 지 일정 시간이 흐르면 더 이상 로그를 확인할 수 없게 된다.

액션의 실행 결과를 살펴봤으니 구체적으로 액션이 yaml 파일 내에서 어떻게 작성됐고 각 값의 뜻은 무엇인지 알아보자.

---

12 별도 설정이 없으면 공개 저장소는 90일, 비공개 저장소는 400일이 지나면 로그가 삭제된다. 참고: https://docs.github.com/en/actions/learn−github−actions/usage−limits−billing−and−administration#artifact−and−log−retention−policy

## name

name은 액션의 이름이다. 필수 값은 아니지만, 액션을 구별하는 데 도움이 되므로 이름을 지정하는 것이 좋다.

## run-name

run-name은 액션이 실행될 때 구별할 수 있는 타이틀명이다. 이 또한 필수 값은 아니다. 다만 예제와 같이 github.actor를 활용해 어떤 사람이 해당 액션을 트리거했는지 정도를 구별하는 데 쓸 수 있다. 만약 설정돼 있지 않다면 풀 리퀘스트 이름이나 마지막 커밋 메시지 등이 출력된다.

## on

on은 필수 값으로, 언제 이 액션을 실행할지를 정의한다. 이 예제에서는 원격 저장소의 푸시가 발생했을 때 실행하도록 했으며, main 브랜치에 푸시가 발생했을 때는 실행하지 않도록 설정했다. 그 이유는 main 브랜치의 직접적인 푸시는 풀 리퀘스트가 머지됐을 때만 일어나며, 이 풀 리퀘스트 머지 단계에서 이미 해당 액션으로 CI를 통과했을 것이기 때문이다. main 브랜치를 제외하지 않는다면 CI 중복 실행이 발생하기 때문에 별도로 막아뒀다. 이 밖에도 다양한 옵션을 확인할 수 있는데, 자세한 옵션은 깃허브 문서[13]를 참고하자.

## jobs

jobs는 필수 값으로, 해당 액션에서 수행할 잡을 의미한다. 한 개 이상 설정할 수 있으며, 여러 개를 지정하면 병렬로 실행된다.

- jobs.build: build는 GitHub Actions의 예약어가 아니다. 임의로 지정한 이름으로, name과 같은 역할을 한다고 보면 된다. jobs의 하위 항목이므로 반드시 들여쓰기해야 한다. 이 파일에서는 jobs에 1개 이상의 작업이 있는데, 그중 하나의 작업이 build라는 것을 의미한다.

- jobs.build.runs-on: 어느 환경에서 해당 작업이 실행될지를 결정한다. 별도의 러너를 설정하고 싶지 않고, 깃허브에서 제공하는 서버를 쓰고 싶다면 ubuntu-latest를 선언하면 된다. 만약 커스텀 러너를 쓴다면 해당 러너명을 지정하면 된다. 커스텀 러너를 쓰고 싶다면 저장소의 Settings → Actions → Runners에서 추가할 수 있다. 그 외에도 사용 가능한 환경은 깃허브 문서[14]를 참고한다.

- jobs.build.steps: 이제 해당 잡에서 순차적으로 수행할 작업을 정의한다.

    - uses: actions/checkout@v3: 해당 스텝에서 작업을 actions/checkout@v3을 사용해서 작업하겠다는 것을 의미한다. actions/checkout@v3은 깃허브에서 제공하는 기본 액션[15]으로, 별도 파라미터를 제공하지 않으면 해당 브랜치의 마지막 커밋을 기준으로 체크아웃한다. 최신 코드를 기준으로 작동해야 하는 CI 액션에서는 필수적으로 사용된다.

---

13 https://docs.github.com/en/actions/using-workflows/workflow-syntax-for-github-actions#on
14 https://docs.github.com/en/actions/using-workflows/workflow-syntax-for-github-actions#jobsjob_idruns-on
15 https://github.com/actions/checkout

- uses: actions/setup-node@v3: 해당 스텝에서 작업을 actions/setup-node@v3를 사용해서 작업하겠다는 것을 의미한다. actions/setup-node@v3 역시 깃허브에서 제공하는 기본 액션[16]으로, 해당 러너에 Node.js를 설치한다. with.node-version.16을 함께 지정했는데, 이름에서 유추할 수 있는 것처럼 Node.js 16 최신 버전을 설치한다. 2022년 10월을 기준으로 LTS 버전인 14, 16, 18을 설치할 수 있으니 해당 프런트엔드 프로젝트가 배포되는 Node.js 버전에 맞춰 작성하면 된다.
- name: 'install dependencies': 해당 스텝의 명칭을 지정했다. 여기서는 의존성을 설치하는 작업을 수행한다. working-directory는 터미널의 cd 명령과 비슷한 역할을 하는데, 뒤이어 수행할 작업을 해당 디렉터리에서 수행하겠다는 뜻이다. 만약 그냥 루트에서 실행해도 된다면 따로 지정하지 않아도 된다. 그리고 run을 통해 수행할 작업을 명시했다. 여기서는 의존성을 설치하기 위해 npm ci를 선언했다.
- name: 'build': CI를 위한 작업, git checkout, Node.js 설치, 의존성 설치까지 마무리했으니 마지막 작업으로 빌드를 수행한다. npm run build를 실행해 Next.js 프로젝트를 빌드했다.

## 액션 작성

앞서와 같이 액션을 작성하면 Next.js 프로젝트를 빌드하는 CI를 작성할 수 있다. 물론 이 액션이 완벽한 것은 아니다. push마다 빌드가 발생하면 액션이 굉장히 많이 실행되기 때문에 트리거를 조정할 필요도 있고, npm이 아닌 Yarn이나 pnpm을 쓴다면 별도로 pnpm/action-setup이나 borales/actions-yarn을 사용해 설치할 필요도 있다. 그러나 한 가지 확실한 사실은 젠킨스를 처음부터 구축해서 사용하는 것보다는 훨씬 손쉽게 CI를 구축할 수 있다는 것이다. 별도의 서버를 구축하고 젠킨스를 설치할 필요도 없이 저장소에 yaml 파일을 하나를 추가하는 것만으로 CI를 구축할 수 있어 매우 용이하다.

또한 GitHub Actions를 적절히 활용하면 다양한 작업을 해볼 수도 있다. 앞의 예제처럼 기본적인 빌드 CI 예제부터 actions/github-script를 사용해 깃허브 API를 직접 호출해 깃허브 풀 리퀘스트에 댓글을 달거나, 혹은 일정 시간마다 특정한 작업을 수행한다거나, 배포 서비스와 연동해 자동으로 배포를 실행하거나, 저장소 내부에 이미지가 추가될 때마다 이미지를 최적화할 수도 있다. GitHub Actions의 다양한 기능을 알아보기에 앞서 프로젝트에 최소한 하나 이상의 액션을 작성해 프로젝트에서 필요한 자동화 처리, 빌드 확인, Prettier, ESLint, 테스트 등을 자동화해 보자. GitHub Actions의 편리함과 강력한 기능에 많은 도움을 얻을 수 있을 것이다.

## 브랜치 보호 규칙

마지막으로 머지하기 전에 꼭 성공해야 하는 액션이 있다면 별도로 저장소에 브랜치 보호 규칙(branch protection rule)을 추가할 수 있다. 해당 저장소의 **Settings → Code and automation → Branches**로

16 https://github.com/actions/setup-node

이동한 다음, **Add branch protection rule**을 클릭해 브랜치 보호 규칙을 추가해 보자. 예를 들어, 기본 브랜치인 main 브랜치에 대해 'Require status checks to pass before merging(머지하기 전에 상태 체크를 필수로 한다)'과 'Require branches to be up to date before merging(머지하기 전에 브랜치가 최신 내용인지 확인한다)'을 체크해 해당 브랜치가 최신 상태인지 확인하고 머지할 수 있는 기능을 켠다. 그리고 마지막으로 꼭 실행돼야 하는 액션의 파일명을 선택하고 저장하면, 해당 액션이 성공하기 전까지는 main 브랜치에 대한 머지를 막을 수 있다. 즉, 기본 브랜치에는 항상 테스트, 빌드와 같은 CI가 성공한 코드만 푸시될 수 있어 코드의 정합성을 확보할 수 있다.

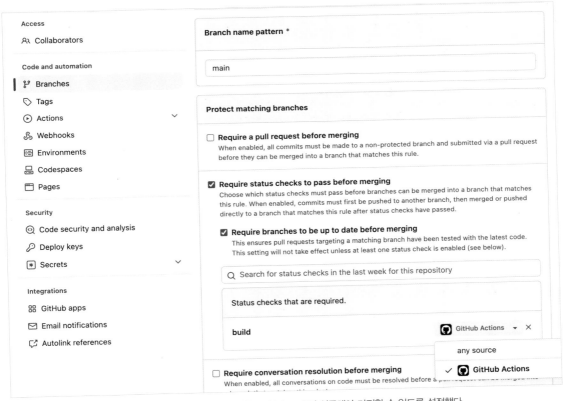

그림 9.9 main 브랜치에 머지할 때는 build.yaml이 성공해야 머지할 수 있도록 설정했다.

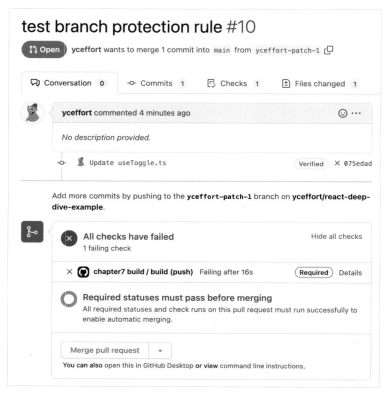

그림 9.10 브랜치 보호 규칙을 설정해 두면 build에 실패했을 때 머지할 수 없다. 추가로 설정에서 'Do not allow bypassing the above settings'를 활성화하면 관리자조차 강제로 머지할 수 없게 되어 무조건 해당 액션이 성공해야만 머지할 수 있게 된다.

## 9.2.2 직접 작성하지 않고 유용한 액션과 깃허브 앱 가져다 쓰기

깃허브 액션은 비교적 작성하기 쉬운 편이긴 하지만 앞에서 살펴본 것 같이 단순한 빌드나 린트, 테스트 같은 작업 외에 여러 가지 작업을 수행하기에는 여전히 조금 복잡하고 어려울 수도 있다. 이를 위해 깃허브에서는 Marketplaces[17]라는 서비스를 제공해 여러 사용자가 만들어 놓은 액션을 손쉽게 가져다 쓸 수 있도록 운영하고 있다. 이곳에 공개된 액션을 적절히 활용하면 앞선 `actions/checkout` 예시처럼 복잡한 작업을 수행하는 액션을 손쉽게 가져다 사용할 수 있다. 여기서는 프런트엔드 애플리케이션 구축에 도움이 되는 유용한 액션 몇 가지를 소개하고자 한다.

참고로 여기서 소개하는 액션 중 깃허브에서 공식으로 제공하는 액션 외에는 향후 유지보수가 어떤 식으로 이뤄질지 알 수 없다. 적어도 2022년 10월 기준으로는 사용하는 데 큰 지장이 없는 액션을 선별했으며, 향후

---

17 https://github.com/marketplace?type=actions

에 이 액션을 사용할 의향이 있다면 꼭 한번 테스트하거나 해당 액션을 만든 저장소를 방문해서 현재 상황을 확인하고 사용하길 권장한다.

## 깃허브에서 제공하는 기본 액션

먼저 깃허브에서 제공하는 기본 액션이다. 이것들은 다른 액션을 만들 때 쓰이는 주요 액션이므로 숙지하자.

- actions/checkout: 깃허브 저장소를 체크아웃하는 액션이다. 저장소를 기반으로 작업을 해야 한다면 반드시 필요하다. 일반적으로는 아무런 옵션 없이 사용해 해당 액션을 트리거한 최신 커밋을 불러오지만 ref를 지정해 특정 브랜치나 커밋을 체크아웃할 수도 있다.

- actions/setup-node: Node.js를 설치하는 액션이다. Node.js를 사용하는 프로젝트라면 반드시 필요하다. 설치할 Node.js 버전을 지정할 수도 있다.

- actions/github-script[18]: GitHub API가 제공하는 기능을 사용할 수 있도록 도와주는 액션이다. GitHub API를 이용하면 깃허브에서 할 수 있는 대부분의 작업을 수행할 수 있으므로 한 번쯤 API 문서[19]를 보는 것을 추천한다.

- actions/stale[20]: 오래된 이슈나 PR을 자동으로 닫거나 더 이상 커뮤니케이션하지 못하도록 닫는다. 저장소가 오래되어 과거에 생성된 이슈나 풀 리퀘스트가 너무 많을 경우 정리하는 데 도움이 된다.

- actions/dependency-review-action[21]: 의존성 그래프에 대한 변경, 즉 package.json, package-lock.json, pnpm-lock.yaml 등의 내용이 변경됐을 때 실행되는 액션으로, 의존성을 분석해 보안 또는 라이선스에 문제가 있다면 이를 알려준다.

- github/codeql-action[22]: 깃허브의 코드 분석 솔루션인 code-ql을 활용해 저장소 내 코드의 취약점을 분석해 준다. languages에 javascript만 설정해 두면 자바스크립트와 타입스크립트를 모두 검사하므로[23] 특정 스케줄에 맞춰서 실행하거나 CI로 활용할 수 있다.

이 밖에도 깃허브에서 제공하는 다양한 기본 액션이 있으니 한 번쯤 둘러보는 것을 권장한다.

### calibreapp/image-actions

프런트엔드 프로젝트를 진행하다 보면 이미지를 추가해서 관리하는 경우도 종종 있다. 잘 구축된 프로젝트의 경우 별도의 CDN을 사용해 이미지를 제공하기도 하지만 매우 중요한 이미지거나 혹은 아직 CDN을 구축하

---

**18** https://github.com/actions/github-script
**19** https://octokit.github.io/rest.js/v19
**20** https://github.com/actions/stale
**21** https://github.com/actions/dependency-review-action
**22** https://github.com/github/codeql-action
**23** https://github.com/github/codeql-action/issues/365#issuecomment-762138640

지 못한 경우 등은 이미지를 저장소 내부에 두고 함께 관리하곤 한다. 이러한 이미지들은 사용자에게 불편함을 주지 않는 선에서 가장 작은 파일로 관리될 필요가 있는데, 이 이미지를 압축해 관리하는 게 여간 귀찮은 일이 아니다. 이를 위해 저장소에 포함돼 있는 이미지를 최적화하는 액션이 있는데, 바로 calibreapp/image-actions다. 이 액션은 PR로 올라온 이미지(jpg, jpeg, png 등)를 sharp 패키지를 이용해 거의 무손실로 압축해서 다시 커밋해 준다. 물론 잘 구성된 프레임워크, 예를 들어 Next.js 같은 경우에는 이미 next/image로 이미지를 최적화하는 방법을 제공하고 있지만[24] 저장소 자체의 이미지 크기를 줄인다면 풀(pull)할 때 부담 또한 덜 수 있어 유용하다.

이미지 최적화가 필요한 곳에 다음과 같은 내용의 액션을 작성해 보자.

```yaml
name: Optimize images
on: pull_request
jobs:
  build:
    name: calibreapp/image-actions
    runs-on: ubuntu-latest
    steps:
      - name: Checkout Repo
        uses: actions/checkout@v2

      - name: Compress Images
        uses: calibreapp/image-actions@main
        with:
          githubToken: ${{ secrets.GITHUB_TOKEN }}
          ignorePaths: 'LCPSample.jpeg'
```

이 액션이 실행되는 과정은 앞선 액션과 매우 비슷하다. 저장소에 풀 리퀘스트가 생성되면 마찬가지로 저장소를 checkout해서 calibreapp/image-actions라는 액션을 실행한다. 그리고 이 액션은 이미지를 가져다가 새롭게 커밋해야 하므로 액션이 커밋을 할 수 있도록 권한을 줘야 한다. 이 권한을 제공하려면 githubToken: ${{ secrets.GITHUB_TOKEN }}을 추가하면 된다. 그리고 ignorePaths에 파일을 기재하면 해당 파일에 대해서는 압축을 건너뛸 수도 있다. 다음과 같이 액션을 생성하고, 이미지가 포함된 PR을 생성하면 다음과 같이 압축된 이미지가 커밋된 것을 확인할 수 있다.

---

24 https://nextjs.org/docs/api-reference/next/image, https://fe-developers.kakaoent.com/2022/220714-next-image/ 참고

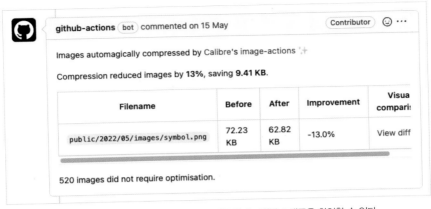

그림 9.11 image-actions로 이미지가 압축됐다는 깃허브 댓글을 확인할 수 있다.

액션이 실행되면 풀 리퀘스트에 calibreapp/image-actions가 수행한 작업을 요약해 댓글을 달아준다. 커밋과 댓글 모두 github-actions라는 봇이 실행한 것을 확인할 수 있다. 이렇게 몇 줄 안 되는 액션만 작성해 두면 저장소 내의 이미지를 좀 더 효율적으로 관리할 수 있게 된다. 이 액션과 관련된 자세한 설정은 calibreapp/image-actions 공식 문서[25]에서 확인할 수 있다.

만약 액션을 설정하는 것조차 번거롭게 느껴진다면 imgbot[26]이라고 하는 앱을 사용할 수도 있다. calibreapp/image-actions와는 다르게 액션 파일을 작성하는 방식이 아니라서 설정하는 방법이 약간 다르지만 이미지를 최적화하는 기능은 동일하다. 단 imgbot은 플랜에 따라 유료로 제공될 수 있으므로 설정에 주의를 기울여야 한다.

### lirantal/is-website-vulnerable

lirantal/is-website-vulnerable[27]은 특정 웹사이트를 방문해 해당 웹사이트에 라이브러리 취약점이 존재하는지 확인하는 깃허브 액션이다. Snyk[28]라는 솔루션을 기반으로 작동하며, 앞서 소개한 액션과는 다르게 '실제로 웹사이트를 방문해서 웹사이트에 노출되고 있는 라이브러리'를 분석한 결과를 알려준다는 차이점이 있다. 이 경우 개발자의 컴퓨터에서 설치만 되고 실제 배포에 포함되지 않은 devDependencies나 번들링 과정에서 트리쉐이킹으로 인해 사라진 코드는 취약점으로 진단되지 않는다. 먼저 이 액션은 npm 패키지 실행 도구인 npx로도 실행이 가능하다. 따라서 직접 npx를 실행하는 액션을 만들어 사용할 수도 있다.

---

25 https://github.com/calibreapp/image-actions
26 https://github.com/marketplace/imgbot
27 https://github.com/lirantal/is-website-vulnerable
28 https://snyk.io/

다음은 터미널에서 npx is-website-vulnerable https://www.netflix.com/kr/을 실행해 넷플릭스 홈페이지에 취약점이 있는지 분석한 결과다.

```
» npx is-website-vulnerable https://www.netflix.com/kr/
✔ Set up completed in 0.53 seconds!
✔ Auditing completed in 5.22 seconds!

  Website: https://www.netflix.com/kr/

    ⌈ ✖ Lo-Dash@3.10.1
    |  ▬▬  5  vulnerabilities
    ⌊ ▶ https://snyk.io/vuln/npm:lodash?lh=3.10.1

  [5] Total vulnerabilities
  [5111ms] execution time
  vulnerabilities powered by Snyk.io (https://snyk.io/vuln?type=npm)
```

넷플릭스 홈페이지의 어디선가 Lodash 3.10.1 버전을 사용하고 있고, Snyk의 분석을 거쳐 취약점이 있는 패키지 버전으로 지목됐음을 수 있다. lirantal/is-website-vulnerable은 기본적으로 이 is-website-vulnerable을 기반으로 작동하는 액션이다. 이 액션을 활용해 프런트엔드 프로젝트가 배포된 웹사이트를 주기적으로 스캔해 취약점이 있는지 확인할 수 있다.

다음 액션은 기본 브랜치인 main 브랜치에 푸시가 일어나면 lirantal/is-website-vulnerable@master를 실행하도록 설정한 것이다.

```yaml
name: Test site for publicly known js vulnerabilities

on:
  push:
    branches: [main]

jobs:
  security:
    runs-on: ubuntu-latest
    steps:
      - name: Test for public javascript library vulnerabilities
        uses: lirantal/is-website-vulnerable@master
        with:
          scan-url: 'https://yceffort.kr'
```

이 액션의 실행 결과를 살펴보자.

그림 9.12 is-website-vulnerable 액션이 실행된 결과

실행 후 특별한 이상이 없다면 단순히 액션이 실행되고 조용히 끝난 것을 확인할 수 있다. 그러나 만약 웹사이트에서 취약점이 발견되면 다음과 같이 액션이 실패하는 것을 볼 수 있다.

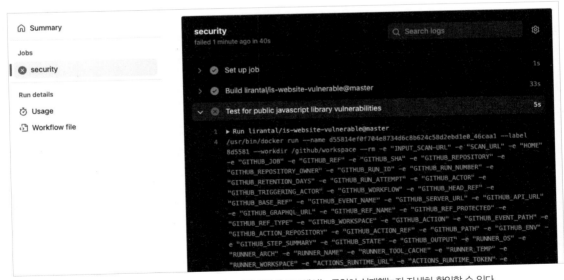

그림 9.13 깃허브 액션이 실패한 경우. 깃허브 액션 로그에서는 무엇이 실패했는지 자세히 확인할 수 있다.

기본적으로 깃허브 액션은 실행에 실패하면 이메일을 보내기 때문에 다음과 같이 이메일로도 해당 액션이 실패했음을 알 수 있다.

그림 9.14 액션이 실패했음을 이메일로도 확인할 수 있다.

이 액션을 주기적으로 실행하면 웹사이트의 취약점을 편리하게 확인할 수 있다. 물론 이러한 취약점이 실제 번들에 포함되어 배포되지 않게 하는 것이 가장 확실한 해결책이지만 이미 배포된 라이브러리가 이후에 보안 취약점이 발견되어 보안 솔루션에서 뒤늦게 발견되는 경우도 많으므로 주기적으로 검사하는 것이 좋다. 그리고 이 액션의 경우 `main` 브랜치에 푸시가 일어나는 경우에 확인하지만 사실 이 방법은 그다지 좋지 못하다. 왜냐하면 푸시가 일어났다고 해서 반드시 배포가 실행되거나, 혹은 배포가 실행됐다고 하더라도 아직 배포가 끝나기 전일 수도 있기 때문이다. 이 경우에는 배포 액션의 잡 중 하나에 `needs: ***` 구문[29]을 추가해 배포 잡이 끝난 이후에 실행하게 하거나, 혹은 별도의 액션을 추가해 `on.workflow_run`[30]으로 실행하는 방법도 있다.

```
on:
  workflow_run:
    # 해당 워크플로우는 deploy가 완료된 이후에 실행된다.
    workflows: [deploy]
    types:
      - completed
```

---

29 https://docs.github.com/en/actions/using-workflows/workflow-syntax-for-github-actions#jobsjob_idneeds
30 https://docs.github.com/en/actions/using-workflows/events-that-trigger-workflows#workflow_run

## Lighthouse CI

Lighthouse CI[31]는 구글에서 제공하는 액션으로, 9장에서 설명할 웹 성능 지표인 라이트하우스를 CI를 기반으로 실행할 수 있도록 도와주는 도구다. 이 깃허브 액션을 활용하면 프로젝트의 URL을 방문해 라이트하우스(Lighthouse) 검사를 실행한다. 이를 통해 현재 머지 예정인 웹사이트의 성능 지표를 측정할 수 있다. 이 Lighthouse CI의 핵심은 라이트하우스가 분석하는 각종 지표인데, 이 지표를 보는 방법은 12장에서 더 자세히 살펴본다. 여기서는 단순히 Lighthouse CI를 액션으로 사용하는 방법에 대해서만 알아본다.

먼저 Lighthouse CI 홈페이지를 방문해서 Configure를 누른 다음, 해당 깃허브 앱이 사용하고자 하는 저장소의 권한을 얻는다.

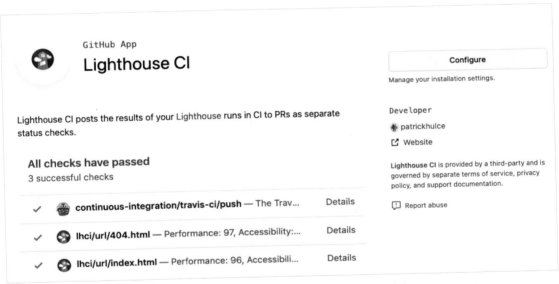

그림 9.15 깃허브 마켓플레이스에서 본 Lighthouse CI 페이지

사용하고자 하는 저장소의 권한을 얻었다면 이제 액션을 작성해 보자.

```
name: Lighthouse CI
on: [push]

jobs:
  lhci:
    name: Lighthouse
```

---

31 https://github.com/GoogleChrome/lighthouse-ci

```
    runs-on: ubuntu-latest
    steps:
      - uses: actions/checkout@v2
      - uses: pnpm/action-setup@v2.2.2
        with:
          version: 7
      - name: Use Node.js 16.x
        uses: actions/setup-node@v2
        with:
          node-version: 16.x
      - name: install & build
        run: |
          npm install
          npm build
      - name: run Lighthouse CI
        run: |
          npm install -g @lhci/cli@0.8.x
          lhci autorun
        env:
          LHCI_GITHUB_APP_TOKEN: ${{ secrets.LHCI_GITHUB_APP_TOKEN }}
```

액션 자체는 앞선 CI 액션과 크게 차이가 없다. 먼저 저장소를 checkout한 후, Node.js를 설치하고, 설치 후 빌드를 한다. 그리고 이후에 lhci를 설치해 실행한다. 이때 LHCI_GITHUB_APP_TOKEN이라는 환경변수에 LHCI_GITHUB_APP_TOKEN을 넣는다. 이렇게 토큰을 넣으면 lhci가 PR이나 액션에 권한을 얻어 사용자에게 결과를 보여줄 수 있다. 그다음에는 lhci를 실행하는 데 필요한 설정 파일을 추가하자. 이 파일은 저장소 루트에 생성해야 한다.

```javascript
// 루트에 생성하는 .lighthouserc.js
module.exports = {
  ci: {
    collect: {
      url: ['http://localhost:3000'],
      collect: {
        numberOfRuns: 5,
      },
    },
    upload: {
      startServerCommand: 'npm run start',
      target: 'temporary-public-storage',
```

```
    },
  },
}
```

lhci로 라이트하우스 분석을 진행하려면 몇 가지 추가적인 설정이 필요하다. 먼저 lhci에 어떤 사이트를 분석해야 하는지 알려줘야 한다. 예제는 Next.js를 기반으로 작성돼 있는데, npm run start를 통해 서버를 실행하고, http://localhost:3000을 분석하도록 설정돼 있다. 또한 lhci는 기본적으로 한 번만 분석하므로 numberOfRuns를 다섯 번으로 수정해 여러 차례 분석한 다음, 각각의 결과를 최종 결과로 반환하도록 수정했다. 그리고 그 결과를 temporary-public-storage, 즉 임시 저장소에 업로드해 분석하도록 명령을 내렸다.

이렇게 작성한 액션이 어떻게 작동하는지 확인해 보자. 다음과 같이 깃허브 액션이 끝나자마자 PR의 마지막에 라이트하우스의 결과가 추가됐다.

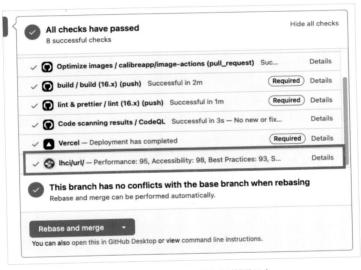

그림 9.16 라이트하우스 액션이 실행된 모습

그리고 이 링크를 눌러서 확인하면 해당 라이트하우스 결과에 따른 지표 정보를 확인할 수 있다.

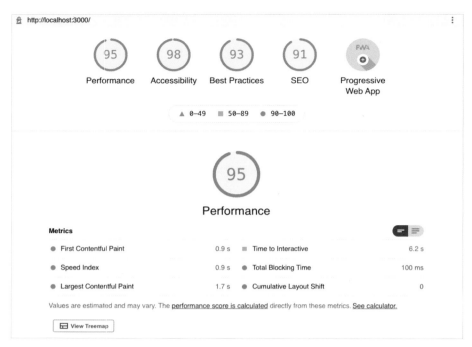

그림 9.17 라이트하우스 실행 결과에 포함된 각종 지표 정보

더 자세한 설정은 Lighthouse CI 공식 문서[32]에서 확인할 수 있다. 설정을 통해 라이트하우스 실행 결과가 일정 점수 미만이 되면 마치 테스트 코드의 assert와 비슷하게 에러를 발생시키거나, 혹은 자체 라이트하우스 분석 서버를 만들어 별도로 분석 프로세스를 실행할 수 있다. 이렇게 풀 리퀘스트를 통해 개발된 서비스의 성능 지표를 매번 노출한다면 개발자들에게 항상 성능에 대한 지속적인 경각심을 심어줄 수 있다.

이 밖에도 깃허브 마켓플레이스나 저장소를 둘러보면 다양한 깃허브 액션이 제공되고 있음을 알 수 있다. 프런트엔드 개발 과정에서 필요한 대부분의 깃허브 액션이 이미 오픈소스로 제공되고 있으므로 깃허브 액션으로 CI를 구축하는 데 관심이 있다면 반드시 살펴보길 바란다.

### 9.2.3 깃허브 Dependabot으로 보안 취약점 해결하기

깃허브에서 제공하는 강력한 기능 중 하나는 Dependabot으로, 의존성에 문제가 있다면 이에 대해 문제를 알려주고 가능하다면 해결할 수 있는 풀 리퀘스트까지 열어준다. 이번 절에서는 깃허브에서 제공하는 Dependabot을 활용해 프로젝트의 보안 위협을 제거하는 방법을 살펴보겠다.

---

32 https://github.com/GoogleChrome/lighthouse-ci/blob/main/docs/getting-started.md와 https://github.com/GoogleChrome/lighthouse-ci/blob/main/docs/configuration.md를 확인하자.

## package.json의 dependencies 이해하기

의존성에 대한 문제를 해결하기에 앞서 먼저 의존성과 버전에 대해 알아야 한다. `package.json`에서 빼놓을 수 없는 의존성과 버전이 무엇인지 하나씩 살펴보자.

### 버전

버전에 대해 이야기하려면 먼저 유의적 버전(semantic versioning)에 대해 알아야 한다. 유의적 버전의 정의는 다음과 같다.[33]

버전은 **주.부.수**로 구성돼 있으며 각각의 정의는 다음과 같다.

1. 기존 버전과 호환되지 않게 API가 바뀌면 "주(主) 버전"을 올리고,

2. 기존 버전과 호환되면서 새로운 기능을 추가할 때는 "부(部) 버전"을 올리고,

3. 기존 버전과 호환되면서 버그를 수정한 것이라면 "수(修) 버전"을 올린다.

예를 들어, 16.0.0이라는 버전이 있다고 가정해 보자. 버전이 16.0.1이 됐다면 16.0.0에 존재하던 버그를 수정한 것이라고 볼 수 있다. 만약 16.1.0이 됐다면 16.0.0에서 새로운 기능이 추가됐으며, 이 과정에서 기존 기능을 사용하는 방법은 바뀌지 않았다. 17.0.0이 됐다는 것은 16.0.0과 호환되지 않도록 제공하는 API에서 무언가 변경이 일어난 것이다. 그리고 이 외에 중요한 내용을 몇 가지 꼽자면 다음과 같다.

- 특정 버전으로 패키지를 배포하고 나면 그 버전의 내용은 절대 변경하지 말아야 한다. 변경사항이 있다면 반드시 새로운 버전으로 배포한다.

- 주 버전 0(0.y.z)은 초기 개발을 위해 쓴다. 이 버전은 아무 때나 마음대로 바꿀 수 있다. 이 공개 API는 안정판으로 보지 않는 게 좋다. 대표적인 예로 Recoil이 있다.
  2022년 10월 기준 Recoil의 버전은 0.7.6이다. 만약 어느 날 0.8.0으로 버전이 올라갔다면 이는 기능이 추가된 것뿐만 아니라 API 스펙이 변경됐을 수도 있다. 그러므로 0으로 시작하는 실험 버전 라이브러리는 항상 사용할 때 주의를 기울여야 한다.

- 수 버전 Z(x.y.Z | x > 0)는 반드시 그 이전 버전 API와 호환되는 버그 수정의 경우에만 올린다. 버그 수정은 잘못된 내부 기능을 고치는 것이라 정의한다.
  만약 버그 수정이 API 스펙 변경을 동반한다면 반드시 주 버전을 올려야 한다. 만약 주 버전을 올리는 것이 껄끄럽다면 해당 API를 지원 중단(deprecated)으로 처리하고, 새로운 API를 만들어 부 버전을 올리는 것이 좋다.

---

**33** https://semver.org/lang/ko/

그리고 npm은 이러한 버전에 대해 나름의 규칙을 정의해 뒀다. 주로 사용하는 버전 방식은 다음과 같다.

- react@16.0.0: 버전 앞에 아무런 특수 기호가 없다면 정확히 해당 버전에 대해서만 의존하고 있다는 뜻이다.

- react@^16.0.0: 16.0.0과 호환되는 버전을 의미한다. 호환된다는 뜻은 0보다 높은 부 버전에 대해서는 호환된다는 가정 하에 상위 버전을 설치할 수 있다는 것을 뜻한다. 즉, 여기서 가능한 버전은 16.0.0부터 17.0.0 미만의 모든 버전이다. 단, 앞서 언급한 것처럼 주 버전이 0인 경우에는 부 버전이 올라가도 API에 변경이 있을 수 있으므로 수 버전까지만 수용한다.

- react@~16.0.0: 패치 버전에 대해서만 호환되는 버전을 의미한다. 즉, 여기서 가능한 버전은 16.0.0부터 16.1.0 미만의 모든 버전이다. 기능이 추가되는 수 버전은 사용하지 않는다.

한 가지 염두에 둬야 할 점은 **유의적 버전은 어디까지나 개발자들 간의 약속일 뿐, 정말로 해당 API의 버전이 이 유의적 버전에 맞춰 구현돼 있는지는 알 수 없다는 것**이다. npm은 이에 대해 보증해 주지 않으며, 어디까지나 개발자 간의 암묵적인 약속일 뿐이다. 수 버전이 올라갔는데 기존 버전과 호환되지 않을 수도, 주 버전이 올라갔는데 변경된 사항이 전혀 없을 수도 있다.

이와 관련된 유명한 사건 중 하나가 바로 colors.js 라이브러리 사건[34]이다. colors.js 라이브러리[35]의 개발자가 버전을 1.4.0에서 1.4.1로 수 버전을 올리는 과정에서 버그를 수정하는 것이 아니라 완전히 작동이 불가능한 패키지를 배포해 버렸다. 이 때문에 1.4.0을 제외한 ^1.4.0 또는 ~1.4.0으로 버전을 설정해 둔 모든 프로젝트에서 에러가 발생하는 일이 있었다. 물론 이러한 일이 잦은 것은 아니고, 많은 개발자들이 이러한 버전에 대해 심혈을 기울여서 작업하고 있기 때문에 크게 걱정할 필요는 없지만 그럼에도 항상 버전을 올리거나 설정할 때는 주의를 기울여야 한다.

### 의존성

package.json에서 dependencies란 npm 프로젝트를 운영하는 데 필요한 자신 외의 npm 라이브러리를 정의해 둔 목록이다. JSON 형식으로 작성돼 있으며, 주로 dependencies와 devDependencies로 구성돼 있다. 그리고 peerDependencies도 있지만, 이는 주로 라이브러리에서 사용된다.

- dependencies: package.json에서 npm install을 실행하면 설치되는 의존성이며, npm install 패키지명을 실행하면 dependencies에 추가된다. 해당 프로젝트를 실행하는 데 꼭 필요한 패키지가 여기에 선언된다.

- devDependencies: package.json에서 npm install을 실행하면 설치되는 의존성이며, npm install 패키지명 --save-dev를 실행하면 devDependencies에 추가된다. 해당 프로젝트를 실행하는 데는 필요하지 않지만 개발 단계에서 필요한 패키지들을 여기에 선언한다.

---

34 https://snyk.io/blog/open-source-npm-packages-colors-faker/
35 https://github.com/Marak/colors.js

- peerDependencies는 주로 서비스보다는 라이브러리와 패키지에서 자주 쓰이는 단위. 이는 직접적으로 해당 패키지를 require하거나 import하지는 않지만 호환성으로 인해 필요한 경우를 의미한다. 만약 재사용 가능한 훅을 제공하는 패키지를 만든다고 가정해 보자. 이 경우 실제 react를 import하는 일은 경우에 따라 없을 수도 있지만 사용하려면 리액트 16.8.6 버전 이상이 필요하다. 단순히 useCounter를 제공한다고 해서 쓸모 있는 것이 아니라, 리액트 훅을 제공하는 버전을 설치한 서비스에서 사용해야만 올바르게 사용할 수 있을 것이다. 이 경우 다음과 같이 peerDependencies를 선언하면 된다.

```
{
    "peerDependencies": {
        "react": ">=16.8",
        "react-dom": ">=16.8"
    }
}
```

리액트 애플리케이션을 예로 들어보자. react, react-dom, next 등은 실행에 반드시 필요한 패키지이므로 dependencies에, eslint, jest, typescript 등은 실행에는 필요하지 않은, 개발 단계에서만 필요한 패키지이므로 devDependencies에 선언한다.

그러나 최근에는 애플리케이션 실행에 필요한 패키지를 구분하는 것에 의문을 제기하는 목소리[36]도 있다.

첫 번째 이유는 번들러의 존재다. devDependencies로 설치한 것이든, dependencies로 설치한 것이든 모두 node_modules에 동일하게 설치한다. 그리고 실제로 이 중에서 실제 서비스에 배포해야 하는 라이브러리인지를 결정하는 것은 번들러다. 번들러가 코드의 시작점에서부터 각 파일 간의 종속성을 판단한 다음, 필요한 파일을 빌드 과정을 거쳐 하나의 결과물로 만든다. dependencies와 devDependencies 간의 차이가 애플리케이션 최종 결과물에는 전혀 영향을 미치지 않는 것이다.

두 번째 이유는 복잡해진 개발 파이프라인이다. 과거에는 이러한 구분이 의미가 있었던 이유가 개발 과정에서는 npm install로 설치해 모든 패키지를 설치하고, 실제 프로젝트를 실행할 때는 npm install --only=production으로 실행에 필요한 패키지만 빠르게 설치하는 전략이 주효했기 때문이다. 그렇다면 현재의 애플리케이션 개발은 어떤가? typescript를 설치한다고 가정해 보자. 위와 같은 논리대로라면 devDependencies에 설치하고, 마찬가지로 @types/와 같은 타이핑 파일도 devDependencies에 설치할 것이다. 과거의 패키지 전략대로라면 npm install --only=production만으로 빌드와 실행이 돼야 한다. 그러나 실제로는 애플리케이션 시작은커녕 빌드조차 할 수 없다. typescript와 관련 패키지가 devDependencies에 선언된 탓에 tsc가 실행되지 못하는 것이다. 그러므로 dependencies와 devDependencies의 경계가 적어도 프

---

36  https://cpojer.net/posts/rethinking-javascript-infrastructure#devdependencies-were-a-mistake

런트엔드 애플리케이션의 경우에는 모호해지고 있다. 그래서 일부 프로젝트를 보면 둘을 구분하지 않고 모두 dependencies에 몰아넣고 관리하는 경우도 있다.

그렇다고 dependencies와 devDependencies의 구분이 완전히 무의미한 것은 아니다. npm에 업로드할 패키지를 개발한다면 이러한 두 의존성의 구분은 매우 중요해진다(dependencies에 있는 패키지들만 모두 최종 패키지 결과물에 포함되게 해야 한다). 개발자가 프런트엔드 서비스를 위해 package.json을 작성하고 관리한다면 dependencies에 모두 넣는 것은 크게 문제가 되지 않지만 향후 다른 패키지의 의존성을 읽거나 출시하는 데 도움이 되려면 이 둘의 차이를 분명히 알고 있어야 한다.

## Dependabot으로 취약점 해결하기

npm이 관리하는 의존성, 그리고 그 의존성을 정의하는 버전에 대해 알아봤으니, 이제 본격적으로 의존성에 숨어 있는 잠재적인 위협을 깃허브를 통해 확인하고 조치하는 방법을 알아보자.

실습하려면 npm 버전 8.14 이상이 준비돼 있어야 한다. 2023년 3월 기준으로 npm 최신 버전은 9.6.2다.

### 프로젝트 준비

먼저 취약점이 있는 예제 애플리케이션을 만들어야 한다. 예제 애플리케이션은 2019년 쯤에 만들어진 그 당시 최신 라이브러리를 활용해 구성했다.

먼저 package.json은 다음과 같이 구성했다.

```
{
  "name": "danger-react-app",
  "version": "0.1.0",
  "private": true,
  "dependencies": {
    "axios": "^0.19.0",
    "mobx": "^5.11.0",
    "mobx-react-lite": "^1.4.1",
    "react": "^16.8.6",
    "react-dom": "^16.8.6",
    "react-router-dom": "^5.0.1",
    "react-scripts": "^3.4.1",
    "react-swipeable-views": "^0.13.3"
  },
  "scripts": {
    "start": "react-scripts start",
    "build": "react-scripts build",
```

```
    "test": "react-scripts test",
    "eject": "react-scripts eject"
  },
  "browserslist": {
    "production": [">0.2%", "not dead", "not op_mini all"],
    "development": [
      "last 1 chrome version",
      "last 1 firefox version",
      "last 1 safari version"

    ]
  }
}
```

그리고 이 package.json을 기준으로 설치해 보자.

```
» npm i
npm WARN deprecated source-map-url@0.4.1: See https://github.com/lydell/source-map-url#deprecated
npm WARN deprecated request-promise-native@1.0.9: request-promise-native has been deprecated because
it extends the now deprecated request package, see https://github.com/request/request/issues/3142

(생략)

added 1003 packages, removed 543 packages, changed 496 packages, and audited 1931 packages in 35s

109 packages are looking for funding
  run `npm fund` for details

41 vulnerabilities (17 moderate, 21 high, 3 critical)

To address issues that do not require attention, run:
  npm audit fix

To address all issues (including breaking changes), run:
  npm audit fix --force

Run `npm audit` for details.
```

설치만 했을 뿐인데, 각종 vulnerabilities를 발견했다는 영 좋지 않아 보이는 메시지가 눈에 띈다. 깃허브에서 이를 탐지하는 것을 확인하기 위해 원격 저장소에 푸시해 보자.

원격 저장소를 확인해 보면 Dependabot이 저장소의 의존성에 여러 가지 문제가 있다고 알려준다.

그림 9.18 Dependabot에 의해 문제가 발생한 저장소는 다음과 같이 경고 배너가 나타난다.

그리고 배너의 'See Dependabot alerts'를 누르면 구체적으로 어떤 의존성에 문제가 있는지 확인할 수 있다.

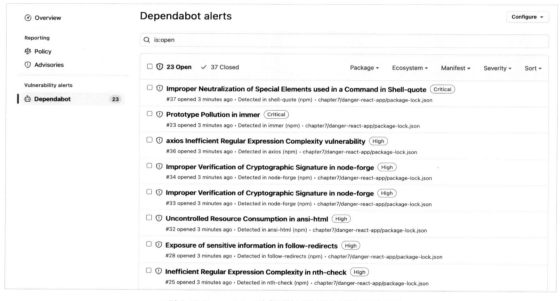

그림 9.19 Dependabot이 확인한 보안 취약 라이브러리 목록

물론 이 패키지를 사용했던 당시에는 문제가 없는 패키지였을 수도 있다. 하지만 시간이 지나면서 보안 취약점이 하나둘씩 발견되는 것이 일반적이므로 3년의 시간이 지난 지금 시점에 보기에는 바로 빌드해서 배포하기엔 왠지 모르게 조금 위험해 보인다. 이제 본격적으로 문제점을 하나씩 파악해서 수정해 보자.

### 개별 취약점 살펴보기

깃허브의 Dependabot은 취약점을 Critical, High, Moderate, Low의 4단계로 분류한다(Critical의 심각도가 가장 높고, Low의 심각도가 가장 낮음). 예제 애플리케이션 기준으로는 가장 심각도가 높은 Critical 취약점이 두 개가 있는데, 먼저 'Improper Neutralization of Special Elements used in a Command in Shell-quote'부터 살펴보자.

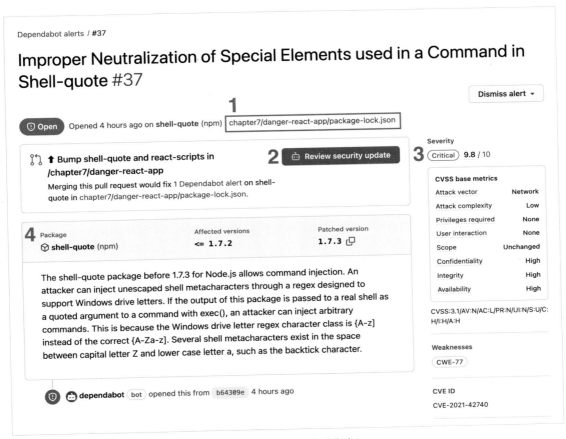

그림 9.20 취약점에 대한 상세 정보

그림 9.20에 표시된 각 번호별로 살펴보자.

1. 취약점을 발견한 파일의 경로다. `dependencies`에 직접 명시한 경우 `package.json`이 발견되는 경우도 있으며, `dependencies`가 의존하고 있는 패키지에서 발견되는 경우 이렇게 lock 파일이 명시된다.

2. 취약점을 바로 수정할 수 있는 경우 표시되는 버튼이다. Dependabot은 단순히 패키지의 취약점을 검사해 주는 것뿐만 아니라 취약점을 수정할 수 있다면 이렇게 풀 리퀘스트도 생성해 준다. 그러나 모든 취약점에 대해 풀 리퀘스트가 생성되는 것은 아니다. Dependabot이 수정 가능하다고 판단하는 경우에만 풀 리퀘스트가 생성되며, 그렇지 않은 경우에는 취약점만 알려준다.

3. 보안 취약점의 심각도를 나타낸다. CVE란 'Common Vulnerabilities and Exposures'의 약자로, 공개적으로 알려진 컴퓨터 보안 결함 목록을 나타낸다. CVE는 미국 국토안보부 산하의 사이버 보안 및 보안국(Cybersecurity and

Infrastructure Security Agency)의 재정 지원을 받아 MITRE Corporation에서 감독한다. 이 취약점의 경우 CVE-2021-42740에 해당하는 것을 확인할 수 있다.

4. 취약점의 자세한 정보를 나타낸다. 어떤 패키지가 취약점으로 지정됐는지, 현재 사용 중인 버전은 무엇이며, 어느 버전을 설치해야 해결할 수 있는지, 그리고 해당 취약점이 발생하는 상황과 조심해야 할 것들을 나타낸다. 이 취약점은 shell-quote 패키지 1.7.2 버전 이하에서 발견할 수 있는 취약점으로, 공격자가 윈도우의 드라이브 문자(C, D 같은)를 지원하도록 설계된 정규식을 통해 이스케이프되지 않은 셸 문자의 주입을 허용하는 취약점이 존재한다.

문제가 무엇인지 확인했으니, 이제 문제의 패키지가 어디에서 설치됐는지 확인해 보자. package.json을 살펴보면 직접적으로 문제가 되는 shell-quote를 설치해서 사용하는 곳은 없다. 대부분의 의존성은 package.json보다는 package-lock.json에 숨어 있는 경우가 많다. 패키지가 어디에 설치돼 있는지 확인해 보려면 다음과 같이 명령어를 입력해 보면 된다.

```
» npm ls shell-quote
danger-react-app@0.1.0 /Users/yceffort/private/react-deep-dive-example/chapter7/danger-react-app
└─┬ react-scripts@3.4.4
  └─┬ react-dev-utils@10.2.1
    └── shell-quote@1.7.2
```

npm ls는 'list installed packages'라는 뜻으로 설치된 패키지가 왜 어떤 의존성 때문에 설치됐는지 확인할 수 있는 명령어다. 위 내용을 토대로 shell-quote는 react-scripts의 react-dev-utils가 사용하고 있음을 알 수 있다. react-dev-utils에서는 shell-quote를 어떤 버전으로 사용하고 있는지 확인해 보자.

```
73      "pkg-up": "3.1.0",
74      "react-error-overlay": "^6.0.7",
75      "recursive-readdir": "2.2.2",
76      "shell-quote": "1.7.2",
77      "strip-ansi": "6.0.0",
78      "text-table": "0.2.0"
79    },
80    "devDependencies": {
81      "cross-env": "^6.0.3",
```

그림 9.21 react-dev-utils를 방문해서 shell-quote의 의존성을 확인[37]

shell-quote는 유의적 버전과 npm의 규칙에 따라 고정된 버전을 사용하고 있음을 확인할 수 있다. 즉, 단순히 의존성을 업데이트해서는 해결되지 않는다는 뜻이다.

---

37 https://github.com/facebook/create-react-app/blob/v3.4.1/packages/react-dev-utils/package.json#L76

마지막으로 해당 패키지를 어떻게 사용하고 있는지 살펴보자.

```
195
196   function guessEditor() {
197     // Explicit config always wins
198     if (process.env.REACT_EDITOR) {
199       return shellQuote.parse(process.env.REACT_EDITOR);
200     }
201
202     // We can find out which editor is currently running by:
```

**launchEditor(fileName: string, lineNumber: number): void**

On macOS, tries to find a known running editor process and opens the file in it. It can also be explicitly configured by `REACT_EDITOR`, `VISUAL`, or `EDITOR` environment variables. For example, you can put `REACT_EDITOR=atom` in your `.env.local` file, and Create React App will respect that.

그림 9.22 shell-quote를 사용하는 코드[38]

shell-quote는 react-dev-util이 macOS에서 어떤 에디터를 사용하고 있는지 알아내기 위한 `process.env.REACT_EDITOR`를 환경변수로 받는데 이를 파싱하기 위한 목적으로 사용하고 있음을 알 수 있다. 앞서 CVE가 지적한 바에 따르면 윈도우에서 shell-quote를 사용할 경우 잘못된 주입으로 인해 심각한 오류가 발생할 수 있다. 그러나 현재 사용하는 패턴을 살펴보니 react-scripts 3.4.1 버전을 사용하는 프로젝트가 REACT_EDITOR 환경변수를 고의로 이상하게 집어넣어서 윈도우 환경에서 launchEditor를 실행하지 않는 이상 shell-quote를 사용하는 곳에서는 문제가 발생하지 않을 것으로 보인다.

이러한 방법을 활용해 문제 패키지가 왜 문제가 되는지 파악해 볼 수 있다. 그리고 이처럼 직접적으로 영향이 없을 것으로 판단되는 패키지에 대해서는 시급성을 낮춰서 대응하는 것이 좋다.

react-scripts를 사용하다 보면 유독 취약점 관련 경고가 많은 것을 느낄 수 있다. 그 이유는 리액트 팀이 실제 취약점이 있는 패키지를 사용한다 하더라도 실제 개발자에게 미칠 수 있는 영향이 없는 경우에는 취약점을 긴급하게 수정하지 않겠다고 선언했기 때문이다. 해당 내용은 리액트 개발자 중 한 명인 댄 아브라모프[39]의 블로그 글 "npm audit: Broken by Design"[40]에서 확인할 수 있다. 해당 글은 npm audit에 대한 이야기이지만 깃허브 Dependabot에도 해당된다.

---

38 https://github.com/facebook/create-react-app/blob/d2f813f8897ffcd2f0b0d2da75d0c44924c92f4d/packages/react-dev-utils/launchEditor.js#L199(단축 URL: https://bit.ly/3ZwoV1y)와 https://github.com/facebook/create-react-app/tree/v3.4.1/packages/react-dev-utils#launcheditorfilename-string-linenumber-number-void(단축 URL: https://bit.ly/4635Q9z)에서 발췌.

39 https://github.com/gaearon

40 https://overreacted.io/npm-audit-broken-by-design/

해당 내용은 `npm audit`, 즉 npm에서 제공하는 취약점 분석 도구에 대한 비판의 글인데, 요약하자면 앞서 언급한 내용과 비슷하다. 취약점이 있는 패키지가 존재한다 하더라도 취약점이 발생하는 시나리오로 사용하지 않는다면 문제없다는 것이다. 이 글에서 언급한 예시 중 하나는 구 버전에 포함된 `browserslist`의 정규 표현식 취약점이다. `browserslist`의 인수로 잘못된 정규식을 넣는다면 애플리케이션이 기하급수적으로 느려지는 ReDos[41]가 있다는 것인데, 리액트 프로젝트에서 `browserslist`를 작성할 수 있는 건 개발자뿐이므로 개발자 본인이 악의적인 목적으로 정규식을 넣어서 본인의 서비스를 느리게 하지 않는 이상, 실제 위협이 될 수는 없다는 것이다.

결론적으로 초보 개발자에게는 혼란을 일으키고, 노련한 개발자들에게는 불필요한 취약점임을 언급해야 하는 데 과도한 시간을 쏟아 부어야 하므로 이러한 방식의 취약점 보고는 도움이 되지 않고, 실제로 빨리 고쳐야 하는 진짜 취약점을 보는 데 방해가 된다고 주장한다. 그래서 리액트 팀은 거짓 양성(false positive), 즉 취약점이 있으나 해당 코드를 사용하지 않거나 따로 문제가 없다고 자체적으로 판단한 취약점에 대해서는 공식적으로 대응하지 않겠다고 선언한 바 있다.[42] 또한 이러한 문제점을 수정하기 위해 몇 가지 제안이 npm에 반영되고 있는 중으로 보인다.[43]

### 취약점 해결하기

취약점에 대해 확인해 봤으니, 이번에는 취약점을 수정하는 방법을 알아보자. 물론 앞에서 언급한 것처럼 모든 취약점이 실제 서비스의 보안 취약점으로 연결되는 것은 아니며, 취약점이 발생할 수 있는 시나리오를 만들지 않는다면 취약점이 존재한다 하더라도 크게 문제되지 않을 수 있다. 이런 경우에는 취약점을 살펴보면서 가장 위험하다고 판단되는 취약점을 먼저 조치하는 것이 좋다. 그럼에도 애플리케이션에 취약점이 있다는 것은 썩 유쾌한 일은 아니므로 이번 절에서는 앞에서 만든 예제 애플리케이션의 모든 취약점을 하나씩 해결해 보자.

가장 쉽게 해결할 수 있는 것은 깃허브 Dependabot이 풀 리퀘스트를 열어준 경우다. 풀 리퀘스트를 열어 줬다는 것은 이미 취약점을 해결한 패치가 존재한다는 것을 의미한다. 이 풀 리퀘스트를 검토해서 머지가 가능한지 살펴보자.

---

41 https://owasp.org/www-community/attacks/Regular_expression_Denial_of_Service_-_ReDoS
42 https://github.com/facebook/create-react-app/issues/11092#issuecomment-873120138
43 https://github.com/npm/rfcs/pull/18

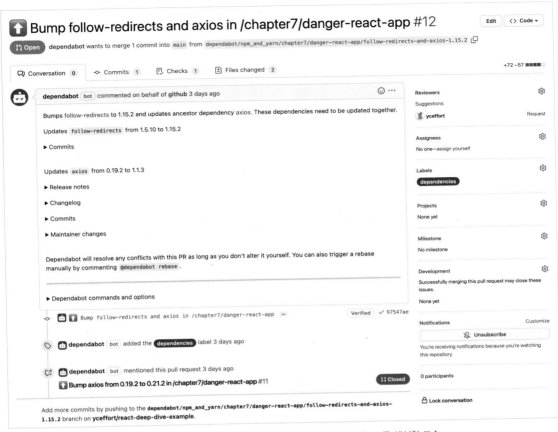

그림 9.23 Dependabot이 취약점을 수정하기 위해 풀 리퀘스트를 생성한 모습

이 취약점은 axios 내부의 follow-redirects 패키지에 존재하며, follow-redirects의 경우 axios 0.19.2 에서 1.5.10으로[44] 완전히 고정돼 있어서 단순히 follow-redirects의 버전 업그레이드로는 해결이 안 되는 문제다. 그래서 이 풀 리퀘스트의 제안은 axios를 1.5.10 버전으로 업그레이드하는 것이다.

여기서 선택할 수 있는 방법은 크게 두 가지다. 이 풀 리퀘스트의 제안대로 axios를 1.1.3으로 버전 업하는 것이다. 그러나 현재 사용하는 axios는 0.19.2 버전으로 0.x대 최신 버전의 0.27.2까지, 그리고 1.x 버전으로 업데이트되면서 많은 주 버전 업데이트가 수행됐다. 주 버전 업데이트(0.x의 부 버전 업데이트)는 유의적 버전의 규칙에 따라 이전 버전과 호환되지 않는 변경이 이뤄지는 업데이트다. axios의 경우에는 특히 최대 9 회의 호환성이 깨지는 변경 사항이 예상되므로 꼭 axios를 사용하는 코드를 반드시 꼼꼼히 확인해 봐야 한다. 변경 사항을 가장 쉽게 확인해 볼 수 있는 것은 깃허브 저장소에 있는 릴리스 노트다.[45] 일반적으로 릴리

---

44 https://github.com/axios/axios/blob/v0.19.2/package.json#L76
45 https://github.com/axios/axios/releases

스 노트에는 버전 업데이트에 따른 변경 내용이 기록돼 있다. 그럼에도 해당 내용은 수기로 기록하는 경우가 많기 때문에 누락되는 경우가 많을 것이다. 이 경우에는 실제 버전별로 코드를 비교해 보거나 실제 버전 업된 패키지를 설치해서 특별한 이상 없이 정상적으로 동작하는지 확인해 보는 것이 제일 좋다. 이때 테스트 코드까지 적절하게 작성돼 있다면 확인하기가 더욱 쉬울 것이다.

이번 취약점은 axios가 1.1.3으로 업데이트해도 문제가 없다는 가정하에 axios를 1.1.3으로 업데이트하는 풀 리퀘스트를 머지해 보자. 머지하는 즉시 보안 경고가 사라지고 axios가 1.1.3으로 업데이트된다. 이처럼 보안 취약점을 매우 손쉽게 해결할 수 있다.

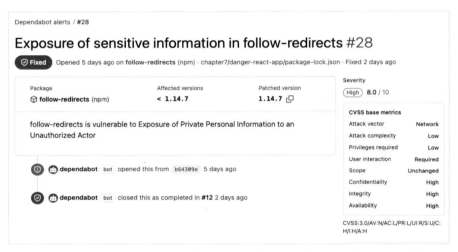

그림 9.24 follow-redirects 보안 취약점이 해당 풀 리퀘스트로 해결됐다는 메시지를 볼 수 있다.

다음으로 풀 리퀘스트로 손쉽게 해결할 수 없는 경우를 살펴보자. 다음 패키지도 마찬가지로 정규식을 활용한 ReDos 취약점이 있다고 보고하고 있다.

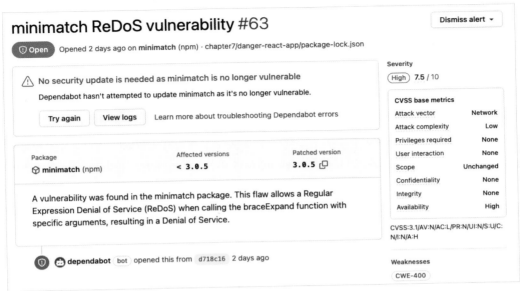

그림 9.25 minimatch라는 라이브러리의 취약점이 보고된 모습. 취약점이 존재하는 라이브러리와 버전, 해당 취약점이 조치된 버전 등을 확인할 수 있다.

minimatch는 npm 내부에서도 쓰이는 유명한 라이브러리 중 하나로, glob 표현식을 자바스크립트 정규식으로 변경하기 위해 사용된다. 이 보안 취약점은 minimatch를 3.0.5 버전 이상으로 올려야만 해결된다고 나와 있다. minimatch가 어느 패키지에 의존 중인지 npm ls minimatch 명령어로 살펴보자.

```
» npm ls minimatch
danger-react-app@0.1.0 /Users/yceffort/private/react-deep-dive-example/chapter7/danger-react-app
└─┬ react-scripts@3.4.4
  ├─┬ @typescript-eslint/parser@2.34.0
  │ └─┬ @typescript-eslint/typescript-estree@2.34.0
  │   └─┬ glob@7.2.3
  │     └── minimatch@3.1.2 deduped ✅
  ├─┬ babel-jest@24.9.0
  │ └─┬ babel-plugin-istanbul@5.2.0
  │   └─┬ test-exclude@5.2.3
  │     └── minimatch@3.1.2 deduped ✅
  ├─┬ eslint-plugin-import@2.20.1
  │ └── minimatch@3.1.2 ✅
  ├─┬ eslint@6.8.0
  │ └── minimatch@3.1.2 deduped ✅
  └─┬ react-dev-utils@10.2.1
    ├─┬ fork-ts-checker-webpack-plugin@3.1.1
```

```
|   └─ minimatch@3.1.2 deduped ✅
└─┬ recursive-readdir@2.2.2
    └─ minimatch@3.0.4 ❌
```

minimatch 패키지는 여러 곳에서 쓰이고 있었고, 대부분의 패키지에서 3.0.5 이상의 버전을 사용하고 있었지만 한 군데에서 3.0.5 미만 버전인 3.0.4를 사용하고 있는 것이 확인됐다. 이 문제의 recursive-readdir은 minimatch를 3.0.4로 지정해서 쓰고 있었기 때문에 문제가 해결되지 않았다. 이 문제를 해결하려면 recursive-readdir의 버전을 올리거나, react-dev-utils의 버전을 올리거나, 혹은 react-scripts의 버전을 올려야 한다. 그러나 가장 손쉽게 해결할 수 있는 방법은 3.0.4로 지정돼 있는 버전 표현식의 수 버전(patch)을 올려서 대응하는 것이다. 유의적 버전에 따르면 수 버전을 올리는 것은 단순 패치 수정일 것이므로 올려도 기능상에 큰 문제는 없음을 짐작할 수 있다.

만약 불안하다면 직접 minimatch 저장소를 방문해서 확인해 볼 수 있다.[46] 3.0.5로 버전을 올리면서 ReDos 대응을 위한 커밋[47]이 추가됐음을 확인할 수 있다.

패키지 내부에 선언된 의존성을 강제로 올릴 수 있는 방법은 npm이 제공하는 overrides[48]를 활용하는 것이다. package.json에 overrides를 선언해 두면 패키지 내부의 버전을 강제로 올릴 수 있다. package.json에 다음과 같이 추가해 보자.

```
{
  "overrides": {
    "minimatch": "^3.0.5"
  }
}
```

이것은 내부 의존성에서 사용하고 있는 모든 minimatch의 버전을 강제로 ^3.0.5로 덮어쓰라는 의미다. 이렇게 하면 minimatch의 버전이 3.0.4에서 3.0.5로 올라가게 되고, 의존성 문제도 해결할 수 있게 된다. overrides를 작성하고, npm install을 실행하면 다음과 같이 minimatch의 버전이 3.0.5로 올라가는 것을 확인할 수 있다.

```
» npm ls minimatch
danger-react-app@0.1.0 /Users/yceffort/private/react-deep-dive-example/chapter7/danger-react-app
└─┬ react-scripts@3.4.4
```

---

46 https://github.com/isaacs/minimatch/compare/v3.0.4...v3.0.5
47 https://github.com/isaacs/minimatch/commit/a8763f4388e51956be62dc6025cec1126beeb5e6, 단축 URL: https://bit.ly/3Q5Kkvo
48 https://docs.npmjs.com/cli/v8/configuring-npm/package-json#overrides

```
├─ @typescript-eslint/parser@2.34.0
│ └─ @typescript-eslint/typescript-estree@2.34.0
│     └─ glob@7.2.3
│       └── minimatch@3.1.2 deduped ✅
├─ babel-jest@24.9.0
│ └─ babel-plugin-istanbul@5.2.0
│     └─ test-exclude@5.2.3
│       └── minimatch@3.1.2 deduped ✅
├─ eslint-plugin-import@2.20.1
│ └── minimatch@3.1.2 overridden ✅
├─ eslint@6.8.0
│ └── minimatch@3.1.2 deduped ✅
└─ react-dev-utils@10.2.1
    ├─ fork-ts-checker-webpack-plugin@3.1.1
    │ └── minimatch@3.1.2 deduped ✅
    └─ recursive-readdir@2.2.2
        └── minimatch@3.1.2 deduped ✅
```

recursive-readdir의 minimatch도 3.1.2로 올라간 것을 볼 수 있다. 그런데 왜 하필 3.1.2 버전으로 올라갔을까? 해답은 minimatch의 버전과 npm의 정규표현식 규칙에 있다. 먼저 minimatch의 최신 3.x 버전은 3.1.2다. 이전 npm ls mimimatch의 문제를 보면 eslint-plugin-import의 minimatch만 dedupe이 없고, 나머지는 다 dedupe으로 처리돼 있다. 그 이유는 minimatch를 사용하는 패키지들이 모두 ^3.x.x와 같은 형식으로 기재돼 있어 ^의 규칙에 따라 최신 버전인 ^3.1.2를 설치했기 때문이다. 그리고 overrides도 ^3.0.5로 선언돼 있어 모두 ^3.1.2를 설치해도 된다는 판단이 내려졌기 때문에 ^3.1.2로 통일된 것이다.

만약 overrides의 minimatch가 3.0.5로 고정돼 있다면 overrides의 규칙에 따라 모든 패키지가 다음과 같이 3.0.5로 고정될 것이다.

```
» npm ls minimatch
danger-react-app@0.1.0 /Users/yceffort/private/react-deep-dive-example/chapter7/danger-react-app
└─ react-scripts@3.4.4
  ├─ @typescript-eslint/parser@2.34.0
  │ └─ @typescript-eslint/typescript-estree@2.34.0
  │     └─ glob@7.2.3
  │       └── minimatch@3.0.5 overridden
  ├─ babel-jest@24.9.0
  │ └─ babel-plugin-istanbul@5.2.0
  │     └─ test-exclude@5.2.3
```

```
│      └── minimatch@3.0.5 overridden
├─┬ eslint-plugin-import@2.20.1
│ └── minimatch@3.0.5 overridden
├─┬ eslint@6.8.0
│ └── minimatch@3.0.5 overridden
└─┬ react-dev-utils@10.2.1
  ├─┬ fork-ts-checker-webpack-plugin@3.1.1
  │ └── minimatch@3.0.5 overridden
  └─┬ recursive-readdir@2.2.2
    └── minimatch@3.0.5 overridden
```

그러나 굳이 이렇게 할 필요는 없으므로 ^3.0.5로 선언해 모든 패키지를 최신 3.x 버전으로 업데이트해 보안 이슈를 해결했다.

## 정리

지금까지 의존성에 있는 이슈를 수정하는 방법을 알아봤다. 의존성 관련 이슈를 방지하는 가장 좋은 방법은 의존성을 최소한으로 유지하는 것이다. 바깥에 노출되는 면적이 클수록 위협에 노출되는 확률이 커지는 것과 마찬가지로 의존성, 즉 dependencies와 node_modules의 크기가 커질수록 위협에 노출될 확률 또한 높아진다. 가능한 한 내재화할 수 있는 모듈은 내재화하고, 의존성을 최소한으로 유지하는 것이 좋다.

물론 의존성을 최소한으로 유지하는 것은 오픈소스 위주의 웹 애플리케이션 개발에서 매우 어려운 일이다. 의존성을 최소화할 수 없다면, 내재화할 수 있는 모듈이 많지 않다면 가능한 한 널리 알려져 있고 많은 사람들이 사용하는, 그리고 활발하게 유지보수되는 패키지를 사용해야 한다. 여기서 가장 중요한 것은 '활발하게 유지보수되느냐'다. 아무리 사용자가 많다 하더라도 유지보수하는 주체가 없다면 점차 의존성 문제에 당면할 가능성이 크다. 패키지를 선택할 때는 얼마나 많은 사용자가 존재하고 얼마나 활발하게 유지보수되는지 살펴봐야 한다.

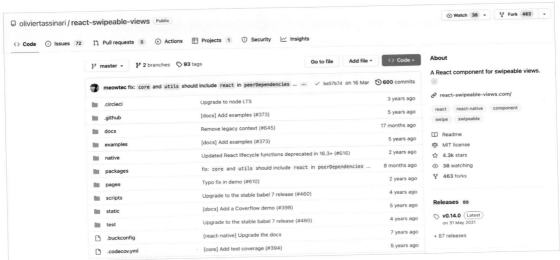

그림 9.26 react-swipeable-views는 4만 개가 넘는 곳에서 사용하고 있지만 마지막 버전 업이 2021년 5월로 사실상 유지보수가 중단된 상태다. 이러한 패키지는 보안 취약점에 대한 대응도 늦을뿐더러 향후 리액트 18 등 최신 기능을 지원하지 않을 가능성도 크다.

앞서 살펴본 것처럼 깃허브 Dependabot이 경고하는 문제에 대해 계속해서 관심을 가져야 한다. 서비스에 기능을 출시하는 것만큼이나 중요한 것은 안전한 서비스를 만드는 것이고 개발자는 이에 대한 책임을 지니고 있다. 물론 npm audit에서 살펴본 것처럼 경고 표시되는 많은 이슈가 실제 서비스의 보안 위협으로 이어지지 않을 수도 있지만 그중에는 정말로 긴급하게 수정해야 하는 이슈도 있을 수 있으므로 개발자라면 본인이 맡은 프로젝트에 책임감을 가지고 지속적으로 관심을 가져야 한다.

마지막으로, 깃허브 Dependabot은 이슈를 찾는 용도로만 사용하고, 절대로 완벽하게 수정해 준다고 맹신해서는 안 된다. 깃허브 Dependabot이 열어준 react-scripts 관련 풀 리퀘스트를 살펴보자(그림 9.27).

깃허브 Dependabot이 취약점 수정을 위해 제안하는 풀 리퀘스트는 react-scripts의 버전을 3.4.1에서 5.0.1로 올리는 것이다. 그러나 유의적 버전에 따라 주 버전을 올리는 것은, 앞서 버전에 관해 알아본 것처럼 실제 라이브러리를 사용하는 데 많은 변경이 있을 수 있기 때문에 무작정 머지해서는 안 된다. 물론, 이 경우에는 react-scripts가 버전을 올려도 다른 쪽에 영향을 미치는 것이 없다는 가정하에 생성된 풀 리퀘스트이지만 개발자가 기존에 인지하고 있는 API가 달라진다는 사실에는 변함이 없다. 따라서 깃허브 Dependabot이 제안하는 풀 리퀘스트는 무작정 머지해서는 안 된다.

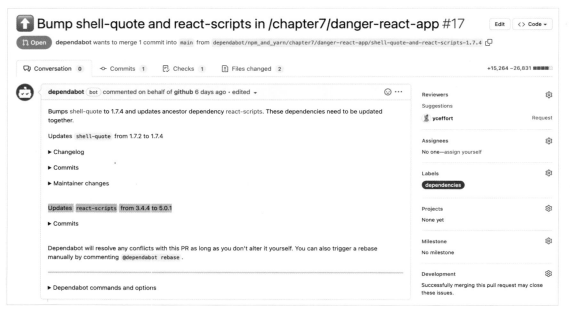

그림 9.27 Dependabot이 제안하는 모든 풀 리퀘스트를 바로 머지해서는 안 된다. 위 화면에서는 shell-script의 취약점을 수정하기 위해 react-scripts 라이브러리의 주 버전을 두 개 올리기를 권하고 있다. 취약점은 수정될 수 있지만 react-scripts는 create-react-app에서 핵심적인 역할을 하므로 머지에 앞서 반드시 확인해야 한다.

깃허브 Dependabot으로 수정하기 어려운 이슈라면 npm의 overrides를 적극 활용해 보자. overrides는 만들어진 배경 자체가 보안 이슈 수정에 있는 만큼, 오래되거나 문제가 있는 의존성을 콕 집어서 수정하는 데 매우 유용하다. 문제가 있는 패키지의 의존성 버전을 잘 살펴보고, overrides를 현명하게 선언한다면 불미스러운 일을 미연에 방지할 수 있다.

## 9.2.4 정리

지금까지 리액트 애플리케이션을 개발하면서 사용해 볼 수 있는 깃허브의 유용한 기능을 살펴봤다. 깃허브는 어느 순간 '사실상(de facto)의 표준'이 되어버렸을 정도로 개발자에게 널리 사랑받는 Git 저장소가 됐다. 깃허브 액션을 비롯해 이번 절에서 언급한 Dependabot, 그 외에도 인공지능 코드 도우미인 Copilot, 정적 웹사이트를 서비스할 수 있는 GitHub Pages 등 깃허브는 단순히 코드 저장소의 기능뿐만 아니라 개발자에게 도움이 될 만한 다양한 기능을 제공한다. 깃허브만 잘 활용해도 소스코드를 관리하는 데 필요한 거의 대부분의 기능들을 깃허브에서 해결할 수 있다. 이 때문에 대부분의 기업에서 GitHub Private 또는 GitHub Enterprise를 사용해 사내 소스코드를 모두 깃허브에서 관리하고 있다. Git과 깃허브만 잘 활용한다면 대부분의 IT 회사에서 무리 없이 개발을 이어갈 수 있을 것이다.

기회가 된다면 여기서 언급한 기능을 포함한 다양한 깃허브 도구를 활용해 코드를 관리해 보자. 코드 작성부터 유지보수와 보안 취약점 분석까지, 깃허브에서는 코드 관리 전반에 걸친 다양한 서비스를 제공하므로 개인적으로 여유가 되고 앞으로도 계속해서 코드를 꾸준히 작성할 예정이라면 프로 계정을 구독해 적극적으로 깃허브를 이용한다면 많은 도움이 될 것이다.

## 9.3 리액트 애플리케이션 배포하기

모든 서비스가 그렇듯, 코드가 실제로 사용자에게 제공되려면 실제 인터넷 망에 배포하는 과정이 필요하다. IT 회사마다 조금씩 사정은 다르지만 자체적인 IT 인프라가 구축돼 있어 해당 인프라를 사용하는 큰 회사도 있는 반면, 스타트업과 같이 비교적 규모가 작아 자체 인프라를 구축하기 어려운 경우 아마존 웹 서비스(Amazon Web Service)나 구글 클라우드 플랫폼(Google Cloud Platform), 마이크로소프트 애저(Microsoft Azure) 등 클라우드 서비스를 활용하는 업체들도 있다. 개발 중인 서비스에 따라, 또 같은 서비스를 개발하더라도 내부 설계에 따라 애플리케이션을 배포하는 방법이 천차만별이기 때문에 한 가지 방법으로 딱 좁혀서 말하기 어렵다.

이번 절에서는 가장 손쉽고 빠르면서도 안정적인 방법으로 배포할 수 있는 몇 가지 서비스를 소개하려고 한다. 개인 프로젝트 또는 소규모 프로젝트는 군이 대형 클라우드 플랫폼에서 복잡하게 배포 파이프라인을 구축하거나, 혹은 별도의 서버를 마련하지 않더라도 손쉽게 서비스를 배포할 수 있는 다양한 방법들이 있다. 여기서는 리액트 애플리케이션을 가장 손쉽고 빠르게 배포할 수 있도록 도와주는 3가지 SaaS 서비스를 알아보고, 각각의 특징을 비교해 각자 어떤 서비스를 사용하는 것이 좋을지 고민해 보자. 참고로 배포하고자 하는 리액트 애플리케이션은 `create-react-app`과 `create-next-app`으로 작성됐다고 가정한다.

### 9.3.1 Netlify

Netlify[49]는 웹 애플리케이션을 배포할 수 있도록 도와주는 클라우드 컴퓨팅 서비스다. 2014년부터 시작한 서비스로, Heroku[50]와 함께 가장 널리 알려진 정적 웹사이트 배포 서비스다. 역사가 오래된 만큼 많은 개발자들에게 사랑받고 있으며, 무료로도 어느 정도 활용이 가능해 크게 공을 들이지 않고 손쉽고 빠르게 웹 애플리케이션을 배포할 수 있다.

---

49 https://www.netlify.com/
50 https://www.heroku.com/

## create-react-app으로 생성한 앱 배포하기

create-react-app으로 생성한 앱을 Netlify에 배포한 예제 프로젝트의 깃허브 저장소 주소는 다음과 같다.

- https://github.com/wikibook/react-deep-dive-example/tree/main/chapter7/deploy/netlify/cra

가장 먼저 Netlify에 가입하고 팀을 생성하자. Netlify에서 팀은 서비스의 기본 단위로, Netlify에 가입한 후 처음 몇 가지 질문에 대답하면 바로 생성된다. 만약 팀 생성 페이지에서 Starter 플랜이 보이지 않는다면 https://www.netlify.com/pricing/에 들어가서 'Start for free'를 선택하면 된다.

그리고 나서 'Import an existing project'를 눌러 배포할 웹 애플리케이션이 있는 저장소를 불러온다.

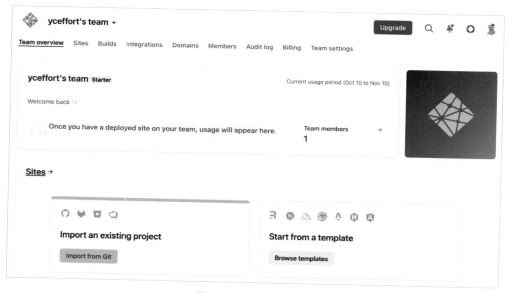

그림 9.28 Netlify에서 팀을 생성

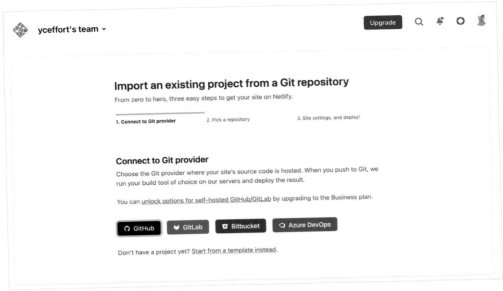

그림 9.29 Netlify에서 불러올 저장소를 선택

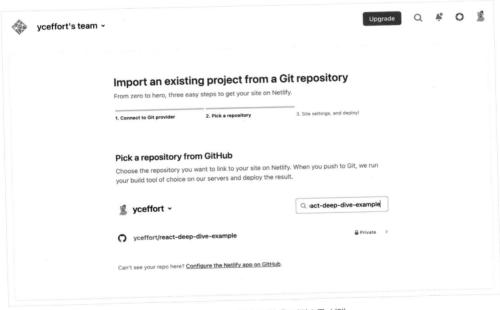

그림 9.30 GitHub를 선택한 후 저장소를 선택

저장소를 불러오고 나면 본격적으로 빌드 및 배포와 관련된 설정을 추가해야 한다.

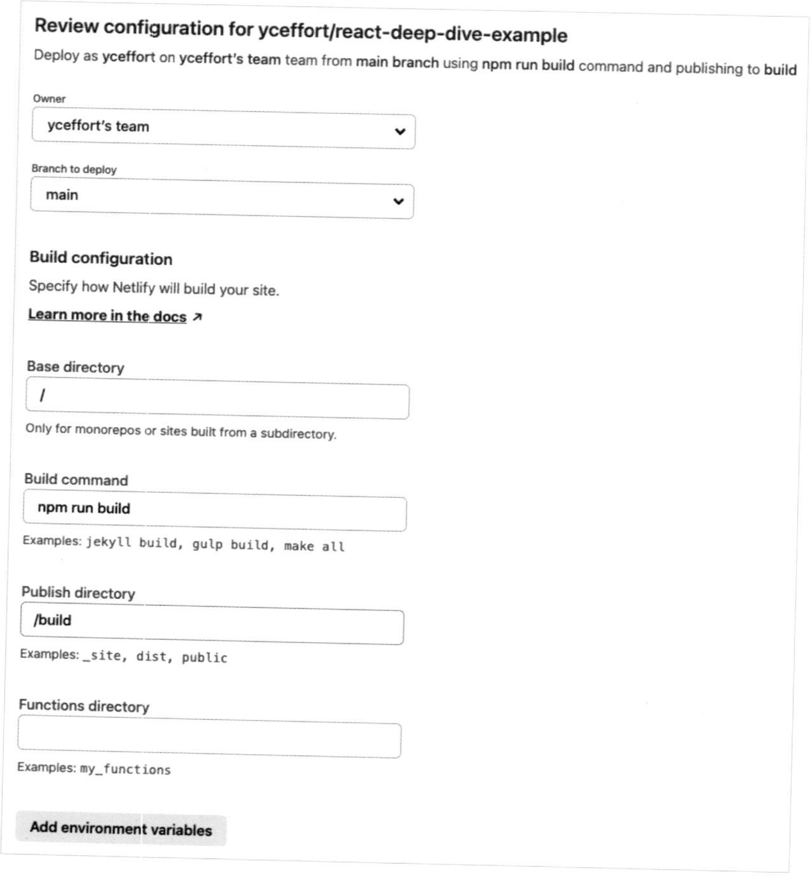

그림 9.31 빌드 및 배포 관련 설정 추가

- Branch to deploy: 머지가 일어났을 때 자동으로 배포가 수행되는데, 그 타깃 브랜치를 명시할 수 있다. 여기서는 기본 브랜치인 main으로 지정했다.

- Base directory: 배포 명령어를 실행할 기본 디렉터리. 일반적인 경우처럼 루트 디렉터리라면 /를 지정하면 되지만 예제처럼 별도의 디렉터리에 존재한다면 해당 디렉터리를 지정하면 된다.

- Build command: 빌드 명령어. 예제에서는 create-react-app의 기본 빌드 명령어인 npm run build를 사용했다.

- Publish directory: 실제 서비스에 필요한 정적인 리소스가 위치한 디렉터리. 일반적인 create-react-app으로 만들어진 경우 /build 폴더에 빌드 결과물로 만들어진 정적 리소스가 존재한다.

Add environment variables 버튼을 눌러 프로젝트에 필요한 환경변수를 지정할 수도 있다.

설정이 끝났다면 Deploy site를 눌러 배포를 시작하자. 빌드와 관련된 로그가 출력되고 다소간의 시간이 흐른 후 배포가 완료된 것을 확인할 수 있다.

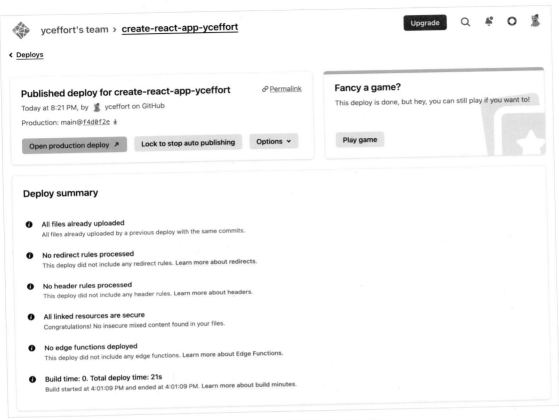

그림 9.32 Netlify에서 성공적으로 프로젝트를 배포

## create-next-app으로 생성한 앱 배포하기

create-next-app으로 생성한 앱을 Netlify에 배포한 예제 프로젝트의 깃허브 저장소 주소는 다음과 같다.

- https://github.com/wikibook/react-deep-dive-example/tree/main/chapter7/deploy/netlify/next

create-react-app과는 다르게, Next.js 애플리케이션을 배포하려면 약간의 설정이 더 필요하다. 기본적으로 Netlify는 '정적인 웹사이트'를 배포하고 서비스하기 위해 탄생한 반면, Next.js는 next export를 사용해 정적인 웹사이트를 만들지 않는 이상 일반적으로는 서버가 필요한 서버 사이드 애플리케이션을 서비스하므로 추가적인 설정이 필요하다.

가장 먼저 할 일은 배포하기에 앞서 Next.js 애플리케이션의 루트에 netlify.toml 파일을 생성하는 것이다. 참고로 TOML은 'Tom's Obvious, Minimal Language'의 약자로, 최소한의 설정 관련 내용을 작성하기 위해 만들어진 문법이다. YAML과 매우 유사한 구조이며, 자세한 내용은 TOML 공식 문서[51]에서 확인할 수 있다.

파일을 생성한 뒤 다음 내용을 기재하고 커밋하자.

```
[[plugins]]
package = "@netlify/plugin-nextjs"
```

`netlify.toml`은 앞서 UI에서 설정했던 것과 비슷하게 Netlify의 설정을 도와준다. 이와 관련된 내용은 Netlify 공식 문서[52]에서 확인할 수 있다.

`netlify.toml` 파일에서는 `plugins` 배열을 선언했고, `@netlify/plugin-nextjs` 플러그인[53]을 넣었다. 이 플러그인은 Netlify에서 Next.js 기반 애플리케이션을 배포하는 데 도움을 준다. 그리고 앞서와 동일하게 배포 설정을 해야 하는데, 여기서는 **Publish directory**만 next 프로젝트에 맞게 다음과 같이 지정하면 된다 (참고로 https://app.netlify.com/teams/{팀명}/plugins/@netlify/plugin−nextjs/install에 들어가서 설치해도 된다).

▪ Publish directory: Next.js의 경우 별다른 설정을 건드리지 않았다면 빌드 결과물이 `.next` 폴더에 생성된다. `.next`를 기재해 주자.

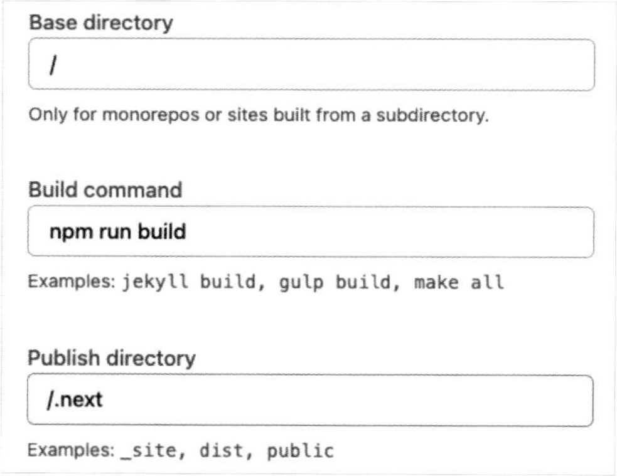

그림 9.33 next 프로젝트의 배포 설정

제대로 설정했다면 다음과 같이 배포가 완료되는 것을 볼 수 있다.

---

51  https://toml.io/en/

52  https://docs.netlify.com/configure−builds/file−based−configuration/

53  https://docs.netlify.com/integrations/frameworks/next−js/overview/와 https://github.com/netlify/next−runtime#readme를 참고하자.

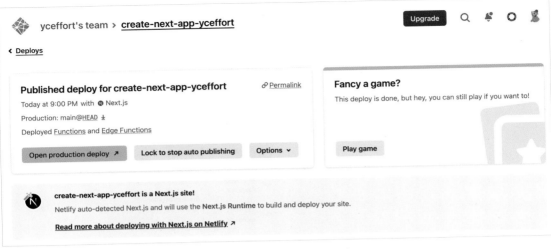

그림 9.34 Netlify 배포가 완료된 모습

## 추가 기능

Netlify는 서비스가 출시된 지 오래된 만큼, 웹 서비스 배포와 관련된 다양한 기능을 제공한다. 그중에서 프런트엔드 서비스를 배포하면서 무료로 이용할 수 있는 몇 가지 추가 기능만 간단하게 살펴본다.

- 알림: 배포와 관련된 알림을 추가할 수 있다. 배포가 실패하거나 성공하는 등 다양한 상황에서 다양한 방법으로 개발자에게 알림을 보낼 수 있다(일부 기능은 유료로 제공되고 있다).

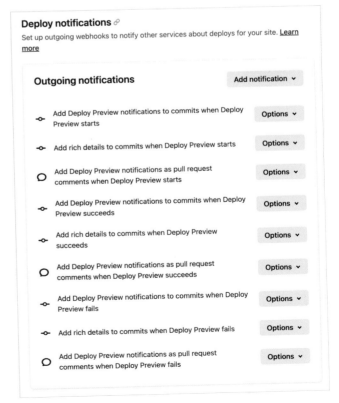

그림 9.35 Netlify에서 선택 가능한 배포 관련 알림 옵션

그리고 이 가운데 하나를 선택하면 어떤 채널로 알림을 받을지 선택할 수 있다.

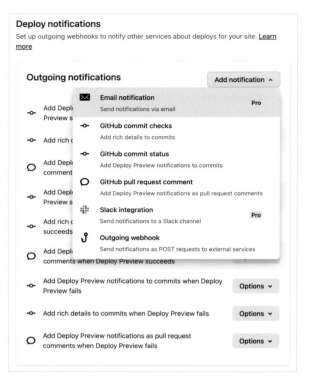

그림 9.36 'Add notification'을 누르면 어떻게 알림을 받을지 선택할 수 있다.

예를 들어, 풀 리퀘스트가 생성되면 Netlify는 Preview 배포(실제 제공되는 대표 사이트와 다르게 미리 변경된 내용을 볼 수 있는 사이트)를 수행하는데 이에 대한 알림을 풀 리퀘스트에 알려준다.

그림 9.37 Netlify에서는 배포가 완료됐다는 내용을 풀 리퀘스트 댓글로 달아준다.

- 도메인 연결: 기본적으로 Netlify는 하나의 배포마다 고정된 웹사이트 주소를 할당하는데, 이와 별개로 외부에서 구매한 도메인을 Netlify DNS를 통해 연결할 수 있다.

- 서비스 통합(Integrations): 서비스가 오래된 만큼, 프로젝트와 연계할 수 있는 다양한 서비스와 API가 마켓 형태로 제공된다.[54] 오류 수집 툴인 Sentry, 가벼운 검색 도구인 Aloglia, 키-값 구조의 비정형 데이터를 저장할 수 있는 레디스 등 다양한 Integration이 존재한다. 앞서 Next.js를 배포할 수 있었던 것도 여기서 제공하는 Next.js 플러그인 덕분이다.

- 서버리스 함수(Serverless Function): 별도의 서버 구축 없이도 서버에서 실행될 함수를 만들 수 있다. Netlify에서 제공하는 규격[55]을 준수해서 함수를 만든다면 서버가 없어도 웹에서 실행할 수 있는 함수를 만들 수 있다.

- Identity: 인증이 포함된 웹서비스를 만들어본 경험이 있다면 회원 가입, 회원 관리, 인증 처리가 꽤나 번거롭고 성가시다는 사실을 알 것이다. Identity 서비스를 이용하면 사용자를 초대해 가입시키고 특정 API를 활용해 해당 유저에 대한 인증 처리 등을 할 수 있다. 이 기능을 이용한 리액트 예제 코드[56]도 제공되므로 인증 관련 서비스가 급하게 필요하다면 참고해 볼 만하다.

- 사용자 초대: 팀이라는 이름에서 짐작할 수 있었겠지만 한번 생성한 팀으로 다른 개발자를 초대해서 동시에 관리할 수 있다.

## 가격

기본적으로 무료로 사용할 수 있지만 무료로 사용하면 몇 가지 제약사항이 있다.

- 대역폭: 월 대역폭이 최대 100GB로 제한된다.

- 빌드 시간: 빌드에 소비할 수 있는 시간이 최대 300분이다. 빌드하는 데 시간이 오래 걸리는 서비스가 있다면 더 빠르게 소진된다.

- 동시 빌드: 여러 개의 사이트를 운영하더라도 한 번에 한 곳만 빌드할 수 있다. 즉, 동시에 여러 사이트를 빌드할 수 없고 순차적으로 빌드해야 한다.

현재 Pro, Business, Enterprise 티어가 있으며, 개인은 Pro만 사용해도 충분하다. 2022년 1월을 기준으로 Pro 티어의 경우 멤버 한 명당 매달 19달러로 책정돼 있다. 자세한 가격 정책은 https://www.netlify.com/pricing/에서 확인할 수 있다.

---

54 https://www.netlify.com/integrations/all/
55 https://docs.netlify.com/functions/overview/
56 https://github.com/netlify/netlify-identity-widget/tree/master/example/react

## 9.3.2 Vercel

Vercel[57]은 익히 잘 알고 있는 Next.js를 비롯한 Turborepo, SWC를 만든 회사이며, Netlify와 비슷한 클라우드 플랫폼 서비스다. Netlify와 비교하면 비교적 후발주자이지만, Next.js를 등에 업고 많은 사용자를 모으고 있다. 후술할 Netlify 대비 몇 가지 장점 덕분에 Netlify의 대안으로 떠오르고 있다.

### create-react-app으로 생성한 앱 배포하기

create-next-app으로 생성한 앱을 Vercel에 배포한 예제 프로젝트의 깃허브 저장소 주소는 다음과 같다.

- https://github.com/wikibook/react-deep-dive-example/tree/main/chapter7/deploy/vercel/cra

먼저 Vercel에 가입한 후 팀을 생성하자. 팀은 유료 서비스이므로 개인 계정으로 생성하면 Netlify의 Starter와 비슷한 Hobby 계정을 만들어 무료로 진행할 수 있다. 여기서 새로운 프로젝트를 생성하자.

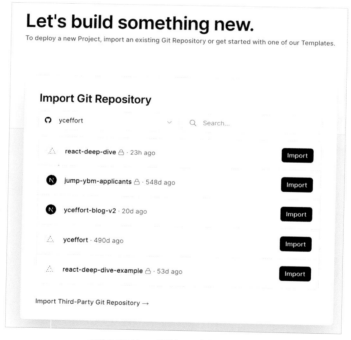

그림 9.38 Vercel에서 Git 저장소 가져오기

[Continue with GitHub]를 선택하면 깃허브에 있는 저장소를 확인할 수 있다.

---

57 https://vercel.com/

그림 9.39 가져올 Git 저장소 선택

깃허브 저장소에 있는 프로젝트를 선택하고 불러오는 것까지는 똑같다. 다음으로 배포 설정을 추가하자.

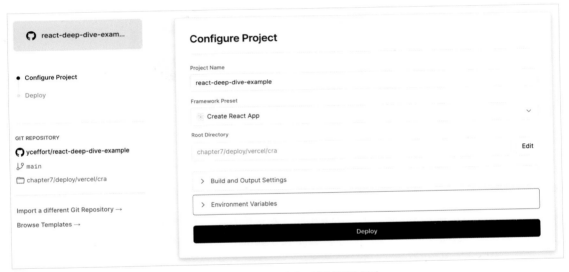

그림 9.40 Vercel에서 배포 관련 설정을 입력

앞서 Netlify에서 했던 것처럼 프로젝트의 루트 디렉터리를 지정할 수 있다.

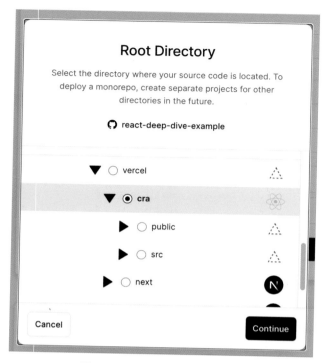

그림 9.41 Vercel에서 루트 디렉터리를 지정

여기까지도 Netlify와 비슷하게 진행된다. 빌드와 배포가 이뤄져야 하는 루트 디렉터리를 선택하는데, 대신 Vercel에서는 디렉터리를 직접 입력하는 것이 아니라 UI에서 특정 디렉터리를 선택할 수 있게끔 돼 있다. 그리고 디렉터리별로 어떠한 프로젝트인지 Vercel이 예상한 아이콘까지 함께 보여준다. 단, 해당 디렉터리를 선택한다고 해서 해당 프로젝트 설정이 같이 따라오는 것이 아니므로 'Framework Preset'에서 반드시 원하는 프레임워크를 선택해야 한다. 프레임워크를 선택하면 일반적으로 사용되는 빌드 명령어, 배포 위치, 배포 명령어까지 함께 선택할 수 있다. 이 부분은 Netlify보다 확실히 편리하고 실수도 줄일 수 있는 장점으로 보인다.

Deploy를 누르면 배포가 시작되고, 배포가 완료되면 서비스에 접근할 수 있다.

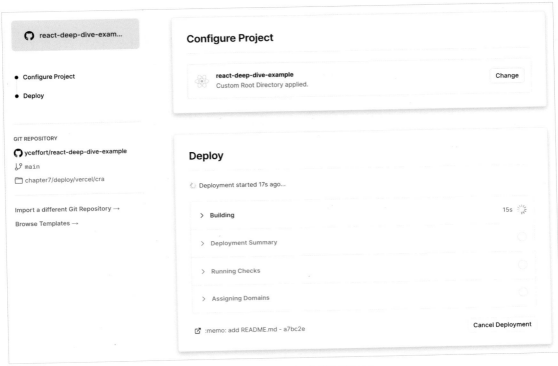

그림 9.42 Vercel에서 배포가 진행 중인 모습

배포가 완료되면 배포가 성공적으로 끝났다는 메시지를 확인할 수 있다.

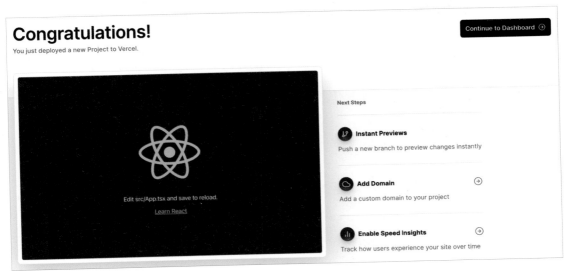

그림 9.43 배포가 성공적으로 완료됨

## create-next-app으로 생성한 앱 배포하기

create-next-app으로 생성한 앱을 Vercel에 배포한 예제 프로젝트의 깃허브 저장소 주소는 다음과 같다.

- https://github.com/wikibook/react-deep-dive-example/tree/main/chapter7/deploy/vercel/next

별도 플러그인을 설치해야 했던 Netlify와는 다르게, Vercel은 Next.js 서비스를 별도의 설정 없이 배포할 수 있다. **Framework Preset**에서 Next.js를 선택하면 된다.

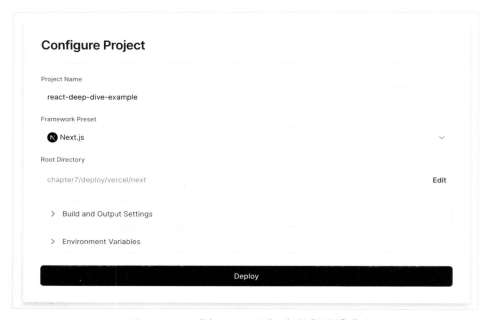

그림 9.44 Vercel에서 Next.js 프로젝트에 필요한 설정을 추가

그 외에는 create-react-app과 동일하게 진행하면 된다. 배포 설정이 제대로 됐다면 다소간의 시간이 흐른 후에 배포가 완료된 것을 확인할 수 있다.

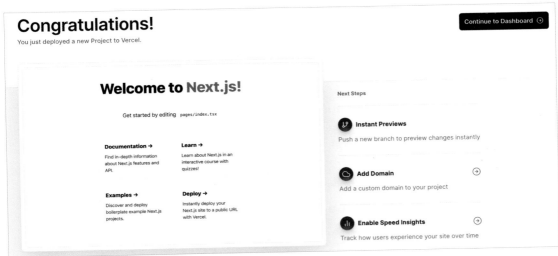

그림 9.45 Vercel에서 Next.js 프로젝트를 배포한 모습. Framework Preset을 Next.js로 선택하는 것 말고는 거의 차이가 없다.

## 추가 기능

Vercel도 Netlify와 마찬가지로 서비스를 배포하는 것 외에 다양한 추가 기능을 제공한다. Vercel에서 이용 가능한 추가 기능은 다음과 같다.

- 알림: Netlify처럼 다양하게 알림을 설정할 수 있는 것은 아니지만, 기본적으로 타깃 브랜치(main 등)에 커밋이나 풀 리퀘스트가 발생하면 알림을 보내주는 기능이 있다. 이 알림에서 Netlify와 마찬가지로 프리뷰 배포를 볼 수 있고, 실제 배포의 성공 실패 여부도 볼 수 있다.

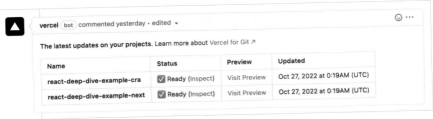

그림 9.46 Vercel에서 배포가 시작되면 배포가 시작되고 있다는 깃허브 댓글을 남겨준다. 이 메시지는 배포가 완료되면 수정되어 배포가 완료됐음을 알려준다.

배포가 완료되면 배포된 내용을 확인할 수 있는 또 다른 댓글을 남겨준다.

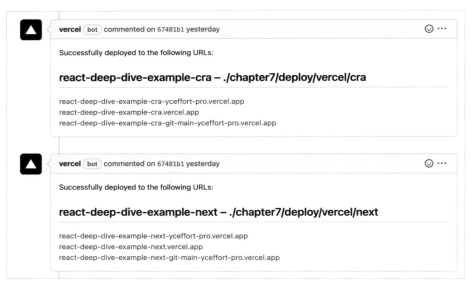

그림 9.47 Vercel에서 배포가 완료됐을 때 깃허브에 게시되는 댓글

- 도메인 연결: Netlify와 마찬가지로 별도로 구매한 도메인을 연결해 사용할 수 있다.

- Serverless Function: 이 역시 Netlify와 마찬가지로 서버 없이 함수를 클라우드에 구축해 실행할 수 있는데, 한 가지 특이한 점은 Next.js에서 제공하는 /pages/api의 내용도 이 함수로 구분되어 접근 로그나 오류 등을 확인할 수 있다는 것이다.

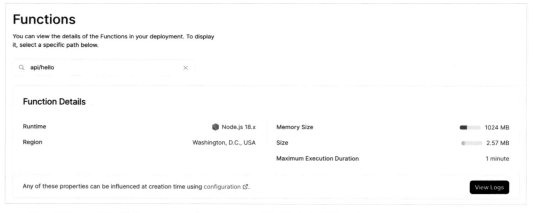

그림 9.48 Next.js에서 사용하는 /pages/api 또는 /app/api를 사용하면 해당 함수의 실행과 관련된 정보를 확인할 수 있다.

그림 9.48을 보면 배포한 Next.js 앱에 /api/hello가 존재하는데, 이 API를 어떤 방식으로든 호출하게 되면 로그를 확인할 수 있다. 이는 Vercel이 Next.js의 API를 별도의 서버리스 함수로 인식해 보여주기 때문에 가능한 것이다.

- 다양한 템플릿: 템플릿이란 별도의 코드 작성 없이도 구축할 수 있는 기본적인 웹사이트를 제공하는 것을 의미한다. Netlify 에서는 확인할 수 있는 템플릿이 10개 남짓이지만 Vercel에는 Next.js를 비롯해 Gatsby, Svelte 등 다양한 프레임워크를 기본적으로 지원할 뿐만 아니라 블로그, 쇼핑몰 등 다양한 용도의 템플릿도 지원한다. (이는 기본적으로 Next.js를 기본으로 한다.)

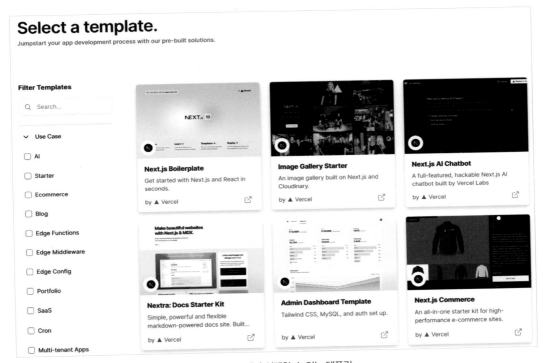

그림 9.49 Vercel에서 선택할 수 있는 템플릿

여기서 제공하는 템플릿 중 하나인 마크다운 블로그를 선택해서 배포하면 다음과 같은 마크 다운 기반 블로그 웹페이지를 확인할 수 있다.

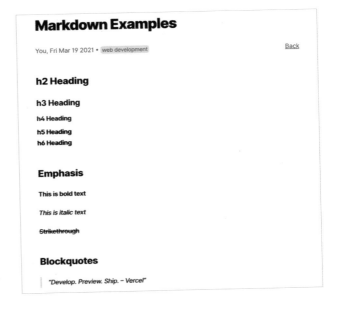

그림 9.50 Vercel에서 제공하는 템플릿을 사용해서 배포 한 블로그 예제 페이지

## 가격

기본적으로 Netlify와 마찬가지로 무료로 사용할 수 있으며, 물론 무료이기 때문에 약간의 제약은 있다. 그러나 Netlify와 제한 방식이 약간 다르다.

- 대역폭: 월 대역폭이 최대 100GB로 제한된다.

- 이미지 최적화: Vercel은 사이트에서 제공해 주는 이미지를 최적화하는데, 이 최적화 이미지가 1000개로 제한된다.

- 서버리스 함수: 함수의 총 실행 시간이 100GB로 제한되며, 함수 실행 시간은 10초 이내로 제한된다. (10초 이상 걸리는 함수는 자동으로 타임아웃 처리된다.)

- 동시 빌드: Netlify와 마찬가지로 동시에 하나만 빌드할 수 있다.

- 배포: 배포가 하루에 100개로 제한된다.

Vercel의 가격 정책으로는 Hobby, Pro, Enterprise 티어가 있으며, Netlify와 비슷하게 프로는 유저당 한 달에 20달러를 지불해야 한다. 일반적인 사용자라면 Hobby로도 충분하고, 또 개인이 여러 개의 프로젝트를 운영한다고 가정해도 프로 티어만으로도 충분히 다양한 기능을 충분하게 누릴 수 있다. 그 밖의 자세한 가격 정책은 https://vercel.com/pricing을 참고하면 된다.

### 9.3.3 DigitalOcean

DigitalOcean[58]은 미국의 클라우드 컴퓨팅, 호스팅 플랫폼 업체다. 앞서 소개한 Vercel, Netlify와 비슷하게 저장소를 바탕으로 바로 배포할 수 있는 서비스를 제공한다. 다른 업체와 다르게 GitHub Student Pack[59]에 포함돼 있는데, 학생 계정으로 가입한 깃허브에 200달러 상당의 무료 크레딧을 제공한다. 금전적인 여유가 부족한 학생이라면 한번 사용해 봄 직하다. 또한 다른 업체와 다르게 다양한 리소스에 대해 문서화가 매우 상세하게 돼 있고, 자체 블로그도 운영하면서 개발과 관련된 포스팅을 자주 올리고 있다. 관심이 있다면 한번 방문해 보는 것도 좋다.

#### create-react-app으로 생성한 앱 배포하기

create-react-app으로 생성한 앱을 DigitalOcean에 배포한 예제 프로젝트의 깃허브 저장소 주소는 다음과 같다.

---

58 https://www.digitalocean.com/
59 https://education.github.com/pack

프로젝트 배포를 위해 DigitalOcean 서비스에 접속해보자. 그런 다음 먼저 Create App을 눌러 애플리케이션을 생성한다.

그림 9.51 DigitalOcean의 메인 화면

그다음으로 깃허브를 연결하고, 연결한 깃허브에서 배포를 원하는 저장소, 브랜치, 소스 디렉터리(실제 배포가 일어나야 하는 디렉터리)의 경로를 설정한다. Autodeploy 항목을 체크하면 해당 브랜치에 푸시가 일어날 때마다 자동으로 재배포가 일어나게 된다.

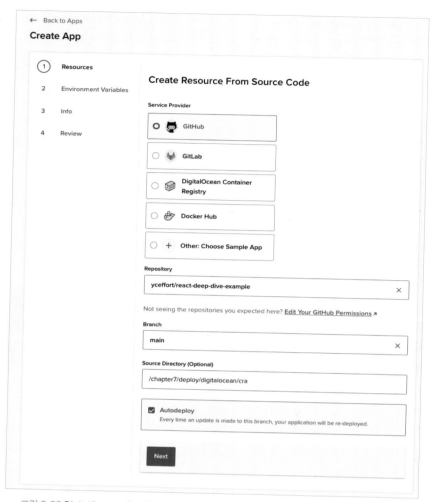

그림 9.52 DigitalOcean 배포 화면. 서비스 제공자, 저장소, 브랜치, 루트 디렉터리 등을 선택한다.

이제 배포하는 애플리케이션에 대한 설정을 해야 한다. 서비스 이름은 알파벳과 숫자만 되므로 적절하게 수정하면 된다. 이 외에는 DigitalOcean이 리소스를 확인해 자동으로 설정한다. 만약 수정이 필요한 항목이 있다면 **Edit**를 눌러 수정하면 된다.

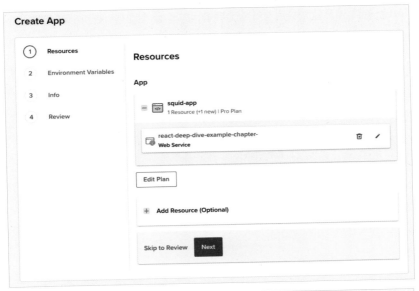

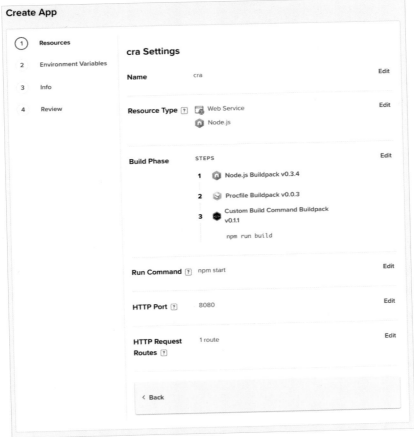

그림 9.53 DigitalOcean에서 create-react-app으로 생성한 서비스를 배포하기 위한 리소스 설정

추가로 **Edit Plan**을 눌러 배포할 애플리케이션에 대한 리소스를 설정해야 한다. 리소스에 따라 컨테이너 개수나 성능이 다르며, 무엇보다 월 단위 부과되는 가격에도 차이가 발생한다. 이 예제는 단순히 배포와 접근만 시험해 볼 용도이기 때문에 가장 저렴한 옵션을 선택했다.

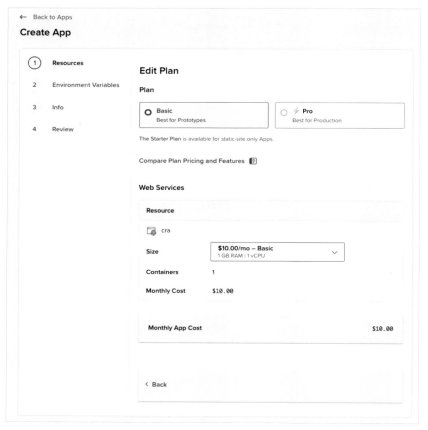

그림 9.54 배포에 필요한 리소스를 할당. 크레딧이 없다면 일정 비용이 부과될 수 있으므로 주의가 필요하다.

다음으로는 환경변수를 설정한다. 환경변수는 DigitalOcean 내 모든 애플리케이션이 사용하는 글로벌 환경변수, 그리고 해당 애플리케이션만 사용하는 환경변수 두 가지로 나뉜다. 필요에 따라 적절하게 추가하자.

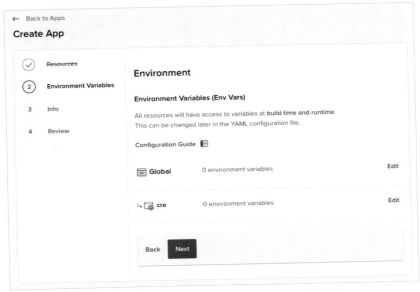

그림 9.55 애플리케이션 실행에 필요한 환경변수를 지정할 수 있다.

이제 애플리케이션 관련 정보를 설정해야 하는데, **App info**는 애플리케이션의 주소에 영향을 미치며, **Region**에서는 배포할 CDN을 결정할 수 있다.

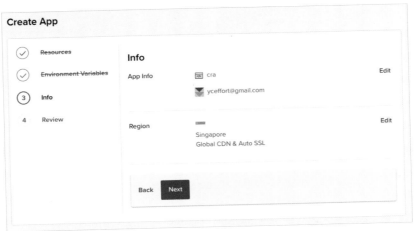

그림 9.56 실행하려는 애플리케이션 정보 및 실행되는 서비스의 지역을 확인할 수 있다. 현재 한국에서 제일 가까운 지역은 싱가포르다.

마지막으로 그동안 설정했던 내용을 확인하고 **Create Resources**를 눌러 배포를 실행한다.

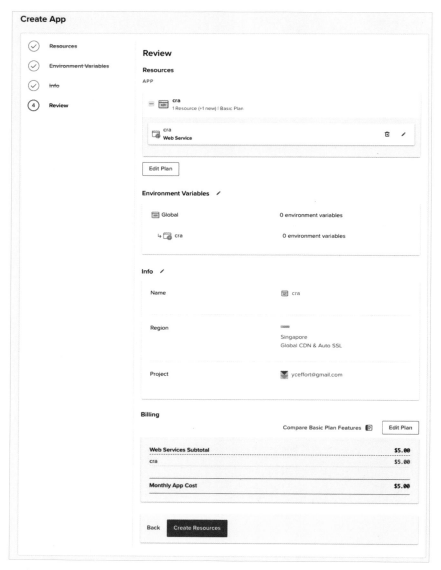

그림 9.57 배포에 앞서 이전에 지정했던 설정을 다시 한번 점검할 수 있다.

어느 정도 시간이 흐른 뒤에 정상적으로 애플리케이션이 배포되는 것을 확인할 수 있다.

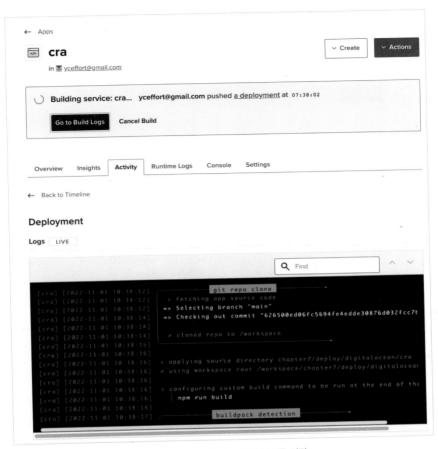

그림 9.58 DigitalOcean에서 배포를 시작

배포가 완료되면 다음과 같이 완료됐다는 메시지와 함께 배포된 서비스의 주소를 확인할 수 있다.

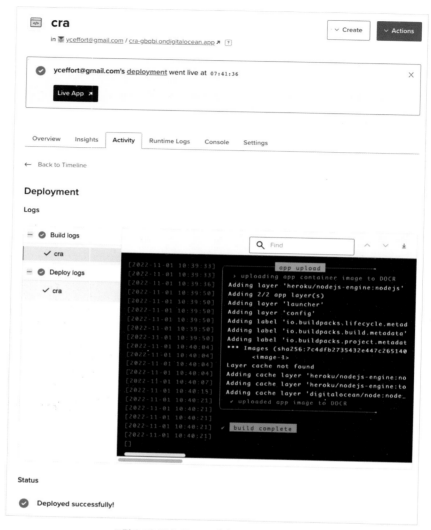

그림 9.59 DigitalOcean에서 배포가 완료된 모습

## create-next-app으로 생성한 앱 배포하기

create-next-app으로 생성한 앱을 DigitalOcean에 배포한 예제 프로젝트의 깃허브 저장소 주소는 다음과 같다.

- https://github.com/wikibook/react-deep-dive-example/tree/main/chapter7/deploy/digitalocean/cra

Next.js 애플리케이션도 거의 유사하게 배포할 수 있다. GitHub 저장소를 선택하고, 배포하고 싶은 서비스를 선택한 다음, 앞서와 동일하게 몇 가지 설정만 추가하면 끝난다. Next.js도 마찬가지로 DigitalOcean이 적절한 설정을 감지한 것을 확인할 수 있다.

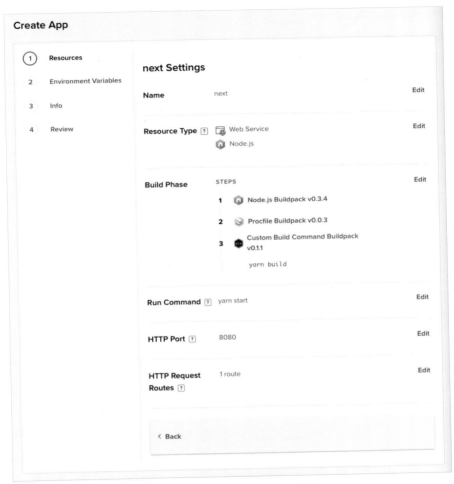

그림 9.60 Next 애플리케이션 설정 페이지

설정이 마무리됐다면 Create Resources를 눌러 애플리케이션을 배포한다.

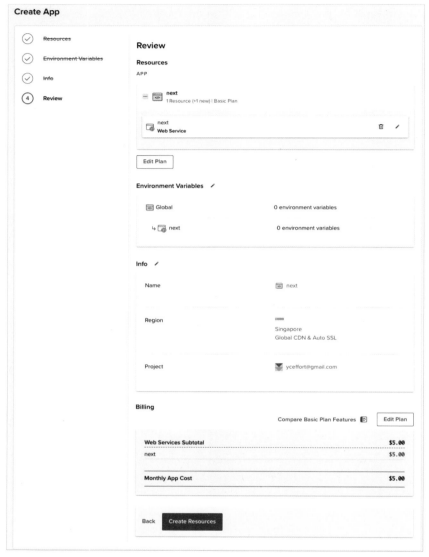

그림 9.61 이전과 동일한 절차를 거치면 배포할 준비가 끝난다.

다음과 같이 배포가 정상적으로 이뤄지는 것을 확인할 수 있다.

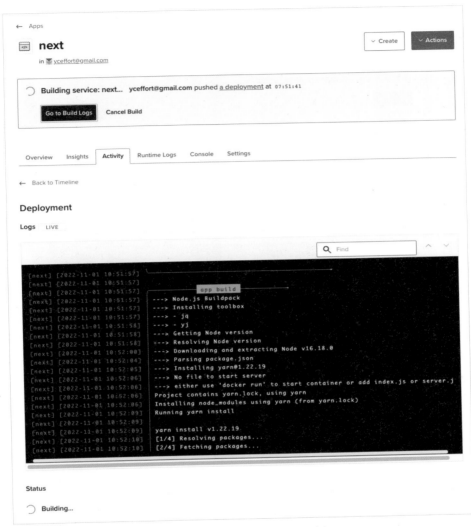

그림 9.62 DigitalOcean에서 배포를 시작

배포가 완료되면 다음과 같이 완료됐다는 메시지와 함께 배포된 서비스의 주소를 확인할 수 있다.

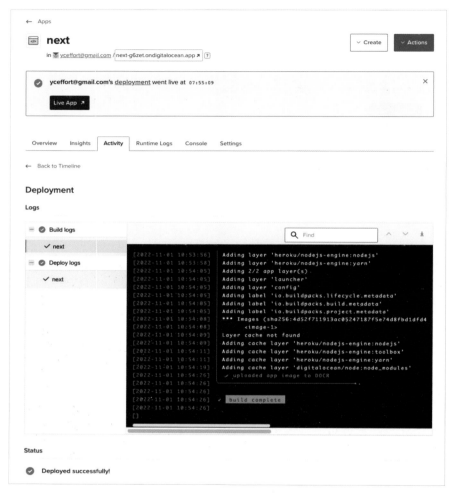

그림 9.63 DigitalOcean에서 배포가 완료된 모습

## 추가 기능

DigitalOcean에서도 앞선 두 서비스와 마찬가지로 배포에 유용한 여러 가지 기능을 제공한다.

- 알림: 기본적으로 알림 기능은 있지만 앞선 두 서비스와는 다르게 깃허브로 알림을 보내는 방법은 제공하지 않는다. 특이하게도 이메일과 슬랙으로 알림을 보내는 것은 지원한다.

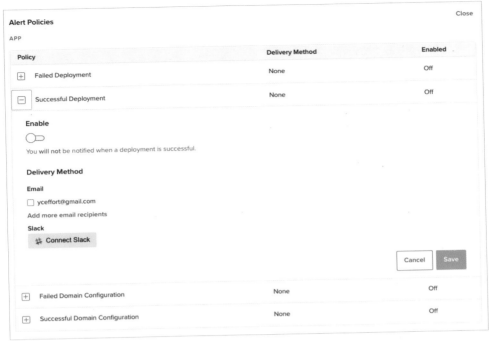

그림 9.64 DigitalOcean은 배포 관련 알림을 슬랙이나 이메일로만 수신할 수 있다.

- 컨테이너에 직접 접근: 실제 서비스가 실행되고 있는 컨테이너에 직접 접근할 수 있는 기능을 제공한다. 이때 터미널 형식으로 접근해 필요한 작업을 수행할 수 있다.

그림 9.65 실제 서비스 중인 컨테이너에 직접 접근한 모습. 실제 서비스 중인 인스턴스이므로 명령어를 실행할 때 신중해야 한다.

- 마켓플레이스: 애플리케이션에 추가로 설치할 수 있는 다양한 앱을 마켓 형태로 제공하고 있다.[60] 그러나 앞선 두 서비스와 다르게 컨테이너 제공에 초점이 맞춰져 있는 앱이 많고, Sentry와 같이 실제 프런트엔드 서비스와 연동해서 사용할 수 있는 앱의 종류는 적은 편이다.

- 도메인 연결: 외부에서 구매한 도메인을 연결해 해당 도메인으로 하여금 해당 서비스로 접근하게끔 만들 수 있다.

Vercel과 Netlify는 정적인 웹사이트 배포에 초점을 두고 있다면, DigitalOcean은 AWS와 Google Cloud Platform과 비슷하게 조금 더 다양한 클라우드 컴퓨팅 서비스를 제공한다.

- Droplets: DigitalOcean이 원래 클라우드 컴퓨팅 회사로 유명세를 떨치게 만든 솔루션으로, 리눅스 기반 가상머신을 쉽게 생성하고 운영할 수 있게 해준다.

- Functions: 서버리스 함수를 생성하고, 이를 클라우드 환경에서 실행할 수 있게 해준다.

- Kubernetes: 쿠버네티스를 이용해 클러스터를 생성하고 이를 관리할 수 있다.

- Database와 Spaces: 데이터베이스를 생성하거나 정적 파일을 업로드할 수 있는 스토리지를 제공한다.

### 가격

애플리케이션을 구성하는 컨테이너의 스펙, 그리고 이러한 애플리케이션의 개수에 따라 가격이 달라진다. 그래서 직접 비교하기는 어렵지만 한두 개의 트래픽이 매우 적은 서비스를 운영한다는 가정하에 베이직 플랜으로 최소 사양으로 구성한다면 두 서비스의 유료 플랜 가격보다는 저렴하게 사용할 수도 있다. (애플리케이션 대당 5달러, 두 개일 경우 10달러인데 Vercel과 Netlify는 한 달에 20달러다.) 그러나 애플리케이션의 개수가 많거나 성능을 조금 더 신경 써야 하는 상황이라면 앞선 두 옵션이 나을 수도 있다. 물론 앞에서 언급했던 것처럼 학생에게 100달러의 무료 크레딧을 제공하기 때문에 일정 기간은 무료로 사용할 수도 있다.

## 9.3.4 정리

지금까지 `create-react-app` 또는 `create-next-app`으로 제작한 리액트 애플리케이션을 빠르게 배포할 수 있는 웹 서비스 3종에 대해 알아봤다. 서비스별로 제공하는 기능은 일부를 제외하면 대동소이하며, 대부분 3~4단계 내로 웹 서비스 배포와 관련된 사전 지식이 많지 않더라도 배포를 쉽고 빠르게 할 수 있다. 만약 배포할 서비스가 개인적으로 운영하는 블로그이거나, 사용자가 크게 많지 않아 트래픽이 제한적인 서비스, 혹은 빠르게 배포해서 확인하고 싶은 MVP(Minimum Viable Product) 서비스라면 이러한 클라우드 서비스를 활용해서 배포하는 것을 추천한다.

---

60 https://marketplace.digitalocean.com/category/all

3가지 서비스 중에서 무엇을 선택해야 할지 고민이 된다면 현재 개발 중인 앱의 Next.js 버전, 자금 상황, 배포해야 하는 웹 애플리케이션의 개수 등을 고려해 판단하자. 한번 선택한 서비스를 다시 이동하는 것은 생각보다 쉽지 않기 때문에 신중하게 선택해 판단하는 것이 좋다.

## 9.4 리액트 애플리케이션 도커라이즈하기

이전 절에서는 리액트 애플리케이션을 가장 쉽고 빠르게 배포할 수 있는 방법을 살펴봤다. 앞선 방법은 일반적으로 블로그와 같은 트래픽이 적은 개인용 프로젝트나 테스트용, 혹은 어드민 페이지나 MVP 프로젝트를 만드는 데는 적합하지만 본격적으로 사용자에게 서비스하기 위한 웹 애플리케이션을 서비스하기에는 적절하지 않다. 애플리케이션을 2~3단계의 과정만으로도 배포할 수 있다는 것은 큰 장점이지만, 반대로 이야기하면 애플리케이션을 자유롭게 커스터마이징하는 데는 분명 제약이 있다. 예를 들어, NGINX 관련 설정을 추가하고 싶다고 가정해보자. 서비스별로 차이가 있겠지만 대부분의 경우에는 NGINX와 같이 서버에 대한 자세한 설정까지 추가할 수 있는 기능을 제공하는 서비스는 많지 않다.

또한 유연하지 못한 비용 체계도 문제다. 일반적으로 비용 체계가 빌드 횟수, 팀 멤버의 수, 사용하는 컨테이너의 스펙 등에 크게 의존하기 때문에 유연한 비용 체계를 유지하기가 어렵다. 이는 운영해야 하는 서비스가 많아질수록 더욱 문제가 될 것이다.

과거에는 웹 애플리케이션을 배포하기 위해 직접 장비를 준비하고, 해당 장비에 애플리케이션 구동에 필요한 각종 파일을 설치하고 소스를 다운로드해서 설치했다면 요즘은 애플리케이션을 하나의 컨테이너로 만들어서 빠르게 배포하는 것이 일반적이다. 이 컨테이너를 만드는 데 사용되는 것이 바로 도커(Docker)다. 도커에 대한 정의는 뒤이어 설명하겠지만, 도커는 서비스 운영에 필요한 애플리케이션을 격리해 컨테이너로 만드는 데 이용하는 소프트웨어다. 이렇게 어디서든 실행될 수 있는 이미지 상태로 애플리케이션을 준비해 둔다면 이 도커 이미지를 실행할 수 있는 최소한의 환경이 갖춰진 상태라면 어디서든 웹 애플리케이션을 배포할 수 있다. 즉, 서비스를 Vercel, Netlify와 같이 특정 배포 서비스에 종속적이지 않은 상태로 만들어 좀 더 유연하게 관리할 수 있다.

이번 장에서는 리액트 애플리케이션을 도커로 만들어 관리하는 방법을 살펴보고자 한다. 물론 도커는 여기서 다루는 것 이상으로 복잡하므로 여기서는 '프런트엔드 개발자가 웹 애플리케이션을 도커로 만들어서 배포하는 데 크게 무리가 없는 수준' 정도로만 다룬다. 이전 절과 마찬가지로 create-react-app과 create-next-app으로 만든 애플리케이션을 기준으로 설명하며, 이를 배포할 클라우드 플랫폼으로는 널리 쓰이고 있는 클라우드 서비스 중 하나인 Google Cloud Platform(이하 GCP)을 활용한다. 여기에서는 리액트 애플리케이션을 도커라이즈하고 실행하는 데 필요한 최소한의 내용만 다루므로 만약 여기서 다루는 내용 이상으로 도커와 쿠버네티스, GCP에 대해 궁금한 사항이 있다면 또 다른 참고 문헌이나 영상을 참고하길 바란다.

## 9.4.1 리액트 앱을 도커라이즈하는 방법

가장 먼저 애플리케이션을 도커 이미지로 만드는 과정을 살펴보자. 이 과정을 도커라이즈(dockerize)라고 하는데, 쉽게 이야기하자면 애플리케이션을 신속하게 구축해 배포할 수 있는 상태로 준비하는 것을 말한다. 도커가 무엇이고, 리액트 애플리케이션을 도커 이미지로 만들기 위해서는 어떻게 해야 하는지 살펴보자.

### 도커란?

도커 홈페이지[61]의 `<meta>` 태그 중 `<description>`을 살펴보면 도커가 스스로를 어떤 서비스라고 정의하는지 확인할 수 있다.

> "도커는 개발자가 모던 애플리케이션을 구축, 공유, 실행하는 것을 도와줄 수 있도록 설계된 플랫폼 이다. 도커는 지루한 설정 과정을 대신해 주므로 코드를 작성하는 일에만 집중할 수 있다."

이 설명에서 짚고 넘어가야 할 부분은 '지루한 설정 과정'의 의미다. 앞서 Vercel, Netlify를 활용해 배포하는 과정을 다시 한번 떠올려 보자. 개발자는 단순히 저장소를 선택하고, 몇 가지 옵션만 선택하면 끝났다. 이러한 배포 과정이 가능한 것은 Vercel과 같은 서비스 공급 업체가 create-react-app 내지는 create-next-app 을 배포하기 위한 사전 준비를 모두 사용자에게 서비스하기 위해 준비해 뒀기 때문이다. 여기서 말하는 '사용자에게 제공하기 위한 사전 준비'라는 것에는 정말 많은 것이 포함돼 있다. 해당 애플리케이션이 실행될 수 있는 컴퓨팅 리소스를 확보하고, 사용하는 라이브러리에 따라 설치 방법을 다르게 하거나, 외부 네트워크로 이 애플리케이션을 개방하는 등 많은 것이 있다. 그러나 만약 이러한 애플리케이션을 배포하기 위한 사전 준비를 개발자가 처음부터 해야 한다면 많은 작업이 필요하다. 먼저 서버와 애플리케이션에 적절한 리소스를 확보하고, 운영체제를 설치하고, Node.js도 설치하고, 빌드도 해야 한다. 도커가 말하는 '지루한 설정 작업' 이란 바로 이러한 것을 말한다.

도커는 애플리케이션을 빠르게 배포할 수 있도록 애플리케이션을 '컨테이너'라는 단위로 패키징하고, 이 '컨테이너' 내부에서 애플리케이션이 실행될 수 있도록 도와준다. 도커는 이 '컨테이너'를 바탕으로 독립된 환경에서 애플리케이션이 항상 일관되게 실행할 수 있도록 보장해 준다.

도커에 대해 간단하게 살펴봤으니, 도커에서 자주 사용되는 용어와 명령어에 대해 알아보자.

### 도커 용어

- 이미지: 도커에서 이미지란 컨테이너를 만드는 데 사용되는 템플릿을 의미한다. 이 이미지를 만들기 위해서는 Dockerfile이 필요하며, 이 파일을 빌드하면 이미지를 만들 수 있다.

---

[61] https://www.docker.com/

- 컨테이너: 도커의 이미지를 실행한 상태를 컨테이너라고 한다. 이 컨테이너가 바로 독립된 공간이며, 이미지가 목표하는 운영체제, 파일 시스템, 각종 자원 및 네트워크 등이 할당되어 실행될 수 있는 독립된 공간이 생성된다.

- Dockerfile: 어떤 이미지 파일을 만들지 정의하는 파일이다. 이 파일을 빌드하면 이미지를 만들 수 있으며, 흔히 도커 이미지화한다(dockerize)라고 할 때 가장 먼저 하는 것이 바로 이 Dockerfile을 만드는 것이다.

- 태그: 이미지를 식별할 수 있는 레이블 값을 의미한다. 일반적으로 이름:태그명 형태로 구성돼 있다. 대표적인 이미지인 ubuntu:latest를 예로 들면 ubuntu는 이미지 이름이고 latest는 태그명이다. 즉, ubuntu:latest는 ubuntu의 latest인 이미지를 의미한다.

- 리포지터리: 이미지를 모아두는 저장소로, 앞서 언급했던 이름에 다양한 태그로 지정된 이미지가 모여있는 저장소다.

- 레지스트리: 리포지터리에 접근할 수 있게 해주는 서비스를 의미한다. 대표적인 레지스트리로는 도커 허브(Docker Hub)가 있다. 이 레지스트리에는 다양한 리포지터리가 있으며, 이 리포지터리에서 사용자는 자신이 원하는 이미지를 내려받아 사용할 수 있다.

## 자주 쓰는 도커 cli 명령어

- docker build: Dockerfile을 기준으로 이미지를 빌드하는 작업을 말한다. 일반적으로 태그를 부여하는 옵션인 -t와 함께 많이 사용된다. 예를 들어, docker build -t foo:bar ./는 현재 ./에 있는 Dockerfile을 기준으로 이미지를 빌드하고, 해당 이미지명에 foo:bar라는 태그를 붙이는 것을 의미한다.

- docker push: 이미지나 리포지터리를 도커 레지스트리에 업로드하는 과정을 의미한다. 예를 들어, docker push yceffort/foo:bar는 yceffort라는 사용자 계정에 foo:bar 이미지를 푸시하는 것을 말한다. 별도 설정이 돼 있지 않다면 기본적으로 도커 허브에 업로드한다.

- docker tag: 이미지에 태그를 생성하는 명령어다. docker tag 원본이미지:태그 변경할_이미지:태그 형태로 실행한다. 한 가지 유념해야 할 점은 이름을 수정하는 게 아니라 기존 이미지에 새로운 태그를 붙인다는 것이다. 동일한 이미지에 두 개의 태그가 생긴 것으로, 하나를 삭제하더라도 동일 이미지의 다른 태그에는 영향을 미치지 않는다.

- docker inspect: 이미지나 컨테이너의 세부 정보를 출력하는 명령어다. docker inspect {이미지명¦컨테이너명}으로 세부 정보를 원하는 이미지명이나 컨테이너 명령어를 입력하면 된다.

- docker run: 이미지를 기반으로 새로운 컨테이너를 생성하는 명령어다. 웹 애플리케이션을 실행하는 이미지를 만들었다면 이 명령어를 통해 컨테이너를 만들어 웹 애플리케이션을 컨테이너 내부에서 작동하게끔 할 수 있다.

- docker ps: 현재 가동 중인 컨테이너 목록을 확인할 수 있는 명령어다. 만약 --all과 함께 실행한다면 현재 가동 중이지 않은 멈춘 컨테이너도 확인할 수 있다.

- docker rm: docker rm {이미지명}으로 컨테이너를 삭제할 수 있다. 실행 중인 컨테이너를 삭제하려면 docker stop {이미지명}으로 해당 컨테이너를 중지시키고 삭제해야 한다.

여기서 언급하는 대부분의 명령어는 도커 데스크톱(Docker Desktop)의 GUI 인터페이스에서 제공하는 기능으로, 도커 데스크톱이 설치된 로컬 환경에서는 직접 쓸 일이 많지 않은 명령어다. 그러나 도커 데스크톱이 없는 명령줄 기반 환경에서도 도커를 써야 할 경우가 있으므로 주요 명령어 몇 가지 정도는 알아두는 것이 좋다.

도커에 대해 간단히 알아봤으니 create-react-app과 create-next-app을 도커 이미지로 만들어보자.

본격적으로 도커 이미지를 만들기 전에 먼저 도커를 설치해야 한다. 도커 홈페이지로 이동해 도커 데스크톱을 내려받자.[62] 다운로드와 설치를 완료한 후, 다음 명령어를 실행해 도커 데스크톱이 정상적으로 실행되는지 확인해 보자.

```
» docker --version
Docker version 18.09.0, build 4d60db4
```

그리고 도커 데스크톱을 실행하면 다음과 같은 화면을 볼 수 있다. 다음 화면은 macOS에서 도커 데스크톱을 실행한 모습이다.

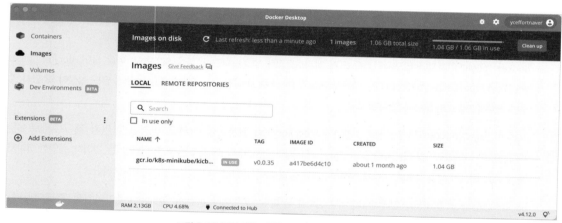

그림 9.66 도커 데스크톱을 macOS에서 실행한 모습

대부분의 도커 관련 작업은 CLI를 통해 이뤄지지만 이번 장에서는 CLI 이용을 최소화하고 가능한 한 도커 데스크톱에서 작업하고자 한다. 도커를 심도 있게 배우는 것도 좋지만 앞서 이야기한 것처럼 가능한 '최소한의 노력으로 프런트엔드 애플리케이션 배포에 필요한 수준' 정도로만 도커를 이용하는 것이 첫 번째 목표다.

---

62 https://www.docker.com/products/docker-desktop/

## create-react-app을 위한 Dockerfile 작성하기

프런트엔드 애플리케이션이 도커 이미지에서 해야 할 작업에는 여러 가지가 있겠지만 간단하게 요약하자면 다음과 같다.

1. 운영체제 설정: 당연하게도 애플리케이션을 정상적으로 구동하기 위해서는 최소한의 운영체제가 확보돼 있어야 한다.

2. Node.js 설치: npm 프로젝트를 구동하려면 Node.js가 필요하다. 이 Node.js 버전은 애플리케이션을 개발하는 과정에서 정해진 버전과 일치하거나 그 이상이어야 한다. (유의적 버전 규칙에 따라 메이저 버전이 올라가는 경우 상황에 따라서 실행이 되지 않을 수도 있다.)

3. npm ci: 프로젝트 빌드에 필요한 의존성 모듈을 설치한다.

4. npm run build: 프로젝트를 빌드한다.

5. 실행: 프로젝트를 실행한다. 이 실행 과정은 애플리케이션 성격에 따라 조금씩 다를 수 있다. create-react-app의 경우에는 정적인 리소스를 서버에 올리는 것만으로도 충분하다.

위에서 언급한 모든 과정을 이제 Dockerfile에 기재하면 된다. 프로젝트의 루트에 Dockerfile이라는 이름의 파일을 생성하고 다음과 같이 작성한다.

```
FROM node:18.12.0-alpine3.16 as build

WORKDIR /app

COPY package.json ./package.json
COPY package-lock.json ./package-lock.json

RUN npm ci

COPY . ./

RUN npm run build
```

한 줄씩 무엇을 의미하는지 살펴보자.

1. FROM node:18.12.0-alpine3.16 as build: FROM은 이 이미지가 어떤 베이스 이미지에서 실행될지를 결정한다. 여기서 베이스 이미지란 이 이미지를 실행하는 데 필요한 이미지를 의미한다. 이처럼 도커는 어떠한 이미지 위에 또 다른 이미지를 생성할 수 있다. 여기서 사용한 베이스 이미지는 node:18.12.0-alpine3.16 이다. node:18.12.0이란 Node.js 18.12.0 버전이 설치돼 있는 이미지를 의미하며 alpine3.16은 이 이미지가 alpine 3.16 버전의 운영체제 위에서 실행되는 이미지라는 것을 의미한다. 여기서 alpine은 알파인 리

눅스를 의미하는데, 알파인 리눅스란 일반적인 리눅스와는 다르게 훨씬 가볍고 깔끔한 리눅스로, 일반적으로 컨테이너를 실행하기 위한 운영체제로 사용된다. 알파인 리눅스의 크기는 4 ~ 5MB 정도인 반면, 다른 일반적인 리눅스는 100MB에서 200MB 정도이므로 특별한 이유가 없다면 알파인 리눅스를 사용하는 것이 좋다. 그렇다면 이 이미지는 어디에서 다운로드해서 가져오는 것일까? npm처럼 특별한 레지스트리가 존재할까? 이 이미지를 가져오는 곳은 바로 앞서 언급한 도커 허브[63]라는 도커 이미지 저장소다. 즉, 도커 이미지 저장소에서 node:18.12.0-alpine3.16이라는 이미지를 사용하겠다는 뜻이다. 이 베이스 이미지 한 줄만으로 운영체제를 설치하는 복잡한 과정 없이도 바로 원하는 운영체제를 사용할 수 있다. 마지막으로 as build란 이 베이스 이미지를 build라고 하는 단계(스테이지)에서만 쓰겠다는 것을 의미한다. 이에 대한 자세한 의미는 이후에 설명한다.

2. WORKDIR /app: WORKDIR이란 작업을 수행하고자 하는 기본 디렉터리를 의미한다.

3. COPY: COPY는 파일을 복사하는 명령어다. 여기서는 package.json과 package-lock.json을 각각 ./package.json과 ./package-lock.json으로 복사하는데, 복사하는 위치는 앞서 설정한 기본 디렉터리, 즉 ./app이 된다.

4. RUN npm ci: RUN을 실행하면 컨테이너에서 명령어를 실행할 수 있다. 여기서는 의존성 설치 명령어인 npm ci를 실행하게 된다.

5. COPY . ./: 의존성을 설치했으니 이제 빌드만 남았다. 빌드를 위해서는 src, node_modules 등 대부분의 리소스가 필요하므로 COPY . ./으로 모든 리소스를 복사한다.

6. RUN npm run build: 빌드에 필요한 리소스를 복사했으므로 빌드 명령어를 통해 애플리케이션을 빌드한다.

여기까지가 빌드에 필요한 Dockerfile이다. 여기까지만 작성한 도커 이미지를 빌드해 보자. 빌드를 위해서는 터미널에서 다음과 같이 입력하면 된다.

```
» docker build . -t cra:test
```

이 명령어는 해당 위치 .에서 빌드를 수행하며, -t로 이름과 태그로 각각 cra와 test를 부여하겠다는 뜻이다. 그럼 다음과 같이 빌드가 진행된다.

```
=> [internal] load build definition from Dockerfile                          0.0s
=> => transferring dockerfile: 414B                                          0.0s
=> [internal] load .dockerignore                                             0.0s
=> => transferring context: 2B                                               0.0s
=> [internal] load metadata for docker.io/library/node:18.12.0-alpine3.16    0.9s
=> [1/7] FROM docker.io/library/node:18.12.0-alpine3.16@sha256:1f09c210a17508d34277971b19541a47a26d-
c5a641dedc03bd28cff095052996    0.0s
=> [internal] load build context                                             1.8s
=> => transferring context: 3.13MB                                           1.8s
```

---

63 https://hub.docker.com/

```
=> CACHED [2/7] WORKDIR /app                                                      0.0s
=> [3/7] COPY package.json ./package.json                                         0.0s
=> [4/7] COPY package-lock.json ./package-lock.json                               0.0s
=> [5/7] RUN npm ci                                                              20.3s
=> [6/7] COPY . ./                                                                3.3s
=> [7/7] RUN npm run build                                                        8.0s
=> exporting to image                                                             3.2s
=> => exporting layers                                                            3.2s
=> => writing image sha256:3cd90d5d9d179915dfbf83ebecba0f121a68b24a1b0a0646c525421365649a79   0.0s
=> => naming to docker.io/library/cra:test
```

이미지 빌드가 완료되면 도커 데스크톱에서 해당 이미지가 생성된 것을 확인할 수 있다.

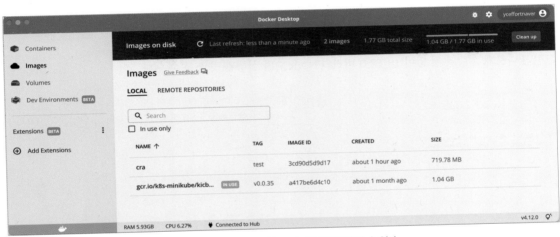

그림 9.67 빌드된 이미지를 도커 데스크톱에서 볼 수 있다.

빌드된 이미지의 크기가 700MB에 달하는 것을 볼 수 있다. 이 크기의 대부분은 Node.js, `node_modules`가 차지하고 있을 것이다. 그럼 이 이미지를 실행해 보자.

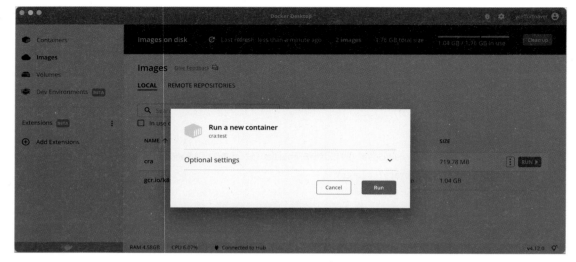

그림 9.68 도커 이미지 실행

그럼 별다르게 실행된 것 없이 18.12.0 버전의 Node.js만 실행된 것을 볼 수 있다.

그림 9.69 도커에서 이미지를 실행해 컨테이너에 접속한 모습

Node.js가 실행된 이유는 Node:18.12.0-Alpine3.16을 만든 Dockerfile을 살펴보면 답을 알 수 있다.[64]

```
# ....
COPY docker-entrypoint.sh /usr/local/bin/
ENTRYPOINT ["docker-entrypoint.sh"]


CMD [ "node" ]
```

---

[64] https://github.com/nodejs/docker-node/blob/f05fbf88068ba29ac9b544a72c9471ba60243e4b/18/alpine3.16/Dockerfile#L96, 단축 URL: https://bit.ly/456lApV

Dockerfile의 마지막에 CMD [ "node" ]가 있어서 Node.js가 실행된 것이다. 우리가 원하는 것은 Node.js 가 실행되고 애플리케이션이 빌드되는 것이 아니라 애플리케이션이 실행되는 것이다. 이를 위해 다음과 같은 작업을 추가해야 한다.

1. 빌드된 웹 애플리케이션을 NGINX가 서비스할 수 있도록 설정한다.

2. 이미지를 실행했을 때 해당 웹페이지에 접근할 수 있어야 한다.

3. 웹페이지 접근에 필요한 빌드 파일만 남겨두고 용량을 최소화한다.

이러한 목표를 달성하기 위해 Dockerfile에 다음 내용을 추가하자.

```
FROM nginx:1.23.2-alpine as start

COPY ./nginx/nginx.conf /etc/nginx/nginx.conf
COPY --from=build /app/build /usr/share/nginx/html

EXPOSE 3000

ENTRYPOINT ["nginx", "-g", "daemon off;"]
```

한 줄씩 무엇을 의미하는지 살펴보자.

1. FROM nginx:1.23.2-alpine as start: 앞서 애플리케이션을 빌드하기 위해 Node.js 18 버전을 사용하기 위한 알파인 리눅스를 사용했다면 이번에는 빌드된 정적 파일을 서비스하기 위해 최신 버전의 NGINX가 설치된 알파인 리눅스를 설치 했다. NGINX만 설치된 리눅스는 훨씬 가볍고 정적 파일 서비스에 필요한 것들만 포함돼 있으므로 더욱 효율적이며 빠르다.

2. COPY ./nginx/nginx.conf /etc/nginx/nginx.conf: 빌드한 파일을 NGINX가 서비스할 수 있도록 설정 파일을 복사한다.

3. COPY --from=build /app/build /usr/share/nginx/html: --from=build는 앞서 FROM... as build로 선언한 단계를 의미한다. 즉, build라는 단계에서 복사해 오는데, 여기서 /app/build만 가져와 현재의 단계인 start의 원하는 위치인 /usr/share/nginx/html에 복사하는 것이다. 이로써 build 단계에서 필요한 리소스만 가져와 start 단계에서 사용할 수 있게 된다.

4. EXPOSE 3000: EXPOSE로 열어준 포트는 나중에 도커 이미지를 실행할 때 호스트 운영체제에서 오픈된다. 도커가 읽는 정보는 아니지만 이미지를 만드는 사람이 해당 이미지를 컨테이너로 실행할 때 어떤 포트가 열려 있는지를 알려주는 용도로 보면 된다.

5. ENTRYPOINT: 컨테이너가 시작됐을 때 어떤 명령을 실행할지 결정한다. 이는 Dockerfile 내부에서 단 한 번 실행할 수 있으며, 여기서는 NGINX의 데몬을 시작하도록 만들었다.

이제 이렇게 완성된 Dockerfile을 이용해 이미지를 빌드해 보자.

```
» docker build . -t cra:test

[+] Building 34.9s (16/16) FINISHED
=> [internal] load build definition from Dockerfile                    0.0s
=> => transferring dockerfile: 404B                                    0.0s
=> [internal] load .dockerignore                                       0.0s
=> => transferring context: 2B                                         0.0s
=> [internal] load metadata for docker.io/library/nginx:1.23.2-alpine  2.4s
=> [internal] load metadata for docker.io/library/node:18.12.0-alpine3.16  1.1s
=> [build 1/7] FROM docker.io/library/node:18.12.0-alpine3.16@sha256:1f09c210a17508d-
34277971b19541a47a26dc5a641dedc0  0.0s
=> CACHED [start 1/3] FROM docker.io/library/nginx:1.23.2-alpine@sha256:2452715dd322b3273419652b-
7721b64aa60305f606ef  0.0s
=> [internal] load build context                                       1.9s
=> => transferring context: 3.13MB                                     1.9s
=> CACHED [build 2/7] WORKDIR /app                                      0.0s
=> [build 3/7] COPY package.json ./package.json                        0.0s
=> [start 2/3] COPY ./nginx/nginx.conf /etc/nginx/nginx.conf           0.1s
=> [build 4/7] COPY package-lock.json ./package-lock.json              0.0s
=> [build 5/7] RUN npm ci                                              18.6s
=> [build 6/7] COPY . ./                                               3.6s
=> [build 7/7] RUN npm run build                                       7.6s
=> [start 3/3] COPY --from=build /app/build /usr/share/nginx/html      0.0s
=> exporting to image                                                  0.0s
=> => exporting layers                                                 0.0s
=> => writing image sha256:79c42fb00ae16397a0a237e9860a8711903d90522f14b9b133ee50a5309a2cec  0.0s
=> => naming to docker.io/library/cra:test                             0.0s
```

빌드된 이미지를 도커 데스크톱에서 확인해 보자.

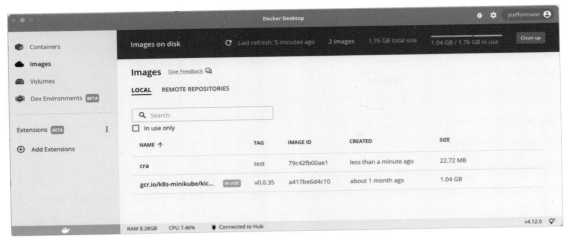

그림 9.70 빌드된 이미지를 도커 데스크톱에서 확인

이미지가 종전에 비해 훨씬 작아진 것을 볼 수 있다. 그리고 이 이미지를 실행해 보자. 이미지 실행을 위해 먼저 앞서 EXPOSE로 명시했던 포트를 열어야 한다.

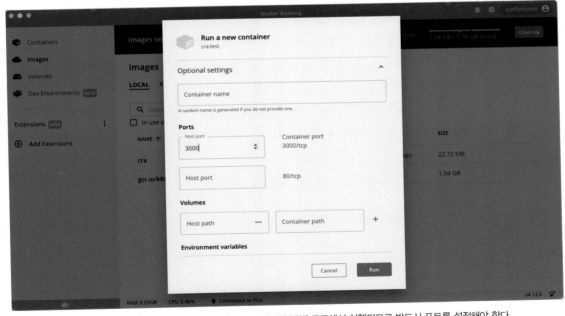

그림 9.71 Next.js 이미지를 실행하는 모습. Next.js는 3000번 포트에서 실행되므로 반드시 포트를 설정해야 한다.

이미지를 실행한 후에 http://localhost:3000/으로 접근해 보자.

그림 9.72 컨테이너에 성공적으로 접근한 모습. 해당 웹사이트에 접속하면 컨테이너 로그에서 접속 관련 로그가 출력되는 것을 확인할 수 있다.

create-react-app으로 빌드한 애플리케이션이 NGINX를 통해 서비스되는 것을 확인할 수 있다. 즉, Dockerfile에서 명시된 내용을 바탕으로 이미지를 빌드하고, 컨테이너라고 하는 가상화 환경에서 웹 애플리케이션을 제공하는 것이다. 이 이미지만 있다면 도커를 실행할 수 있는 모든 환경에서 동일한 애플리케이션을 실행할 수 있다.

### create-next-app을 위한 Dockerfile 작성하기

Next.js로 만들어진 애플리케이션을 배포하는 과정도 크게 다르지 않다. 모든 npm 프로젝트가 그렇듯, 의존성을 설치하고, 프로젝트를 빌드하는 과정을 동일하게 수행한다. 그러나 한 가지 다른 점은 모두가 아는 것처럼 Next.js 프로젝트는 대게 단순하게 빌드된 파일을 올리는 수준이 아니라 서버 실행이 필요하다는 점이다. (물론 next export로 정적인 리소스만 내보내는 경우도 있지만 이 경우는 서버 사이드 렌더링이 없으므로 도커라이즈하는 과정은 create-react-app의 경우와 크게 다르지 않다.) Next.js 애플리케이션을 어떻게 도커라이즈하는지 살펴보자.

먼저 프로젝트의 루트에 Dockerfile을 생성하고 다음과 같이 작성한다.

```
FROM node:18.12.0-alpine3.16 as deps

WORKDIR /app

COPY package.json ./package.json
COPY package-lock.json ./package-lock.json

RUN npm ci
```

먼저 해당 스테이지는 deps라고 명명했으며, 이 과정에서는 프로젝트 빌드에 필요한 package.json, package-lock.json을 설치해서 node_modules를 생성한다.

```
FROM node:18.12.0-alpine3.16 as build

WORKDIR /app

COPY --from=deps /app/node_modules ./node_modules
COPY . ./

RUN npm run build
```

build 단계에서는 deps에서 생성한 node_modules를 복사해서 사용한다. 그리고 npm run build를 통해 프로젝트를 빌드한다. 마지막으로 이렇게 빌드한 이미지를 실행할 준비를 해야 한다. 실행에 앞서 next.config.js에 다음과 같은 내용을 추가한다.

```
/** @type {import('next').NextConfig} */
const nextConfig = {
  reactStrictMode: true,
  swcMinify: true,
  // 이 옵션을 추가
  output: 'standalone',
}

module.exports = nextConfig
```

outoput은 Next.js에서 빌드를 위해 제공하는 기능으로, 이 옵션이 추가되면 Next.js는 프로덕션에서 실행에 필요한 파일들만 모아서 바로 실행할 수 있는 준비를 대신해 준다. 여기서 실행에 필요한 파일이란 node_modules 내부의 파일도 포함된다. 이 옵션을 추가한 뒤에 빌드해 보자.

그림 9.73 standalone으로 빌드한 모습. 파일 목록에 server.js가 추가된 것을 확인할 수 있다.

.next/standalone에 실행에 필요한 프로젝트가 따로 꾸려졌고, server.js가 생성된 것도 볼 수 있다. 이 서버가 어떻게 구성돼 있는지 간단하게 살펴보자.

```js
const NextServer = require('next/dist/server/next-server').default
const http = require('http')
const path = require('path')
process.env.NODE_ENV = 'production'
process.chdir(__dirname)

// Make sure commands gracefully respect termination signals (e.g. from Docker)
// Allow the graceful termination to be manually configurable
if (!process.env.NEXT_MANUAL_SIG_HANDLE) {
  process.on('SIGTERM', () => process.exit(0))
  process.on('SIGINT', () => process.exit(0))
}

let handler

const server = http.createServer(async (req, res) => {
  try {
    await handler(req, res)
  } catch (err) {
    console.error(err)
    res.statusCode = 500
    res.end('internal server error')
  }
})
const currentPort = parseInt(process.env.PORT, 10) || 3000

server.listen(currentPort, (err) => {
  if (err) {
    console.error('Failed to start server', err)
    process.exit(1)
  }
  const nextServer = new NextServer({
    hostname: 'localhost',
    port: currentPort,
    dir: path.join(__dirname),
    dev: false,
    customServer: false,
```

```
conf: {
  env: {},
  webpack: null,
  webpackDevMiddleware: null,
  eslint: { ignoreDuringBuilds: false },
  typescript: { ignoreBuildErrors: false, tsconfigPath: 'tsconfig.json' },
  distDir: './.next',
  cleanDistDir: true,
  assetPrefix: '',
  configOrigin: 'next.config.js',
  useFileSystemPublicRoutes: true,
  generateEtags: true,
  pageExtensions: ['tsx', 'ts', 'jsx', 'js'],
  target: 'server',
  poweredByHeader: true,
  compress: true,
  analyticsId: '',
  images: {

  ... 중간 생략 ...

    configFileName: 'next.config.js',
  },
})
handler = nextServer.getRequestHandler()

console.log(
  'Listening on port',
  currentPort,
  'url: http://localhost:' + currentPort,
)
})
```

여기서 눈여겨볼 만한 점은 next/dist/server/next-server에서 NextServer를 꺼내온 다음, http.
createServer로 만든 서버에 NextServer를 연동한다는 것이다. 이러한 점을 응용한다면 Koa나 Express 같
은 웹 프레임워크에 Next.js를 올려 두고 실행해 별도의 Node.js 기반 서버를 운영하면서 동시에 Next.js도
서비스할 수 있을 것이다.

```
FROM node:18.12.0-alpine3.16 as runner

COPY --from=build /app/public ./public
COPY --from=build /app/.next/standalone ./
COPY --from=build /app/.next/static ./.next/static

EXPOSE 3000

ENTRYPOINT ["node", "server.js"]
```

마지막으로 runner 단계를 만들어서 standalone으로 만들어진 Next.js를 실행한다. 실행에 필요한 것은 먼저 이 Node.js 서버를 실행할 수 있는 alpine Node.js 이미지, 그리고 /app/public 폴더에 있는 HTML을 비롯한 정적 리소스 정보, 그리고 standalone 옵션으로 생성된 standalone 파일의 내용, 마지막으로 static 폴더의 정보다. public 폴더와 .next/static은 CDN으로 별도로 제공해도 되고, 이처럼 따로 복사해서 standalone 내부에서 찾아가도록 설정해도 된다.

그리고 최종적으로 사용해야 할 포트를 EXPOSE로 설정하고, ENTRYPOINT로 node server.js를 실행해 이미지 실행 시 바로 Next.js가 실행되도록 설정한다. 그럼 이미지를 빌드해 보자.

```
» docker build . -t next:test
[+] Building 31.7s (16/16) FINISHED
 => [internal] load build definition from Dockerfile                          0.0s
 => => transferring dockerfile: 37B                                           0.0s
 => [internal] load .dockerignore                                             0.0s
 => => transferring context: 2B                                               0.0s
 => [internal] load metadata for docker.io/library/node:18.12.0-alpine3.16    2.3s
 => [internal] load build context                                            1.4s
 => => transferring context: 12.75MB                                          1.3s
 => CACHED [deps 1/5] FROM docker.io/library/node:18.12.0-alpine3.16@sha256:1f09c210a17508d-
34277971b19541a47a26dc5a64    0.0s
 => CACHED [deps 2/5] WORKDIR /app                                            0.0s
 => [deps 3/5] COPY package.json ./package.json                              0.1s
 => [deps 4/5] COPY package-lock.json ./package-lock.json                    0.0s
 => [deps 5/5] RUN npm ci                                                    11.9s
 => [build 3/5] COPY --from=deps /app/node_modules ./node_modules            1.7s
 => [build 4/5] COPY . ./                                                    1.8s
 => [build 5/5] RUN npm run build                                           10.6s
 => [runner 2/4] COPY --from=build /app/public ./public                      0.0s
 => [runner 3/4] COPY --from=build /app/.next/standalone ./                   0.1s
 => [runner 4/4] COPY --from=build /app/.next/static ./.next/static          0.0s
```

```
=> exporting to image                                                          0.1s
=> => exporting layers                                                         0.1s
=> => writing image sha256:2067db72c22823211c0043a9f197c415ce732861f340da88f59ff514b4d92b5d    0.0s
=> => naming to docker.io/library/next:test
```

빌드된 이미지를 이전과 동일하게 실행해 보자. 도커 데스크톱에서 이전에 빌드한 이미지를 확인할 수 있다.

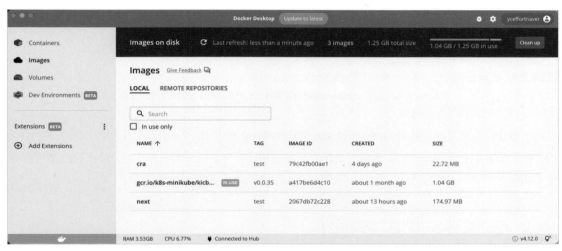

그림 9.74 도커 데스크톱에서 빌드된 이미지를 확인

이를 이전과 동일한 과정으로 실행한다.

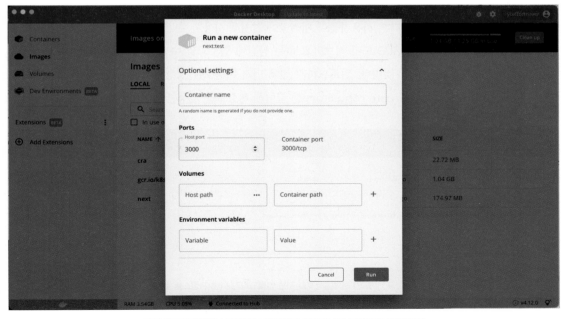

그림 9.75 도커 데스크톱에서 이미지를 컨테이너에 실행하기 위해 준비

그럼 다음과 같이 정상적으로 Next.js 애플리케이션이 실행되는 것을 확인할 수 있다.

그림 9.76 Next.js의 standalone 옵션을 통해 빌드한 이미지를 도커로 실행한 모습

서버가 실행돼야 하기 때문에 `create-react-app` 애플리케이션 대비 크기가 상당히 커졌지만 Next.js 애플리케이션을 실행하는 데 최소한으로 필요한 것들은 모두 준비됐기 때문에 웹사이트에 접근하는 데는 별다른 문제가 없다.

## 9.4.2 도커로 만든 이미지 배포하기

웹 애플리케이션을 도커로 만들었으니 이제 도커로 만든 이미지를 클라우드 환경에서 실행해 보자. 이번 절에서는 도커 이미지를 클라우드 서비스에 업로드해 배포하는 방법을 살펴보겠다.

### 도커 이미지 업로드하기

Node.js로 만든 라이브러리를 다른 사용자들이 내려받아 설치해 사용할 수 있게 npm 레지스트리라고 하는 공간이 있는 것처럼, 도커 이미지도 도커 허브라고 하는 공간에 업로드할 수 있다. 가장 쉽게 업로드하는 방법은 도커 데스크톱을 이용하는 것이다. 업로드하기 전에 먼저 저장소를 생성해야 한다. 도커 허브에 로그인한 후, **Repositories** 탭에서 **Create repository**를 클릭해 저장소를 생성한다.

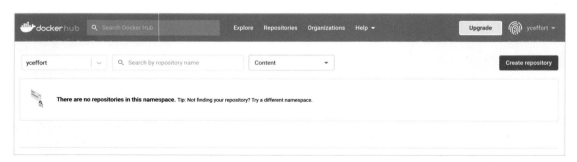

그림 9.77 도커 허브에서 이미지를 업로드하기 위한 저장소를 생성

그러고 나서 생성할 저장소에 대한 정보를 입력한다.

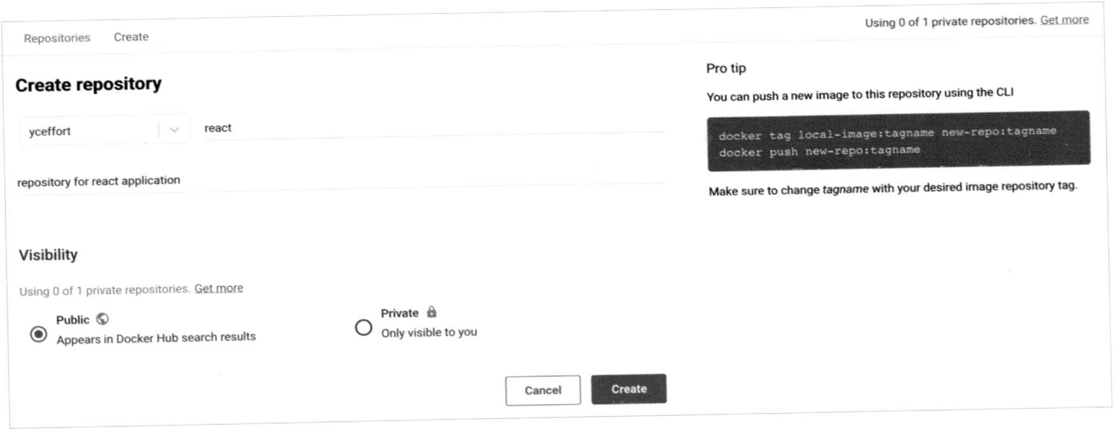

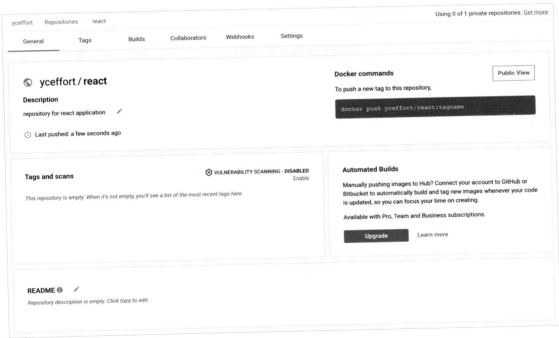

그림 9.78 도커 허브에 접속한 모습

저장소를 생성하고 나면 저장소 메인 페이지가 표시된다.

그림 9.79 도커 허브에서 생성한 이미지 저장소

이렇게 만들어진 저장소에 이미지를 푸시해 보자. 이미지를 푸시하려면 먼저 해당 이미지의 태그명이 **사용자 명/저장소명:태그명**과 같은 형식으로 일치해야 한다. 앞에서 yceffort라는 계정의 react라는 이름의 저장 소를 생성했으므로 다음과 같은 명령어를 작성한다.

```
» docker tag cra:test yceffort/react:cra-test
```

태그명이 정상적으로 설정됐다면 도커 데스크톱이나 이미지 목록에서 확인할 수 있다. 이 이미지에 대해 **Push to Hub**를 눌러 도커 허브로 배포하자.

그림 9.80 푸시하고 싶은 이미지를 선택하고 Push to Hub를 누르면 도커 허브에 배포된다.

그럼 다음과 같이 도커 데스크톱을 통해 이미지 배포가 진행된다.

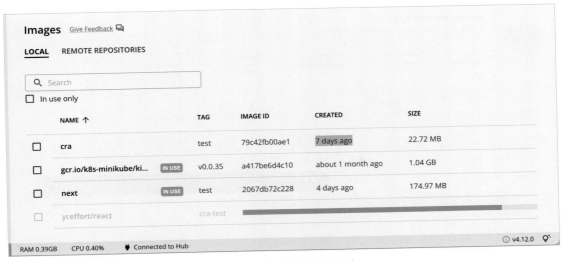

그림 9.81 배포가 진행 중인 이미지

어느 정도 시간이 흐른 후에 저장소에 정상적으로 이미지가 푸시된 것을 확인할 수 있다.

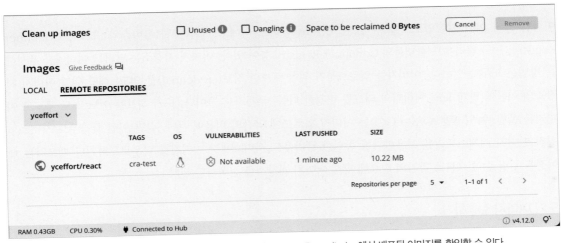

그림 9.82 Push to Hub를 눌러 이미지를 배포하면 Remote Repositories에서 배포된 이미지를 확인할 수 있다.

도커 허브를 방문하면 다음과 같이 이미지가 어떻게 구성돼 있는지 좀 더 자세히 확인할 수 있다. 지금은 공개 저장소로 생성했기 때문에 누구나 해당 이미지를 자유롭게 내려받을 수 있다. 만약 다운로드를 제한하고 싶다면 비공개 저장소로 생성한 후 푸시하면 된다.

그림 9.83 푸시한 이미지를 도커 허브에서 확인할 수 있다.

이처럼 도커 이미지를 업로드할 수 있는 곳은 도커 허브 외에도 아마존 웹 서비스의 Elastic Container Registry, 구글 클라우드 플랫폼의 Container Registry 등이 있다. 이미지 저장소는 달라도 이미지를 푸시하는 방법은 모두 동일하다. 이미지를 업로드하기 위한 로그인 정보(credential)를 얻고, 해당 원격 이미지 저장소의 이름에 맞게 도커 이미지의 태그를 변경한 다음, 푸시하면 끝이다. 도커 허브는 어느 정도 무료로 이미지를 올릴 수 있지만 AWS나 GCP는 이미지 업로드에 약간의 비용이 든다. 다만 이런 클라우드 서비스의 원격 이미지 레지스트리를 사용한다면 동일한 클라우드 서비스에서 이미지를 다운로드하거나 배포하는 데 이점을 누릴 수 있으므로 각자의 필요에 맞게 이미지 저장소를 선택하면 된다.

## 도커 이미지 실행하기

도커 이미지를 업로드했다면 이 업로드된 이미지를 클라우드에서 실행하는 방법을 알아보자. 이번 실습을 위해 사용해 볼 플랫폼은 구글 클라우드 플랫폼(이하 GCP)이다.

### 사전 준비

GCP를 사용하려면 먼저 GCP에 가입돼 있어야 한다. 구글 계정만 있으면 손쉽게 가입 가능하다. 그리고 가입하면 사용 가능한 300달러의 크레딧을 받게 되는데, 연습용으로 사용하기에는 충분한 금액이다. 가입 후에는 프로젝트를 하나 만들어야 하는데, 구글 클라우드를 처음 방문한다면 바로 새로운 프로젝트를 생성하는 경로로 이동하며, 만약 이동하지 않는다면 https://console.cloud.google.com/projectcreate에서 프로젝트를 생성할 수 있다. 프로젝트는 GCP에서 사용할 수 있는 분리된 가상 공간(워크스페이스)이라고 보면 된다.

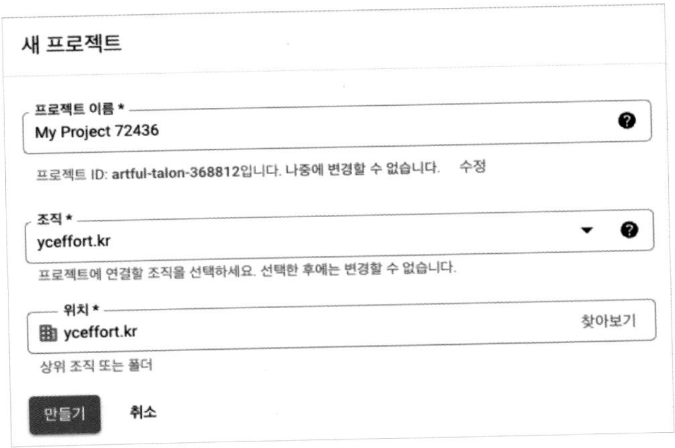

그림 9.84 GCP에서 새 프로젝트를 생성

프로젝트 개설이 완료되면 사용자의 기기에서 GCP를 제어할 수 있는 gcloud cli를 설치해야 한다. 설치 안내 페이지[65]를 참고해서 사용 중인 기기의 운영체제에 맞춰 설치하면 된다. 설치가 완료되면 커맨드 라인에서 gcloud를 사용할 준비가 끝난다.

```
» gcloud --version
Google Cloud SDK 410.0.0
bq 2.0.81
core 2022.11.11
gcloud-crc32c 1.0.0
gsutil 5.16
```

gcloud 명령어를 사용하려면 먼저 로그인이 필요하다. 다음 명령어를 입하자.

```
» gcloud auth login
Your browser has been opened to visit:

    https://accounts.google.com/o/oauth2/auth?response_type=code&client_id=********.apps.googleuser
content.com&redirect_uri=http%3A%2F%2Flocalhost%3A8085%2F&scope=openid+https%3A%2F%2Fwww.googleapis.
com%2Fauth%2Fuserinfo.email+https%3A%2F%2Fwww.googleapis.com%2Fauth%2Fcloud-platform+https%3A%2F%2F
www.googleapis.com%2Fauth%2Fappengine.admin+https%3A%2F%2Fwww.googleapis.com%2Fauth%2Fsqlse
rvice.login+https%3A%2F%2Fwww.googleapis.com%2Fauth%2Fcompute+https%3A%2F%2Fwww.googleapis.
com %2Fauth%2Faccounts.reauth&state=****************************&access_type=offline&code_chal
lenge=**********&code_challenge_method=S256
```

---

65 https://cloud.google.com/sdk/docs/install?hl=ko

그럼 다음과 같이 자동으로 브라우저가 열리면서 계정을 선택하는 창이 나타난다.

그림 9.85 콘솔에 노출되는 주소를 복사해서 브라우저로 이동한 후 원하는 계정을 선택해 로그인하면 된다.

그림 9.86 프로젝트를 생성한 계정으로 로그인

이 가운데 앞서 본인이 만든 계정을 선택한 다음 **허용**을 누르면 로그인이 완료된다.

```
» gcloud auth login
Your browser has been opened to visit:

    https://accounts.google.com/o/oauth2/auth?response_type=code&client_id=********.apps.googleuser-
content.com&redirect_uri=http%3A%2F%2Flocalhost%3A8085%2F&scope=openid+https%3A%2F%2Fwww.googleapis.
com%2Fauth%2Fuserinfo.email+https%3A%2F%2Fwww.googleapis.com%2Fauth%2Fcloud-platform+https%3A%2F%2F-
www.googleapis.com%2Fauth%2Fappengine.admin+https%3A%2F%2Fwww.googleapis.com%2Fauth%2Fsqls-
ervice.login+https%3A%2F%2Fwww.googleapis.com%2Fauth%2Fcompute+https%3A%2F%2Fwww.googleapis.
com%2Fauth%2Faccounts.reauth&state=*****************************&access_type=offline&code_chal-
lenge=*********&code_challenge_method=S256



You are now logged in as [root@yceffort.kr].
Your current project is [yceffort].  You can change this setting by running:
  $ gcloud config set project PROJECT_ID
```

로그인이 완료되고 나면 앞서 만든 프로젝트를 기본 프로젝트로 지정해야 한다. 만약 자동으로 설정된 프로젝트가 앞서 만든 프로젝트가 아니라면 gcloud config set project [PROJECT_ID] 명령어로 프로젝트를 설정하자.

이제 gcloud를 사용할 준비를 마쳤다. 이제 본격적으로 GCP에 이미지를 푸시하고, 또 이 푸시한 이미지를 실행하는 방법을 알아보자.

## Google Cloud Registry에 이미지 푸시

먼저 빌드된 도커 이미지를 준비해 두자. 이미지를 준비했다면 구글 클라우드 플랫폼의 콘솔에 접속하자. 그러고 나서 상단 메뉴에서 'Artifact registry'를 검색하거나 좌측 햄버거 메뉴에서 **Artifact Registry**를 찾아서 서비스에 접속한다.

그림 9.87 구글 클라우드 플랫폼에서 'Artifact registry'를 검색

Artifact Registry에 접속하면 다음과 같은 화면을 볼 수 있다.

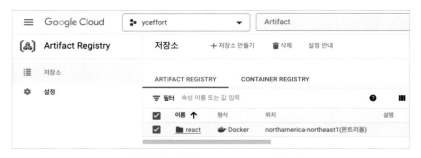

그림 9.88 GCP의 Artifact Registry 페이지

원래 클라우드에 이미지를 저장하기 위해 Container Registry가 사용됐지만 점차 사용을 권장하지 않는 추세고, 지금은 Artifact Registry를 더 많이 사용하고 있다.

페이지 상단의 **저장소 만들기**를 눌러 저장소를 만든다.

**Artifact Registry**

저장소

설정

← 저장소 만들기

**이름 ***
my-react

**형식**
◉ Docker
○ Maven
○ npm
○ Python
○ Apt
○ Yum
○ Kubeflow Pipelines  [미리보기]
○ Go  [미리보기]

**위치 유형**
◉ 리전
○ 멀티 리전

**리전 ***
northamerica-northeast1(몬트리올)          ▼

설명

**라벨**

+ 라벨 추가

**암호화**
이 리소스는 기본적으로 Google 관리 키로 암호화됩니다. 암호화를 직접 관리해야 한다면 대신 고객 관리 키를 사용하면 됩니다. 자세히 알아보기

◉ **Google 관리 암호화 키**
  구성이 필요하지 않음
○ **고객 관리 암호화 키(CMEK)**
  Google Cloud Key Management Service를 통해 관리

[만들기]  취소

그림 9.89 저장소 만들기 페이지. 이곳에서 저장소의 이름과 형식을 선택할 수 있다. 도커뿐만 아니라 다양한 패키지를 배포할 수 있음을 확인할 수 있다.

저장소를 만들고 해당 저장소를 누르면 빈 저장소가 생긴 것을 확인할 수 있다.

**Artifact Registry**

저장소

설정

← **my-react의 이미지**          🗑 삭제      설정 안내

📁 northamerica-northeast1-docker.pkg.dev  >  📁 yceffort  >  📁 my-react 📋

≡ 필터  속성 이름 또는 값 입력

| | 이름 ↑ | 생성일 | 업데이트됨 |
|---|---|---|---|
| ☐ | 🐳 my-react/cra | 1분 전 | 1분 전 |

그림 9.90 새로 생성된 저장소

이 저장소 페이지에서 해당 저장소의 주소를 확인할 수 있는데, 이제 우리가 푸시할 이미지의 이름이 될 것이다. 우측의 복사 아이콘(📋)을 클릭하면 저장소 주소를 복사할 수 있다. 참고로 예제 이미지 저장소의 주소는 northamerica-northeast1-docker.pkg.dev/yceffort/my-react다.

이제 이 이미지를 푸시할 준비를 해야 한다. 이미지를 docker push로 푸시하려면 앞의 주소가 GCP를 향해 가야 한다는 것을 도커에 설정해야 한다. 이 설정은 gcloud를 통해 할 수 있다.

```
» gcloud auth configure-docker northamerica-northeast1-docker.pkg.dev

WARNING: Your config file at [/Users/yceffort/.docker/config.json] contains these credential helper
entries:

{
  "credHelpers": {}
}
Adding credentials for: northamerica-northeast1-docker.pkg.dev
After update, the following will be written to your Docker config file located at [/Users/yceffort/.
docker/config.json]:
 {
  "credHelpers": {
    "northamerica-northeast1-docker.pkg.dev": "gcloud"
  }
}

Do you want to continue (Y/n)?   y

Docker configuration file updated.
```

gcloud auth configure-docker 뒤에 앞서 생성한 저장소의 주소를 입력하면 된다. 단, 이 주소 뒤의 정보는 프로젝트 ID와 저장소명이므로, 이 항목은 생략하고 입력하면 된다. 이렇게 설정을 마쳤다면 이제 이미지에 태그를 달면 된다.

```
docker tag cra:test northamerica-northeast1-docker.pkg.dev/yceffort/my-react/react/cra:test
```

docker tag cra:test는 앞서와 마찬가지로 태깅할 **이미지명:태그명**을 선택하면 되고, 그 뒤에는 앞서 생성한 저장소명을 입력하면 된다. 저장소명 뒤에는 푸시할 이미지의 **이미지명:태그명**을 마찬가지로 입력하면 된다. 이제 이미지를 푸시하자.

```
» docker push northamerica-northeast1-docker.pkg.dev/yceffort/my-react/my-react/cra:test
The push refers to repository [northamerica-northeast1-docker.pkg.dev/yceffort/my-react/my-react/
cra]
8e4992189101: Layer already exists
4c1b71c50b47: Layer already exists
bd502c2dee4c: Layer already exists
9365b1fffb04: Layer already exists
6636f46e559d: Layer already exists
fcf860bf48b4: Layer already exists
07099189e7ec: Layer already exists
e5e13b0c77cb: Layer already exists
test: digest: sha256:0318b26ca8af84d5b15136a792e33173e10927f838351d6ff3885b8287553859 size: 1985
```

다소간의 시간이 흐른 뒤에 이미지가 푸시된 것을 확인할 수 있다. 앞서 만든 저장소 페이지를 방문하면 이미지가 푸시된 것을 볼 수 있다.

그림 9.91 GCP의 Artifact Registry를 방문하면 이미지가 성공적으로 배포된 것을 확인할 수 있다.

빌드할 이미지 푸시도 끝났다. 이제 본격적으로 이미지를 클라우드 환경에서 실행해 보자.

## Cloud Run에서 이미지 실행

Cloud Run은 푸시된 이미지를 클라우드 환경에서 손쉽게 실행할 수 있도록 도와주는 서비스다. Cloud Run은 푸시된 이미지를 실행할 수 있을 뿐만 아니라 Dockerfile이 존재하는 저장소를 기준으로 자동으로 빌드해서 실행할 수 있는 기능까지 제공한다. (이 빌드는 Cloud Build라는 서비스에서 담당한다.) 먼저 앞서 푸시한 이미지를 Cloud Run에서 실행하는 방법을 알아보자.

먼저 GCP 페이지 상단의 검색란에서 'cloud run'을 검색해 Cloud Run 서비스 페이지로 이동한다.

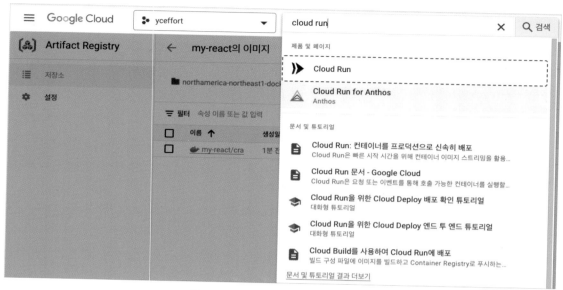

그림 9.92 구글 클라우드에서 'cloud run'을 검색

Cloud Run에 접속하면 다음과 같은 화면을 볼 수 있다.

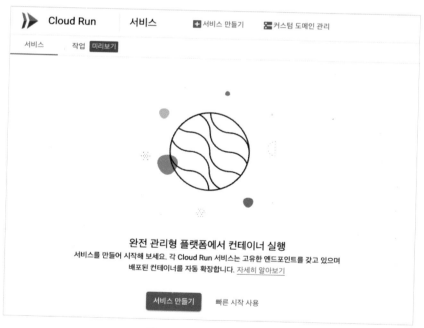

그림 9.93 Cloud Run의 메인 화면

Cloud Run 페이지에서 **서비스 만들기**를 클릭하자.

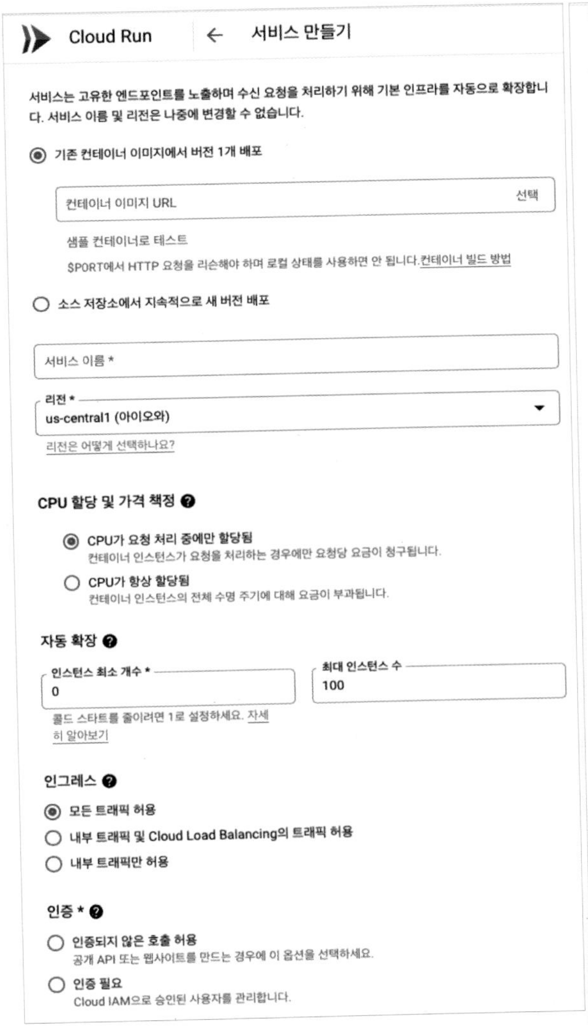

그림 9.94 Cloud Run에서 서비스를 만들기 위한 설정 추가

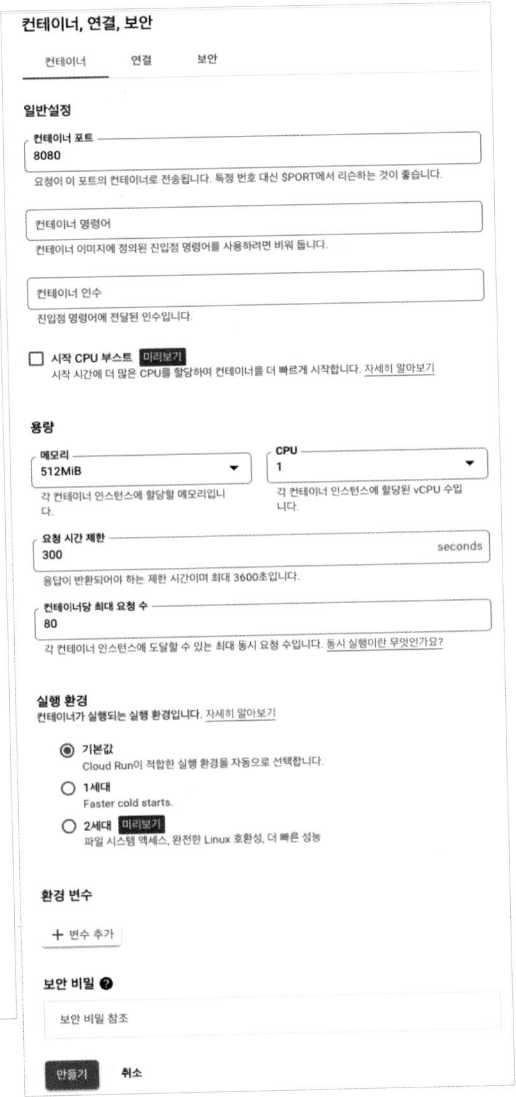

그림 9.95 Cloud Run에서 서비스를 배포하기 위한 설정 추가

Cloud Run 설정과 관련된 여러 옵션들이 보이는데, 하나씩 살펴보자.

- 컨테이너 이미지 URL: 빌드할 컨테이너 이미지를 선택한다. 여기서 **선택**을 클릭하면 앞서 빌드해서 푸시한 이미지를 선택할 수 있다.

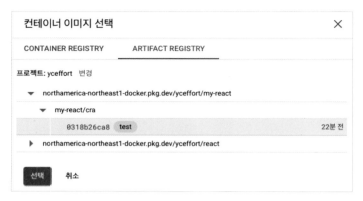

그림 9.96 Cloud Run에 서비스를 배포하려면 앞서 빌드하고 푸시한 이미지를 선택해야 한다.

- 서비스 이름: 원하는 서비스명을 입력하면 된다.

- 리전: 서비스를 배포할 지역을 선택한다. 지역에 따라 가격에 약간씩 차이가 있으니 연습용 프로젝트라면 가장 저렴한 지역을, 진지하게 운영할 서비스라면 주로 접속이 예상되는 곳과 가까운 지역을 선택하면 된다.

- CPU 할당 및 가격 책정: CPU 사용량에 따라 가격 정책이 다르다. **CPU가 요청 처리 중에만 할당됨**의 경우 요청이 들어오는 경우에만 탄력적으로 요금이 부여되며, **CPU가 항상 할당됨**의 경우 요청의 개수와 상관없이 인스턴스의 생명주기에 걸쳐 요금이 부여된다. 자주 사용되지 않는 서비스라면 전자가, 꾸준히 어느 정도 처리가 필요하다면 후자가 적합하다.

- 자동 확장: 이른바 자동 스케일링(auto scale)으로 불리는 것으로, 요청과 처리에 따라 인스턴스 개수를 얼마나 탄력적으로 할당할지 선택할 수 있다.

- 인그레스: 허용할 트래픽을 제어할 수 있다. 내부에서 발생하는 트래픽만 허용할 수도 있고, Cloud Load Balancing으로 요청만 허용할 수도 있으며, 혹은 모든 트래픽을 허용할 수도 있다. 이번 예제에서는 별도 설정을 지정하지 않아 모든 트래픽을 받게 된다.

- 인증: 인증을 설정할 수 있다. 별도 인증 없이 모든 사용자가 접근할 수 있도록 인증을 설정하지 않았다.

- 컨테이너: 배포할 이미지 컨테이너에 대한 설정을 추가한다.

  - 컨테이너 포트: 도커 이미지가 열어뒀던 포트를 기재한다. 여기서는 3000번 포트를 열어뒀으므로 3000을 설정한다.

  - 컨테이너 명령어: ENTRYPOINT로 이미 자동으로 실행되게 했으므로 별다른 명령어가 필요 없다.

  - 컨테이너 인수: ENTRYPOINT로 이미 자동으로 실행되게 했으므로 별다른 인수가 필요 없다.

  - 시작 CPU 부스트: 컨테이너를 시작할 때 더 많은 CPU를 할당할지 결정할 수 있다.

  - 용량: 컨테이너에 할당해야 하는 메모리, CPU, 요청 시간, 최대 요청 수 등을 제어할 수 있다.

- 실행 환경: 컨테이너가 실행되는 환경이다. 별도 설정 없이 기본값을 사용했다.

- 환경변수: 컨테이너에 주입할 환경변수를 설정한다.

▪ 보안 비밀: Cloud Secret과 연계해 컨테이너 볼륨에 마운트하거나 환경변수로 주입할 값을 지정할 수 있다.

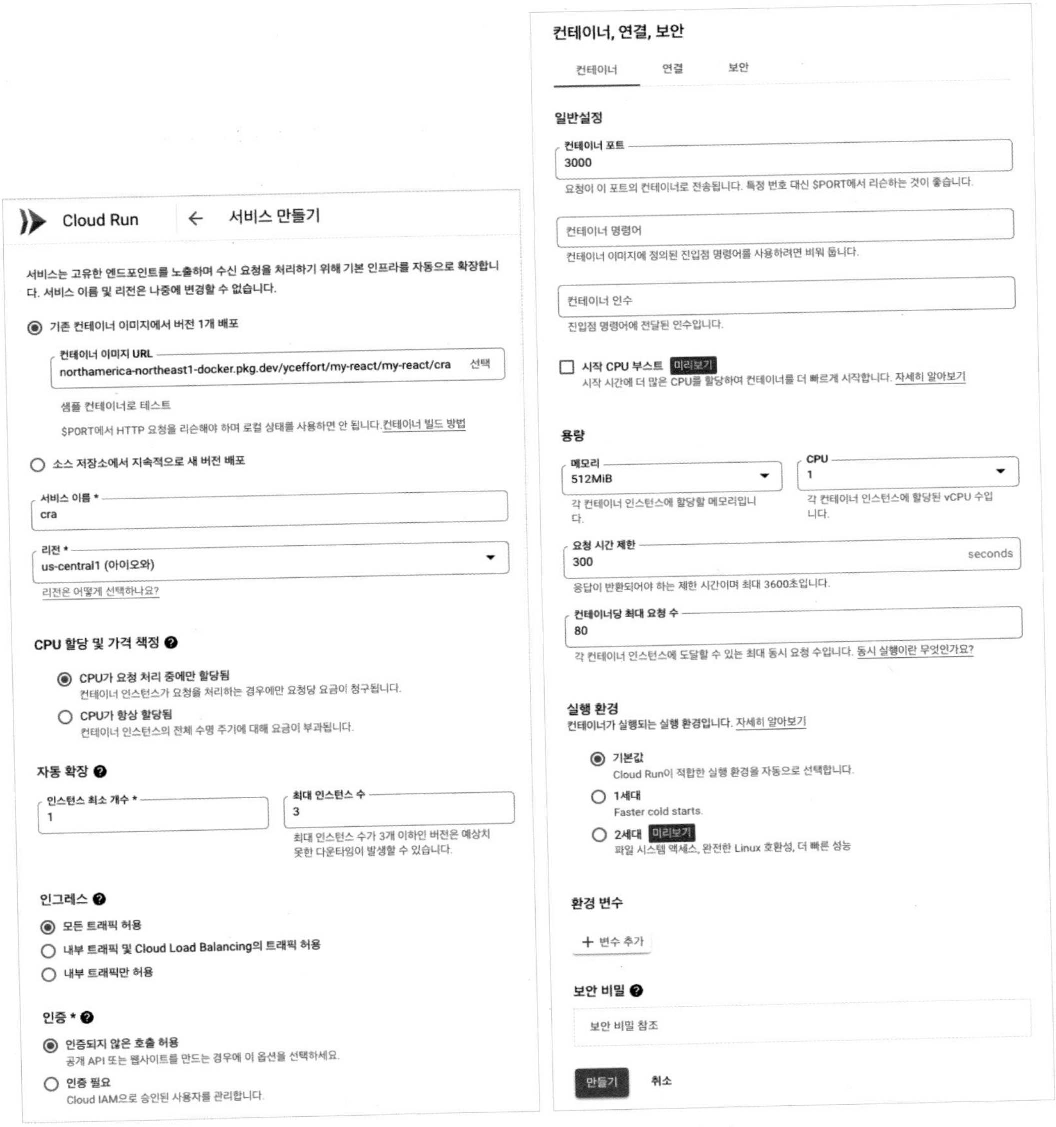

그림 9.97 Cloud Run에서 배포 설정이 완료된 모습

이제 페이지 하단의 **만들기**를 눌러 배포를 시작해 보자.

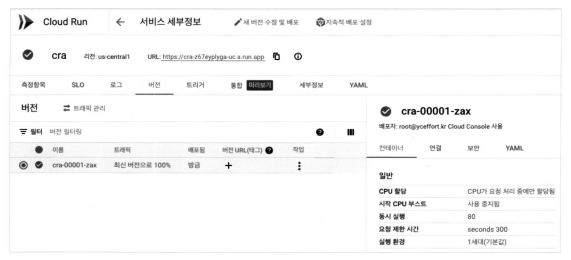

그림 9.98 Cloud Run에서 배포가 완료된 모습

잠시 기다리면 이미지를 다운로드해 빌드까지 정상적으로 완료된 것을 확인할 수 있다. 그리고 URL이 할당된 것도 확인할 수 있는데, 이 URL을 방문하면 앞서 만든 이미지가 배포되어 서비스되는 것을 확인할 수 있다.

참고로 애플의 실리콘 아키텍처(M1)를 탑재한 노트북에서 빌드한 이미지를 배포하려고 하면 배포에 실패한다. 이는 빌드한 이미지의 플랫폼(CPU 아키텍처)이 달라서인데, 해당 이미지가 어떤 플랫폼인지 확인하려면 다음 명령어를 실행하면 된다.

```
» docker inspect northamerica-northeast1-docker.pkg.dev/yceffort/my-react/my-react/cra:test
[
 // ...
      "Architecture": "amd64",
      "Os": "linux",
      "Size": 24106895,
      "VirtualSize": 24106895,
 // ...
]
```

여기서 주목할 것은 Architecture다. 만약 Architecture가 amd64 외에 다른 것으로 돼 있다면(예: arm64), 해당 이미지는 Cloud Run 환경에서 실행할 수 없다. 만약 Cloud Run 환경에서 실행하고 싶다면 이미지를 빌드할 때 다음과 같은 명령어를 사용하면 된다.

```
docker build --platform linux/amd64 -t next:test .
```

이렇게 하면 Architecture가 amd64로 변경되어 Cloud Run 환경에서 실행할 수 있는 이미지가 된다.

## 지속적 통합 설정

로컬에서 빌드한 이미지를 클라우드에서 실행하는 것은 매력적이지만 대부분의 경우 애플리케이션은 계속해서 변경되고 이에 맞춰 이미지도 매번 새롭게 빌드해야 하는데, 이는 매우 번거로운 일이다. 이를 위

해 Cloud Run에서는 소스 저장소에서 Dockerfile을 다운로드해 빌드할 수 있는 옵션도 제공한다. 이를 통해 소스 저장소의 특정 브랜치에서 코드가 푸시되면 자동으로 빌드와 배포를 수행할 수 있다.

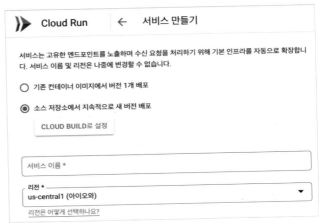

먼저 앞서와 동일하게 Cloud Run에서 서비스를 만들자.

그림 9.99 Cloud Run에서 소스 저장소를 대상으로 지속적으로 새 버전을 배포하기 위한 설정

여기서는 '소스 저장소에서 지속적으로 새 버전 배포'를 선택하자. 이후 'CLOUD BUILD로 설정'을 선택하면 소스 저장소를 선택하는 화면이 나온다. 여기서 GCP를 깃허브와 연결하고, 배포할 소스에 대한 설정을 기입하면 된다.

그림 9.100 지속적 배포를 위한 깃허브 저장소 선택

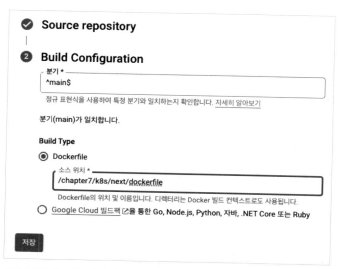

그림 9.101 Cloud Run의 지속적 배포 설정. 저장소, 브랜치, 빌드 타입을 선택한다.

이후 설정은 앞서와 동일하게 하면 지속적으로 배포할 준비(CI)가 완료된다.

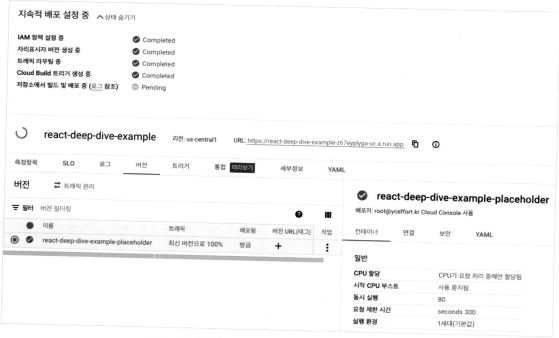

그림 9.102 지속적 배포 설정을 마친 이후에 설정이 적용되는 모습

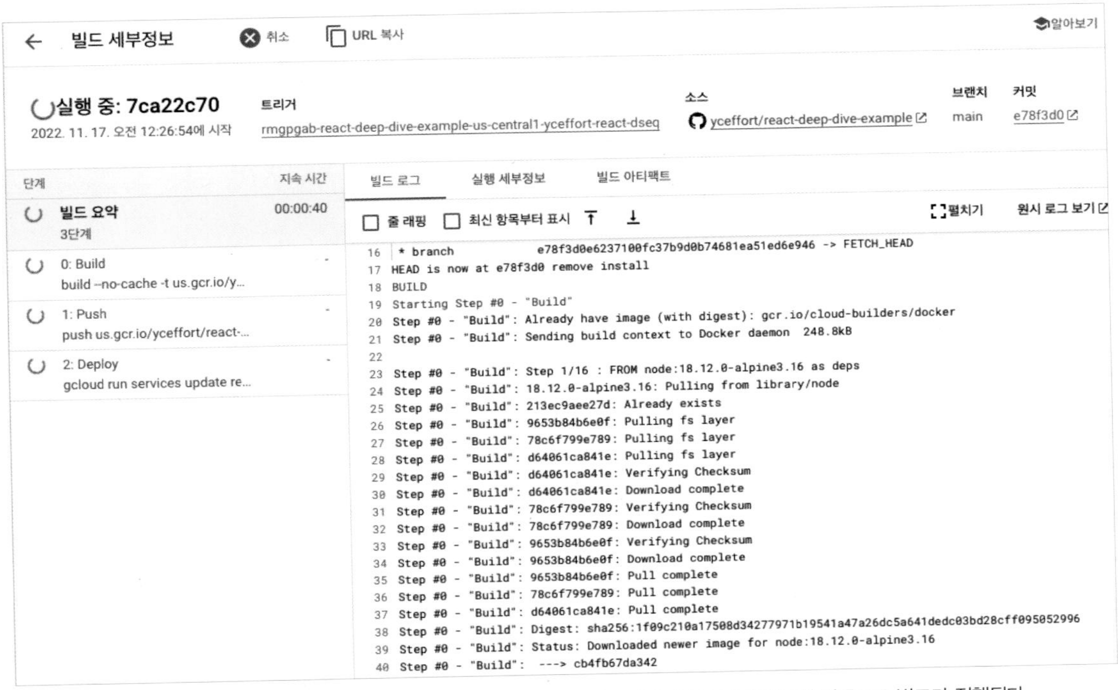

**빌드 세부정보**    취소    URL 복사    알아보기

**실행 중: 7ca22c70**
2022. 11. 17. 오전 12:26:54에 시작

| 트리거 | 소스 | 브랜치 | 커밋 |
| --- | --- | --- | --- |
| rmgpgab-react-deep-dive-example-us-central1-yceffort-react-dseq | yceffort/react-deep-dive-example | main | e78f3d0 |

| 단계 | 지속 시간 |
| --- | --- |
| 빌드 요약 3단계 | 00:00:40 |
| 0: Build build --no-cache -t us.gcr.io/y... | |
| 1: Push push us.gcr.io/yceffort/react-... | |
| 2: Deploy gcloud run services update re... | |

빌드 로그    실행 세부정보    빌드 아티팩트

□ 줄 래핑    □ 최신 항목부터 표시    펼치기    원시 로그 보기

```
16   * branch          e78f3d0e6237100fc37b9d0b74681ea51ed6e946 -> FETCH_HEAD
17   HEAD is now at e78f3d0 remove install
18   BUILD
19   Starting Step #0 - "Build"
20   Step #0 - "Build": Already have image (with digest): gcr.io/cloud-builders/docker
21   Step #0 - "Build": Sending build context to Docker daemon  248.8kB
22
23   Step #0 - "Build": Step 1/16 : FROM node:18.12.0-alpine3.16 as deps
24   Step #0 - "Build": 18.12.0-alpine3.16: Pulling from library/node
25   Step #0 - "Build": 213ec9aee27d: Already exists
26   Step #0 - "Build": 9653b84b6e0f: Pulling fs layer
27   Step #0 - "Build": 78c6f799e789: Pulling fs layer
28   Step #0 - "Build": d64061ca841e: Pulling fs layer
29   Step #0 - "Build": d64061ca841e: Verifying Checksum
30   Step #0 - "Build": d64061ca841e: Download complete
31   Step #0 - "Build": 78c6f799e789: Verifying Checksum
32   Step #0 - "Build": 78c6f799e789: Download complete
33   Step #0 - "Build": 9653b84b6e0f: Verifying Checksum
34   Step #0 - "Build": 9653b84b6e0f: Download complete
35   Step #0 - "Build": 9653b84b6e0f: Pull complete
36   Step #0 - "Build": 78c6f799e789: Pull complete
37   Step #0 - "Build": d64061ca841e: Pull complete
38   Step #0 - "Build": Digest: sha256:1f09c210a17508d34277971b19541a47a26dc5a641dedc03bd28cff095052996
39   Step #0 - "Build": Status: Downloaded newer image for node:18.12.0-alpine3.16
40   Step #0 - "Build":  ---> cb4fb67da342
```

그림 9.103 지속적 배포 설정이 정상적으로 완료된 이후에 해당 브랜치에 푸시가 일어나면 자동으로 빌드가 진행된다.

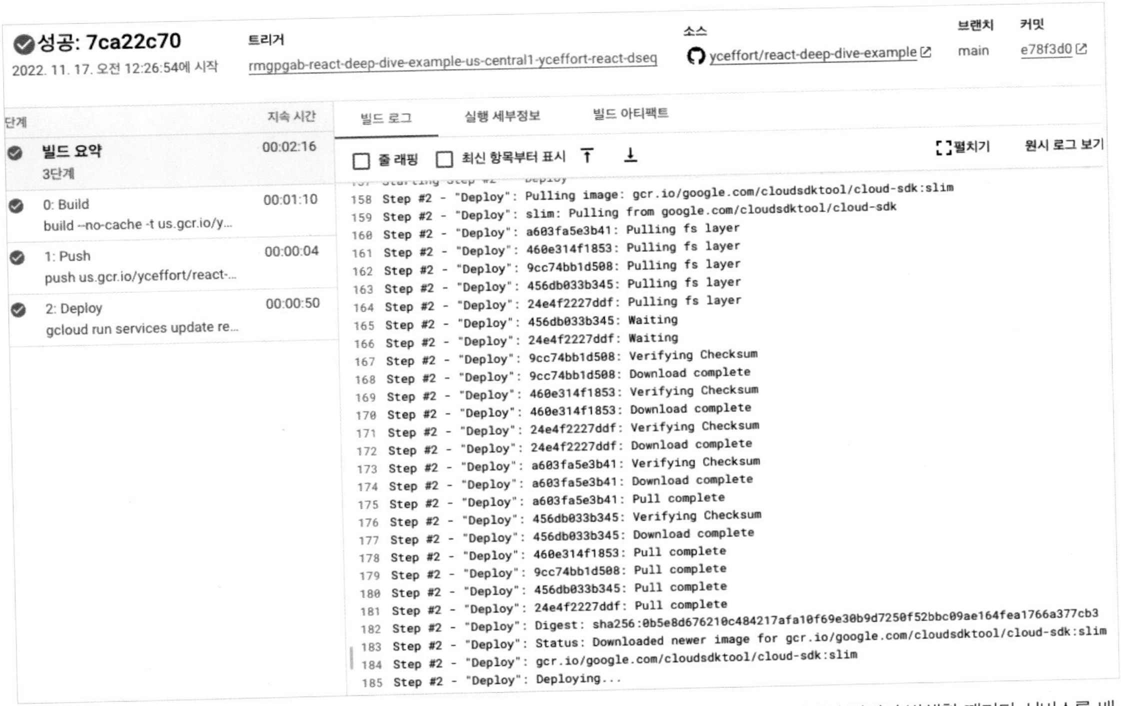

**성공: 7ca22c70**
2022. 11. 17. 오전 12:26:54에 시작

| 트리거 | 소스 | 브랜치 | 커밋 |
| --- | --- | --- | --- |
| rmgpgab-react-deep-dive-example-us-central1-yceffort-react-dseq | yceffort/react-deep-dive-example | main | e78f3d0 |

| 단계 | 지속 시간 |
| --- | --- |
| 빌드 요약 3단계 | 00:02:16 |
| 0: Build build --no-cache -t us.gcr.io/y... | 00:01:10 |
| 1: Push push us.gcr.io/yceffort/react-... | 00:00:04 |
| 2: Deploy gcloud run services update re... | 00:00:50 |

빌드 로그    실행 세부정보    빌드 아티팩트

□ 줄 래핑    □ 최신 항목부터 표시    펼치기    원시 로그 보기

```
157  Starting Step #2 - "Deploy"
158  Step #2 - "Deploy": Pulling image: gcr.io/google.com/cloudsdktool/cloud-sdk:slim
159  Step #2 - "Deploy": slim: Pulling from google.com/cloudsdktool/cloud-sdk
160  Step #2 - "Deploy": a603fa5e3b41: Pulling fs layer
161  Step #2 - "Deploy": 460e314f1853: Pulling fs layer
162  Step #2 - "Deploy": 9cc74bb1d508: Pulling fs layer
163  Step #2 - "Deploy": 456db033b345: Pulling fs layer
164  Step #2 - "Deploy": 24e4f2227ddf: Pulling fs layer
165  Step #2 - "Deploy": 456db033b345: Waiting
166  Step #2 - "Deploy": 24e4f2227ddf: Waiting
167  Step #2 - "Deploy": 9cc74bb1d508: Verifying Checksum
168  Step #2 - "Deploy": 9cc74bb1d508: Download complete
169  Step #2 - "Deploy": 460e314f1853: Verifying Checksum
170  Step #2 - "Deploy": 460e314f1853: Download complete
171  Step #2 - "Deploy": 24e4f2227ddf: Verifying Checksum
172  Step #2 - "Deploy": 24e4f2227ddf: Download complete
173  Step #2 - "Deploy": a603fa5e3b41: Verifying Checksum
174  Step #2 - "Deploy": a603fa5e3b41: Download complete
175  Step #2 - "Deploy": a603fa5e3b41: Pull complete
176  Step #2 - "Deploy": 456db033b345: Verifying Checksum
177  Step #2 - "Deploy": 456db033b345: Download complete
178  Step #2 - "Deploy": 460e314f1853: Pull complete
179  Step #2 - "Deploy": 9cc74bb1d508: Pull complete
180  Step #2 - "Deploy": 456db033b345: Pull complete
181  Step #2 - "Deploy": 24e4f2227ddf: Pull complete
182  Step #2 - "Deploy": Digest: sha256:0b5e8d676210c484217afa10f69e30b9d7250f52bbc09ae164fea1766a377cb3
183  Step #2 - "Deploy": Status: Downloaded newer image for gcr.io/google.com/cloudsdktool/cloud-sdk:slim
184  Step #2 - "Deploy": gcr.io/google.com/cloudsdktool/cloud-sdk:slim
185  Step #2 - "Deploy": Deploying...
```

그림 9.104 지속적 배포를 설정하면 매번 이미지를 빌드하고 푸시하지 않아도 자동으로 해당 브랜치에서 변경이 발생할 때마다 서비스를 배포하게 된다.

빌드된 이미지를 푸시해서 배포하는 방식이 아닌 만큼 이전과 다르게 직접 이미지를 빌드하고 푸시해 배포까지 하는 과정을 모두 확인할 수 있다. 배포가 끝나면 앞서와 동일하게 고정된 URL에서 배포된 이미지에 접근할 수 있다. 그리고 만약 설정한 브랜치에서 새로운 커밋이 발견되면 자동으로 빌드가 수행되면서 배포까지 이뤄진다.

### 9.4.3 정리

지금까지 리액트 애플리케이션을 도커라이즈하고, 이를 푸시해 클라우드에서 실행하는 방법까지 살펴봤다. 요즘 대부분의 기업에서는 애플리케이션을 도커라이즈해서 배포하고, 각 이미지를 관리하고 보관하면서 배포 관련 히스토리를 남겨두거나 빠르게 롤백하는 등의 용도로 도커를 사용하고 있기 때문에 프론트엔드 개발자라면 적어도 자신이 만든 애플리케이션을 도커라이즈하는 방법까지 숙지하고 있어야 한다. 도커 이미지를 빌드한 이후에 배포하는 프로세스는 회사의 방침이나, DevOps의 방향성, 사용하는 서비스별로 차이가 있지만 적어도 모두 도커 이미지로 만든다는 점에서는 동일하다. 따라서 create-react-app으로 생성한 정적인 애플리케이션이건, Next.js를 활용해 서버 사이드 렌더링을 하는 애플리케이션이건 모두 이미지로 만드는 과정은 능숙하게 다룰 줄 알아야 한다.

이와 더불어 여기서 다루지는 않았지만 쿠버네티스(Kubernetes)를 활용해 컨테이너 기반 애플리케이션을 좀 더 탄력적으로 배포하고 관리하며, 추가로 헬름 차트를 활용해 정적인 쿠버네티스의 템플릿을 상황에 맞게 관리할 수도 있다. 쿠버네티스와 헬름 차트까지 다루는 것은 이 책의 범위를 아득히 뛰어넘기 때문에 이에 대해서는 다른 참고 문헌을 참고하길 바란다. 참고로 쿠버네티스도 GCP와 마찬가지로 구글에서 만든 덕분에 한글 문서화가 굉장히 잘 돼 있어 학습하는 데 큰 도움이 될 것이다.[66]

마지막으로 이번 장에서는 GCP를 위주로 다뤘지만 아마존 웹 서비스, 마이크로소프트 애저, 그리고 국내에서 서비스하는 네이버 클라우드 플랫폼에도 명칭은 조금씩 다르지만 이미지를 관리하고 배포하는 서비스를 모두 제공하고 있다. 서비스별로 스펙은 조금씩 다르지만 이미지를 빌드하고, 태깅하고, 배포하는 과정은 모두 동일하므로 관심이 있거나 무료 크레딧이 있다면 다른 서비스를 이용해 보는 것도 많은 도움이 될 것이다.

---

**66** https://kubernetes.io/ko/

# 10장

# 리액트 17과 18의
# 변경 사항 살펴보기

리액트가 npm에 모습을 드러낸 지도 벌써 11년의 시간이 흘렀다. npm-stats[1]를 기준으로 현재 9.9억 회의 다운로드가 이뤄졌으며, 이러한 추세라면 머지않아 10억 다운로드를 달성할 것으로 보인다. 이는 리액트의 긴 역사만큼이나 오랜 기간 많은 개발자로부터 사랑받아 왔다는 것을 증명한다. 2022년 8월을 기준으로 메타 팀은 리액트를 18.2.0 버전까지 릴리스했는데, 현재 인터넷에서 가장 많이 사용되고 있는 버전은 무엇일까? W3Techs에서는 알렉사 기준 상위 천만 개의 사이트를 방문해 해당 사이트의 기술을 분석해 리포트를 제공하고 있는데, 리액트를 사용하고 있는 사이트들은 일반적으로 16 버전을 사용 중인 것으로 밝혀졌다.

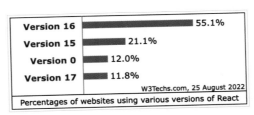

그림 10.1 W3Techs에서 조사한 리액트 버전 통계.[2] 16 버전이 전체 리액트 버전의 절반을 넘는 것을 볼 수 있다.

이러한 16.x 버전의 인기를 증명하듯, 리액트로 만들어진 사이트 중 가장 유명한 웹사이트인 에어비앤비(Airbnb)나 넷플릭스(Netflix)에서도 여전히 리액트 16 버전을 사용하고 있음을 확인할 수 있다(2022년 8월 기준).

---

1 http://npm-stats.org/#/react
2 https://w3techs.com/technologies/details/js-react

그림 10.2 넷플릭스 사이트를 소스 보기와 리액트 개발자 도구로 확인한 모습

그러나 이러한 사실이 리액트 16 버전으로 서비스하는 것이 충분하기 때문에 이후 버전인 17버전이나 18 버전을 이해할 필요가 없음을 의미하지는 않는다. 현재 기준이 되는 리액트 버전만으로도 충분히 사용자에게

뛰어난 경험을 제공하고 있다면 충분하다고 느낄 수 있지만 리액트가 제공하는 최신 기능을 모두 활용하려면 리액트가 제공하는 새로운 버전을 조금씩 따라잡을 필요가 있다. 모든 라이브러리가 그렇듯, 최신 버전은 더 나은 기능을, 더 가볍고 빠르게 제공하는 데 초점을 맞추고 있다. 리액트 역시 마찬가지로, 언제가 또다시 리액트 16.8에서 보여줬던 리액트 훅처럼 코드 작성 전반을 뒤흔들 획기적인 패러다임이 등장할지도 모른다.

또한 리액트에 의존적인 라이브러리를 사용한다면 peerDependencies를 통해 리액트에 의존하고 있으므로 버전 업을 위해서는 이 라이브러리가 지원하는 버전에 대해 꼼꼼하게 살펴봐야 한다. 일부 라이브러리들이 사용하는 데 필요한 최소 리액트 지원 버전을 올렸는데, 사용 중인 서비스에서 아직 구형 버전의 리액트를 사용하고 있다면 낭패를 볼 수 있다.

```
"peerDependencies": {
  "@types/react": "^16.8 || ^17.0 || ^18.0",
  "@types/react-dom": "^16.8 || ^17.0 || ^18.0",
  "react": "^16.8 || ^17.0 || ^18.0",
  "react-dom": "^16.8 || ^17.0 || ^18.0",
  "react-native": ">=0.59",
  "redux": "^4"
},
```

그림 10.3 react-redux 패키지의 peerDependencies 항목. 만약 어떤 이유로 향후 버전에서 peerDependencies에서 리액트 16 버전을 제거해 버린다면 최신 버전의 react-redux를 사용하지 못하게 될 수도 있다.

이번 장에서는 리액트 17과 18 버전에 어떠한 변화가 있었는지 살펴보고자 한다. 17 버전과 18 버전으로 두 버전을 다루는 이유는 앞선 자료에 나와 있듯이 현재 가장 널리 사용되고 있는 리액트 버전이 16이기 때문에 그 이후에 나온 두 버전이 상대적으로 덜 설치되어 사용 중이기 때문이다. 아마도 대부분의 리액트 프로젝트들이 최소한 훅과 함수 컴포넌트를 사용하기 위해 16.8 버전을 기반으로 개발됐고, 이것이 고착화되어 더 이상 버전 업하지 않고 운영되고 있을 것이다. 그 이후 주요 버전인 17, 18 버전에 어떠한 변화가 있었는지, 또 수정해야 할 것은 무엇이 있으며 어떠한 새로운 패러다임과 기능을 제공하고 있는지 하나씩 살펴보자.

## 10.1 리액트 17 버전 살펴보기

먼저 리액트 17 버전은 16 버전과 다르게 새롭게 추가된 기능이 없으며 호환성이 깨지는 변경 사항, 즉 기존에 사용하던 코드의 수정을 필요로 하는 변경 사항을 최소화했다는 점을 가장 큰 특징으로 꼽는다. 리액트 팀에서 이야기한 바로는, 10만 개 이상의 컴포넌트 중 호환성이 깨지는 변경 사항에 영향을 받은 것은 20개 미만으로, 대부분의 애플리케이션이 별다른 문제 없이 16 버전에서 17 버전으로 업그레이드할 수 있을 것으로 내다봤다. 4~5개의 실제 서비스 중인 리액트 코드를 17로 버전 업해본 개인적인 경험으로도 대부분의 애플리케이션에서 16 버전에서 17 버전으로의 업그레이드는 큰 변화를 겪지 않고 순조롭게 마무리할 수 있었다. 그만큼 16 버전에서 17 버전으로의 버전 업은 큰 부담 없이 할 수 있는 작업이라 볼 수 있다. 구체적으로 어떠한 변경점이 있는지 살펴보자.

## 10.1.1 리액트의 점진적인 업그레이드

이전 9.2절 '깃허브 100% 활용하기'에서 유의적 버전(semantic version)이 무엇인지 이야기한 바 있다. 즉, 리액트 16에서 17로의 업데이트는 기존 버전인 16에서 더 이상 호환되지 않는 API가 있거나 새로운 리액트 17을 사용하는 데 있어 이전과 작동 방식이 달라질 수 있기 때문에 단행된 주 버전 업데이트다. 반면 수 버전 업데이트인 16.7에서 16.8로의 버전 업은 신규 기능 추가(리액트 훅)로 인해 발생한 것이다.

리액트도 이러한 유의적 버전을 기반으로 업데이트를 거치고 있었고, 지난 7년간 최초 공개된 0.3.0부터 16 버전으로 오기까지 이러한 유의적 버전 전략에 맞춰 업데이트되고 있었다. 즉, 새로운 주 버전이 릴리스되면 이전 버전에서의 API 제공을 완전히 중단해 버리고, 전체 애플리케이션을 새롭게 업그레이드하기를 요구하고 있었다. 이는 새롭게 API를 작성하는 리액트 개발팀 입장에서는 굉장히 편리하면서도 유용한 전략이었지만 오래된 코드 베이스를 기반으로 돌아가는 실제 웹 애플리케이션에는 그다지 좋지 못한 일이다. 새로운 리액트 주 버전이 릴리스됐다고 가정해 보자. 이제 새로운 버전이 릴리스되면 어떠한 API 수정이 있는지 일일이 확인해서 적용해야 한다. 또 지원을 중단한 API는 또 어떻게 고쳐야 할지도 파악해야 한다. 한 번쯤 버전 업을 해본 경험이 있는 개발자라면 이러한 작업이 얼마나 번거로운지 알 수 있을 것이다. 따라서 레거시 애플리케이션을 관리하는 개발자는 항상 선택의 기로에 놓여 있었다. 전체 웹 서비스가 새로운 버전으로 완전히 넘어가버리거나, 계속 현재(과거 버전)에 머물러 있어야 한다. 이러한 작업에 중간은 없었다. 가거나, 멈추거나 둘 중 하나뿐이다.

그러나 이제 리액트 17 버전부터는 점진적인 업그레이드가 가능해진다. 리액트 17을 설치하고, 이후에 리액트 18로 업데이트하는 상황을 가정해 보자. 리액트 18에서 제공하는 대부분의 기능을 사용할 수도 있지만 일부 기능에 대해서는 리액트 17에 머물러 있는 것이 가능해진다. 즉, 전체 애플리케이션 트리는 리액트 17이지만 일부 트리와 컴포넌트에 대해서만 리액트 18을 선택하는 점진적인 버전 업이 가능해진다. 물론 이것은 이상적인 방법이 아닐 수는 있다. 버전이 서로 다른 리액트가 두 개가 존재해야 하는 것이므로 한 개가 있을 때보다는 당연히 관리 지점이 많아진다. 그러나 리액트 버전을 올리기에는 너무 부담이 되는 큰 애플리케이션의 경우에는 충분히 고려해 볼 만한 선택지가 될 수 있다.

이러한 점진적인 업그레이드를 지원하기 위한 리액트의 일부 컴포넌트 변경이 리액트 17 업데이트의 주요 변경 사항 중 하나다. 향후 업데이트가 부담된다 하더라도 17 버전부터 제공되는 점진적인 업그레이드를 사용하기 위해서라도 17 버전 업데이트를 고려해 봄 직하다. 일종의 업데이트를 위한 업데이트라 볼 수 있다.

그렇다면 여기서 언급한 '한 애플리케이션 내에 여러 버전의 리액트가 존재하는 시나리오'는 어떤 것일까? 다음 코드를 보자(이 코드의 전체 내용은 이 책의 깃허브 저장소[3]에서 찾아볼 수 있다).

```
// 구 리액트 애플리케이션 루트를 만든다.
export default function createLegacyRoot(container) {
    return {
        // 렌더링
        render(Component, props, context) {
            ReactDOM.render(
                <ThemeContext.Provider value={context.theme}>
                    <Component {...props} />
                </ThemeContext.Provider>,
                container
            );
        },
        // 이 컴포넌트의 부모 컴포넌트가 제거될 때 호출될 unmount
        unmount() {
            ReactDOM.unmountComponentAtNode(container);
        },
    };
}


// 모듈을 promise로 불러오는 변수
const rendererModule = {
    status: 'pending',
    promise: null,
    result: null,
};


// 이전 버전인 리액트 16의 루트를 가져오는 코드다.
// 일반적인 React.lazy를 쓰지 못한 이유는 컴포넌트를 불러오는 작업은 외부
// 리액트 버전에서, 렌더링하는 작업은 내부 리액트 버전에서 수행해야 하기 때문이다.
export default function lazyLegacyRoot(getLegacyComponent) {
    const componentModule = {
        status: 'pending',
        promise: null,
        result: null,
    };
```

3   https://github.com/wikibook/react-deep-dive-example/tree/main/chapter8/react-gradual-demo

```
return function Wrapper(props) {
    // legacy/createLegacyRoot를 promise로 layzy하게 불러온다.
    const createLegacyRoot = readModule(rendererModule, () =>
        import('../legacy/createLegacyRoot')
    ).default;

    const Component = readModule(componentModule, getLegacyComponent).default;
    // 구 리액트를 렌더링할 위치
    const containerRef = useRef(null);
    // 구 리액트의 루트 컴포넌트
    const rootRef = useRef(null);

    const theme = useContext(ThemeContext);
    const context = useMemo(
        () => ({
            theme,
        }),
        [theme]
    );
    useLayoutEffect(() => {
        // 루트 컴포넌트가 없다면
        if (!rootRef.current) {
            // 루트 컴포넌트를 만든다.
            rootRef.current = createLegacyRoot(containerRef.current);
        }
        const root = rootRef.current;

        // cleanUp 시에 언마운트
        return () => {
            root.unmount();
        };
    }, [createLegacyRoot]);

    useLayoutEffect(() => {
        if (rootRef.current) {
            // 루트 컴포넌트가 존재하면 적절한 props와 context로 렌더링한다.
            rootRef.current.render(Component, props, context);
        }
    }, [Component, props, context]);
```

```
        // 여기에 구 리액트 애플리케이션 코드가 들어간다.
        return <div style={{display: 'contents'}} ref={containerRef} />;
    };
}


// app.jsx
// 리액트 17로 작성된 애플리케이션
export default function App() {
    return <Suspense fallback={<Spinner />}>
        <AboutPage />
    </Suspense>
}


// abount.jsx
// 리액트 16 버전의 Greeting Component를 불러온다.
const Greeting = lazyLegacyRoot(() => import('../legacy/Greeting'));

function AboutPage() {
    const theme = useContext(ThemeContext);
    return (
        // 전체 코드는 리액트 17로 작성되지만
        <>
            <h2>src/modern/AboutPage.js</h2>
            <h3 style={{color: theme}}>
                This component is rendered by the outer React ({React.version}).
            </h3>
            <Clock />
            // 여기는 리액트 16 코드가 존재한다.
            <Greeting />
            // 리액트 16 코드 끝
            <br />
        </>
    );
}
```

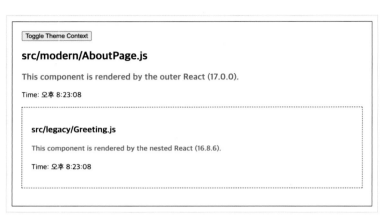

그림 10.4 한 애플리케이션 내에서 여러 버전의 리액트가 존재한다.

이 예제는 크게 리액트 17로 구성된 애플리케이션과 리액트 16으로 구성된 애플리케이션으로 나눠서 살펴볼 수 있다. 리액트 17 애플리케이션은 내부에서 리액트 16을 게으르게(lazy) 불러온다. 불러오는 과정에서 리액트 16을 위한 별도의 루트 요소를 만들고, 여기에 불러온 리액트 16 모듈을 렌더링하는 구조로 구성돼 있다. 이렇게 불러온 결과, 서로 렌더링하는 과정에서 버전의 불일치로 인한 에러도 발생하지 않고 하나의 웹사이트에서 두 개의 리액트가 존재하게 됐다. 그리고 이 두 개의 리액트 루트는 단 하나만 존재하는 컴포넌트와 훅을 서로 불러와서 사용할 수 있다. 즉, 리액트 16과 17 버전을 모두 지원하는 컴포넌트나 훅이라면 버전이 다른 두 리액트에서도 무리없이 사용 가능하다. Context도 마찬가지로 ThemeContext의 값을 리액트 16과 17이 모두 동일하게 사용하고 있으며, 이 Context가 제공하는 값을 마찬가지로 동일하게 사용할 수 있음을 알 수 있다.

리액트 팀에서는 이를 어디까지나 한꺼번에 업그레이드가 불가능한 상태에서만 차선책으로, 여전히 리액트 버전을 한꺼번에 업데이트하는 게 복잡성 감소 측면에서 좋다고 언급했다.

Note that this approach is meant to be an escape hatch, not the norm. ....Always prefer using one React if you can.

(번역) 이 접근 방식은 어디까지나 일반적인 접근 방식이 아닌 임시방편이라는 것을 알아두어야 한다. … 대부분 가능한 하나의 리액트 버전을 쓰는 것이 좋다.

그럼에도 불구하고 리액트 애플리케이션이 너무 거대해 한꺼번에 새로운 버전으로 업그레이드하기 부담스러운 상황이라면 이러한 시나리오는 꽤나 유용하다. 이러한 점진적인 업그레이드를 채택하기 위해서라도 반드시 리액트 버전을 17까지는 업데이트할 필요가 있다.

## 10.1.2 이벤트 위임 방식의 변경

이벤트 위임 방식의 변화를 이해하려면 먼저 리액트에서 이벤트가 어떻게 추가되는지를 이해해야 한다. 다음 예제 코드를 보자.

```
import { useEffect, useRef } from 'react'

export default function Button() {
  const buttonRef = useRef<HTMLButtonElement | null>(null)

  useEffect(() => {
    if (buttonRef.current) {
      buttonRef.current.onclick = function click() {
        alert('안녕하세요!')
      }
    }
  }, [])

  function 안녕하세요() {
    alert('안녕하세요!')
  }

  return (
    <>
      <button onClick={안녕하세요}>리액트 버튼</button>
      <button ref={buttonRef}>그냥 버튼</button>
    </>
  )
}
```

먼저 '리액트 버튼'은 일반적으로 리액트 애플리케이션에서 DOM에 이벤트를 추가하는 방식으로 onclick 이벤트를 추가했다. 반면, '그냥 버튼'의 이벤트는 직접 DOM을 참조해서 가져온 다음, DOM의 onclick에 직접 함수를 추가하는 고전적인 이벤트 핸들러 추가 방식을 사용했다. 이 두 방법이 실제 웹에서 어떻게 다른지 살펴보자.

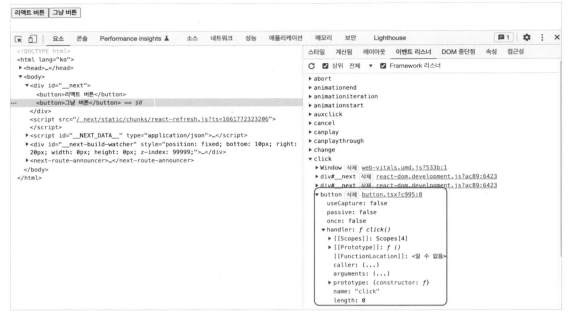

그림 10.5 일반적인 onclick 방식으로 이벤트 핸들러를 추가한 모습

다음으로 '그냥 버튼'은 해당 버튼의 이벤트 리스너에 click으로 추가돼 있는 것을 볼 수 있다. 해당 핸들러를 클릭해 보면 앞서 작성한 click 함수를 가리키고 있다.

그렇다면 리액트로 부착한 이벤트는 어떨까?

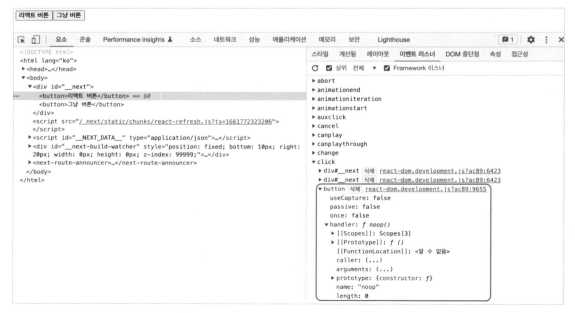

그림 10.6 리액트에서 이벤트를 추가한 button의 onClick 핸들러를 확인한 모습

`<button>`의 onClick 이벤트에 noop이라는 핸들러가 추가돼 있는 것을 볼 수 있다. 이름에서 얼추 유추할 수 있지만 과연 이 함수는 어떤 일을 하는지 자세히 살펴보자.

```
9649  }
9650
9651  function getOwnerDocumentFrom
9652    return rootContainerElement
9653  }
9654
9655  function noop() {}
9656
9657  function trapClickOnNonIntera
9658    // Mobile Safari does not f
9659    // non-interactive elements
9660    // fire. The workaround for
9661    // listener on the target n
9662    // https://www.quirksmode.o
9663    // Just set it using the on
```

그림 10.7 리액트 방식으로 이벤트 핸들러를 추가한 모습. 앞선 방식과 다르게 추가한 이벤트가 직접적으로 보이지 않음을 알 수 있다.

해당 버튼의 click에는 noop이라고 하는 함수가 달려 있고, 이 noop은 문자 그대로(no operation) 아무런 일도 하지 않는 것을 볼 수 있다. 그러나 두 버튼 모두 동일하게 작동한다. 그렇다면 리액트에서는 이벤트를 어떻게 처리할까?

리액트는 이벤트 핸들러를 해당 이벤트 핸들러를 추가한 각각의 DOM 요소에 부탁하는 것이 아니라, 이벤트 타입(click, change)당 하나의 핸들러를 루트에 부착한다. 이를 이벤트 위임이라고 한다. 이벤트 위임을 이해하려면 이벤트가 어떤 단계로 구성돼 있는지 먼저 알아야 한다.

1. 캡처(capture): 이벤트 핸들러가 트리 최상단 요소에서 부터 시작해서 실제 이벤트가 발생한 타깃 요소까지 내려가는 것을 의미한다.

2. 타깃(target): 이벤트 핸들러가 타깃 노드에 도달하는 단계다. 이 단계에서 이벤트가 호출된다.

3. 버블링(bubbling): 이벤트가 발생한 요소에서부터 시작해 최상위 요소까지 다시 올라간다.

이벤트 위임이란 이러한 이벤트 단계의 원리를 활용해 이벤트를 상위 컴포넌트에만 붙이는 것을 의미한다. 다음 코드를 보자.

```
<ul>
  <li />
  <li />
  <li />
  <li />
  <!-- ... -->
</ul>
```

만약 모든 li 요소에 이벤트가 필요하다면 이 li에 이벤트를 다 추가할 수도 있지만 ul에만 추가해서 이벤트를 위임한다면 더욱 많은 이점을 얻을 수 있다. ul의 자식에 li가 추가 또는 삭제되더라도 이벤트 핸들러도 똑같이 추가 수정할 필요도 없고, 이벤트 추가를 한 번만 하면 되므로 좀 더 효율적으로 관리할 수 있게 된다.

다시 리액트로 돌아와서 리액트는 최초 릴리스부터 이러한 이벤트 위임을 적극적으로 사용했다. 앞서 언급했듯이, 리액트는 이벤트 핸들러를 각 요소가 아닌 document에 연결해서 이벤트를 좀 더 효율적으로 관리한다. 위 예제에서 루트는 div#__next이고, 해당 엘리먼트에 이벤트가 달려 있는 것을 볼 수 있다.

그러나 이러한 이벤트 위임이 리액트 16 버전까지는 모두 document에서 수행되고 있었다. 다음과 같은 리액트 16 코드를 보자.

```
import React from 'react'
import ReactDOM from 'react-dom'

export default function App() {
  function 안녕하세요() {
    alert('안녕하세요!')
  }

  return <button onClick={안녕하세요}>리액트 버튼</button>
}

ReactDOM.render(<App />, document.getElementById('root'))
```

그림 10.8 리액트의 이벤트가 16 버전에서는 document에 부착된 것을 볼 수 있다.

그런데 리액트 17부터는 이러한 이벤트 위임이 모두 document가 아닌 리액트 컴포넌트 최상단 트리, 즉 루트 요소로 바뀌었다.

그림 10.9 리액트 17 버전에서는 리액트의 이벤트가 루트인 div#root에 부착된 것을 볼 수 있다.

그 이유는 무엇일까? 그것은 바로 앞서 이야기한 점진적인 업그레이드 지원, 그리고 다른 바닐라 자바스크립트 코드 또는 jQuery 등이 혼재돼 있는 경우 혼란을 방지하기 위해서다. 점진적인 업그레이드 지원이 활성화됐고, 그 덕분에 여러 리액트 버전이 한 서비스에서 공존한다고 가정해 보자. 만약 기존 리액트 16의 방식대로 모든 이벤트가 document에 달려 있으면 어떻게 될까?

```jsx
import React from 'react' // 16.14
import ReactDOM from 'react-dom' // 16.14


function React1614() {
  function App() {
    function 안녕하세요() {
      alert('안녕하세요! 16.14')
    }
    return <button onClick={안녕하세요}>리액트 버튼</button>
  }
  return ReactDOM.render(<App />, document.getElementById('React-16-14'))
}


import React from 'react' // 16.8
import ReactDOM from 'react-dom' // 16.8


function React168() {
  function App() {
    function 안녕하세요() {
      alert('안녕하세요! 16.8')
    }
    return <button onClick={안녕하세요}>리액트 버튼</button>
  }
  return ReactDOM.render(<App />, document.getElementById('React-16-8'))
}
```

이 코드는 다음과 같이 렌더링될 것이다.

```html
<html>
  <body>
    <div id="React-16-14">
      <div id="React-16-8"></div>
    </div>
  </body>
</html>
```

리액트 16의 이벤트 위임의 원리에 따라 모든 이벤트는 document에 부착된다. 만약 이 상황에서 React168 컴포넌트가 이벤트 전파를 막는 e.stopPropagation을 실행하면 어떻게 될까? 이미 모든 이벤트는 document로 올라가 있는 상태이기 때문에 stopPropagation을 실행한다 하더라도 이미 모든 이벤트는 document에 있으므로 document의 이벤트 전파는 막을 수 없게 된다. 따라서 e.stopPropagation() 실행이 무색하게 바깥에 있는 React1614에도 이 이벤트를 전달받게 될 것이다. 이처럼 서로 다른 리액트 버전에서 발생할 수 있는 문제를 해결하기 위해 이벤트 위임의 대상을 document에서 컴포넌트의 최상위로 변경했다. 이렇게 수정하게 되면 각 이벤트는 해당 리액트 컴포넌트 트리 수준으로 격리되므로 이벤트 버블링으로 인한 혼선을 방지할 수 있다.

이러한 문제는 리액트끼리만 발생하는 것은 아니다. 한 애플리케이션에서 jQuery 같은 다른 라이브러리와 리액트 16 등이 혼재되어 있는 상황인 경우에도 이와 동일한 문제가 충분히 발생할 수 있다.

이러한 document로 이벤트를 위임하는 특성 때문에 발생하는 또 한 가지 재미있는 일이 있는데, 리액트 16 버전에서 document와 리액트가 렌더링되는 루트 컴포넌트 사이에서 이벤트를 막는 코드를 추가하면 리액트의 모든 핸들러가 작동하지 않도록 막을 수 있었다.

```html
<!DOCTYPE html>
<html lang="en">
  <head>
    <meta charset="utf-8" />
    <meta
      name="viewport"
      content="width=device-width, initial-scale=1, shrink-to-fit=no"
    />
  </head>
  <body>
    <!-- 리액트 컴포넌트 루트 -->
    <div id="main">
      <div id="root"></div>
```

```
    </div>
    <script>
      // 여기에 클릭 이벤트로 이벤트 전파를 막아버리면 리액트의
      // 클릭 이벤트 핸들러가 모두 막힌다.
      document.getElementById('main').addEventListener(
        'click',
        function (e) {
          e.stopPropagation()
        },
        false,
      )
    </script>
  </body>
</html>
```

이제 이러한 작동 방식 또한 이벤트 위임 방식이 변경되면서 사라지게 됐다.

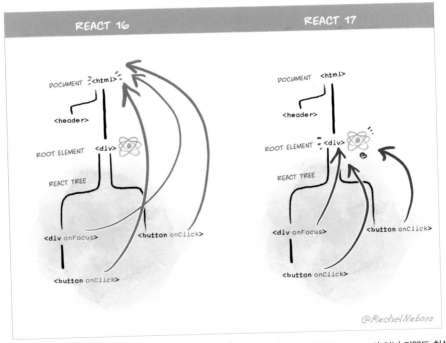

---
4  https://ko.reactjs.org/blog/2020/08/10/react-v17-rc.html

이러한 변경으로 인해 코드에서 확인해 볼 것이 하나 생겼다. 만약 코드에 document.addEventListener를 활용해 리액트의 모든 이벤트를 document에서 확인하는 코드가 있다면 여기까지 이벤트가 전파되지 않는 경우도 존재할 수 있으므로 꼭 확인해 봐야 한다. 다음 예제를 보자.

```jsx
import React, { MouseEvent, useEffect } from 'react'
import ReactDOM from 'react-dom'

export default function App() {
  useEffect(() => {
    document.addEventListener('click', (e) => {
      console.log('이벤트가 document까지 올라옴')
    })
  }, [])

  function 안녕하세요(e: MouseEvent<HTMLButtonElement>) {
    e.stopPropagation()
    alert('안녕하세요!')
  }

  return <button onClick={안녕하세요}>리액트 버튼</button>
}

ReactDOM.render(<App />, document.getElementById('root'))
```

이 코드는 리액트 16과 17에서 다르게 작동한다. 리액트 16에서는 모든 이벤트가 document에 달려 있으므로 stopPropagation이 의미가 없지만 리액트 17의 경우에는 컴포넌트 루트에 달려 있으므로 document에 부착한 console 이벤트를 볼 수 없을 것이다. 리액트의 이러한 이벤트 작동 방식을 기반으로 작성한 코드가 있다면 리액트 17을 적용하면서 함께 반드시 수정해야 한다.

## 10.1.3 import React from 'react'가 더 이상 필요 없다: 새로운 JSX transform

2장에서 언급한 것처럼 JSX는 브라우저가 이해할 수 있는 코드가 아니므로 바벨이나 타입스크립트를 활용해 JSX를 실행하기 위해 일반적인 자바스크립트로 변환하는 과정이 꼭 필요하다. 일반적으로 create-react-app을 활용해서 개발하면 이러한 작업을 따로 처리한 경험은 거의 없겠지만 대부분의 경우에는 이 변환 작업이 개발자에게 보이지 않는 리액트 단에서 이뤄지고 있었다. 16 버전까지는 이러한 JSX 변환을 사용하기 위해 코드 내에서 React를 사용하는 구문이 없더라도 import React from 'react'가 필요했고, 이 코드가 없다면 에러가 발생했다.

그러나 리액트 17부터 바벨과 협력해 이러한 import 구문 없이도 JSX를 변환할 수 있게 됐다. 이 새로운 변환 식은 import React가 필요 없다는 장점 외에도, 불필요한 import 구문을 삭제해 번들링 크기를 약간 줄일 수 있고, 컴포넌트 작성을 더욱 간결하게 해준다.

먼저 구 버전에서 JSX가 어떻게 변환되는지 살펴보자.

```
const Component = (
  <div>
    <span>hello world</span>
  </div>
)
// 리액트 16에서는 이렇게 변환된다.
var Component = React.createElement(
  'div',
  null,
  React.createElement('span', null, 'hello world'),
)
```

변환 결과를 보면 왜 import React from 'react' 구문이 필요했는지 알 수 있다. JSX 코드를 변경은 해주지만 React.createElement를 수행할 때 필요한 import React from 'react'까지 추가해주지는 않기 때문이다.

그리고 17 버전에서는 앞의 코드가 다음과 같이 변환된다.

```
'use strict'

var _jsxRuntime = require('react/jsx-runtime')

var Component = (0, _jsxRuntime.jsx)('div', {
  children: (0, _jsxRuntime.jsx)('span', {
    children: 'hello world',
  }),
})
```

React.createElement가 사라진 것도 눈에 띄지만 한 가지 더 주목해 볼 만한 것은 바로 require() 구문이다. 이제 JSX를 변환할 때 필요한 모듈인 react/jsx-runtime을 불러오는 require 구문도 같이 추가되므로 import React from 'react'를 작성하지 않아도 된다.

기존 코드에서 굳이 import React를 삭제하지 않고 둬도 상관없지만 번들링 사이즈를 조금이라도 줄이고 싶다면 react-codemod를 다음 명령어를 사용해 모두 삭제할 수 있다.

```
npx react-codemod update-react-imports
```

그리고 향후 추가될지도 모르는 import React를 방지하고 싶다면 8.1절 'ESLint를 활용한 정적 코드 분석'에서 이야기한 ESLint를 활용한 정적 분석 방식을 사용해 보자.

그렇다면 jsx를 작성하는 코드가 간결해지는 것 외에 실제로 어떠한 이점이 있을까? 먼저 react/jsx-runtime을 React.createElement와 비교해서 내부 소스코드를 직접 살펴보면 두 함수 모두 ReactElement를 반환하지만 리액트 내부 코드를 살펴보면 react/jsx-runtime의 jsx 쪽이 훨씬 더 내부 로직이 간결한 것을 확인할 수 있다.[5] 또한 import React 구문이 사라져서 번들 사이즈도 조금이나마 줄어든다는 것도 8.1절에서 살펴봤다.

따라서 특별한 이유가 없다면 import React를 지우고, tsconfig.json의 jsx를 react-jsx 등으로 변경하여 앞서 설명한 이점을 모두 누리도록 하자.

## 10.1.4 그 밖의 주요 변경 사항

지금까지는 리액트 17에서 주목할 만한 주요 변경 사항을 살펴봤다. 주요 변경 사항 외에 알아두면 좋을 몇 가지 변경 사항을 더 살펴보자.

### 이벤트 풀링 제거

과거 리액트 16에서는 이른바 이벤트 풀링이라 불리는 기능이 있었다. 리액트에는 이벤트를 처리하기 위한 SyntheticEvent라는 이벤트가 있는데, 이 이벤트는 브라우저의 기본 이벤트를 한 번 더 감싼 이벤트 객체다. 리액트는 이렇게 브라우저 기본 이벤트가 아닌 한번 래핑한 이벤트를 사용하기 때문에 이벤트가 발생할 때마다 이 이벤트를 새로 만들어야 했고, 그 과정에서 항상 새로 이벤트를 만들 때마다 메모리 할당 작업이 일어날 수밖에 없다. 또한 메모리 누수를 방지하기 위해 이렇게 만든 이벤트를 주기적으로 해제해야 하는 번거로움도 있다. 여기서 이벤트 풀링이란 SyntheticEvent 풀을 만들어서 이벤트가 발생할 때마다 가져오는 것을 의미한다.

---

5  jsx 버전(https://github.com/facebook/react/blob/9ff738f53f228ea4343886a1e719ec2f1533d300/packages/react/src/ReactElement.js#L204–L272, 단축 URL: https://bit.ly/46cLg71)과 createElement(https://github.com/facebook/react/blob/9ff738f53f228ea4343886a1e719ec2f1533d300/packages/react/src/ReactElement.js#L358–L451, 단축 URL: https://bit.ly/3PKg484)를 비교해 보자. jsx의 경우 key를 추론하고 props를 설정하는 작업만 하지만 createElement는 defaultProps 확인 등 여러 가지 작업을 하는 것을 볼 수 있다.

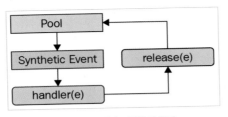

그림 10.11 이벤트 풀링의 원리

즉, 이벤트 풀링 시스템에서는 다음과 같이 이벤트가 발생한다.

1. 이벤트 핸들러가 이벤트를 발생시킨다.

2. 합성 이벤트 풀에서 합성 이벤트 객체에 대한 참조를 가져온다.

3. 이 이벤트 정보를 합성 이벤트 객체에 넣어준다.

4. 유저가 지정한 이벤트 리스너가 실행된다.

5. 이벤트 객체가 초기화되고 다시 이벤트 풀로 돌아간다.

언뜻 보기에는 이벤트 풀에 있는 합성 이벤트를 반복적으로 사용할 수 있어서 효과적으로 보이지만 풀에서 이벤트를 받아오고, 이벤트가 종료되자마자 다시 초기화하는(null로 변경하는) 방식은 분명 사용하는 쪽에서는 직관적이지 않았다. 다음 코드를 보자.

```
export default function App() {
  const [value, setValue] = useState('')
  function handleChange(e: ChangeEvent<HTMLInputElement>) {
    setValue(() => {
      return e.target.value
    })
  }

  return <input onChange={handleChange} value={value} />
}
```

이 코드는 다음과 같은 에러를 발생시킨다.

```
// Cannot read properties of null (reading 'value')

// Warning: This synthetic event is reused for performance reasons. If you're seeing this, you're
accessing the property `target` on a released/nullified synthetic event. This is set to null. If
```

왜 이런 에러가 발생하는 것일까? 리액트 16 이하 버전에서는 이벤트 풀링 방식을 통해 서로 다른 이벤트 간에 이벤트 객체를 재사용하고, 그리고 이 재사용하는 사이에 모든 이벤트 필드를 null로 변경하기 때문이다. 좀 더 쉽게 표현하자면 한번 이벤트 핸들러를 호출한 SyntheticEvent는 이후 재사용을 위해 null로 초기화된다. 따라서 비동기 코드 내부에서 SyntheticEvent인 e에 접근하면 이미 사용되고 초기화된 이후이기 때문에 null만 얻게 된다. 비동기 코드 내부에서 이 합성 이벤트 e에 접근하기 위해서는 추가적인 작업인 e.persist() 같은 처리가 필요했다.

```tsx
export default function App() {
  const [value, setValue] = useState('')
  function handleChange(e: ChangeEvent<HTMLInputElement>) {
    e.persist()
    setValue(() => {
      return e.target.value
    })
  }

  return <input onChange={handleChange} value={value} />
}
```

비동기 코드로 이벤트 핸들러에 접근하기 위해서는 이러한 방식으로 별도 메모리 공간에 합성 이벤트 객체를 할당해야 한다는 점, 그리고 모던 브라우저에서는 이와 같은 방식이 성능 향상에 크게 도움이 안 된다는 점 때문에 이러한 이벤트 풀링 개념이 삭제됐다. 그리고 모던 브라우저에서는 이러한 이벤트 처리에 대한 성능이 많이 개선됐기 때문에 이러한 처리는 더욱 의미가 퇴색하게 되었다. 따라서 이벤트 핸들러 내부에서 이벤트 객체에 접근할 때 비동기든 동기든 상관없이 일관적으로 코딩할 수 있게 됐다.

## useEffect 클린업 함수의 비동기 실행

먼저 리액트의 useEffect에 있는 클린업 함수는 리액트 16 버전까지는 동기적으로 처리됐다. 동기적으로 실행되기 때문에 이 클린업 함수가 완료되기 전까지는 다른 작업을 방해하므로 불필요한 성능 저하로 이어지는 문제가 존재했다. 그러나 리액트 17 버전부터는 화면이 완전히 업데이트된 이후에 클린업 함수가 비동기적으로 실행된다. 조금 더 정확히 이야기하자면 클린업 함수는 컴포넌트의 커밋 단계가 완료될 때까지 지연된다. 즉, 화면이 업데이트가 완전히 끝난 이후에 실행되도록 바뀌었으며, 이로써 약간의 성능적인 이점을 볼 수 있게 됐다. 다음 예제 코드를 보자.

```
import React, { useState, Profiler, useEffect, useCallback } from 'react'

export default function App() {
  const callback = useCallback(
    (id, phase, actualDuration, baseDuration, startTime, commitTime) => {
      console.group(phase)
      console.table({ id, phase, commitTime })
      console.groupEnd()
    },
    [],
  )

  return (
    <Profiler id="React16" onRender={callback}>
      <Button>
        <Users />
      </Button>
    </Profiler>
  )
}

function Button({ children }) {
  const [toggle, setToggle] = useState(false)

  const handleClick = useCallback(() => setToggle((prev) => !prev), [])

  return (
    <section>
      <button onClick={handleClick}>{toggle ? 'show' : 'hide'}</button>
      {toggle && children}
    </section>
  )
}

function Users() {
  const [users, setUsers] = useState(null)

  useEffect(() => {
    const abortController = new AbortController()
    const signal = abortController.signal
```

```
    fetch('https://jsonplaceholder.typicode.com/users', { signal: signal })
      .then((results) => results.json())
      .then((data) => {
        setUsers(data)
      })
    return () => {
      console.log('cleanup!')
      abortController.abort()
    }
  }, [])

  return <p>{users === null ? 'Loading' : JSON.stringify(users)}</p>
}
```

이 코드는 버튼을 클릭하면 API를 호출해 유저 목록을 불러오고 클린업 함수로 해당 호출을 abort하는 useEffect를 가진 컴포넌트로 구성돼 있다. 여기에 한 가지 눈여겨볼 것은 Profiler[6]인데, 이 API는 리액트 애플리케이션의 성능 최적화를 측정하기 위해 사용된다. Profiler를 활용해 클린업 함수의 변경으로 인한 리액트 커밋 단계가 얼마나 효율적으로 변경됐는지 살펴보자.

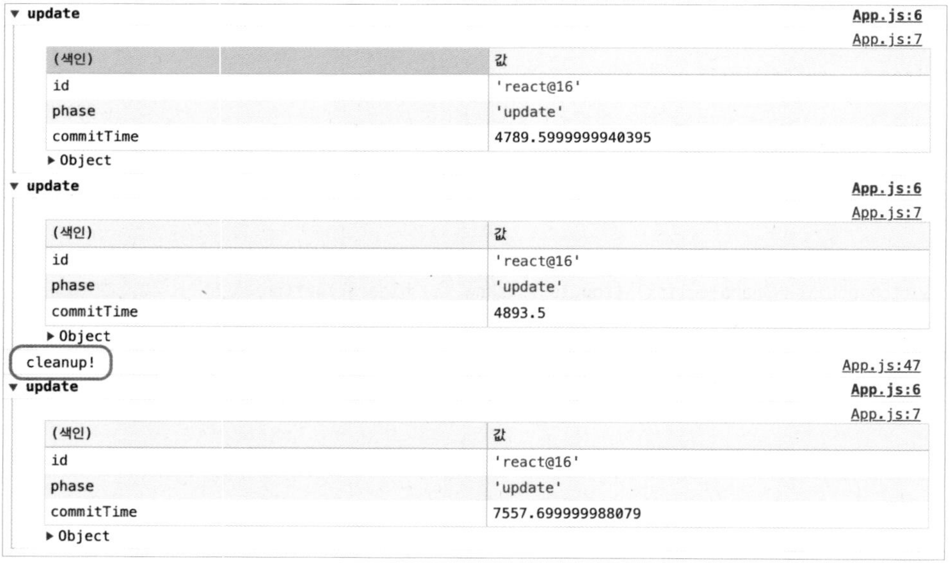

그림 10.12 위 예제 코드를 리액트 16에서 확인한 모습

---

6  https://ko.reactjs.org/docs/profiler.html

먼저 리액트 16에서는 cleanUp! 콘솔의 호출이 업데이트 이전에 발생하는 것을 볼 수 있다. 그렇다면 리액트 17에서는 어떻게 변경됐을까?

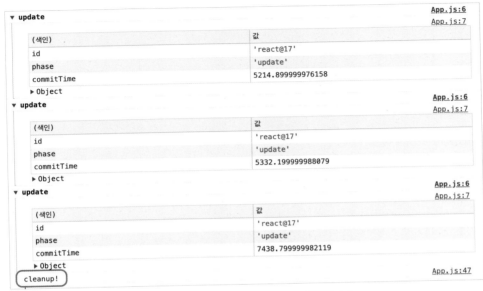

그림 10.13 위 예제 코드를 리액트 17에서 확인한 모습

동일한 코드를 기준으로 리액트 16에서는 클린업 함수가 'update'(Profiler에서 update는 리렌더링을 의미한다) 이전에 실행됐지만 리액트 17에서는 리렌더링이 일어난 뒤에 실행되어 화면에 업데이트가 반영되는 시간인 commitTime이 조금이나마 빨라진 것을 볼 수 있다.

### 컴포넌트의 undefined 반환에 대한 일관적인 처리

리액트 16과 17 버전은 컴포넌트 내부에서 undefined를 반환하면 오류가 발생한다. 이는 의도치 않게 잘못된 반환으로 인한 실수를 방지하기 위해서였다.

```
function Button() {
  return <>버튼</>
}

export default function App() {
  // 반환되는 게 없으므로 undefined가 반환됨
  ;<Button />
}
```

```
// App(...): Nothing was returned from render. This usually means a return statement is missing. Or,
to render nothing, return null.
```

그러나 리액트 16에서 `forwardRef`나 `memo`에서 `undefined`를 반환하는 경우에는 별다른 에러가 발생하지 않는 문제가 있었다.

```
const ForwardedButton = forwardRef(() => {
  ;<Button />
})

const MemoizedButton = memo(() => {
  ;<Button />
})

export default function App() {
  // 에러도 안 나지만 아무것도 나타나지 않음
  return (
    <>
      <ForwardedButton />
      <MemoizedButton />
    </>
  )
}
```

그러나 리액트 17부터는 에러가 정상적으로 발생한다. 참고로 리액트 18부터는 `undefined`를 반환해도 에러가 발생하지 않는다.

## 10.1.5 정리

지금까지 리액트 17의 주요 변경 사항을 살펴봤다. 리액트 17 버전은 공식 문서의 서두에도 나와있는 것처럼 사용자에게 영향을 미칠 수 있는 큰 변화를 최소화하고 다음 버전 업을 위한 버전 업 정도로 마무리됐다. 아직 리액트 16 버전을 사용하고 있다면 큰 호환성이 깨지는 변경 사항이 없으므로 17 버전으로의 업그레이드를 고려하는 것을 추천한다. 생각보다 큰 공수가 들지 않고, 다음 버전 업을 위한 점진적인 업그레이드를 준비할 수도 있다.

참고로 여기서 언급한 내용이 리액트 17 버전의 모든 변경 사항은 아니다. 자세한 내용은 공식 문서와 깃허브 릴리스 태그에 있는 변경 사항을 확인해 보면 알 수 있다.

- https://ko.reactjs.org/blog/2020/10/20/react-v17.html

- https://ko.reactjs.org/blog/2020/09/22/introducing-the-new-jsx-transform.html

- https://ko.reactjs.org/blog/2020/08/10/react-v17-rc.html

- https://github.com/facebook/react/releases/tag/v17.0.0

## 10.2 리액트 18 버전 살펴보기

리액트 17에서 점진적인 업그레이드를 위한 준비를 했다면 리액트 18에서는 리액트 17에서 하지 못했던 다양한 기능들이 추가됐다. 그중 가장 큰 변경점은 바로 동시성 지원인데, 이 동시성 지원에 대한 고민은 수년 전부터 있었고, 리액트 개발 팀 이외에 다양한 개발자들의 의견을 듣고자 별도의 워킹 그룹[7]을 구축할 정도로 심혈을 쏟았다. 현재 시점의 최신 버전인 18.2.0 버전에는 어떠한 변경점이 있는지 살펴보자.

### 10.2.1 새로 추가된 훅 살펴보기

이번 리액트 18에서는 리액트 16.8에서 처음 선보였던 이래로 새로운 훅을 대거 추가했다. 이는 앞으로도 함수 컴포넌트 사용이 주를 이룰 것이라는 리액트 팀의 방향성으로도 볼 수 있다. 어떠한 새로운 훅이 추가됐는지 살펴보자.

#### useId

useId는 컴포넌트별로 유니크한 값을 생성하는 새로운 훅이다. 사실 컴포넌트 내부에서 사용할 수 있는 유니크한 값을 생성하는 것은 생각보다 쉽지 않은 일이다. 하나의 컴포넌트가 여러 군데에서 재사용되는 경우도 고려해야 하며, 리액트 컴포넌트 트리에서 컴포넌트가 가지는 모든 값이 겹치지 않고 다 달라야 한다는 제약도 있다. 또한 서버 사이드 렌더링 환경에서 하이드레이션이 일어날 때도 서버와 클라이언트에서 동일한 값을 가져야 에러가 발생하지 않으므로 이러한 점도 고려해야 한다. 다음 컴포넌트가 서버 사이드에서 렌더링되어 클라이언트에 제공된다고 상상해 보자.

```
export default function UniqueComponent() {
  return <div>{Math.random()}</div>
}
```

---

7 https://github.com/reactwg/react-18

이 컴포넌트를 서버 사이드에서 렌더링하면 다음과 같은 에러가 발생한다.

```
// Text content did not match. Server: "0.3239916490074648" Client: "0.9370162517955456"
```

그 이유는 서버에서 렌더링했을 때의 `Math.random()` 값과 클라이언트에서 해당 결과물을 받고 이벤트를 입히기 위한 하이드레이션을 했을 때의 `Math.random()` 값이 다르기 때문이다. 따라서 서비스에서 컴포넌트별로 고유한 값을 사용해야 한다면 반드시 하이드레이션을 고려해야 해서 리액트 17까지는 굉장히 까다로운 작업이었다.

그러나 새로운 훅인 `useId`를 사용하면 클라이언트와 서버에서 불일치를 피하면서 컴포넌트 내부의 고유한 값을 생성할 수 있게 됐다. 다음 예제를 보자.

```
import { useId } from 'react'

function Child() {
  const id = useId()
  return <div>child: {id}</div>
}

function SubChild() {
  const id = useId()

  return (
    <div>
      Sub Child:{id}
      <Child />
    </div>
  )
}

export default function Random() {
  const id = useId()
  return (
    <>
      <div>Home: {id}</div>
      <SubChild />
      <SubChild />
      <Child />
      <Child />
```

```
      <Child />
    </>
  )
}
```

이 컴포넌트를 서버 사이드에서 렌더링하면 다음과 같은 HTML을 확인할 수 있다.

```
<div>
  <div>
    Home:
    <!-- -->:Rm:
  </div>
  <div>
    Sub Child:<!-- -->:Ram:
    <div>
      child:
      <!-- -->:R7am:
    </div>
  </div>
  <div>
    Sub Child:<!-- -->:Rem:
    <div>
      child:
      <!-- -->:R7em:
    </div>
  </div>
  <div>
    child:
    <!-- -->:Rim:
  </div>
  <div>
    child:
    <!-- -->:Rmm:
  </div>
  <div>
    child:
    <!-- -->:Rqm:
  </div>
</div>
```

같은 컴포넌트임에도 서로 인스턴스가 다르면 다른 랜덤한 값을 만들어 내며, 이 값들이 모두 유니크한 것을 볼 수 있다. 또한 서버 사이드와 클라이언트 간에 동일한 값이 생성되어 하이드레이션 이슈도 발생하지 않는 것을 알 수 있다. 이 useId가 생성하는 값은 :로 감싸져 있는데, 이는 CSS 선택자나 querySelector에서 작동하지 않도록 하기 위한 의도적인 결과다.

리액트에서 useId를 활용한 아이디 생성 알고리즘에 대해 간단하게 소개하자면 id는 기본적으로 현재 트리에서의 자신의 위치를 나타내는 32글자의 이진 문자열로 이뤄져 있으며, 왼쪽 5자리가 부모의 트리를 나타낸다. 앞 글자가 R이면 서버에서 생성된 값이며, r이면 클라이언트에서 생성된 값이다. 자세한 알고리즘은 리액트 깃허브 저장소[8]에서 확인할 수 있다.

```
      00101      000010001011010101
      └─┬─┘      └────────┬────────┘
  Fork 5 of 20        Parent id
```

## useTransition

useTransition 혹은 UI 변경을 가로막지 않고 상태를 업데이트할 수 있는 리액트 훅이다. 이를 활용하면 상태 업데이트를 긴급하지 않은 것으로 간주해 무거운 렌더링 작업을 조금 미룰 수 있으며, 사용자에게 조금 더 나은 사용자 경험을 제공할 수 있다. 다음 예제 코드를 보자.

```tsx
// App.tsx
type Tab = 'about' | 'posts' | 'contact'

export default function App() {
  const [tab, setTab] = useState<Tab>('about')

  function selectTab(nextTab: Tab) {
    setTab(nextTab)
  }

  return (
    <>
      <TabButton isActive={tab === 'about'} onClick={() => selectTab('about')}>
```

---

8  https://github.com/facebook/react/blob/36c908a6c85f271358ef91936df6ded18bbc6789/packages/react-reconciler/src/ReactFiberTreeC ontext.new.js#L97–L102(단축 URL: https://bit.ly/3tgBl1F)와 https://github.com/facebook/react/blob/36c908a6c85f271358ef91936df6ded18b bc6789/packages/react-reconciler/src/ReactFiberHooks.new.js#L2117–L2152(단축 URL: https://bit.ly/48GDSCc)를 참고하면 된다. 이와 관련된 풀 리퀘스트는 https://github.com/facebook/react/pull/22644에 있다.

```
      Home
    </TabButton>
    <TabButton isActive={tab === 'posts'} onClick={() => selectTab('posts')}>
      Posts (slow)
    </TabButton>
    <TabButton
      isActive={tab === 'contact'}
      onClick={() => selectTab('contact')}
    >
      Contact
    </TabButton>
    <hr />

    {/* 일반적인 컴포넌트 */}
    {tab === 'about' && <About />}
    {/* 매우 무거운 연산이 포함된 컴포넌트 */}
    {tab === 'posts' && <Posts />}
    {/* 일반적인 컴포넌트 */}
    {tab === 'contact' && <Contact />}
  </>
  )
}


// PostTab.tsx
import { memo } from 'react'

const PostsTab = memo(function PostsTab() {
  const items = Array.from({ length: 1500 }).map((_, i) => (
    <SlowPost key={i} index={i} />
  ))

  return <ul className="items">{items}</ul>
})

function SlowPost({ index }: { index: number }) {
  let startTime = performance.now()
  // 렌더링이 느려지는 상황을 가정하기 위해 느린 코드를 추가했다.
  while (performance.now() - startTime < 1) {
    // 아무것도 하지 않음
  }
```

```
    return <li className="item">Post #{index + 1}</li>
}


export default PostsTab
```

이 코드는 세 개의 탭 중 하나의 선택된 탭을 보여주는 코드다. 탭의 상태는 useState로 제어하며, 이 state에 따라 필요한 컴포넌트를 노출하는 구조로 구성돼 있다. 이 가운데 <Posts/>는 내부에 굉장히 느린 작업이 포함돼 있어 렌더링하는 데 많은 시간이 소요된다. 코드를 실행한 후, Post를 선택한 후에 바로 Contact를 선택해 보자. 이때 <Post/>를 렌더링하기 위해 잠시 브라우저가 작동을 멈춘 듯한 모습을 보이며, 렌더링이 끝난 이후에야 비로소 <Contact/>를 렌더링하는 것을 확인할 수 있다. 이는 setTab이라는 상태 업데이트로 인해 Post를 렌더링하고, 이 Post 렌더링 작업이 상당한 시간이 소요되어 UI 렌더링을 가로막기 때문이다. 이러한 시나리오에서는 사실 사용자가 <Post/> 탭은 실수로 잘못 누른 것으로 볼 수 있기 때문에 지금까지의 <Post/> 렌더링을 중단하고 바로 <Contact/>를 보여주는 것이 더 적절한 시나리오였을 것이다. 그러나 이전까지 리액트의 렌더링은 한번 시작하면 멈출 수 없는 작업이었기 때문에 이러한 문제가 발생했다.

이처럼 상태 변경으로 인해 무거운 작업이 발생하고, 이로 인해 렌더링이 가로막힐 여지가 있는 경우 useTransition을 사용하면 이러한 문제를 해결할 수 있다. 앞의 코드를 다음과 같이 변경해 보자.

```
import { useState, useTransition } from 'react'
// ...

export default function TabContainer() {
  const [isPending, startTransition] = useTransition()
  const [tab, setTab] = useState<Tab>('about')

  function selectTab(nextTab: Tab) {
    startTransition(() => {
      setTab(nextTab)
    })
  }

  return (
    <>
      {/* ... */}
      {isPending ? (
        '로딩 중'
```

```
    ) : (
      <>
        {tab === 'about' && <About />}
        {tab === 'posts' && <Posts />}
        {tab === 'contact' && <Contact />}
      </>
    )}
  </>
  )
}
```

useTransition은 아무것도 인수로 받지 않으며, isPending과 startTransition이 담긴 배열을 반환한다. isPending은 상태 업데이트가 진행 중인지를 확인할 수 있는 boolean이고, startTransition은 긴급하지 않은 상태 업데이트로 간주할 set 함수를 넣어둘 수 있는 함수를 인수로 받는다. 여기서는 () => {setTab(nextTab)}을 인수로 받았지만 경우에 따라서는 여러 개의 setter를 넣어줄 수도 있다.

위와 같이 코드를 변경한 후에 다시 실행해 보자. 이렇게 setTab을 useTransition을 통해 처리하면 이전과 다르게 탭을 아무리 선택해도 렌더링이 블로킹되지 않는 것을 알 수 있다. 즉, <Posts/>를 클릭하면 '로딩 중'이라는 메시지와 함께 렌더링이 시작되며, 이후에 바로 <Contact/> 탭으로 이동하면 그 즉시 <Posts/> 렌더링이 중단되고 <Contact /> 렌더링을 시작해 빠르게 완료한다.

즉, 렌더링에 시간이 소요되는 <Posts/>는 동기 방식으로 브라우저의 다른 작업을 방해하면서 즉각 렌더링을 시작하지 않고, 마치 async와 await처럼 비동기로 렌더링한다. 그리고 이 <Posts/> 컴포넌트 렌더링 와중에 다른 상태 업데이트로 전환되면 <Posts/> 렌더링이 취소될 수도, 혹은 완성될 때까지 기다리되 다른 렌더링을 가로막지 않을 수 있다.

useTransition은 리액트 18의 변경 사항의 핵심 중 하나인 '동시성(concurrency)'을 다룰 수 있는 새로운 훅이다. 과거 리액트의 모든 렌더링은 동기적으로 작동해 느린 렌더링 작업이 있을 경우 애플리케이션 전체적으로 영향을 끼쳤지만 useTransition과 같은 동시성을 지원하는 기능을 사용하면 느린 렌더링 과정에서 로딩 화면을 보여주거나 혹은 지금 진행 중인 렌더링을 버리고 새로운 상태값으로 다시 렌더링하는 등의 작업을 할 수 있게 된다. 이는 앱의 성능을 향상시킬 뿐만 아니라 사용자에게 좀 더 자연스러운 서비스를 경험할 수 있게 해준다.

useTransition은 이름에서도 알 수 있듯 컴포넌트에서만 사용 가능한 훅이다. 훅을 사용할 수 없는 상황이라면 단순히 startTransition을 바로 import할 수도 있다.

```
import { startTransition } from 'react'
//....
```

useTransition을 사용할 때 주의할 점을 몇 가지 살펴보자.

- startTransition 내부는 반드시 setState와 같은 상태를 업데이트하는 함수와 관련된 작업만 넘길 수 있다. 만약 props나 사용자 정의 훅에서 반환하는 값 등을 사용하고 싶다면 뒤이어 설명할 useDefferedValue를 사용하면 된다.

- startTransition으로 넘겨주는 상태 업데이트는 다른 모든 동기 상태 업데이트로 인해 실행이 지연될 수 있다. 예를 들어, 타이핑으로 인해 setState가 일어나는 경우 타이핑이 끝날 때까지 useTransition으로 지연시킨 상태 업데이트는 일어나지 않는다.

- startTransition으로 넘겨주는 함수는 반드시 동기 함수여야 한다. 만약 이 안에 setTimeout과 같은 비동기 함수를 넣으면 제대로 작동하지 않게 된다. 이는 startTransition이 작업을 지연시키는 작업과 비동기로 함수가 실행되는 작업 사이에 불일치가 일어나기 때문이다.

## useDeferredValue

useDeferredValue는 리액트 컴포넌트 트리에서 리렌더링이 급하지 않은 부분을 지연할 수 있게 도와주는 훅이다. 일반적으로 개발자들 사이에서 널리 사용되고 있는, 특정 시간 동안 발생하는 이벤트를 하나로 인식해 한 번만 실행하게 해주는 디바운스와 비슷하지만 디바운스 대비 useDeferredValue만이 가진 장점이 몇 가지 있다.

먼저 디바운스는 고정된 지연 시간을 필요로 하지만 useDeferredValue는 고정된 지연 시간 없이 첫 번째 렌더링이 완료된 이후에 이 useDeferredValue로 지연된 렌더링을 수행한다. 그러므로 이 지연된 렌더링은 중단할 수도 있으며, 사용자의 인터랙션을 차단하지도 않는다. 다음 예제를 보자.

```
export default function Input() {
  const [text, setText] = useState('')
  const deferredText = useDeferredValue(text)

  const list = useMemo(() => {
    const arr = Array.from({ length: deferredText.length }).map(
      (_) => deferredText,
    )
    return (
      <ul>
        {arr.map((str, index) => (
```

```
        <li key={index}>{str}</li>
      ))}
    </ul>
  )
}, [deferredText])

function handleChange(e: ChangeEvent<HTMLInputElement>) {
  setText(e.target.value)
}
return (
  <>
    <input value={text} onChange={handleChange} />
    {list}
  </>
)
}
```

list를 생성하는 기준을 text가 아닌 deferredText로 설정함으로써 잦은 변경이 있는 text를 먼저 업데이트 해 렌더링하고, 이후 여유가 있을 때 지연된 deferredText를 활용해 list를 새로 생성하게 된다. list에 있는 작업이 더 무겁고 오래 걸릴수록 useDeferredValue를 사용하는 이점을 더욱 누릴 수 있을 것이다.

그렇다면 useDeferredValue와 useTransition은 어떤 차이점이 있을까? useTransition은 state 값을 업데이트하는 함수를 감싸서 사용하는 반면, useDeferredValue는 state 값 자체만을 감싸서 사용하는 것을 볼 수 있다. 방식에만 차이가 있을 뿐, 지연된 렌더링을 한다는 점에서는 모두 동일한 역할을 하는 것을 알 수 있다. 따라서 두 가지를 모두 동시에 사용할 필요는 없으며, 상황에 맞는 방법을 선택하면 된다.

만약 낮은 우선순위로 처리해야 할 작업에 대해 직접적으로 상태를 업데이트할 수 있는 코드에 접근할 수 있다면 useTransition을 사용하는 것이 좋다. 그러나 컴포넌트의 props와 같이 상태 업데이트에 관여할 수는 없고 오로지 값만 받아야 하는 상황이라면 useDeferredValue를 사용하는 것이 타당하다. 렌더링을 지연시켜도 되는 작업에 대해 상황에 맞게 둘 중 하나를 선택하면 될 것이다.

## useSyncExternalStore

useSyncExternalStore는 일반적인 애플리케이션 코드를 작성할 때는 사용할 일이 별로 없는 훅이다. 이 훅의 기원은 알려면 리액트 17까지 존재했던 useSubscription에 대해 알아야 한다. 어떤 훅인지에 대해서는 잠시 후에 소개하며 리액트 17 버전[9]과 리액트 18 버전[10]에서의 구현을 살펴보면 많은 차이가 있음을 알 수 있다. 간단히 요약하자면 useSubscription의 구현이 리액트 18에 이르러서 useSyncExternalStore로 대체된 것을 확인할 수 있다. 이 훅이 어떤 일을 하는지 살펴보기에 앞서 테어링(tearing) 현상에 대해 알아보자.

'tearing'은 영어로 '찢어진다'라는 뜻으로, 리액트에서는 하나의 state 값이 있음에도 서로 다른 값(보통 state나 props의 이전과 이후)을 기준으로 렌더링되는 현상을 말한다. 리액트 17에서는 사실 이러한 현상이 일어날 여지가 없었다. 그러나 리액트 18에서는 앞서 useTransition, useDeferredValue의 훅처럼 렌더링을 일시 중지하거나 뒤로 미루는 등의 최적화가 가능해지면서 동시성 이슈가 발생할 수 있다. 예를 들어, startTransition으로 렌더링을 일시 중지했다고 가정해 보자. 만약 이러한 일시 중지 과정에서 값이 업데이트되면 동일한 하나의 변수(데이터)에 대해서 서로 다른 컴포넌트 형태가 나타날 수 있다. 다음 그림을 보자.

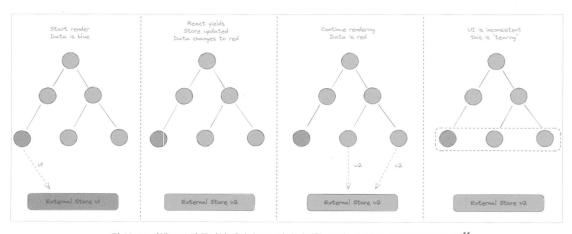

그림 10.14 리액트 18의 동시성 렌더링으로 인해 발생할 수 있는 테어링 문제를 나타낸 그림[11]

이 그림에서 어떤 일이 일어나는지 순차적으로 살펴보자.

1. 첫 번째 컴포넌트에서는 외부 데이터 스토어의 값이 파란색이었으므로 파란색을 렌더링했다.

2. 그리고 나머지 컴포넌트들도 파란색으로 렌더링을 준비하고 있었다.

3. 그러다 갑자기 외부 데이터 스토어의 값이 빨간색으로 변경됐다.

4. 나머지 컴포넌트들은 렌더링 도중에 바뀐 색을 확인해 빨간색으로 렌더링했다.

5. 결과적으로 같은 데이터 소스를 바라보고 있음에도 컴포넌트의 색상이 달라지는 테어링 현상이 발생했다.

9  https://github.com/facebook/react/blob/v17.0.2/packages/use-subscription/src/useSubscription.js
10 https://github.com/facebook/react/blob/v18.2.0/packages/use-subscription/src/useSubscription.js
11 https://github.com/reactwg/react-18/discussions/69

과거 리액트에서는 중간에 데이터 업데이트가 일어나는 것과 상관없이 동기적으로 렌더링이 한 번에 발생해서 이러한 문제가 없었다. 그러나 리액트 18에서부터는 리액트가 렌더링을 앞선 훅의 예제처럼 중지했다가 다시 실행하는 등 '양보'하는 것이 가능해졌기 때문에 이러한 문제가 발생할 가능성이 존재하는 것이다. 물론, 리액트에서 관리하는 state라면 useTransition이나 useDefferedValue 예제와 같이 내부적으로 이러한 문제를 해결하기 위한 처리를 해뒀지만 리액트에서 관리할 수 없는 외부 데이터 소스에서라면 문제가 달라진다. 여기서 말하는 리액트가 관리할 수 없는 외부 데이터 소스란 리액트의 클로저 범위 밖에 있는, 관리 범위 밖에 있는 값들을 말한다. 글로벌 변수, document.body, window.innerWidth, DOM, 리액트 외부에 상태를 저장하는 외부 상태 관리 라이브러리 등이 모두 여기에 해당한다. 즉 useState나 useReducer가 아닌 모든 것들이 바로 외부 데이터 소스다. 이 외부 데이터 소스에 리액트에서 추구하는 동시성 처리가 추가돼 있지 않다면 테어링 현상이 발생할 수 있다. 그리고 이 문제를 해결하기 위한 훅이 바로 useSyncExternalStore다.

```
import { useSyncExternalStore } from 'react'

// useSyncExternalStore(
//    subscribe: (callback) => Unsubscribe
//    getSnapshot: () => State
// ) => State
```

- 첫 번째 인수는 subscribe로, 콜백 함수를 받아 스토어에 등록하는 용도로 사용된다. 스토어에 있는 값이 변경되면 이 콜백이 호출돼야 한다. 그리고 useSyncExternalStore는 이 훅을 사용하는 컴포넌트를 리렌더링한다.

- 두 번째 인수는 컴포넌트에 필요한 현재 스토어의 데이터를 반환하는 함수다. 이 함수는 스토어가 변경되지 않았다면 매번 함수를 호출할 때마다 동일한 값을 반환해야 한다. 스토어에서 값이 변경됐다면 이 값을 이전 값과 Object.is로 비교해 정말로 값이 변경됐다면 컴포넌트를 리렌더링한다.

- 마지막 인수는 옵셔널 값으로, 서버 사이드 렌더링 시에 내부 리액트를 하이드레이션하는 도중에만 사용된다. 서버 사이드에서 렌더링되는 훅이라면 반드시 이 값을 넘겨줘야 하며, 클라이언트의 값과 불일치가 발생할 경우 오류가 발생한다.

useSyncExternalStore의 인수를 읽다 보면 무언가 익숙한 내용이 보인다. 5.2절 '리액트 훅으로 시작하는 상태 관리'에서 리액트 외부에서 데이터를 관리하고 이를 렌더링까지 이어지게 하기 위한 subscribe 함수 추가라든가, Object.is를 통한 렌더링 값 비교까지 기존에 우리가 알고 있던 외부 값을 렌더링하기 위한 작동 방식이 모두 담겨 있는 것을 확인할 수 있다. 그리고 마지막으로 눈여겨봐야 할 것은 리렌더링을 발생시키기 위해 useState나 useReducer를 어색하게 호출하는 동작 또한 없다는 사실이다. 이를 통해 useSyncExternalStore 어딘가에 콜백을 등록하고, 이 콜백이 호출될 때마다 렌더링을 트리거하는 장치가 마련돼 있다는 것을 알 수 있다. 2.4절 '렌더링은 어떻게 일어나는가'에서 렌더링의 원리에 대해 알아봤던 것에 추가로, useSyncExteranlStore 훅의 외부 스토어 데이터 변경 또한 리렌더링을 발생시킬 수 있다는 것을 알 수 있다.

이제 실제로 이 훅을 사용하는 예제를 보자.

```
import { useSyncExternalStore } from 'react'

function subscribe(callback: (this: Window, ev: UIEvent) => void) {
  window.addEventListener('resize', callback)
  return () => {
    window.removeEventListener('resize', callback)
  }
}

export default function App() {
  const windowSize = useSyncExternalStore(
    subscribe,
    () => window.innerWidth,
    () => 0, // 서버 사이드 렌더링 시 제공되는 기본값
  )

  return <>{windowSize}</>
}
```

useSyncExternalStore를 통해 현재 윈도우의 innerWidth를 확인하는 코드를 작성해 봤다. innerWidth는 리액트 외부에 있는 데이터 값이므로 이 값의 변경 여부를 확인해 리렌더링까지 이어지게 하려면 useSyncExternalStore를 사용하는 것이 매우 적절하다. 먼저 subscribe 함수를 첫 번째 인수로 넘겨 innerWidth가 변경될 때 일어나는 콜백을 등록했다. useSyncExternalStore는 subscribe 함수의 첫 번째 인수인 콜백을 추가해 resize 이벤트가 발생할 때마다 해당 콜백이 실행되게끔 할 것이다. 두 번째 인수로는 현재 스토어의 값인 window.innerWidth를, 마지막으로 서버 사이드에서는 해당 값을 추적할 수 없으므로 0을 제공했다. 이를 하나의 훅으로 만들어서 다음과 같이 사용할 수도 있다.

```
function subscribe(callback: (this: Window, ev: UIEvent) => void) {
  window.addEventListener('resize', callback)
  return () => {
    window.removeEventListener('resize', callback)
  }
}
```

```
function useWindowWidth() {
  return useSyncExternalStore(
    subscribe,
    () => window.innerWidth,
    () => 0,
  )
}

export default function App() {
  const windowSize = useWindowWidth()
  return <>{windowSize}</>
}
```

사실 이전에도 useSyncExternalStore가 없어도 이와 비슷한 훅을 만들 수 있었다.

```
function useWindowWidth() {
  const [windowWidth, setWindowWidth] = useState(0)
  useEffect(() => {
    function handleResize() {
      setWindowWidth(window.innerWidth)
    }

    window.addEventListener('resize', handleResize)
    return () => window.removeEventListener('resize', handleResize)
  }, [])
  return windowWidth
}
```

그렇다면 useSyncExteranlStore와 앞의 두 예제 사이에 어떠한 차이가 있을까? 앞서 useTransition을 사용한 예제에서 두 가지 훅을 추가해 차이를 비교해 보자.

```
// posts..
const PostsTab = memo(function PostsTab() {
  const width1 = useWindowWidthWithSyncExteranlStore()
  const width2 = useWindowWidth()
  const items = Array.from({ length: 1500 }).map((_, i) => (
    <SlowPost key={i} index={i} />
  ))
```

```
  return (
    <>
      <div>useSyncExternalStore {width1}px</div>
      <div>useEffect + useState {width2}px</div>
      <ul className="items">{items}</ul>
    </>
  )
})

export default PostsTab
```

Post 탭을 선택하면 앞서 예제에서 보았듯 렌더링을 지연시키는 `startTransition`이 실행된 이후에 `PostTab`이 노출된다. 그리고 `startTransition` 이후에 `width`를 보면 그 차이를 확연하게 알 수 있는데, `useSyncExternalStore`를 사용한 혹은 컴포넌트 렌더링 이후에 정확하게 바로 현재 `width`를 가져온 반면, 사용하지 않은 쪽은 아예 값을 가져오지 못하고 초깃값인 0이 나타나는 것을 확인할 수 있다. 즉, 외부에 상태가 있는 데이터에는 반드시 `useSyncExternalStore`를 사용해 값을 가져와야 `startTransition` 등으로 인한 테어링 현상이 발생하지 않음을 알 수 있다.

`useSyncExternalStore`는 애플리케이션 코드에 직접적으로 사용할 일은 많지 않지만 사용 중인 관리 라이브러리가 외부에서 상태를 관리하고 있다면 이 `useSyncExternalStore`를 통해 외부 데이터 소스의 변경을 추적하고 있는지 반드시 확인해야 한다. 만약 해당 라이브러리가 이 혹을 사용하고 있지 않다면 렌더링 중간에 발생하는 값 업데이트를 적절하게 처리하지 못하고 테어링 현상이 발생할 것이다.

### useInsertionEffect

앞서 `useSyncExternalStore`가 상태 관리 라이브러리를 위한 혹이라면 `useInsertionEffect`는 CSS-in-js 라이브러리를 위한 혹이다.

앞서 Next.js에 `styled-components`를 적용하는 예제를 만들어봤다면 _document.tsx에 `styled-components`가 사용하는 스타일을 모두 모아서 서버 사이드 렌더링 이전에 `<style>` 태그에 삽입하는 작업을 해봤을 것이다. CSS의 추가 및 수정은 브라우저에서 렌더링하는 작업 대부분을 다시 계산해 작업해야 하는데, 이는 리액트 관점으로 본다면 모든 리액트 컴포넌트에 영향을 미칠 수도 있는 매우 무거운 작업이다. 따라서 리액트 17과 `styled-components`에서는 클라이언트 렌더링 시에 이러한 작업이 발생하지 않도록 서버 사이드에서 스타일 코드를 삽입했다. 그러나 이 작업을 혹으로 처리하는 것은 지금까지 쉽지 않았는데, 혹에서 이러한 작업을 할 수 있도록 도와주는 새로운 혹이 바로 `useInsertionEffect`다.

useInsertionEffect의 기본적인 훅 구조는 useEffect와 동일하다. 다만 useEffect와 다른 차이점은 바로 실행 시점인데, useInsertionEffect는 DOM이 실제로 변경되기 전에 동기적으로 실행된다. 이 훅 내부에 스타일을 삽입하는 코드를 집어넣음으로써 브라우저가 레이아웃을 계산하기 전에 실행될 수 있게끔 해서 좀 더 자연스러운 스타일 삽입이 가능해진다. useEffect, useLayoutEffect, useInsertionEffect의 실행 순서는 다음과 같다.

```
function Index() {
  useEffect(() => {
    console.log('useEffect!') // 3
  })
  useLayoutEffect(() => {
    console.log('useLayoutEffect!') // 2
  })
  useInsertionEffect(() => {
    console.log('useInsertionEffect!') // 1
  })
}
```

useLayoutEffect와 비교했을 때 실행되는 타이밍이 미묘하게 다르다. 두 훅 모두 브라우저에 DOM이 렌더링되기 전에 실행된다는 공통점이 있지만 useLayoutEffect는 모든 DOM의 변경 작업이 다 끝난 이후에 실행되는 반면 useInsertionEffect는 이러한 DOM 변경 작업 이전에 실행된다. 이러한 차이는 브라우저가 다시금 스타일을 입혀서 DOM을 재계산하지 않아도 된다는 점에서 매우 크다고 볼 수 있다.

리액트에서 권고하는 것처럼 useSyncExternalStore와 마찬가지로 useInsertionEffect는 실제 애플리케이션 코드를 작성할 때는 사용될 일이 거의 없으므로 라이브러리를 작성하는 경우가 아니라면 참고만 하고 실제 애플리케이션 코드에는 가급적 사용하지 않는 것이 좋다.

## 10.2.2 react-dom/client

클라이언트에서 리액트 트리를 만들 때 사용되는 API가 변경됐다. 만약 리액트 18 이하 버전에서 만든 create-react-app으로 프로젝트를 유지보수 중이라면 리액트 18로 업그레이드할 때 반드시 index.{t|j}jsx에 있는 내용을 변경해야 한다.

### createRoot

기존의 react-dom에 있던 render 메서드를 대체할 새로운 메서드다. 리액트 18의 기능을 사용하고 싶다면 이 createRoot와 render를 함께 사용해야 한다.

```
// before
import ReactDOM from 'react-dom'
import App from 'App'

const container = document.getElementById('root')

ReactDOM.render(<App />, container)
// after
import ReactDOM from 'react-dom'
import App from 'App'

const container = document.getElementById('root')

const root = ReactDOM.createRoot(container)
root.render(<App />)
```

리액트 18로 업그레이드를 고려하고 있다면 리액트의 루트 컴포넌트가 렌더링되고 있는 곳에서 위와 같이 코드를 변경해야 한다.

### hydrateRoot

서버 사이드 렌더링 애플리케이션에서 하이드레이션을 하기 위한 새로운 메서드다. 뒤이어 설명할 React DOM 서버 API와 함께 사용된다.

```
// before
import ReactDOM from 'react-dom'
import App from 'App'

const container = document.getElementById('root')

ReactDOM.hydrate(<App />, container)
// after
import ReactDOM from 'react-dom'
import App from 'App'

const container = document.getElementById('root')

const root = ReactDOM.hydrateRoot(container, <App />)
```

대부분의 서버 사이드 렌더링은 프레임워크에 의존하고 있을 것이므로 사용하는 쪽에서 수정할 일은 거의 없는 코드다. 다만 자체적으로 서버 사이드 렌더링을 구현해서 사용하고 있다면 이 부분 역시 수정해야 한다.

이렇게 API가 변경된 것 외에도 추가로 두 API는 새로운 옵션인 onRecoverableError를 인수로 받는다. 이 옵션은 리액트가 렌더링 또는 하이드레이션 과정에서 에러가 발생했을 때 실행하는 콜백 함수다. 기본값으로 reportError 또는 console.error를 사용하지만 필요하다면 원하는 내용을 추가해도 된다.

## 10.2.3   react-dom/server

클라이언트의 변화와 마찬가지로 서버에서도 컴포넌트를 생성하는 API에 변경이 있었다. 어떤 API들이 추가됐는지 살펴보자.

### renderToPipeableStream

리액트 컴포넌트를 HTML로 렌더링하는 메서드다. 이 메서드는 이름에서 알 수 있듯 스트림을 지원하는 메서드로, HTML을 점진적으로 렌더링하고 클라이언트에서는 중간에 script를 삽입하는 등의 작업을 할 수 있다. 이를 통해 서버에서는 Suspense를 사용해 빠르게 렌더링이 필요한 부분을 먼저 렌더링할 수 있고, 값비싼 연산으로 구성된 부분은 이후에 렌더링되게끔 할 수 있다. 여기에 앞서 소개한 hydrateRoot를 호출하면 서버에서는 HTML을 렌더링하고, 클라이언트의 리액트에서는 여기에 이벤트만 추가함으로써 첫 번째 로딩을 매우 빠르게 수행할 수 있다. 다음 예제를 보자.[12]

```
import * as React from 'react'

// res는 HTTP 응답이다.
function render(url, res) {
  let didError = false
  // 서버에서 필요한 데이터를 불러온다.
  // 그리고 여기에서 데이터를 불러오는 데 오랜 시간이 걸린다고 가정해 보자.
  const data = createServerData()
  const stream = renderToPipeableStream(
    // 데이터를 context API로 넘긴다.
    <DataProvider data={data}>
      <App assets={assets} />
    </DataProvider>,
    {
      // 렌더링 시에 포함시켜야 할 자바스크립트 번들
```

---

12 https://codesandbox.io/s/kind-sammet-j56ro

```
        bootstrapScripts: [assets['main.js']],
        onShellReady() {
          // 에러 발생 시 처리 추가
          res.statusCode = didError ? 500 : 200
          res.setHeader('Content-type', 'text/html')
          stream.pipe(res)
        },
        onError(x) {
          didError = true
          console.error(x)
        },
      },
    )
    // 렌더링 시작 이후 일정 시간이 흐르면 렌더링에 실패한 것으로 간주하고 취소한다.
    setTimeout(() => stream.abort(), ABORT_DELAY)
}
export default function App({assets}) {
  return (
    <Html assets={assets} title="Hello">
      <Suspense fallback={<Spinner />}>
        <ErrorBoundary FallbackComponent={Error}>
          <Content />
        </ErrorBoundary>
      </Suspense>
    </Html>
  );
}


function Content() {
  return (
    <Layout>
      <NavBar />
      <article className="post">
        <section className="comments">
          <h2>Comments</h2>
          <!-- 데이터가 불러오기 전에 보여줄 컴포넌트 -->
          <Suspense fallback={<Spinner />}>
            <!-- 데이터가 완료된 후에 노출되는 컴포넌트 -->
            <Comments />
          </Suspense>
```

```
      </section>
      <h2>Thanks for reading!</h2>
    </article>
  </Layout>
  );
}
```

이렇게 renderToPipeableStream을 쓰면 최초에 브라우저는 아직 불러오지 못한 데이터 부분을 Suspense 의 fallback으로 받는다.

```
<main>
  <article class="post">
    <!--$-->
    <h1>Hello world</h1>
    <!-- ... -->
    <section class="comments">
      <h2>Comments</h2>

      <template id="B:0"></template>
      <!-- Suspense의 fallback이 온다. -->
      <div
        class="spinner spinner--active"
        role="progressbar"
        aria-busy="true"
      ></div>
    </section>
    <h2>Thanks for reading!</h2>
  </article>
</main>
```

그리고 createServerData의 데이터 로딩이 끝나면 <Comments/>가 데이터를 가지고 렌더링될 것이다.

기존 renderToNodeStream의 문제는 무조건 렌더링을 순서대로 해야 하고, 그리고 그 순서에 의존적이기 때문에 이전 렌더링이 완료되지 않는다면 이후 렌더링도 끝나지 않는다는 것이다. 따라서 만약에 렌더링 중간에 오래 걸리는 작업이 있다면 그 작업 때문에 나머지 렌더링도 덩달아 지연된다는 문제가 있다. 그러나 이번에 새롭게 추가된 renderToPipeableStream를 활용하면 순서나 오래 걸리는 렌더링에 영향받을 필요 없이 빠르게 렌더링을 수행할 수 있게 된다.

리액트 18에서 제공하는 `<Suspense/>`와 같은 코드 분할 내지는 지연 렌더링을 서버 사이드에서 완전히 사용하기 위해서는 `renderToPipeableStream` 대신에 이 메서드를 사용해야 한다. 물론 실제로 `renderToPipeableStream`을 가지고 서버 사이드 렌더링을 만드는 경우는 거의 없겠지만 사용하고자 하는 프레임워크에서 리액트 18을 사용하고 싶다면 해당 메서드의 지원 여부를 확인해 보는 것이 좋다.

### renderToReadableStream

`renderToPipeableStream`이 Node.js 환경에서의 렌더링을 위해 사용된다면, `renderToReadableStream`은 웹 스트림(web stream)을 기반으로 작동한다는 차이가 있다. 이는 서버 환경이 아닌 클라우드플레어(Cloudflare)나 디노(Deno) 같은 웹 스트림을 사용하는 모던 엣지 런타임 환경에서 사용되는 메서드다. 실제로 웹 애플리케이션을 개발하는 경우에는 이 메서드를 사용할 일이 거의 없을 것이다.

## 10.2.4 자동 배치(Automatic Batching)

자동 배치, 이른바 Automatic Batching은 리액트가 여러 상태 업데이트를 하나의 리렌더링으로 묶어서 성능을 향상시키는 방법을 의미한다. 예를 들어, 버튼 클릭 한 번에 두 개 이상의 state를 동시에 업데이트한다고 가정해 보자. 자동 배치에서는 이를 하나의 리렌더링으로 묶어서 수행할 수 있다. 다음 예제를 보자.

```typescript
import { Profiler, useEffect, useState, useCallback } from 'react'

const sleep = (ms: number) => {
  return new Promise((resolve) => setTimeout(resolve, ms))
}

export default function App() {
  const [count, setCount] = useState(0)
  const [flag, setFlag] = useState(false)

  const callback = useCallback(
    (id, phase, actualDuration, baseDuration, startTime, commitTime) => {
      console.group(phase)
      console.table({ id, phase, commitTime })
      console.groupEnd()
    },
    [],
  )

  useEffect(() => {
```

```
    console.log('rendered!')
  })

  function handleClick() {
    sleep(3000).then(() => {
      setCount((c) => c + 1)
      setFlag((f) => !f)
    })
  }

  return (
    <Profiler id="React18" onRender={callback}>
      <button onClick={handleClick}>Next</button>
      <h1 style={{ color: flag ? 'blue' : 'black' }}>{count}</h1>
    </Profiler>
  )
}
```

다음은 위 코드를 리액트 17과 18에서 확인한 모습이다. 17에서는 자동 배치가 되지 않아 두 번의 리렌더링이 일어났지만 18에서는 자동 배치 덕분에 리렌더링이 단 한 번만 일어났다.

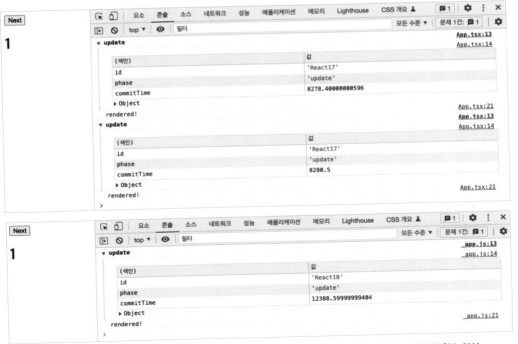

그림 10.15 자동 배치가 일어나지 않은 리액트 17(위)과 자동 배치가 일어난 리액트 18(아래)의 렌더링 횟수 차이

예제에서 버튼을 누르면 리액트 18에서는 한 번의 rendered만 기록되지만, 리액트 17 이전 버전에서는 두 번 기록되는 것을 확인할 수 있다. 그리고 또 한 가지 특이한 점은 Promise를 사용해 고의로 실행을 지연시키는 sleep 함수를 호출하지 않으면 버전과 상관없이 동일하게 한 번만 렌더링된다는 것이다. 이는 리액트 17 이하의 과거 버전의 경우 이벤트 핸들러 내부에서는 이러한 자동 배치 작업이 이뤄지고 있었지만 Promise, setTimeout 같은 비동기 이벤트에서는 자동 배치가 이뤄지고 있지 않았기 때문이다. 즉, 동기와 비동기 배치 작업에 일관성이 없었고, 이를 보완하기 위해 리액트 18 버전부터는 루트 컴포넌트를 createRoot를 사용해서 만들면 모든 업데이트가 배치 작업으로 최적화할 수 있게 됐다.

```
import React from 'react'
import ReactDOM from 'react-dom/client'
import App from './App'

const rootElement = document.getElementById('root')
const root = ReactDOM.createRoot(rootElement)

root.render(
  <React.StrictMode>
    <App />
  </React.StrictMode>,
)
```

이 코드에서는 루트 요소를 document.getElementById("root")로 가져온 다음, ReactDOM.createRoot를 활용해 렌더링하도록 설정해뒀다. 이렇게 하면 자동 배치가 활성화되어 리액트가 동기, 비동기, 이벤트 핸들러 등에 관계 없이 렌더링을 배치로 수행하게 된다.

만약 이러한 자동 배치를 리액트 18에서도 하고 싶지 않거나 이러한 작동 방식이 기존 코드에 영향을 미칠 것으로 예상된다면 flushSync를 사용하면 된다.

```
import { flushSync } from 'react-dom'

function handleClick() {
  flushSync(() => {
    setCounter((c) => c + 1)
  })
  flushSync(() => {
    setFlag((f) => !f)
  })
}
```

flushSync는 react가 아닌 react-dom에서 제공한다는 것에 주의하자.

## 10.2.5 더욱 엄격해진 엄격 모드

리액트 18에서 변경된 엄격 모드에 대해 다루기 전에 리액트에서 이야기하는 엄격 모드가 무엇인지 먼저 알아보자.

### 리액트의 엄격 모드

리액트의 엄격 모드는 리액트에서 제공하는 컴포넌트 중 하나로, 리액트 애플리케이션에서 발생할 수도 있는 잠재적인 버그를 찾는 데 도움이 되는 컴포넌트다. 이름에서 알 수 있듯이 리액트에서 널리 알려져 있는 Fragment나 Suspense와 마찬가지로 컴포넌트 형태로 선언해서 사용할 수 있다.

```
import { StrictMode } from 'react'
import { createRoot } from 'react-dom/client'

const root = createRoot(document.getElementById('root'))

root.render(
  <StrictMode>
    <App />
  </StrictMode>,
)
```

이 엄격 모드에서 수행하는 모드는 모두 개발자 모드에서만 작동하고, 프로덕션 모드에서는 작동하지 않는다. 컴포넌트 형태로 사용할 수 있으므로 이 예제처럼 모든 리액트 애플리케이션 전체에서 작동하게 할 수도, 원한다면 특정 컴포넌트 내부에서만 작동하게 할 수도 있다. 이제 본격적으로 리액트 엄격 모드에서 하는 작업에 대해 알아보자.

### 더 이상 안전하지 않은 특정 생명주기를 사용하는 컴포넌트에 대한 경고

이전에 리액트 클래스 컴포넌트에 대해 다뤘던 내용에서 알 수 있듯이 리액트 클래스 컴포넌트에서 사용되는 생명주기 메서드 중 일부인 componentWillMount, componentWillReceiveProps, componentWillUpdate는 더 이상 사용할 수 없게 됐다. 이러한 세 메서드는 16.3 버전부터 UNSAFE_가 붙게 됐고, 이후 16 버전에서는 UNSAFE_가 붙지 않는 생명주기 메서드를 사용하게 되면 경고 로그가 기록되고, 17 버전부터는 UNSAFE_가 붙은 세 메서드만 남고 나머지는 다 삭제됐다. 그럼에도 불구하고 UNSAFE_가 붙은 생명주기 메서드를 사용하면서 엄격 모드를 켜게 된다면 다음과 같은 로그를 확인할 수 있다.

```
class UnsafeClassComponent extends Component {
  componentWillMount() {
    console.log('componentWillMount')
  }

  render() {
    return <>안녕하세요?</>
  }
}
```

```
Warning: Using UNSAFE_componentWillMount in strict mode is not recommended and may indicate bugs in
your code. See https://reactjs.org/link/unsafe-component-lifecycles for details.

* Move code with side effects to componentDidMount, and set initial state in the constructor.

Please update the following components: UnsafeClassComponent
```

## 문자열 ref 사용 금지

과거 리액트에서는 레거시 문자열 ref라 해서 createRef가 없어도 컴포넌트 내부에서 문자열로 ref를 생성하고, 이를 사용해 DOM 노드를 참조하는 것이 가능했다. 언뜻 듣기에는 이해하기 어려운 내용처럼 보이지만 다음 코드를 보면 금방 감이 올 것이다.

```
class UnsafeClassComponent extends Component {
  componentDidMount() {
    //'refs' is deprecated.
    // <input type="text" />
    console.log(this.refs.myInput)
  }

  render() {
    return (
      <div>
        <input type="text" ref="myInput" />
      </div>
    )
  }
}
```

render()에 있는 ref를 보면 단순히 myInput이라는 문자열로 ref에 할당한 것을 볼 수 있으며, 이를 토대로 refs를 바탕으로 DOM에 접근할 수 있다는 것을 알 수 있다. 그러나 이는 몇 가지 문제가 있어 사용이 금지됐다. 따라서 엄격 모드에서는 다음과 같은 경고 문구가 출력된다.

```
Warning: A string ref, "myInput", has been found within a strict mode tree. String refs are a source
of potential bugs and should be avoided. We recommend using useRef() or createRef() instead. Learn
more about using refs safely here: https://reactjs.org/link/strict-mode-string-ref
    at div
    at UnsafeClassComponent (https://yhd55c-5173.csb.app/src/App.tsx?t=1682924824644:19:1)
    at App
```

> **알아두기**
>
> 리액트 팀이 언급한 문자열 ref의 문제는 다음과 같다.
>
> - 문자열로 값을 주는 것은 여러 컴포넌트에 걸쳐 사용될 수 있으므로 충돌의 여지가 있다.
> - 앞의 코드에서도 볼 수 있듯이 단순히 문자열로만 존재하기 때문에 실제로 어떤 ref에서 참조되고 있는지 파악하기 어렵다.
> - 리액트가 계속해서 현재 렌더링되고 있는 컴포넌트의 ref의 값을 추적해야 하기 때문에 성능 이슈가 있다.

### findDOMNode에 대한 경고 출력

findDOMNode는 클래스 컴포넌트 인스턴스에서 실제 DOM 요소에 대한 참조를 가져올 수 있는, 현재는 사용하는 것이 권장되지 않는 메서드다. 다음 예제 코드를 보자.

```
class UnsafeClassComponent extends Component {
  componentDidMount() {
    const node = ReactDOM.findDOMNode(this)
    if (node) {
      ;(node as HTMLDivElement).style.color = 'red'
    }
  }

  render() {
    return <div>UnsafeClassComponent</div>
  }
}
```

예제에서는 ReactDOM에서 제공하는 findDOMNode() 메서드를 활용해 클래스 컴포넌트의 요소에 직접 접근해 해당 DOM 요소의 스타일을 수정한 것을 확인할 수 있다. 그러나 이 역시 더 이상 권장되지 않는 방식으로,

엄격 모드에서 **findDOMNode**를 사용하면 다음과 같이 에러가 발생한다.

```
Warning: findDOMNode is deprecated in StrictMode. findDOMNode was passed an instance of UnsafeClass-
Component which is inside StrictMode. Instead, add a ref directly to the element you want to refer-
ence. Learn more about using refs safely here: https://reactjs.org/link/strict-mode-find-node
    at div
    at UnsafeClassComponent (https://yhd55c-5173.csb.app/src/App.tsx?t=1682925641570:20:1)
    at App
```

---

**알아두기**

리액트 팀이 언급한 findDOMNode의 문제는 다음과 같다.

- findDOMNode를 사용하면 부모가 특정 자식만 별도로 렌더링하는 것이 가능해진다. 이는 리액트가 추구하는 트리 추상화 구조를 무너뜨린다.

```tsx
class ChildComponent extends React.Component {
  render() {
    return <div>UnsafeClassComponent</div>
  }
}


class ParentComponent extends React.Component {
  handleClick = () => {
    const childNode = ReactDOM.findDOMNode(this.refs.child)
    if (childNode) {
      ;(childNode as HTMLDivElement).style.backgroundColor = 'red'
    }
  }

  render() {
    return (
      <div>
        <ChildComponent ref="child" />
        <button onClick={this.handleClick}>Change Color</button>
      </div>
    )
  }
}
```

위 코드를 보면 ParentComponent에서 handleClick을 수행하면 자식 컴포넌트의 style이 변경되는 것을 확인할 수 있다. 이는 자식 컴포넌트의 렌더링을 위해서는 부모 컴포넌트의 렌더링이 일어나야 한다는 리액트의 추상화를 무너뜨린다.

---

- findDOMNode는 항상 첫 번째 자식을 반환하는데, 이는 Fragement를 사용할 때 어색해진다는 문제점이 있었다.

```
class UnsafeClassComponent extends Component {
  componentDidMount() {
    const node = ReactDOM.findDOMNode(this)
    // <div>UnsafeClassComponent1</div> ???
    console.log(node)
  }

  render() {
    return (
      <>
        <div>UnsafeClassComponent1</div>
        <div>UnsafeClassComponent2</div>
        <div>UnsafeClassComponent3</div>
        <div>UnsafeClassComponent4</div>
      </>
    )
  }
}
```

- 마지막으로, findDOMNode는 일회성 API라는 특징 때문에 자식 컴포넌트가 특정 시점에서 다른 노드를 렌더링할 경우 이러한 변경 사항을 추적할 수 없다는 문제점이 있었다. 위와 같은 내용을 종합하면 findDOMNode는 '항상 변하지 않는 단일 노드를 반환하는 정적인 컴포넌트'에만 정상적으로 작동하는 반쪽짜리 메서드였다.

따라서 문자열 ref 와 마찬가지로 findDOMNode는 createRef, useRef를 사용하는 방향으로 전환되어 지원 중단됐다.

## 구 Context API 사용 시 발생하는 경고

childContextTypes와 getChildContext를 사용하는 구 리액트 Context API를 사용하면 엄격 모드에서는 다음과 같은 에러를 출력한다.

```
Warning: Legacy context API has been detected within a strict-mode tree.

The old API will be supported in all 16.x releases, but applications using it should migrate to the new version.

Please update the following components: Button, MessageList

Learn more about this warning here: https://fb.me/react-legacy-context
```

```
    in MessageList (at App.js:46)
    in App (at src/index.js:8)
    in StrictMode (at src/index.js:7)
```

## 예상치 못한 부작용(side-effects) 검사

리액트 엄격 모드 내부에서는 다음 내용을 의도적으로 이중으로 호출한다.

- 클래스 컴포넌트의 constructor, render, shouldComponentUpdate, getDerivedStateFromProps

- 클래스 컴포넌트의 setState의 첫 번째 인수

- 함수 컴포넌트의 body

- useState, useMemo, useReducer에 전달되는 함수

다음 예제 코드를 개발 모드에서 살펴보자.

```
export default function App() {
  console.log('component body')

  const [number, setNumber] = useState(() => {
    console.log('initialize state')
    return 0
  })

  const handleClick = useCallback(() => {
    setNumber((prev) => prev + 1)
  }, [])

  const tenTimes = useMemo(() => {
    console.log('* 10!')
    return number * 10
  }, [number])

  return <button onClick={handleClick}>{tenTimes} 클릭</button>
}
```

위 코드를 실행하면 브라우저 콘솔에서 다음과 같이 기록되는 것을 확인할 수 있다.

```
component body
initialize state
* 10!
component body
initialize state
* 10!
```

console.log로 기록한 내용이 모두 두 번씩 기록되는 것으로 미루어 보아 앞에서 언급한 내용이 두 번씩 실행되는 것을 알 수 있다. 그렇다면 왜 엄격 모드에서는 두 번씩 실행되는 것일까?

> **알아두기**
>
> 엄격 모드에서 console.log의 작동 방식이 리액트 17과 리액트 18에서 조금씩 다르다. 리액트 17은 이러한 작동 방식에 따른 혼선을 방지하기 위해 의도적으로 두 번씩 기록되지 않게 하는 반면, 리액트 18에서는 두 번씩 기록하되 두 번째 기록, 즉 엄격 모드에 의해 실행된 console.log는 회색으로 표시하게끔 바뀌었다. 엄격 모드에서도 한 번씩 기록되게 하고 싶다면 리액트 개발자 도구를 설치한 뒤 리액트 개발자 모드에서 설정 → debugging → hide logs during second render in Strict Mode를 체크하면 된다.

그 이유는 함수형 프로그래밍의 원칙에 따라 리액트의 모든 컴포넌트는 항상 순수하다고 가정하기 때문이고, 엄격 모드에서는 앞에서 언급한 내용이 실제로 지켜지고 있는지, 즉 항상 순수한 결과물을 내고 있는지 개발자에게 확인시켜 주기 위해 두 번 실행하게 되는 것이다. 리액트에서는 state, props, context가 변경되지 않으면(입력 값이 변경되지 않으면) 항상 동일한 JSX를(항상 같은 결과물을) 반환해야 한다. 리액트에서는 이러한 규칙을 위배하는 컴포넌트는 잠재적으로 버그가 존재할 수 있다고 판단하기 때문에 엄격 모드에서는 순수해야 하는 함수, 메서드 등을 두 번 실행해 이러한 내용을 사전에 개발자가 파악할 수 있도록 유도하는 것이다.

많은 개발자들이 이러한 작동 방식을 귀찮아하고 엄격 모드를 끄는 경우가 많지만 엄격 모드를 활성화해서 이러한 순수 함수의 원칙이 잘 지켜지는지 살펴보면 앞으로 리액트 코드를 작성하는 데 많은 도움이 될 것이다.

## 리액트 18에서 추가된 엄격 모드

향후 리액트에서는 컴포넌트가 마운트 해제된 상태에서도 (컴포넌트가 렌더링 트리에 존재하지 않는 상태에서도) 컴포넌트 내부의 상태값을 유지할 수 있는 기능을 제공할 예정이라고 리액트 팀에서 밝혔다. 예를 들어, 사용자가 뒤로가기를 했다가 다시 현재 화면으로 돌아왔을 때, 리액트가 즉시 이전의 상태를 그대로 유지해 표시할 준비를 하는 기능이 추가되는 것이다. 이러한 기능을 향후에 지원하기 위해 엄격 모드의 개발 모드에 새로운 기능을 도입했다. 컴포넌트가 최초에 마운트될 때 자동으로 모든 컴포넌트를 마운트 해제하고 두 번째 마운트에서 이전 상태를 복원하게 된다. 이 기능은 오직 개발 모드에서만 적용된다.

다음 예제 코드를 보자.

```
import { useEffect } from 'react'

let count = 0
export default function App() {
  useEffect(() => {
    count += 1
    console.log(`mount App, ${count}`)

    return () => {
      console.log(`unmount app ${count}`)
    }
  })
  return <h1>hello</h1>
}
```

이 코드를 각각 리액트 18과 17에서 실행하면 다음과 같은 결과를 볼 수 있다.

```
// react 18
// mount App, 1
// unmount app 1
// mount App, 2

// react 17
// mount App, 1
```

마치 최초에 useEffect가 두 번 작동한 것처럼 보이는데, 이는 리액트 18의 StrictMode에서 의도된 작동 방식이다. 이에 대해서 리액트 팀은 다음과 같이 이야기했다.

> 앞으로는 리액트가 상태를 유지하면서 UI의 섹션을 추가하고 제거할 수 있는 기능을 추가하고 싶습니다. 예를 들어, 사용자가 화면에서 탭을 눌렀다가 다시 돌아왔을 때 리액트는 이전 화면을 즉시 표시할 수 있어야 합니다. 이를 위해 리액트는 이전과 동일한 컴포넌트 상태를 사용해 트리를 마운트 해제하고 다시 마운트합니다.
>
> 이 기능을 사용하면 리액트의 기본 성능이 향상되지만 컴포넌트가 이펙트를 여러 번 마운트 및 제거해도 복원력이 있어야 합니다. 대부분의 이펙트는 변경 없이 작동하지만 일부 이펙트는 한 번만 마운트되거나 소멸된다고 가정합니다.
>
> 이러한 문제를 해결하기 위해 리액트 18은 엄격 모드에 새로운 개발 전용 검사를 도입했습니다. 이 새로운 검사는 컴포넌트가 처음 마운트될 때마다 모든 컴포넌트를 자동으로 마운트 해제 및 재마운트해 두 번째 마운트 시 이전 상태로 복원합니다.[13]

---

13 https://react.dev/blog/2022/03/08/react-18-upgrade-guide#updates-to-strict-mode

즉, 이후에 있을 변경을 위해 StrictMode에서 고의로 useEffect를 두 번 작동시키는 내용을 추가한 것이다. 따라서 미래에 있을 리액트 업데이트에 효과적으로 대비하려면 이 두 번의 useEffect 호출에도 자유로운 컴포넌트를 작성하는 것이 좋다. 이를 위해서는 useEffect를 사용할 때 반드시 적절한 cleanup 함수를 배치해서 반복 실행될 수 있는 useEffect로부터 최대한 자유로운 컴포넌트를 만드는 것이 좋다.

## 10.2.6 Suspense 기능 강화

Suspense는 리액트 16.6 버전에서 실험 버전으로 도입된 기능으로, 컴포넌트를 동적으로 가져올 수 있게 도와주는 기능이다. 다음 예제 코드를 보자.

```
// Sample Component
export default function SampleCompnent() {
  return <>동적으로 가져오는 컴포넌트</>
}

// app.tsx
import { Suspense, lazy } from 'react'

const DynamicSampleComponent = lazy(() => import('./SampleComponent'))

export default function App() {
  return (
    <Suspense fallback={<>로딩중</>}>
      <DynamicSampleComponent />
    </Suspense>
  )
}
```

예제에서는 app.tsx에서 SampleComponent를 React.lazy를 통해 불러온다. 여기서 React.lazy는 컴포넌트를 첫 번째 렌더링 시에 불러오지 않고, 최초 렌더링 이후에 컴포넌트를 지연시켜 불러오는 역할을 한다. 그리고 이렇게 불러온 SampleComponent는 Suspense로 감싸져 있는데, 이 Suspense는 React.lazy를 통해 지연시켜 불러온 컴포넌트를 렌더링하는 역할을 한다. Suspense는 크게 두 개의 인수를 받는데, 하나는 fallback props로, 지연시켜 불러온 컴포넌트를 미처 불러오지 못했을 때 보여주는 fallback을 나타낸다. 그리고 children으로는 React.lazy로 선언한 지연 컴포넌트를 받는다. 즉, 지연 컴포넌트를 로딩하기 전에는 fallback을 보여주고, 이 lazy로 불러온 컴포넌트가 지연 로딩이 완료되면 fallback 대신 비로소 해당 컴포넌트를 보여주게 된다. 이처럼 lazy와 Suspense는 한 쌍으로 사용됐고, 애플리케이션에서 상대적으로 중요하지 않은 컴포넌트를 분할해 초기 렌더링 속도를 향상시키는 데 많은 도움을 줬다.

그러나 이 18 이전의 Suspense에는 몇 가지 문제점이 있었다.

- 기존의 Suspense는 컴포넌트가 아직 보이기도 전에 useEffect가 실행되는 문제가 존재했다. 다음 코드를 보자.

```
function ProfilePage() {
  // initialResource는 Promise로 데이터를 불러오는 데 어느 정도 시간이 필요함
  const [resource, setResource] = useState(initialResource)
  return (
    <>
      <Suspense
        fallback={
          <>
            <h1>Loading profile...</h1>
          </>
        }
      >
        <Suspense fallback={<h1>Loading posts...</h1>}>
          <Sibling name="two" />
          <ProfileTimeline resource={resource} />
        </Suspense>
      </Suspense>
    </>
  )
}
```

위 예제에서 resource는 Promise를 통해 데이터를 비동기로 불러온다. 개발자의 의도는 이 비동기 데이터 로딩이 끝나기 전까지는 <Suspense> 하단의 컴포넌트가 렌더링되지 않게 하는 것이다. <Suspense>의 자식으로 존재하는 <Sibling>은 비록 비동기 데이터에 의존하지 않지만 Suspense의 자식으로 존재하므로 반드시 Suspense의 fallback이 종료된 이후에 effect가 실행돼야만 했다. 이는 이상으로는 문제가 없었지만 실제 useEffect나 useLayoutEffect 등으로 보면 아직 <Suspense> 작업이 진행 중임에도 불구하고 <Sibiling>의 effect가 실행되는 버그가 있었다.

- Suspense는 서버에서 사용할 수 없었다. 다음 코드를 보자.

```
// components/SampleComponent.tsx
export default function SampleCompnent() {
  return <>동적으로 가져오는 컴포넌트</>
}


// pages/index.tsx
import { Suspense, lazy } from 'react'
```

```
const DynamicSampleComponent = lazy(
  () => import('../components/SampleComponent'),
)

export default function Home() {
  return (
    <Suspense fallback={<>로딩중</>}>
      <DynamicSampleComponent />
    </Suspense>
  )
}
```

이 코드는 Next.js에서 Suspense를 사용하는 코드다. 그러나 코드를 실행하면 "Error: ReactDOMServer does not yet support Suspense" 에러가 발생한다. 실험 단계인 기존의 Suspense에서는 지연 중인 컴포넌트를 렌더링할 방법이 없었기 때문이다. 기존의 서버 사이드 렌더링 구조에서 Suspense를 활용하려면 useMount와 같은 훅을 구현해서 반드시 클라이언트에서만 작동하도록 처리해야 했다.

```
import { Suspense, useEffect, useState, ComponentProps } from 'react'

function useMounted() {
  const [mounted, setMounted] = useState(false)

  // useEffect는 클라이언트에서만 실행되므로 mounted가 true면
  // 클라이언트에서 실행되는 코드다.
  useEffect(() => {
    setMounted(true)
  }, [])

  return mounted
}

export default function CustomSuspense(
  props: ComponentProps<typeof Suspense>,
) {
  const isMounted = useMounted()

  if (isMounted) {
    return <Suspense {...props} />
  }
```

```
    return <>{props.fallback}</>
  }
```

이제 리액트 18 버전에서는 Suspense가 실험 단계를 벗어나 정식으로 지원된다. 구체적으로 변경된 내용은 다음과 같다.

- 앞에서 언급했던, 아직 마운트되기 직전임에도 effect가 빠르게 실행되는 문제가 수정됐다. 이제 컴포넌트가 실제로 화면에 노출될 때 effect가 실행된다.

- Suspense로 인해 컴포넌트가 보이거나 사라질 때도 effect가 정상적으로 실행된다. 이전에는 컴포넌트 스스로가 Suspense에 의해 현재 보여지고 있는지, 숨겨져 있는지 알 방법이 없었다. 그러나 이제 Suspense에 의해 노출이 된다면 useLayoutEffect의 effect(componentDidMount)가, 가려진다면 useLayoutEffect의 cleanUp (componentWillUnmount)이 정상적으로 실행된다.

- Suspense를 이제 서버에서도 실행할 수 있게 된다. 앞의 예제와 같이 CustomSuspense를 구현하지 않더라도 정상적으로 Suspense를 사용할 수 있다. 서버에서는 일단 fallback 상태의 트리를 클라이언트에 제공하고, 불러올 준비가 된다면 자연스럽게 렌더링된다.

- Suspense 내에 스로틀링이 추가됐다. 화면이 너무 자주 업데이트되어 시각적으로 방해받는 것을 방지하기 위해 리액트는 다음 렌더링을 보여주기 전에 잠시 대기한다. 즉, 중첩된 Suspense의 fallback이 있다면 자동으로 스로틀되어 최대한 자연스럽게 보여주기 위해 노력한다.

Suspense의 사용이 이전보다 비교적 자연스러워졌지만 여전히 Suspense를 사용할 수 있는 시나리오는 제한적인 편이다. 먼저 앞선 예제처럼 React.lazy를 사용해 컴포넌트를 지연시켜 불러오거나, 혹은 Next.js와 같이 Suspense를 자체적으로 지원하는 프레임워크에서만 Suspense를 사용하는 것이 가능하다. 향후에는 이러한 프레임워크 없이도 Suspense를 사용할 수 있는 방법이 나올 것으로 보인다.

> **알아두기**
>
> 현재 리액트 공식 문서의 예제에는 아직 정식 공개되지 않은 Promise를 바로 사용할 수 있는 use 훅을 활용한 예제가 있는데, 이러한 방식을 활용한 Suspense가 공개될 것으로 보인다.[14] use 훅에 대한 정보는 https://github.com/reactjs/rfcs/pull/229에서 확인할 수 있다.

---

14 https://codesandbox.io/s/s9zlw3?file=/Albums.js:678-682

## 10.2.7 인터넷 익스플로러 지원 중단에 따른 추가 폴리필 필요

이제 리액트는 리액트를 사용하는 코드에서 다음과 같은 최신 자바스크립트 기능을 사용할 수 있다는 가정하에 배포된다.

- Promise: 비동기 연산이 종료된 이후에 실패 또는 결괏값을 확인할 수 있는 객체. 참고: https://caniuse.com/promises

- Symbol: 자바스크립트의 새로운 데이터 형식으로, 익명의 객체 속성을 만들 수 있는 특성을 가진 객체. 참고: https://caniuse.com/mdn-javascript_builtins_symbol

- Object.assign: 객체의 열거 가능한 모든 속성을 다른 객체로 붙여 넣는 메서드. 참고: https://caniuse.com/mdn-javascript_builtins_object_assign

이러한 세 기능을 지원하지 않는 브라우저에서 서비스해야 한다면 이 세 가지 기능을 위한 폴리필을 반드시 추가해야 한다. 예를 들어, 인터넷 익스플로러 11 환경에서 이 세 가지 폴리필이 설치돼 있지 않다면 리액트는 정상적으로 작동하지 않을 수도 있다. 이는 2022년 6월 15일 부터 인터넷 익스플로러가 더 이상 지원을 중단했기 때문으로 보인다. 리액트뿐만 아니라 요즘 출시되는 대부분의 라이브러리가 ES5 지원을 중단하는 추세이기 때문에 만약 웹서비스가 여전히 인터넷 익스플로러 11을 지원해야 한다면 폴리필 설치 및 트랜스파일에 각별히 신경 써야 한다.

## 10.2.8 그 밖에 알아두면 좋은 변경사항

- 이제 컴포넌트에서 undefined를 반환해도 에러가 발생하지 않는다. undefined 반환은 null 반환과 동일하게 처리된다.

- 이와 마찬가지로 <Suspense fallback={undefined}>도 null과 동일하게 처리된다.

- renderToNodeStream이 지원 중단됐다. 그 대신 renderToPipeableStream을 사용하는 것이 권장된다.

## 10.2.9 정리

리액트 17의 버전 업은 단순히 다음 리액트 버전 업을 조금 더 쉽게 만드는 데 초점을 맞췄다면, 리액트 18 버전 업은 17에서 미처 하지 못한 버전 업을 한꺼번에 한 것 같은 느낌이 들 정도로 많은 변화가 있었다. 실제로 리액트 17의 최종 버전은 17.0.2로 단순히 버그 패치 2회에 그쳤지만 리액트 18은 벌써 18.2.0까지 나올 정도로 공을 들인 것을 확인할 수 있다.

리액트 18 버전 업의 핵심은 동시성 렌더링이다. 과거 렌더링 과정은 중간에 일시 중지를 한다거나 렌더링 도중에 해당 렌더링 결과물을 포기한다든가 하는 메커니즘이 없었다. 렌더링은 한번 시작하면 멈출 수 없는 동기 작업이었고, 무조건 결과를 봐야 끝나는 작업이었다. 그러나 리액트 18에서의 렌더링은 다르다. 앞서 새로운 훅과 기능을 소개한 것처럼 렌더링 중간에 일시 중지한 다음, 나중에 여유가 될 때 다시 시작하거나, 진행 중인 렌더링 작업을 포기하고 새로 다시 시작할 수도 있다. 렌더링 과정이 한층 복잡해졌지만 리액트는 이 과정에서도 UI가 일관되게 표시할 수 있도록 보장한다. 리액트 외부에 있어 혹은 보장이 안 되는 상태값이 존재한다면 useSyncExternalStore 같은 훅을 제공해 일관성을 유지하게끔 유도한다. 이러한 동시성 렌더링을 위해 리액트는 트리 전체가 계산이 완료된 이후에 DOM 수정이 완료되기까지 기다린다. 이 작업은 메인 스레드를 차단하지 않고 백그라운드에서 수행되며 새로운 화면을 만들 작업을 준비하게 된다. 이처럼 메인 스레드를 차단하지 않음으로써, 사용자는 웹 애플리케이션에서 렌더링으로 인해 UI가 방해받는 현상을 겪지 않을 수 있고, 사용자의 반응성 또한 확보할 수 있게 된다.

많은 기능이 추가되어 조금은 당황스러울 수 있겠지만 리액트 17에서도 이야기했듯이 리액트 팀의 목적은 극단적이 아닌 점진적으로 기능을 채택할 수 있게 하는 것이다. 리액트 컴포넌트가 추가적인 노력 없이도 동시성 렌더링이 작동하는 것을 목표로 하고 있으며, 이는 개발자에게 선택의 여지를 준다는 점에서 긍정적이다. 그러나 리액트 18의 변화는 리액트 생태계 내에 있는 라이브러리, 특히 외부에서 상태를 관리하는 상태 관리 라이브러리에 큰 변화를 가져왔다. 외부 라이브러리가 동시성 렌더링을 지원하기 위해서는 useSyncExternalStore의 도움을 필수적으로 받아야 하며, 이러한 동시성 렌더링이 클라이언트는 물론 서버에서도 제대로 작동할 수 있게끔 준비돼 있어야 한다. 규모가 크고 메인테이너가 많은 리덕스나 같은 조직에서 개발하고 있는 Recoil 등을 제외하면 이러한 동시성 지원을 위해 오픈소스 라이브러리 개발자들이 시간을 쏟아야 할 것으로 보인다. 실제로 MobX의 경우 해당 기능을 지원은 하고 있지만 아직 완벽하게 구현하는 데 있어 어려움을 겪고 있는 것으로 보인다.[15] 따라서 리액트 18이 앞으로 리액트 생태계에 있어서 큰 이정표가 될 것으로 보인다. 앞으로 개발할 애플리케이션에서 동시성 모드를 염두에 두고 있다면 사용하고자 하는 라이브러리가 이를 완벽하게 지원하는지 반드시 검토해 보자.

---

15 https://github.com/mobxjs/mobx/pull/3387, https://github.com/mobxjs/mobx/pull/3005를 보면 아직 구현하지 못한 여러 이슈들이 남아 있는 것을 확인할 수 있다.

# 11장

장

# Next.js 13과
# 리액트 18

Next.js 버전 13은 Next.js의 릴리스 역사를 통틀어 가장 큰 변화가 있는 릴리스라고 해도 과언이 아니다. 크게 눈에 띄는 점으로는 먼저 서버 사이드 렌더링의 구조에 많은 변화가 있는 리액트 18을 채택했으며, 기존에 Next.js의 큰 약점으로 지적되던 레이아웃 지원을 본격적으로 지원하기 시작했고, 바벨을 대체할 러스트(Rust) 기반 SWC를 뒤이어 웹팩을 대체할 Turbopack까지 출시했다. 만약 Next.js를 실무에서 쓰고 있거나 평소에 관심 있게 지켜봤다면 반드시 주목해야 할 내용들이 이번 Next.js 13 버전 릴리스에 포함됐다. 리액트 서버 사이드 렌더링을 논할 때 가장 먼저 손에 꼽히는 프레임워크가 Next.js인 만큼 이번 장에서는 Next.js 13에서 어떠한 변화가 있었고, 기존 Next.js 애플리케이션을 어떻게 변경하고 개선해 나갈 수 있는지 살펴보자.

## 11.1  app 디렉터리의 등장

현재까지 Next.js의 아쉬운 점으로 평가받던 것 중 하나는 바로 레이아웃의 존재다. 공통 헤더와 공통 사이드바가 거의 대부분의 페이지에 필요한 웹사이트를 개발한다고 가정해 보자. 만약 react-router-dom을 사용한다면 다음과 같이 구현할 수 있을 것이다.

```
import { Routes, Route, Outlet, Link } from 'react-router-dom'

export default function App() {
  return (
    <div>
```

```
        <div>Routes 외부의 공통 영역</div>

        <Routes>
          <Route path="/" element={<Layout />}>
            <Route index element={<Home />} />
            <Route path="/menu1" element={<Menu1 />} />
            <Route path="/menu2" element={<Menu2 />} />
            <Route path="*" element={<NoMatch />} />
          </Route>
        </Routes>
      </div>
    )
}

function Layout() {
  return (
    <div>
      <nav>
        <ul>
          <li>
            <Link to="/">Home</Link>
          </li>
          <li>
            <Link to="/menu1">menu1</Link>
          </li>
          <li>
            <Link to="/menu2">menu2</Link>
          </li>
        </ul>
      </nav>

      <hr />
      <div>/ path 하위의 공통 영역</div>

      <Outlet />
    </div>
  )
}

function Home() {
```

```
  return (
    <div>
      <h2>Home</h2>
    </div>
  )
}

function Menu1() {
  return (
    <div>
      <h2>Menu1</h2>
    </div>
  )
}

function Menu2() {
  return (
    <div>
      <h2>Menu2</h2>
    </div>
  )
}

function NoMatch() {
  return (
    <div>
      <h2>Nothing to see here!</h2>
      <p>
        <Link to="/">Go to the home page</Link>
      </p>
    </div>
  )
}
```

<Routes>의 영역은 주소에 따라 바뀌는 영역으로, 각 주소에 맞는 컴포넌트를 선언해서 넣어주면 된다. <Routes>의 외부 영역은 주소가 바뀌더라도 공통 영역으로 남을 것이며, <Routes> 내부만 주소에 맞게 변경 될 것이다. 또한 <Routes> 내부의 <Outlet />은 <Routes>의 주소 체계 내부의 따른 하위 주소를 렌더링하는 공통 영역이다. 사용하기에 따라서 <Routes>의 외부 영역 같이 해당 주소의 또 다른 영역을 공통으로 꾸미는 등의 작업이 가능하다.

그렇다면 이 같은 구조를 Next.js에서 유지하려면 어떻게 해야 할까? 13 버전 이전까지 모든 페이지는 각각의 물리적으로 구별된 파일로 독립돼 있었다. 페이지 공통으로 무언가를 집어 넣을 수 있는 곳은 _document와 _app이 유일하다. 그나마도 이 파일들은 다음과 같이 서로 다른 목적을 지니고 있다.

- _document: 페이지에서 쓰이는 `<html>`과 `<body>` 태그를 수정하거나, 서버 사이드 렌더링 시 styled-components 같은 일부 CSS-in-JS를 지원하기 위한 코드를 삽입하는 제한적인 용도로 사용된다. 오직 서버에서만 작동하므로 onClick 같은 이벤트 핸들러를 붙이거나 클라이언트 로직을 붙이는 것을 금지하고 있다.[1]

- _app: _app은 페이지를 초기화하기 위한 용도로 사용되며, 다음과 같은 작업이 가능하다고 명시돼 있다.[2]
  - 페이지 변경 시에 유지하고 싶은 레이아웃
  - 페이지 변경 시 상태 유지
  - componentDidCatch를 활용한 에러 핸들링
  - 페이지간 추가적인 데이터 삽입
  - global CSS 주입

즉, 이전의 Next.js 12 버전까지는 무언가 페이지 공통 레이아웃을 유지할 수 있는 방법은 _app이 유일했다. 그러나 이 방식은 _app에서밖에 할 수 없어 제한적이고, 각 페이지별로 서로 다른 레이아웃을 유지할 수 있는 여지도 부족하다. 이러한 레이아웃의 한계를 극복하기 위해 나온 것이 Next.js의 app 레이아웃이다. 이제 이 레이아웃을 app 디렉터리에서 어떻게 구현하는지 살펴보자.

---

**알아두기**

/app 라우팅은 앞서 언급한 것처럼 베타 버전이기 때문에 정상적인 방법으로는 사용할 수 없다. next.config.js에 다음과 같이 옵션을 활성화해야 /app 기반 라우팅을 사용할 수 있다.

```
/** @type {import('next').NextConfig} */
const nextConfig = {
  reactStrictMode: true,
  experimental: {
    appDir: true, // 이 옵션을 experimental 아래에서 활성화해야 한다.
  },
}

module.exports = nextConfig
```

Next.js 13.4.0 이상 버전을 사용한다면 해당 옵션을 활성화하지 않아도 된다.

---

1  https://nextjs.org/docs/advanced-features/custom-document
2  https://nextjs.org/docs/advanced-features/custom-app

## 11.1.1 라우팅

가장 먼저 눈에 띄는 변화는 기존에 /pages로 정의하던 라우팅 방식이 /app 디렉터리로 이동했다는 점, 그리고 파일명으로 라우팅하는 것이 불가능해졌다는 것이다. Next.js 13에서 라우팅과 페이지를 정의하는 방식이 어떻게 바뀌었는지 살펴보자.

### 라우팅을 정의하는 법

기본적으로 Next.js의 라우팅은 파일 시스템을 기반으로 하고 있으며, 이 원칙은 Next.js가 처음 나온 6년 전부터 지금까지 유효하다. 이번에 등장한 새로운 app 기반 라우팅 시스템은 기존에 /pages를 사용했던 것과 비슷하지만 다음과 같은 약간의 차이가 있다.

- Next.js 12 이하: /pages/a/b.tsx 또는 /pages/a/b/index.tsx는 모두 동일한 주소로 변환된다. 즉, 파일명이 index라면 이 내용은 무시된다.
- Next.js 13 app: /app/a/b는 /a/b로 변환되며, 파일명은 무시된다. 폴더명까지만 주소로 변환된다.

즉, Next.js 13의 app 디렉터리 내부의 파일명은 라우팅 명칭에 아무런 영향을 미치지 못한다. 이 app 내부에서 가질 수 있는 파일명은 뒤이어 설명할 예약어로 제한된다.

### layout.js

Next.js 13부터는 app 디렉터리 내부의 폴더명이 라우팅이 되며, 이 폴더에 포함될 수 있는 파일명은 몇 가지로 제한돼 있다. 그중 하나가 layout.js다. 이 파일은 이름에서 알 수 있는 것처럼 페이지의 기본적인 레이아웃을 구성하는 요소다. 해당 폴더에 layout이 있다면 그 하위 폴더 및 주소에 모두 영향을 미친다. 다음 예제를 보자.

```tsx
// app/layout.tsx
import { ReactNode } from 'react'

export default function AppLayout({ children }: { children: ReactNode }) {
  return (
    <html lang="ko">
      <head>
        <title>안녕하세요!</title>
      </head>
      <body>
        <h1>웹페이지에 오신 것을 환영합니다.</h1>
```

```
      <main>{children}</main>
    </body>
  </html>
  )
}


// app/blog/layout.tsx
import { ReactNode } from 'react'


export default function BlogLayout({ children }: { children: ReactNode }) {
  return <section>{children}</section>
}
```

먼저 루트에는 단 하나의 **layout**을 만들어 둘 수 있다. 이 **layout**은 모든 페이지에 영향을 미치는 공통 레이아웃이다. 내용에서 볼 수 있는 것처럼 일반적으로 웹 페이지를 만드는 데 필요한 공통적인 내용(html, head 등)을 다루는 곳으로 보면 된다. 이는 이전 버전부터 많은 개발자들을 헷갈리게 만들었던 _app, _document를 하나로 대체할 수 있는 좋은 시작점으로 사용될 것으로 보인다. 꼭 공통 레이아웃이 필요하진 않더라도 웹페이지에 필요한 기본 정보만 담아둬도 충분히 유용하다.

> **알아두기**
>
> _document가 없어짐으로써 가장 먼저 떠오르는 고민은 바로 styled-components 같은 CSS-in-JS의 초기화다. 과거 _document에서 CSS-in-JS의 스타일을 모두 모은 다음, 서버 사이드 렌더링 시에 이를 함께 렌더링하는 방식으로 적용했는데, _document가 사라짐으로써 이제 그러한 방식을 적용하는 것은 불가능하다. 대신 이 작업 또한 마찬가지로 루트의 레이아웃에서 적용하는 방식으로 바뀌었다. 다음 예제를 보자.
>
> ```
> // lib/StyledComponentsRegistry.tsx
> 'use client'
>
> import { ReactNode, useState } from 'react'
> import { useServerInsertedHTML } from 'next/navigation'
> import { ServerStyleSheet, StyleSheetManager } from 'styled-components'
>
> export default function StyledComponentsRegistry({
>   children,
> }: {
>   children: ReactNode
> }) {
>   const [styledComponentsStyleSheet] = useState(() => new ServerStyleSheet())
> ```

```
useServerInsertedHTML(() => {
  const styles = styledComponentsStyleSheet.getStyleElement()
  // 2022년 12월 현재 타입에 문제가 있다.
  // https://github.com/vercel/next.js/issues/42526#issuecomment-1323549851
  // 추후 이 문제는 해결될 것으로 보인다.
  // eslint-disable-next-line @typescript-eslint/ban-ts-comment
  // @ts-ignore
  styledComponentsStyleSheet.instance.clearTag()
  return <>{styles}</>
})

if (typeof window !== 'undefined') {
  return <>{children}</>
}

return (
  <StyleSheetManager sheet={styledComponentsStyleSheet.instance}>
    <>{children}</>
  </StyleSheetManager>
)
}


// app/layout.tsx
import StyledComponentsRegistry from './lib/StyledComponentsRegistry'

export default function RootLayout({
  children,
}: {
  children: React.ReactNode
}) {
  return (
    <html>
      <body>
        <StyledComponentsRegistry>{children}</StyledComponentsRegistry>
      </body>
    </html>
  )
}
```

여기서 눈에 띄는 내용이 두 가지 있다.

- use client: use strict를 연상시키는 이 내용은 클라이언트 컴포넌트를 의미하는 지시자[3]로, 리액트 18에서 새롭게 등장한 개념이다. 자세한 내용은 이후 서버 컴포넌트를 다룬 11.2절 '리액트 서버 컴포넌트'를 참고한다.

- useServerInsertedHTML: 과거 useFlushEffects라는 이름의 훅이었는데, 좀 더 명확한 useServerInsertedHTML로 변경됐다. 이 훅은 10.2절 '리액트 18 버전 살펴보기'에서 설명한 리액트 18에서 새롭게 추가된 useInsertionEffect를 기반으로 하는 훅으로, CSS-in-JS 라이브러리와 같이 서버에서 추가해야 할 HTML을 넣는 용도로 만들어졌다.

즉, _document에서 추가하던 서버 사이드 스타일을 이제 새로운 방식을 활용해 루트의 layout에서 집어넣게끔 변경됐다. 자세한 내용은 Next.js 문서[4]를 참고하자.

그리고 페이지 하위에 추가되는 layout은 해당 주소 하위에만 적용된다. 앞의 레이아웃을 활용하면 다음과 같은 구조가 완성될 것이다.

```
<html lang="ko">
  <body>
    <h1>웹페이지에 오신 것을 환영합니다.</h1>
    <main><section>여기에 블로그 글</section></main>
  </body>
</html>
```

이처럼 layout은 주소별 공통 UI를 포함할 수 있을뿐만 아니라 _app과 _document를 대신해 웹페이지를 시작하는 데 필요한 공통 코드를 삽입할 수도 있다. 그리고 이 공통 코드는 기존의 _app과 _document처럼 모든 애플리케이션에 영향을 미치지 않고 오로지 자신과 자식 라우팅에만 미치게 된다. 이로써 개발자들은 하나의 애플리케이션에서 레이아웃을 더욱 유연하게 구성할 수 있게 됐다.

layout.js의 또 다른 장점은 _document.jsx에서만 처리할 수 있었던 부자연스러움이 사라졌다는 것이다. 기존에는 애플리케이션의 <html/>이나 <body/>에 무언가 스타일을 추가하는 등의 작업을 하려면 _document.jsx를 사용해야 했을뿐만 아니라 <Html/>이나 <Body/> <Head/>처럼 Next.js에서 제공하는 태그를 사용해야만 했다. 그러나 이제 HTML에서 기본으로 제공하는 <html/> 등의 태그를 추가하고 수정함으로써 별도로 import하는 번거로움이 사라지고 좀 더 자연스럽게 코드를 작성할 수 있게 됐다.

layout에서 주의해야 할 점은 다음과 같다.

- layout은 app 디렉터리 내부에서는 예약어다. 무조건 layout.{js|jsx|ts|tsx}로 사용해야 하며, 레이아웃 이외의 다른 목적으로는 사용할 수 없다.

---

3  https://github.com/reactjs/rfcs/pull/227
4  https://nextjs.org/docs/app/building-your-application/styling/css-in-js#styled-components

- layout은 children을 props로 받아서 렌더링해야 한다. 레이아웃이므로 당연히 그려야 할 컴포넌트를 외부에서 주입받고 그려야 한다.

- layout 내부에는 반드시 export default로 내보내는 컴포넌트가 있어야 한다.

- layout 내부에서도 API 요청과 같은 비동기 작업을 수행할 수 있다. 이에 대한 자세한 내용은 뒤이어서 다룬다.

## page.js

layout과 마찬가지로 page도 예약어이며, 이전까지 Next.js에서 일반적으로 다뤘던 페이지를 의미한다. 앞의 예제에서 page가 다음과 같이 구성돼 있다고 가정해 보자.

```
export default function BlogPage() {
  return <>여기에 블로그 글</>
}
```

이 page는 앞에서 구성했던 layout을 기반으로 위와 같은 리액트 컴포넌트를 노출하게 된다. 이 page가 받는 props는 다음과 같다.

- params: 옵셔널 값으로, 앞서 설명한 [...id]와 같은 동적 라우트 파라미터를 사용할 경우 해당 파라미터에 값이 들어온다.

- searchParams: URL에서 ?a=1과 같은 URLSearchParams[5]를 의미한다. 예를 들어, ?a=1&b=2로 접근할 경우 searchParams에는 { a: '1', b: '2' }라는 자바스크립트 객체 값이 오게 된다. 한 가지 주목해야 할 것은 이 값은 layout에서는 제공되지 않는다는 것이다. 그 이유는 layout은 페이지 탐색 중에는 리렌더링을 수행하지 않기 때문이다. 즉, 같은 페이지에서 search parameter만 다르게 라우팅을 시도하는 경우 layout을 리렌더링하는 것은 불필요하기 때문이다. 만약 search parameter에 의존적인 작업을 해야 한다면 반드시 page 내부에서 수행해야 한다.

page도 마찬가지로 다음과 같은 규칙을 가지고 있다.

- page도 역시 app 디렉터리 내부의 예약어다. 무조건 page.{js|jsx|ts|tsx}로 사용해야 하며, 레이아웃 이외의 다른 목적으로는 사용할 수 없다.

- page도 역시 내부에서 반드시 export default로 내보내는 컴포넌트가 있어야 한다.

---

5  https://developer.mozilla.org/en-US/docs/Web/API/URLSearchParams

## error.js

error.js는 해당 라우팅 영역에서 사용되는 공통 에러 컴포넌트다. 이 error.js를 사용하면 특정 라우팅별로 서로 다른 에러 UI를 렌더링하는 것이 가능해진다.

```
'use client'

import { useEffect } from 'react'

// eslint-disable-next-line @typescript-eslint/no-explicit-any
export default function Error({
  error,
  reset,
}: {
  error: Error
  reset: () => void
}) {
  useEffect(() => {
    // eslint-disable-next-line no-console
    console.log('logging error:', error)
  }, [error])

  return (
    <>
      <div>
        <strong>Error:</strong> {error?.message}
      </div>
      <div>
        <button onClick={() => reset()}>에러 리셋</button>
      </div>
    </>
  )
}
```

error 페이지는 에러 정보를 담고 있는 error: Error 객체와 에러 바운더리를 초기화할 reset: () => void를 props로 받는다. 한 가지 명심해야 할 점은, 에러 바운더리는 클라이언트에서만 작동하므로 error 컴포넌트도 클라이언트 컴포넌트여야 한다는 점이다. 그리고 이 error 컴포넌트는 같은 수준의 layout에서 에러가 발생할 경우 해당 error 컴포넌트로 이동하지 않는다는 점도 명심해야 한다. 그 이유는 아마도 <Layout><Error>{children}</Error></Layout>과 같은 구조로 페이지가 렌더링되기 때문일 것이다. 만약

Layout에서 발생한 에러를 처리하고 싶다면 상위 컴포넌트의 error를 사용하거나, app의 루트 에러 처리를 담당하는 app/global-error.js 페이지를 생성하면 된다.

## not-found.js

not-found는 이름에서도 알 수 있는 것처럼 특정 라우팅 하위의 주소를 찾을 수 없는 404 페이지를 렌더링할 때 사용된다.

```
export default function NotFound() {
  return (
    <>
      <h2>Not Found</h2>
      <p>404</p>
    </>
  )
}
```

error와 마찬가지로 전체 애플리케이션에서 404를 노출하고 싶다면 app/not-found.js를 생성해 사용하면 된다. 이 컴포넌트는 서버 컴포넌트로 구성하면 된다.

## loading.js

loading은 뒤이어 설명할 리액트 Suspense를 기반으로 해당 컴포넌트가 불러오는 중임을 나타낼 때 사용할 수 있다.

```
export default function Loading() {
  return 'Loading...'
}
```

이 컴포넌트는 "use client" 지시자를 사용해 클라이언트에서 렌더링되게 할 수도 있다. 자세한 내용은 이후에 다룬다.

## route.js

Next.js 13.4.0에서 app 디렉터리가 정식으로 출시되면서 이전까지 지원하지 못했던 /pages/api에 대한 /app 디렉터리 내부의 지원도 추가됐다. /pages/api와 동일하게 /app/api를 기준으로 디렉터리 라우팅을 지원하며, 앞서 파일명에 대한 라우팅이 없어진 것과 마찬가지로 /api에 대해서도 파일명 라우팅이 없어졌다.

그 대신 디렉터리가 라우팅 주소를 담당하며 파일명은 route.js로 통일됐다. /app/api/hello/route.ts에 다음 예제와 같은 내용을 추가했다고 가정해보자.

```
// /api/hello/route.ts
import { NextRequest } from 'next/server'

export async function GET(request: Request) {}

export async function HEAD(request: Request) {}

export async function POST(request: Request) {}

export async function PUT(request: Request) {}

export async function DELETE(request: Request) {}

export async function PATCH(request: Request) {}

export async function OPTIONS(request: Request) {}
```

이 route.ts 파일 내부에 REST API의 get, post와 같은 메서드명을 예약어로 선언해 두면 HTTP 요청에 맞게 해당 메서드를 호출하는 방식으로 작동한다. 한 가지 흥미로운 점은 app/api 외에 다른 곳에서 선언해도 작동한다는 것이다. 예를 들어, 다음과 같이 파일을 만들어도 /api 요청을 하는 것과 마찬가지로 작동한다.

```
// apps/internal-api/hello/route.ts
import { NextRequest } from 'next/server'

export async function GET(request: NextRequest) {
  return new Response(JSON.stringify({ name: 'hello' }), {
    status: 200,
    headers: {
      'content-type': 'application/json',
    },
  })
}
```

```
» curl -X GET "http://localhost:3000/internal-api/hello"
{"name":"hello"}
```

라우팅 명칭에 자유도가 생긴 대신, 당연하게도 route.ts가 존재하는 폴더 내부에는 page.tsx가 존재할 수 없다. 만약 두 파일이 공존한다면 다음과 같은 경고 메시지를 보게 된다.

```
error - [next app] app
  An issue occurred while preparing your Next.js app
  Conflicting route at /internal-api/hello
```

이 route의 함수들이 받을 수 있는 파라미터는 다음과 같다.

- request: NextRequest 객체이며, fetch의 Request를 확장한 Next.js만의 Request라고 보면 된다. 이 객체에는 API 요청과 관련된 cookie, headers 등뿐만 아니라 nextUrl 같은 주소 객체도 확인할 수 있다.[6]

- context: params만을 가지고 있는 객체이며, 이 객체는 앞서 파일 기반 라우팅에서 언급한 것과 동일한 동적 라우팅 파라미터 객체가 포함돼 있다. 이 객체는 Next.js에서 별도 인터페이스를 제공하지 않으므로 주소의 필요에 따라 원하는 형식으로 선언하면 된다.

```
// app/api/users/[id]/route.ts
export async function GET(
  request: NextRequest,
  context: { params: { id: string } },
) {
  const response = await fetch(
    `https://jsonplaceholder.typicode.com/users/${context.params.id}`,
  )
  // ...
  return new Response(JSON.stringify(result), {
    status: 200,
    headers: {
      'content-type': 'application/json',
    },
  })
}
```

---

6  https://developer.mozilla.org/ko-KR/docs/Web/API/Request

## 11.2   리액트 서버 컴포넌트

리액트 18에서 새로 도입된 리액트 서버 컴포넌트는 서버 사이드 렌더링과 완전히 다른 개념이다. 두 용어 모두 '서버'라는 단어가 포함돼 있어 혼동의 여지가 있지만 '서버'라는 단어가 있다는 점, 그리고 '서버'에서 무언가 작업을 수행한다는 점을 제외하면 완전히 다른 개념으로 보는 것이 옳다. 과연 리액트 서버 컴포넌트는 무엇이고, 리액트가 어떠한 문제를 해결하기 위해 이 개념을 가져왔는지 살펴보자.

### 11.2.1   기존 리액트 컴포넌트와 서버 사이드 렌더링의 한계

서버 컴포넌트를 논하기 전에 먼저 리액트의 컴포넌트라는 개념에 대해 다시 한번 떠올려보자. 리액트의 모든 컴포넌트는 클라이언트에서 작동하며, 브라우저에서 자바스크립트 코드 처리가 이뤄진다. 예를 들어, 리액트로 만들어진 페이지를 방문한다고 가정해 보자. 웹사이트를 방문하면 리액트 실행에 필요한 코드를 다운로드하고 리액트 컴포넌트 트리를 만든 다음, DOM에 렌더링한다. 서버 사이드 렌더링의 경우는 어떤가? 미리 서버에서 DOM을 만들어 오고, 클라이언트에서는 이렇게 만들어진 DOM을 기준으로 하이드레이션을 진행한다. 이후 브라우저에서는 상태를 추적하고, 이벤트 핸들러를 DOM에 추가하고, 응답에 따라 렌더링 트리를 변경하기도 한다.

지금까지 우리가 알고 있는 리액트, 그리고 Next.js에서 제공하는 서버 사이드 렌더링은 대략 이러한 흐름을 가지고 있다. 얼핏 보면 이러한 구조는 더할 나위 없이 좋아 보인다. 그러나 지금까지의 구조는 몇 가지 명백한 한계점이 있다. 그 한계점이 무엇인지 하나씩 살펴보자.

- 자바스크립트 번들 크기가 0인 컴포넌트를 만들 수 없다: 게시판 등 사용자가 작성한 HTML에 위험한 태그를 제거하기 위해 사용되는 유명한 npm 라이브러리로 sanitize-html이 있다. 이 sanitize-html을 리액트 컴포넌트에서 사용한다고 가정해 보자.

```
import sanitizeHtml from 'sanitize-html' // 206K (63.3K gzipped)

function Board({ text }: { text: string }) {
  const html = useMemo(() => sanitizeHtml(text), [text])

  return <div dangerouslySetInnerHTML={{ __html: html }} />
}
```

이 컴포넌트는 지금까지 리액트 개발자들이 수도 없이 봐왔을 자연스러운 컴포넌트 구조 중 하나다. 그러나 이 컴포넌트는 63.3kB에 달하는 sanitize-html을 필요로 하며, 더욱이 이는 클라이언트인 브라우저에서 해당 라이브러리를 다운로드해야 할뿐만 아니라 실행까지 거쳐야 한다. 이처럼 어느 정도 규모 있는 웹 애플리케이션을 작성하다 보면 브라우저 환경에서 타사 라이브러리의 이용은 피할 수 없게 된다. 그리고 이는 그만큼 사용자 기기의 부담으로 고스란히 자리 잡게 된다.

만약 이 컴포넌트를 서버에서만 렌더링하고 클라이언트는 결과만 받는다면 어떨까? sanitize-html은 서버만 가지고 있고, 서버에서는 해당 라이브러리를 실행한 결과와 컴포넌트 렌더링 결과물만 클라이언트에 제공하면 어떨까? 클라이언트는 무거운 sanitize-html 라이브러리를 다운로드해 실행하지 않고도 사용자에게 보여주고 싶은 컴포넌트를 렌더링할 수 있게 될 것이다.

- 백엔드 리소스에 대한 직접적인 접근이 불가능하다: 리액트를 사용하는 클라이언트에서 백엔드 데이터에 접근하려면 REST API와 같은 방법을 사용하는 것이 일반적이다. 이 방법은 편리하지만 백엔드에서 항상 클라이언트에서 데이터를 접근하기 위한 방법을 마련해야 한다는 불편함이 있다. 만약 클라이언트에서 직접 백엔드에 접근해 원하는 데이터를 가져올 수 있다면 어떨까?

```
import db from 'db' // 어떤 DB

async function Board({ id }: { id: string }) {
  const text = await db.board.get(id)
  return <>{text}</>
}
```

이처럼 데이터베이스에 직접 액세스하거나, 혹은 백엔드의 파일 시스템에 직접 접근하는 등 클라이언트에 데이터를 제공하기 위한 수고로움이 줄어들 것이다. 또한 성능 관점에서 볼 때도 마찬가지로 백엔드에 접근할 수 있는 단계가 하나 줄어든 셈이므로 확실히 더 이점을 가지고 있다고 볼 수 있다.

- 자동 코드 분할(code split)이 불가능하다: 코드 분할이란 하나의 거대한 코드 번들 대신, 코드를 여러 작은 단위로 나누어 필요할 때만 동적으로 지연 로딩함으로서 앱을 초기화하는 속도를 높여주는 기법을 말한다. 일반적으로 리액트에서는 lazy를 사용해 구현해 왔다. 다음 예제를 보자.[7]

【코드 11.1】 리액트 RFC 저장소에 있는 코드 분할 예제

```
// PhotoRenderer.js
// NOTE: *before* Server Components

import { lazy } from 'react'

const OldPhotoRenderer = lazy(() => import('./OldPhotoRenderer.js'))
const NewPhotoRenderer = lazy(() => import('./NewPhotoRenderer.js'))

function Photo(props) {
  // 이 플래그에 따라 어떤 컴포넌트를 사용할지 결정된다.
  if (FeatureFlags.useNewPhotoRenderer) {
    return <NewPhotoRenderer {...props} />
```

---

7 https://github.com/reactjs/rfcs/blob/2348bd8ed7fb66fedf04726eb046065be7f4e23f/text/0188-server-components.md#automatic-code-splitting, 단축 URL: https://bit.ly/45fvEhB

```
  } else {
    return <OldPhotoRenderer {...props} />
  }
}
```

이 기법은 훌륭하지만 몇 가지 단점이 있다. 먼저 일일이 lazy로 감싸는 것을 기억해야 한다. 개발자는 항상 코드 분할을 해도 되는 컴포넌트인지를 유념하고 개발해야 하기 때문에 이를 누락하는 경우가 발생할 수 있다. 또 다른 단점으로, 해당 컴포넌트가 호출되고(Photo) if 문을 판단하기 전까지 어떤 지연 로딩한 컴포넌트를 불러올지 결정할 수 없다. 이는 지연 로딩으로 인한 성능 이점을 상쇄해 버리는 결과를 만들고 만다.

만약 이 코드 분할을 서버에서 자동으로 수행해 준다면 어떨까? 개발자는 굳이 코드 분할을 염두에 두지 않더라도 자연스럽게 성능 이점을 누릴 수 있을 것이다. 그리고 어떤 컴포넌트를 미리 불러와서 클라이언트에 내려줄지 서버에서 결정할 수 있다면 코드 분할의 이점을 100% 활용할 수 있게 된다.

■ 연쇄적으로 발생하는 클라이언트와 서버의 요청을 대응하기 어렵다: 하나의 요청으로 컴포넌트가 렌더링되고, 또 그 컴포넌트의 렌더링 결과로 또 다른 컴포넌트들을 렌더링하는 시나리오를 상상해 보자. 이 시나리오에서는 최초 컴포넌트의 요청과 렌더링이 끝나기 전까지는 하위 컴포넌트의 요청과 렌더링이 끝나지 않는다는 큰 단점이 있다. 또한 그만큼 서버에 요청하는 횟수도 늘어난다. 그리고 부모 컴포넌트의 요청과 렌더링이 결정되기 전까지, 그 부모 컴포넌트의 결과물에 의존하는 하위 컴포넌트들의 서버 요청이 지연되고 아직 렌더링될 준비가 되지 않았음을 나타내는 불필요한 렌더링까지 발생한다.

그렇다면 만약 이러한 작업을 서버에서 모두 수행하면 어떨까? 데이터를 불러오고 컴포넌트를 렌더링하는 것이 모두 서버에서 이뤄지므로 클라이언트에서 서버로 요청함으로써 발생하는 지연을 줄일 수 있고, 또한 클라이언트에서는 반복적으로 요청을 수행할 필요도 없어진다. 서버에서는 필요에 따라 백엔드 데이터에 접근하거나 지속적으로 데이터를 불러옴으로써 클라이언트에서보다 더 효율적으로 컴포넌트를 렌더링할 수 있게 된다.

■ 추상화에 드는 비용이 증가한다: 리액트는 템플릿 언어로 설계되지 않았다. 일반적으로 웹 개발에서 템플릿 언어란 HTML에 특정 언어의 문법을 집어넣어 사용할 수 있는 것을 의미한다. 장고를 예를 들면, 다음과 같은 것이 템플릿 언어라고 볼 수 있다.

```
{% for post in posts %}
<li>
  <a href="/post/{{ post.id }}/">{{ post.text }}</a>
</li>
{% endfor %}
```

템플릿 언어는 HTML에서 할 수 없는 for 문이나 if 문 등을 처리할 수 있지만 그 밖의 복잡한 추상화나 함수 사용은 어렵다. 모두가 아는 것처럼, 리액트는 자바스크립트를 기반으로 함수나 클래스를 사용해 다양한 작업을 수행할 수 있게끔 제공한다. 이는 개발자에게 자유를 주지만 문제는 이러한 추상화가 복잡해질수록 코드의 양은 많아지고, 런타임 시에는 오버헤드가 발생한다는 점이다. 다음 예제 코드를 보자.

```
// Note.js
import db from 'db'
import NoteWithMarkdown from 'NoteWithMarkdown.js'
import { fetchNote } from 'services.js'

function Note({ id }) {
  const [note, setNote] = useState(null)

  useEffect(() => {
    ;(async () => {
      const result = await fetchNote()
      const response = await result.json()
    })()
  }, [])

  if (note === null) {
    return null
  }

  return <NoteWithMarkdown note={note} />
}

// NoteWithMarkdown.js
import marked from 'marked'
import sanitizeHtml from 'sanitize-html'

function NoteWithMarkdown({ note }) {
  const html = sanitizeHtml(marked(note.text))
  return <div dangerouslySetInnerHTML={{ __html: html }} />
}
```

이 코드는 클라이언트에서 어떤 정보를 불러와서 이를 화면에 보여주는 역할을 하는 두 컴포넌트를 나타낸다. 이 두 컴포넌트에서 불러오는 import, useEffect 실행, API 호출 등 내용은 복잡하지만 결국 사용자가 보는 것은 다음과 같은 단순한 결과물일 것이다.

```
<div>
  <!-- 노트 -->
</div>
```

비록 여기서는 단순히 컴포넌트 두 개를 호출하는 예제에 불과했지만 실무에서 작성된 컴포넌트들은 이보다 더 복잡하고 코드의 양도 많을 수 있다. 그리고 사용자에게 전달되는 HTML 결과물 자체는 단순할 수도 있다.

만약 이렇게 복잡한 추상화에 따른 결과물을 연산하는 작업을 서버에서 수행하면 어떨까? 컴포넌트가 여러 개가 중첩되고 합성되어 복잡해 보일 수 있지만 서버에서 클라이언트로 전송되는 내용을 서버에서 미리 다 계산해서 내려준다면 여러 가지 장점이 있다. 클라이언트에서는 복잡한 작업을 하지 않아도 되므로 속도가 빨라질 것이고, 서버에서 클라이언트에서 전송되는 결과물 또한 단순해 가벼워질 것이다. 코드 추상화에 따른 비용은 서버에서만 지불하면 된다.

이렇게 서버 사이드 렌더링의 한계점을 쭉 살펴본다면 모든 문제는 리액트가 클라이언트 중심으로 돌아가기 때문에 발생하는 문제라는 것을 알 수 있다. 물론 과거의 전통적인 웹 애플리케이션 구축 방법, 즉 PHP나 레일즈, JSP와 같은 완전히 정적인 방식의 서버 사이드 렌더링 방식을 도입하면 이러한 문제들을 일부 해결할 수 있지만 리액트처럼 브라우저에서 고객에게 다양한 경험을 안겨주기는 어렵다. 성능을 위해 클라이언트의 역할을 일부 희생할 것인가? 혹은 사용자에게 다양한 사용자 경험을 안겨주기 위해 일부 성능을 희생하더라도 클라이언트에서 다양한 작업을 처리할 것인가?

결국 서버 사이드 렌더링, 클라이언트 사이드 렌더링은 모두 이 문제를 해결하기에는 조금씩 아쉬움이 있다. 서버 사이드 렌더링은 정적 콘텐츠를 빠르게 제공하고, 서버에 있는 데이터에 손쉽게 제공할 수 있는 반면 사용자의 인터랙션에 따른 다양한 사용자 경험을 제공하긴 어렵다. 클라이언트 사이드 렌더링은 사용자의 인터랙션에 따라 정말 다양한 것들을 제공할 수 있지만 서버에 비해 느리고 데이터를 가져오는 것도 어렵다. 이러한 두 구조의 장점을 모두 취하고자 하는 것이 바로 리액트 서버 컴포넌트다.

### 11.2.2 서버 컴포넌트란?

서버 컴포넌트(Server Component)란 하나의 언어, 하나의 프레임워크, 그리고 하나의 API와 개념을 사용하면서 서버와 클라이언트 모두에서 컴포넌트를 렌더링할 수 있는 기법을 의미한다. 서버에서 할 수 있는 일은 서버가 처리하게 두고, 서버가 할 수 없는 나머지 작업은 클라이언트인 브라우저에서 수행된다. 즉, 일부 컴포넌트는 클라이언트에서, 일부 컴포넌트는 서버에서 렌더링되는 것이다. 여기서 한 가지 명심해야 하는 사실은 클라이언트 컴포넌트는 서버 컴포넌트를 import할 수 없다는 것이다. 만약 클라이언트 컴포넌트가 서버 컴포넌트를 불러오게 된다면 클라이언트 컴포넌트는 서버 컴포넌트를 실행할 방법이 없기 때문에(서버 환경이 브라우저에는 존재하지 않으므로) 컴포넌트를 호출할 수 없다.

그렇다면 과연 어떻게 리액트 트리 내부의 컴포넌트를 서버 컴포넌트와 클라이언트 컴포넌트 각각을 만들어서 관리할 수 있는 것일까? 다음 그림을 살펴보자.

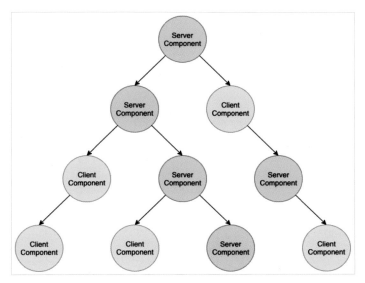

그림 11.1 서버 컴포넌트와 클라이언트 컴포넌트의 트리 구조

이 그림은 흔히 볼 수 있는 리액트 컴포넌트 트리를 간단히 도식화한 것이다. 서버 컴포넌트의 이론에 따르면 모든 컴포넌트는 서버 컴포넌트가 될 수도 있고 클라이언트 컴포넌트가 될 수도 있다. 따라서 컴포넌트 트리에서 위와 같이 클라이언트 및 서버 컴포넌트가 혼재된 상황은 자연스러울 것이다. 어떻게 이런 구조가 가능한 것일까? 그 비밀은 흔히 children으로 자주 사용되는 ReactNode에 달려 있다.

```
// ClientComponent.jsx
'use client'
// ✖ 이렇게 클라이언트 컴포넌트에서 서버 컴포넌트를 불러오는 것은 불가능하다.
import ServerComponent from './ServerComponent.server'
export default function ClientComponent() {
  return (
    <div>
      <ServerComponent />
    </div>
  )
}
'use client'
// ClientComponent.jsx
export default function ClientComponent({ children }) {
  return (
    <div>
      <h1>클라이언트 컴포넌트</h1>
```

```
      {children}
    </div>
  )
}


// ServerComponent.jsx
export default function ServerComponent() {
  return <span>서버 컴포넌트</span>
}


// ParentServerComponent.jsx
// 이 컴포넌트는 서버 컴포넌트일 수도, 클라이언트 컴포넌트일 수도 있다.
// 따라서 두 군데 모두에서 사용할 수 있다.
import ClientComponent from './ClientComponent'
import ServerComponent from './ServerComponent'
export default function ParentServerComponent() {
  return (
    <ClientComponent>
      <ServerComponent />
    </ClientComponent>
  )
}
```

이 코드는 리액트 서버 컴포넌트를 기반으로 리액트 컴포넌트 트리를 설계할 때 어떠한 제한이 생기는지를 나타낸다. 한 가지 눈에 띄는 것은 서버 컴포넌트와 클라이언트 컴포넌트가 있으며 동시에 두 군데에서 모두 사용할 수 있는 공용 컴포넌트가 있다는 것이다. 이 세 컴포넌트의 차이와 제약사항에 대해 각각 알아보자.

- 서버 컴포넌트

  - 요청이 오면 그 순간 서버에서 딱 한 번 실행될 뿐이므로 상태를 가질 수 없다. 따라서 리액트에서 상태를 가질 수 있는 useState, useReducer 등의 훅을 사용할 수 없다.

  - 렌더링 생명주기도 사용할 수 없다. 한번 렌더링되면 그걸로 끝이기 때문이다. 따라서 useEffect, useLayoutEffect 를 사용할 수 없다.

  - 앞의 두 가지 제약사항으로 인해 effect나 state에 의존하는 사용자 정의 훅 또한 사용할 수 없다. 다만 effect나 state에 의존하지 않고 서버에서 제공할 수 있는 기능만 사용하는 훅이라면 충분히 사용 가능하다.

  - 브라우저에서 실행되지 않고 서버에서만 실행되기 때문에 DOM API를 쓰거나 window, document 등에 접근할 수 없다.

  - 데이터베이스, 내부 서비스, 파일 시스템 등 서버에만 있는 데이터를 async/await으로 접근할 수 있다. 컴포넌트 자체 가 async한 것이 가능하다.

- 다른 서버 컴포넌트를 렌더링하거나 div, span, p 같은 요소를 렌더링하거나, 혹은 클라이언트 컴포넌트를 렌더링할 수 있다.
  - 클라이언트 컴포넌트
    - 브라우저 환경에서만 실행되므로 서버 컴포넌트를 불러오거나, 서버 전용 훅이나 유틸리티를 불러올 수 없다.
    - 그러나 앞의 코드에서 본 것처럼 서버 컴포넌트가 클라이언트 컴포넌트를 렌더링하는데, 그 클라이언트 컴포넌트가 자식으로 서버 컴포넌트를 갖는 구조는 가능하다. 그 이유는 클라이언트 입장에서 봤을 때 서버 컴포넌트는 이미 서버에서 만들어진 트리를 가지고 있을 것이고, 클라이언트 컴포넌트는 이미 서버에서 만들어진 그 트리를 삽입해서 보여주기만 하기 때문이다. 따라서 서버 컴포넌트와 클라이언트 컴포넌트를 중첩해서 갖는 위와 같은 구조로 설계하는 것이 가능하다.
    - 이 두 가지 예외 사항을 제외하면 일반적으로 우리가 알고 있는 리액트 컴포넌트와 같다. state와 effect를 사용할 수 있으며, 브라우저 API도 사용할 수 있다.
  - 공용 컴포넌트(shared components)
    - 이 컴포넌트는 서버와 클라이언트 모두에서 사용할 수 있다. 공통으로 사용할 수 있는 만큼, 당연히 서버컴포넌트와 클라이언트 컴포넌트의 모든 제약을 받는 컴포넌트가 된다.

그렇다면 리액트는 어떻게 서버 컴포넌트인지, 클라이언트 컴포넌트인지, 공용 컴포넌트인지 판단할까? 기본적으로 알아둬야 할 사실은 리액트는 모든 것을 다 공용 컴포넌트로 판단한다는 것이다. 즉, 모든 컴포넌트를 다 서버에서 실행 가능한 것으로 분류한다. 대신, 클라이언트 컴포넌트라는 것을 명시적으로 선언하려면 파일의 맨 첫 줄에 "use client"라고 작성해 두면 된다. 그리고 앞서 언급한 제약 중 하나인 클라이언트 컴포넌트가 서버 컴포넌트를 import하는 상황에서는 빌드 시 에러가 발생한다.

```
// Component.js
'use client'

import OtherClientComponent from './OtherClientComponent'

function ClientComponent() {
  const [state, setState] = useState(false)
  return <OtherClientComponent onClick={() => setState(true)} value={state} />
}
```

> **알아두기**
> 만약 .server.tsx, .client.tsx와 같이 파일명으로 구분하는 글이나 코드를 본 적이 있다면 이는 v1 기준 문서를 본 것이다. 현재는 "use client"로 바뀌었다.[8]

---

8 https://github.com/reactjs/rfcs/blob/main/text/0227-server-module-conventions.md#changes-since-v1

지금까지 설명한 내용을 보면 서버 컴포넌트를 개발하는 과정이 쉽지 않음을 느낄 수 있었을 것이다. 4.2절 '서버 사이드 렌더링을 위한 리액트 API 살펴보기'에서 서버 사이드 렌더링에 대해 살펴봤을 때는 우여곡절이 있었지만 특별한 번들러의 도움 없이 리액트에서 제공하는 API와 Node.js 서버만으로 흉내 내는 것이 가능했다. 그럼에도 일반적인 서버 사이드 렌더링은 직접 구현하는 경우보다는 프레임워크의 도움을 받는 경우가 훨씬 더 많았는데, 이번 리액트 서버 컴포넌트는 여러 가지 제약 요소로 인해 번들러나 특정 프레임워크의 도움을 받는 것이 필수적이다. 리액트 팀에서 제공하는 공식 예제[9]에서는 웹팩과 자체적인 서버 번들링을 위한 `react-server-dom-webpack`[10]을 만들어 활용했고, 서버 컴포넌트 제안 문서에서는 노골적으로 Next.js 팀과 협업하고 있음을 언급했으며[11], 애플리케이션의 라우팅 시스템과 번들러 사이의 통합이 필요하다는 것을 강조했고 Next.js와 같은 한 개 이상의 프레임워크 팀과 리액트 서버 컴포넌트의 초기 구축을 위한 노력을 기울이고 있음을 언급했다.[12]

## 11.2.3 서버 사이드 렌더링과 서버 컴포넌트의 차이

지금까지 리액트 서버 컴포넌트에 대해서 살펴봤다. 서버 사이드 렌더링과는 완전히 다른 개념으로 볼 수 있는데, 먼저 서버 사이드 렌더링은 응답받은 페이지 전체를 HTML로 렌더링하는 과정을 서버에서 수행한 후 그 결과를 클라이언트에 내려준다. 그리고 이후 클라이언트에서 하이드레이션 과정을 거쳐 서버의 결과물을 확인하고 이벤트를 붙이는 등의 작업을 수행한다. 서버 사이드 렌더링의 목적은 초기에 인터랙션은 불가능하지만 정적인 HTML을 빠르게 내려주는 데 초점을 두고 있다. 따라서 여전히 초기 HTML이 로딩된 이후에는 클라이언트에서 자바스크립트 코드를 다운로드하고, 파싱하고, 실행하는 데 비용이 든다.

따라서 이후에는 서버 사이드 렌더링과 서버 컴포넌트를 모두 채택하는 것도 가능해질 것이다. 서버 컴포넌트를 활용해 서버에서 렌더링할 수 있는 컴포넌트는 서버에서 완성해서 제공받은 다음, 클라이언트 컴포넌트는 서버 사이드 렌더링으로 초기 HTML으로 빠르게 전달받을 수 있다. 이 두 가지 방법을 모두 결합하면 클라이언트 및 서버 컴포넌트를 모두 빠르게 보여줄 수 있고, 동시에 클라이언트에서 내려받아야 하는 자바스크립트의 양도 줄어들어 브라우저의 부담을 덜 수도 있다.

결론적으로 둘은 대체제가 아닌 상호보완하는 개념으로 봐야 할 것이다. 리액트 팀에서도 미래에는 두 가지 기법이 모두 쓰일 수 있는 가능성을 암시하고 있다. 아직 리액트 서버 컴포넌트 자체도 베타이기 때문에 향후 리액트 서버 컴포넌트가 안정화된 이후에 어떤 방식으로 제공될지 기대해 봐도 좋을 것이다.

---

9  https://github.com/reactjs/server-components-demo
10  https://github.com/facebook/react/tree/main/packages/react-server-dom-webpack 저장소의 README 파일에 있는 것처럼 단순히 예제용 라이브러리이기 때문에 실제로 사용하는 것을 권장하지 않는다.
11  https://github.com/reactjs/rfcs/blob/main/text/0188-server-components.md#is-this-specific-to-nextjs
12  https://github.com/reactjs/rfcs/blob/main/text/0188-server-components.md#adoption-strategy

## 11.2.4 서버 컴포넌트는 어떻게 작동하는가?

리액트 서버 컴포넌트를 렌더링하기 위해 실제로 어떠한 일들이 일어나는지를 핵심 내용만 간단하게 살펴 보자. 여기서 사용하는 예제 코드는 리액트 팀에서 2021년에 공식적으로 제공한 server-components-demo 를[13] 포크한 prisma/server-components-demo[14]다. 해당 포크를 사용한 이유는 기존 리액트 팀의 예제 애플 리케이션은 PostgresSQL을 이용해 구현돼 있기 때문에 별도로 데이터베이스를 설치하고 설정해야 하는 번거로움이 있기 때문이다.[15] prisma/server-components-demo를 사용하면 별도의 데이터베이스 설치 및 설정을 생략해도 되므로 혹시 리액트 서버 컴포넌트를 날것으로 맛보고 싶다면 이 저장소를 참고하길 바 란다.

> **알아두기**
>
> 이 저장소는 리액트 서버 컴포넌트 v1. 즉 파일명을 규칙으로 하던 때를 기준으로 작성돼 있다. 현재 버전에서는 "use client"라 는 디렉티브로 클라이언트 컴포넌트를 선언한다는 것을 명심하자.

**【코드 11.2】 서버 사이드 렌더링이 수행되지 않는 코드**

```
app.get(
  '/',
  handleErrors(async function (_req, res) {
    await waitForWebpack()
    const html = readFileSync(
      path.resolve(__dirname, '../build/index.html'),
      'utf8',
    )
    // Note: this is sending an empty HTML shell, like a client-side-only app.
    // However, the intended solution (which isn't built out yet) is to read
    // from the Server endpoint and turn its response into an HTML stream.
    res.send(html)
  }),
)
```

waitForWebpack은 단순히 개발 환경에서 웹팩이 빌드 경로에 index.html을 만들 때까지 기다리는 코드일 뿐 이라는 것을 염두에 둔다면 사용자가 최초에 들어왔을 때 수행하는 작업은 오로지 index.html을 제공하는 것 뿐이다.[16]

---

**13** https://github.com/reactjs/server-components-demo
**14** https://github.com/prisma/server-components-demo
**15** https://github.com/reactjs/server-components-demo#db-setup
**16** https://github.com/reactjs/server-components-demo/blob/29ec74365084e1921c6bf49c03266788099449a3/server/api.server.js#L74-L87.
　　단축 URL: https://bit.ly/3Q4hWts

1. 서버가 렌더링 요청을 받는다. 서버가 렌더링 과정을 수행해야 하므로 리액트 서버 컴포넌트를 사용하는 모든 페이지는 항상 서버에서 시작된다. 즉, 루트에 있는 컴포넌트는 항상 서버 컴포넌트다. 예제의 구조는 현재 다음과 같다.

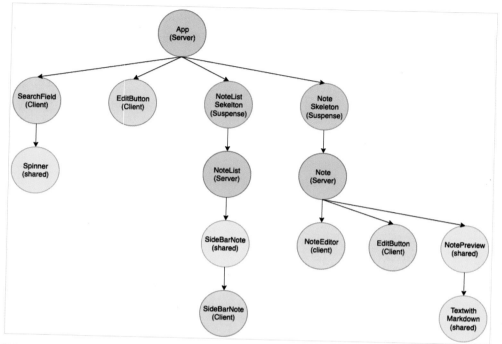

그림 11.2 server-component-demo의 리액트 트리 구조. 서버 컴포넌트, 클라이언트 컴포넌트, suspense, shared 등으로 도식화했다.

이 예제에서 /react라고 하는 주소로 요청을 보내면 서버는 브라우저의 요청을 받고 서버 렌더링을 시작한다.

2. 서버는 받은 요청에 따라 컴포넌트를 JSON으로 직렬화(serialize)한다. 이때 서버에서 렌더링할 수 있는 것은 직렬화해서 내보내고, 클라이언트 컴포넌트로 표시된 부분은 해당 공간을 플레이스홀더 형식으로 비워두고 나타낸다. 브라우저는 이후에 이 결과물을 받아서 다시 역직렬화한 다음 렌더링을 수행한다. 이게 무슨 말인지 잘 와 닿지 않는다면 서버가 렌더링 요청을 보냈을 때 클라이언트에 보내는 값을 실제로 살펴보면 된다.

【코드 11.3】 /react로 최초 메인 페이지에 대한 렌더링 요청을 했을 때 받는 응답

```
M1:{"id":"./src/SearchField.client.js","chunks":["client5"],"name":""}
M2:{"id":"./src/EditButton.client.js","chunks":["client1"],"name":""}
S3:"react.suspense"
J0:["$","div",null,{"className":"main","children":[["$","section",null,{"className":"col
sidebar","children":[["$","section",null,{"className":"sidebar-header","chil-
dren":[["$","img",null,{"className":"logo","src":"logo.svg","width":"22px","height":"20px-
","alt":"","role":"presentation"}],["$","strong",null,{"children":"React Notes"}]]}],["$","-
section",null,{"className":"sidebar-menu","role":"menubar","children":[["$","@1",null,{}],["$"
,"@2",null,{"noteId":null,"children":"New"}]]}]}],["$","nav",null,{"children":["$","$3",null,{"-
```

```
fallback":["$","div",null,{"children":["$","ul",null,{"className":"notes-list skeleton-contain-
er","children":[["$","li",null, ... (이하 생략)
```

이 같은 데이터 형태를 와이어 포맷(wire format)이라고 하며, 서버는 이 값을 스트리밍해 클라이언트에 제공한다. 한눈에 봤을 때 이해하기 쉬운 구조로 돼 있는데, 하나씩 그 형태를 살펴보자.

- M: M으로 시작하는 줄은 클라이언트 컴포넌트를 의미하며, 클라이언트 번들에서 해당 함수를 렌더링하기 위해 필요한 정보가 어디(chunk)에 담겨 있는지 참조를 전달해 준다. 이 예제에서는 SearchField.client.js와 EditButton.client.js, SideBarNote.client.js가 클라이언트의 모듈의 참조로 전해졌다.

- S: Suspense를 의미한다.

- J: 서버에서 렌더링된 서버 컴포넌트다. J0은 App.server.js를 표현한 것임을 알 수 있다. 그리고 여기에는 렌더링에 필요한 모든 element, className, props, children 정보 등이 들어가 있다. 여기서 한 가지 흥미로운 것은 @1, @2와 같은 요소다.

```
[
  "$",
  "section",
  null,
  {
    "className": "sidebar-menu",
    "role": "menubar",
    "children": [
      ["$", "@1", null, {}],
      [
        "$",
        "@2",
        null,
        {
          "noteId": null,
          "children": "New"
        }
      ]
    ]
  }
]
```

이 정보는 나중에 렌더링이 완료됐을 때 들어가야 할 컴포넌트를 의미하는 것으로, @1은 M1이 렌더링되면 저 @1 자리에 @M1이 들어가야 한다는 것을 의미한다. 이처럼 서버에서는 클라이언트에서 리액트 컴포넌트 트리 구성에 필요한 정보를 최대한 많이, 그리고 경제적인 포맷으로 클라이언트에 전달한다.

3. 브라우저가 리액트 컴포넌트 트리를 구성한다. 브라우저가 서버로 스트리밍으로 JSON 결과물을 받았다면 이 구문을 다시 파싱한 결과물을 바탕으로 트리를 재구성해 컴포넌트를 만들어 나간다. M1과 같은 형태의 클라이언트 컴포넌트를 받았다면 클라이언트에서 렌더링을 진행할 것이고, 서버에서 만들어진 결과물을 받았다면 이 정보를 기반으로 리액트 트리를 그 대로 만들 것이다. 그리고 최종적으로 이 트리를 렌더링해 브라우저의 DOM에 커밋한다.

지금까지 살펴본 바를 토대로 리액트 서버 컴포넌트의 작동 방식의 특별한 점을 몇 가지 살펴보자.

- 먼저 서버에서 클라이언트로 정보를 보낼 때 스트리밍 형태로 보냄으로써 클라이언트가 줄 단위로 JSON을 읽고 컴포넌트를 렌더링할 수 있어 브라우저에서는 되도록 빨리 사용자에게 결과물을 보여줄 수 있다는 장점이 있다.

- 또한 컴포넌트들이 하나의 번들러 작업에 포함돼 있지 않고 각 컴포넌트별로 번들링이 별개로 돼 있어 필요에 따라 컴포넌트를 지연해서 받거나 따로 받는 등의 작업이 가능해졌다.

- 마지막으로, 서버 사이드 렌더링과는 다르게 결과물이 HTML이 아닌 JSON 형태로 보내진 것 또한 주목해 볼 만하다. 클라이언트의 최종 목표는 리액트 컴포넌트 트리를 서버 컴포넌트와 클라이언트 컴포넌트의 두 가지로 조화롭게 구성하는 것으로, 이는 단순히 HTML을 그리는 작업 이상의 일을 필요로 한다. 따라서 HTML 대신 단순한 리액트 컴포넌트 구조를 JSON으로 받아서 리액트 컴포넌트 트리의 구성을 최대한 빠르게 할 수 있도록 도와준다.

> **알아두기**
>
> 이러한 특징으로 인해 생기는 제약 사항은 '서버 컴포넌트에서 클라이언트 컴포넌트로 props를 넘길 때 반드시 직렬화 가능한 데이터를 넘겨야 한다는 것'이다. 이는 getServerSideProps에서 페이지로 props를 넘길 때를 생각해 보면 된다. 서버에서 클라이언트로 데이터를 보내는 것은 JSON을 통해 이뤄지기 때문에 JSON으로 직렬화할 수 없는 데이터(class나 Date 등)는 서버에서 클라이언트로 넘겨줄 방법이 없다. 이는 자바스크립트 고유 객체이기 때문이다. 따라서 서버 컴포넌트에서 클라이언트 컴포넌트로 props를 넘길 때는 반드시 주의를 기울여야 한다. 이러한 특징은 Next.js에서 getServerSideProps가 JSON 직렬화 가능한 데이터를 반환해야만 했던 이유와 동일하다.

결론적으로 이 리액트 서버 컴포넌트는 완전히 새로운 개념이며, 기존의 리액트 컴포넌트가 가지고 있던 한계를 극복하기 위해 만들어졌다고 볼 수 있다. 서버 사이드 렌더링과는 완전히 다른 개념으로, 앞으로 서버 사이드 렌더링과 리액트 서버 컴포넌트가 함께 어울리면서 완전히 새로운 구조를 엿볼 수 있게 될 것이다. 지금까지 리액트 서버 컴포넌트에 대해 살펴봤으니, 이를 구현한 Next.js에서는 어떻게 활용할 수 있는지 살펴보자.

## 11.3  Next.js에서의 리액트 서버 컴포넌트

Next.js도 13 버전에 들어서면서 서버 컴포넌트를 도입했고, 이 서버 컴포넌트가 바로 /app 디렉터리에 구현돼 있다. 리액트 팀이 서버 컴포넌트를 온전히 사용하기 위해서는 번들러와 프레임워크의 도움이 필수라고 언급했으며 현재 다른 개발사들과 이를 협의 중이라고 했는데, Next.js가 13 버전을 릴리스하면서 서버 컴포넌트를 지원하기 시작했다. Next.js 13에서 서버 컴포넌트를 사용하기 위해서는 어떻게 해야 하는지 간단하게 살펴보자.

먼저 기본적인 서버 컴포넌트의 제약은 동일하다. 서버 컴포넌트는 클라이언트 컴포넌트를 불러올 수 없으며, 클라이언트 컴포넌트는 서버 컴포넌트를 children props로 받는 것만 가능하다. 그리고 앞서 루트 컴포넌트는 무조건 서버 컴포넌트가 된다고 언급했는데, Next.js의 루트 컴포넌트는 각 페이지에 존재하는 page.js다. 그리고 layout.js도 마찬가지로 서버 컴포넌트로 작동한다. 즉, page.js와 layout.js는 반드시 서버 컴포넌트여야 하며, 앞서 언급했던 서버 컴포넌트의 제약을 받는다.

```
// page.js
import ClientComponent from './ClientComponent'
import ServerComponent from './ServerComponent'

// 각 페이지는 기본으로 서버 컴포넌트로 작동한다.
export default function Page() {
  return (
    <ClientComponent>
      <ServerComponent />
    </ClientComponent>
  )
}
```

이렇게 하면 클라이언트 컴포넌트 관점에서 서버 컴포넌트는 이미 렌더링된 결과물로 children에 들어갈 것이기 때문에 서버 컴포넌트 구조를 구축하는 데 문제가 없다.

이 외에는 대부분 리액트 서버 컴포넌트에서 제공하는 내용과 별다른 차이가 없는데, Next.js에서 서버 컴포넌트를 도입하면서 달라진 부분이 몇 가지 있다. 이것에 대해 알아보자.

## 11.3.1 새로운 fetch 도입과 getServerSideProps, getStaticProps, getInitialProps의 삭제

과거 Next.js의 서버 사이드 렌더링과 정적 페이지 제공을 위해 이용되던 getServerSideProps, getStaticProps, getInitialProps가 /app 디렉터리 내부에서는 삭제됐다. 그 대신 모든 데이터 요청은 웹에서 제공하는 표준 API인 fetch[17]를 기반으로 이뤄진다. 다음 예제를 보자.

---

17 https://developer.mozilla.org/en-US/docs/Web/API/Fetch_API

```
async function getData() {
  // 데이터를 불러온다.
  const result = await fetch('https://api.example.com/')

  if (!result.ok) {
    // 이렇게 에러를 던지면 가장 가까운 에러 바운더리에 전달된다.
    throw new Error('데이터 불러오기 실패')
  }

  return result.json()
}

// async 서버 컴포넌트 페이지
export default async function Page() {
  const data = await getData()

  return (
    <main>
      <Children data={data} />
    </main>
  )
}
```

getServerSideProps는 서버 사이드 렌더링만을 위한 것이었으므로 이제 서버에서 데이터를 직접 불러올 수 있게 됐다. 또한 컴포넌트가 비동기적으로 작동하는 것도 가능해진다. 이제 앞의 서버 컴포넌트는 데이터가 불러오기 전까지 기다렸다가 데이터가 불러와지면 비로소 페이지가 렌더링되어 클라이언트로 전달될 것이다.

> **알아두기**
>
> 2023년 5월 기준으로 아직 타입스크립트가 이러한 비동기 컴포넌트를 정식으로 지원하지 않는다. 추후에 비동기 컴포넌트를 선언해도 자연스럽게 타입스크립트에서 처리해 줄 것으로 보인다.

이에 추가로 리액트팀은 이 fetch API를 확장해 같은 서버 컴포넌트 트리 내에서 동일한 요청이 있다면 재요청이 발생하지 않도록 요청 중복을 방지했다. 다음 예제를 보자.

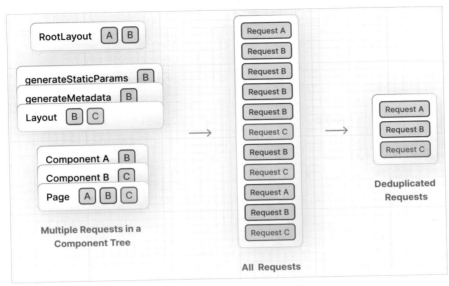

그림 11.3 Next.js의 fetch 중복 제거[18]

요즘 인기를 끌고 있는 SWR과 React Query와 비슷하게, 해당 fetch 요청에 대한 내용을 서버에서는 렌더링이 한 번 끝날 때까지 캐싱하며, 클라이언트에서는 별도의 지시자나 요청이 없는 이상 해당 데이터를 최대한 캐싱해서 중복된 요청을 방지한다.

## 11.3.2 정적 렌더링과 동적 렌더링

과거 Next.js에는 getStaticProps를 활용해 서버에서 불러오는 데이터가 변경되지 않는 경우에 정적으로 페이지를 만들어 제공할 수 있는 기능이 있었다. 이 기능을 활용하면 해당 주소로 들어오는 경우 모든 결과물이 동일하기 때문에 CDN에서 캐싱해 기존 서버 사이드 렌더링보다 더 빠르게 데이터를 제공할 수 있다는 장점이 있었다.

Next.js 13에서는 이제 정적인 라우팅에 대해서는 기본적으로 빌드 타임에 렌더링을 미리 해두고 캐싱해 재사용할 수 있게끔 해뒀고, 동적인 라우팅에 대해서는 서버에 매번 요청이 올 때마다 컴포넌트를 렌더링하도록 변경했다. 다음 예제를 보자.

```
// app/page.tsx
async function fetchData() {
  const res = await fetch(`https://jsonplaceholder.typicode.com/posts`)
  const data = await res.json()
```

---

18 https://nextjs.org/docs/app/building-your-application/data-fetching#automatic-fetch-request-deduping

```
    return data
}


export default async function Page() {
  const data: Array<any> = await fetchData()

  return (
    <ul>
      {data.map((item, key) => (
        <li key={key}>{item.id}</li>
      ))}
    </ul>
  )
}
```

이 예제는 특정 API 엔드 포인트에서 데이터를 불러와 페이지에서 렌더링하는 구조를 가진 서버 컴포넌트다. 이 주소는 정적으로 결정돼 있기 때문에 빌드 시에 해당 주소로 미리 요청을 해서 데이터를 가져온 다음 렌더링한 결과를 빌드에 넣어둔다.

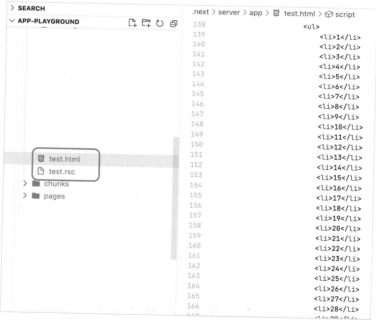

그림 11.4 앞의 코드를 빌드한 결과물을 .next에서 확인한 모습. 미리 제공하기 위한 test.html이 해당 API의 결과물과 함께 생성돼 있는 것을 볼 수 있다.

반면 해당 주소를 정적으로 캐싱하지 않는 방법도 있다.

```
async function fetchData() {
  const res = await fetch(
    `https://jsonplaceholder.typicode.com/posts`,
    // no-cache 옵션을 추가했다.
    { cache: 'no-cache' },
    // Next.js에서 제공하는 옵션을 사용해도 동일하다.
    // { next: {revalidate: 0}}
  )
  const data = await res.json()
  return data
}

export default async function Page() {
  const data: Array<any> = await fetchData()

  return (
    <ul>
      {data.map((item, key) => (
        <li key={key}>{item.id}</li>
      ))}
    </ul>
  )
}
```

이렇게 캐싱하지 않겠다는 선언을 fetch에 해두면 Next.js는 해당 요청을 미리 빌드해서 대기시켜 두지 않고 요청이 올 때마다 fetch 요청 이후에 렌더링을 수행하게 된다.

이 밖에도 함수 내부에서 Next.js가 제공하는 next/headers나 next/cookie 같은 헤더 정보와 쿠키 정보를 불러오는 함수를 사용하게 된다면 해당 함수는 동적인 연산을 바탕으로 결과를 반환하는 것으로 인식해 정적 렌더링 대상에서 제외된다.

만약 동적인 주소이지만 특정 주소에 대해서 캐싱하고 싶은 경우, 즉 과거 Next.js에서 제공하는 getStaticPaths를 흉내 내고 싶다면 어떻게 해야 할까? 새로운 함수인 generateStaticParams를 사용하면 된다.

```
export async function generateStaticParams() {
  return [{ id: '1' }, { id: '2' }, { id: '3' }, { id: '4' }]
```

```
}

async function fetchData(params: { id: string }) {
  const res = await fetch(
    `https://jsonplaceholder.typicode.com/posts/${params.id}`,
  )
  const data = await res.json()
  return data
}

export default async function Page({
  params,
}: {
  params: { id: string }
  children?: React.ReactNode
}) {
  const data = await fetchData(params)

  return (
    <div>
      <h1>{data.title}</h1>
    </div>
  )
}
```

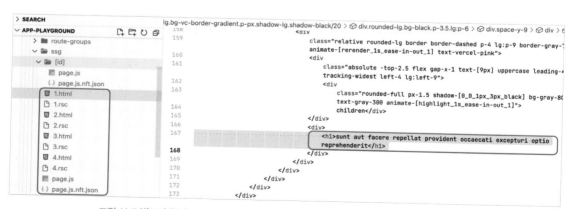

그림 11.5 빌드가 끝난 뒤 폴더를 확인해 보면 미리 HTML 결과물을 만들어 둔 것을 알 수 있다.

이러한 방식으로 기존 getStaticProps의 작동 방식을 그대로 흉내 내어 원하는 방식으로 사용할 수 있다.

fetch 옵션에 따른 작동 방식을 정리하면 다음과 같다.

- fetch(URL, { cache: 'force-cache' }): 기본값으로 getStaticProps와 유사하게 불러온 데이터를 캐싱해 해당 데이터로만 관리한다.

- fetch(URL, { cache: 'no-store' }), fetch(URL, { next: {revalidate: 0} }): getServerSideProps와 유사하게 캐싱하지 않고 매번 새로운 데이터를 불러온다.

- fetch(URL, { next: { revalidate: 10 } }): getStaticProps에 revalidate를 추가한 것과 동일하며, 정해진 유효시간 동안에는 캐싱하고, 이 유효시간이 지나면 캐시를 파기한다.

## 11.3.3 캐시와 mutating, 그리고 revalidating

앞서 잠깐 살펴본 것처럼 Next.js는 fetch의 기본 작동을 재정의해 {next: {revalidate?: number | false}}를 제공하는데, 이를 바탕으로 해당 데이터의 유효한 시간을 정해두고 이 시간이 지나면 다시 데이터를 불러와서 페이지를 렌더링하는 것이 가능하다. 이는 페이지에 revalidate라는 변수를 선언해서 페이지 레벨로 정의하는 것도 가능하다.

```
// app/page.tsx
export const revalidate = 60
```

만약 루트에 이처럼 revalidate=60을 선언해 두면 하위에 있는 모든 라우팅에서는 페이지를 60초 간격으로 갱신해 새로 렌더링하게 된다. 그리고 앞선 예제처럼 fetch 내부에 옵션으로 제공하는 것도 가능하다. 이 캐시와 갱신이 이뤄지는 과정은 다음과 같다.

1. 최초로 해당 라우트로 요청이 올 때는 미리 정적으로 캐시해 둔 데이터를 보여준다.
2. 이 캐시된 초기 요청은 revalidate에 선언된 값만큼 유지된다.
3. 만약 해당 시간이 지나도 일단은 캐시된 데이터를 보여준다.
4. Next.js는 캐시된 데이터를 보여주는 한편, 시간이 경과했으므로 백그라운드에서 다시 데이터를 불러온다.
5. 4번의 작업이 성공적으로 끝나면 캐시된 데이터를 갱신하고, 그렇지 않다면 과거 데이터를 보여준다.

만약 이러한 캐시를 전체적으로 무효화하고 싶다면 router에 추가된 refresh 메서드로 router.refresh();를 사용하면 된다. 이는 브라우저를 새로고침하는 등 브라우저의 히스토리에 영향을 미치지 않고, 오로지 서버에서 루트부터 데이터를 전체적으로 가져와서 갱신하게 된다. 그리고 이 작업은 브라우저나 리액트의 state에는 영향을 미치지 않는다.

### 11.3.4 스트리밍을 활용한 점진적인 페이지 불러오기

과거 서버 사이드 렌더링 방식을 떠올려보자. 서버 사이드 렌더링은 요청받은 페이지를 모두 렌더링해서 내려줄 때까지는 사용자에게 아무것도 보여줄 수 없으며, 사용자는 빈 페이지만 보게 된다. 그리고 실제로 페이지를 다 받았다 하더라도 이 페이지는 사용자가 인터랙션할 수 없는 정적인 페이지이고, 리액트에서 하이드레이션 과정을 거쳐야만 비로소 사용자가 사용할 수 있는 페이지가 된다. 문제는 이 모든 작업이 순차적으로 다 완료돼야만 페이지 하나를 온전하게 볼 수 있다는 것이다. 이를 해결하기 위해 하나의 페이지가 다 완성될 때까지 기다리는 것이 아니라 HTML을 작은 단위로 쪼개서 완성되는 대로 클라이언트로 점진적으로 보내는 스트리밍이 도입됐다. 스트리밍을 활용하면 모든 데이터가 로드될 때까지 기다리지 않더라도 먼저 데이터가 로드되는 컴포넌트를 빠르게 보여주는 방법이 가능하다. 이는 사용자가 일부라도 페이지와 인터랙션을 할 수 있다는 것을 의미하며, 나아가 핵심 웹 지표인 최초 바이트까지의 시간(TTFB: Time To First Byte)과 최초 콘텐츠풀 페인팅(FCP: First Contentful Paint)을 개선하는 데 큰 도움을 준다.

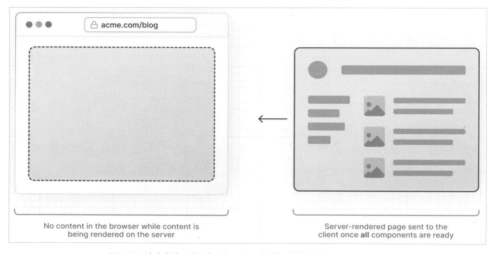

그림 11.6 서버에서 모든 컴포넌트가 준비됐을 때 한번에 렌더링하는 경우

먼저 그림 11.6처럼 서버에서 모든 컴포넌트가 준비됐을 때 한 번에 클라이언트에 내려주는 경우를 생각해보자. 이 경우 클라이언트는 모든 컴포넌트가 준비될 때까지 기다려야 하므로 최초 컨텐츠풀 페인팅에 악영향을 미친다. 반면 컴포넌트가 완성되는 대로 스트리밍 형식으로 내려주면 어떨까?

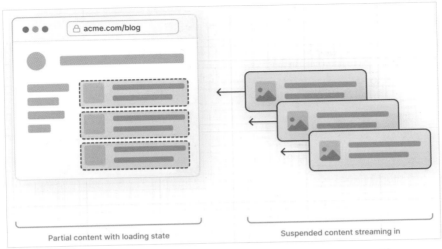

Partial content with loading state      Suspended content streaming in

그림 11.7 서버에서 컴포넌트가 준비되는 대로 하나씩 클라이언트에 내려주는 경우[19]

모든 컴포넌트를 기다리는 대신, 컴포넌트가 완성되는 대로 클라이언트에 내려주면 사용자는 페이지가 완성될 때까지 기다리는 지루함을 덜 수 있고, 페이지가 로딩 중이라는 인식을 더 명확하게 심어줄 수 있다.

이 스트리밍을 활용할 수 있는 방법은 두 가지가 있다.

- 경로에 loading.tsx 배치: loading은 앞서 잠깐 소개한 것처럼 예약어로 존재하는 컴포넌트로, 렌더링이 완료되기 전에 보여줄 수 있는 컴포넌트를 배치할 수 있는 파일이다. loading 파일을 배치한다면 자동으로 다음 구조와 같이 Suspense가 배치된다.

```
<Layout>
  <Header />
  <SideNav />
  <!-- 여기에 로딩이 온다. -->
  <Suspense fallback={<Loading />}>
    <Page />
  </Suspense>
</Layout>
```

- Suspense 배치: 좀 더 세분화된 제어를 하고 싶다면 직접 리액트의 Suspense를 배치하는 것도 가능하다.

```
import { Suspense } from 'react'
import { Notes, Peoples } from './Components'
```

---

**19** https://nextjs.org/docs/app/building-your-application/routing/loading-ui-and-streaming#what-is-streaming

```
export default function Posts() {
  return (
    <section>
      <Suspense fallback={<Skeleton />}>
        <Notes />
      </Suspense>
      <Suspense fallback={<Skeleton />}>
        <Peoples />
      </Suspense>
    </section>
  )
}
```

Loading이 Suspense를 기반으로 만들어진 Next.js의 규칙이기 때문에 직접 Suspense를 사용하는 것도 동일한 혜택을 누릴 수 있다. 스트리밍을 활용해 서버 렌더링이 가능해지고, 리액트는 로딩이 끝난 컴포넌트 순서대로 하이드레이션을 수행해 가능한 한 사용자에게 빠르게 상호작용이 가능한 페이지를 제공할 수 있게 된다.

## 11.4   웹팩의 대항마, 터보팩의 등장(beta)

요즘 새롭게 뜨고 있는 라이브러리인 Rome, SWC, esbuild의 공통점은 기존에 자바스크립트로 만들어지고 제공되던 기능을 Rust나 Go 같은 다른 언어를 사용해 제공함으로써 자바스크립트 대비 월등히 뛰어난 성능을 보여준다는 것이다. 특히 SWC는 Next.js를 만든 Vercel에서 제공하는 도구로, Next.js 12에서 안정화가 완료되어 공식적으로 사용할 것을 권장하고 있으며, 많은 프로젝트에서 바벨을 대신해 사용하고 있다.

이번 Next.js 13에서는 웹팩의 후계자를 자처하고 있는 터보팩(Turbopack)이 출시됐다. 터보팩은 웹팩 대비 최대 700배, Vite 대비 최대 10배 빠르다고 하며, 이는 앞서 소개한 라이브러리와 마찬가지로 러스트 기반으로 작성됐기 때문에 가능하다고 소개하고 있다.[20]

다만 Next.js 13.1.x를 기준으로 베타이며, 현재는 개발 모드에서만 제한적으로 사용 가능하기 때문에 실제로 프로덕션 모드에까지 사용할 수 있기까지는 어느 정도 시간이 걸릴 것으로 보인다.[21] SWC가 베타로 첫선을 보였을 때도 많은 버그가 있었고, 이를 고치는 데 어느 정도 시간이 소요됐던 것을 미루어 보면 터보팩도 실무에 섣불리 적용하기에는 시기상조로 보인다. 그러나 정식 버전으로 출시되어도 여전히 그 성

---

[20] https://turbo.build/pack
[21] https://nextjs.org/blog/next–13#introducing–turbopack–alpha

능을 보장하며, 웹팩이 제공하는 기능과 대동소이하다면 웹팩의 후계자로서 자리매김하기에도 충분할 것으로 보인다. 앞으로의 발전이 주목되는 프로젝트다.

# 11.5 서버 액션(alpha)

Next.js 13.4.0이 릴리스되면서 Next.js 팀은 서버 액션이라고 하는 새로운 기능을 선보였다. 이 기능은 API를 군이 생성하지 않더라도 함수 수준에서 서버에 직접 접근해 데이터 요청 등을 수행할 수 있는 기능이다. 서버 컴포넌트와 다르게, 특정 함수 실행 그 자체만을 서버에서 수행할 수 있다는 장점이 있다. 그리고 그 실행 결과에 따라 다양한 작업을 수행할 수도 있다. 이 서버 액션을 활성화하려면 `next.config.js`에서 실험 기능을 활성화해야 한다.

```js
/** @type {import('next').NextConfig} */
const nextConfig = {
  experimental: {
    serverActions: true,
  },
}

module.exports = nextConfig
```

서버 액션을 만들려면 먼저 함수 내부 또는 파일 상단에 클라이언트 선언과 비슷하게 `"use server"` 지시자를 선언해야 한다. 그리고 함수는 반드시 async여야 한다. async 함수가 아니면 "Server actions must be async functions"라는 에러가 발생한다.

즉, 서버 액션은 다음과 같은 형태로 선언할 수 있다.

```js
async function serverAction() {
  "use server";
  // 서버에 바로 접근하는 코드
}
```

```
// 이 파일 내부의 모든 내용이 서버 액션으로 간주된다.
'use server'

export async function myAction() {
  // ...
  // 서버에 바로 접근하는 코드
}
```

이렇게 선언한 서버 액션이 수행할 수 있는 작업을 하나씩 살펴보자.

> **알아두기**
>
> Next.js 13.4.0 기준으로 next dev --turbo를 실행하면 서버 액션을 수행할 수 없다. 이는 아직 터보팩이 서버 액션까지 완벽하게 지원하지 않기 때문으로 보인다.

## 11.5.1 form의 action

<form/>은 HTML에서 양식을 보낼 때 사용하는 태그로, action props를 추가해서 이 양식 데이터를 처리할 URI를 넘겨줄 수 있다. 서버 액션으로 form.action 함수를 만들어보자.

```
export default function Page() {
  async function handleSubmit() {
    'use server'

    console.log('해당 작업은 서버에서 수행합니다. 따라서 CORS 이슈가 없습니다.')

    const response = await fetch('https://jsonplaceholder.typicode.com/posts', {
      method: 'post',
      body: JSON.stringify({
        title: 'foo',
        body: 'bar',
        userId: 1,
      }),
      headers: {
        'Content-type': 'application/json; charset=UTF-8',
      },
    })

    const result = await response.json()
```

```
    console.log(result)
  }
  return (
    <form action={handleSubmit}>
      <button type="submit">form 요청 보내보기</button>
    </form>
  )
}
```

예제에서는 form.action에 handleSubmit이라는 서버 액션을 만들어 props로 넘겨줬다. 이 handleSubmit 이 벤트를 발생시키는 것은 클라이언트지만 실제로 함수 자체가 수행되는 것은 서버가 된다. 진짜 서버에서 수 행되는지 한번 살펴보자.

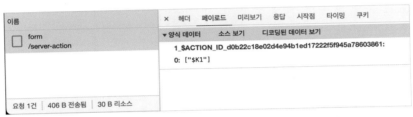

그림 11.8 서버 액션을 실행한 후 크롬 개발자 도구에서 확인한 모습

위 화면은 크롬 개발자 도구의 **네트워크** 탭에서 해당 form 버튼을 클릭했을 때를 캡처한 것이다. /server-action/form으로 요청이 수행되고, 페이로드에는 앞서 코드에서 보낸 post 요청이 아닌 ACTION_ID라는 액션 구분자만 있는 것을 볼 수 있다. 그리고 이를 처리하는 서버에서는 다음과 같은 내용이 미리 빌드돼 있는 것 을 볼 수 있다.

```
// .next/server/app/server-action/form/page.js

// 해당 페이지에서 수행하는 서버 액션을 모아둔다.
const actions = {
  // 앞서 페이로드에서 본 액션 아이디를 확인할 수 있다.
  d0b22c18e02d4e94b1ed17222f5f945a78603861: () =>
    Promise.resolve(/* import() eager */)
      .then(__webpack_require__.bind(__webpack_require__, 5948))
      .then((mod) => mod['$$ACTION_0']),
}

// ...
```

```
// 해당 페이지
function Page() {
  async function handleSubmit() {
    return $$ACTION_0(handleSubmit.$$bound)
  }
  // ...
}

//...

async function $$ACTION_0(closure) {
  console.log('해당 작업은 서버에서 수행합니다. 따라서 CORS 이슈가 없습니다.')
  const response = await fetch('https://jsonplaceholder.typicode.com/posts', {
    method: 'post',
    body: JSON.stringify({
      title: 'foo',
      body: 'bar',
      userId: 1,
    }),
    headers: {
      'Content-type': 'application/json; charset=UTF-8',
    },
  })
  const result = await response.json()
  console.log(result)
}
```

위 코드와 실행 결과를 미루어 봤을 때, 서버 액션을 실행하면 클라이언트에서는 현재 라우트 주소와 ACTION_ ID만 보내고 그 외에는 아무것도 실행하지 않는 것을 알 수 있다. 그리고 서버에서는 요청받은 라우트 주소와 ACTION_ID를 바탕으로, 실행해야 할 내용을 찾고 이를 서버에서 직접 실행한다. 이를 위해 'use server'로 선언돼 있는 내용을 빌드 시점에 미리 클라이언트에서 분리시키고 서버로 옮김으로써 클라이언트 번들링 결과물에는 포함되지 않고 서버에서만 실행되는 서버 액션을 만든 것을 확인할 수 있다.

서버 액션의 장점은 여기서 그치지 않는다. 폼과 실제 노출하는 데이터가 연동돼 있을 때 더욱 효과적으로 사용할 수 있다. 다음 예제 코드를 보자.

```
// key value storage. 서버에서만 사용할 수 있는 패키지다.
import kv from '@vercel/kv'
```

```
import { revalidatePath } from 'next/cache'

interface Data {
  name: string
  age: number
}

export default async function Page({ params }: { params: { id: string } }) {
  const key = `test:${params.id}`
  const data = await kv.get<Data>(key)

  async function handleSubmit(formData: FormData) {
    'use server'

    const name = formData.get('name')
    const age = formData.get('age')

    await kv.set(key, {
      name,
      age,
    })

    revalidatePath(`/server-action/form/${params.id}`)
  }

  return (
    <>
      <h1>form with data</h1>
      <h2>
        서버에 저장된 정보: {data?.name} {data?.age}
      </h2>

      <form action={handleSubmit}>
        <label htmlFor="name">이름: </label>
        <input
          type="text"
          id="name"
          name="name"
          defaultValue={data?.name}
          placeholder="이름을 입력해 주세요."
```

```
        />

        <label htmlFor="age">나이: </label>
        <input
          type="number"
          id="age"
          name="age"
          defaultValue={data?.age}
          placeholder="나이를 입력해 주세요."
        />

        <button type="submit">submit</button>
      </form>
    </>
  )
}
```

예제에서는 서버에서만 접근할 수 있는 Redis 스토리지인 @vercel/kv를 기반으로 서버 액션에서 어떻게 양식 데이터를 다룰 수 있는지 나타낸다. 먼저 Page 컴포넌트는 서버 컴포넌트로, const data = await kv.get<Data>(key)와 같은 형태로 직접 서버 요청을 수행해서 데이터를 가져와 JSX를 렌더링한다. 그리고 form 태그에 서버 액션인 handleSubmit을 추가해서 formData를 기반으로 데이터를 가져와 다시 데이터베이스인 kv에 업데이트한다. 그리고 업데이트가 성공적으로 마무리됐다면 마지막으로 revalidatePath를 통해 해당 주소의 캐시 데이터를 갱신해 컴포넌트를 재렌더링하게 했다. 이 같은 일련의 과정이 어떻게 일어나는지 살펴보자.

그림 11.9 예제 코드의 서버 액션이 실행된 모습. 서버 액션이 실행된 이후에 다시 렌더링에 필요한 정보를 가져오는 것을 볼 수 있다.

앞서 form을 사용했던 예제와 마찬가지로 서버에 ACTION_ID와 실행에 필요한 데이터만 보내고, 직접적인 업데이트를 수행하지 않는 것을 확인할 수 있다. 그리고 이 서버 액션의 실행이 완료되면 data 객체가 revalidatePath로 갱신되어 업데이트된 최신 데이터를 불러오는 것을 볼 수 있다. 이러한 최신 데이터를 불러오는 동작은 페이지 내부에 loading.jsx가 있다면 더욱 뚜렷하게 확인할 수 있다.

지금까지 살펴본 내용을 봤을 때는 PHP 같은 전통적인 서버 기반 웹 애플리케이션과 크게 다를 바 없어 보인다. 처음 공개됐을 때 많은 사람들이 index.php와 다를 게 없어 보인다고 비판한 것도 이 때문이다. PHP도 마찬가지로 `<?php >` 같은 코드로 서버에서 실행할 수 있는 코드를 한 파일 안에 구성할 수 있기 때문이다. 하지만 여기서 주목해야 하는 가장 큰 차이는 앞의 화면에서도 알 수 있듯이 이 모든 과정이 페이지 새로고침 없이 수행된다는 것이다. 최초에 페이지를 서버에서 렌더링한 이후에 폼에서 handleSubmit으로 서버에 데이터 수정을 요청하는 것, 그리고 수정된 결과를 다시금 조회해서 새로운 결과로 렌더링하는 일련의 과정이 모두 페이지 새로고침 없이 데이터 스트리밍으로 이뤄진다. 따라서 개발자들은 서버에 데이터 수정을 요청하는 한편, 클라이언트에서는 업데이트를 완료한 후 새로운 결과를 받을 때까지 사용자에게 로딩 중이라는 것을 알 수 있는 인터랙션을 구성할 수도 있다.

한 가지 더 주목해야 할 것은 handleSubmit에서 수행했던 revalidatePath다. 이는 인수로 넘겨받은 경로의 캐시를 초기화해서 해당 URL에서 즉시 새로운 데이터를 불러오는 역할을 한다. Next.js에서는 이를 server mutation(서버에서의 데이터 수정)이라고 하는데, server mutation으로 실행할 수 있는 함수는 다음과 같다.

- redirect: import { redirect } from 'next/navigation'으로 사용할 수 있으며, 특정 주소로 리다이렉트할 수 있다.

- revalidatePath: import { revalidatePath } from 'next/cache'로 사용할 수 있으며, 해당 주소의 캐시를 즉시 업데이트한다.

- revalidateTag: import { revalidateTag } from 'next/cache'로 사용할 수 있다. 캐시 태그는 fetch 요청 시에 다음과 같이 추가할 수 있다.

  ```
  fetch('https://localhost:8080/api/something', { next: { tags: [''] } })
  ```

  이렇게 태그를 추가해 두면 여러 다양한 fetch 요청을 특정 태그 값으로 구분할 수 있으며, revalidateTag를 사용할 경우 이 특정 태그가 추가된 fetch 요청을 모두 초기화한다.

이처럼 form을 서버 액션과 함께 사용하면 form을 기반으로 한 데이터 추가 및 수정 요청을 좀 더 자연스럽게 수행할 수 있다. 그리고 Next.js에서 관리하는 캐시를 효과적으로 초기화할 수 있으므로 사용자에게 더욱 자연스러운 사용자 경험을 안겨줄 수 있다.

## 11.5.2 input의 submit과 image의 formAction

form.action과 마찬가지로 input type="submit" 또는 input type="image"에 formAction prop으로도 서버 액션을 추가할 수 있다. 사용법은 앞에서 살펴본 것과 동일하다.

## 11.5.3 startTransition과의 연동

서버 액션은 비단 form.action이나 formAction에서만 사용할 수 있는 것은 아니다. useTransition에서 제공하는 startTransition에서도 서버 액션을 활용할 수 있다. 다음 예제를 보자.

```ts
// server-action/index.ts
'use server'

import kv from '@vercel/kv'
import { revalidatePath } from 'next/cache'

export async function updateData(
  id: string,
  data: { name: string; age: number },
) {
  const key = `test:${id}`

  await kv.set(key, {
    name: data.name,
    age: data.age,
  })

  revalidatePath(`/server-action/form/${id}`)
}
// client-component.tsx
'use client'

import { useCallback, useTransition } from 'react'
import { updateData } from '../../server-action'
import { SkeletonBtn } from '../../app/styles/styled-components/components'

export function ClientButtonComponent({ id }: { id: string }) {
  const [isPending, startTransition] = useTransition()
```

```
const handleClick = useCallback(() => {
  startTransition(() => updateData(id, { name: '기본값', age: 0 }))
}, [])

return isPending ? (
  <SkeletonBtn />
) : (
  <button onClick={handleClick}>기본값으로 돌리기</button>
)
}
```

예제에서는 useTransition이 반환하는 배열의 두 번째 요소인 startTransition을 사용해 서버 액션을 실행하는 예제를 보여준다. 이렇게 useTransition을 사용하면 얻을 수 있는 장점 중 하나는 이전과 동일한 로직을 구현하면서도 page 단위의 loading.jsx를 사용하지 않아도 된다는 것이다. isPending을 활용해 startTransition으로 서버 액션이 실행됐을 때 해당 버튼을 숨기고 로딩 버튼을 노출함으로써 페이지 단위의 로딩이 아닌 좀 더 컴포넌트 단위의 로딩 처리도 가능해진다. 이와 동시에 revalidatePath과 같은 server mutation도 마찬가지로 처리할 수 있다.

## 11.5.4  server mutation이 없는 작업

server mutation이 필요하다면 반드시 서버 액션을 useTransition과 함께 사용해야 하지만 별도의 server mutation을 실행하지 않는다면 바로 이벤트 핸들러에 넣어도 된다.

```
export default function Page() {
  async function handleClick() {
    'use server'

    // server mutation이 필요 없는 작업
  }
  return <button onClick={handleClick}>form 요청 보내보기</button>
}
```

## 11.5.5  서버 액션 사용 시 주의할 점

- 서버 액션은 클라이언트 컴포넌트 내에서 정의될 수 없다. 서버 액션을 'use client'가 선언돼 있는 컴포넌트 내에서 사용할 경우 다음과 같은 에러가 발생한다. 클라이언트 컴포넌트에서 서버 액션을 쓰고 싶을 때는 앞의 startTransition 예제처럼 'use server'로 서버 액션만 모여 있는 파일을 별도로 import해야 한다.

```
"use server" functions are not allowed in client components. You can import them from a "use
server" file instead.
```

- 서버 액션을 import하는 것뿐만 아니라, props 형태로 서버 액션을 클라이언트 컴포넌트에 넘기는 것 또한 가능하다. 이는 서버 컴포넌트가 클라이언트 컴포넌트를 불러올 수 있는 것과 동일한 원리다. 즉 서버에서만 실행될 수 있는 자원은 반드시 파일 단위로 분리해야 한다.

## 11.6 그 밖의 변화

이 외에도 13.0에서부터 13.4까지 업데이트되면서 다양한 변경 사항이 추가됐다. 프로젝트 전체 라우트에서 쓸 수 있는 미들웨어가 강화됐고, SEO(Search Engine Optimization)를 쉽게 작성할 수 있는 기능이 추가됐으며, 정적으로 내부 링크를 분석할 수 있는 기능 등 다양한 내용이 추가됐다. 자세히 알아보고 싶다면 Vercel 팀에서 공식적으로 작성한 릴리스 가이드를 참고하자.[22]

## 11.7 Next.js 13 코드 맛보기

지금까지 살펴본 내용을 바탕으로 리액트의 서버 컴포넌트를 사용하는 Next.js 13 예제를 간단하게 살펴보자. 앞서 설명한 기능을 페이지별로 분류해 코드로 남겨뒀으니, 각 페이지를 참고해 리액트 서버 컴포넌트와 Next.js 13의 특징을 확인해 보자. Next.js 13과 리액트 18로 만들어진 예제는 이 책의 예제 코드 저장소[23]에서 확인할 수 있으며, 이 예제는 Vercel에서 제공하는 Next.js 13 예제를 기반으로 다시 만들어졌다. 여기서 제공하는 예제의 일부 작동을 확인하고, 추가적인 설명을 적었으며, 이후에 추가된 신규 기능 등도 추가했다. layout과 같이 새롭게 제공되는 기능부터 getServerSideProps와 같이 기존에 제공되던 기능을 Next.js 13에 맞게 재작성하는 방법까지 살펴보자.

### 11.7.1 getServerSideProps와 비슷한 서버 사이드 렌더링 구현해 보기

이전 버전까지 서버에서 데이터를 불러와서 하이드레이션할 수 있는 방법은 getServerSideProps를 비롯한 몇 가지 방법으로 제한돼 있었다. 따라서 서버 관련 코드가 있다면 무조건 제한된 스코프 내에서만 실행이 가능했다. 그러나 앞서 살펴본 것처럼 Next.js 13과 리액트 18에서는 서버 컴포넌트라면 어디든 서버 관련 코드를 추가할 수 있게 됐다. 서버 컴포넌트에서 fetch를 수행하고, 이 fetch에 별다른 cache 옵션을 제공하지 않는다면 기존의 getServerSideProps와 매우 유사하게 작동한다. 다음 예제를 보자.

---

22 https://nextjs.org/blog/next-13
23 https://github.com/wikibook/react-deep-dive-example/tree/main/chapter8/next13

```
import { ReactNode } from 'react'

import { fetchPostById } from '#services/server'

export default async function Page({
  params,
}: {
  params: { id: string }
  children?: ReactNode
}) {
  // const response = await fetch(
  //     `https://jsonplaceholder.typicode.com/posts/${id}`,
  //     options,
  // )
  // const data = await response.json()
  // 와 같다.
  const data = await fetchPostById(params.id, { cache: 'no-cache' })

  return (
    <div>
      <h1>{data.title}</h1>
      <p>{data.body}</p>
    </div>
  )
}
```

이 코드는 페이지에서 id를 가져와 렌더링을 수행하는 일반적인 서버 컴포넌트 예제다. 이 페이지가 어떻게 작동하는지 살펴보자.

```
<!DOCTYPE html>
<html lang="en" class="[color-scheme:dark]">
  <head>
    <link
      rel="stylesheet"
      href="/_next/static/css/f7f567283cc37c4e.css"
      data-precedence="high"
    />
    <meta name="viewport" content="width=device-width, initial-scale=1" />
    <link
      href="/favicon/apple-touch-icon.png"
```

```
        rel="apple-touch-icon"
        sizes="180x180"
      />
      <link
        href="/favicon/favicon-32x32.png"
        rel="icon"
        sizes="32x32"
        type="image/png"
      />
      <link
        href="/favicon/favicon-16x16.png"
        rel="icon"
        sizes="16x16"
        type="image/png"
      />
      <link href="/favicon/favicon.ico" rel="shortcut icon" />
      <title>Nextjs@13 예제</title>
      <meta
        name="description"
        content="Nextjs@13을 기반으로 한 리액트 deep dive 예제입니다."
      />
      <script
        src="/_next/static/chunks/polyfills-c67a75d1b6f99dc8.js"
        nomodule=""
      ></script>
  </head>
  <body>
    <!-- 생략 -->
    <div>
      <div>
        <div>
          <div>
            <div>
              <!-- 생략 -->
              <div>
                <!-- 미리 렌더링되어 내려왔다. -->
                <div class="space-y-4">
                  <h1 class="text-2xl font-medium text-gray-100">
                    sunt aut facere repellat provident occaecati excepturi optio
                    reprehenderit
```

```
            </h1>
            <p class="font-medium text-gray-400">
                quia et suscipit suscipit recusandae consequuntur expedita
                et cum reprehenderit molestiae ut ut quas totam nostrum
                rerum est autem sunt rem eveniet architecto
            </p>
          </div>
        </div>
      </div>
     </div>
    </div>
   </div>
   <script
     src="/_next/static/chunks/webpack-dd2e9ca72d8bba34.js"
     async=""
   ></script>
   <script src="/_next/static/chunks/17-b535e4dc8f828848.js" async=""></script>
   <script
     src="/_next/static/chunks/main-app-db6578d12442271a.js"
     async=""
   ></script>
  </body>
</html>
```

최초 요청 시에 HTML을 살펴보면 기존에 getServerSideProps와 마찬가지로 미리 렌더링되어 완성된 HTML이 내려오는 것을 확인할 수 있다. 즉, Next.js 13에서도 여전히 서버 사이드 렌더링과 비슷하게 서버에서 미리 페이지를 렌더링해서 내려받는 것이 가능하다. 여기에 추가로 눈여겨봐야 할 것은 이 HTML 태그 뒤에 오는 <script>다.

```
<script>
  ;(self.__next_f = self.__next_f || []).push([0])
</script>
<script>
  self.__next_f.push([1, 'J0:"@1"\n'])
</script>
<script>
  self.__next_f.push([
    1,
```

```
        'M2:{"id":"7954","name":"","chunks":["2272:webpack-dd2e9ca72d8bba34","17:17-b535e4d-
c8f828848","1744:main-app-db6578d12442271a"],"async":false}\nM3:{"id":"7043","name":"","chunks":[
    "2272:webpack-dd2e9ca72d8bba34","17:17-b535e4dc8f828848","1744:main-app-db6578d12442271a"],"asyn-
c":false}\nM4:{"id":"777","name":"","chunks":["4090:4090-c9300f314eb60af2","3185:app/lay-
out-3e60bee48dd67f90"],"async":false}\nM5:{"id":"9875","name":"","chunks":["2272:web-
pack-dd2e9ca72d8bba34","17:17-b535e4dc8f828848","1744:main-app-db657',
    ])
</script>
<!-- 이하 생략 -->
<script>
  self.__next_f.push([
    1,
    'J9:["$","div",null,{"className":"space-y-4","children":[["$","h1",null,{"className":"text-2xl
font-medium text-gray-100","children":"sunt aut facere repellat provident occaecati excepturi optio
reprehenderit"}],["$","p",null,{"className":"font-medium text-gray-400","children":"quia et suscip-
it\\nsuscipit recusandae consequuntur expedita et cum\\nreprehenderit molestiae ut ut quas totam\\n-
nostrum rerum est autem sunt rem eveniet architecto"}]]}]\n',
    ])
</script>
```

과거 getServerSideProps를 사용하는 애플리케이션에서는 <script id="__NEXT_DATA__" type=
"application/json">라고 하는 특별한 태그가 추가돼 있었고, 이 서버에서 미리 만들어진 정보를 바탕으로
클라이언트에서 하이드레이션을 수행했었다. 리액트 18에서는 서버 컴포넌트에서 렌더링한 결과를 직렬화
가능한(JSON.stringify가 가능한) 데이터로 클라이언트에 제공하고, 클라이언트는 이를 바탕으로 하이드레
이션을 진행하게 된다. 각 스크립트는 하나의 서버 컴포넌트 단위를 의미하며, 예제 코드의 마지막 스크립트
에서 이 마지막 서버 컴포넌트의 흔적을 발견할 수 있다.

그리고 이번에는 다른 유저를 클릭해서 같은 서버 컴포넌트의 다른 id를 제공하는 시나리오를 확인해 보자.
다른 id를 선택하고 크롬 개발자 도구의 **네트워크** 탭을 확인하면 다음과 같은 정보를 확인할 수 있다.

그림 11.10 서버 컴포넌트를 크롬 개발자 도구의 네트워크 탭으로 확인한 모습. 응답으로 컴포넌트 구조가 점진적으로 제공되는 것을 확인할
수 있다.

J0:[["children","ssr","children",["id","2","d"],[["id","2","d"],{"children":["",{}]}]],"@1",[[["$","m
eta",null,{"name":"viewport","content":"width=device-width, initial-scale=1"}],["$","link",null,{"hr
ef":"/favicon/apple-touch-icon.png","rel":"apple-touch-icon","sizes":"180x180"}],["$","link",null,{"
href":"/favicon/favicon-32x32.png","rel":"icon","sizes":"32x32","type":"image/png"}],["$","link",nul
l,{"href":"/favicon/favicon-16x16.png","rel":"icon","sizes":"16x16","type":"image/png"}],["$","link
",null,{"href":"/favicon/favicon.ico","rel":"shortcut icon"}]],["$","title",null,{"children":"Next-
js@13 예제"}],["$","meta",null,{"name":"description","content":"Nextjs@13을 기반으로 한 리액트 deep
dive 예제입니다."}]]]]
M2:{"id":"9875","name":"","chunks":["2272:webpack-dd2e9ca72d8bba34","17:17-b535e4dc8f828848","1744:-
main-app-db6578d12442271a"],"async":false}
M3:{"id":"2092","name":"","chunks":["2272:webpack-dd2e9ca72d8bba34","17:17-b535e4dc8f828848","1744:-
main-app-db6578d12442271a"],"async":false}
J1:["$","@2",null,{"parallelRouterKey":"children","segmentPath":["children","ssr","chil-
dren",["id","2","d"],"children"],"hasLoading":false,"template":["$","@3",null,{}],"childProp":{"cur-
rent":[[],[],"@4"],"segment":""},"rootLayoutIncluded":false}]
J4:["$","div",null,{"className":"space-y-4","children":[[["$","h1",null,{"className":"text-2xl
font-medium text-gray-100","children":"qui est esse"}],["$","p",null,{"className":"font-medium text-
gray-400","children":"est rerum tempore vitae\nsequi sint nihil reprehenderit dolor beatae ea do-
lores neque\nfugiat blanditiis voluptate porro vel nihil molestiae ut reiciendis\nqui aperiam non
debitis possimus qui neque nisi nulla"}]]}]

과거 getServerSideProps를 사용하던 당시에는 [id].json 형태로 요청을 보내서 새로운 getServer
SideProps의 실행 결과를 JSON 형태로 받았다면 리액트 18부터는 마찬가지로 서버 컴포넌트의 렌더링 결과
를 컴포넌트별로 직렬화된 데이터로 받아 이 데이터를 바탕으로 클라이언트에서 하이드레이션하는 데 사용
하는 것을 엿볼 수 있다.

## 11.7.2  getStaticProps와 비슷한 정적인 페이지 렌더링 구현해 보기

Next.js 13 이전까지는 정적 페이지 생성을 위해 getStaticProps나 getStaticPaths를 이용해 사전에 미
리 생성 가능한 경로(path)를 모아둔 다음, 이 경로에 대해 내려줄 props를 미리 빌드하는 형식으로 구성
돼 있었다. 이러한 방법은 헤드리스(headless) CMS 같이 사용자 요청에 앞서 미리 빌드해둘 수 있는 페
이지를 생성하는 데 매우 효과적이었다. Next.js 13에서 app 디렉터리가 생겨나면서 getStaticProps와
getStaticPaths는 사라졌지만 이와 유사한 방식을 fetch의 cache를 이용해 구현할 수 있다. 다음 예제를
보자.

```
// /app/ssg/[id]/page.tsx
import { fetchPostById } from '#services/server'
```

```
export async function generateStaticParams() {
  return [{ id: '1' }, { id: '2' }, { id: '3' }, { id: '4' }]
}

export default async function Page({ params }: { params: { id: string } }) {
  // const response = await fetch(
  //     `https://jsonplaceholder.typicode.com/posts/${id}`,
  //     options,
  // )
  // const data = await response.json()
  // 와 같다.
  const data = await fetchPostById(params.id)

  return (
    <div>
      <h1>{data.title}</h1>
      <p>{data.body}</p>
    </div>
  )
}
```

이 예제에서 주목할 것은 두 가지 정도다. 먼저 generateStaticParams를 사용해 주소인 /app/ssg/[id]에서 [id]로 사용 가능한 값을 객체 배열로 모아뒀다. 그리고 Page 컴포넌트에서는 이 각각의 id를 props로 받을 때 어떻게 작동할지 미리 정해뒀다. 또 한 가지 주목할 것은 fetchPostById다. 이전 서버 사이드 렌더링 예제와는 다르게 fetchPostById에는 별다른 옵션을 주지 않았다. Next.js에서 사용하는 fetch에서 줄 수 있는 cache 옵션은 다음과 같다.

- force-cache: 캐시가 존재한다면 해당 캐시 값을 반환하고, 캐시가 존재하지 않으면 서버에서 데이터를 불러와 가져온다 (기본값).

- no-store: 캐시를 절대 사용하지 않고, 매 요청마다 새롭게 값을 불러온다.

또는 fetch(https://..., { next: { revalidate: false ¦ 0 ¦ number } });를 사용해 캐시를 초 단위로 줄 수도 있다.

앞의 예제에서는 아무런 값도 주지 않았는데, 이것은 가능한 모든 cache 값을 사용하도록 설정한 것과 같다. 빌드 결과물은 어떻게 나올지 살펴보자.

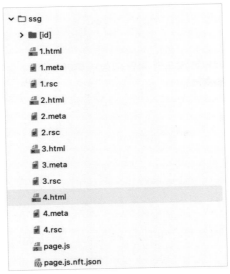

그림 11.11 generateStaticParams를 사용한 페이지들을 Next.js로 빌드한 결과물

빌드 결과물을 확인할 수 있는 .next/server/app 아래에 generateStaticParams로 선언한 모든 경우의 수에 대해 미리 페이지를 생성해둔 것을 확인할 수 있다. 따라서 실제 페이지에 접근할 때는 별다른 추가적인 작업 없이 이 HTML만으로도 페이지를 확인할 수 있으므로 사용자는 더욱 빠르게 접속할 수 있게 된다.

정적으로 미리 빌드해 두는 것뿐만 아니라 캐시를 활용하는 것도 가능하다. 이러한 방식을 Next.js에서는 'Incremental Static Regeneration'이라고 하는데, 정적으로 생성된 페이지를 점진적으로 갱신하는 것을 의미한다. Next.js에서 제공하는 캐시와 관련된 기능을 활용하면 일정 기간 동안은 캐시를 통해 가져와 빠르게 렌더링하고, 시간이 지나면 새롭게 데이터를 불러오는 방식으로 페이지를 구성할 수 있다. 다음 예제를 보자.

```
// 페이지의 캐시가 60초간 유효하다
export const revalidate = 60

export async function generateStaticParams() {
  return [{ id: '1' }, { id: '2' }, { id: '3' }, { id: '4' }]
}

export default async function Page({ params }: { params: { id: string } }) {
  const response = await fetch(
    `https://jsonplaceholder.typicode.com/posts/${id}`,
  )
  const data: Post = await response.json()
```

```
  return (
    <>
      <div>
        마지막 렌더링 시간 (프로덕션 모드만 확인 가능): UTC{' '}
        {new Date().toLocaleTimeString()}
      </div>
      <h1>{data.title}</h1>
      <p>{data.body}</p>
    </>
  )
}
```

이 코드는 앞선 예제와 다를 것이 없어 보이지만 `export const revalidate = 60`이 추가된 것을 볼 수 있다. 이렇게 생성한 페이지를 프로덕션 모드에서 방문해 보면 최초에는 미리 빌드해 둔 페이지를 렌더링해서 내려주는 것을 알 수 있다. 그러나 캐시 유효시간이 지난 이후에 다시 페이지를 방문해 보면 서버에서 페이지를 다시 생성하면서 **마지막 렌더링 시간**이 갱신되는 것을 알 수 있다. 이 컴포넌트는 서버 컴포넌트이므로 `new Date()`는 서버에서 빌드되는 시점을 의미하므로 실제로 캐시가 유효한지 확인하기에 적합하다. 또한 이렇게 캐시된 페이지는 앞서 설명한 서버 액션을 통해 캐시를 강제로 갱신하는 것 또한 가능하다. 서버 액션에서 설명한 server mutation 중 하나인 `revalidatePath`를 사용하면 해당 페이지가 `revalidate`로 정의한 캐시 초 (second) 이내에도 이전까지의 캐시를 무효화하고 새로운 페이지를 빌드하게 된다.

이러한 방식은 Next.js 팀이 언급한 것처럼 블로그나 상품 소개와 같이 정적인 페이지를 빌드할 때 유용하게 사용할 수 있을 것으로 보인다. 그리고 `getStaticProps`나 `getStaticPaths`에 비해 알아둬야 할 내용도 줄어들고 캐시도 유연하게 설정할 수 있어 좀 더 자유롭게 사용할 수 있을 것으로 보인다.

### 11.7.3 로딩, 스트리밍, 서스펜스

Next.js 13에서는 스트리밍(streaming)과 리액트의 서스펜스(suspense)를 활용해 컴포넌트가 렌더링 중이라는 것을 나타낼 수 있다. 직접 Suspense로 감싸 부분적으로 로딩을 보여주는 것 외에도 기본적으로 `loading`이라고 하는 파일 예약어를 지원하면서 손쉽게 로딩 라우팅별로 로딩 상태를 나타낼 수 있도록 제공한다. `loading`과 Suspense 모두 동일한 방식으로 작동하며, Suspense가 조금 더 개발자가 원하는 형태로 쪼개서 보여줄 수 있다는 차이만 있다. 다음 예제를 보자.

```
// [id]/page.tsx
import { Suspense } from 'react'
```

```
export default async function Page({ params }: { params: { id: string } }) {
  return (
    <div className="space-y-8 lg:space-y-14">
      <Suspense fallback={<div>유저 목록을 로딩 중입니다.</div>}>
        {/* 타입스크립트에서 Promise 컴포넌트에 대해 에러를 내기 때문에 임시 처리 */}
        {/* @ts-expect-error Async Server Component */}
        <Users />
      </Suspense>

      <Suspense
        fallback={<div>유저 {params.id}의 작성 글을 로딩 중입니다.</div>}
      >
        {/* @ts-expect-error Async Server Component */}
        <PostByUserId userId={params.id} />
      </Suspense>
    </div>
  )
}
export async function Users() {
  // Suspense를 보기 위해 강제로 지연시킨다.
  await sleep(3 * 1000)
  const users = await fetchUsers()

  return (
    <ul>
      {users.map((user) => (
        <li key={user.id}>{user.name}</li>
      ))}
    </ul>
  )
}

export async function PostByUserId({ userId }: { userId: string }) {
  // Suspense를 보기 위해 강제로 지연시킨다.
  await sleep(5 * 1000)

  const allPosts = await fetchPosts()
  const posts = allPosts.filter((post) => post.userId === parseInt(userId, 10))

  return (
```

```
    <ul>
      {posts.map((post) => (
        <li key={post.id}>{post.title}</li>
      ))}
    </ul>
  )
}
```

이 코드는 두 개의 서버 컴포넌트에서 fetch 작업을 하고, 이 두 서버 컴포넌트를 부모 컴포넌트에서 Suspense를 걸어두고 불러오는 예제다. 이렇게 하면 두 서버 컴포넌트에서 fetch를 하는 동안 Suspense 내부에서 정의한 로딩을 보여주고, 완료가 되면 해당 컴포넌트를 노출할 것이다. 이 컴포넌트가 그려지는 과정을 살펴보면 다음과 같다.

그림 11.12 목록과 상세를 모두 로딩 중인 경우

위 코드에서는 목록에서는 3초, 그리고 상세에서는 5초의 강제 대기 시간을 갖기 때문에 API 호출 시간이 동일하다면 목록이 먼저 표시된다.

그림 11.13 3초 뒤 목록이 먼저 호출되는 경우. 상세는 아직 로딩 중인 것을 알 수 있다.

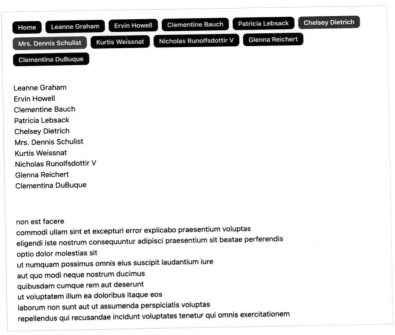

그림 11.14 목록과 상세 모두 로딩이 끝난 경우

서서히 fetch 작업이 완료되면서 화면이 렌더링되는 것을 볼 수 있다. 그리고 크롬의 개발자 도구에서 확인해 보면 페이지 렌더링에 소요된 시간만큼 네트워크 요청도 발생한 것을 확인할 수 있다.

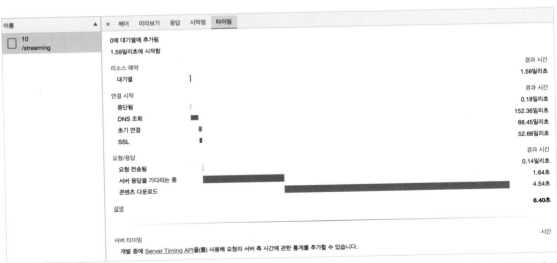

그림 11.15 Suspense로 감싸진 컴포넌트는 스트리밍으로 응답을 점진적으로 받으면서 렌더링하는 것을 알 수 있다. 실제로는 이렇게 오래 걸리지 않는다. 예제에서는 스트리밍을 극적으로 보여주기 위해 약간의 딜레이를 추가했다.

이 정도만으로도 실제 스트리밍이 일어나서 HTML이 점진적으로 렌더링된다는 것을 확인할 수 있지만 더 자세히 알아보기 위해 Node.js의 스크립트를 활용해 보자.

```javascript
const main = async () => {
  // 크롬에서 발생한 네트워크 요청을 복사해서 가져왔다.
  const response = await fetch(
    'https://react-deep-dive-example-six.vercel.app/streaming/9',
    {
      headers: {
        accept: '*/*',
        'accept-language': 'ko-KR,ko;q=0.9,en-US;q=0.8,en;q=0.7',
        'next-router-state-tree':
          '["",{"children":["streaming",{"children":[["id","9","d"],{"children":["",{}]},null,"refet
ch"]}]}]',
        rsc: '1',
        'sec-ch-ua':
          '"Not?A_Brand";v="8", "Chromium";v="108", "Google Chrome";v="108"',
        'sec-ch-ua-mobile': '?0',
        'sec-ch-ua-platform': '"macOS"',
        'sec-fetch-dest': 'empty',
        'sec-fetch-mode': 'cors',
        'sec-fetch-site': 'same-origin',
        Referer: 'https://react-deep-dive-example-six.vercel.app/streaming',
        'Referrer-Policy': 'strict-origin-when-cross-origin',
      },
      body: null,
      method: 'GET',
    },
  )
  const reader = response.body.pipeThrough(new TextDecoderStream()).getReader()

  while (true) {
    const { value, done } = await reader.read()
    if (done) break
    console.log(`=================================`)
    console.log(value)
  }

  console.log('Response fully received')
}
```

크롬 개발자 도구의 콘솔에서 코드를 실행하면 스트리밍 형태로 응답받는 것을 알 수 있다.

```
================================
J0:[["children","streaming","children",["id","9","d"],[["id","9","d"],{"children":["",{}]}]],"@1",[[
["$","meta",null,{"name":"viewport","content":"width=device-width, initial-scale=1"}],["$","link",n
ull,{"href":"/favicon/apple-touch-icon.png","rel":"apple-touch-icon","sizes":"180x180"}],["$","link
",null,{"href":"/favicon/favicon-32x32.png","rel":"icon","sizes":"32x32","type":"image/png"}],["$",
"link",null,{"href":"/favicon/favicon-16x16.png","rel":"icon","sizes":"16x16","type":"image/png"}],
["$","link",null,{"href":"/favicon/favicon.ico","rel":"shortcut icon"}]],["$","title",null,{"chil-
dren":"Nextjs@13 예제"}],["$","meta",null,{"name":"description","content":"Nextjs@13

================================
을 기반으로 한 리액트 deep dive 예제입니다."}]]]]
M2:{"id":"9875","name":"","chunks":["2272:webpack-dd2e9ca72d8bba34","17:17-b535e4dc8f828848","1744:-
main-app-db6578d12442271a"],"async":false}
M3:{"id":"2092","name":"","chunks":["2272:webpack-dd2e9ca72d8bba34","17:17-b535e4dc8f828848","1744:-
main-app-db6578d12442271a"],"async":false}
J1:["$","@2",null,{"parallelRouterKey":"children","segmentPath":["children","streaming","chil-
dren",["id","9","d"],"children"],"hasLoading":false,"template":["$","@3",null,{}],"childProp":{"cur-
rent":[[],[],"@4"],"segment":""},"rootLayoutIncluded":false}]
S5:"react.suspense"
J4:["$","div",null,{"className":"space-y-8 lg:space-y-14","children":[["$","$5",null,{"-
fallback":["$","div",null,{"children":"유저 목록을 로딩 중입니다."}],"chil-
dren":"@6"}],["$","$5",null,{"fallback":["$","div",null,{"children":["유저 ","9","의 작성 글을 로딩
중입니다."]}],"children":"@7"}]]}]

================================ ... (이하 생략)
```

이미 앞에서 본 익숙한 데이터, 서버 컴포넌트의 렌더링 결과를 직렬화해서 내려주는 것을 확인할 수 있다. 한 가지 더 눈여겨봐야 할 것은 스트림을 통해 내려오는 데이터 단위(chunk)다. 최초 데이터는 서버에서 fetch 등의 작업을 기다릴 필요가 없는 Suspense 내부의 로딩 데이터가, 이후부터 fetch가 끝나면서 렌더링 이 완료된 컴포넌트의 데이터를 하나씩 내려주는 것을 볼 수 있다. 이는 Next.js 13과 리액트 18이 서버 컴포 넌트의 렌더링과 이를 클라이언트에 제공하기 위해 스트리밍을 사용하고 있다는 증거다.

## 11.8 정리 및 주의사항

지금까지 리액트 18에서 새롭게 제공하는 서버 컴포넌트와 이를 지원하기 위한 Next.js 13의 변경 사항을 살펴봤다. 리액트 18과 Next.js 13의 이번 버전 업은 전례를 찾아 볼 수 없을 정도로 큰 변화를 가져왔고, 기존에 리액트와 Next.js를 기반으로 코드를 작성하던 패러다임에 많은 변화가 있을 것으로 보인다.

먼저 서버 컴포넌트를 완벽하게 사용하기 위해서는 말 그대로 서버라고 하는 또 다른 환경이 반드시 필요하기 때문이다. 서버 사이드 렌더링을 사용해 본 경험이 있는 개발자라면 window가 undefined라고 하는 에러 등 서버와 클라이언트의 경계가 헷갈려서 에러를 내본 경험이 있을 것이다. 이번 서버 컴포넌트는 파일 단위로 "use client"를 경계로 서버와 클라이언트 컴포넌트를 명확하게 구분해야 하고, 나아가 라이브러리 또한 이 경계에 맞춰서 사용해야 하기 때문에 초기 개발 구조 설계에 큰 혼동이 있을 것으로 보인다.

Next.js 13에서 변경된 내용은 이번 장에서 언급한 것 이상으로 많다. Next.js 13.4.0 출시에 맞춰 문서 페이지를 개편함과 동시에 상당히 많은 양의 새로운 내용이 추가됐다. 서버 컴포넌트와 이에 맞춰 변경될 리액트와 Next.js의 패러다임을 공부하고 싶다면 반드시 새로운 문서 페이지인 https://nextjs.org/docs를 방문해서 확인해보자. 기존 사용자라면 Next.js 13 미만 버전에 대한 마이그레이션 가이드[24]를 먼저 읽어볼 것을 권하며, Next.js를 한 번도 사용해보지 않았다면 App Router 페이지의 React Essentials[25]를 정독해볼 것을 권한다. 서버 컴포넌트에 대한 심도 있는 내용을 확인할 수 있다.

지금까지 설명한 내용만으로도 리액트와 Next.js가 제공하는 새로운 기능에 압도되는 듯한 느낌을 받았을 것이다. 그와 동시에 create-react-app 수준의 특별한 프레임워크 없이 가벼운 구조로 리액트가 새롭게 제공하는 많은 기능을 완벽하게 사용하는 것은 이제는 쉽지 않을 것이라는 느낌도 받았을 것이다. 리액트 팀에서 제공한 서버 컴포넌트 예제에서도 알 수 있듯이 단순히 웹팩을 사용할 수 있는 수준을 넘어서 미리 서버 컴포넌트 환경에 잘 맞는 번들러를 추가로 제작해야 하는 수고로움이 동반한다. 또한 RFC에서도 언급한 것처럼 일반 개발자들이 이를 완벽하게 사용하기 위해서는 Next.js와 같이 프레임워크 팀과 긴밀히 협조하고 있으며 이를 사용하는 것을 공식적으로 권장하고 있다. 일반적인 리액트 개발자들은 리액트의 기초 개념을 익히고, 리액트 기반 프레임워크가 제공하는 다양한 기능을 섭렵하는 데 초점을 맞춰야 할 것으로 보인다.

리액트의 서버 컴포넌트는 이전에 없었던 완전히 새로운 패러다임이며, 앞으로 리액트 생태계에 많은 변화를 가져올 것으로 보인다. 그에 따라 프런트엔드 개발자들에게는 Node.js를 위시하는 서버 환경의 이해가 중요해질 것이다. 다가오는 변화에 앞서 먼저 체험해 보고, 개발 중인 웹 애플리케이션의 문제점을 어떻게 해결하고 성능을 개선할 수 있을지 고민해 보면 좋을 것이다.

---

24 https://nextjs.org/docs/app/building-your-application/upgrading/app-router-migration
25 https://nextjs.org/docs/getting-started/react-essentials

# 12<sub>장</sub>

# 모든 웹 개발자가 관심을 가져야 할 핵심 웹 지표

이제 성공적으로 웹페이지를 만들고 배포까지 마무리했다고 가정해보자. 눈에 보이는 버그는 거의 없고, 사용자들도 기대했던 것 만큼 웹사이트에 방문해서 정상적으로 비즈니스 로직을 처리하고 있으며 각종 지표도 안정적이다. 그렇다면 웹개발자로서 역할을 다했다고 볼 수 있을까? 그렇지 않다. 웹 서비스도 게임 만큼이나 성능이 중요하고 성능에 대한 체감은 사용자별로 천차만별이다. 단순히 버그 없이 웹서비스를 운영하는 것도 중요하지만 사용자가 쾌적하게 이용할 수 있는 것도 매우 중요하다. 이번 장에서는 이러한 웹서비스의 성능을 객관적으로 평가할 수 있는 지표인 핵심 웹 지표에 대해 알아보고, 이를 리액트 애플리케이션에서 측정하는 방법을 알아보자.

## 12.1 웹사이트와 성능

사용자가 웹사이트에 접속했을 때 공통적으로 기대하는 사항에는 무엇이 있을까? 첫 번째로는 웹사이트를 방문한 목적을 손쉽게 달성할 수 있어야 하고, 두 번째로는 첫 번째 목적을 달성하는 데 걸리는 시간이 짧아야 하며, 마지막으로는 웹사이트에서 개인정보가 누출되는 등의 사고 없이 보안이 철저해야 한다. 크게 이 세 가지만 달성할 수 있다면 웹사이트가 내부적으로 어떤 코드로 어떻게 이뤄져 있는지는 고객들에게 전혀 중요하지 않다. 리액트와 각종 최신 기술이 집약돼 있는 웹사이트라 하더라도 웹사이트의 접근성이 떨어지고 속도가 느리거나 보안 이슈가 있다면 개발자들은 좋아하는 서비스일지라도 사용자의 외면을 받을 것이다. 반대로 jQuery나 LAMP 스택과 같은 비교적 오래된 기술로 웹사이트가 구성돼 있더라도 웹사이트가 충분히 빠르고 사용자가 이용하는 데 전혀 지장이 없다면 사용자들은 어떠한 불편함도 느끼지 않을 것이다. 리액트가 아무리 좋은 프레임워크라고 해도, 그리고 그 중요성을 제아무리 설파하더라도 웹사이트의 성능이 뒤떨어지면 개발자를 제외한 실제 서비스 이용자들의 호응을 얻기란 어렵다. 모든 서비스가 그렇듯 웹서비스도 마찬가지로 사용자가 느끼는 성능이 제일 중요하다.

웹사이트의 성능과 사용자 경험 사이의 상관관계에 대한 데이터는 이미 널리 알려져 있다. 2019년 미국 시애틀에 있는 디지털 마케팅 에이전시 회사인 Protent의 조사[1]에 따르면 웹사이트의 성능은 다음과 같은 요소에 영향을 미쳤다.

- 1초 내로 로딩되는 사이트는 5초 내로 로딩되는 사이트보다 전자상거래 전환율(실제 구매로 이어지는 고객의 비율)이 2.5배 더 높다.

- 0 ～ 5초의 범위에서, 1초 로딩이 늦어질수록 전환율은 4.42%씩 떨어진다. 즉, 5초 이상 느려지면 전환율은 20% 가까이 떨어진다.

- 페이지 로드 시간이 0 ～ 2초 사이인 페이지에서 가장 높은 전환율을 달성할 수 있다.

그리고 사용자 또한 이러한 성능에 매우 민감한 것으로 밝혀졌다.[2]

- 소비자의 70%는 페이지 속도가 온라인 커머스 사이트를 방문하는 데 영향을 미친다고 밝혔으며,

- 절반 가까운 사람이 더욱 빠르게 로딩할 수 있다면 애니메이션과 동영상이 필요 없다고 밝혔다.

세계 최대의 검색엔진이자 가장 많은 방문객을 보유한 웹사이트를 운영하는 구글에서도 이와 비슷하게 웹사이트의 성능에 관한 통계를 내놓은 바 있다.[3]

- 전체 웹페이지를 표시하는 데 필요한 최적의 평균 리소스 요청 수는 50회 미만이다. (한 페이지를 로딩하는 데 50회 미만의 요청이 발생해야 한다.)

- 평균적으로 웹 페이지 전체를 요청하는 데 15.3초가 걸린다.

- 인간의 뇌와 신경계를 분석한 결과, 페이지 로드 시간이 1초에서 10초로 늘어날수록 모바일 사이트를 이탈할 확률이 123% 증가한다.

또한 구글은 요즘의 웹사이트의 성능에 대해 다음과 같은 내용의 글을 남기기도 했다.

전 세계 사용자의 대부분이 모바일을 3G가 아닌 4G로 사용하고 있음에도 불구하고, 대부분의 모바일 사이트는 여전히 느리고 너무 많은 요소 때문에 비대해졌다.[4]

---

1  https://www.portent.com/blog/analytics/research-site-speed-hurting-everyones-revenue.htm#:~:text=The first 5 seconds of,(between seconds 0-5
2  https://unbounce.com/page-speed-report/
3  https://www.thinkwithgoogle.com/marketing-strategies/app-and-mobile/mobile-page-speed-new-industry-benchmarks/
4  https://www.thinkwithgoogle.com/marketing-strategies/app-and-mobile/mobile-page-speed-new-industry-benchmarks/

이것은 4.1절 '서버 사이드 렌더링이란?'에서 언급했던 것처럼 웹 개발자라면 경각심을 가져야 하는 내용의 통계다. 분명히 과거에 비해 비교할 수 없이 모바일 기기의 성능이 향상됐으며, 네트워크 속도 또한 빨라졌고, IT 서비스 업체가 서비스하는 서버, 통신 등의 물리 장비 또한 눈부시게 발전하고 있음에도 여전히 대다수의 웹사이트 방문객들은 속도에 민감하며 느린 속도에 대해 불만을 가지고 있다.

물론 느려진 것을 오롯이 웹 개발자의 탓으로 돌리는 것은 옳지 못하다. 과거의 웹사이트와 비교할 수 없을 정도로 현재의 웹사이트는 많은 정보를 제공한다. 이는 앞서 언급한 웹을 아우르고 있는 기술의 눈부신 발전 덕분이다.

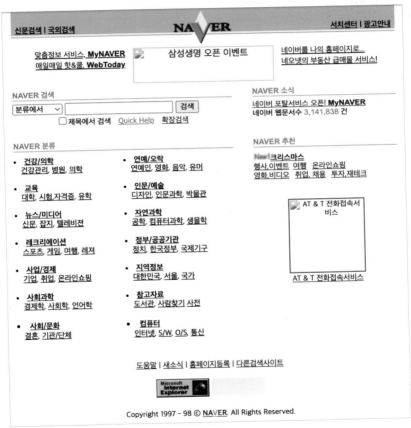

그림 12.1 Wayback Machine으로 살펴본 1998년 12월의 네이버.[5] 그 당시 모습을 100% 재현한 것은 아니지만 얼핏 보더라도 이미지나 동영상과 같은 무거운 리소스는 거의 없었음을 알 수 있다. 또한 이 당시 HTML 페이지는 현재는 안티패턴으로 지목되는 테이블로 구성돼 있고, CSS는 거의 사용되지 않았다.

---

5  https://web.archive.org/web/19981212015838/http://naver.com/

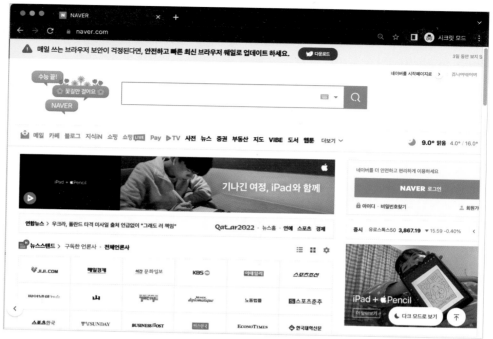

**그림 12.2** 2022년 11월의 네이버 홈페이지. 한 페이지 완성을 위해 약 245회의 요청이 발생하며, (물론 이 중에는 로그 수집 등 웹페이지를 페인팅하는 것과 별개의 요청도 있을 것이다.) 리소스 또한 7.5MB 가까이 사용하고 있다. 1998년과는 비교할 수 없을 정도로 웹사이트가 화려해졌으며, 커졌고, 무거워졌다.

다시 성능 이야기로 돌아와서 웹사이트의 고객인 방문자 입장에서 생각해 보자. 웹사이트에서 자신의 이목을 끄는 것만큼 방문객들은 웹사이트가 빠르길 기대한다. 아무리 화려하고 멋진 웹사이트라 하더라도 그러한 화려함을 위해 방문객의 시간을 희생해야 한다면 이는 무의미하다. 앞서 여러 조사 결과가 알려주듯, 방문자들은 그다지 인내심이 많지 않다.

그러나 많은 개발자들이 이러한 성능에 대해 크게 관심을 기울이지 않는 것 또한 사실이다. 그 이유에는 여러 가지가 있지만 첫 번째로는 개발자의 기기는 대부분 일반적인 사용자의 평균적인 기기보다 성능이 뛰어나기 때문에 이러한 문제를 대체로 느끼지 못한다는 점이다. 개발자가 쓰는 기기는 일반적인 사용자가 쓰는 모바일 기기보다 훨씬 더 성능이 좋을뿐만 아니라 네트워크 환경도 안정적이다. 따라서 웬만큼 잘못되지 않은 이상 개발자의 기기에서 성능 문제를 경험하기란 어렵다.

두 번째로는 성능을 개선하는 작업은 새로운 기능을 개발하는 것보다 쉽지도, 재밌지도 않고, 서비스를 개발하는 작업 대비 눈에 띄는 성능 향상을 기대하기도 어렵다는 점이다. 실무에 있는 개발자들은 항상 많은 양의 업무 요청을 처리하고 버그와 씨름하고 있기 때문에 대부분 서비스 출시를 최우선 과제로 삼고 있다. 따라서 이미 출시된 서비스에 시간을 쏟아 성능 개선을 연구하거나, 혹은 일정을 넉넉하게 잡고 성능 이슈를 파악하기란 어려운 일이다. 그리고 정말 큰 문제가 아닌 이상 성능 개선은 한두 가지 문제를 수정한다고 해결되는 문제가 아니기 때문에 많은 개발자들이 선뜻 내키지 않아 하는 작업이다.

그럼에도 웹사이트 개발자라면 자신이 만들고자 하는 프로덕트를 어떤 기술로 어떻게 만들 것인지에 대해 신경 쓰는 것만큼 웹사이트의 성능에도 주의를 기울여야 한다. 웹사이트 성능 또한 개발자의 책임이며, 웹사이트의 성능은 조직이 이루고자 하는 목표와 직결된다고 봐도 무방하다.

그렇다면 이러한 웹사이트의 성능은 어떻게 측정할 수 있을까? 과거 웹사이트의 성능은 단순히 웹사이트의 로딩 속도, 방문이나 결제 같은 실제 목표로 이뤄지는 전환율 등으로만 지엽적으로 판단했다. 그러나 몇 년 전부터 구글은 핵심 웹 지표(Core Web Vital)라고 하는, 웹사이트의 우수한 사용자 경험을 제공하는 데 필요한 몇 가지 핵심적인 요소를 꼽고, 이에 대한 지표를 제시하고 있다. 이번 절에서는 이 핵심 웹 지표가 무엇이고, 어떤 것으로 이뤄져 있으며, 또 무엇이 이 핵심 웹 지표에 영향을 미치는지 살펴보자. 그리고 이에 악영향을 미칠 수 있는 리액트 코드와 주의할 점에 대해서도 알아보자.

## 12.2 핵심 웹 지표란?

핵심 웹 지표(외국에서는 'Core Web Vital'로 알려져 있다)란 구글에서 만든 지표로, 웹사이트에서 뛰어난 사용자 경험을 제공하는 데 필수적인 지표를 일컫는 용어다. 과거에도 웹사이트의 성능을 측정하기 위한 다양한 도구와 여러 가지 지표가 있었지만 뚜렷한 표준이나 측정 방법이 정해져 있지 않아 일관되게 판단하기 어려웠다. 이를 해결하기 위해 구글에서는 사이트에서 핵심적인 웹 지표를 몇 가지로 요약하고, 이를 측정할 수 있는 방법, 그리고 '좋은 웹사이트'로 분류할 수 있는 기준을 명확하게 제시했다.

구글에서 핵심 웹 지표로 꼽는 지표는 다음과 같다.

- 최대 콘텐츠풀 페인트(LCP: Largest Contentful Paint)
- 최초 입력 지연(FID: First Input Delay)
- 누적 레이아웃 이동(CLS: Cumulative Layout Shift)

그리고 다음 두 지표는 핵심까지는 아니지만, 특정 문제를 진단하는 데 사용될 수 있다고 언급했다.

- 최초 바이트까지의 시간(TTFB: Time To First Byte)
- 최초 콘텐츠풀 시간(FCP: First Contentful Paint)

이러한 지표가 의미하는 바는 무엇이고, 또 이 지표들이 웹사이트의 성능에 어떠한 영향을 미치는지 각각 살펴보자.

## 12.3 최대 콘텐츠풀 페인트(LCP)

### 12.3.1 정의

최대 콘텐츠풀 페인트(LCP: Largest Contentful Paint)란 '페이지가 처음으로 로드를 시작한 시점부터 뷰포트 내부에서 가장 큰 이미지 또는 텍스트를 렌더링하는 데 걸리는 시간'을 말한다.

뷰포트는 사용자에게 현재 노출되는 화면을 의미한다. 사용자에게 노출되는 영역은 기기에 의존하므로 뷰포트 크기는 기기마다 다르다. 즉, 모바일 기기는 PC에 비해 뷰포트가 작을 것이다. 그리고 이 뷰포트 내부에서 '큰 이미지와 텍스트'는 다음과 같이 정의돼 있다.

- `<img>`
- `<svg>` 내부의 `<image>`
- poster 속성을 사용하는 `<video>`
- url()을 통해 불러온 배경 이미지가 있는 요소
- 텍스트와 같이 인라인 텍스트 요소를 포함하고 있는 블록 레벨 요소
  - 이 블록 레벨 요소에는 `<p>`, `<div>` 등이 포함된다.[6]

이미지와 텍스트가 각각 사용자의 시점에 언제 노출됐는지를 확인하는 정확한 시점은 W3C 문서에 나와 있다. 기술적인 순서로 언급돼 있지만 요약하자면 각 엘리먼트가 등장한 시점부터 텍스트 또는 이미지가 완전히 로딩되는 시점으로 보면 된다.[7][8]

즉, 최대 콘텐츠풀 페인트란 사용자의 기기가 노출하는 뷰포트 내부에서 가장 큰 영역을 차지하는 요소가 렌더링되는 데 얼마나 걸리는지를 측정하는 지표인 것이다. 이 가장 큰 요소로 고려되는 것은 앞의 5개이며, 실제 크기가 크다고 하더라도 뷰포트 영역 밖에 넘치는 요소가 있다면 해당 영역의 크기는 고려되지 않는다. 따라서 아무리 콘텐츠 높이가 길어도, 최대 콘텐츠풀 페인트에 영향을 미치는 부분은 오직 뷰포트 영역뿐이다.

---

6 https://developer.mozilla.org/ko/docs/Web/HTML/Block-level_elements
7 https://wicg.github.io/element-timing/#report-text-element-timing
8 https://wicg.github.io/element-timing/#report-image-element-timing

## 12.3.2 의미

만약 어떤 개발자가 '웹페이지가 로딩이 완료되어 사용자에게 노출되기까지 걸리는 시간'을 물어보면 무엇을 기준으로 측정하면 될까? 가장 먼저 떠오르는 것은 DOMContentLoaded 이벤트[9]가 호출되는 시간일 것이다. DOMContentLoaded는 HTML 문서를 완전히 불러오고 파싱했을 때 발생하는 이벤트로, 페이지의 document를 대상으로 일어나며 단 한 번만 호출된다. 그러나 이 이벤트가 발생했다고 해서 사용자 또한 페이지가 로딩됐다고 인식할 것이라 기대하기에는 무리가 있다. 왜냐하면 DOMContentLoaded 이벤트는 '스타일시트, 이미지, 하위 프레임의 로딩은 기다리지 않는다'는 제한이 있기 때문이다.

만약 뷰포트 영역이 대부분 이미지로 이뤄져 있고 이미지의 크기가 커서 로딩이 오래 걸린다면 브라우저가 DOMContentLoaded 이벤트를 실행했더라도 사용자는 페이지의 로딩이 끝났다고 여기지 않을 것이다. 즉, 개발자가 측정하기 쉬운 DomContentLoaded로 측정한다면 개발자가 예상한 페이지 로딩 시간과 사용자가 체감한 페이지 로딩 시간에는 현격한 차이가 있을 것이다.

그렇다면 사용자가 페이지가 어느 정도 로딩됐다고 인식하는 시점은 언제일까? 사용자가 페이지 로딩을 체감하기 위해서 꼭 페이지가 완전히 로딩될 필요는 없다. 예를 들어, document가 1,000 ~ 2,000줄에 달하는 웹사이트가 있다고 가정해 보자. 하단 영역은 IntersectionObserver로 구현돼 있어 아직 뷰포트에 걸치지 않아 미처 로딩돼 있지 않다고 하더라도 일단 사용자에게 노출되는 부분만 로딩돼 있다면 사용자는 페이지 로딩이 완료됐다고 느낄 것이다. 즉, 단순히 사용자에게 있어 로딩이란 일단 뷰포트 영역에 보이는 부분을 기준으로 할 것이므로 뷰포트에 메인 콘텐츠가 화면에 완전히 전달되는 속도를 기준으로 한다면 사용자는 페이지가 로딩이 완료됐다고 체감하는 시간과 매우 비슷하게 측정할 수 있을 것이다. 따라서 사용자에게 페이지의 정보를 화면에 전달하는 속도를 객관적으로 판단하기 위한 지표로 만들어진 것이 바로 최대 콘텐츠풀 페인트(LCP)다.

## 12.3.3 예제

다음 그림에 나타난 웹사이트에서 최대 콘텐츠풀 페인트가 변화하는 과정을 살펴보자.

---

[9] https://developer.mozilla.org/ko/docs/Web/API/Window/DOMContentLoaded_event

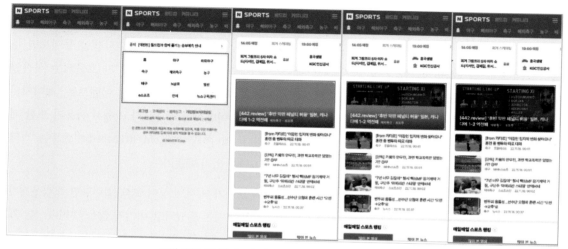

그림 12.3 네이버 스포츠의 최대 콘텐츠풀 페인트의 변화 과정

1. 최초에 헤더가 가장 먼저 노출됐다. 그러므로 최대 콘텐츠풀 페인트는 헤더다.

2. 그다음 바둑판 메뉴가 노출됐다. 이 영역은 헤더보다 크기 때문에 최대 콘텐츠풀 페인트가 헤더에서 이 바둑판 메뉴로 바뀌었다.

3. 시간이 지나고 콘텐츠가 로딩되면서 최대 콘텐츠풀 페인트는 가운데 사진 영역으로 바뀌었다.

4. 3번에서 현재 최대 콘텐츠풀 페인트인 영역은 이미지 로딩이 필요한데, 아직 이미지 로딩이 끝나지 않았다.

5. 최대 콘텐츠풀 페인트 영역 내부의 이미지 로딩이 마침내 끝나면서 최대 콘텐츠풀 페인트 지표가 기록된다.

즉, 최대 콘텐츠풀 페인트는 페이지 로딩에 따라 변화하는 지표다. 사용자가 이용하는 디바이스의 크기에 따라, 그리고 그것이 이미지와 같이 비교적 크기가 큰 리소스라면 실제로 로딩에 필요한 시간에 따라 최대 콘텐츠풀 페인트 지표의 값이 달라질 수 있다.

### 12.3.4 기준 점수

LCP 등의 각종 지표 점수를 측정하는 방법으로는 먼저 직접 자바스크립트 API를 호출하는 방법과 다른 도구를 활용하는 방법이 있는데, 손쉬운 측정을 위해서는 대부분 후자를 택한다. 이 측정 방법에 대해서는 다음 절에서 다룬다.

그림 12.4 최대 콘텐츠풀 페인트의 좋은 점수 기준[10]

최대 콘텐츠풀 페인트에서 좋은 점수란 해당 지표가 2.5초 내로 응답이 오는 것이다. 4초 이내로 응답이 온다면 보통, 그 이상이 걸리면 나쁨으로 판단된다.

## 12.3.5 개선 방안

지금까지 최대 콘텐츠풀 페인트가 무엇인지 살펴봤다. 이 용어의 정의와 점수의 판단 기준도 알아봤으니 이제 본격적으로 이 점수를 높일 수 있는 방법을 알아보자.

### 텍스트는 언제나 옳다

최대 콘텐츠풀 페인트 지표에서 좋은 점수를 얻는 가장 확실한 방법은 뷰포트 최대 영역, 즉 최대 콘텐츠풀 페인트 예상 영역에 이미지가 아닌 문자열을 넣는 것이다. 제아무리 이미지를 최적화하더라도 추가적인 리소스 다운로드가 필요한 이미지보다 텍스트 노출이 훨씬 더 빠르다. 따라서 가능한 한 해당 영역은 텍스트로 채우는 것이 상책이다.

### 이미지는 어떻게 불러올 것인가?

텍스트로 최대 콘텐츠풀 페인트를 최적화하려는 개발자의 노력에도 불구하고, 디자이너와 기획자 그리고 웹사이트를 둘러싼 이해관계자들은 사용자에게 좀 더 강렬한 인상을 주기 위해서 아무래도 텍스트보다는 이미지를 사용하기를 원할 것이다. 이때 개발자가 선택할 수 있는 이미지를 노출하는 방법에는 다음과 같이 여러 가지가 있다.

```html
<!-- 1) img -->
<img src="lcp.jpg" ... />
<!-- 2) svg -->
<svg xmlns="http://www.w3.org/1000/svg">
  <image href="lcp.jpg" />
</svg>
<!-- 3) (비디오의 경우) vide.poster -->
<video poster="lcp.jpg"></video>
```

---

**10** https://web.dev/i18n/ko/lcp/#lcp란─무엇인가요

```
<!-- 4) background-image: url() -->
<div style="background-image: url(lcp.jpg)">...</div>
```

그리고 각 방법을 사용했을 때 이미지 로딩 속도에 어떠한 차이가 있는지 살펴보자.

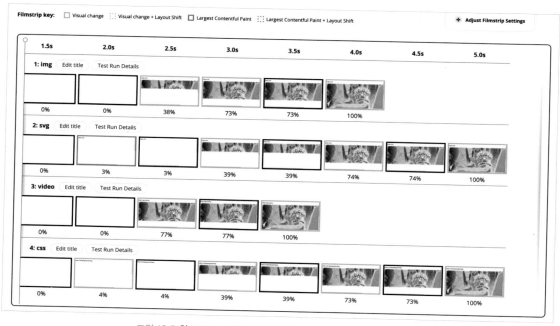

그림 12.5 위 코드를 브라우저에서 실행했을 때 페이지가 완성되는 순서

시간별로 스크린숏을 찍은 모습을 보더라도 1번과 3번의 예제 코드가 더 빠르게 완성되는 것을 볼 수 있다. 이를 구체적인 타임라인으로 살펴보자.

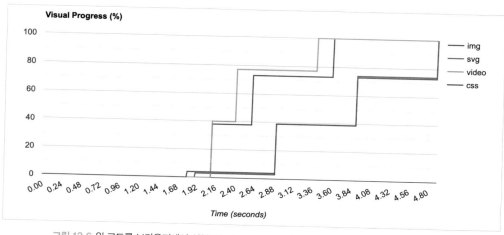

그림 12.6 위 코드를 브라우저에서 실행했을 때 브라우저에서 완성되는 순서를 시간 단위로 본 그래프

위 그림은 최대 콘텐츠풀 페인트 지표를 위한 이미지 노출 방법별 성능을 비교한 것이다. 이 실험은 https://yceffort.kr 블로그에서 제공하는 예제 페이지로 수행했다.[11] 위 실험은 위 HTML 이외에, 브라우저의 자바스크립트 로딩과 어떤 상관관계가 있는지 확인하기 위해 의도적으로 느린 리소스를 포함하고 있다. 그리고 이를 측정하는 데는 13.3절 'WebPageTest'에서 설명할 WebPageTest를 활용했다.

각 결과를 간단하게 살펴보자.

- <img>: 이미지는 브라우저의 프리로드 스캐너에 의해서 먼저 발견되어 빠르게 요청이 일어난다. 프리로드 스캐너란 HTML을 파싱하는 단계를 차단하지 않고 이미지와 같이 빠르게 미리 로딩하면 좋은 리소스를 먼저 찾아 로딩하는 브라우저의 기능이다.[12] <img> 내부의 리소스는 이처럼 HTML 파싱이 미처 완료되지 않더라도 프리로드 스캐너가 병렬적으로 리소스를 다운로드하므로 최대 콘텐츠풀 페인트 요소를 불러오기에 적절한 방법이다. 이는 <picture>도 마찬가지다.

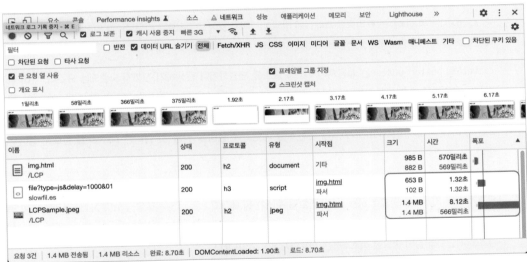

그림 12.7 <img>가 로딩되는 순서. 자바스크립트 리소스의 다운로드가 완료되지 않았음에도 프리로드 스캐너 덕분에 미리 발견되어 병렬로 다운로드되는 것을 알 수 있다.

- <svg> 내부의 <img>: 테스트 결과를 잘 보면 한 가지 흥미로운 결과를 볼 수 있는데, <img>가 미처 로딩되지 않은 시점, <svg>만 로딩된 시점에 이미 최대 콘텐츠풀 페인트가 완료된 것으로 간주한다는 것이다. 이는 크롬 102 버전 이하의 버그로, 이후 버전에서는 수정된 것으로 보인다. 수정된 버전에서는 <svg> 내부의 <img>가 로딩이 완료되기 전까지는 최대 콘텐츠풀 페인트가 완료되지 않는다. 이 외에도 <img>와 다른 점이 하나 더 있다. 바로 모든 리소스를 다 불러온 이후에 이미지를 불러온다는 것이다. 이는 <img>와 다르다.

---

11 https://yceffort.kr/2022/06/optimize-LCP
12 https://yceffort.kr/2022/06/preload-scanner란-무엇인가

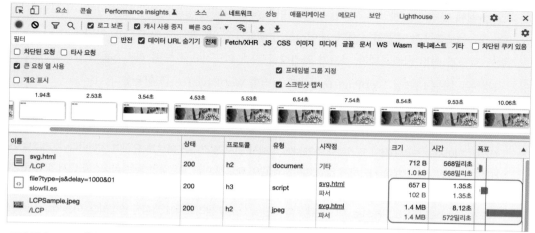

그림 12.8 `<svg>` 내부의 `<img>`가 로딩되는 순서. 자바스크립트 리소스의 다운로드가 완료된 후에야 이미지를 다운로드한다.

즉, `<svg>` 내부의 `<img>`는 프리로드 스캐너에 의해 발견되지 않아 병렬적으로 다운로드가 일어나지 않는다. 이는 결국 최대 콘텐츠풀 페인트 점수에도 악영향을 미치므로 이러한 방식은 삼가는 것이 좋다.

- `<video>`의 poster: poster는 사용자가 video 요소를 재생하거나 탐색하기 전까지 노출되는 요소다.[13] 이 역시 마찬가지로 프리로드 스캐너에 의해 조기에 발견되어 `<img>`와 같은 성능을 나타낸다. 그리고 한 가지 알아둬야 할 사실은, 향후에 poster가 없는 video의 경우 video를 실제로 로딩해 첫 번째 프레임을 해당 poster 리소스로 대체할 예정이라는 것이다.[14] 그러므로 video가 최대 콘텐츠풀 페인트에 영향을 받을 것 같다면 poster를 반드시 넣어주는 것이 좋다.

- `background-image: url()`: `background-image`를 비롯해서 CSS에 있는 리소스는 항상 느리다. 이러한 리소스는 브라우저가 해당 리소스를 필요로 하는 DOM을 그릴 준비가 될 때까지 리소스 요청을 뒤로 미루기 때문이다. 이 말인즉슨, 최대 콘텐츠풀 페인트에도 별로 좋은 영향을 미치지 않는다는 것이다. 그러므로 가능하다면 `background-image`는 최대 콘텐츠풀 페인트와 같이 중요한 리소스에는 사용하지 않는 것이 좋다.

## 그 밖에 조심해야 할 사항

그 밖에 다음과 같은 사항들도 조심해야 한다.

- 이미지 무손실 압축: 당연한 이야기이지만 웹으로 서비스할 이미지는 가능한 한 무손실 형식으로 압축해 최소한의 용량으로 서비스하는 것이 좋다.

---

13 https://developer.mozilla.org/ko/docs/Web/HTML/Element/Video
14 https://bugs.chromium.org/p/chromium/issues/detail?id=1289664

- loading=lazy 주의: loading=lazy[15]는 리소스를 중요하지 않음으로 표시하고 필요할 때만 로드하는 전략으로, <img>, <iframe> 등에 적용할 수 있지만 문제는 최대 콘텐츠풀 콘텐츠의 이미지는 중요하지 않은 리소스로 분류해서는 안 된다는 것이다. 이는 그저 로딩 속도만 늦출 뿐 지표 점수에는 도움이 되지 않는다. 상대적으로 중요하지 않은 이미지에서는 사용해도 좋지만 최대 콘텐츠풀 콘텐츠의 이미지에는 사용하지 않는 것이 좋다.

- fadein과 같은 각종 애니메이션: 당연하게도 이미지가 그냥 뜨는 것보다 fadeIn ease 10s와 같이 처리한다면 최대 콘텐츠풀 페인트도 그만큼 늦어진다.

- 클라이언트에서 빌드하지 말 것: 앞선 연구 사례에서 볼 수 있는 최적의 시나리오는 무엇일까? 서버에서 빌드해온 HTML을 프리로드 스캐너가 바로 읽어서 최대 콘텐츠풀 페인트로 빠르게 가져가는 것이다. 그러나 만약 최대 콘텐츠풀 페인트에 대해 다음과 같은 useEffect 코드가 있으면 어떻게 될까?

```
useEffect(() => {
  ;(async function loadData() {
    const result = await fetch('https://example.com/data')
    if (result.ok) {
      setShow(true) // 최대 콘텐츠풀 페인트 영역을 노출함
    }
  })()
}, [])
```

이 예제는 어떠한 API 엔드포인트에서 응답을 받아 최대 콘텐츠풀 페인트 영역의 노출을 제어하는 시나리오를 리액트 코드로 작성한 것이다. 이렇게 되면 결국 최대 콘텐츠풀 페인트는 HTML을 다운로드한 직후가 아닌 리액트 코드를 파싱하고 읽어서 API 요청을 보내고, 응답을 받는 만큼 늦어지게 된다. 따라서 가능한 한 이 영역은 서버에서 미리 빌드된 채로 오는 것이 좋다.

- 최대 콘텐츠풀 리소스는 직접 호스팅: 가능하다면 최대 콘텐츠풀 리소스는 같은 도메인에서 직접 호스팅하는 것이 좋다. 일반적인 경우 Cloudinary 같은 이미지 최적화 서비스를 사용해 하나의 이미지에 대해 크기도 줄이고, 포맷도 변환하고, 압축해서 이미지를 관리하지만 다른 출처(origin)에서 이렇게 정제한 이미지를 가져오는 것은 최적화에 별로 좋은 영향을 미치지 않는다. 왜냐하면 이미 연결이 맺어진 현재 출처와는 다르게, 완전히 새로운 출처의 경우에는 네트워크 커넥션부터 다시 수행해야 하기 때문이다. 앞서 loading=lazy의 경우와 마찬가지로 가능한 한 중요한 리소스는 직접 다루고 그 외에 덜 중요한 리소스에 대해서만 이미지 최적화 서비스를 사용하는 식으로 관리하는 것이 좋다.

---

**15** https://developer.mozilla.org/en–US/docs/Web/Performance/Lazy_loading

## 12.4 최초 입력 지연(FID)

### 12.4.1 정의

온라인 예매 사이트에서 인기 있는 경기나 콘서트의 티켓을 예매하거나 대학교 수강 신청 페이지에서 수강 신청을 할 때, 순간적으로 몰린 엄청난 트래픽 때문에 웹사이트가 클릭이나 타이핑도 되지 않아 아무런 작업을 하지 못한 경험이 한 번쯤 있을 것이다. 이처럼 촌각을 다투는 상황에서는 제아무리 페이지가 빨리 로딩된다 하더라도 사용자가 클릭을 비롯한 웹사이트와 상호작용을 할 수 없다면 사용자는 웹사이트가 느리다고 생각할 것이다. 아무리 최초에 페이지가 빨리 그려진들 사용자는 부정적인 경험을 겪게 될 것이다. 이러한 사례에서 알 수 있듯이, 웹페이지의 로딩 속도만큼 중요한 것이 웹사이트의 반응 속도다. 그리고 이러한 웹사이트의 반응성을 측정하는 지표가 바로 최초 입력 지연(FID: First Input Delay)이다.

최초 입력 지연의 정의는 다음과 같다.

> 사용자가 페이지와 처음 상호 작용할 때(예: 링크를 클릭하거나 버튼을 탭하거나 사용자 지정 JavaScript 기반 컨트롤을 사용할 때)부터 해당 상호 작용에 대한 응답으로 브라우저가 실제로 이벤트 핸들러 처리를 시작하기까지의 시간을 측정합니다.[16]

앞서 최대 콘텐츠풀 페인트가 사용자에게 웹사이트의 중요한 콘텐츠를 얼마나 빠르게 노출하는지 측정하는 지표였다면 최초 입력 지연은 사용자가 얼마나 빠르게 웹페이지와의 상호작용에 대한 응답을 받을 수 있는지 측정하는 지표다. 모든 입력에 대해 측정하는 것이 아니며, 최초의 입력 하나에 대해서만 그 응답 지연이 얼마나 걸리는지 판단한다.

### 12.4.2 의미

웹 개발자들은 특별한 이유가 있는 경우를 제외하고 대부분의 사용자 입력에 대한 처리를 고의로 막거나 지연시키지 않는다. 대부분의 이벤트 핸들러에는 이벤트를 즉시 처리하기 위한 코드를 작성하는 것이 일반적이다. 그렇다면 웹사이트 내부의 이벤트가 반응이 늦어지는 이유는 무엇일까? 그 이유는 대부분 해당 입력을 처리해야 하는 브라우저의 메인 스레드가 바쁘기 때문이다. 그렇다면 이 메인 스레드가 바쁜 이유는 무엇일까? 무언가 대규모 렌더링이 일어나고 있거나, 대규모 자바스크립트 파일을 분석하고 실행하는 등 다른 작업을 처리하는 데 리소스를 할애하고 있기 때문이다. 이렇게 메인 스레드가 바쁜 경우, 자바스크립트 실행 환경은 '싱글 스레드'이기 때문에 자바스크립트가 이벤트 리스너와 같은 다른 작업을 실행할 수 없어 지연이 발생

---

16 https://web.dev/fid/

한다. 즉, 이벤트가 발생하는 시점에 최대한 메인 스레드가 다른 작업을 처리할 수 있도록 여유를 만들어 둬야 사용자에게 빠른 반응성을 보장할 수 있다.

한 가지 더 최초 입력 지연을 이해하기 위해 알아야 하는 것은 바로 '사용자의 입력'이다. 이 최초 입력에 해당하는 내용에는 어떤 것이 있을까? 타이핑, 터치(클릭), 핀치 투 줌, 스크롤 등 사용자가 웹사이트에서 할 수 있는 입력은 정말로 다양하다. 이 최초 입력 지연에 대한 정의를 살펴보면 이처럼 다양한 이벤트 중에서도 반응성에 해당하는 클릭, 터치, 타이핑 등 사용자의 개별 입력 작업에 초점을 맞추고 측정한다. 스크롤이나 핀치 투 줌 등은 사용자의 입력이 아닌 애니메이션으로 분류해 측정 대상에서 제외한다.

구글은 사용자 경험을 크게 4가지로 분류해 정의하는데, 이를 RAIL[17]이라고 한다. 이 RAIL에 해당하는 것들은 다음과 같다.

- Response: 사용자의 입력에 대한 반응 속도. 50ms 미만으로 이벤트를 처리할 것
- Animation: 애니메이션의 각 프레임을 10ms 이하로 생성할 것
- Idle: 유휴 시간을 극대화해 페이지가 50ms 이내에 사용자 입력에 응답하도록 할 것
- Load: 5초 이내에 콘텐츠를 전달하고 인터랙션을 준비할 것

이 가운데 최초 입력 지연은 R에 해당하는 응답에 초점을 맞추고 있다.

정리하자면, 최초 입력 지연이란 화면이 최초에 그려지고 난 뒤, 사용자가 웹페이지에서 클릭 등 상호작용을 수행했을 때 메인 스레드가 이 이벤트에 대한 반응을 할 수 있을 때까지 걸리는 시간을 의미한다. 그리고 이 시간은 메인 스레드가 처리해야 하는 다른 작업이 많을수록 느려진다.

### 12.4.3 예제

최초 입력 지연이 발생하는 예제를 살펴보자. 최대 콘텐츠풀 페인트와 다르게 최초 입력 지연은 사용자나 E2E 도구 등이 직접 클릭 등의 입력을 발생시켜야 한다.

---

17 https://web.dev/rail/

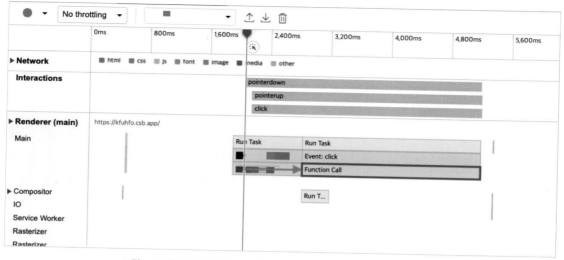

그림 12.9 최초 사용자 입력 후 지연이 발생하는 웹사이트의 성능을 분석한 예제

이 예제는 최초 입력 지연이 매우 심하게 발생하는 어떤 함수에 대해 크롬에서 디버깅을 통해 살펴본 것이다. 클릭은 2000ms 경에 일어났지만 실제 클릭에 따른 이벤트는 2600ms 경에 시작됐다. 즉, 클릭 이벤트가 발생한 시점부터 실제 함수 호출이 있기까지 500ms나 걸렸다는 뜻이다. 이렇게 오래 걸렸던 이유를 살펴보면 클릭 이벤트가 발생한 시점에 메인 스레드가 무언가 다른 작업을 하고 있다는 것을 확인할 수 있다. 클릭 이벤트가 발생했던 시점 이전을 살펴보면 클릭 이벤트가 있기 전부터 무언가 메인 스레드가 다른 일을 하고 있는 것을 볼 수 있다. 즉, 메인 스레드가 작업 중인 시점에 클릭 이벤트가 일어났고, 클릭 이벤트는 메인 스레드가 이전에 하던 작업을 다 마무리하고 나서야 비로소 실행될 수 있게 됐다.

결국 사용자는 클릭 이벤트로부터 약 500ms, 0.5초 정도 잠깐 웹페이지가 멈춰 있는 것처럼 느낄 것이다. 뒤이어 기준 점수에서 이야기하겠지만 0.5초는 매우 좋지 못한 수준의 최초 입력 지연이다.

한 가지 여기서 추가로 염두에 둬야 할 것은 이벤트가 처리되는 것이 얼마나 지연되는지만 판단한다는 것이다. 즉, 최초 이벤트 발생으로부터 해당 이벤트의 핸들러가 실행되는 순간까지 사이의 기간만 측정한다. 즉, 이벤트 핸들러가 완료되는 데 걸리는 시간은 측정하지 않는다. 만약 이벤트 핸들러의 실행 시간을 측정하고 싶다면 Event Timing API[18]를 사용하는 것이 좋다.

## 12.4.4 기준 점수

최초 입력 지연의 좋은 점수를 얻기 위해서는 100ms 이내로 응답이 와야 하며, 300ms 이내인 경우 보통, 그 이후의 경우에는 나쁨으로 처리된다.

---

18 https://www.w3.org/TR/event-timing/

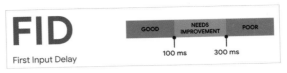

그림 12.10 최초 입력 지연의 좋은 점수 기준

## 12.4.5 개선 방안

최초 입력 지연을 개선하려면 최초 입력 지연에 가장 큰 영향을 미치는 메인 스레드에 이벤트를 실행할 여유를 줘야 한다. 최초 입력 지연을 개선하는 방법을 구체적으로 살펴보자.

### 실행에 오래 걸리는 긴 작업을 분리

긴 작업(long task)이란 말 그대로 실행을 완료하는 데 오래 걸리는 작업을 의미한다. 앞서 살펴본 예제에서처럼 메인 스레드가 처리에 오래 걸리는 작업이 있으면 긴 작업이 있다는 경고가 뜬다.

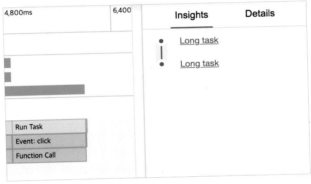

그림 12.11 긴 작업에 대한 경고

메인 스레드를 오래 점유해야 하는 긴 작업은 비단 최초 입력 지연뿐만 아니라 웹페이지 전반에 악영향을 미친다. 만약 실행에 오래 걸리는 작업이 있다면 몇 가지 대안을 연구해야 한다.

- 꼭 웹페이지에서 해야 하는 작업인가: 만약 개발자의 최신 개발 기기에서도 오랜 시간이 소요되는 작업이라면 실제 사용자가 이용하는 경우에는 더욱 오래 걸릴 것이다. 일반적인 사용자들의 기기는 그다지 성능이 좋지 못하고, 또 기기의 환경이 쾌적하지도 않다. 만약 사용자 기기의 환경과 비슷하게 메인 스레드의 성능을 의도적으로 낮추고 싶다면 크롬의 개발자 도구를 활용하면 된다. 크롬 개발자 도구의 **성능** 탭에서 **CPU**를 선택하면 CPU의 성능을 의도적으로 떨어뜨릴 수 있다. 이와 비슷하게 네트워크의 속도도 고의로 느리게 만들 수 있다.

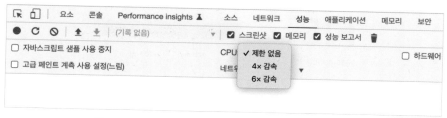

그림 12.12 크롬 개발자 도구에서 CPU를 의도적으로 감속시키는 옵션

그리고 CPU 아래에 네트워크 속도를 제한할 수 있는 메뉴도 있다.

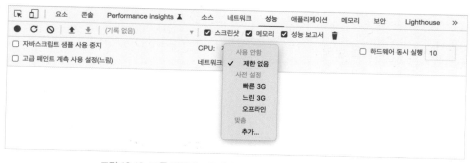

그림 12.13 크롬 개발자 도구에서 네트워크 속도를 감속시키는 옵션

이렇게 설정하고 테스트하면 열악한 모바일 기기의 상황을 재현해 웹페이지의 성능이 어떤지 미리 예측해 볼 수 있다. 만약 이렇게 테스트해보고도 오래 걸리는 작업이라면 꼭 웹페이지에서 해야 하는 작업인지 고민해 봐야 한다. 만약 그런 작업이 아니라면 서버로 옮겨서 처리하는 것이 좋다. 서버에서 처리하면 상대적으로 빠르고 쾌적한 환경에서 처리해 브라우저의 메인 스레드를 오래 점유하지 않게 할 수 있다.

- 긴 작업을 여러 개로 분리하기: 만약 꼭 웹페이지에서 처리해야 하는 작업이라면 해당 작업을 여러 개로 분리하는 것이 좋다. 하나의 긴 작업이 메인 스레드를 계속 점유할수록 사용자는 페이지에서 응답을 받지 못하고 있을 가능성이 크다. 일반적으로 크롬의 경우 50ms 이상 걸리면 오래 걸리는 작업이라고 간주한다.

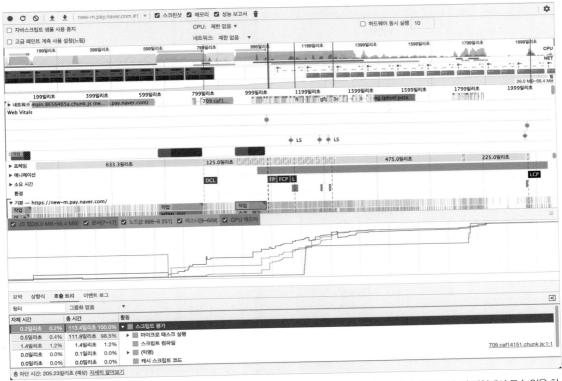

그림 12.14 크롬 개발자 도구로 살펴본 긴 작업. 개발자 도구를 확인하면 긴 작업이 빨간색 빗금 표시가 돼 있으며, 이 작업에서 무슨 일을 하고 있는지 확인할 수 있다.

이처럼 긴 작업이 있다면 여러 개로 분리해 처리하는 것이 좋다. 작업을 분리한다는 것은 단순히 실행이 오래 걸릴 것 같은 작업을 분리하는 것뿐만 아니라 웹페이지 최초 로딩에 필요하지 않은 내용을 나중에 불러오는 것도 포함된다. 예를 들어, 웹페이지에서 팝업이나 레이어를 상상해 보자. 사용자의 액션으로 인해 노출되는 이러한 요소들은 당장의 로딩에 필요하지 않은 리소스다. 이러한 리소스는 리액트의 Suspense와 lazy를, 혹은 Next.js의 dynamic을 이용해 나중에 불러오게 할 수 있다.

## 자바스크립트 코드 최소화

현대의 번들링 도구들은 코드 번들링에 필요한 코드만 모아서 최종 프로덕션 자바스크립트 코드를 생성한다. 실제 저장소에 있는 개발자가 작성한 코드라고 할지라도 빌드 과정에서 사용되지 않는 코드로 간주되면 번들링에서 제거된다. 이렇게 번들러가 코드를 만들어주는 과정에서 어느 정도 필요 없는 코드를 제거해 준다고 할지라도 여전히 경우에 따라 웹페이지를 불러오는 데 사용되지 않는 필요 없는 코드가 존재할 수 있다. 이러한 코드를 크롬 개발자 도구를 통해 확인할 수 있다.

먼저 확인하고 싶은 사이트를 방문한 다음, 크롬 개발자 도구로 들어가서 **커버리지**를 클릭한다.

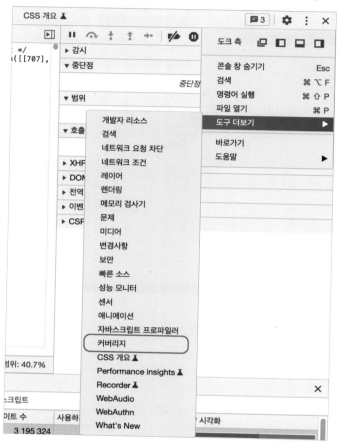

그림 12.15 크롬 개발자 도구에서 '커버리지' 메뉴를 선택

그런 다음, **기록**(◉) 버튼을 클릭하고 웹페이지를 새로고침하자. 그러면 다음과 같이 커버리지가 기록된다. 기록을 멈추고 싶으면 다시 **기록** 버튼을 클릭한다.

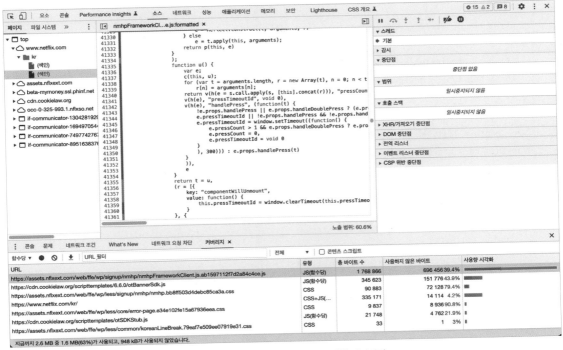

그림 12.16 크롬 개발자 도구에서 확인한 커버리지

이처럼 현재까지 웹페이지에서 사용되지 않은 코드가 얼마나 있는지 확인할 수 있다. 물론 여기에서 사용되지 않은 것으로 표시된 모든 코드들이 필요 없는 코드이므로 삭제해야 한다는 것은 아니다. 이 중에는 사용자의 특정 이벤트에 따라 실행되는 코드, 예기치 못한 상황에서 실행될 코드 등 다양한 것들이 존재할 수 있다. 이러한 코드들은 당장에 급하지 않은 코드로 간주해 앞서 언급한 지연 로딩 기법, 사용자가 필요로 하는 순간에 불러오거나 우선순위를 낮춰서 불러오는 것이 좋다.

또 한 가지 살펴볼 만한 것은 폴리필(polyfill)이다. 폴리필이란 브라우저에서 지원하지 않는 기능을 사용하기 위해 웹페이지에서 직접 구현하고 집어넣는 코드를 의미한다. 배열에서 원하는 요소를 찾는 Array.prototype.find 메서드를 예로 들어보자. 이 메서드는 인터넷 익스플로러 11 이하 버전에서는 지원하지 않는다. 이처럼 브라우저에서 지원하지 않는 메서드를 사용하기 위해서는 웹페이지에서 다음과 같은 폴리필이 필요하다.

```
Object.defineProperty(Array.prototype, 'find', {
  enumerable: false,
  configurable: true,
  writable: true,
  value: function (predicate) {
```

```
    if (this == null) {
      throw new TypeError('Array.prototype.find called on null or undefined')
    }
    if (typeof predicate !== 'function') {
      throw new TypeError('predicate must be a function')
    }
    var list = Object(this)
    var length = list.length >>> 0
    var thisArg = arguments[1]
    var value

    for (var i = 0; i < length; i++) {
      if (i in list) {
        value = list[i]
        if (predicate.call(thisArg, value, i, list)) {
          return value
        }
      }
    }
    return undefined
  },
})
```

이처럼 한 메서드에 들어가는 폴리필의 크기는 제법 크다. 만약 이러한 폴리필을 '실제 코드에서 사용하는 기준'이 아닌 '일단 인터넷 익스플로러 11에 없는 코드를 기준'으로 하게 되면 폴리필의 크기가 기하급수적으로 커진다. 후자의 경우 모던한 자바스크립트 코드를 작성하는 데는 편할 수 있지만 사용자에게 전달되는 코드의 크기는 기하급수적으로 커지게 된다. 따라서 폴리필을 집어넣기 전에는 반드시 두 가지를 먼저 확인해 봐야 한다.

1. 폴리필이 필요한 환경인가?

   만약 인터넷 익스플로러 11과 같은 구형 브라우저 환경을 지원하지 않기로 결심했다면 대부분의 폴리필을 집어 넣을 필요가 없다.

2. 꼭 필요한 폴리필인가?

   애플리케이션의 여러 군데에서 자주 사용되는 코드인지 반드시 확인해 봐야 한다. 만약 사용하는 곳이 몇 군데 되지 않는다면 폴리필을 사용하는 것보다 직접 저수준 자바스크립트 코드를 작성해 구현하는 편이 코드 크기를 줄이는 데 도움이 될 수 있다.

만약 바벨 같은 도구를 사용하고 있다면 @babel/preset-env[19]를 사용해 애플리케이션 코드에서 사용하고 있는 내용만 폴리필에 담을 수 있다. Next.js의 SWC를 사용하고 있다면 이미 SWC 내부에 구현돼 있기 때문에 별도로 처리하지 않아도 될 것으로 보인다.[20]

## 타사 자바스크립트 코드 실행의 지연

개발자가 구축한 애플리케이션에 꼭 개발자가 만든 스크립트만 들어가라는 법은 없다. Google Analytics나 Firebase와 같이 웹페이지의 통계 집계를 위해 제3자가 만든 타사 스크립트를 넣는 경우도 많다. 이러한 타사 자바스크립트 코드는 물론 통계를 구축하는 데 중요한 부분이긴 하지만 이 코드의 실행으로 인해 메인 스레드가 잠시 점유되고, 이로 인해 사용자에게 안 좋은 반응성을 제공한다면 주객이 전도되는 상황에 맞닥뜨릴 것이다.

이러한 타사 스크립트는 대부분 웹페이지 로드에 중요한 자원이 아니므로 `<script>`의 async와 defer를 이용해 지연 불러오기를 하는 것이 좋다. 각각의 차이는 다음과 같다.

- defer: script에 defer 속성이 있다면 먼저 해당 스크립트를 다른 리소스와 함께 병렬로 다운로드한다. 다운로드하는 중에도 HTML 파싱 등의 메인 스레드 작업은 멈추지 않는다. 다운로드가 완료됐다 하더라도 이 스크립트의 실행은 페이지가 완전히 로딩된 이후에 맨 마지막에 실행된다.

- async: script에 async 속성이 있다면 마찬가지로 해당 스크립트를 다른 리소스와 함께 병렬로 다운로드한다. async 리소스의 다운로드가 완료되어 버리면 다른 리소스의 다운로드가 완료되는 것을 기다리지 않고 바로 실행한다. 따라서 async 리소스의 실행 순서는 다운로드가 완료된 순서대로 실행된다.

- 둘 다 없는 경우: script를 만나는 순간 다운로드가 우선되며, 다운로드가 완료되면 코드 실행이 우선된다. 다른 작업은 다운로드와 실행이 끝날 때까지 미뤄진다.

스크립트는 async, defer로 갈수록 실행은 뒤로 미뤄지지만 성능은 좋아진다. 따라서 타사 자바스크립트는 가능하면 async를, 더 가능하다면 defer로 지연하는 것이 좋다.

만약 광고와 같이 실제 사용자의 뷰포트 위치에 따라 불러와야 하는 컴포넌트라면 Intersection Observer[21]를 이용해 뷰포트에 들어오는 시점에 불러오는 것이 좋다. 광고는 물론 개발자와 웹페이지 제공자에게 중요한 리소스이지만 어디까지나 사용자가 좋은 웹사이트 경험을 얻고 페이지에 머물러야만 유의미한 리소스라고 봐야 한다. 따라서 이처럼 사용자가 기대하지 않은 추가적인 리소스는 실행을 조금 뒤로 미뤄두고 실행하는 시점을 최적화하는 것이 좋다.

---

19 https://babeljs.io/docs/en/babel-preset-env
20 https://swc.rs/docs/migrating-from-babel
21 https://developer.mozilla.org/ko/docs/Web/API/Intersection_Observer_API

# 12.5 누적 레이아웃 이동(CLS)

## 12.5.1 정의

혹시 웹사이트에서 혹시 로딩이 끝난 줄 알고 무언가를 클릭하려고 했는데 그 사이에 다른 요소가 로딩되면서 원래 클릭하려고 했던 요소를 클릭하지 못해서 당황했던 경험이 있는가? 혹은 내가 읽고 있던 무언가가 다른 요소의 출력으로 인해 사라졌던 경험은 어떠한가? 이러한 경험은 단순히 사용자를 불쾌하게 하는 선에서 그칠 수도 있지만 혹은 예기치 못한 작동을 야기해 사용자가 원래 하려던 동작을 방해할 수도 있다. 이처럼 페이지의 생명주기 동안 발생하는 모든 예기치 않은 이동에 대한 지표를 계산하는 것이 바로 누적 레이아웃 이동(CLS: Cumulative Layout Shift)이라고 한다. 다른 지표와 마찬가지로 이 지표가 낮을수록, 즉 사용자가 겪는 예상치 못한 레이아웃 이동이 적을수록 더 좋은 웹사이트다.

## 12.5.2 의미

과거의 웹사이트는 제한적인 트래픽과 리소스로 인해 제공하는 정보가 굉장히 한정적이었다. 단순히 서버에서 완성된 HTML과 자바스크립트를 다운로드받아 브라우저에서 보여주면 그만이다. 하지만 현재의 웹사이트는 어떤가? 조금 더 구체적으로 예를 들어, 리액트로 만들어진 웹사이트는 어떤가? useEffect는 앞에서 살펴본 것처럼 렌더링이 한 번 끝난 이후에 콜백 함수를 실행하는 훅이다. useEffect가 많을수록 클라이언트에서 처리해야 하는 작업이 많아진다. 만약 useEffect 내부에 UI의 레이아웃을 변경하는 작업이 있다면 어떨까? 다음 예제를 보자.

```
function Banner() {
  const [show, setShow] = useState(false)

  useEffect(() => {
    ;(async function () {
      const result = await fetchBannerInfo()
      if (result.ok) {
        setShow(true)
      }
    })()
  }, [])

  if (!show) {
    return null
  }
```

```
    return <BannerHeader>초특가 이벤트 진행 중!</BannerHeader>
}
```

이 예제는 useEffect 내부에서 배너 관련 정보를 비동기로 요청한 다음, 만약 원하는 응답이 오면 배너를 띄우는 컴포넌트다. 사용자는 렌더링이 완료된 이후부터 API의 응답을 받아 다시 배너가 노출되면 레이아웃이 변경된다. 즉, 사용자가 보고 있던 콘텐츠의 위치가 배너로 인해 밀리거나 상호작용하려고 했던 요소의 위치가 바뀌면서 상호작용에 실패하게 된다. 최초 렌더링 이후에 실행되는 useEffect가 많을수록, 그리고 이 useEffect가 렌더링에 영향을 미칠수록 이 누적 레이아웃 이동에 좋지 못한 점수를 받을 가능성이 커진다.

누적 레이아웃 이동은 사용자의 가시적인 콘텐츠에 영향을 미쳐야 하기 때문에 뷰포트 내부의 요소에 대해서만 측정하며, 뷰포트 밖의 요소에 대해서는 측정하지 않는다. 최초 렌더링이 시작된 위치에서 만약 레이아웃의 이동이 발생한다면 누적 레이아웃 이동 점수로 기록하게 된다. 또한 단순히 요소가 추가된다고 해서 무조건 누적 레이아웃 이동으로 간주되는 것은 아니다. 요소가 추가됐다 하더라도 다른 요소의 시작 위치에 영향을 미치지 않았다면 레이아웃 이동으로 간주되지 않는다.

또한 사용자 액션으로 인해 발생한 레이아웃 이동은 점수에 포함되지 않는다. 당연하게도, 이는 사용자가 예상할 수 있는 레이아웃 이동이므로 점수에 포함시키지 않으며, 사용자가 아무런 동작을 하지 않았음에도 불구하고 레이아웃 이동이 발생하는 경우에는 점수에 포함된다.

이 점수를 계산할 때 포함되는 내용은 다음과 같다.

- 영향분율: 레이아웃 이동이 발생한 요소의 전체 높이와 뷰포트 높이의 비율을 의미한다. 예를 들어, 레이아웃 이동이 발생한 요소의 높이가 10이고, 예기치 않은 레이아웃 이동으로 인해 10만큼 내려갔다고 가정해 보자. 이 경우 뷰포트의 높이가 100이라고 가정한다면 레이아웃 이동으로 인해 총 10 + 10만큼 뷰포트에 영향을 미쳤으므로 이 경우 영향분율은 0.2점이 된다((10 + 10) / 100 = 0.2).

- 거리분율: 레이아웃 이동이 발생한 요소가 뷰포트 대비 얼마나 이동했는지를 의미한다. 예를 들어, 예기치 않은 레이아웃 이동으로 인해 10만큼 내려갔고, 전체 뷰포트가 100이라면 0.1점이 된다(10/100).

이 두 가지 점수를 곱해서 최종 점수를 계산한다. 이 경우 최종 점수는 0.02점이 된다(0.2 * 0.1).

## 12.5.3 예제

다음 예제 페이지를 살펴보자.

그림 12.17 아마존 웹사이트. 빨간색 네모 박스가 동적으로 표시되는 부분이다.

예제 페이지의 가운데에 위치한 배너는 **useEffect** 호출에 따른 결과로 호출 여부가 제어되는 것을 짐작해 볼 수 있다. 그 이유는 최초에 배너가 나타나지 않다가 잠시 뒤 배너가 나타나는 것을 확인할 수 있기 때문이다.

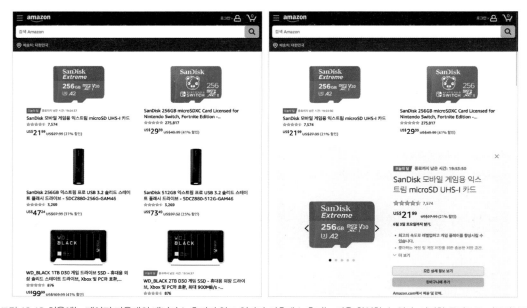

그림 12.18 처음에는 페이지 가운데의 배너가 노출되지 않고 있다가 이후에 노출되는 것을 확인할 수 있다. 이러한 동작으로 미루어보아 useEffect 등으로 해당 배너의 노출 여부를 제어하는 것을 짐작해볼 수 있다.

그림 12.18은 크롬의 성능 통계를 통해 페이지가 로딩되는 과정을 찍은 스크린숏이다. 처음에는 6개의 상품이 보이다가 이후에는 갑작스럽게 뜬 배너로 인해 4개의 상품이 갑자기 사라지고 위의 두 개만 남는 것을 볼 수 있다.

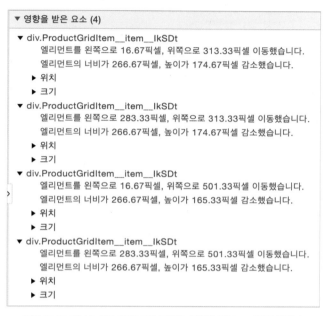

그림 12.19 배너 노출로 인해 하단 콘텐츠 영역이 배너 크기만큼 밀렸다.

이로 인해 사용자는 갑작스럽게 노출된 크기만큼 전체 웹사이트의 콘텐츠가 아래로 밀리는 부정적인 경험을 겪었으리라 추측할 수 있다.

이러한 누적 레이아웃 이동은 기기의 크기에 따라 점수가 다르게 측정될 수 있다. 같은 화면에서 누적 레이아웃 지표를 서로 다른 기기에서 측정한 결과는 다음과 같다.

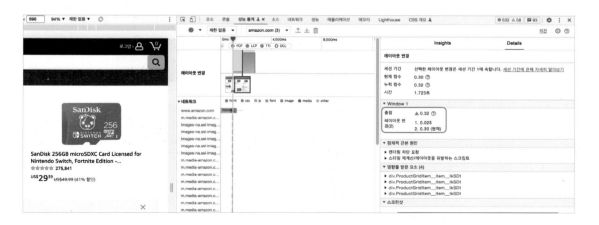

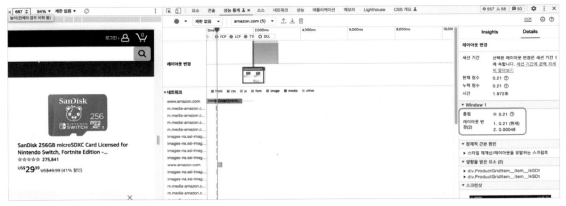

그림 12.20 크롬 개발자 도구의 'Performance insights' 메뉴를 보면 배너 노출로 인한 레이아웃 이동이 한 차례 발생했다는 것을 확인할 수 있다.

같은 화면을 높이가 각각 896px인 기기와 667px인 기기에서 측정한 결과를 비교해보면 각각 0.32점과 0.21점으로 높이가 더 작은 기기에서 더 유리한 점수를 얻었음을 알 수 있다. 이는 앞서 언급한 누적 레이아웃 지표를 계산하는 공식에 따른 결과로, 누적 레이아웃 이동을 발생시키는 요소의 크기가 동일하다는 가정하에 뷰포트의 높이가 작을수록 조금 더 유리한 점수를 얻을 수 있다. 물론 이것은 어디까지나 기기에 있어서 약간의 차이일 뿐 누적 레이아웃 이동으로 인해 불편을 겪는다는 사실에는 변함이 없다.

이와 반대로 다른 예제를 살펴보자.

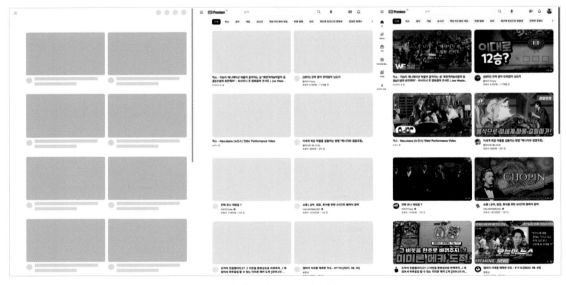

그림 12.21 유튜브 웹사이트가 로딩되는 과정

이 예제 페이지는 유튜브 페이지의 로딩부터 완료까지 생명주기를 캡처한 것이다. 유튜브의 경우 최초 서버 사이드에서 가져온 HTML에서는 어떤 영상이 나올지 결정돼 있지 않은 채로 렌더링된다. 유튜브에서 해당 사용자에게 어떠한 영상을 보여줄지는 클라이언트에서 모종의 과정을 거치면서 결정되는 것으로 추정해볼 수 있다. 클라이언트에서 사용자에게 보여줘야 할 콘텐츠가 최종적으로 결정되기 때문에 최초 렌더링 시에는 보여줄 것이 아무것도 없기 때문에 빈 페이지를 보여줬다면 누적 페이지 레이아웃 이동 지표에 매우 좋지 못한 영향을 끼쳤을 것이다. 그러나 유튜브는 여기에 로딩 상태임을 보여주는 스켈레톤 UI를 추가해 대략적인 페이지 레이아웃을 고정시켜뒀다. 그 뒤에, 본격적으로 어떤 영상을 보여줄지 결정되면 스켈레톤 UI를 실제 영상 섬네일로 교체해 보여주는 기법을 사용했다. 이 덕분에 페이지 레이아웃 이동을 최소한으로 하면서도 사용자에게 원하는 영상을 보여줄 수 있게 됐다. 또 다른 유튜브 로딩 상황을 살펴보자.

그림 12.22 비로그인 상태로 유튜브에 접속하는 경우. 앞서 로그인 상태로 유튜브에 접속했을 때는 스켈레톤 UI가 제법 위치가 알맞게 맞춰져서 자연스럽게 느껴진 반면, 비로그인 상태로 접속하는 경우에는 상단에 큰 광고 영역이 자리잡으면서 UI가 갑자기 주저 앉는 듯한 느낌을 준다. 이는 크롬 개발자 도구로 볼 때도 알 수 있다.

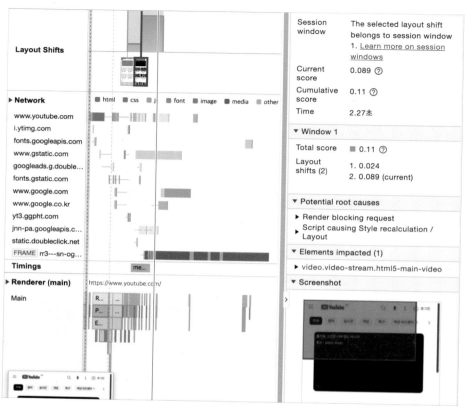

그림 12.23 비로그인 상태로 유튜브에 접속하는 모습을 크롬 개발자 도구에서 확인한 결과

이번에도 마찬가지로 유튜브에서는 스켈레톤 UI만 렌더링되어 클라이언트에서 나머지 정보를 로딩했다. 그러나 한 가지 다른 점은 이번에는 상단에 큰 광고 영역이 자리 잡고 있다는 것이다. 이 광고가 필요한지가 클라이언트에서 결정됐기 때문에 클라이언트에서 큰 `<div>`가 갑자기 나타나면서 하단의 대부분의 콘텐츠를 밀어냈고, 이로 인해 이전보다 낮은 누적 레이아웃 지표 점수를 받게 됐다.

앞의 두 사례를 통해 클라이언트에서 미리 노출이 예상되는 부분을 HTML로 자리 잡아 두는 것이 누적 레이아웃 지표에 큰 도움이 된다는 점을 알 수 있다. 사용자는 로딩이 어느 정도 있더라도 콘텐츠가 어떠한 방식으로 렌더링될지 안정적으로 예측할 수 있으며, 뷰포트 내부에서 큰 이동이나 불편을 겪지 않고도 원하는 콘텐츠를 볼 수 있다. 그러나 홈 화면에 뜨는 배너광고와 같이 동적으로 결정되는 요소는 서버에서 미리 결정해서 내려오지 않는다면 누적 레이아웃 이동을 야기한다. 물론 이러한 영역까지 서버에서 미리 계산해서 렌더링하는 것도 방법이 될 수 있지만 이는 서버에 추가적인 부담이 될 수 있기 때문에 조심스럽게 고민해 봐야 한다.

## 12.5.4 기준 점수

그림 12.24 누적 레이아웃 이동의 좋은 점수 기준[22]

누적 레이아웃 이동의 경우 0.1 이하인 경우 좋음, 0.25 이하인 경우 보통이며 그 외에는 개선이 필요한 나쁜 점수로 보고된다.

## 12.5.5 개선 방안

### 삽입이 예상되는 요소를 위한 추가적인 공간 확보

앞서 유튜브와 다른 웹페이지의 사례를 살펴본 것처럼 대부분의 큰 누적 레이아웃 이동은 클라이언트에서 삽입되는 동적인 요소로 인해 발생한다. 여기에는 동적으로 요소가 삽입되는 것 외에도 갑자기 요소의 크기가 바뀌거나, 뒤늦게 광고와 같은 타사 라이브러리가 브라우저에서 로드되는 등의 작업 때문에 나타난다.

이러한 영향을 받는 것을 미연에 방지하기 위해서는 useEffect의 내부에서 요소에 영향을 미치는 작업, 특히 뷰포트 내부에서 노출될 확률이 높은 작업을 최소화하는 것이 좋다. useEffect 사용이 불가피하다면 useLayoutEffect 훅을 사용해 보는 것 또한 검토해 볼 만하다. 그러나 3.1.9절 'useLayoutEffect'에서 살펴본 것처럼 useLayoutEffect는 동기적으로 발생해 브라우저의 페인팅 작업에 영향을 미치기 때문에 사용자에게 로딩이 오래 걸리는 것과 같이 보일 수 있다. 이는 누적 레이아웃 이동을 막으려다가 다른 모든 작업에 악영향을 끼칠 수 있으므로 신중하게 선택해야 한다.

스켈레톤 UI의 사례처럼, 미리 무언가가 동적으로 뜰 것으로 예상되는 공간을 미리 확보해 두는 것도 좋은 방법이다. 레이아웃 이동을 막으면서 클라이언트 시점에 정해지는 콘텐츠를 안정적으로 보여줄 수 있으므로 대부분의 경우에 추천할 만한 방법이다. 그러나 이 역시도 해당 영역이 뜨지 않는 케이스가 있다면 누적 레이아웃 이동을 피하기 어렵다.

여기서 가장 좋은 방법은 역시 서버 사이드 렌더링이다. 서버에서 이러한 동적인 요소의 유무를 사전에 판단해 클라이언트에 HTML을 미리 제공해 준다면 클라이언트에서는 이러한 고민을 할 필요 없이 깔끔하게 처리

---

22 https://web.dev/i18n/ko/cls/#layout-shift-score

할 수 있다. 그러나 타사 스크립트에 의존해 처리하는 경우 서버 사이드 렌더링이 불가능할 수도 있으므로 이러한 경우에는 앞에서 언급한 방법들을 사용해야 한다.

무엇보다 뷰포트 영역은 사용자에게 첫 번째로 이 웹페이지에 대한 인상을 주는 가장 중요한 영역이므로 동적인 콘텐츠를 제공할지를 신중하게 고민해야 한다. 동적인 콘텐츠는 가능한 한 최초 뷰포트에 영향을 미치지 않는 곳으로 미뤄두되, 불가피하다면 위에서 언급한 방법들을 사용해 최대한 레이아웃 이동을 피해야 한다.

## 폰트 로딩 최적화

누적 레이아웃 이동과 폰트 간에 큰 관계가 없다고 생각할 수도 있지만 폰트 또한 레이아웃 이동을 일으키는 원인 중 하나다. 폰트가 누적 레이아웃 이동에 어떤 영향을 미치는지 살펴보기에 앞서 폰트로 인해 발생할 수 있는 문제를 살펴보자. 폰트로 인해 발생할 수 있는 문제는 크게 두 가지다.

- FOUT(flash of unstyled text): HTML 문서에서 지정한 폰트가 보이지 않고 대체 기본 폰트로 보이고 있다가 뒤늦게 폰트가 적용되는 현상
- FOIT(flash of invisible text): HTML 문서에서 지정한 폰트가 보이지 않고, 기본 폰트도 없어서 텍스트가 없는 채로 있다가 뒤늦게 폰트가 로딩되면서 페이지에 렌더링되는 현상

폰트는 각각 고유의 높이와 너비를 가지고 있다. 즉, 미처 지정한 폰트가 다운로드되기 전에 텍스트를 노출하려고 한다면 높이와 크기가 다른 기본 폰트를 기반으로 한 텍스트를 노출해서, 혹은 미처 텍스트를 노출하지 못해서 누적 레이아웃 이동이 발생할 수 있다. 따라서 사용자 기기의 기본 폰트 이외에 다른 폰트로 웹페이지를 보여주고 싶다면 다음과 같은 점을 유념해야 한다.

- `<link>`의 preload 사용: `<link>` 요소의 rel=preload는 페이지에서 즉시 필요로 하는 리소스를 명시하는 기능이다.[23] preload로 지정된 요소는 웹페이지의 생명주기에서 초기에 불러와야 하는 중요한 리소스로 간주되므로 브라우저는 리소스를 더 빠르게 사용할 수 있도록 준비해 준다. 따라서 rel=preload로 스타일이나 폰트를 지정하면 페이지의 렌더링을 가로막거나 레이아웃을 방해할 가능성이 줄어든다.
- `font-family: optional`: 폰트를 불러올 수 있는 방법은 크게 다섯 가지로 나뉜다.
  - auto(기본값): 브라우저가 폰트를 불러오는 방법을 결정한다.
  - block: 폰트가 로딩되기 전까지 렌더링을 중단한다. (최대 3초) 웹 폰트의 로딩이 완료되면 비로소 폰트를 적용한다.
  - swap: 앞서 언급한 FOUT 방식이다. 우선 폴백 폰트로 글자를 렌더링한 다음, 웹 폰트의 로딩이 완료되면 웹 폰트를 적용한다.

---

23 https://developer.mozilla.org/ko/docs/Web/HTML/Link_types/preload

- fallback: 이 옵션을 사용하면 100ms간 텍스트가 보이지 않고, 그 이후에 폴백 폰트로 렌더링한다. 그리고 3초 안으로 폰트가 로딩된다면 해당 웹 폰트로 전환하고, 그렇지 않다면 폴백 폰트를 계속 사용한다.
- optional: fallback과 매우 유사하다. 100ms간 텍스트가 보이지 않고, 폴백 폰트로 렌더링한다는 점은 동일하다. 그러나 0.1초 이내로 폰트가 다운로드돼 있거나 캐시돼 있지 않다면 폴백 폰트를 사용한다. 또 한 가지 더 재밌는 사실은 브라우저가 네트워크 상태를 파악해 일정 기간 폰트를 다운로드하지 못한다면 연결을 취소한다는 것이다. 즉, 0.1초 내로 폰트가 다운로드되지 않으면 해당 폰트를 보여주지 않고, 이후에 해당 폰트 리소스를 사용할 때를 고려해 폰트를 다운로드하긴 하나 이마저도 네트워크 상황에 따라 취소될 수 있다는 점이다.

누적 레이아웃 이동을 최소화하려면 폰트를 앞서 언급한 두 가지 방법을 조합해 불러오는 것이 좋다. 요약하자면 최대한 중요한 폰트의 다운로드를 우선순위에 밀어넣고, 이 우선순위를 활용했음에도 빠르게 로딩하는데 실패했다면 다음을 기약하고 기본 폰트를 노출하는 것이다. 이는 사용자가 예기치 못하게 변경된 폰트로 인해 혼선을 겪는 것을 방지한다.

## 적절한 이미지 크기 설정

모바일 기기의 태동으로 많은 웹사이트가 이른바 반응형 웹사이트를 추구하기 시작했다. 반응형 웹사이트란 사용자 기기의 크기에 따라 자연스럽게 콘텐츠를 자연스럽게 노출할 수 있도록 다양한 요소를 콘텐츠의 기기에 의존하도록 만든 웹사이트를 일컫는다. 다음 예제를 보자.

```
img {
  width: 100%;
  height: auto;
}
```

다음 그림은 예제의 width: 100%; height: auto;로 불러온 이미지가 시간이 흐름에 따라 어떻게 로딩되는지 보여준다. width: 100%; height: auto;의 뜻은 너비는 기기의 너비대로, 높이는 그 그림이 너비를 가지면 자동으로 비례해서(auto) 설정해 달라는 것을 의미한다.

그러나 이 경우 누적 레이아웃 이동이 커지는 결과를 낳는다. 이것은 앞서 설정한 CSS 때문인데, 높이를 이미지가 완전히 다운로드되기 전까지는 알 수 없기 때문에 이미지의 높이를 높게 잡아 뒀다가 이미지가 완전히 로딩 완료된 이후에 기기의 너비만큼 높이를 계산해서 마침내 이미지 크기만큼 자리 잡을 수 있게 된 것이다. height: auto 기법은 반응형 웹사이트에 최적화할 수 있는 기법으로, 기기의 너비가 어떻게 되든 원본 이미지의 가로세로 비율이 일정해 사용자에게 최적의 이미지를 보여줄 수 있다는 장점이 있다. 그러나 앞선 사례처럼 이미지의 높이를 명확하게 알지 못하기 때문에 레이아웃 이동이 크게 발생한다는 단점이 있다. 그림이 같은 문제를 해결하는 방법을 살펴보자.

그림 12.25 width: 100%; height: auto;로 불러온 이미지의 로딩

- width, height 지정: width와 height를 지정하는 것이 가장 좋은 방법이다. 다음 예제와 같이 width: 100%; height: auto;와 함께 width, height를 원하는 비율로 지정하면 브라우저가 이미지를 로딩하기 전에 적절한 가로세로 비율을 계산해 이미지가 표시되는 만큼 면적을 할당해 둔다. 이는 aspect-ratio 속성 덕분인데, 이 속성은 브라우저의 유저 에이전트 스타일시트(브라우저가 기본으로 제공하는 스타일)에 포함돼 있으며, 이미지의 가로세로 비율을 자동으로 맞춰주는 역할을 한다.

```
import './styles.css' // width: 100%; height: auto;

export default function App() {
  return (
    <div className="App">
      <img src="/image.jpg" alt="이미지" width="1600" height="900" />
      <>...</>
    </div>
  )
}
```

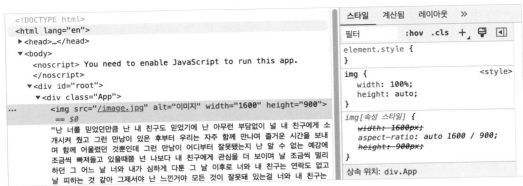

그림 12.26 width: 100%; height: auto;와 함께 width, height를 원하는 비율로 지정

이를 통해 예기치 못하게 이미지 로딩으로 인해 레이아웃이 이동하는 것을 막을 수 있다. 물론 width와 height에 실제 비율 값인 4, 3을 각각 입력해도 동일한 효과를 누릴 수 있다. 그러나 이 aspect-ratio를 지원하지 않는 오래된 브라우저나 CSS 로딩 실패 등의 시나리오를 고려한다면 이렇게 축약된 비율보다 실제 원하는 이미지 크기에 맞는 비율을 적어두는 것이 좋다.

- 만약 사용자 뷰포트 너비에 맞춰 다른 이미지를 제공하고 경우, 즉 반응형 이미지를 사용하고 싶다면 srcset 속성[24]을 사용하는 것이 좋다. 가로세로 비율이 똑같은, 그러나 크기가 다른 여러 개의 이미지를 미리 준비해 둔 다음 브라우저가 상황에 맞게 이미지를 사용할 수 있도록 준비하면 된다.

```html
<!-- 반드시 ,로 구분돼 있어야 하며, 너비를 알려주는 w를 사용해야 한다. -->
<img
  width="1000"
  height="1000"
  src="image-1000.jpg"
  srcset="image-1000.jpg 1000w, image-2000.jpg 2000w, image-3000.jpg 3000w"
  alt="이미지"
/>
```

## 12.5.6 핵심 웹 지표는 아니지만 성능 확인에 중요한 지표들

지금까지 핵심 웹 지표로 손꼽히는 세 가지를 살펴봤다. 웹페이지의 성능을 확인할 수 있는 지표는 이 외에도 여러 가지가 있는데, 그중에서도 대표적인 몇 가지만 추가적으로 살펴보자.

---

24 https://developer.mozilla.org/ko/docs/Web/HTML/Element/img#attr-srcset

## 최초 바이트까지의 시간(Time To First Byte, TTFB)

최초 바이트까지의 시간(Time To First Byte, TTFB)은 브라우저가 웹페이지의 첫 번째 바이트를 수신하는 데 걸리는 시간을 의미한다. 즉, 페이지를 요청했을 때 요청이 완전히 완료되는 데 걸리는 시간을 측정하는 것이 아니라 최초의 응답이 오는 바이트까지가 얼마나 걸리는지를 측정하는 지표다. 이 지표는 600ms 이상 걸릴 경우 개선이 필요한 것으로 간주된다.

이는 특히 서버 사이드 렌더링을 하고 있는 애플리케이션에서 주의 깊게 봐야 할 지표다. 대체로 정적인 자원을 지속적으로 제공해 페이지를 렌더링하는 일반적인 싱글 페이지 애플리케이션과는 달리 서버 사이드 렌더링은 최초 페이지를 만들기 위해 서버에서 어느 정도 작업을 수행해야 하기 때문이다. 서버에서 첫 번째 HTML을 만들기 위해 해야 하는 작업이 많거나 느릴수록 최초 바이트까지의 시간이 길어지게 된다. 이는 사용자가 페이지를 요청했을 때 빈 화면이 뜨는 것을 의미하며 사용자 경험을 저해한다. 최초 바이트까지의 시간을 개선하려면 다음과 같은 사항을 고려해야 한다.

- 서버 사이드 렌더링을 수행하고 있다면
  - 로직을 최적화해 페이지를 최대한 빨리 준비시켜야 한다. 여기서 말하는 로직이란, Next.js를 예로 든다면 getServerSideProps 함수의 실행과 그 결과에 따른 정적 페이니 렌더링이 될 것이다. 페이지를 만드는 데 필요한 작업을 최소화하고, 페이지를 그리는 데 중요한 내용만 서버 사이드 렌더링에서 준비하는 등의 최적화가 필요하다.
  - 서버 사이드 렌더링 시에 API 호출이 필요하다면 이 API 호출 또한 최적화할 필요가 있다. 호출 횟수와 가져오는 정보의 크기를 최소화해서 최대한 API 응답의 속도를 빠르게 하고 크기를 가능한 한 줄여야 한다.
- 웹페이지의 주된 방문객의 국적을 파악해 최대한 해당 국적과 가깝게 서버를 위치시키는 것이 좋다. 응답해야 할 서버가 사용자와 가까울수록 응답 속도가 빨라지기 때문이다. 아마존 웹 서비스를 예로 들면, 한국 사용자에게는 us-east-*보다는 ap-*(아시아)가, 그리고 한국에서 가장 가까운 ap-northeast-2(서울)가 더 낫다.
- 리액트 서버 사이드 렌더링이라면 renderToNodeStream, renderToStaticNodeStream과 같은 스트리밍 API를 사용하는 것이 좋다. 4.2절 '서버 사이드 렌더링을 위한 리액트 API 살펴보기'에서 살펴본 것처럼 renderToString()은 완전히 HTML을 그리고 나서야 다운로드가 완료되지만 스트리밍을 사용할 경우 완성된 영역부터 조각조각 받을 수 있어 최초 바이트까지의 시간을 단축할 수 있다.

## 최초 콘텐츠풀 페인트(First Contentful Paint, FCP)

최초 콘텐츠풀 페인트(First Contentful Paint, FCP)란 페이지가 로드되기 시작한 시점부터 페이지 콘텐츠의 일부가 화면에 렌더링될 때까지의 시간을 측정한다. 조금 더 쉽게 설명하자면 웹사이트에 접속한 순간부터 페이지에 뭐라도 뜨기 시작한 시점까지의 시간을 의미한다. 여기서 의미하는 '뭐라도 뜨기 시작한'에 해당하는 요소는 텍스트, 이미지, svg 등을 의미한다.

그림 12.27 최초 콘텐츠풀 페인트의 좋은 점수 기준

일반적으로 최초 콘텐츠풀 페인트는 1.8초 이내에 이뤄진다면 좋음, 3.0초 이내는 보통, 그 이후는 개선이 필요한 것으로 보고된다.

최초 콘텐츠풀 페인트를 개선하려면 다음 사항을 고려해야 한다.

- 최초 바이트까지의 시간(TTFB)을 개선: 일단 뭐라도 다운로드가 시작돼야 렌더링을 할 수 있다. 렌더링을 최대한 빠르게 하기 위해 최초 바이트까지의 시간을 단축해야 한다.

- 렌더링을 가로막는 리소스 최소화: 자바스크립트나 CSS 같은 렌더링을 가로막는 리소스를 최소화하고, 렌더링을 방해하는 리소스를 비동기적으로 로드하도록 해야 한다. 렌더링이 최대한 빨리 이뤄져야 사용자에게 뭐라도 보여줄 수 있다.

- Above the Fold에 대한 최적화: 'Above the fold'란 신문에서 비롯된 용어로, 신문이 독자에게 제공됐을 때 가장 먼저 보이는 영역을 일컫는 말이다. 일반적으로 신문은 1페이지가 반으로 접혀서 보여지는 형태인데, 이 반으로 접혀져서 보이는 영역을 Above the fold라 한다. 이와 비슷하게 웹에서는 최초에 스크롤을 굳이 하지 않아도 보이는 영역을 Above the fold라고 한다. 이 영역은 최대한 사용자에게 빠르게 무언가를 보여줘야 하는 영역이므로 게으른 로딩을 하거나 스크립트(앞서 언급한 리액트의 useEffect와 같이)에 의존해 요소가 렌더링되는 것을 피해야 한다. 게으른 로딩이나 스크립트에 의존하는 것은 모두 최초 콘텐츠풀 페인트에 도움이 되지 않는다.

- 페이지 리다이렉트 최소화: 만약 특정 페이지에서 다른 페이지로 리다이렉트를 해야 한다면 그만큼 사용자에게 무언가를 보여줄 수 있는 시간이 지연되기 마련이다. 리다이렉트는 없거나 최소한으로 유지해야 한다.

- DOM 크기 최소화: HTML의 크기가 크다면, 즉 DOM이 복잡하고 크다면 그만큼 렌더링되는 데 시간이 오래 걸린다. 구글의 기준에 따르면 전체 DOM 노드는 1500개 미만으로, 깊이는 32단계 정도까지만, 그리고 부모 노드는 자식 노드를 60개 정도만 가지고 있어야 한다. 이 이상으로 DOM이 크고 복잡해지면 브라우저가 이를 파악해 렌더링하는 데 시간이 오래 걸리게 된다. 만약 웹페이지를 소스 보기로 확인해 봤을 때 DOM이 필요 이상으로 많고 복잡하다면 이를 줄일 수 있는 방법을 고민해 봐야 한다.

## 12.6 정리

지금까지 웹페이지의 성능을 측정할 수 있는 다양한 지표를 살펴봤다. 일반적으로 웹페이지를 개발하다 보면 대부분 '기능을 얼마나 완성했는가?', '버그는 얼마나 적은가?' 정도에만 치중하기 때문에 성능에 대해서는 깊게 고민해 볼 시간이 많이 부족한 것이 사실이다. 대부분 웹 애플리케이션의 완성에만 초점을 맞추고 있고, 그 이후에 또다시 개발해야 할 페이지가 기다리고 있어 실무에서 약간의 성능 개선을 위한 시간조차 할애하기 어렵다. 설령 그럴 시간이 있더라도 고민할 시간 자체도 여유 있게 배정받지 못하기 때문에 성능에 대해 심도 있게 탐구해 보는 것 또한 쉽지 않다. 그리고 성능을 개선하고자 결심했더라도 무엇을 기준으로 해야 할지, 또 기준이 되는 지표가 무엇인지를 정하는 것도 쉽지 않은 일이다. 하지만 개발자라면 성능 또한 완성도만큼이나 중요하게 살펴봐야 한다. 아무리 좋은 콘텐츠가 웹페이지에서 제공되고 있다 하더라도 사용자의 환경은 생각보다 성능이 열악하며, 속도는 느리고, 마지막으로 인내심도 많지 않다.

웹페이지 성능을 개선하기로 마음먹었다면 앞서 언급한 3가지 주요 지표와 추가로 언급한 2가지 지표 정도만 살펴본다면 충분히 사용자에게 좋은 경험을 안겨줄 수 있다. 그리고 성능 개선은 생각보다 긴 싸움이다. 앞서 언급한 지표를 돌이켜 살펴보면 0.1 ~ 0.2초 차이만으로도 사용자에게 큰 차이를 느끼게 해줄 수 있다는 것을 알 수 있을 것이다. 그러나 이 0.1초를 개선하는 것이 생각보다 쉽지 않다. 한두 가지를 개선했다 하더라도 체감될 만큼 큰 차이가 없을 수도 있다. 그러나 이러한 개선점이 하나둘씩 모이다 보면 분명 더 나은 서비스를 만들 수 있게 된다.

지금까지 어떤 지표가 있고, 무엇을 기준으로 측정하며 어떻게 개선하는지에 대해 살펴봤다. 이어서 다음 절에서는 본격적으로 이러한 지표를 측정하기 위한 다양한 도구에 대해 알아보자.

# 13 장

# 웹페이지의 성능을 측정하는 다양한 방법

앞 절에서는 웹페이지의 성능을 판단하기 위해 확인해야 할 지표에 대해 알아봤다. 핵심 웹 지표를 비롯한 5 가지 지표를 살펴봤는데, 이 밖에도 웹페이지의 성능을 객관적으로 확인하기 위한 다양한 지표들이 있다. 이 번 절에서는 앞서 살펴본 지표를 포함해 웹페이지의 성능을 확인할 수 있는 다양한 지표를 측정하는 방법을 살펴보고자 한다. 단순히 개발자의 컴퓨터에서 확인하는 방법부터 원격지에 있는 서버에서 확인하는 방법까지 다양하다. 지표를 확인하는 서로 다른 방법을 통해 웹페이지의 성능을 객관적으로 파악하는 방법을 익혀보자.

## 13.1 애플리케이션에서 확인하기

### 13.1.1 create-react-app

create-react-app을 통해 한 번이라도 프로젝트를 생성해 본 적이 있다면 다음과 같은 파일을 확인해 본 적이 있을 것이다.

```
// reportWebVitals.ts
import { ReportHandler } from 'web-vitals'

const reportWebVitals = (onPerfEntry?: ReportHandler) => {
  if (onPerfEntry && onPerfEntry instanceof Function) {
    import('web-vitals').then(({ getCLS, getFID, getFCP, getLCP, getTTFB }) => {
```

```
      getCLS(onPerfEntry)
      getFID(onPerfEntry)
      getFCP(onPerfEntry)
      getLCP(onPerfEntry)
      getTTFB(onPerfEntry)
    })
  }
}

export default reportWebVitals

// ...

// index.tsx
// If you want to start measuring performance in your app, pass a function
// to log results (for example: reportWebVitals(console.log))
// or send to an analytics endpoint. Learn more: https://bit.ly/CRA-vitals
reportWebVitals()
```

reportWebVitals 함수는 웹에서 성능을 측정하기 위한 함수다. 이름에서도 알 수 있듯이 각각 누적 레이아웃 이동(CLS), 최초 입력 지연(FID), 최초 콘텐츠풀 페인트(FCP), 최대 콘텐츠 페인팅(LCP), 첫 바이트까지의 시간(TTFB)을 측정하는 용도로 사용된다. 이러한 지표의 측정을 가능케 하는 것은 바로 web-vitals 라이브러리 덕분이다. 이러한 자바스크립트 수준의 라이브러리가 브라우저의 웹페이지 성능을 측정할 수 있는 이유는 PerformanceObserver라는 API를 사용하기 때문이다. PerformanceObserver는 웹페이지에서 다양한 성능을 측정할 수 있도록 도와주는 API로, 브라우저에서 웹페이지의 성능을 측정하기 위해 사용된다. 반대로 말하자면, 이 API를 제공하지 않는 브라우저에서는 web-vitals의 도움을 받아 성능을 측정하기 어렵다.

ReportHandler는 단순히 성능 객체인 Metric를 인수로 받는 함수 타입으로, Metric을 원하는 대로 다룰 수 있다. 즉, 단순히 콘솔에 출력하는 것뿐만 아니라 서버로 전송하는 등의 작업을 할 수 있다.

```
reportWebVitals(console.log)

/*
{
    "name": "FCP",
    "value": 125.30000001192093,
    "delta": 125.30000001192093,
    "entries": [ ... ],
```

```
    "id": "v2-1670337101650-1529230012687"
  }
  {

    "name": "TTFB",
    "value": 4.300000011920929,
    "delta": 4.300000011920929,
    "entries": [ ... ],
    "id": "v2-1670337101650-9701889116249"
  }
  {

    "name":"CLS",
    "value":0,
    "delta":0,
    "entries":[],
    "id":"v2-1670337317900-2275303266804"
  }
  {

    "name": "LCP",
    "value": 139.4,
    "delta": 139.4,
    "entries": [ ... ],
    "id": "v2-1670337101650-5390828941751"
  }
  {

    "name": "FID",
    "value": 2.100000023841858,
    "delta": 2.100000023841858,
    "entries": [ ... ],
    "id": "v2-1670337101650-3293820061481"
  }
*/
```

단순히 `console.log`로 기록한다면 브라우저의 콘솔 창에 기록하는 용도로밖에 활용할 수 없다. 만약 실제로 서버 등 어딘가에 기록하고 싶다면 소량의 분석용 데이터를 전송하기 위해 만들어진 sendBeacon API나 `fetch` 등의 API를 사용해 임의의 서버로 정보를 보내거나 구글 애널리틱스로 보낼 수도 있다.

```
function sendToAnalytics(metric: ReportHandler) {
  const body = JSON.stringify(metric)
  const url = '/api/analytics' // 지표 정보를 보낼 위치
```

```
  // sendBeacon이 없다면 fetch를 사용해 보낸다.
  if (navigator.sendBeacon) {
    navigator.sendBeacon(url, body)
  } else {
    // fetch나 axios 등을 사용해 보낸다.
    fetch(url, { body, method: 'POST', keepalive: true })
  }
}

reportWebVitals(sendToAnalytics)
function sendToAnalytics({ id, name, value }: ReportHandler) {
  // https://support.google.com/analytics/answer/11150547?hl=en
  ga('send', 'event', {
    eventCategory: 'Web Vitals',
    eventAction: name,
    eventValue: Math.round(name === 'CLS' ? value * 1000 : value), // 정수로 보낸다.
    eventLabel: id,
    nonInteraction: true,
  })
}

reportWebVitals(sendToAnalytics)
```

## 13.1.2 create-next-app

Next.js에서도 create-react-app과 비슷한 방식으로 사용해 볼 수 있다. 기본적으로 Next.js는 성능 측정을 할 수 있는 메서드인 NextWebVitalsMetric을 제공한다. _app 페이지에 다음과 같이 코드를 추가해서 사용해 보자.

```
import { AppProps, NextWebVitalsMetric } from 'next/app'

/**
 * @description 메트릭을 측정한다.
 */
/*
export declare type NextWebVitalsMetric = {
    id: string;
    startTime: number;
```

```typescript
    value: number;
} & ({
    label: 'web-vital';
    name: 'FCP' | 'LCP' | 'CLS' | 'FID' | 'TTFB' | 'INP';
} | {
    label: 'custom';
    name: 'Next.js-hydration' | 'Next.js-route-change-to-render' | 'Next.js-render';
})
*/
export function reportWebVitals(metric: NextWebVitalsMetric) {
  console.log(metric)
}

function MyApp({ Component, pageProps }: AppProps) {
  return <Component {...pageProps} />
}

export default MyApp
```

이렇게 _app에 예약어로 지정된 함수인 reportWebVitals를 생성하면 다음과 같은 결과를 확인할 수 있다.

```
/*
{
    "id": "v3-1670339120513-3606098159060",
    "name": "TTFB",
    "startTime": 0,
    "value": 11647.59999999404,
    "label": "web-vital"
}
{
    "id": "v3-1670339120513-3131713557523",
    "name": "FID",
    "startTime": 140750.59999999404,
    "value": 6,
    "label": "web-vital"
}
{
    "id": "v3-1670339120513-1091645704719",
    "name": "LCP",
    "startTime": 17406.8,
```

```
    "value": 17406.8,
    "label": "web-vital"
}
*/
```

여기서 한 가지 주목할 만한 점은 기본적인 핵심 웹 지표 외에도 다음과 같은 Next.js에 특화된 사용자 지표도 제공한다는 점이다.

- Next.js-hydration: 페이지가 서버 사이드에서 렌더링되어 하이드레이션하는 데 걸린 시간

- Next.js-route-change-to-render: 페이지가 경로를 변경한 후 페이지를 렌더링을 시작하는 데 걸리는 시간

- Next.js-render: 경로 변경이 완료된 후 페이지를 렌더링하는 데 걸린 시간

참고로 모든 시간 단위는 밀리초(ms)다.

앞의 지표에 대한 로깅을 남기면 다음과 같은 로그가 기록되는 것을 확인할 수 있다.

```
/* 최초 페이지 진입 시
{
    "id": "1670410636959-7070005288390",
    "name": "Next.js-hydration",
    "startTime": 9688.599999999627,
    "value": 130.90000000037253,
    "label": "custom"
}
{
    "id": "1670410686070-4382921660225",
    "name": "Next.js-render",
    "startTime": 3690.2999999998137,
    "value": 3,
    "label": "custom"
}
{
    "id": "1670410686070-8150428874167",
    "name": "Next.js-route-change-to-render",
    "startTime": 3676.2000000001863,
    "value": 14.099999999627471,
    "label": "custom"
}
```

```
*/

/* 라우팅 시
{
    "id": "1670410780384-7705027528805",
    "name": "Next.js-render",
    "startTime": 98004.10000000056,
    "value": 9,
    "label": "custom"
}
{
    "id": "1670410780385-3527164049750",
    "name": "Next.js-route-change-to-render",
    "startTime": 93146.29999999981,
    "value": 4857.800000000745,
    "label": "custom"
}
*/
```

로그를 자세히 살펴보면 최초에는 `Next.js-hydration`이라는 지표가 있는 것을 알 수 있다. Next.js는 최초에 서버 사이드 렌더링을 수행하기 때문에 필연적으로 리액트의 하이드레이션 작업이 뒤따른다. 그리고 이 `Next.js-hydration` 지표는 리액트의 하이드레이션에 걸린 시간을 알려준다. 그리고 이후에는 클라이언트 사이드 라우팅이 일어나는 한 `Next.js-route-change-to-render`와 `Next.js-render`만 번갈아 나타나게 된다. 이 두 지표로 각각 페이지 전환과 전환에 따른 렌더링에 걸린 시간을 알 수 있다.

앞에서 살펴본 세 지표는 구글에서 주도적으로 만들고 있는 핵심 웹 지표와는 다르게 어느 정도 이하로 지표가 기록돼야 한다는 등의 기준은 없다. 다만 각각의 지표를 살펴보면서 서버 사이드 렌더링 시에 오래 걸리진 않는지, 페이지 전환 시에 호출되는 `getServerSideProps`가 오래 걸리지 않는지 등을 살펴보면 좋다.

이 외에는 `create-react-app`에서 지표를 수집하는 방식과 동일하게 사용할 수 있다.

## 13.2 구글 라이트하우스

리액트 애플리케이션에서 `reportWebVitals`를 설치해서 지표를 수집하는 방식은 단순히 코드 몇 줄만으로 지표를 수집할 수 있다는 장점이 있지만 그럼에도 기존 애플리케이션 코드의 수정이 필요하다는 점, 그리고 별도로 지표 수집을 하기 위한 사전 준비가 필요하다는 번거로움이 있다. 이에 반해 별도의 애플리케이션 코드 수정이나 배포, 수집 없이도 지표를 수집할 수 있는 방법이 있는데 바로 구글 라이트하우스(Google Lighthouse)[1]다.

구글 라이트하우스는 구글에서 제공하는 웹 페이지 성능 측정 도구로, 오픈소스로 운영되고 있다. 앞서 살펴본 핵심 웹 지표뿐만 아니라 접근성, PWA, SEO 등 웹 페이지를 둘러싼 다양한 요소들을 측정하고 점검할 수 있다. 이 구글 라이트하우스를 실행하는 방법은 다음과 같다.

- 브라우저 확장 프로그램 설치: 브라우저의 웹 스토어에 접속해 확장 프로그램을 설치한다.
  - 크롬[2]
  - 파이어폭스[3]
- 크롬 개발자 도구: 크롬의 개발자 도구에는 라이트하우스가 기본적으로 내장돼 있다.
- CLI: lighthouse라는 npm 라이브러리를 이용하면 CLI 명령어로 지표를 수집할 수 있다.

```
» lighthouse https://yceffort.kr

LH:ChromeLauncher Waiting for browser. +0ms
LH:ChromeLauncher Waiting for browser... +0ms
LH:ChromeLauncher Waiting for browser..... +503ms
LH:ChromeLauncher Waiting for browser.....✓ +2ms
....
LH:status Generating results... +1ms
LH:Printer html output written to /Users/yceffort/yceffort.kr_2022-12-07_20-45-38.report.html
+22ms
LH:CLI Protip: Run lighthouse with `--view` to immediately open the HTML report in your browser
+0ms
LH:ChromeLauncher Killing Chrome instance 52117 +1ms
```

확장 프로그램 설치와 크롬 개발자 도구는 크게 다른 점이 없으므로 원하는 방식으로 사용하면 된다. CLI의 경우 깃허브 액션 등 터미널만 제한적으로 사용할 수 있는 CI/CD 환경에서 사용하기에 적합하다. 여기서는 크롬 개발자 도구를 이용해 라이트하우스를 실행하는 방법을 살펴본다.

먼저 크롬을 실행해 성능 지표를 분석하고자 하는 사이트를 방문한다. 그런 다음, 크롬 개발자 도구를 열어 **Lighthouse** 탭을 클릭한다. 크롬에 설치된 다른 확장 프로그램 등이 영향을 줄 수 있으므로 가급적 시크릿 창으로 실행해 확인하는 것을 권장한다.

---

1 https://github.com/GoogleChrome/lighthouse
2 https://chrome.google.com/webstore/detail/lighthouse/blipmdconlkpinefehnmjammfjpmpbjk
3 https://addons.mozilla.org/en-US/firefox/addon/google-lighthouse/

그림 13.1 크롬 개발자 도구에서 라이트하우스 탭을 연 모습

**기기** 항목에서는 측정하고자 하는 페이지 접근 환경을, **카테고리**에서는 확인하고 싶은 지표를 선택할 수 있다. 그리고 한 가지 살펴봐야 할 것은 **모드**다. 각 모드별로 어떠한 결과가 나오는지 살펴보자.

## 13.2.1 구글 라이트하우스 – 탐색 모드

일반적으로 페이지에 접속했을 때부터 페이지 로딩이 완료될 때까지의 성능을 측정하는 모드다. 이 모드로 측정을 시작하면 페이지를 처음부터 다시 불러와서 페이지 로딩이 끝날 때까지 각각의 지표를 수집한다.

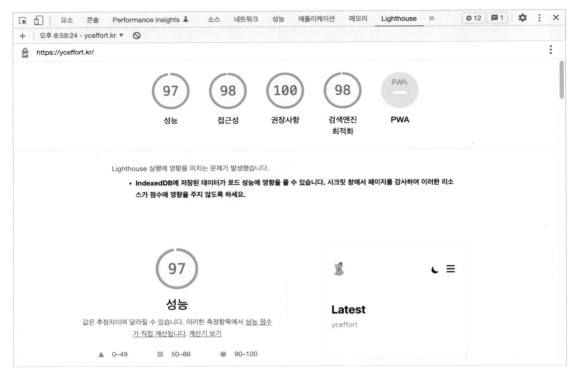

그림 13.2 크롬 개발자 도구의 라이트하우스 탭에서 점수를 측정한 모습

지표 수집이 완료되면 다음과 같은 리포트가 생성된 것을 볼 수 있다. 각 내용이 무엇을 의미하는지 살펴보자.

## 성능

성능은 웹페이지의 성능과 관련된 지표를 확인할 수 있는 영역이다.

핵심 웹 지표인 최초 콘텐츠풀 페인트(FCP), 최대 콘텐츠풀 페인트(LCP), 누적 레이아웃 이동(CLS) 외에도 3가지 추가적인 지표가 있다.

- Time to Interactive: 페이지에서 사용자가 완전히 상호작용(인터랙션)할 수 있을 때까지 걸리는 시간을 측정한다. 여기서 상호작용에 걸리는 시간까지란 다음과 같은 것을 의미한다.
  - 최초 콘텐츠풀 페인트로 측정되는 페이지 내 콘텐츠가 표시되는 되는 시점
  - 보여지는 페이지 요소의 대부분에 이벤트 핸들러가 부착되는 시점
  - 페이지가 유저의 상호작용에 50ms 내로 응답하는 시점

그림 13.3 라이트하우스의 측정 결과 중 성능 항목

구글에서는 이 TTI 지표가 3.8초 이내면 좋음, 7.3초 이내면 보통, 그 이후는 개선이 필요한 것으로 본다. 웹 페이지가 최대한 빠르게 상호작용이 되도록 준비하려면 메인 스레드가 하는 자바스크립트 작업을 최소화하고, 전체적인 자바스크립트 실행 속도 또한 높일 필요가 있다.

▪ Speed Index: 페이지가 로드되는 동안 콘텐츠가 얼마나 빨리 시각적으로 표시되는지를 계산한다. 라이트하우스는 브라우저에서 로드되는 페이지를 실시간으로 캡처하고, Speedline[4] 라이브러리를 사용해 캡처된 이미지를 분석해 speed index를 계산한다. 구글에서는 이 지표가 3.4초 이내면 좋음, 5.8초 이내면 보통, 그 이후는 느리다고 판단한다.

▪ Total Blocking Time: 메인 스레드에서 특정 시간 이상 실행되는 작업, 즉 긴 작업이 수행될 때마다 메인 스레드가 차단된 것으로 간주한다. 메인 스레드가 차단됐다고 표현하는 이유는 브라우저가 이렇게 길게 실행되는 작업 때문에 무언가 다른 작업을 수행할 수 없기 때문이다. 이렇게 메인 스레드에서 실행하는 작업이 50ms 이상 걸리면 이를 긴 작업이라고 간주하고, 이렇게 실행되는 긴 작업을 모아서 Total Blocking Time(총 차단 시간)이라고 한다. 이 총 차단 시간은 긴 작업을 모아서 각각의 긴 작업의 시간에서 50ms를 뺀 다음, 이를 모두 합해 계산한다. 이 총 차단 시간은 모든 긴 작업을 대상으로 하는 것이 아니고, 최초에 사용자에게 무언가 콘텐츠를 보여줬을 때(최초 콘텐츠풀 페인트, FCP)부터 상호 작용까지 걸리는 시간(TTI) 사이의 작업만 대상으로 한다. 즉, 사용자가 무언가 작업이 진행되고 있지 않다는 것을 눈치 챌 수 있는 시간을 대상으로만 총 차단 시간을 구하게 된다.

---

4  https://github.com/paulirish/speedline

성능에서는 이 여섯 가지 항목에 대해 각각의 점수를 계산하고, 해당 점수를 기반으로 어떠한 부분을 개선해야 하는지 알려준다. 필요한 각 개선 사항에 대해서는 아래에 자세히 나와 있으므로 이를 참고해서 개선하면 된다.

## 접근성

여기서 말하는 접근성이란 웹 접근성을 말하며, 장애인 및 고령자 등 신체적으로 불편한 사람들이 일반적인 사용자와 동등하게 웹페이지를 이용할 수 있도록 보장하는 것을 말한다. 예를 들어, 시각으로 웹페이지를 보기 어려운 경우를 가정해 보자. 이 경우 스크린 리더라고 하는 툴을 활용하면 웹페이지의 내용을 직접 듣는 것이 가능하다. 그러나 그림이나 사진의 경우는 어떨까? 이 경우 스크린 리더가 그림과 사진을 읽을 수는 없으므로 적절한 대체 문자가 필요하다. 오디오나 비디오는 청각이 제한적인 경우를 위해 자막이 필요하며, 마우스를 활용할 수 없는 상황에 대비하기 위해서는 키보드만으로 모든 콘텐츠에 접근할 수 있어야 한다. 이러한 다양한 사용자를 배려하기 위해 HTML과 CSS 등에 적절한 대안을 삽입하는 것을 접근성이라고 하며, 이 영역에서 평가하는 것은 얼마나 적절하게 접근성을 제공하는지 여부다.

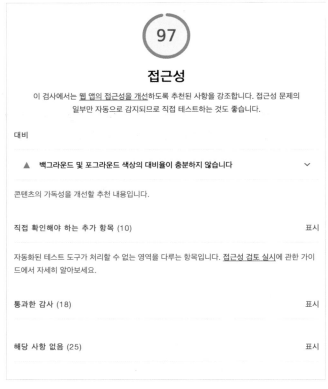

그림 13.4 라이트하우스의 측정 결과 중 접근성 항목

접근성 점수가 낮거나 미비한 부분이 있으면 이 영역에서 확인할 수 있으며, 어떻게 수정해야 하는지도 알려준다. 이 영역을 참고해 다양한 사용자들이 모두 평등하게 웹페이지를 이용할 수 있도록 개선하는 것이 좋다.

## 권장사항

권장사항 영역에서는 웹사이트를 개발할 때 고려해야 할 요소들을 얼마나 지키고 있는지 확인할 수 있다.

그림 13.5 라이트하우스 측정 결과 중 권장사항 항목

여기서 말하는 권장사항에는 보안, 표준 모드, 최신 라이브러리, 소스 맵 등 다양한 요소들이 포함돼 있다. 이러한 권장사항들을 간단하게 살펴보면 다음과 같다.

▪ CSP가 XSS 공격에 효과적인지 확인: CSP가 무엇인지 알기 위해서는 먼저 XSS에 대해 알아야 한다. XSS란 Cross Site Scripting의 약자[5]로, 개발자가 아닌 제3자가 삽입한 스크립트를 통해 공격하는 기법을 말한다. 예를 들어, 게시판이 있고, 어떠한 악의적인 게시자가 내용 대신 스크립트를 작성했다고 가정해 보자. 이때 개발자가 별다른 조치를 취하지 않으면 이 스크립트가 실행되어 사용자에게 위해가 되는 작업을 수행할 수 있게 된다. CSP란 Content Security Policy의 약자로, 웹 사이트에서 호출할 수 있는 컨텐츠를 제한하는 정책을 말한다. 이 제한 정책에는 이미지, 스타일, 스크립트와 같은 정적인 콘텐츠뿐만 아니라, 주소, 도메인 등의 정보도 포함된다. 이에 대한 자세한 내용은 13장에서 다룬다.

---

5 약자가 분명 CSS인데 왜 XSS라고 쓰이는지 의아할 수 있다. 약자인 CSS를 그대로 쓸 경우 실제 스타일을 지칭하는 CSS(Cascading Style Sheets)와 혼동될 수 있기 때문에 XSS라고 쓰인다.

- 감지된 JavaScript 라이브러리: 페이지에서 감지되는 자바스크립트 라이브러리를 말한다. jQuery, Next.js, React, Lodash, create-react-app 등이 나타나며, 버전까지 특정할 수 있는 경우 버전까지 확인할 수 있다.

- HTTPS 사용: HTTP 대신 보안이 더 강력한 HTTPS를 사용하는지 확인한다.

- 페이지 로드 시 위치정보 권한 요청 방지하기: 사용자의 동의 없이 페이지 로드 시 사용자의 물리적 위치를 알 수 있는 메서드인 `window.navigator.geolocation.getCurrentPosition()`, `window.navigator.geolocation.watchPosition()`을 실행하는지 확인한다. 물론 이 두 함수가 호출된다고 해서 바로 사용자의 위치 정보를 가져올 수 있는 것은 아니며, 브라우저에서 한번 물어보는 절차를 거치게 된다. 그러나 다짜고짜 페이지 로드 시 요청하는 것은 사용자의 특별한 액션 없이 가져오는 것이므로 반드시 사용자의 액션 이후에 실행돼야 한다.

- 페이지 로드 시 알림 권한 요청 방지하기: 위치 정보와 마찬가지로 사용자 동의 없이 페이지 로드 시 웹 페이지 알림을 요청하는 `Notification.requestPermission()`을 실행하는지 확인한다. 이 함수도 마찬가지로 브라우저에서 사용자에게 알림 허용 여부를 다시 한번 확인하지만 반드시 사용자 액션이 있을 때만 호출하는 것이 좋다.

- 알려진 보안 취약점이 있는 프런트엔드 자바스크립트 라이브러리를 사용하지 않음: 보안 취약점이 존재하는 자바스크립트 라이브러리를 사용하는지 확인한다.

- 사용자가 비밀번호 입력란에 붙여넣을 수 있도록 허용: 일부 사용자는 복잡한 비밀번호를 별도의 애플리케이션에 관리해 외우지 않고 복사/붙여넣기 방식으로 비밀번호를 입력한다. 이것은 보안 관점으로 봤을 때 타당한 접근 방식이나 웹페이지에서 이를 허용하지 않는다면 무용지물이다. 반드시 비밀번호 입력란은 붙여넣기가 가능해야 한다.

- 이미지를 올바른 가로세로 비율로 표시: 이미지의 실제 크기와 표시되는 크기 사이의 비율이 일치하는지 확인한다.

- 이미지가 적절한 해상도로 제공됨: 이미지를 선명하게 보일 수 있도록 크기에 맞는 해상도의 이미지를 제공하는지 확인한다.

- 페이지에 HTML Doctype 있음: 과거 웹 표준이 제대로 정착되지 않았을 때 웹페이지는 넷스케이프 브라우저와 인터넷 익스플로러용 두 가지 버전으로 따로 만들어졌다. 이후 표준이 제정되면서 이 혼란은 멈추게 됐는데, 이 표준을 준수해 웹페이지가 작성됐다고 의미하는 것이 바로 Doctype이다. 이 Doctype이 선언되지 않았다면 표준을 준수하지 않은 것으로 간주돼 호환 모드로 렌더링하게 되는데 이는 불필요한 작업이다. 따라서 웹페이지 첫 번째 줄에 `<!DOCTYPE html>`을 선언해 이러한 호환 모드 실행을 막는 것이 좋다.

- 문자 집합을 제대로 정의함: 서버가 HTML 파일을 전송할 때 문자가 어떻게 인코딩돼 있는지 지정하지 않으면 브라우저는 각 바이트가 나타내는 문자를 알 수 없게 된다. 따라서 적절하게 charset을 지정해야 한다. 대부분의 웹페이지는 `<head>`의 최상단에 `<meta charset="utf-8"/>`를 삽입해 UTF-8로 인코딩됐다고 명시한다.

- 지원 중단 API 사용하지 않기: 더 이상 지원하지 않는 API는 잠재적으로 보안 취약점이 될 수 있으므로 사용하지 않는 것이 좋다.

- 콘솔에 로그된 브라우저 오류 없음: 콘솔에 에러가 기록되는 것은 사용자에게 영향을 미치지 않을 수도 있지만 분명 웹페이지에 문제가 있다는 사실에는 변함이 없다. 따라서 콘솔에 에러가 기록되지 않게 해야 한다.

- Chrome Devtools의 Issues 패널에 문제없음: 크롬 개발자 도구에는 **문제**(Issues)라는 탭이 있는데, 이 탭에는 웹페이지에 대한 여러 가지 문제점을 알려준다. 여기에 기록된 문제가 있다면 확인해 조치하는 것이 좋다.

- 페이지에 유효한 소스 맵이 있음: 소스 맵은 압축되어서 읽기 어려워진 소스코드를 원본 소스코드로 변환할 수 있도록 도와주는 파일로, 이 소스맵이 있으면 개발자가 디버깅하는 데 큰 도움이 된다. 따라서 디버깅을 해야 하는 상황이라면 소스맵이 있는 것이 좋지만, 반대로 그럴 필요가 없는 경우에는 별도로 제공하지 않아도 된다.

- `font-display: optional`을 사용하는 폰트가 미리 로드됨: 앞서 언급한 폰트를 불러오는 방법 중 하나로, 개발자가 원하는 임의의 폰트를 보여줄 수도 있으면서 동시에 사용자에게 버벅거림 없는 렌더링을 보장할 수 있는 가장 효과적인 방법이다.

## 검색 엔진 최적화

검색엔진 최적화란 웹페이지가 구글과 같은 검색엔진이 쉽게 웹페이지 정보를 가져가서 공개할 수 있도록 최적화돼 있는지를 확인하는 것을 의미한다. 단순히 문서를 크롤링하기 쉽게 만들었는지 확인하는 것부터, `robots.txt`가 유효한지, 이미지와 링크에 설명 문자가 존재하는지, `<meta>`나 `<title>` 등으로 페이지의 정보를 빠르게 확인할 수 있는지 등을 확인한다. 검색엔진에 최적화돼 있을수록 검색 엔진의 검색결과 우선순위에 높게 나타나며, 사용자가 유입될 가능성이 높아지므로 이러한 검색엔진 최적화를 위한 다양한 요소들을 확인하고 점검할 필요가 있다.

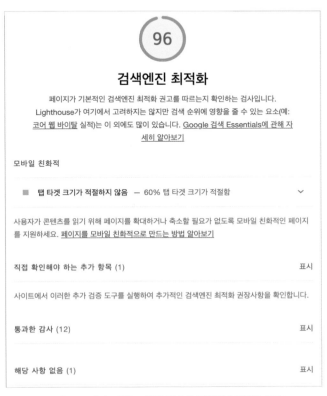

그림 13.6 라이트하우스 측정 결과 중 검색엔진 최적화 항목

### 13.2.2  구글 라이트하우스 – 기간 모드

앞서 탐색 모드가 페이지가 로딩되면서 지표를 측정한 것이라면 기간 모드는 실제 웹페이지를 탐색하는 동안 지표를 측정하는 것이다. **기간 모드 시작**을 누른 뒤 성능 측정을 원하는 작업을 수행한 다음, 기간 모드를 종료하면 그 사이에 일어난 작업들에 대한 지표를 다음과 같이 확인할 수 있다.

그림 13.7 기간 모드로 라이트하우스를 확인한 모습. 여기서는 페이지 인터랙션이 발생하는 동안의 성능을 측정했다.

기간 모드로 측정한 정보 역시 마찬가지로 개발자 도구에서 수정이 필요한 내용을 확인할 수 있다.

**그림 13.8** 라이트하우스 기간 모드로 확인한 권장사항 준수 여부

여기서 확인할 수 있는 지표들은 크게 성능과 권장사항으로, 앞서 탐색 모드와 크게 다르지 않다. 대다수의 사용자가 빈번하게 수행할 것으로 예상되는 작업을 기간 모드로 측정하면 성능 최적화에 큰 도움을 얻을 수 있다.

여기서 앞에서 볼 수 없었던 내용 두 가지를 확인할 수 있는데, 바로 흔적과 트리맵이다.

## 흔적

흔적이라는 이름은 View Trace를 번역한 것으로, 웹 성능을 추적한 기간을 성능 탭에서 보여준다. 단순히 구글에서 제안하는 감사를 보여주는 정도를 넘어서, 상세하게 시간의 흐름에 따라 어떻게 웹페이지가 로딩됐는지를 보여준다. 이에 대한 자세한 내용은 13.4.1절 '성능 통계'에서 다룬다.

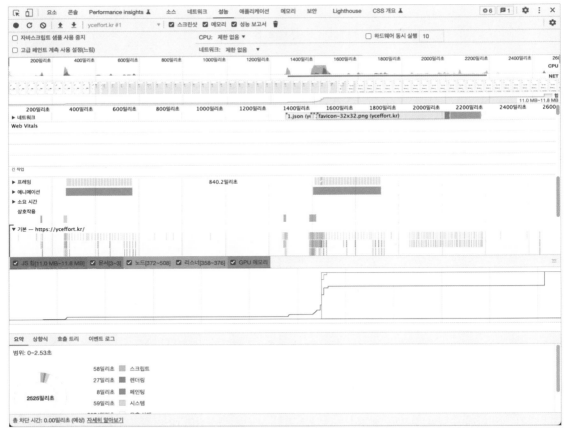

그림 13.9 라이트하우스의 기간 모드에서 흔적 보기를 누르면 성능 탭으로 이동한다. 측정한 기간의 성능을 파악할 수 있다.

## 트리맵

트리맵은 페이지를 불러올 때 함께 로딩한 모든 리소스를 함께 모아서 볼 수 있는 곳이다. 웹페이지의 전체 자바스크립트 리소스 중 어떠한 파일이 전체 데이터 로딩 중 어느 정도를 차지했는지를 비율로 확인할 수 있으며, 실제 불러온 데이터의 크기를 확인할 수도 있다.

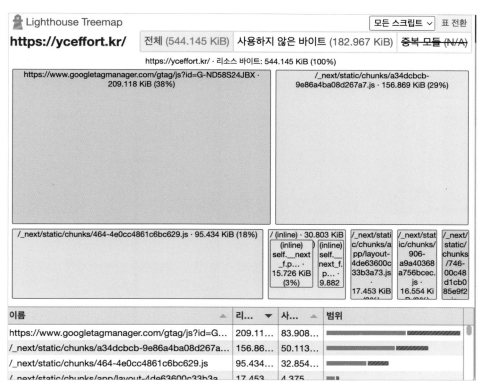

그림 13.10 라이트하우스에서 제공하는 트리맵

한 가지 더 확인할 수 있는 것은 로딩한 리소스에서 사용하지 않은 바이트의 크기를 확인하는 것인데, 이는 실제로 불러왔지만 사용되지 않은 리소스를 의미한다. 이 또한 전체 리소스에서 어느 정도 비율인지 확인할 수 있지만 특정 시나리오에서만 실행되는 리소스도 있기 때문에 꼭 사용하지 않았다고 해서 불필요한 것이라고 단정 지을 수 없다. 다만 이 사용하지 않은 바이트의 크기가 불필요하게 크다면 번들링된 리소스에서 불필요한 것이 없는지 확인해 보는 것이 좋다.

이러한 리소스들은 크롬 개발자 도구의 **소스** 탭에서 파일명을 입력해 실제로 내부의 소스코드도 확인할 수 있으니 과도하게 큰 리소스나 혹은 사용하지 않은 바이트의 비중이 큰 리소스는 한 번쯤 눈여겨보는 것이 좋다. 소스맵까지 배포돼 있다면 실제로 무슨 소스코드가 번들링돼 있는지 더 정확하게 확인할 수 있을 것이다.

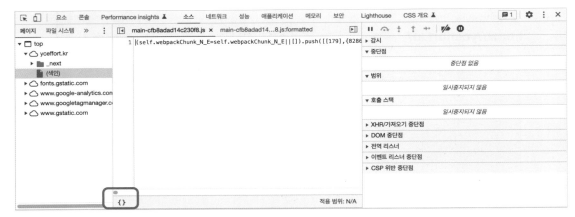

그림 13.11 라이트하우스에서 확인한 파일을 소스 보기에서 확인한 모습

해당 파일을 확인하면 프로덕션 모드로 빌드된 코드의 경우 일반 개발자가 읽기 어렵게 압축된 것을 볼 수 있다.

그림 13.12 압축된 코드를 소스 보기로 보기 좋게 변환한 모습

### 13.2.3 구글 라이트하우스 – 스냅샷

스냅샷 모드는 탐색 모드와 매우 유사하지만 현재 페이지 상태를 기준으로 분석한다는 점이 다르다. 즉, 현재 상태에서 검색엔진의 최적화, 접근성, 성능 등을 분석할 수 있다. 페이지 로딩이 아닌 특정 페이지 특정 상태를 기준으로 분석하고 싶다면 스냅샷 모드를 사용하면 된다. 스냅샷 모드의 지표는 탐색 모드와 매우 유사하므로 이를 참고하면 된다.

그림 13.13 라이트하우스 스냅샷 모드에서 본 성능 분석 내용

그림 13.14 라이트하우스 스냅샷 모드에서 본 접근석 분석 내용

그림 13.15 라이트하우스 스냅샷 모드에서 본 권장사항 분석 내용

그림 13.16 라이트하우스 스냅샷 모드에서 본 검색엔진 최적화 내용

앞서 다른 모드와 다르게 일정 기간 분석을 수행하지 않기 때문에 분석할 수 있는 내용이 제한적이다.

## 13.3  WebPageTest

WebPageTest[6]는 웹사이트 성능을 분석하는 도구로 가장 널리 알려진 도구다. 구글에서 제공하는 라이트하우스, 크롬 개발자 도구 등은 무료로 제공되면서도 개발자들이 쉽게 사용할 수 있는 분석 도구이지만 WebPageTest는 무료 기능도 있지만 유료로 제공하는 분석 도구도 있을 만큼 웹사이트 성능을 분석할 수 있는 심도 있는 기능이 많다. 그러나 굳이 유료로 결제하지 않더라도 무료로 제공되는 기능만으로도 웹사이트의 성능과 로딩 과정에서 일어나는 일을 분석하는 데 충분하다. 이번 절에서는 WebPageTest로 웹사이트의 성능을 분석하는 방법을 알아본다.

WebPageTest에서 제공하는 분석 도구는 크게 다섯 가지로 나뉜다.

- Site Performance: 웹사이트의 성능을 분석을 위한 도구
- Core Web Vitals: 웹사이트의 핵심 웹 지표를 확인하기 위한 도구
- Lighthouse: 구글 라이트하우스 도구
- Visual Comparison: 2개 이상의 사이트를 동시에 실행해 시간의 흐름에 따른 로딩 과정을 비교하는 도구
- Traceroute: 네트워크 경로를 확인하는 도구

Core Web Vitals, Lighthouse의 경우에는 앞에서 언급한 크롬 개발자 도구 등으로 갈음이 가능하며, Visual Comparison은 성격이 비슷하나 사이트끼리 비교하는 용도로 사용된다. Traceroute는 우리가 하고 싶은 성능 측정과는 성격이 약간 다른 도구이므로 여기서는 Site Performance를 어떻게 활용하는지에 대해 다루고자 한다.

기본적으로 WebPageTest는 미국, 인도, 캐나다, 독일 등 한국과 어느 정도 거리가 먼 서버를 기준으로 테스트하기 때문에 앞서 크롬 개발자 도구에서 테스트했을 때보다 성능 지표가 좋지 않을 가능성이 매우 높다. 글로벌 웹사이트를 지향하는 것이 아니라면 이 점은 염두에 두고 테스트하는 것이 좋다.

---

6  https://www.webpagetest.org/

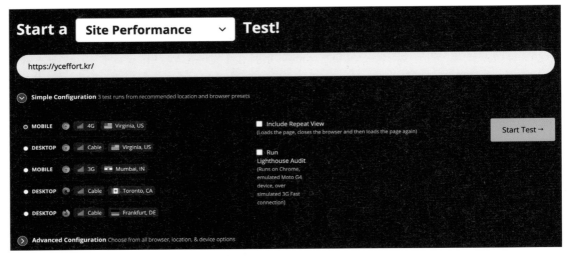

그림 13.17 WebPageTest를 방문해 성능을 분석하고자 하는 웹사이트 주소를 입력한다.

먼저 https://www.webpagetest.org/에 접속한 다음, **Site Performance**를 선택한 뒤 분석을 원하는 웹사이트 주소를 입력한다. 그리고 나서 **Start Test**를 누르면 테스트가 시작되며, 다소간의 시간이 흐른 이후에 테스트가 완료된다.

### 13.3.1 Performance Summary

테스트가 완료되면 다음과 같이 전체적인 결과를 요약해서 볼 수 있다.

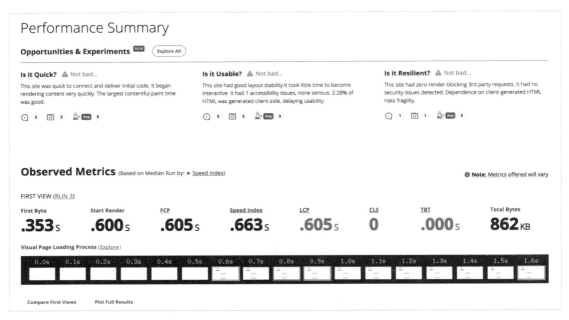

그림 13.18 WebPageTest에서 본 Peformance Summary

WebPageTest의 성능 테스트는 총 3번 이뤄지기 때문에 3개의 서로 다른 결과를 확인할 수 있다.

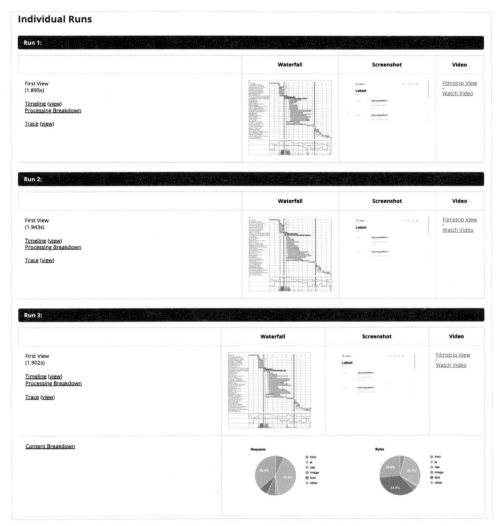

그림 13.19 Peformance Summary 탭에서 확인할 수 있는 각각의 실행 결과

측정 결과 페이지는 크게 세 가지 영역으로 나눠져 있으며, 자세한 영역은 클릭해서 확인할 수 있다.

- Opportunities & Experiments: 웹사이트에 대한 평가를 총 3가지로 나눠서 보여준다. 각 항목에 대한 간단한 평가를 내리며, 자세한 내용은 클릭을 통해 확인할 수 있다. 자세하게 어떠한 내용이 있는지는 뒤이어서 다룬다.
  - Is it Quick: 웹사이트가 충분히 빠른지를 평가한다. 여기서 빠름을 나타내는 것은 최초 바이트까지의 시간(TTFB)이 짧은지, 콘텐츠 렌더링이 즉각적으로 일어나는지, 최대 콘텐츠풀 페인트(LCP) 시간이 합리적인지를 확인한다.

- Is it Usable: 웹사이트의 사용성과 시각적인 요소를 확인한다. 콘텐츠 누적 이동(CLS)을 최소화하고 있는지, 상호작용을 빠르게 할 수 있는지, 접근성 이슈가 있는지, 클라이언트 사이드에서 과도하게 HTML을 많이 렌더링하는지 등을 점검한다.

- Is it Resilient: 보안 취약성을 점검한다. 렌더링을 블로킹하는 제3자 라이브러리가 존재하는지, 실질적인 위협이 되는 보안 위험 요소가 있는지를 나타낸다.

■ Observed Metrics: 최초 바이트까지의 시간, 렌더링 시작에 소요되는 시간, 최초 콘텐츠풀 페인트 등 측정할 수 있는 다양한 시간 지표에 대해 나타낸다. 추가로 시간의 흐름에 따라 웹페이지가 어떤 식으로 렌더링됐는지도 알 수 있다. 그림 13.18을 보면 0.1초 단위로 스크린숏을 찍고 있는데, 특정 스크린숏에 네모 박스가 있는 것을 확인할 수 있다. 각 색깔별 의미는 다음과 같다.

- 주황색 실선: 웹사이트의 모습이 변경된 경우

- 주황색 점선: 웹사이트의 모습이 변경됐고, 레이아웃 이동도 일어난 경우

- 빨간색 실선: 최대 콘텐츠풀 페인트

- 빨간색 점선: 최대 콘텐츠풀 페인트와 동시에 레이아웃 이동도 일어난 경우

■ Individual Runs: 기본적으로 WebPageTest는 3번의 테스트를 돌려서 평균값을 보여주는데, 각 실행별로 어떠한 결과를 보여주는지 확인할 수 있다.

## 13.3.2 Opportunities & Experiments

앞서 요약으로 간단하게 보여줬던 'Opportunities & Experiments'에 대한 자세한 내용을 확인할 수 있다. 각 요소별로 확인하는 상세 지표에 대해 살펴보자.

■ 최초 바이트까지의 시간(TTFB)을 점검한다. 최초로 응답하는 바이트가 빠르면 빠를수록 렌더링을 빠르게 하는 데 도움이 된다.

■ 렌더링을 블로킹하는 자바스크립트가 있는지 확인한다. 렌더링을 방해하는 자바스크립트가 적으면 적을수록 렌더링을 하는 데 수월해진다.

■ 렌더링을 블로킹하는 CSS가 있는지 확인한다. CSS 또한 잘못된 위치에 잘못 선언돼 있으면 렌더링을 막을 수 있다.

■ 최초 콘텐츠풀 페인트가 2.5초 이내인지 확인한다. 사용자가 콘텐츠를 볼 수 있는 시점은 빠를수록 좋다. 만약 이 지표가 느리다면 다음 예시처럼 어떻게 개선하면 좋을지 제안해 준다.

그림 13.20 만약 최초 콘텐츠풀 페인트가 느리다면 어떤 리소스를 어떻게 개선하면 좋은지 알려준다.

- 주요 영역 내에 게으른 로딩되는 이미지가 있는지 확인한다. 이미지에 대한 게으른 로딩(loading=lazy)이 항상 좋은 것은 아니다. 사용자에게 보여지는 영역에 있는 이미지는 빠르게 로딩되는 것이 좋다.

- 주요 영역 외에 이미지가 게으르게 로딩되는지 확인한다. 뷰포트 이외의 영역에 있는 이미지는 지연 로딩해 다른 급한 리소스를 먼저 로딩하는 것이 좋다.

- 문자의 노출을 지연시키는 커스텀 폰트가 있는지 확인한다. 만약 font-display=block과 같은 형식으로 폰트를 불러온다면 해당 폰트가 로딩될 때까지 문자가 보이지 않을 것이다. 이는 사용자 경험을 해칠 수 있으므로 폰트가 로딩되기 전까지는 기본 폰트를 사용하는 것이 좋다.

- 제3자 호스트에서 폰트를 불러오는지 확인한다. 이제 폰트는 캐싱되지 않으므로[7] 제3자 호스트에서 폰트를 불러오는 것은 크게 이점이 없다. 웹사이트와 동일한 곳에서 폰트를 호스팅하거나, rel=preload로 브라우저에 최우선 리소스임을 알려주거나, rel=preconnect로 미리 해당 오리진에 연결할 수 있게끔 하는 것이 좋다.

- 실제로 사용하지 않는 리소스를 rel=preload로 불러오지 않는지 확인한다. preload는 앞서 설명한 것처럼 브라우저의 최우선 리소스로 지정되기 때문에 꼭 필요한 리소스에만 사용하는 것이 좋다.

- HTTP 리다이렉트되는 리소스가 없어야 한다. 리다이렉트는 추가적인 네트워크 요청을 유발하기 때문에 성능에 좋지 못하다. 가능한 한 모든 리소스는 리다이렉트되지 않고 바로 리소스를 반환해야 한다.

- 최초로 다운로드받은 HTML과 최종 결과물 HTML 사이에 크기 차이가 적어야 한다. 최초로 받은 HTML과 최종 결과물 사이에 차이가 클수록 최종 결과물을 그리기 위해 자바스크립트가 많은 힘을 쏟았다는 것을 의미한다. 이는 싱글 페이지 애플리케이션에서 특히 두드러지게 문제점으로 지적된다.

---

7  https://wicki.io/posts/2020-11-goodbye-google-fonts/

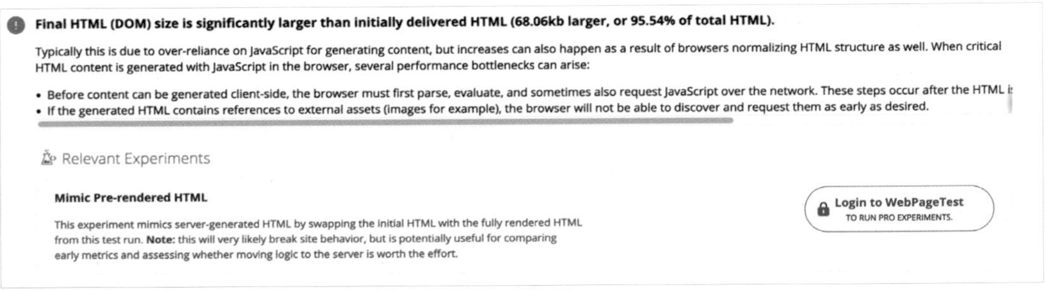

ⓘ **Final HTML (DOM) size is significantly larger than initially delivered HTML (68.06kb larger, or 95.54% of total HTML).**

Typically this is due to over-reliance on JavaScript for generating content, but increases can also happen as a result of browsers normalizing HTML structure as well. When critical HTML content is generated with JavaScript in the browser, several performance bottlenecks can arise:

- Before content can be generated client-side, the browser must first parse, evaluate, and sometimes also request JavaScript over the network. These steps occur after the HTML i
- If the generated HTML contains references to external assets (images for example), the browser will not be able to discover and request them as early as desired.

🖈 Relevant Experiments

**Mimic Pre-rendered HTML**

This experiment mimics server-generated HTML by swapping the initial HTML with the fully rendered HTML from this test run. **Note:** this will very likely break site behavior, but is potentially useful for comparing early metrics and assessing whether moving logic to the server is worth the effort.

🔒 **Login to WebPageTest**
TO RUN PRO EXPERIMENTS.

그림 13.21 create-react-app 기반 싱글 페이지 애플리케이션을 분석한 결과. 최종 HTML의 95.54%가 새롭게 만들어진 것을 알 수 있다. 이는 애플리케이션의 규모가 커질수록 더욱 심각한 문제가 될 것이다.

- Is it Usable

  - 이미지 비율 부재로 인한 레이아웃 이동 가능성 여부를 확인한다. 이미지의 비율이 없을 경우 브라우저는 이미지가 로딩되기 전까지 해당 이미지의 크기를 알 수 없어 결과적으로 레이아웃 이동이 발생하게 된다. 이미지가 있다면 미리 적당한 width와 height를 지정하는 것이 좋다.

  - 어떤 이유에서건 메인 스레드가 장시간 멈춰 있어서는 안 된다. 메인 스레드가 어떤 이유에서건 장시간 막혀 있게 된다면 페이지 콘텐츠와 상호작용하는 것이 어려워진다. 가능한 한 실행되는 자바스크립트의 크기를 줄이는 것이 좋다.

  - meta: viewport가 적절하게 삽입돼 있어야 한다. meta: viewport[8]는 사용자가 볼 수 있는 영역인 뷰포트를 제어하는 속성이다. 이는 사용자가 접속한 디바이스에 따라 달라지는데, 브라우저에 해당 페이지의 면적 및 비율을 어떻게 제어할지를 정의한다. 가장 많이 정의하는 속성은 다음과 같다.

    ```
    <meta name="viewport" content="width=device-width, initial-scale=1" />
    ```

    이는 너비는 디바이스에 맞게, 최초 확대 축소 수준은 1.0(기본)으로 하겠다는 뜻이다. 이는 모바일 기기에서 해당 웹페이지를 접속할 때 크기를 정할 수 있는 좋은 단서가 된다.

  - 접근성 이슈가 있는지 확인한다. 접근성 관련 문제가 있다면 무엇이 문제인지 어떻게 수정해야 하는지 힌트를 준다.

  - 최초로 다운로드받은 HTML과 최종 결과물 HTML 사이에 크기 차이가 적어야 한다. 접근성 측면에서 또한 마찬가지로 최대한 HTML은 빠르게 완성돼 있는 것이 좋다. 자바스크립트로 완성되는 HTML이 많아질수록 스크린 리더기가 해당 콘텐츠를 읽는 데 걸림돌이 될 것이다.

- Is it Resilient

  - 렌더링을 막는 제3자 라이브러리 요청이 없어야 한다. 기본적으로, 외부에서 불러오는 자바스크립트와 CSS 등의 리소스는 페이지의 렌더링을 막는다. 타사 요청은 또한 웹 페이지의 성능이 이 타사 응답 성능에 의존하게 만들어 버리므로 특히 위험하다.

---

8  https://developer.mozilla.org/en-US/docs/Web/HTML/Viewport_meta_tag

- Snyk에서 검출된 보안 위협이 없어야 한다. Snyk은 9.2절 '깃허브 100% 활용하기'에서 이야기했던 것처럼 자바스크립트 라이브러리에 보안 위협이 존재하는지 확인해 주는 도구다. 모든 라이브러리가 그렇듯이 외부 이용자가 사용하게 되는 라이브러리에는 보안 취약점이 반드시 없어야 한다.
- 모든 요청은 HTTP가 아닌 HTTPS를 거쳐야 한다. HTTPS는 데이터의 무결성을 담보하고, 사용자의 개인정보를 보호하며, 보안 위협으로부터 지켜주므로 반드시 HTTPS를 사용해야 한다.
- 최초로 다운로드한 HTML과 최종 결과물 HTML 사이에 크기 차이가 적어야 한다. HTML 의존이 자바스크립트에 의존적일수록 자바스크립트 에러와 제3자 네트워크 요청 실패 등으로 인한 페이지 렌더링 실패 가능성이 높아진다. 가능한 한 HTML은 완성된 채로 다운로드돼야 한다.

### 13.3.3 Filmstrip

Filmstrip은 말 그대로 웹사이트를 마치 필름을 보는 것처럼 시간의 흐름에 따라 어떻게 웹사이트가 그려졌는지, 또 이때 어떤 리소스가 불러와졌는지 볼 수 있는 메뉴다. 이 Filmstrip 메뉴를 활용하면 렌더링을 가로막는 리소스나 예상보다 일찍 실행되는 스크립트 등을 확인할 수 있다.

다음 그림은 실제 서비스 중인 어느 웹사이트를 WebPageTest를 통해 분석한 결과다. 여기에 나타난 지표만으로 여러 가지 문제점과 개선 방안을 파악할 수 있다.

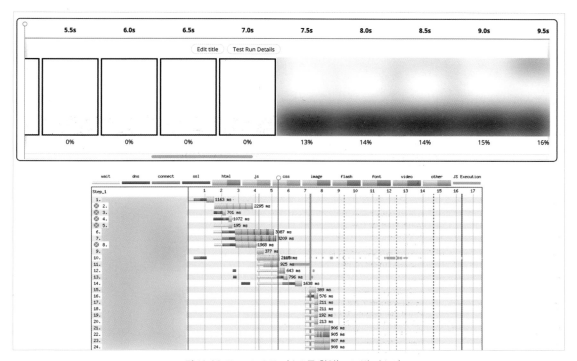

그림 13.22 Filmstrip으로 리소스를 확인(1~24번 리소스)

먼저 그림 13.22의 아래쪽 창에 나열된 리소스들 중 왼쪽에 주황색 X 표시가 있는 것은 렌더링을 블로킹하는 리소스라는 뜻이다. 현재 결과에는 총 5개(2~5, 8번)가 보이는데, 이는 아마도 async나 defer로 불러오지 않는 `<script/>`일 가능성이 크다. 실제 웹사이트를 가보면 동기식으로 보내는 스크립트가 존재하는 것을 확인할 수 있다.

여기서 유일한 HTML 리소스는 1번으로, 1번의 크기가 매우 작은 것을 볼 수 있다. 그리고 가운데 녹색 세로선은 최초 콘텐츠풀 페인트를 의미하는데, 11번 리소스의 실행이 다 끝난 이후에야 비로소 유의미한 렌더링이 시작됐음을 알 수 있다. (16초경의 마지막 파란 선이 렌더링이 끝난 지점이다.) 이로 미루어 보아 이 웹사이트는 싱글 페이지 애플리케이션으로 추측할 수 있는데, 서버 사이드 렌더링을 수행한다면 유의미한 성능 향상을 누릴 수 있을 것이다.

그림 13.23 Filmstrip으로 성능 측정한 웹사이트를 소스 보기로 확인한 모습. 스크립트의 순서를 body 이후로 내리면 조금 더 성능이 향상될 것이다.

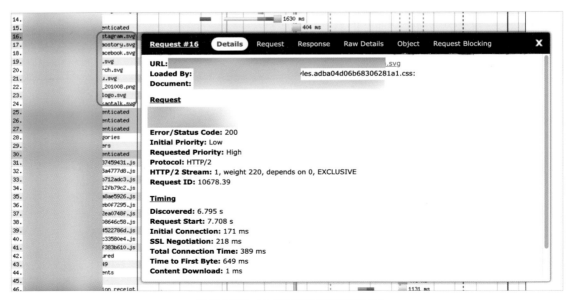

그림 13.24 Flimstrip으로 웹사이트를 확인한 모습

16번부터 24번까지의 리소스는 모두 .svg 파일인데, 크지는 않으나 개별 요청 건으로 수행되고 있어 요청 수가 많다는 문제가 있다. 이를 CSS 스프라이트 기법을 활용해 하나의 이미지로 묶는다면 요청의 개수를 줄여 페이지를 빠르게 로딩하는 데 도움이 될 것이다.

다음으로, 최초 뷰포트 영역에서 가장 눈에 띄는 부분 중 하나는 대문 사진인데, 이 영역은 리소스 중 65번째로 요청된다.

다음으로, 최초 뷰포트 영역에서 가장 눈에 띄는 부분 중 하나는 대문 사진인데, 이 영역은 다음과 같은 코드로 작성돼 있고,

```
<div class="cont_visual" style="background-size: cover; background-color: rgb(59, 56, 32); back-
ground-image: url("http...);">
```

다음과 같이 리소스 중 65번째로 요청된다.

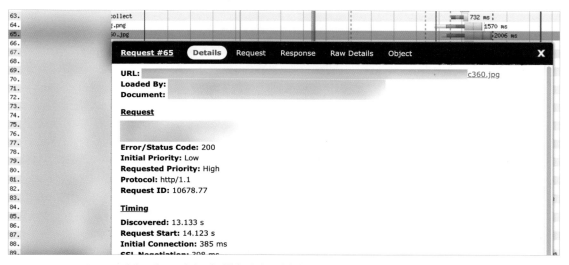

그림 13.25 최대 콘텐츠풀 페인트에 영향을 미치는 이미지가 background-image로 선언된 것을 볼 수 있다.

이 이미지는 비교적 우선순위가 낮은 background-image로 선언돼 있어 뒤늦게 노출될 가능성이 크며, 이는 최대 콘텐츠풀 페인트(LCP) 지표에 악영향을 미친다. 이 이미지만큼은 뷰포트에 걸릴 가능성이 매우 높으므로 background-image 대신 <img/> 태그를 직접 사용해 빠르게 불러오는 것이 좋다.

이처럼 Filmstrip의 그래프를 직접 확인하면 어떠한 것이 성능에 영향을 미치는지, 개선점은 무엇이 있는지 확인할 수 있다. 이 외에도 이 메뉴에서는 다양한 성능 관련 수치를 그래프로 확인할 수 있다. 다음 그림은 시간의 흐름에 따라 페이지가 완성되는 정도를 나타낸 그래프다. 0은 페이지에 아무런 내용이 뜨지 않았음을 의미하며, 100%는 페이지가 완성된 것을 의미한다.

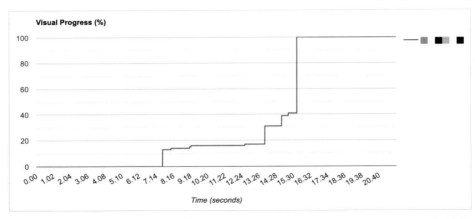

그림 13.26 해당 사이트가 시간의 흐름에 따라 어느 정도 완성됐는지 보여준다. 이 웹사이트는 8초쯤에 서서히 그려지기 시작해 16초경에 렌더링이 완성됐다.

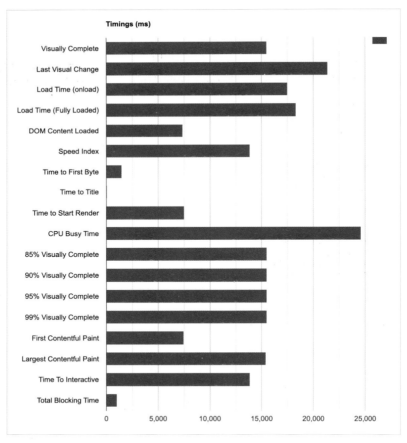

그림 13.27 해당 사이트의 각종 지표를 밀리초 단위로 보여준다.

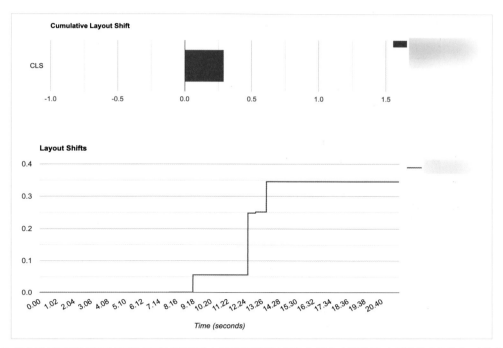

그림 13.28 누적 레이아웃 이동과 관련된 지표를 보여준다. 누적 레이아웃이 이동은 총 몇 초가 일어났으며, 각각 언제 일어났는지 알 수 있다.

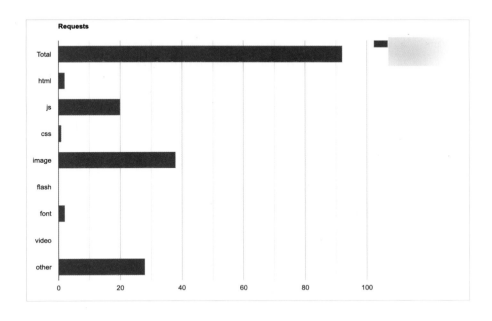

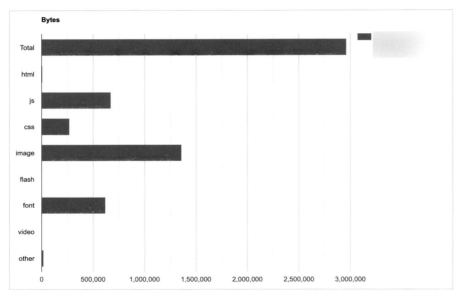

그림 13.29 웹사이트에서 일어난 요청이 몇 개인지, 그리고 각 크기는 어느 정도인지 확인할 수 있다.

### 13.3.4 Details

이 메뉴는 앞서 Filmstrip에서 보여준 내용을 자세하게 보여주는 영역이다. 각 요청에 대한 상세한 설명과 Filmstrip 메뉴에서 제대로 설명해 주지 않았던 각종 실선과 그림과 관련된 설명이 덧붙여져 있으니 Filmstrip에서 제대로 이해하지 못한 내용이 있다면 여기에서 확인하면 좋다.

### 13.3.5 Web Vitals

이 메뉴에서는 최대 콘텐츠풀 페인트(LCP), 누적 레이아웃 이동(CLS), 총 블로킹 시간(TBT)에 대한 자세한 내용을 확인할 수 있다. 최대 콘텐츠풀 페인트의 경우 시간의 흐름에 따라 최대 콘텐츠풀 페인트가 어떻게 변화했는지 확인할 수 있으며, 누적 레이아웃 이동은 어떤 요소가 레이아웃 이동에 영향을 미쳤는지 상세하게 확인할 수 있다. 핵심 웹 지표에 대한 관심이 많다면 이 메뉴를 참고하자.

### 13.3.6 Optimizations

Optimizations는 말 그대로 최적화와 관련된 메뉴로, 리소스들이 얼마나 최적화돼 있는지 나타낸다.

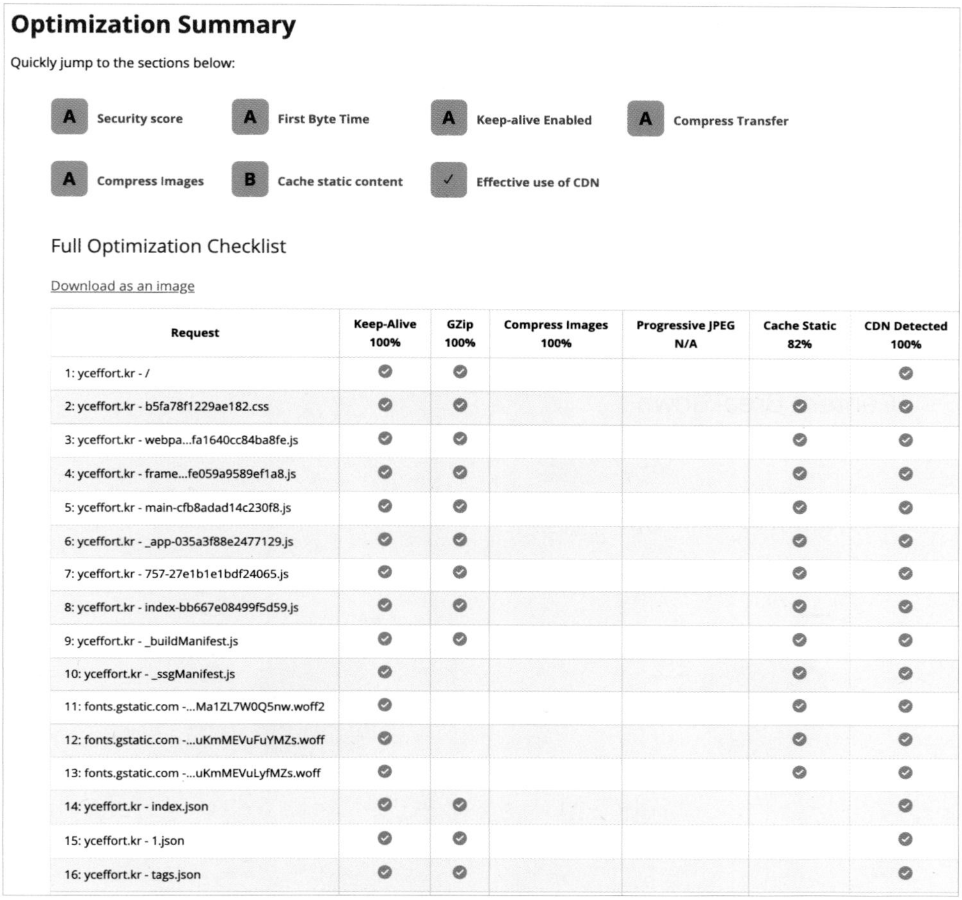
## Optimization Summary

Quickly jump to the sections below:

A Security score | A First Byte Time | A Keep-alive Enabled | A Compress Transfer

A Compress Images | B Cache static content | ✓ Effective use of CDN

Full Optimization Checklist

Download as an image

| Request | Keep-Alive 100% | GZip 100% | Compress Images 100% | Progressive JPEG N/A | Cache Static 82% | CDN Detected 100% |
|---|---|---|---|---|---|---|
| 1: yceffort.kr - / | ✓ | ✓ | | | | ✓ |
| 2: yceffort.kr - b5fa78f1229ae182.css | ✓ | ✓ | | | ✓ | ✓ |
| 3: yceffort.kr - webpa...fa1640cc84ba8fe.js | ✓ | ✓ | | | ✓ | ✓ |
| 4: yceffort.kr - frame...fe059a9589ef1a8.js | ✓ | ✓ | | | ✓ | ✓ |
| 5: yceffort.kr - main-cfb8adad14c230f8.js | ✓ | ✓ | | | ✓ | ✓ |
| 6: yceffort.kr - _app-035a3f88e2477129.js | ✓ | ✓ | | | ✓ | ✓ |
| 7: yceffort.kr - 757-27e1b1e1bdf24065.js | ✓ | ✓ | | | ✓ | ✓ |
| 8: yceffort.kr - index-bb667e08499f5d59.js | ✓ | ✓ | | | ✓ | ✓ |
| 9: yceffort.kr - _buildManifest.js | ✓ | ✓ | | | ✓ | ✓ |
| 10: yceffort.kr - _ssgManifest.js | ✓ | | | | ✓ | ✓ |
| 11: fonts.gstatic.com -...Ma1ZL7W0Q5nw.woff2 | ✓ | | | | ✓ | ✓ |
| 12: fonts.gstatic.com -...uKmMEVuFuYMZs.woff | ✓ | | | | ✓ | ✓ |
| 13: fonts.gstatic.com -...uKmMEVuLyfMZs.woff | ✓ | | | | ✓ | ✓ |
| 14: yceffort.kr - index.json | ✓ | ✓ | | | | ✓ |
| 15: yceffort.kr - 1.json | ✓ | ✓ | | | | ✓ |
| 16: yceffort.kr - tags.json | ✓ | ✓ | | | | ✓ |

그림 13.30 WebPageTest의 'Optimizations' 메뉴. 리소스 최적화와 관련된 정보를 확인할 수 있다.

여기에서 확인 가능한 내용은 다음과 같다.

- Keep-Alive 설정으로 서버와의 연결을 계속 유지하고 있는지
- Gzip으로 리소스를 압축하고 있는지
- 이미지를 적절하게 압축했는지
- Progressive JPEG[9]으로 JPEG 이미지를 렌더링하고 있는지
- 리소스 캐시 정책이 올바르게 수립돼 있는지
- 리소스가 CDN(Content Delivery Network)을 거치고 있는지

9 Progressive JEPG이란 JPEG을 완벽한 픽셀로 위에서부터 아래까지 서서히 로딩하는 기법이 아니라 전체 이미지를 블러 처리했다가 서서히 또렷해지는 기법을 말한다.

각 리소스별로 해당 점검 사항을 확인하며, 이 요구사항을 만족하지 못하는 리소스를 따로 체크해 개발자로 하여금 손쉽게 점검할 수 있게 도와준다.

### 13.3.7 Content

Content 메뉴에서는 말 그대로 웹사이트에서 제공하는 콘텐츠, 애셋을 종류별로 묶어 통계를 보여준다. 애셋 종류별 크기와 로딩 과정을 확인할 수 있으며, 시간의 흐름에 따라 렌더링을 거치면서 또 어떻게 애셋을 불러오는지도 확인할 수 있다.

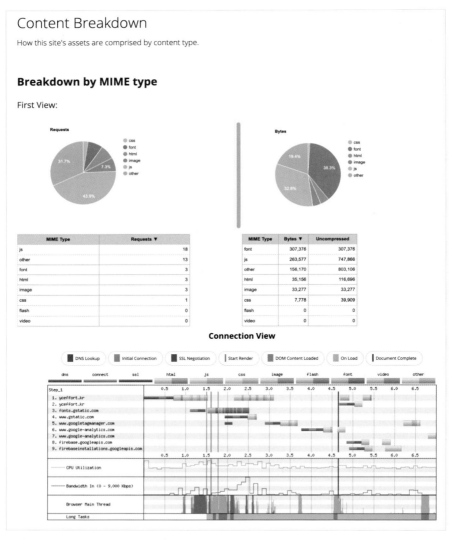

그림 13.31 WebPageTest의 'Content' 메뉴. 웹서비스에서 제공되는 각종 리소스 관련 정보를 확인할 수 있다.

## 13.3.8 Domains

Domains 메뉴에서는 Content 메뉴에서 보여준 애셋들이 어느 도메인에서 왔는지를 도메인별로 묶어서 확인할 수 있다. 그리고 해당 도메인별로 요청한 크기는 어느 정도인지도 확인할 수 있다. 웹사이트의 성격에 따라 다르지만 중요 리소스는 웹사이트와 같은 곳에서 요청할수록 도메인 연결에 소요되는 비용을 줄일 수 있어서 좋다.

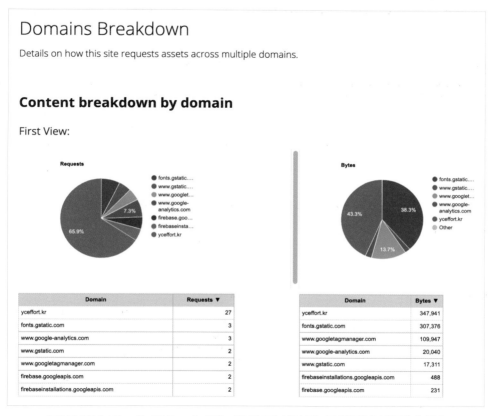

그림 13.32 WebPageTest의 'Domains' 메뉴. 웹서비스가 서비스되는 도메인 정보를 확인할 수 있다.

## 13.3.9 Console Log

Console Log 메뉴에서는 이름에서 짐작할 수 있는 것처럼 사용자가 웹페이지에 접속했을 때 `console.log`로 무엇이 기록됐는지 확인할 수 있다. 대부분의 경우 `console.log`는 사용자가 확인할 수 없을 뿐더러 `console.log` 자체도 부하가 발생하는 작업이므로 가급적 `console.log`를 기록하는 일은 없어야 한다. 만약 디버깅 목적으로 사용하고 있다면 환경변수 등의 방법을 사용해 개발자만 제한적으로 볼 수 있게 해야 한다.

## 13.3.10 Detected Technologies

웹사이트를 개발하는 데 사용된 기술을 확인할 수 있는 메뉴다. 평소에 관심이 있거나 신기한 웹사이트가 있었다면 이 메뉴를 활용해 어떻게 만들었는지 짐작해 볼 수 있다.

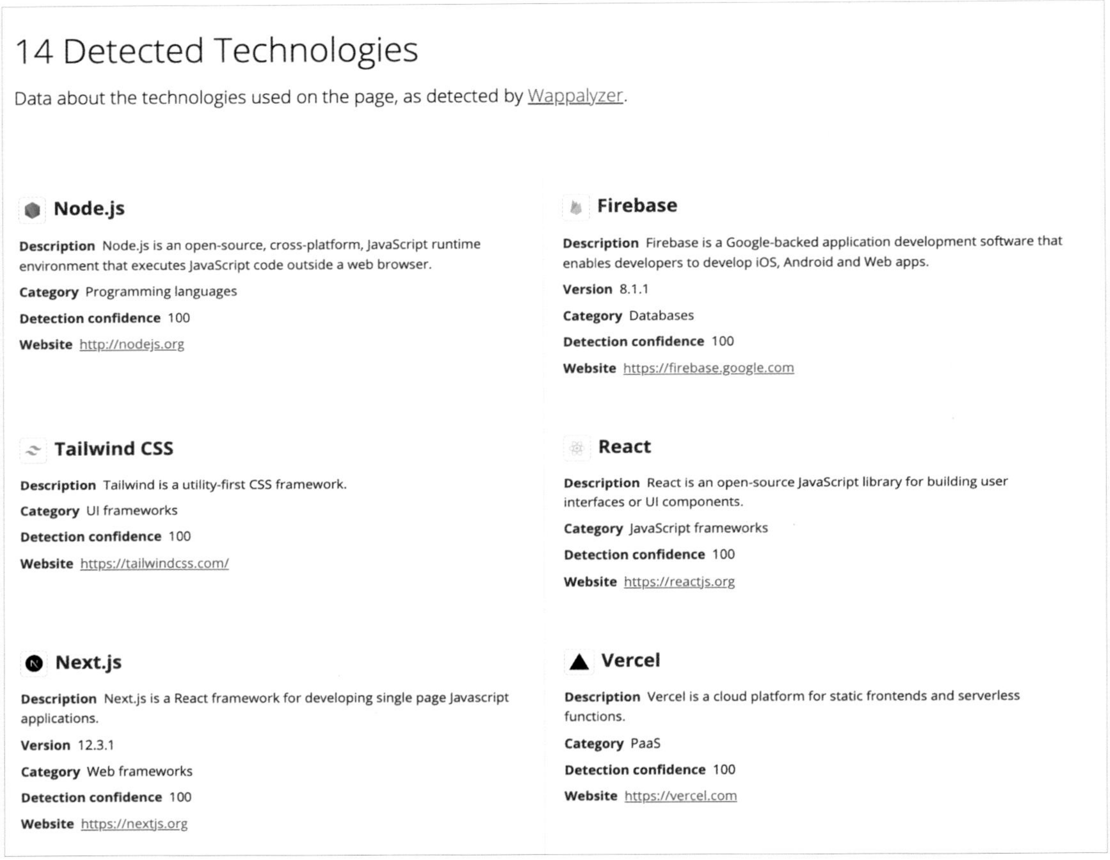

## 14 Detected Technologies

Data about the technologies used on the page, as detected by Wappalyzer.

### Node.js

**Description** Node.js is an open-source, cross-platform, JavaScript runtime environment that executes JavaScript code outside a web browser.

**Category** Programming languages

**Detection confidence** 100

**Website** http://nodejs.org

### Tailwind CSS

**Description** Tailwind is a utility-first CSS framework.

**Category** UI frameworks

**Detection confidence** 100

**Website** https://tailwindcss.com/

### Next.js

**Description** Next.js is a React framework for developing single page Javascript applications.

**Version** 12.3.1

**Category** Web frameworks

**Detection confidence** 100

**Website** https://nextjs.org

### Firebase

**Description** Firebase is a Google-backed application development software that enables developers to develop iOS, Android and Web apps.

**Version** 8.1.1

**Category** Databases

**Detection confidence** 100

**Website** https://firebase.google.com

### React

**Description** React is an open-source JavaScript library for building user interfaces or UI components.

**Category** JavaScript frameworks

**Detection confidence** 100

**Website** https://reactjs.org

### Vercel

**Description** Vercel is a cloud platform for static frontends and serverless functions.

**Category** PaaS

**Detection confidence** 100

**Website** https://vercel.com

그림 13.33 WebPageTest의 'Detected Technologies' 메뉴. 웹사이트가 사용하고 있는 주요 기술을 확인할 수 있다.

## 13.3.11 Main-thread Processing

먼저 이 메뉴의 하위 항목인 Processing Breakdown에서는 메인 스레드가 어떤 작업을 처리했는지 확인할 수 있다. 여기서는 리소스를 기다리는 idle time, 즉 유휴시간은 집계에 포함하지 않는다. 메인 스레드의 작업을 크게 스크립트 실행(Scripting), 레이아웃(Layout), 리소스 로딩(Loading), 페인팅(Painting), 기타의 총 다섯 가지로 분류해서 알려준다.

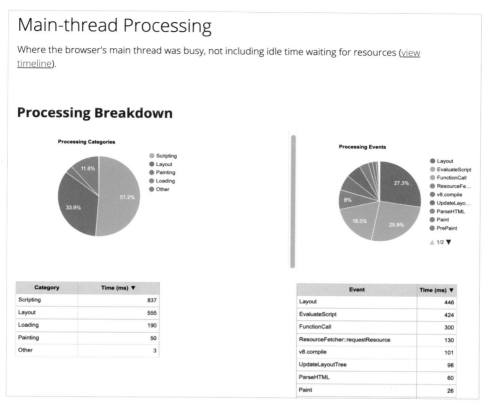

그림 13.34 WebPageTest의 Processing Breakdown 항목. 브라우저가 웹사이트를 불러오기 위해 어떠한 작업을 어떻게 수행했는지 확인할 수 있다.

또한 실제로 어떠한 작업을 하고 있었는지 상세하게 확인할 수 있다. 함수 실행, HTML 파싱, 페인팅, 스크립트 분석 등 다양한 요소 등을 확인할 수 있으니 웹사이트 로딩을 위해 메인 스레드가 무슨 일을 확인하는지 알고 싶다면 이 메뉴를 참고하면 된다.

다음으로 Timing Breakdown에서는 유휴 시간을 포함해 메인 스레드의 작업을 확인할 수 있다.

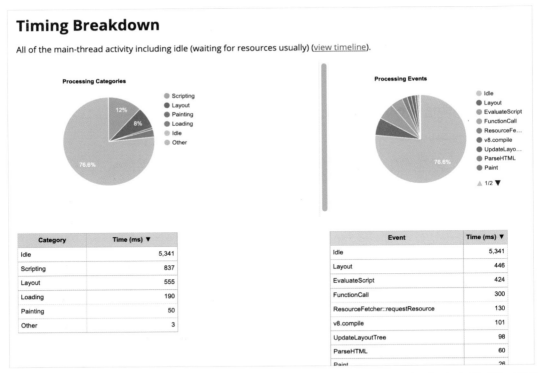

그림 13.35 WebPageTest의 Timing Breakdown 항목. 웹사이트를 불러오기 위해 자바스크립트의 메인 스레드가 어떠한 작업을 수행했는지 알 수 있다.

## 13.3.12 Lighthouse Report

구글 라이트하우스 리포트를 확인할 수 있다. 크롬 개발자 도구에서 확인할 수 있는 라이트하우스 도구와 다르게 개발자의 브라우저가 아닌 원격지의 다소 일반적인 모바일 기기의 브라우저에서 측정된다는 것 외에는 별다른 차이가 없다.

## 13.3.13 기타

이 외의 메뉴는 WebPageTest 외부에서 제공하는 서비스로, 링크를 클릭하면 모두 외부 페이지로 이동한다. 간단하게 메뉴별 기능을 요약하자면 다음과 같다.

- Image Analysis: 유명한 이미지 & 비디오 클라우드 서비스 업체인 Cloudinary로 연결되며, 해당 웹사이트에 어떠한 이미지가 있는지, 그리고 이 이미지들이 최적화된다면 리소스를 어느 정도 아낄 수 있는지 보여준다.

- Request Map: 웹사이트에서 요청이 어떻게 일어나고 있는지를 시각화 도구로 보여준다. 각 리소스의 크기와 특정 리소스가 다른 리소스를 불러오는 등의 요청 관련 연쇄 작용을 확인할 수 있다. 만약 큰 사이즈의 요청이 연쇄 작용의 너무 뒤에서 일어난다면 이러한 요청을 가급적 빠르게 호출할 수 있도록 앞당기는 것도 도움이 될 것이다.

- Data Cost: 각 국가별로 가장 저렴한 요금제를 기준으로 이 웹사이트를 로딩했을 때 실제로 얼마나 가격이 드는지 확인할 수 있는 웹사이트다. 우리나라의 경우 데이터 가격이 상대적으로 저렴한 편에 속한다.

- Security Score: 유명한 보안업체인 Snyk에서 제공하는 기능으로, 해당 사이트의 보안 취약점에 대해 알려준다. 사이트에서 취약한 라이브러리를 사용하는지, 보안과 관련된 적절한 정책이 수립됐는지 등을 확인할 수 있다.

# 13.4 크롬 개발자 도구

web-vitals 라이브러리와 구글 라이트하우스로 지표를 보고 나면 어떤 것이 문제고 무엇을 수정해야 할지 대부분 감이 올 것이다. 일반적으로 코드를 최적화하는 개발자는 코드를 개선하는 담당자이기도 하므로 문제가 되는 코드 위치나 번들만 보더라도 대략 어느 부분이 문제인지 짐작이 될 것이다. 그러나 개발된 지 오래된 웹사이트이거나, 혹은 개발자와 운영자가 다른 경우, 혹은 번들만으로는 정확한 문제가 짐작이 되지 않을 경우 문제를 더 자세하게 들여다 볼 필요가 있다. 이때 사용할 수 있는 도구가 바로 크롬 개발자 도구다. 이번 절에서는 7장에서 다뤘던 것 이상으로 웹사이트의 성능 이슈를 파악하기 위해 크롬 개발자 도구를 활용하는 방법을 알아보자. 이번 절을 통해 실제로 웹사이트를 불러오기 위해 어떠한 작업이 일어나고 있는지 정확하게 파악하고, 나아가 성능 이슈도 해결하는 데 도움이 됐으면 한다.

크롬 개발자 도구를 활용하기 위해서는 시크릿 창으로 웹사이트를 여는 것이 좋다. 일반적인 창모드에서는 각종 크롬 확장 프로그램으로 인해 성능 이슈를 파악하는 데 방해가 될 수 있으므로 시크릿 창으로 웹사이트를 열고 가능한 한 크롬 확장 프로그램의 실행을 방지하자.

## 13.4.1 성능 통계

이 기능은 크롬 102 버전부터 출시됐으며, 2022년 12월 기준으로 실험 모드로 제작됐다. 따라서 이후에 변경될 여지가 있다.

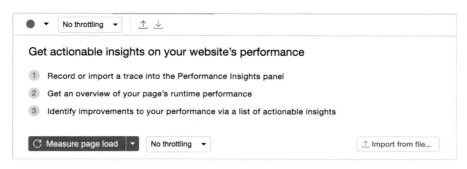

그림 13.36 크롬 개발자 도구에서 확인할 수 있는 성능 통계 탭

크롬 개발자 도구의 Performance Insights는 웹사이트의 성능을 자세하게 확인할 수 있는 도구다. 라이트하우스와 비슷하게 **Page Load**를 선택해 웹사이트 로딩 시작부터 끝까지를 확인하거나, 혹은 **Start Recording**을 눌러서 원하는 액션을 수행하면서 웹사이트 성능을 측정할 수 있다.

한 가지 눈에 띄는 것은 Throttling인데, 이는 고의로 네트워크와 CPU 속도를 지연시키는 기능이다. 속도를 고의로 지연시켜 개발자의 최신 디바이스 성능이 아닌, 일반적인 모바일 사용자의 상대적으로 열악한 환경을 재현할 수 있다. 만약 현실적인 지표를 원한다면 적절하게 이 수치를 조정해 주는 것이 좋다. 이번 실험에서는 Fast 3G와 CPU 4x slowdown을 선택했다.

Performance Insights 탭을 열고 성능을 측정하기에 앞서 반드시 뷰포트를 실제 사용자가 보는 크기만큼 설정해야 한다. 만약 이 탭 때문에 뷰포트가 잘린다면 실제로 잘린 만큼만 측정하기 때문에 반드시 뷰포트를 온전히 확보하고 성능을 측정해야 한다.

그림 13.37 Vercel의 홈페이지인 vercel.com을 분석한 모습

이제 이 결과물을 읽는 법을 하나씩 살펴보자.

### Insights

Insights에서는 성능을 측정하는 기간 동안 발생한 이벤트 중 눈여겨봐야 할 내용을 시간의 흐름에 따라 모아서 보여준다.

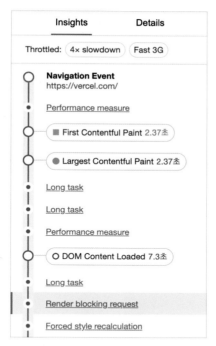

그림 13.38 성능 통계의 Insights에서 확인할 수 있는 정보

각 항목을 하나씩 살펴보자.

- 핵심 웹 지표: 핵심 웹 지표인 최초 콘텐츠풀 페인트(FCP), 최대 콘텐츠풀 페인트(LCP), 그리고 Dom Content Loaded 가 언제 일어났는지 보여준다. 최대 콘텐츠풀 페인트의 경우 마우스를 가져다 대면 어떤 요소가 최대 콘텐츠풀 페인트인지 확인할 수 있다.

- Performance Measure: User Timing API[10]로 측정한 지표들을 확인할 수 있다. 만약 Next.js로 제작된 애플리케이션이 라면 이 API를 사용한 흔적[11]을 볼 수 있다.

- Long Task : Performance Insight의 Insights 탭에서 가장 주목해야 할 것 중 하나다. 이 작업은 메인 스레드에서 실행되는 데 오랜 시간으로 분류된 긴 작업을 의미한다. 무슨 작업인지 확인하기 위해 먼저 **Long task**를 클릭해 보자.

---

10 https://www.w3.org/TR/user-timing/
11 https://github.com/vercel/next.js/blob/b45c81577cf44401d992e95aedfa41ce10683258/packages/next/client/index.tsx#L449–L465(단축 URL: https://bit.ly/3RPpSQU. 향후 Next.js 코드 수정에 따라 404로 반환될 수도 있다. 만약 실제로 성능 측정을 하는 코드의 위치가 궁금하다면 `performance.measure`를 코드 내부에서 검색해 보면 된다.)

| Insights | Details |
|---|---|

**Long running task**

| Issue | Expensive function call ⚠ |
|---|---|
| How to fix | Optimize functions in this task to avoid that the main thread works longer than 50ms.<br>Learn more |

▼ **Longest functions**

| | |
|---|---|
| (anonymous) | (6236-7d0d30927f5a9759.js) |
| f | (webpack-efe9baedf26ccb14.js) |
| f | (webpack-efe9baedf26ccb14.js) |
| f | (webpack-efe9baedf26ccb14.js) |
| 74753 | (_app-86b034a9b47bda79.js) |
| n | (8230-a5273051181b3137.js) |
| Li | (framework-560765ab0625ba27.js) |
| (anonymous) | (8230-a5273051181b3137.js) |
| oo | (framework-560765ab0625ba27.js) |
| Ri | (framework-560765ab0625ba27.js) |

▼ **Stack traces**

| | |
|---|---|
| ▼ (anonymous) | 6236-7d0d30927f5a9759.js |
| 86236 | 6236-7d0d30927f5a9759.js |
| f | webpack-efe9baedf26ccb14.js |

그림 13.39 성능 통계의 Details를 눌러 확인한 모습. 좀 더 자세한 정보를 확인할 수 있다.

해당 Long task를 선택하면 어떤 함수로 인해 오랜 시간이 걸렸는지 확인할 수 있다. Longest functions, 즉 실행에 오래 걸린 함수는 6236-....js에 있는 익명 함수이며, 이 익명 함수는 내부적으로 86236라는 함수를 호출하고 있음을 알 수 있다. 이 86236을 선택해 보자.

그림 13.40 성능 통계의 Details에서 확인한 86236 함수를 찾아 포매팅하는 모습

해당 함수를 클릭하면 **소스** 탭으로 이동해 해당 함수가 있는 자바스크립트 파일을 보여준다. 그러나 대부분의 경우 프로덕션의 자바스크립트 파일은 압축되어 읽기 어렵다. 따라서 왼쪽 아래의 {}을 눌러 포매팅을 수행하면 사람이 읽기 편한 형태로 변환해서 보여준다.

```
self.webpackChunk_N_E = self.webpackChunk_N_E || []).push([[6236], {
    86236: function(l, e, n) {
        n.d(e, {
            a: function() {
                return xn
            }
        });
        var t = n(43270)
          , a = n(49246)
          , r = n(67294)
          , v = n(94673)
          , o = n(38976)
          , c = n(62915)
          , s = n(59855)
          , i = n(82898)
          , h = n(18448)
          , E = n(32125)
          , m = n(36587)
          , C = function(l) {
            var e = l.fill
              , n = void 0 === e ? "#FFF" : e
              , t = l.width
              , a = void 0 === t ? "100%" : t
              , v = l.height
              , o = void 0 === v ? "100%" : v
              , c = l.viewBox
              , s = void 0 === c ? "0 0 28 8" : c
              , i = l.style
              , h = void 0 === i ? {} : i;
            return r.createElement("svg", {
                xmlns: "http://www.w3.org/2000/svg",
                width: a,
                height: o,
                viewBox: s,
                style: h
            }, r.createElement("g", {
                fill: "none",
                fillRule: "evenodd"
            }, r.createElement("g", {
                fill: n
            }, r.createElement("g", null, r.createElement("g", null, r.createElement("g", nul
                d: "M25.077 4.59l.009.006 2.761 3.313c.035.04.011.091-.045.091h-1.946c-.145 0-
                transform: "translate(-264 -700) translate(50 215) translate(0 74) translate((
            }))))))))))))
        }
          , d = n(16606)
          , g = n(65042)
          , f = n(23148)
          , S = n(68017)
          , u = function(l) {
            var e = l.id
              , n = void 0 === e ? (0,
            S.Z)() : e
              , t = l.width
              , a = void 0 === t ? "100%" : t
              , v = l.height
              , o = void 0 === v ? "100%" : v
```

그림 13.41 포매팅을 통해 확인한 결과, svg를 만드는 리액트 컴포넌트가 존재한다는 것을 알 수 있다.

해당 함수의 코드를 미루어 보아 어떠한 규칙에 따라 svg를 반환하는 리액트 컴포넌트인 것으로 추정된다. 해당 자바스크립트 함수는 3개의 인수를 받고 있으며, 또한 내부적으로 다양한 조건에 따른 컴포넌트 렌더링을 하는 것으로 추정되며, 무엇보다 함수의 크기가 엄청나게 크다.

만약 실제 해당 코드를 개발한 사람이라면 이 정도 단서만으로도 충분히 무슨 함수인지 유추해 볼 수 있을 것이다. 그리고 이 함수의 문제점도 알았으니 충분히 코드를 개선해 볼 수 있다.

- Render blocking CSS: 말 그대로 렌더링을 막는 CSS라는 뜻이다. 해당 메시지를 클릭해서 무엇이 렌더링을 막는지 확인해 보자.

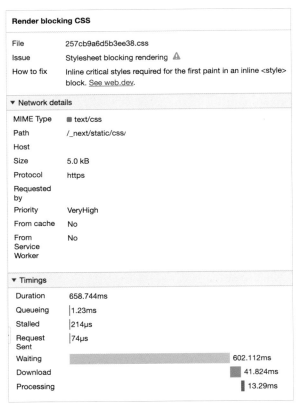

그림 13.42 Render blocking CSS를 확인한 모습

어떠한 리소스가 렌더링을 막고 있는지 한눈에 알 수 있는데, 이 경우 CSS가 렌더링을 막는 것을 볼 수 있다. 이 경우 아마도 <head>에 선언돼 있는 스타일일 것이다. 이렇게 <head>에 있는 스타일은 중요 스타일로 분류되어 반드시 다운로드와 후처리가 끝난 후에 렌더링이 재개된다. 따라서 <head> 내부의 스타일은 반드시 뷰포트에서 필요한 스타일만 존재하는 것이 이상적이다. 이 경우 조치할 수 있는 방안은 크게 3가지다.

- 중요하지 않은 스타일이라면 link rel="preload" as="style"로 스타일을 비동기적으로 요청한다.
- 미디어 쿼리를 활용해 디바이스에 필요한 스타일만 불러온다.
- CSS 내부의 띄어쓰기, 줄바꿈 등을 압축해 최대한 크기를 줄인다.

- Forced Style recalculation: 이미 스타일이 한번 계산된 이후에 어떠한 이유로 스타일이 다시금 계산되는 작업이 강제로 발생했음을 의미한다. 스타일을 재계산하는 일은 많은 리소스가 소요되는 일이므로 가급적 유저가 어떠한 액션을 하지 않은 이상 최초 로딩 시에는 일어나지 않는 것이 좋다. 다음 예제를 보자.

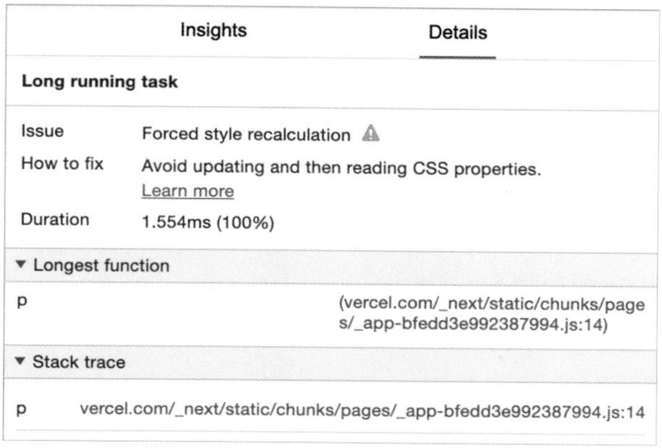

그림 13.43 Details를 눌러보면 긴 작업에 대한 상세한 정보를 확인할 수 있다.

이번에도 마찬가지로 무엇이 문제인지 함수를 클릭해서 확인할 수 있다.

```
, p = ()=>{
let e = document.createElement("style");
return e.appendChild(document.createTextNode("*{-webkit-transition:none!important;-moz-transition:none!important;-o-transition:n
document.head.appendChild(e),
()=>{
    window.getComputedStyle(document.body),
    setTimeout(()=>{
        document.head.removeChild(e)
    }
    , 1)
}
```

그림 13.44 소스코드를 통해 확인한 결과, 스크립트로 스타일을 넣는 코드를 확인할 수 있다.

코드를 살펴보니 style 요소를 만들어 강제로 삽입한 다음, getComputedStyle로 최신화해 다시 빼버리는 것을 볼 수 있다. 만약 이러한 코드가 불필요한 코드라면 삭제해 성능 향상을 노려볼 수 있다.

이처럼 Insights 탭에서는 성능 측정 기간 동안 개발자가 눈여겨봐야 할 여러 가지 요소를 한눈에 확인할 수 있게끔 도와준다. 만약 Insights 탭에서 무언가 지적하는 사항이 있다면 해당 내용을 살펴보고 소스코드 수준까지 자세하게 들여다 본 다음 개선이 필요하다면 수정해 성능을 향상시키는 것이 좋다.

## 메인 메뉴

메인 영역에서는 성능을 측정하는 기간 동안 무슨 일이 일어나는지 확인할 수 있는 다양한 기능을 제공한다.

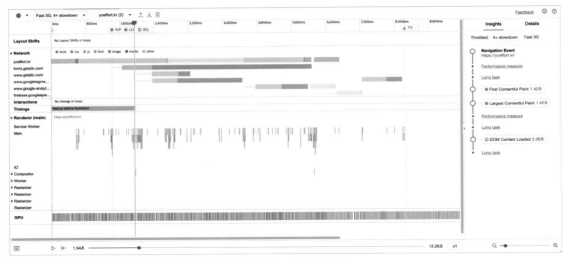

그림 13.45 성능 통계의 메인 메뉴

여기서 살펴볼 수 있는 것들에 대해 하나씩 살펴보자.

먼저 파란색 세로선을 중심으로 왼쪽 하단의 버튼을 클릭하면 해당 파란 선 당시에 페이지가 얼마나 완성돼 있는지 확인할 수 있다. 이는 앞서 WebPageTest에서 제공하는 기능과 매우 비슷하다. 시간의 흐름에 따라 화면이 얼마나 그려졌는지 점검하면서 원하는 대로 페이지가 렌더링됐는지 점검할 수 있다.

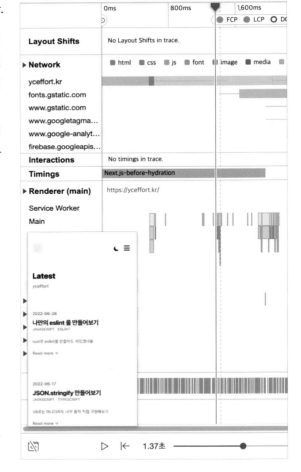

그림 13.46 성능 통계에서 파란색 세로선을 움직이면 파란 선이 가리키는 시점의 페이지 정보를 볼 수 있다.

Layout Shifts 영역은 레이아웃 이동이 일어날 경우 기록된다. 이 시점에 실행된 스크립트를 살펴보면 무엇이 누적 레이아웃 이동을 발생시키는지 확인할 수 있다.

그림 13.47 Layout Shifts를 확인한 모습

Network에서는 성능 측정 기간 동안 발생한 네트워크 요청을 모두 확인할 수 있다. 여기서 각 항목을 선택하면 해당 네트워크 이벤트에 대한 자세한 내용을 알 수 있다. 만약 이 네트워크 요청에 대한 더 자세한 내용이 알고 싶다면 해당 파일을 기억해 두었다가 네트워크 탭에서 검색해 보면 된다. 이 Performance Insights 탭에서 살펴볼 수 없는 자세한 네트워크 관련 정보가 네트워크 탭에 기록돼 있다.

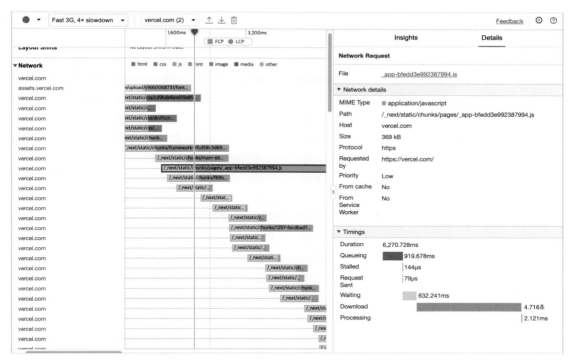

그림 13.48 네트워크를 확인한 모습. 이전과 마찬가지로 파란 선으로 해당 시점의 네트워크 요청 정보를 확인할 수 있다.

Renderer에서는 렌더러가 어떤 작업을 하고 있는지 확인할 수 있다. 여기서 작업을 클릭하면 오른쪽 **Details** 탭에서 해당 작업과 관련된 내용도 확인할 수 있다. 만약 크기가 조금 큰 작업이 있다면 반드시 클릭해 보자. 그 작업은 렌더러가 실행하기 위해 많은 시간을 보냈다는 뜻으로, Long task일 가능성이 크며, 결론적으로 성능 개선의 여지가 있음을 나타낸다.

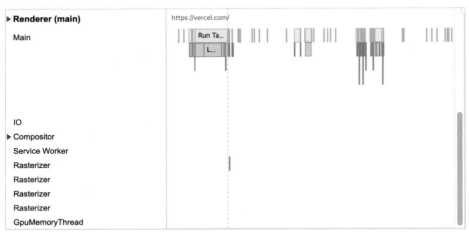

그림 13.49 성능 통계의 렌더러를 통해 해당 시점에 렌더러가 수행한 작업을 확인할 수 있다.

Timing은 앞에서도 언급한 User Timing API와 관련된 기록이 남아 있다. 만약 측정하고 싶은 기록이 있다면 다음과 같이 코드를 작성하면 된다.

```
const mark = 'marA'
window.performance.mark(mark)
// 측정하고 싶은 작업을 시작

window.performance.measure('여기에 적은 메시지가 Timings에 나타납니다.', mark)
```

자세한 내용은 performance.mark[12]와 performance.measure[13] 공식 문서를 참고하자.

## 13.4.2 성능

성능 탭은 Performance Insights 탭이 등장하기 이전부터 있던 탭으로, 성능 분석에 사용하기 위해 만들어진 탭이다. Performance Insights 탭에 비해 다소 내용이 어렵고 복잡하지만 그만큼 더 자세한 정보를 조금

---

12 https://developer.mozilla.org/en-US/docs/Web/API/Performance/mark
13 https://developer.mozilla.org/en-US/docs/Web/API/Performance/measure

더 세밀하게 확인해 볼 수 있다는 장점이 있다. 다만 일반적인 성능 분석과 측정은 Perfomance Insights 탭의 정보만으로도 충분하므로 더 자세하게 알고 싶은 경우에 참고하면 좋다.

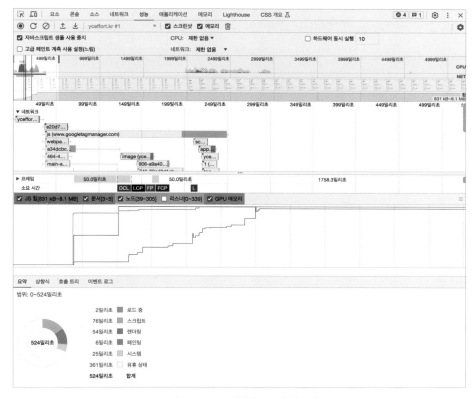

그림 13.50 크롬 개발자 도구의 성능 탭

## 메뉴

성능 탭에서 사용할 수 있는 메뉴를 확인할 수 있다. 원을 선택하면 성능 측정이 시작되며, 다시 누르면 성능 측정이 종료된다. 새로 고침 버튼을 클릭하면 다른 성능 측정과 마찬가지로 페이지 로드부터 종료 시점까지 성능 측정이 일어난다. 그 외에도 의도적으로 스로틀링을 적용하거나, 측정 프로필을 저장 및 불러오는 기능도 포함돼 있다.

그림 13.51 크롬 개발자 도구의 '성능' 탭에서 제공하는 메뉴

## 요약

요약 탭에서는 측정 기간의 CPU, 네트워크 요청, 스크린숏, 메모리 점유율 등을 요약해서 볼 수 있다. 말 그대로 요약이기 때문에 자세한 내용은 하단 패널에서 참고할 수 있다. 이 요약 탭이 중요한 이유는 바로 드래그를 통해 시점을 선택할 수 있다는 점이다. 드래그를 통해 원하는 시점을 선택하면 해당 시점과 관련된 정보만 하단에 노출된다. 이를 활용해 원하는 시점의 정보를 더욱 상세하게 확인할 수 있다.

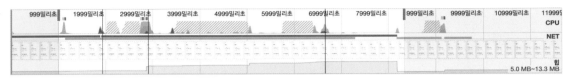

그림 13.52 성능 탭의 요약 항목. 범위를 선택해 해당 기간 동안 일어난 작업을 더 자세하게 볼 수도 있다.

## 네트워크

성능 측정 기간 동안에 발생한 모든 네트워크 요청을 확인할 수 있다.

그림 13.53 성능 탭의 네트워크 항목

이 네트워크 요청은 각 색깔에 따라 어떠한 종류의 요청인지 확인할 수 있다.

- 파란색: HTML

- 보라색: CSS

- 노란색: 자바스크립트

- 초록색: 이미지

- 회색: 기타

- 폰트
- JSON 등

그리고 위에 있는 요청이 우선순위가 높은 요청이다. 그리고 이 요청이 그래프로 표시돼 있는데, 이 그래프를 읽는 방법은 다음과 같다.

- 왼쪽 선은 연결을 시작되기 위한 기간을 나타낸다.
- 대표 색상의 막대 그래프 중 색이 더 연한 왼쪽은 요청을 보내고 최초 바이트가 오기까지의 대기 시간을 의미한다.
- 대표 색상의 막대 그래프 중 색이 진한 오른쪽은 콘텐츠를 다운로드하는 데 걸리는 시간을 의미한다.
- 그리고 마지막에 거의 안 보이는 오른쪽 선은 메인 스레드의 응답을 기다리는 시간인데, 이는 네트워크의 소요 시간에 포함하지 않는다.

즉, 이 네트워크 탭을 통해 실제 다운로드를 시작하기 위해 대기하는 시간과 다운로드에 걸리는 시간 모두를 확인할 수 있다. 진한 색 영역이 크다면 내용이 큰 파일이라는 뜻이므로 파일 크기를 줄일 필요가 있으며, 연한 색 영역이 크다면 다운로드 요청에 대한 응답을 받는 데 오래 걸린다는 것을 알 수 있다.

그리고 해당 요청을 클릭하면 하단에 해당 네트워크 요청에 대한 자세한 내용을 확인할 수 있다.

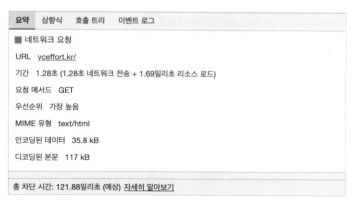

그림 13.54 네트워크에 대한 요약 정보를 볼 수 있다.

## Web vitals

Web vitals는 핵심 웹 지표 시점을 확인할 수 있는 영역이다. 핵심 웹 지표는 이전부터 반복적으로 설명했으므로 자세한 설명은 생략한다.

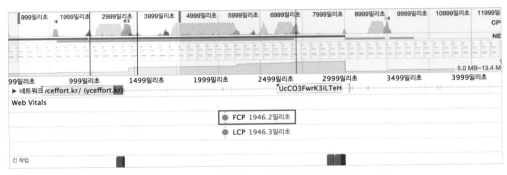

그림 13.55 성능 탭에서 핵심 웹 지표와 관련된 정보를 확인할 수 있다.

## 소요 시간과 기본

성능 탭의 핵심이자 꽃이라 부를 수 있는 부분으로, 시간의 흐름에 따라 메인 스레드의 작업은 어떻게 이뤄졌는지, 또 자바스크립트 힙 영역은 어떻게 변화하는지 등을 확인할 수 있다.

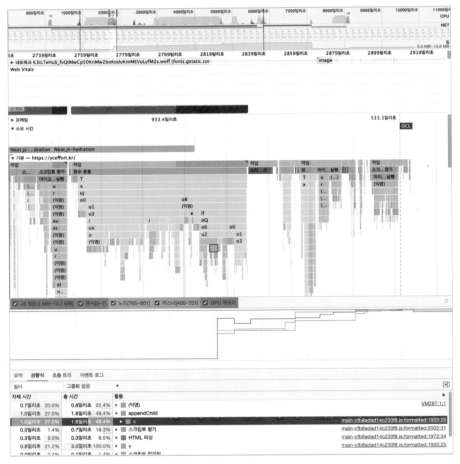

그림 13.56 '성능' 탭의 소요 시간과 관련된 정보를 확인할 수 있는 메뉴

기본 탭에서는 현재 메인 스레드의 작업을 볼 수 있는데 메인 스레드가 수행하는 다양한 작업을 볼 수 있다. 함수 호출을 예로 들어보자. 기본적으로 함수 호출은 한 번에 끝나지 않고 함수 내부에서 서로 다른 함수를 연쇄적으로 호출하면서 끝난다. 특히 싱글 페이지 애플리케이션에서 리액트가 전체 컴포넌트를 렌더링하는 작업, 혹은 서버 사이드 애플리케이션에서 리액트가 하이드레이션으로 페이지에 이벤트를 입히는 작업은 여러 함수를 호출한 뒤에야 마무리된다. 이처럼 메인 스레드에서 연쇄적으로 일어나는 작업을 한눈에 보기에 매우 적합하다.

여기서 일어나는 긴 작업에 대해 알아본다고 가정해 보자. 먼저 살펴보고 싶은 긴 작업을 선택한다. 다음의 긴 작업은 크게 두 개의 영역으로 나눠져 있는 것을 확인할 수 있다. 왼쪽 영역의 익명 함수부터 살펴보자.

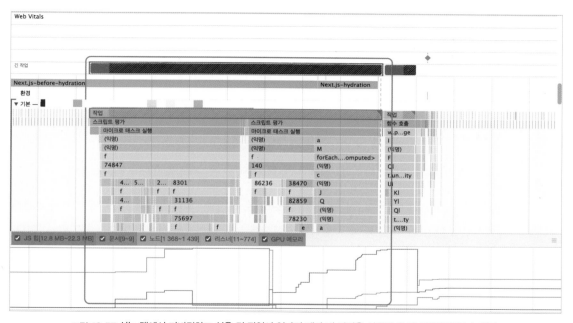

그림 13.57 성능 탭에서 디버깅하고 싶은 긴 작업이 있다면 해당 긴 작업을 선택해 좀 더 세밀하게 볼 수 있다.

최초의 함수는 onEntrypoint로, Next.js에서 라우팅이 로드될 때 실행되는 함수다.[14]

---

14 https://github.com/vercel/next.js/blob/b8ae447b0fdc12553b4eacd26595e4054ffcf415/packages/next/client/route-loader.ts#L330–L342, 단축 URL: https://bit.ly/3FaxlSI

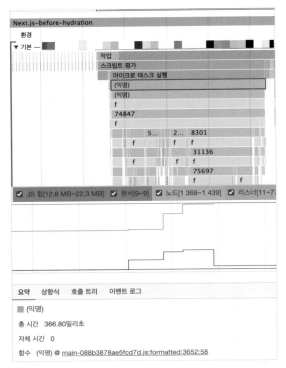

그림 13.58 긴 작업을 파악하기 위해 크롬 개발자 도구의 성능 탭에서 자바스크립트를 단계별로 확인하는 모습

'작업', '스크립트 평가', '마이크로 태스크 실행'은 자바스크립트 엔진과 관련된 내용으로, 실제 코드와 관련된 작업은 그 밑에서부터 확인할 수 있다. 해당 영역을 클릭하면 해당 영역에서 실행된 함수를 확인할 수 있다. 파일명을 클릭해보자.

```
onEntrypoint: function(e, n) {
    (n ? Promise.resolve().then((function() {
        return n()
    }
    )).then((function(e) {
        return {
            component: e && e.default || e,
            exports: e
        }
    }
    ), (function(e) {
        return {
            error: e
        }
    }
    )) : Promise.resolve(void 0)).then((function(n) {
        var r = t.get(e);
        r && "resolve"in r ? n && (t.set(e, n),
        r.resolve(n)) : (n ? t.set(e, n) : t.delete(e),
        u.delete(e))
    }
    ))
},
```

그림 13.59 그림 13.58의 코드가 어떤 내용인지 확인할 수 있다. Promise와 관련된 어떤 처리를 하는 함수임을 알 수 있는데, 참고로 이 함수는 Next.js에서 라우터 처리와 관련된 함수다.[15]

---

15 https://github.com/vercel/next.js/blob/e0ca2ba544b562bf718afadbc75db1885cb41504/packages/next/src/client/route-loader.ts#L340-L351,
단축 URL: https://bit.ly/46eu8xJ

이렇게 단계별로 차츰 확인하다 보면 프레임워크 또는 개발자가 작성한 코드를 확인할 수 있다. 그러나 문제는 이것만으로는 긴 작업이 무엇 때문에 발생했는지 확인할 수 없다는 것이다. 한 단계 더 내려가보자.

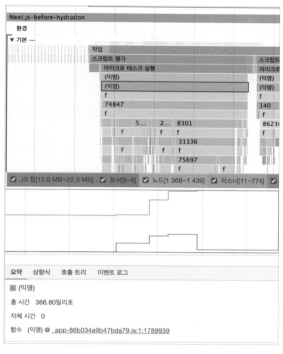

그림 13.60 그림 13.58에서 한 단계 더 내려간 모습

이번에는 파일명이 Next.js의 초기화 페이지인 _app.js인 것을 알 수 있다. 해당 코드를 살펴보자.

```
    ],
6840: function(e, t, n) {
    (window.__NEXT_P = window.__NEXT_P || []).push(["/_app", function() {
        return n(74847)
    }
    ])
},
```

그림 13.61 그림 13.60의 실제 코드

파일명과 window.__NEXT_P라는 전역 변수에서 추측할 수 있듯이 이 영역은 Next.js의 실행과 관련된 코드임을 알 수 있다. 한 단계 더 내려가보자.

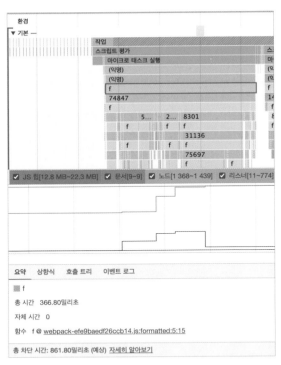

그림 13.62 그림 13.60에서 한 단계 더 내려간 모습

이번에는 파일명이 webpack으로 돼 있는 것을 알 수 있다. 이로 미루어보아 _app에서 웹팩으로 번들링된 파일을 호출한다는 것을 알 수 있다.

```
function f(t) {
    var d = a[t];
    if (void 0 !== d)
        return d.exports;
    var c = a[t] = {
        id: t,
        loaded: !1,
        exports: {}
    }
    , n = !0;
    try {
        e[t].call(c.exports, c, c.exports, f),
        n = !1
    } finally {
        n && delete a[t]
    }
    return c.loaded = !0,
    c.exports
}
```

그림 13.63 그림 13.62의 실제 코드

그러나 이 역시 우리가 찾고자 하는 코드와는 거리가 멀다. 웹팩은 개발자와 프레임워크로 작성된 코드를 번들링해서 실행해주는 가교 역할만 할 뿐이다. 여기서 더 한 단계 내려가보자.

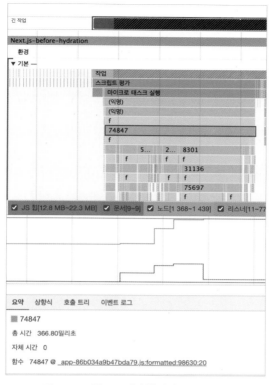

그림 13.64 그림 13.62에서 한 단계 더 내려간 모습

이번에는 다시 파일명이 _app으로 확인된다. 파일명을 클릭해 실제 코드가 어떻게 작성돼 있는지 살펴보자.

```
74847: function(e, t, n) {
    "use strict";
    n.r(t),
    n.d(t, {
        default: function() {
            return ut
        }
    });
    var r = n(50029)
      , o = n(59499)
      , i = n(92777)
      , a = n(82262)
      , s = n(81531)
      , u = n(63553)
      , c = n(37247)
      , l = n(16835)
      , Z = function(e) {
        var t = e.isShow
          , n = void 0 !== t && t
          , r = e.closeFn
          , o = void 0 === r ? P.noop : r
          , i = e.children;
        return (0,
        F.jsx)(U.Z, {
            isShow: n,
            type: B.Xo.ALERT,
            title: "\ub9cc ".concat(B.Ec, "\uc138 \uc774\uc0c1\ub9cc<br> \uc7
            closeFn: o,
            success: {
                callback: P.noop,
                label: "\ud655\uc778"
            },
            children: i
        })
    }
```

그림 13.65 그림 13.64의 실제 코드

드디어 _app.js도 웹팩도 아닌 개발자가 작성한 것으로 추정할 수 있는 코드를 확인할 수 있다. 이 코드의 개발자라면 이 정도 힌트만으로도 어떤 코드인지 짐작할 수 있을 것이다. 한글의 경우 \uc138과 같은 유니코드로 돼 있기 때문에 자바스크립트 코드를 사용해 무슨 문구인지 파악해 볼 수 있다.

```
const utf8Kor = `\uc138 \uc774\uc0c1\ub9cc<br>\uc774\uc6a9\uac00\ub2a5\ud569\ub2c8\ub2e4.`

utf8kor // '세 이상만<br>이용 가능합니다.'
```

참고로 이 성능 탭과 함께 이용하면 좋은 메뉴가 바로 하단 그래프다. 이 그래프는 자바스크립트 힙의 변화, 노드, 리스너 등의 변화를 그래프로 볼 수 있는 영역이다. 마찬가지로 이 그래프를 클릭하면 해당 영역에서 발생했던 이벤트가 선택되며 어떤 함수의 실행이나 스크립트 등으로 인해 이러한 변화가 있었는지 짐작해 볼 수 있다. 또한 긴 작업의 영향을 받는 동안 내부적으로 어떠한 변화가 있었는지도 추측할 수 있으므로 긴 작업 간에 힙의 소모가 커지거나 리스너, 노드 등의 개수가 지나치게 많아진다면 한번 이를 토대로 검토해 보는 것이 좋다.

만약 소스 맵이 있다면 실제로 소스를 참조할 수 있는 수준으로 확인해 볼 수 있을 것이다. 그러나 반대로 소스맵은 무작위의 사용자들도 개발자 도구를 통해 난독화되지 않은 진짜 코드를 누구나 손쉽게 볼 수 있다는 위험성이 있으므로 프로덕션 애플리케이션에서는 사용하지 않는 것이 좋다.

## 13.5 정리

지금까지 npm 라이브러리부터 크롬 개발자 도구에 이르기까지, 다양한 방법으로 성능을 측정하는 방법을 비롯해 웹 페이지가 로드되는 사이에 어떠한 일이 있었는지 확인해 보는 방법, 그리고 번들링된 코드를 기준으로 실제 어떠한 점을 고쳐야 하는지 등을 살펴봤다. 성능을 개선하고 애플리케이션에서 병목 지점을 찾는 것은 개발하는 것 이상으로 어려운 일이며, 반복적으로 꾸준히 탐색해야만 할 수 있는 업무다. 모두가 버그 없는 완벽한 애플리케이션을 꿈꾸지만 불가능한 일인 것처럼 완벽하게 모든 것을 고려한 것 같은 서비스라 할지라도 어디선가 예상치 못한 시나리오에서 병목 현상이 발생할 수 있다. 여러 연구 결과가 증명하듯 단순히 성능을 0.1초 개선한 것만으로도 사용자에게는 긍정적인 사용자 경험을 안겨줄 수 있다는 사실을 상기하면서 스스로 개발한 웹사이트에 좀 더 큰 책임감을 가지고 연구해 보기를 권한다.

만약 웹사이트 성능 개선에 관심이 생겼다면 다음과 같은 자료를 참고하길 추천한다. 시시각각 세월에 따라 프레임워크나 라이브러리의 트렌드는 변하지만 HTML과 자바스크립트, 그리고 CSS를 기본으로 한다는 것은 변함이 없다. 웹사이트 성능 개선과 관련해서 지켜야 할 철칙을 잘 준수한다면 단순히 리액트 개발자가 아닌 웹 애플리케이션 개발자로 한 단계 더 성장할 것이다. 심지어 이 지식은 트렌드를 크게 타지 않는, 나만의 오랜 노하우로 간직할 수도 있다.

- WebPageTest 블로그: https://blog.webpagetest.org/

- 구글의 web.dev: https://web.dev/

- 크롬 개발자 도구 가이드: https://developer.chrome.com/docs/devtools/overview/

- 구글 라이트하우스 가이드: https://developer.chrome.com/docs/lighthouse/overview/

# 14<sub>장</sub>

# 웹사이트 보안을 위한 리액트와
# 웹페이지 보안 이슈

웹사이트의 성능만큼이나 중요한 것이 바로 웹사이트의 보안이다. 최근 분야를 가릴 것 없이 각종 IT 보안 이슈로 인해 개인정보 유출, 시스템 마비 등의 문제가 불거지면서 일반적인 소비자나 웹사이트 방문자들도 웹사이트의 안전성과 보안에 대한 의구심이 커지고 있다. 따라서 개발자들은 웹사이트를 완성도 있게 만들고 충분한 성능을 내는 것과 동시에 외부의 위협에도 안전한 웹사이트를 만들어야 할 책임감을 반드시 지녀야 한다.

프런트엔드 분야 또한 보안 위험성이 증대하고 있다. 프런트엔드에서 해야 할 일이 많아질수록 프런트엔드 코드의 규모 역시 증가하며, 코드의 규모가 증가한다는 것은 필연적으로 보안 취약점에 노출될 확률도 증가한다는 것을 의미한다. 이러한 보안 이슈는 버그와 같이 개발자의 실수에서 비롯되는 경우도 있지만 이러한 코드나 프로세스가 보안에 문제가 된다는 것을 인지하지 못하는 경우에도 발생한다. 마지막으로 보안 이슈는 프레임워크나 라이브러리가 모두 알아서 해결해 주는 것이 아니기 때문에 반드시 개발자 스스로가 주의를 기울여야 한다.

이번 장에서는 리액트를 기반으로 한 웹 애플리케이션을 만드는 프런트엔드 개발자가 신경 써야 할 다양한 보안 이슈를 살펴본다. 웹사이트에서 발생할 수 있는 보안 취약점은 프런트엔드, 서버, 데이터베이스 가릴 것 없이 다양하지만 이번 장에서는 프런트엔드 개발자가 조심해야 할 부분에 대해 집중적으로 다룬다. 서버 사이드 렌더링이나 서버 컴포넌트도 소개했으므로 Next.js 등에서도 발생할 수 있는 보안 이슈에 대해서도 함께 살펴보면서 주의해야 할 점에 대해 알아보자.

# 14.1 리액트에서 발생하는 크로스 사이트 스크립팅(XSS)

크로스 사이트 스크립팅(Cross-Site Scripting, XSS)이란 웹 애플리케이션에서 가장 많이 보이는 취약점 중 하나로, 웹사이트 개발자가 아닌 제3자가 웹사이트에 악성 스크립트를 삽입해 실행할 수 있는 취약점을 의미한다. 이 취약점은 일반적으로 게시판과 같이 사용자가 입력을 할 수 있고, 이 입력을 다른 사용자에게 보여줄 수 있는 경우에 발생한다. 예를 들어, 어떤 게시판에 사용자가 다음과 같은 글을 올린다고 가정해 보자.

```
<p>사용자가 글을 작성했습니다.</p>
<script>
  alert('XSS')
</script>
```

위 글을 방문했을 때 별도의 조치가 없다면 script도 함께 실행되어 window.alert도 함께 실행될 것이다. 프런트엔드 개발자와 마찬가지로 script가 실행될 수 있다면 웹사이트 개발자가 할 수 있는 모든 작업을 함께 수행할 수 있으며, 쿠키를 획득해 사용자의 로그인 세션 등을 탈취하거나 사용자의 데이터를 변경하는 등 각종 위험성이 있다. 그렇다면 리액트에서 이 XSS 이슈는 어떻게 발생할 수 있을까?

## 14.1.1 dangerouslySetInnerHTML prop

dangerouslySetInnerHTML은 이름에서 알 수 있듯이 특정 브라우저 DOM의 innerHTML을 특정한 내용으로 교체할 수 있는 방법이다. 일반적으로 게시판과 같이 사용자나 관리자가 입력한 내용을 브라우저에 표시하는 용도로 사용된다. 다음 코드를 보자.

```
function App() {
  // 다음 결과물은 <div>First · Second</div>이다.
  return <div dangerouslySetInnerHTML={{ __html: 'First &middot; Second' }} />
}
```

dangerouslySetInnerHTML은 오직 __html을 키를 가지고 있는 객체만 인수로 받을 수 있으며, 이 인수로 넘겨받은 문자열을 DOM에 그대로 표시하는 역할을 한다. 그러나 이 dangerouslySetInnerHTML의 위험성은 dangerouslySetInnerHTML이 인수로 받는 문자열에는 제한이 없다는 것이다. 다음 예제를 보자.

```
const html = `<span><svg/onload=alert(origin)></span>`

function App() {
  return <div dangerouslySetInnerHTML={{ __html: html }} />
}
```

```
}

export default App
```

위 코드를 방문하면 다음과 같이 origin이 alert로 나타나게 된다.

그림 14.1 dangerouslySetInnerHTML에 자바스크립트 코드가 들어가면 위와 같이 실행될 수도 있다.

말 그대로 dangerouslySetInnerHTML은 사용에 주의를 기울여야 하는 prop이며, 여기에 넘겨주는 문자열 값은 한 번 더 검증이 필요하다는 것을 알 수 있다.

## 14.1.2 useRef를 활용한 직접 삽입

dangerouslySetInnerHTML과 비슷한 방법으로 DOM에 직접 내용을 삽입할 수 있는 방법으로 useRef가 있다. useRef를 활용하면 직접 DOM에 접근할 수 있으므로 이 DOM에 앞서와 비슷한 방식으로 innerHTML에 보안 취약점이 있는 스크립트를 삽입하면 동일한 문제가 발생한다.

```
const html = `<span><svg/onload=alert(origin)></span>`

function App() {
  const divRef = useRef<HTMLDivElement>(null)

  useEffect(() => {
    if (divRef.current) {
      divRef.current.innerHTML = html
    }
  })

  return <div ref={divRef} />
}
```

위 코드를 방문하면 역시 origin이 alert로 나타나게 된다.

그림 14.2 useRef를 통해 innerHTML을 삽입하는 작업 역시 직접적으로 스크립트를 삽입할 수 있는 위험성이 있다.

`<script>`나 svg/onload를 사용하는 방식 외에도 `<a>` 태그에 잘못된 href를 삽입하거나 onclick, onload 등 이벤트를 활용하는 등 여러 가지 방식의 XSS가 있지만 공통적인 문제는 웹사이트 개발자가 만들지 않은 코드를 삽입한다는 것에 있다.

## 14.1.3  리액트에서 XSS 문제를 피하는 방법

리액트에서 XSS를 이슈를 피하는 가장 확실한 방법은 제3자가 삽입할 수 있는 HTML을 안전한 HTML 코드로 한 번 치환하는 것이다. 이러한 과정을 새니타이즈(sanitize) 또는 이스케이프(escape)라고 하는데, 새니타이즈를 직접 구현해 사용하는 등 다양한 방법이 있지만 가장 확실한 방법은 npm에 있는 라이브러리를 사용하는 것이다. 이와 관련된 유명한 라이브러리로는 다음과 같은 것이 있다.

- DOMpurity(https://github.com/cure53/DOMPurify)

- sanitize—html(https://github.com/apostrophecms/sanitize—html)

- js—xss(https://github.com/leizongmin/js—xss)

sanitize-html을 사용한 예제를 살펴보자.

```
import sanitizeHtml, { IOptions as SanitizeOptions } from 'sanitize-html'

// 허용하는 태그
const allowedTags = [
  'div',
  'p',
  'span',
  'h1',
  'h2',
  'h3',
  'h4',
  'h5',
```

```
  'h6',
  'figure',
  'iframe',
  'a',
  'strong',
  'i',
  'br',
  'img',
]

// 위 태그에서 허용할 모든 속성
const defaultAttributes = ['style', 'class']

// 허용할 iframe 도메인
const allowedIframeDomains = ['naver.com']

// 허용되는 태그 중 추가로 허용할 속성
const allowedAttributeForTags: {
  [key in (typeof allowedTags)[number]]: Array<string>
} = {
  iframe: ['src', 'allowfullscreen', 'scrolling', 'frameborder', 'allow'],
  img: ['src', 'alt'],
  a: ['href'],
}

// allowedTags, allowedAttributeForTags, defaultAttributes를 기반으로
// 허용할 태그와 속성을 정의
const allowedAttributes = allowedTags.reduce<
  SanitizeOptions['allowedAttributes']
>((result, tag) => {
  const additionalAttrs = allowedAttributeForTags[tag] || []
  return { ...result, [tag]: [...additionalAttrs, ...defaultAttributes] }
}, {})

/*
{
    "allowedTags": [
        "div",
        "p",
        "span",
```

```
            "h1",
            "h2",
            "h3",
            "h4",
            "h5",
            "h6",
            "figure",
            "iframe",
            "a",
            "strong",
            "i",
            "br",
            "img"
        ],
        "allowedAttributes": {
            "div": [
                "style",
                "class"
            ],
... 생략 ...

            "iframe": [
                "src",
                "allowfullscreen",
                "scrolling",
                "frameborder",
                "allow",
                "style",
                "class"
            ],
            "a": [
                "href",
                "style",
                "class"
            ],

... 생략 ...

            "img": [
                "src",
```

```
            "alt",
            "style",
            "class"
        ]
    },
    "allowedIframeDomains": [
        "naver.com"
    ],
    "allowIframeRelativeUrls": true
}
*/
const sanitizedOptions: SanitizeOptions = {
    allowedTags,
    allowedAttributes,
    allowedIframeDomains,
    allowIframeRelativeUrls: true,
}

const html = '<span><svg/onload=alert(origin)></span>'

function App() {
    // 위 옵션을 기반으로 HTML을 이스케이프한다.
    // svg는 허용된 태그가 아니므로 <span></span>만 남는다.
    const sanitizedHtml = sanitizeHtml(html, sanitizedOptions)

    return <div dangerouslySetInnerHTML={{ __html: sanitizedHtml }}></div>
}
```

sanitize-html은 허용할 태그와 목록을 일일이 나열하는 이른바 허용 목록(allow list) 방식을 채택하기 때문에 사용하기가 매우 귀찮게 느껴질 수도 있다. 그러나 이렇게 허용 목록을 작성하는 것이 훨씬 안전하다. 허용 목록에 추가하는 것을 깜박한 태그나 속성이 있다면 단순히 HTML이 안 보이는 사소한 이슈로 그치겠지만 차단 목록(block list)으로 해야 할 것을 놓친다면 그 즉시 보안 이슈로 연결되기 때문이다.

또 한 가지 중요한 것은 단순히 보여줄 때뿐만 아니라 사용자가 콘텐츠를 저장할 때도 한번 이스케이프 과정을 거치는 것이 더 효율적이고 안전하다는 것이다. 애초에 XSS 위험성이 있는 콘텐츠를 데이터베이스에 저장하지 않는 것이 예기치 못한 위협을 방지하는 데 훨씬 도움이 될뿐만 아니라, 한번 이스케이프하면 그 뒤로 보여줄 때마다 일일이 이스케이프 과정을 거치지 않아도 되므로 훨씬 효율적이다.

이러한 치환 과정은 되도록 서버에서 수행하는 것이 좋다. 예를 들어, POST 요청으로 입력받은 HTML을 받은 데이터를 저장하는데, 이 이스케이프 과정을 클라이언트에서만 수행한다고 가정해 보자. 일반적인 사용자라면 문제가 되지 않겠지만 POST 요청을 스크립트나 curl 등으로 직접 요청하는 경우에는 스크립트에서 실행하는 이스케이프 과정을 생략하고 바로 저장될 가능성이 있다. 따라서 서버는 '클라이언트에서 사용자가 입력한 데이터는 일단 의심한다'라는 자세로 클라이언트의 POST 요청에 있는 HTML을 이스케이프하는 것이 제일 안전하다.

마지막으로, 단순히 게시판과 같은 예시가 웹사이트에 없다고 하더라도 XSS 문제는 충분히 발생할 수 있다는 점을 명심해야 한다. 예를 들어, 다음과 같이 쿼리스트링에 있는 내용을 그대로 실행하거나 보여주는 경우에도 보안 취약점이 발생할 수 있다.

```
import { useRouter } from 'next/router'

function App() {
  const router = useRouter()
  const query = router.query
  const html = query?.html?.toString() || ''

  return <div dangerouslySetInnerHTML={{ __html: html }} />
}
```

따라서 개발자는 자신이 작성한 코드가 아닌 query, GET 파라미터, 서버에 저장된 사용자가 입력한 데이터 등 외부에 존재하는 모든 코드를 위험한 코드로 간주하고 이를 적절하게 처리하는 것이 좋다.

📑 리액트의 JSX 데이터 바인딩

앞에서 소개한 XSS와 관련해 리액트의 숨겨진 메커니즘이 있다. 왜 dangerouslySetInnerHTML이라는 속성이 별도로 존재하는 걸까? 그 이유는 기본적으로 리액트는 XSS를 방어하기 위해 이스케이프 작업이 존재하기 때문이다.

```
const html = '<span><svg/onload=alert(origin)></span>'

function App() {
  return <div id={html}>{html}</div>
}
```

만약 리액트가 위 코드를 이스케이프하지 않았다면 svg의 onload가 실행됐을 것이다. 그러나 위 코드는 실행되지 않고 다음과 같이 렌더링된다.

그림 14.3 리액트에서 사용하는 { } 방식으로는 XSS 보안 위협이 없는 것을 확인할 수 있다.

즉, `<div>{html}</div>`와 같이 HTML에 직접 표시되는 textContent와 HTML 속성값에 대해서는 리액트가 기본적으로 이스케이프 작업을 해주는 것을 알 수 있다.

그러나 dangerouslySetInnerHTML이나 props로 넘겨받는 값의 경우 개발자의 활용도에 따라 원본 값이 필요할 수 있기 때문에 이러한 작업이 수행되지 않는다.

## 14.2 getServerSideProps와 서버 컴포넌트를 주의하자

서버 사이드 렌더링과 서버 컴포넌트는 성능 이점을 가져다 줌과 동시에 서버라는 개발 환경을 프런트엔드 개발자에게 쥐어준 셈이 됐다. 서버에는 일반 사용자에게 노출되면 안 되는 정보들이 담겨 있기 때문에 클라이언트, 즉 브라우저에 정보를 내려줄 때는 조심해야 한다. 다음 예제를 보자.

```
export default function App({ cookie }: { cookie: string }) {
  if (!validateCookie(cookie)) {
    Router.replace(/*...*/)
    return null
  }


  /* do something... */
}
export const getServerSideProps = async (ctx: GetServerSidePropsContext) => {
  const cookie = ctx.req.headers.cookie || ''
  return {
    props: {
      cookie,
    },
  }
}
```

예제에서는 getServerSideProps에서 cookie 정보를 가져온 다음, 이를 클라이언트 리액트 컴포넌트에 문자열로 제공해 클라이언트에서 쿠키의 유효성에 따라 이후 작업을 처리한다. 이는 의도한 대로 작동하는 코드일지는 몰라도 보안 관점에서는 썩 좋지 못하다. 먼저 앞서 getServerSideProps에 대해 살펴본 것처럼 getServerSideProps가 반환하는 props 값은 모두 사용자의 HTML에 기록되고, 또한 전역 변수로 등록되어 스크립트로 충분히 접근할 수 있는 보안 위협에 노출되는 값이 된다. 또한 충분히 getServerSideProps에서 처리할 수 있는 리다이렉트가 클라이언트에서 실행되어 성능 측면에서도 손해를 본다. 따라서 getServerSideProps가 반환하는 값 또는 서버 컴포넌트가 클라이언트 컴포넌트에 반환하는 props는 반드시 필요한 값으로만 철저하게 제한되어야 한다. 이는 보안 측면의 이점뿐만 아니라 성능 측면에서도 이점을 가져다 줄 수 있다. 앞의 코드는 다음과 같이 수정할 수 있다.

```
export default function App({ token }: { token: string }) {
  const user = JSON.parse(window.atob(token.split('.')[1]))
  const user_id = user.id

  /* do something... */
}
export const getServerSideProps = async (ctx: GetServerSidePropsContext) => {
  const cookie = ctx.req.headers.cookie || ''

  const token = validateCookie(cookie)

  if (!token) {
    return {
      redirect: {
        destination: '/404',
        permanent: false,
      },
    }
  }

  return {
    props: {
      token,
    },
  }
}
```

쿠키 전체를 제공하는 것이 아니라 클라이언트에서 필요한 token 값만 제한적으로 반환했고, 이 값이 없을 때 예외 처리할 리다이렉트도 모두 서버에서 처리했다. 이로써 불필요하게 쿠키 값을 노출하는 것을 없앴고, 리다이렉트 또한 한층 빨라질 것이다.

이러한 방식의 접근법은 비단 getServerSideProps와 서버 컴포넌트뿐만 아니라 리덕스에서 서버 사이드에서 가져온 상태로 가져오는 window.__PRELOADED_STATE__와 같은 값을 데이터를 초기화할 때도 적용된다. window.__PRELOADED_STATE__의 값은 XSS에 취약할 수 있기 때문에 반드시 새니타이즈를 거치고, 꼭 필요한 값만 제공해야 한다.

## 14.3 〈a〉 태그의 값에 적절한 제한을 둬야 한다

웹 개발 시에 〈a〉 태그의 href에 javascript:로 시작하는 자바스크립트 코드를 넣어둔 경우를 본 적이 있을 것이다. 이는 주로 〈a〉 태그의 기본 기능, 즉 href로 선언된 URL로 페이지를 이동하는 것을 막고 onClick 이벤트와 같이 별도 이벤트 핸들러만 작동시키기 위한 용도로 주요 사용된다. 다음 코드를 보자.

```
function App() {
  function handleClick() {
    console.log('hello')
  }

  return (
    <>
      <a href="javascript:;" onClick={handleClick}>
        링크
      </a>
    </>
  )
}
```

이렇게 하면 〈a〉의 href가 작동하지 않아 페이지 이동이 일어나지 않는 대신 onClick의 핸들러만 실행되는 것을 볼 수 있다.

이러한 방식은 마크업 관점에서 또한 안티패턴으로 볼 수 있다. 〈a〉 태그는 반드시 페이지 이동이 있을 때만 사용하는 것이 좋다. 페이지 이동이 없이 어떠한 핸들러만 작동시키고 싶다면 〈a〉보다는 button을 사용하는 것이 좋다.

그러나 이 코드를 정확히 이야기하면 href가 작동하지 않는 것이 아니라 href의 javascript:;만 실행된 것이다. 즉, href 내에 자바스크립트 코드가 존재한다면 이를 실행한다는 뜻이다. 따라서 다음 코드를 실행하면 다음과 같은 경고문과 함께 정상적으로 렌더링되는 것을 확인할 수 있다.

```
function App() {
  return (
    /*
     Warning: A future version of React will block javascript: URLs as a security precaution. Use
    event handlers instead if you can. If you need to generate unsafe HTML try using dangerouslySetIn-
    nerHTML instead. React was passed "javascript:()=>alert('hello')".
      at a
    */
    <>
      <a href="javascript:alert('hello');">링크</a>
    </>
  )
}
```

그리고 `<a>` 태그를 클릭하면 alert('hello')가 작동하는 것을 볼 수 있다. XSS에서 소개한 사례와 비슷하게, href에 사용자가 입력한 주소를 넣을 수 있다면 이 또한 보안 이슈로 이어질 수 있다. 따라서 href로 들어갈 수 있는 값을 제한해야 한다. 그리고 피싱 사이트로 이동하는 것을 막기 위해 가능하다면 origin도 확인해 처리하는 것이 좋다.

```
function isSafeHref(href: string) {
  let isSafe = false
  try {
    // javascript:가 오면 protocol이 javascript:가 된다.
    const url = new URL(href)
    if (['http:', 'https:'].includes(url.protocol)) {
      isSafe = true
    }
  } catch {
    isSafe = false
  }

  return isSafe
}
```

```
function App() {
  const unsafeHref = "javascript:alert('hello');"
  const safeHref = 'https://www.naver.com'
  return (
    <>
      {/* 위험한 href로 분류되어 #이 반환된다. */}
      <a href={isSafeHref(unsafeHref) ? unsafeHref : '#'}>위험한 href</a>
      {/* 안전한 href로 분류되어 원하는 페이지로 이동할 수 있다. */}
      <a href={isSafeHref(safeHref) ? safeHref : '#'}>안전한 href</a>
    </>
  )
}
```

# 14.4  HTTP 보안 헤더 설정하기

HTTP 보안 헤더란 브라우저가 렌더링하는 내용과 관련된 보안 취약점을 미연에 방지하기 위해 브라우저와 함께 작동하는 헤더를 의미한다. 이는 웹사이트 보안에 가장 기초적인 부분으로, HTTP 보안 헤더만 효율적으로 사용할 수 있어도 많은 보안 취약점을 방지할 수 있다. 대표적으로 HTTP 보안 헤더로 무엇이 있는지 먼저 살펴보고, 이를 Next.js 등에 어떻게 적용해 사용할 수 있는지 살펴보자.

## 14.4.1  Strict-Transport-Security

HTTP의 Strict-Transport-Security 응답 헤더는 모든 사이트가 HTTPS를 통해 접근해야 하며, 만약 HTTP로 접근하는 경우 이러한 모든 시도는 HTTPS로 변경되게 한다. 사용법은 다음과 같다.

```
Strict-Transport-Security: max-age=<expire-time>; includeSubDomains
```

<expire-time>은 이 설정을 브라우저가 기억해야 하는 시간을 의미하며, 초 단위로 기록된다. 이 기간 내에는 HTTP로 사용자가 요청한다 하더라도 브라우저는 이 시간을 기억하고 있다가 자동으로 HTTPS로 요청하게 된다. 만약 헤더의 이 시간이 경과하면 HTTP로 로드를 시도한 다음에 응답에 따라 HTTPS로 이동하는 등의 작업을 수행할 것이다. 만약 이 시간이 0으로 돼 있다면 헤더가 즉시 만료되고 HTTP로 요청하게 된다. 일반적으로 1년 단위로 허용하지만 https://hstspreload.org/에 따르면 권장값은 2년이다.

includeSubDomains가 있을 경우 이러한 규칙이 모든 하위 도메인에도 적용된다.

## 14.4.2 X-XSS-Protection

X-XSS-Protection은 비표준 기술로, 현재 사파리와 구형 브라우저에서만 제공되는 기능이다.[1]

이 헤더는 페이지에서 XSS 취약점이 발견되면 페이지 로딩을 중단하는 헤더다. 이 헤더는 뒤이어 소개할 Content-Security-Policy가 있다면 그다지 필요 없지만 Content-Security-Policy를 지원하지 않는 구형 브라우저에서는 사용이 가능하다. 그러나 이 헤더를 전적으로 믿어서는 안 되며, 반드시 페이지 내부에서 XSS에 대한 처리가 존재하는 것이 좋다.

```
X-XSS-Protection: 0
X-XSS-Protection: 1
X-XSS-Protection: 1; mode=block
X-XSS-Protection: 1; report=<reporting-uri>
```

- 0은 XSS 필터링을 끈다.

- 1은 기본값으로, XSS 필터링을 켜게 된다. 만약 XSS 공격이 페이지 내부에서 감지되면 XSS 관련 코드를 제거한 안전한 페이지를 보여준다.

- 1; mode=block은 1과 유사하지만 코드를 제거하는 것이 아니라 아예 접근 자체를 막아버린다.

- 1; report=<reporting-uri>는 크로미움 기반 브라우저에서만 작동하며, XSS 공격이 감지되면 보고서를 report= 쪽으로 보낸다.

## 14.4.3 X-Frame-Options

X-Frame-Options는 페이지를 frame, iframe, embed, object 내부에서 렌더링을 허용할지를 나타낼 수 있다. 예를 들어, 네이버와 비슷한 주소를 가진 페이지가 있고, 이 페이지에서 네이버를 iframe으로 렌더링한다고 가정해 보자. 사용자는 이 페이지를 진짜 네이버로 오해할 수 있고, 공격자는 이를 활용해 사용자의 개인정보를 탈취할 수 있다. X-Frame-Options는 외부에서 자신의 페이지를 위와 같은 방식으로 삽입되는 것을 막아주는 헤더다.

예를 들어, 네이버와 관계없는 제3의 페이지에서 다음과 같이 <iframe>으로 네이버 페이지를 삽입해서 실행해보자.

---

1  https://caniuse.com/mdn-http_headers_x-xss-protection

```
export default function App() {
  return (
    <div className="App">
      <iframe src="https://www.naver.com" />
    </div>
  )
}
```

코드를 실행해 보면 네이버 페이지가 정상적으로 노출되지 않음을 알 수 있다.

그림 14.4 <iframe>으로 naver.com을 삽입했지만 정상적으로 노출되지 않는 것을 볼 수 있다.

그 이유는 네이버에 X-Frame-Options: deny 옵션이 있기 때문이다. 이 옵션은 제3의 페이지에서 <iframe>으로 삽입되는 것을 막는 역할을 한다.

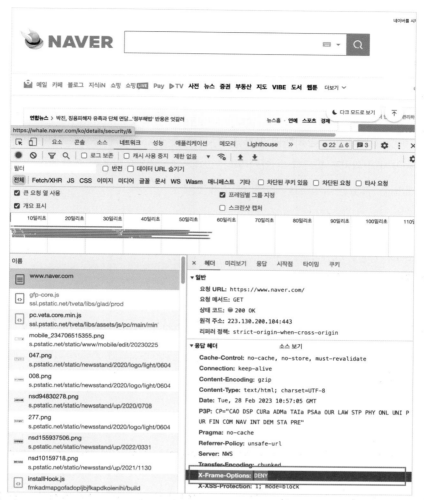

그림 14.5 네이버처럼 X-Frame-Options: Deny를 사용하면 타 웹사이트에서 iframe으로 네이버를 삽입하는 것을 막을 수 있다.

iframe으로 네이버를 삽입하려 했으나 해당 내용은 크롬에 의해 렌더링되지 않았다. 그리고 네이버의 응답 헤더를 보면 해당 옵션이 활성화된 것을 알 수 있다.

```
X-Frame-Options: DENY
X-Frame-Options: SAMEORIGIN
```

- DENY: 만약 위와 같은 프레임 관련 코드가 있다면 무조건 막는다.

- SAMEORIGIN: 같은 origin에 대해서만 프레임을 허용한다.

## 14.4.4 Permissions-Policy

Permissions-Policy는 웹사이트에서 사용할 수 있는 기능과 사용할 수 없는 기능을 명시적으로 선언하는 헤더다. 개발자는 다양한 브라우저의 기능이나 API를 선택적으로 활성화하거나 필요에 따라서는 비활성화할 수도 있다. 여기서 말하는 기능이란 카메라나 GPS와 같이 브라우저가 제공하는 기능을 말한다. 예를 들어, 브라우저에서 사용자의 위치를 확인하는 기능(geolocation)과 관련된 코드를 전혀 작성하지 않았다고 가정해보자. 그러나 해당 기능이 별도로 차단돼 있지 않고, 그 와중에 XSS 공격 등으로 인해 이 기능을 취득해서 사용하게 되면 사용자의 위치를 획득할 수 있게 된다. 그래서 이 헤더를 활용해 혹시 XSS가 발생한다고 하더라도 사용자에게 미칠 수 있는 악영향을 제한할 수 있게 된다.

XSS를 사용하는 예제 헤더를 살펴보자.

```
# 모든 geolocation 사용을 막는다.
Permissions-Policy: geolocation=()

# geolocation을 페이지 자신과 몇 가지 페이지에 대해서만 허용한다.
Permissions-Policy: geolocation=(self "https://a.yceffort.kr" "https://b.yceffort.kr")

# 카메라는 모든 곳에서 허용한다.
Permissions-Policy: camera=*;

# pip 기능을 막고, geolocation은 자신과 특정 페이지만 허용하며,
# 카메라는 모든 곳에서 허용한다.
Permissions-Policy: picture-in-picture=(), geolocation=(self https://yceffort.kr), camera=*;
```

여기서 제어할 수 있는 기능 목록은 MDN 문서[2]에서 확인해 볼 수 있다. 이를 작성하는 것이 번거롭다면 https://www.permissionspolicy.com/에서 기능을 선택해 헤더를 만드는 것도 가능하다.

## 14.4.5 X-Content-Type-Options

이 헤더를 이해하려면 먼저 MIME이 무엇인지 알아야 한다. MIME란 Multipurpose Internet Mail Extensions의 약자로, Content-type의 값으로 사용된다. 이름에서처럼 원래는 메일을 전송할 때 사용하던 인코딩 방식으로, 현재는 Content-type에서 대표적으로 사용되고 있다.

---

2 https://developer.mozilla.org/en-US/docs/Web/HTTP/Permissions_Policy#browser_compatibility, https://github.com/w3c/webappsec-permissions-policy/blob/main/features.md

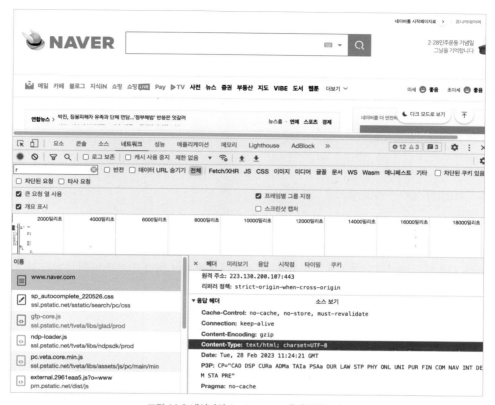

그림 14.6 네이버의 Content-Type을 확인한 모습

네이버에서는 www.naver.com을 Content-Type: text/html; charset=UTF-8로 반환해 브라우저가 이를 UTF-8로 인코딩된 text/html로 인식할 수 있게 도와주고, 브라우저는 이 헤더를 참고해 해당 파일에 대해 HTML을 파싱하는 과정을 거치게 된다. 이러한 MIME은 jpg, CSS, JSON 등 다양하다.[3]

여기서 X-Content-Type-Options란 Content-type 헤더에서 제공하는 MIME 유형이 브라우저에 의해 임의로 변경되지 않게 하는 헤더다. 즉, Content-type: text/css 헤더가 없는 파일은 브라우저가 임의로 CSS로 사용할 수 없으며, Content-type: text/javascript나 Content-type: application/javascript 헤더가 없는 파일은 자바스크립트로 해석할 수 없다. 즉, 웹서버가 브라우저에 강제로 이 파일을 읽는 방식을 지정하는 것이 바로 이 헤더다.

예를 들어, 어떠한 공격자가 .jpg 파일을 웹서버에 업로드했는데, 실제로 이 파일은 그림 관련 정보가 아닌 스크립트 정보를 담고 있다고 가정해 보자. 브라우저는 .jpg로 파일을 요청했지만 실제 파일 내용은 스크립

---

3 https://developer.mozilla.org/ko/docs/Web/HTTP/Basics_of_HTTP/MIME_types/Common_types

트인 것을 보고 해당 코드를 실행할 수도 있다. 여기에 만약 악의적인 스크립트가 담겨져 있다면 보안 위협에 노출될 것이다.

이 경우 다음과 같은 헤더를 설정해 두면 파일의 타입이 CSS나 MIME이 text/css가 아닌 경우, 혹은 파일 내용이 script나 MIME 타입이 자바스크립트 타입이 아니면 차단하게 된다.

```
X-Content-Type-Options: nosniff
```

### 14.4.6 Referrer-Policy

HTTP 요청에는 Referer라는 헤더가 존재하는데, 이 헤더에는 현재 요청을 보낸 페이지의 주소가 나타난다. 만약 링크를 통해 들어왔다면 해당 링크를 포함하고 있는 페이지 주소가, 다른 도메인에 요청을 보낸다면 해당 리소스를 사용하는 페이지의 주소가 포함된다. 이 헤더는 사용자가 어디서 와서 방문 중인지 인식할 수 있는 헤더지만, 반대로 사용자 입장에서는 원치 않는 정보가 노출될 위험도 존재한다. Referrer-Policy 헤더는 이 Referer 헤더에서 사용할 수 있는 데이터를 나타낸다.

참고로 Referer와 Referrer-Policy의 Referrer의 철자가 다른 이유는 Referer라는 오타가 이미 표준으로 등록된 이후에 뒤늦게 오타임을 발견했기 때문이다. 오타라는 사실을 발견했을 때는 이미 몇몇 군데에서 사용되기 시작한 이후였고, 이에 따른 호환성을 깨버릴 수가 없어 그대로 지금까지 사용하게 됐다.[4]

Referer에 대해 이야기할 때는 출처(origin)를 빼놓을 수 없다. 출처와 이를 구성하는 용어에 대해 먼저 알아보자. 먼저 https://yceffort.kr이라는 주소의 출처는 다음과 같이 구성돼 있다.

- scheme: HTTPS 프로토콜을 의미한다.
- hostname: yceffort.kr이라는 호스트명을 의미한다.
- port: 443 포트를 의미한다.

이 scheme, hostname, port의 조합을 출처라고 한다.

그리고 두 주소를 비교할 때 same-origin인지, cross-origin인지는 다음과 같이 구분할 수 있다. https://yceffort.kr:443을 기준으로 비교했을 때 다음과 같이 나타낼 수 있다.[5]

---

4  https://en.wikipedia.org/wiki/HTTP_referer#Etymology
5  https://web.dev/same-site-same-origin/#출처

표 14.1 https://yceffort.kr을 기반으로 출처를 비교

| 출처 | 비교 결과 | 이유 |
|---|---|---|
| `https://fake.kr:443` | cross-origin | 도메인이 다르다. |
| `https://www.yceffort.kr:443` | cross-origin | 서브도메인이 다르다. |
| `https://blog.yceffort.kr:443` | cross-origin | 서브도메인이 다르다. |
| `http://yceffort.kr:443` | cross-origin | scheme이 다르다. |
| `http://yceffort.kr:80` | cross-origin | port가 다르다. |
| `https://yceffort.kr:443` | same-origin | 완전히 같다. |
| `https://yceffort.kr` | same-origin | 명시적인 포트가 없지만 HTTPS의 기본 포트인 443으로 간주한다. |

이러한 출처에 대한 정보를 바탕으로 Referrer-Policy의 각 값별로 다음과 같이 작동한다.

표 14.2 Referrer-Policy 값에 따른 작동

| Referrer-Policy의 값 | No Data | Origin Only | Full URL | 브라우저 기본값 |
|---|---|---|---|---|
| `no-referrer` | ✓ | | | |
| `origin` | | ✓ | | |
| `unsafe-url` | | | ✓ | |
| `strict-origin` | HTTPS → HTTP | 동일 scheme | | |
| `no-referrer-when-downgrade` | HTTPS → HTTP | | 동일 scheme | 엣지 |
| `origin-when-cross-origin` | | cross-origin | same-origin | |
| `same-origin` | cross-origin | | same-origin | |
| `strict-origin-when-cross-origin` | HTTPS → HTTP | cross-origin, 동일 scheme | | 크롬, 파이어폭스, 사파리 |

`Referrer-Policy`는 응답 헤더뿐만 아니라 페이지의 `<meta/>` 태그로도 다음과 같이 설정할 수 있다.

```
<meta name="referrer" content="origin" />
```

그리고 페이지 이동 시나 이미지 요청, `link` 태그 등에도 다음과 같이 사용할 수 있다.

```
<a href="http://yceffort.kr" referrerpolicy="origin">...</a>
```

지금까지 `Referrer-Policy`에 어떤 값을 넣을 수 있는지 살펴봤다. 구글에서는 이용자의 개인정보 보호를 위해 `strict-origin-when-cross-origin` 혹은 그 이상을 명시적으로 선언해 둘 것을 권고한다.[6] 만약 이 값이 설정돼 있지 않다면 브라우저의 기본값으로 작동하게 되어 웹사이트에 접근하는 환경별로 다른 결과를 만들어 내어 혼란을 야기할 수 있으며, 이러한 기본값이 없는 구형 브라우저에서는 `Referer` 정보가 유출될 수도 있다.

## 14.4.7  Content-Security-Policy

콘텐츠 보안 정책(Content-Security-Policy, 이하 CSP)은 XSS 공격이나 데이터 삽입 공격과 같은 다양한 보안 위험을 막기 위해 설계됐다. 사용할 수 있는 지시문이 굉장히 많기 때문에 여기서는 대표적으로 이용되는 몇 가지만 소개했으며, 사용 가능한 모든 지시문은 웹 표준을 정의한 W3[7]에서 확인할 수 있다.

### *-src

`font-src`, `img-src`, `script-src` 등 다양한 `src`를 제어할 수 있는 지시문이다. 예를 들어, `font-src`는 다음과 같이 사용할 수 있다.

```
Content-Security-Policy: font-src <source>;
Content-Security-Policy: font-src <source> <source>;
```

위와 같이 선언해 두면 `font`의 `src`로 가져올 수 있는 소스를 제한할 수 있다. 여기에 선언된 `font` 소스만 가져올 수 있으며, 이 외의 소스는 모두 차단된다. 예를 들어, 다음과 같이 응답 헤더를 설정했다고 가정해 보자.

```
Content-Security-Policy: font-src https://yceffort.kr/
```

위와 같은 응답 헤더를 반환했다면 다음 폰트는 사용할 수 없게 된다.

```
<style>
  @font-face {
    font-family: 'Noto Sans KR';
```

---

6  https://web.dev/referrer-best-practices/#내-웹-사이트에-어떤-정책을-설정해야-합니까
7  https://www.w3.org/TR/CSP2/#directives

```
    font-style: normal;
    font-weight: 400;
    font-display: swap;
    src: url(https://fonts.gstatic.com/s/notosanskr/v13/PbykFmXiEBPT4ITbgNA5Cgm203Tq4JJWq209pU0DP-
dWuqxJFA4GNDCBYtw.0.woff2)
       format('woff2');
  }
</style>
```

이와 비슷한 유형의 지시문에는 다음과 같은 것이 있다.

- script-src: <script>의 src

- style-src: <style>의 src

- font-src: <font>의 src

- img-src: <img>의 src

- connect-src: 스크립트로 접근할 수 있는 URL을 제한한다. <a> 태그에서 사용되는 ping, XMLHttpRequest나 fetch의 주소, 웹소켓의 EventSource, Navigator.sendBeacon() 등이 포함된다.

- worker-src: Worker의 리소스

- object-src: <object>의 data, <embed>의 src, <applet>의 archive

- media-src: <audio>와 <video>의 src

- manifest-src: <link rel="manifest" />의 href

- frame-src: <frame>과 <iframe>의 src

- prefetch-src: prefetch의 src

- child-src: Worker 또는 <frame>과 <iframe>의 src

만약 해당 -src가 선언돼 있지 않다면 default-src로 한 번에 처리할 수도 있다.

```
Content-Security-Policy: default-src <source>;
Content-Security-Policy: default-src <source> <source>;
```

default-src는 다른 여타 *-src에 대한 폴백 역할을 한다. 만약 *-src에 대한 내용이 없다면 이 지시문을 사용하게 된다.

## form-action

form-action은 폼 양식으로 제출할 수 있는 URL을 제한할 수 있다. 다음과 같이 form-action 자체를 모두 막아버리는 것도 가능하다.

```
<meta http-equiv="Content-Security-Policy" content="form-action 'none'" />
export default function App() {
  function handleFormAction() {
    alert('form action!')
  }

  return (
    <div>
      <form action={handleFormAction} method="post">
        <input type="text" name="name" value="foo" />
        <input type="submit" id="submit" value="submit" />
      </form>
    </div>
  )
}
```

이 컴포넌트에서 submit을 눌러 form을 제출하면 콘솔에 다음과 같은 에러 메시지가 출력되면서 작동하지 않는다.

```
Refused to send form data to '****' because it violates the following Content Security Policy direc-
tive: "form-action 'none'".
```

## 14.4.8 보안 헤더 설정하기

### Next.js

Next.js에서는 애플리케이션 보안을 위해 HTTP 경로별로 보안 헤더를 적용할 수 있다. 이 설정은 next.config.js에서 다음과 같이 추가할 수 있다.

```
const securityHeaders = [
  {
    key: 'key',
    value: 'value',
```

```
    },
  ]

module.exports = {
  async headers() {
    return [
      {
        // 모든 주소에 설정한다.
        source: '/:path*',
        headers: securityHeaders,
      },
    ]
  },
}
```

여기서 설정할 수 있는 값은 다음과 같다.[8]

- X-DNS-Prefetch-Control

- Strict-Transport-Security

- X-XSS-Protection

- X-Frame-Options

- Permissions-Policy

- X-Content-Type-Options

- Referrer-Policy

- Content-Security-Policy: ContentSecurityPolicy의 경우 선언할 수 있는 지시어가 굉장히 많기 때문에 다음과 같이 개별적으로 선언한 이후에 묶어주는 것이 더 편리하다.

```
const ContentSecurityPolicies = [
  { key: 'default-src', value: "'self'" },
  { key: 'script-src', value: "'self'" },
  { key: 'child-src', value: 'example.com' },
  { key: 'style-src', value: "'self' example.com" },
  { key: 'font-src', value: "'self'" },
]
```

---

8  https://nextjs.org/docs/advanced-features/security-headers

```
const securityHeaders = [
  {
    key: 'Content-Security-Policy',
    value: ContentSecurityPolicies.map(
      (item) => `${item.key} ${item.value};`,
    ).join(' '),
  },
]
```

### NGINX

정적인 파일을 제공하는 NGINX의 경우 다음과 같이 경로별로 add_header 지시자를 사용해 원하는 응답 헤더를 추가할 수 있다.

```
location / {
    # ...
    add_header X-XSS-Protection "1; mode=block";
    add_header Content-Security-Policy "default-src 'self'; script-src 'self'; child-src e…m; style-src 'self' example.com; font-src 'self';";
    # ...
}
```

## 14.4.9  보안 헤더 확인하기

현재 서비스 중인 웹사이트의 보안 헤더를 확인할 수 있는 가장 빠른 방법은 보안 헤더의 현황을 알려주는 https://securityheaders.com/을 방문하는 것이다. 헤더를 확인하고 싶은 웹사이트의 주소를 입력하면 곧바로 현재 보안 헤더 상황을 알 수 있다.

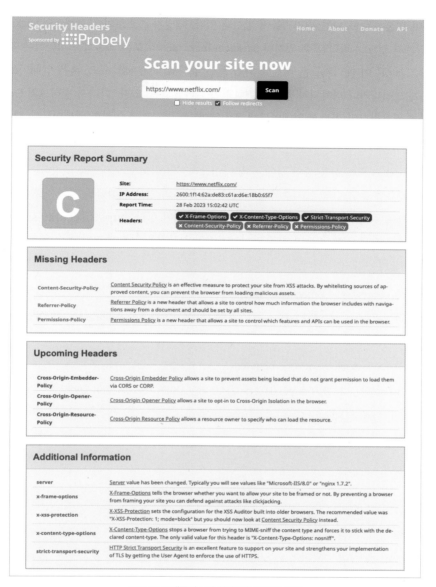

그림 14.7 넷플릭스의 취약점을 분석한 결과

## 14.5 취약점이 있는 패키지의 사용을 피하자

npm 프로젝트 구동을 위해서는 수많은 패키지에 의존해야 하는데, 이렇게 의존해야 하는 패키지의 목록은 기본적으로 `package.json`의 dependencies와 devDependencies에 나열돼 있고, `package-lock.json`에는 이

package.json이 의존하는 또 다른 패키지들이 명시돼 있다. 개발자 스스로가 프로젝트의 package.json에 어떤 패키지가 있는지 정도는 파악할 수 있지만 package-lock.json의 모든 의존성을 파악하는 것은 사실상 불가능에 가깝다. 그리고 이 패키지들은 버전에 따라 보안 취약점이 존재할 수도, 혹은 업데이트 이후에 보안취약점이 새롭게 드러나거나 파악되지 않았던 취약점이 나타날 수도 있다. 따라서 깃허브의 Dependabot이 발견한 취약점은 필요하다면 빠르게 업데이트해 조치해야 한다. 그리고 이러한 업데이트가 웹사이트의 기능에 문제가 생기지 않도록 적절한 테스트 코드도 준비해야 한다.

그리고 리액트, Next.js 또는 사용 중인 상태 관리 라이브러리와 같이 프로젝트를 구성하는 핵심적인 패키지는 버저닝과 패치 수정 등은 항상 예의주시해야 한다. Next.js의 경우 이따금씩 보안 이슈가 발견되면 패치 업데이트를 해주므로 주기적으로 이러한 패치 수정을 눈여겨봐야 한다. https://security.snyk.io/를 방문해 사용하는 패키지 이름으로 검색해 보면 현재 라이브러리의 취약점을 한눈에 파악할 수 있으므로 패키지 보안이슈를 추적하는 데 많은 도움이 된다.

- Next.js: https://security.snyk.io/package/npm/next
  - Next.js는 과거 12.0.0 ~ 12.0.4와 11.1.0 ~ 11.1.2 버전 사이에 URL을 잘못 처리하는 버그가 있어 서버 가동이 중지될 수 있는 버그가 있었다.[9]
- react: https://security.snyk.io/package/npm/react
  - 지금은 거의 사용되지 않는 초기 버전인 0.0.1 ~ 0.14.0 버전 사이에 XSS 취약점이 있었다.[10]
- react-dom: https://security.snyk.io/package/npm/react-dom
  - 16.{0,1,2,3,4}.{0,1} 버전의 react-dom/server에 XSS 취약점이 있었다.[11]

# 14.6 OWASP Top 10

OWASP은 Open Worldwide (Web) Application Security Project라는 오픈소스 웹 애플리케이션 보안 프로젝트를 의미한다. 주로 웹에서 발생할 수 있는 정보 노출, 악성 스크립트, 보안 취약점 등을 연구하며, 주기적으로 10대 웹 애플리케이션 취약점을 공개하는데 이를 OWASP Top 10이라고 한다. 매번 보안 취약점의 빈도에 따라 순위를 매기며, 이 순위는 발표가 있을 때마다 조금씩 바뀐다. 가장 최근에 발표된 Top 10 자료는 2021년에 있었으며, 다음과 같은 보안 이슈를 손꼽았다. 간략하게 살펴보자.[12]

---

9  https://github.com/vercel/next.js/releases/v12.0.5
10 http://danlec.com/blog/xss-via-a-spoofed-react-element
11 https://reactjs.org/blog/2018/08/01/react-v-16-4-2.html
12 https://owasp.org/www-project-top-ten/

1.  A01:2021–Broken Access Control

    사용자가 자신의 권한 밖의 행동을 할 수 있는 취약점을 의미한다. 예를 들어, 특정 사용자에게만 부여해야 할 권한을 모든 사용자에게 부여한다거나, 인증되지 않은 사용자가 인증된 사용자만 갈 수 있는 탐색을 수행하는 등의 취약점을 의미한다. 이를 예방하기 위해서는 허용 목록을 기반으로 공용 리소스를 제외하고는 기본적으로 접근을 막고, 접근 제어 정책을 항상 꼼꼼하게 확인해야 한다. 이 보안 취약점은 이전 대비 4단계나 상승해 가장 큰 보안 위협으로 손에 꼽혔다.

2.  A02:2021–Cryptographic Failures

    이 보안 취약점은 '민감 데이터 노출'이라는 이름으로 알려졌으나, 이번에 '암호화 실패'라는 이름으로 변경됐다. 암호화에 실패하거나, 오류가 있는 경우, 혹은 암호화해야 하는 데이터가 암호화되지 않은 등 민감 데이터에 대한 암호화에 실패하는 경우 이 취약점에 해당한다. 이를 예방하기 위해서는 HTTP를 HTTPS로 강제로 리다이렉트하는 HSTS(HTTP Strict Transport Security)를 사용하고, 암호화 시 암호문이 고정되지 않도록 해야 하며, 신뢰할 수 있는 인증서를 사용하는 등의 노력이 필요하다. 이 보안 취약점은 이전 대비 한 단계 상승했다.

3.  A03:2021–Injection

    XSS와 같이 사용자가 제공하는 데이터를 조작한 공격을 모두 인젝션(injection)으로 분류한다. 앞서 소개한 XSS뿐만 아니라 SQL 인젝션, ORM 인젝션 등이 여기에 속한다. XSS에서 소개했던 것처럼 사용자가 입력하는 데이터는 모두 의심하고 바로 사용하지 말고 한 단계 검증을 거친 이후에 사용해야 한다.

4.  A04:2021–Insecure Design

    2021년에 새롭게 소개된 카테고리로, 코드 구현 단계가 아닌 기획 설계 단계에서 발생한 보안 취약점을 의미한다. 설계 자체가 보안 문제가 있을 경우 개발로 해결할 수 있는 범위가 제한적일 수밖에 없으므로 반드시 설계와 기획 단계에서 주의를 기울여야 한다.

5.  A05:2021–Security Misconfiguration

    보안 설정 오류는 애플리케이션 설정 시에 잘못된 설정으로 인해 발생하는 취약점을 의미한다. 예를 들어, 불필요한 포트를 열어두거나, MySQL과 같은 데이터베이스 마스터 계정을 아이디나 암호 변경 없이 사용하거나, 보안 헤더를 누락하는 등의 잘못된 설정을 의미한다. 애플리케이션을 처음 설치할 때 불필요한 계정이나 샘플, 문서 등을 제거해 두고, 적절한 보안 헤더를 미리 설정해 두는 것이 중요하다. 이 취약점은 이전 대비 한 단계 상승했다.

6.  A06:2021–Vulnerable and Outdated Components

    취약점이 있거나 지원이 종료된 소프트웨어를 사용하는 경우에 발생하는 보안 취약점을 의미한다. 단순히 npm 패키지뿐만 아니라 OS나 NGINX, 아파치 같은 웹서버, 프레임워크 등 모든 것이 포함된다. 불필요한 소프트웨어는 사전에 미리 제거해 두고, 주요 라이브러리는 항상 보안 취약점이 있는지 점검하며 주기적으로 패치 업데이트를 수행해야 한다. 이 취약점은 이전 대비 3단계나 상승했다.

7.  A07:2021–Identification and Authentication Failures

    이전에 취약한 인증(Broken Authentication)으로 소개된 카테고리에 인증 실패(Identification Failures)까지 포함해 보다 넓은 범위로 확대해 분류됐다. 이 취약점은 사용자의 신원 확인에 실패하거나, 암호 생성 정책이 없는 경우, 무작위 대입으로 암호를 찾을 수 있는 경우, 인증 및 세션 관리가 잘못되어 유출되는 등의 인증 관련 보안 취약점을 말한다.

8.  A08:2021—Software and Data Integrity Failures

    소프트웨어와 데이터 무결성 오류는 애플리케이션이 신뢰할 수 없는 소스, 저장소, CDN, 플러그인, 라이브러리에 의존하거나 잘못된 CI/CD 파이프라인을 사용하는 경우에 발생한다. 신뢰할 수 없는 소스의 소프트웨어나 데이터를 사용하는 경우 보안 취약점이 발생할 수 있으므로 반드시 무결성 검증 절차를 거쳐서 보안 취약점이 발생하지 않도록 사전에 예방해야 한다.

9.  A09:2021—Security Logging and Monitoring Failures

    보안 로깅 및 모니터링 오류는 주요 기능에 대한 적절한 로깅이 추가돼 있지 않거나 로깅 정보가 부족해 사전에 공격을 감지하지 못하는 취약점을 의미한다. 의심스러운 활동을 사전에 감시할 수 있도록 적절한 형식과 보관 주기로 로깅을 수행해야 하며, 이러한 모니터링은 신속하게 대응할 수 있도록 준비를 갖춰야 한다.

10. A10:2021—Server-Side Request Forgery

    2021년에 새롭게 등장한 카테고리로, 서버 측 요청 변조로 불린다. 이 취약점은 서버에서 이뤄지는 요청을 변조해 원래 가야 할 서버가 아닌 공격자가 의도한 서버로 요청이 가게 하거나 또는 위조된 요청을 보내는 취약점을 의미한다.

이처럼 OWASP Top 10은 웹 애플리케이션에서 발생할 수 있는 주요 보안 취약점을 요약해 주는 것뿐만 아니라 이 문제를 어떻게 조치해야 하는지도 자세히 소개한다. OWASP Top 10을 기준으로 자신이 운영하는 웹사이트를 살펴보고 어떠한 보안 취약점이 존재할 수 있는지, 현재 문제가 되는 부분은 무엇인지 등을 한번 돌이켜보고 점검해 보자.

## 14.7  정리

버그가 없는 완벽한 소프트웨어는 없다. 모든 소프트웨어에는 버그가 있으며, 이 버그가 때로는 보안 취약점으로 이어진다. 또한 현재는 보안 이슈가 없는 완벽한 소프트웨어처럼 보일 수 있지만 이후에는 어떠한 일이 있을지 알 수 없다. log4js 취약점이 그랬고[13], 하트블리드 사태도 마찬가지였으며[14], 가장 최근에는 ImageMagick[15] 이슈가 있었다. 앞서 OWASP Top 10에서 살펴본 것처럼 보안 이슈는 단순히 개발만 잘해서 해결되는 문제가 아니다. 소프트웨어를 설계하고, 코드를 작성하고, 서비스를 제공하며 유지보수하는 단계에 이르기까지 웹 서비스의 생명주기 전체에 걸쳐서 발생할 수 있으며, 때로는 개발자 본인이 작성한 코드 밖에서도 일어날 수 있다. IT 업계의 보안 문제로 시끄러운 요즘, 개발하고 있는 서비스, 현재 운영하고 있는 서비스에 관계없이 항상 보안 이슈에 귀기울이며 만반의 준비를 갖춰야만 사용자에게 신뢰받는 서비스를 만들 수 있을 것이다.

---

13 https://github.com/apache/logging-log4j2/pull/608

14 https://ko.wikipedia.org/wiki/하트블리드

15 https://nvd.nist.gov/vuln/detail/CVE-2022-44267, https://nvd.nist.gov/vuln/detail/CVE-2022-44268

# 15장

## 마치며

지금까지 리액트 기반 웹 애플리케이션을 만드는 데 필요한 많은 내용을 다뤘다. 이번 장에서는 마지막으로 리액트 프로젝트를 시작하거나 유지보수하기에 앞서 알아두면 좋은 내용을 다룬다. 단순히 학습을 위해 리액트 애플리케이션을 만드는 목적이라면 크게 신경 쓰지 않아도 되지만 장기간 유지보수될 수 있는 좋은 리액트 애플리케이션을 만들려면 많은 점을 고려해야 한다. 어떠한 점을 염두에 둬야 하는지 살펴보자.

## 15.1 리액트 프로젝트를 시작할 때 고려해야 할 사항

여기서는 웹사이트를 개발하기 위해 리액트를 사용하기로 마음먹었다면, 혹은 기존 리액트 애플리케이션을 유지보수하기로 결정했다면 참고해야 할 내용을 다룬다. 리액트라고 해서 다 똑같은 리액트라고 볼 수 없다. 리액트는 지난 10여 년간 꾸준히 버전 업을 거치면서 많은 변화가 있었기에 기존에 알고 있던 기능은 이미 사라져 버렸을 수도, 혹은 아직 지원하지 않을 수 있다. 다음 가이드를 참고해 리액트 애플리케이션을 개발하길 바란다.

### 15.1.1 유지보수 중인 서비스라면 리액트 버전을 최소 16.8.6에서 최대 17.0.2로 올려두자

리액트 16.8은 리액트 생태계의 판도를 바꿨다고 해도 과언이 아닐 만큼 중요한 업데이트가 이뤄졌다. 훅이 소개됐고, 훅 덕분에 함수 컴포넌트의 개념이 정립됐다. 대부분의 리액트 애플리케이션 생태계, 그리고 라이브러리가 모두 훅을 지원한다는 가정하에 작성돼 있다고 해도 과언이 아니다. 따라서 향후 원활한 지원을 위해 버전을 16.8.6 이상으로 맞추는 것이 좋다. 또한 17 버전은 리액트 팀에서 공언한 대로[1] 새로운 기능 출시 및 호환성이 깨지는 변경 사항을 최소한으로 맞춘 업데이트이므로 가능하다면 17 버전으로 가는 것도 좋다.

그렇다면 기존에 클래스 형태로 작성한 컴포넌트를 함수 컴포넌트로 리팩터링할 필요가 있을까? 그에 대한 대답은 '굳이 그럴 필요는 없다'라고 할 수 있다. 리액트 팀에서는 클래스 컴포넌트를 사라지게 할 계획은 없다고 밝혔다.[2] 클래스 컴포넌트에서 함수 컴포넌트로 넘어가려면 2.3절 '클래스 컴포넌트와 함수 컴포넌트'에서 언급한 것처럼 함수형으로 사고의 전환이 필요하고 함수 컴포넌트와 클래스 컴포넌트를 모두 능숙하게 다룰 줄 알아야 한다. 가까운 미래에 클래스 컴포넌트가 사라지지 않을 것이므로 굳이 클래스 컴포넌트를 함수 컴포넌트로 서둘러 전환하지 않아도 된다.

## 15.1.2 인터넷 익스플로러 11 지원을 목표한다면 각별히 더 주의를 기한다

모든 프런트엔드 개발자가 염원해 마지않았던 인터넷 익스플로러 11 지원이 공식적으로 종료됐다. 당장이라도 인터넷 익스플로러와 관련된 모든 폴리필을 치우고 싶지만 애석하게도 그러지 못하는 경우도 있다. 일반적인 경우라면 크게 상관없지만 인터넷 익스플로러 11 등 레거시 브라우저를 지원해야 하는 경우에는 npm install에 앞서서 반드시 주의를 기울여야 한다.

다음은 인터넷 익스플로러 11을 지원하지 않는 대표적인 라이브러리다.

- 리액트: 리액트는 18 버전부터 인터넷 익스플로러 11을 지원하지 않기로 했다.[3]
- Next.js: Next.js는 13 버전부터 공식적으로 인터넷 익스플로러 11을 지원하지 않기로 했다.[4]
- query-string: 주소의 쿼리 문자열을 다루는 대표적인 라이브러리인 query-string도 6.x 버전부터 인터넷 익스플로러 11을 지원하지 않는다.[5]

인터넷 익스플로러 11을 지원하는 애플리케이션은 각별히 라이브러리 설치에 주의를 기하자. 반드시 사용하고자 하는 라이브러리의 소스코드나 체인지로그, 이슈 등을 살펴보고 문제가 없다고 판단될 때 설치해 사용해야 한다.

---

1 https://ko.reactjs.org/blog/2020/10/20/react-v17.html#no-new-features
2 https://reactjs.org/docs/hooks-intro.html#gradual-adoption-strategy
3 https://ko.reactjs.org/blog/2022/03/08/react-18-upgrade-guide.html#dropping-support-for-internet-explorer
4 https://nextjs.org/blog/next-13#breaking-changes
5 https://github.com/sindresorhus/query-string/releases/tag/v6.0.0

## 15.1.3  서버 사이드 렌더링 애플리케이션을 우선적으로 고려한다

13장에서 성능 측정과 관련된 내용을 살펴봤다면 기본 HTML에 온전히 자바스크립트로 렌더링과 라우팅을 수행하는 싱글 페이지 애플리케이션은 대부분의 경우 라이트하우스와 WebPageTest, 구글 개발자 도구에서 좋은 결과를 얻기 어렵다. 하드웨어의 눈부신 발전으로 모바일 기기에서도 예전 PC만큼의 성능을 뽑아낼 수 있다고는 하지만 모바일 기기의 성능은 사용자별로 천차만별이기 때문에 자바스크립트 코드의 실행 속도에 의존적일수록 평균적인 사용자 경험을 제공하기란 어렵다. 그리고 VOC(voice of customer)의 대부분은 평범한 사용자가 아닌, 어찌 보면 극단적이라고도 분류할 수 있는 사용자로부터 비롯되기 때문에 가능한 한 평균적으로 우수한 성능을 지니는 웹사이트를 제공하는 것이 좋다.

관리자와 같이 제한적인 사용자에게 빠르게 웹페이지를 제공해야 하는 경우, 혹은 이벤트 페이지와 같이 콘텐츠와 인터랙션이 매우 제한적인 소규모 웹페이지를 만드는 경우, 혹은 서버를 준비해야 할 상황이 여의치 않은 경우에만 싱글 페이지 애플리케이션을 만들 것을 추천한다. 많은 사용자를 감당해야 하고, 혹은 그럴 계획이 있다면, 그리고 서버를 준비할 수 있는 충분한 여유가 된다면 시작부터 서버 사이드 렌더링을 고려하는 것이 좋다. 이 책에서 소개한 Next.js뿐만 아니라 Remix[6], Shopify에서 만드는 Hydrogen[7] 또한 좋은 대안이 될 수 있다.

## 15.1.4  상태 관리 라이브러리는 꼭 필요할 때만 사용한다

5장에서 잠깐 다룬 바 있지만, 과거 리액트라고 하면 리덕스를 무조건 설치해 사용하던 때가 있었다. 한때 리액트와 리덕스를 마치 한몸인 것처럼 이해하던 개발자도 있을 정도로 리액트에서 리덕스는 떼려야 뗄 수 없는 존재처럼 여겨졌다.

그러나 현재는 상황이 많이 달라졌다. 리덕스 이외에 여러 다양한 상태 관리 라이브러리가 등장했으며, 리액트 Context API와 훅의 등장으로 prop 내려주기(prop drilling) 문제를 겪지 않고도 하위 컴포넌트에 원하는 상태값을 전달할 수 있게 됐다. 물론 이것은 어디까지나 상태를 주입하는 용도로 상태 관리 라이브러리처럼 다양한 기능을 제공하지 않는다는 점도 염두에 두어야 한다. 그럼에도 리액트 애플리케이션 개발을 시작하기 전에, 그리고 상태 관리 라이브러리를 설치하기 전에, 반드시 상태 관리 라이브러리가 필요한지 꼭 한번 생각해보자.

상태 관리 라이브러리가 필요한지 여부란, 다시 말하자면 애플리케이션에서 관리해야 할 상태가 많은지 여부를 말한다. 마치 문서 편집기 같이 관리해야 할 상태가 많고, 여러 상태를 합성해서 또 새로운 상태를 파생하는 등 상태에 대한 여러 가지 필요성이 많은 애플리케이션이라면 상태 관리를 사용하는 것이 좋다. 그것이 과

---

6  https://github.com/remix-run/remix
7  https://hydrogen.shopify.dev/

거 리액트 기반 기술 스택이 그랬던 것처럼 리덕스여야 할 필요는 없다. 다양한 대안 속에서 프로젝트의 구조나 개발자의 요구사항에 맞는 라이브러리를 선택하면 된다. 만약 관리해야 할 상태가 적은, 비교적 정적인 애플리케이션이라면 상태 관리 라이브러리가 굳이 필요하지 않을 수도 있다. 오히려 상태가 적은 애플리케이션에 상태 관리 라이브러리를 추가하는 것은 되려 부자연스러운 프로젝트 구조를 야기할 수 있으며, 쓸데없이 번들링 크기만 키우는 꼴이 될 수 있다.

만약 아직 상태 관리 라이브러리에 대해 잘 모르겠다면 5.2절 '리액트 훅으로 시작하는 상태 관리'에서 언급한 것처럼 스스로 상태 관리 라이브러리를 한 단계씩 만들어보는 것도 좋다. 앞서 살펴본 것처럼 Jotai, Zustand 같은 라이브러리의 내부 구조는 그다지 복잡하지 않으며, 대부분의 상태 관리가 비슷한 원리로 작동한다. 무작정 상태 관리 라이브러리 하나를 잡고 공부하는 것보다 조금씩 점진적으로 상태와 상태 관리의 필요성을 깨닫는 것이 더 좋다. 이러한 기초적인 이해를 바탕으로 한다면 다른 상태 관리 라이브러리를 쓰더라도 그 핵심 구조를 빠르게 파악하고 더욱 자연스럽게 쓸 수 있게 될 것이다.

## 15.1.5  리액트 의존성 라이브러리 설치를 조심한다

어떠한 기능 구현을 위해 라이브러리를 설치할 때, 특히 리액트에 의존적인 라이브러리를 설치하려고 하는 경우가 있을 것이다. 이런 라이브러리의 대부분은 react-** 같은 이름을 가지고 있으며, 대부분 다음과 같이 리액트에 대한 의존성을 가지고 있다(react-useportal을 참고했다[8]).

```
{
  "peerDependencies": {
    "react": "^16.8.6 || ^17.0.0",
    "react-dom": "^16.8.6 || ^17.0.0"
  }
}
```

이때 반드시 이 peerDependencies가 설치하고자 하는 프로젝트의 리액트 버전과 맞는지 확인해야 한다. 이 버전이 맞지 않다면 정상적인 방법으로 설치가 불가능하고, 설령 억지로 설치한다 하더라도 향후 문제를 일으킬 가능성이 크다. 특히, 리액트 18을 지원하지 않는데 자체적으로 상태를 관리하는 라이브러리는 더욱 조심해야 한다. 10장에서 알아본 것처럼 리액트 18에서는 외부 상태를 관리하는 방법이 변경됐기 때문에 잘못 설치했다면 버그를 야기할 가능성이 크다. 훅을 사용한다면 반드시 16.8 버전 이상인지 확인하고, 리액트 18을 사용하고 싶다면 사용할 라이브러리 또한 18을 지원하는지 반드시 확인하자.

---

8  https://github.com/alex-cory/react-useportal/blob/5c037ed7565ae92c91575abd3d82deff8bd30817/package.json#L30-L33, 단축 URL: https://bit.ly/48KyLRx

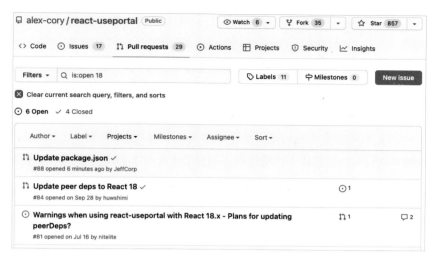

그림 15.1 react-useportal은 2022년 12월을 기준으로 17 버전까지 지원하고 있지만 리액트 18을 지원하지 않아 이슈나 풀 리퀘스트가 등록된 상태다. 그러나 메인테이너가 현재 활동 중이지 않아 당분간 이 문제를 해결하기는 어려워 보인다. 따라서 다른 라이브러리를 사용하거나, 자체적으로 구현하거나, 혹은 포크를 통해 직접 리액트 18을 지원하는 버전으로 만들어서 쓸 필요가 있다.

## 15.2  언젠가 사라질 수도 있는 리액트

지금까지 리액트 애플리케이션을 주제로 많은 내용을 다뤘다. 비교적 최근에 웹 개발을 시작한 개발자라면, 그리고 리액트만 개발해본 개발자라면 리액트 코드를 작성하는 데 크게 불편함을 느끼지 않을 수도, 또 대다수의 웹서비스가 리액트로 개발되고 있다는 점에서 만족감을 느낄 수도 있다. 그러나 오랜 웹 개발의 역사 동안 리액트가 우위를 점하는 기간은 그리 길지 않으며, 모두가 리액트를 선호하지도, 또 리액트 외에 다른 대안이 없는 것도 아니다. 이번 절에서는 리액트 개발자가 아닌 웹 개발자로서 바라보는 리액트의 불편함과, 더 오랜 기간 웹 개발자로서 자리매김하는 데 도움이 될 수 있는 내용을 살펴본다.

### 15.2.1  리액트는 그래서 정말 완벽한 라이브러리인가?

서두에도 언급하긴 했지만 리액트는 가장 널리 쓰이는 프런트엔드 라이브러리는 맞지만 그렇다고 가장 완벽한 라이브러리라고 단정 짓기는 어렵다. 여전히 리액트를 반대하는 사람들은 많으며, 리액트의 대안을 주장하는 사람들도 있다. 리액트를 반대하는 사람들의 의견은 다음과 같다.

**클래스 컴포넌트에서 함수 컴포넌트로 넘어오면서 느껴지는 혼란**

지금부터 설명하는 내용은 2022년 12월 시점의 리액트 공식 문서를 기준으로 하며, 이후 공식 문서가 업데이트됐을 수도 있다.

독자가 리액트를 처음 배우는 초보자라고 가정해 보자. 리액트가 뭔지 잘 모를 테니, 리액트 공식 홈페이지를 방문할 테고, 공식 홈페이지에는 《리액트 배우기》[9] 과정이 있다. 이 과정은 〈실용적인 자습서〉[10]와 〈주요 개념 가이드〉[11]로 나뉜다. 문제는 전자가 클래스 컴포넌트를 기준으로 작성됐고, 후자는 함수 컴포넌트로 작성돼 있다는 것이다. 앞서 다뤘던 것처럼 클래스 컴포넌트와 함수 컴포넌트는 완전히 다른 개념이고, 또한 내부적으로 작동하는 방식도 다르기 때문에 ES6의 클래스에 대한 이해가 부족하다면 이를 완전히 이해하기 어렵다. 리액트에 대한 이해도 부족하고, 클래스 컴포넌트와 함수 컴포넌트의 차이도 명확히 모르는 상태에서 하나의 방법론을 선택해야 하는 갈림길에 놓이게 된다. 누군가의 도움으로 요즘은 함수 컴포넌트가 대세니 함수 컴포넌트와 훅에 대해서만 공부하면 된다고 알게 됐더라도, 왜 이런 변화가 있었는지, 또 클래스 컴포넌트는 알아야 하는 게 아닌지 하는 찝찝함은 남는다.

이에 반해 Svelte와 Vue의 문서는 깔끔하고 잘 정리돼 있는 편이다. 무엇보다 함수 컴포넌트와 클래스 컴포넌트와 같은 큰 패러다임의 차이도 없기 때문에 초보자가 훨씬 이해하기 편하다.

함수 컴포넌트의 세계에 입문했다고 가정해 보자. 첫 번째 임무로 비동기 API 호출로 배열을 응답받고, 그 배열에 아이템을 setInterval로 반복적으로 추가해 렌더링하는 웹사이트를 만든다고 가정해 보자. 리액트 기반으로는 아마 다음과 같은 코드가 나올 것이다.

```
import { useState, useEffect } from 'react'
import { getFruits } from './service'

export default function App() {
  const [fruits, setFruits] = useState([])

  useEffect(() => {
    ;(async () => {
      const result = await getFruits()
      setFruits(result)
    })()

    const interval = setInterval(() => {
      setFruits((prev) => [...prev, 'banana'])
    }, 5000)

    return () => {
```

---

9  https://ko.reactjs.org/docs/getting-started.html#learn-react
10  https://ko.reactjs.org/tutorial/tutorial.html
11  https://ko.reactjs.org/docs/hello-world.html

```
      clearInterval(interval)
    }
  }, [])

  return (
    <ul>
      {fruits.map((fruit, key) => (
        <li key={key}>{fruit}</li>
      ))}
    </ul>
  )
}
```

숙련된 리액트 개발자들에는 매우 익숙한 코드겠지만 Node.js만 다뤄봤거나 리액트를 처음 다뤄보는 사람들에게는 익숙지 않은 내용이 많을 것이다.

- 왜 일반 변수가 아닌 useState로 만든 변수를 사용해 배열에 넣어야 하는가? 단순히 const fruits = []에 fruits. push()를 사용하면 안 되는 이유는 무엇인가?

- useEffect에 async를 바로 사용하지 않는 이유는 무엇인가? 왜 즉시 실행 함수로 async를 감싸서 실행하는가?

- 어차피 무한하게 push해야 하는데, 왜 clearInterval을 return 문에서 호출하는가? clearInterval을 호출하지 않으면 어떤 일이 벌어지는가?

- 왜 push 대신에 콜백 함수 내부에서 이전 배열을 받아서 매번 새로 배열을 만드는 이유는 무엇인가? 근데 그게 왜 함수여야만 하는가? 이것은 비효율적이지 않은가?

- useEffect는 무엇이고 두 번째 빈 배열의 의미는 무엇인가?

이러한 질문은 리액트를 어느 정도 해본 사람들이라도 쉽게 대답할 수 없는 문제이며, 특히 리액트를 처음 보는 사람들에게는 익숙하지 않은 개념들이 많아 얼핏 보면 혼란스러울 수 있다. 리액트를 잘 아는 개발자들은 "이것은 effect라고 하는 것인데 만약 effect가 async로 돼 있다면 다음 effect의 호출을 부자연스럽게 막아버리는데…"와 같은 이야기를 할 수 있겠지만 사실 '그런 건 프레임워크가 알아서 해줘야 하는 거 아닌가?'라는 반문을 들을 수도 있을 것이다. 즉, 일반적으로 자바스크립트에 대한 개념을 자연스럽게 녹일 수 있다면 좋은 개발자 경험을 제공하는 라이브러리이자 프레임워크일 것이고, 그렇지 않다면 상대적으로 어렵게 느껴질 수밖에 없다.

그렇다면 다른 라이브러리에서는 이를 어떻게 구현할까? 요즘 새롭게 뜨고 있는 Svelte를 기준으로 살펴보자.

```
<script>
  import { getFruits } from './service'
  import { onMount, onDestroy } from 'svelte'

  let fruits = []
  let interval

  onMount(async () => {
    fruits = await getFruits()

    interval = setInterval(() => {
      fruits = [...fruits, 'banana']
    }, 5000)
  })

  onDestroy(() => clearInterval(interval))
</script>

<ul>
  {#each fruits as fruit}
  <li>{fruit}</li>
  {/each}
</ul>
```

만약 오늘 Svelte를 처음 본 자바스크립트 개발자라 하더라도 충분히 이해할 수 있는 코드로 구성돼 있다. 정확히는 알 수 없지만, onMount는 무언가 컴포넌트가 DOM에 렌더링될 때 실행될 것으로 보이며, onDestroy는 컴포넌트가 DOM에서 제거될 때 호출될 것으로 보인다. HTML 템플릿을 작성하는 방법은 조금 알아둘 필요가 있어 보이지만 모두 기초적인 자바스크립트 이해도 내에서 구현돼 있어 훨씬 읽기 수월하다.

### 너무 방대한 자유가 주는 혼란

리액트 기반 프로젝트에서 스타일을 입힌다고 가정해 보자. 리액트에서 스타일을 입힐 수 있는 방법은 정말로 다양하다.

- 외부 스타일시트 임포트

- 인라인 스타일

- CSS Module 기법 적용

- styled-components

- emotion

또한 상태 관리 또한 다양한 옵션이 있다.

- Redux

- MobX

- Jotai

- Zustand

- React Tracked

- Valtio

비단 CSS만이 아니더라도 데이터를 fetch하는 방법, 상태 관리까지 다양한 것들이 파편화돼 있다. Angular 나 Vue처럼 하나를 배워두면 서로 다른 곳에서도 빠르게 쓸 수 있는 구조가 아니라 리액트 외에 다른 것들은 새롭게 배워야 한다. 이러한 다양성과 파편화는 새로운 것을 배우고 익히는 것을 즐기는 개발자들에게는 구 미를 당기는 요소가 될 수 있지만, 자칫 파편화된 리액트 기술 스택은 새로운 리액트 개발자에게 장애물이 될 수 있다.

이 외에도 비직관적인 JSX, 너무 급진적으로 변화하는 API 등 리액트를 선호하지 않는 진영은 리액트를 사용 하는 진영에 비해 많지 않지만 그들의 주장에도 합리적인 이유와 논리가 있으며 이를 개선한 리액트 외의 대 안도 존재한다.

따라서 리액트를 배우고 있거나 실무에서 리액트를 사용하고 있거나, 혹은 리액트를 너무 사랑한다 하더라도 리액트만이 진리이며, 리액트가 모든 프런트엔드 생태계를 통일할 것이라는 리액트 중심적인 생각은 위험하 다. 모든 기술이 마찬가지지만 프런트엔드 생태계는 그 어떤 분야보다 빠르고 급진적으로 변화하고 있으며, 향후에는 무엇이 새롭게 등장할지 모른다. 리액트를 '사실상의 표준'으로 여기는 순간, 새로운 변화를 받아들 이고 유연하게 적용하기 어려워질 것이다.

## 15.2.2 오픈소스 생태계의 명과 암

### 페이스북 라이선스 이슈

오픈소스 라이선스 가운데 가장 널리 쓰이는 라이선스를 꼽는다면 바로 MIT 라이선스다. MIT 라이선스는 흔히 볼 수 있는 오픈소스에 많이 쓰이고 있으며, 오픈소스 소프트웨어를 상업적으로 이용하거나, 배포하거나, 개인적으로 이용하는 등에 대한 어떠한 제약 없이 소프트웨어를 취급할 수 있는 매우 자유로운 라이선스 중 하나다. 그러나 페이스북은 자사의 오픈소스인 React, Immutable, Jest 등에 이 MIT 라이선스 대신에 BSD+Patents 라이선스를 사용하고 있었다. 이 라이선스는 다른 라이선스와는 다르게 '이 라이선스를 적용한 소프트웨어에 대해서 특정한 사건이 발생한다면 라이선스가 통지 없이 종료될 수 있다.'[12]라는 한 가지 눈에 띄는 조항이 있었다.

2017년 7월, 오픈소스 소프트웨어 프로젝트를 운영하는 아파치 재단에서 BSD+Patents 라이선스를 사용하는 것을 금지한다고 밝혔다.[13] 그리고 이 조항을 사용하고 있는 페이스북에 많은 이목이 쏠리기 시작했다. 그러나 페이스북은 이 조항을 철회할 의사가 없다고 밝혔고,[14] 이는 곧 많은 커뮤니티의 찬반 논란을 가져왔다. 이에 전 세계 웹사이트의 25%를 이루고 있는 워드프레스 진영에서 라이선스를 바꾸지 않으면 더 이상 자사 소프트웨어에서 리액트를 사용하지 않을 것이라고 밝혔다.[15] 이러한 격론 끝에 결국 페이스북은 해당 특허권을 삭제하고 MIT 라이선스로 넘어갔다.[16]

아파치 재단과 워드프레스, 그리고 많은 개발자들의 관심 덕분에 이 페이스북 라이선스는 한바탕 소동으로 끝났지만 개발자들에게는 자신이 오픈소스로 만든 소프트웨어에 대한 권리를 한순간에 잃어버릴 수도 있다는 경각심을 갖게 하는 계기가 됐다.

## 오픈소스는 무료로 계속 제공될 수 있는가? colors.js, faker.js, 그리고 바벨

프런트엔드 개발자라면 누구나 바벨의 존재에 대해 알 것이다. 바벨은 자바스크립트 컴파일러로, 자바스크립트 최신 문법을 지원하지 않는 브라우저에서도 최신 문법을 사용할 수 있도록 자바스크립트를 컴파일해 주는 도구다. 브라우저와 그 버전이 파편화된 환경, 그리고 아직도 인터넷 익스플로러가 현역인 일부 환경에서 꼭 필요한 중요한 도구라 할 수 있다. 그리고 이 바벨을 사용하기 위해 돈을 낸 적은 없다. 이 바벨 또한 마찬가지로 오픈소스로 이뤄져 있다. 바벨은 풀타임 개발자들을 고용해 급여를 주고 있지만 2021년 5월 재정난을 겪고 있다는 글이 올라왔으며, 연간 330,000달러가 필요하며, 이를 위한 모금을 계속하고 있다고 밝혔다.[17]

그래도 바벨은 그나마 문제를 온건하게 해결하려고 노력하는 편에 속한다. 그보다 급진적인 사례도 있다. 9.2절 '깃허브 100% 활용하기'에서 다룬 바 있는 colors.js, faker.js 사건의 전말을 살펴보자. colors.js는 1.4.0 버전에서 1.4.1로 패치 업데이트가 이뤄졌는데, 유의적 버전에 따라 패치 버전은 단순히 버그 수준에 그쳤어야 했지만 고의로 무한 루프를 삽입한 코드를 커밋해 1.4.1을 배포해 버렸다.[18]

---

**12** 지금은 삭제됐지만 https://github.com/facebook/react/blob/d63249d03488fec1ea92a81ba29f0e87a82feeae/PATENTS#L14-L26(단축 URL: https://bit.ly/48EUQB3)에서 그 당시 특허권을 확인할 수 있다.

**13** https://issues.apache.org/jira/browse/LEGAL-303

**14** https://engineering.fb.com/2017/08/18/open-source/explaining-react-s-license/

**15** https://ma.tt/2017/09/on-react-and-wordpress/

**16** https://github.com/facebook/react/commit/b765fb25ebc6e53bb8de2496d2828d9d01c2774b, 단축 URL: https://bit.ly/46xUM4a

**17** https://babeljs.io/blog/2021/05/10/funding-update

**18** https://github.com/Marak/colors.js/commit/074a0f8ed0c31c35d13d28632bd8a049ff136fb6, 단축 URL: https://bit.ly/46DYPMp

또 다른 사례로, faker.js의 경우 5.5.3 버전에서 갑자기 6.6.6으로 넘어갔는데, 이 6.6.6 버전에는 아무런 코드가 남아있지 않았다.[19] 이렇게 자신의 코드에 악의적인 행위를 가한 이유에 대해서 "No more free work from Marak – Pay Me or Fork This"라는 글을 남기며, 포춘 500대 기업을 대상으로 무료로 소프트웨어를 배포하는 일을 하지 않을 것이며, 6자리 수준의 연봉을 주거나 누군가 포크해서 대신 쓰라는 말을 남겼다. 후에 이 개발자는 2020년경에 사제 폭탄을 만들다 아파트에 있던 모든 집기를 태워버렸고, 체포되어 노숙자 신세를 전전한 것으로 밝혀졌다.[20] 이에 오픈소스를 당연히 무료로 쓰는 작금의 현상에 대해 비판을 하는 진영과, 그럼에도 이는 옳지 못한 일이며 오픈소스 생태계에 아무런 도움이 되지 않는다는 진영으로 나뉘어 지금까지도 열띤 토론이 이어지고 있다.

프런트엔드 분야는 거의 제로에 가까운 비용으로 애플리케이션을 만들고 배포해 사용할 수 있다. `package.json`의 `dependencies`에는 각종 라이브러리들이 의존성으로 선언돼 있으며, 또 그 `dependencies`를 살펴보면 엄청나게 많은 의존성이 꼬리에 꼬리를 물고 있다. `create-react-app`으로 만든 프로젝트를 살펴보면 `dependencies`로 물고 있는 라이브러리는 10개 남짓에 불과하지만 정작 `node_modules`에 설치되는 라이브러리는 700여 개에 이른다. 우리는 이 700여 개의 라이브러리를 npm의 오픈소스 생태계 덕분에 돈 한푼 들이지 않고 모두 무료로 사용하고 있다. 그러나 이 오픈소스 라이브러리의 생태계에 혼란이 온다면? colors.js는 단순히 패치 버전 하나만 올렸지만 이에 대한 여파는 아마존 웹서비스 CLI에까지 미쳤다.[21] 만약 바벨이 오픈소스로서 버티기를 포기하고 새로운 메인테이너를 찾기 전까지 패키지 관리를 중단한다면? 오픈소스가 이런 상황이라 서비스를 제공하기 어렵다고 방문객들에게 설명할 것인가? 웹 개발은 중단되어야 하는가? 물론 이렇게 극단적인 상황까지 가정할 필요는 없지만 프런트엔드 개발자들은 오픈소스 덕분에 손쉽게 개발하고 있음을 알고 있어야 하고, 반대로 오픈소스가 무슨 일을 하고 있는지를 알 필요도 있다. 이는 개발자의 호기심을 충족하는 일이 될 수도 있지만, 지속 가능하고 오래 유지될 수 있는 안정적인 웹서비스를 만들기 위한 필수 요소이기도 하다.

### 15.2.3 제이쿼리, AngularJS, 리액트, 그리고 다음은 무엇인가?

스프링, ASP.NET, Rails, PHP 등의 웹 프레임워크에서 독립해 프런트엔드 영역의 중요성이 각광받기 시작한 것은 얼마 되지 않은 일이다. 그 전까지 웹페이지는 백엔드에 비해 중요성이 떨어졌고, 사용자에게 몇 가지 단순한 상호작용을 보여주기 위한 제한적인 수단으로 사용돼 왔다.

---

**19** https://github.com/Marak/faker.js/commit/2c4f82f0af819e2bdb2623f0e429754f38c2c2f2에 원래 그 흔적이 있었으나, 저장소를 삭제하는 바람에 코드가 남아있지 않다.

**20** 사제 폭탄 관련 뉴스: https://nypost.com/2020/09/16/resident-of-nyc-home-with-suspected-bomb-making-materials-charged/, 해당 개발자의 트윗: https://twitter.com/marak/status/1320465599319990272

**21** https://github.com/aws/aws-cdk/pull/18324/commits/9802d23b0359d3089dadc1b75e20db3b97a09921, 단축 URL: https://bit.ly/48AVcc1

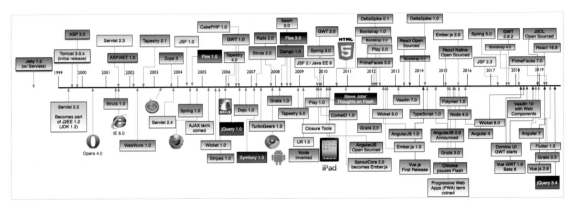

그림 15.2 웹 프레임워크의 역사[22]

과거에는 서버와 웹페이지가 함께 있는 프레임워크가 주를 이뤘다면 현재로 오면서 점차 프런트엔드 단독 프레임워크가 증가하는 것을 볼 수 있다. 현재는 대부분의 웹사이트가 프런트엔드와 백엔드가 분리되어 개발되는 추세다. 프런트엔드 프레임워크는 또 어떤가? 몇 가지 눈에 띄는 라이브러리와 프레임워크를 손에 꼽자면 다음과 같다.

- 제이쿼리(2006): 자바스크립트의 다양한 코드를 $로 시작하는 단순한 코드로 작성할 수 있게 도와주었다.

- Backbone(2010): 싱글 페이지 애플리케이션을 개발하기 위한 가벼운 도구

- AngularJS(2010): 양방향 바인딩을 바탕으로 동적 웹 애플리케이션 개발을 더 손쉽게 만들어줌

- Ember(2011): 확장성 있는 싱글 페이지 애플리케이션을 만들기 위해 설계

- React(2013): 사용자 인터페이스를 만들기 위한 자바스크립트 라이브러리

- Vue(2014): 웹 애플리케이션의 사용자 인터페이스를 만들기 위해 사용하는 프로그레시브 자바스크립트 프레임워크

- Angular(2016): AngularJS의 완전히 새로운 버전으로, 웹 개발에 필요한 모든 도구를 제공

- Svelte(2016): 사용자 인터페이스를 구축하기 위해 브라우저에서 작업하는 대신 앱을 빌드할 때 컴파일 단계에서 작업하는 새로운 개념을 도입한 프레임워크

- Preact(2018): 리액트와 거의 동일한 API를 제공하지만 3kB밖에 되지 않는 경량화된 버전

- Alpine.js(2019) : 마크업에서 직접 작동하기 위한 최소한의 도구로 구성. 현대적인 웹을 위한 제이쿼리

현재까지도 계속해서 새로운 프레임워크가 등장하고 있지만 그중에서도 리액트는 꾸준히 사랑받고 있다. 개발자를 대상으로 조사한 다음 결과를 보면 리액트는 지난 2015년부터 가장 많이 사용해본 프레임워크로 조사됐다.

---

22 https://github.com/mraible/history-of-web-frameworks-timeline/blob/master/history-of-web-frameworks-timeline.png

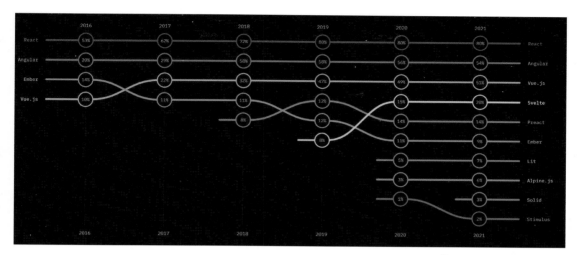

그림 15.3 프런트엔드 개발자를 대상으로, 사용해 본 프레임워크를 조사한 결과[23]

그리고 이와 비슷하게, 리액트는 선호도에서도 다른 프레임워크에 비해 매우 높은 것을 알 수 있다. 그러나 한 가지 눈에 띄는 것은 리액트를 다시 사용하지 않을 것이라는 응답도 전체 응답 대상 중에서 2번째로 높다는 것이다.

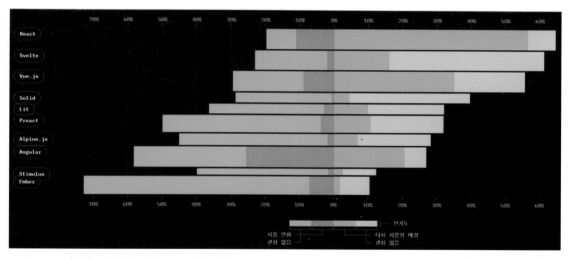

그림 15.4 프런트엔드 개발자를 대상으로 조사한 프레임워크별 선호도. 가장 오른쪽 파란색은 '들어봤고 사용해 보고 싶다', 그다음 파란색은 '사용해 봤고 다시 사용할 것이다'라는 응답이다. 가장 왼쪽 빨간색은 '들어봤지만 관심은 없다', 그리고 그다음 빨간색은 '사용해 봤지만 다시 사용하지 않겠다'라는 응답이다. 그리고 그래프 두께는 인지도를 의미한다.[24]

---

23  https://2021.stateofjs.com/ko-KR/libraries/front-end-frameworks/
24  https://2021.stateofjs.com/en-US/libraries/front-end-frameworks/#front_end_frameworks_experience_marimekko

수많은 프레임워크가 등장하는 가운데 리액트는 그중 가장 많이 쓰이고 있는 도구 중 하나지만, 앞서 언급한 이유, 즉 상태 관리 라이브러리를 중심으로 한 다양한 옵션에 대한 피로감, 혹에 대한 거부감과 어려움 등으로 인해 점차 부정적인 의견이 조금씩 나타나고 있고, 이를 틈타 Svelte에 대한 관심이 떠오르고 있는 추세다. 단시일 내에 리액트가 역사의 뒤안길로 사라진다고 주장하는 것은 아니지만 미래는 예측할 수 없으므로 개발자는 유연한 자세를 지녀야 한다. 우리는 리액트 개발자가 아니라 웹 개발자라고 자신을 소개할 수 있어야 한다.

## 15.2.4 웹 개발자로서 가져야 할 유연한 자세

무슨 프레임워크나 라이브러리를 사용하든 한 가지 변하지 않는 사실은 HTML과 CSS, 자바스크립트가 웹 페이지를 구성하는 기초 기술이라는 사실이다. 물론 웹어셈블리와 같이 웹을 구성하는 완전히 새로운 개념이 도입될 수도 있지만 브라우저가 과거 웹까지 안정적으로 보여주기 위해 많은 노력을 기울이고 있다는 점,[25] 자바스크립트 또한 마찬가지로 호환성을 유지하기 위해 많은 노력을 기울인다는 점[26]을 보면 당분간 이 HTML, CSS, 자바스크립트가 웹을 구성할 것이라는 사실에는 변함이 없을 것이다.

물론 그렇다고 이 생태계가 계속 이 수준에서 머물러 있을 것이라는 뜻은 아니다. 최근에는 느린 자바스크립트를 대신할 하나의 방안으로 웹어셈블리(WebAssembly)가 떠오르고 있다. 웹어셈블리는 C, C++, 러스트 같은 시스템 프로그래밍 언어로 작성된 프로그램을 웹에서 사용할 수 있게 해준다.[27] 자바스크립트보다 훨씬 더 빠른 언어로 작성돼 있기 때문에 일반적으로 웹에서 자바스크립트 기반으로 처리하기 어려운 작업을 웹어셈블리를 활용해 처리할 수 있다[28]. 이로 인해 자바스크립트 개발자들 사이에서 러스트를 배우는 것이 유행처럼 떠오르고 있다. 그러나 웹어셈블리는 자바스크립트를 대체하는 것이 아닌, 자바스크립트와 함께 상호 보완적으로 실행되는 도구라고 보는 것이 적절하다(성능이 필요한 작업은 웹어셈블리로, 그 밖의 일반적인 작업은 자바스크립트로 하는 등).

이 밖에도 Next.js에서 살펴본 SWC, 터보팩 모두 러스트로 작성되어 자바스크립트로 실행되는 바벨과 웹팩을 속도 측면에서 개선하려는 시도도 이뤄지고 있다. 이와 비슷한 프로젝트로 ESLint보다 더 빠른, 러스트로 작성한 Rome[29]도 주목받고 있다. 웹에서 작동하는 코드를 작성하기 위한 인프라는 자바스크립트에서 러스트로 점차 넘어가고 있는 추세지만 결국 웹에서 실행되는 코드는 자바스크립트라는 점에서는 변함이 없다.

---

**25** 브라우저는 과거 비표준 당시에 작성된 HTML을 지원하기 위해 쿼크 모드가 존재한다. https://developer.mozilla.org/ko/docs/Web/HTML/Quirks_Mode_and_Standards_Mode

**26** 자바스크립트 최초 출시 당시 null의 type이 object인 문제가 있었으나 호환성을 위해 지금까지도 이 문제를 수정하지 않았다. https://2ality.com/2013/10/typeof-null.html

**27** https://developer.mozilla.org/ko/docs/WebAssembly

**28** 카카오의 사례: https://tech.kakao.com/2021/05/17/frontend-growth-08/

**29** https://rome.tools/

변덕스러운 개발자 커뮤니티에서 리액트라는 라이브러리가 언제까지고 계속 시장을 지배하리라는 것은 아무도 보장할 수 없다. 리액트가 과거의 다른 프레임워크에 비해 조금 더 많은 인기와 전성기를 구가하고 있는 것은 사실이지만 그렇다고 웹 개발이 결국 모두 리액트로 통일되는 미래가 온다는 것은 아니다. 반대로 지금 당장 리액트를 그만두고 Svelte, Angular 등을 공부해야 한다는 것도 아니다. 중요한 것은 모든 웹 개발이 HTML, CSS, 자바스크립트라는 토대 위에 세워졌음을 깨닫는 것이다. 클로저의 개념과 원리, 활용은 리액트의 전유물이 아니며, 비동기 작업도 마찬가지로 처리하는 방법에 있어 약간의 차이가 있을 뿐, 마이크로 태스크를 활용해 브라우저에서 작업을 처리한다는 사실에는 변함이 없다. 리액트 클래스 컴포넌트의 작동 원리를 이해했다면 Angular에서 클래스 컴포넌트를 작성할 때는 데코레이터(decorator)의 개념만 추가하면 될 것이다.[30] 라이브러리와 프레임워크는 그저 도구일 뿐, 자바스크립트가 토대라는 사실에는 변함이 없다.

리액트로 웹 애플리케이션을 작성하는 데 막힘이 없고 자신감이 넘친다면 리액트 내부에서 어떻게 자바스크립트를 활용하는지 살펴보자. 리액트 코드 내부를 보는 것이 어렵다면 다시 자바스크립트부터 공부해 보는 것을 추천한다. 100만 개가 넘는 패키지가 존재하는 npm의 세계에는, 그리고 11억 개가 넘는 웹사이트가 존재하는 인터넷에는, 리액트로 돼 있는 것보다 리액트가 아닌 것으로 만들어진 것이 훨씬 더 많다. 이렇게 리액트를 넘어 다양한 자바스크립트 세계를 맛본다면 리액트에 의존적이지 않은 더욱 유연한 개발자가 될 수 있을 것이다.

---

30 https://www.simplethread.com/understanding-js-decorators/